上海证券交易所统计年鉴

2019 卷

STATISTICS ANNUAL
SHANGHAI STOCK EXCHANGE

名誉总编

黄红元

总　编

蒋　锋

副 总 编

潘学先　管兴业　阙 波　刘绍统
徐毅林　卢文道　李维友　董国群
刘　逖　谢　玮

编　辑

陆 谳　张志明　陈 祁　刘 峻

数　据

费永建　樊小泊　孙光华　陈 翀

上海證券交易所 编　上海遠東出版社

1. 成交数量和成交金额两类指标均按交易的买方或卖方单向计算。

2. 交易数量和交易金额两类指标均按交易的买方和卖方双向计算。

3. 统计范围：在本所上市交易的各类证券，包括普通股、优先股、基金、债券、期权等。

4. 统计内容：包括本所上市的各类证券的交易状况和参与者的交易状况，上市公司的股本结构及财务状况，会员情况及其交易状况等。

5. 统计日期：2018 年 1 月 1 日至 2018 年 12 月 31 日。

6. 数据类型：证券数目及会员数目、股本、市值、市盈率、股价、指数等为月底或年底的时点数，不具有可加性；交易金额、交易数量等为全年或某月的时期数字，具有可加性，由相应时期内各交易日的实际数字累加而成。

7. 误差：本年鉴数字采用截尾方式计算，个别数字采用四舍五入方式计算。由于舍入误差，分类数字之和未必等于总额数字。

8. 席位数：包括本所会员申请的席位及其他非会员申请的特别席位，如国债专用席位、B 股境外券商特别席位。

9. 成交笔数：由交易系统完成配对交易的记录数。

10. 发行数量：指在交易所上市证券的已发行总量。

11. 市价总值：指在交易所上市的证券在某一时点按市价与发行数量计算的总金额

$$\Sigma(\text{市价}\times\text{发行数量})。$$

12. 流通数量：指在交易所上市证券的发行数量中可流通交易的数量。

13. 流通市值：指在交易所上市的证券在某一时点按市价与流通数量计算的总金额

$$\Sigma(\text{市价}\times\text{流通数量})。$$

14. 上年每股税后利润：指按上一年度年末股本计算，分配到每一股的净利润。

15. 到期年收益率：按人民银行发布的《银货政（2001）51 号》文件所提供的公式计算。

16. 市净率= $\dfrac{\text{每股价格}}{\text{每股净资产}}$。

17. 市盈率= $\dfrac{\text{股票价格}}{\text{每股收益}}$，

$$\text{平均市盈率}=\frac{\text{总市值}}{\text{总收益}}=\frac{\Sigma(\text{收盘价}\times\text{发行数量})}{\Sigma(\text{每股收益}\times\text{发行数量})}。$$

18. 年换手率= Σ日换手率。

19. 回购价格为该品种年收益率。

特别说明 1　股东情况统计是按投资者申请开设股票账户时填写的《上海证券中央登记结算公司记名证券名册登记表》上的身份证编号设置进行的。身份证号码是基本统计单位。目前的统计存在不可避免的误差，且以统计指标“其他”来表现的误差占据了相当的比例。主要原因：(1)因历史原因尚有部分股票账户缺乏身份证号码；(2)部分投资者未使用身份证而使用诸如军官证等特殊证件；(3)由于登记公司以前异地开户采用对异地登记会员先放空号由其代理开户再统一在一个时点汇总资料的方法，故每月统计时均有相当数量的空号出现。

特别说明 2　(1)股票除息时，上证指数不予修正，自然回落。(2)有些指标的绝对数是放大了计量单位的。(3)本年鉴中走势图均为日线图，其标明的最高、最低与市场表现中最高最低不同，是因为其最高、最低为收盘价，而市场表现中最高最低为盘中价。(4)未注明成交数量、发行数量单位的，单位为亿。

特别说明 3　投资者包括：自然人投资者、一般法人及专业机构，其中专业机构包括券商自营、投资基金、社保基金、保险资金、资产管理及 QFII。数据说明：(1)投资者盈亏数据是根据对每个投资者账户每日的交易持股情况推算得出，不考虑过户费、佣金等交易费用的影响；(2)统计样本为沪市无限售条件 A 股，股份指无限售条件的股份，对于有限售条件的股份，按照解除限售条件后的交易持股情况进行推算；(3)考虑因素包括股票分红送配、增发、新股申购、股票非交易过户、限售股解禁、股权分置改革等。

特别说明 4　无备注单位的，一般均以人民币作为货币单位。

特别说明 5　会员及营业部成交合计不含权证。

特别说明 6　无备注单位的，股票以股作为数量单位，债券一般均以张作为数量单位，基金和权证以份作为数量单位。

目 录

Contents

一、市场概况

市场概况……5

二、股价指数

上证指数数据……9
分类指数数据及图表……10

三、证券成交

股票……21
信用交易……98
基金……129
期权……153
债券……156
大宗交易平台……450
固定收益平台……451
沪港通概况……453
基金通……454
证券市场与国民经济……458

四、上市公司

上市公司地区、行业分布……463
市场筹融资……464
股票筹资……465

证券发行……466
上市公司基本信息……476
上市公司股份变动……536
上市公司派发现金红利……550
上市公司送股……563
上市公司配股……568

五、会员公司

会员公司概貌……571
会员公司信息……572
B股券商……575
交易地区分布……577

六、投资者

投资者历年开户……581
投资者持股情况……583
投资者开户逐月信息……584
年末分行业持股信息……585
年末个股股东持股情况……586

七、大事记

2018年上海证券交易所大事记……617

Market Overview

市场概况

市场概况
OverView

	2018 年	2017 年	2016 年
交易天数 Number of Trading Days	243	244	244
上市公司总数 Number of Listed Companies	1450	1396	1182
新上市公司数 Number of New Listed Company	57	214	103
上市证券总数 Number of Listed Securities	14069	12219	9647
股票 Share	1494	1440	1226
A 股 A-Share	1443	1389	1175
B 股 B-Share	51	51	51
债券 Bond	12146	10440	8130
政府债 G-Bond	3077	2450	1620
公司债 C-Bond	9012	7936	6457
债券回购 Repo	57	54	53
基金 Fund	233	202	161
封闭式 Closed-end Fund	1	1	3
ETF	110	87	76
LOF	98	87	59
交易型货币基金 Exchange-traded Money Market Fund	24	27	23
优先股 Preferred Share	30	25	24
期权 Option	166	112	106
发行数量(亿) Issued Vol(100 M)			
股票 Share	37708.96	35288.35	32707.76
优先股 Preferred Share	57.92	45.67	43.67
集资总额(亿) Capital Raised(100 M)			
股票 Share	6113.96	7578.06	8056.45
优先股 Preferred Share	1225.00	200.00	1378.00
股票流通数量(亿股) Circulating Share(100 M)	33497.24	31119.45	29372.25
股票市价总值(亿) Market Capitalization(100 M)	269515.01	331324.82	284607.63
股票流通市值(亿) Negotiable Capitalization (100 M)	232698.75	281365.67	240006.24
解禁的存量限售股份	13814.61	12673.78	12262.25
年度解禁限售股份	1747.92	1027.42	918.27
卖出的已解禁限售股份	589.01	580.57	725.75

市场概况 OverView

	2018 年	2017 年	2016 年
成交金额(亿)Trading Value(100 M)	2646248.80	3063862.43	2838724.46
股票 Share	403184.38	511242.79	501700.42
A 股 A-Share	401575.27	507214.81	496880.34
B 股 B-Share	389.75	555.30	984.49
股票回购	1219.36	3472.69	3835.59
债券 Bond	2169458.15	2473417.83	2247175.20
政府债 G-Bond	2552.16	2453.81	7773.00
公司债 C-Bond	48699.98	41977.39	36050.28
债券回购 Repo	2118206.02	2428986.63	2203351.93
基金 Fund	71651.49	78169.76	89359.77
封闭式 Closed-end Fund	86.56	111.92	212.8
ETF	16586.78	10828.32	6510.84
LOF	121.81	66992.81	610.62
交易型货币基金 Exchange-traded Money Market Fund	54856.31	236.52	82024.97
优先股 Preferred Share	157.11	138.91	45.18
期权 Option	1797.66	893.14	431.89
沪股通交易金额（亿元人民币）	26623.08	13146.22	7452.73
港股通交易金额（亿元人民币）	15214.51	14886.24	7112.84
平均市盈率 P/E Ratio	12.49	18.16	15.94
A 股	12.50	18.15	15.91
B 股	10.60	22.48	28.03
股价指数 Index			
上证综合指数 SSE Composite Index	2493.90	3307.17	3103.64
上证 50 指数 SSE 50 Index	2293.10	2860.44	2286.90
上证 180 指数 SSE 180 Index	6808.80	8647.03	7224.60
上证 380 指数 SSE 380 Index	3858.01	5573.39	5542.39
会员公司数 Members	117	116	115
营业部数 Sales Branches	11468	10873	9385
交易单元数 Seats Number	20070	18226	16035
投资者(万户) Investor(10K)	29610.11	26295.98	22485.37
A 股总户数(万户)Investor of A-Share	21279.91	19332.64	16828.33
B 股总户数(万户)Investor of B-Share	167.96	167.47	166.51
基金总户数(万户)Investor of Fund	8162.24	6795.87	5490.53
信用交易开户数(万户) Credit Investor(10K)	469.00	452.11	421.48
WFE 排名 WFE Rank			
总市值排名 Rank of Market Capitalization	4	4	4
总筹资额排名 Rank of Total Capital Raised	2	3	3
总成交金额排名 Rank of Total Trading Value	5	4	4

SSE Indices

股价指数

上证综合指数历年数据
Data of SSE Composite Index, 1992-2018

上证指数数据
Data of SSE Indices

年份 Year	开盘 Open	最高 High	日期 Date	最低 Low	日期 Date	收盘 Close
1992	293.74	1429.01	05/26	292.76	01/02	780.39
1993	802.14	1558.95	02/16	750.46	12/20	833.80
1994	837.70	1052.94	09/13	325.89	07/29	647.87
1995	637.72	926.41	05/22	524.43	02/07	555.29
1996	550.26	1258.69	12/11	512.83	01/19	917.02
1997	914.06	1510.18	05/12	870.18	02/20	1194.10
1998	1200.95	1422.98	06/04	1043.02	08/18	1146.70
1999	1144.89	1756.18	06/30	1047.83	05/17	1366.58
2000	1368.69	2125.72	11/23	1361.21	01/04	2073.48
2001	2077.08	2245.44	06/14	1514.86	10/22	1645.97
2002	1643.49	1748.89	06/25	1339.20	01/29	1357.65
2003	1347.43	1649.60	04/16	1307.40	11/13	1497.04
2004	1492.72	1783.01	04/07	1259.43	09/13	1266.50
2005	1260.78	1328.53	02/25	998.23	06/06	1161.06
2006	1163.88	2698.90	12/29	1161.91	01/04	2675.47
2007	2728.19	6124.04	10/16	2541.53	02/06	5261.56
2008	5265.00	5522.78	01/14	1664.93	10/28	1820.81
2009	1849.02	3478.01	08/04	1844.09	01/05	3277.14
2010	3289.75	3306.75	01/11	2319.74	07/02	2808.08
2011	2825.33	3067.46	04/18	2134.02	12/28	2199.42
2012	2212.00	2478.38	02/27	1949.46	12/04	2269.13
2013	2289.51	2444.80	02/18	1849.65	06/25	2115.98
2014	2112.13	3239.36	12/31	1974.38	03/12	3234.68
2015	3258.63	5178.19	06/12	2850.71	08/26	3539.18
2016	3536.59	3538.69	01/04	2638.30	01/27	3103.64
2017	3105.31	3450.50	11/14	3016.53	05/11	3307.17
2018	3314.03	3587.03	01/29	2449.20	10/19	2493.90

分类指数数据及图表
Data and Chart of Sector Indices

上证综合指数　SSE Composite Index

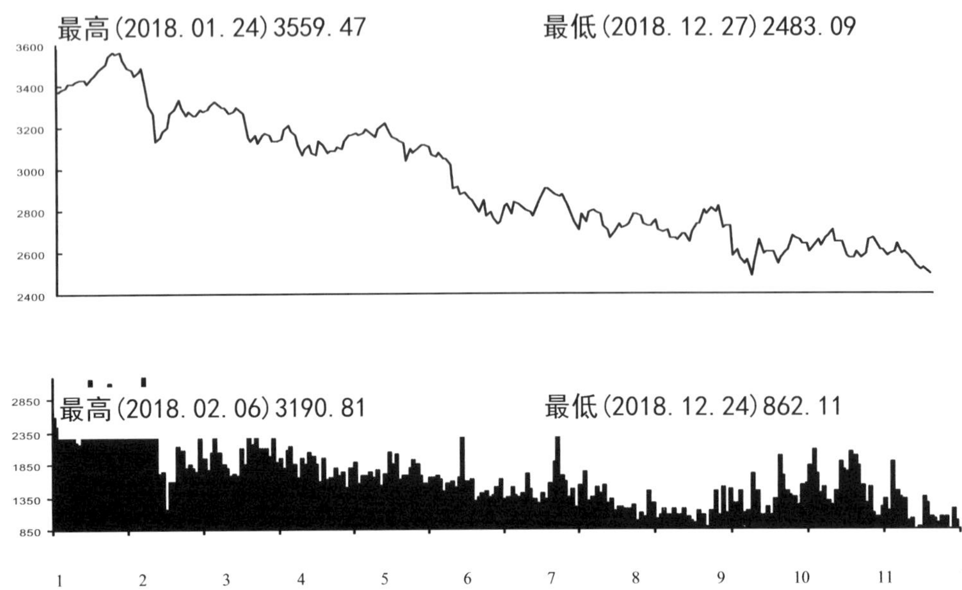

每日收盘指数 Daily Index

日期 Date	1月 Jan	2月 Feb	3月 Mar	4月 Apr	5月 May	6月 Jun	7月 Jul	8月 Aug	9月 Sep	10月 Oct	11月 Nov	12月 Dec
1	---	3446.98	3273.76	---	---	3075.14	---	2824.53	---	---	2606.24	---
2	3348.33	3462.08	3254.53	3163.18	3081.18	---	2775.56	2768.02	---	---	2676.48	---
3	3369.11	---	---	3136.63	3100.86	---	2786.89	2740.44	2720.73	---	---	2654.80
4	3385.71	---	---	3131.11	3091.03	3091.19	2759.13	---	2750.58	---	---	2665.96
5	3391.75	3487.50	3256.93	---	---	3114.21	2733.88	---	2704.34	---	2665.43	2649.81
6	---	3370.65	3289.64	---	---	3115.18	2747.23	2705.16	2691.59	---	2659.36	2605.18
7	---	3309.26	3271.67	---	3136.65	3109.50	---	2779.37	2702.30	---	2641.34	2605.89
8	3409.48	3262.05	3288.41	---	3161.50	3067.15	---	2744.07	---	2716.51	2635.63	---
9	3413.90	3129.85	3307.17	3138.29	3159.15	---	2815.11	2794.38	---	2721.01	2598.87	---
10	3421.83	---	---	3190.32	3174.41	---	2827.63	2795.31	2669.49	2725.84	---	2584.58
11	3425.35	---	---	3208.08	3163.26	3052.78	2777.77	---	2664.80	2583.46	---	2594.09
12	3428.94	3154.13	3326.70	3180.16	---	3079.80	2837.66	---	2656.11	2606.91	2630.52	2602.15
13	---	3184.96	3310.24	3159.05	---	3049.80	2831.18	2785.87	2686.58	---	2654.88	2634.05
14	---	3199.16	3291.38	---	3174.03	3044.16	---	2780.97	2681.64	---	2632.24	2593.74
15	3410.49	---	3291.11	---	3192.12	3021.90	---	2723.26	---	2568.10	2668.17	---
16	3436.59	---	3269.88	3110.65	3169.57	---	2814.04	2705.19	---	2546.33	2679.11	---
17	3444.67	---	---	3066.80	3154.28	---	2798.13	2668.97	2651.79	2561.61	---	2597.97
18	3474.75	---	---	3091.40	3193.30	---	2787.26	---	2699.95	2486.42	---	2576.65
19	3487.86	---	3279.25	3117.38	---	2907.82	2772.55	---	2730.85	2550.47	2703.51	2549.56
20	---	---	3290.64	3071.54	---	2915.73	2829.27	2698.47	2729.24	---	2645.86	2536.27
21	---	---	3280.95	---	3213.84	2875.81	---	2733.83	2797.49	---	2651.51	2516.25
22	3501.36	3268.56	3263.48	---	3214.35	2889.76	---	2714.61	---	2654.88	2645.43	---
23	3546.51	3289.02	3152.76	3068.01	3168.96	---	2859.54	2724.62	---	2594.83	2579.48	---
24	3559.47	---	---	3128.93	3154.65	---	2905.56	2729.43	---	2603.30	---	2527.01
25	3548.31	---	---	3117.97	3141.30	2859.34	2903.65	---	2781.14	2603.80	---	2504.82
26	3558.13	3329.57	3133.72	3075.03	---	2844.51	2882.23	---	2806.81	2598.85	2575.81	2498.29
27	---	3292.07	3166.65	3082.23	---	2813.18	2873.59	2780.90	2791.78	---	2574.68	2483.09
28	---	3259.41	3122.29	---	3135.08	2786.90	---	2777.98	2821.35	---	2601.74	2493.90
29	3523.00	---	3160.53	---	3120.46	2847.42	---	2769.30	---	2542.10	2567.44	---
30	3488.01	---	3168.90	---	3041.44	---	2869.05	2737.74	---	2568.05	2588.19	---
31	3480.83	---	---	---	3095.47	---	2876.40	2725.25	---	2602.78	---	---
最高 high	H3587.03	3495.09	3333.88	3220.85	3219.74	3128.72	2915.30	2897.40	2827.34	2771.94	2703.51	2666.08
最低 low	3314.03	3062.74	3091.46	3041.63	3041.00	2782.38	2691.02	2653.11	2644.30	L2449.20	2555.32	2462.85

分类指数数据及图表
Data and Chart of Sector Indices

上证 180 指数　SSE 180 Index

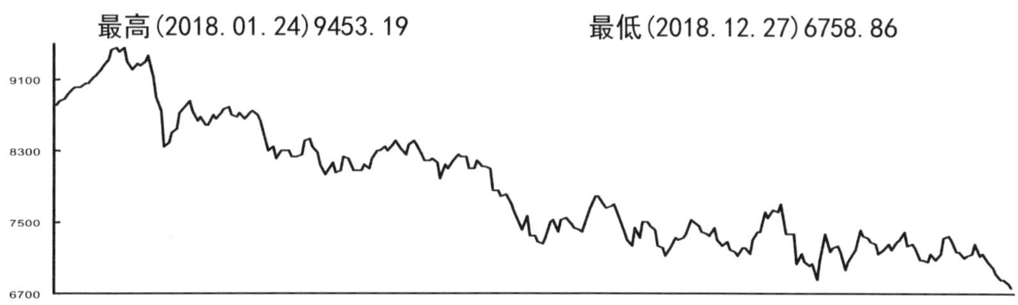

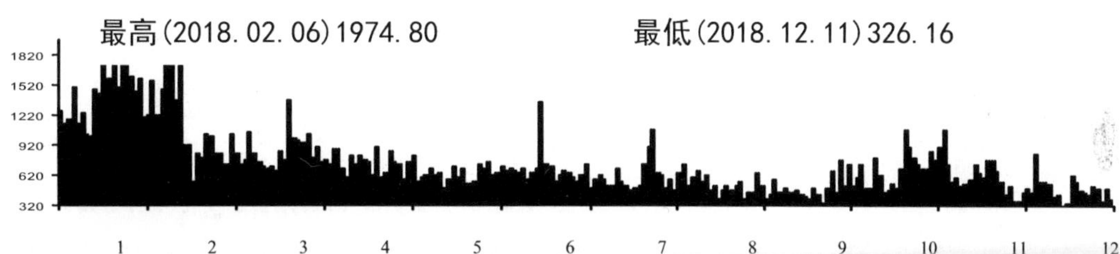

每日收盘指数 Daily Index

日期 Date	1月 Jan	2月 Feb	3月 Mar	4月 Apr	5月 May	6月 Jun	7月 Jul	8月 Aug	9月 Sep	10月 Oct	11月 Nov	12月 Dec
1	---	9265.13	8668.98	---	---	8092.93	---	7541.07	---	---	7179.42	---
2	8773.40	9304.59	8597.54	8289.50	8084.06	---	7336.94	7391.03	---	---	7414.90	---
3	8818.57	---	---	8238.27	8136.90	---	7346.72	7298.42	7350.30	---	---	7317.64
4	8847.06	---	---	8229.34	8096.47	8183.37	7279.32	---	7443.58	---	---	7344.36
5	8872.13	9363.42	8598.41	---	---	8244.53	7263.50	---	7290.94	---	7350.70	7307.57
6	---	9120.76	8696.44	---	---	8232.16	7315.60	7227.16	7226.42	---	7317.00	7168.06
7	---	8908.74	8645.90	---	8208.21	8225.75	---	7429.04	7276.07	---	7268.76	7164.41
8	8927.40	8736.20	8716.86	---	8303.84	8103.96	---	7328.74	---	7377.63	7256.89	---
9	8978.82	8347.69	8757.13	8254.82	8290.03	---	7505.02	7492.24	---	7373.70	7136.16	---
10	9019.36	---	---	8420.27	8335.84	---	7514.82	7495.29	7186.38	7375.86	---	7101.00
11	9014.93	---	---	8437.37	8303.72	8103.98	7388.95	---	7161.11	7037.73	---	7124.68
12	9054.90	8383.91	8778.76	8349.36	---	8186.03	7530.88	---	7122.17	7145.16	7198.21	7146.81
13	---	8492.68	8705.97	8282.92	---	8124.97	7547.29	7448.37	7206.41	---	7260.18	7247.55
14	---	8549.61	8677.69	---	8376.47	8117.11	---	7415.97	7219.54	---	7186.27	7132.32
15	9066.10	---	8726.01	---	8402.58	8089.77	---	7242.55	---	7047.03	7277.07	---
16	9127.09	---	8660.53	8136.43	8325.91	---	7483.30	7215.38	---	7007.80	7300.56	---
17	9142.04	---	---	8029.18	8266.04	---	7431.77	7116.38	7138.99	7040.78	---	7135.00
18	9208.43	---	---	8078.38	8367.67	---	7407.36	---	7299.33	6863.71	---	7063.99
19	9252.56	---	8713.15	8164.49	---	7847.56	7397.42	---	7383.63	7075.66	7384.36	6986.03
20	---	---	8733.68	8058.14	---	7855.63	7574.70	7203.70	7379.87	---	7232.96	6918.11
21	---	---	8706.47	---	8402.91	7786.45	---	7326.17	7614.87	---	7248.98	6846.11
22	9315.70	8726.99	8633.12	---	8368.48	7811.23	---	7301.85	---	7365.98	7217.05	---
23	9430.86	8789.26	8400.03	8079.68	8251.03	---	7662.94	7331.67	---	7169.92	7074.21	---
24	9453.19	---	---	8240.55	8197.89	---	7780.13	7357.13	---	7202.99	---	6858.96
25	9404.36	---	---	8200.53	8192.91	7691.68	7779.39	---	7550.78	7226.25	---	6809.09
26	9451.74	8863.96	8302.72	8082.36	---	7617.53	7695.28	---	7635.90	7176.01	7076.43	6775.75
27	---	8737.11	8351.40	8075.31	---	7482.07	7666.44	7511.41	7614.63	---	7063.76	6758.86
28	---	8624.61	8205.26	---	8213.88	7408.48	---	7493.10	7699.02	---	7144.41	6808.80
29	9302.25	---	8308.10	---	8169.58	7571.95	---	7465.74	---	6966.30	7067.73	---
30	9207.15	---	8304.42	---	7992.61	---	7684.20	7393.93	---	7053.04	7141.00	---
31	9269.75	---	---	---	8148.46	---	7693.16	7371.18	---	7150.20	---	---
最高 high	H9507.40	9363.50	8814.66	8481.54	8432.35	8286.75	7817.92	7760.32	7719.90	7536.93	7414.90	7353.61
最低 low	8672.74	8144.38	8096.48	7968.39	7990.29	7386.21	7157.65	7081.22	7099.60	6782.57	7043.11	L6694.16

分类指数数据及图表
Data and Chart of Sector Indices

上证 50 指数　SSE 50 Index

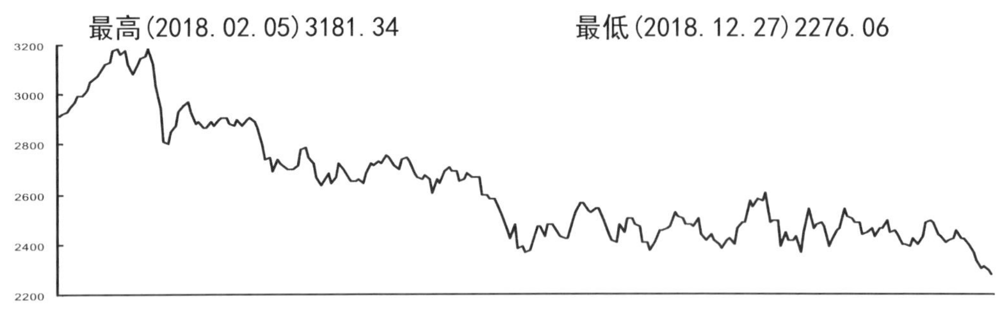

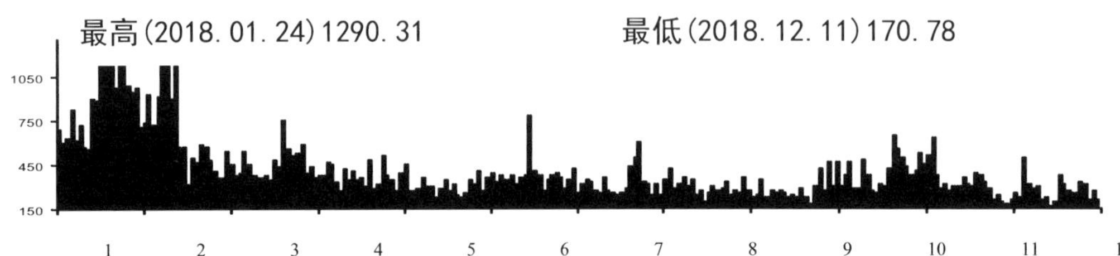

每日收盘指数 Daily Index

日期 Date	1月 Jan	2月 Feb	3月 Mar	4月 Apr	5月 May	6月 Jun	7月 Jul	8月 Aug	9月 Sep	10月 Oct	11月 Nov	12月 Dec
1	---	3141.23	2891.30	---	---	2647.19	---	2490.25	---	---	2460.16	---
2	2908.73	3149.64	2864.18	2711.37	2652.73	---	2386.38	2440.31	---	---	2542.77	---
3	2913.26	---	---	2697.27	2663.98	---	2388.98	2413.50	2465.88	---	---	2488.06
4	2919.48	---	---	2702.37	2646.36	2694.58	2368.43	---	2500.44	---	---	2496.14
5	2932.36	3181.34	2863.99	---	---	2707.02	2374.36	---	2441.23	---	2511.59	2481.79
6	---	3117.49	2892.48	---	---	2692.18	2402.62	2406.54	2416.03	---	2499.68	2434.49
7	---	3029.60	2878.15	---	2683.85	2695.24	---	2479.78	2437.68	---	2482.33	2430.72
8	2947.76	2945.84	2898.25	---	2722.88	2652.08	---	2447.00	---	2486.82	2486.00	---
9	2969.32	2810.03	2908.20	2715.73	2717.24	---	2471.29	2504.62	---	2491.66	2434.21	---
10	2995.56	---	---	2780.80	2729.40	---	2471.23	2503.21	2413.43	2494.06	---	2408.61
11	2997.05	---	---	2785.34	2724.72	2660.41	2432.28	---	2398.77	2390.50	---	2415.58
12	3018.60	2805.21	2909.58	2749.70	---	2687.70	2474.63	---	2381.39	2444.13	2444.97	2423.32
13	---	2852.72	2883.38	2726.40	---	2671.63	2476.86	2478.51	2415.31	---	2462.97	2457.91
14	---	2871.79	2871.33	---	2753.54	2671.30	---	2469.20	2425.42	---	2429.99	2423.38
15	3048.81	---	2894.98	---	2750.83	2667.98	---	2408.72	---	2412.48	2459.14	---
16	3063.86	---	2870.73	2664.71	2716.78	---	2448.77	2405.16	---	2415.49	2461.45	---
17	3076.18	---	---	2635.70	2700.88	---	2430.45	2374.17	2399.88	2429.22	---	2425.95
18	3106.55	---	---	2653.77	2740.54	---	2420.76	---	2458.77	2369.07	---	2397.87
19	3117.82	---	2897.26	2682.55	---	2599.78	2426.16	---	2487.08	2446.32	2492.08	2369.55
20	---	---	2904.40	2647.38	---	2598.33	2493.77	2409.13	2487.42	---	2446.79	2334.92
21	---	---	2894.18	---	2745.80	2579.05	---	2452.38	2573.60	---	2451.27	2306.15
22	3130.33	2931.88	2866.67	---	2728.00	2583.71	---	2450.15	---	2540.15	2437.64	---
23	3176.50	2957.17	2791.47	2664.92	2683.69	---	2526.81	2461.07	---	2464.81	2399.20	---
24	3180.33	---	---	2722.85	2665.68	---	2563.58	2472.00	---	2477.49	---	2309.23
25	3157.46	---	---	2702.98	2661.29	2536.46	2563.69	---	2547.79	2485.10	---	2297.33
26	3172.78	2973.79	2738.87	2666.02	---	2506.72	2530.99	---	2582.77	2468.91	2401.90	2281.56
27	---	2927.10	2747.59	2653.54	---	2452.64	2525.09	2522.34	2575.45	---	2394.29	2276.06
28	---	2878.67	2694.83	---	2673.20	2425.18	---	2511.15	2606.67	---	2421.13	2293.10
29	3120.70	---	2738.79	---	2663.40	2479.91	---	2503.48	---	2389.58	2401.85	---
30	3079.12	---	2722.15	---	2605.90	---	2541.31	2479.21	---	2415.65	2428.05	---
31	3116.83	---	---	---	2658.29	---	2545.12	2474.48	---	2451.12	---	---
最高 high	H3202.47	3181.59	2932.22	2803.88	2761.72	2717.06	2579.59	2570.31	2618.83	2566.63	2544.19	2500.57
最低 low	2867.53	2724.59	2657.49	2613.53	2604.91	2418.30	2331.84	2367.05	2373.04	2344.98	2387.93	L2256.47

分类指数数据及图表

Data and Chart of Sector Indices

上证红利指数　SSE Dividend Index

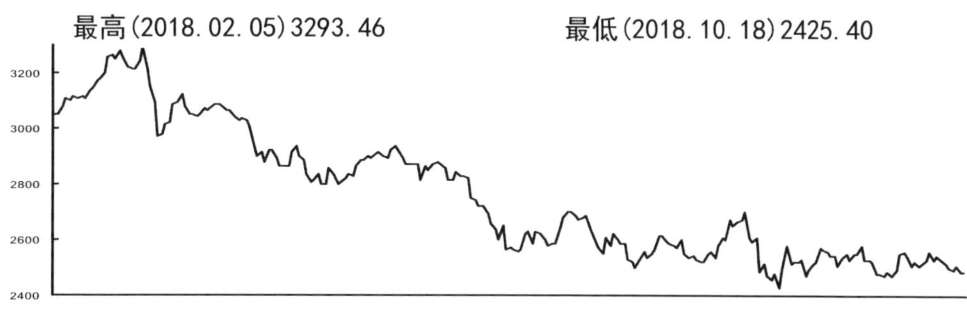

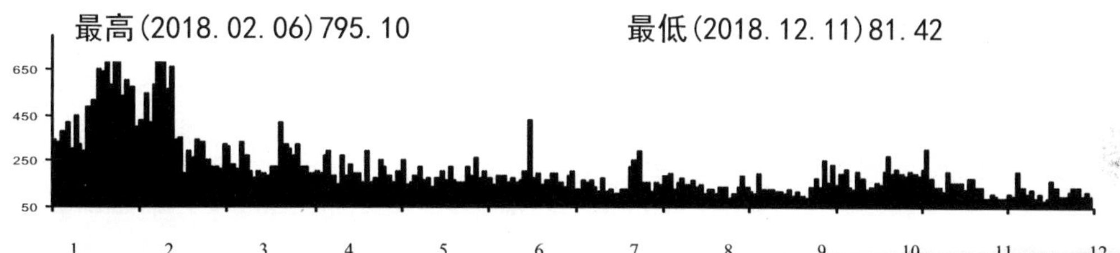

每日收盘指数 Daily Index

日期 Date	1月 Jan	2月 Feb	3月 Mar	4月 Apr	5月 May	6月 Jun	7月 Jul	8月 Aug	9月 Sep	10月 Oct	11月 Nov	12月 Dec
1	---	3211.97	3050.07	---	---	2852.95	---	2637.79	---	---	2518.51	---
2	3039.24	3241.99	3044.76	2895.96	2819.45	---	2565.37	2590.49	---	---	2572.35	---
3	3048.59	---	---	2864.57	2835.43	---	2574.49	2570.25	2572.13	---	---	2548.23
4	3053.53	---	---	2860.96	2828.85	2873.56	2566.73	---	2597.25	---	---	2555.39
5	3077.68	3293.46	3047.26	---	---	2878.98	2554.48	---	2552.61	---	2561.67	2545.71
6	---	3217.04	3072.82	---	---	2873.93	2567.15	2551.35	2537.49	---	2555.93	2507.28
7	---	3149.07	3065.70	---	2862.57	2859.06	---	2609.16	2545.15	---	2543.88	2523.88
8	3107.42	3091.00	3078.45	---	2886.14	2814.24	---	2575.63	---	2606.05	2545.27	---
9	3100.45	2973.39	3085.14	2861.22	2883.70	---	2618.95	2619.23	---	2593.75	2507.20	---
10	3115.52	---	---	2913.22	2903.23	---	2626.22	2600.14	2530.68	2604.64	---	2504.78
11	3108.17	---	---	2932.99	2894.95	2814.72	2583.50	---	2522.51	2486.22	---	2512.81
12	3117.06	2975.96	3088.13	2903.32	---	2840.56	2626.89	---	2521.09	2516.27	2537.45	2526.60
13	---	3015.59	3076.27	2888.45	---	2829.36	2618.70	2584.61	2549.12	---	2552.49	2558.44
14	---	3018.66	3066.81	---	2905.55	2828.54	---	2583.19	2556.46	---	2526.21	2526.84
15	3109.71	---	3065.34	---	2917.29	2824.66	---	2530.81	---	2471.34	2546.52	---
16	3137.04	---	3041.48	2833.27	2900.38	---	2597.89	2521.99	---	2458.06	2552.20	---
17	3140.63	---	---	2806.69	2895.05	---	2576.07	2499.45	2536.01	2479.89	---	2546.29
18	3168.76	---	---	2815.72	2923.73	---	2586.94	---	2578.39	2425.40	---	2528.89
19	3181.03	---	3027.70	2836.26	---	2752.28	2582.70	---	2606.87	2492.26	2577.47	2514.79
20	---	---	3033.19	2799.35	---	2743.69	2644.30	2528.59	2599.27	---	2525.96	2501.60
21	---	---	3028.39	---	2934.93	2720.45	---	2556.34	2671.43	---	2531.43	2490.18
22	3201.89	3084.18	3008.69	---	2923.87	2718.16	---	2537.71	---	2577.61	2519.36	---
23	3257.17	3096.04	2937.09	2800.70	2893.81	---	2679.96	2546.95	---	2513.81	2475.61	---
24	3265.14	---	---	2855.51	2873.83	---	2701.79	2561.85	---	2517.86	---	2504.46
25	3251.40	---	---	2837.94	2873.96	2691.61	2698.17	---	2649.88	2523.35	---	2484.54
26	3279.41	3123.35	2903.31	2802.97	---	2658.33	2685.71	---	2667.21	2528.36	2475.56	2485.43
27	---	3078.97	2912.97	2804.41	---	2635.24	2669.18	2613.55	2669.78	---	2470.12	2475.96
28	---	3049.25	2876.49	---	2869.70	2597.71	---	2611.11	2700.56	---	2487.71	2486.08
29	3257.97	---	2919.41	---	2868.88	2646.57	---	2596.19	---	2473.56	2468.85	---
30	3222.98	---	2919.01	---	2816.71	---	2679.31	2584.26	---	2493.42	2491.65	---
31	3217.72	---	---	---	2866.99	---	2688.17	2576.60	---	2516.79	---	---
最高 high	H3317.83	3293.46	3101.67	2946.59	2948.11	2880.07	2711.68	2703.41	2702.33	2653.75	2577.47	2566.61
最低 low	3002.42	2897.99	2855.04	2766.47	2802.50	2593.23	2516.56	2493.72	2505.34	L2401.37	2458.79	2446.21

分类指数数据及图表
Data and Chart of Sector Indices

上证 A 股指数　SSE A Share Index

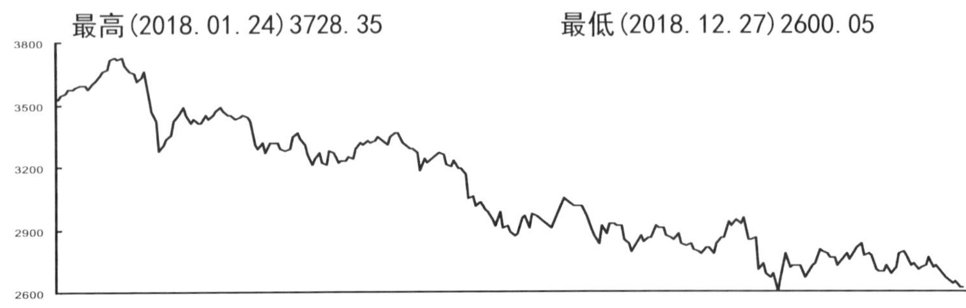

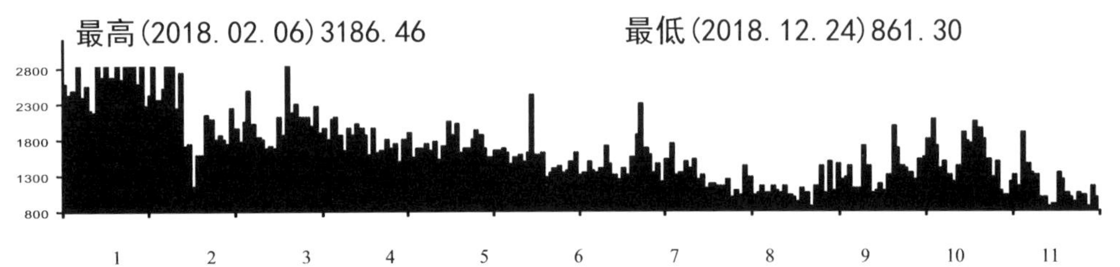

每日收盘指数 Daily Index

日期 Date	1月 Jan	2月 Feb	3月 Mar	4月 Apr	5月 May	6月 Jun	7月 Jul	8月 Aug	9月 Sep	10月 Oct	11月 Nov	12月 Dec
1	---	3610.51	3428.77	---	---	3220.88	---	2958.05	---	---	2729.31	---
2	3506.62	3626.27	3408.60	3312.69	3226.89	---	2906.62	2898.84	---	---	2802.97	---
3	3528.43	---	---	3284.85	3247.53	---	2918.50	2869.92	2849.18	---	---	2779.99
4	3545.80	---	---	3279.07	3237.23	3237.70	2889.43	---	2880.46	---	---	2791.68
5	3552.17	3652.98	3411.18	---	---	3261.76	2862.99	---	2831.96	---	2791.35	2774.79
6	---	3530.57	3445.45	---	---	3262.78	2877.01	2833.00	2818.61	---	2784.97	2727.99
7	---	3466.13	3426.62	---	3285.04	3256.82	---	2910.78	2829.85	---	2766.10	2728.72
8	3570.75	3416.57	3444.17	---	3311.10	3212.37	---	2873.75	---	2844.84	2760.11	---
9	3575.42	3278.01	3463.81	3286.62	3308.64	---	2948.18	2926.48	---	2849.53	2721.56	---
10	3583.81	---	---	3341.25	3324.64	---	2961.30	2927.43	2795.48	2854.58	---	2706.42
11	3587.51	---	---	3359.87	3312.95	3197.33	2909.09	---	2790.59	2705.45	---	2716.38
12	3591.27	3303.37	3484.15	3330.56	---	3225.65	2971.82	---	2781.50	2730.05	2754.72	2724.83
13	---	3335.69	3466.91	3308.38	---	3194.17	2965.01	2917.53	2813.42	---	2780.22	2758.26
14	---	3350.57	3447.13	---	3324.27	3188.26	---	2912.36	2808.26	---	2756.42	2716.00
15	3572.01	---	3446.87	---	3343.27	3165.01	---	2851.84	---	2689.35	2794.03	---
16	3599.34	---	3424.64	3257.64	3319.60	---	2947.06	2832.91	---	2666.77	2805.43	---
17	3607.81	---	---	3211.66	3303.60	---	2930.37	2794.91	2776.97	2682.77	---	2720.47
18	3639.37	---	---	3237.50	3344.54	---	2919.00	---	2827.46	2603.99	---	2698.11
19	3653.13	---	3434.54	3264.74	---	3045.66	2903.60	---	2859.84	2671.08	2831.06	2669.68
20	---	---	3446.49	3216.70	---	3053.89	2963.15	2825.89	2858.18	---	2770.67	2655.73
21	---	---	3436.36	---	3366.07	3012.08	---	2862.94	2929.74	---	2776.56	2634.80
22	3667.31	3423.37	3417.98	---	3366.61	3026.62	---	2842.78	---	2780.38	2770.17	---
23	3714.80	3444.83	3301.95	3213.05	3319.02	---	2994.89	2853.27	---	2717.43	2701.10	---
24	3728.35	---	---	3276.90	3304.00	---	3043.13	2858.35	---	2726.30	---	2646.07
25	3716.59	---	---	3265.42	3290.02	2994.70	3041.10	---	2912.61	2726.86	---	2622.83
26	3726.89	3487.35	3281.92	3220.39	---	2979.13	3018.61	---	2939.53	2721.64	2697.27	2616.00
27	---	3448.03	3316.41	3227.92	---	2946.23	3009.53	2912.30	2923.73	---	2696.05	2600.05
28	---	3413.74	3269.88	---	3283.49	2918.64	---	2909.23	2954.75	---	2724.40	2611.38
29	3690.02	---	3309.98	---	3268.14	2982.00	---	2900.13	---	2662.15	2688.42	---
30	3653.27	---	3318.71	---	3185.36	---	3004.79	2867.01	---	2689.31	2710.17	---
31	3645.80	---	---	---	3242.11	---	3012.50	2853.90	---	2725.67	---	---
最高 high	H3757.20	3660.73	3491.71	3373.25	3372.25	3276.97	3053.32	3034.49	2961.07	2902.96	2831.06	2791.82
最低 low	3470.67	3207.61	3237.68	3185.31	3184.89	2913.87	2818.06	2778.32	2769.10	L2564.9	2675.68	2578.82

分类指数数据及图表

Data and Chart of Sector Indices

上证B股指数　SSE B Share Index

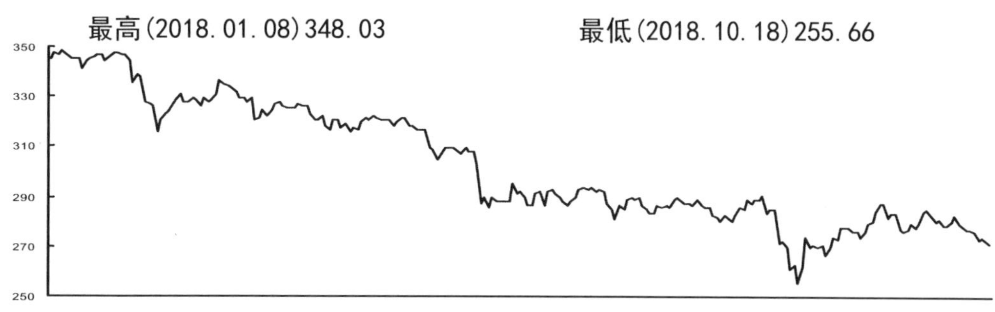

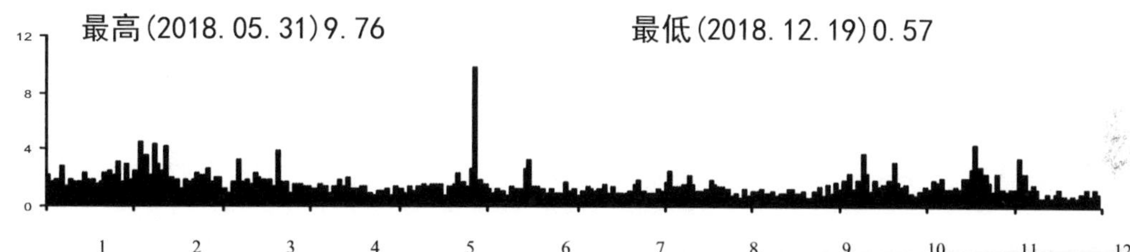

每日收盘指数 Daily Index

日期 Date	1月 Jan	2月 Feb	3月 Mar	4月 Apr	5月 May	6月 Jun	7月 Jul	8月 Aug	9月 Sep	10月 Oct	11月 Nov	12月 Dec
1	---	335.83	329.27	---	---	304.57	---	291.79	---	---	273.32	---
2	344.82	339.14	328.33	327.40	316.03	---	291.46	286.93	---	---	277.44	---
3	345.42	---	---	326.00	317.14	---	292.44	285.27	286.55	---	---	284.32
4	347.63	---	---	325.36	316.53	306.01	289.40	---	289.04	---	---	285.18
5	346.61	338.46	326.07	---	---	309.69	286.82	---	286.62	---	277.99	282.72
6	---	327.84	329.31	---	---	309.79	286.69	280.61	285.34	---	277.84	280.50
7	---	326.67	327.78	---	319.85	309.76	---	286.21	285.70	---	276.25	280.68
8	348.03	325.86	328.63	---	321.29	308.63	---	284.56	---	283.43	275.92	---
9	347.19	316.06	330.72	325.15	320.91	---	291.01	288.56	---	284.81	273.77	---
10	345.59	---	---	325.62	322.00	---	291.90	289.31	282.33	285.08	---	278.29
11	345.15	---	---	326.70	321.41	306.96	286.76	---	281.38	271.15	---	278.92
12	345.44	320.64	336.78	325.91	---	309.18	292.45	---	279.96	272.51	276.54	279.85
13	---	322.90	335.11	326.46	---	307.97	292.61	288.81	282.65	---	279.39	282.30
14	---	324.02	334.38	---	321.00	307.61	---	289.55	281.88	---	280.27	279.40
15	341.38	---	333.72	---	320.95	303.27	---	286.35	---	269.99	284.48	---
16	344.50	---	331.35	323.11	320.32	---	290.94	284.91	---	260.77	287.56	---
17	344.88	---	---	320.77	318.49	---	289.99	283.14	279.84	262.58	---	278.74
18	346.35	---	---	320.36	319.91	---	288.49	---	282.93	255.66	---	277.34
19	346.59	---	329.31	322.06	---	287.01	286.62	---	285.33	261.76	287.69	276.80
20	---	---	329.49	318.62	---	289.90	287.72	283.35	284.53	---	281.79	276.33
21	---	---	328.05	---	321.39	285.74	---	286.24	288.61	---	283.43	273.15
22	346.46	327.25	329.16	---	321.25	289.63	---	285.53	---	274.01	283.67	---
23	344.10	328.45	320.37	316.72	318.56	---	289.44	286.34	---	269.94	277.16	---
24	346.12	---	---	320.95	317.95	---	292.78	285.35	---	270.67	---	274.16
25	347.45	---	---	320.32	316.69	288.30	293.31	---	287.25	269.74	---	271.83
26	347.89	330.75	321.46	317.80	---	288.26	293.09	---	288.72	270.44	276.05	271.14
27	---	328.06	324.67	318.89	---	288.07	293.54	289.26	288.71	---	277.23	270.24
28	---	327.93	322.52	---	316.45	287.97	---	289.35	290.20	---	279.50	271.05
29	347.01	---	324.77	---	316.52	295.00	---	288.49	---	266.61	278.11	---
30	347.12	---	326.87	---	309.20	---	292.32	287.61	---	269.57	279.42	---
31	344.75	---	---	---	309.07	---	292.93	287.25	---	273.79	---	---
最高 high	H349.67	346.77	336.80	328.27	322.54	311.11	295.26	295.10	290.59	288.45	289.60	285.18
最低 low	340.77	312.72	315.91	315.27	306.12	284.14	283.47	280.37	279.51	L253.22	272.89	269.03

分类指数数据及图表
Data and Chart of Sector Indices

上证基金指数　SSE Fund Index

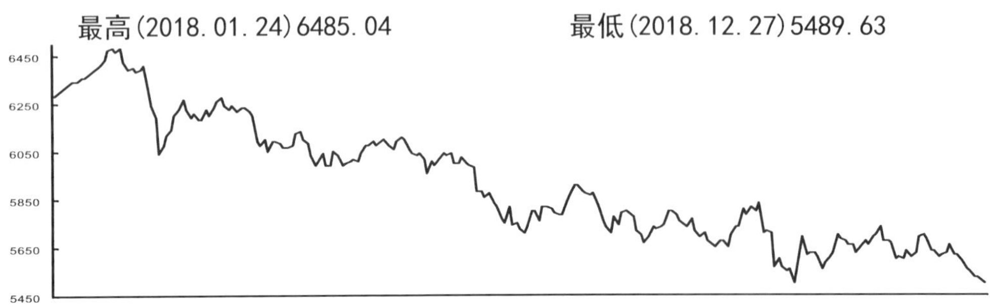

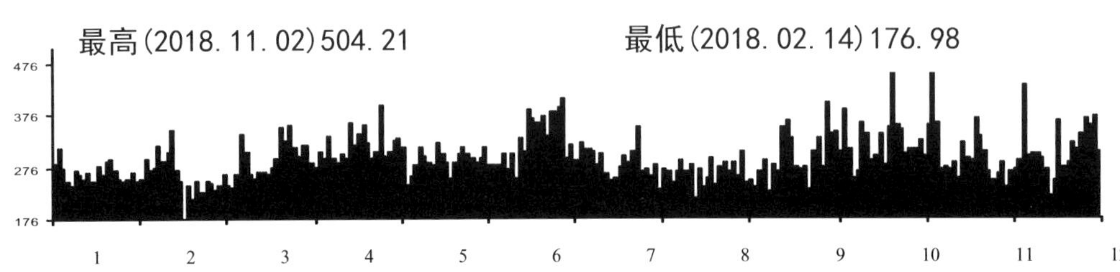

每日收盘指数 Daily Index

日期 Date	1月 Jan	2月 Feb	3月 Mar	4月 Apr	5月 May	6月 Jun	7月 Jul	8月 Aug	9月 Sep	10月 Oct	11月 Nov	12月 Dec
1	---	6380.12	6209.19	---	---	5992.76	---	5822.31	---	---	5622.76	---
2	6265.66	6394.84	6187.34	6086.10	6005.92	---	5744.52	5761.75	---	---	5703.60	---
3	6280.94	---	---	6070.68	6019.87	---	5751.71	5734.22	5736.29	---	---	5695.55
4	6293.58	---	---	6063.76	6008.40	6018.52	5726.98	---	5767.91	---	---	5701.12
5	6304.45	6411.64	6184.79	---	---	6041.97	5707.69	---	5715.89	---	5683.23	5686.92
6	---	6300.49	6224.72	---	---	6036.99	5729.53	5704.72	5694.69	---	5676.51	5635.11
7	---	6237.91	6203.30	---	6045.27	6038.91	---	5773.41	5708.56	---	5659.88	5631.63
8	6316.85	6188.90	6229.98	---	6076.89	5999.66	---	5739.22	---	5711.82	5658.03	---
9	6333.12	6045.72	6255.07	6071.24	6071.98	---	5797.28	5795.65	---	5712.58	5626.04	---
10	6345.74	---	---	6126.71	6087.93	---	5800.50	5799.52	5671.05	5711.62	---	5606.46
11	6341.93	---	---	6131.13	6076.29	6000.81	5757.22	---	5661.72	5566.30	---	5618.29
12	6359.21	6077.47	6274.10	6102.33	---	6027.98	5814.87	---	5648.42	5603.11	5652.80	5624.33
13	---	6116.42	6244.99	6082.97	---	6000.89	5820.74	5788.09	5677.54	---	5675.97	5661.19
14	---	6139.15	6224.68	---	6095.11	5995.44	---	5776.88	5678.61	---	5654.95	5618.89
15	6354.45	---	6241.84	---	6101.93	5985.00	---	5716.59	---	5566.28	5690.32	---
16	6377.38	---	6216.92	6030.95	6078.43	---	5809.46	5703.50	---	5546.95	5703.41	---
17	6379.99	---	---	5993.05	6059.44	---	5794.23	5667.21	5649.61	5560.24	---	5614.42
18	6402.70	---	---	6007.01	6091.01	---	5786.28	---	5698.00	5503.32	---	5588.23
19	6410.42	---	6233.75	6038.48	---	5880.78	5782.53	---	5730.45	5567.06	5730.23	5561.67
20	---	---	6235.73	5994.06	---	5886.78	5838.32	5692.73	5731.73	---	5671.96	5546.65
21	---	---	6220.57	---	6104.76	5861.65	---	5731.20	5811.10	---	5675.09	5521.26
22	6436.80	6203.02	6197.08	---	6096.21	5875.48	---	5725.65	---	5692.12	5666.69	---
23	6473.33	6225.48	6090.78	5994.47	6058.16	---	5862.88	5736.06	---	5617.20	5602.40	---
24	6485.04	---	---	6049.23	6041.55	---	5910.43	5742.21	---	5624.06	---	5528.44
25	6462.65	---	---	6035.86	6031.83	5835.98	5908.70	---	5787.43	5627.14	---	5507.23
26	6484.90	6264.29	6076.80	5992.13	---	5817.58	5881.19	---	5814.88	5611.98	5604.57	5496.30
27	---	6224.97	6102.78	6000.16	---	5768.99	5876.69	5800.89	5800.03	---	5603.60	5489.63
28	---	6188.80	6050.05	---	6041.16	5747.83	---	5797.17	5831.52	---	5635.54	5499.31
29	6427.49	---	6091.06	---	6018.81	5814.49	---	5785.40	---	5555.85	5607.79	---
30	6391.95	---	6093.18	---	5962.38	---	5867.80	5759.71	---	5580.21	5627.42	---
31	6399.34	---	---	---	6005.53	---	5871.53	5742.15	---	5606.83	---	---
最高 high	H6502.37	6427.80	6281.97	6148.13	6116.71	6058.95	5918.57	5898.87	5837.97	5776.28	5730.47	5708.56
最低 low	6222.93	5989.09	6019.14	5968.60	5961.02	5742.91	5681.42	5653.91	5642.58	5477.10	5593.73	L5465.12

分类指数数据及图表
Data and Chart of Sector Indices

上证国债指数　SSE T-Bond Index

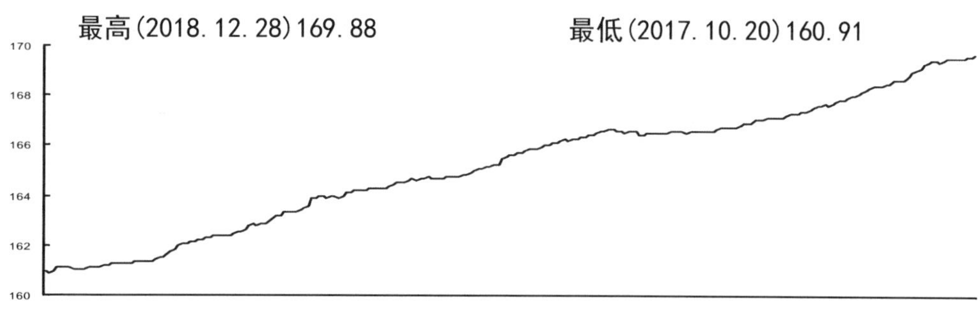

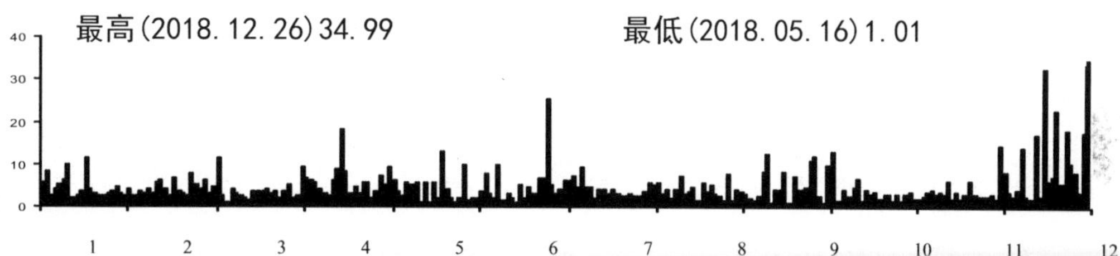

每日收盘指数 Daily Index

日期 Date	1月 Jan	2月 Feb	3月 Mar	4月 Apr	5月 May	6月 Jun	7月 Jul	8月 Aug	9月 Sep	10月 Oct	11月 Nov	12月 Dec
1	---	161.27	162.10	---	---	164.73	---	166.46	---	---	167.67	---
2	160.97	161.29	162.12	163.07	163.98	---	165.53	166.48	---	---	167.65	---
3	160.94	---	---	163.15	164.12	---	165.63	166.55	166.62	---	---	168.83
4	160.91	---	---	163.19	164.16	164.69	165.62	---	166.54	---	---	168.93
5	160.99	161.32	162.13	---	---	164.68	165.75	---	166.59	---	167.69	169.05
6	---	161.34	162.21	---	---	164.71	165.75	166.62	166.58	---	167.75	169.11
7	---	161.35	162.22	---	164.23	164.71	---	166.65	166.59	---	167.83	169.29
8	161.09	161.36	162.28	---	164.22	164.74	---	166.63	---	167.06	167.88	---
9	161.10	161.38	162.30	163.37	164.18	---	165.79	166.60	---	167.10	167.93	---
10	161.12	---	---	163.35	164.21	---	165.84	166.55	166.61	167.07	---	169.37
11	161.09	---	---	163.33	164.25	164.79	165.89	---	166.62	167.16	---	169.42
12	161.03	161.43	162.35	163.36	---	164.78	165.91	---	166.57	167.18	167.99	169.44
13	---	161.47	162.36	163.38	---	164.79	165.93	166.53	166.58	---	168.01	169.40
14	---	161.52	162.35	---	164.25	164.84	---	166.58	166.68	---	168.11	169.43
15	161.04	---	162.36	---	164.28	164.83	---	166.58	---	167.15	168.19	---
16	161.06	---	162.39	163.49	164.32	---	166.00	166.55	---	167.14	168.28	---
17	161.07	---	---	163.56	164.31	---	166.06	166.43	166.74	167.17	---	169.49
18	161.09	---	---	163.86	164.35	---	166.09	---	166.75	167.25	---	169.50
19	161.08	---	162.44	163.92	---	164.92	166.15	---	166.71	167.27	168.37	169.52
20	---	---	162.52	163.96	---	164.98	166.21	166.44	166.73	---	168.40	169.55
21	---	---	162.57	---	164.46	165.07	---	166.47	166.75	---	168.39	169.55
22	161.12	161.65	162.62	---	164.51	165.08	---	166.48	---	167.29	168.39	---
23	161.14	161.72	162.77	163.93	164.54	---	166.28	166.48	---	167.33	168.46	---
24	161.18	---	---	163.92	164.55	---	166.23	166.53	---	167.38	---	169.57
25	161.19	---	---	163.93	164.57	165.17	166.24	---	166.81	167.41	---	169.63
26	161.24	161.83	162.82	163.94	---	165.18	166.27	---	166.88	167.47	168.53	169.67
27	---	161.95	162.81	163.92	---	165.21	166.31	166.54	166.88	---	168.62	169.69
28	---	162.05	162.87	---	164.65	165.26	---	166.54	166.92	---	168.63	169.88
29	161.24	---	162.89	---	164.64	165.44	---	166.56	---	167.57	168.67	---
30	161.27	---	162.96	---	164.68	---	166.34	166.59	---	167.59	168.69	---
31	161.27	---	---	---	164.70	---	166.42	166.60	---	167.64	---	---
最高 high	161.30	162.05	162.96	164.01	164.71	165.45	166.42	166.66	166.92	167.64	168.70	H169.88
最低 low	L160.89	161.26	162.06	163.00	163.97	164.68	165.46	166.38	166.53	167.05	167.62	168.71

分类指数数据及图表
Data and Chart of Sector Indices

上证企业债指数　SSE C-Bond Index

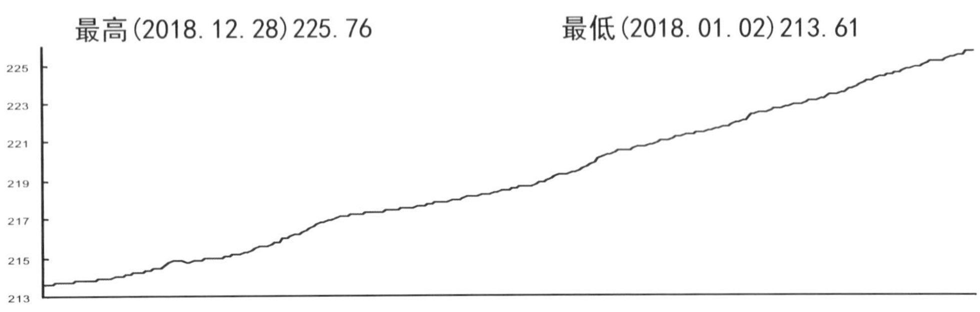

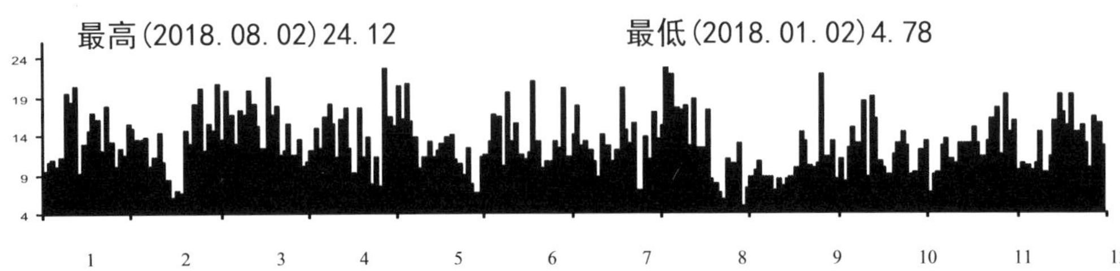

每日收盘指数 Daily Index

日期 Date	1月 Jan	2月 Feb	3月 Mar	4月 Apr	5月 May	6月 Jun	7月 Jul	8月 Aug	9月 Sep	10月 Oct	11月 Nov	12月 Dec
1	---	214.09	214.76	---	---	217.69	---	219.72	---	---	223.21	---
2	213.61	214.13	214.77	215.68	217.12	---	218.46	219.80	---	---	223.26	---
3	213.63	---	---	215.74	217.14	---	218.48	219.94	221.25	---	---	224.78
4	213.63	---	---	215.81	217.16	217.77	218.49	---	221.28	---	---	224.81
5	213.65	214.23	214.84	---	---	217.79	218.53	---	221.31	---	223.37	224.86
6	---	214.25	214.88	---	---	217.80	218.57	220.08	221.35	---	223.39	224.90
7	---	214.26	214.88	---	217.23	217.80	---	220.18	221.39	---	223.45	224.92
8	213.70	214.29	214.91	---	217.24	217.83	---	220.29	---	222.41	223.50	---
9	213.71	214.30	214.93	215.98	217.25	---	218.64	220.32	---	222.43	223.57	---
10	213.72	---	---	216.02	217.26	---	218.69	220.40	221.49	222.47	---	225.03
11	213.75	---	---	216.08	217.30	217.90	218.68	---	221.49	222.50	---	225.14
12	213.75	214.40	215.00	216.15	---	217.92	218.70	---	221.50	222.53	223.69	225.19
13	---	214.43	215.01	216.22	---	217.96	218.74	220.49	221.54	---	223.74	225.21
14	---	214.47	215.01	---	217.35	217.99	---	220.49	221.60	---	223.84	225.22
15	213.83	---	215.03	---	217.35	218.02	---	220.54	---	222.62	223.92	---
16	213.85	---	215.06	216.33	217.37	---	218.86	220.56	---	222.68	224.01	---
17	213.80	---	---	216.40	217.38	---	218.91	220.63	221.68	222.70	---	225.32
18	213.79	---	---	216.53	217.40	---	218.95	---	221.71	222.72	---	225.36
19	213.81	---	215.15	216.63	---	218.13	219.08	---	221.75	222.76	224.12	225.41
20	---	---	215.18	216.72	---	218.14	219.14	220.74	221.78	---	224.18	225.45
21	---	---	215.19	---	217.47	218.16	---	220.76	221.84	---	224.23	225.51
22	213.86	214.70	215.26	---	217.46	218.20	---	220.77	---	222.85	224.30	---
23	213.90	214.75	215.32	216.82	217.48	---	219.25	220.82	---	222.92	224.36	---
24	213.92	---	---	216.85	217.51	---	219.28	220.87	---	222.92	---	225.64
25	213.94	---	---	216.87	217.50	218.28	219.34	---	221.97	222.93	---	225.65
26	213.97	214.83	215.42	216.92	---	218.28	219.40	---	222.02	222.96	224.47	225.69
27	---	214.84	215.47	216.99	---	218.31	219.43	220.97	222.06	---	224.49	225.73
28	---	214.87	215.53	---	217.58	218.33	---	221.01	222.13	---	224.55	225.76
29	214.02	---	215.54	---	217.59	218.36	---	221.04	---	223.06	224.60	---
30	214.04	---	215.58	---	217.63	---	219.55	221.06	---	223.12	224.66	---
31	214.07	---	---	---	217.66	---	219.64	221.13	---	223.15	---	---
最高 high	214.08	214.88	215.58	216.99	217.67	218.37	219.64	221.13	222.13	223.17	224.66	H225.78
最低 low	L213.61	214.08	214.74	215.66	217.11	217.65	218.43	219.65	221.21	222.40	223.18	224.75

Securities

Trading

证券成交

股票市场概貌 Share Market Overview

股票 Share

股票市场交易 Stock Market Data	2018 年	2017 年	增减(%) Change (%)
交易天数 Number of Trading Days	243	244	-0.41
上市股票数 Number of Stocks	1494	1440	3.75
A 股　A Share	1443	1389	3.89
B 股　B Share	51	51	0.00
新上市股票数 Number of New listed Stocks	57	215	-73.49
股票市价总值(亿)Total Market Cap(100M)	269515.01	331324.82	-18.66
A 股　A Share	268690.84	330327.36	-18.66
B 股　B Share	824.18	997.46	-17.37
股票非限售市值(亿) Negotiable Cap (100M)	232698.75	281365.67	-17.30
A 股　A Share	231874.57	280368.22	-17.30
B 股　B Share	824.18	997.46	-17.37
总成交金额 (亿) Total Trading Val(100M)	403184.38	511242.79	-21.14
A 股　A Share	401575.27	507214.81	-20.83
B 股　B Share	389.75	555.30	-29.81
股票回购	1219.36	3472.68	-64.89
日均成交金额(亿)Average Trading Val(100M)	1659.19	2095.26	-20.81
A 股　A Share	1652.57	2078.75	-20.50
B 股　B Share	1.60	2.28	-29.82
股票回购	5.02	14.23	-64.72
总成交量(亿) Total Trading Vol (100M)	37546.31	44500.24	-15.63
A 股　A Share	37173.54	43719.05	-14.97
B 股　B Share	61.12	80.26	-23.85
股票回购	311.66	700.93	-55.54
日均成交量(亿) Average Trading Vol(100M)	154.51	182.38	-15.28
A 股　A Share	152.98	179.18	-14.62
B 股　B Share	0.25	0.33	-24.24
股票回购	1.28	2.87	-55.40
总成交笔数(百万)Total Number of Trades(M)	2243.31	2401.78	-6.60
A 股　A Share	2239.33	2397.18	-6.58
B 股　B Share	3.94	4.27	-7.73
股票回购	0.03	0.33	-90.91
大宗交易成交 Bulk Trading			
总成交金额(亿) Total Trading Val(100M)	1593.95	2083.24	-23.49
总成交量(亿) Total Trading Vol(100M)	154.37	191.54	-19.41
总成交笔数(笔) Number of Trades	4531.00	6169.00	-26.55
股票换手率 Turnover Rate	115.19	144.99	-20.55
A 股　A Share	115.57	145.47	-20.55
B 股　B Share	38.82	51.67	-24.87
股票平均价格 Average Price	10.74	11.49	-6.53
A 股　A Share	10.80	11.60	-6.90
B 股　B Share	6.38	6.92	-7.80
股票市盈率 P/E	12.49	18.16	-31.22
A 股　A Share	12.50	18.15	-31.13
B 股　B Share	10.60	22.48	-52.85

A 股每日成交(亿/亿股)
A Share Trading(100 M Yuan/100 M Shares)

股票
Share

日期 Date	1月 Jan		2月 Feb		3月 Mar		4月 Apr		5月 May		6月 Jun	
	金额 Value	数量 Vol	金额 Value	数量 Vol	金额 Value	数量 Vol	金额 Value	数量 Vol	金额 Value	数量 Vol	金额 Value	数量 Vol
1	---	---	2935.54	260.37	1853.55	159.02	---	---	---	---	1667.07	129.98
2	2279.24	202.58	2367.42	208.70	1786.35	150.89	2263.60	177.65	1688.03	134.77	---	---
3	2585.11	213.97	---	---	---	---	1898.48	152.16	1738.79	140.11	---	---
4	2432.31	207.07	---	---	---	---	1937.76	147.05	1493.79	119.12	1550.90	115.08
5	2483.62	213.21	2525.80	218.20	1741.70	144.83	---	---	---	---	1651.92	118.86
6	---	---	3186.46	280.26	2245.11	195.40	---	---	---	---	1632.51	120.46
7	---	---	2956.85	261.16	1942.42	169.18	---	---	1788.79	139.51	1682.58	128.92
8	2870.61	237.20	2246.46	202.41	1762.96	150.21	---	---	1896.60	147.74	1615.03	134.93
9	2393.16	192.03	2737.46	257.36	2035.66	168.93	1795.68	141.46	1542.54	123.03	---	---
10	2550.84	209.35	---	---	---	---	2066.91	168.48	1660.99	134.27	---	---
11	2188.58	173.82	---	---	---	---	2117.23	175.98	1677.42	132.12	1439.99	109.32
12	2161.34	174.15	1709.81	153.23	2482.79	206.53	1852.18	148.45	---	---	1549.82	114.02
13	---	---	1722.79	151.88	2027.34	177.21	1638.30	127.60	---	---	1566.06	120.16
14	---	---	1145.06	100.20	1840.32	157.83	---	---	1731.60	129.56	1486.13	116.49
15	2866.06	232.10	---	---	1795.51	148.43	---	---	1631.99	124.52	1625.68	144.58
16	2673.27	211.97	---	---	1678.29	141.16	1941.18	157.49	1759.06	131.13	---	---
17	3168.46	261.15	---	---	---	---	1855.93	147.29	1508.29	114.03	---	---
18	2676.90	219.95	---	---	---	---	2030.40	159.63	1690.24	137.37	---	---
19	2952.11	248.30	---	---	1702.07	137.99	1963.15	159.97	---	---	2413.31	230.56
20	---	---	---	---	1675.49	141.31	1865.69	156.76	---	---	1570.27	145.62
21	---	---	---	---	2099.40	168.80	---	---	2031.71	164.86	1598.79	154.77
22	2632.19	219.00	1573.11	138.64	1850.70	150.66	---	---	1863.19	144.69	1274.02	126.28
23	2821.72	238.72	1594.07	145.57	2940.96	275.87	1581.75	132.05	2008.60	159.39	---	---
24	3117.24	253.78	---	---	---	---	1961.16	162.53	1618.76	125.08	---	---
25	2892.03	244.70	---	---	---	---	1617.26	127.62	1674.57	129.68	1323.58	121.86
26	2583.07	222.78	2132.64	188.35	2167.34	186.68	1652.35	134.81	---	---	1395.84	127.81
27	---	---	2065.40	174.38	2291.39	189.68	1797.86	131.55	---	---	1429.81	129.90
28	---	---	1803.62	150.90	2097.30	164.43	---	---	1682.58	128.88	1325.44	118.86
29	2866.67	237.06	---	---	2109.72	170.27	---	---	1788.56	136.14	1356.20	125.65
30	2251.62	186.48	---	---	1974.83	155.63	---	---	1921.37	155.30	---	---
31	2425.07	206.91	---	---	---	---	---	---	1852.67	140.02	---	---
最高 high	3168.46	261.15	H3186.46	H280.26	2940.96	275.87	2263.60	177.65	2031.71	164.86	2413.31	230.56
最低 low	2161.34	173.82	1145.06	100.20	1675.49	137.99	1581.75	127.60	1493.79	114.03	1274.02	109.32

A 股每日成交(亿/亿股)
A Share Trading(100 M Yuan/100 M Shares)

股票
Share

日期 Date	7月 Jul		8月 Aug		9月 Sep		10月 Oct		11月 Nov		12月 Dec	
	金额 Value	数量 Vol	金额 Value	数量 Vol	金额 Value	数量 Vol	金额 Value	数量 Vol	金额 Value	数量 Vol	金额 Value	数量 Vol
1	---	---	1516.35	149.36	---	---	---	---	1810.18	202.08	---	---
2	1477.98	137.26	1724.64	174.32	---	---	---	---	2081.16	225.67	---	---
3	1618.69	142.71	1290.16	126.79	1047.97	102.15	---	---	---	---	1877.36	207.18
4	1310.85	123.69	---	---	1140.67	109.68	---	---	---	---	1442.44	167.96
5	1331.69	129.56	---	---	1076.30	105.62	---	---	1693.24	195.16	1341.04	154.41
6	1484.10	136.85	1330.72	129.82	1063.17	99.07	---	---	1389.50	163.91	1293.69	141.74
7	---	---	1476.84	150.70	1140.22	107.84	---	---	1476.85	173.52	978.56	109.17
8	---	---	1402.70	147.91	---	---	1416.37	149.63	1287.58	159.60	---	---
9	1358.23	121.76	1510.95	151.75	---	---	1103.59	116.95	1213.44	152.61	---	---
10	1326.90	117.09	1233.41	121.98	1028.92	103.63	1115.73	114.31	---	---	991.54	113.35
11	1383.03	126.72	---	---	973.26	100.25	1697.37	196.69	---	---	863.28	101.78
12	1708.11	147.28	---	---	935.35	90.33	1428.51	170.62	1430.84	176.56	892.34	103.54
13	1464.42	118.00	1296.96	128.15	1125.52	107.69	---	---	1898.10	249.13	1331.34	151.76
14	---	---	1125.69	109.98	1049.80	100.05	---	---	1769.37	238.12	1240.55	146.16
15	---	---	1187.13	116.32	---	---	1052.86	118.88	1720.61	207.81	---	---
16	1294.92	107.73	1176.81	120.33	---	---	1070.81	119.52	2046.71	241.54	---	---
17	1242.16	105.61	1157.29	112.77	873.08	88.70	1174.15	129.92	---	---	1035.30	118.21
18	1387.74	121.19	---	---	1133.15	116.13	1065.54	125.37	---	---	998.26	117.54
19	1298.14	114.63	---	---	1434.12	142.13	1303.31	147.66	1964.57	231.40	938.91	107.96
20	1558.87	146.15	1148.45	110.99	1050.71	112.22	---	---	1811.68	216.51	1037.36	120.89
21	---	---	1226.56	113.75	1491.14	158.17	---	---	1513.23	187.01	1022.08	117.11
22	---	---	984.71	93.62	---	---	1973.80	212.30	1257.19	149.26	---	---
23	1874.89	174.01	1079.47	98.94	---	---	1670.79	178.65	1499.44	191.14	---	---
24	2290.94	230.03	1028.60	100.63	---	---	1421.82	160.30	---	---	861.30	98.04
25	1667.78	168.02	---	---	1089.25	113.84	1377.09	162.16	---	---	1148.92	140.82
26	1577.74	168.70	---	---	1453.29	139.85	1334.66	159.00	1086.06	135.43	972.92	109.73
27	1330.07	146.68	1415.57	132.93	1235.57	124.22	---	---	1023.44	123.79	1149.62	137.63
28	---	---	1252.14	118.89	1254.80	134.44	---	---	1195.38	145.83	1107.63	121.31
29	---	---	1013.15	100.39	---	---	1226.52	134.49	1295.28	157.24	---	---
30	1459.36	151.56	1063.74	105.99	---	---	1528.56	167.58	1128.19	140.39	---	---
31	1195.56	118.94	1150.64	109.66	---	---	1549.28	180.59	---	---	---	---
最高 high	2290.94	230.03	1724.64	174.32	1491.14	158.17	1973.80	212.30	2081.16	249.13	1877.36	207.18
最低 low	1195.56	105.61	984.71	93.62	873.08	L88.70	1052.86	114.31	1023.44	123.79	L861.30	98.04

A 股
A Share

股票
Share

股票代码 Code	股票简称 Stock Name	市价总值 Tot_cap	无限售股市值 Nego_cap	发行股本 Issued Vol	流通股本 Negotiable Vol	上年收盘 Last Year Close	本年开盘 Open	本年最高 High	本年最低 Low
600000	浦发银行	287650.39	275416.89	29352.08	28103.76	12.59	12.61	14.00	9.17
600004	白云机场	20796.67	20796.67	2069.32	2069.32	14.70	14.73	18.87	9.50
600006	东风汽车	7200.00	7200.00	2000.00	2000.00	5.85	5.86	5.99	3.05
600007	中国国贸	12893.22	12893.22	1007.28	1007.28	17.14	17.16	18.00	12.66
600008	首创股份	19501.09	16534.71	5685.45	4820.61	5.14	5.15	6.07	2.98
600009	上海机场	97812.41	55504.86	1926.96	1093.48	45.01	45.00	64.78	41.66
600010	包钢股份	67465.85	46882.27	45585.03	31677.21	2.46	2.46	2.59	1.44
600011	华能国际	81163.10	77490.00	10997.71	10500.00	6.17	6.18	8.19	5.78
600012	皖通高速	7028.57	7028.57	1165.60	1165.60	11.00	11.00	12.12	4.93
600015	华夏银行	94759.65	94759.65	12822.69	12822.69	9.00	9.02	10.42	7.10
600016	民生银行	203197.97	203197.97	35462.12	35462.12	8.39	8.43	9.47	5.55
600017	日照港	8488.80	8488.80	3075.65	3075.65	3.88	3.88	4.25	2.45
600018	上港集团	120039.63	120039.63	23173.67	23173.67	6.65	6.69	7.74	4.81
600019	宝钢股份	144741.45	143657.07	22267.92	22101.09	8.64	8.69	11.48	6.31
600020	中原高速	8247.85	8247.85	2247.37	2247.37	4.86	4.86	5.38	3.10
600021	上海电力	21199.03	17331.89	2617.16	2139.74	9.14	9.15	9.38	6.15
600022	山东钢铁	17186.08	17186.08	10946.55	10946.55	2.14	2.14	2.30	1.54
600023	浙能电力	64331.26	64331.26	13600.69	13600.69	5.33	5.33	6.15	4.44
600025	华能水电	56700.00	28123.20	18000.00	8928.00	5.30	5.21	5.49	2.23
600026	中远海能	12147.99	12147.99	2736.03	2736.03	6.12	6.11	6.43	3.96
600027	华电国际	38692.28	33229.78	8145.74	6995.74	3.71	3.71	4.88	3.38
600028	中国石化	482566.74	482566.74	95557.77	95557.77	6.13	6.16	7.72	4.99
600029	南方航空	57108.80	46630.40	8600.72	7022.65	11.92	11.89	12.95	5.52
600030	中信证券	157515.68	157132.73	9838.58	9814.66	18.10	18.13	22.95	14.72
600031	三一重工	65039.85	64725.62	7798.54	7760.87	9.07	9.16	10.02	7.46
600033	福建高速	8150.87	8150.87	2744.40	2744.40	3.65	3.65	3.86	2.63
600035	楚天高速	5097.86	4399.62	1728.09	1491.40	5.21	5.20	5.38	2.73
600036	招商银行	519849.40	519849.40	20628.94	20628.94	29.02	29.02	35.35	24.70
600037	歌华有线	11955.37	11955.37	1391.78	1391.78	12.99	13.02	13.80	8.06
600038	中直股份	22022.85	22022.85	589.48	589.48	46.53	46.72	53.00	32.63
600039	四川路桥	11842.52	11339.20	3610.53	3457.07	4.07	4.07	4.22	2.94
600048	保利地产	140242.39	138802.83	11895.03	11772.93	14.15	14.30	18.74	10.23
600050	中国联通	160413.79	109586.40	31027.81	21196.60	6.33	6.35	7.42	4.63
600051	宁波联合	1675.64	1675.64	310.88	310.88	9.43	9.45	9.77	4.82
600052	浙江广厦	2510.75	2510.75	871.79	871.79	3.79	3.79	4.50	2.54
600053	九鼎投资	10205.55	10205.55	433.54	433.54	23.89	24.00	28.99	10.78
600054	黄山旅游	4814.75	4814.75	513.30	513.30	14.27	14.29	14.57	8.46
600055	万东医疗	4694.28	4208.48	540.82	484.85	15.95	16.00	17.13	5.88
600056	中国医药	13430.86	12722.55	1068.49	1012.14	24.89	24.91	26.20	12.38
600057	厦门象屿	9018.16	8934.93	2157.45	2137.54	8.09	8.09	9.46	4.09
600058	五矿发展	6978.14	6978.14	1071.91	1071.91	12.08	12.11	12.45	5.99
600059	古越龙山	5336.26	5336.26	808.52	808.52	9.39	9.43	9.97	6.26
600060	海信电器	11357.62	11357.62	1308.48	1308.48	15.02	15.03	17.36	8.06
600061	国投资本	38001.90	37522.75	4227.13	4173.83	13.18	13.19	14.25	6.63
600062	华润双鹤	12612.74	9953.00	1043.24	823.24	24.75	24.90	27.27	11.74
600063	皖维高新	4487.33	4487.33	1925.89	1925.89	3.74	3.74	3.92	2.16
600064	南京高科	9739.34	9739.34	1235.96	1235.96	14.19	14.25	15.24	5.80
600066	宇通客车	26235.18	22556.29	2213.94	1903.48	24.07	24.25	25.78	10.45
600067	冠城大通	5550.65	5550.65	1492.11	1492.11	6.52	6.52	7.05	3.13
600068	葛洲坝	29102.19	29102.19	4604.78	4604.78	8.20	8.20	10.04	5.91

注：市价总值、无限售股市值、成交金额的单位为百万元，发行股本、流通股本、成交数量的单位为百万股。

A 股
A Share

股票
Share

本年收盘 Close	涨跌(%) Change(%)	涨跌值 Change	市盈率 P/E	市净率 P/B	换手率(%) Turnover Rate	成交数量 Trading Vol	成交金额 Trading Val
9.80	-21.34	-2.79	5.30	0.68	31.03	8720.83	103085.56
10.05	-30.48	-4.65	13.03	1.39	147.10	3044.02	42646.38
3.60	-38.04	-2.25	35.87	1.08	89.18	1783.64	7773.52
12.80	-23.64	-4.34	20.31	1.99	27.38	275.82	4147.92
3.43	-32.17	-1.71	31.87	1.56	136.08	6560.08	30934.78
50.76	13.91	5.75	26.55	3.89	136.53	1492.88	77961.62
1.48	-39.84	-0.98	32.73	1.37	119.62	35386.23	60302.64
7.38	21.45	1.21	64.61	1.53	40.34	4236.01	29036.05
6.03	-43.04	-4.97	9.16	1.07	74.63	869.85	6122.12
7.39	-16.22	-1.61	4.78	0.56	49.78	6383.61	54449.97
5.73	-16.92	-2.66	5.04	0.66	55.72	17709.63	131167.91
2.76	-28.48	-1.12	23.01	0.80	100.59	3093.81	10558.25
5.18	-20.06	-1.47	10.41	1.73	26.11	5968.86	40797.01
6.50	-20.90	-2.14	7.55	0.88	89.95	19874.09	175063.68
3.67	-20.98	-1.19	7.03	0.62	145.95	3279.93	14137.93
8.10	-9.21	-1.04	22.84	1.66	52.62	1125.95	8814.16
1.57	-26.64	-0.57	8.93	0.95	108.08	11702.53	22679.77
4.73	-8.27	-0.60	14.84	1.06	25.96	3530.32	18621.43
3.15	-39.58	-2.15	25.90	1.44	765.71	13992.85	56893.29
4.44	-26.56	-1.68	10.14	0.64	115.16	3150.89	16046.52
4.75	28.61	1.04	108.92	1.12	95.54	6539.14	26365.35
5.05	-10.55	-1.08	11.96	0.84	39.39	37642.56	251667.07
6.64	-43.54	-5.28	13.77	1.64	321.05	22545.93	207310.46
16.01	-9.32	-2.09	16.97	1.30	281.12	27590.83	508471.63
8.34	-6.40	-0.73	31.09	2.55	252.53	19379.60	168991.87
2.97	-15.64	-0.68	12.42	0.94	48.54	1332.26	4407.43
2.95	-41.34	-2.26	8.86	0.85	79.83	1183.75	4388.70
25.20	-10.33	-3.82	9.06	1.32	59.58	12290.38	360311.50
8.59	-32.85	-4.40	15.70	0.94	105.10	1239.57	13881.19
37.36	-19.25	-9.17	48.36	3.05	253.85	1496.40	61633.39
3.28	-18.11	-0.79	11.13	0.90	148.89	4746.22	17213.53
11.79	-14.19	-2.36	8.98	1.31	215.43	25297.77	347545.40
5.17	-17.99	-1.16	376.82	1.19	158.13	33518.74	195287.86
5.39	-41.59	-4.04	3.48	0.69	141.93	441.22	2936.17
2.88	-24.01	-0.91	13.31	1.09	80.56	702.32	2480.09
23.54	-1.47	-0.35	31.51	5.07	199.32	864.13	17999.61
9.38	-32.89	-4.89	16.93	1.69	126.08	647.18	7853.71
8.68	-45.32	-7.27	43.02	2.55	240.16	1164.40	13633.78
12.57	-48.58	-12.32	10.34	1.71	221.73	2244.23	42754.23
4.18	-22.63	-3.91	12.63	0.82	92.11	1601.05	10438.27
6.51	-46.11	-5.57	202.17	0.93	73.12	783.80	7360.04
6.60	-28.91	-2.79	32.47	1.34	125.45	1014.26	8323.63
8.68	-41.23	-6.34	12.06	0.83	167.28	2188.80	28895.03
8.99	-31.33	-4.19	14.67	1.05	54.68	1864.23	19535.97
12.09	-41.13	-12.66	14.97	1.69	189.05	1376.19	28802.55
2.33	-37.49	-1.41	52.63	0.93	128.28	2321.19	6853.23
7.88	-10.51	-6.31	10.30	0.96	192.45	2172.95	19495.97
11.85	-49.34	-12.22	8.38	1.93	133.34	2538.12	47226.26
3.72	-41.60	-2.80	9.33	0.77	91.04	1358.42	7047.00
6.32	-20.11	-1.88	6.21	0.71	205.85	9479.12	75690.38

A 股
A Share

股票
Share

股票代码 Code	股票简称 Stock Name	市价总值 Tot_cap	无限售股市值 Nego_cap	发行股本 Issued Vol	流通股本 Negotiable Vol	上年收盘 Last Year Close	本年开盘 Open	本年最高 High	本年最低 Low
600069	银鸽投资	4725.36	4725.36	1623.83	1623.83	8.49	8.49	8.78	2.64
600070	浙江富润	3403.09	2617.90	521.95	401.52	9.65	9.70	9.97	5.46
600071	凤凰光学	1776.29	1776.29	237.47	237.47	16.70	16.71	18.00	6.76
600072	中船科技	5131.66	4187.43	736.25	600.78	13.03	13.00	14.55	6.50
600073	上海梅林	6986.08	6986.08	937.73	937.73	8.12	8.14	8.46	5.63
600074	*ST 保千	2925.46	1221.98	2437.89	1018.31	9.87	9.38	9.38	1.11
600075	新疆天业	4395.80	3762.45	972.52	832.40	7.77	7.78	8.36	4.33
600076	康欣新材	4240.48	4240.48	1034.26	1034.26	7.38	7.36	7.72	3.61
600077	宋都股份	3457.52	3457.52	1340.12	1340.12	3.56	3.56	4.25	2.22
600078	澄星股份	2100.36	2100.36	662.57	662.57	5.28	5.29	5.61	2.83
600079	人福医药	13726.56	13040.54	1353.70	1286.05	17.84	18.11	18.49	9.59
600080	金花股份	2672.62	2185.92	373.27	305.30	8.17	8.12	14.93	7.12
600081	东风科技	2267.04	2267.04	313.56	313.56	11.99	12.01	12.95	6.78
600082	海泰发展	2901.06	2846.00	646.12	633.85	6.02	6.02	6.68	3.33
600083	博信股份	4140.00	4103.88	230.00	227.99	20.27	20.27	21.77	12.80
600084	中葡股份	3303.76	3303.76	1123.73	1123.73	7.52	6.77	6.77	2.80
600085	同仁堂	37715.43	37715.43	1371.47	1371.47	32.24	32.25	43.78	26.02
600086	东方金钰	6223.50	4872.06	1350.00	1056.85	10.65	10.64	11.60	4.51
600088	中视传媒	3312.89	3312.89	397.71	397.71	13.21	13.19	16.18	6.90
600089	特变电工	25221.47	25220.18	3714.50	3714.31	9.91	9.91	10.36	6.29
600090	同济堂	7831.77	3822.67	1439.66	702.70	7.89	7.85	8.88	4.73
600091	ST 明科	1662.17	1662.17	437.41	437.41	5.69	5.69	5.95	2.92
600093	易见股份	8508.15	8508.15	1122.45	1122.45	10.72	10.76	18.80	6.95
600094	大名城	8309.61	8309.61	2276.60	2276.60	6.99	6.94	7.65	3.60
600095	哈高科	1347.51	1347.51	361.26	361.26	6.20	6.21	7.61	3.22
600096	云天化	6620.11	5621.87	1321.38	1122.13	7.16	7.18	7.87	4.25
600097	开创国际	2479.24	2328.35	240.94	226.27	16.89	16.89	17.15	8.51
600098	广州发展	15430.27	15430.27	2726.20	2726.20	7.07	7.06	7.41	5.08
600099	林海股份	1242.41	1242.41	219.12	219.12	9.72	9.72	11.19	4.90
600100	同方股份	28838.74	28838.74	2963.90	2963.90	9.80	9.83	11.66	7.85
600101	明星电力	2155.79	2155.79	324.18	324.18	9.23	9.21	9.59	6.11
600103	青山纸业	4540.69	2718.31	1773.71	1061.84	3.75	3.75	4.09	2.34
600104	上汽集团	311597.91	306796.55	11683.46	11503.43	32.04	31.72	37.66	24.13
600105	永鼎股份	4836.54	4779.74	1252.99	1238.27	6.52	6.64	6.95	2.85
600106	重庆路桥	3328.05	3328.05	1098.37	1098.37	4.26	4.26	4.71	2.77
600107	美尔雅	2041.20	2041.20	360.00	360.00	12.63	12.60	13.46	3.96
600108	亚盛集团	5139.86	5139.86	1946.92	1946.92	4.11	4.12	4.36	2.44
600109	国金证券	21654.41	21654.41	3024.36	3024.36	9.54	9.55	10.44	5.74
600110	诺德股份	4670.27	4670.27	1150.31	1150.31	9.44	9.45	9.79	3.56
600111	北方稀土	31861.99	31861.99	3633.07	3633.07	14.59	14.60	15.89	8.74
600112	天成控股	1965.53	1965.53	509.20	509.20	4.92	4.67	5.58	2.90
600113	浙江东日	2271.62	2271.62	318.60	318.60	10.22	10.28	13.63	5.50
600114	东睦股份	4047.57	3977.68	645.55	634.40	15.83	15.90	17.71	5.91
600115	东方航空	46590.31	46590.31	9808.49	9808.49	8.21	8.18	8.85	4.40
600116	三峡水利	7268.80	7268.80	993.01	993.01	8.90	8.91	9.70	6.10
600117	西宁特钢	3542.95	2512.73	1045.12	741.22	5.69	5.56	6.17	3.38
600118	中国卫星	20480.71	20480.71	1182.49	1182.49	25.25	25.30	25.74	14.83
600119	长江投资	2253.24	2253.24	307.40	307.40	13.68	13.63	14.89	6.11
600120	浙江东方	10982.31	8353.96	874.39	665.12	24.61	24.68	25.43	10.73
600121	郑州煤电	2944.50	2944.50	1015.34	1015.34	6.01	6.01	6.65	2.79

注：市价总值、无限售股市值、成交金额的单位为百万元，发行股本、流通股本、成交数量的单位为百万股。

A 股
A Share

股票
Share

本年收盘 Close	涨跌(%) Change(%)	涨跌值 Change	市盈率 P/E	市净率 P/B	换手率(%) Turnover Rate	成交数量 Trading Vol	成交金额 Trading Val
2.91	-55.42	-5.58	85.01	2.24	158.91	1989.86	8786.62
6.52	-31.57	-3.13	20.48	1.48	177.69	711.58	5367.23
7.48	-55.21	-9.22	52.97	4.19	150.98	358.55	4177.35
6.97	-46.51	-6.06	168.68	1.41	309.70	1860.62	20627.20
7.45	-7.85	-0.67	24.92	1.97	212.01	1988.05	14161.19
1.20	-87.84	-8.67	0.00	0.00	495.71	5047.85	8987.79
4.52	-41.41	-3.25	8.16	1.01	209.93	1747.43	11824.65
4.10	-43.13	-3.28	9.09	1.25	321.33	2586.00	13028.75
2.58	-27.32	-0.98	22.21	0.93	119.67	1603.72	5308.93
3.17	-39.51	-2.11	35.70	1.12	175.04	1159.76	4487.12
10.14	-42.42	-7.70	6.64	1.02	244.31	2946.21	41648.61
7.16	-12.08	-1.01	49.99	2.39	458.45	1399.64	13580.93
7.23	-38.93	-4.76	16.28	1.81	112.42	352.50	3542.56
4.49	-25.24	-1.53	203.17	1.72	302.95	1919.19	10204.58
18.00	-11.20	-2.27	491.80	64.50	139.45	317.93	5833.16
2.94	-60.90	-4.58	0.00	1.41	200.84	2256.90	8776.91
27.50	-14.03	-4.74	37.07	4.48	122.35	1677.99	57893.85
4.61	-56.71	-6.04	26.92	1.94	230.86	2439.88	13614.39
8.33	-23.85	-4.88	40.29	3.04	203.68	708.69	8614.51
6.79	-29.34	-3.12	11.49	0.86	136.08	5054.47	40542.97
5.44	-28.54	-2.45	15.21	1.35	253.49	1781.25	11777.18
3.80	-33.22	-1.89	297.81	1.86	111.49	376.09	1602.05
7.58	-26.83	-3.14	10.43	1.28	852.43	3338.02	44726.28
3.65	-47.29	-3.34	6.40	0.76	87.61	1994.54	10305.83
3.73	-39.61	-2.47	64.34	1.83	531.48	1920.06	10389.74
5.01	-30.03	-2.15	32.80	1.82	133.02	1492.64	9056.72
10.29	-38.24	-6.60	20.23	1.63	126.46	258.28	3100.24
5.66	-18.67	-1.41	22.74	0.96	37.01	1009.04	6349.40
5.67	-41.67	-4.05	645.05	2.64	312.42	684.58	5255.83
9.73	-0.60	-0.07	278.24	1.36	138.23	3867.26	39471.83
6.65	-27.44	-2.58	21.97	1.04	219.99	713.15	5481.52
2.56	-31.73	-1.19	43.08	1.38	143.81	1527.02	5082.00
26.67	-12.17	-5.37	9.06	1.38	42.34	4851.68	153340.56
3.86	-21.75	-2.66	16.59	1.83	222.50	2193.35	10002.60
3.03	-19.93	-1.23	11.87	0.93	216.37	2323.86	8149.07
5.67	-55.11	-6.96	442.28	3.67	418.99	1508.37	10995.08
2.64	-35.77	-1.47	52.51	1.09	180.80	3520.04	11870.00
7.16	-24.39	-2.38	18.02	1.15	187.30	5664.67	45317.82
4.06	-56.66	-5.38	24.57	2.26	398.31	4581.79	28694.36
8.77	-39.73	-5.82	79.39	3.60	258.64	9396.42	115583.65
3.86	-21.54	-1.06	99.54	1.70	727.22	3703.05	14435.73
7.13	-29.65	-3.09	23.77	3.43	584.76	1863.04	17766.08
6.27	-38.85	-9.56	13.49	1.58	222.35	1239.86	12490.97
4.75	-41.66	-3.46	10.82	1.29	146.50	14369.09	99457.20
7.32	-16.36	-1.58	21.17	2.65	154.84	1516.69	12005.53
3.39	-40.42	-2.30	59.23	1.13	492.87	3653.22	17885.34
17.32	-31.01	-7.93	50.00	3.95	146.40	1731.17	35640.66
7.33	-46.42	-6.35	0.00	3.11	619.19	1903.40	18533.52
12.56	-33.16	-12.05	15.26	1.10	193.57	1133.12	19115.43
2.90	-51.75	-3.11	4.69	0.89	194.32	1972.98	8401.94

A 股
A Share

股票
Share

股票代码 Code	股票简称 Stock Name	市价总值 Tot_cap	无限售股市值 Nego_cap	发行股本 Issued Vol	流通股本 Negotiable Vol	上年收盘 Last Year Close	本年开盘 Open	本年最高 High	本年最低 Low
600122	宏图高科	4203.72	4203.72	1158.05	1158.05	9.69	9.69	10.54	3.55
600123	兰花科创	7448.45	7448.45	1142.40	1142.40	9.17	9.22	10.03	6.23
600125	铁龙物流	9138.65	9138.65	1305.52	1305.52	10.82	10.86	11.80	6.95
600126	杭钢股份	15231.12	5434.92	3377.19	1205.08	6.87	6.84	7.47	4.10
600127	金健米业	1829.08	1829.08	641.78	641.78	4.56	4.53	4.78	2.59
600128	弘业股份	1954.40	1954.40	246.77	246.77	9.48	9.48	14.30	4.70
600129	太极集团	4650.04	3564.56	556.89	426.89	16.35	16.41	17.98	8.31
600130	波导股份	2711.04	2711.04	768.00	768.00	7.32	7.24	7.50	2.61
600131	岷江水电	3075.16	2486.72	504.13	407.66	6.91	6.91	12.03	5.10
600132	重庆啤酒	14872.43	14872.43	483.97	483.97	20.86	20.90	34.00	18.99
600133	东湖高新	4572.41	3760.23	725.78	596.86	9.29	9.29	10.32	4.13
600135	乐凯胶片	2099.94	2099.94	372.99	372.99	10.86	10.92	13.27	5.05
600136	当代明诚	3980.28	2813.02	487.18	344.31	13.99	13.95	19.59	7.96
600137	浪莎股份	1239.52	1239.52	97.22	97.22	25.54	25.70	26.75	10.80
600138	中青旅	9330.30	9330.30	723.84	723.84	20.87	20.96	24.48	12.32
600139	西部资源	2005.53	2005.53	661.89	661.89	7.46	7.25	7.83	2.86
600141	兴发集团	7482.69	6182.90	727.18	600.87	16.90	16.96	19.65	9.96
600143	金发科技	13448.08	12672.00	2716.78	2560.00	6.57	6.61	6.89	3.50
600145	*ST 新亿	2788.36	2788.36	1491.10	1491.10	1.87	0.00	0.00	0.00
600146	商赢环球	3092.40	1316.00	469.97	200.00	25.42	22.88	29.48	6.39
600148	长春一东	1996.80	1996.80	141.52	141.52	24.60	24.59	25.89	13.25
600149	ST 坊展	1813.36	1813.36	380.16	380.16	10.49	10.38	11.15	4.16
600150	*ST 船舶	18094.68	18094.68	1378.12	1378.12	24.67	22.20	22.20	9.10
600151	航天机电	5679.64	5499.24	1434.25	1388.70	7.59	7.63	7.92	3.51
600152	维科技术	2539.77	1698.87	440.93	294.94	7.73	7.75	8.77	4.77
600153	建发股份	19988.16	19988.16	2835.20	2835.20	11.12	11.12	13.53	6.91
600155	华创阳安	13098.86	8495.66	1739.56	1128.24	10.23	10.25	12.14	5.68
600156	华升股份	1644.63	1644.63	402.11	402.11	5.31	5.31	5.68	2.86
600157	永泰能源	16650.57	16650.57	12425.80	12425.80	3.36	3.03	3.25	1.25
600158	中体产业	7500.81	5845.13	843.74	657.50	10.28	10.29	13.45	6.90
600159	大龙地产	2000.31	2000.31	830.00	830.00	3.82	3.83	4.61	2.04
600160	巨化股份	18200.45	17625.33	2745.17	2658.42	10.63	10.68	13.43	6.26
600161	大坛生物	18511.70	18511.70	871.14	871.14	28.79	28.98	31.33	16.80
600162	香江控股	7410.53	6482.89	3399.33	2973.80	3.37	3.71	4.08	1.78
600163	中闽能源	3178.30	3178.30	999.47	999.47	4.05	4.05	4.53	2.61
600165	新日恒力	3335.38	3335.38	684.88	684.88	16.06	15.00	16.87	3.03
600166	福田汽车	12139.64	12139.64	6670.13	6670.13	2.81	2.81	2.93	1.49
600167	联美控股	15911.23	7429.01	1760.09	821.79	23.32	23.40	26.43	7.15
600168	武汉控股	4080.03	4080.03	709.57	709.57	8.39	8.40	8.57	5.33
600169	太原重工	5717.62	5717.62	2563.96	2563.96	3.46	3.48	3.62	2.07
600170	上海建工	26980.33	25715.34	8904.40	8486.91	3.72	3.72	4.08	2.79
600171	上海贝岭	6534.35	6293.36	699.61	673.81	16.27	16.31	17.21	7.55
600172	黄河旋风	4502.77	3566.83	1476.32	1169.45	8.77	8.88	9.62	2.76
600173	卧龙地产	2743.42	2733.47	727.70	725.06	5.80	5.80	6.96	3.01
600175	美都能源	7868.28	5392.28	3576.49	2451.04	5.23	5.23	5.74	2.01
600176	中国巨石	33867.31	33867.31	3502.31	3502.31	16.29	16.50	18.92	8.70
600177	雅戈尔	25750.61	25750.61	3581.45	3581.45	9.17	9.15	10.24	6.76
600178	东安动力	1940.74	1940.74	462.08	462.08	6.72	6.72	7.30	3.74
600179	安通控股	9888.42	4479.70	1486.98	673.64	24.75	24.90	28.95	6.05
600180	瑞茂通	7166.17	7166.17	1016.48	1016.48	10.42	10.43	12.79	6.94

注：市价总值、无限售股市值、成交金额的单位为百万元，发行股本、流通股本、成交数量的单位为百万股。

A 股
A Share

股票
Share

本年收盘 Close	涨跌(%) Change(%)	涨跌值 Change	市盈率 P/E	市净率 P/B	换手率(%) Turnover Rate	成交数量 Trading Vol	成交金额 Trading Val
3.63	-62.29	-6.06	6.91	0.50	266.90	3090.53	20068.03
6.52	-26.56	-2.65	9.53	0.79	266.35	3042.81	23983.35
7.00	-34.68	-3.82	27.63	1.74	384.67	5021.99	45023.53
4.51	-14.60	-2.36	8.48	0.92	132.45	1364.69	7878.99
2.85	-37.50	-1.71	166.76	2.42	170.43	1093.78	4069.19
7.92	-15.92	-1.56	159.36	1.42	751.78	1855.15	18168.22
8.35	-48.93	-8.00	47.38	3.79	147.83	631.09	8843.31
3.53	-51.78	-3.79	0.00	3.22	777.70	5972.72	24024.70
6.10	-10.99	-0.81	38.43	2.67	289.91	1173.32	9084.19
30.73	51.80	9.87	45.14	12.78	163.34	790.51	21094.27
6.30	-30.95	-2.99	4.95	1.22	507.27	2765.36	19146.65
5.63	-47.77	-5.23	35.45	1.25	351.85	1303.38	11506.84
8.17	-41.27	-5.82	31.06	1.58	421.80	1386.03	20144.79
12.75	-49.86	-12.79	54.00	2.60	375.75	365.30	6780.75
12.89	-37.92	-7.98	16.32	1.67	248.24	1796.88	34295.27
3.03	-59.38	-4.43	0.00	4.84	373.20	2470.19	12460.62
10.29	-25.95	-6.61	23.31	1.23	467.76	2552.12	35979.43
4.95	-23.19	-1.62	24.54	1.36	92.95	2379.47	12605.07
1.87	0.00	0.00	272.59	4.46	0.00	0.00	0.00
6.58	-74.11	-18.84	14.67	1.01	1217.69	2435.38	32023.60
14.11	-42.33	-10.49	111.03	5.05	185.73	262.84	4867.44
4.77	-54.53	-5.72	88.91	8.88	231.64	880.59	6363.68
13.13	-46.78	-11.54	0.00	1.44	144.95	1997.65	27949.42
3.96	-47.83	-3.63	0.00	0.99	181.67	2522.80	12254.59
5.76	-25.49	-1.97	152.74	1.81	469.38	1380.45	8494.65
7.05	-35.06	-4.07	6.00	0.85	102.97	2919.30	29991.16
7.53	-26.20	-2.70	100.05	0.88	209.80	2367.03	21115.17
4.09	-22.98	-1.22	0.00	2.64	312.89	1258.16	5483.93
1.34	-60.12	-2.02	27.64	0.68	83.96	10433.25	20245.16
8.89	-13.37	-1.39	129.07	4.60	413.69	2720.02	28333.04
2.41	-36.43	-1.41	94.84	0.90	134.84	1119.18	3664.20
6.63	-18.17	-4.00	19.46	1.68	291.27	6529.90	66042.84
21.25	-3.32	-7.54	15.69	5.05	165.77	1250.20	30348.14
2.18	-31.62	-1.19	9.08	0.97	165.43	3623.08	10760.24
3.18	-21.48	-0.87	20.71	1.83	73.08	646.54	2398.66
4.87	-69.68	-11.19	87.24	3.87	921.17	6308.91	31149.39
1.82	-34.91	-0.99	108.46	0.64	113.40	7563.99	16535.95
9.04	-21.55	-14.28	17.25	2.24	100.79	566.88	6992.06
5.75	-30.19	-2.64	12.44	0.85	74.46	528.37	3755.39
2.23	-35.55	-1.23	109.53	1.39	87.31	2238.64	6012.48
3.03	-15.34	-0.69	10.44	1.00	57.82	4907.36	16940.09
9.34	-42.22	-6.93	37.63	2.73	761.06	5128.07	65913.77
3.05	-65.22	-5.72	13.25	0.92	437.74	5119.18	27405.85
3.77	-33.68	-2.03	8.71	1.43	224.92	1630.79	8300.01
2.20	-57.93	-3.03	135.89	0.74	288.25	7065.16	22165.37
9.67	-27.59	-6.62	15.75	2.72	231.50	7537.22	95011.35
7.19	-17.72	-1.98	86.78	1.06	59.33	2124.90	17962.76
4.20	-37.11	-2.52	45.42	1.03	200.24	925.27	5326.73
6.65	-62.16	-18.10	17.90	3.30	253.26	1419.52	19472.59
7.05	-31.83	-3.37	10.02	1.37	77.64	714.00	7329.38

A 股
A Share

股票
Share

股票代码 Code	股票简称 Stock Name	市价总值 Tot_cap	无限售股市值 Nego_cap	发行股本 Issued Vol	流通股本 Negotiable Vol	上年收盘 Last Year Close	本年开盘 Open	本年最高 High	本年最低 Low
600182	S 佳通	5028.60	2514.30	340.00	170.00	23.90	23.98	27.84	14.73
600183	生益科技	21301.96	21301.96	2117.49	2117.49	17.26	17.70	18.86	8.15
600184	光电股份	4970.59	4091.29	508.76	418.76	18.32	18.38	18.97	9.32
600185	格力地产	8343.49	8343.49	2060.12	2060.12	5.68	5.66	6.88	3.55
600186	莲花健康	2007.23	2007.23	1062.02	1062.02	3.06	3.05	3.13	1.58
600187	国中水务	4085.22	3595.39	1653.94	1455.62	4.68	4.21	5.69	2.12
600188	兖州煤业	25988.80	25988.80	2960.00	2960.00	14.52	14.58	20.64	8.74
600189	吉林森工	2673.94	1587.72	716.87	425.66	7.24	7.27	7.95	3.33
600190	锦州港	4751.22	4751.22	1779.48	1779.48	4.15	4.15	4.27	2.52
600191	华资实业	1910.63	1910.63	484.93	484.93	7.32	7.32	9.27	3.45
600192	长城电工	1868.59	1868.59	441.75	441.75	6.51	6.51	7.38	3.92
600193	*ST 创兴	1335.67	1335.67	425.37	425.37	5.40	5.40	6.18	2.20
600195	中牧股份	6402.30	6402.30	601.72	601.72	19.71	19.66	23.80	9.90
600196	复星医药	46798.77	44457.83	2011.12	1910.52	44.50	44.66	48.28	23.03
600197	伊力特	5746.23	5746.23	441.00	441.00	23.42	23.41	30.00	11.95
600198	*ST 大唐	5954.23	5908.45	882.11	875.33	11.26	11.30	11.82	4.84
600199	金种子酒	2539.89	2539.89	555.78	555.78	7.69	7.68	8.34	4.26
600200	江苏吴中	4273.60	4234.44	721.89	715.28	11.55	11.54	11.78	4.85
600201	生物股份	19430.92	18876.23	1170.54	1137.12	31.74	31.87	32.13	13.86
600202	*ST 哈空	1261.19	1261.19	383.34	383.34	6.14	6.13	9.21	2.67
600203	福日电子	1985.55	1566.69	456.45	360.16	8.88	8.90	10.89	3.90
600206	有研新材	5531.42	5477.22	847.08	838.78	11.98	12.00	13.04	5.80
600207	安彩高科	3745.23	2994.60	862.96	690.00	6.77	6.76	10.70	4.00
600208	新湖中宝	24938.10	24934.70	8599.34	8598.17	5.22	5.24	5.76	2.76
600209	*ST 罗顿	1703.36	1703.36	439.01	439.01	10.32	10.03	13.45	2.35
600210	紫江企业	5520.92	5520.92	1516.74	1516.74	4.76	4.78	5.24	2.67
600211	西藏药业	5300.56	4296.33	179.62	145.59	33.55	33.53	47.00	24.65
600212	江泉实业	1995.62	1995.62	511.70	511.70	9.40	9.46	9.85	2.73
600213	亚星客车	1320.00	1320.00	220.00	220.00	10.67	10.70	11.76	5.25
600215	长春经开	3134.32	3134.32	465.03	465.03	10.66	10.70	11.49	6.23
600216	浙江医药	8378.44	8297.44	965.26	955.93	13.44	13.42	18.05	7.81
600217	中再资环	5679.62	5394.35	1388.66	1318.91	6.50	6.49	7.26	3.96
600218	全柴动力	1659.40	1659.40	368.76	368.76	7.12	7.16	7.28	4.08
600219	南山铝业	25215.52	20651.29	11950.48	9787.34	3.68	3.70	3.84	2.09
600220	江苏阳光	3745.01	3745.01	1783.34	1783.34	3.06	3.06	3.18	1.83
600221	海航控股	30900.95	30899.69	16436.67	16436.00	3.19	3.19	3.28	1.75
600222	太龙药业	1951.21	1927.39	573.89	566.88	5.32	5.32	5.74	3.05
600223	鲁商置业	3082.98	3082.98	1000.97	1000.97	3.87	3.88	4.55	2.54
600225	天津松江	3199.38	3190.16	935.49	932.80	5.03	5.04	5.18	2.41
600226	瀚叶股份	8788.19	5580.03	3138.64	1992.87	5.93	4.10	4.10	2.71
600227	圣济堂	4673.05	3437.31	1693.13	1245.40	7.09	6.38	6.38	2.60
600228	ST 昌九	2036.74	2036.74	241.32	241.32	11.33	11.29	12.88	5.48
600229	城市传媒	4718.09	4718.09	702.10	702.10	7.68	7.70	9.92	5.90
600230	沧州大化	6651.60	6651.60	411.86	411.86	42.50	42.56	53.99	15.77
600231	凌钢股份	7398.79	7398.79	2771.08	2771.08	5.10	5.09	5.46	2.66
600232	金鹰股份	1823.59	1823.59	364.72	364.72	7.71	7.71	7.96	3.82
600233	圆通速递	28307.71	7833.68	2830.77	783.37	16.75	16.75	18.77	9.59
600234	ST 山水	1597.30	1597.30	202.45	202.45	13.82	13.84	15.93	5.86
600235	民丰特纸	2171.03	2171.03	351.30	351.30	6.57	6.62	10.47	3.50
600236	桂冠电力	34076.13	34076.13	6063.37	6063.37	5.75	5.75	6.55	4.95

注：市价总值、无限售股市值、成交金额的单位为百万元，发行股本、流通股本、成交数量的单位为百万股。

A 股
A Share

股票
Share

本年收盘 Close	涨跌(%) Change(%)	涨跌值 Change	市盈率 P/E	市净率 P/B	换手率(%) Turnover Rate	成交数量 Trading Vol	成交金额 Trading Val
14.79	-37.84	-9.11	82.29	5.83	251.70	427.90	9953.58
10.06	-12.67	-7.20	19.82	3.54	259.41	4488.23	58234.55
9.77	-46.54	-8.55	111.94	2.18	105.13	440.23	6029.73
4.05	-23.63	-1.63	13.36	1.07	135.76	2796.77	14925.38
1.89	-38.24	-1.17	0.00	58.79	382.53	4062.60	9219.10
2.47	-47.22	-2.21	229.13	1.17	246.21	3583.91	12869.61
8.78	-37.43	-5.74	6.37	0.79	252.03	7460.07	101414.03
3.73	-32.86	-3.51	223.22	1.07	94.85	350.22	1823.53
2.67	-35.24	-1.48	37.36	0.89	33.98	604.72	2135.06
3.94	-46.06	-3.38	159.90	0.86	358.73	1739.61	10863.94
4.23	-34.90	-2.28	112.68	0.96	220.68	974.84	5349.24
3.14	-41.85	-2.26	0.00	7.35	238.85	1016.00	3914.47
10.64	-23.09	-9.07	16.01	1.74	214.80	1065.59	17846.62
23.27	-47.15	-21.23	19.09	2.36	277.90	5307.50	195447.53
13.03	-43.75	-10.39	16.26	2.65	457.52	2017.68	39920.55
6.75	-40.05	-4.51	0.00	0.00	337.09	2941.53	22095.70
4.57	-40.48	-3.12	310.04	1.13	341.15	1896.02	12182.14
5.92	-48.41	-5.63	32.11	1.46	192.36	1369.07	11457.12
16.60	-31.09	-15.14	22.33	4.35	206.15	2065.46	42592.32
3.29	-46.42	-2.85	0.00	2.12	348.76	1336.95	8102.16
4.35	-51.01	-4.53	0.00	0.97	528.24	1902.51	12749.10
6.53	-45.49	-5.45	126.97	1.94	591.81	4964.00	48823.84
4.34	-35.89	-2.43	412.55	1.97	510.48	3522.33	28155.53
2.90	-43.56	-2.32	7.51	0.77	108.81	9355.57	38921.15
3.88	-62.40	-6.44	0.00	2.75	775.39	3348.04	27195.06
3.64	-20.11	-1.12	9.95	1.30	326.14	4938.39	20718.64
29.51	-11.29	-4.04	23.08	2.59	194.97	283.85	10083.95
3.90	-58.51	-5.50	158.54	2.64	737.81	3775.35	16974.67
6.00	-43.77	-4.67	30.83	7.56	525.63	1156.39	10652.07
6.74	-36.69	-3.92	347.06	1.29	132.44	615.89	5472.79
8.68	-35.01	-4.76	33.10	1.15	505.02	4789.35	60748.16
4.09	-37.08	-2.41	26.10	3.38	93.36	872.91	4819.21
4.50	-36.14	-2.62	26.99	0.87	177.33	653.92	3746.59
2.11	-36.25	-1.57	15.65	0.77	152.69	11346.28	33742.36
2.10	-31.37	-0.96	30.95	1.81	93.65	1670.17	4137.88
1.88	-40.70	-1.31	9.51	0.55	47.65	7832.31	17183.82
3.40	-35.97	-1.92	380.74	1.31	248.51	1381.02	6404.09
3.08	-20.41	-0.79	29.26	1.32	109.19	1093.00	3762.49
3.42	-32.01	-1.61	16.02	1.97	222.46	2062.86	7237.55
2.80	-38.60	-3.13	33.64	2.09	192.71	3840.49	12649.05
2.76	-61.07	-4.33	122.12	1.00	243.51	3032.65	12099.00
8.44	-25.51	-2.89	77.95	38.84	109.16	263.43	2454.55
6.72	-10.82	-0.96	14.32	2.04	197.51	995.61	8116.46
16.15	-46.12	-26.35	5.18	2.42	524.87	1856.41	58035.08
2.67	-41.61	-2.43	6.13	1.16	361.77	6139.72	24627.08
5.00	-34.03	-2.71	72.21	1.57	170.90	623.30	3644.44
10.00	-39.89	-6.75	19.62	3.07	122.26	957.75	12898.56
7.89	-42.91	-5.93	0.00	22.49	41.79	84.61	766.84
6.18	-5.77	-0.39	113.02	1.70	671.07	2357.49	16841.43
5.62	3.21	-0.13	13.57	2.29	51.44	1940.13	11056.71

A 股
A Share

股票
Share

股票代码 Code	股票简称 Stock Name	市价总值 Tot_cap	无限售股市值 Nego_cap	发行股本 Issued Vol	流通股本 Negotiable Vol	上年收盘 Last Year Close	本年开盘 Open	本年最高 High	本年最低 Low
600237	铜峰电子	1856.78	1856.78	564.37	564.37	5.38	5.36	5.49	2.79
600238	*ST 椰岛	2119.99	2104.86	448.20	445.00	8.17	8.17	9.80	3.85
600239	云南城投	4624.38	4624.38	1605.69	1605.69	5.22	5.74	6.38	2.56
600240	华业资本	3688.82	3688.82	1424.25	1424.25	8.58	8.60	9.46	2.55
600241	时代万恒	1689.29	1444.00	294.30	251.57	10.32	10.13	10.40	5.00
600242	中昌数据	7379.71	4908.55	456.67	303.75	17.27	15.54	17.68	11.19
600243	青海华鼎	1698.35	1698.35	438.85	438.85	6.83	6.86	7.61	3.47
600246	万通地产	6860.39	4064.11	2054.01	1216.80	3.99	3.99	5.54	3.30
600247	*ST 成城	1571.18	1571.18	336.44	336.44	9.04	9.05	9.18	3.25
600248	延长化建	3589.19	2375.74	917.95	607.61	5.54	6.09	7.05	3.80
600249	两面针	1991.00	1991.00	550.00	550.00	6.73	6.65	7.02	3.20
600250	南纺股份	2051.43	2051.43	258.69	258.69	12.36	12.36	13.18	4.66
600251	冠农股份	3877.12	3877.12	784.84	784.84	7.79	7.82	8.49	4.59
600252	中恒集团	8931.03	8931.03	3475.11	3475.11	4.39	4.34	4.37	2.35
600255	梦舟股份	3185.27	3185.27	1769.59	1769.59	3.81	3.80	3.90	1.45
600256	广汇能源	25331.51	25331.51	6737.10	6737.10	5.06	5.06	5.41	3.56
600257	大湖股份	2011.57	1785.07	481.24	427.05	7.40	7.39	7.39	3.52
600258	首旅酒店	15623.11	9968.77	978.89	624.61	26.99	27.05	35.39	14.57
600259	广晟有色	6748.30	5861.06	301.80	262.12	39.29	39.39	40.87	20.86
600260	凯乐科技	12130.10	10661.54	714.80	628.26	29.11	29.10	35.67	14.23
600261	阳光照明	4951.67	4951.67	1452.10	1452.10	5.52	5.52	5.65	2.77
600262	北方股份	2949.50	2949.50	170.00	170.00	19.81	19.84	26.30	13.26
600265	ST 景谷	3499.41	3499.41	129.80	129.80	21.41	20.34	28.50	13.92
600266	北京城建	12410.96	12410.96	1567.04	1567.04	13.14	13.09	14.62	6.42
600267	海正药业	8100.81	8100.81	965.53	965.53	15.14	15.16	17.75	8.11
600268	国电南自	2947.92	2693.44	695.27	635.25	5.43	5.45	6.91	3.41
600269	赣粤高速	9108.09	9108.09	2335.41	2335.41	5.12	5.12	5.49	3.66
600270	外运发展	20165.08	20165.08	905.48	905.48	22.27	19.01	22.27	22.27
600271	航天信息	42632.96	42273.53	1862.51	1846.81	21.54	21.49	31.94	17.99
600272	开开实业	1157.30	1136.00	163.00	160.00	10.67	10.67	12.36	6.12
600273	嘉化能源	12880.25	12709.46	1432.73	1413.73	9.53	10.00	10.45	7.09
600275	ST 昌鱼	1404.39	1404.39	508.84	508.84	6.00	5.93	6.15	1.85
600276	恒瑞医药	194229.57	193167.75	3682.08	3661.95	68.98	69.42	102.87	49.89
600277	亿利洁能	15502.40	15134.87	2738.94	2674.01	6.44	6.44	7.10	4.29
600278	东方创业	4256.27	4256.27	522.24	522.24	11.90	11.88	13.56	7.23
600279	重庆港九	2709.47	2709.47	692.96	692.96	5.87	5.87	6.35	3.53
600280	中央商场	3732.09	3732.09	1148.33	1148.33	7.87	7.90	10.77	3.12
600281	太化股份	1841.56	1841.56	514.40	514.40	5.59	5.60	6.05	3.17
600282	南钢股份	15119.95	15119.95	4421.04	4421.04	4.84	4.85	5.98	3.37
600283	钱江水利	3953.55	3953.55	353.00	353.00	12.25	12.24	15.98	8.60
600284	浦东建设	4812.47	4812.47	970.26	970.26	9.30	9.30	9.97	4.52
600285	羚锐制药	4410.10	3982.31	586.45	529.56	9.30	9.30	10.78	6.81
600287	江苏舜天	2118.46	2118.46	436.80	436.80	7.32	7.32	7.95	4.30
600288	大恒科技	3013.92	3013.92	436.80	436.80	8.72	8.76	10.90	5.99
600289	*ST 信通	1577.63	1414.81	631.05	565.92	9.94	9.44	9.44	2.06
600290	华仪电气	3525.95	2444.74	759.90	526.88	13.21	13.24	13.52	3.15
600291	西水股份	11247.63	10072.79	1093.06	978.89	23.52	23.58	27.18	9.62
600292	远达环保	3849.43	3849.43	780.82	780.82	8.95	8.98	9.25	4.45
600293	三峡新材	4543.94	2020.51	1162.13	516.75	7.91	7.90	9.10	3.61
600295	鄂尔多斯	4590.00	4590.00	612.00	612.00	14.47	14.38	16.19	7.44

注：市价总值、无限售股市值、成交金额的单位为百万元，发行股本、流通股本、成交数量的单位为百万股。

A 股
A Share

股票
Share

本年收盘 Close	涨跌(%) Change(%)	涨跌值 Change	市盈率 P/E	市净率 P/B	换手率(%) Turnover Rate	成交数量 Trading Vol	成交金额 Trading Val
3.29	-38.85	-2.09	132.23	1.50	373.12	2105.76	9049.01
4.73	-42.11	-3.44	0.00	2.80	266.82	1187.34	8460.39
2.88	-44.23	-2.34	17.52	0.88	179.91	2888.79	12840.25
2.59	-69.41	-5.99	3.70	0.54	539.82	7688.33	30990.79
5.74	-44.24	-4.58	86.62	1.18	101.25	211.23	1545.98
16.16	-6.43	-1.11	62.24	3.73	157.82	467.82	6691.59
3.87	-43.23	-2.96	81.03	0.97	212.94	505.30	2664.68
3.34	-15.68	-0.65	19.26	0.99	102.34	1245.33	5445.26
4.67	-48.34	-4.37	0.00	421.57	138.25	465.12	2773.80
3.91	-28.58	-1.63	26.76	1.75	114.26	694.24	3575.50
3.62	-46.21	-3.11	0.00	1.07	317.94	1688.39	8561.61
7.93	-35.84	-4.43	21.89	4.49	301.27	779.37	6018.00
4.94	-36.33	-2.85	45.57	1.98	220.23	1728.48	11516.59
2.57	-40.52	-1.82	14.76	1.60	91.33	3173.70	10976.75
1.80	-52.76	-2.01	21.17	0.92	193.66	3426.91	7864.99
3.76	-17.26	-1.30	38.65	2.13	221.31	14078.25	63731.94
4.18	-43.51	-3.22	243.45	1.57	233.14	995.61	4966.50
15.96	-28.86	-11.03	24.76	2.13	256.09	1442.62	36410.43
22.36	-43.09	-16.93	329.50	3.45	345.95	906.80	27188.01
16.97	-41.49	-12.14	16.40	2.58	501.62	3033.48	71345.18
3.41	-35.98	-2.11	12.35	1.49	115.67	1679.61	6670.38
17.35	-12.10	-2.46	78.81	2.80	147.92	251.46	5280.25
26.96	25.92	5.55	0.00	122.01	44.13	57.27	1325.71
7.92	-37.91	-5.22	8.52	0.61	128.14	2008.02	20736.43
8.39	-44.41	-6.75	597.15	1.21	254.85	2460.70	33227.72
4.24	-21.35	-1.19	78.75	1.28	195.16	1239.76	6169.57
3.90	-20.65	-1.22	9.27	0.62	78.20	1826.25	8328.72
22.27	25.14	0.00	14.90	0.00	100.86	913.30	18524.97
22.89	8.09	1.35	27.39	4.16	292.14	5395.28	133774.35
7.10	-33.05	-3.57	44.55	3.48	256.28	410.05	3727.57
8.99	-2.14	-0.54	13.30	1.99	237.75	3316.77	29930.64
2.76	-54.00	-3.24	340.74	9.54	183.82	935.34	3183.13
52.75	-0.45	-16.23	60.38	12.64	132.05	4457.95	310996.28
5.66	-11.13	-0.78	29.73	1.08	93.27	2410.74	12888.63
8.15	-30.64	-3.75	24.54	1.05	369.22	1928.23	19824.61
3.91	-30.60	-1.96	5.61	0.74	132.66	919.26	4800.32
3.25	-58.66	-4.62	15.62	2.01	316.78	3637.71	23868.36
3.58	-35.96	-2.01	241.89	3.29	145.90	750.49	3264.40
3.42	-28.58	-1.42	4.72	1.31	436.31	17185.84	81205.01
11.20	-8.57	-1.05	54.46	2.17	254.21	889.71	11243.27
4.96	-23.78	-4.34	12.96	0.87	140.46	1236.51	7719.67
7.52	-17.88	-1.78	20.31	2.03	270.70	1446.50	13256.54
4.85	-32.73	-2.47	25.56	1.22	135.32	591.06	3534.42
6.90	-20.66	-1.82	86.49	1.96	330.84	1445.13	11663.61
2.50	-74.85	-7.44	0.00	2.23	300.20	1698.88	5732.01
4.64	-64.81	-8.57	58.94	0.85	902.27	4753.91	25445.40
10.29	-56.16	-13.23	4.70	0.91	299.72	2933.96	49761.25
4.93	-44.43	-4.02	35.42	0.79	120.75	942.84	6136.93
3.91	-49.70	-4.00	11.25	1.21	298.33	1541.62	8753.20
7.50	-47.54	-6.97	14.86	0.99	302.30	1850.08	20183.72

A 股
A Share

股票
Share

股票代码 Code	股票简称 Stock Name	市价总值 Tot_cap	无限售股市值 Nego_cap	发行股本 Issued Vol	流通股本 Negotiable Vol	上年收盘 Last Year Close	本年开盘 Open	本年最高 High	本年最低 Low
600297	广汇汽车	33363.59	33065.90	8217.63	8144.31	8.02	7.96	8.44	3.91
600298	安琪酵母	20791.56	20791.56	824.08	824.08	32.72	32.58	39.58	20.46
600299	安迪苏	30788.23	30788.23	2681.90	2681.90	10.11	10.13	14.27	10.13
600300	维维股份	4715.04	4715.04	1672.00	1672.00	4.37	4.38	4.87	2.63
600301	ST 南化	1429.70	1429.70	235.15	235.15	7.90	7.90	8.28	4.30
600302	标准股份	1515.52	1515.52	346.01	346.01	5.98	5.94	6.21	3.54
600303	曙光股份	2641.61	2425.47	675.60	620.32	9.21	9.25	9.51	3.86
600305	恒顺醋业	8149.02	8149.02	783.56	783.56	11.79	11.83	14.10	8.25
600306	商业城	1132.96	1128.30	178.14	177.41	10.91	10.91	11.30	5.03
600307	酒钢宏兴	11963.01	11963.01	6263.36	6263.36	2.86	2.87	2.99	1.82
600308	华泰股份	5078.89	5078.89	1167.56	1167.56	6.28	6.29	7.41	3.98
600309	万华化学	76525.02	76525.02	2734.01	2734.01	37.94	40.08	54.95	26.80
600310	桂东电力	2979.99	2979.99	827.78	827.78	5.17	5.18	6.39	3.05
600311	荣华实业	2515.97	2515.97	665.60	665.60	5.62	5.61	5.74	2.52
600312	平高电气	10963.92	10963.92	1356.92	1356.92	9.99	10.00	10.16	4.89
600313	农发种业	2380.84	2242.67	1082.20	1019.40	3.19	3.19	3.95	1.93
600315	上海家化	18325.08	18325.08	671.25	671.25	36.89	36.41	47.23	23.70
600316	洪都航空	7092.26	7092.26	717.11	717.11	14.16	14.19	14.66	7.50
600317	营口港	14628.94	14628.94	6472.98	6472.98	3.39	3.39	3.42	2.10
600318	新力金融	3446.08	3446.08	484.00	484.00	12.70	12.70	14.10	5.46
600319	亚星化学	1451.73	1451.73	315.59	315.59	10.14	10.10	10.49	3.34
600320	振华重工	10530.73	10530.73	3322.00	3322.00	6.10	6.16	6.49	2.86
600321	*ST 正源	2673.67	2673.67	1510.55	1510.55	3.97	3.97	4.28	1.51
600322	天房发展	3593.53	3593.53	1105.70	1105.70	6.41	6.45	7.08	3.21
600323	瀚蓝环境	10750.68	10750.68	766.26	766.26	15.95	16.00	17.00	11.04
600325	华发股份	13131.31	13046.55	2117.95	2104.28	7.36	7.32	9.77	5.74
600326	西藏天路	5607.69	5607.69	865.38	865.38	10.26	10.29	10.69	5.35
600327	大东方	3037.74	3037.74	737.32	737.32	7.47	7.47	7.88	3.95
600328	兰太实业	3000.51	3000.51	438.03	438.03	12.59	13.79	13.79	6.61
600329	中新药业	7076.78	7039.40	568.87	565.87	14.87	14.88	22.34	12.35
600330	天通股份	5491.08	5491.08	996.57	996.57	11.05	11.07	11.27	4.83
600331	宏达股份	4104.64	4104.64	2032.00	2032.00	5.19	5.19	5.42	1.98
600332	白云山	50274.66	38305.37	1405.89	1071.18	32.14	30.15	46.25	23.36
600333	长春燃气	3404.48	2960.57	609.03	529.62	8.07	8.06	9.13	4.72
600335	国机汽车	6425.56	6425.56	1029.74	1029.74	11.24	11.27	11.83	5.62
600336	澳柯玛	2693.25	2467.98	799.18	732.34	5.02	5.04	5.12	2.90
600337	美克家居	7011.46	6826.83	1775.05	1728.31	6.05	6.07	6.66	3.80
600338	XD 西藏珠	12687.93	12687.93	653.01	653.01	41.65	41.72	43.93	19.11
600339	中油工程	20266.83	5634.42	5583.15	1552.18	5.80	5.80	6.41	3.59
600340	华夏幸福	76432.76	75203.39	3003.25	2954.95	31.39	31.53	46.88	20.41
600343	航天动力	4850.37	4850.37	638.21	638.21	12.93	12.93	13.96	7.06
600345	长江通信	4403.52	4403.52	198.00	198.00	27.83	27.72	35.92	17.00
600346	恒力股份	66949.47	12181.51	5052.79	919.36	12.33	12.28	17.95	12.20
600348	阳泉煤业	12121.20	12121.20	2405.00	2405.00	7.38	7.37	9.55	4.98
600350	山东高速	21938.92	21938.92	4811.17	4811.17	5.99	5.99	6.66	3.86
600351	亚宝药业	4431.04	4431.04	787.04	787.04	7.42	7.47	8.94	5.58
600352	浙江龙盛	31394.65	31394.65	3253.33	3253.33	11.71	11.91	13.58	7.96
600353	旭光股份	2169.44	2169.44	543.72	543.72	6.10	6.11	7.47	3.50
600354	敦煌种业	1926.48	1926.48	527.80	527.80	7.33	7.33	9.23	3.35
600355	精伦电子	1707.55	1707.55	492.09	492.09	8.61	8.60	8.85	2.45

注：市价总值、无限售股市值、成交金额的单位为百万元，发行股本、流通股本、成交数量的单位为百万股。

A 股
A Share

股票
Share

本年收盘 Close	涨跌(%) Change(%)	涨跌值 Change	市盈率 P/E	市净率 P/B	换手率(%) Turnover Rate	成交数量 Trading Vol	成交金额 Trading Val
4.06	-48.24	-3.96	8.59	0.94	106.34	4323.06	25748.82
25.23	-22.19	-7.49	24.54	5.41	251.78	2074.85	63315.00
11.48	15.10	1.37	23.27	2.34	129.57	869.49	10797.57
2.82	-34.85	-1.55	51.53	1.73	137.17	2293.42	8204.07
6.08	-23.04	-1.82	0.00	5.91	81.54	191.73	1164.98
4.38	-26.76	-1.60	0.00	1.25	124.46	430.65	2150.51
3.91	-56.63	-5.30	8.36	0.85	310.99	1929.12	11952.48
10.40	16.01	-1.39	29.01	4.53	466.52	3329.41	35042.61
6.36	-41.70	-4.55	13.75	7.59	274.01	486.12	3812.06
1.91	-33.22	-0.95	28.41	1.25	117.87	7382.85	17330.93
4.35	-28.41	-1.93	7.54	0.71	223.42	2608.57	14528.71
27.99	-23.19	-9.95	6.87	2.81	186.86	5108.79	212673.58
3.60	-30.08	-1.57	46.97	1.46	127.66	1056.74	4857.26
3.78	-32.74	-1.84	976.74	3.03	780.07	5192.17	20280.66
8.08	-17.04	-1.91	17.39	1.24	182.21	2472.42	18257.23
2.20	-31.03	-0.99	0.00	1.71	511.02	5089.98	15987.80
27.30	-25.66	-9.59	47.01	3.41	137.71	924.36	32342.54
9.89	-30.08	-4.27	231.18	1.45	259.53	1861.14	20958.12
2.26	-32.73	-1.13	27.33	1.36	24.65	1595.83	4267.78
7.12	-43.94	-5.58	0.00	3.42	194.71	942.38	7772.24
4.60	-54.64	-5.54	54.55	44.50	522.31	1648.36	9629.26
3.17	-36.99	-2.93	55.63	1.11	70.02	2010.24	9964.96
1.77	-55.42	-2.20	0.00	1.00	89.24	1264.64	3149.66
3.25	-49.30	-3.16	16.47	0.82	109.56	1211.39	6329.81
14.03	-10.84	-1.92	16.48	2.02	176.28	1350.75	19766.14
6.20	-11.68	-1.16	8.10	1.10	455.80	8763.47	67826.56
6.48	-36.18	-3.78	16.97	2.10	686.32	5939.33	46321.95
4.12	-26.76	-3.35	11.63	1.08	97.02	634.25	3600.72
6.85	-44.68	-5.74	14.26	1.36	390.11	1708.79	15570.14
12.44	-15.56	-2.43	20.09	2.14	254.59	1440.42	25206.86
5.51	-39.82	-5.54	35.01	1.47	393.64	3480.11	28443.65
2.02	-61.08	-3.17	19.91	0.83	134.08	2724.59	8642.43
35.76	12.30	3.62	28.20	3.08	299.79	3211.35	113706.87
5.59	-30.09	-2.48	60.35	1.56	712.50	3773.57	24824.54
6.24	-43.95	-5.00	9.58	0.86	199.39	2053.20	17238.77
3.37	-32.33	-1.65	82.40	1.50	139.47	1019.99	4259.97
3.95	-33.36	-2.10	19.19	1.42	103.33	1585.69	8331.47
19.43	-51.91	-22.22	11.39	7.45	490.27	960.51	26390.70
3.63	-36.84	-2.17	30.25	0.89	290.66	4317.95	20040.19
25.45	-16.34	-5.94	8.70	2.06	186.11	5499.46	174947.20
7.60	-41.22	-5.33	307.82	2.22	300.07	1915.04	20365.76
22.24	-19.00	-5.59	16.88	2.83	747.46	1479.96	39112.33
13.25	9.17	0.92	38.94	3.50	355.61	3269.36	49297.99
5.04	-29.53	-2.34	7.40	0.81	270.94	6516.11	47093.14
4.56	-20.77	-1.43	8.30	0.83	48.51	2333.86	11733.61
5.63	-23.04	-1.79	22.13	1.58	234.88	1629.71	12140.86
9.65	-16.00	-2.06	12.69	1.85	371.17	11810.27	136858.67
3.99	-34.34	-2.11	78.67	2.01	203.86	1108.45	6468.11
3.65	-50.20	-3.68	75.24	2.10	839.06	3812.14	24795.50
3.47	-59.70	-5.14	0.00	4.87	692.76	3408.97	14764.20

A 股
A Share

股票
Share

股票代码 Code	股票简称 Stock Name	市价总值 Tot_cap	无限售股市值 Nego_cap	发行股本 Issued Vol	流通股本 Negotiable Vol	上年收盘 Last Year Close	本年开盘 Open	本年最高 High	本年最低 Low
600356	恒丰纸业	1640.04	1640.04	298.73	298.73	8.30	8.30	8.85	5.16
600358	国旅联合	1777.38	1520.64	504.94	432.00	6.54	6.53	7.20	3.10
600359	新农开发	1621.43	1621.43	381.51	381.51	6.79	6.84	7.36	3.58
600360	华微电子	3863.16	3794.75	751.59	738.28	7.98	7.97	9.39	4.71
600361	华联综超	2257.09	2257.09	665.81	665.81	5.45	5.43	5.99	3.07
600362	江西铜业	27310.26	27310.26	2075.25	2075.25	20.17	20.25	22.87	12.42
600363	联创光电	3547.81	3547.81	443.48	443.48	12.56	12.69	12.84	7.01
600365	通葡股份	1452.00	1452.00	400.00	400.00	8.38	8.33	8.33	3.42
600366	宁波韵升	5022.65	4950.87	1002.53	988.20	17.52	17.55	19.00	4.09
600367	红星发展	2134.00	2084.99	298.05	291.20	11.33	11.33	12.08	6.82
600368	五洲交通	3455.69	3455.69	1125.63	1125.63	5.25	5.28	5.63	2.92
600369	西南证券	19644.98	19644.98	5645.11	5645.11	4.63	4.66	5.19	2.83
600370	三房巷	2312.01	2312.01	797.24	797.24	3.14	3.14	3.51	2.30
600371	万向德农	1406.63	1406.63	225.06	225.06	10.70	10.70	12.58	5.00
600372	中航电子	22834.14	22834.14	1759.18	1759.18	13.69	13.74	16.85	10.56
600373	中文传媒	17927.00	17927.00	1377.94	1377.94	16.93	16.96	18.40	8.45
600375	华菱星马	1956.21	1956.21	555.74	555.74	5.34	5.33	5.81	3.22
600376	首开股份	18547.07	18304.37	2579.57	2545.81	9.29	9.31	11.35	6.01
600377	宁沪高速	37394.33	37220.22	3815.75	3797.98	9.85	9.85	10.56	8.37
600378	天科股份	2639.08	2639.08	297.19	297.19	13.65	13.43	14.49	8.03
600379	宝光股份	1577.89	1577.89	235.86	235.86	11.15	11.18	11.68	5.60
600380	健康元	12926.68	12921.52	1938.03	1937.26	11.19	11.19	13.15	6.58
600381	青海春天	3375.55	3347.41	588.08	583.17	10.61	10.57	13.40	5.39
600382	广东明珠	3603.89	2638.28	466.82	341.75	12.58	12.57	13.77	6.70
600383	金地集团	43430.29	43430.29	4514.58	4514.58	12.63	12.86	17.53	7.61
600385	山东金泰	1424.79	1373.48	148.11	142.77	12.66	12.70	13.94	7.73
600386	北巴传媒	2677.25	2677.25	806.40	806.40	5.10	5.10	5.74	2.60
600387	海越能源	3710.57	3031.68	472.08	385.71	10.63	10.68	12.20	7.10
600388	龙净环保	10850.86	10850.86	1069.05	1069.05	17.30	17.31	17.76	7.44
600389	江山股份	5001.48	5001.48	297.00	297.00	17.39	17.47	24.78	15.70
600390	五矿资本	26088.78	3574.22	3748.39	513.54	11.80	11.79	12.49	6.33
600391	航发科技	3608.31	3608.31	330.13	330.13	19.71	19.80	22.66	10.41
600392	盛和资源	15111.99	12016.27	1755.17	1395.62	19.00	18.81	21.70	7.73
600393	粤泰股份	5376.85	2095.00	2536.25	988.21	6.34	6.31	7.29	1.83
600395	盘江股份	8291.81	8291.81	1655.05	1655.05	6.87	6.86	7.84	4.99
600396	金山股份	2842.32	2842.32	1472.71	1472.71	3.10	3.10	3.25	1.81
600397	*ST 安煤	2158.11	2158.11	989.96	989.96	3.88	3.88	4.11	1.68
600398	海澜之家	38098.59	38098.59	4492.76	4492.76	9.70	9.68	14.75	7.44
600399	*ST 抚钢	4930.25	4930.25	1972.10	1972.10	5.60	5.58	5.81	2.08
600400	红豆股份	9499.71	9361.34	2533.26	2496.36	7.19	7.19	7.90	3.23
600401	*ST 海润	4110.69	4110.69	4724.94	4724.94	1.15	1.15	1.21	0.87
600403	大有能源	8774.28	8774.28	2390.81	2390.81	4.68	4.70	4.97	3.38
600405	动力源	2298.75	2262.90	562.04	553.28	6.52	6.52	7.25	3.50
600406	国电南瑞	84935.30	47310.89	4583.66	2553.21	18.28	18.31	19.15	14.30
600408	*ST 安泰	2617.68	2617.68	1006.80	1006.80	3.15	3.16	3.56	1.50
600409	三友化工	11808.08	11653.48	2064.35	2037.32	9.59	9.63	11.49	5.71
600410	华胜天成	6459.59	6438.64	1102.32	1098.74	10.52	10.54	13.27	5.12
600415	小商品城	18996.82	18996.82	5443.21	5443.21	5.78	5.79	6.12	3.37
600416	湘电股份	4880.51	4548.24	945.83	881.44	12.49	12.40	12.49	4.72
600418	江淮汽车	9106.83	9106.83	1893.31	1893.31	9.46	9.46	9.64	4.14

注：市价总值、无限售股市值、成交金额的单位为百万元，发行股本、流通股本、成交数量的单位为百万股。

A 股
A Share

股票
Share

本年收盘 Close	涨跌(%) Change(%)	涨跌值 Change	市盈率 P/E	市净率 P/B	换手率(%) Turnover Rate	成交数量 Trading Vol	成交金额 Trading Val
5.49	-32.76	-2.81	16.78	0.79	149.53	446.70	3048.18
3.52	-46.18	-3.02	55.02	3.35	329.28	1422.48	7841.86
4.25	-37.41	-2.54	48.00	2.34	512.44	1955.03	11038.19
5.14	-35.40	-2.84	40.73	1.82	682.39	5037.93	36638.66
3.39	-36.90	-2.06	28.85	0.84	181.89	1211.02	5792.08
13.16	-33.91	-7.01	28.41	0.96	273.98	5685.80	100829.25
8.00	-36.00	-4.56	17.81	1.59	217.48	964.46	9876.61
3.63	-56.68	-4.75	239.45	2.11	433.41	1733.65	8645.24
5.01	-47.46	-12.51	12.15	1.04	254.10	2059.51	17628.51
7.16	-36.62	-4.17	22.35	1.84	307.98	896.82	8580.96
3.07	-18.73	-2.18	9.40	1.06	179.33	1821.71	7246.59
3.48	-23.81	-1.15	29.37	1.01	98.89	5582.28	22738.13
2.90	-7.00	-0.24	52.44	1.82	110.34	879.65	2630.87
6.25	-40.27	-4.45	24.41	3.00	417.90	940.53	8761.34
12.98	-4.74	-0.71	42.10	3.22	98.15	1726.59	24469.03
13.01	-21.18	-3.92	12.35	1.47	114.45	1569.35	21517.07
3.52	-34.08	-1.82	35.02	0.71	179.44	997.22	4606.18
7.19	-16.81	-2.10	7.85	0.62	59.62	1517.73	12513.89
9.80	4.39	-0.05	13.76	2.10	22.28	846.12	7994.35
8.88	-34.57	-4.77	44.82	9.35	112.87	335.45	3563.57
6.69	-39.83	-4.46	43.78	3.18	134.42	317.03	2569.31
6.67	-33.11	-4.52	6.06	1.75	298.68	4789.97	52895.32
5.74	-45.90	-4.87	10.83	1.46	458.73	1122.00	10921.48
7.72	-38.47	-4.86	10.85	0.71	172.17	588.39	6362.50
9.62	-19.42	-3.01	6.35	1.07	163.59	7385.62	91222.75
9.62	-24.01	-3.04	0.00	22.41	267.66	382.15	4162.99
3.32	-33.12	-1.78	26.03	1.49	156.67	1263.37	5456.37
7.86	-26.06	-2.77	27.17	1.63	466.77	1800.36	17332.37
10.15	-40.35	-7.15	14.98	2.40	200.96	2148.37	28127.37
16.84	-1.82	-0.55	20.09	3.20	186.83	554.89	11223.43
6.96	-39.46	-4.84	10.53	0.83	281.78	1426.63	13096.44
10.93	-44.44	-8.78	76.98	2.02	400.27	1321.41	21924.51
8.61	-40.97	-10.39	44.90	3.03	747.88	8712.98	120300.65
2.12	-65.04	-4.22	4.60	0.91	593.00	5860.09	18757.02
5.01	-22.70	-1.86	9.45	1.29	118.52	1961.60	12686.33
1.93	-37.74	-1.17	0.00	1.05	72.80	849.85	2079.43
2.18	-43.81	-1.70	0.00	2.72	150.19	1486.79	3720.90
8.48	-9.46	-1.22	11.44	3.41	82.70	3715.52	42375.03
2.50	-55.36	-3.10	0.00	0.00	34.49	393.30	1471.07
3.75	-24.56	-3.44	15.62	2.10	104.08	2073.68	9835.53
0.87	-24.35	-0.28	0.00	0.00	25.38	1199.24	1310.24
3.67	-20.45	-1.01	18.27	1.25	25.07	599.34	2563.31
4.09	-37.27	-2.43	114.98	1.66	295.77	1636.43	9035.60
18.53	3.73	0.25	26.21	4.38	144.60	3192.31	54540.51
2.60	-17.46	-0.55	0.00	3.83	308.10	3101.91	8329.80
5.72	-38.73	-3.87	6.25	1.18	390.40	7515.15	66901.25
5.86	-43.91	-4.66	28.33	1.33	520.99	5701.01	56859.47
3.49	-38.49	-2.29	13.02	1.70	43.08	2344.97	11259.45
5.16	-58.53	-7.33	53.52	0.75	208.78	1829.33	15695.52
4.81	-48.59	-4.65	21.09	0.66	167.36	2903.49	18587.48

A 股
A Share

股票
Share

股票代码 Code	股票简称 Stock Name	市价总值 Tot_cap	无限售股市值 Nego_cap	发行股本 Issued Vol	流通股本 Negotiable Vol	上年收盘 Last Year Close	本年开盘 Open	本年最高 High	本年最低 Low
600419	天润乳业	2849.89	2849.89	207.11	207.11	45.50	45.40	53.50	12.70
600420	现代制药	9653.91	5259.77	1056.23	575.47	12.72	12.65	12.86	8.49
600421	ST 仰帆	1498.30	1498.30	195.60	195.60	11.66	11.08	11.08	4.83
600422	昆药集团	4711.58	4688.72	762.39	758.69	9.15	9.19	10.82	5.95
600423	*ST 柳化	3051.02	3051.02	798.70	798.70	5.10	5.25	5.48	3.82
600425	青松建化	4039.86	4039.86	1378.79	1378.79	3.91	3.92	4.09	2.50
600426	华鲁恒升	19557.38	19487.38	1620.33	1614.53	15.92	15.96	21.82	11.75
600428	中远海特	6976.62	5493.95	2146.65	1690.45	5.61	5.61	6.27	3.04
600429	三元股份	8221.59	4858.65	1497.56	885.00	6.41	6.42	6.98	4.46
600432	退市吉恩	1715.98	1715.98	1603.72	1603.72	1.07	6.07	1.07	1.07
600433	冠豪高新	4589.45	4589.45	1271.32	1271.32	4.64	4.64	5.16	2.90
600435	北方导航	11035.86	11035.86	1489.32	1489.32	12.33	12.37	12.75	6.70
600436	片仔癀	52277.44	52277.44	603.32	603.32	63.20	63.05	131.98	63.05
600438	通威股份	32146.04	23038.95	3882.37	2782.48	12.11	12.20	13.30	4.96
600439	瑞贝卡	2999.76	2999.76	1131.99	1131.99	5.59	5.58	6.78	2.46
600444	国机通用	1398.33	1398.33	146.42	146.42	15.53	15.48	16.98	8.49
600446	金证股份	8105.50	7932.59	853.21	835.01	15.14	15.08	18.30	7.79
600448	华纺股份	2524.53	2475.69	524.85	514.70	5.53	5.55	5.94	3.10
600449	宁夏建材	3524.19	3524.19	478.18	478.18	11.34	11.36	13.63	6.97
600452	涪陵电力	3550.40	3550.40	224.00	224.00	34.18	34.20	38.06	13.44
600455	博通股份	1373.45	1373.45	62.46	62.46	35.98	35.82	36.99	18.38
600456	宝钛股份	6492.71	6492.71	430.27	430.27	23.61	23.66	24.43	12.22
600458	时代新材	5442.97	4484.44	802.80	661.42	10.07	10.12	10.45	6.08
600459	贵研铂业	3759.12	3759.12	339.27	339.27	22.18	22.30	23.47	8.94
600460	士兰微	10653.94	10127.00	1312.06	1247.17	15.43	15.45	17.34	8.09
600461	洪城水业	4342.76	3267.00	789.59	594.00	6.43	6.42	7.01	5.35
600462	九有股份	1793.50	1793.50	533.78	533.78	4.53	4.53	6.56	2.11
600463	空港股份	2148.00	1804.32	300.00	252.00	11.15	11.16	14.01	4.93
600466	蓝光发展	16054.50	15995.20	2984.11	2973.09	9.35	9.40	13.43	4.03
600467	好当家	3506.39	3506.39	1460.99	1460.99	3.11	3.11	3.20	2.14
600468	百利电气	4339.46	4271.61	811.11	798.43	6.48	6.44	6.92	4.03
600469	风神股份	1985.32	1985.32	562.41	562.41	5.69	5.63	6.00	3.03
600470	六国化工	1956.00	1956.00	521.60	521.60	5.68	5.70	6.18	3.30
600475	华光股份	4587.02	1152.06	559.39	140.50	14.47	14.47	15.00	7.95
600476	湘邮科技	1911.90	1911.90	161.07	161.07	16.20	16.30	22.77	10.95
600477	杭萧钢构	6446.45	5910.97	1790.68	1641.93	10.67	10.75	11.45	3.59
600478	科力远	5731.78	5731.78	1469.69	1469.69	7.38	7.38	7.59	3.46
600479	千金药业	3247.62	3247.62	418.51	418.51	14.02	14.02	17.42	7.33
600480	凌云股份	3472.19	3440.63	455.07	450.93	15.51	15.51	16.93	7.20
600481	双良节能	5447.53	5396.25	1635.90	1620.50	4.01	4.04	4.37	2.94
600482	中国动力	38221.22	19844.74	1716.27	891.10	24.81	24.99	26.31	15.70
600483	福能股份	13190.52	10695.95	1551.83	1258.35	7.56	7.55	9.33	6.51
600485	信威集团	42657.41	26445.10	2923.74	1812.55	14.59	0.00	0.00	0.00
600486	扬农化工	11670.79	11670.79	309.90	309.90	49.69	50.00	64.93	34.87
600487	亨通光电	32457.84	31718.55	1903.69	1860.33	40.42	40.53	42.88	15.85
600488	天药股份	4072.74	3613.31	1091.89	968.72	4.82	4.82	5.06	3.43
600489	中金黄金	29610.76	29610.76	3451.14	3451.14	9.89	9.96	10.38	6.36
600490	鹏欣资源	9607.02	6785.73	2111.43	1491.37	8.48	8.49	10.72	4.18
600491	龙元建设	10356.46	6415.25	1529.76	947.60	9.45	9.47	10.99	5.68
600493	凤竹纺织	1702.72	1702.72	272.00	272.00	7.99	7.96	9.10	4.20

注：市价总值、无限售股市值、成交金额的单位为百万元，发行股本、流通股本、成交数量的单位为百万股。

A 股
A Share

股票
Share

本年收盘 Close	涨跌(%) Change(%)	涨跌值 Change	市盈率 P/E	市净率 P/B	换手率(%) Turnover Rate	成交数量 Trading Vol	成交金额 Trading Val
13.76	-39.18	-31.74	28.75	3.41	294.19	473.35	9960.48
9.14	-27.82	-3.58	18.72	1.56	176.65	1016.57	11218.32
7.66	-34.31	-4.00	0.00	250.01	59.52	116.42	821.16
6.18	-32.46	-2.97	14.27	1.29	266.58	1823.89	16175.86
3.82	-18.70	-1.28	49.57	78.97	61.78	247.38	1187.32
2.93	-25.06	-0.98	79.84	1.00	301.99	4163.78	14017.49
12.07	-23.63	-3.85	16.00	2.11	351.27	5671.37	96634.49
3.25	-41.77	-2.36	29.37	0.73	132.27	2235.92	9519.55
5.49	-14.03	-0.92	108.16	1.71	74.28	657.41	3822.55
1.07	-79.53	0.00	0.00	0.00	11.97	192.03	208.22
3.61	-22.01	-1.03	86.95	1.81	170.12	2124.54	9038.92
7.41	-39.77	-4.92	233.39	5.27	307.38	4577.93	44388.45
86.65	37.63	23.45	64.78	12.64	222.63	1343.14	125792.42
8.28	-30.73	-3.83	15.98	2.41	304.75	8479.58	74876.80
2.65	-52.03	-2.94	13.94	1.13	339.64	3844.70	17429.40
9.55	-38.51	-5.98	8.36	2.74	163.98	183.88	2363.25
9.50	-37.10	-5.64	61.41	4.29	382.26	3132.95	39815.83
4.81	-13.02	-0.72	368.02	1.74	1053.80	4494.40	19627.71
7.37	-33.40	-3.97	10.45	0.78	374.60	1791.26	18658.62
15.85	-34.59	-18.33	15.68	3.13	104.99	198.41	4783.48
21.99	-38.88	-13.99	312.54	10.68	147.01	91.82	2257.07
15.09	-35.86	-8.52	302.22	1.90	251.15	1080.62	18968.59
6.78	-32.24	-3.29	78.63	1.12	163.61	1082.14	8906.73
11.08	-34.54	-11.10	31.50	1.93	419.50	1293.92	18417.73
8.12	-47.21	-7.31	62.86	4.06	1005.94	12545.75	175773.60
5.50	-14.46	-0.93	15.85	1.35	117.76	699.48	4333.69
3.36	-25.83	-1.17	209.61	6.00	1125.21	6006.14	23525.60
7.16	-35.65	-3.99	136.59	1.53	282.69	712.37	6503.06
5.38	-18.56	-3.97	11.75	1.10	333.55	4661.12	40035.56
2.40	-22.49	-0.71	65.50	1.17	164.82	2408.02	6379.92
5.35	-17.05	-1.13	65.61	2.40	117.65	939.40	5407.63
3.53	-37.96	-2.16	0.00	1.04	131.39	738.95	3226.98
3.75	-33.03	-1.93	25.87	0.94	416.38	2171.86	9692.27
8.20	-42.69	-6.27	11.51	1.03	228.60	321.17	3634.72
11.87	-26.73	-4.33	897.88	9.55	738.78	1189.94	19815.67
3.60	-55.24	-7.07	8.39	2.23	232.96	3423.26	22135.71
3.90	-47.15	-3.48	260.35	2.76	148.44	2001.73	10144.96
7.76	-32.24	-6.26	15.63	1.73	263.13	889.44	11168.19
7.63	-49.63	-7.88	10.49	0.92	298.91	1096.49	12973.63
3.33	-15.55	-0.68	56.78	2.64	80.74	1308.31	4766.42
22.27	-9.22	-2.54	31.80	1.47	142.74	1297.09	28836.89
8.50	15.20	0.94	15.64	1.26	67.71	852.06	6791.23
14.59	0.00	0.00	0.00	4.27	0.00	0.00	0.00
37.66	-23.50	-12.03	20.30	3.00	221.41	686.13	34266.86
17.05	-40.62	-23.37	15.39	3.14	456.27	6966.76	189607.17
3.73	-21.92	-1.09	31.38	1.50	61.59	592.90	2597.99
8.58	-12.85	-1.31	101.66	2.20	215.85	7449.26	62990.27
4.55	-46.34	-3.93	31.89	1.76	290.31	4321.37	31982.24
6.77	-28.03	-2.68	17.08	1.76	211.25	2001.81	16528.67
6.26	-21.27	-1.73	68.58	2.44	263.87	717.74	4653.14

A 股
A Share

股票
Share

股票代码 Code	股票简称 Stock Name	市价总值 Tot_cap	无限售股市值 Nego_cap	发行股本 Issued Vol	流通股本 Negotiable Vol	上年收盘 Last Year Close	本年开盘 Open	本年最高 High	本年最低 Low
600495	晋西车轴	4965.66	4965.66	1208.19	1208.19	6.63	6.61	6.76	3.34
600496	精工钢构	4725.26	3942.26	1810.45	1510.45	4.21	4.22	4.51	2.52
600497	驰宏锌锗	20874.30	17670.58	5091.29	4309.90	7.10	7.17	8.15	3.89
600498	烽火通信	33272.91	31384.60	1168.70	1102.37	28.83	28.85	32.94	21.86
600499	科达洁能	6371.91	5702.32	1577.21	1411.46	11.09	11.42	11.98	3.82
600500	中化国际	14247.81	14247.81	2083.01	2083.01	8.46	8.46	8.90	6.44
600501	航天晨光	2557.19	2557.19	421.28	421.28	12.21	12.16	12.73	5.73
600502	安徽水利	6127.33	3242.20	1721.16	910.73	6.89	6.94	7.42	3.31
600503	华丽家族	4886.98	4886.98	1602.29	1602.29	6.55	6.55	7.07	2.88
600505	西昌电力	1673.36	1673.36	364.57	364.57	7.23	7.22	7.61	3.63
600506	香梨股份	1471.16	1471.16	147.71	147.71	13.67	13.79	17.72	6.91
600507	方大特钢	14484.22	13247.67	1449.87	1326.09	12.69	12.79	19.74	9.32
600508	上海能源	6974.23	6974.23	722.72	722.72	12.13	12.10	13.58	9.56
600509	天富能源	4110.55	3233.34	1151.42	905.70	6.86	6.86	7.01	3.37
600510	黑牡丹	6345.40	6345.40	1047.10	1047.10	6.62	6.63	7.18	5.17
600511	国药股份	17772.40	6455.21	764.40	277.64	27.80	27.79	31.80	22.51
600512	腾达建设	3437.64	3305.41	1598.90	1537.40	4.44	4.42	4.81	2.02
600513	联环药业	1698.46	1698.46	285.46	285.46	8.68	8.70	9.62	5.52
600515	海航基础	18404.76	7810.57	3907.59	1658.30	11.83	11.83	13.53	4.62
600516	方大炭素	30201.54	29615.51	1807.39	1772.32	28.88	29.25	35.29	16.24
600517	置信电气	4312.61	3957.58	1356.17	1244.52	6.47	6.50	6.68	3.00
600518	康美药业	45809.27	40553.40	4973.86	4403.19	22.36	22.28	28.25	9.08
600519	贵州茅台	741169.26	741169.26	1256.20	1256.20	697.49	700.00	803.50	509.02
600520	文一科技	2088.11	2088.11	158.43	158.43	24.55	24.88	26.47	11.80
600521	华海药业	13834.28	13675.40	1250.84	1236.47	30.12	30.96	39.39	10.62
600522	中天科技	24988.49	24988.49	3066.07	3066.07	13.94	14.01	14.49	6.85
600523	贵航股份	3849.04	3846.50	404.31	404.04	16.21	16.28	17.35	7.60
600525	长园集团	5802.09	5719.30	1324.68	1305.78	15.79	17.30	18.67	4.25
600526	菲达环保	2419.53	2419.53	547.40	547.40	9.98	10.02	10.31	4.04
600527	江南高纤	2886.27	2406.27	1443.13	1203.13	4.75	4.75	5.41	1.88
600528	中铁工业	23326.29	19296.36	2221.55	1837.75	12.14	12.20	13.06	9.05
600529	山东药玻	8074.56	6846.31	424.98	360.33	22.16	22.11	26.52	14.66
600530	交大昂立	3447.60	3447.60	780.00	780.00	7.37	6.63	7.80	3.95
600531	豫光金铅	3804.95	3804.95	1090.24	1090.24	6.48	6.52	7.74	3.41
600532	宏达矿业	2033.30	2033.30	516.07	516.07	10.01	10.01	11.44	3.17
600533	栖霞建设	3087.00	3087.00	1050.00	1050.00	4.85	4.86	5.48	2.70
600535	天士力	29043.19	29043.19	1512.67	1512.67	35.58	35.62	47.91	18.18
600536	中国软件	10351.20	10351.20	494.56	494.56	16.55	16.59	32.55	11.05
600537	亿晶光电	3329.10	3329.10	1176.36	1176.36	4.80	4.80	5.15	2.44
600538	国发股份	1996.93	1996.93	464.40	464.40	5.58	5.60	6.29	3.06
600539	*ST 狮头	1467.40	1467.40	230.00	230.00	16.80	15.12	15.12	5.34
600540	新赛股份	1671.78	1671.78	470.92	470.92	4.92	4.92	5.90	3.12
600543	莫高股份	2096.91	2096.91	321.12	321.12	9.80	9.79	11.47	6.18
600545	卓郎智能	14026.06	5000.81	1895.41	675.79	10.98	10.90	10.98	7.09
600546	山煤国际	6581.75	6581.75	1982.46	1982.46	4.88	4.88	5.81	3.08
600547	山东黄金	56177.84	43907.90	1857.12	1451.50	31.18	31.46	34.20	21.04
600548	深高速	12870.77	12870.77	1433.27	1433.27	8.98	8.96	9.37	7.45
600549	厦门钨业	17072.74	16985.04	1413.31	1406.05	25.74	25.75	27.73	11.93
600550	保变电气	6776.82	5647.35	1841.53	1534.61	6.24	6.26	7.77	3.18
600551	时代出版	4360.21	4360.21	505.83	505.83	11.74	11.93	12.84	6.51

注：市价总值、无限售股市值、成交金额的单位为百万元，发行股本、流通股本、成交数量的单位为百万股。

A 股
A Share

股票
Share

本年收盘 Close	涨跌(%) Change(%)	涨跌值 Change	市盈率 P/E	市净率 P/B	换手率(%) Turnover Rate	成交数量 Trading Vol	成交金额 Trading Val
4.11	-37.85	-2.52	295.47	1.59	302.55	3655.38	17354.72
2.61	-38.00	-1.60	76.18	1.19	149.65	2260.42	7652.80
4.10	-41.98	-3.00	18.07	1.51	183.74	7919.10	48448.52
28.47	-0.10	-0.36	40.33	3.49	378.49	3965.92	111124.26
4.04	-63.34	-7.05	13.31	1.17	307.64	4342.15	33840.18
6.84	-17.94	-1.62	21.99	1.32	102.48	2134.71	15967.52
6.07	-50.29	-6.14	218.35	1.16	335.19	1390.01	11702.17
3.56	-37.31	-3.33	7.84	0.79	277.34	2334.07	11799.87
3.05	-53.44	-3.50	21.69	1.36	234.30	3754.15	17240.35
4.59	-36.10	-2.64	40.59	1.58	142.27	518.66	2782.58
9.96	-27.14	-3.71	289.79	5.31	384.21	567.51	7085.03
9.99	-12.77	-2.70	5.70	2.97	488.72	6480.88	91897.19
9.65	-18.87	-2.48	13.44	0.78	143.09	1034.13	11829.39
3.57	-47.33	-3.29	22.99	0.63	119.04	1078.15	5233.94
6.06	-6.28	-0.56	12.86	0.82	51.76	412.63	2619.92
23.25	-15.03	-4.55	15.57	2.17	342.92	952.11	26175.37
2.15	-50.87	-2.29	23.94	0.73	322.84	4949.52	13215.72
5.95	-30.88	-2.73	24.08	1.93	230.76	658.72	5159.18
4.71	-60.19	-7.12	9.23	0.58	76.88	1274.87	7940.16
16.71	-38.28	-12.17	8.34	3.11	746.74	12849.03	343758.97
3.18	-49.51	-3.29	18.01	1.22	137.93	1716.58	7764.73
9.21	-58.39	-13.15	11.17	1.43	182.84	8050.91	125367.85
590.01	-14.21	-107.48	27.37	8.11	86.50	1086.66	744440.15
13.18	-46.31	-11.37	262.60	4.78	753.01	1193.00	22048.43
11.06	-55.69	-19.06	21.64	2.83	270.41	3167.43	66824.43
8.15	-40.85	-5.79	13.97	1.42	352.16	9406.69	96818.98
9.52	-16.65	-6.69	19.81	1.72	245.37	864.33	9946.82
4.38	-72.01	-11.41	5.11	0.76	464.48	5947.02	59776.44
4.42	-55.71	-5.56	0.00	1.03	166.11	807.58	5618.17
2.00	-34.80	-2.75	41.20	1.16	245.11	2563.65	8156.99
10.50	-11.94	-1.64	17.42	1.60	130.86	2242.17	24570.84
19.00	21.45	-3.16	30.73	2.48	247.66	744.47	14670.88
4.42	-39.35	-2.95	21.49	2.11	193.43	1508.73	8926.71
3.49	-45.44	-2.99	13.07	1.17	324.56	3538.45	20683.49
3.94	-60.64	-6.07	0.00	1.11	975.31	4519.06	22790.64
2.94	-38.42	-1.91	56.99	0.81	186.99	1963.39	7712.46
19.20	-23.69	-16.38	21.10	3.36	142.16	1822.89	56539.18
20.93	26.77	4.38	138.21	4.91	1402.09	6934.21	166885.20
2.83	-40.86	-1.97	68.41	0.93	137.00	1611.60	6022.13
4.30	-22.94	-1.28	225.60	3.03	294.84	1369.23	6616.62
6.38	-62.02	-10.42	0.00	3.50	168.11	386.66	3170.59
3.55	-27.85	-1.37	150.62	2.67	539.84	2542.02	11071.50
6.53	-33.37	-3.27	87.04	1.87	174.29	559.69	4883.79
7.40	-32.52	-3.58	21.31	6.36	135.79	917.64	7930.41
3.32	-31.97	-1.56	17.26	1.34	116.72	2313.88	9994.25
30.25	-2.58	-0.93	58.88	4.10	321.57	4667.54	129967.96
8.98	3.62	0.00	13.73	1.44	40.46	579.90	4911.57
12.08	-38.40	-13.66	27.61	2.48	273.37	3193.14	67814.02
3.68	-41.03	-2.56	83.75	13.58	128.45	1971.20	10659.37
8.62	-25.08	-3.12	14.52	0.93	117.04	592.01	5575.51

A 股
A Share

股票
Share

股票代码 Code	股票简称 Stock Name	市价总值 Tot_cap	无限售股市值 Nego_cap	发行股本 Issued Vol	流通股本 Negotiable Vol	上年收盘 Last Year Close	本年开盘 Open	本年最高 High	本年最低 Low
600552	凯盛科技	2803.45	2803.45	763.88	763.88	7.37	7.35	8.38	3.14
600555	海航创新	2803.68	2803.68	973.50	973.50	4.68	4.65	6.31	2.26
600556	ST 慧球	2455.62	2455.62	394.79	394.79	7.00	7.00	7.20	2.73
600557	康缘药业	6337.10	6152.90	616.45	598.53	13.48	13.49	14.66	8.24
600558	大西洋	2836.43	2836.43	897.60	897.60	6.04	6.02	6.46	2.98
600559	老白干酒	8231.91	7580.19	666.01	613.28	30.97	31.00	32.85	12.24
600560	金自天正	1807.06	1807.06	223.65	223.65	10.40	10.38	15.70	6.01
600561	江西长运	1289.63	1289.63	237.06	237.06	8.20	8.23	8.67	4.83
600562	国睿科技	8009.65	7741.61	622.35	601.52	24.01	24.01	30.50	11.70
600563	法拉电子	9481.50	9481.50	225.00	225.00	50.81	50.81	55.23	34.47
600565	迪马股份	6252.01	6158.82	2404.62	2368.78	4.00	3.99	4.74	2.32
600566	济川药业	27320.82	27320.82	814.82	814.82	38.15	38.20	54.97	32.80
600567	山鹰纸业	14260.45	14260.45	4570.66	4570.66	4.34	4.35	5.47	2.97
600568	中珠医疗	4543.74	3805.47	1992.87	1669.07	7.77	7.60	7.77	2.02
600569	安阳钢铁	7252.86	7252.86	2393.68	2393.68	4.70	4.71	5.81	3.02
600570	恒生电子	32113.51	32113.51	617.81	617.81	46.40	46.46	67.39	41.50
600571	信雅达	2769.98	2716.00	439.68	431.11	10.69	10.73	13.45	5.88
600572	康恩贝	15817.21	14848.65	2667.32	2503.99	7.07	7.04	7.85	5.88
600573	惠泉啤酒	1572.50	1572.50	250.00	250.00	9.08	9.10	9.90	5.06
600575	皖江物流	8277.74	6656.53	3886.26	3125.13	4.05	4.19	4.26	1.83
600576	祥源文化	2722.86	2208.69	648.30	525.88	7.56	7.56	7.84	3.85
600577	精达股份	5807.31	5807.31	1955.32	1955.32	3.76	3.76	5.20	2.92
600578	京能电力	19767.93	15631.62	6746.73	5335.02	3.70	3.71	3.81	2.85
600579	天华院	3383.64	3383.64	410.64	410.64	14.65	16.12	16.12	7.13
600580	卧龙电气	8148.48	6996.32	1293.41	1110.53	8.01	8.01	9.48	5.80
600581	八一钢铁	5457.12	5457.12	1532.90	1532.90	13.66	13.71	16.88	3.50
600582	天地科技	14153.97	14153.97	4138.59	4138.59	4.65	4.64	5.12	3.16
600583	海油工程	21664.64	21664.64	4421.35	4421.35	6.15	6.18	7.49	4.78
600584	长电科技	13207.69	8535.94	1602.87	1035.91	21.33	21.46	24.45	8.20
600585	海螺水泥	117111.29	117111.29	3999.70	3999.70	29.33	29.80	39.88	28.42
600586	金晶科技	4126.99	4086.90	1458.30	1444.14	4.55	4.57	4.65	2.70
600587	新华医疗	5307.95	5269.27	406.43	403.47	16.79	16.80	17.20	10.73
600588	用友网络	40808.77	40465.65	1915.90	1899.80	21.15	21.31	42.87	19.91
600589	广东榕泰	2877.65	2699.23	705.31	661.58	6.07	6.07	7.05	3.63
600590	泰豪科技	4669.35	4416.38	866.30	819.37	10.70	10.65	12.56	4.89
600592	龙溪股份	2141.61	2141.61	399.55	399.55	9.76	9.78	10.47	4.58
600593	大连圣亚	3411.91	3411.91	128.80	128.80	27.74	27.70	34.87	18.99
600594	益佰制药	4371.44	4371.44	791.93	791.93	10.22	10.22	12.00	5.45
600595	中孚实业	3804.77	3378.59	1961.22	1741.54	5.35	5.39	5.66	1.74
600596	新安股份	7546.23	7344.25	705.91	687.02	9.18	9.25	20.04	9.17
600597	光明乳业	10236.72	10235.16	1224.49	1224.30	15.15	15.19	15.83	7.12
600598	北大荒	15216.94	15216.94	1777.68	1777.68	10.78	10.79	13.29	8.10
600599	熊猫金控	1678.26	1678.26	166.00	166.00	21.11	21.10	23.00	8.09
600600	青岛啤酒	24259.55	24259.55	695.91	695.91	39.33	39.50	56.98	28.40
600601	方正科技	5531.13	5531.13	2194.89	2194.89	3.64	3.64	3.73	2.27
600602	云赛智联	5350.03	5146.65	1074.30	1033.46	6.84	6.85	8.42	4.63
600603	广汇物流	5111.04	2056.57	1252.70	504.06	6.77	6.76	8.40	3.72
600604	市北高新	10851.48	10286.56	1407.45	1334.18	7.20	7.20	11.36	3.01
600605	汇通能源	1433.66	1433.66	147.34	147.34	13.60	13.60	14.48	7.72
600606	绿地控股	74347.42	74347.42	12168.15	12168.15	7.30	7.38	10.42	5.29

注：市价总值、无限售股市值、成交金额的单位为百万元，发行股本、流通股本、成交数量的单位为百万股。

A 股
A Share

股票
Share

本年收盘 Close	涨跌(%) Change(%)	涨跌值 Change	市盈率 P/E	市净率 P/B	换手率(%) Turnover Rate	成交数量 Trading Vol	成交金额 Trading Val
3.67	-50.20	-3.70	36.21	1.18	248.06	1839.25	9855.17
2.88	-38.46	-1.80	66.24	2.32	603.36	5873.67	26593.30
6.22	-11.14	-0.78	774.60	31.63	189.64	748.68	3702.75
10.28	-23.37	-3.20	16.95	1.82	160.17	958.65	11739.85
3.16	-47.41	-2.88	60.41	1.51	148.15	1329.81	6234.09
12.36	-43.75	-18.61	50.34	4.81	314.63	1344.27	29232.80
8.08	-22.06	-2.32	89.43	2.43	533.20	1192.48	11928.02
5.44	-33.33	-2.76	63.37	0.92	202.26	479.48	3301.58
12.87	-29.98	-11.14	47.29	4.48	312.77	1288.48	25373.85
42.14	-15.04	-8.67	22.38	4.17	242.03	544.58	24846.47
2.60	-33.03	-1.40	9.34	0.84	159.25	3769.22	13636.11
33.53	-10.42	-4.62	22.33	6.21	130.68	1061.08	45956.56
3.12	-25.83	-1.22	7.08	1.38	320.81	14658.40	61813.44
2.28	-70.45	-5.49	26.83	0.76	479.41	8001.66	24878.05
3.03	-35.53	-1.67	4.53	1.12	526.62	12605.67	55200.20
51.98	12.56	5.58	68.15	10.45	611.77	3779.54	204518.55
6.30	-41.07	-4.39	0.00	1.85	503.20	2141.55	19583.74
5.93	-14.33	-1.14	22.24	2.76	130.92	3138.02	21928.32
6.29	-30.40	-2.79	65.03	1.41	217.54	543.84	4144.85
2.13	-47.41	-1.92	25.87	1.00	180.18	5630.80	15691.07
4.20	-44.44	-3.36	29.79	1.45	197.24	949.81	5682.02
2.97	-19.55	-0.79	16.41	1.96	243.33	4757.82	19926.39
2.93	-19.29	-0.77	37.01	0.88	21.75	1121.72	3705.28
8.24	-43.75	-6.41	0.00	2.93	305.41	1254.11	13446.58
6.30	-20.28	-1.71	12.25	1.44	209.05	2321.58	18442.68
3.56	-47.92	-10.10	4.67	1.63	965.71	11984.08	86169.43
3.42	-25.59	-1.23	15.03	0.95	74.25	3029.78	12522.73
4.90	-19.63	-1.25	44.12	0.94	119.10	5265.77	32264.77
8.24	-61.33	-13.09	38.47	1.40	543.78	5368.78	96170.02
29.28	3.30	-0.05	9.79	1.74	216.20	8647.22	292840.40
2.83	-36.65	-1.72	28.56	0.98	109.21	1572.53	5718.13
13.06	-21.93	-3.73	81.00	1.61	120.99	488.15	7065.29
21.30	31.45	0.15	104.88	6.98	382.05	6473.58	186248.78
4.08	-31.85	-1.99	21.44	0.94	149.58	966.32	4880.71
5.39	-33.68	-5.31	18.53	1.25	178.45	1111.37	9226.88
5.36	-44.16	-4.40	30.16	1.13	302.45	1208.46	8711.67
26.49	33.69	-1.25	61.52	7.78	245.94	271.25	7631.79
5.52	-45.69	-4.70	11.28	1.02	352.91	2794.77	26468.14
1.94	-63.74	-3.41	0.00	0.83	169.49	2951.67	10999.45
10.69	17.80	1.51	14.17	1.68	1153.42	7874.71	116676.75
8.36	-44.07	-6.79	16.58	1.91	152.46	1866.54	21258.39
8.56	-18.48	-2.22	19.51	2.53	356.25	6333.02	67005.01
10.11	-51.98	-11.00	83.68	2.32	150.00	249.00	3687.03
34.86	-10.48	-4.47	37.29	2.75	207.83	1446.32	59743.65
2.52	-30.77	-1.12	0.00	1.80	143.31	3145.53	9595.36
4.98	-26.46	-1.86	24.55	1.78	125.76	1109.17	7407.28
4.08	-15.65	-2.69	14.66	0.88	504.98	2031.28	10899.32
7.71	7.27	0.51	62.39	2.45	564.73	7111.64	52735.94
9.73	-27.94	-3.87	48.81	2.13	234.08	344.91	3584.54
6.11	-12.82	-1.19	8.23	1.19	469.17	17687.93	139514.47

A 股
A Share

股票
Share

股票代码 Code	股票简称 Stock Name	市价总值 Tot_cap	无限售股市值 Nego_cap	发行股本 Issued Vol	流通股本 Negotiable Vol	上年收盘 Last Year Close	本年开盘 Open	本年最高 High	本年最低 Low
600608	ST 沪科	1364.78	1321.24	328.86	318.37	7.92	7.92	8.44	3.36
600609	金杯汽车	3387.27	3387.27	1092.67	1092.67	5.76	5.73	6.87	3.01
600610	*ST 毅达	1222.77	645.99	710.91	375.57	5.45	5.43	6.03	1.20
600611	大众交通	6237.63	6237.63	1563.32	1563.32	4.98	5.00	5.30	3.41
600612	老凤祥	14269.93	14269.93	317.11	317.11	41.16	41.00	46.80	28.38
600613	神奇制药	2353.46	2353.46	479.32	479.32	8.36	8.36	8.89	4.55
600614	鹏起科技	5426.24	5426.24	1511.49	1511.49	10.16	9.14	9.14	3.09
600615	丰华股份	1970.45	1966.30	188.02	187.62	13.26	13.26	13.77	8.15
600616	金枫酒业	2449.59	2449.59	514.62	514.62	9.52	9.48	9.74	4.29
600617	国新能源	4728.33	4728.33	974.91	974.91	8.26	8.29	8.53	4.64
600618	氯碱化工	4866.46	4866.46	749.84	749.84	10.83	10.85	12.70	5.95
600619	海立股份	4930.73	4930.73	582.14	582.14	11.40	11.41	13.58	8.42
600620	天宸股份	3708.06	3708.06	686.68	686.68	10.57	10.66	11.46	4.54
600621	华鑫股份	9314.70	4699.50	1060.90	535.25	12.38	12.61	16.10	6.13
600622	光大嘉宝	6540.94	4928.21	1153.60	869.17	17.97	18.00	18.85	4.54
600623	华谊集团	15144.59	15144.59	1874.33	1874.33	8.53	8.54	13.39	7.92
600624	复旦复华	4142.51	4142.51	684.71	684.71	6.65	6.64	8.38	3.86
600626	申达股份	4210.32	3508.60	852.29	710.24	7.68	7.70	8.15	4.30
600628	新世界	4101.19	3371.61	646.88	531.80	10.17	10.18	10.86	6.03
600629	华建集团	4870.99	4202.29	432.21	372.87	15.36	15.36	16.44	10.02
600630	龙头股份	2935.79	2935.79	424.86	424.86	10.30	10.32	11.48	5.97
600633	浙数文化	10610.68	10515.69	1301.92	1290.27	15.20	15.12	16.22	6.98
600634	*ST 富控	1468.12	1468.12	575.73	575.73	19.42	17.48	17.48	1.77
600635	大众公用	11344.13	11344.13	2418.79	2418.79	4.78	4.78	6.60	3.02
600636	三爱富	4822.50	4822.50	446.94	446.94	14.88	14.95	16.65	10.03
600637	东方明珠	35160.35	34964.48	3433.63	3414.50	16.66	16.67	19.06	8.19
600638	新黄浦	5737.34	5737.34	673.40	673.40	14.61	14.58	16.66	7.51
600639	浦东金桥	9573.67	9573.67	850.24	850.24	16.95	16.95	18.18	9.24
600640	号百控股	7805.78	5782.01	795.70	589.40	14.62	14.61	15.98	8.05
600641	万业企业	7319.92	7319.92	806.16	806.16	13.40	13.39	14.50	7.82
600642	申能股份	22213.95	22213.95	4552.04	4552.04	5.86	5.89	6.20	4.69
600643	爱建集团	13770.12	12175.16	1621.92	1434.06	11.08	11.13	12.99	7.70
600644	乐山电力	2417.42	2417.42	538.40	538.40	7.05	7.09	7.25	3.93
600645	中源协和	7148.22	6232.50	440.16	383.77	28.40	25.56	27.58	14.52
600647	同达创业	1653.03	1653.03	139.14	139.14	18.47	18.36	18.80	9.22
600648	外高桥	12844.04	12844.04	934.79	934.79	18.50	18.44	19.95	12.08
600649	城投控股	13836.78	13241.73	2529.58	2420.79	8.80	8.79	9.57	4.68
600650	锦江投资	3690.79	3690.79	390.56	390.56	14.53	14.56	16.28	8.72
600651	飞乐音响	3194.22	3182.26	988.92	985.22	9.15	9.26	10.35	2.97
600652	游久游戏	3722.18	3722.18	832.70	832.70	7.28	7.29	9.01	3.08
600653	申华控股	3678.66	3300.66	1946.38	1746.38	2.68	2.69	2.80	1.71
600654	ST 中安	2566.04	1510.09	1283.02	755.04	5.29	5.43	5.55	1.72
600655	豫园股份	28719.87	10636.18	3881.06	1437.32	10.74	10.74	11.70	6.05
600657	信达地产	11207.88	5990.34	2851.88	1524.26	5.58	5.58	6.99	3.05
600658	电子城	6834.55	6834.55	1118.59	1118.59	11.10	11.07	11.47	4.14
600660	福耀玻璃	45628.03	45628.03	2002.99	2002.99	29.00	29.10	30.22	20.41
600661	昂立教育	5604.90	5067.54	286.55	259.08	25.44	25.45	33.20	18.58
600662	强生控股	4360.92	4360.92	1053.36	1053.36	5.58	5.60	6.58	3.55
600663	陆家嘴	31754.72	31754.72	2444.55	2444.55	19.03	19.11	21.32	12.03
600664	哈药股份	10052.57	9902.47	2544.95	2506.96	5.81	6.00	6.00	3.27

注：市价总值、无限售股市值、成交金额的单位为百万元，发行股本、流通股本、成交数量的单位为百万股。

A 股
A Share

股票
Share

本年收盘 Close	涨跌(%) Change(%)	涨跌值 Change	市盈率 P/E	市净率 P/B	换手率(%) Turnover Rate	成交数量 Trading Vol	成交金额 Trading Val
4.15	-47.60	-3.77	21.90	23.21	78.20	248.98	1353.58
3.10	-46.18	-2.66	33.63	12.35	115.23	1259.10	6021.22
1.72	-68.44	-3.73	392.69	52.56	615.60	2312.04	7488.76
3.99	-17.44	-0.99	10.81	1.02	136.11	2127.77	9446.58
45.00	12.69	3.84	20.72	4.20	93.66	297.00	11379.85
4.91	-40.99	-3.45	20.23	1.07	113.20	542.59	3786.16
3.59	-64.67	-6.57	16.25	1.28	301.29	3976.86	19419.42
10.48	-20.97	-2.78	18.59	3.34	168.21	315.61	3273.09
4.76	-49.60	-4.76	44.39	1.21	154.23	793.67	5530.52
4.85	-41.28	-3.41	317.20	1.42	64.31	582.29	3638.67
6.49	-39.88	-4.34	7.56	2.57	123.62	926.93	8622.67
8.47	-24.90	-2.93	26.09	1.76	269.34	1326.98	15162.48
5.40	-48.67	-5.17	59.28	1.51	110.00	755.35	5359.00
8.78	-27.07	-3.60	12.03	1.43	827.31	4390.06	50910.88
5.67	-58.17	-12.30	11.99	1.20	206.84	1638.41	14367.99
8.08	-4.40	-0.45	27.63	1.03	396.81	4069.13	41104.94
6.05	-8.68	-0.60	97.53	3.70	450.01	3081.25	19707.89
4.94	-34.41	-2.74	21.77	1.64	206.35	1465.59	8673.77
6.34	-35.80	-3.83	9.15	0.94	115.99	616.83	5106.94
11.27	-25.69	-4.09	19.00	1.96	66.03	239.18	3127.39
6.91	-32.14	-3.39	22.85	1.62	386.54	1642.26	13938.90
8.15	-45.04	-7.05	6.40	1.35	134.46	1734.85	19170.82
2.55	-86.87	-16.87	31.99	0.74	613.29	3530.93	19368.38
4.69	-0.28	-0.09	29.20	1.91	444.26	10745.79	53806.60
10.79	-27.49	-4.09	100.87	1.91	185.97	807.12	11119.44
10.24	-17.99	-6.42	15.72	1.28	69.05	1840.29	25452.89
8.52	-27.78	-6.09	8.90	1.36	100.99	606.43	7182.96
11.26	-32.09	-5.69	17.14	1.41	56.87	449.28	5957.70
9.81	-32.21	-4.81	31.07	1.82	151.32	879.25	9912.34
9.08	-28.73	-4.32	4.31	1.25	145.66	1174.23	13593.05
4.88	-13.48	-0.98	12.78	0.87	42.99	1956.96	10723.05
8.49	-22.40	-2.59	16.60	1.95	205.64	2948.96	30834.72
4.49	-36.31	-2.56	56.41	1.90	72.50	390.36	2154.00
16.24	-42.82	-12.16	0.00	4.74	500.57	1918.61	40049.45
11.88	-35.46	-6.59	148.41	4.98	197.51	274.82	3909.40
13.74	-24.93	-4.76	21.09	1.57	68.75	642.62	10629.43
5.47	-35.20	-3.33	7.87	0.73	102.10	2471.63	17203.61
9.45	-33.36	-5.08	21.06	1.55	141.25	551.67	6563.69
3.23	-64.52	-5.92	57.82	0.95	270.44	2664.40	14621.01
4.47	-38.60	-2.81	0.00	2.16	393.06	3273.06	19458.13
1.89	-29.48	-0.79	0.00	2.03	163.26	2851.15	6195.44
2.00	-62.19	-3.29	0.00	1.18	390.53	2948.69	8854.44
7.40	-30.04	-3.34	41.01	2.59	102.13	1467.93	13166.83
3.93	-27.78	-1.65	11.08	1.14	174.87	2665.55	13355.42
6.11	-21.34	-4.99	13.44	1.08	109.81	1110.98	7589.61
22.78	-17.70	-6.22	18.15	3.01	124.06	2484.97	61964.76
19.56	-23.11	-5.88	45.53	3.59	120.14	311.25	7897.20
4.14	-24.64	-1.44	43.20	1.34	243.19	2561.72	12166.71
12.99	-29.59	-6.04	13.95	3.05	27.29	667.09	10969.75
3.95	-25.23	-1.86	24.70	1.43	111.77	2787.67	12676.54

A 股
A Share

股票
Share

股票代码 Code	股票简称 Stock Name	市价总值 Tot_cap	无限售股市值 Nego_cap	发行股本 Issued Vol	流通股本 Negotiable Vol	上年收盘 Last Year Close	本年开盘 Open	本年最高 High	本年最低 Low
600665	天地源	2972.58	2972.58	864.12	864.12	4.27	4.27	4.85	3.02
600666	奥瑞德	3718.80	2435.08	1227.33	803.66	17.40	15.66	15.66	2.65
600667	太极实业	10762.63	6087.41	2106.19	1191.27	8.96	9.02	9.53	4.89
600668	尖峰集团	4060.19	4060.19	344.08	344.08	15.84	15.85	16.94	10.39
600671	天目药业	1948.46	1947.53	121.78	121.72	25.27	24.03	24.80	14.40
600673	东阳光科	21941.17	17900.98	3013.90	2458.93	6.75	6.80	12.34	6.70
600674	川投能源	38166.56	38166.56	4402.14	4402.14	10.18	10.22	10.60	7.70
600675	中华企业	28347.03	10418.19	5080.11	1867.06	6.20	6.18	6.58	4.00
600676	交运股份	4432.80	4146.42	1028.49	962.05	6.56	6.57	6.87	4.14
600677	航天通信	4941.37	3943.57	521.79	416.43	11.09	11.05	12.55	7.12
600678	四川金顶	1957.83	1957.83	348.99	348.99	11.08	11.15	11.90	4.98
600679	上海凤凰	2331.36	2331.36	230.60	230.60	19.49	19.47	20.38	9.05
600680	*ST 上普	1979.60	1979.60	257.43	257.43	10.46	10.53	10.60	5.71
600681	百川能源	12213.12	4116.33	1031.51	347.66	13.55	13.60	14.88	10.90
600682	南京新百	11350.02	8543.64	1292.71	973.08	37.79	37.77	38.88	8.25
600683	京投发展	3089.04	3089.04	740.78	740.78	5.67	5.67	6.77	3.41
600684	珠江实业	3712.55	3712.55	853.46	853.46	6.18	6.20	7.58	3.39
600685	中船防务	7852.92	7852.92	821.44	821.44	26.66	24.05	25.49	8.88
600686	金龙汽车	4156.16	4156.16	606.74	606.74	13.03	13.03	16.20	6.83
600687	刚泰控股	6178.17	4475.94	1488.72	1078.54	11.81	11.79	12.37	3.45
600688	上海石化	36570.78	36570.78	7328.81	7328.81	6.33	6.33	7.30	4.88
600689	上海三毛	1578.36	1578.36	152.20	152.20	11.41	11.43	15.43	6.60
600690	青岛海尔	84449.03	84449.03	6097.40	6097.40	18.84	18.95	23.20	11.96
600691	阳煤化工	4286.56	4285.59	1756.79	1756.39	3.66	3.65	4.03	2.28
600692	亚通股份	2486.97	1802.92	351.76	255.01	10.00	10.02	12.01	5.20
600693	东百集团	4715.70	4710.55	898.23	897.25	10.26	10.26	10.26	5.11
600694	大商股份	7105.05	7105.05	293.72	293.72	33.73	33.63	39.50	23.88
600695	绿庭投资	1953.27	1953.27	366.47	366.47	11.03	9.97	11.77	2.46
600696	ST 岩石	1668.77	1668.77	340.57	340.57	5.86	6.15	7.50	3.13
600697	欧亚集团	2925.63	2853.32	159.09	155.16	25.72	25.76	26.53	17.50
600698	湖南天雁	3078.54	3059.02	741.82	737.11	7.99	7.93	8.70	3.74
600699	均胜电子	22175.39	22175.39	949.29	949.29	32.87	32.90	35.79	20.02
600701	*ST 工新	2379.89	1784.52	1034.74	775.88	10.10	10.19	10.35	1.67
600702	舍得酒业	7697.19	7697.19	337.30	337.30	46.66	46.17	51.52	18.61
600703	三安光电	46126.99	46126.99	4078.42	4078.42	25.39	25.61	27.93	11.07
600704	物产中大	19724.61	19724.61	4306.68	4306.68	6.82	6.84	7.53	4.00
600705	XD 中航资	38059.62	38059.62	8976.33	8976.33	5.52	5.51	5.91	3.97
600706	曲江文旅	1825.61	1809.33	179.51	177.91	19.14	19.19	19.42	9.15
600707	彩虹股份	14820.05	5319.30	3588.39	1287.97	7.39	7.37	8.99	4.00
600708	光明地产	7777.94	7766.22	2228.64	2225.28	6.85	6.88	9.13	3.06
600710	苏美达	4821.91	2362.65	1306.75	640.28	6.75	6.74	7.19	3.38
600711	盛屯矿业	8366.49	6841.53	1830.74	1497.05	8.49	8.65	12.10	4.44
600712	南宁百货	1993.44	1968.93	544.66	537.96	7.84	7.86	8.05	3.31
600713	南京医药	4437.26	3823.03	1041.61	897.43	6.22	6.22	6.39	4.21
600714	金瑞矿业	1659.90	1659.90	288.18	288.18	9.05	9.05	9.50	5.27
600715	文投控股	8346.84	5778.90	1854.85	1284.20	22.47	23.40	23.40	4.09
600716	凤凰股份	2995.39	2912.71	936.06	910.22	5.52	5.52	6.11	2.86
600717	天津港	11840.62	11840.62	1674.77	1674.77	10.49	10.50	11.44	6.70
600718	东软集团	14349.38	14349.38	1242.37	1242.37	14.66	14.69	17.15	9.17
600719	大连热电	1541.52	1541.52	404.60	404.60	6.24	6.16	6.41	3.53

注：市价总值、无限售股市值、成交金额的单位为百万元，发行股本、流通股本、成交数量的单位为百万股。

A 股
A Share

股票
Share

本年收盘 Close	涨跌(%) Change(%)	涨跌值 Change	市盈率 P/E	市净率 P/B	换手率(%) Turnover Rate	成交数量 Trading Vol	成交金额 Trading Val
3.44	-17.32	-0.83	11.70	0.98	108.19	934.93	3693.82
3.03	-82.59	-14.37	67.54	1.41	877.18	7049.52	29669.08
5.11	-42.24	-3.85	25.76	1.74	515.62	6142.50	46769.46
11.80	-24.85	-4.04	11.65	1.55	363.34	1250.18	16727.47
16.00	-36.68	-9.27	239.31	29.03	184.21	224.22	4174.25
7.28	7.85	0.53	41.95	5.10	229.80	5647.84	51241.82
8.67	-12.04	-1.51	11.69	1.70	51.84	2282.06	20499.45
5.58	-10.00	-0.62	77.29	2.46	61.55	1149.22	6383.11
4.31	-32.42	-2.25	9.94	0.79	102.45	985.64	5286.13
9.47	-13.84	-1.62	49.28	1.52	704.64	2934.32	27807.81
5.61	-49.37	-5.47	67.65	69.72	571.34	1993.92	13365.66
10.11	-48.13	-9.38	52.93	3.04	353.70	678.83	9289.55
7.69	-26.48	-2.77	0.00	0.00	52.15	134.25	966.39
11.84	-9.75	-1.71	14.23	3.13	233.23	767.97	10072.27
8.78	-76.61	-29.01	15.42	1.42	355.32	3247.32	47961.75
4.17	-23.78	-1.50	9.60	1.31	101.09	748.83	3776.67
4.35	-28.89	-1.83	10.32	1.28	396.17	3381.17	19118.98
9.56	-64.14	-17.10	153.92	1.30	145.45	1108.21	16702.90
6.85	-47.02	-6.18	8.68	1.03	238.46	1263.43	14786.38
4.15	-64.54	-7.66	11.33	1.01	546.80	5897.47	32929.53
4.99	-16.72	-1.34	8.79	1.91	58.00	4248.25	25802.97
10.37	-9.02	-1.04	100.68	4.54	1364.19	2076.36	23379.65
13.85	-25.26	-4.99	12.74	2.74	170.45	10392.92	187784.22
2.44	-33.33	-1.22	36.91	1.12	243.69	4280.17	13744.34
7.07	-29.30	-2.93	38.93	3.56	447.39	1140.90	9626.52
5.25	-48.03	-5.01	19.06	2.18	173.37	1360.82	9025.35
24.19	-26.30	-9.54	8.11	0.97	146.31	429.73	13249.26
5.33	-51.68	-5.70	79.56	5.46	1150.14	4214.87	21672.59
4.90	-16.38	-0.96	92.52	6.03	155.72	530.33	2644.21
18.39	-27.17	-7.33	9.59	1.00	151.79	235.51	5356.09
4.15	-48.06	-3.84	0.00	6.99	474.90	3499.68	20480.30
23.36	-28.66	-9.51	56.02	1.75	166.15	1568.89	43461.21
2.30	-77.23	-7.80	18.71	0.56	287.94	2234.09	9684.73
22.82	-51.02	-23.84	53.61	3.10	527.01	1777.59	57529.12
11.31	-54.90	-14.08	14.58	2.33	236.54	9646.92	191011.51
4.58	-30.63	-2.24	8.83	0.90	166.01	2573.39	15052.50
4.24	-21.64	-1.28	13.67	1.64	85.98	6600.76	33269.18
10.17	-46.87	-8.97	29.24	1.93	294.95	524.74	6895.96
4.13	-44.11	-3.26	248.35	0.73	140.21	1176.91	7903.27
3.49	-31.76	-3.36	4.00	0.75	265.36	3261.64	18842.02
3.69	-44.92	-3.06	13.47	1.21	148.68	951.98	5024.60
4.57	-45.71	-3.92	13.71	1.82	810.70	12136.54	99898.73
3.66	-53.32	-4.18	1126.15	1.87	178.23	958.82	4770.57
4.26	-30.30	-1.96	18.55	1.60	95.43	856.46	4529.04
5.76	-36.35	-3.29	135.88	2.76	113.27	325.34	2423.77
4.50	-79.72	-17.97	19.23	1.16	411.01	2536.82	22152.96
3.20	-42.03	-2.32	0.00	0.92	158.28	1440.67	6393.86
7.07	-31.41	-3.42	14.37	0.76	81.54	1365.64	12255.33
11.55	-20.66	-3.11	13.56	1.61	267.05	3303.42	44743.51
3.81	-38.94	-2.43	459.04	2.12	145.17	587.34	2832.14

A 股
A Share

股票
Share

股票代码 Code	股票简称 Stock Name	市价总值 Tot_cap	无限售股市值 Nego_cap	发行股本 Issued Vol	流通股本 Negotiable Vol	上年收盘 Last Year Close	本年开盘 Open	本年最高 High	本年最低 Low
600720	祁连山	5007.07	5006.25	776.29	776.16	10.35	10.41	12.77	5.97
600721	百花村	2102.03	1602.06	400.39	305.15	10.41	10.49	11.95	4.30
600722	金牛化工	3102.26	3102.26	680.32	680.32	7.21	7.26	7.93	4.06
600723	首商股份	4088.71	4086.61	658.41	658.07	8.20	8.20	8.74	5.56
600724	宁波富达	4783.75	4782.76	1445.24	1444.94	3.77	3.79	4.29	2.87
600725	ST 云维	2896.30	2896.30	1232.47	1232.47	3.10	3.09	3.26	1.92
600726	华电能源	3545.10	3545.10	1534.68	1534.68	3.17	3.17	3.55	2.22
600727	鲁北化工	1926.92	1926.59	350.99	350.93	7.48	7.47	10.77	5.17
600728	佳都科技	11153.46	9534.30	1618.79	1383.79	8.25	8.25	11.77	5.59
600729	重庆百货	11504.76	11501.87	406.53	406.43	25.06	25.08	40.18	22.16
600730	中国高科	2862.88	2862.88	586.66	586.66	6.78	6.75	7.32	3.55
600731	湖南海利	1499.04	1378.48	355.22	326.65	7.09	7.06	7.91	3.73
600732	ST 新梅	2017.65	2017.65	446.38	446.38	7.56	7.54	7.84	3.31
600733	北汽蓝谷	26708.58	3159.32	3355.35	396.90	50.18	52.69	52.69	7.66
600734	实达集团	3915.68	2227.42	623.52	354.68	9.40	8.46	8.87	4.91
600735	新华锦	1940.12	1940.12	375.99	375.99	11.23	11.19	12.21	3.92
600736	苏州高新	6055.80	6055.80	1151.29	1151.29	5.91	5.92	7.22	4.40
600737	中粮糖业	15101.81	15101.81	2051.88	2051.88	7.95	7.98	8.38	6.15
600738	兰州民百	4463.64	2401.17	783.10	421.26	7.89	7.86	9.11	4.78
600739	辽宁成大	16000.76	16000.76	1529.71	1529.71	17.60	17.55	18.79	9.60
600740	山西焦化	11471.67	5261.23	1432.17	656.83	9.78	9.84	15.40	7.96
600741	华域汽车	58010.12	52743.77	3152.72	2866.51	29.69	29.69	29.70	16.72
600742	一汽富维	5066.41	5066.41	507.66	507.66	16.51	16.51	17.75	7.52
600743	华远地产	5677.56	5677.56	2346.10	2346.10	3.66	3.67	4.61	1.93
600744	华银电力	4648.73	2160.13	1781.12	827.63	3.77	3.77	4.03	2.21
600745	闻泰科技	13465.44	13465.44	637.27	637.27	33.73	33.70	34.00	20.60
600746	江苏索普	1758.86	1748.75	306.42	304.66	8.18	8.17	9.33	4.86
600747	ST 大控	1903.63	1383.63	1464.33	1064.33	2.73	2.73	2.76	1.16
600748	上实发展	9849.97	7520.76	1844.56	1408.38	6.41	6.36	7.10	4.06
600749	*ST 藏旅	2128.94	1774.11	226.97	189.14	19.77	19.91	23.09	8.11
600750	江中药业	7110.60	7110.60	420.00	420.00	25.48	25.51	27.38	13.80
600751	海航科技	6973.34	6973.34	2573.19	2573.19	6.11	6.11	6.68	2.70
600753	东方银星	1879.04	1879.04	128.00	128.00	30.10	30.04	32.30	14.15
600754	锦江股份	17081.25	13813.43	801.94	648.52	32.29	32.31	40.49	20.60
600755	厦门国贸	12677.58	12677.58	1816.27	1816.27	10.10	10.06	11.11	5.91
600756	浪潮软件	4955.47	4955.47	324.10	324.10	17.79	17.82	23.83	12.84
600757	长江传媒	7913.00	7912.00	1213.65	1213.50	6.95	6.95	7.49	5.40
600758	红阳能源	4327.08	2198.11	1331.41	676.34	7.38	7.41	7.95	3.01
600759	洲际油气	5341.88	5329.31	2263.51	2258.18	4.26	4.30	4.86	2.30
600760	中航沈飞	38804.79	11043.05	1400.39	398.52	34.89	35.27	41.75	22.51
600761	安徽合力	6476.58	6476.58	740.18	740.18	10.52	10.54	11.13	8.15
600763	通策医疗	15220.78	15220.78	320.64	320.64	32.32	32.40	59.68	29.83
600764	中国海防	9412.18	7837.78	394.81	328.77	27.81	27.90	33.74	21.68
600765	中航重机	5788.34	5788.34	778.00	778.00	12.02	12.04	12.59	6.59
600766	园城黄金	1784.85	1782.50	224.23	223.93	9.19	9.19	10.29	4.86
600767	ST 运盛	1612.98	1612.51	341.01	340.91	6.61	6.63	6.98	3.55
600768	宁波富邦	1287.99	1287.99	133.75	133.75	14.70	14.69	14.94	7.63
600769	祥龙电业	1462.41	1462.41	374.98	374.98	6.01	6.01	7.45	3.27
600770	综艺股份	6123.00	6123.00	1300.00	1300.00	7.60	7.58	8.48	4.06
600771	广誉远	10187.62	8727.55	352.88	302.31	40.78	40.99	63.45	26.46

注：市价总值、无限售股市值、成交金额的单位为百万元，发行股本、流通股本、成交数量的单位为百万股。

A 股
A Share

股票
Share

本年收盘 Close	涨跌(%) Change(%)	涨跌值 Change	市盈率 P/E	市净率 P/B	换手率(%) Turnover Rate	成交数量 Trading Vol	成交金额 Trading Val
6.45	-35.55	-3.90	8.71	0.94	686.31	5326.88	50433.79
5.25	-49.57	-5.16	0.00	1.22	500.92	1517.16	12692.14
4.56	-36.75	-2.65	90.08	3.39	462.31	3145.21	17813.49
6.21	-22.25	-1.99	11.48	1.09	65.79	432.91	3166.46
3.31	-12.20	-0.46	0.00	2.79	29.80	430.66	1504.67
2.35	-24.19	-0.75	353.92	10.51	64.67	797.08	2064.05
2.31	-27.13	-0.86	0.00	1.97	82.48	1265.88	3664.26
5.49	-26.60	-1.99	24.56	1.66	425.12	1491.86	12695.31
6.89	-16.22	-1.36	52.49	3.48	562.72	7757.44	68435.07
28.30	14.66	3.24	19.00	2.30	257.07	1044.80	31689.61
4.88	-27.09	-1.90	57.83	1.42	250.59	1470.09	8092.32
4.22	-40.48	-2.87	35.96	1.85	179.53	586.45	3390.03
4.52	-40.21	-3.04	33.09	4.51	135.31	603.98	3377.07
7.96	-44.46	-42.22	3460.87	138.70	513.73	2037.10	19415.50
6.28	-33.19	-3.12	20.97	1.36	778.49	2761.17	18759.04
5.16	-53.79	-6.07	26.28	2.36	466.07	1752.38	12134.78
5.26	-9.14	-0.65	9.99	0.82	156.35	1805.56	11017.82
7.36	-5.26	-0.59	20.41	2.10	140.24	2877.53	21849.19
5.70	-21.93	-2.19	31.12	2.44	193.93	782.73	5117.91
10.46	-39.85	-7.14	11.06	0.80	129.60	1904.34	27830.90
8.01	-18.10	-1.77	124.81	5.38	1384.72	9095.29	101442.41
18.40	-35.22	-11.29	8.85	1.41	100.16	2871.10	67264.54
9.98	-25.02	-6.53	10.83	1.11	197.24	929.16	11779.84
2.42	-31.61	-1.24	6.93	0.78	117.85	2764.96	8880.65
2.61	-30.77	-1.16	0.00	1.56	141.57	1171.72	3623.00
21.13	-37.31	-12.60	40.88	3.81	105.60	569.19	15712.48
5.74	-28.31	-2.44	23.44	3.49	248.65	757.55	4991.83
1.30	-52.38	-1.43	61.03	0.96	226.24	2407.91	4252.33
5.34	-15.78	-1.07	11.29	0.99	89.45	1259.85	6990.69
9.38	-52.55	-10.39	0.00	4.62	144.55	273.41	3913.69
16.93	-5.29	-8.55	17.02	2.44	180.41	636.58	12969.53
2.71	-55.65	-3.40	9.58	0.59	81.45	2095.95	7207.12
14.68	-51.23	-15.42	99.03	11.63	257.24	329.27	5514.89
21.30	-33.04	-10.99	23.14	1.57	151.75	984.11	29768.85
6.98	-28.88	-3.12	6.65	0.55	281.79	5116.47	43737.16
15.29	-13.54	-2.50	40.06	2.30	1209.05	3918.51	72051.78
6.52	-4.77	-0.43	12.90	1.30	136.56	1657.10	10723.02
3.25	-54.84	-4.13	9.31	0.78	227.68	1539.86	8041.75
2.36	-44.60	-1.90	0.00	1.05	133.29	3009.94	9997.37
27.71	-20.58	-7.18	54.90	5.44	765.08	2648.51	91197.51
8.75	-12.41	-1.77	15.88	1.43	169.26	1252.86	12135.94
47.47	46.97	15.15	70.28	15.34	312.03	1000.48	45964.30
23.84	-14.11	-3.97	115.29	8.56	76.09	250.87	6590.74
7.44	-37.93	-4.58	35.18	1.55	193.14	1502.62	13790.39
7.96	-13.38	-1.23	676.87	32.11	882.37	1975.91	15748.40
4.73	-28.44	-1.88	37.15	6.05	135.86	463.16	2524.67
9.63	-34.49	-5.07	18.23	9.54	165.45	221.29	2538.37
3.90	-35.11	-2.11	285.71	30.26	194.21	728.24	3960.93
4.71	-38.03	-2.89	136.92	1.74	299.87	3898.27	25560.40
28.87	-29.21	-11.91	43.02	5.32	284.80	807.10	33968.85

A 股
A Share

股票
Share

股票代码 Code	股票简称 Stock Name	市价总值 Tot_cap	无限售股市值 Nego_cap	发行股本 Issued Vol	流通股本 Negotiable Vol	上年收盘 Last Year Close	本年开盘 Open	本年最高 High	本年最低 Low
600773	西藏城投	4917.96	4375.28	819.66	729.21	11.68	11.71	12.46	5.36
600774	汉商集团	3215.85	3213.16	226.95	226.76	19.67	19.74	20.00	9.06
600775	南京熊猫	5448.61	5448.61	671.84	671.84	7.88	7.89	8.46	4.36
600776	东方通信	10965.32	10965.32	956.00	956.00	7.23	7.21	11.47	3.70
600777	新潮能源	12988.95	6242.10	6800.50	3268.12	3.70	3.72	4.13	1.81
600778	*ST 友好	1407.94	1406.11	311.49	311.09	6.03	6.02	6.14	3.89
600779	水井坊	15472.24	15472.24	488.55	488.55	46.80	46.01	60.17	25.25
600780	通宝能源	3703.20	3703.20	1146.50	1146.50	4.75	4.75	4.89	3.05
600781	辅仁药业	7933.54	2246.55	627.16	177.59	22.99	23.00	23.35	11.72
600782	新钢股份	16230.60	16230.60	3188.72	3188.72	6.58	6.58	8.86	4.73
600783	鲁信创投	11671.55	11671.55	744.36	744.36	15.35	15.36	24.50	8.01
600784	鲁银投资	2874.98	2874.98	568.18	568.18	5.37	5.37	6.55	4.04
600785	新华百货	3689.07	3689.07	225.63	225.63	20.99	20.95	23.99	15.00
600787	中储股份	10999.01	10999.01	2199.80	2199.80	11.00	11.00	12.57	4.74
600789	鲁抗医药	5112.10	4390.89	677.10	581.58	7.95	7.97	14.18	7.32
600790	轻纺城	5350.14	5350.14	1465.79	1465.79	5.96	5.97	6.32	3.02
600791	京能置业	1648.48	1646.42	452.88	452.31	6.92	6.92	8.26	3.10
600792	云煤能源	2653.00	2653.00	989.92	989.92	4.25	4.25	4.55	2.56
600793	宜宾纸业	1557.39	1557.39	105.30	105.30	23.58	23.50	27.47	13.06
600794	保税科技	3139.47	3086.18	1212.15	1191.57	4.45	4.49	4.49	2.27
600795	国电电力	50305.02	50305.02	19650.40	19650.40	3.12	3.12	3.28	2.25
600796	钱江生化	1558.25	1558.25	301.40	301.40	7.36	7.36	7.59	5.08
600797	浙大网新	7608.13	7319.98	1055.22	1015.25	11.82	11.83	14.85	6.50
600798	宁波海运	3897.11	3329.65	1206.53	1030.85	5.04	5.04	5.22	3.05
600800	天津磁卡	3062.47	3060.89	611.27	610.96	6.50	6.52	6.81	4.28
600801	华新水泥	16264.74	16264.74	972.77	972.77	14.13	14.25	21.99	12.31
600802	福建水泥	2810.59	2810.59	381.87	381.87	7.27	7.30	9.22	6.40
600803	新奥股份	12219.80	12219.80	1229.36	1229.36	15.02	15.12	16.30	9.77
600804	鹏博士	10070.17	10069.48	1432.46	1432.36	17.03	17.09	18.32	6.47
600805	悦达投资	3914.11	3911.27	850.89	850.28	6.10	6.11	6.31	4.35
600806	退市昆机	499.44	499.44	390.19	390.19	1.28	5.80	1.28	1.28
600807	*ST 天业	3343.92	2974.93	884.63	787.02	10.01	9.51	9.51	1.82
600808	马钢股份	20648.42	20648.42	5967.75	5967.75	4.13	4.13	4.83	3.31
600809	山西汾酒	30347.98	30347.98	865.85	865.85	56.99	56.51	68.00	30.39
600810	神马股份	4458.18	4458.18	442.28	442.28	7.03	7.04	20.98	7.00
600811	东方集团	13595.35	11980.91	3714.58	3273.47	4.58	4.58	4.83	3.52
600812	华北制药	6523.22	6523.22	1630.80	1630.80	4.94	4.96	5.95	3.89
600814	杭州解百	3632.34	3632.34	715.03	715.03	9.00	9.07	9.30	4.53
600815	厦工股份	2867.32	2867.32	958.97	958.97	4.38	4.39	4.94	2.70
600816	安信信托	23900.13	20418.87	5469.14	4672.51	13.08	13.08	13.58	3.78
600817	ST 宏盛	1129.59	1092.87	160.91	155.68	12.85	12.92	12.97	5.30
600818	中路股份	2522.35	2522.35	237.96	237.96	22.83	20.55	20.55	8.05
600819	耀皮玻璃	3056.93	3056.93	747.42	747.42	5.53	5.53	5.91	3.29
600820	隧道股份	19682.04	19682.04	3144.10	3144.10	8.36	8.36	8.73	5.20
600821	津劝业	1660.91	1660.91	416.27	416.27	6.95	6.95	7.18	3.78
600822	上海物贸	3418.76	3418.76	396.15	396.15	13.12	13.20	15.95	7.90
600823	世茂股份	14104.39	14104.39	3751.17	3751.17	4.94	4.96	6.66	3.54
600824	益民集团	3520.45	3520.45	1054.03	1054.03	4.83	4.85	5.02	2.81
600825	新华传媒	5119.95	5119.95	1044.89	1044.89	6.17	6.19	7.77	3.27
600826	兰生股份	4000.31	4000.31	420.64	420.64	13.17	13.24	16.88	9.30

注：市价总值、无限售股市值、成交金额的单位为百万元，发行股本、流通股本、成交数量的单位为百万股。

A 股
A Share

股票
Share

本年收盘 Close	涨跌(%) Change(%)	涨跌值 Change	市盈率 P/E	市净率 P/B	换手率(%) Turnover Rate	成交数量 Trading Vol	成交金额 Trading Val
6.00	-48.55	-5.68	60.01	1.53	299.43	2183.49	18216.03
14.17	-6.21	-5.50	195.29	5.51	67.76	140.24	1998.78
8.11	4.20	0.23	69.02	2.20	277.76	1866.08	12683.84
11.47	60.52	4.24	121.87	4.77	382.13	3653.17	24858.49
1.91	-48.38	-1.79	35.44	0.96	387.29	9465.26	24169.97
4.52	-25.04	-1.51	0.00	1.98	147.24	458.05	2320.76
31.67	-31.55	-15.13	46.12	9.79	307.54	1502.47	64978.48
3.23	-32.00	-1.52	45.26	0.77	90.11	1033.14	4050.22
12.65	-44.52	-10.34	20.24	1.73	321.22	570.46	9566.64
5.09	-21.52	-1.49	5.22	1.22	469.50	13270.42	85506.18
15.68	2.69	0.33	270.48	3.33	338.14	2517.01	39091.66
5.06	-5.77	-0.31	0.00	2.01	122.06	693.52	3749.92
16.35	-22.11	-4.64	34.49	1.86	43.90	99.04	1937.97
5.00	-54.24	-6.00	8.22	1.04	167.92	3134.30	27080.21
7.55	-4.77	-0.40	44.75	2.61	1520.74	8844.28	95584.19
3.65	-12.64	-2.31	14.06	1.09	120.91	1515.07	6853.25
3.64	-47.29	-3.28	33.25	1.02	254.88	1152.87	6039.74
2.68	-36.94	-1.57	0.00	0.91	97.72	967.38	3380.95
14.79	-37.28	-8.79	16.84	10.69	401.64	422.93	7857.18
2.59	-41.80	-1.86	0.00	1.75	81.76	974.22	2955.99
2.56	-15.41	-0.56	22.63	0.98	47.67	9368.22	26119.65
5.17	-29.41	-2.19	38.00	2.47	273.94	825.67	5368.68
7.21	-38.70	-4.61	25.09	1.70	580.57	4975.83	55725.18
3.23	-35.23	-1.81	26.19	1.38	120.73	1244.54	4935.86
5.01	-22.92	-1.49	0.00	52.35	166.20	1015.44	5860.77
16.72	20.61	2.59	12.05	2.10	518.93	5048.00	83646.83
7.36	1.24	0.09	0.00	4.66	658.55	2514.81	20101.20
9.94	-28.16	-5.08	19.36	2.37	288.86	3438.31	43466.81
7.03	-58.13	-10.00	13.09	1.40	218.36	3127.73	34814.30
4.60	-24.59	-1.50	0.00	0.64	102.44	871.04	4671.03
1.28	-77.17	0.00	0.00	0.00	25.11	97.98	125.23
3.78	-62.24	-6.23	0.00	1.93	283.10	2228.03	6067.32
3.46	-11.66	-0.67	6.45	1.12	259.90	15509.97	61891.89
35.05	-37.72	-21.94	32.14	5.80	167.48	1450.09	74041.64
10.08	43.39	3.05	66.42	1.76	1043.32	4614.38	65034.85
3.66	-19.71	-0.92	17.68	0.68	64.59	2114.40	8833.54
4.00	-18.85	-0.94	347.83	1.23	87.37	1424.85	6773.69
5.08	-42.85	-3.92	20.15	1.57	79.48	568.29	3904.72
2.99	-31.74	-1.39	23.01	5.25	106.39	1020.27	4078.58
4.37	-58.11	-8.71	6.52	1.48	133.01	5255.39	35731.45
7.02	-45.37	-5.83	0.00	11.70	115.16	179.28	1445.14
10.60	-53.57	-12.23	108.95	5.07	157.13	373.90	5020.11
4.09	-25.69	-1.44	79.74	1.27	98.15	733.62	3300.23
6.26	-22.79	-2.10	10.87	1.03	88.98	2797.60	18607.32
3.99	-42.59	-2.96	191.28	3.23	251.07	1045.13	5529.84
8.63	-34.22	-4.49	131.80	7.65	541.17	2143.83	24691.69
3.76	-22.71	-1.18	6.34	0.65	140.69	5277.35	27815.82
3.34	-30.05	-1.49	25.13	1.64	114.97	1211.77	4784.36
4.90	-20.39	-1.27	113.74	1.96	268.86	2809.24	15299.16
9.51	-26.80	-3.66	13.88	1.16	295.63	1243.54	16243.60

A 股
A Share

股票
Share

股票代码 Code	股票简称 Stock Name	市价总值 Tot_cap	无限售股市值 Nego_cap	发行股本 Issued Vol	流通股本 Negotiable Vol	上年收盘 Last Year Close	本年开盘 Open	本年最高 High	本年最低 Low
600827	百联股份	13557.60	13036.47	1604.45	1542.78	13.49	13.49	14.10	7.57
600828	茂业商业	8123.00	3044.05	1731.98	649.05	6.20	6.20	7.33	4.39
600829	人民同泰	3380.75	3380.75	579.89	579.89	12.24	12.00	12.10	4.88
600830	香溢融通	2176.21	2176.21	454.32	454.32	9.49	9.55	9.69	4.01
600831	广电网络	4095.63	3814.48	604.97	563.44	8.17	8.16	8.47	4.38
600833	第一医药	2036.78	2036.78	223.09	223.09	13.90	13.92	14.86	7.17
600834	申通地铁	3193.68	3193.68	477.38	477.38	9.47	9.46	9.68	6.12
600835	上海机电	11734.64	11734.64	806.50	806.50	24.50	24.51	26.50	12.82
600836	界龙实业	2498.58	2498.58	662.75	662.75	5.08	5.09	5.49	3.31
600837	海通证券	71210.75	71210.75	8092.13	8092.13	12.87	12.89	14.72	7.60
600838	上海九百	2409.30	2409.30	400.88	400.88	9.84	9.88	11.20	5.45
600839	四川长虹	10663.52	10659.01	4616.24	4614.29	3.48	3.49	3.58	2.14
600841	上柴股份	3434.05	3434.05	521.89	521.89	12.22	12.20	17.65	6.44
600843	上工申贝	2022.85	2022.85	304.65	304.65	10.55	10.52	11.34	5.96
600844	丹化科技	2599.83	2599.83	822.73	822.73	5.80	5.83	6.68	3.15
600845	宝信软件	13521.39	13361.30	648.51	640.83	18.54	18.58	32.98	17.16
600846	同济科技	4467.04	4467.04	624.76	624.76	9.63	9.61	10.74	5.58
600847	万里股份	1764.34	1764.34	153.29	153.29	15.45	15.55	15.55	9.02
600848	上海临港	20944.16	16296.39	1012.77	788.03	22.30	22.30	27.78	14.76
600850	华东电脑	6676.07	6676.07	423.34	423.34	19.72	19.89	23.23	14.23
600851	海欣股份	5123.15	5123.15	738.21	738.21	10.74	10.78	13.05	5.84
600853	龙建股份	2228.82	1857.35	644.17	536.81	4.82	4.84	5.22	3.21
600854	春兰股份	1807.72	1807.72	519.46	519.46	5.58	5.51	6.14	3.22
600855	航天长峰	3178.84	2981.38	352.03	330.16	14.83	14.83	16.27	8.25
600856	中天能源	5083.95	4997.53	1366.65	1343.42	11.69	11.71	14.29	3.54
600857	宁波中百	1864.10	1864.10	224.32	224.32	9.25	9.25	12.45	7.33
600858	银座股份	2569.13	2556.69	520.07	517.55	7.32	7.30	7.99	4.60
600859	王府井	10525.95	4138.62	776.25	305.21	20.40	20.40	25.97	13.15
600860	京城股份	1439.34	1439.34	322.00	322.00	6.87	6.92	7.56	3.79
600861	北京城乡	2201.79	2201.79	316.80	316.80	9.48	9.48	9.96	6.15
600862	中航高科	7801.08	7801.08	1393.05	1393.05	9.68	9.68	9.96	4.69
600863	内蒙华电	13416.06	13416.06	5807.82	5807.82	2.97	2.97	3.04	1.95
600864	哈投股份	9382.89	7023.51	2108.51	1578.32	7.94	7.91	7.99	2.98
600865	百大集团	2088.13	2088.13	376.24	376.24	7.77	7.79	8.83	5.25
600866	星湖科技	2026.54	2026.54	645.39	645.39	4.60	4.62	5.23	2.89
600867	通化东宝	28272.44	27157.01	2033.99	1953.74	22.89	22.90	31.98	11.72
600868	梅雁吉祥	5409.72	5409.72	1898.15	1898.15	4.01	4.01	5.30	2.33
600869	智慧能源	10763.86	10564.23	2219.35	2178.19	5.74	5.73	6.35	3.96
600870	*ST 厦华	1742.25	1742.25	523.20	523.20	7.54	8.28	8.28	1.72
600871	*ST 油服	24831.96	22038.07	13569.38	12042.66	2.67	2.69	3.09	1.82
600872	中炬高新	23468.93	23468.93	796.64	796.64	24.76	24.73	33.66	21.60
600873	梅花生物	13116.50	12970.98	3108.18	3073.69	5.16	5.16	5.61	3.63
600874	创业环保	8969.63	8969.63	1087.23	1087.23	13.01	13.03	15.88	6.37
600875	东方电气	21703.84	15755.54	2750.80	1996.90	11.23	11.23	11.58	6.33
600876	洛阳玻璃	3444.95	2910.85	309.80	261.77	20.16	20.09	22.55	11.05
600877	ST 嘉陵	3271.46	3271.46	687.28	687.28	6.43	6.75	6.75	3.52
600879	航天电子	14711.26	13056.13	2719.27	2413.33	7.84	7.85	8.76	5.36
600880	博瑞传播	4056.26	2720.78	1093.33	733.37	5.27	5.26	5.69	3.50
600881	亚泰集团	10753.90	10669.39	3248.91	3223.38	5.28	5.28	5.50	2.93
600882	广泽股份	3142.87	3090.69	409.76	402.96	9.12	9.07	9.82	6.88

注：市价总值、无限售股市值、成交金额的单位为百万元，发行股本、流通股本、成交数量的单位为百万股。

A 股
A Share

股票
Share

本年收盘 Close	涨跌(%) Change(%)	涨跌值 Change	市盈率 P/E	市净率 P/B	换手率(%) Turnover Rate	成交数量 Trading Vol	成交金额 Trading Val
8.45	-36.21	-5.04	17.80	0.91	83.33	1285.58	13485.59
4.69	-19.29	-1.51	7.85	1.53	151.57	976.24	5939.03
5.83	-50.15	-6.41	13.30	2.10	87.16	505.41	4220.79
4.79	-49.53	-4.70	25.22	1.04	308.87	1403.25	8945.07
6.77	-16.72	-1.40	23.26	1.39	324.23	1826.84	12509.81
9.13	-33.92	-4.77	46.85	2.88	220.55	492.03	5743.87
6.69	-29.04	-2.78	61.81	2.18	61.92	295.57	2315.55
14.55	-39.14	-9.95	10.70	1.48	129.16	1041.68	20853.48
3.77	-25.62	-1.31	77.40	2.80	170.66	1123.03	5037.22
8.80	-29.92	-4.07	11.74	0.86	131.81	10665.91	109489.25
6.01	-38.31	-3.83	24.75	1.92	352.54	1413.29	11812.29
2.31	-33.38	-1.17	29.92	0.83	135.97	6273.87	18398.07
6.58	-45.92	-5.64	46.63	1.57	130.37	680.39	7652.61
6.64	-37.06	-3.91	18.45	1.70	150.98	459.97	4099.06
3.16	-45.52	-2.64	12.07	1.51	103.24	849.36	3956.14
20.85	13.07	2.31	43.01	3.82	376.12	2140.99	52167.22
7.15	-24.48	-2.48	17.51	2.16	598.59	3739.75	31835.93
11.51	-25.50	-3.94	113.28	2.58	214.44	328.70	4244.86
20.68	-6.79	-1.62	56.52	3.56	262.34	1295.13	30081.09
15.77	-19.10	-3.95	23.13	3.20	177.64	750.43	13833.99
6.94	-35.16	-3.80	79.55	2.22	84.33	622.52	5928.83
3.46	-27.84	-1.36	16.00	2.33	222.27	1193.17	4980.55
3.48	-37.33	-2.10	102.50	0.93	177.59	922.49	4061.99
9.03	-39.04	-5.80	308.09	3.63	524.44	1731.33	22021.75
3.72	-67.53	-7.97	9.67	1.03	496.74	5900.59	38838.70
8.31	-10.16	-0.94	0.00	11.22	132.25	296.65	2914.72
4.94	-32.16	-2.38	52.30	0.85	98.23	508.37	3240.92
13.56	-32.53	-6.84	11.57	1.04	501.80	1554.90	30061.64
4.47	-34.93	-2.40	90.39	3.21	97.32	313.36	1723.11
6.95	-25.81	-2.53	25.99	0.94	127.01	402.37	3086.18
5.60	-42.15	-4.08	93.35	2.23	194.01	1560.04	11068.94
2.31	-21.25	-0.66	26.09	1.27	40.40	2346.41	5835.01
4.45	-42.67	-3.49	26.20	0.70	236.19	3727.76	18165.29
5.55	-28.10	-2.22	43.17	1.24	181.33	682.23	4836.17
3.14	-31.74	-1.46	0.00	2.22	156.60	1010.67	4187.97
13.90	-26.67	-8.99	33.80	6.24	229.58	4287.64	89953.49
2.85	-28.58	-1.16	46.49	2.35	352.94	6699.28	25794.86
4.85	-15.51	-0.89	210.69	1.93	76.40	1664.24	8452.72
3.33	-55.84	-4.21	0.00	610.08	139.23	728.46	2702.07
1.83	-31.46	-0.84	0.00	0.00	37.83	4555.37	10656.18
29.46	19.73	4.70	51.78	7.47	203.79	1623.44	43944.37
4.22	-11.91	-0.94	11.18	1.44	116.07	3589.12	16388.84
8.25	-36.59	-4.76	23.17	2.30	388.73	4226.40	47918.51
7.89	-29.74	-3.34	36.23	1.12	131.26	2621.21	22772.27
11.12	-44.84	-9.04	302.67	5.50	380.02	994.76	16686.59
4.76	-25.97	-1.67	10.85	330.91	106.60	732.65	3618.66
5.41	-30.99	-2.43	28.03	1.29	239.59	5683.82	41357.11
3.71	-29.41	-1.56	116.56	1.11	165.88	1216.53	5150.06
3.31	-36.49	-1.97	13.60	0.72	87.27	2142.98	8990.53
7.67	-15.90	-1.45	734.67	2.67	51.88	208.28	1696.34

A 股
A Share

股票
Share

股票代码 Code	股票简称 Stock Name	市价总值 Tot_cap	无限售股市值 Nego_cap	发行股本 Issued Vol	流通股本 Negotiable Vol	上年收盘 Last Year Close	本年开盘 Open	本年最高 High	本年最低 Low
600883	博闻科技	1433.05	1433.05	236.09	236.09	9.43	9.44	10.19	4.95
600884	杉杉股份	14506.12	10616.58	1122.76	821.72	19.38	19.43	23.66	12.00
600885	宏发股份	16801.82	16801.82	744.76	744.76	41.37	41.50	47.19	18.45
600886	国投电力	54627.49	54627.49	6786.02	6786.02	7.34	7.33	8.07	6.51
600887	伊利股份	139067.56	138043.49	6078.13	6033.37	32.19	32.41	35.93	20.60
600888	新疆众和	3602.33	3484.42	861.80	833.59	6.73	6.62	7.80	4.00
600889	南京化纤	1685.19	1412.52	366.35	307.07	8.44	8.42	8.86	4.30
600890	中房股份	4789.94	4789.94	579.19	579.19	10.21	9.75	12.40	6.68
600891	秋林集团	4187.23	2603.89	617.59	384.06	7.62	7.64	7.92	4.77
600892	大晟文化	4783.42	2151.16	559.46	251.60	9.37	9.37	11.96	7.80
600893	航发动力	48866.62	42304.62	2249.84	1947.73	26.91	27.10	29.80	20.31
600894	广日股份	4686.71	4686.71	859.95	859.95	9.35	9.35	9.79	4.90
600895	张江高科	23152.91	23152.91	1548.69	1548.69	14.30	14.31	20.10	7.82
600896	*ST 海投	3276.50	2175.77	869.10	577.13	7.15	7.04	8.54	3.37
600897	厦门空港	6340.37	6340.37	297.81	297.81	22.48	22.48	23.92	18.40
600898	国美通讯	2035.34	2035.34	252.52	252.52	11.90	12.02	13.63	6.52
600900	长江电力	349360.00	182714.35	22000.00	11505.94	15.59	15.69	17.85	14.13
600901	江苏租赁	17651.10	3782.40	2986.65	640.00	6.25	7.50	12.82	5.21
600903	贵州燃气	17154.07	9520.97	812.99	451.23	16.86	16.01	37.49	15.64
600908	无锡银行	9684.55	4276.84	1848.20	816.19	7.87	7.90	9.50	4.82
600909	华安证券	17091.12	12753.44	3621.00	2702.00	7.27	7.32	8.85	4.01
600917	重庆燃气	11078.72	11078.72	1556.00	1556.00	11.14	11.15	12.48	6.41
600919	江苏银行	68920.37	35869.11	11544.45	6008.23	7.35	7.33	8.40	5.87
600926	杭州银行	37963.48	15404.20	5130.20	2081.65	11.53	11.62	13.36	7.28
600929	湖南盐业	7553.09	1234.50	917.75	150.00	3.71	4.45	24.51	4.45
600933	爱柯迪	6513.91	1823.98	850.38	238.12	15.37	15.39	18.09	7.08
600936	广西广电	6249.64	4472.98	1671.03	1195.98	6.86	6.87	6.91	3.23
600939	重庆建工	8364.85	1888.14	1814.50	409.58	7.42	7.35	8.35	4.33
600958	东方证券	47553.61	45248.56	5966.58	5677.36	13.86	13.91	15.42	7.60
600959	江苏有线	20313.50	16004.26	4930.46	3884.53	8.18	8.18	8.51	3.85
600960	渤海汽车	3345.81	2394.05	950.52	680.13	7.37	7.20	7.56	3.51
600961	株冶集团	3971.76	3971.76	527.46	527.46	8.53	8.57	9.09	6.02
600962	国投中鲁	1922.00	1861.97	262.21	254.02	10.21	10.25	14.87	6.13
600963	岳阳林纸	5604.91	4183.07	1397.73	1043.16	6.43	6.47	7.06	3.80
600965	福成股份	8178.82	8178.82	818.70	818.70	10.77	10.69	11.83	9.34
600966	博汇纸业	4197.69	4197.69	1336.84	1336.84	6.00	6.00	6.56	3.09
600967	内蒙一机	17572.17	9989.18	1689.63	960.50	12.05	12.07	15.47	10.00
600969	郴电国际	2194.40	2194.40	370.05	370.05	12.36	12.38	12.66	5.16
600970	中材国际	9515.47	9501.69	1739.57	1737.05	9.89	9.90	11.36	5.23
600971	恒源煤电	5630.02	5630.02	1000.00	1000.00	10.43	10.47	12.45	5.59
600973	宝胜股份	4424.05	3240.05	1222.11	895.04	5.06	5.06	5.06	3.41
600975	新五丰	2206.04	2206.04	652.68	652.68	5.73	5.75	6.30	3.09
600976	健民集团	2190.53	2189.10	153.40	153.30	23.54	23.54	28.18	13.69
600977	中国电影	26735.44	8090.80	1867.00	565.00	15.40	15.39	18.24	10.49
600978	宜华生活	6079.77	6079.77	1482.87	1482.87	9.14	9.08	9.44	3.43
600979	广安爱众	3791.57	2871.57	947.89	717.89	5.37	5.37	5.45	3.36
600980	北矿科技	1490.13	1490.13	152.21	152.21	15.66	15.71	16.95	8.86
600981	汇鸿集团	8386.70	2733.39	2242.43	730.85	5.78	5.75	6.60	3.40
600982	宁波热电	2487.28	2487.28	746.93	746.93	4.31	4.31	4.45	2.90
600983	惠而浦	4031.47	2802.53	766.44	532.80	7.20	7.21	7.84	4.97

注：市价总值、无限售股市值、成交金额的单位为百万元，发行股本、流通股本、成交数量的单位为百万股。

A 股
A Share

股票
Share

本年收盘 Close	涨跌(%) Change(%)	涨跌值 Change	市盈率 P/E	市净率 P/B	换手率(%) Turnover Rate	成交数量 Trading Vol	成交金额 Trading Val
6.07	-35.29	-3.36	52.50	2.17	196.52	463.96	3482.96
12.92	-33.15	-6.46	16.19	1.39	681.83	5602.68	103464.22
22.56	-22.95	-18.81	24.53	4.26	124.97	813.10	24009.83
8.05	12.16	0.71	16.90	1.79	64.02	4344.71	31894.07
22.88	-27.25	-9.31	23.17	5.54	245.76	14827.48	412720.08
4.18	-37.40	-2.55	29.87	1.06	303.59	2530.71	15072.66
4.60	-45.50	-3.84	0.00	1.48	254.48	781.43	4964.73
8.27	-19.00	-1.94	594.54	16.30	163.73	948.32	9443.19
6.78	-11.02	-0.84	25.59	1.38	180.47	693.11	4183.49
8.55	-8.75	-0.82	15.94	2.43	376.96	948.42	9072.36
21.72	-18.84	-5.19	50.90	1.90	113.38	2208.40	55883.61
5.45	-40.30	-3.90	11.76	0.69	93.02	799.96	5527.91
14.95	5.51	0.65	49.52	2.75	233.79	3620.74	52788.90
3.77	-47.27	-3.38	0.00	1.96	175.50	1012.85	6067.91
21.29	-0.45	-1.19	15.43	1.86	88.52	263.63	5550.29
8.06	-32.27	-3.84	163.52	4.47	245.94	621.05	6595.97
15.88	5.94	0.29	15.69	2.59	38.93	4479.34	71627.94
5.91	-4.13	-0.34	17.47	2.83	1139.41	7292.24	67889.15
21.10	25.25	4.24	124.84	7.26	4049.47	5251.14	136319.59
5.24	-31.87	-2.63	9.73	1.05	349.52	2791.88	19860.86
4.72	-34.37	-2.55	26.31	1.39	160.38	4333.34	27389.45
7.12	-34.96	-4.02	30.48	2.93	98.22	1528.26	13180.58
5.97	-16.43	-1.38	5.80	0.62	134.19	8007.76	56243.93
7.40	-7.66	-4.13	8.34	0.73	221.83	3759.18	37853.20
8.23	122.54	4.52	47.36	4.18	2571.55	3857.32	60069.03
7.66	-49.29	-7.71	13.99	1.85	882.55	1256.37	17059.27
3.74	-44.90	-3.12	30.98	1.71	69.72	833.79	4235.42
4.61	-37.22	-2.81	23.03	1.26	464.06	1397.69	8554.52
7.97	-41.20	-5.89	15.69	1.05	85.74	3755.58	41037.78
4.12	-49.63	-4.06	25.93	1.52	64.29	1881.50	10174.39
3.52	-51.85	-3.85	14.04	0.74	252.47	1717.12	9830.99
7.53	-11.72	-1.00	71.63	19.39	74.66	393.79	2990.58
7.33	-28.21	-2.88	231.16	2.33	428.40	1088.21	11189.54
4.01	-37.19	-2.42	16.12	0.71	252.68	2635.89	14461.60
9.99	-6.61	-0.78	52.24	4.41	53.37	320.62	3337.07
3.14	-46.70	-2.86	4.90	0.85	252.07	3369.78	16875.37
10.40	-13.50	-1.65	33.47	2.25	358.82	3391.41	43321.39
5.93	-32.56	-6.43	72.67	0.64	188.87	611.84	4765.91
5.47	-43.47	-4.42	9.74	1.26	321.46	5422.88	43218.21
5.63	-43.12	-4.80	5.10	0.81	344.07	3440.74	29573.28
3.62	-28.12	-1.44	51.30	1.21	110.88	992.40	4147.15
3.38	-39.82	-2.35	49.12	1.83	268.57	1477.75	7206.39
14.28	-38.87	-9.26	24.13	2.01	141.01	216.17	4403.23
14.32	-5.01	-1.08	27.70	2.59	393.57	2223.68	34901.87
4.10	-54.81	-5.04	8.08	0.76	230.22	3413.86	18663.25
4.00	-24.58	-1.37	13.64	1.08	115.29	827.66	3669.15
9.79	-37.01	-5.87	34.40	2.64	342.05	493.42	6645.11
3.74	-33.08	-2.04	11.38	1.14	337.33	949.62	4644.08
3.33	-21.87	-0.98	25.91	0.99	102.93	768.81	2720.94
5.26	-26.42	-1.94	0.00	1.04	176.85	942.26	5919.76

A 股
A Share

股票
Share

股票代码 Code	股票简称 Stock Name	市价总值 Tot_cap	无限售股市值 Nego_cap	发行股本 Issued Vol	流通股本 Negotiable Vol	上年收盘 Last Year Close	本年开盘 Open	本年最高 High	本年最低 Low
600984	建设机械	4196.91	3985.61	827.79	786.12	6.42	6.43	7.22	4.90
600985	淮北矿业	19645.14	2444.55	2112.38	262.85	12.98	12.94	18.14	8.39
600986	科达股份	5554.15	5329.04	1325.57	1271.85	10.96	10.96	13.85	3.81
600987	航民股份	6097.31	5196.84	745.39	635.31	11.28	11.30	11.92	7.65
600988	赤峰黄金	5691.26	5691.26	1426.38	1426.38	6.44	6.48	7.63	3.85
600990	四创电子	5458.25	4687.51	159.18	136.70	58.09	58.36	65.05	31.82
600992	贵绳股份	1696.02	1696.02	245.09	245.09	10.97	10.86	13.40	5.68
600993	马应龙	5784.74	5773.77	431.05	430.24	20.48	20.57	21.80	12.52
600995	文山电力	3163.06	3163.06	478.53	478.53	9.10	9.12	9.57	6.13
600996	贵广网络	6630.74	1895.20	1042.57	297.99	9.90	9.92	10.91	5.62
600997	开滦股份	9002.83	7000.41	1587.80	1234.64	6.16	6.17	6.98	4.82
600998	九州通	27413.89	24236.58	1877.66	1660.04	18.95	18.95	20.46	13.33
600999	招商证券	76634.71	65709.57	5719.01	4903.70	17.16	17.18	20.69	11.13
601000	唐山港	14103.71	13265.75	5925.93	5573.85	4.71	4.68	5.42	2.15
601001	大同煤业	7146.70	7146.70	1673.70	1673.70	6.05	6.08	7.56	4.25
601002	晋亿实业	4240.89	4240.89	792.69	792.69	10.73	10.86	11.08	4.74
601003	柳钢股份	16837.55	16837.55	2562.79	2562.79	7.98	7.50	10.87	5.26
601005	重庆钢铁	16258.12	16258.12	8380.48	8380.48	2.15	2.26	2.75	1.69
601006	大秦铁路	122353.69	122353.69	14866.79	14866.79	9.07	9.15	10.48	7.51
601007	金陵饭店	2421.00	2421.00	300.00	300.00	10.71	10.70	11.50	7.82
601008	连云港	3106.56	3106.56	1015.22	1015.22	4.70	4.70	5.13	2.75
601009	南京银行	54795.06	54795.06	8482.21	8482.21	7.74	7.76	10.43	6.41
601010	文峰股份	5359.20	5359.20	1848.00	1848.00	4.05	4.04	4.13	2.61
601011	宝泰隆	8860.39	8795.71	1610.98	1599.22	8.88	8.89	9.94	5.20
601012	隆基股份	48671.25	48513.28	2790.78	2781.72	36.44	36.80	40.03	11.76
601015	陕西黑猫	6657.06	5958.38	1253.68	1122.11	10.43	10.45	11.30	5.27
601016	节能风电	9640.90	9640.90	4155.56	4155.56	3.29	3.27	3.55	2.13
601018	宁波港	43997.31	42752.00	13172.85	12800.00	5.31	5.31	5.58	3.29
601019	山东出版	16319.56	3338.36	2086.90	426.90	12.87	12.93	13.18	6.59
601020	华钰矿业	4449.25	2404.17	525.92	284.18	20.52	20.50	21.43	7.60
601021	春秋航空	29166.52	25452.61	916.90	800.15	37.27	37.25	40.74	29.51
601028	玉龙股份	3656.73	3656.73	783.03	783.03	9.06	9.07	9.25	4.61
601038	一拖股份	2886.40	2886.40	593.91	593.91	8.36	8.40	8.69	4.11
601058	赛轮轮胎	6024.26	4814.92	2701.46	2159.16	3.61	3.67	3.79	2.03
601066	中信建投	55616.50	3484.00	6385.36	400.00	5.42	6.50	11.98	6.15
601068	中铝国际	13335.47	1541.67	2559.59	295.91	3.45	4.14	10.66	4.14
601069	西部黄金	9457.32	9457.32	636.00	636.00	15.87	15.95	26.03	12.35
601086	国芳集团	3376.62	841.62	666.00	166.00	8.18	8.22	13.02	4.85
601088	中国神华	296179.04	296179.04	16491.04	16491.04	23.17	23.30	29.43	16.70
601098	中南传媒	22450.00	22450.00	1796.00	1796.00	13.89	13.82	15.08	10.06
601099	太平洋	16972.63	16132.25	6816.32	6478.82	3.62	3.64	3.98	1.93
601100	恒立液压	17472.42	17472.42	882.00	882.00	27.44	27.34	35.29	17.20
601101	昊华能源	7211.99	7211.99	1200.00	1200.00	8.10	8.15	9.37	5.75
601106	中国一重	18310.28	17456.46	6857.78	6538.00	3.77	3.79	3.99	2.50
601107	四川成渝	7526.34	7526.34	2162.74	2162.74	4.12	4.12	4.42	3.03
601108	财通证券	25912.58	17376.32	3589.00	2406.69	18.38	18.41	23.50	6.43
601111	中国国航	76110.69	72187.71	9962.13	9448.65	12.32	12.32	14.58	6.75
601113	华鼎股份	9033.15	6756.04	1113.83	833.05	14.34	14.41	14.88	6.22
601116	三江购物	5898.50	4423.87	547.68	410.76	20.78	20.94	23.95	10.30
601117	中国化学	26440.88	26440.88	4933.00	4933.00	6.75	6.76	8.21	5.30

注：市价总值、无限售股市值、成交金额的单位为百万元，发行股本、流通股本、成交数量的单位为百万股。

A 股
A Share

股票
Share

本年收盘 Close	涨跌(%) Change(%)	涨跌值 Change	市盈率 P/E	市净率 P/B	换手率(%) Turnover Rate	成交数量 Trading Vol	成交金额 Trading Val
5.07	2.60	-1.35	184.03	1.31	152.32	937.61	5678.32
9.30	-27.47	-3.68	165.25	11.27	487.76	1282.09	16285.68
4.19	-46.13	-6.77	12.00	0.92	372.24	3167.03	20544.79
8.18	-25.68	-3.10	10.63	1.72	79.16	502.91	4945.30
3.99	-38.04	-2.45	20.74	2.07	613.31	8250.51	45958.00
34.29	-40.82	-23.80	27.11	2.54	365.08	499.06	23849.64
6.92	-36.66	-4.05	76.45	1.23	250.32	613.52	5617.16
13.42	-33.48	-7.06	18.07	2.64	212.93	916.11	16247.54
6.61	-26.44	-2.49	20.19	1.86	179.47	858.82	6877.64
6.36	-34.61	-3.54	15.01	1.58	325.43	969.74	8100.66
5.67	-5.91	-0.49	17.43	0.97	275.17	3397.32	20409.03
14.60	-22.50	-4.35	18.96	1.50	49.88	824.84	14047.66
13.40	-19.81	-3.76	15.52	1.13	64.35	3155.76	49759.45
2.38	-33.12	-2.33	9.64	0.97	143.27	7222.28	24029.83
4.27	-29.42	-1.78	11.93	1.28	166.55	2787.47	15753.31
5.35	-49.40	-5.38	28.73	1.72	417.31	3308.01	24770.13
6.57	-11.62	-1.41	6.36	2.34	279.71	7168.30	55671.94
1.94	-9.77	-0.21	54.05	1.03	61.41	5146.37	11143.65
8.23	-4.18	-0.84	9.17	1.23	67.16	9984.83	88031.73
8.07	-22.85	-2.64	23.40	1.65	133.93	401.79	4010.73
3.06	-34.89	-1.64	357.89	0.97	148.95	1512.20	6024.28
6.46	-12.64	-1.28	5.67	0.81	154.72	12749.51	104448.53
2.90	-27.36	-1.15	17.84	1.23	51.80	957.35	3180.17
5.50	-37.51	-3.38	54.79	1.55	431.50	6111.55	42666.05
17.44	-32.65	-19.00	13.65	3.43	251.00	6071.19	138780.38
5.31	-48.96	-5.12	26.88	1.23	273.24	2202.62	17584.65
2.32	-28.59	-0.97	24.16	1.44	89.64	3724.97	10873.94
3.34	-36.21	-1.97	16.44	1.21	20.74	2654.20	12348.72
7.82	-37.57	-5.05	11.96	1.88	548.45	1515.37	15052.76
8.46	-58.41	-12.06	14.61	2.46	287.75	816.08	10736.22
31.81	-14.22	-5.46	23.12	3.45	96.17	584.37	20024.83
4.67	-48.45	-4.39	45.89	1.81	106.59	834.63	5300.86
4.86	-41.87	-3.50	84.77	1.00	234.90	1395.12	8705.99
2.23	-37.13	-1.38	18.26	1.01	154.04	3480.95	9513.26
8.71	63.50	3.29	16.59	1.52	1715.05	6860.19	64613.93
5.21	51.01	1.76	26.08	1.68	1276.29	3776.64	28357.95
14.87	-6.25	-1.00	433.65	5.63	936.14	5524.36	99930.19
5.07	-37.26	-3.11	27.92	1.91	2670.36	4284.09	39821.04
17.96	-18.65	-5.21	7.93	1.19	38.18	6296.36	137582.25
12.50	-5.54	-1.39	14.84	1.69	58.20	1045.34	13281.09
2.49	-30.97	-1.13	145.96	1.45	272.35	17645.34	49863.54
19.81	1.84	-7.63	45.75	4.54	114.88	851.02	22071.82
6.01	-23.82	-2.09	11.54	0.97	245.81	2949.74	21371.66
2.67	-29.18	-1.10	217.43	1.69	46.99	3072.40	9839.50
3.48	-13.07	-0.64	11.98	0.77	48.04	1039.08	3843.59
7.22	-60.07	-11.16	17.23	1.25	1276.93	7395.71	90921.79
7.64	-37.13	-4.68	15.33	1.29	158.47	14554.15	146308.54
8.11	-43.44	-6.23	96.42	3.22	215.67	1527.31	12240.20
10.77	-47.66	-10.01	54.27	3.60	373.02	1532.20	27328.57
5.36	-19.51	-1.39	16.98	0.93	119.55	5897.27	40090.72

A 股
A Share

股票
Share

股票代码 Code	股票简称 Stock Name	市价总值 Tot_cap	无限售股市值 Nego_cap	发行股本 Issued Vol	流通股本 Negotiable Vol	上年收盘 Last Year Close	本年开盘 Open	本年最高 High	本年最低 Low
601118	海南橡胶	19214.63	17650.96	4279.43	3931.17	5.55	5.56	7.14	4.40
601126	四方股份	4139.05	4139.05	813.17	813.17	7.83	7.82	8.01	4.44
601127	小康股份	16108.95	3694.79	939.85	215.57	20.11	20.13	20.80	14.54
601128	常熟银行	13647.93	6123.12	2222.79	997.25	7.13	7.13	8.94	5.42
601137	博威合金	4277.64	3845.99	627.22	563.93	11.52	11.49	12.49	5.88
601138	工业富联	228268.53	12956.34	19695.30	1117.89	13.77	16.52	26.36	11.11
601139	深圳燃气	15453.79	15329.63	2877.80	2854.68	8.10	8.11	8.58	5.19
601155	新城控股	53461.80	53207.37	2256.72	2245.98	29.30	29.55	45.77	19.89
601158	重庆水务	26688.00	26688.00	4800.00	4800.00	6.46	6.47	6.85	5.02
601162	天风证券	32271.40	3227.14	5180.00	518.00	1.79	2.15	8.54	2.15
601163	三角轮胎	8912.00	3124.13	800.00	280.44	20.38	20.44	21.25	10.40
601166	兴业银行	310366.41	284641.91	20774.19	19052.34	16.99	17.05	19.98	13.73
601168	西部矿业	13869.06	13869.06	2383.00	2383.00	8.20	8.26	9.01	5.66
601169	北京银行	118612.14	102371.34	21142.98	18248.01	7.15	7.13	7.90	5.53
601177	杭齿前进	3592.54	3592.54	400.06	400.06	8.96	8.99	9.24	5.40
601179	中国西电	17222.96	17222.96	5125.88	5125.88	4.37	4.37	4.78	3.09
601186	中国铁建	125040.28	125040.28	11503.25	11503.25	11.14	11.16	12.31	8.02
601188	龙江交通	3895.00	3895.00	1315.88	1315.88	4.12	4.11	4.32	2.85
601198	东兴证券	26366.10	26366.10	2757.96	2757.96	14.40	14.42	16.63	8.04
601199	江南水务	3329.34	3329.34	935.21	935.21	5.64	5.64	5.82	3.39
601200	上海环境	9322.76	8921.84	702.54	672.33	24.94	24.93	25.24	11.40
601208	东材科技	2318.42	2318.42	626.60	626.60	6.24	6.27	6.35	3.06
601211	国泰君安	115146.86	115146.86	7516.11	7516.11	18.52	18.53	21.51	13.33
601212	白银有色	20570.25	5795.79	6972.97	1964.68	6.76	6.73	7.80	2.92
601216	君正集团	22107.61	22107.61	8438.02	8438.02	4.71	4.71	5.16	2.57
601218	吉鑫科技	2251.30	2251.30	991.76	991.76	3.56	3.57	3.71	2.01
601222	林洋能源	8544.59	8464.53	1765.41	1748.87	10.14	10.47	10.48	3.79
601225	陕西煤业	74400.00	74400.00	10000.00	10000.00	8.16	8.28	10.83	6.97
601226	华电重工	4261.95	4261.95	1155.00	1155.00	5.45	5.48	5.59	3.52
601228	广州港	24524.99	5714.99	6193.18	1443.18	6.11	6.08	6.69	3.92
601229	上海银行	122285.43	58138.51	10928.10	5195.58	14.18	14.23	16.78	10.13
601231	环旭电子	19583.31	19583.31	2175.92	2175.92	15.77	15.81	15.82	7.81
601233	桐昆股份	17782.07	17415.41	1821.93	1784.37	22.49	22.70	29.45	9.65
601238	广汽集团	73393.97	62540.63	7132.55	6077.81	24.66	24.68	25.43	10.00
601258	庞大集团	9344.53	9153.87	6674.66	6538.48	2.50	2.51	2.64	1.37
601288	农业银行	1149279.16	1058599.06	319244.21	294055.29	3.83	3.84	4.82	3.25
601311	骆驼股份	7491.35	7491.35	848.40	848.40	13.25	13.24	13.72	8.57
601318	中国平安	607712.48	607712.48	10832.66	10832.66	69.98	70.21	81.28	54.33
601319	中国人保	190977.93	5440.47	35497.76	1011.24	3.34	4.01	7.74	4.01
601326	秦港股份	14938.74	5191.19	4757.56	1653.24	6.24	6.19	6.69	2.81
601328	交通银行	227262.50	227262.50	39250.86	39250.86	6.21	6.21	7.45	5.39
601330	绿色动力	9422.66	1446.69	756.84	116.20	3.29	4.74	27.85	4.74
601333	广深铁路	17861.07	17861.07	5652.24	5652.24	5.57	5.60	5.84	2.92
601336	新华保险	88088.96	88088.96	2085.44	2085.44	70.20	70.21	71.82	40.51
601339	百隆东方	8295.00	8295.00	1500.00	1500.00	5.26	5.27	5.88	4.50
601360	三六零	137783.80	8090.61	6764.06	397.18	45.97	49.00	66.50	20.00
601366	利群股份	5576.04	3078.18	860.50	475.03	10.51	10.52	11.97	6.46
601368	绿城水务	4260.35	4260.35	735.81	735.81	9.08	9.08	9.23	5.52
601369	陕鼓动力	9914.56	9914.56	1638.77	1638.77	7.60	6.85	9.12	4.95
601375	中原证券	11389.99	7679.68	2673.71	1802.74	6.17	6.15	7.77	3.33

注：市价总值、无限售股市值、成交金额的单位为百万元，发行股本、流通股本、成交数量的单位为百万股。

A 股
A Share

股票
Share

本年收盘 Close	涨跌(%) Change(%)	涨跌值 Change	市盈率 P/E	市净率 P/B	换手率(%) Turnover Rate	成交数量 Trading Vol	成交金额 Trading Val
4.49	-19.10	-1.06	0.00	2.47	142.17	5588.77	31977.77
5.09	-33.14	-2.74	17.39	1.05	89.20	725.35	4248.01
17.14	-13.56	-2.97	22.23	3.43	285.64	532.31	9572.93
6.14	-11.59	-0.99	10.79	1.33	458.93	4571.42	31746.51
6.82	-39.91	-4.70	14.00	1.29	99.74	562.47	5056.07
11.59	-15.83	-2.18	14.39	8.11	661.77	7397.80	127670.82
5.37	-12.01	-2.73	17.42	1.84	86.52	2208.26	14847.49
23.69	-17.17	-5.61	8.87	2.59	592.20	4396.87	136016.03
5.56	-9.72	-0.90	12.91	1.87	14.67	704.22	4264.59
6.23	248.04	4.44	78.68	2.88	1007.12	5216.87	36120.61
11.14	-44.24	-9.24	18.43	1.11	194.60	545.75	8388.55
14.94	-8.32	-2.05	5.43	0.74	97.47	18570.42	315859.56
5.82	-28.02	-2.38	53.21	1.21	225.38	5370.90	37380.68
5.61	-17.88	-1.54	6.33	0.68	50.22	9164.83	60435.73
8.98	0.55	0.02	338.61	2.24	96.33	385.38	2888.62
3.36	-22.08	-1.01	19.17	0.89	31.51	1615.34	6124.97
10.87	-0.31	-0.27	9.19	0.99	93.69	10777.03	115707.62
2.96	-26.47	-1.16	11.04	0.97	44.53	585.91	2095.66
9.56	-32.61	-4.84	20.14	1.37	142.36	3317.44	41615.79
3.56	-35.73	-2.08	13.59	1.23	74.43	696.06	3225.82
13.27	-46.52	-11.67	18.43	1.73	139.91	940.68	16898.71
3.70	-40.07	-2.54	23.35	1.00	107.03	670.64	3100.91
15.32	-14.99	-3.20	13.51	1.08	90.08	5250.48	87962.00
2.95	-56.25	-3.81	85.96	1.98	327.28	4496.96	23892.63
2.62	-40.50	-2.09	10.29	1.40	54.44	4593.86	15879.11
2.27	-36.00	-1.29	370.92	0.88	146.45	1452.40	4108.35
4.84	-51.87	-5.30	12.46	0.92	196.20	3427.43	20984.59
7.44	-3.72	-0.72	7.12	1.68	163.49	16348.72	136503.11
3.69	-32.13	-1.76	113.09	1.21	55.37	639.48	2848.71
3.96	-34.81	-2.15	35.18	2.03	338.73	3592.86	19984.56
11.19	14.13	-2.99	7.98	0.83	133.09	5617.07	77693.87
9.00	-42.00	-6.77	14.90	2.27	107.44	2337.71	25960.81
9.76	-38.91	-12.73	10.10	1.33	354.39	5315.52	97136.01
10.29	-39.65	-14.37	9.76	1.52	34.15	1771.49	26567.84
1.40	-44.00	-1.10	44.08	0.70	153.84	10058.65	20002.64
3.60	-1.32	-0.23	6.53	0.88	27.42	80630.14	316789.15
8.83	-32.99	-4.42	15.51	1.39	78.51	666.05	7708.66
56.10	-17.48	-13.88	11.51	2.17	172.50	18685.86	1231940.70
5.38	61.08	2.04	14.29	1.74	343.93	3477.93	23373.33
3.14	-48.48	-3.10	18.22	1.31	414.98	2639.53	13511.16
5.79	-2.04	-0.42	6.12	0.64	60.16	23614.47	148385.74
12.45	278.42	9.16	70.02	6.48	2713.72	3153.34	56288.42
3.16	-42.16	-2.41	22.05	0.78	115.82	6546.62	28053.11
42.24	-39.12	-27.96	24.48	2.07	199.71	4164.81	205819.94
5.53	7.09	0.27	17.01	1.14	46.03	690.48	3700.93
20.37	-67.79	-25.60	2022.84	81.28	807.77	3208.31	128165.34
6.48	-36.92	-4.03	14.13	1.23	347.64	1062.96	10207.11
5.79	-34.90	-3.29	12.21	1.39	80.28	329.46	2412.75
6.05	-18.48	-1.55	41.13	1.63	74.12	1214.66	8703.85
4.26	-30.43	-1.91	37.29	1.62	287.06	5099.19	28437.31

A 股
A Share

股票
Share

股票代码 Code	股票简称 Stock Name	市价总值 Tot_cap	无限售股市值 Nego_cap	发行股本 Issued Vol	流通股本 Negotiable Vol	上年收盘 Last Year Close	本年开盘 Open	本年最高 High	本年最低 Low
601377	兴业证券	31072.56	31072.56	6696.67	6696.67	7.28	7.32	8.15	3.86
601388	怡球资源	3909.02	3909.02	2025.40	2025.40	4.33	4.33	4.50	1.68
601390	中国中铁	130272.01	130272.01	18636.91	18636.91	8.39	8.41	8.90	6.82
601398	工商银行	1426248.60	1426248.60	269612.21	269612.21	6.20	6.19	7.77	5.05
601500	通用股份	4790.40	1152.72	726.92	174.92	10.00	10.02	10.50	5.67
601515	东风股份	7895.20	7895.20	1112.00	1112.00	9.80	9.79	10.03	6.21
601518	吉林高速	3484.02	3130.06	1350.40	1213.20	3.53	3.53	4.28	2.39
601519	大智慧	6638.92	6638.92	1987.70	1987.70	4.96	4.95	5.34	3.10
601555	东吴证券	20100.00	19369.70	3000.00	2891.00	9.72	9.78	10.50	4.95
601558	ST 锐电	6693.97	6334.99	6030.60	5707.20	1.64	1.64	1.68	0.94
601566	九牧王	7613.94	7613.94	574.64	574.64	14.20	14.21	17.71	11.36
601567	三星医疗	7983.33	7983.33	1418.00	1418.00	9.70	9.73	9.92	5.40
601577	长沙银行	29151.64	2915.16	3421.55	342.16	7.99	9.59	12.66	8.39
601579	会稽山	4421.53	3556.00	497.36	400.00	11.81	11.77	12.87	8.60
601588	北辰实业	7208.60	7208.60	2660.00	2660.00	5.79	5.77	6.18	2.23
601595	上海电影	4567.91	1296.93	373.50	106.05	20.39	20.00	23.30	10.99
601599	鹿港文化	2785.30	2785.30	892.72	892.72	6.66	6.66	7.35	2.66
601600	中国铝业	38907.40	38907.40	10959.83	10959.83	8.09	7.28	7.28	3.33
601601	中国太保	178730.88	178730.88	6286.70	6286.70	41.42	41.58	44.22	27.90
601606	长城军工	8734.19	1784.88	724.23	148.00	3.33	4.00	23.57	4.00
601607	上海医药	32691.28	32689.90	1923.02	1922.94	24.19	24.28	27.29	16.54
601608	中信重工	11282.49	11282.49	4339.42	4339.42	4.12	4.12	4.47	2.39
601611	中国核建	17141.25	6280.55	2625.00	961.80	10.27	10.26	11.70	5.90
601616	广电电气	2965.77	2965.77	935.58	935.58	3.91	3.92	4.07	2.75
601618	中国中冶	55521.65	55521.65	17852.62	17852.62	4.84	4.84	4.91	3.04
601619	嘉泽新能	8988.45	2342.46	1933.00	503.75	7.90	8.69	11.80	3.83
601628	中国人寿	424591.78	424591.78	20823.53	20823.53	30.45	30.52	32.33	20.16
601633	长城汽车	33755.28	33755.28	6027.73	6027.73	11.49	11.60	13.40	5.50
601636	旗滨集团	10215.77	9894.70	2688.36	2603.87	6.24	6.29	8.49	3.38
601666	平煤股份	8311.30	8311.30	2361.16	2361.16	6.30	6.41	7.70	3.39
601668	中国建筑	239315.49	237258.99	41985.17	41624.38	9.02	9.01	10.85	4.91
601669	中国电建	74353.31	54161.79	15299.04	11144.40	7.22	7.22	7.85	4.56
601677	明泰铝业	5185.01	5050.92	589.88	574.62	13.02	12.97	13.56	7.52
601678	滨化股份	6517.37	6517.37	1544.40	1544.40	8.12	8.12	10.60	3.87
601688	华泰证券	105825.76	88188.31	6532.45	5443.72	17.26	17.31	21.76	13.70
601689	拓普集团	10753.60	3616.02	727.58	244.66	24.74	24.77	26.41	13.80
601699	潞安环能	19922.79	19922.79	2991.41	2991.41	11.38	11.55	14.94	6.62
601700	风范股份	4328.95	4328.95	1133.23	1133.23	8.04	8.06	8.92	2.57
601717	郑煤机	8235.48	8201.68	1489.24	1483.13	6.58	6.62	7.30	5.28
601718	际华集团	14711.96	14711.96	4391.63	4391.63	6.73	6.73	6.96	3.18
601727	上海电气	58056.21	49351.17	11752.27	9990.11	6.69	6.68	6.99	4.81
601766	中国中车	219436.74	206717.58	24327.80	22917.69	12.11	12.37	12.85	7.21
601777	力帆股份	5005.42	4816.20	1313.76	1264.09	7.26	7.27	7.55	3.65
601788	光大证券	34261.75	34261.75	3906.70	3906.70	13.43	13.45	15.27	7.76
601789	宁波建工	3025.85	3025.85	976.08	976.08	4.52	4.52	4.70	2.94
601798	*ST 蓝科	1744.28	1744.28	354.53	354.53	9.46	9.51	9.88	3.83
601799	星宇股份	13117.37	13117.37	276.16	276.16	49.50	49.75	65.00	39.78
601800	中国交建	132273.87	132273.87	11747.24	11747.24	12.80	12.89	15.05	10.62
601801	皖新传媒	13287.89	13287.89	1989.20	1989.20	10.58	10.58	11.00	5.70
601808	中海油服	25282.40	25282.40	2960.47	2960.47	10.56	10.57	14.15	8.51

注：市价总值、无限售股市值、成交金额的单位为百万元，发行股本、流通股本、成交数量的单位为百万股。

A 股
A Share

股票
Share

本年收盘 Close	涨跌(%) Change(%)	涨跌值 Change	市盈率 P/E	市净率 P/B	换手率(%) Turnover Rate	成交数量 Trading Vol	成交金额 Trading Val
4.64	-34.14	-2.64	13.60	0.93	139.62	9349.98	53059.32
1.93	-54.98	-2.40	12.10	1.57	240.10	4862.90	15115.54
6.99	-15.44	-1.40	9.94	1.03	31.80	5881.10	45400.49
5.29	-10.90	-0.91	6.59	0.89	19.47	52500.13	318003.62
6.59	-33.50	-3.41	32.48	1.85	520.86	911.08	7908.53
7.10	-25.05	-2.70	12.11	2.05	26.67	296.58	2553.19
2.58	-25.49	-0.95	11.74	1.20	139.60	1693.63	5698.73
3.34	-32.66	-1.62	17.34	4.88	111.99	2225.97	8968.13
6.70	-29.78	-3.02	25.50	0.97	120.17	3474.22	26218.22
1.11	-32.32	-0.53	58.30	5.16	130.91	7470.90	9275.71
13.25	-0.89	-0.95	15.41	1.43	102.01	586.17	8638.18
5.63	-39.87	-4.07	8.96	1.06	51.74	710.78	5250.83
8.52	6.63	0.53	7.42	1.25	677.44	2317.90	22510.40
8.89	-23.99	-2.92	24.30	1.46	73.37	293.47	3128.61
2.71	-51.73	-3.08	8.00	0.72	130.71	3476.82	13206.91
12.23	-39.01	-8.16	17.77	2.18	332.59	352.69	6231.92
3.12	-51.80	-3.54	9.50	1.08	249.57	2186.94	10521.37
3.55	-56.12	-4.54	38.38	1.34	229.46	25148.93	112441.05
28.43	-29.68	-12.99	17.57	1.87	95.89	6028.53	212884.86
12.06	262.16	8.73	75.71	5.26	1763.37	2609.79	44180.98
17.00	-28.65	-7.19	13.72	1.42	127.56	2452.87	56423.52
2.60	-36.66	-1.52	360.11	1.58	58.33	2508.62	7996.71
6.53	-36.01	-3.74	20.09	1.84	199.83	1921.95	16827.42
3.17	-18.36	-0.74	133.98	1.25	94.51	884.22	2936.33
3.11	-34.36	-1.73	10.63	0.78	37.48	6681.41	24831.30
4.65	-40.89	-3.25	54.49	3.70	1069.01	2870.62	20305.01
20.39	-31.92	-10.06	17.87	1.80	13.17	2743.47	71693.56
5.60	-50.49	-5.89	10.17	1.04	41.88	2524.49	21334.22
3.80	-35.72	-2.44	8.94	1.44	400.42	10190.36	58424.11
3.52	-44.13	-2.78	6.04	0.69	221.08	5220.03	28038.87
5.70	-9.04	-3.32	7.26	1.11	100.69	33969.85	266178.79
4.86	-31.56	-2.36	10.09	0.94	39.96	4274.73	24765.70
8.79	-31.89	-4.23	14.73	0.97	119.56	597.98	6505.46
4.22	-30.76	-3.90	7.89	1.14	324.14	4398.74	32930.86
16.20	-4.48	-1.06	14.41	1.53	224.45	12218.65	209400.93
14.78	-40.26	-9.96	14.57	1.66	323.63	644.91	12403.72
6.66	-39.74	-4.72	7.16	0.94	341.93	10228.56	108053.80
3.82	-51.10	-4.22	31.45	1.46	145.15	1644.92	7652.79
5.53	-15.19	-1.05	33.71	0.89	212.45	3095.49	19617.01
3.35	-48.16	-3.38	19.49	0.78	74.55	3123.15	14451.75
4.94	-24.83	-1.75	27.35	1.31	23.18	2288.31	13189.22
9.02	-24.01	-3.09	23.97	2.13	60.59	13885.81	139284.47
3.81	-47.52	-3.45	29.35	0.70	114.06	1417.94	7575.51
8.77	-33.45	-4.66	13.41	0.83	83.06	3245.00	36268.79
3.10	-30.02	-1.42	14.14	1.17	210.64	2056.04	7981.57
4.92	-47.99	-4.54	0.00	1.00	97.72	346.43	2033.04
47.50	-2.47	-2.00	27.91	3.26	72.65	200.64	10278.72
11.26	-10.14	-1.54	8.85	1.01	34.81	4089.33	52707.73
6.68	-35.52	-3.90	11.90	1.43	73.23	1456.79	12192.29
8.54	-18.66	-2.02	1232.32	1.18	74.22	2197.31	24210.19

A 股
A Share

股票
Share

股票代码 Code	股票简称 Stock Name	市价总值 Tot_cap	无限售股市值 Nego_cap	发行股本 Issued Vol	流通股本 Negotiable Vol	上年收盘 Last Year Close	本年开盘 Open	本年最高 High	本年最低 Low
601811	新华文轩	7372.63	1853.57	791.90	199.09	13.43	13.42	13.49	8.09
601818	光大银行	147298.96	147298.96	39810.53	39810.53	4.05	4.05	5.05	3.44
601828	美凯龙	31752.19	3477.60	2876.10	315.00	10.23	12.28	24.10	10.25
601838	成都银行	29078.62	2907.86	3612.25	361.23	6.99	8.39	16.60	7.92
601857	中国石油	1167458.18	1167458.18	161922.08	161922.08	8.09	8.09	9.58	7.14
601858	中国科传	6908.97	1664.97	790.50	190.50	10.81	10.85	12.44	7.36
601866	中远海发	18085.25	18085.25	7932.13	7932.13	3.41	3.41	3.58	2.04
601869	长飞光纤	16160.07	3014.19	406.34	75.79	26.71	32.05	74.94	32.05
601872	招商轮船	22385.80	17420.20	6066.61	4720.92	4.39	4.39	4.72	3.28
601877	正泰电器	52150.14	42109.34	2151.41	1737.18	26.15	26.10	31.22	19.59
601878	浙商证券	24200.00	8773.77	3333.33	1208.51	16.62	16.77	18.82	5.45
601880	大连港	14311.27	14311.27	7735.82	7735.82	2.79	2.79	2.86	1.73
601881	中国银河	43963.59	8378.58	6446.27	1228.53	10.51	10.50	12.68	5.60
601882	海天精工	3674.88	886.62	522.00	125.94	12.36	12.88	14.81	6.65
601886	江河集团	8643.83	8643.83	1154.05	1154.05	8.66	8.66	9.85	5.83
601888	中国国旅	117539.03	117539.03	1952.48	1952.48	43.39	43.75	76.03	42.62
601890	亚星锚链	3377.09	3377.09	959.40	959.40	6.45	6.41	7.17	3.22
601898	中煤能源	42556.80	42556.80	9152.00	9152.00	5.72	5.72	6.45	4.40
601899	紫金矿业	57762.89	56364.92	17294.28	16875.73	4.59	4.66	5.55	3.21
601900	南方传媒	7543.28	2070.90	895.88	245.95	11.64	11.64	11.97	6.47
601901	方正证券	43712.46	43712.46	8232.10	8232.10	6.89	6.90	7.60	4.43
601908	京运通	6285.19	6278.01	1995.30	1993.02	5.39	5.38	5.70	2.65
601918	新集能源	7797.53	7797.53	2590.54	2590.54	3.88	3.89	4.19	2.93
601919	中远海控	30848.12	30848.12	7635.67	7635.67	6.77	6.83	7.48	3.33
601928	凤凰传媒	20206.51	20206.51	2544.90	2544.90	8.11	8.14	8.62	5.66
601929	吉视传媒	6377.30	6377.30	3110.88	3110.88	2.96	2.96	3.15	1.81
601933	永辉超市	75319.54	62710.45	9570.46	7968.29	10.10	10.17	12.32	6.68
601939	建设银行	61111.60	61111.60	9593.66	9593.66	7.68	7.69	9.88	6.15
601949	中国出版	8000.78	1760.41	1822.50	401.01	7.51	7.51	8.87	3.54
601952	苏垦农发	9136.14	2713.68	1378.00	409.30	14.13	14.14	14.50	6.21
601958	金钼股份	19101.50	19101.50	3226.60	3226.60	7.23	7.25	8.48	5.60
601965	中国汽研	6868.54	6805.15	970.13	961.18	8.38	8.54	9.29	5.35
601966	玲珑轮胎	16380.04	5383.60	1200.00	394.40	17.46	17.52	19.50	12.70
601968	宝钢包装	3325.00	3325.00	833.33	833.33	5.17	5.19	5.85	3.48
601969	海南矿业	8757.15	8757.15	1954.72	1954.72	8.85	8.82	9.45	3.83
601985	中国核电	82029.82	82029.82	15565.43	15565.43	7.35	7.35	7.81	5.19
601988	中国银行	760863.51	760863.51	210765.51	210765.51	3.97	3.98	4.87	3.42
601989	中国重工	97239.12	78037.08	22879.79	18361.67	6.03	6.00	6.54	3.81
601990	南京证券	23916.47	2392.67	2749.02	275.02	3.79	4.55	13.29	4.55
601991	大唐发电	39047.68	31482.23	12396.09	9994.36	4.15	4.15	4.30	2.96
601992	金隅集团	29186.52	29169.55	8339.01	8334.16	5.43	5.45	6.43	3.05
601996	丰林集团	3253.03	2674.30	1149.48	944.98	4.84	4.84	5.28	2.50
601997	贵阳银行	24548.96	13232.15	2298.59	1238.97	13.36	13.40	17.60	10.55
601998	中信银行	185586.85	173883.14	34052.63	31905.16	6.20	6.20	8.28	5.31
601999	出版传媒	2793.14	2793.14	550.91	550.91	7.42	7.43	7.97	4.21
603000	人民网	8071.54	8071.54	1105.69	1105.69	10.83	10.83	12.57	5.98
603001	奥康国际	4053.91	4053.91	400.98	400.98	14.47	14.48	15.33	9.42
603002	宏昌电子	2132.01	2116.69	614.41	610.00	6.23	6.27	7.01	3.40
603003	龙宇燃油	2803.26	2803.26	416.53	416.53	11.55	12.06	12.88	6.40
603005	晶方科技	3845.43	2867.44	234.19	174.63	35.28	38.81	38.81	13.81

注：市价总值、无限售股市值、成交金额的单位为百万元，发行股本、流通股本、成交数量的单位为百万股。

A 股
A Share

股票
Share

本年收盘 Close	涨跌(%) Change(%)	涨跌值 Change	市盈率 P/E	市净率 P/B	换手率(%) Turnover Rate	成交数量 Trading Vol	成交金额 Trading Val
9.31	-28.74	-4.12	12.43	1.43	274.53	546.58	5940.60
3.70	-4.09	-0.35	6.16	0.64	61.48	24475.30	101810.61
11.04	10.21	0.81	9.61	0.97	1103.60	3476.34	60521.30
8.05	18.14	1.06	7.44	1.17	1792.59	6475.30	68709.04
7.21	-9.24	-0.88	57.89	1.11	7.25	11735.93	96394.60
8.74	-17.89	-2.07	18.61	2.12	1222.34	1797.37	18031.52
2.28	-33.14	-1.13	18.22	1.64	35.38	2806.51	7680.19
39.77	50.84	13.06	23.76	5.75	1266.90	960.19	43841.52
3.69	-15.20	-0.70	36.43	1.47	51.81	2445.70	9584.58
24.24	-3.64	-1.91	18.36	2.61	127.10	2129.64	52236.24
7.26	-55.69	-9.36	22.76	1.79	864.13	6034.45	56666.12
1.85	-33.03	-0.94	47.63	1.32	44.81	3466.26	7921.22
6.82	-34.09	-3.69	17.37	1.07	518.26	5752.34	54039.15
7.04	-42.75	-5.32	35.71	3.16	780.50	982.97	11213.82
7.49	-10.52	-1.17	18.53	1.25	99.76	1151.29	9169.54
60.20	39.82	16.81	46.44	8.38	138.61	2706.38	158304.94
3.52	-45.17	-2.93	101.79	1.15	195.62	1876.82	10379.56
4.65	-17.83	-1.07	25.54	0.69	34.14	3124.25	16664.02
3.34	-25.39	-1.25	21.93	2.20	292.06	47161.42	200333.49
8.42	-26.10	-3.22	12.34	1.55	243.83	456.36	4439.09
5.31	-22.82	-1.58	30.09	1.17	52.02	4282.66	26556.38
3.15	-40.78	-2.24	16.11	0.96	97.44	1942.02	8415.12
3.01	-22.42	-0.87	352.46	1.63	198.52	5142.85	18728.21
4.04	-40.32	-2.73	15.51	2.00	76.72	5857.92	33022.14
7.94	0.42	-0.17	17.33	1.63	54.32	1382.45	9867.10
2.05	-30.12	-0.91	16.99	0.97	90.75	2822.98	7021.74
7.87	-20.80	-2.23	41.46	3.77	185.70	13677.42	124732.41
6.37	-13.36	-1.31	6.57	0.90	318.76	30580.82	231271.26
4.39	-40.42	-3.12	15.08	1.40	535.58	1995.04	12209.38
6.63	-37.88	-7.50	16.40	1.76	982.65	3246.13	31210.77
5.92	-17.59	-1.31	178.05	1.50	84.83	2737.16	18751.79
7.08	-13.46	-1.30	18.31	1.62	59.55	572.37	4361.66
13.65	-20.60	-3.81	15.63	1.88	230.20	907.92	15133.58
3.99	-22.82	-1.18	501.26	1.66	194.16	898.53	3970.76
4.48	-49.38	-4.37	192.27	1.78	56.19	1095.09	7205.16
5.27	-26.89	-2.08	18.24	1.88	71.34	4769.25	30124.78
3.61	-4.53	-0.36	6.16	0.71	18.11	38160.65	151324.07
4.25	-29.35	-1.78	116.09	1.53	99.06	18189.04	90468.85
8.70	129.55	4.91	58.25	2.55	2763.47	7600.09	75504.79
3.15	-21.84	-1.00	34.05	1.12	30.03	3001.53	10470.58
3.50	-34.56	-1.93	13.17	0.73	141.94	11586.17	51826.61
2.83	-40.71	-2.01	27.06	1.73	147.55	1390.14	5572.02
10.68	-17.87	-2.68	5.42	0.99	307.62	3779.97	52989.46
5.45	-8.24	-0.75	6.27	0.67	24.87	7933.51	51760.92
5.07	-30.50	-2.35	17.34	1.36	94.30	519.53	3200.49
7.30	-32.27	-3.53	90.28	2.90	151.60	1676.22	16055.68
10.11	-27.72	-4.36	17.90	0.99	93.44	374.69	4815.44
3.47	-43.62	-2.76	27.18	1.94	335.74	2040.96	10266.54
6.73	-41.48	-4.82	47.49	0.67	203.03	893.51	8202.26
16.42	-53.31	-18.86	40.19	2.15	453.23	782.82	19632.39

A 股
A Share

股票
Share

股票代码 Code	股票简称 Stock Name	市价总值 Tot_cap	无限售股市值 Nego_cap	发行股本 Issued Vol	流通股本 Negotiable Vol	上年收盘 Last Year Close	本年开盘 Open	本年最高 High	本年最低 Low
603006	联明股份	1765.54	917.62	192.32	99.96	15.25	15.33	16.60	8.23
603007	花王股份	2708.15	1543.23	341.08	194.36	12.39	12.55	15.55	7.74
603008	喜临门	3640.59	2946.34	394.86	319.56	18.49	18.60	23.77	8.74
603009	北特科技	2079.27	1856.65	359.11	320.67	10.37	10.31	15.96	5.52
603010	万盛股份	3555.68	3241.77	253.07	230.73	27.71	27.15	29.80	13.15
603011	合锻智能	1971.25	1793.27	453.16	412.25	10.99	10.99	12.06	3.72
603012	创力集团	5111.58	5111.58	636.56	636.56	7.46	7.49	8.34	5.79
603013	亚普股份	8996.40	1058.40	510.00	60.00	11.67	16.80	48.88	16.58
603015	弘讯科技	2430.98	2399.35	407.20	401.90	8.43	8.45	9.18	5.38
603016	新宏泰	2474.27	1176.68	148.16	70.46	36.14	32.53	32.53	13.40
603017	中衡设计	2732.52	2731.89	275.18	275.11	16.53	16.46	16.47	8.03
603018	中设集团	5466.35	5380.71	313.80	308.88	28.60	28.50	29.65	13.70
603019	中科曙光	23071.70	23071.70	643.02	643.02	40.24	40.83	59.25	33.78
603020	爱普股份	2377.60	2377.60	320.00	320.00	12.37	12.26	12.45	6.51
603021	山东华鹏	1842.90	1817.72	319.95	315.58	9.60	8.64	9.68	5.20
603022	新通联	1360.00	1360.00	200.00	200.00	12.26	12.24	13.76	6.21
603023	威帝股份	1677.60	1677.60	360.00	360.00	8.19	8.19	9.09	4.13
603025	大豪科技	10279.08	10184.68	921.89	913.42	29.42	29.60	36.45	10.88
603026	石大胜华	3911.72	3911.72	202.68	202.68	24.87	24.89	27.36	15.84
603027	千禾味业	5016.96	2075.71	326.20	134.96	17.99	18.08	27.49	14.97
603028	赛福天	1609.63	842.50	220.80	115.57	10.33	10.33	11.20	5.82
603029	天鹅股份	1233.95	482.87	93.34	36.53	20.53	20.54	25.70	12.10
603030	全筑股份	2745.86	2723.30	538.40	533.98	8.18	8.18	9.05	4.34
603031	安德利	1331.68	664.20	112.00	55.86	24.28	24.00	30.30	11.79
603032	德新交运	4605.03	2256.58	160.01	78.41	54.26	52.00	55.00	10.38
603033	三维股份	2397.38	1044.06	126.98	55.30	19.04	18.91	22.63	14.40
603035	常熟汽饰	3388.00	2083.79	280.00	172.21	15.64	15.58	16.77	11.53
603036	如通股份	2275.60	568.90	203.36	50.84	17.76	17.50	22.61	10.68
603037	凯众股份	1896.02	1103.67	105.92	61.66	26.65	26.78	28.88	15.65
603038	华立股份	1560.38	624.10	94.00	37.60	43.33	43.03	43.30	15.53
603039	泛微网络	7412.16	2884.83	102.52	39.90	63.69	63.70	118.00	61.30
603040	新坐标	2110.91	843.26	79.51	31.76	67.05	66.80	71.49	21.08
603041	美思德	1430.43	659.26	100.95	46.53	22.52	22.42	23.30	13.18
603042	华脉科技	2131.36	1552.81	138.67	101.03	29.23	29.25	31.20	12.24
603043	广州酒家	10940.22	3398.74	404.00	125.51	19.59	19.58	29.00	16.80
603045	福达合金	2821.21	705.45	98.30	24.58	9.65	13.90	80.82	13.90
603050	科林电气	2136.77	1057.74	162.25	80.31	19.72	19.65	25.39	9.75
603055	台华新材	5793.61	1066.21	547.60	100.78	16.72	16.67	18.92	9.20
603056	德邦股份	15888.00	1655.00	960.00	100.00	4.84	6.97	31.48	6.97
603058	永吉股份	4027.58	2168.91	423.51	228.07	12.14	12.29	23.98	9.08
603059	倍加洁	2530.40	632.60	80.00	20.00	24.07	34.66	60.00	26.88
603060	国检集团	4290.00	1244.64	220.00	63.83	21.78	22.09	24.96	14.79
603063	禾望电气	2650.20	1610.94	420.00	255.30	18.03	18.04	18.96	5.53
603066	音飞储存	2131.51	1168.21	302.34	165.70	13.40	13.31	13.55	6.81
603067	振华股份	2371.60	1198.19	308.00	155.61	13.53	13.67	19.26	7.62
603069	海汽集团	2079.28	1143.60	316.00	173.80	12.79	12.79	15.43	5.90
603076	乐惠国际	1823.02	657.00	74.50	26.85	38.58	38.55	42.70	23.10
603077	和邦生物	14306.63	14306.63	8831.25	8831.25	2.00	2.00	2.22	1.53
603078	江化微	2423.40	1381.25	84.00	47.88	74.66	74.88	77.49	24.60
603079	圣达生物	1807.68	589.30	112.00	36.51	52.42	47.18	52.25	14.47

注：市价总值、无限售股市值、成交金额的单位为百万元，发行股本、流通股本、成交数量的单位为百万股。

A 股
A Share

股票
Share

本年收盘 Close	涨跌(%) Change(%)	涨跌值 Change	市盈率 P/E	市净率 P/B	换手率(%) Turnover Rate	成交数量 Trading Vol	成交金额 Trading Val
9.18	-39.80	-6.07	15.54	1.91	548.85	388.97	5076.07
7.94	-35.67	-4.45	15.87	2.74	250.79	487.45	5919.00
9.22	-50.00	-9.27	12.84	1.35	302.46	960.72	14590.26
5.79	-43.70	-4.58	28.42	1.54	526.43	1688.08	17176.26
14.05	-49.09	-13.66	39.04	3.23	281.18	619.04	12597.25
4.35	-60.14	-6.64	46.77	1.16	342.01	1408.58	9015.54
8.03	8.30	0.57	35.33	2.01	116.09	691.59	4987.53
17.64	51.16	5.97	26.87	4.26	2573.67	1544.20	45081.81
5.97	-27.50	-2.46	0.00	2.05	169.86	582.55	4404.75
16.70	-53.15	-19.44	55.06	3.05	808.07	569.37	12020.69
9.93	-38.06	-6.60	18.15	1.60	139.27	382.34	4308.96
17.42	-8.45	-11.18	18.43	2.55	158.03	435.51	8433.18
35.88	-10.66	-4.36	74.71	7.33	745.44	4793.35	224832.26
7.43	-39.14	-4.94	16.49	1.25	140.55	403.49	3915.23
5.76	-39.42	-3.84	69.90	1.37	151.23	437.91	3257.81
6.80	-44.26	-5.46	54.38	2.29	389.40	469.58	4458.19
4.66	-42.23	-3.53	24.44	2.98	191.89	362.99	2392.62
11.15	-20.71	-18.27	25.92	5.39	276.48	406.76	8943.83
19.30	-20.54	-5.57	20.98	2.49	581.20	998.17	21528.48
15.38	-13.98	-2.61	34.83	4.72	832.69	1109.35	21898.85
7.29	-29.21	-3.04	66.96	2.34	368.63	426.02	3641.75
13.22	-35.38	-7.31	111.90	1.74	943.67	344.68	6132.93
5.10	-37.37	-3.08	16.67	1.71	206.66	855.57	5773.77
11.89	-30.99	-12.39	34.44	2.18	772.46	376.57	6652.85
28.78	-36.10	-25.48	169.92	10.61	2364.42	1811.03	46652.07
18.88	-0.04	-0.16	41.97	2.13	219.20	121.22	2346.33
12.10	-21.27	-3.54	14.89	1.51	329.76	557.64	7821.18
11.19	-36.77	-6.57	62.83	2.34	1597.54	812.19	12566.28
17.90	-30.75	-8.75	16.65	2.49	284.97	159.67	3704.28
16.60	-45.99	-26.73	17.17	1.66	384.75	129.28	3111.28
72.30	68.23	8.61	85.23	12.51	375.89	120.73	10105.46
26.55	-48.05	-40.50	20.06	3.62	676.15	184.73	7146.34
14.17	-36.56	-8.35	28.28	2.02	510.08	198.22	3530.55
15.37	-47.04	-13.86	28.98	2.43	1340.29	672.14	14736.85
27.08	40.30	7.49	32.14	6.42	936.48	656.63	14943.76
28.70	197.41	19.05	51.52	5.62	2989.93	734.93	34752.87
13.17	-32.63	-6.55	29.37	2.18	1405.57	833.22	13117.79
10.58	-35.76	-6.14	15.81	2.54	842.66	589.40	9016.52
16.55	244.12	11.71	29.07	5.17	1677.89	1677.89	39816.96
9.51	-21.36	-2.63	42.93	4.71	728.40	1661.23	24259.15
31.63	31.41	7.56	29.23	7.42	2508.48	501.70	21473.28
19.50	-9.50	-2.28	29.75	4.17	345.62	220.60	4347.51
6.31	-64.66	-11.72	11.39	1.11	615.64	767.00	7385.28
7.05	-47.10	-6.35	25.58	2.45	333.98	464.21	4654.47
7.70	-19.63	-5.83	23.69	2.12	1374.40	1972.19	23600.54
6.58	-48.27	-6.21	40.98	1.94	747.03	1298.34	12954.93
24.47	-36.04	-14.11	27.13	2.36	1721.53	333.88	10892.61
1.62	-18.06	-0.38	27.65	1.30	94.52	8347.08	15532.70
28.85	-45.61	-45.81	45.15	3.24	859.76	249.54	11717.03
16.14	-56.65	-36.28	24.90	2.35	1046.34	261.93	8692.06

A 股
A Share

股票
Share

股票代码 Code	股票简称 Stock Name	市价总值 Tot_cap	无限售股市值 Nego_cap	发行股本 Issued Vol	流通股本 Negotiable Vol	上年收盘 Last Year Close	本年开盘 Open	本年最高 High	本年最低 Low
603080	新疆火炬	2948.86	739.82	141.50	35.50	13.60	16.32	55.88	16.32
603081	大丰实业	4672.93	903.96	401.80	77.73	26.20	26.33	29.67	8.05
603083	剑桥科技	3167.99	1359.18	128.78	55.25	47.29	47.50	52.92	19.02
603085	天成自控	2246.41	1138.60	290.99	147.49	26.29	25.90	31.14	7.31
603086	先达股份	2495.36	1615.61	112.00	72.51	38.40	38.41	40.20	17.91
603088	宁波精达	1270.08	1270.08	112.00	112.00	41.64	41.37	44.51	9.39
603089	正裕工业	1738.72	512.71	106.67	31.45	23.97	24.04	27.89	13.34
603090	宏盛股份	1298.00	528.04	100.00	40.68	19.74	19.74	21.40	11.40
603096	新经典	8351.21	3327.82	135.31	53.92	67.27	66.93	104.93	51.05
603098	森特股份	6561.76	1025.41	480.01	75.01	17.74	17.66	19.98	7.84
603099	长白山	2338.70	2338.70	266.67	266.67	11.99	11.99	15.16	7.44
603100	川仪股份	2970.40	1944.86	395.00	258.63	10.00	9.98	10.96	6.99
603101	汇嘉时代	3820.80	1146.24	240.00	72.00	13.60	13.50	19.48	11.07
603103	横店影视	10101.90	1181.90	453.00	53.00	28.52	28.79	38.77	18.28
603105	芯能科技	6540.00	1151.04	500.00	88.00	4.83	5.80	28.99	5.80
603106	恒银金融	3172.40	1342.61	308.00	130.35	24.75	24.81	32.80	9.35
603108	润达医疗	4166.85	3654.55	579.53	508.28	12.25	12.25	16.57	6.96
603110	东方材料	1520.70	574.50	143.73	54.30	26.47	26.80	31.86	9.86
603111	康尼机电	3933.37	2924.00	993.28	738.38	13.50	13.54	14.57	3.63
603113	金能科技	7415.06	3640.56	675.94	331.87	22.66	22.66	24.66	10.60
603116	红蜻蜓	4079.79	4016.12	585.34	576.20	15.42	15.36	16.32	6.22
603117	万林物流	2291.26	2215.65	647.25	625.89	9.77	9.76	10.05	3.44
603118	共进股份	4925.45	4887.12	781.82	775.73	8.77	8.76	9.30	4.80
603123	翠微股份	3092.45	3092.45	524.14	524.14	7.64	7.65	8.34	5.30
603126	中材节能	3144.08	3144.08	610.50	610.50	9.76	9.76	11.00	4.32
603127	昭衍新药	5473.74	2656.53	114.99	55.81	55.53	56.00	89.67	37.60
603128	华贸物流	5384.04	5079.56	1012.04	954.80	8.19	8.20	9.56	4.75
603129	春风动力	2150.85	1041.53	134.60	65.18	26.66	26.86	28.91	14.01
603131	上海沪工	3078.00	769.50	200.00	50.00	21.24	20.98	23.29	11.63
603133	碳元科技	3230.24	1739.06	208.00	111.98	32.49	32.51	35.30	14.31
603136	天目湖	2346.40	586.60	80.00	20.00	42.29	42.11	45.38	23.20
603138	海量数据	2802.85	882.25	150.45	47.36	44.29	44.79	53.88	16.12
603139	康惠制药	1541.15	827.51	99.88	53.63	25.06	25.07	29.62	14.50
603156	养元饮品	31320.97	2506.03	753.27	60.27	78.73	94.48	113.37	40.75
603157	拉夏贝尔	2849.47	1248.07	332.88	145.80	17.79	17.69	22.30	8.50
603158	腾龙股份	3578.48	3551.82	218.60	216.97	18.56	18.58	19.40	13.27
603159	上海亚虹	1773.00	443.25	100.00	25.00	24.92	24.90	27.09	16.01
603160	汇顶科技	35938.49	18226.57	456.65	231.60	96.94	98.00	111.00	62.21
603161	科华控股	2090.38	523.38	133.40	33.40	16.75	24.12	38.84	14.52
603165	荣晟环保	2669.15	667.50	177.35	44.35	57.35	57.20	60.29	14.53
603166	福达股份	3060.32	3031.14	597.72	592.02	8.00	8.03	8.61	5.04
603167	渤海轮渡	4320.71	4217.06	493.23	481.40	11.52	11.50	13.18	7.54
603168	莎普爱思	2209.76	2036.80	322.59	297.34	14.87	14.85	16.80	6.03
603169	兰石重装	4489.92	4434.22	1051.50	1038.46	8.39	8.39	9.13	3.90
603177	德创环保	1856.38	567.48	202.00	61.75	20.80	21.00	23.75	8.43
603178	圣龙股份	2001.62	501.99	203.21	50.96	14.94	14.94	15.40	9.61
603179	新泉股份	3673.17	1531.10	227.72	94.92	36.46	36.19	41.45	14.20
603180	金牌厨柜	3916.35	1068.52	67.50	18.42	132.07	133.58	179.90	44.00
603181	皇马科技	2846.00	1408.77	200.00	99.00	24.00	24.15	28.20	12.62
603183	建研院	2240.61	1320.28	125.10	73.72	39.25	39.12	48.80	17.19

注：市价总值、无限售股市值、成交金额的单位为百万元，发行股本、流通股本、成交数量的单位为百万股。

A 股
A Share

股票
Share

本年收盘 Close	涨跌(%) Change(%)	涨跌值 Change	市盈率 P/E	市净率 P/B	换手率(%) Turnover Rate	成交数量 Trading Vol	成交金额 Trading Val
20.84	54.10	7.24	34.59	3.07	3883.50	1378.64	47621.50
11.63	-55.29	-14.57	20.40	3.05	1161.36	784.01	13312.08
24.60	-31.96	-22.69	52.28	2.98	3026.62	888.92	30657.73
7.72	-61.68	-18.57	32.04	2.29	1473.32	1391.32	20131.73
22.28	-18.38	-16.12	22.66	2.23	744.39	360.75	9462.52
11.34	-61.56	-30.30	40.39	2.58	409.40	379.67	7678.51
16.30	-31.16	-7.67	24.15	2.45	1014.19	315.42	6789.36
12.98	-33.81	-6.76	52.87	2.83	537.16	218.53	3664.21
61.72	-7.61	-5.55	35.95	5.48	284.72	124.70	8793.55
13.67	-6.57	-4.07	32.74	3.90	553.51	381.80	5354.41
8.77	-26.66	-3.22	33.04	2.46	175.31	467.50	5547.83
7.52	-23.61	-2.48	18.66	1.49	149.01	385.37	3606.73
15.92	18.04	2.32	37.41	2.96	823.28	592.76	8533.66
22.30	-21.30	-6.22	30.56	5.12	1778.09	942.39	29380.87
13.08	170.81	8.25	56.19	6.42	2208.45	1943.44	36716.22
10.30	-54.17	-14.45	21.26	2.00	2090.52	1712.64	34613.37
7.19	-41.00	-5.06	19.01	1.82	415.87	1355.53	16071.85
10.58	-43.65	-15.89	27.63	2.43	1938.85	604.47	12216.85
3.96	-70.34	-9.54	14.00	1.01	332.71	2287.70	16019.01
10.97	-51.13	-11.69	10.92	1.92	656.47	1348.47	20702.12
6.97	-34.81	-8.45	10.69	1.17	131.59	350.43	4062.23
3.54	-48.55	-6.23	21.99	1.01	273.22	1181.01	6753.03
6.30	-27.65	-2.47	48.59	1.13	243.13	1708.86	11086.66
5.90	-21.40	-1.74	21.41	1.03	62.13	325.64	2142.94
5.15	-46.65	-4.61	23.62	1.99	199.62	1218.67	10090.03
47.60	20.45	-7.93	71.60	9.82	1197.60	315.08	19206.40
5.32	-34.36	-2.87	19.33	1.44	364.37	3425.53	23275.01
15.98	-39.34	-10.68	22.08	2.39	792.27	316.39	6936.91
15.39	-27.01	-5.85	44.97	5.21	538.01	269.01	4691.08
15.53	-52.06	-16.96	63.07	3.67	617.67	588.00	12455.39
29.33	-29.92	-12.96	27.78	3.11	1131.84	226.37	8113.71
18.63	-40.86	-25.66	49.27	7.34	1950.41	682.25	23757.10
15.43	-37.82	-9.63	24.46	1.69	762.18	270.82	6197.88
41.58	-24.00	-37.15	13.56	4.27	1154.38	586.49	40759.92
8.56	-49.18	-9.23	9.40	1.21	2276.26	1398.13	22950.52
16.37	-9.64	-2.19	27.35	3.59	76.82	142.10	2414.13
17.73	-28.33	-7.19	39.49	4.48	962.77	240.69	5221.57
78.70	-18.09	-18.24	40.52	10.31	180.94	416.50	34181.92
15.67	-5.43	-1.08	19.62	3.18	1805.95	603.19	15124.22
15.05	-62.65	-42.30	6.69	2.52	1041.29	403.47	11691.36
5.12	-34.32	-2.88	22.49	1.45	79.17	468.69	3301.23
8.76	-20.97	-2.76	11.91	1.33	224.37	1080.10	11564.99
6.85	-39.25	-8.02	15.10	1.33	351.73	882.15	10597.99
4.27	-49.11	-4.12	499.42	1.37	108.88	1117.01	6534.90
9.19	-55.50	-11.61	48.53	3.46	1285.89	754.64	12020.47
9.85	-33.33	-5.09	21.19	2.44	596.97	298.50	3776.36
16.13	-37.17	-20.33	14.68	2.74	497.74	345.03	8952.76
58.02	-55.80	-74.05	23.49	4.56	1213.48	218.85	20197.21
14.23	-40.16	-9.77	19.26	2.22	1404.12	768.28	16584.58
17.91	-35.74	-21.34	33.96	3.48	2366.75	821.72	22033.44

A 股
A Share

股票
Share

股票代码 Code	股票简称 Stock Name	市价总值 Tot_cap	无限售股市值 Nego_cap	发行股本 Issued Vol	流通股本 Negotiable Vol	上年收盘 Last Year Close	本年开盘 Open	本年最高 High	本年最低 Low
603185	N 上机	6186.60	1546.65	126.00	31.50	34.10	49.10	49.10	49.10
603186	华正新材	1979.65	1116.81	130.67	73.72	23.94	24.10	28.78	12.02
603187	海容冷链	3736.00	934.00	80.00	20.00	32.25	46.44	67.99	46.44
603188	亚邦股份	4239.36	4239.36	576.00	576.00	16.59	16.58	17.03	7.26
603189	网达软件	2461.92	1227.62	220.80	110.10	16.26	16.40	21.87	9.05
603192	汇得科技	3085.87	771.47	106.67	26.67	19.60	23.52	54.80	23.52
603196	日播时尚	2985.60	813.58	240.00	65.40	11.67	11.67	12.88	9.14
603197	保隆科技	3450.73	2032.98	167.02	98.40	56.33	56.78	58.32	15.00
603198	迎驾贡酒	11288.00	11288.00	800.00	800.00	17.59	17.55	21.68	12.31
603199	九华旅游	2102.92	2102.92	110.68	110.68	31.44	31.28	32.11	17.50
603200	上海洗霸	2574.03	866.76	75.04	25.27	41.10	41.19	46.40	25.82
603203	快克股份	3102.98	1056.73	158.32	53.91	40.58	40.58	42.27	16.64
603208	江山欧派	2150.52	820.02	80.82	30.82	42.83	42.75	43.60	19.61
603214	爱婴室	3700.00	925.00	100.00	25.00	19.95	23.94	81.99	23.94
603218	日月股份	6727.44	1642.57	407.23	99.43	22.45	22.41	23.42	11.49
603220	贝通信	7322.64	1830.66	337.76	84.44	7.85	9.42	25.32	9.42
603222	济民制药	4345.60	4345.60	320.00	320.00	14.77	14.77	15.38	8.50
603223	恒通股份	2092.61	1743.84	201.60	168.00	23.98	23.99	24.42	9.73
603225	新凤鸣	15802.50	2231.25	842.80	119.00	35.80	35.80	42.51	17.79
603226	菲林格尔	1869.67	470.54	116.49	29.32	30.05	30.05	30.39	13.52
603227	雪峰科技	2410.84	2410.84	658.70	658.70	5.73	5.74	6.12	3.36
603228	景旺电子	20545.89	4053.59	411.00	81.09	53.77	53.28	59.99	40.58
603229	奥翔药业	1830.40	617.53	160.00	53.98	16.99	17.00	24.53	10.15
603232	格尔软件	1950.54	1168.72	85.40	51.17	48.90	48.90	60.70	19.90
603233	大参林	15944.40	2557.07	400.01	64.15	51.66	51.68	77.85	37.00
603238	诺邦股份	2265.60	566.40	120.00	30.00	23.39	23.40	26.65	13.10
603239	浙江仙通	2818.20	944.40	270.72	90.72	19.06	19.08	21.50	10.20
603258	电魂网络	4134.74	1982.31	243.08	116.54	32.49	32.50	34.23	12.55
603259	药明康德	78473.26	7800.30	1048.27	104.20	21.60	25.92	138.87	25.92
603260	合盛硅业	29346.00	11424.87	670.00	260.84	56.74	57.31	84.49	42.50
603266	天龙股份	1933.40	483.35	140.00	35.00	25.66	25.66	29.99	11.72
603268	松发股份	2058.51	2042.58	125.14	124.17	28.63	28.88	28.99	11.93
603269	海鸥股份	1309.85	531.90	91.47	37.14	24.94	25.00	44.43	12.43
603277	银都股份	3511.01	1370.03	400.80	156.40	18.58	18.54	20.19	8.12
603278	大业股份	3078.40	1280.69	208.00	86.53	23.09	23.07	25.76	14.02
603283	赛腾股份	2887.43	709.60	162.76	40.00	14.54	15.99	36.90	15.90
603286	日盈电子	1264.77	656.98	88.08	45.75	38.12	38.30	47.68	12.82
603288	海天味业	185785.41	185785.41	2700.37	2700.37	53.80	53.91	83.83	47.66
603289	泰瑞机器	2118.70	1079.40	266.50	135.77	19.05	19.37	22.99	7.66
603297	永新光学	3633.00	908.25	84.00	21.00	25.87	31.04	68.97	31.04
603298	杭叉集团	7314.86	2016.32	618.85	170.59	15.99	16.16	17.18	10.58
603299	井神股份	2869.93	1432.81	559.44	279.30	9.53	9.72	12.10	4.86
603300	华铁科技	2329.42	1945.63	485.30	405.34	8.13	8.13	9.10	4.18
603301	振德医疗	3175.00	793.75	100.00	25.00	19.82	28.54	78.98	28.54
603303	得邦照明	4834.80	1208.70	408.00	102.00	14.46	14.40	15.48	9.22
603305	旭升股份	12186.25	1924.48	400.60	63.26	38.05	38.30	40.25	17.63
603306	华懋科技	4460.53	4375.03	313.02	307.02	28.66	28.66	29.35	13.51
603308	应流股份	3478.71	3208.08	433.75	400.01	15.89	16.01	16.54	7.92
603309	维力医疗	1920.00	1920.00	200.00	200.00	18.36	18.44	21.50	8.35
603311	金海环境	2127.30	2127.30	210.00	210.00	15.86	15.93	16.88	10.09

注：市价总值、无限售股市值、成交金额的单位为百万元，发行股本、流通股本、成交数量的单位为百万股。

A 股
A Share

股票
Share

本年收盘 Close	涨跌(%) Change(%)	涨跌值 Change	市盈率 P/E	市净率 P/B	换手率(%) Turnover Rate	成交数量 Trading Vol	成交金额 Trading Val
49.10	43.99	15.00	32.67	12.90	0.48	0.15	7.43
15.15	-36.21	-8.79	21.15	3.21	590.34	434.19	8008.75
46.70	44.81	14.45	31.41	6.59	397.99	79.60	4414.85
7.36	-55.40	-9.23	8.47	1.12	212.19	1222.19	13258.27
11.15	-31.20	-5.11	66.17	3.06	887.14	976.74	15470.38
28.93	47.60	9.33	28.00	5.89	1931.41	515.04	20382.39
12.44	7.60	0.77	35.70	3.20	1229.10	776.19	8412.96
20.66	-48.01	-35.67	19.85	2.65	564.38	326.81	10156.89
14.11	-16.89	-3.48	16.93	2.74	272.24	1050.54	17966.82
19.00	-39.18	-12.44	25.37	2.05	144.42	142.29	3581.94
34.30	-14.44	-6.80	44.76	3.62	854.08	184.15	6590.70
19.60	-36.48	-20.98	23.57	4.30	208.40	95.64	2774.71
26.61	-36.68	-16.22	15.64	2.16	421.84	126.40	3662.35
37.00	86.03	17.05	39.54	9.89	2957.78	739.44	41191.47
16.52	-25.65	-5.93	29.69	2.43	366.84	364.75	6905.08
21.68	176.18	13.83	62.18	9.68	974.92	823.22	17544.59
13.58	-7.59	-1.19	82.17	5.48	228.67	636.37	6983.28
10.38	-38.92	-13.60	33.78	3.05	386.49	489.16	6919.65
18.75	-26.15	-17.05	10.56	2.41	828.36	836.73	22613.43
16.05	-29.70	-14.00	23.35	2.56	697.66	173.91	3715.46
3.66	-35.96	-2.07	130.57	2.11	183.89	1064.85	4675.01
49.99	-6.08	-3.78	31.14	6.27	335.75	268.31	13660.75
11.44	-32.39	-5.55	34.53	3.24	1167.95	542.17	9570.64
22.84	-33.98	-26.06	27.77	3.40	705.81	199.53	7118.39
39.86	-22.11	-11.80	33.57	5.79	517.60	246.42	13066.49
18.88	-18.89	-4.51	43.93	2.91	840.23	252.07	5032.11
10.41	-43.47	-8.65	16.56	2.84	405.86	368.20	5478.87
17.01	-47.21	-15.48	25.13	2.56	359.58	271.49	6042.92
74.86	246.57	53.26	71.06	13.75	1293.93	1348.25	130607.66
43.80	-22.31	-12.94	19.35	5.42	1600.74	1187.07	75433.59
13.81	-23.86	-11.85	24.64	2.40	937.81	275.12	5469.09
16.45	-19.08	-12.18	45.00	3.41	243.33	251.94	4353.79
14.32	-42.22	-10.62	34.58	2.09	1748.71	474.17	11485.11
8.76	-52.27	-9.82	17.77	2.30	754.18	573.47	7983.05
14.80	-35.27	-8.29	23.43	2.26	1310.63	703.34	13238.54
17.74	22.64	3.20	30.18	4.56	2639.64	1055.85	28488.00
14.36	-62.10	-23.76	37.49	2.99	2355.43	619.34	14983.86
68.80	29.62	15.00	52.61	15.81	30.89	833.18	56126.63
7.95	-45.38	-11.10	25.37	2.39	2210.75	1309.42	19762.26
43.25	67.18	17.38	34.05	8.25	1622.39	340.70	17126.82
11.82	-24.48	-4.17	15.41	2.09	243.89	416.05	5652.59
5.13	-45.59	-4.40	16.11	1.35	427.92	1195.20	10760.94
4.80	-40.96	-3.33	72.40	2.04	383.27	1263.80	8151.95
31.75	60.19	11.93	26.07	5.68	2301.85	575.46	30647.96
11.85	-17.13	-2.61	23.01	2.04	425.60	434.11	5145.49
30.42	-19.82	-7.63	54.86	10.61	1341.16	659.20	20469.47
14.25	-34.06	-14.41	16.04	2.08	65.14	164.53	3220.37
8.02	-49.38	-7.87	57.81	1.23	167.49	669.97	8572.30
9.60	-47.20	-8.76	29.74	2.15	101.78	197.21	2575.01
10.13	-35.35	-5.73	26.46	2.96	181.75	258.73	3229.03

A 股
A Share

股票
Share

股票代码 Code	股票简称 Stock Name	市价总值 Tot_cap	无限售股市值 Nego_cap	发行股本 Issued Vol	流通股本 Negotiable Vol	上年收盘 Last Year Close	本年开盘 Open	本年最高 High	本年最低 Low
603313	梦百合	5042.40	1730.11	240.00	82.35	26.83	26.96	28.30	14.50
603315	福鞍股份	2494.24	2494.24	219.95	219.95	13.83	13.83	14.80	10.41
603316	诚邦股份	1573.39	813.29	203.28	105.08	14.36	14.48	14.87	7.12
603318	派思股份	5025.15	5010.94	403.30	402.16	14.67	14.70	15.15	11.38
603319	湘油泵	1637.82	1147.21	80.92	56.68	29.76	29.84	33.88	17.80
603320	迪贝电气	1817.00	590.53	100.00	32.50	25.32	25.48	31.48	15.52
603321	梅轮电梯	2173.56	821.99	307.00	116.10	12.00	12.00	14.37	6.30
603322	超讯通信	3818.08	1546.29	112.00	45.36	46.36	46.10	50.83	19.20
603323	吴江银行	8847.80	3708.33	1448.08	606.93	8.23	8.25	10.42	5.56
603326	我乐家居	2531.07	720.90	225.99	64.37	19.50	19.63	22.28	8.03
603328	依顿电子	9878.01	9824.43	997.78	992.37	14.35	14.39	15.29	7.38
603329	上海雅仕	2096.16	524.04	132.00	33.00	15.18	16.70	42.00	15.84
603330	上海天洋	1570.92	634.88	78.00	31.52	35.69	35.62	38.88	16.63
603331	百达精工	1894.56	466.38	129.23	31.81	19.82	19.81	20.97	12.70
603333	尚纬股份	2605.23	2557.43	520.01	510.47	6.39	6.40	6.61	4.64
603335	迪生力	2002.40	951.17	329.34	156.44	11.32	11.35	15.53	4.84
603336	宏辉果蔬	2695.67	1067.98	173.36	68.68	23.88	23.60	36.51	15.10
603337	杰克股份	11222.43	2974.08	305.87	81.06	51.54	51.62	65.95	29.64
603338	浙江鼎力	13950.28	13950.28	247.70	247.70	78.64	78.75	82.50	43.02
603339	四方科技	3150.62	864.35	210.74	57.82	23.72	23.78	24.28	13.46
603345	安井食品	7950.27	4520.86	216.04	122.85	24.30	24.46	44.99	22.00
603348	文灿股份	4947.80	1236.95	220.00	55.00	15.26	18.31	56.00	18.31
603355	莱克电气	8621.50	8621.50	401.00	401.00	49.28	49.18	49.53	21.03
603356	华菱精工	2086.77	521.77	133.34	33.34	10.21	14.70	31.21	14.61
603357	设计总院	6477.23	3165.53	324.67	158.67	21.87	21.85	26.16	16.38
603358	华达科技	3371.20	1480.29	313.60	137.70	36.89	37.00	38.10	9.70
603359	东珠生态	5219.32	2505.33	318.64	152.95	34.27	34.57	38.77	14.80
603360	百傲化学	2307.32	969.14	186.68	78.41	21.42	21.52	23.50	9.92
603363	傲农生物	3578.23	1545.54	425.98	183.99	16.52	16.36	23.14	8.15
603365	水星家纺	3981.38	1322.56	266.67	88.58	23.11	23.12	33.49	12.09
603366	日出东方	3336.00	3336.00	800.00	800.00	5.94	5.95	6.70	3.12
603367	辰欣药业	6881.90	4366.98	453.35	287.68	19.82	19.70	32.40	14.65
603368	柳药股份	6787.72	5364.45	259.07	204.75	47.87	47.80	55.36	24.77
603369	今世缘	18177.71	18177.71	1254.50	1254.50	15.51	15.68	24.49	13.05
603377	东方时尚	8584.80	2406.94	588.00	164.86	39.98	39.99	40.50	10.31
603378	亚士创能	2598.63	920.19	194.80	68.98	22.88	22.92	27.77	9.81
603380	易德龙	2464.00	737.58	160.00	47.89	20.47	20.47	24.50	12.79
603383	顶点软件	3572.75	1724.27	120.21	58.02	44.99	44.90	74.99	21.28
603385	惠达卫浴	2958.87	2112.45	369.40	263.73	21.87	21.81	23.36	7.69
603386	广东骏亚	3218.71	903.97	201.80	56.68	16.47	16.76	29.85	13.03
603387	基蛋生物	4942.36	2446.93	186.01	92.09	59.98	60.08	89.48	26.30
603388	元成股份	2072.96	839.34	206.47	83.60	17.84	18.10	22.46	9.00
603389	亚振家居	2292.51	659.19	218.96	62.96	12.77	12.77	17.44	7.68
603393	新天然气	4880.00	2917.16	160.00	95.64	37.62	37.62	44.30	30.00
603396	金辰股份	2006.79	838.48	75.56	31.57	41.17	41.92	46.65	22.40
603398	邦宝益智	2346.91	2335.07	212.78	211.70	15.79	15.64	20.82	9.13
603399	吉翔股份	5369.09	4989.06	546.75	508.05	15.26	15.32	21.09	8.42
603416	信捷电气	2836.50	709.13	140.56	35.14	31.32	31.30	33.96	17.40
603421	鼎信通讯	9449.09	972.57	443.00	45.60	25.52	25.60	27.49	13.71
603429	集友股份	4362.06	2235.56	190.40	97.58	41.85	37.67	43.29	20.03

注：市价总值、无限售股市值、成交金额的单位为百万元，发行股本、流通股本、成交数量的单位为百万股。

A 股
A Share

股票
Share

本年收盘 Close	涨跌(%) Change(%)	涨跌值 Change	市盈率 P/E	市净率 P/B	换手率(%) Turnover Rate	成交数量 Trading Vol	成交金额 Trading Val
21.01	-21.69	-5.82	32.35	3.29	361.31	297.53	6307.87
11.34	-17.94	-2.49	280.48	2.54	140.46	215.96	2621.68
7.74	-45.81	-6.62	22.97	1.97	449.74	303.48	3269.14
12.46	-15.00	-2.21	91.60	4.92	119.40	291.25	3754.41
20.24	-30.87	-9.52	14.82	2.35	364.89	206.82	5343.39
18.17	-27.74	-7.15	35.26	3.07	1822.72	536.72	12300.08
7.08	-40.48	-4.92	28.36	2.17	1047.18	851.36	9068.15
34.09	3.24	-12.27	178.58	7.78	1098.14	453.45	14269.28
6.11	-24.23	-2.12	12.10	1.06	624.24	3788.68	28507.88
11.20	-18.87	-8.30	30.22	3.40	634.01	312.96	4575.68
9.90	-25.07	-4.45	17.86	2.13	103.55	1024.76	11464.89
15.88	5.71	0.70	26.93	2.89	4624.30	1526.02	45965.91
20.14	-25.97	-15.55	51.72	2.59	785.40	202.71	5286.41
14.66	-25.21	-5.16	30.12	2.79	938.09	298.44	5130.27
5.01	-21.46	-1.38	154.30	1.84	58.61	303.71	1746.34
6.08	-29.89	-5.24	164.68	3.61	1954.41	1788.34	15987.60
15.55	-14.75	-8.33	42.57	3.47	3287.94	2119.88	51546.74
36.69	6.19	-14.85	34.63	5.27	261.18	176.42	7594.83
56.32	0.86	-22.32	49.27	6.33	208.85	249.64	14324.98
14.95	-36.39	-8.77	18.30	2.15	633.67	364.57	7208.76
36.80	52.76	12.50	39.27	4.70	425.18	464.60	15649.70
22.49	47.38	7.23	31.86	4.40	3009.91	1655.45	61896.72
21.50	-52.72	-27.78	23.59	2.66	223.65	278.64	8459.20
15.65	54.18	5.44	34.97	6.27	3445.25	1148.65	26000.90
19.95	-7.75	-1.92	22.43	3.59	1230.86	1193.69	25039.65
10.75	-41.10	-26.14	14.91	1.33	277.81	244.45	5361.62
16.38	-32.08	-17.89	21.50	2.17	577.70	428.71	11537.73
12.36	-18.12	-9.06	23.01	3.36	379.38	228.08	3844.91
8.40	-49.05	-8.12	33.10	4.43	3524.53	2348.58	38628.49
14.93	-34.23	-8.18	15.47	1.96	1386.95	956.52	20040.49
4.17	-29.25	-1.77	60.91	0.90	244.48	1955.83	9827.26
15.18	-22.98	-4.64	18.74	1.85	1489.17	1742.10	38560.19
26.20	-22.41	-21.67	16.91	1.94	225.90	418.22	15065.82
14.49	-5.44	-1.02	20.29	3.45	226.07	2836.09	52380.18
14.60	-48.41	-25.38	36.54	4.94	285.66	443.13	8075.04
13.34	-40.92	-9.54	22.85	2.02	1269.65	679.51	12015.51
15.40	-24.04	-5.07	25.78	3.55	1179.57	499.08	9576.21
29.72	-6.56	-15.27	35.06	3.81	1564.91	512.09	21665.52
8.01	-51.54	-13.86	13.06	0.99	328.55	530.40	7087.58
15.95	-2.58	-0.52	49.05	5.23	3012.68	1554.50	30782.62
26.57	-37.64	-33.41	25.48	4.32	942.02	492.08	24870.32
10.04	-43.08	-7.80	22.59	2.68	493.07	322.50	4944.34
10.47	-17.41	-2.30	37.55	2.59	2199.79	1384.99	15923.45
30.50	-16.57	-7.12	18.51	2.51	484.42	463.32	17002.63
26.56	-34.91	-14.61	26.35	2.43	1359.32	271.18	9672.07
11.03	-29.75	-4.76	37.82	3.76	1278.46	730.47	11094.48
9.82	-35.41	-5.44	24.44	2.55	231.99	1169.73	16538.44
20.18	-35.21	-11.14	22.91	3.05	415.42	145.98	3945.68
21.33	-15.43	-4.19	31.31	4.57	1121.99	497.68	10580.59
22.91	-22.98	-18.94	43.99	8.20	353.52	180.26	5669.19

A 股
A Share

股票
Share

股票代码 Code	股票简称 Stock Name	市价总值 Tot_cap	无限售股市值 Nego_cap	发行股本 Issued Vol	流通股本 Negotiable Vol	上年收盘 Last Year Close	本年开盘 Open	本年最高 High	本年最低 Low
603444	吉比特	10638.57	6104.74	71.88	41.25	183.93	183.80	223.50	92.88
603456	九洲药业	5125.46	5094.06	805.89	800.95	15.49	15.49	18.92	5.50
603458	勘设股份	3815.48	2580.96	126.13	85.32	75.59	75.45	80.46	27.61
603466	风语筑	4449.33	1341.12	291.95	88.00	54.22	54.60	73.27	12.89
603477	振静股份	1797.60	850.12	240.00	113.50	18.94	19.70	20.60	7.46
603486	科沃斯	18416.60	1845.80	400.10	40.10	20.02	24.02	82.26	24.02
603488	展鹏科技	1533.63	708.23	208.94	96.49	17.54	17.54	23.44	6.49
603496	恒为科技	3459.16	1852.22	142.06	76.07	34.79	34.95	40.10	16.75
603499	翔港科技	2022.36	499.00	101.32	25.00	24.75	24.66	36.56	16.95
603500	祥和实业	1839.85	525.67	176.40	50.40	25.85	25.61	31.47	9.12
603501	韦尔股份	13396.37	4013.65	455.81	136.57	41.77	41.50	48.90	26.01
603505	金石资源	2952.00	1378.03	240.00	112.03	20.78	20.66	25.18	10.86
603506	南都物业	2291.51	572.88	103.17	25.79	16.25	19.50	54.00	18.20
603507	振江股份	2810.11	1763.47	128.08	80.38	40.20	40.32	44.00	14.74
603508	思维列控	6369.60	6369.60	160.00	160.00	38.65	39.00	45.03	29.52
603515	欧普照明	21073.34	3549.26	756.13	127.35	42.84	43.60	59.27	21.35
603516	淳中科技	3023.99	756.00	130.97	32.74	19.64	23.57	66.45	19.07
603517	绝味食品	13575.10	5420.19	410.00	163.70	39.42	39.40	49.68	32.14
603518	维格娜丝	2545.81	2103.29	180.55	149.17	18.68	18.70	25.54	12.50
603519	立霸股份	1997.46	1997.46	221.94	221.94	21.20	20.96	22.60	5.71
603520	司太立	3165.60	1705.47	120.00	64.65	28.95	31.85	31.85	16.83
603527	众源新材	1806.04	1115.05	174.16	107.53	29.94	29.45	31.90	9.90
603528	多伦科技	3862.87	1155.55	627.09	187.59	8.83	8.83	10.90	5.15
603533	掌阅科技	7129.78	2203.15	401.00	123.91	45.32	44.33	57.00	17.43
603535	嘉诚国际	2771.87	1217.85	150.40	66.08	25.90	26.15	33.00	17.55
603536	惠发股份	1386.00	497.10	168.00	60.25	19.65	19.68	20.75	6.99
603538	美诺华	2936.45	1761.47	149.13	89.46	26.39	26.50	27.56	13.50
603555	贵人鸟	3627.03	3627.03	628.60	628.60	17.70	17.73	28.90	5.26
603556	海兴电力	6436.99	2180.80	495.15	167.75	36.40	36.38	37.16	10.81
603557	起步股份	3501.35	1630.82	469.98	218.90	15.98	15.98	21.11	7.32
603558	健盛集团	4517.47	3366.17	416.36	310.25	12.40	12.59	13.60	6.90
603559	中通国脉	3449.55	1913.53	143.31	79.50	38.61	38.00	39.74	18.80
603566	普莱柯	3823.37	3796.87	323.74	321.50	22.19	22.17	24.67	10.58
603567	珍宝岛	10172.94	10172.94	849.16	849.16	14.13	14.12	15.98	11.22
603568	伟明环保	15714.38	15598.28	687.72	682.64	21.05	21.11	27.94	19.11
603569	长久物流	6020.15	862.12	560.01	80.20	24.19	24.29	27.18	10.30
603577	汇金通	1585.68	702.29	175.02	77.52	13.61	13.62	16.29	7.65
603578	三星新材	1682.64	599.40	89.55	31.90	32.41	32.43	41.29	16.62
603579	荣泰健康	3970.40	1458.27	140.00	51.42	62.99	63.03	83.70	28.01
603580	艾艾精工	1487.81	480.80	93.34	30.16	30.46	30.36	32.70	13.56
603583	捷昌驱动	4745.02	1186.26	120.80	30.20	29.17	35.00	55.90	35.00
603585	苏利股份	3702.60	1110.78	180.00	54.00	31.36	31.30	33.28	19.10
603586	金麒麟	2729.72	1267.38	215.62	100.11	24.50	24.41	24.99	10.60
603587	地素时尚	8817.99	1341.39	401.00	61.00	27.52	33.02	47.95	18.53
603588	高能环境	5185.05	5136.86	660.52	654.38	12.72	12.72	13.44	7.52
603589	口子窖	21042.00	21042.00	600.00	600.00	46.05	46.34	67.77	30.80
603590	康辰药业	5136.00	1284.00	160.00	40.00	24.34	35.05	56.46	32.10
603595	东尼电子	4481.77	1562.06	142.82	49.78	76.80	76.02	121.00	25.51
603596	伯特利	9343.79	934.47	408.56	40.86	15.10	21.74	55.58	18.60
603598	引力传媒	2416.66	2392.02	270.62	267.86	14.84	14.88	19.44	7.40

注：市价总值、无限售股市值、成交金额的单位为百万元，发行股本、流通股本、成交数量的单位为百万股。

A 股
A Share

股票
Share

本年收盘 Close	涨跌(%) Change(%)	涨跌值 Change	市盈率 P/E	市净率 P/B	换手率(%) Turnover Rate	成交数量 Trading Vol	成交金额 Trading Val
148.00	-18.18	-35.93	17.45	4.62	473.32	193.23	27941.15
6.36	-25.24	-9.13	34.72	1.92	180.57	1177.24	12930.52
30.25	-59.32	-45.34	11.58	1.95	867.74	355.21	17813.63
15.24	-43.12	-38.98	26.78	3.45	1740.95	908.63	32981.58
7.49	-60.18	-11.45	28.81	2.25	3949.46	2383.98	33579.51
46.03	129.92	26.01	49.02	14.66	1928.78	773.44	45465.77
7.34	-57.54	-10.20	21.54	1.92	955.80	653.87	8828.44
24.35	-1.83	-10.44	45.98	5.28	789.33	308.33	8749.14
19.96	-18.76	-4.79	44.13	3.99	3868.21	967.05	25789.36
10.43	-43.00	-15.42	23.61	2.34	1729.24	666.70	12060.81
29.39	-29.56	-12.38	97.67	11.36	1511.15	911.42	33664.81
12.30	-40.42	-8.48	38.28	4.06	1438.81	1206.99	21395.03
22.21	79.01	5.96	30.62	8.09	3202.92	685.63	23906.16
21.94	-44.91	-18.26	24.22	2.05	1098.86	380.08	10805.98
39.81	3.89	1.16	48.59	2.50	286.47	188.75	7222.13
27.87	-14.55	-14.97	30.94	5.80	401.95	425.83	17361.39
23.09	65.70	3.45	33.26	10.37	3499.48	957.86	40569.26
33.11	-15.13	-6.31	27.06	5.28	358.11	495.86	19752.10
14.10	-23.93	-4.58	13.40	1.55	207.72	308.21	6041.51
9.00	-39.00	-12.20	23.93	2.76	185.26	341.92	3555.63
26.38	-6.70	-2.57	38.09	3.69	243.89	157.68	3699.93
10.37	-51.07	-19.57	21.10	2.24	1909.78	788.64	16347.52
6.16	-29.90	-2.67	37.90	2.84	647.95	1215.49	10202.77
17.78	-60.73	-27.54	57.63	7.22	1986.30	915.52	34204.52
18.43	-28.29	-7.47	23.33	2.01	1767.08	760.01	18525.58
8.25	-40.41	-11.40	22.95	2.15	1092.15	516.89	6269.71
19.69	-9.56	-6.70	65.73	2.63	410.90	334.47	6083.47
5.77	-66.89	-11.93	23.06	1.56	265.73	1670.41	17760.43
13.00	-53.02	-23.40	11.44	1.38	205.58	308.21	6267.36
7.45	-53.17	-8.53	18.01	2.51	1580.98	988.38	14145.57
10.85	-11.13	-1.55	34.35	1.63	141.39	392.78	3799.26
24.07	-37.58	-14.54	123.86	6.43	2454.34	1951.17	55858.00
11.81	-46.26	-10.38	33.48	2.44	74.24	196.99	3055.41
11.98	-14.18	-2.15	19.53	2.18	48.42	248.66	3426.01
22.85	9.71	1.80	31.00	6.82	227.38	633.27	15142.98
10.75	-37.29	-13.44	15.29	2.80	409.85	289.54	4974.16
9.06	-32.93	-4.55	33.24	1.83	880.84	682.79	8395.07
18.79	-41.59	-13.62	30.40	3.39	1144.30	339.80	9703.35
28.36	-54.34	-34.63	18.37	2.91	363.78	184.10	9573.40
15.94	-26.40	-14.52	51.92	3.96	1128.27	257.89	5541.68
39.28	34.66	10.11	30.07	9.21	1096.76	331.22	14923.11
20.57	-19.98	-10.79	16.49	2.44	339.20	171.59	4193.76
12.66	-47.19	-11.84	15.70	1.29	426.82	370.20	6101.61
21.99	-17.56	-5.53	18.37	6.62	1240.59	756.76	23571.25
7.85	-38.12	-4.87	27.01	2.37	142.14	927.54	9665.01
35.07	-22.88	-10.98	18.89	4.14	244.42	982.76	47154.14
32.10	31.88	7.76	10.73	3.79	939.16	375.66	15955.47
31.38	-42.71	-45.42	25.85	6.15	818.07	262.73	17179.19
22.87	51.46	7.77	33.73	8.50	2501.26	1022.02	34997.87
8.93	-39.56	-5.91	36.21	3.65	651.48	1095.52	13723.47

A 股
A Share

股票
Share

股票代码 Code	股票简称 Stock Name	市价总值 Tot_cap	无限售股市值 Nego_cap	发行股本 Issued Vol	流通股本 Negotiable Vol	上年收盘 Last Year Close	本年开盘 Open	本年最高 High	本年最低 Low
603599	广信股份	4879.13	3910.48	464.68	372.43	19.54	19.68	20.93	9.98
603600	永艺股份	2118.81	1757.53	302.69	251.08	14.21	14.35	14.68	5.97
603601	再升科技	4124.87	4124.87	540.61	540.61	13.36	13.39	15.87	5.45
603602	纵横通信	3090.08	1831.16	112.00	66.37	52.82	52.48	56.56	21.80
603603	博天环境	5943.24	3475.48	401.57	234.83	34.91	34.89	37.86	11.50
603605	珀莱雅	8862.31	2736.39	201.10	62.09	28.72	28.31	54.41	22.50
603606	东方电缆	4493.19	4388.36	503.16	491.42	11.58	11.58	12.13	7.14
603607	京华激光	2321.99	887.09	127.51	48.71	40.70	40.95	48.95	16.73
603608	天创时尚	4771.31	1421.89	431.40	128.56	11.24	11.24	12.45	8.10
603609	禾丰牧业	6441.62	6441.62	831.18	831.18	8.88	8.88	10.69	6.61
603611	诺力股份	3287.06	2779.32	267.68	226.33	21.04	21.03	25.29	10.06
603612	索通发展	3960.38	2081.96	340.24	178.86	49.93	50.00	58.87	11.10
603615	茶花股份	2047.20	638.58	240.00	74.86	13.99	13.96	17.56	7.87
603616	韩建河山	3388.31	3388.31	293.36	293.36	15.36	15.41	20.85	9.10
603617	君禾股份	1690.44	505.25	101.83	30.44	23.81	23.61	31.00	15.11
603618	杭电股份	3585.51	3585.51	686.88	686.88	9.00	9.10	9.50	4.15
603619	中曼石油	6208.00	2224.35	400.00	143.32	34.78	34.96	52.38	15.15
603626	科森科技	3170.85	1206.35	415.58	158.11	28.41	28.44	28.95	7.61
603628	清源股份	1985.05	643.80	273.80	88.80	14.14	14.15	15.50	6.50
603629	利通电子	3871.00	967.75	100.00	25.00	19.29	27.78	40.68	27.78
603630	拉芳家化	2970.03	1064.94	226.72	81.29	27.46	27.50	31.51	12.22
603633	徕木股份	1567.68	1081.65	156.46	107.95	18.05	18.05	21.95	9.69
603636	南威软件	5056.17	5036.64	526.68	524.65	11.48	11.48	13.90	7.70
603637	镇海股份	2572.11	638.85	174.03	43.22	24.19	24.19	28.14	11.13
603638	艾迪精密	6306.22	2057.40	260.48	84.98	33.23	33.25	45.21	21.11
603639	海利尔	4495.87	1441.24	169.40	54.30	44.95	44.79	47.85	25.29
603648	畅联股份	3845.19	2849.34	368.67	273.19	21.28	21.27	24.40	10.40
603650	彤程新材	11620.13	1166.00	585.99	58.80	12.32	17.74	50.88	17.74
603655	朗博科技	1653.60	413.40	106.00	26.50	9.30	10.23	32.10	10.23
603656	泰禾光电	2081.36	885.37	148.88	63.33	31.83	31.92	32.00	12.58
603657	春光科技	2768.64	692.16	96.00	24.00	18.46	22.15	61.98	22.15
603658	安图生物	20533.80	6675.33	420.00	136.54	53.22	53.18	87.76	42.70
603659	璞泰来	20604.57	9153.85	434.70	193.12	55.32	55.88	68.00	38.00
603660	苏州科达	6002.73	3959.55	360.09	237.53	34.61	34.68	39.47	14.07
603661	恒林股份	2966.00	852.73	100.00	28.75	68.50	68.52	69.90	27.88
603663	三祥新材	2307.05	834.14	135.71	49.07	20.26	20.44	22.29	13.56
603665	康隆达	2630.00	980.22	100.00	37.27	32.60	31.67	42.20	20.22
603666	亿嘉和	4499.65	1124.91	98.25	24.56	34.46	49.62	123.89	45.08
603667	五洲新春	2091.80	902.22	263.12	113.49	22.08	21.92	22.35	7.11
603668	天马科技	2176.29	1350.16	299.76	185.97	11.72	11.73	12.47	6.98
603669	灵康药业	3603.60	3603.60	364.00	364.00	19.80	19.74	22.30	8.68
603676	卫信康	4767.21	751.26	423.00	66.66	16.04	16.07	27.58	11.20
603677	奇精机械	2732.37	795.31	196.15	57.09	24.07	24.05	26.48	11.81
603678	火炬电子	7138.54	7118.20	452.67	451.38	27.77	27.62	30.10	14.16
603679	华体科技	2280.35	907.38	100.99	40.19	25.43	25.27	29.97	20.00
603680	今创集团	9610.35	928.45	608.64	58.80	32.69	39.23	55.00	12.57
603683	晶华新材	1751.85	615.02	126.67	44.47	20.80	20.81	31.47	13.12
603685	晨丰科技	1860.30	632.50	130.00	44.20	35.16	35.51	37.97	13.11
603686	龙马环卫	3247.19	3224.30	299.00	296.90	26.25	26.11	26.66	10.68
603688	石英股份	3710.26	3705.08	337.30	336.83	15.66	15.66	18.15	8.73

注：市价总值、无限售股市值、成交金额的单位为百万元，发行股本、流通股本、成交数量的单位为百万股。

A 股
A Share

股票
Share

本年收盘 Close	涨跌(%) Change(%)	涨跌值 Change	市盈率 P/E	市净率 P/B	换手率(%) Turnover Rate	成交数量 Trading Vol	成交金额 Trading Val
10.50	-45.71	-9.04	14.47	1.18	253.24	433.91	6642.17
7.00	-48.11	-7.21	21.15	3.18	140.05	324.24	3188.03
7.63	-19.14	-5.73	36.32	3.44	121.06	532.05	5571.77
27.59	-26.65	-25.23	51.55	4.81	1978.37	761.87	24792.64
14.80	-57.39	-20.11	29.41	4.53	317.44	508.61	9693.23
44.07	54.77	15.35	44.14	6.08	1522.31	770.79	27725.85
8.93	4.63	-2.65	89.51	2.84	101.83	406.20	3690.48
18.21	-36.74	-22.49	28.10	3.29	2617.14	775.89	22821.15
11.06	0.58	-0.18	25.39	2.38	392.72	501.64	5193.23
7.75	-11.76	-1.13	13.68	1.90	99.08	823.50	7456.75
12.28	-16.47	-8.76	20.61	2.07	135.32	248.31	4195.92
11.64	-66.59	-38.29	7.23	1.67	1051.22	1029.52	27207.17
8.53	-37.81	-5.46	21.87	1.53	827.13	610.29	7621.30
11.55	-24.80	-3.81	0.00	4.37	1130.56	2076.65	30736.53
16.60	-29.79	-7.21	30.04	3.60	1901.07	497.52	10443.78
5.22	-41.65	-3.78	35.73	1.80	173.25	967.24	6391.04
15.52	-54.93	-19.26	15.74	2.47	3376.67	1383.23	47081.14
7.63	-61.92	-20.78	14.26	1.80	886.03	1218.70	19984.26
7.25	-48.52	-6.89	40.41	2.13	838.29	735.34	8052.74
38.71	100.67	19.42	43.98	8.89	65.03	16.26	632.00
13.10	-37.75	-14.36	21.51	1.75	724.19	514.63	10272.34
10.02	-27.24	-8.03	31.76	2.23	433.13	396.53	6106.64
9.60	-3.99	-1.88	49.08	5.01	333.49	1641.56	17299.07
14.78	-20.05	-9.41	57.98	3.58	1168.47	459.75	7752.24
24.21	8.46	-9.02	45.15	7.50	369.62	255.64	7921.61
26.54	-16.74	-18.41	15.72	2.78	613.62	288.30	10065.96
10.43	-50.58	-10.85	27.68	2.49	2059.90	2170.48	39674.34
19.83	60.96	7.51	36.90	9.93	2451.71	1441.61	48394.67
15.60	68.52	6.30	46.88	3.59	3435.27	910.35	20908.37
13.98	-38.02	-17.85	23.80	2.52	357.49	176.65	3762.01
28.84	56.23	10.38	31.60	8.05	2460.95	590.63	24683.53
48.89	-7.17	-4.33	45.98	12.32	264.89	361.67	22807.17
47.40	-13.84	-7.92	45.70	8.42	704.88	477.49	25811.60
16.67	-32.32	-17.94	22.17	4.32	278.95	553.52	15054.39
29.66	-55.90	-38.84	17.90	1.36	821.02	207.45	10140.26
17.00	-15.49	-3.26	42.72	4.93	368.01	180.57	3368.28
26.30	-18.93	-6.30	36.40	2.84	308.14	99.59	2968.00
45.80	86.45	11.34	32.37	14.52	1789.74	332.40	29456.83
7.95	-52.59	-14.13	21.19	1.73	510.73	570.55	5942.59
7.26	-37.71	-4.46	23.95	2.65	273.95	478.55	4817.46
9.90	-28.64	-9.90	22.38	2.77	233.97	396.13	5486.02
11.27	-29.49	-4.77	46.93	5.56	3645.36	2317.18	41016.54
13.93	-18.33	-10.14	27.30	3.08	571.61	285.55	5205.83
15.77	-42.82	-12.00	30.15	2.83	190.09	837.74	17793.20
22.58	-10.89	-2.85	43.13	4.41	510.21	149.00	3664.59
15.79	-31.76	-16.90	16.02	4.57	1306.66	615.84	19225.77
13.83	-33.38	-6.97	42.14	2.28	3862.86	1253.71	27794.31
14.31	-46.43	-20.85	16.62	2.07	1541.39	438.75	10756.50
10.86	-58.17	-15.39	12.49	1.52	241.61	607.99	11244.77
11.00	-29.33	-4.66	34.42	2.87	219.85	739.78	9616.84

A 股
A Share

股票
Share

股票代码 Code	股票简称 Stock Name	市价总值 Tot_cap	无限售股市值 Nego_cap	发行股本 Issued Vol	流通股本 Negotiable Vol	上年收盘 Last Year Close	本年开盘 Open	本年最高 High	本年最低 Low
603689	皖天然气	3554.88	1770.69	336.00	167.36	15.90	15.90	16.90	10.27
603690	至纯科技	3202.07	1399.23	210.94	92.18	20.29	20.39	29.77	13.02
603693	江苏新能	8522.22	1627.22	618.00	118.00	9.00	10.80	35.97	10.80
603696	安记食品	1626.24	1626.24	168.00	168.00	39.04	39.00	39.28	9.43
603698	航天工程	5908.26	5908.26	412.30	412.30	19.97	20.00	21.27	12.90
603699	纽威股份	8962.50	8962.50	750.00	750.00	19.23	19.27	22.09	9.85
603701	德宏股份	1665.03	810.95	146.06	71.14	19.35	19.37	21.30	8.80
603703	盛洋科技	2085.68	989.27	229.70	108.95	16.81	16.81	18.80	6.80
603706	东方环宇	4313.60	1078.40	160.00	40.00	13.09	18.85	57.83	18.85
603707	健友股份	10369.03	5342.02	552.43	284.60	28.23	29.20	35.49	17.11
603708	家家悦	9402.12	3153.55	468.00	156.97	20.02	20.03	26.40	18.70
603709	中源家居	2000.00	500.00	80.00	20.00	19.86	28.60	41.00	19.81
603711	香飘飘	8911.19	983.83	419.35	46.30	26.57	26.75	31.86	12.72
603712	七一二	13749.32	1781.00	772.00	100.00	4.55	5.46	52.88	5.46
603713	密尔克卫	4225.05	1056.31	152.47	38.12	11.27	16.23	58.10	16.23
603716	塞力斯	3903.88	1828.91	205.14	96.11	49.53	49.87	71.80	13.46
603717	天域生态	2246.29	1134.12	241.80	122.08	27.81	28.00	30.79	7.78
603718	海利生物	8153.04	8153.04	644.00	644.00	11.04	11.14	16.68	7.02
603721	中广天择	1430.00	677.05	100.00	47.35	27.81	27.95	37.09	13.05
603722	阿科力	1857.98	872.84	86.70	40.73	39.54	39.65	56.88	21.31
603725	天安新材	1636.95	1048.74	146.68	93.97	20.27	20.31	24.40	11.11
603726	朗迪集团	2474.47	618.62	132.61	33.15	30.44	30.50	33.00	16.81
603727	博迈科	2889.35	1170.70	234.15	94.87	23.37	22.90	25.86	11.88
603728	鸣志电器	5262.40	2223.36	416.00	175.76	23.77	23.77	24.58	11.01
603729	龙韵股份	1441.14	1441.14	93.34	93.34	62.17	61.00	67.00	13.61
603730	岱美股份	8571.27	1695.57	410.31	81.17	35.81	36.10	37.38	15.43
603733	仙鹤股份	9437.04	956.04	612.00	62.00	13.59	16.31	39.84	14.30
603737	三棵树	4840.57	1571.91	133.13	43.23	70.89	71.48	78.49	33.34
603738	泰晶科技	2007.87	743.37	158.72	58.76	24.28	24.24	31.30	11.00
603757	大元泵业	2206.79	658.35	117.32	35.00	59.77	59.81	65.64	18.20
603758	秦安股份	2654.72	807.67	438.80	133.50	13.94	13.95	14.57	5.24
603766	隆鑫通用	8398.99	8319.70	2053.54	2034.16	7.02	7.04	7.57	3.61
603767	中马传动	2024.83	642.32	298.65	94.74	15.55	15.50	16.77	6.02
603768	常青股份	2182.80	750.34	204.00	70.13	18.36	18.40	18.77	10.11
603773	沃格光电	4094.10	1023.52	94.60	23.65	33.37	40.04	101.69	40.04
603776	永安行	2653.06	1700.34	134.40	86.14	59.87	59.93	67.36	17.64
603777	来伊份	3281.87	1065.34	340.80	110.63	26.75	26.90	28.85	9.02
603778	乾景园林	2110.00	954.58	500.00	226.20	6.95	7.00	8.47	3.70
603779	威龙股份	3042.82	1367.74	229.65	103.23	16.82	16.97	19.54	12.10
603787	新日股份	1970.64	684.80	204.00	70.89	14.09	14.12	17.20	7.75
603788	宁波高发	3324.86	3324.86	230.09	230.09	35.25	35.25	44.35	14.32
603789	星光农机	3203.20	3203.20	260.00	260.00	14.58	14.67	14.83	11.28
603790	雅运股份	3116.22	779.06	147.20	36.80	10.98	15.81	36.00	15.81
603797	联泰环保	2568.61	642.21	213.34	53.34	21.17	21.20	21.84	11.60
603798	康普顿	2022.00	863.39	200.00	85.40	17.99	17.66	20.65	10.07
603799	华友钴业	24983.69	24686.62	829.75	819.88	80.23	80.03	135.80	29.50
603800	道森股份	2337.92	2337.92	208.00	208.00	16.30	16.35	24.19	10.48
603801	志邦家居	3841.60	1998.24	160.00	83.23	51.68	52.00	70.73	22.44
603803	瑞斯康达	4265.29	2226.49	421.06	219.79	18.59	18.70	23.76	7.41
603806	福斯特	14005.68	14005.68	522.60	522.60	34.10	34.06	42.50	19.95

注：市价总值、无限售股市值、成交金额的单位为百万元，发行股本、流通股本、成交数量的单位为百万股。

A 股
A Share

股票
Share

本年收盘 Close	涨跌(%) Change(%)	涨跌值 Change	市盈率 P/E	市净率 P/B	换手率(%) Turnover Rate	成交数量 Trading Vol	成交金额 Trading Val
10.58	-32.74	-5.32	28.58	1.90	866.81	1369.12	17066.07
15.18	-24.97	-5.11	64.96	7.91	879.86	780.60	16963.11
13.79	55.46	4.79	27.34	2.60	1591.97	1878.52	39709.60
9.68	-63.19	-29.36	39.44	2.26	592.89	299.66	4689.52
14.33	-27.61	-5.64	30.69	2.37	70.64	223.89	3825.55
11.95	-36.91	-7.28	42.85	3.50	72.13	540.96	8274.49
11.40	-28.49	-7.95	20.64	2.81	558.16	366.19	5306.62
9.08	-45.85	-7.73	86.12	3.90	800.33	836.11	8709.43
26.96	105.96	13.87	44.67	8.09	2934.81	1173.92	45403.60
18.77	-13.19	-9.46	33.00	5.05	579.68	563.39	14805.86
20.09	2.07	0.07	30.26	3.79	454.96	714.16	15638.74
25.00	26.34	5.14	24.19	11.66	2484.18	496.84	15464.09
21.25	-19.66	-5.32	33.28	4.62	2717.97	1095.56	26218.85
17.81	291.84	13.26	70.79	8.31	3110.03	3110.03	94087.28
27.71	145.87	16.44	50.48	5.85	2697.80	1028.40	42216.03
19.03	-3.80	-30.50	41.60	4.18	488.53	345.98	10158.85
9.29	-52.74	-18.52	18.51	1.74	663.57	528.24	8173.42
12.66	15.10	1.62	71.68	7.62	314.13	1636.91	19306.30
14.30	-48.08	-13.51	22.43	2.65	1541.41	438.06	10672.54
21.43	-45.34	-18.11	37.15	3.57	3860.74	884.31	34531.27
11.16	-44.62	-9.11	29.59	2.09	1258.92	514.20	9173.70
18.66	-12.70	-11.78	21.82	3.03	1002.48	309.55	7170.17
12.34	-46.71	-11.03	26.30	1.19	549.18	521.00	9293.17
12.65	-30.64	-11.12	31.70	3.11	253.73	308.40	5150.60
15.44	-65.13	-46.73	34.73	1.69	459.37	327.62	10733.78
20.89	-40.75	-14.92	14.73	2.77	418.73	244.30	6660.14
15.42	15.63	1.83	23.66	4.02	2295.68	1423.32	37937.92
36.36	-32.83	-34.53	27.51	4.33	234.04	89.03	4746.60
12.65	-26.49	-11.63	31.11	3.21	588.45	296.92	5993.04
18.81	-55.39	-40.96	12.30	2.47	744.05	207.56	7368.55
6.05	-56.03	-7.89	14.12	1.08	560.62	481.34	4879.06
4.09	-37.49	-2.93	8.71	1.27	105.48	2189.06	12626.94
6.78	-37.75	-8.77	25.96	1.43	1028.10	729.11	7932.63
10.70	-41.02	-7.66	17.16	1.32	432.87	281.46	4093.40
43.28	29.70	9.91	19.71	5.58	1855.64	438.84	31790.57
19.74	-53.27	-40.13	5.14	1.62	1682.51	639.29	25015.57
9.63	-48.83	-17.12	32.38	1.72	1101.98	1072.42	19650.52
4.22	-39.07	-2.73	23.53	2.07	450.77	1019.66	6174.04
13.25	-20.83	-3.57	47.94	2.19	437.78	408.61	6531.98
9.66	-30.95	-4.43	26.90	2.24	1098.49	717.85	8281.04
14.45	-41.09	-20.80	14.27	1.80	159.92	269.12	6975.59
12.32	-15.50	-2.26	126.63	2.96	270.67	433.76	5527.25
21.17	92.81	10.19	27.37	5.17	1965.79	723.41	19886.11
12.04	-42.74	-9.13	39.75	2.52	840.19	448.16	7741.83
10.11	-42.92	-7.88	16.92	2.40	712.15	608.17	8879.41
30.11	-47.18	-50.12	13.18	4.15	792.24	5217.29	364694.21
11.24	-30.66	-5.06	79.97	2.50	1872.86	1290.88	19524.18
24.01	-53.08	-27.67	16.40	2.26	482.73	258.05	11502.64
10.13	-44.23	-8.46	21.41	1.73	1022.05	1489.04	19704.52
26.80	3.73	-7.30	23.93	2.79	51.50	240.27	6794.33

A 股
A Share

股票
Share

股票代码 Code	股票简称 Stock Name	市价总值 Tot_cap	无限售股市值 Nego_cap	发行股本 Issued Vol	流通股本 Negotiable Vol	上年收盘 Last Year Close	本年开盘 Open	本年最高 High	本年最低 Low
603808	歌力思	5472.93	5356.81	337.00	329.85	23.00	23.06	26.50	14.70
603809	豪能股份	2219.16	1221.40	149.34	82.19	36.04	36.30	39.20	14.81
603810	丰山集团	3211.20	802.80	80.00	20.00	25.43	36.62	56.80	36.62
603811	诚意药业	1935.91	1302.65	119.28	80.26	29.76	29.70	34.79	16.07
603813	原尚股份	1656.68	865.99	89.55	46.81	30.61	31.14	46.72	17.71
603816	顾家家居	19359.72	4009.50	430.22	89.10	58.97	59.00	77.15	39.00
603817	海峡环保	2704.50	1081.80	450.00	180.00	12.96	12.97	13.49	5.43
603818	曲美家居	3292.05	3243.60	491.35	484.12	14.56	14.40	14.82	6.27
603819	神力股份	1951.24	906.02	120.82	56.10	17.03	17.03	21.70	13.00
603822	嘉澳环保	1708.40	945.66	73.35	40.60	34.94	34.95	41.77	20.03
603823	百合花	3442.50	1076.25	225.00	70.34	17.12	17.20	17.99	11.68
603825	华扬联众	3191.52	1281.39	230.10	92.39	30.26	30.50	37.20	13.13
603826	坤彩科技	6528.60	2642.93	468.00	189.46	15.39	15.38	16.32	9.72
603828	柯利达	3262.64	3201.12	429.29	421.20	9.89	9.89	10.40	5.99
603829	洛凯股份	1521.60	688.52	160.00	72.40	18.08	18.22	22.12	9.05
603833	欧派家居	33505.00	7342.86	420.28	92.11	118.05	119.50	154.32	68.00
603838	四通股份	2514.79	2514.79	266.68	266.68	12.38	12.45	12.83	8.03
603839	安正时尚	4325.87	1129.00	404.29	105.51	24.50	24.45	27.38	9.62
603843	正平股份	3120.02	1504.12	400.00	192.84	14.67	14.68	16.15	7.42
603848	好太太	6059.11	1074.40	401.00	71.11	22.69	22.12	29.85	12.80
603855	华荣股份	2608.83	1588.14	331.07	201.54	12.06	12.06	12.29	7.07
603856	东宏股份	3228.26	1151.09	256.41	91.43	20.57	20.57	22.35	12.58
603858	步长制药	22406.68	10773.97	886.34	426.19	50.86	50.66	56.62	24.16
603859	能科股份	1997.52	877.57	113.56	49.89	22.33	22.51	25.66	13.46
603860	中公高科	1604.99	582.01	66.68	24.18	36.47	36.30	39.60	20.42
603861	白云电器	5135.79	1404.59	442.74	121.09	16.79	16.84	18.19	8.18
603866	桃李面包	21253.47	21253.47	470.63	470.63	38.97	39.16	62.93	38.00
603868	飞科电器	16631.21	1664.65	435.60	43.60	75.75	76.29	79.48	35.26
603869	新智认知	5246.05	4032.31	348.81	268.11	21.24	21.45	24.44	13.20
603871	嘉友国际	3869.60	967.40	112.00	28.00	41.89	50.27	87.37	30.75
603876	鼎胜新材	7972.20	1205.10	430.00	65.00	13.54	16.25	42.96	16.25
603877	太平鸟	9033.47	3767.28	480.76	200.49	27.11	27.09	38.40	15.53
603878	武进不锈	2316.63	1144.44	204.47	101.01	16.96	16.90	18.34	10.55
603879	永悦科技	1402.56	788.94	144.00	81.00	17.86	17.86	21.35	8.26
603880	南卫股份	1543.10	752.65	130.00	63.41	25.53	25.83	28.30	10.63
603881	数据港	5209.91	3162.87	210.59	127.84	45.71	45.77	49.88	21.52
603882	金域医学	10201.67	6230.37	457.88	279.64	31.63	31.87	35.11	15.85
603883	老百姓	13452.27	12605.07	284.95	267.00	62.99	63.25	85.20	45.36
603885	吉祥航空	22516.58	22516.58	1797.01	1797.01	15.29	15.29	18.40	10.64
603886	元祖股份	4200.00	2121.16	240.00	121.21	20.20	19.70	22.50	13.16
603887	城地股份	2021.68	1163.19	144.20	82.97	25.28	26.00	33.50	12.12
603888	新华网	6664.34	2265.87	519.03	176.47	23.65	23.68	25.82	12.31
603889	新澳股份	3416.89	3416.89	393.65	393.65	14.38	14.39	16.40	8.09
603890	春秋电子	2265.16	1143.00	191.80	96.78	42.13	42.60	43.98	11.58
603895	天永智能	2810.08	702.52	108.08	27.02	18.33	22.00	65.73	22.00
603896	寿仙谷	3794.07	1616.17	143.33	61.06	57.10	57.00	58.83	26.16
603897	长城科技	4065.74	1016.43	178.40	44.60	17.66	25.43	50.98	20.08
603898	好莱客	4907.37	1664.76	320.12	108.59	29.86	29.92	32.47	15.02
603899	晨光文具	27830.00	27830.00	920.00	920.00	24.66	24.60	34.34	22.33
603900	莱绅通灵	4055.04	1013.76	340.47	85.12	28.99	28.93	32.99	10.10

注：市价总值、无限售股市值、成交金额的单位为百万元，发行股本、流通股本、成交数量的单位为百万股。

A 股
A Share

股票
Share

本年收盘 Close	涨跌(%) Change(%)	涨跌值 Change	市盈率 P/E	市净率 P/B	换手率(%) Turnover Rate	成交数量 Trading Vol	成交金额 Trading Val
16.24	-28.54	-6.76	18.10	2.64	224.68	460.75	9573.30
14.86	-40.67	-21.18	14.81	1.49	1315.12	405.93	11091.55
40.14	57.85	14.71	30.01	5.88	1379.69	275.94	12038.56
16.23	-22.63	-13.53	27.96	3.23	518.40	255.57	7149.45
18.50	-39.25	-12.11	31.93	2.93	2994.54	708.25	21152.91
45.00	-22.71	-13.97	23.54	4.84	426.37	379.89	22516.31
6.01	-53.53	-6.95	27.21	1.91	401.31	651.25	6263.94
6.70	-53.58	-7.86	13.40	2.07	153.09	443.40	4376.57
16.15	-4.47	-0.88	63.43	2.62	695.39	390.12	6736.71
23.29	-32.78	-11.65	33.51	2.37	243.73	98.96	2801.50
15.30	-9.67	-1.82	25.89	2.71	577.68	406.36	6355.88
13.87	-35.38	-16.39	25.19	2.65	748.23	579.69	10508.88
13.95	18.27	-1.44	55.32	5.73	862.48	1344.07	17728.27
7.60	0.19	-2.29	56.63	3.07	163.81	450.83	3630.40
9.51	-47.04	-8.57	28.36	2.49	2288.18	959.50	15394.87
79.72	-31.89	-38.33	25.77	5.38	228.84	162.31	18285.18
9.43	-23.46	-2.95	60.19	3.65	229.67	353.66	3773.85
10.70	-37.68	-13.80	15.84	1.68	506.26	472.90	7997.83
7.80	-46.72	-6.87	65.96	2.48	1050.61	2025.96	18655.67
15.11	-32.99	-7.58	29.44	5.57	2367.18	984.72	20407.30
7.88	-31.66	-4.18	20.69	1.84	321.28	358.13	3678.33
12.59	-19.58	-7.98	26.48	2.25	1999.14	1156.40	20603.23
25.28	-32.62	-25.58	13.68	1.71	320.47	1147.85	47422.01
17.59	-20.99	-4.74	52.36	3.05	759.89	379.11	7455.41
24.07	-33.72	-12.40	34.22	2.87	822.80	145.99	4676.65
11.60	-30.34	-5.19	33.14	2.55	314.86	381.25	4766.13
45.16	17.59	6.19	41.41	6.74	302.29	184.22	9418.27
38.18	-48.21	-37.57	19.91	6.90	509.93	222.33	11560.25
15.04	-28.19	-6.20	19.46	1.43	121.26	236.04	4461.23
34.55	16.21	-7.34	18.76	6.75	1739.08	391.84	23833.57
18.54	37.39	5.00	29.22	3.40	2334.95	1517.72	45049.00
18.79	-29.18	-8.32	19.80	2.72	249.29	459.60	12127.56
11.33	-31.87	-5.63	18.12	1.14	450.76	455.31	6776.70
9.74	-44.96	-8.12	31.94	2.70	1403.61	644.94	8808.79
11.87	-39.20	-13.66	32.42	2.90	855.03	404.32	7111.68
24.74	-45.66	-20.97	45.34	5.82	727.79	770.39	28710.35
22.28	-29.33	-9.35	54.12	5.99	601.82	505.17	13741.57
47.21	-24.11	-15.78	36.28	4.59	197.76	331.60	21965.79
12.53	-16.90	-2.76	16.99	2.60	149.58	1572.41	22848.43
17.50	-11.30	-2.70	20.64	3.45	423.91	513.81	9386.28
14.02	-21.79	-11.26	30.45	2.68	169.95	126.67	2371.80
12.84	-45.16	-10.81	23.47	2.44	328.87	580.35	10826.67
8.68	-38.47	-5.70	16.47	1.54	117.08	395.63	5163.28
11.81	-60.49	-30.32	14.16	1.70	1933.10	789.01	20276.39
26.00	99.57	7.67	45.32	9.63	4267.06	951.98	40489.66
26.47	-53.44	-30.63	42.69	4.36	909.54	430.27	19601.83
22.79	29.05	5.13	22.92	5.10	2246.21	1001.81	37043.12
15.33	-48.00	-14.53	14.10	2.38	304.40	294.97	7178.90
30.25	23.70	5.59	43.89	9.82	94.77	641.02	18271.72
11.91	-58.43	-17.08	13.11	1.77	619.13	526.99	10504.23

A 股
A Share

股票
Share

股票代码 Code	股票简称 Stock Name	市价总值 Tot_cap	无限售股市值 Nego_cap	发行股本 Issued Vol	流通股本 Negotiable Vol	上年收盘 Last Year Close	本年开盘 Open	本年最高 High	本年最低 Low
603901	永创智能	2899.97	1214.40	439.39	184.00	8.80	8.80	11.45	6.16
603903	中持股份	2071.89	1479.68	103.34	73.80	38.44	38.37	42.25	18.17
603906	龙蟠科技	2157.00	792.33	254.06	93.33	15.46	15.43	16.47	7.75
603908	牧高笛	1625.90	561.94	66.69	23.05	36.00	35.99	40.50	19.04
603909	合诚股份	2634.25	642.50	102.50	25.00	32.68	32.58	34.58	22.35
603912	佳力图	2811.21	1440.21	210.42	107.80	28.23	28.29	35.23	10.62
603916	苏博特	3458.09	1441.66	309.31	128.95	17.16	17.38	19.97	11.02
603917	合力科技	1892.58	968.71	156.80	80.26	28.39	28.48	31.48	12.00
603918	金桥信息	2126.13	2091.83	179.42	176.53	17.90	18.07	23.06	11.50
603919	金徽酒	4251.52	1352.99	364.00	115.84	18.05	17.90	20.05	11.48
603920	世运电路	4874.79	1526.98	409.30	128.21	19.66	19.88	19.99	11.08
603922	金鸿顺	2010.88	502.72	128.00	32.00	28.03	28.16	31.66	13.53
603926	铁流股份	1708.70	899.58	123.64	65.09	26.91	27.00	27.96	12.51
603928	兴业股份	2892.96	900.77	201.60	62.77	15.21	15.14	23.52	11.63
603929	亚翔集成	3153.46	1427.16	213.36	96.56	26.07	25.96	29.28	14.63
603933	睿能科技	2690.78	672.76	143.74	35.94	53.34	53.62	53.83	15.11
603936	博敏电子	3063.81	2379.72	215.46	167.35	28.75	28.19	28.43	13.40
603937	丽岛新材	2333.19	847.34	208.88	75.86	26.24	26.00	28.31	10.77
603938	三孚股份	2841.15	960.88	150.17	50.79	40.95	40.88	41.85	16.45
603939	益丰药房	15712.81	15124.37	376.81	362.69	45.48	45.40	68.00	38.53
603955	大千生态	1572.09	991.35	113.10	71.32	43.22	43.00	43.99	13.33
603958	哈森股份	1741.66	522.71	219.91	66.00	14.08	14.04	15.21	7.35
603959	百利科技	4631.87	2200.14	313.60	148.96	30.98	31.03	38.50	11.00
603960	克来机电	3755.86	1439.24	135.20	51.81	27.22	27.34	39.09	23.00
603963	大理药业	1528.80	898.17	130.00	76.38	28.56	28.90	40.60	10.96
603966	法兰泰克	1822.86	803.43	210.98	92.99	16.39	16.40	17.50	6.67
603968	醋化股份	2584.63	2584.63	204.48	204.48	19.99	20.02	22.00	11.06
603969	银龙股份	3919.06	3919.06	841.00	841.00	11.70	11.79	15.07	3.88
603970	中农立华	2473.60	1230.62	160.00	79.60	32.64	32.19	33.40	13.59
603976	正川股份	2464.56	624.29	151.20	38.30	27.62	27.51	31.79	11.32
603977	国泰集团	2703.43	1215.83	391.23	175.95	13.43	13.46	15.63	6.30
603978	深圳新星	3016.00	1434.89	160.00	76.12	93.03	93.06	94.34	17.51
603979	金诚信	4381.65	4381.65	585.00	585.00	10.24	10.26	11.36	7.00
603980	吉华集团	5885.00	2891.10	500.00	245.63	20.63	20.50	22.71	10.33
603985	恒润股份	2152.80	1377.79	104.00	66.56	37.09	36.90	43.28	15.93
603986	兆易创新	17739.04	12924.99	284.64	207.40	163.12	150.00	215.67	60.52
603987	康德莱	2835.13	1708.36	441.61	266.10	12.18	12.18	13.62	5.05
603988	中电电机	2354.35	2354.35	235.20	235.20	50.72	50.58	53.83	8.38
603989	艾华集团	7854.63	7854.63	390.00	390.00	38.42	38.49	43.82	18.76
603990	麦迪科技	2649.66	1980.54	80.63	60.27	35.88	35.77	45.32	27.03
603991	至正股份	1355.05	746.81	74.53	41.08	28.16	28.20	28.97	15.10
603993	洛阳钼业	66423.30	66423.30	17665.77	17665.77	6.88	6.90	9.80	3.44
603996	中新科技	2263.13	2263.13	300.15	300.15	18.42	18.30	19.68	6.72
603997	继峰股份	4893.31	4819.50	639.65	630.00	11.27	11.15	13.06	7.20
603998	方盛制药	2001.39	1985.67	428.56	425.20	11.19	11.25	12.10	4.53
603999	读者传媒	2787.84	2787.84	576.00	576.00	7.69	7.69	8.90	3.94

注：市价总值、无限售股市值、成交金额的单位为百万元，发行股本、流通股本、成交数量的单位为百万股。

A 股
A Share

股票
Share

本年收盘 Close	涨跌(%) Change(%)	涨跌值 Change	市盈率 P/E	市净率 P/B	换手率(%) Turnover Rate	成交数量 Trading Vol	成交金额 Trading Val
6.60	-24.62	-2.20	44.04	3.07	820.89	1416.01	12692.46
20.05	-47.70	-18.39	33.31	2.89	707.48	365.78	10739.41
8.49	-33.74	-6.97	23.35	1.82	627.14	491.60	5869.95
24.38	-31.28	-11.62	32.49	3.65	692.45	154.22	4454.97
25.70	-21.03	-6.98	42.33	4.18	357.31	89.33	2475.02
13.36	-33.17	-14.87	34.17	4.52	2865.06	1291.39	27400.41
11.18	-34.11	-5.98	25.85	1.85	1780.36	1381.53	21525.09
12.07	-40.14	-16.32	23.15	2.28	2878.80	973.57	19127.53
11.85	-33.53	-6.05	61.03	4.13	341.28	496.18	8329.08
11.68	-34.49	-6.37	16.81	2.33	393.99	456.39	7569.29
11.91	-37.15	-7.75	26.98	2.08	774.62	856.92	12767.98
15.71	-43.29	-12.32	22.20	1.81	1549.57	495.86	11332.87
13.82	-46.19	-13.09	15.65	1.46	498.43	224.70	4697.56
14.35	-4.42	-0.86	21.35	2.55	1471.42	923.63	15848.62
14.78	-42.72	-11.29	24.57	3.22	908.91	877.64	19617.52
18.72	-50.32	-34.62	19.04	2.77	1494.11	471.82	13425.80
14.22	-50.39	-14.53	46.96	3.09	1041.72	600.83	12241.10
11.17	-57.32	-15.07	24.30	1.92	2872.75	1538.84	31835.09
18.92	-53.51	-22.03	19.90	2.91	1590.71	692.32	19312.84
41.70	-7.85	-3.78	50.12	4.96	95.20	321.57	16850.35
13.90	-58.06	-29.32	20.07	1.51	381.29	155.12	3971.59
7.92	-42.61	-6.16	95.85	1.54	829.80	547.66	6391.47
14.77	-33.21	-16.21	42.69	4.83	287.38	382.66	7878.13
27.78	33.20	0.56	76.28	8.57	425.74	180.67	5511.22
11.76	-46.26	-16.80	34.39	3.30	2141.18	628.53	16708.48
8.64	-31.02	-7.75	28.56	2.22	603.04	466.20	5657.08
12.64	-35.51	-7.35	16.07	1.94	159.27	284.05	4800.56
4.66	-15.35	-7.04	33.14	2.41	516.55	2011.63	17402.07
15.46	-42.63	-17.18	27.38	3.16	3053.06	1123.08	26757.30
16.30	-16.09	-11.32	29.99	2.58	1375.12	446.18	9244.81
6.91	-27.44	-6.52	39.40	2.85	242.98	362.88	3819.71
18.85	-59.27	-74.18	28.85	2.29	1061.50	471.86	17342.23
7.49	-26.35	-2.75	21.35	1.15	208.27	674.93	6283.37
11.77	-42.05	-8.86	14.81	1.48	591.20	816.36	13668.41
20.70	-26.69	-16.39	23.74	2.14	587.82	213.99	5601.82
62.32	-46.39	-100.80	44.64	10.10	645.49	1209.45	141446.36
6.42	-25.18	-5.76	23.83	2.30	311.40	671.10	6495.84
10.01	-60.84	-40.71	71.16	3.53	536.87	1008.89	15759.02
20.14	-29.96	-18.28	26.92	4.28	218.24	311.54	9541.78
32.86	-7.97	-3.02	51.84	6.11	152.58	91.97	3360.91
18.18	-35.15	-9.98	35.70	2.94	353.45	120.92	2728.43
3.76	-44.64	-3.12	29.77	2.13	249.94	35917.57	238757.09
7.54	-58.95	-10.88	15.50	1.51	1410.52	1463.83	16742.26
7.65	-30.47	-3.62	16.71	2.84	123.28	532.85	5439.05
4.67	-58.21	-6.52	33.53	2.03	155.42	660.84	5015.99
4.84	-36.63	-2.85	37.03	1.65	459.24	1106.37	6964.03

十大发行股本 A 股股票
Top 10 A Shares by Issued Vol

股票
Share

股票代码 Code	股票简称 Stock Name	公司名称 Company Name	发行股数 Issued Vol	占比重 (%)
601288	农业银行	中国农业银行股份有限公司	319244.21	8.50
601398	工商银行	中国工商银行股份有限公司	269612.21	7.18
601988	中国银行	中国银行股份有限公司	210765.51	5.61
601857	中国石油	中国石油天然气股份有限公司	161922.08	4.31
600028	中国石化	中国石油化工股份有限公司	95557.77	2.55
600010	包钢股份	内蒙古包钢钢联股份有限公司	45585.03	1.21
601668	中国建筑	中国建筑股份有限公司	41985.17	1.12
601818	光大银行	中国光大银行股份有限公司	39810.53	1.06
601328	交通银行	交通银行股份有限公司	39250.86	1.05
601319	中国人保	中国人民保险集团股份有限公司	35497.76	0.95
	总计		1259231.14	33.54
	市场总计		3754943.79	100.00

十大流通股本 A 股股票
Top 10 A Shares by Negotiable Vol

股票代码 Code	股票简称 Stock Name	公司名称 Company Name	流通股数 Negotiable Vol	占比重 (%)
601288	农业银行	中国农业银行股份有限公司	294055.29	8.82
601398	工商银行	中国工商银行股份有限公司	269612.21	8.09
601988	中国银行	中国银行股份有限公司	210765.51	6.32
601857	中国石油	中国石油天然气股份有限公司	161922.08	4.86
600028	中国石化	中国石油化工股份有限公司	95557.77	2.87
601668	中国建筑	中国建筑股份有限公司	41624.38	1.25
601818	光大银行	中国光大银行股份有限公司	39810.53	1.19
601328	交通银行	交通银行股份有限公司	39250.86	1.18
600016	民生银行	中国民生银行股份有限公司	35462.12	1.06
601998	中信银行	中信银行股份有限公司	31905.16	0.96
	总计		1219965.94	36.59
	市场总计		3333771.83	100.00

注：股票排名中，发行股数、流通股数、成交股数单位为百万股（1M），成交金额、市价总值、流通市值单位为百万元（1M Yuan），收盘价格单位为元（Yuan）。

十大市值 A 股股票　　股票
Top 10 A Shares by Market Capitalization　　Share

股票代码 Code	股票简称 Stock Name	公司名称 Company Name	市价总值 Market Capitalization	占比重 (%)
601398	工商银行	中国工商银行股份有限公司	1426248.60	5.31
601857	中国石油	中国石油天然气股份有限公司	1167458.18	4.35
601288	农业银行	中国农业银行股份有限公司	1149279.16	4.28
601988	中国银行	中国银行股份有限公司	760863.51	2.83
600519	贵州茅台	贵州茅台酒股份有限公司	741169.26	2.76
601318	中国平安	中国平安保险（集团）股份有限公司	607712.48	2.26
600036	招商银行	招商银行股份有限公司	519849.40	1.94
600028	中国石化	中国石油化工股份有限公司	482566.74	1.80
601628	中国人寿	中国人寿保险股份有限公司	424591.78	1.58
600900	长江电力	中国长江电力股份有限公司	349360.00	1.30
	总计		7629099.12	28.39
	市场总计		26869083.86	100.00

十大流通市值 A 股股票
Top 10 A Shares by Negotiable Capitalization

股票代码 Code	股票简称 Stock Name	公司名称 Company Name	流通市值 Negotiable Capitalization	占比重 (%)
601398	工商银行	中国工商银行股份有限公司	1426248.60	6.15
601857	中国石油	中国石油天然气股份有限公司	1167458.18	5.04
601288	农业银行	中国农业银行股份有限公司	1058599.06	4.57
601988	中国银行	中国银行股份有限公司	760863.51	3.28
600519	贵州茅台	贵州茅台酒股份有限公司	741169.26	3.20
601318	中国平安	中国平安保险（集团）股份有限公司	607712.48	2.62
600036	招商银行	招商银行股份有限公司	519849.40	2.24
600028	中国石化	中国石油化工股份有限公司	482566.74	2.08
601628	中国人寿	中国人寿保险股份有限公司	424591.78	1.83
600104	上汽集团	上海汽车集团股份有限公司	306796.55	1.32
	总计		7495855.57	32.33
	市场总计		23187457.10	100.00

注：股票排名中，发行股数、流通股数、成交股数单位为百万股（1M），成交金额、市价总值、流通市值单位为百万元（1M Yuan），收盘价格单位为元（Yuan）。

十大成交金额 A 股股票 Top 10 A Shares by Trading Value

股票 Share

股票代码 Code	股票简称 Stock Name	公司名称 Company Name	成交金额 Trading Value	占比重 (%)
601318	中国平安	中国平安保险（集团）股份有限公司	1231940.70	3.07
600519	贵州茅台	贵州茅台酒股份有限公司	744440.15	1.85
600030	中信证券	中信证券股份有限公司	508471.63	1.27
600887	伊利股份	内蒙古伊利实业集团股份有限公司	412720.08	1.03
603799	华友钴业	浙江华友钴业股份有限公司	364694.21	0.91
600036	招商银行	招商银行股份有限公司	360311.50	0.90
600048	保利地产	保利发展控股集团股份有限公司	347545.40	0.87
600516	方大炭素	方大炭素新材料科技股份有限公司	343758.97	0.86
601398	工商银行	中国工商银行股份有限公司	318003.62	0.79
601288	农业银行	中国农业银行股份有限公司	316789.15	0.79
	总计		4948675.40	12.32
	市场总计		40157526.76	100.00

十大成交股数 A 股股票 Top 10 A Shares by Trading Vol

股票代码 Code	股票简称 Stock Name	公司名称 Company Name	成交股数 Trading Vol	占比重 (%)
601288	农业银行	中国农业银行股份有限公司	80630.14	2.17
601398	工商银行	中国工商银行股份有限公司	52500.13	1.41
601899	紫金矿业	紫金矿业集团股份有限公司	47161.42	1.27
601988	中国银行	中国银行股份有限公司	38160.65	1.03
600028	中国石化	中国石油化工股份有限公司	37642.56	1.01
603993	洛阳钼业	洛阳栾川钼业集团股份有限公司	35917.57	0.97
600010	包钢股份	内蒙古包钢钢联股份有限公司	35386.23	0.95
601668	中国建筑	中国建筑股份有限公司	33969.85	0.91
600050	中国联通	中国联合网络通信股份有限公司	33518.74	0.90
601939	建设银行	中国建设银行股份有限公司	30580.82	0.82
	总计		425468.12	11.45
	市场总计		3717353.74	100.00

注：股票排名中，发行股数、流通股数、成交股数单位为百万股（1M），成交金额、市价总值、流通市值单位为百万元（1M Yuan），收盘价格单位为元（Yuan）。

十大涨幅 A 股股票 Top 10 A Shares by Percentage of Price Increased

股票 Share

股票代码 Code	股票简称 Stock Name	公司名称 Company Name	上年收盘 Last Year Close	本年收盘 Close	涨幅(%) Change(%)
603712	七一二	天津七一二通信广播股份有限公司	4.55	17.81	291.84
601330	绿色动力	绿色动力环保集团股份有限公司	3.29	12.45	278.42
601606	长城军工	安徽长城军工股份有限公司	3.33	12.06	262.16
601162	天风证券	天风证券股份有限公司	1.79	6.23	248.05
603259	药明康德	无锡药明康德新药开发股份有限公司	21.60	74.86	246.57
603056	德邦股份	德邦物流股份有限公司	4.84	16.55	244.12
603045	福达合金	福达合金材料股份有限公司	9.65	28.70	197.41
603220	贝通信	武汉贝斯特通信集团股份有限公司	7.85	21.68	176.18
603105	芯能科技	浙江芯能光伏科技股份有限公司	4.83	13.08	170.81
603713	密尔克卫	密尔克卫化工供应链服务股份有限公司	11.27	27.71	145.87

十大跌幅 A 股股票 Top 10 A shares by Percentage of Price Decreased

股票代码 Code	股票简称 Stock Name	公司名称 Company Name	上年收盘 Last Year Close	本年收盘 Close	跌幅(%) Change(%)
600074	*ST 保千	江苏保千里视像科技集团股份有限公司	9.87	1.20	-87.84
600634	*ST 富控	上海富控互动娱乐股份有限公司	19.42	2.55	-86.87
600666	奥瑞德	奥瑞德光电股份有限公司	17.40	3.03	-82.59
600715	文投控股	文投控股股份有限公司	22.47	4.50	-79.72
600432	退市吉恩	吉林吉恩镍业股份有限公司	6.74	1.38	-79.53
600701	*ST 工新	哈尔滨工大高新技术产业开发股份有限公司	10.10	2.30	-77.23
600806	退市昆机	沈机集团昆明机床股份有限公司	6.44	1.47	-77.17
600682	南京新百	南京新街口百货商店股份有限公司	37.79	8.78	-76.61
600289	*ST 信通	亿阳信通股份有限公司	9.94	2.50	-74.85
600146	商赢环球	商赢环球股份有限公司	25.42	6.58	-74.12

注：股票排名中，发行股数、流通股数、成交股数单位为百万股（1M），成交金额、市价总值、流通市值单位为百万元（1M Yuan），收盘价格单位为元（Yuan）。

B 股每日成交(亿元/亿股)
B Share Trading (100 M Yuan/100 M Shares)

股票
Share

日期 Date	1月 Jan		2月 Feb		3月 Mar		4月 Apr		5月 May		6月 Jun	
	金额 Value	数量 Vol	金额 Value	数量 Vol	金额 Value	数量 Vol	金额 Value	数量 Vol	金额 Value	数量 Vol	金额 Value	数量 Vol
1	---	---	4.48	0.65	2.61	0.35	---	---	---	---	1.86	0.25
2	1.77	0.25	3.54	0.51	1.70	0.26	1.44	0.23	1.14	0.19	---	---
3	2.12	0.28	---	---	---	---	1.33	0.20	1.17	0.19	---	---
4	1.70	0.25	---	---	---	---	1.20	0.20	0.71	0.11	1.56	0.21
5	1.85	0.26	2.24	0.32	1.97	0.28	---	---	---	---	1.22	0.17
6	---	---	4.35	0.63	2.09	0.30	---	---	---	---	1.00	0.13
7	---	---	3.03	0.43	1.25	0.19	---	---	1.44	0.20	1.19	0.15
8	2.76	0.35	2.45	0.38	0.94	0.15	---	---	1.24	0.21	1.07	0.14
9	1.37	0.19	4.13	0.65	1.70	0.26	1.31	0.20	1.01	0.16	---	---
10	1.87	0.26	---	---	---	---	1.49	0.23	1.37	0.20	---	---
11	1.78	0.24	---	---	---	---	1.45	0.21	1.06	0.16	0.81	0.12
12	1.79	0.25	1.97	0.31	3.31	0.51	0.98	0.15	---	---	1.44	0.19
13	---	---	1.85	0.30	1.79	0.28	1.33	0.19	---	---	1.21	0.16
14	---	---	1.20	0.18	1.85	0.27	---	---	1.46	0.21	1.27	0.21
15	2.32	0.29	---	---	1.62	0.26	---	---	1.49	0.22	2.70	0.40
16	1.90	0.24	---	---	2.30	0.37	1.85	0.26	1.38	0.20	---	---
17	1.92	0.27	---	---	---	---	1.36	0.23	1.51	0.22	---	---
18	1.61	0.22	---	---	---	---	2.10	0.32	1.58	0.23	---	---
19	1.76	0.24	---	---	2.00	0.28	1.26	0.22	---	---	3.25	0.52
20	---	---	---	---	1.82	0.27	1.20	0.21	---	---	1.39	0.23
21	---	---	---	---	1.83	0.29	---	---	1.52	0.23	1.46	0.23
22	2.40	0.35	1.86	0.25	1.46	0.21	---	---	0.81	0.12	1.25	0.21
23	2.45	0.38	1.65	0.25	3.92	0.63	1.33	0.22	1.45	0.23	---	---
24	2.15	0.30	---	---	---	---	1.46	0.22	1.53	0.23	---	---
25	3.17	0.39	---	---	---	---	0.98	0.14	2.29	0.34	0.98	0.15
26	1.64	0.24	1.89	0.29	1.69	0.27	0.80	0.14	---	---	1.18	0.18
27	---	---	2.26	0.35	1.79	0.27	1.13	0.21	---	---	0.94	0.15
28	---	---	2.13	0.30	1.00	0.15	---	---	1.71	0.25	0.90	0.14
29	2.98	0.40	---	---	1.58	0.22	---	---	1.41	0.20	1.75	0.26
30	1.86	0.24	---	---	1.49	0.22	---	---	2.69	0.40	---	---
31	2.45	0.38	---	---	---	---	---	---	9.76	1.21	---	---
最高 high	3.17	0.40	4.48	0.65	3.92	0.63	2.10	0.32	H9.76	H1.21	3.25	0.52
最低 low	1.37	0.19	1.20	0.18	0.94	0.15	0.80	0.14	0.71	0.11	0.81	0.12

B 股每日成交(亿元/亿股)
B Share Trading (100 M Yuan/100 M Shares)

股票
Share

日期 Date	7月 Jul		8月 Aug		9月 Sep		10月 Oct		11月 Nov		12月 Dec	
	金额 Value	数量 Vol	金额 Value	数量 Vol	金额 Value	数量 Vol	金额 Value	数量 Vol	金额 Value	数量 Vol	金额 Value	数量 Vol
1	---	---	1.64	0.28	---	---	---	---	1.26	0.24	---	---
2	1.15	0.16	2.46	0.38	---	---	---	---	1.93	0.32	---	---
3	1.19	0.16	1.46	0.24	0.87	0.14	---	---	---	---	2.38	0.41
4	0.82	0.12	---	---	1.08	0.18	---	---	---	---	1.32	0.26
5	1.04	0.16	---	---	0.81	0.13	---	---	1.68	0.36	1.60	0.31
6	1.37	0.20	1.46	0.23	0.88	0.12	---	---	2.04	0.42	1.22	0.23
7	---	---	1.56	0.23	0.89	0.13	---	---	1.23	0.29	0.68	0.13
8	---	---	2.24	0.33	---	---	2.31	0.33	1.23	0.31	---	---
9	1.19	0.19	1.54	0.23	---	---	1.24	0.18	1.38	0.30	---	---
10	1.05	0.15	1.09	0.19	1.25	0.16	1.82	0.22	---	---	0.89	0.18
11	1.22	0.18	---	---	1.31	0.18	3.73	0.60	---	---	0.69	0.14
12	1.53	0.22	---	---	0.91	0.13	2.26	0.33	1.32	0.28	0.91	0.16
13	1.01	0.14	1.15	0.19	1.02	0.14	---	---	2.04	0.47	1.29	0.20
14	---	---	1.29	0.21	0.70	0.09	---	---	2.06	0.49	0.81	0.16
15	---	---	1.85	0.28	---	---	1.09	0.17	2.61	0.54	---	---
16	1.35	0.18	1.57	0.23	---	---	1.86	0.28	4.32	0.75	---	---
17	0.86	0.12	1.45	0.20	0.63	0.10	1.47	0.23	---	---	0.70	0.13
18	0.92	0.13	---	---	1.14	0.18	1.49	0.26	---	---	0.74	0.14
19	0.92	0.12	---	---	1.41	0.22	1.85	0.29	2.76	0.50	0.57	0.11
20	1.13	0.18	1.48	0.23	0.84	0.12	---	---	2.28	0.46	0.91	0.15
21	---	---	1.22	0.20	1.56	0.24	---	---	1.74	0.33	1.27	0.20
22	---	---	0.74	0.14	---	---	3.11	0.52	1.10	0.19	---	---
23	1.61	0.22	0.89	0.14	---	---	1.79	0.32	2.31	0.46	---	---
24	1.80	0.29	0.58	0.10	---	---	1.34	0.24	---	---	0.81	0.14
25	1.05	0.18	---	---	0.94	0.14	1.60	0.26	---	---	1.26	0.23
26	0.97	0.24	---	---	1.71	0.23	0.95	0.16	1.24	0.24	0.91	0.18
27	0.96	0.22	1.30	0.21	1.30	0.19	---	---	1.15	0.23	0.82	0.17
28	---	---	0.81	0.13	1.83	0.31	---	---	1.25	0.25	0.82	0.17
29	---	---	1.13	0.18	---	---	0.74	0.13	1.25	0.25	---	---
30	1.26	0.24	1.04	0.18	---	---	1.06	0.18	3.50	0.53	---	---
31	1.11	0.20	1.30	0.21	---	---	1.45	0.26	---	---	---	---
最高 high	1.80	0.29	2.46	0.38	1.83	0.31	3.73	0.60	4.32	0.75	2.38	0.41
最低 low	0.82	0.12	0.58	0.10	0.63	L0.09	0.74	0.13	1.10	0.19	L0.57	0.11

B 股
B Share

股票
Share

股票代码 Code	股票简称 Stock Name	市价总值 Tot_cap	无限售股市值 Nego_cap	发行股本 Issued Vol	流通股本 Negotiable Vol	上年收盘 Last Year Close	本年开盘 Open	本年最高 High	本年最低 Low
900901	云赛B股	1060.04	1060.04	293.37	293.37	0.673	0.673	0.689	0.478
900902	市北B股	1359.43	1359.43	465.85	465.85	0.573	0.575	0.587	0.318
900903	大众B股	2507.76	2507.76	800.81	800.81	0.662	0.662	0.668	0.409
900904	神奇B股	303.35	303.35	54.75	54.75	1.145	1.136	1.181	0.741
900905	老凤祥B	4599.51	4599.51	206.01	206.01	3.702	3.703	3.806	2.990
900906	*ST 毅达B	295.14	295.14	360.36	360.36	0.385	0.386	0.399	0.099
900907	鹏起B股	649.31	649.31	241.29	241.29	0.721	0.649	0.649	0.350
900908	氯碱B股	1729.26	1729.26	406.56	406.56	0.780	0.780	0.820	0.574
900909	华谊B股	1497.46	1497.46	243.10	243.10	0.907	0.909	0.977	0.833
900910	海立B股	1631.14	1631.14	284.17	284.17	0.845	0.848	1.045	0.762
900911	金桥B股	2088.68	2088.68	272.18	272.18	1.384	1.386	1.425	1.025
900912	外高B股	1690.91	1690.91	200.56	200.56	1.476	1.476	1.506	1.158
900913	国新B股	410.16	410.16	109.75	109.75	0.879	0.872	0.909	0.510
900914	锦投B股	1064.09	1064.09	161.05	161.05	1.307	1.306	1.340	0.890
900915	中路B股	438.44	438.44	83.49	83.49	1.565	1.409	1.409	0.576
900916	凤凰B股	633.04	633.04	171.60	171.60	0.858	0.856	0.881	0.491
900917	海欣B股	1410.14	1410.14	468.85	468.85	0.650	0.649	0.681	0.403
900918	耀皮B股	645.23	645.23	187.50	187.50	0.624	0.620	0.660	0.411
900919	绿庭B股	896.68	896.68	344.66	344.66	0.578	0.520	0.572	0.291
900920	上柴B股	1293.32	1293.32	344.80	344.80	0.761	0.761	0.774	0.509
900921	丹科B股	400.14	400.14	193.79	193.79	0.460	0.466	0.478	0.274
900922	三毛B股	283.73	283.73	48.79	48.79	1.067	1.061	1.103	0.580
900923	百联B股	1193.62	1193.62	179.72	179.72	1.408	1.408	1.425	0.904
900924	上工B股	1134.97	1134.97	243.94	243.94	0.953	0.955	0.966	0.562
900925	机电B股	2506.19	2506.19	216.24	216.24	2.196	2.192	2.271	1.591
900926	宝信B	2677.02	2677.02	228.80	228.80	1.509	1.509	1.934	1.508
900927	物贸B股	447.95	447.95	99.83	99.83	0.919	0.916	0.977	0.588
900928	临港B股	1084.76	1084.76	107.15	107.15	1.679	1.678	1.795	0.982
900929	锦旅B股	783.57	783.57	66.00	66.00	2.817	2.816	2.906	1.657
900930	*ST 沪普B	320.42	320.42	124.80	124.80	0.705	0.697	0.709	0.358
900932	陆家B股	8049.30	8049.30	917.28	917.28	1.446	1.448	1.530	1.170
900933	华新B股	6158.35	6158.35	524.80	524.80	1.219	1.227	2.151	1.170
900934	锦江B股	2168.81	2168.81	156.00	156.00	2.559	2.578	2.899	1.917
900936	鄂资B股	2537.99	2537.99	420.00	420.00	1.117	1.117	1.218	0.877
900937	华电B股	841.43	841.43	432.00	432.00	0.383	0.384	0.397	0.273
900938	海科B	682.39	682.39	326.15	326.15	0.563	0.563	0.571	0.285
900939	汇丽B	475.44	475.44	88.00	88.00	1.280	1.276	1.323	0.612
900940	大名城B	588.11	588.11	198.72	198.72	0.698	0.700	0.742	0.410
900941	东信B股	1143.87	1143.87	300.00	300.00	0.650	0.650	0.678	0.414
900942	黄山B股	1947.10	1947.10	234.00	234.00	1.363	1.366	1.390	1.100
900943	开开B股	389.27	389.27	80.00	80.00	0.942	0.932	0.974	0.606
900945	海控B股	867.07	867.07	369.45	369.45	0.543	0.543	0.544	0.286
900946	天雁B股	474.89	474.89	230.00	230.00	0.454	0.454	0.473	0.265
900947	振华B股	4487.59	4487.59	1946.36	1946.36	0.563	0.564	0.581	0.318
900948	伊泰B股	10803.43	10803.43	1328.00	1328.00	1.441	1.449	1.631	1.075
900951	ST 大化B	269.11	269.11	100.00	100.00	0.819	0.805	0.847	0.344
900952	锦港B股	516.78	516.78	222.81	222.81	0.500	0.501	0.510	0.308
900953	凯马B	844.07	844.07	240.00	240.00	0.978	0.984	0.988	0.416
900955	海创B股	758.59	758.59	330.00	330.00	0.480	0.480	0.509	0.267
900956	东贝B股	918.92	918.92	115.00	115.00	1.650	1.655	1.669	1.083

注：B 股价格单位为美元，市价总值、无限售股市值、成交金额单位为百万元，发行股本、流通股本、成交数量单位为百万股。

B 股
B Share

股票
Share

本年收盘 Close	涨跌(%) Change(%)	涨跌值 Change	市盈率 P/E	市净率 P/B	换手率(%) Turnover Rate	成交数量 Trading Vol	成交金额 Trading Val
0.525	-20.69	-0.148	17.03	1.30	40.30	118.24	456.33
0.424	-25.63	-0.149	22.59	0.93	76.45	356.12	1064.67
0.455	-28.14	-0.207	8.11	0.80	19.17	153.52	512.28
0.805	-29.31	-0.340	21.83	1.20	38.83	21.26	136.37
3.244	-7.90	-0.458	9.83	2.08	32.86	67.69	1506.87
0.119	-69.09	-0.266	188.89	25.03	81.51	293.73	351.10
0.391	-45.77	-0.330	11.65	0.96	46.20	111.48	351.25
0.618	-20.08	-0.162	4.74	1.69	40.27	163.70	763.32
0.895	0.41	-0.012	20.15	0.78	43.47	105.67	642.80
0.834	1.05	-0.011	16.91	1.19	78.42	222.84	1319.08
1.115	-16.68	-0.269	11.17	0.96	18.14	49.37	407.54
1.225	-15.09	-0.251	12.38	0.96	21.56	43.25	390.78
0.543	-38.23	-0.336	234.05	1.09	28.43	31.20	139.97
0.960	-23.65	-0.347	14.08	1.08	20.00	32.21	234.08
0.763	-51.25	-0.802	51.62	2.51	59.77	49.90	287.16
0.536	-37.53	-0.322	18.47	1.11	35.76	61.37	263.87
0.437	-32.07	-0.213	32.98	0.96	19.92	93.37	331.09
0.500	-19.54	-0.124	64.18	1.07	23.04	43.21	151.12
0.378	-34.60	-0.200	37.13	2.67	40.48	139.53	397.90
0.545	-27.55	-0.216	25.42	0.90	22.35	77.07	327.79
0.300	-34.78	-0.160	7.54	0.99	31.29	60.63	153.88
0.845	-20.61	-0.222	53.99	2.55	89.12	43.48	253.94
0.965	-29.76	-0.443	13.38	0.71	27.96	50.25	390.80
0.676	-29.07	-0.277	12.36	1.19	25.02	61.04	304.31
1.684	-20.32	-0.512	8.15	1.18	28.52	61.66	788.51
1.700	14.29	0.191	23.08	2.15	122.81	280.99	3246.52
0.652	-29.05	-0.267	65.53	3.98	75.21	75.08	372.48
1.471	-11.40	-0.208	26.46	1.74	73.74	79.00	810.58
1.725	-37.60	-1.092	24.58	1.37	22.81	15.06	214.94
0.402	-42.98	-0.303	0.00	0.00	24.56	30.65	91.54
1.275	-7.05	-0.171	9.01	2.06	24.02	220.28	2032.21
1.705	44.57	0.486	8.09	1.48	73.79	387.26	4132.65
2.020	-18.38	-0.539	14.44	1.03	51.64	80.56	1305.91
0.878	-20.04	-0.239	11.45	0.80	26.20	110.04	773.61
0.283	-26.11	-0.100	0.00	1.66	17.98	77.68	169.74
0.304	-46.00	-0.259	7.07	0.45	19.03	62.08	153.93
0.785	-38.67	-0.495	215.66	13.76	78.70	69.26	422.85
0.430	-37.37	-0.268	4.96	0.62	11.68	23.21	91.31
0.554	-13.25	-0.096	38.74	1.59	49.11	147.34	538.96
1.209	-8.37	-0.154	14.36	1.50	43.28	101.28	824.80
0.707	-24.16	-0.235	29.20	2.38	27.51	22.01	117.54
0.341	-36.85	-0.202	11.35	0.69	7.26	26.82	67.93
0.300	-33.92	-0.154	0.00	3.48	49.92	114.81	263.81
0.335	-27.42	-0.228	38.68	0.81	14.05	238.78	747.59
1.182	-13.63	-0.259	5.14	0.92	77.55	1029.82	9023.64
0.391	-52.26	-0.428	24.56	3.86	42.21	42.21	162.73
0.337	-32.10	-0.163	31.03	0.77	13.99	31.17	87.68
0.511	-47.75	-0.467	76.61	2.59	32.02	76.86	339.94
0.334	-30.42	-0.146	50.53	1.85	42.51	140.27	377.14
1.161	-29.64	-0.489	21.53	1.64	28.86	33.19	282.32

B 股
B Share

股票
Share

股票代码 Code	股票简称 Stock Name	市价总值 Tot_cap	无限售股市值 Nego_cap	发行股本 Issued Vol	流通股本 Negotiable Vol	上年收盘 Last Year Close	本年开盘 Open	本年最高 High	本年最低 Low
900957	凌云B股	780.09	780.09	184.00	184.00	0.969	0.976	0.998	0.534

注：B 股价格单位为美元，市价总值、无限售股市值、成交金额单位为百万元，发行股本、流通股本、成交数量单位为百万股。

B 股
B Share

股票
Share

本年收盘 Close	涨跌(%) Change(%)	涨跌值 Change	市盈率 P/E	市净率 P/B	换手率(%) Turnover Rate	成交数量 Trading Vol	成交金额 Trading Val
0.616	-36.43	-0.353	47.13	3.50	45.70	84.09	395.78

十大发行股本 B 股股票
Top 10 B Shares by Issued Vol

股票
Share

股票代码 Code	股票简称 Stock Name	公司名称 Company Name	发行股数 Issued Vol	占比重 (%)
900947	振华B股	上海振华重工（集团）股份有限公司	1946.36	12.20
900948	伊泰B股	内蒙古伊泰煤炭股份有限公司	1328.00	8.33
900932	陆家B股	上海陆家嘴金融贸易区开发股份有限公司	917.28	5.75
900903	大众B股	大众交通（集团）股份有限公司	800.81	5.02
900933	华新B股	华新水泥股份有限公司	524.80	3.29
900917	海欣B股	上海海欣集团股份有限公司	468.85	2.94
900902	市北B股	上海市北高新股份有限公司	465.85	2.92
900937	华电B股	华电能源股份有限公司	432.00	2.71
900936	鄂资B股	内蒙古鄂尔多斯资源股份有限公司	420.00	2.63
900908	氯碱B股	上海氯碱化工股份有限公司	406.56	2.55
	总计		7710.50	48.34
	市场总计		15952.30	100.00

十大市价总值 B 股股票
Top 10 B Shares by Market Capitalization

股票代码 Code	股票简称 Stock Name	公司名称 Company Name	市价总值 Market Capitalization	占比重 (%)
900948	伊泰B股	内蒙古伊泰煤炭股份有限公司	10803.43	13.11
900932	陆家B股	上海陆家嘴金融贸易区开发股份有限公司	8049.30	9.77
900933	华新B股	华新水泥股份有限公司	6158.35	7.47
900905	老凤祥B	老凤祥股份有限公司	4599.51	5.58
900947	振华B股	上海振华重工（集团）股份有限公司	4487.59	5.45
900926	宝信B	上海宝信软件股份有限公司	2677.02	3.25
900936	鄂资B股	内蒙古鄂尔多斯资源股份有限公司	2537.99	3.08
900903	大众B股	大众交通（集团）股份有限公司	2507.76	3.04
900925	机电B股	上海机电股份有限公司	2506.19	3.04
900934	锦江B股	上海锦江国际酒店发展股份有限公司	2168.81	2.63
	总计		46495.96	56.42
	市场总计		82417.62	100.00

注：股票排名中，发行股数、流通股数、成交股数单位为百万股（1M），成交金额、市价总值、流通市值单位为百万元（1M Yuan），收盘价格单位为美元（Dollar）。

十大成交金额 B 股股票 股票
Top 10 B Shares by Trading Value Share

股票代码 Code	股票简称 Stock Name	公司名称 Company Name	成交金额 Trading Value	占比重 (%)
900948	伊泰B股	内蒙古伊泰煤炭股份有限公司	9023.64	23.15
900933	华新B股	华新水泥股份有限公司	4132.65	10.60
900926	宝信B	上海宝信软件股份有限公司	3246.52	8.33
900932	陆家B股	上海陆家嘴金融贸易区开发股份有限公司	2032.21	5.21
900905	老凤祥B	老凤祥股份有限公司	1506.87	3.87
900910	海立B股	上海海立(集团)股份有限公司	1319.08	3.38
900934	锦江B股	上海锦江国际酒店发展股份有限公司	1305.91	3.35
900902	市北B股	上海市北高新股份有限公司	1064.67	2.73
900942	黄山B股	黄山旅游发展股份有限公司	824.80	2.12
900928	临港B股	上海临港控股股份有限公司	810.58	2.08
	总计		25266.93	64.83
	市场总计		38974.94	100.00

十大成交股数 B 股股票
Top 10 B Shares by Trading Vol

股票代码 Code	股票简称 Stock Name	公司名称 Company Name	成交股数 Trading Vol	占比重 (%)
900948	伊泰B股	内蒙古伊泰煤炭股份有限公司	1029.82	16.85
900933	华新B股	华新水泥股份有限公司	387.26	6.34
900902	市北B股	上海市北高新股份有限公司	356.12	5.83
900906	*ST 毅达B	上海中毅达股份有限公司	293.73	4.81
900926	宝信B	上海宝信软件股份有限公司	280.99	4.60
900947	振华B股	上海振华重工（集团）股份有限公司	238.78	3.91
900910	海立B股	上海海立(集团)股份有限公司	222.84	3.65
900932	陆家B股	上海陆家嘴金融贸易区开发股份有限公司	220.28	3.60
900908	氯碱B股	上海氯碱化工股份有限公司	163.70	2.68
900903	大众B股	大众交通（集团）股份有限公司	153.52	2.51
	总计		3347.05	54.77
	市场总计		6111.58	100.00

注：股票排名中，发行股数、流通股数、成交股数单位为百万股（1M），成交金额、市价总值、流通市值单位为百万元（1M Yuan），收盘价格单位为美元（Dollar）。

十大涨幅 B 股股票 股票
Top 10 B Shares by Percentage of Price Increased Share

股票代码 Code	股票简称 Stock Name	公司名称 Company Name	上年收盘 Last Year Close	本年收盘 Close	涨幅(%) Change(%)
900933	华新B股	华新水泥股份有限公司	1.22	1.71	44.57
900926	宝信B股	上海宝信软件股份有限公司	1.51	1.70	14.29
900910	海立B股	上海海立(集团)股份有限公司	0.85	0.83	1.05
900909	华谊B股	上海华谊集团股份有限公司	0.91	0.90	0.41

十大跌幅 B 股股票
Top 10 B Shares by Percentage of Price Decreased

股票代码 Code	股票简称 Stock Name	公司名称 Company Name	上年收盘 Last Year Close	本年收盘 Close	跌幅(%) Change(%)
900906	*ST 毅达 B	上海中毅达股份有限公司	0.39	0.12	-69.09
900951	ST 大化 B	大化集团大连化工股份有限公司	0.82	0.39	-52.26
900915	中路B股	中路股份有限公司	1.57	0.76	-51.25
900953	凯马B	恒天凯马股份有限公司	0.98	0.51	-47.75
900938	海科 B	海航科技股份有限公司	0.56	0.30	-46.00
900907	鹏起B股	鹏起科技发展股份有限公司	0.72	0.39	-45.77
900939	汇丽 B	上海汇丽建材股份有限公司	1.28	0.79	-38.67
900913	国新 B 股	山西省国新能源股份有限公司	0.88	0.54	-38.23
900929	锦旅B股	上海锦江国际旅游股份有限公司	2.82	1.73	-37.61
900916	凤凰 B 股	上海凤凰企业（集团）股份有限公司	0.86	0.54	-37.53

注：股票排名中，发行股数、流通股数、成交股数单位为百万股（1M），成交金额、市价总值、流通市值单位为百万元（1M Yuan），收盘价格单位为美元（Dollar）。

十大换手率 A 股股票
Top 10 A Shares by Turnover Rate

股票
Share

股票代码 Code	股票简称 Stock Name	公司名称 Company Name	成交股数 Trading Vol	流通股数 Negotiable Vol	换手率(%) Turnover Rate(%)
603329	上海雅仕	上海雅仕投资发展股份有限公司	1526.02	33.00	4624.30
603895	天永智能	上海天永智能装备股份有限公司	951.98	27.02	4267.06
600903	贵州燃气	贵州燃气集团股份有限公司	5251.14	451.23	4049.47
603477	振静股份	四川振静股份有限公司	2383.98	113.50	3949.46
603080	新疆火炬	新疆火炬燃气股份有限公司	1378.64	35.50	3883.50
603499	翔港科技	上海翔港包装科技股份有限公司	967.05	25.00	3868.21
603683	晶华新材	上海晶华胶粘新材料股份有限公司	1253.71	44.47	3862.86
603722	阿科力	无锡阿科力科技股份有限公司	884.31	40.73	3860.74
603676	卫信康	西藏卫信康医药股份有限公司	2317.18	66.66	3645.36
603363	傲农生物	福建傲农生物科技集团股份有限公司	2348.58	183.99	3524.53

十大换手率 B 股股票
Top 10 B Shares by Turnover Rate

股票代码 Code	股票简称 Stock Name	公司名称 Company Name	成交股数 Trading Vol	流通股数 Negotiable Vol	换手率(%) Turnover Rate(%)
900926	宝信B	上海宝信软件股份有限公司	280.99	228.80	122.81
900922	三毛 B 股	上海三毛企业（集团）股份有限公司	43.48	48.79	89.13
900906	*ST 毅达 B	上海中毅达股份有限公司	293.73	360.36	81.51
900939	汇丽 B	上海汇丽建材股份有限公司	69.26	88.00	78.70
900910	海立 B 股	上海海立(集团)股份有限公司	222.84	284.17	78.42
900948	伊泰 B 股	内蒙古伊泰煤炭股份有限公司	1029.82	1328.00	77.55
900902	市北 B 股	上海市北高新股份有限公司	356.12	465.85	76.45
900927	物贸 B 股	上海物资贸易股份有限公司	75.08	99.83	75.21
900933	华新 B 股	华新水泥股份有限公司	387.26	524.80	73.79
900928	临港 B 股	上海临港控股股份有限公司	79.00	107.15	73.74

注：股票排名中，发行股数、流通股数、成交股数单位为百万股（1M），成交金额、市价总值、流通市值单位为百万元（1M Yuan），收盘价格为美元（Dollar）。

年末股价分布
Price Distribution by 2018

股票
Share

股票价格(元)	0-10	10-20	20-30	30-50	50-100	≥100
股票数：个	937	358	120	60	15	2
比例：%	62.80	23.99	8.04	4.02	1.01	0.13

年末市价总值分布
Market Capitalization Distribution by 2018

市值(亿元)	≤5	5-10	10-50	50-100	100-500	500-1000	≥1000
股票数：个	12	14	780	280	323	41	42
比例：%	0.80	0.94	52.28	18.77	21.65	2.75	2.82

年末市盈率分布
P/E Ratio Distribution by 2018

市盈率	0-10	10-30	30-50	50-100	≥100	其他
股票数：个	152	690	268	174	131	77
比例：%	10.19	46.25	17.96	11.66	8.85	5.16

年度换手率分布
Turnover Rate Distribution in 2018

单位：%	0-100	100-200	200-300	300-500	500-1000	≥1000
股票数：个	275	375	240	235	195	177
比例：%	18.43	25.13	16.09	15.75	13.07	11.86

注：各类分布含 A、B 股，不含暂停上市的股票，剔除年内摘牌股票。

年末各行业市盈率
P/E of Industry

年末市盈率
P/E Ratio by 2018

行业代码 Code of Industry	行业名称 Name of Industry	2018 年	2017 年
A	农、林、牧、渔业	33.53	57.05
B	采矿业	18.94	38.92
C	制造业	19.25	35.19
D	电力、热力、燃气及水生产和供	19.67	19.40
E	建筑业	9.60	13.95
F	批发和零售业	16.29	30.35
G	交通运输、仓储和邮政业	13.98	24.16
H	住宿和餐饮业	22.98	57.11
I	信息传输、软件和信息技术服务	41.25	48.61
J	金融业	7.83	9.83
K	房地产业	10.02	15.72
L	租赁和商务服务业	20.96	38.41
M	科学研究和技术服务业	36.80	48.54
N	水利、环境和公共设施管理业	28.29	48.09
P	教育	39.63	56.16
Q	卫生和社会工作	62.76	81.14
R	文化、体育和娱乐业	17.33	26.54
S	综合	53.84	52.96

信用交易 Credit Trading

证券代码 Code	证券简称 Security Name	融资买入（百万）	卖券还款（百万）	融券卖出（百万）	买券还券（百万）	合计（百万）
510010	治理 ETF	0.00	0.08	0.00	0.00	0.08
510020	超大 ETF	0.00	0.01	0.00	0.00	0.01
510030	价值 ETF	0.00	0.01	0.00	0.00	0.01
510050	50ETF	35761.71	10383.04	10461.60	3878.02	60484.37
510060	央企 ETF	0.00	0.28	0.00	0.00	0.28
510090	责任 ETF	0.00	0.00	0.00	0.00	0.00
510110	周期 ETF	0.00	0.03	0.00	0.00	0.03
510150	消费 ETF	0.00	0.00	0.00	0.00	0.00
510160	小康 ETF	5.55	2.04	0.00	0.00	7.59
510170	商品 ETF	0.00	0.00	0.00	0.00	0.00
510180	180ETF	599.70	202.88	198.36	143.32	1144.26
510190	龙头 ETF	0.00	0.31	0.00	0.00	0.31
510210	综指 ETF	0.00	0.01	0.00	0.00	0.01
510220	中小 ETF	0.00	0.02	0.00	0.00	0.02
510230	金融 ETF	35.75	6.80	0.00	0.00	42.55
510270	国企 ETF	0.00	0.02	0.00	0.00	0.02
510290	380ETF	0.00	0.43	0.00	0.00	0.43
510300	300ETF	26617.85	9959.23	15592.94	11039.05	63209.07
510310	HS300ETF	140.91	115.16	0.00	0.00	256.07
510330	华夏 300	222.55	65.46	0.01	0.15	288.17
510360	广发 300	0.00	0.34	0.00	0.00	0.34
510390	平安 300	19.41	16.18	0.00	0.00	35.59
510410	资源 ETF	0.00	0.03	0.00	0.00	0.03
510500	500ETF	10231.59	3579.69	12590.63	7173.22	33575.13
510510	广发 500	56.05	17.14	31.50	7.86	112.55
510580	ZZ500ETF	0.00	0.00	0.00	0.00	0.00
510590	平安 500	11.13	5.42	0.00	0.00	16.55
510630	消费行业	0.00	0.00	0.00	0.00	0.00
510650	金融行业	0.00	0.07	0.00	0.00	0.07
510660	医药行业	0.00	0.65	0.00	0.00	0.65
510710	上 50ETF	0.00	0.51	0.00	0.00	0.51
510800	上证 50	0.00	0.37	0.00	0.00	0.37
510810	上海国企	11.16	7.88	0.00	0.00	19.04
510880	红利 ETF	217.79	65.97	0.03	0.03	283.82
510900	H 股 ETF	73339.35	56266.54	0.71	0.00	129606.60
511010	国债 ETF	0.00	0.43	0.00	0.00	0.43
511220	城投 ETF	0.00	0.97	0.00	0.00	0.97
511260	十年国债	0.00	0.01	0.00	0.00	0.01
511600	货币 ETF	0.00	5.48	0.00	0.00	5.48
511650	华夏快线	0.00	0.40	0.00	0.00	0.40
511660	建信添益	0.00	327.27	0.00	0.00	327.27
511670	华泰天金	0.00	0.70	0.00	0.00	0.70
511690	交易货币	0.00	44.91	0.00	0.00	44.91
511700	场内货币	0.00	1.46	0.00	0.00	1.46
511770	金鹰增益	0.00	0.04	0.00	0.00	0.04
511800	易货币	0.00	4.34	0.00	0.00	4.34
511810	理财金 H	0.00	135.73	0.00	0.00	135.73
511820	鹏华添利	0.00	3.02	0.00	0.00	3.02
511830	华泰货币	0.00	0.92	0.00	0.00	0.92
511850	财富宝 E	0.00	45.47	0.00	0.00	45.47

信用交易
Credit Trading

证券代码 Code	证券简称 Security Name	融资买入（百万）	卖券还款（百万）	融券卖出（百万）	买券还券（百万）	合计（百万）
511860	博时货币	0.00	7.38	0.00	0.00	7.38
511880	XD 银华日	0.00	2316.15	0.00	0.00	2316.15
511900	富国货币	0.00	19.85	0.00	0.00	19.85
511960	嘉实快线	0.00	0.37	0.00	0.00	0.37
511970	国寿货币	0.00	0.11	0.00	0.00	0.11
511980	现金添富	0.00	3.35	0.00	0.00	3.35
511990	华宝添益	0.00	1267.53	0.00	0.00	1267.53
512000	券商 ETF	407.78	129.39	0.00	0.00	537.17
512010	医药 ETF	0.00	3.85	0.00	0.00	3.85
512070	非银 ETF	33.56	16.80	0.00	0.00	50.36
512090	MSCI 易基	169.42	67.47	0.00	0.00	236.89
512100	1000ETF	0.00	0.96	0.00	0.00	0.96
512120	医药 50	0.00	0.31	0.00	0.00	0.31
512160	MSCI 基金	32.65	17.29	0.00	0.00	49.94
512180	建信 MSCI	65.52	24.90	0.00	0.00	90.42
512200	房地产	0.00	0.43	0.00	0.00	0.43
512210	景顺食品	0.00	0.04	0.00	0.00	0.04
512280	景顺 MSCI	62.50	75.55	0.00	0.00	138.05
512300	500 医药	0.00	0.02	0.00	0.00	0.02
512310	500 工业	0.00	0.00	0.00	0.00	0.00
512330	500 信息	0.00	0.31	0.00	0.00	0.31
512400	有色金属	0.00	0.77	0.00	0.00	0.77
512500	中证 500	139.68	42.95	0.00	0.00	182.63
512510	ETF500	0.00	0.98	0.00	0.00	0.98
512520	MSCIETF	115.87	73.12	0.00	0.00	188.99
512550	富时 A50	0.00	0.68	0.00	0.00	0.68
512570	中证证券	0.00	0.01	0.00	0.00	0.01
512580	环保 ETF	26.96	13.65	0.00	0.00	40.61
512600	主要消费	0.00	0.02	0.00	0.00	0.02
512610	医药卫生	0.00	0.00	0.00	0.00	0.00
512660	军工 ETF	172.84	50.48	0.00	0.00	223.32
512680	军工基金	0.00	0.25	0.00	0.00	0.25
512700	银行基金	0.00	0.31	0.00	0.00	0.31
512800	银行 ETF	344.47	102.44	0.00	0.00	446.91
512810	军工行业	0.00	0.04	0.00	0.00	0.04
512880	证券 ETF	1539.70	500.36	0.00	0.00	2040.06
512900	证券基金	1.88	8.55	0.00	0.00	10.43
512980	传媒 ETF	16.50	4.05	0.00	0.00	20.55
512990	MSCIA 股	33.47	10.55	0.00	0.00	44.02
513030	德国 30	0.00	0.69	0.00	0.00	0.69
513050	中概互联	2226.74	1167.03	84.12	81.04	3558.93
513100	纳指 ETF	1128.90	597.50	0.00	0.00	1726.40
513500	标普 500	994.23	378.31	0.00	0.00	1372.54
513600	恒指 ETF	0.00	1.04	0.00	0.00	1.04
513660	恒生通	4.29	0.22	0.00	0.00	4.51
518800	黄金基金	0.00	1.13	0.00	0.00	1.13
518880	黄金 ETF	75858.47	23661.05	853.84	25.71	100399.07
600000	浦发银行	14276.62	6341.48	800.93	397.06	21816.09
600004	白云机场	4527.73	1922.90	66.57	50.75	6567.95
600006	东风汽车	1106.05	513.05	46.06	8.29	1673.45

信用交易
Credit Trading

证券代码 Code	证券简称 Security Name	融资买入（百万）	卖券还款（百万）	融券卖出（百万）	买券还券（百万）	合计（百万）
600007	中国国贸	520.30	286.60	13.75	10.90	831.55
600008	首创股份	5319.47	2130.83	191.52	19.39	7661.21
600009	上海机场	4752.12	1935.60	183.06	138.99	7009.77
600010	包钢股份	8851.98	3185.96	323.55	90.23	12451.72
600011	华能国际	2110.67	1077.56	157.56	104.24	3450.03
600012	皖通高速	533.14	369.20	0.40	0.27	903.01
600015	华夏银行	10992.73	5553.15	259.00	105.99	16910.87
600016	民生银行	19730.18	9037.67	923.32	272.46	29963.63
600017	日照港	1336.71	831.29	19.57	5.31	2192.88
600018	上港集团	5761.12	2419.20	203.43	95.31	8479.06
600019	宝钢股份	20788.72	9087.80	1196.06	673.78	31746.36
600020	中原高速	2813.05	1084.20	5.07	1.05	3903.37
600021	上海电力	889.74	417.36	66.39	30.24	1403.73
600022	山东钢铁	3926.22	1186.53	479.18	184.80	5776.73
600023	浙能电力	2206.56	1031.48	63.59	33.37	3335.00
600025	华能水电	0.00	151.12	0.00	0.00	151.12
600026	中远海能	2400.89	1027.83	17.45	13.05	3459.22
600027	华电国际	2419.46	1285.45	55.75	29.93	3790.59
600028	中国石化	28000.43	11091.68	2333.41	1983.24	43408.76
600029	南方航空	23984.18	9584.82	1548.69	625.42	35743.11
600030	中信证券	88320.89	36883.05	6308.19	4450.00	135962.13
600031	三一重工	17012.90	7235.36	513.21	312.55	25074.02
600033	福建高速	551.47	285.15	0.30	0.29	837.21
600035	楚天高速	0.00	7.30	0.00	0.00	7.30
600036	招商银行	32372.51	12957.87	2235.86	1867.52	49433.76
600037	歌华有线	2359.94	901.24	18.58	11.48	3291.24
600038	中直股份	7865.42	2974.98	166.33	112.37	11119.10
600039	四川路桥	2511.82	1088.81	63.86	14.39	3678.88
600048	保利地产	38160.10	15902.20	1403.27	693.88	56159.45
600050	中国联通	28281.33	12394.55	803.35	243.76	41722.99
600051	宁波联合	0.00	14.90	0.00	0.00	14.90
600052	浙江广厦	0.00	6.13	0.00	0.00	6.13
600053	九鼎投资	0.00	135.83	0.00	0.00	135.83
600054	黄山旅游	0.00	26.45	0.00	0.00	26.45
600055	万东医疗	0.00	51.83	0.00	0.00	51.83
600056	中国医药	6110.05	2357.83	27.05	22.80	8517.73
600057	厦门象屿	0.00	24.86	0.00	0.00	24.86
600058	五矿发展	1017.76	462.92	54.96	38.70	1574.34
600059	古越龙山	1622.95	717.06	15.13	7.16	2362.30
600060	海信电器	4028.45	1641.87	130.94	92.25	5893.51
600061	国投资本	3757.60	1524.80	14.92	9.67	5306.99
600062	华润双鹤	3215.32	1170.44	16.28	13.95	4415.99
600063	皖维高新	1473.89	639.34	5.22	3.54	2121.99
600064	南京高科	4288.60	1834.72	13.44	4.29	6141.05
600066	宇通客车	3494.85	1668.97	176.63	121.74	5462.19
600067	冠城大通	1485.50	719.42	9.62	5.24	2219.78
600068	葛洲坝	10609.69	4568.16	243.91	131.03	15552.79
600069	银鸽投资	0.00	31.94	0.00	0.00	31.94
600070	浙江富润	0.00	25.95	0.00	0.00	25.95
600071	凤凰光学	0.00	18.21	0.00	0.00	18.21

信用交易 Credit Trading

证券代码 Code	证券简称 Security Name	融资买入（百万）	卖券还款（百万）	融券卖出（百万）	买券还券（百万）	合计（百万）
600072	中船科技	0.00	70.94	0.00	0.00	70.94
600073	上海梅林	2393.92	1134.10	19.24	15.79	3563.05
600074	*ST 保千	0.00	7.25	0.00	0.00	7.25
600075	新疆天业	0.00	41.71	0.00	0.00	41.71
600076	康欣新材	0.00	36.15	0.00	0.00	36.15
600077	宋都股份	875.21	423.92	0.68	0.28	1300.09
600078	澄星股份	1108.01	438.04	0.63	0.47	1547.15
600079	人福医药	6711.40	2820.23	47.68	35.63	9614.94
600080	金花股份	0.00	21.71	0.00	0.00	21.71
600081	东风科技	0.00	5.67	0.00	0.00	5.67
600082	海泰发展	0.00	43.09	0.00	0.00	43.09
600083	博信股份	0.00	4.92	0.00	0.00	4.92
600084	中葡股份	0.00	47.94	0.00	0.00	47.94
600085	同仁堂	6908.16	2903.12	125.91	80.65	10017.84
600086	东方金钰	1202.24	732.88	0.74	0.91	1936.77
600088	中视传媒	1866.27	735.30	19.58	11.26	2632.41
600089	特变电工	7028.92	3248.76	63.82	30.39	10371.89
600090	同济堂	0.00	36.01	0.00	0.00	36.01
600091	ST 明科	0.00	0.13	0.00	0.00	0.13
600093	易见股份	0.00	130.01	0.00	0.00	130.01
600094	大名城	1447.57	498.49	9.31	7.12	1962.49
600095	哈高科	0.00	20.66	0.00	0.00	20.66
600096	云天化	1496.24	576.51	13.73	8.48	2094.96
600097	开创国际	0.00	4.94	0.00	0.00	4.94
600098	广州发展	643.76	329.89	22.28	16.89	1012.82
600099	林海股份	0.00	21.04	0.00	0.00	21.04
600100	同方股份	7390.33	3489.38	127.35	59.44	11066.50
600101	明星电力	0.00	19.62	0.00	0.00	19.62
600103	青山纸业	0.00	15.70	0.00	0.00	15.70
600104	上汽集团	13688.83	4989.22	951.68	802.29	20432.02
600105	永鼎股份	0.00	29.00	0.00	0.00	29.00
600106	重庆路桥	0.00	36.89	0.00	0.00	36.89
600107	美尔雅	2019.12	826.18	5.20	2.37	2852.87
600108	亚盛集团	2134.80	832.63	69.62	25.93	3062.98
600109	国金证券	10340.71	3935.11	129.46	53.92	14459.20
600110	诺德股份	4745.58	2050.12	33.04	2.65	6831.39
600111	北方稀土	18547.16	8686.13	518.05	146.91	27898.25
600112	天成控股	0.00	32.30	0.00	0.00	32.30
600113	浙江东日	3903.06	1510.73	54.18	2.39	5470.36
600114	东睦股份	0.00	24.50	0.00	0.00	24.50
600115	东方航空	11543.09	4781.43	298.05	148.86	16771.43
600116	三峡水利	1788.67	697.89	20.70	12.61	2519.87
600117	西宁特钢	0.00	51.71	0.00	0.00	51.71
600118	中国卫星	5715.48	2380.60	325.22	110.20	8531.50
600119	长江投资	3718.44	1419.16	67.98	1.80	5207.38
600120	浙江东方	4335.75	1734.56	51.15	30.92	6152.38
600121	郑州煤电	0.00	17.97	0.00	0.00	17.97
600122	宏图高科	2668.07	1135.14	0.57	0.47	3804.25
600123	兰花科创	4600.75	1917.18	73.69	38.97	6630.59
600125	铁龙物流	7769.90	3182.39	293.53	36.14	11281.96

信用交易
Credit Trading

证券代码 Code	证券简称 Security Name	融资买入（百万）	卖券还款（百万）	融券卖出（百万）	买券还券（百万）	合计（百万）
600126	杭钢股份	0.00	36.48	0.00	0.00	36.48
600127	金健米业	0.00	13.32	0.00	0.00	13.32
600128	弘业股份	0.00	92.49	0.00	0.00	92.49
600129	太极集团	0.00	35.94	0.00	0.00	35.94
600130	波导股份	0.00	96.90	0.00	0.00	96.90
600131	岷江水电	0.00	40.64	0.00	0.00	40.64
600132	重庆啤酒	2049.37	1027.72	180.65	102.08	3359.82
600133	东湖高新	0.00	82.68	0.00	0.00	82.68
600135	乐凯胶片	2726.79	1130.58	10.96	4.54	3872.87
600136	当代明诚	0.00	35.02	0.00	0.00	35.02
600137	浪莎股份	0.00	15.48	0.00	0.00	15.48
600138	中青旅	3924.11	1488.89	103.83	92.27	5609.10
600139	西部资源	1749.68	768.57	20.56	1.85	2540.66
600141	兴发集团	6666.72	2736.66	25.33	17.24	9445.95
600143	金发科技	2028.81	819.14	29.33	23.88	2901.16
600146	商赢环球	3705.11	1709.47	14.95	1.29	5430.82
600148	长春一东	0.00	11.98	0.00	0.00	11.98
600149	ST 坊展	0.00	9.81	0.00	0.00	9.81
600150	*ST 船舶	1476.29	570.02	254.19	77.54	2378.04
600151	航天机电	1880.70	760.20	6.55	3.36	2650.81
600152	维科技术	0.00	14.17	0.00	0.00	14.17
600153	建发股份	4288.20	1513.66	101.49	70.76	5974.11
600155	华创阳安	4571.74	1683.10	55.27	11.59	6321.70
600156	华升股份	0.00	16.20	0.00	0.00	16.20
600157	永泰能源	2988.94	1495.66	39.49	16.01	4540.10
600158	中体产业	5697.19	2114.94	112.49	35.27	7959.89
600159	大龙地产	0.00	7.99	0.00	0.00	7.99
600160	巨化股份	14683.07	5694.08	118.45	66.24	20561.84
600161	天坛生物	5148.15	2453.45	32.87	23.50	7657.97
600162	香江控股	1691.72	754.05	0.68	0.66	2447.11
600163	中闽能源	0.00	10.24	0.00	0.00	10.24
600165	新日恒力	0.00	52.46	0.00	0.00	52.46
600166	福田汽车	3059.58	1392.90	458.55	219.76	5130.79
600167	联美控股	0.00	9.69	0.00	0.00	9.69
600168	武汉控股	690.43	299.29	1.51	1.23	992.46
600169	太原重工	929.73	384.33	23.36	11.44	1348.86
600170	上海建工	1940.00	924.73	122.68	64.62	3052.03
600171	上海贝岭	13978.34	5616.07	177.52	26.00	19797.93
600172	黄河旋风	0.00	110.09	0.00	0.00	110.09
600173	卧龙地产	0.00	19.45	0.00	0.00	19.45
600175	美都能源	3618.41	1584.01	0.19	0.27	5202.88
600176	中国巨石	9854.26	4206.80	105.82	51.26	14218.14
600177	雅戈尔	2960.23	1528.21	94.33	71.58	4654.35
600178	东安动力	0.00	14.37	0.00	0.00	14.37
600179	安通控股	0.00	198.75	0.00	0.00	198.75
600180	瑞茂通	0.00	17.99	0.00	0.00	17.99
600182	S 佳通	0.00	39.96	0.00	0.00	39.96
600183	生益科技	7994.37	3443.79	48.22	38.55	11524.93
600184	光电股份	0.00	8.39	0.00	0.00	8.39
600185	格力地产	2951.97	1223.44	38.69	17.74	4231.84

信用交易 Credit Trading

证券代码 Code	证券简称 Security Name	融资买入（百万）	卖券还款（百万）	融券卖出（百万）	买券还券（百万）	合计（百万）
600186	莲花健康	944.72	491.15	4.99	1.34	1442.20
600187	国中水务	2087.49	712.62	67.85	18.26	2886.22
600188	兖州煤业	16611.30	6377.84	207.33	85.55	23282.02
600189	吉林森工	0.00	7.87	0.00	0.00	7.87
600190	锦州港	0.00	10.39	0.00	0.00	10.39
600191	华资实业	0.00	61.94	0.00	0.00	61.94
600192	长城电工	0.00	59.79	0.00	0.00	59.79
600193	*ST 创兴	338.49	174.79	0.30	0.00	513.58
600195	中牧股份	0.00	74.40	0.00	0.00	74.40
600196	复星医药	28444.94	11628.43	327.18	285.89	40686.44
600197	伊力特	4990.66	2060.51	85.99	69.72	7206.88
600198	*ST 大唐	1589.12	740.31	10.21	3.38	2343.02
600199	金种子酒	2109.95	797.44	22.05	1.43	2930.87
600200	江苏吴中	1952.09	951.21	61.17	19.02	2983.49
600201	生物股份	4631.12	2095.19	95.27	72.04	6893.62
600202	*ST 哈空	0.00	29.47	0.00	0.00	29.47
600203	福日电子	0.00	45.29	0.00	0.00	45.29
600206	有研新材	11369.34	4278.68	102.19	22.25	15772.46
600207	安彩高科	0.00	41.84	0.00	0.00	41.84
600208	新湖中宝	5845.36	2100.84	88.80	53.00	8088.00
600209	*ST 罗顿	3898.18	1400.07	42.51	2.20	5342.96
600210	紫江企业	4513.57	1867.79	0.70	0.67	6382.73
600211	西藏药业	0.00	24.42	0.00	0.00	24.42
600212	江泉实业	0.00	87.86	0.00	0.00	87.86
600213	亚星客车	0.00	29.25	0.00	0.00	29.25
600215	长春经开	0.00	14.96	0.00	0.00	14.96
600216	浙江医药	10286.79	3875.89	41.83	29.14	14233.65
600217	中再资环	0.00	24.13	0.00	0.00	24.13
600218	全柴动力	108.55	135.87	0.33	0.28	245.03
600219	南山铝业	6197.58	2947.18	78.29	20.62	9243.67
600220	江苏阳光	737.28	328.61	4.67	1.64	1072.20
600221	海航控股	2855.35	1390.76	50.97	11.86	4308.94
600222	太龙药业	1479.71	694.88	2.88	0.31	2177.78
600223	鲁商置业	901.44	377.34	0.48	0.35	1279.61
600225	天津松江	0.00	51.98	0.00	0.00	51.98
600226	瀚叶股份	0.00	63.86	0.00	0.00	63.86
600227	圣济堂	0.00	49.06	0.00	0.00	49.06
600228	ST 昌九	0.00	6.31	0.00	0.00	6.31
600229	城市传媒	1547.70	641.67	1.43	0.59	2191.39
600230	沧州大化	10617.28	4233.03	77.91	15.71	14943.93
600231	凌钢股份	0.00	106.16	0.00	0.00	106.16
600232	金鹰股份	0.00	7.32	0.00	0.00	7.32
600233	圆通速递	0.00	25.58	0.00	0.00	25.58
600234	ST 山水	0.00	0.13	0.00	0.00	0.13
600235	民丰特纸	0.00	35.06	0.00	0.00	35.06
600236	桂冠电力	1104.68	558.87	0.08	0.09	1663.72
600237	铜峰电子	2168.60	941.66	8.88	2.25	3121.39
600238	*ST 椰岛	0.00	26.10	0.00	0.00	26.10
600239	云南城投	2189.15	1102.44	23.40	1.09	3316.08
600240	华业资本	4299.32	2046.38	14.50	11.11	6371.31

信用交易
Credit Trading

证券代码 Code	证券简称 Security Name	融资买入（百万）	卖券还款（百万）	融券卖出（百万）	买券还券（百万）	合计（百万）
600241	时代万恒	0.00	10.59	0.00	0.00	10.59
600242	中昌数据	0.00	27.28	0.00	0.00	27.28
600243	青海华鼎	0.00	12.97	0.00	0.00	12.97
600246	万通地产	0.00	20.72	0.00	0.00	20.72
600247	*ST 成城	0.00	0.05	0.00	0.00	0.05
600248	延长化建	0.00	14.54	0.00	0.00	14.54
600249	两面针	0.00	18.56	0.00	0.00	18.56
600250	南纺股份	0.00	23.50	0.00	0.00	23.50
600251	冠农股份	2214.05	881.15	31.00	6.66	3132.86
600252	中恒集团	1758.20	940.12	62.96	34.44	2795.72
600255	梦舟股份	0.00	62.90	0.00	0.00	62.90
600256	广汇能源	12012.51	5084.36	376.82	182.41	17656.10
600257	大湖股份	1048.89	461.29	2.04	0.59	1512.81
600258	首旅酒店	0.00	43.10	0.00	0.00	43.10
600259	广晟有色	4270.68	1494.99	172.49	21.41	5959.57
600260	凯乐科技	14768.55	6780.20	126.93	101.48	21777.16
600261	阳光照明	905.13	342.39	4.18	3.39	1255.09
600262	北方股份	0.00	12.95	0.00	0.00	12.95
600265	ST 景谷	0.00	0.92	0.00	0.00	0.92
600266	北京城建	4467.06	1900.28	7.56	6.06	6380.96
600267	海正药业	5871.44	1976.04	193.22	43.51	8084.21
600268	国电南自	0.00	22.63	0.00	0.00	22.63
600269	赣粤高速	1329.40	569.47	0.80	0.49	1900.16
600270	外运发展	3231.90	1381.15	39.41	24.65	4677.11
600271	航天信息	19971.58	9228.12	423.85	212.91	29836.46
600272	开开实业	0.00	12.37	0.00	0.00	12.37
600273	嘉化能源	4762.82	1843.71	19.60	13.14	6639.27
600275	ST 昌鱼	0.00	2.96	0.00	0.00	2.96
600276	恒瑞医药	26350.94	12014.95	1920.63	1455.83	41742.35
600277	亿利洁能	2094.90	931.81	27.44	17.86	3072.01
600278	东方创业	0.00	54.72	0.00	0.00	54.72
600279	重庆港九	0.00	28.42	0.00	0.00	28.42
600280	中央商场	0.00	70.47	0.00	0.00	70.47
600281	太化股份	0.00	10.50	0.00	0.00	10.50
600282	南钢股份	3544.43	1437.63	17.79	15.08	5014.93
600283	钱江水利	0.00	49.83	0.00	0.00	49.83
600284	浦东建设	1026.70	459.57	2.65	1.07	1489.99
600285	羚锐制药	1822.60	836.21	11.65	8.31	2678.77
600287	江苏舜天	0.00	13.94	0.00	0.00	13.94
600288	大恒科技	2619.57	1147.26	6.45	1.86	3775.14
600289	*ST 信通	0.00	132.88	0.00	0.01	132.89
600290	华仪电气	0.00	44.83	0.00	0.00	44.83
600291	西水股份	0.00	206.69	0.00	0.00	206.69
600292	远达环保	1182.27	510.17	5.91	4.41	1702.76
600293	三峡新材	1630.73	791.81	0.52	0.25	2423.31
600295	鄂尔多斯	0.00	72.85	0.00	0.00	72.85
600297	广汇汽车	2791.39	1263.41	18.14	10.34	4083.28
600298	安琪酵母	7128.71	3037.51	204.70	125.04	10495.96
600299	安迪苏	0.00	47.50	0.00	0.00	47.50
600300	维维股份	1419.33	594.92	8.19	4.51	2026.95

信用交易 Credit Trading

证券代码 Code	证券简称 Security Name	融资买入（百万）	卖券还款（百万）	融券卖出（百万）	买券还券（百万）	合计（百万）
600301	ST 南化	0.00	0.06	0.00	0.00	0.06
600302	标准股份	0.00	10.82	0.00	0.00	10.82
600303	曙光股份	0.00	40.58	0.00	0.00	40.58
600305	恒顺醋业	0.00	127.11	0.00	0.00	127.11
600306	商业城	0.00	6.75	0.00	0.00	6.75
600307	酒钢宏兴	3339.17	1353.38	4.83	4.31	4701.69
600308	华泰股份	0.00	79.29	0.00	0.00	79.29
600309	万华化学	39107.31	14171.61	2122.03	1084.44	56485.39
600310	桂东电力	657.50	244.07	1.25	0.10	902.92
600311	荣华实业	0.00	61.22	0.00	0.00	61.22
600312	平高电气	2899.36	1364.14	33.08	24.15	4320.73
600313	农发种业	0.00	41.73	0.00	0.00	41.73
600315	上海家化	5232.55	1940.56	305.89	242.28	7721.28
600316	洪都航空	3854.34	1343.53	92.65	44.13	5334.65
600317	营口港	0.00	18.91	0.00	0.00	18.91
600318	新力金融	1095.21	616.37	0.92	0.34	1712.84
600319	亚星化学	0.00	97.49	0.00	0.00	97.49
600320	振华重工	1546.14	779.88	11.32	6.93	2344.27
600321	*ST 正源	213.50	160.57	0.74	0.50	375.31
600322	天房发展	0.00	22.58	0.00	0.00	22.58
600323	瀚蓝环境	3123.83	1381.22	54.78	53.11	4612.94
600325	华发股份	15411.13	6358.72	78.49	49.67	21898.01
600326	西藏天路	7679.34	2974.49	117.56	0.86	10772.25
600327	大东方	0.00	17.57	0.00	0.00	17.57
600328	兰太实业	0.00	73.93	0.00	0.00	73.93
600329	中新药业	4205.71	1614.32	42.17	18.02	5880.22
600330	天通股份	6163.63	2433.19	12.94	4.34	8614.10
600331	宏达股份	1634.72	772.01	2.15	1.64	2410.52
600332	白云山	20153.40	8881.47	213.21	112.89	29360.97
600333	长春燃气	4424.73	1759.41	85.01	2.70	6271.85
600335	国机汽车	3473.26	1103.98	13.59	2.11	4592.94
600336	澳柯玛	1084.20	481.60	2.56	2.05	1570.41
600337	美克家居	872.71	385.40	15.28	12.48	1285.87
600338	XD 西藏珠	0.00	66.80	0.00	0.00	66.80
600339	中油工程	0.00	54.05	0.00	0.00	54.05
600340	华夏幸福	25130.72	11756.04	680.41	270.76	37837.93
600343	航天动力	3440.68	1351.96	59.06	29.43	4881.13
600345	长江通信	0.00	165.65	0.00	0.00	165.65
600346	恒力股份	0.00	158.74	0.00	0.00	158.74
600348	阳泉煤业	8332.81	3566.05	124.91	53.06	12076.83
600350	山东高速	1877.62	817.39	4.37	2.34	2701.72
600351	亚宝药业	0.00	38.66	0.00	0.00	38.66
600352	浙江龙盛	25699.93	10097.54	240.59	112.17	36150.23
600353	旭光股份	0.00	23.63	0.00	0.00	23.63
600354	敦煌种业	4102.58	1682.46	117.68	0.28	5903.00
600355	精伦电子	0.00	94.12	0.00	0.00	94.12
600356	恒丰纸业	0.00	35.71	0.00	0.00	35.71
600358	国旅联合	0.00	31.43	0.00	0.00	31.43
600359	新农开发	0.00	68.74	0.00	0.00	68.74
600360	华微电子	0.00	140.17	0.00	0.00	140.17

信用交易
Credit Trading

证券代码 Code	证券简称 Security Name	融资买入（百万）	卖券还款（百万）	融券卖出（百万）	买券还券（百万）	合计（百万）
600361	华联综超	0.00	17.50	0.00	0.00	17.50
600362	江西铜业	18413.08	7905.13	237.06	122.56	26677.83
600363	联创光电	2076.17	868.47	11.51	8.66	2964.81
600365	通葡股份	0.00	21.12	0.00	0.00	21.12
600366	宁波韵升	3815.90	1427.47	50.80	36.65	5330.82
600367	红星发展	0.00	46.25	0.00	0.00	46.25
600368	五洲交通	0.00	28.84	0.00	0.00	28.84
600369	西南证券	4305.45	1861.50	75.08	49.62	6291.65
600370	三房巷	0.00	8.89	0.00	0.00	8.89
600371	万向德农	0.00	29.43	0.00	0.00	29.43
600372	中航电子	3801.58	1738.77	212.49	102.53	5855.37
600373	中文传媒	3383.66	1633.66	45.39	31.70	5094.41
600375	华菱星马	0.00	30.76	0.00	0.00	30.76
600376	首开股份	2040.21	799.24	10.49	7.67	2857.61
600377	宁沪高速	435.72	201.17	123.95	91.87	852.71
600378	天科股份	0.00	7.23	0.00	0.00	7.23
600379	宝光股份	0.00	15.83	0.00	0.00	15.83
600380	健康元	8705.31	3603.95	58.82	33.89	12401.97
600381	青海春天	0.00	23.21	0.00	0.00	23.21
600382	广东明珠	1595.58	815.10	8.55	7.36	2426.59
600383	金地集团	14723.85	5170.91	210.08	102.91	20207.75
600385	山东金泰	0.00	12.57	0.00	0.00	12.57
600386	北巴传媒	1149.33	532.60	3.29	0.45	1685.67
600387	海越能源	3476.94	1350.19	1.69	0.48	4829.30
600388	龙净环保	3801.43	1628.10	52.63	19.56	5501.72
600389	江山股份	2287.13	839.82	29.65	25.68	3182.28
600390	五矿资本	0.00	74.39	0.00	0.00	74.39
600391	航发科技	4369.28	1658.46	59.58	6.47	6093.79
600392	盛和资源	23223.76	8261.48	296.04	36.47	31817.75
600393	粤泰股份	0.00	73.81	0.00	0.00	73.81
600395	盘江股份	2178.75	901.35	50.56	17.86	3148.52
600396	金山股份	0.00	6.34	0.00	0.00	6.34
600397	*ST 安煤	0.00	19.43	0.00	0.00	19.43
600398	海澜之家	4722.99	1908.29	29.24	21.32	6681.84
600399	*ST 抚钢	0.00	4.76	0.00	0.00	4.76
600400	红豆股份	0.00	54.27	0.00	0.00	54.27
600401	*ST 海润	0.00	0.23	0.00	0.00	0.23
600403	大有能源	0.00	8.76	0.00	0.00	8.76
600405	动力源	0.00	29.23	0.00	0.00	29.23
600406	国电南瑞	6014.05	3532.11	164.87	102.52	9813.55
600408	*ST 安泰	0.00	12.23	0.00	0.00	12.23
600409	三友化工	12031.30	4594.63	61.69	48.54	16736.16
600410	华胜天成	12081.92	4891.62	145.20	66.18	17184.92
600415	小商品城	1583.52	613.70	63.56	33.01	2293.79
600416	湘电股份	2539.05	1054.77	7.15	5.69	3606.66
600418	江淮汽车	3023.84	1348.15	95.00	43.37	4510.36
600419	天润乳业	0.00	32.36	0.00	0.00	32.36
600420	现代制药	0.00	24.52	0.00	0.00	24.52
600421	ST 仰帆	0.00	0.06	0.00	0.00	0.06
600422	昆药集团	3315.01	1279.98	16.22	12.11	4623.32

信用交易
Credit Trading

证券代码 Code	证券简称 Security Name	融资买入（百万）	卖券还款（百万）	融券卖出（百万）	买券还券（百万）	合计（百万）
600423	*ST 柳化	0.00	1.14	0.00	0.00	1.14
600425	青松建化	0.00	41.91	0.00	0.00	41.91
600426	华鲁恒升	10745.31	4206.81	95.18	50.14	15097.44
600428	中远海特	0.00	39.69	0.00	0.00	39.69
600429	三元股份	0.00	15.26	0.00	0.00	15.26
600432	退市吉恩	0.00	1.38	0.00	0.00	1.38
600433	冠豪高新	2018.09	736.11	15.10	3.87	2773.17
600435	北方导航	6997.99	2772.48	374.71	92.89	10238.07
600436	片仔癀	14969.61	6514.75	361.55	249.71	22095.62
600438	通威股份	2359.38	996.82	13.16	3.42	3372.78
600439	瑞贝卡	0.00	54.19	0.00	0.00	54.19
600444	国机通用	0.00	4.28	0.00	0.00	4.28
600446	金证股份	8584.44	2824.23	130.33	8.25	11547.25
600448	华纺股份	0.00	29.58	0.00	0.00	29.58
600449	宁夏建材	3925.66	1525.09	94.30	0.31	5545.36
600452	涪陵电力	0.00	19.51	0.00	0.00	19.51
600455	博通股份	0.00	6.28	0.00	0.00	6.28
600456	宝钛股份	3697.90	1559.52	84.72	76.89	5419.03
600458	时代新材	1517.74	691.65	13.85	10.24	2233.48
600459	贵研铂业	3971.62	1712.50	62.71	49.58	5796.41
600460	士兰微	30746.95	11658.62	230.32	28.60	42664.49
600461	洪城水业	0.00	16.08	0.00	0.00	16.08
600462	九有股份	0.00	38.91	0.00	0.00	38.91
600463	空港股份	0.00	13.83	0.00	0.00	13.83
600466	蓝光发展	5233.62	2209.88	14.09	9.11	7466.70
600467	好当家	1092.74	483.96	0.75	0.32	1577.77
600468	百利电气	0.00	19.25	0.00	0.00	19.25
600469	风神股份	0.00	13.83	0.00	0.00	13.83
600470	六国化工	2197.23	953.61	81.29	8.71	3240.84
600475	华光股份	0.00	21.22	0.00	0.00	21.22
600476	湘邮科技	0.00	25.10	0.00	0.00	25.10
600477	杭萧钢构	0.00	80.43	0.00	0.00	80.43
600478	科力远	1398.73	903.86	32.23	10.93	2345.75
600479	千金药业	0.00	28.56	0.00	0.00	28.56
600480	凌云股份	0.00	43.56	0.00	0.00	43.56
600481	双良节能	797.84	478.18	3.23	1.80	1281.05
600482	中国动力	4057.26	2276.90	29.36	22.00	6385.52
600483	福能股份	833.14	369.91	6.04	4.79	1213.88
600486	扬农化工	2817.83	1213.37	37.85	36.77	4105.82
600487	亨通光电	33674.49	12627.71	167.48	74.68	46544.36
600488	天药股份	0.00	11.41	0.00	0.00	11.41
600489	中金黄金	11021.05	4816.17	177.29	58.83	16073.34
600490	鹏欣资源	6595.20	2755.52	89.14	25.80	9465.66
600491	龙元建设	2542.50	908.12	18.31	9.22	3478.15
600493	凤竹纺织	0.00	10.89	0.00	0.00	10.89
600495	晋西车轴	2568.46	1025.43	103.10	0.49	3697.48
600496	精工钢构	0.00	31.23	0.00	0.00	31.23
600497	驰宏锌锗	7167.08	3012.22	116.66	27.30	10323.26
600498	烽火通信	15091.54	5902.71	291.83	193.58	21479.66
600499	科达洁能	6485.68	2593.89	73.03	15.56	9168.16

信用交易 Credit Trading

证券代码 Code	证券简称 Security Name	融资买入（百万）	卖券还款（百万）	融券卖出（百万）	买券还券（百万）	合计（百万）
600500	中化国际	3110.80	1157.64	11.75	9.86	4290.05
600501	航天晨光	0.00	29.73	0.00	0.00	29.73
600502	安徽水利	2168.54	941.25	10.26	3.07	3123.12
600503	华丽家族	3262.23	1329.62	45.66	12.34	4649.85
600505	西昌电力	0.00	6.24	0.00	0.00	6.24
600506	香梨股份	0.00	101.43	0.00	0.00	101.43
600507	方大特钢	1618.90	824.82	52.59	0.55	2496.86
600508	上海能源	0.00	86.98	0.00	0.00	86.98
600509	天富能源	1134.22	543.95	2.61	0.19	1680.97
600510	黑牡丹	0.00	15.88	0.00	0.00	15.88
600511	国药股份	3035.03	990.35	42.82	36.05	4104.25
600512	腾达建设	0.00	90.82	0.00	0.00	90.82
600513	联环药业	0.00	20.53	0.00	0.00	20.53
600515	海航基础	1396.68	599.97	0.49	0.60	1997.74
600516	方大炭素	59174.26	20969.16	507.30	138.69	80789.41
600517	置信电气	1387.11	564.20	6.55	4.42	1962.28
600518	康美药业	16022.64	7047.15	506.63	324.86	23901.28
600519	贵州茅台	101575.16	37352.38	1529.98	1343.24	141800.76
600520	文一科技	0.00	32.51	0.00	0.00	32.51
600521	华海药业	8476.06	3443.77	49.04	37.34	12006.21
600522	中天科技	19471.50	7259.67	139.17	94.78	26965.12
600523	贵航股份	2311.73	989.89	10.71	0.31	3312.64
600525	长园集团	10217.52	3320.66	72.22	40.43	13650.83
600526	菲达环保	969.74	410.89	19.40	5.34	1405.37
600527	江南高纤	0.00	24.33	0.00	0.00	24.33
600528	中铁工业	4004.15	1877.79	180.16	32.91	6095.01
600529	山东药玻	0.00	41.37	0.00	0.00	41.37
600530	交大昂立	0.00	40.93	0.00	0.00	40.93
600531	豫光金铅	0.00	78.42	0.00	0.00	78.42
600532	宏达矿业	0.00	39.78	0.00	0.00	39.78
600533	栖霞建设	0.00	30.13	0.00	0.00	30.13
600535	天士力	7251.04	4616.19	130.36	90.60	12088.19
600536	中国软件	35383.63	12453.79	230.78	108.79	48176.99
600537	亿晶光电	1146.18	508.72	11.04	1.56	1667.50
600538	国发股份	0.00	15.16	0.00	0.00	15.16
600539	*ST 狮头	0.00	112.53	0.00	0.00	112.53
600540	新赛股份	0.00	12.57	0.00	0.00	12.57
600543	莫高股份	1137.46	491.73	3.03	2.43	1634.65
600545	卓郎智能	1023.11	418.83	10.15	4.80	1456.89
600546	山煤国际	0.00	41.79	0.00	0.00	41.79
600547	山东黄金	22701.19	10304.50	222.79	31.21	33259.69
600548	深高速	335.60	128.01	2.38	2.05	468.04
600549	厦门钨业	11731.31	4804.94	263.53	76.96	16876.74
600550	保变电气	0.00	32.89	0.00	0.00	32.89
600551	时代出版	1154.27	506.13	13.59	5.34	1679.33
600552	凯盛科技	0.00	70.21	0.00	0.00	70.21
600555	海航创新	0.00	55.73	0.00	0.00	55.73
600556	ST 慧球	0.00	16.59	0.00	0.00	16.59
600557	康缘药业	1890.36	735.50	8.75	7.09	2641.70
600558	大西洋	0.00	32.35	0.00	0.00	32.35

信用交易 Credit Trading

证券代码 Code	证券简称 Security Name	融资买入（百万）	卖券还款（百万）	融券卖出（百万）	买券还券（百万）	合计（百万）
600559	老白干酒	3758.21	1484.92	24.77	11.18	5279.08
600560	金自天正	0.00	33.76	0.00	0.00	33.76
600561	江西长运	0.00	13.26	0.00	0.00	13.26
600562	国睿科技	0.00	83.56	0.00	0.00	83.56
600563	法拉电子	3031.09	1068.76	45.47	41.55	4186.87
600565	迪马股份	2007.00	722.67	2.29	1.97	2733.93
600566	济川药业	3531.70	1392.93	18.13	12.62	4955.38
600567	山鹰纸业	0.00	260.34	0.00	0.00	260.34
600568	中珠医疗	4928.02	1864.53	6.48	2.29	6801.32
600569	安阳钢铁	0.00	210.17	0.00	0.00	210.17
600570	恒生电子	37139.62	14617.34	449.17	97.60	52303.73
600571	信雅达	0.00	43.71	0.00	0.00	43.71
600572	康恩贝	3284.99	1050.74	25.85	19.14	4380.72
600573	惠泉啤酒	0.00	7.20	0.00	0.00	7.20
600575	皖江物流	1882.73	994.10	4.14	3.59	2884.56
600576	祥源文化	0.00	9.08	0.00	0.00	9.08
600577	精达股份	0.00	56.46	0.00	0.00	56.46
600578	京能电力	368.21	177.31	55.06	44.29	644.87
600579	天华院	0.00	22.22	0.00	0.00	22.22
600580	卧龙电气	3624.05	1210.74	15.99	14.32	4865.10
600581	八一钢铁	0.00	319.73	0.00	0.00	319.73
600582	天地科技	1358.84	582.60	15.09	13.25	1969.78
600583	海油工程	4701.35	2180.82	157.01	57.40	7096.58
600584	长电科技	16413.62	6108.03	267.51	152.96	22942.12
600585	海螺水泥	32317.22	13104.23	506.14	353.99	46281.58
600586	金晶科技	0.00	33.35	0.00	0.00	33.35
600587	新华医疗	1290.77	469.38	36.17	31.68	1828.00
600588	用友网络	34184.16	11996.49	1593.05	1147.55	48921.25
600589	广东榕泰	0.00	23.71	0.00	0.00	23.71
600590	泰豪科技	0.00	57.65	0.00	0.00	57.65
600592	龙溪股份	2064.18	832.74	2.02	1.08	2900.02
600593	大连圣亚	0.00	17.29	0.00	0.00	17.29
600594	益佰制药	5692.09	2327.61	11.20	7.49	8038.39
600595	中孚实业	1816.46	772.17	12.17	1.37	2602.17
600596	新安股份	25389.50	9488.94	61.16	1.67	34941.27
600597	光明乳业	3294.10	1248.75	29.41	19.61	4591.87
600598	北大荒	12559.95	4722.66	108.19	6.30	17397.10
600599	熊猫金控	0.00	8.59	0.00	0.00	8.59
600600	青岛啤酒	6298.88	2587.97	130.51	88.99	9106.35
600601	方正科技	1337.71	699.49	23.01	6.43	2066.64
600602	云赛智联	0.00	36.71	0.00	0.00	36.71
600603	广汇物流	0.00	36.70	0.00	0.00	36.70
600604	市北高新	9148.10	3147.70	27.50	0.24	12323.54
600605	汇通能源	0.00	18.51	0.00	0.00	18.51
600606	绿地控股	25991.76	9784.95	226.49	106.28	36109.48
600608	ST 沪科	0.00	6.21	0.00	0.00	6.21
600609	金杯汽车	490.24	220.46	33.30	1.60	745.60
600610	*ST 毅达	0.00	3.83	0.00	0.00	3.83
600611	大众交通	1549.88	670.88	84.38	32.49	2337.63
600612	老凤祥	800.25	378.25	10.35	8.76	1197.61

信用交易
Credit Trading

证券代码 Code	证券简称 Security Name	融资买入（百万）	卖券还款（百万）	融券卖出（百万）	买券还券（百万）	合计（百万）
600613	神奇制药	0.00	15.00	0.00	0.00	15.00
600614	鹏起科技	3557.51	1480.74	30.81	13.02	5082.08
600615	丰华股份	0.00	42.36	0.00	0.00	42.36
600616	金枫酒业	1216.99	493.28	2.99	1.85	1715.11
600617	国新能源	0.00	10.14	0.00	0.00	10.14
600618	氯碱化工	0.00	30.65	0.00	0.00	30.65
600619	海立股份	0.00	47.77	0.00	0.00	47.77
600620	天宸股份	1076.40	515.37	8.36	4.72	1604.85
600621	华鑫股份	0.00	205.63	0.00	0.00	205.63
600622	光大嘉宝	0.00	43.23	0.00	0.00	43.23
600623	华谊集团	0.00	149.76	0.00	0.00	149.76
600624	复旦复华	4369.31	1761.61	3.02	0.05	6133.99
600626	申达股份	1970.48	778.80	11.84	4.82	2765.94
600628	新世界	0.00	21.87	0.00	0.00	21.87
600629	华建集团	0.00	15.02	0.00	0.00	15.02
600630	龙头股份	0.00	38.32	0.00	0.00	38.32
600633	浙数文化	3288.08	1298.01	47.72	34.04	4667.85
600634	*ST 富控	0.00	36.37	0.00	0.00	36.37
600635	大众公用	10524.53	4099.67	243.37	141.21	15008.78
600636	三爱富	0.00	64.04	0.00	0.00	64.04
600637	东方明珠	4851.72	1763.54	56.23	34.49	6705.98
600638	新黄浦	0.00	80.49	0.00	0.00	80.49
600639	浦东金桥	963.22	357.52	28.76	14.53	1364.03
600640	号百控股	1919.20	770.49	143.66	68.07	2901.42
600641	万业企业	0.00	83.27	0.00	0.00	83.27
600642	申能股份	1298.13	640.24	24.36	11.94	1974.67
600643	爱建集团	4919.48	2050.29	49.13	33.96	7052.86
600644	乐山电力	0.00	17.25	0.00	0.00	17.25
600645	中源协和	7343.51	2745.67	32.17	24.71	10146.06
600647	同达创业	0.00	10.58	0.00	0.00	10.58
600648	外高桥	2046.73	964.36	48.47	23.84	3083.40
600649	城投控股	3015.67	1420.59	111.36	46.48	4594.10
600650	锦江投资	0.00	22.33	0.00	0.00	22.33
600651	飞乐音响	2389.44	1081.91	7.20	5.22	3483.77
600652	游久游戏	3646.19	1358.21	60.92	11.41	5076.73
600653	申华控股	984.34	456.89	0.46	0.24	1441.93
600654	ST 中安	0.00	41.87	0.00	0.00	41.87
600655	豫园股份	1478.52	703.48	20.45	13.32	2215.77
600657	信达地产	0.00	65.41	0.00	0.00	65.41
600658	电子城	0.00	19.90	0.00	0.00	19.90
600660	福耀玻璃	4220.11	1845.32	126.64	100.40	6292.47
600661	昂立教育	1678.30	475.40	70.85	56.72	2281.27
600662	强生控股	2255.98	803.61	29.10	1.27	3089.96
600663	陆家嘴	1346.41	626.50	105.39	43.72	2122.02
600664	哈药股份	1890.11	775.45	12.59	8.51	2686.66
600665	天地源	0.00	21.33	0.00	0.00	21.33
600666	奥瑞德	0.00	119.12	0.00	0.00	119.12
600667	太极实业	11391.58	5238.23	132.69	15.48	16777.98
600668	尖峰集团	3927.27	1547.24	13.50	7.55	5495.56
600671	天目药业	0.00	55.84	0.00	0.00	55.84

信用交易
Credit Trading

证券代码 Code	证券简称 Security Name	融资买入（百万）	卖券还款（百万）	融券卖出（百万）	买券还券（百万）	合计（百万）
600673	东阳光科	8966.89	3563.05	36.50	20.51	12586.95
600674	川投能源	2342.16	1015.92	58.54	47.70	3464.32
600675	中华企业	0.00	101.62	0.00	0.00	101.62
600676	交运股份	1037.44	367.50	16.84	1.31	1423.09
600677	航天通信	6272.63	2357.77	23.21	0.50	8654.11
600678	四川金顶	0.00	23.86	0.00	0.00	23.86
600679	上海凤凰	0.00	12.96	0.00	0.00	12.96
600680	*ST 上普	0.00	2.27	0.00	0.00	2.27
600681	百川能源	0.00	18.92	0.00	0.00	18.92
600682	南京新百	0.00	864.57	0.00	0.00	864.57
600683	京投发展	0.00	9.88	0.00	0.00	9.88
600684	珠江实业	4153.51	1617.63	16.82	3.20	5791.16
600685	中船防务	0.00	52.52	0.00	0.00	52.52
600686	金龙汽车	2574.00	781.75	24.56	12.94	3393.25
600687	刚泰控股	0.00	128.81	0.00	0.00	128.81
600688	上海石化	3712.54	1830.66	133.16	74.02	5750.38
600689	上海三毛	0.00	51.86	0.00	0.00	51.86
600690	青岛海尔	19436.38	9020.17	669.82	428.23	29554.60
600691	阳煤化工	0.00	58.54	0.00	0.00	58.54
600692	亚通股份	2167.82	902.04	16.60	1.42	3087.88
600693	东百集团	0.00	26.70	0.00	0.00	26.70
600694	大商股份	2250.33	1072.40	10.86	9.40	3342.99
600695	绿庭投资	0.00	174.92	0.00	0.00	174.92
600696	ST 岩石	0.00	22.10	0.00	0.00	22.10
600697	欧亚集团	0.00	29.40	0.00	0.00	29.40
600698	湖南天雁	0.00	27.78	0.00	0.00	27.78
600699	均胜电子	7295.87	3074.27	35.91	16.67	10422.72
600701	*ST 工新	0.00	36.03	0.00	0.00	36.03
600702	舍得酒业	8080.18	3539.24	209.74	72.27	11901.43
600703	三安光电	23848.87	9862.41	703.28	497.62	34912.18
600704	物产中大	2393.55	1048.41	23.34	14.11	3479.41
600705	XD 中航资	5516.71	2388.49	88.14	30.66	8024.00
600706	曲江文旅	0.00	32.64	0.00	0.00	32.64
600707	彩虹股份	1256.39	517.62	5.84	3.53	1783.38
600708	光明地产	0.00	159.68	0.00	0.00	159.68
600710	苏美达	0.00	5.37	0.00	0.00	5.37
600711	盛屯矿业	22834.18	8396.08	172.62	23.78	31426.66
600712	南宁百货	0.00	10.61	0.00	0.00	10.61
600713	南京医药	0.00	27.25	0.00	0.00	27.25
600714	金瑞矿业	0.00	3.16	0.00	0.00	3.16
600715	文投控股	0.00	43.28	0.00	0.00	43.28
600716	凤凰股份	1363.26	501.01	0.35	0.32	1864.94
600717	天津港	2220.23	953.89	99.21	15.51	3288.84
600718	东软集团	9154.76	3909.38	206.80	114.30	13385.24
600719	大连热电	0.00	10.28	0.00	0.00	10.28
600720	祁连山	8672.45	3501.38	101.24	16.41	12291.48
600721	百花村	0.00	24.56	0.00	0.00	24.56
600722	金牛化工	3056.98	1172.08	68.55	0.24	4297.85
600723	首商股份	0.00	14.80	0.00	0.00	14.80
600724	宁波富达	0.00	4.05	0.00	0.00	4.05

信用交易
Credit Trading

证券代码 Code	证券简称 Security Name	融资买入（百万）	卖券还款（百万）	融券卖出（百万）	买券还券（百万）	合计（百万）
600725	ST 云维	0.00	0.28	0.00	0.00	0.28
600726	华电能源	0.00	9.08	0.00	0.00	9.08
600727	鲁北化工	0.00	41.37	0.00	0.00	41.37
600728	佳都科技	15425.77	5409.81	91.03	20.73	20947.34
600729	重庆百货	4347.42	1690.44	43.35	35.58	6116.79
600730	中国高科	1581.22	681.57	4.76	0.71	2268.26
600731	湖南海利	0.00	10.28	0.00	0.00	10.28
600732	ST 新梅	0.00	3.92	0.00	0.00	3.92
600733	北汽蓝谷	0.00	26.32	0.00	0.00	26.32
600734	实达集团	0.00	100.79	0.00	0.00	100.79
600735	新华锦	0.00	49.39	0.00	0.00	49.39
600736	苏州高新	0.00	64.94	0.00	0.00	64.94
600737	中粮糖业	3140.54	1325.95	60.57	14.93	4541.99
600738	兰州民百	0.00	35.73	0.00	0.00	35.73
600739	辽宁成大	4381.15	2216.65	100.92	64.30	6763.02
600740	山西焦化	17886.49	6609.27	375.98	22.17	24893.91
600741	华域汽车	5622.98	2413.75	159.83	133.64	8330.20
600742	一汽富维	2307.75	1013.49	13.42	3.35	3338.01
600743	华远地产	1525.39	564.75	7.28	2.27	2099.69
600744	华银电力	503.89	217.69	1.43	0.30	723.31
600745	闻泰科技	0.00	53.63	0.00	0.00	53.63
600746	江苏索普	0.00	13.74	0.00	0.00	13.74
600747	ST 大控	0.00	29.02	0.00	0.00	29.02
600748	上实发展	1184.59	439.04	9.33	6.56	1639.52
600749	*ST 藏旅	0.00	18.67	0.00	0.00	18.67
600750	江中药业	2283.34	929.66	13.26	11.41	3237.67
600751	海航科技	1054.30	448.73	10.72	3.85	1517.60
600753	东方银星	0.00	25.29	0.00	0.00	25.29
600754	锦江股份	0.00	64.77	0.00	0.00	64.77
600755	厦门国贸	8705.72	3575.23	58.23	16.66	12355.84
600756	浪潮软件	15886.74	6071.43	218.29	39.62	22216.08
600757	长江传媒	1861.21	846.52	36.46	30.80	2774.99
600758	红阳能源	0.00	26.20	0.00	0.00	26.20
600759	洲际油气	1688.04	687.09	73.94	26.78	2475.85
600760	中航沈飞	0.00	214.55	0.00	0.00	214.55
600761	安徽合力	1547.45	723.85	6.99	5.66	2283.95
600763	通策医疗	0.00	246.67	0.00	0.00	246.67
600764	中国海防	0.00	16.17	0.00	0.00	16.17
600765	中航重机	2391.93	971.95	48.45	44.40	3456.73
600766	园城黄金	0.00	41.19	0.00	0.00	41.19
600767	ST 运盛	0.00	3.27	0.00	0.00	3.27
600768	宁波富邦	0.00	4.37	0.00	0.00	4.37
600769	祥龙电业	0.00	15.90	0.00	0.00	15.90
600770	综艺股份	5645.19	2367.19	57.82	13.37	8083.57
600771	广誉远	5323.48	2037.01	45.16	38.74	7444.39
600773	西藏城投	3380.20	1472.35	172.23	29.39	5054.17
600774	汉商集团	0.00	5.20	0.00	0.00	5.20
600775	南京熊猫	2820.41	1142.61	8.78	5.39	3977.19
600776	东方通信	4248.73	1713.04	30.41	4.80	5996.98
600777	新潮能源	3584.25	1663.06	38.04	15.30	5300.65

信用交易 Credit Trading

证券代码 Code	证券简称 Security Name	融资买入（百万）	卖券还款（百万）	融券卖出（百万）	买券还券（百万）	合计（百万）
600778	*ST 友好	0.00	7.03	0.00	0.00	7.03
600779	水井坊	0.00	225.80	0.00	0.00	225.80
600780	通宝能源	0.00	28.73	0.00	0.00	28.73
600781	辅仁药业	0.00	34.60	0.00	0.00	34.60
600782	新钢股份	3653.47	1234.34	39.78	0.49	4928.08
600783	鲁信创投	8786.04	3592.42	34.90	11.07	12424.43
600784	鲁银投资	0.00	11.15	0.00	0.00	11.15
600785	新华百货	0.00	4.82	0.00	0.00	4.82
600787	中储股份	3948.93	1534.34	45.22	25.33	5553.82
600789	鲁抗医药	18964.50	7551.09	244.35	25.00	26784.94
600790	轻纺城	1604.45	833.66	0.36	0.35	2438.82
600791	京能置业	0.00	12.91	0.00	0.00	12.91
600792	云煤能源	0.00	14.60	0.00	0.00	14.60
600793	宜宾纸业	0.00	18.58	0.00	0.00	18.58
600794	保税科技	0.00	7.83	0.00	0.00	7.83
600795	国电电力	4099.58	2458.19	140.86	64.51	6763.14
600796	钱江生化	0.00	7.81	0.00	0.00	7.81
600797	浙大网新	12119.44	4773.14	117.70	19.00	17029.28
600798	宁波海运	0.00	27.05	0.00	0.00	27.05
600800	天津磁卡	835.82	374.00	0.55	0.00	1210.37
600801	华新水泥	13488.95	5015.86	193.82	14.85	18713.48
600802	福建水泥	3808.54	1514.84	132.52	2.74	5458.64
600803	新奥股份	7912.45	2929.12	30.66	17.53	10889.76
600804	鹏博士	6506.62	2901.36	317.15	174.62	9899.75
600805	悦达投资	907.75	334.59	0.89	0.59	1243.82
600806	退市昆机	0.00	0.05	0.00	0.00	0.05
600807	*ST 天业	0.00	119.17	0.00	0.01	119.18
600808	马钢股份	11980.12	5281.56	96.83	54.63	17413.14
600809	山西汾酒	6388.89	2540.08	839.58	385.79	10154.34
600810	神马股份	0.00	238.47	0.00	0.00	238.47
600811	东方集团	1841.18	657.88	4.97	4.42	2508.45
600812	华北制药	0.00	47.02	0.00	0.00	47.02
600814	杭州解百	0.00	11.33	0.00	0.00	11.33
600815	厦工股份	0.00	25.44	0.00	0.00	25.44
600816	安信信托	6575.85	2970.91	160.37	86.10	9793.23
600817	ST 宏盛	0.00	0.07	0.00	0.00	0.07
600818	中路股份	0.00	21.42	0.00	0.00	21.42
600819	耀皮玻璃	0.00	39.10	0.00	0.00	39.10
600820	隧道股份	2791.97	1366.01	35.68	11.40	4205.06
600821	津劝业	0.00	16.06	0.00	0.00	16.06
600822	上海物贸	0.00	57.79	0.00	0.00	57.79
600823	世茂股份	5803.85	2227.53	20.92	10.23	8062.53
600824	益民集团	0.00	21.32	0.00	0.00	21.32
600825	新华传媒	2865.88	1015.19	147.42	42.96	4071.45
600826	兰生股份	3656.57	1616.17	33.53	21.61	5327.88
600827	百联股份	2067.48	946.75	53.76	25.66	3093.65
600828	茂业商业	0.00	13.10	0.00	0.00	13.10
600829	人民同泰	0.00	29.49	0.00	0.00	29.49
600830	香溢融通	2395.74	1034.92	9.96	0.10	3440.72
600831	广电网络	2709.97	1070.44	10.34	5.22	3795.97

信用交易
Credit Trading

证券代码 Code	证券简称 Security Name	融资买入（百万）	卖券还款（百万）	融券卖出（百万）	买券还券（百万）	合计（百万）
600833	第一医药	0.00	15.50	0.00	0.00	15.50
600834	申通地铁	0.00	7.81	0.00	0.00	7.81
600835	上海机电	2718.64	1144.47	51.94	23.76	3938.81
600836	界龙实业	0.00	22.10	0.00	0.00	22.10
600837	海通证券	17085.28	6446.94	1252.02	678.45	25462.69
600838	上海九百	2394.76	953.23	64.70	0.79	3413.48
600839	四川长虹	3246.29	1445.15	102.81	47.61	4841.86
600841	上柴股份	0.00	17.31	0.00	0.00	17.31
600843	上工申贝	0.00	12.67	0.00	0.00	12.67
600844	丹化科技	0.00	46.16	0.00	0.00	46.16
600845	宝信软件	0.00	124.20	0.00	0.00	124.20
600846	同济科技	6245.73	2504.38	81.20	0.16	8831.47
600847	万里股份	0.00	10.22	0.00	0.00	10.22
600848	上海临港	0.00	97.84	0.00	0.00	97.84
600850	华东电脑	0.00	45.64	0.00	0.00	45.64
600851	海欣股份	801.66	452.25	6.80	5.55	1266.26
600853	龙建股份	0.00	15.20	0.00	0.00	15.20
600854	春兰股份	0.00	17.56	0.00	0.00	17.56
600855	航天长峰	4623.27	1709.86	34.15	0.98	6368.26
600856	中天能源	0.00	117.82	0.00	0.00	117.82
600857	宁波中百	0.00	12.87	0.00	0.00	12.87
600858	银座股份	0.00	10.13	0.00	0.00	10.13
600859	王府井	3516.95	1349.77	67.86	47.33	4981.91
600860	京城股份	0.00	3.13	0.00	0.00	3.13
600861	北京城乡	0.00	39.32	0.00	0.00	39.32
600862	中航高科	0.00	54.90	0.00	0.00	54.90
600863	内蒙华电	891.35	342.66	36.82	10.49	1281.32
600864	哈投股份	0.00	91.99	0.00	0.00	91.99
600865	百大集团	0.00	19.14	0.00	0.00	19.14
600866	星湖科技	0.00	9.68	0.00	0.00	9.68
600867	通化东宝	8510.20	3835.45	353.50	295.90	12995.05
600868	梅雁吉祥	3640.97	1513.01	45.39	2.49	5201.86
600869	智慧能源	0.00	24.12	0.00	0.00	24.12
600870	*ST 厦华	0.00	1.29	0.00	0.00	1.29
600871	*ST 油服	0.00	29.36	0.00	0.00	29.36
600872	中炬高新	2750.79	1096.78	113.08	105.36	4066.01
600873	梅花生物	2394.80	1104.68	66.43	23.15	3589.06
600874	创业环保	10178.78	3253.98	313.56	32.92	13779.24
600875	东方电气	3582.32	1603.00	37.87	20.67	5243.86
600876	洛阳玻璃	0.00	19.51	0.00	0.00	19.51
600877	ST 嘉陵	0.00	45.96	0.00	0.00	45.96
600879	航天电子	6019.08	2717.07	133.01	41.03	8910.19
600880	博瑞传播	995.68	441.22	6.63	4.83	1448.36
600881	亚泰集团	1881.68	952.66	16.17	11.67	2862.18
600882	广泽股份	0.00	9.51	0.00	0.00	9.51
600883	博闻科技	0.00	19.51	0.00	0.00	19.51
600884	杉杉股份	20536.77	8165.92	271.72	99.14	29073.55
600885	宏发股份	0.00	21.64	0.00	0.00	21.64
600886	国投电力	4830.10	1811.75	159.90	121.59	6923.34
600887	伊利股份	35622.84	14771.70	1859.03	1375.42	53628.99

信用交易
Credit Trading

证券代码 Code	证券简称 Security Name	融资买入（百万）	卖券还款（百万）	融券卖出（百万）	买券还券（百万）	合计（百万）
600888	新疆众和	0.00	66.87	0.00	0.00	66.87
600889	南京化纤	0.00	9.36	0.00	0.00	9.36
600890	中房股份	0.00	22.04	0.00	0.00	22.04
600891	秋林集团	0.00	12.23	0.00	0.00	12.23
600892	大晟文化	0.00	62.03	0.00	0.00	62.03
600893	航发动力	9457.99	4095.06	308.45	109.50	13971.00
600894	广日股份	997.31	346.46	1.11	0.74	1345.62
600895	张江高科	10050.91	3928.29	167.58	78.70	14225.48
600896	*ST 海投	0.00	10.55	0.00	0.00	10.55
600897	厦门空港	0.00	26.30	0.00	0.00	26.30
600898	国美通讯	0.00	43.97	0.00	0.00	43.97
600900	长江电力	5218.69	3629.43	348.36	309.47	9505.95
600901	江苏租赁	2016.45	881.19	8.85	0.00	2906.49
600903	贵州燃气	0.00	200.80	0.00	0.00	200.80
600908	无锡银行	0.00	97.77	0.00	0.00	97.77
600909	华安证券	0.00	141.54	0.00	0.00	141.54
600917	重庆燃气	0.00	39.59	0.00	0.00	39.59
600919	江苏银行	10145.35	4187.07	61.16	13.49	14407.07
600926	杭州银行	6613.75	2629.37	31.92	5.48	9280.52
600929	湖南盐业	0.00	81.81	0.00	0.00	81.81
600933	爱柯迪	0.00	29.58	0.00	0.00	29.58
600936	广西广电	0.00	12.18	0.00	0.00	12.18
600939	重庆建工	0.00	15.83	0.00	0.00	15.83
600958	东方证券	6170.91	2375.96	672.45	490.44	9709.76
600959	江苏有线	0.00	45.35	0.00	0.00	45.35
600960	渤海汽车	0.00	20.14	0.00	0.00	20.14
600961	株冶集团	0.00	30.97	0.00	0.00	30.97
600962	国投中鲁	0.00	29.02	0.00	0.00	29.02
600963	岳阳林纸	0.00	59.77	0.00	0.00	59.77
600965	福成股份	0.00	13.93	0.00	0.00	13.93
600966	博汇纸业	0.00	101.25	0.00	0.00	101.25
600967	内蒙一机	4922.60	2058.84	147.50	47.49	7176.43
600969	郴电国际	0.00	27.58	0.00	0.00	27.58
600970	中材国际	7280.66	3117.25	76.96	14.03	10488.90
600971	恒源煤电	5745.10	2368.09	63.62	42.31	8219.12
600973	宝胜股份	0.00	12.18	0.00	0.00	12.18
600975	新五丰	0.00	20.95	0.00	0.00	20.95
600976	健民集团	928.62	360.14	1.09	0.54	1290.39
600977	中国电影	0.00	133.99	0.00	0.00	133.99
600978	宜华生活	3567.94	1645.79	27.33	20.44	5261.50
600979	广安爱众	0.00	14.48	0.00	0.00	14.48
600980	北矿科技	0.00	22.26	0.00	0.00	22.26
600981	汇鸿集团	0.00	13.26	0.00	0.00	13.26
600982	宁波热电	0.00	8.01	0.00	0.00	8.01
600983	惠而浦	0.00	16.54	0.00	0.00	16.54
600984	建设机械	0.00	22.91	0.00	0.00	22.91
600985	淮北矿业	0.00	55.22	0.00	0.00	55.22
600986	科达股份	0.00	72.60	0.00	0.00	72.60
600987	航民股份	617.05	293.43	8.83	7.53	926.84
600988	赤峰黄金	0.00	210.37	0.00	0.00	210.37

信用交易
Credit Trading

证券代码 Code	证券简称 Security Name	融资买入（百万）	卖券还款（百万）	融券卖出（百万）	买券还券（百万）	合计（百万）
600990	四创电子	0.00	71.45	0.00	0.00	71.45
600992	贵绳股份	0.00	10.31	0.00	0.00	10.31
600993	马应龙	2743.81	1145.08	26.86	24.57	3940.32
600995	文山电力	0.00	29.23	0.00	0.00	29.23
600996	贵广网络	0.00	24.78	0.00	0.00	24.78
600997	开滦股份	0.00	120.04	0.00	0.00	120.04
600998	九州通	1488.66	540.99	28.19	11.87	2069.71
600999	招商证券	6222.63	2923.72	340.83	194.18	9681.36
601000	唐山港	3428.27	1613.76	42.12	16.54	5100.69
601001	大同煤业	2457.77	1018.08	30.83	12.57	3519.25
601002	晋亿实业	4510.02	1761.80	152.67	6.23	6430.72
601003	柳钢股份	0.00	216.45	0.00	0.00	216.45
601005	重庆钢铁	0.00	54.19	0.00	0.00	54.19
601006	大秦铁路	9550.97	4849.33	406.99	266.58	15073.87
601007	金陵饭店	0.00	16.70	0.00	0.00	16.70
601008	连云港	0.00	17.17	0.00	0.00	17.17
601009	南京银行	14722.70	6663.78	189.06	101.90	21677.44
601010	文峰股份	0.00	12.79	0.00	0.00	12.79
601011	宝泰隆	0.00	138.95	0.00	0.00	138.95
601012	隆基股份	14860.39	5980.52	244.85	90.31	21176.07
601015	陕西黑猫	0.00	33.53	0.00	0.00	33.53
601016	节能风电	0.00	21.60	0.00	0.00	21.60
601018	宁波港	1441.87	742.36	167.92	39.64	2391.79
601019	山东出版	0.00	51.13	0.00	0.00	51.13
601020	华钰矿业	0.00	23.41	0.00	0.00	23.41
601021	春秋航空	2060.92	845.36	45.88	20.02	2972.18
601028	玉龙股份	0.00	31.49	0.00	0.00	31.49
601038	一拖股份	1796.27	667.67	53.57	6.79	2524.30
601058	赛轮轮胎	0.00	30.49	0.00	0.00	30.49
601066	中信建投	0.00	236.22	0.00	0.00	236.22
601068	中铝国际	0.00	43.42	0.00	0.00	43.42
601069	西部黄金	0.00	384.23	0.00	0.00	384.23
601086	国芳集团	0.00	57.72	0.00	0.00	57.72
601088	中国神华	16259.28	7414.35	494.88	280.46	24448.97
601098	中南传媒	1279.66	729.43	53.74	41.91	2104.74
601099	太平洋	9880.72	4054.95	77.59	36.55	14049.81
601100	恒立液压	0.00	38.42	0.00	0.00	38.42
601101	昊华能源	4107.91	1644.34	18.31	9.41	5779.97
601106	中国一重	0.00	45.83	0.00	0.00	45.83
601107	四川成渝	560.41	242.37	1.55	0.41	804.74
601108	财通证券	0.00	424.86	0.00	0.00	424.86
601111	中国国航	17092.75	6555.05	432.78	225.37	24305.95
601113	华鼎股份	0.00	139.33	0.00	0.00	139.33
601116	三江购物	0.00	43.83	0.00	0.00	43.83
601117	中国化学	5363.90	2638.32	111.55	82.75	8196.52
601118	海南橡胶	6633.12	2564.07	192.93	58.74	9448.86
601126	四方股份	805.87	298.42	5.19	3.55	1113.03
601127	小康股份	0.00	16.55	0.00	0.00	16.55
601128	常熟银行	5328.69	2272.84	47.13	12.72	7661.38
601137	博威合金	0.00	14.09	0.00	0.00	14.09

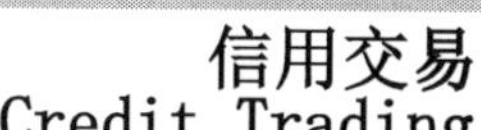
信用交易
Credit Trading

证券代码 Code	证券简称 Security Name	融资买入（百万）	卖券还款（百万）	融券卖出（百万）	买券还券（百万）	合计（百万）
601138	工业富联	1924.31	1061.58	1.43	0.85	2988.17
601139	深圳燃气	2062.50	905.79	32.84	1.78	3002.91
601155	新城控股	20921.13	8087.58	158.35	15.61	29182.67
601158	重庆水务	542.83	305.05	8.81	3.36	860.05
601162	天风证券	0.00	169.23	0.00	0.00	169.23
601163	三角轮胎	0.00	44.44	0.00	0.00	44.44
601166	兴业银行	57577.31	26125.92	1510.81	415.98	85630.02
601168	西部矿业	7313.26	3060.61	61.08	33.13	10468.08
601169	北京银行	7301.66	3874.24	315.62	132.28	11623.80
601177	杭齿前进	0.00	9.63	0.00	0.00	9.63
601179	中国西电	909.01	524.07	41.64	27.47	1502.19
601186	中国铁建	16522.43	7048.45	588.25	154.22	24313.35
601188	龙江交通	0.00	9.78	0.00	0.00	9.78
601198	东兴证券	7016.73	2638.44	78.65	3.75	9737.57
601199	江南水务	560.99	219.53	2.65	0.70	783.87
601200	上海环境	0.00	143.83	0.00	0.00	143.83
601208	东材科技	0.00	23.82	0.00	0.00	23.82
601211	国泰君安	12646.00	5780.16	702.34	425.97	19554.47
601212	白银有色	0.00	46.75	0.00	0.00	46.75
601216	君正集团	2916.87	1156.13	124.50	25.89	4223.39
601218	吉鑫科技	930.17	416.22	0.34	0.23	1346.96
601222	林洋能源	0.00	39.98	0.00	0.00	39.98
601225	陕西煤业	22600.42	8765.80	154.74	88.24	31609.20
601226	华电重工	0.00	14.36	0.00	0.00	14.36
601228	广州港	0.00	61.36	0.00	0.00	61.36
601229	上海银行	8759.06	4080.73	122.97	53.29	13016.05
601231	环旭电子	3391.52	1357.13	50.28	30.51	4829.44
601233	桐昆股份	10617.14	3872.32	92.36	52.66	14634.48
601238	广汽集团	2443.62	1214.92	121.75	130.31	3910.60
601258	庞大集团	3171.34	1545.53	113.60	75.55	4906.02
601288	农业银行	43979.15	21747.71	1834.32	916.49	68477.67
601311	骆驼股份	1272.76	475.39	28.41	24.21	1800.77
601313	江南嘉捷	0.00	88.17	0.00	0.00	88.17
601318	中国平安	185767.16	71953.42	4283.57	3064.58	265068.73
601319	中国人保	0.00	97.35	0.00	0.00	97.35
601326	秦港股份	0.00	36.07	0.00	0.00	36.07
601328	交通银行	22949.23	12172.18	807.32	299.63	36228.36
601330	绿色动力	0.00	53.87	0.00	0.00	53.87
601333	广深铁路	3917.22	1764.79	69.65	37.16	5788.82
601336	新华保险	28487.26	10396.40	503.10	300.88	39687.64
601339	百隆东方	0.00	10.56	0.00	0.00	10.56
601360	三六零	0.00	216.34	0.00	0.00	216.34
601366	利群股份	0.00	27.25	0.00	0.00	27.25
601368	绿城水务	0.00	13.47	0.00	0.00	13.47
601369	陕鼓动力	1436.42	591.01	17.55	16.27	2061.25
601375	中原证券	0.00	117.33	0.00	0.00	117.33
601377	兴业证券	10276.10	4661.88	145.88	66.68	15150.54
601388	怡球资源	2717.51	1223.83	25.03	3.22	3969.59
601390	中国中铁	4661.00	2150.93	306.01	79.85	7197.79
601398	工商银行	28496.88	10317.29	1401.67	760.66	40976.50

信用交易
Credit Trading

证券代码 Code	证券简称 Security Name	融资买入（百万）	卖券还款（百万）	融券卖出（百万）	买券还券（百万）	合计（百万）
601500	通用股份	0.00	12.90	0.00	0.00	12.90
601515	东风股份	360.67	131.16	0.77	0.37	492.97
601518	吉林高速	0.00	20.37	0.00	0.00	20.37
601519	大智慧	0.00	26.76	0.00	0.00	26.76
601555	东吴证券	5267.18	2220.89	155.55	71.77	7715.39
601558	ST 锐电	0.00	4.52	0.00	0.00	4.52
601566	九牧王	1003.85	450.82	6.54	5.91	1467.12
601567	三星医疗	0.00	20.80	0.00	0.00	20.80
601577	长沙银行	0.00	76.73	0.00	0.00	76.73
601579	会稽山	0.00	13.50	0.00	0.00	13.50
601588	北辰实业	1461.75	681.47	21.92	15.00	2180.14
601595	上海电影	0.00	12.66	0.00	0.00	12.66
601599	鹿港文化	0.00	63.15	0.00	0.00	63.15
601600	中国铝业	18126.85	7530.93	221.39	65.86	25945.03
601601	中国太保	19558.09	7675.07	1200.04	916.51	29349.71
601606	长城军工	0.00	74.06	0.00	0.00	74.06
601607	上海医药	6789.46	3068.51	219.34	183.79	10261.10
601608	中信重工	1192.25	508.38	33.71	8.23	1742.57
601611	中国核建	0.00	69.59	0.00	0.00	69.59
601616	广电电气	0.00	7.65	0.00	0.00	7.65
601618	中国中冶	2750.56	1153.01	189.93	75.23	4168.73
601619	嘉泽新能	0.00	17.13	0.00	0.00	17.13
601628	中国人寿	8769.74	3601.33	233.70	141.37	12746.14
601633	长城汽车	2178.32	1052.30	124.85	77.18	3432.65
601636	旗滨集团	7988.70	2663.23	45.05	4.62	10701.60
601666	平煤股份	4818.73	2030.02	22.12	7.44	6878.31
601668	中国建筑	45358.15	19458.12	1244.17	498.30	66558.74
601669	中国电建	3765.65	1462.43	227.92	66.60	5522.60
601677	明泰铝业	0.00	72.13	0.00	0.00	72.13
601678	滨化股份	6063.09	2795.60	28.54	19.30	8906.53
601688	华泰证券	30017.69	12927.57	1676.02	675.36	45296.64
601689	拓普集团	0.00	27.73	0.00	0.00	27.73
601699	潞安环能	16814.67	6671.41	2647.90	1200.31	27334.29
601700	风范股份	0.00	27.03	0.00	0.00	27.03
601717	郑煤机	2523.45	943.96	19.81	16.88	3504.10
601718	际华集团	2383.12	921.80	117.47	12.01	3434.40
601727	上海电气	1527.65	705.94	88.18	43.38	2365.15
601766	中国中车	17112.79	7814.44	560.27	233.83	25721.33
601777	力帆股份	1488.86	662.78	30.80	9.33	2191.77
601788	光大证券	6501.45	3080.29	73.01	52.33	9707.08
601789	宁波建工	1483.73	683.92	3.16	0.16	2170.97
601798	*ST 蓝科	0.00	17.09	0.00	0.00	17.09
601799	星宇股份	0.00	8.07	0.00	0.00	8.07
601800	中国交建	6838.68	2611.55	364.71	103.03	9917.97
601801	皖新传媒	2018.99	889.05	40.19	18.07	2966.30
601808	中海油服	3448.31	1384.36	94.63	31.98	4959.28
601811	新华文轩	0.00	12.38	0.00	0.00	12.38
601818	光大银行	16172.26	8569.25	1627.02	1067.43	27435.96
601828	美凯龙	0.00	184.44	0.00	0.00	184.44
601838	成都银行	0.00	236.14	0.00	0.00	236.14

信用交易
Credit Trading

证券代码 Code	证券简称 Security Name	融资买入（百万）	卖券还款（百万）	融券卖出（百万）	买券还券（百万）	合计（百万）
601857	中国石油	11963.51	5533.22	439.81	279.92	18216.46
601858	中国科传	0.00	29.71	0.00	0.00	29.71
601866	中远海发	999.84	369.96	96.57	19.44	1485.81
601869	长飞光纤	0.00	92.31	0.00	0.00	92.31
601872	招商轮船	1279.26	554.06	27.45	17.93	1878.70
601877	正泰电器	5338.13	2238.17	76.62	40.49	7693.41
601878	浙商证券	0.00	255.07	0.00	0.00	255.07
601880	大连港	849.63	406.96	43.16	9.02	1308.77
601881	中国银河	12291.12	5074.15	119.45	10.34	17495.06
601882	海天精工	0.00	15.38	0.00	0.00	15.38
601886	江河集团	2279.43	1019.28	19.70	13.48	3331.89
601888	中国国旅	18663.16	8145.73	258.80	177.40	27245.09
601890	亚星锚链	0.00	45.56	0.00	0.00	45.56
601898	中煤能源	2464.19	1205.41	30.47	19.86	3719.93
601899	紫金矿业	30878.89	13082.38	367.25	94.28	44422.80
601900	南方传媒	0.00	22.45	0.00	0.00	22.45
601901	方正证券	4171.03	1845.50	183.52	98.98	6299.03
601908	京运通	0.00	39.57	0.00	0.00	39.57
601918	新集能源	0.00	84.80	0.00	0.00	84.80
601919	中远海控	4951.34	1892.84	137.54	51.23	7032.95
601928	凤凰传媒	1344.64	624.45	60.18	41.09	2070.36
601929	吉视传媒	1489.05	578.22	107.68	82.07	2257.02
601933	永辉超市	14438.45	5552.31	361.45	101.69	20453.90
601939	建设银行	25288.00	10655.39	812.46	555.98	37311.83
601949	中国出版	0.00	23.92	0.00	0.00	23.92
601952	苏垦农发	0.00	115.05	0.00	0.00	115.05
601958	金钼股份	3117.81	1346.61	168.72	56.47	4689.61
601965	中国汽研	0.00	19.85	0.00	0.00	19.85
601966	玲珑轮胎	0.00	38.26	0.00	0.00	38.26
601968	宝钢包装	0.00	9.73	0.00	0.00	9.73
601969	海南矿业	0.00	15.09	0.00	0.00	15.09
601985	中国核电	4161.73	1875.86	66.05	24.00	6127.64
601988	中国银行	18967.62	9071.37	1408.75	729.45	30177.19
601989	中国重工	15366.31	6848.95	585.94	162.56	22963.76
601990	南京证券	0.00	266.11	0.00	0.00	266.11
601991	大唐发电	1398.93	471.39	393.88	20.00	2284.20
601992	金隅集团	8932.03	3701.25	150.71	19.58	12803.57
601996	丰林集团	1120.09	527.86	3.02	2.34	1653.31
601997	贵阳银行	11480.54	4921.55	53.24	15.31	16470.64
601998	中信银行	5718.11	2656.69	382.93	210.66	8968.39
601999	出版传媒	714.91	312.03	1.15	0.31	1028.40
603000	人民网	3040.80	1268.27	88.80	50.50	4448.37
603001	奥康国际	897.85	379.41	4.04	3.09	1284.39
603002	宏昌电子	0.00	50.77	0.00	0.00	50.77
603003	龙宇燃油	0.00	24.47	0.00	0.00	24.47
603005	晶方科技	0.00	63.83	0.00	0.00	63.83
603006	联明股份	0.00	10.18	0.00	0.00	10.18
603007	花王股份	0.00	16.39	0.00	0.00	16.39
603008	喜临门	0.00	24.26	0.00	0.00	24.26
603009	北特科技	0.00	31.28	0.00	0.00	31.28

信用交易
Credit Trading

证券代码 Code	证券简称 Security Name	融资买入（百万）	卖券还款（百万）	融券卖出（百万）	买券还券（百万）	合计（百万）
603010	万盛股份	0.00	31.85	0.00	0.00	31.85
603011	合锻智能	0.00	13.94	0.00	0.00	13.94
603012	创力集团	0.00	11.11	0.00	0.00	11.11
603013	亚普股份	0.00	39.64	0.00	0.00	39.64
603015	弘讯科技	0.00	15.52	0.00	0.00	15.52
603016	新宏泰	0.00	19.93	0.00	0.00	19.93
603017	中衡设计	0.00	7.90	0.00	0.00	7.90
603018	中设集团	0.00	19.37	0.00	0.00	19.37
603019	中科曙光	0.00	980.60	0.00	0.00	980.60
603020	爱普股份	0.00	13.00	0.00	0.00	13.00
603021	山东华鹏	0.00	9.77	0.00	0.00	9.77
603022	新通联	0.00	6.93	0.00	0.00	6.93
603023	威帝股份	0.00	2.72	0.00	0.00	2.72
603025	大豪科技	0.00	9.78	0.00	0.00	9.78
603026	石大胜华	0.00	59.28	0.00	0.00	59.28
603027	千禾味业	0.00	71.37	0.00	0.00	71.37
603028	赛福天	0.00	9.91	0.00	0.00	9.91
603029	天鹅股份	0.00	9.97	0.00	0.00	9.97
603030	全筑股份	0.00	10.13	0.00	0.00	10.13
603031	安德利	0.00	9.10	0.00	0.00	9.10
603032	德新交运	0.00	38.19	0.00	0.00	38.19
603033	三维股份	0.00	6.18	0.00	0.00	6.18
603035	常熟汽饰	0.00	15.91	0.00	0.00	15.91
603036	如通股份	0.00	13.56	0.00	0.00	13.56
603037	凯众股份	0.00	11.08	0.00	0.00	11.08
603038	华立股份	0.00	5.03	0.00	0.00	5.03
603039	泛微网络	0.00	74.84	0.00	0.00	74.84
603040	新坐标	0.00	18.12	0.00	0.00	18.12
603041	美思德	0.00	6.06	0.00	0.00	6.06
603042	华脉科技	0.00	26.23	0.00	0.00	26.23
603043	广州酒家	0.00	23.65	0.00	0.00	23.65
603045	福达合金	0.00	22.20	0.00	0.00	22.20
603050	科林电气	0.00	16.24	0.00	0.00	16.24
603055	台华新材	0.00	16.47	0.00	0.00	16.47
603056	德邦股份	0.00	55.91	0.00	0.00	55.91
603058	永吉股份	0.00	20.87	0.00	0.00	20.87
603059	倍加洁	0.00	21.33	0.00	0.00	21.33
603060	国检集团	0.00	11.39	0.00	0.00	11.39
603063	禾望电气	0.00	8.64	0.00	0.00	8.64
603066	音飞储存	0.00	11.25	0.00	0.00	11.25
603067	振华股份	0.00	32.89	0.00	0.00	32.89
603069	海汽集团	0.00	21.85	0.00	0.00	21.85
603076	乐惠国际	0.00	16.43	0.00	0.00	16.43
603077	和邦生物	0.00	67.98	0.00	0.00	67.98
603078	江化微	0.00	16.53	0.00	0.00	16.53
603079	圣达生物	0.00	19.94	0.00	0.00	19.94
603080	新疆火炬	0.00	53.48	0.00	0.00	53.48
603081	大丰实业	0.00	72.70	0.00	0.00	72.70
603083	剑桥科技	0.00	42.52	0.00	0.00	42.52
603085	天成自控	0.00	136.26	0.00	0.00	136.26

信用交易
Credit Trading

证券代码 Code	证券简称 Security Name	融资买入（百万）	卖券还款（百万）	融券卖出（百万）	买券还券（百万）	合计（百万）
603086	先达股份	0.00	24.11	0.00	0.00	24.11
603088	宁波精达	0.00	21.45	0.00	0.00	21.45
603089	正裕工业	0.00	10.29	0.00	0.00	10.29
603090	宏盛股份	0.00	9.07	0.00	0.00	9.07
603096	新经典	0.00	38.69	0.00	0.00	38.69
603098	森特股份	0.00	17.61	0.00	0.00	17.61
603099	长白山	0.00	10.15	0.00	0.00	10.15
603100	川仪股份	0.00	13.51	0.00	0.00	13.51
603101	汇嘉时代	0.00	9.89	0.00	0.00	9.89
603103	横店影视	0.00	59.17	0.00	0.00	59.17
603105	芯能科技	0.00	35.99	0.00	0.00	35.99
603106	恒银金融	0.00	58.83	0.00	0.00	58.83
603108	润达医疗	0.00	29.34	0.00	0.00	29.34
603110	东方材料	0.00	18.36	0.00	0.00	18.36
603111	康尼机电	0.00	30.51	0.00	0.00	30.51
603113	金能科技	0.00	67.03	0.00	0.00	67.03
603116	红蜻蜓	0.00	15.69	0.00	0.00	15.69
603117	万林物流	0.00	25.75	0.00	0.00	25.75
603118	共进股份	0.00	54.74	0.00	0.00	54.74
603123	翠微股份	0.00	11.06	0.00	0.00	11.06
603126	中材节能	0.00	28.80	0.00	0.00	28.80
603127	昭衍新药	0.00	66.97	0.00	0.00	66.97
603128	华贸物流	0.00	83.47	0.00	0.00	83.47
603129	春风动力	0.00	11.23	0.00	0.00	11.23
603131	上海沪工	0.00	7.75	0.00	0.00	7.75
603133	碳元科技	0.00	21.35	0.00	0.00	21.35
603136	天目湖	0.00	12.42	0.00	0.00	12.42
603138	海量数据	0.00	44.25	0.00	0.00	44.25
603139	康惠制药	0.00	11.27	0.00	0.00	11.27
603156	养元饮品	0.00	120.90	0.00	0.00	120.90
603157	拉夏贝尔	0.00	25.74	0.00	0.00	25.74
603158	腾龙股份	0.00	13.15	0.00	0.00	13.15
603159	上海亚虹	0.00	7.86	0.00	0.00	7.86
603160	汇顶科技	0.00	106.35	0.00	0.00	106.35
603161	科华控股	0.00	20.85	0.00	0.00	20.85
603165	荣晟环保	0.00	22.81	0.00	0.00	22.81
603166	福达股份	0.00	9.39	0.00	0.00	9.39
603167	渤海轮渡	0.00	84.13	0.00	0.00	84.13
603168	莎普爱思	0.00	17.22	0.00	0.00	17.22
603169	兰石重装	939.65	349.09	28.40	1.37	1318.51
603177	德创环保	0.00	21.32	0.00	0.00	21.32
603178	圣龙股份	0.00	8.20	0.00	0.00	8.20
603179	新泉股份	0.00	19.45	0.00	0.00	19.45
603180	金牌厨柜	0.00	217.83	0.00	0.00	217.83
603181	皇马科技	0.00	23.70	0.00	0.00	23.70
603183	建研院	0.00	32.49	0.00	0.00	32.49
603185	N 上机	0.00	0.10	0.00	0.00	0.10
603186	华正新材	0.00	15.56	0.00	0.00	15.56
603187	海容冷链	0.00	8.33	0.00	0.00	8.33
603188	亚邦股份	1708.46	686.55	1.68	1.56	2398.25

信用交易
Credit Trading

证券代码 Code	证券简称 Security Name	融资买入（百万）	卖券还款（百万）	融券卖出（百万）	买券还券（百万）	合计（百万）
603189	网达软件	0.00	30.88	0.00	0.00	30.88
603192	汇得科技	0.00	18.87	0.00	0.00	18.87
603196	日播时尚	0.00	11.10	0.00	0.00	11.10
603197	保隆科技	0.00	27.40	0.00	0.00	27.40
603198	迎驾贡酒	0.00	61.50	0.00	0.00	61.50
603199	九华旅游	0.00	14.79	0.00	0.00	14.79
603200	上海洗霸	0.00	15.20	0.00	0.00	15.20
603203	快克股份	0.00	5.33	0.00	0.00	5.33
603208	江山欧派	0.00	14.83	0.00	0.00	14.83
603214	爱婴室	0.00	54.54	0.00	0.00	54.54
603218	日月股份	0.00	14.04	0.00	0.00	14.04
603220	贝通信	0.00	14.77	0.00	0.00	14.77
603222	济民制药	0.00	11.37	0.00	0.00	11.37
603223	恒通股份	0.00	17.48	0.00	0.00	17.48
603225	新凤鸣	0.00	72.69	0.00	0.00	72.69
603226	菲林格尔	0.00	3.48	0.00	0.00	3.48
603227	雪峰科技	0.00	11.82	0.00	0.00	11.82
603228	景旺电子	0.00	28.50	0.00	0.00	28.50
603229	奥翔药业	0.00	21.09	0.00	0.00	21.09
603232	格尔软件	0.00	17.54	0.00	0.00	17.54
603233	大参林	0.00	23.41	0.00	0.00	23.41
603238	诺邦股份	0.00	7.03	0.00	0.00	7.03
603239	浙江仙通	0.00	12.26	0.00	0.00	12.26
603258	电魂网络	0.00	15.55	0.00	0.00	15.55
603259	药明康德	0.00	373.36	0.00	0.00	373.36
603260	合盛硅业	0.00	244.09	0.00	0.00	244.09
603266	天龙股份	0.00	5.90	0.00	0.00	5.90
603268	松发股份	0.00	16.46	0.00	0.00	16.46
603269	海鸥股份	0.00	8.70	0.00	0.00	8.70
603277	银都股份	0.00	8.57	0.00	0.00	8.57
603278	大业股份	0.00	23.07	0.00	0.00	23.07
603283	赛腾股份	0.00	46.93	0.00	0.00	46.93
603286	日盈电子	0.00	16.33	0.00	0.00	16.33
603288	海天味业	0.00	164.70	0.00	0.00	164.70
603289	泰瑞机器	0.00	32.45	0.00	0.00	32.45
603297	永新光学	0.00	17.85	0.00	0.00	17.85
603298	杭叉集团	0.00	14.48	0.00	0.00	14.48
603299	井神股份	0.00	16.34	0.00	0.00	16.34
603300	华铁科技	0.00	15.28	0.00	0.00	15.28
603301	振德医疗	0.00	28.20	0.00	0.00	28.20
603303	得邦照明	0.00	22.21	0.00	0.00	22.21
603305	旭升股份	0.00	38.23	0.00	0.00	38.23
603306	华懋科技	0.00	8.01	0.00	0.00	8.01
603308	应流股份	0.00	27.44	0.00	0.00	27.44
603309	维力医疗	0.00	8.75	0.00	0.00	8.75
603311	金海环境	0.00	9.70	0.00	0.00	9.70
603313	梦百合	0.00	16.66	0.00	0.00	16.66
603315	福鞍股份	0.00	2.83	0.00	0.00	2.83
603316	诚邦股份	0.00	4.44	0.00	0.00	4.44
603318	派思股份	0.00	15.48	0.00	0.00	15.48

信用交易
Credit Trading

证券代码 Code	证券简称 Security Name	融资买入（百万）	卖券还款（百万）	融券卖出（百万）	买券还券（百万）	合计（百万）
603319	湘油泵	0.00	10.40	0.00	0.00	10.40
603320	迪贝电气	0.00	16.26	0.00	0.00	16.26
603321	梅轮电梯	0.00	18.85	0.00	0.00	18.85
603322	超讯通信	0.00	20.52	0.00	0.00	20.52
603323	吴江银行	6759.04	2436.65	395.01	67.94	9658.64
603326	我乐家居	0.00	12.24	0.00	0.00	12.24
603328	依顿电子	0.00	20.11	0.00	0.00	20.11
603329	上海雅仕	0.00	51.59	0.00	0.00	51.59
603330	上海天洋	0.00	7.45	0.00	0.00	7.45
603331	百达精工	0.00	9.12	0.00	0.00	9.12
603333	尚纬股份	0.00	4.05	0.00	0.00	4.05
603335	迪生力	0.00	18.65	0.00	0.00	18.65
603336	宏辉果蔬	0.00	67.34	0.00	0.00	67.34
603337	杰克股份	0.00	8.96	0.00	0.00	8.96
603338	浙江鼎力	0.00	16.56	0.00	0.00	16.56
603339	四方科技	0.00	17.48	0.00	0.00	17.48
603345	安井食品	0.00	29.49	0.00	0.00	29.49
603348	文灿股份	0.00	61.56	0.00	0.00	61.56
603355	莱克电气	0.00	16.11	0.00	0.00	16.11
603356	华菱精工	0.00	24.79	0.00	0.00	24.79
603357	设计总院	0.00	45.22	0.00	0.00	45.22
603358	华达科技	0.00	36.64	0.00	0.00	36.64
603359	东珠生态	0.00	26.44	0.00	0.00	26.44
603360	百傲化学	0.00	11.19	0.00	0.00	11.19
603363	傲农生物	0.00	43.29	0.00	0.00	43.29
603365	水星家纺	0.00	38.21	0.00	0.00	38.21
603366	日出东方	0.00	21.60	0.00	0.00	21.60
603367	辰欣药业	0.00	128.29	0.00	0.00	128.29
603368	柳药股份	0.00	28.79	0.00	0.00	28.79
603369	今世缘	6337.47	2493.96	167.46	101.45	9100.34
603377	东方时尚	0.00	205.07	0.00	0.00	205.07
603378	亚士创能	0.00	17.81	0.00	0.00	17.81
603380	易德龙	0.00	17.38	0.00	0.00	17.38
603383	顶点软件	0.00	44.27	0.00	0.00	44.27
603385	惠达卫浴	0.00	20.94	0.00	0.00	20.94
603386	广东骏亚	0.00	35.54	0.00	0.00	35.54
603387	基蛋生物	0.00	52.63	0.00	0.00	52.63
603388	元成股份	0.00	12.40	0.00	0.00	12.40
603389	亚振家居	0.00	19.44	0.00	0.00	19.44
603393	新天然气	0.00	47.64	0.00	0.00	47.64
603396	金辰股份	0.00	10.55	0.00	0.00	10.55
603398	邦宝益智	0.00	13.06	0.00	0.00	13.06
603399	吉翔股份	0.00	64.61	0.00	0.00	64.61
603416	信捷电气	0.00	14.32	0.00	0.00	14.32
603421	鼎信通讯	0.00	12.98	0.00	0.00	12.98
603429	集友股份	0.00	12.08	0.00	0.00	12.08
603444	吉比特	0.00	85.64	0.00	0.00	85.64
603456	九洲药业	0.00	23.71	0.00	0.00	23.71
603458	勘设股份	0.00	37.42	0.00	0.00	37.42
603466	风语筑	0.00	62.68	0.00	0.00	62.68

信用交易
Credit Trading

证券代码 Code	证券简称 Security Name	融资买入（百万）	卖券还款（百万）	融券卖出（百万）	买券还券（百万）	合计（百万）
603477	振静股份	0.00	32.21	0.00	0.00	32.21
603486	科沃斯	0.00	66.88	0.00	0.00	66.88
603488	展鹏科技	0.00	17.41	0.00	0.00	17.41
603496	恒为科技	0.00	13.38	0.00	0.00	13.38
603499	翔港科技	0.00	25.09	0.00	0.00	25.09
603500	祥和实业	0.00	13.96	0.00	0.00	13.96
603501	韦尔股份	0.00	42.87	0.00	0.00	42.87
603505	金石资源	0.00	42.38	0.00	0.00	42.38
603506	南都物业	0.00	29.59	0.00	0.00	29.59
603507	振江股份	0.00	14.64	0.00	0.00	14.64
603508	思维列控	0.00	19.77	0.00	0.00	19.77
603515	欧普照明	0.00	28.71	0.00	0.00	28.71
603516	淳中科技	0.00	58.46	0.00	0.00	58.46
603517	绝味食品	0.00	27.65	0.00	0.00	27.65
603518	维格娜丝	0.00	17.81	0.00	0.00	17.81
603519	立霸股份	0.00	4.86	0.00	0.00	4.86
603520	司太立	0.00	6.53	0.00	0.00	6.53
603527	众源新材	0.00	20.36	0.00	0.00	20.36
603528	多伦科技	0.00	20.77	0.00	0.00	20.77
603533	掌阅科技	0.00	56.97	0.00	0.00	56.97
603535	嘉诚国际	0.00	42.79	0.00	0.00	42.79
603536	惠发股份	0.00	9.30	0.00	0.00	9.30
603538	美诺华	0.00	11.49	0.00	0.00	11.49
603555	贵人鸟	0.00	30.53	0.00	0.00	30.53
603556	海兴电力	0.00	13.58	0.00	0.00	13.58
603557	起步股份	0.00	18.39	0.00	0.00	18.39
603558	健盛集团	0.00	7.08	0.00	0.00	7.08
603559	中通国脉	0.00	91.45	0.00	0.00	91.45
603566	普莱柯	0.00	6.16	0.00	0.00	6.16
603567	珍宝岛	0.00	15.84	0.00	0.00	15.84
603568	伟明环保	0.00	26.98	0.00	0.00	26.98
603569	长久物流	0.00	7.81	0.00	0.00	7.81
603577	汇金通	0.00	12.67	0.00	0.00	12.67
603578	三星新材	0.00	9.58	0.00	0.00	9.58
603579	荣泰健康	0.00	14.88	0.00	0.00	14.88
603580	艾艾精工	0.00	4.20	0.00	0.00	4.20
603583	捷昌驱动	0.00	21.76	0.00	0.00	21.76
603585	苏利股份	0.00	11.68	0.00	0.00	11.68
603586	金麒麟	0.00	12.44	0.00	0.00	12.44
603587	地素时尚	0.00	29.30	0.00	0.00	29.30
603588	高能环境	0.00	72.21	0.00	0.00	72.21
603589	口子窖	0.00	58.80	0.00	0.00	58.80
603590	康辰药业	0.00	56.65	0.00	0.00	56.65
603595	东尼电子	0.00	89.52	0.00	0.00	89.52
603596	伯特利	0.00	31.03	0.00	0.00	31.03
603598	引力传媒	0.00	30.20	0.00	0.00	30.20
603599	广信股份	0.00	17.14	0.00	0.00	17.14
603600	永艺股份	0.00	3.53	0.00	0.00	3.53
603601	再升科技	0.00	11.58	0.00	0.00	11.58
603602	纵横通信	0.00	39.74	0.00	0.00	39.74

信用交易 Credit Trading

证券代码 Code	证券简称 Security Name	融资买入（百万）	卖券还款（百万）	融券卖出（百万）	买券还券（百万）	合计（百万）
603603	博天环境	0.00	18.21	0.00	0.00	18.21
603605	珀莱雅	0.00	63.64	0.00	0.00	63.64
603606	东方电缆	0.00	21.91	0.00	0.00	21.91
603607	京华激光	0.00	34.40	0.00	0.00	34.40
603608	天创时尚	0.00	11.48	0.00	0.00	11.48
603609	禾丰牧业	0.00	14.83	0.00	0.00	14.83
603611	诺力股份	0.00	7.89	0.00	0.00	7.89
603612	索通发展	0.00	65.01	0.00	0.00	65.01
603615	茶花股份	0.00	16.68	0.00	0.00	16.68
603616	韩建河山	0.00	61.62	0.00	0.00	61.62
603617	君禾股份	0.00	5.85	0.00	0.00	5.85
603618	杭电股份	0.00	9.41	0.00	0.00	9.41
603619	中曼石油	0.00	76.13	0.00	0.00	76.13
603626	科森科技	0.00	31.49	0.00	0.00	31.49
603628	清源股份	0.00	8.97	0.00	0.00	8.97
603629	利通电子	0.00	0.79	0.00	0.00	0.79
603630	拉芳家化	0.00	27.53	0.00	0.00	27.53
603633	徕木股份	0.00	12.71	0.00	0.00	12.71
603636	南威软件	0.00	43.93	0.00	0.00	43.93
603637	镇海股份	0.00	9.39	0.00	0.00	9.39
603638	艾迪精密	0.00	16.25	0.00	0.00	16.25
603639	海利尔	0.00	23.12	0.00	0.00	23.12
603648	畅联股份	0.00	61.73	0.00	0.00	61.73
603650	彤程新材	0.00	46.79	0.00	0.00	46.79
603655	朗博科技	0.00	16.46	0.00	0.00	16.46
603656	泰禾光电	0.00	9.14	0.00	0.00	9.14
603657	春光科技	0.00	16.35	0.00	0.00	16.35
603658	安图生物	0.00	54.31	0.00	0.00	54.31
603659	璞泰来	0.00	53.41	0.00	0.00	53.41
603660	苏州科达	0.00	43.19	0.00	0.00	43.19
603661	恒林股份	0.00	22.89	0.00	0.00	22.89
603663	三祥新材	0.00	7.52	0.00	0.00	7.52
603665	康隆达	0.00	5.58	0.00	0.00	5.58
603666	亿嘉和	0.00	41.87	0.00	0.00	41.87
603667	五洲新春	0.00	5.96	0.00	0.00	5.96
603668	天马科技	0.00	8.89	0.00	0.00	8.89
603669	灵康药业	0.00	15.60	0.00	0.00	15.60
603676	卫信康	0.00	51.39	0.00	0.00	51.39
603677	奇精机械	0.00	5.27	0.00	0.00	5.27
603678	火炬电子	0.00	35.01	0.00	0.00	35.01
603679	华体科技	0.00	24.18	0.00	0.00	24.18
603680	今创集团	0.00	22.69	0.00	0.00	22.69
603683	晶华新材	0.00	26.10	0.00	0.00	26.10
603685	晨丰科技	0.00	11.03	0.00	0.00	11.03
603686	龙马环卫	0.00	24.69	0.00	0.00	24.69
603688	石英股份	0.00	25.89	0.00	0.00	25.89
603689	皖天然气	0.00	47.29	0.00	0.00	47.29
603690	至纯科技	0.00	27.98	0.00	0.00	27.98
603693	江苏新能	0.00	42.28	0.00	0.00	42.28
603696	安记食品	0.00	12.88	0.00	0.00	12.88

信用交易 Credit Trading

证券代码 Code	证券简称 Security Name	融资买入（百万）	卖券还款（百万）	融券卖出（百万）	买券还券（百万）	合计（百万）
603698	航天工程	0.00	36.39	0.00	0.00	36.39
603699	纽威股份	0.00	20.37	0.00	0.00	20.37
603701	德宏股份	0.00	8.30	0.00	0.00	8.30
603703	盛洋科技	0.00	14.14	0.00	0.00	14.14
603706	东方环宇	0.00	44.27	0.00	0.00	44.27
603707	健友股份	0.00	26.19	0.00	0.00	26.19
603708	家家悦	0.00	26.07	0.00	0.00	26.07
603709	中源家居	0.00	16.29	0.00	0.00	16.29
603711	香飘飘	0.00	35.85	0.00	0.00	35.85
603712	七一二	0.00	160.02	0.00	0.00	160.02
603713	密尔克卫	0.00	34.23	0.00	0.00	34.23
603716	塞力斯	0.00	17.20	0.00	0.00	17.20
603717	天域生态	0.00	20.62	0.00	0.00	20.62
603718	海利生物	0.00	32.20	0.00	0.00	32.20
603721	中广天择	0.00	16.65	0.00	0.00	16.65
603722	阿科力	0.00	35.44	0.00	0.00	35.44
603725	天安新材	0.00	9.96	0.00	0.00	9.96
603726	朗迪集团	0.00	26.33	0.00	0.00	26.33
603727	博迈科	0.00	18.07	0.00	0.00	18.07
603728	鸣志电器	0.00	31.11	0.00	0.00	31.11
603729	龙韵股份	0.00	29.72	0.00	0.00	29.72
603730	岱美股份	0.00	11.30	0.00	0.00	11.30
603733	仙鹤股份	0.00	43.54	0.00	0.00	43.54
603737	三棵树	0.00	9.17	0.00	0.00	9.17
603738	泰晶科技	0.00	11.02	0.00	0.00	11.02
603757	大元泵业	0.00	14.21	0.00	0.00	14.21
603758	秦安股份	0.00	7.90	0.00	0.00	7.90
603766	隆鑫通用	1623.93	788.57	15.78	12.95	2441.23
603767	中马传动	0.00	14.97	0.00	0.00	14.97
603768	常青股份	0.00	7.86	0.00	0.00	7.86
603773	沃格光电	0.00	57.56	0.00	0.00	57.56
603776	永安行	0.00	41.21	0.00	0.00	41.21
603777	来伊份	0.00	54.06	0.00	0.00	54.06
603778	乾景园林	0.00	13.44	0.00	0.00	13.44
603779	威龙股份	0.00	10.91	0.00	0.00	10.91
603787	新日股份	0.00	22.12	0.00	0.00	22.12
603788	宁波高发	0.00	18.05	0.00	0.00	18.05
603789	星光农机	0.00	8.72	0.00	0.00	8.72
603790	雅运股份	0.00	23.61	0.00	0.00	23.61
603797	联泰环保	0.00	11.34	0.00	0.00	11.34
603798	康普顿	0.00	11.49	0.00	0.00	11.49
603799	华友钴业	0.00	1449.49	0.00	0.00	1449.49
603800	道森股份	0.00	27.84	0.00	0.00	27.84
603801	志邦家居	0.00	36.35	0.00	0.00	36.35
603803	瑞斯康达	0.00	35.82	0.00	0.00	35.82
603806	福斯特	0.00	16.92	0.00	0.00	16.92
603808	歌力思	0.00	20.02	0.00	0.00	20.02
603809	豪能股份	0.00	19.93	0.00	0.00	19.93
603810	丰山集团	0.00	25.15	0.00	0.00	25.15
603811	诚意药业	0.00	11.66	0.00	0.00	11.66

信用交易
Credit Trading

证券代码 Code	证券简称 Security Name	融资买入（百万）	卖券还款（百万）	融券卖出（百万）	买券还券（百万）	合计（百万）
603813	原尚股份	0.00	28.25	0.00	0.00	28.25
603816	顾家家居	0.00	52.95	0.00	0.00	52.95
603817	海峡环保	0.00	9.91	0.00	0.00	9.91
603818	曲美家居	0.00	8.93	0.00	0.00	8.93
603819	神力股份	0.00	7.95	0.00	0.00	7.95
603822	嘉澳环保	0.00	6.20	0.00	0.00	6.20
603823	百合花	0.00	13.96	0.00	0.00	13.96
603825	华扬联众	0.00	17.73	0.00	0.00	17.73
603826	坤彩科技	0.00	35.13	0.00	0.00	35.13
603828	柯利达	0.00	4.54	0.00	0.00	4.54
603829	洛凯股份	0.00	18.55	0.00	0.00	18.55
603833	欧派家居	0.00	34.53	0.00	0.00	34.53
603838	四通股份	0.00	9.04	0.00	0.00	9.04
603839	安正时尚	0.00	18.31	0.00	0.00	18.31
603843	正平股份	0.00	32.61	0.00	0.00	32.61
603848	好太太	0.00	25.39	0.00	0.00	25.39
603855	华荣股份	0.00	10.04	0.00	0.00	10.04
603856	东宏股份	0.00	27.81	0.00	0.00	27.81
603858	步长制药	2600.74	1074.99	16.00	13.31	3705.04
603859	能科股份	0.00	6.84	0.00	0.00	6.84
603860	中公高科	0.00	6.79	0.00	0.00	6.79
603861	白云电器	0.00	12.07	0.00	0.00	12.07
603866	桃李面包	0.00	19.22	0.00	0.00	19.22
603868	飞科电器	0.00	28.38	0.00	0.00	28.38
603869	新智认知	0.00	17.82	0.00	0.00	17.82
603871	嘉友国际	0.00	48.58	0.00	0.00	48.58
603876	鼎胜新材	0.00	47.88	0.00	0.00	47.88
603877	太平鸟	0.00	7.87	0.00	0.00	7.87
603878	武进不锈	0.00	17.97	0.00	0.00	17.97
603879	永悦科技	0.00	8.90	0.00	0.00	8.90
603880	南卫股份	0.00	12.65	0.00	0.00	12.65
603881	数据港	0.00	62.27	0.00	0.00	62.27
603882	金域医学	0.00	22.93	0.00	0.00	22.93
603883	老百姓	0.00	16.44	0.00	0.00	16.44
603885	吉祥航空	0.00	47.75	0.00	0.00	47.75
603886	元祖股份	0.00	22.72	0.00	0.00	22.72
603887	城地股份	0.00	3.44	0.00	0.00	3.44
603888	新华网	0.00	31.86	0.00	0.00	31.86
603889	新澳股份	0.00	8.92	0.00	0.00	8.92
603890	春秋电子	0.00	27.47	0.00	0.00	27.47
603895	天永智能	0.00	52.52	0.00	0.00	52.52
603896	寿仙谷	0.00	42.74	0.00	0.00	42.74
603897	长城科技	0.00	43.56	0.00	0.00	43.56
603898	好莱客	0.00	22.18	0.00	0.00	22.18
603899	晨光文具	0.00	30.13	0.00	0.00	30.13
603900	莱绅通灵	0.00	34.43	0.00	0.00	34.43
603901	永创智能	0.00	22.09	0.00	0.00	22.09
603903	中持股份	0.00	13.83	0.00	0.00	13.83
603906	龙蟠科技	0.00	11.77	0.00	0.00	11.77
603908	牧高笛	0.00	4.09	0.00	0.00	4.09

信用交易
Credit Trading

证券代码 Code	证券简称 Security Name	融资买入 （百万）	卖券还款 （百万）	融券卖出 （百万）	买券还券 （百万）	合计 （百万）
603909	合诚股份	0.00	3.65	0.00	0.00	3.65
603912	佳力图	0.00	35.03	0.00	0.00	35.03
603916	苏博特	0.00	34.39	0.00	0.00	34.39
603917	合力科技	0.00	24.20	0.00	0.00	24.20
603918	金桥信息	0.00	10.02	0.00	0.00	10.02
603919	金徽酒	0.00	26.92	0.00	0.00	26.92
603920	世运电路	0.00	29.70	0.00	0.00	29.70
603922	金鸿顺	0.00	14.99	0.00	0.00	14.99
603926	铁流股份	0.00	6.45	0.00	0.00	6.45
603928	兴业股份	0.00	26.28	0.00	0.00	26.28
603929	亚翔集成	0.00	35.72	0.00	0.00	35.72
603933	睿能科技	0.00	22.52	0.00	0.00	22.52
603936	博敏电子	0.00	21.92	0.00	0.00	21.92
603937	丽岛新材	0.00	36.83	0.00	0.00	36.83
603938	三孚股份	0.00	47.72	0.00	0.00	47.72
603939	益丰药房	0.00	25.94	0.00	0.00	25.94
603955	大千生态	0.00	10.62	0.00	0.00	10.62
603958	哈森股份	0.00	6.27	0.00	0.00	6.27
603959	百利科技	0.00	13.17	0.00	0.00	13.17
603960	克来机电	0.00	5.46	0.00	0.00	5.46
603963	大理药业	0.00	18.90	0.00	0.00	18.90
603966	法兰泰克	0.00	8.35	0.00	0.00	8.35
603968	醋化股份	0.00	14.06	0.00	0.00	14.06
603969	银龙股份	0.00	29.22	0.00	0.00	29.22
603970	中农立华	0.00	33.04	0.00	0.00	33.04
603976	正川股份	0.00	9.95	0.00	0.00	9.95
603977	国泰集团	0.00	6.84	0.00	0.00	6.84
603978	深圳新星	0.00	43.03	0.00	0.00	43.03
603979	金诚信	0.00	19.87	0.00	0.00	19.87
603980	吉华集团	0.00	37.16	0.00	0.00	37.16
603985	恒润股份	0.00	13.11	0.00	0.00	13.11
603986	兆易创新	0.00	528.35	0.00	0.00	528.35
603987	康德莱	0.00	12.22	0.00	0.00	12.22
603988	中电电机	0.00	26.52	0.00	0.00	26.52
603989	艾华集团	0.00	25.64	0.00	0.00	25.64
603990	麦迪科技	0.00	3.32	0.00	0.00	3.32
603991	至正股份	0.00	4.43	0.00	0.00	4.43
603993	洛阳钼业	44960.95	16964.30	727.61	102.47	62755.33
603996	中新科技	0.00	34.04	0.00	0.00	34.04
603997	继峰股份	0.00	17.92	0.00	0.00	17.92
603998	方盛制药	0.00	25.36	0.00	0.00	25.36
603999	读者传媒	0.00	14.25	0.00	0.00	14.25

基金市场概貌 Fund Market Overview

基金 Fund

基金市场交易 Fund Market Data	2018 年	2017 年	增减(%) Change (%)
交易天数 Trading Days	243	244	-0.41
上市基金数 Number of Funds	233	202	15.35
封闭式基金 Closed-end Fund	1	1	0.00
ETFs	110	87	26.44
LOF	98	87	12.64
交易型货币基金 Exchange-traded Money Market Fund	24	27	-11.11
新上市基金数 Number of New Funds	44	44	0.00
总成交金额 (亿) Total Trading Value(100 M)	71651.49	78169.76	-8.34
封闭式基金 Closed-end Fund	86.56	111.92	-22.66
ETFs	16586.78	10828.32	53.18
LOF	121.81	236.52	-48.50
交易型货币基金 Exchange-traded Money Market Fund	54856.31	66992.81	-18.12
日均成交金额(亿)Average Trading Value(100 M)	294.86	320.37	-7.96
封闭式基金 Closed-end Fund	0.36	0.46	-21.74
ETFs	68.26	44.38	53.81
LOF	0.50	0.97	-48.45
交易型货币基金 Exchange-traded Money Market Fund	225.75	274.56	-17.78
总成交量(亿) Total Trading Vol(100 M)	8897.98	5773.21	54.13
封闭式基金 Closed-end Fund	87.57	102.59	-14.64
ETFs	8135.48	4761.65	70.85
LOF	130.55	243.09	-46.30
交易型货币基金 Exchange-traded Money Market Fund	544.32	665.67	-18.23
日均成交量(百万份) Average Trading Vol (1 M)	3661.72	2366.07	54.76
封闭式基金 Closed-end Fund	36.04	42.05	-14.29
ETFs	3347.93	1951.50	71.56
LOF	53.72	99.63	-46.08
交易型货币基金 Exchange-traded Money Market Fund	224.00	272.82	-17.89
总成交笔数(万)Number of Trades(10000)	4251.59	3067.72	38.59
封闭式基金 Closed-end Fund	20.66	23.97	-13.81
ETFs	2704.46	1241.66	117.81
LOF	127.79	160.36	-20.31
交易型货币基金 Exchange-traded Money Market Fund	1398.66	1641.67	-14.80
日均成交笔数(万)Average Transactions(10000)	17.50	12.57	39.22
封闭式基金 Closed-end Fund	0.09	0.10	-10.00
ETFs	11.13	5.09	118.66
LOF	0.53	0.66	-19.70
交易型货币基金 Exchange-traded Money Market Fund	5.76	6.73	-14.41
大宗交易成交 Bulk Trading			
总成交金额(亿) Total Trading Value(100 M)	6.95	12.33	-43.63
总成交量(亿份) Total Trading Vol (100 M)	4.85	4.87	-0.41
总成交笔数(笔) Number of Trades	57.00	46.00	23.91

基金基本信息 List of Funds

基金 Fund

基金代码 Code	基金简称 Fund Name	发行时间 Issue Date	上市日 Listing Date	基金管理人 Management Company	托管人 Trustee
501000	国金鑫新	2015.06.08	2015.07.14	国金通用基金管理有限公司	平安银行股份有限公司
501001	财通精选	2015.06.09	2015.09.25	财通基金管理有限公司	中国光大银行股份有限公司
501002	能源互联	2015.12.08	2016.02.01	长信基金管理有限责任公司	国泰君安证券股份有限公司
501003	长信优选	2017.03.09	2017.05.05	长信基金管理有限责任公司	国泰君安证券股份有限公司
501005	精准医疗	2015.12.28	2016.03.21	汇添富基金管理股份有限公司	中国工商银行股份有限公司
501006	精准医 C	2015.12.28	2016.03.21	汇添富基金管理股份有限公司	中国工商银行股份有限公司
501007	互联医疗	2016.11.28	2017.02.20	汇添富基金管理股份有限公司	中国工商银行股份有限公司
501008	互联医 C	2016.11.28	2017.02.20	汇添富基金管理股份有限公司	中国工商银行股份有限公司
501009	生物科技	2016.11.28	2017.02.20	汇添富基金管理股份有限公司	中国建设银行股份有限公司
501010	生物科 C	2016.11.28	2017.02.20	汇添富基金管理股份有限公司	中国建设银行股份有限公司
501011	中药基金	2016.11.28	2017.02.20	汇添富基金管理股份有限公司	中国建设银行股份有限公司
501012	中药 C	2016.11.28	2017.02.20	汇添富基金管理股份有限公司	中国建设银行股份有限公司
501015	财通升级	2016.02.18	2016.06.06	财通基金管理有限公司	中国工商银行股份有限公司
501016	券商基金	2017.03.30	2017.05.19	国泰基金管理有限公司	中国建设银行股份有限公司
501017	国泰融丰	2016.05.03	2016.08.26	国泰基金管理有限公司	中国银行股份有限公司
501018	南方原油	2016.05.17	2016.06.28	南方基金管理有限公司	中国工商银行股份有限公司
501019	军工基金	2017.03.10	2017.04.21	国泰基金管理有限公司	中国建设银行股份有限公司
501020	国企改	2017.03.10	2017.04.21	国泰基金管理有限公司	中国建设银行股份有限公司
501021	香港中小	2016.05.23	2016.07.06	华宝基金管理有限公司	中国建设银行股份有限公司
501022	银华鑫盛	2016.08.24	2016.11.10	银华基金管理股份有限公司	中国工商银行股份有限公司
501023	港中小企	2016.08.29	2016.10.24	鹏华基金管理有限公司	中国银行股份有限公司
501025	香港银行	2016.10.10	2016.11.24	鹏华基金管理有限公司	中国建设银行股份有限公司
501026	财通福享	2016.08.15	2016.12.15	财通基金管理有限公司	中国农业银行股份有限公司
501027	国泰融信	2016.12.01	2017.06.01	国泰基金管理有限公司	中国银行股份有限公司
501028	财通福瑞	2016.10.17	2017.02.20	财通基金管理有限公司	中国工商银行股份有限公司
501029	红利基金	2016.12.01	2017.02.13	华宝基金管理有限公司	中国银行股份有限公司
501030	环境治理	2016.11.28	2017.02.20	汇添富基金管理股份有限公司	中国工商银行股份有限公司
501031	环境 C	2016.11.28	2017.02.20	汇添富基金管理股份有限公司	中国工商银行股份有限公司
501032	财通福盛	2016.12.19	2017.04.21	财通基金管理有限公司	中国工商银行股份有限公司
501035	创金睿选	2017.04.17	2017.09.18	创金合信基金管理有限公司	中国工商银行股份有限公司
501036	中证 500A	2017.07.26	2017.10.09	汇添富基金管理股份有限公司	招商证券股份有限公司
501037	中证 500C	2017.07.26	2017.10.09	汇添富基金管理股份有限公司	招商证券股份有限公司
501038	银华明择	2017.07.10	2017.11.24	银华基金管理股份有限公司	中国建设银行股份有限公司
501043	沪深 300A	2017.08.28	2017.10.09	汇添富基金管理股份有限公司	中国国际金融股份有限公司
501045	沪深 300C	2017.08.28	2017.10.09	汇添富基金管理股份有限公司	中国国际金融股份有限公司
501046	财通福鑫	2017.08.30	2017.12.01	财通基金管理有限公司	中国工商银行股份有限公司
501050	50AH	2016.09.19	2016.11.28	华夏基金管理有限公司	中国建设银行股份有限公司
501106	十年国开	2017.11.03	2017.12.13	广发基金管理有限公司	宁波银行股份有限公司
501300	美元债	2016.11.17	2017.02.16	海富通基金管理有限公司	中国银行股份有限公司
501301	香港大盘	2017.03.20	2017.05.08	华宝基金管理有限公司	招商证券股份有限公司
501302	恒生联接	2017.04.17	2017.08.15	南方基金管理有限公司	中国工商银行股份有限公司
501303	恒生中型	2017.08.07	2017.10.25	广发基金管理有限公司	中国银行股份有限公司
502000	500 等权	2015.03.30	2015.04.27	西部利得基金管理有限公司	兴业银行股份有限公司
502001	500 等权 A	2015.03.30	2015.04.27	西部利得基金管理有限公司	兴业银行股份有限公司
502002	500 等权 B	2015.03.30	2015.04.27	西部利得基金管理有限公司	兴业银行股份有限公司
502003	军工分级	2015.06.23	2015.07.15	易方达基金管理有限公司	中国建设银行股份有限公司
502004	军工 A	2015.06.23	2015.07.15	易方达基金管理有限公司	中国建设银行股份有限公司
502005	军工 B	2015.06.23	2015.07.15	易方达基金管理有限公司	中国建设银行股份有限公司
502006	国企改革	2015.06.08	2015.06.25	易方达基金管理有限公司	中国建设银行股份有限公司
502007	国企改 A	2015.06.08	2015.06.25	易方达基金管理有限公司	中国建设银行股份有限公司

基金基本信息 List of Funds

基金 Fund

基金代码 Code	基金简称 Fund Name	发行时间 Issue Date	上市日 Listing Date	基金管理人 Management Company	托管人 Trustee
502008	国企改 B	2015.06.08	2015.06.25	易方达基金管理有限公司	中国建设银行股份有限公司
502010	证券分级	2015.06.23	2015.07.15	易方达基金管理有限公司	中国建设银行股份有限公司
502011	证券 A	2015.06.23	2015.07.15	易方达基金管理有限公司	中国建设银行股份有限公司
502012	证券 B	2015.06.23	2015.07.15	易方达基金管理有限公司	中国建设银行股份有限公司
502013	一带一路	2015.05.12	2015.06.09	长盛基金管理有限公司	中国银行
502014	一带一 A	2015.05.12	2015.06.09	长盛基金管理有限公司	中国银行
502015	一带一 B	2015.05.12	2015.06.09	长盛基金管理有限公司	中国银行
502016	带路分级	2015.07.06	2015.08.24	长信基金管理有限责任公司	广发证券股份有限公司
502017	带路 A	2015.07.06	2015.08.24	长信基金管理有限责任公司	广发证券股份有限公司
502018	带路 B	2015.07.06	2015.08.24	长信基金管理有限责任公司	广发证券股份有限公司
502020	国金 50	2015.05.11	2015.06.05	国金通用基金管理有限公司	中国民生银行股份有限公司
502021	国金 50A	2015.05.11	2015.06.05	国金通用基金管理有限公司	中国民生银行股份有限公司
502022	国金 50B	2015.05.11	2015.06.05	国金通用基金管理有限公司	中国民生银行股份有限公司
502023	钢铁分级	2015.06.23	2015.08.24	鹏华基金管理有限公司	招商银行股份有限公司
502024	钢铁 A	2015.06.23	2015.08.24	鹏华基金管理有限公司	招商银行股份有限公司
502025	钢铁 B	2015.06.23	2015.08.24	鹏华基金管理有限公司	招商银行股份有限公司
502026	新丝路	2015.06.23	2015.08.24	鹏华基金管理有限公司	招商银行股份有限公司
502027	新丝路 A	2015.06.23	2015.08.24	鹏华基金管理有限公司	招商银行股份有限公司
502028	新丝路 B	2015.06.23	2015.08.24	鹏华基金管理有限公司	招商银行股份有限公司
502030	高铁分级	2015.06.15	2015.08.07	中海基金管理有限公司	招商证券股份有限公司
502031	高铁 A	2015.06.15	2015.08.07	中海基金管理有限公司	招商证券股份有限公司
502032	高铁 B	2015.06.15	2015.08.07	中海基金管理有限公司	招商证券股份有限公司
502036	互联金融	2015.06.15	2015.07.07	大成基金管理有限公司	中国工商银行股份有限公司
502037	网金 A	2015.06.15	2015.07.07	大成基金管理有限公司	中国工商银行股份有限公司
502038	网金 B	2015.06.15	2015.07.07	大成基金管理有限公司	中国工商银行股份有限公司
502040	上 50 分级	2015.06.29	2015.08.24	长盛基金管理有限公司	中国银行股份有限公司
502041	上 50A	2015.06.29	2015.08.24	长盛基金管理有限公司	中国银行股份有限公司
502042	上 50B	2015.06.29	2015.08.24	长盛基金管理有限公司	中国银行股份有限公司
502048	50 分级	2015.03.30	2015.04.27	易方达基金管理有限公司	交通银行股份有限公司
502049	上证 50A	2015.03.30	2015.04.27	易方达基金管理有限公司	交通银行股份有限公司
502050	上证 50B	2015.03.30	2015.04.27	易方达基金管理有限公司	交通银行股份有限公司
502053	券商分级	2015.07.13	2015.08.24	长盛基金管理有限公司	中国农业银行股份有限公司
502054	券商 A	2015.07.13	2015.08.24	长盛基金管理有限公司	中国农业银行股份有限公司
502055	券商 B	2015.07.13	2015.08.24	长盛基金管理有限公司	中国农业银行股份有限公司
502056	医疗分级	2015.07.01	2015.07.31	广发基金管理有限公司	北京银行股份有限公司
502057	医疗 A	2015.07.01	2015.07.31	广发基金管理有限公司	北京银行股份有限公司
502058	医疗 B	2015.07.01	2015.07.31	广发基金管理有限公司	北京银行股份有限公司
505888	嘉实元和	..	2015.03.16	嘉实基金管理有限公司	中国工商银行股份有限公司
510010	治理 ETF	2009.09.18	2009.12.15	交银施罗德基金管理有限公司	中国农业银行股份有限公司
510020	超大 ETF	2009.12.23	2010.03.19	博时基金管理有限公司	中国建设银行股份有限公司
510030	价值 ETF	2010.04.14	2010.05.28	华宝兴业基金管理有限公司	中国工商银行股份有限公司
510050	50ETF	2004.12.24	2005.02.23	华夏基金管理有限公司	中国工商银行
510060	央企 ETF	2009.08.20	2009.10.27	工银瑞信基金管理有限公司	招商银行股份有限公司
510070	民企 ETF	2010.07.27	2010.10.29	鹏华基金管理有限公司	中国工商银行股份有限公司
510090	责任 ETF	2010.05.19	2010.08.09	建信基金管理有限公司	中国工商银行股份有限公司
510110	周期 ETF	2010.09.08	2010.11.15	海富通基金管理有限公司	中国工商银行股份有限公司
510120	非周 ETF	2011.04.13	2011.06.08	海富通基金管理有限公司	中国工商银行股份有限公司
510130	中盘 ETF	2010.03.17	2010.06.23	易方达基金管理有限公司	中国工商银行股份有限公司
510150	消费 ETF	2010.11.30	2011.02.25	招商基金管理有限公司	中国工商银行股份有限公司
510160	小康 ETF	2010.08.18	2010.11.01	南方基金管理有限公司	中国工商银行股份有限公司

基金基本信息 List of Funds

基金代码 Code	基金简称 Fund Name	发行时间 Issue Date	上市日 Listing Date	基金管理人 Management Company	托管人 Trustee
510170	商品 ETF	2010.11.17	2011.01.25	国联安基金管理有限公司	中国银行股份有限公司
510180	180ETF	2006.03.09	2006.05.18	华安基金管理有限公司	中国建设银行股份有限公司
510190	龙头 ETF	2010.11.10	2011.01.10	华安基金管理有限公司	中国工商银行股份有限公司
510210	综指 ETF	2011.01.20	2011.03.25	富国基金管理有限公司	中国工商银行股份有限公司
510220	中小 ETF	2011.01.14	2011.03.28	华泰柏瑞基金管理有限公司	中国银行股份有限公司
510230	金融 ETF	2011.03.23	2011.05.23	国泰基金管理有限公司	中国银行股份有限公司
510260	新兴 ETF	2011.03.28	2011.06.08	诺安基金管理有限公司	中国工商银行股份有限公司
510270	国企 ETF	2011.06.08	2011.08.18	中银基金管理有限公司	招商银行股份有限公司
510280	成长 ETF	2011.07.27	2011.10.18	华宝兴业基金管理有限公司	中国银行股份有限公司
510290	380ETF	2011.09.07	2011.11.08	南方基金管理有限公司	中国建设银行股份有限公司
510300	300ETF	2012.04.24	2012.05.28	华泰柏瑞基金管理有限公司	中国工商银行
510310	HS300ETF	2013.02.26	2013.03.25	易方达基金管理有限公司	中国建设银行股份有限公司
510330	华夏 300	2012.12.17	2013.01.16	华夏基金管理有限公司	中国工商银行股份有限公司
510360	广发 300	2015.08.05	2015.09.09	广发基金管理有限公司	中国工商银行股份有限公司
510410	资源 ETF	2012.03.28	2012.05.11	博时基金管理有限公司	中国建设银行股份有限公司
510420	180EWETF	2012.06.04	2012.07.09	景顺长城基金管理有限公司	中国银行股份有限公司
510430	50 等权	2012.08.15	2012.09.24	银华基金管理有限公司	中国建设银行股份有限公司
510440	500 沪市	2012.08.15	2012.10.08	大成基金管理有限公司	中国银行股份有限公司
510500	500ETF	2013.01.29	2013.03.15	南方基金管理有限公司	中国农业银行股份有限公司
510510	广发 500	2013.03.27	2013.05.24	广发基金管理有限公司	中国工商银行股份有限公司
510520	诺安 500	2014.01.22	2014.03.10	诺安基金管理有限公司	中国银行股份有限公司
510560	国寿 500	2015.05.20	2015.07.03	国寿安保基金管理有限公司	中国农业银行股份有限公司
510580	ZZ500ETF	2015.08.19	2015.09.14	易方达基金管理有限公司	中国工商银行股份有限公司
510630	消费行业	2013.03.20	2013.05.08	华夏基金管理有限公司	中国建设银行股份有限公司
510650	金融行业	2013.03.20	2013.05.08	华夏基金管理有限公司	中国建设银行股份有限公司
510660	医药行业	2013.03.20	2013.05.08	华夏基金管理有限公司	中国建设银行股份有限公司
510680	万家 50	2013.10.23	2013.12.02	万家基金管理有限公司	华夏银行股份有限公司
510710	上 50ETF	2015.05.19	2015.06.15	博时基金管理有限公司	招商银行股份有限公司
510810	上海国企	2016.07.20	2016.08.29	汇添富基金管理股份有限公司	中国工商银行股份有限公司
510880	红利 ETF	2006.11.08	2007.01.18	华泰柏瑞基金管理有限公司	招商银行股份有限公司
510900	H 股 ETF	2012.08.01	2012.10.22	易方达基金管理有限公司	交通银行股份有限公司
511010	国债 ETF	2013.02.25	2013.03.25	国泰基金管理有限公司	中国建设银行股份有限公司
511210	企债 ETF	2013.07.03	2013.08.16	博时基金管理有限公司	中国工商银行股份有限公司
511220	城投 ETF	2014.11.05	2014.12.16	海富通基金管理有限公司	中国银行股份有限公司
511230	周期债	2017.01.11	2017.04.21	海富通基金管理有限公司	交通银行股份有限公司
511260	十年国债	2017.07.26	2017.08.24	国泰基金管理有限公司	中国建设银行股份有限公司
511600	货币 ETF	..	2016.09.09	华安基金管理有限公司	中国银行股份有限公司
511620	货币基金	2017.07.26	2017.09.07	国泰基金管理有限公司	中国建设银行股份有限公司
511650	华夏快线	2016.12.19	2017.01.16	华夏基金管理有限公司	招商证券股份有限公司
511660	建信添益	2016.08.24	2016.09.21	建信基金管理有限责任公司	国泰君安证券股份有限公司
511670	华泰天金	2017.08.03	2017.08.28	华泰证券(上海)资产管理有限公司	中国建设银行股份有限公司
511680	安信货币	2016.09.01	2016.09.27	安信基金管理有限责任公司	招商证券股份有限公司
511690	交易货币	2016.09.20	2016.10.20	大成基金管理有限公司	中国银行股份有限公司
511700	场内货币	2016.09.12	2016.10.17	平安大华基金管理有限公司	国泰君安证券股份有限公司
511760	德邦货币	2016.11.16	2016.12.15	德邦基金管理有限公司	国泰君安证券股份有限公司
511770	金鹰增益	2017.03.08	2017.04.10	金鹰基金管理有限公司	招商证券股份有限公司
511800	易货币	..	2014.12.08	易方达基金管理有限公司	中国银行股份有限公司
511810	理财金 H	2014.11.26	2015.01.05	南方基金管理有限公司	中国农业银行股份有限公司
511820	鹏华添利	2016.01.20	2016.02.22	鹏华基金管理有限公司	中国工商银行股份有限公司
511830	华泰货币	2015.07.02	2015.08.03	华泰柏瑞基金管理有限公司	中国建设银行股份有限公司

基金基本信息 List of Funds

基金代码 Code	基金简称 Fund Name	发行时间 Issue Date	上市日 Listing Date	基金管理人 Management Company	托管人 Trustee
511850	财富宝 E	2016.06.20	2016.07.18	招商基金管理有限公司	中国建设银行股份有限公司
511860	博时货币	2014.11.17	2014.12.09	博时基金管理有限公司	中国建设银行股份有限公司
511880	银华日利	2013.03.22	2013.04.18	银华基金管理有限公司	中国建设银行股份有限公司
511890	景顺货币	2015.07.08	2015.08.03	景顺长城基金管理有限公司	中国银河证券股份有限公司
511900	富国货币	2015.11.13	2015.12.09	富国基金管理有限公司	中国银行股份有限公司
511910	融通货币	..	2016.06.20	融通基金管理有限公司	中国民生银行股份有限公司
511920	广发货币	..	2016.03.28	广发基金管理有限公司	中国工商银行股份有限公司
511930	中融日盈	2015.11.19	2015.12.15	中融基金管理有限公司	国泰君安证券股份有限公司
511950	广发添利	2016.11.09	2016.12.19	广发基金管理有限公司	中国工商银行股份有限公司
511960	嘉实快线	..	2015.12.28	嘉实基金管理有限公司	上海浦东发展银行股份有限公司
511970	国寿货币	..	2016.07.04	国寿安保基金管理有限公司	中国工商银行股份有限公司
511980	现金添富	2015.10.14	2015.11.02	汇添富基金管理股份有限公司	中国工商银行股份有限公司
511990	华宝添益	2012.12.19	2013.01.28	华宝兴业基金管理有限公司	中国建设银行股份有限公司
512000	券商 ETF	2016.08.18	2016.09.14	华宝兴业基金管理有限公司	中国建设银行股份有限公司
512010	医药 ETF	2013.09.11	2013.10.28	易方达基金管理有限公司	中国建设银行股份有限公司
512070	非银 ETF	2014.06.18	2014.07.18	易方达基金管理有限公司	中国建设银行股份有限公司
512100	1000ETF	2016.09.21	2016.11.04	南方基金管理有限公司	招商银行股份有限公司
512120	中证医药	2013.11.26	2014.01.06	华安基金管理有限公司	中国建设银行股份有限公司
512200	房地产	2017.08.15	2017.09.25	南方基金管理有限公司	中国工商银行股份有限公司
512210	景顺食品	2014.07.09	2014.08.19	景顺长城基金管理有限公司	中国银行股份有限公司
512220	景顺 TMT	2014.07.09	2014.08.19	景顺长城基金管理有限公司	中国银行股份有限公司
512230	景顺医药	2014.07.09	2014.08.19	景顺长城基金管理有限公司	中国银行股份有限公司
512300	500 医药	2014.10.22	2014.12.18	南方基金管理有限公司	中国农业银行股份有限公司
512310	500 工业	2015.03.30	2015.05.08	南方基金管理有限公司	中国农业银行股份有限公司
512330	500 信息	2015.06.17	2015.07.20	南方基金管理有限公司	中国农业银行股份有限公司
512340	500 原料	2015.04.08	2015.05.15	南方基金管理有限公司	中国农业银行股份有限公司
512400	有色金属	2017.07.24	2017.09.01	南方基金管理有限公司	中国工商银行股份有限公司
512500	中证 500	2015.04.24	2015.05.29	华夏基金管理有限公司	中国建设银行股份有限公司
512510	ETF500	2015.05.04	2015.06.12	华泰柏瑞基金管理有限公司	中国银行股份有限公司
512550	富时 A50	2017.06.21	2017.08.07	嘉实基金管理有限公司	中国银行股份有限公司
512560	中证军工	2017.07.05	2017.07.28	易方达基金管理有限公司	招商银行股份有限公司
512570	中证证券	2017.07.19	2017.08.11	易方达基金管理有限公司	招商银行股份有限公司
512580	环保 ETF	2017.01.12	2017.02.28	广发基金管理有限公司	中国银行股份有限公司
512600	主要消费	2014.06.04	2014.07.25	嘉实基金管理有限公司	中国银行股份有限公司
512610	医药卫生	2014.06.04	2014.07.25	嘉实基金管理有限公司	中国银行股份有限公司
512640	金融地产	2014.06.11	2014.07.25	嘉实基金管理有限公司	中国银行股份有限公司
512660	军工 ETF	2016.07.14	2016.08.08	国泰基金管理有限公司	中国建设银行股份有限公司
512680	军工基金	2016.08.18	2016.10.14	广发基金管理有限公司	中国工商银行股份有限公司
512700	银行基金	2017.06.16	2017.07.26	南方基金管理有限公司	中国工商银行股份有限公司
512800	银行 ETF	2017.07.06	2017.08.03	华宝兴业基金管理有限公司	中国银行股份有限公司
512810	军工行业	2016.07.28	2016.08.22	华宝兴业基金管理有限公司	中国建设银行股份有限公司
512880	证券 ETF	2016.07.14	2016.08.08	国泰基金管理有限公司	中国建设银行股份有限公司
512900	证券基金	2017.03.01	2017.03.31	南方基金管理有限公司	中国银行股份有限公司
512990	MSCIA 股	2015.02.04	2015.03.25	华夏基金管理有限公司	中国银行股份有限公司
513030	德国 30	2014.07.14	2014.09.05	华安基金管理有限公司	招商银行股份有限公司
513050	中概互联	2016.12.23	2017.01.18	易方达基金管理有限公司	招商银行股份有限公司
513100	纳指 ETF	2013.04.17	2013.05.15	国泰基金管理有限公司	中国建设银行股份有限公司
513500	标普 500	2013.11.27	2014.01.15	博时基金管理有限公司	中国工商银行股份有限公司
513600	恒指 ETF	2014.12.15	2015.01.26	南方基金管理有限公司	中国工商银行股份有限公司
513660	恒生通	2014.12.15	2015.01.26	华夏基金管理有限公司	中国农业银行股份有限公司
518800	黄金基金	2013.07.10	2013.07.29	国泰基金管理有限公司	中国工商银行股份有限公司
518880	黄金 ETF	2013.07.10	2013.07.29	华安基金管理有限公司	中国建设银行股份有限公司

封闭式基金每日成交(亿元/亿份)
Closed-end Fund Trading(100 M Yuan/100 M Units)

基金
Fund

日期 Date	1月 Jan		2月 Feb		3月 Mar		4月 Apr		5月 May		6月 Jun	
	金额 Value	数量 Vol	金额 Value	数量 Vol	金额 Value	数量 Vol	金额 Value	数量 Vol	金额 Value	数量 Vol	金额 Value	数量 Vol
1	---	---	0.36	0.34	0.64	0.61	---	---	---	---	0.06	0.06
2	0.39	0.36	0.87	0.82	0.81	0.79	0.16	0.15	0.56	0.54	---	---
3	0.38	0.35	---	---	---	---	0.29	0.28	0.28	0.28	---	---
4	0.54	0.50	---	---	---	---	0.24	0.23	0.46	0.44	0.07	0.07
5	0.46	0.43	0.79	0.75	0.31	0.30	---	---	---	---	0.11	0.11
6	---	---	0.60	0.56	0.27	0.26	---	---	---	---	0.10	0.10
7	---	---	0.87	0.82	0.43	0.42	---	---	0.70	0.69	0.09	0.09
8	0.59	0.55	0.38	0.36	0.09	0.09	---	---	0.34	0.33	0.35	0.34
9	0.52	0.48	0.76	0.74	0.24	0.24	0.16	0.15	0.22	0.21	---	---
10	0.48	0.44	---	---	---	---	0.77	0.73	0.13	0.13	---	---
11	0.28	0.26	---	---	---	---	1.33	1.28	0.15	0.15	0.33	0.32
12	0.26	0.24	0.69	0.67	0.30	0.29	0.97	0.95	---	---	0.21	0.21
13	---	---	0.50	0.49	0.19	0.18	1.05	1.02	---	---	0.11	0.11
14	---	---	0.12	0.11	0.14	0.14	---	---	0.24	0.24	0.19	0.18
15	0.53	0.49	---	---	0.18	0.17	---	---	0.22	0.21	0.21	0.21
16	0.59	0.55	---	---	0.16	0.15	0.32	0.31	1.21	1.17	---	---
17	1.21	1.13	---	---	---	---	0.45	0.44	0.24	0.23	---	---
18	0.68	0.63	---	---	---	---	0.51	0.49	0.21	0.20	---	---
19	0.84	0.79	---	---	0.42	0.40	0.35	0.34	---	---	0.63	0.64
20	---	---	---	---	0.16	0.15	0.40	0.39	---	---	0.15	0.15
21	---	---	---	---	0.33	0.31	---	---	0.22	0.21	0.11	0.11
22	1.84	1.72	0.65	0.63	0.32	0.30	---	---	0.38	0.37	0.20	0.20
23	0.85	0.79	0.32	0.31	0.67	0.64	0.40	0.39	0.17	0.17	---	---
24	0.64	0.60	---	---	---	---	0.33	0.32	0.15	0.14	---	---
25	1.00	0.93	---	---	---	---	0.35	0.34	0.09	0.09	0.11	0.11
26	1.44	1.35	0.31	0.30	0.52	0.50	0.18	0.17	---	---	0.18	0.18
27	---	---	0.26	0.24	0.28	0.27	0.42	0.41	---	---	0.69	0.70
28	---	---	0.46	0.44	0.17	0.17	---	---	0.13	0.13	0.09	0.09
29	0.80	0.75	---	---	0.28	0.27	---	---	0.28	0.27	0.16	0.17
30	0.87	0.81	---	---	0.20	0.19	---	---	0.37	0.35	---	---
31	0.52	0.49	---	---	---	---	---	---	0.06	0.06	---	---
最高 high	1.84	1.72	H0.87	0.82	0.81	0.79	1.33	1.28	1.21	1.17	0.69	0.70
最低 low	0.26	0.24	0.12	0.11	0.09	0.09	0.16	0.15	0.06	0.06	0.06	0.06

封闭式基金每日成交(亿元/亿份) Closed-end Fund Trading(100 M Yuan/100 M Units)

基金 Fund

日期 Date	7月 Jul		8月 Aug		9月 Sep		10月 Oct		11月 Nov		12月 Dec	
	金额 Value	数量 Vol	金额 Value	数量 Vol	金额 Value	数量 Vol	金额 Value	数量 Vol	金额 Value	数量 Vol	金额 Value	数量 Vol
1	---	---	0.10	0.10	---	---	---	---	0.91	1.06	---	---
2	0.18	0.18	0.18	0.19	---	---	---	---	1.40	1.63	---	---
3	0.11	0.11	0.11	0.11	0.41	0.43	---	---	---	---	0.52	0.56
4	0.14	0.14	---	---	0.10	0.11	---	---	---	---	0.11	0.12
5	0.22	0.23	---	---	0.12	0.13	---	---	0.43	0.49	0.21	0.22
6	0.37	0.39	0.07	0.07	0.24	0.25	---	---	0.60	0.68	0.20	0.21
7	---	---	0.07	0.07	0.16	0.17	---	---	0.64	0.72	0.26	0.28
8	---	---	0.07	0.07	---	---	0.22	0.23	0.38	0.43	---	---
9	0.24	0.26	0.10	0.11	---	---	0.33	0.36	0.23	0.26	---	---
10	0.21	0.22	0.09	0.09	0.12	0.13	0.26	0.28	---	---	0.36	0.40
11	0.35	0.37	---	---	0.06	0.06	0.54	0.59	---	---	0.21	0.23
12	0.51	0.55	---	---	0.08	0.09	0.25	0.28	0.26	0.29	0.21	0.23
13	0.12	0.12	0.09	0.09	0.14	0.15	---	---	0.48	0.53	0.25	0.27
14	---	---	0.11	0.11	0.18	0.19	---	---	0.26	0.29	0.34	0.37
15	---	---	0.37	0.39	---	---	0.16	0.18	0.32	0.35	---	---
16	0.14	0.15	0.19	0.20	---	---	0.22	0.24	0.35	0.38	---	---
17	0.27	0.28	0.10	0.11	0.12	0.12	0.22	0.24	---	---	0.65	0.70
18	0.37	0.39	---	---	0.27	0.29	0.30	0.34	---	---	0.67	0.71
19	0.12	0.12	---	---	0.21	0.22	0.39	0.44	0.35	0.38	0.39	0.42
20	0.36	0.37	0.07	0.07	0.28	0.30	---	---	0.62	0.69	0.28	0.30
21	---	---	0.07	0.07	0.58	0.62	---	---	0.17	0.18	0.68	0.73
22	---	---	0.05	0.05	---	---	0.70	0.79	0.46	0.49	---	---
23	0.20	0.20	0.08	0.08	---	---	0.52	0.59	0.35	0.37	---	---
24	0.11	0.11	0.16	0.17	---	---	0.43	0.49	---	---	0.39	0.43
25	0.11	0.11	---	---	0.15	0.16	0.17	0.19	---	---	0.42	0.46
26	0.07	0.08	---	---	0.31	0.34	0.20	0.24	0.23	0.25	0.50	0.54
27	0.12	0.13	0.26	0.27	0.22	0.24	---	---	0.09	0.09	1.17	1.29
28	---	---	0.17	0.18	0.36	0.39	---	---	0.29	0.31	1.68	1.81
29	---	---	0.09	0.09	---	---	0.31	0.37	0.40	0.43	---	---
30	0.07	0.07	0.14	0.14	---	---	0.13	0.15	0.23	0.25	---	---
31	0.09	0.09	0.28	0.29	---	---	0.25	0.30	---	---	---	---
最高 high	0.51	0.55	0.37	0.39	0.58	0.62	0.70	0.79	1.40	1.63	1.68	H1.81
最低 low	0.07	0.07	L0.05	L0.05	0.06	0.06	0.13	0.15	0.09	0.09	0.11	0.12

ETF 每日成交(亿元/亿份)
ETF Trading(100M Yuan/100 M Units)

基金
Fund

日期 Date	1月 Jan		2月 Feb		3月 Mar		4月 Apr		5月 May		6月 Jun	
	金额 Value	数量 Vol	金额 Value	数量 Vol	金额 Value	数量 Vol	金额 Value	数量 Vol	金额 Value	数量 Vol	金额 Value	数量 Vol
1	---	---	88.24	38.79	47.28	22.46	---	---	---	---	47.79	27.21
2	53.73	25.98	87.32	39.34	40.59	19.07	53.55	22.78	52.43	24.93	---	---
3	55.97	27.36	---	---	---	---	49.16	24.96	53.49	24.70	---	---
4	69.37	37.79	---	---	---	---	50.57	24.50	55.16	25.59	49.52	26.26
5	56.11	28.24	81.88	37.41	43.74	20.59	---	---	---	---	48.93	27.06
6	---	---	110.54	45.74	59.37	30.18	---	---	---	---	52.13	26.76
7	---	---	100.11	43.56	67.39	33.95	---	---	56.10	27.37	65.87	35.96
8	47.82	23.60	84.04	36.15	38.32	18.36	---	---	67.34	31.99	51.05	24.96
9	50.03	25.93	120.12	53.24	57.25	26.60	54.20	27.45	47.00	23.63	---	---
10	72.01	37.20	---	---	---	---	70.85	35.17	60.85	29.48	---	---
11	72.43	40.85	---	---	---	---	65.13	31.88	52.16	25.29	40.86	20.56
12	63.69	34.02	62.94	29.81	67.75	27.49	51.79	25.88	---	---	61.83	32.37
13	---	---	51.73	25.19	56.14	23.89	47.46	23.76	---	---	50.47	25.99
14	---	---	32.82	16.88	38.47	15.58	---	---	57.67	26.84	63.99	31.57
15	74.76	39.09	---	---	46.61	21.21	---	---	46.50	20.99	62.44	30.80
16	76.08	40.38	---	---	50.62	23.72	58.27	28.57	59.39	28.59	---	---
17	91.85	46.00	---	---	---	---	57.64	27.48	46.25	22.37	---	---
18	79.30	41.35	---	---	---	---	65.39	29.95	75.61	38.87	---	---
19	78.32	37.40	---	---	50.45	24.90	55.04	27.42	---	---	98.61	48.77
20	---	---	---	---	51.60	24.35	55.86	25.59	---	---	72.89	36.81
21	---	---	---	---	54.99	23.85	---	---	73.97	37.04	82.14	38.34
22	67.44	31.10	42.08	19.05	51.44	22.53	---	---	47.56	21.40	58.25	31.61
23	89.18	41.71	42.27	19.92	68.13	31.46	55.60	27.47	53.52	24.41	---	---
24	81.53	36.74	---	---	---	---	74.35	33.80	45.01	23.35	---	---
25	76.00	35.44	---	---	---	---	45.98	22.40	52.96	29.08	48.38	25.17
26	85.39	41.82	64.36	28.41	62.83	27.87	59.99	28.96	---	---	61.74	31.97
27	---	---	62.54	28.51	62.84	31.18	56.85	25.51	---	---	61.03	32.22
28	---	---	53.01	22.95	54.38	24.34	---	---	61.96	32.63	56.82	31.99
29	83.69	37.93	---	---	61.63	29.23	---	---	56.27	29.91	67.84	38.09
30	70.16	33.84	---	---	48.68	22.69	---	---	51.98	26.70	---	---
31	79.97	38.92	---	---	---	---	---	---	48.04	23.52	---	---
最高 high	91.85	46.00	120.12	53.24	68.13	33.95	74.35	35.17	75.61	38.87	98.61	48.77
最低 low	47.82	23.60	L32.82	16.88	38.32	L15.58	45.98	22.40	45.01	20.99	40.86	20.56

ETF 每日成交(亿元/亿份)
ETF Trading(100 M Yuan/100 M Units)

基金
Fund

日期 Date	7月 Jul		8月 Aug		9月 Sep		10月 Oct		11月 Nov		12月 Dec	
	金额 Value	数量 Vol	金额 Value	数量 Vol	金额 Value	数量 Vol	金额 Value	数量 Vol	金额 Value	数量 Vol	金额 Value	数量 Vol
1	---	---	66.78	31.27	---	---	---	---	105.10	49.30	---	---
2	59.44	29.27	65.40	30.59	---	---	---	---	177.41	72.65	---	---
3	95.77	46.86	51.54	25.67	46.72	24.41	---	---	---	---	114.38	54.52
4	49.96	27.80	---	---	60.07	33.92	---	---	---	---	75.14	39.73
5	50.76	29.08	---	---	56.58	30.64	---	---	96.28	45.78	78.20	37.66
6	68.15	37.44	62.62	28.73	44.35	23.18	---	---	79.32	37.13	94.68	46.23
7	---	---	67.83	34.87	54.81	29.62	---	---	100.69	49.70	64.49	33.80
8	---	---	55.28	28.94	---	---	85.23	36.64	71.24	35.30	---	---
9	53.94	27.76	61.74	31.06	---	---	58.04	27.22	84.23	42.08	---	---
10	43.03	23.45	45.83	23.82	60.64	32.47	63.69	29.68	---	---	79.83	39.19
11	62.37	31.18	---	---	55.33	28.10	120.55	55.77	---	---	72.08	37.86
12	58.56	29.90	---	---	53.45	29.29	103.73	47.44	81.91	36.91	68.77	33.75
13	44.07	23.76	63.07	34.80	62.27	31.24	---	---	108.29	53.32	99.69	45.76
14	---	---	52.31	27.58	50.55	26.51	---	---	83.70	42.53	76.68	35.81
15	---	---	53.16	27.28	---	---	73.25	34.61	87.45	44.44	---	---
16	40.77	21.64	81.25	46.12	---	---	89.88	43.32	108.88	54.69	---	---
17	50.71	28.14	57.87	31.90	38.09	19.62	112.01	48.83	---	---	95.12	44.89
18	52.33	27.83	---	---	70.47	37.34	81.00	37.80	---	---	86.89	43.54
19	45.42	24.29	---	---	79.00	37.50	106.36	50.61	112.56	55.95	71.13	33.69
20	74.72	39.24	60.52	31.98	51.92	25.90	---	---	99.18	47.40	96.44	51.46
21	---	---	70.86	37.62	96.38	44.48	---	---	84.21	43.04	85.24	44.77
22	---	---	52.71	29.65	---	---	164.54	72.81	75.76	36.46	---	---
23	64.64	33.04	54.05	28.54	---	---	137.79	60.60	84.26	39.86	---	---
24	71.19	34.05	50.41	26.20	---	---	129.65	62.24	---	---	73.98	37.51
25	52.44	27.76	---	---	65.34	28.56	102.25	52.51	---	---	110.41	54.53
26	52.44	27.44	---	---	84.16	37.86	86.99	42.49	97.39	47.16	81.49	40.65
27	53.53	26.77	53.96	27.38	69.90	33.11	---	---	67.09	33.06	74.64	39.75
28	---	---	47.76	24.71	73.71	33.55	---	---	79.80	41.23	90.92	45.62
29	---	---	51.12	29.36	---	---	91.11	42.62	75.99	39.96	---	---
30	60.35	29.42	49.96	26.50	---	---	106.55	53.21	81.41	40.80	---	---
31	52.75	27.59	52.41	27.61	---	---	91.51	44.66	---	---	---	---
最高 high	95.77	46.86	81.25	46.12	96.38	44.48	164.54	H72.81	H177.41	72.65	114.38	54.53
最低 low	40.77	21.64	45.83	23.82	38.09	19.62	58.04	27.22	67.09	33.06	64.49	33.69

货币型基金每日成交(亿元/亿份)
Money Market Fund Trading(100M Yuan/100 M Units)

基金 Fund

日期 Date	1月 Jan		2月 Feb		3月 Mar		4月 Apr		5月 May		6月 Jun	
	金额 Value	数量 Vol	金额 Value	数量 Vol	金额 Value	数量 Vol	金额 Value	数量 Vol	金额 Value	数量 Vol	金额 Value	数量 Vol
1	---	---	202.97	2.03	194.43	1.94	---	---	---	---	243.04	2.41
2	228.66	2.29	183.27	1.83	190.76	1.90	262.23	2.61	242.00	2.41	---	---
3	224.35	2.24	---	---	---	---	231.17	2.30	251.61	2.50	---	---
4	241.00	2.41	---	---	---	---	221.96	2.21	267.81	2.66	263.35	2.62
5	216.20	2.16	192.89	1.93	194.21	1.94	---	---	---	---	229.84	2.28
6	---	---	203.68	2.03	202.75	2.02	---	---	---	---	227.85	2.26
7	---	---	184.67	1.84	172.56	1.72	---	---	275.13	2.74	214.05	2.13
8	199.93	2.00	220.89	2.20	197.98	1.97	---	---	246.87	2.45	246.75	2.45
9	189.13	1.89	224.56	2.24	204.41	2.04	247.64	2.46	191.25	1.90	---	---
10	199.09	1.99	---	---	---	---	219.25	2.18	195.45	1.94	---	---
11	188.33	1.88	---	---	---	---	267.19	2.66	227.87	2.26	228.75	2.27
12	187.59	1.87	205.41	2.05	270.35	2.69	240.49	2.39	---	---	235.96	2.34
13	---	---	194.88	1.94	247.13	2.46	235.28	2.34	---	---	200.27	1.99
14	---	---	143.69	1.43	224.22	2.24	---	---	253.55	2.52	266.23	2.64
15	191.67	1.91	---	---	205.47	2.05	---	---	247.00	2.45	239.71	2.38
16	169.97	1.70	---	---	213.09	2.12	239.27	2.38	221.39	2.20	---	---
17	183.51	1.83	---	---	---	---	232.41	2.31	230.69	2.29	---	---
18	181.15	1.81	---	---	---	---	292.55	2.91	244.44	2.43	---	---
19	206.00	2.06	---	---	214.88	2.14	261.07	2.60	---	---	286.35	2.84
20	---	---	---	---	209.35	2.09	284.23	2.83	---	---	293.77	2.91
21	---	---	---	---	218.14	2.17	---	---	224.07	2.23	277.73	2.76
22	221.26	2.21	198.71	1.98	239.85	2.39	---	---	233.89	2.32	312.64	3.10
23	177.70	1.77	171.24	1.71	283.82	2.83	301.52	3.00	197.03	1.96	---	---
24	171.46	1.71	---	---	---	---	248.47	2.47	238.27	2.37	---	---
25	170.24	1.70	---	---	---	---	243.68	2.43	245.92	2.44	287.40	2.85
26	166.27	1.66	184.64	1.84	262.91	2.62	243.02	2.42	---	---	318.12	3.15
27	---	---	165.09	1.65	290.67	2.90	338.38	3.37	---	---	321.52	3.19
28	---	---	195.14	1.95	259.14	2.58	---	---	248.77	2.47	332.65	3.30
29	182.39	1.82	---	---	231.79	2.31	---	---	243.35	2.42	337.80	3.35
30	175.37	1.75	---	---	269.01	2.68	---	---	239.88	2.38	---	---
31	173.00	1.73	---	---	---	---	---	---	236.36	2.35	---	---
最高 high	241.00	2.41	224.56	2.24	290.67	2.90	H338.38	H3.37	275.13	2.74	337.80	3.35
最低 low	166.27	1.66	L143.69	1.43	172.56	1.72	219.25	2.18	191.25	1.90	200.27	1.99

货币型基金每日成交(亿元/亿份)
Money Market Fund Trading(100M Yuan/100 M Units)

基金
Fund

日期 Date	7月 Jul		8月 Aug		9月 Sep		10月 Oct		11月 Nov		12月 Dec	
	金额 Value	数量 Vol	金额 Value	数量 Vol	金额 Value	数量 Vol	金额 Value	数量 Vol	金额 Value	数量 Vol	金额 Value	数量 Vol
1	---	---	203.46	2.02	---	---	---	---	248.95	2.47	---	---
2	231.31	2.29	201.01	1.99	---	---	---	---	324.46	3.21	---	---
3	221.02	2.19	190.70	1.89	240.55	2.37	---	---	---	---	317.15	3.13
4	236.84	2.35	---	---	168.54	1.67	---	---	---	---	219.97	2.17
5	271.65	2.69	---	---	220.56	2.18	---	---	264.73	2.62	221.60	2.19
6	239.74	2.38	200.79	1.99	219.12	2.16	---	---	189.78	1.88	203.61	2.01
7	---	---	218.76	2.17	296.17	2.93	---	---	173.97	1.72	226.92	2.24
8	---	---	210.38	2.09	---	---	220.94	2.18	198.14	1.96	---	---
9	255.99	2.54	214.77	2.13	---	---	195.67	1.93	196.67	1.94	---	---
10	261.44	2.59	169.47	1.68	303.04	3.00	202.87	2.00	---	---	190.87	1.88
11	217.75	2.16	---	---	274.90	2.72	236.60	2.34	---	---	144.99	1.43
12	240.99	2.39	---	---	222.76	2.20	234.85	2.32	169.50	1.67	179.84	1.77
13	217.62	2.16	208.11	2.06	207.38	2.05	---	---	210.90	2.08	263.15	2.59
14	---	---	183.66	1.82	225.30	2.23	---	---	205.57	2.03	197.44	1.95
15	---	---	198.38	1.97	---	---	215.05	2.13	197.69	1.95	---	---
16	208.21	2.07	210.46	2.08	---	---	203.49	2.01	258.79	2.55	---	---
17	203.24	2.01	181.30	1.80	192.14	1.90	223.73	2.21	---	---	185.97	1.83
18	223.46	2.22	---	---	232.40	2.30	197.25	1.95	---	---	234.96	2.32
19	251.45	2.50	---	---	248.82	2.46	243.58	2.41	222.19	2.19	236.49	2.34
20	206.30	2.05	213.58	2.11	222.42	2.20	---	---	202.36	2.00	240.90	2.37
21	---	---	212.80	2.11	302.93	3.00	---	---	180.20	1.78	280.61	2.76
22	---	---	215.08	2.13	---	---	322.90	3.19	170.13	1.68	---	---
23	241.27	2.39	227.55	2.25	---	---	217.17	2.15	178.45	1.76	---	---
24	278.43	2.76	205.81	2.04	---	---	216.50	2.14	---	---	282.14	2.78
25	215.25	2.14	---	---	273.16	2.70	196.02	1.94	---	---	262.82	2.58
26	216.07	2.15	---	---	258.23	2.56	222.07	2.19	183.28	1.81	224.35	2.21
27	202.65	2.01	251.04	2.49	234.25	2.32	---	---	167.14	1.65	214.55	2.12
28	---	---	198.29	1.96	310.07	3.07	---	---	183.89	1.81	329.82	3.30
29	---	---	195.59	1.93	---	---	214.84	2.12	191.40	1.89	---	---
30	218.01	2.16	184.48	1.82	---	---	219.72	2.17	203.92	2.02	---	---
31	179.63	1.78	211.66	2.09	---	---	205.42	2.03	---	---	---	---
最高 high	278.43	2.76	251.04	2.49	310.07	3.07	322.90	3.19	324.46	3.21	329.82	3.30
最低 low	179.63	1.78	169.47	1.68	168.54	1.67	195.67	1.93	167.14	1.65	144.99	L1.43

LOF 每日成交(亿元/亿份)　　基金
LOF Trading(100 M Yuan/100 M Units)　　Fund

日期 Date	1月 Jan		2月 Feb		3月 Mar		4月 Apr		5月 May		6月 Jun	
	金额 Value	数量 Vol	金额 Value	数量 Vol	金额 Value	数量 Vol	金额 Value	数量 Vol	金额 Value	数量 Vol	金额 Value	数量 Vol
1	---	---	0.71	0.67	0.49	0.49	---	---	---	---	0.48	0.48
2	0.51	0.49	0.70	0.66	0.51	0.51	0.55	0.57	0.59	0.64	---	---
3	0.53	0.50	---	---	---	---	0.45	0.46	1.08	1.16	---	---
4	0.45	0.43	---	---	---	---	0.44	0.45	0.49	0.52	0.47	0.48
5	0.43	0.39	0.66	0.61	0.51	0.52	---	---	---	---	0.39	0.39
6	---	---	1.12	1.07	0.61	0.60	---	---	---	---	0.26	0.27
7	---	---	1.10	1.09	0.63	0.64	---	---	0.48	0.50	0.34	0.34
8	0.43	0.40	0.85	0.83	0.56	0.57	---	---	0.40	0.42	0.43	0.45
9	0.37	0.34	1.49	1.51	0.61	0.61	0.58	0.57	0.30	0.30	---	---
10	0.57	0.50	---	---	---	---	0.60	0.61	0.46	0.47	---	---
11	0.56	0.53	---	---	---	---	0.60	0.62	0.44	0.46	0.30	0.31
12	0.44	0.42	0.84	0.86	0.75	0.74	0.38	0.39	---	---	0.36	0.38
13	---	---	0.60	0.59	0.61	0.62	0.32	0.33	---	---	0.59	0.60
14	---	---	0.35	0.36	0.47	0.48	---	---	0.53	0.55	0.36	0.37
15	0.56	0.51	---	---	0.50	0.49	---	---	0.39	0.40	0.38	0.39
16	0.59	0.52	---	---	0.47	0.49	0.49	0.51	0.32	0.33	---	---
17	0.51	0.48	---	---	---	---	0.53	0.56	0.30	0.31	---	---
18	0.97	0.89	---	---	---	---	0.82	0.88	0.36	0.37	---	---
19	1.16	1.06	---	---	0.55	0.57	0.59	0.61	---	---	0.71	0.76
20	---	---	---	---	0.50	0.50	0.42	0.44	---	---	0.95	0.98
21	---	---	---	---	0.51	0.51	---	---	0.38	0.39	0.42	0.45
22	0.76	0.69	0.67	0.61	0.41	0.40	---	---	0.67	0.73	0.45	0.51
23	0.76	0.71	0.60	0.57	0.93	0.94	0.40	0.42	0.41	0.43	---	---
24	0.87	0.78	---	---	---	---	0.42	0.44	0.28	0.29	---	---
25	0.81	0.78	---	---	---	---	0.50	0.49	0.30	0.32	0.33	0.37
26	1.64	1.55	0.72	0.73	0.55	0.58	0.39	0.41	---	---	0.48	0.54
27	---	---	0.59	0.60	0.63	0.63	0.43	0.45	---	---	0.30	0.32
28	---	---	0.57	0.57	0.54	0.54	---	---	0.31	0.32	0.34	0.38
29	1.15	1.07	---	---	0.61	0.64	---	---	0.26	0.27	0.35	0.39
30	0.74	0.68	---	---	0.60	0.64	---	---	0.41	0.43	---	---
31	0.75	0.70	---	---	---	---	---	---	0.37	0.39	---	---
最高 high	1.64	1.55	1.49	1.51	0.93	0.94	0.82	0.88	1.08	1.16	H0.95	H0.98
最低 low	0.37	0.34	0.35	0.36	0.41	0.40	0.32	0.33	0.26	0.27	0.26	0.27

LOF 每日成交(亿元/亿份)
LOF Trading(100 M Yuan/100 M Units)

基金
Fund

日期 Date	7月 Jul		8月 Aug		9月 Sep		10月 Oct		11月 Nov		12月 Dec	
	金额 Value	数量 Vol	金额 Value	数量 Vol	金额 Value	数量 Vol	金额 Value	数量 Vol	金额 Value	数量 Vol	金额 Value	数量 Vol
1	---	---	0.33	0.36	---	---	---	---	0.71	0.83	---	---
2	0.38	0.42	0.56	0.64	---	---	---	---	0.94	1.09	---	---
3	0.41	0.48	0.26	0.30	0.33	0.37	---	---	---	---	0.57	0.68
4	0.25	0.29	---	---	0.28	0.32	---	---	---	---	0.49	0.56
5	0.35	0.40	---	---	0.30	0.33	---	---	0.53	0.63	0.45	0.53
6	0.39	0.44	0.46	0.52	0.34	0.38	---	---	0.37	0.43	0.48	0.56
7	---	---	0.43	0.52	0.32	0.37	---	---	0.45	0.53	0.37	0.44
8	---	---	0.24	0.29	---	---	0.57	0.61	0.51	0.57	---	---
9	0.37	0.42	0.32	0.36	---	---	0.59	0.64	0.38	0.45	---	---
10	0.31	0.35	0.24	0.26	0.47	0.50	0.68	0.71	---	---	0.55	0.61
11	0.34	0.39	---	---	0.43	0.49	1.13	1.35	---	---	0.32	0.36
12	0.42	0.46	---	---	0.24	0.28	1.02	1.17	0.46	0.56	0.29	0.35
13	0.20	0.23	0.36	0.41	0.43	0.48	---	---	0.63	0.75	0.55	0.67
14	---	---	0.23	0.25	0.28	0.32	---	---	0.46	0.55	0.47	0.54
15	---	---	0.35	0.38	---	---	0.57	0.67	0.56	0.69	---	---
16	0.18	0.21	0.34	0.38	---	---	0.67	0.77	0.50	0.58	---	---
17	0.23	0.26	0.44	0.49	0.31	0.37	0.87	1.04	---	---	0.33	0.39
18	0.24	0.26	---	---	0.30	0.37	0.73	0.88	---	---	0.42	0.51
19	0.24	0.28	---	---	0.35	0.42	1.11	1.28	0.65	0.73	0.37	0.44
20	0.38	0.42	0.39	0.48	0.25	0.28	---	---	0.67	0.78	0.47	0.56
21	---	---	0.40	0.46	0.41	0.47	---	---	0.43	0.51	0.39	0.47
22	---	---	0.30	0.35	---	---	0.94	1.10	0.46	0.52	---	---
23	0.34	0.39	0.30	0.35	---	---	0.90	1.05	0.60	0.72	---	---
24	0.44	0.48	0.35	0.39	---	---	0.78	0.93	---	---	0.31	0.37
25	0.29	0.32	---	---	0.40	0.43	0.69	0.85	---	---	0.51	0.64
26	0.28	0.30	---	---	0.70	0.76	0.54	0.64	0.37	0.47	0.25	0.32
27	0.20	0.21	0.72	0.84	0.41	0.45	---	---	0.31	0.40	0.34	0.44
28	---	---	0.33	0.37	0.44	0.49	---	---	0.38	0.49	0.33	0.41
29	---	---	0.19	0.22	---	---	0.66	0.77	0.42	0.53	---	---
30	0.33	0.35	0.35	0.40	---	---	0.57	0.69	0.38	0.46	---	---
31	0.17	0.18	0.34	0.39	---	---	0.50	0.59	---	---	---	---
最高 high	0.44	0.48	0.72	0.84	0.70	0.76	1.13	1.35	0.94	1.09	0.57	0.68
最低 low	L0.17	L0.18	0.19	0.22	0.24	0.28	0.50	0.59	0.31	0.40	0.25	0.32

基金
Fund

基金
Fund

基金代码 Code	基金简称 Fund Name	发行数量(百万份) Issued Vol (1M)	市价总值(百万) Market Capitalization (1M)	上年收盘 Last Year Close	本年开盘 Open	本年最高 High
501000	国金鑫新	0.79	0.74	1.250	1.258	1.319
501001	财通精选	54.21	49.87	1.108	1.103	1.270
501002	能源互联	2.23	1.34	0.979	0.980	1.000
501003	长信优选	0.93	0.88	0.973	0.979	1.049
501005	精准医疗	27.92	18.76	0.959	0.959	1.112
501006	精准医 C	2.19	2.19	1.000	0.000	0.000
501007	互联医疗	2.61	2.00	0.910	0.912	1.107
501008	互联医 C	1.80	1.33	0.918	0.911	1.148
501009	生物科技	3.74	3.23	1.162	1.169	1.393
501010	生物科 C	1.76	1.55	1.142	1.147	1.514
501011	中药基金	2.57	1.92	1.013	1.040	1.197
501012	中药 C	1.30	1.03	1.006	1.006	1.190
501015	财通升级	376.91	273.64	0.929	0.933	1.007
501016	券商基金	15.93	11.66	0.983	0.973	1.187
501017	国泰融丰	52.52	40.02	0.933	0.934	0.950
501018	南方原油	93.89	85.15	1.029	1.026	1.739
501019	军工基金	84.93	51.72	0.816	0.814	0.850
501020	国企改	4.72	4.49	1.075	1.075	1.129
501021	香港中小	38.22	44.79	1.416	1.438	1.580
501022	银华鑫盛	124.82	94.99	0.826	0.826	0.862
501023	港中小企	12.71	13.05	1.180	1.182	1.259
501025	香港银行	19.19	19.75	1.143	1.145	1.318
501026	财通福享	151.07	103.49	0.881	0.884	0.952
501027	国泰融信	3.12	3.10	0.991	0.992	1.086
501028	财通福瑞	157.13	114.39	0.912	0.912	0.957
501029	红利基金	1111.55	935.93	1.092	1.090	1.203
501030	环境治理	4.47	2.40	0.935	0.939	0.976
501031	环境 C	0.68	0.36	0.926	0.929	0.952
501032	财通福盛	8.31	5.57	0.918	0.920	0.961
501035	创金睿选	46.36	42.84	0.929	0.929	1.018
501036	中证 500A	24.37	17.23	0.956	0.959	0.992
501037	中证 500C	21.88	14.57	0.944	0.946	1.005
501038	银华明择	254.82	214.56	1.080	1.082	1.214
501039	添富睿丰	8.66	8.82	1.047	1.055	1.100
501040	添富睿 C	23.55	24.00	1.040	1.004	1.029
501043	沪深 300A	18.12	14.82	1.048	1.047	1.205
501045	沪深 300C	10.75	8.75	1.028	1.040	1.190
501046	财通福鑫	93.62	76.67	0.904	0.904	0.944
501047	全指证券	8.95	6.42	1.023	1.012	1.075
501048	证券 C	10.08	7.31	1.023	1.012	1.074
501049	东证睿玺	213.30	166.37	1.048	1.040	1.106
501050	50AH	301.28	317.86	1.206	1.204	1.380
501051	圆信汇利	117.14	93.71	1.056	1.056	1.145
501053	东证目优	4.54	4.22	1.004	0.950	1.020
501054	东证睿泽	1230.08	917.64	0.833	0.802	0.814
501057	新能源车	55.53	44.09	0.982	0.884	1.010
501058	新能车 C	22.62	17.83	0.982	0.930	0.995
501059	国企红利	8.45	8.11	1.000	0.991	1.043
501060	金选 300A	38.83	36.19	1.049	1.035	1.066

基金
Fund

基金
Fund

本年最低 Low	本年收盘 Close	涨跌(%) Change(%)	成交数量(百万份) Trading Vol (1 M)	成交金额(百万) Trading Value (1 M)	年初净值 Open Value	年末净值 Close Value
0.909	0.941	-24.72	1.55	1.79	1.233	0.951
0.900	0.920	-16.97	55.90	62.87	1.111	0.928
0.534	0.603	-38.41	3.04	2.19	0.988	0.614
0.901	0.951	-2.26	1.08	1.04	0.983	0.907
0.661	0.672	-29.93	65.37	59.87	0.957	0.670
0.000	1.000	0.00	0.00	0.00	0.949	0.662
0.711	0.766	-15.82	9.55	9.40	0.915	0.753
0.712	0.737	-19.72	3.20	3.12	0.912	0.750
0.857	0.864	-25.65	20.14	23.60	1.152	0.868
0.835	0.878	-23.12	8.16	9.69	1.151	0.870
0.736	0.746	-26.36	4.77	4.61	1.010	0.739
0.717	0.790	-21.47	3.29	3.34	1.008	0.736
0.718	0.726	-21.85	457.83	423.18	0.944	0.736
0.641	0.732	-25.53	55.64	46.55	0.959	0.739
0.740	0.762	-18.33	35.99	31.04	0.939	0.761
0.874	0.907	-11.86	446.42	506.82	1.042	0.901
0.590	0.609	-25.37	67.51	49.85	0.812	0.601
0.901	0.951	-11.54	3.88	4.12	1.073	0.954
1.160	1.172	-17.23	330.67	472.96	1.425	1.172
0.681	0.761	-7.87	295.79	228.86	0.900	0.769
0.990	1.027	-12.97	11.99	14.07	1.189	1.014
0.990	1.029	-9.97	26.10	30.44	1.148	1.031
0.634	0.685	-22.25	244.45	203.87	0.927	0.694
0.950	0.995	0.40	37.44	36.98	1.049	1.005
0.650	0.728	-20.18	232.28	197.42	0.979	0.732
0.801	0.842	-22.89	2160.73	2120.45	1.092	0.841
0.470	0.536	-42.67	10.47	7.68	0.928	0.522
0.481	0.529	-42.87	1.57	1.11	0.931	0.522
0.619	0.670	-27.02	8.48	7.17	0.992	0.734
0.881	0.924	-0.54	83.68	79.92	1.019	0.929
0.635	0.707	-26.05	11.75	9.72	0.951	0.667
0.642	0.666	-29.45	8.64	7.18	0.951	0.666
0.821	0.842	-22.04	708.34	729.49	1.132	0.865
0.920	1.019	-2.67	10.08	9.95	1.024	1.040
0.940	1.019	-2.02	42.28	41.85	1.023	1.034
0.800	0.818	-21.95	34.80	33.36	1.033	0.813
0.804	0.814	-20.82	13.80	13.87	1.033	0.812
0.726	0.819	-9.40	89.32	76.80	1.014	0.853
0.600	0.717	-29.91	15.69	14.97	0.989	0.724
0.629	0.725	-29.13	45.02	44.81	0.989	0.723
0.760	0.780	-25.57	125.71	124.41	1.033	0.789
1.047	1.055	-12.52	416.20	483.86	1.202	1.051
0.742	0.800	-24.24	45.71	44.36	1.013	0.789
0.900	0.930	-7.37	1.19	1.12	1.000	1.003
0.731	0.746	-10.44	339.07	261.91	1.004	0.811
0.718	0.794	-19.15	27.80	24.37	1.000	0.768
0.713	0.788	-19.76	21.25	19.24	1.000	0.766
0.873	0.960	-4.00	2.87	2.83	1.000	0.982
0.920	0.932	-11.15	65.60	66.60	1.000	0.933

基金
Fund

基金
Fund

基金代码 Code	基金简称 Fund Name	发行数量(百万份) Issued Vol (1M)	市价总值(百万) Market Capitalization (1M)	上年收盘 Last Year Close	本年开盘 Open	本年最高 High
501061	金选 300C	1935.95	18.00	1.049	1.035	1.060
501062	南方瑞合	25985.71	222.18	0.971	0.885	0.917
501106	十年国开	655.46	7.24	0.996	0.996	1.150
501300	美元债	3086.98	30.47	0.958	0.961	1.100
501301	香港大盘	2154.95	22.86	1.167	1.169	1.446
501302	恒生联接	59.27	0.57	1.073	1.079	1.594
501303	恒生中型	1985.57	15.63	0.993	0.998	1.051
501305	港股高息	2704.70	24.07	1.033	1.025	1.087
501306	港股高 C	559.07	5.14	1.032	1.021	1.085
501307	银河高股	628.03	5.67	1.001	0.995	1.083
501309	港股通	655.96	6.61	1.001	0.990	1.008
501310	价值基金	304.63	2.94	1.001	0.996	1.049
502000	500 等权	166.62	1.25	1.009	1.006	1.034
502001	500 等权 A	145.24	1.47	0.954	0.953	1.012
502002	500 等权 B	145.24	0.63	1.060	1.100	1.116
502003	军工分级	1501.71	14.63	0.897	0.909	1.148
502004	军工 A	2313.24	22.09	0.901	0.901	0.987
502005	军工 B	2313.24	23.92	0.876	0.876	1.250
502006	国企改革	4130.31	33.41	1.080	1.080	1.159
502007	国企改 A	4123.71	40.00	1.020	1.020	1.055
502008	国企改 B	4123.71	26.80	1.156	1.148	1.350
502010	证券分级	2296.23	18.05	1.080	1.080	1.236
502011	证券 A	5852.77	56.65	0.903	0.897	1.020
502012	证券 B	5852.77	35.29	1.248	1.213	1.487
502013	一带一路	8718.57	86.14	0.870	0.870	1.058
502014	一带一 A	1419.56	13.60	0.957	0.961	1.016
502015	一带一 B	1419.56	14.69	0.790	0.789	1.183
502016	带路分级	40.09	0.38	1.076	1.073	1.080
502017	带路 A	94.89	0.93	1.046	0.945	1.045
502018	带路 B	94.89	1.10	1.064	1.064	1.287
502020	国金 50	998.05	7.89	0.991	0.991	1.172
502021	国金 50A	175.65	1.77	0.999	0.988	1.010
502022	国金 50B	175.65	2.03	1.010	1.010	1.290
502023	钢铁分级	77.70	0.57	1.017	1.021	1.151
502024	钢铁 A	73.84	0.72	1.189	1.070	1.070
502025	钢铁 B	73.84	0.63	0.950	1.045	1.300
502026	新丝路	93.63	0.67	0.787	0.793	0.837
502027	新丝路 A	238.02	2.38	1.059	0.985	1.001
502028	新丝路 B	238.02	1.62	0.557	0.556	0.740
502030	高铁分级	33.74	0.24	0.996	0.000	0.000
502031	高铁 A	74.43	0.70	0.950	0.998	1.019
502032	高铁 B	74.43	0.85	0.921	0.973	1.154
502036	互联金融	461.39	3.01	0.919	0.924	0.979
502037	网金 A	378.35	3.71	0.974	0.963	1.024
502038	网金 B	378.35	3.59	0.844	0.881	0.998
502040	上 50 分级	171.85	1.62	1.172	1.183	1.336
502041	上 50A	207.21	2.15	1.043	1.000	1.050
502042	上 50B	207.21	2.09	1.199	1.300	1.825
502048	50 分级	8394.31	64.97	1.411	1.411	1.518
502049	上证 50A	22059.28	218.39	0.940	0.932	0.991

基金 Fund

基金 Fund

本年最低 Low	本年收盘 Close	涨跌(%) Change(%)	成交数量(百万份) Trading Vol (1 M)	成交金额(百万) Trading Value (1 M)	年初净值 Open Value	年末净值 Close Value
0.922	0.930	-11.34	19.86	20.19	1.000	0.933
0.830	0.855	-11.95	32.87	28.29	1.000	0.956
0.958	1.105	10.94	24.46	25.69	1.005	1.104
0.912	0.987	3.03	123.94	122.04	0.967	0.996
1.050	1.061	-9.08	32.57	39.20	1.172	1.064
0.951	0.961	-10.44	4.89	5.48	1.080	0.989
0.785	0.787	-20.75	27.97	28.09	1.002	0.799
0.790	0.890	-13.84	55.30	56.00	1.004	0.849
0.790	0.920	-10.85	27.27	28.07	1.003	0.846
0.808	0.903	-9.79	6.75	6.71	1.000	0.888
0.989	1.008	0.70	27.21	26.99	1.000	1.017
0.960	0.965	-3.60	5.66	5.65	1.000	0.945
0.703	0.748	-25.87	0.75	0.65	1.018	0.748
0.900	1.012	6.08	1.93	1.84	1.050	1.050
0.432	0.432	-59.25	0.19	0.18	0.986	0.446
0.626	0.974	8.58	97.97	83.47	0.886	0.990
0.879	0.955	5.99	404.09	380.78	1.022	1.009
0.260	1.034	18.04	200.53	131.32	0.750	0.971
0.798	0.809	-25.09	31.33	31.03	1.087	0.814
0.896	0.970	-4.90	40.37	38.76	1.025	1.025
0.633	0.650	-43.77	17.92	18.72	1.149	0.602
0.678	0.786	-27.22	77.39	66.52	1.057	0.789
0.866	0.968	7.20	132.40	125.79	1.022	1.022
0.356	0.603	-51.68	223.27	175.28	1.092	0.557
0.639	0.988	13.56	210.95	168.76	0.874	0.995
0.881	0.958	0.10	327.07	316.95	1.004	1.004
0.266	1.035	31.01	147.40	83.72	0.744	0.986
0.908	0.950	-11.71	0.19	0.19	1.036	0.921
0.862	0.985	-5.83	1.30	1.28	1.002	1.016
0.949	1.158	8.84	0.21	0.22	1.070	0.826
0.784	0.791	-20.18	77.57	75.37	0.995	0.795
0.855	1.010	1.10	1.51	1.45	1.002	1.002
0.830	1.154	14.26	0.58	0.64	0.989	0.589
0.730	0.730	-28.22	3.61	3.49	1.022	0.724
0.875	0.980	-17.58	1.58	1.52	1.015	1.015
0.583	0.852	-10.32	0.86	0.92	1.029	0.433
0.680	0.712	-9.53	1.22	0.92	0.794	1.000
0.928	1.000	-5.57	0.82	0.82	1.015	1.000
0.497	0.679	21.90	0.26	0.16	0.563	1.000
0.000	0.702	-29.52	0.00	0.00	0.944	1.068
0.877	0.936	-1.47	2.78	2.68	1.021	1.004
0.390	1.141	23.89	0.88	0.57	0.867	1.132
0.649	0.652	-29.05	3.00	2.60	0.920	0.656
0.921	0.980	0.62	3.20	3.13	1.002	1.042
0.670	0.949	12.44	0.64	0.55	0.839	0.483
0.934	0.944	-19.45	77.18	88.57	1.170	0.955
0.849	1.039	-0.38	3.94	3.80	1.004	1.004
0.993	1.008	-15.93	2.12	2.74	1.336	0.907
0.768	0.774	-45.15	473.13	429.52	1.424	0.778
0.849	0.990	5.32	1101.02	1028.43	1.032	1.043

基金
Fund

基金
Fund

基金代码 Code	基金简称 Fund Name	发行数量(百万份) Issued Vol (1M)	市价总值(百万) Market Capitalization (1M)	上年收盘 Last Year Close	本年开盘 Open	本年最高 High
502050	上证 50B	22059.28	123.97	1.903	1.928	2.098
502053	券商分级	114.1827	1.17	0.872	0.866	1.222
502054	券商 A	1037.982	9.99	1.015	0.946	1.015
502055	券商 B	1037.982	11.75	0.772	0.789	1.450
502056	医疗分级	398.1544	3.28	0.958	0.958	1.246
502057	医疗 A	323.1973	3.14	0.961	0.928	1.075
502058	医疗 B	323.1973	2.39	0.960	0.952	1.313
505888	嘉实元和	1000000	9370.00	1.067	1.067	1.087
510010	治理 ETF	36652.44	347.10	1.199	1.197	1.295
510020	超大 ETF	7684.8	182.13	2.863	2.815	3.200
510030	价值 ETF	3152.873	138.57	5.087	5.243	5.851
510050	50ETF	2000317	45727.24	2.858	2.864	3.195
510060	央企 ETF	10095.92	165.88	1.888	1.888	2.156
510070	民企 ETF	4962.407	65.31	1.864	1.878	1.984
510090	责任 ETF	6358.111	88.50	1.759	1.757	1.909
510110	周期 ETF	991.6764	29.75	3.908	3.706	4.100
510120	非周 ETF	839.2376	19.49	3.056	3.069	3.200
510130	中盘 ETF	7468.509	235.26	4.030	4.052	4.268
510150	消费 ETF	2913.155	112.80	5.059	5.059	6.148
510160	小康 ETF	118605.7	568.12	0.620	0.618	0.672
510170	商品 ETF	6422.871	96.09	2.024	2.030	2.291
510180	180ETF	574805.8	15910.62	3.457	3.446	3.796
510190	龙头 ETF	2915.08	79.49	3.664	3.666	4.008
510210	综指 ETF	3963.851	122.84	3.867	3.900	4.230
510220	中小 ETF	1872.916	59.05	4.139	4.229	4.500
510230	金融 ETF	114376.2	5374.54	6.313	6.320	7.165
510260	新兴 ETF	1598.266	14.40	1.205	1.215	1.289
510270	国企 ETF	1583.206	14.64	1.152	1.152	1.314
510280	成长 ETF	475.4441	7.34	1.748	1.749	1.979
510290	380ETF	14844.89	169.23	1.606	1.608	1.661
510300	300ETF	1084729	33181.85	4.076	4.086	4.414
510310	HS300ETF	368830.7	4802.18	1.708	1.711	1.868
510330	华夏 300	756384.2	22789.85	4.356	4.379	4.876
510360	广发 300	227862.7	2207.99	1.263	1.265	1.378
510380	国寿 300	73580.24	569.51	1.001	1.000	1.066
510390	平安 300	140285	4282.90	4.360	4.330	4.395
510410	资源 ETF	15125.84	83.34	0.815	0.816	0.888
510420	180EWETF	865.5541	9.78	1.502	1.499	1.569
510430	50 等权	6192.451	75.30	1.528	1.515	1.700
510440	500 沪市	2205.826	27.82	1.947	1.880	1.965
510500	500ETF	749346.7	33353.42	6.589	6.610	6.797
510510	广发 500	279303.8	3301.37	1.737	1.737	1.791
510520	诺安 500	7909.096	94.12	1.611	1.612	1.749
510560	国寿 500	18431.87	162.75	1.307	1.315	1.438
510580	ZZ500ETF	169.6515	7.05	6.374	6.280	6.453
510590	平安 500	39038.61	1656.02	5.931	5.930	6.100
510600	沪 50ETF	2921.513	66.82	2.487	2.483	2.792
510630	消费行业	8159.037	159.43	2.354	2.350	2.582
510650	金融行业	1995.247	30.73	1.828	1.852	2.099
510660	医药行业	4987.972	71.98	1.890	1.890	2.332

基金 Fund

本年最低 Low	本年收盘 Close	涨跌(%) Change(%)	成交数量(百万份) Trading Vol (1 M)	成交金额(百万) Trading Value (1 M)	年初净值 Open Value	年末净值 Close Value
0.545	0.562	-70.47	1839.27	1466.46	1.816	0.514
0.635	1.028	17.89	42.06	34.48	0.865	1.029
0.906	0.962	-5.22	274.11	264.78	1.004	1.004
0.250	1.132	46.63	101.17	67.30	0.726	1.054
0.800	0.825	-13.88	10.15	10.55	0.951	0.835
0.905	0.972	1.15	6.74	6.61	1.002	1.002
0.720	0.740	-22.92	9.38	10.17	0.924	0.667
0.838	0.937	-12.18	8757.23	8656.27	1.131	1.155
0.916	0.947	-21.02	17.66	19.93	1.189	0.959
2.344	2.370	-17.22	9.36	25.17	2.820	2.373
4.205	4.395	-13.60	10.71	52.34	5.098	4.397
2.251	2.286	-20.01	163810.80	430063.05	2.859	2.289
1.556	1.643	-12.98	105.85	198.66	1.891	1.622
1.303	1.316	-29.40	23.75	35.43	1.869	1.317
1.337	1.392	-20.86	3.20	5.08	1.678	1.395
2.990	3.000	-23.23	3.38	11.55	3.710	3.013
2.320	2.322	-24.02	1.05	2.82	3.062	2.405
2.998	3.150	-21.84	6.87	25.21	4.023	3.141
3.670	3.872	-23.46	105.33	514.79	5.079	3.884
0.466	0.479	-22.74	274.45	161.16	0.621	0.480
1.428	1.496	-26.09	4.22	7.99	2.061	1.415
2.722	2.768	-19.93	3417.54	10586.39	3.458	2.771
2.607	2.727	-25.57	12.43	43.68	3.747	2.764
2.986	3.099	-19.86	4.93	17.01	3.791	2.979
3.040	3.153	-23.82	10.27	38.19	4.267	3.216
4.618	4.699	-25.57	714.33	4092.99	6.315	4.698
0.880	0.901	-25.23	9.18	9.95	1.195	0.916
0.906	0.925	-19.71	9.97	11.02	1.161	0.931
1.446	1.544	-11.67	10.20	17.57	1.778	1.525
1.086	1.140	-29.02	40.36	55.33	1.609	1.140
3.026	3.059	-24.95	54871.03	193116.75	4.078	3.070
1.289	1.302	-23.77	1400.99	2077.50	1.711	1.308
2.965	3.013	-30.83	7861.07	27394.52	4.364	3.016
0.954	0.969	-23.28	2516.13	2799.44	1.262	0.970
0.747	0.774	-22.68	142.84	141.57	1.000	0.764
3.013	3.053	-29.98	1416.42	5051.04	1.001	3.064
0.551	0.551	-32.39	84.27	60.01	0.818	0.555
1.080	1.130	-24.77	28.71	33.91	1.523	1.149
1.210	1.216	-20.42	4.32	6.21	1.536	1.255
1.190	1.261	-35.23	4.92	7.85	1.845	1.264
4.220	4.451	-32.45	28001.06	145996.32	6.588	4.463
1.120	1.182	-31.95	3118.60	4467.93	1.726	1.182
1.103	1.190	-26.13	1.84	2.71	1.613	1.090
0.860	0.883	-32.44	9.99	11.30	1.324	0.892
3.849	4.157	-34.78	4.15	21.32	6.497	4.179
4.035	4.242	-28.48	979.37	4761.00	1.000	4.256
2.244	2.287	-8.04	165.99	412.74	2.438	2.285
1.706	1.954	-16.99	157.68	356.44	2.364	1.955
1.423	1.540	-15.76	106.09	181.25	1.834	1.538
1.427	1.443	-23.65	266.62	512.33	1.892	1.442

基金
Fund　　基金
Fund

基金代码 Code	基金简称 Fund Name	发行数量(百万份) Issued Vol (1M)	市价总值(百万) Market Capitalization (1M)	上年收盘 Last Year Close	本年开盘 Open	本年最高 High
510680	万家 50	252.47	5.19	2.479	2.470	2.761
510710	上 50ETF	23301.89	582.08	3.013	2.990	3.382
510800	上证 50	13857.60	111.55	1.010	1.010	1.073
510810	上海国企	1050509.10	8046.90	0.966	0.968	1.031
510880	红利 ETF	91117.57	2353.57	3.102	3.103	3.324
510900	H 股 ETF	663402.19	7231.08	1.235	1.239	1.479
511010	国债 ETF	488.63	569.71	109.386	109.606	117.000
511210	企债 ETF	7.90	8.65	109.522	0.000	0.000
511220	城投 ETF	2421.81	2296.58	92.450	92.800	99.850
511230	周期债	186.76	179.29	98.500	98.500	106.698
511260	十年国债	1051.65	1116.16	98.116	98.119	110.901
511270	10 年地债	5223.75	5349.12	102.117	102.000	102.500
511280	中期信用	54.73	54.78	100.170	93.000	108.000
511290	国债十年	30.58	31.52	101.048	97.500	103.599
511310	十年债	32.30	34.20	101.436	98.890	105.900
511600	货币 ETF	152.75	152.76	100.005	99.995	100.180
511620	货币基金	56.07	56.06	99.904	99.997	110.373
511650	华夏快线	245.42	245.45	99.998	99.990	109.792
511660	建信添益	18916.89	18922.94	100.000	99.990	102.026
511670	华泰天金	192.35	192.38	100.004	100.000	101.313
511680	安信货币	8.80	8.79	100.084	100.068	110.000
511690	交易货币	3281.02	3281.61	99.999	99.988	100.145
511700	场内货币	226.30	226.35	100.007	99.998	100.087
511760	德邦货币	0.55	0.55	99.980	100.867	105.873
511770	金鹰增益	39.76	39.76	100.000	99.982	101.400
511800	易货币	667.56	667.65	100.001	99.990	110.009
511810	理财金 H	9369.12	9371.09	100.006	99.990	100.101
511820	鹏华添利	541.80	541.87	99.999	99.983	108.000
511830	华泰货币	963.71	963.81	99.996	99.993	100.999
511850	财富宝 E	2511.16	2511.96	100.000	99.997	100.240
511860	博时货币	401.70	401.76	99.999	99.972	101.000
511880	XD 银华日	50319.35	50371.68	100.138	100.162	103.547
511890	景顺货币	14.47	14.47	99.983	0.000	0.000
511900	富国货币	1297.92	1298.14	100.004	99.998	108.046
511910	融通货币	47.91	47.92	100.011	99.986	109.787
511920	广发货币	63.59	63.65	99.999	99.974	109.900
511930	中融日盈	231.59	231.66	99.988	99.986	109.973
511950	广发添利	10.77	10.77	100.300	99.975	105.000
511960	嘉实快线	38.29	38.30	100.018	99.990	110.002
511970	国寿货币	7.83	7.84	99.996	99.994	104.600
511980	现金添富	355.85	355.92	100.000	99.990	101.500
511990	华宝添益	107541.87	107565.53	100.015	99.990	100.500
512000	券商 ETF	144181.77	986.20	0.904	0.906	1.047
512010	医药 ETF	35717.37	473.97	1.649	1.687	2.194
512040	国信价值	81385.79	773.17	0.993	0.993	1.012
512070	非银 ETF	67215.99	1068.73	2.054	2.070	2.289
512090	MSCI 易基	115759.23	958.49	1.005	1.000	1.020
512100	1000ETF	22789.20	120.55	0.822	0.824	0.842
512120	医药 50	7074.73	83.91	1.597	1.600	1.933
512160	MSCI 基金	126977.78	1053.92	0.986	0.986	1.040

基金 Fund　　　　基金 Fund

本年最低 Low	本年收盘 Close	涨跌(%) Change(%)	成交数量(百万份) Trading Vol (1 M)	成交金额(百万) Trading Value (1 M)	年初净值 Open Value	年末净值 Close Value
1.845	2.055	-17.10	2.99	6.80	2.332	1.926
2.450	2.498	-17.09	500.48	1335.88	3.013	2.490
0.794	0.805	-20.30	851.26	786.51	1.001	0.806
0.724	0.766	-20.70	786.88	723.33	0.969	0.767
2.500	2.583	-16.73	1709.28	4781.92	3.104	2.585
1.060	1.090	-11.74	292845.00	357543.55	1.245	1.095
109.400	116.593	6.59	309.13	34979.90	109.935	116.313
0.000	109.522	0.00	0.00	0.00	112.620	112.620
88.900	94.829	2.57	20.29	1886.21	94.523	96.359
86.577	96.000	-2.54	0.40	38.42	100.229	102.309
97.501	106.134	8.17	47.13	4923.25	98.435	105.910
101.300	102.400	0.28	15.59	1588.90	1.003	103.682
89.551	100.100	-0.07	1.60	160.49	1.001	104.357
90.990	103.100	2.03	1.87	188.92	100.032	104.485
98.500	105.900	4.40	2.67	270.19	100.234	106.416
99.789	100.011	0.01	93.72	9371.67	4.479	2.756
99.002	99.977	0.07	1.67	167.24	2.543	1.304
99.000	100.014	0.02	198.02	19802.12	3.348	3.025
99.000	100.032	0.03	3239.66	323979.04	4.457	3.171
99.790	100.018	0.01	675.28	67528.73	5.992	3.462
99.794	99.883	-0.20	0.90	90.13	6.498	1.554
99.900	100.018	0.02	1123.34	112335.00	4.641	3.364
98.000	100.025	0.02	120.36	12035.57	4.761	3.605
99.882	99.942	-0.04	0.00	0.27	2.893	1.652
99.732	100.011	0.01	9.16	916.74	4.303	2.477
99.000	100.014	0.01	100.99	10101.08	5.023	3.568
99.896	100.021	0.02	2419.15	241918.10	4.377	2.952
99.820	100.013	0.01	814.83	81484.88	4.258	3.009
99.000	100.010	0.01	71.91	7190.48	3.932	3.288
99.890	100.032	0.03	444.03	44405.56	4.681	3.879
99.880	100.014	0.02	49.19	4918.71	4.319	3.052
100.000	100.104	-0.03	20016.14	2043903.26	100.162	100.125
0.000	99.983	0.00	0.00	0.00	4.319	3.052
99.900	100.017	0.01	443.93	44394.32	4.088	3.123
99.816	100.014	0.00	17.49	1748.82	4.071	3.011
95.000	100.094	0.10	0.69	69.66	3.949	2.757
91.100	100.028	0.04	0.40	40.38	4.070	3.756
99.810	99.991	-0.31	0.06	5.69	5.131	3.159
99.650	100.035	0.02	6.03	603.35	4.833	3.333
99.100	100.070	0.07	26.74	2674.92	3.816	1.966
99.505	100.018	0.02	35.31	3530.52	4.130	3.199
99.900	100.022	0.01	24523.32	2452414.51	4.148	2.857
0.584	0.684	-24.34	9796.19	7351.94	0.904	0.683
1.293	1.327	-19.53	1553.57	2602.87	1.646	1.329
0.937	0.950	-4.33	475.38	468.04	1.000	0.951
1.558	1.590	-22.59	251.58	470.04	2.051	1.577
0.816	0.828	-17.61	18383.15	16624.06	1.000	0.831
0.488	0.529	-35.65	802.80	502.41	0.822	0.531
1.164	1.186	-25.74	398.59	644.17	1.599	1.189
0.816	0.830	-15.82	7294.87	6748.34	0.986	0.831

基金 Fund

基金代码 Code	基金简称 Fund Name	发行数量(百万份) Issued Vol (1M)	市价总值(百万) Market Capitalization (1M)	上年收盘 Last Year Close	本年开盘 Open	本年最高 High
512180	建信 MSCI	170404.80	1385.39	1.003	1.006	1.010
512200	房地产	6737.60	47.57	0.967	0.972	1.152
512210	景顺食品	280.94	6.01	2.212	2.213	2.481
512220	景顺 TMT	25346.76	240.79	1.426	1.412	1.540
512230	景顺医药	346.82	4.98	1.423	1.430	1.596
512280	景顺 MSCI	136800.57	1108.08	0.987	0.985	0.999
512300	500 医药	4561.71	40.05	1.269	1.268	1.435
512310	500 工业	11138.90	45.45	0.656	0.657	0.670
512330	500 信息	19918.80	110.55	0.817	0.816	0.885
512340	500 原料	5623.40	35.60	0.945	0.945	1.023
512360	MSCI 国际	38633.77	325.68	0.955	0.950	1.004
512390	MSCI 低波	25268.20	209.22	0.939	0.939	0.969
512400	有色金属	14153.90	80.25	0.942	0.945	0.994
512500	中证 500	99680.88	2072.37	3.042	3.042	3.223
512510	ETF500	38642.98	342.38	1.296	1.298	1.335
512520	MSCIETF	103105.64	840.31	1.000	0.996	1.018
512550	富时 A50	9390.60	83.48	1.111	1.121	1.254
512560	中证军工	2356.35	16.73	0.950	0.949	0.988
512570	中证证券	3480.61	23.74	0.904	0.907	1.040
512580	环保 ETF	221787.17	1443.83	0.996	0.996	1.023
512600	主要消费	345.12	6.25	2.360	2.368	2.780
512610	医药卫生	970.39	11.64	1.560	1.567	1.905
512640	金融地产	2974.09	45.77	1.923	1.944	2.200
512660	军工 ETF	97908.00	603.11	0.842	0.844	0.908
512680	军工基金	37156.07	224.79	0.821	0.822	0.879
512700	银行基金	11218.10	103.32	1.032	1.034	1.224
512770	战略新兴	2076.78	16.95	0.997	0.987	1.031
512780	京津冀基	13058.65	89.58	0.984	0.982	0.989
512800	银行 ETF	69224.00	618.17	1.017	1.017	1.196
512810	军工行业	8479.17	49.35	0.812	0.813	0.861
512820	银行股基	86110.19	801.69	0.989	0.983	1.006
512850	北京 50	13753.20	126.53	0.975	0.964	1.022
512860	MSCI 中国	11762.64	113.86	1.012	1.012	1.041
512880	证券 ETF	360729.15	2586.43	0.953	0.956	1.104
512900	证券基金	64150.60	441.36	0.913	0.914	1.055
512920	MSCI 新华	11509.26	107.50	0.980	0.979	0.997
512980	传媒 ETF	104480.88	684.35	1.002	1.001	1.095
512990	MSCIA 股	56351.54	502.66	1.175	1.181	1.258
513030	德国 30	31577.90	290.83	1.160	1.151	1.230
513050	中概互联	80143.27	844.71	1.495	1.495	1.678
513100	纳指 ETF	26462.21	593.55	2.229	2.219	2.819
513500	标普 500	43881.93	691.58	1.634	1.631	1.880
513600	恒指 ETF	2882.95	69.62	2.594	2.602	3.090
513660	恒生通	34900.01	817.71	2.618	2.800	2.800
513900	港股 100	7797.80	69.63	1.001	0.993	1.024
518800	黄金基金	17171.99	481.67	2.708	2.715	2.806
518880	黄金 ETF	263674.08	7451.43	2.708	2.722	2.838

基金 Fund

本年最低 Low	本年收盘 Close	涨跌(%) Change(%)	成交数量(百万份) Trading Vol (1 M)	成交金额(百万) Trading Value (1 M)	年初净值 Open Value	年末净值 Close Value
0.799	0.813	-18.94	16733.76	14773.41	1.000	0.814
0.602	0.706	-26.99	744.79	704.22	0.970	0.708
1.922	2.140	-3.26	4.83	11.09	2.216	2.095
0.913	0.950	-33.38	5.82	7.32	1.432	0.943
1.314	1.435	0.84	6.20	8.93	1.435	1.423
0.798	0.810	-17.93	8277.60	7223.29	0.999	0.813
0.848	0.878	-30.81	180.52	210.55	1.258	0.878
0.377	0.408	-37.81	101.33	51.15	0.657	0.409
0.535	0.555	-32.07	395.58	271.98	0.818	0.554
0.620	0.633	-33.02	65.68	56.74	0.947	0.634
0.832	0.843	-11.73	423.13	391.39	1.000	0.846
0.815	0.828	-11.82	969.52	824.77	1.000	0.829
0.540	0.567	-39.81	736.23	608.21	0.939	0.566
1.967	2.079	-31.66	3086.08	6938.36	3.057	2.078
0.839	0.886	-31.64	682.66	708.22	1.297	0.886
0.802	0.815	-18.50	2566.87	2374.50	1.001	0.816
0.877	0.889	-19.98	516.62	545.33	1.112	0.892
0.649	0.710	-25.26	45.20	36.53	0.941	0.680
0.580	0.682	-24.56	61.20	51.40	0.905	0.681
0.593	0.651	-34.64	2812.45	2210.21	0.991	0.650
1.701	1.812	-23.22	9.67	21.83	2.369	1.813
1.136	1.199	-23.14	10.87	18.13	1.578	1.156
1.526	1.539	-19.97	4.32	8.60	1.926	1.551
0.593	0.616	-26.84	8261.41	6013.06	0.843	0.615
0.583	0.605	-26.31	1351.39	1000.74	0.816	0.607
0.870	0.921	-10.76	265.57	271.63	1.035	0.923
0.801	0.816	-18.15	262.20	257.70	1.000	0.814
0.622	0.686	-30.29	332.67	284.78	0.999	0.687
0.846	0.893	-12.19	8571.90	8305.04	1.017	0.894
0.563	0.582	-28.33	351.20	255.54	0.813	0.583
0.912	0.931	-5.87	30.63	30.18	1.001	0.933
0.913	0.920	-5.64	151.50	149.86	0.998	0.917
0.930	0.968	-4.35	371.86	375.31	1.003	0.971
0.613	0.717	-24.76	27067.87	21588.77	0.954	0.717
0.590	0.688	-24.64	1122.36	914.40	0.911	0.690
0.920	0.934	-4.69	173.28	168.98	1.000	0.936
0.606	0.655	-34.63	1801.52	1546.60	1.004	0.655
0.876	0.892	-24.09	2938.58	2985.73	1.174	0.893
0.915	0.921	-20.60	338.71	363.65	1.147	0.923
1.035	1.054	-29.50	8244.20	10783.03	1.498	1.058
2.058	2.243	0.63	2898.64	7243.84	2.201	2.277
1.487	1.576	-3.55	2412.87	4100.23	1.621	1.602
2.292	2.415	-6.90	108.92	282.53	2.607	2.368
2.250	2.343	-10.50	161.20	412.76	2.587	2.383
0.865	0.893	-10.79	233.59	230.50	1.000	0.895
2.562	2.805	3.58	7523.62	20183.41	2.706	2.804
2.595	2.826	4.36	94332.73	254839.69	2.726	2.825

期权市场概貌
Option Market Overview

期权
Option

期权市场交易 Option Market Data	2018 年	2017 年	增减(%) Change (%)
交易天数 Number of Trading Days	243	244	-0.41
期权合约数 Number of Options	166	112	48.21
认购期权 Call Option	83	56	48.21
认沽期权 Put Option	83	56	48.21
总成交金额 (万) Total Trading Val(10 Thousand)	17976637.5	8931356.0	101.28
认购期权 Call Option	9277541.42	5987949.4	54.94
认沽期权 Put Option	8699096.10	2943406.6	195.55
日均成交金额(万)Average Trading Val(10 Thousand)	73977.93	36603.92	102.10
认购期权 Call Option	38179.18	24540.78	55.57
认沽期权 Put Option	35798.75	12063.14	196.76
总成交量(万) Total Trading Vol (10 Thousand)	31621.12	18397.62	71.88
认购期权 Call Option	17111.33	10634.48	60.90
认沽期权 Put Option	14509.79	7763.14	86.91
日均成交量(万) Average Trading Vol(10 Thousand)	130.13	75.40	72.59
认购期权 Call Option	70.42	43.58	61.59
认沽期权 Put Option	59.71	31.82	87.65
总成交笔数(万) Total Number of Trades (10 Thousand)	7963.70	5083.84	56.65
认购期权 Call Option	4283.61	2953.27	45.05
认沽期权 Put Option	3680.09	2130.57	72.73
日均成交笔数(万) Average Number of Trades(10 Thousand)	32.77	20.84	57.25
认购期权 Call Option	17.63	12.10	45.70
认沽期权 Put Option	15.14	8.73	73.42

期权每日成交(万元/万张)
Option Trading(10000 Yuan/10000 Lots)

期权
Option

日期 Date	1月 Jan		2月 Feb		3月 Mar		4月 Apr		5月 May		6月 Jun	
	金额 Val	数量 Vol	金额 Val	数量 Vol	金额 Val	数量 Vol	金额 Val	数量 Vol	金额 Val	数量 Vol	金额 Val	数量 Vol
1	---	---	70192.59	98.95	56735.73	88.17	---	---	---	---	40697.78	74.48
2	57278.13	107.52	72557.83	102.91	47360.27	71.79	48367.79	70.03	37522.59	60.76	---	---
3	73251.84	136.52	---	---	---	---	53009.73	77.68	44405.35	72.91	---	---
4	41344.59	77.96	---	---	---	---	42841.45	66.49	35477.91	56.10	48703.41	84.09
5	40346.65	75.71	76876.35	103.29	53138.35	81.39	---	---	---	---	35289.98	66.52
6	---	---	117672.88	154.54	52863.83	87.85	---	---	---	---	24399.19	46.82
7	---	---	148238.68	202.88	55871.45	91.43	---	---	43633.10	74.29	39202.77	78.23
8	41224.79	77.08	154554.74	199.83	36124.30	60.68	---	---	58262.57	102.89	43488.51	89.87
9	51150.39	99.46	257342.40	228.41	35165.81	58.51	39389.45	59.11	35270.07	62.96	---	---
10	69304.24	139.85	---	---	---	---	53043.97	93.24	42329.01	74.82	---	---
11	59916.43	110.43	---	---	---	---	53183.15	92.56	35662.50	66.79	38953.28	79.40
12	61122.45	116.06	113553.70	138.77	37874.95	61.48	45145.78	76.70	---	---	44615.32	92.17
13	---	---	77616.67	109.94	39203.66	71.51	45735.27	80.37	---	---	32931.69	68.11
14	---	---	44271.89	64.09	35848.24	68.60	---	---	47897.51	91.47	55690.14	102.14
15	113512.43	181.64	---	---	32854.67	61.31	---	---	40468.67	82.98	46599.40	82.74
16	78496.49	132.21	---	---	38273.71	74.27	73422.35	124.18	45693.12	96.04	---	---
17	153076.45	230.98	---	---	---	---	72588.15	116.11	44250.28	95.72	---	---
18	95094.25	142.61	---	---	---	---	72985.62	120.39	61306.81	130.86	---	---
19	119839.80	173.49	---	---	37373.54	74.51	62190.30	112.52	---	---	78603.29	140.27
20	---	---	---	---	38046.01	76.96	57074.13	112.19	---	---	64280.76	130.25
21	---	---	---	---	49405.29	99.67	---	---	57887.85	117.47	65917.69	132.90
22	85199.72	131.70	52248.87	81.41	56158.35	110.27	---	---	50724.83	104.96	60054.59	115.01
23	120722.31	161.88	54549.87	91.27	109643.74	173.24	60074.77	107.49	51671.23	102.65	---	---
24	131108.26	165.06	---	---	---	---	74287.35	143.55	38061.43	73.33	---	---
25	120054.61	139.51	---	---	---	---	47627.58	84.68	37171.26	68.95	75954.41	135.37
26	91991.55	112.30	62656.44	105.00	99895.11	147.06	54092.59	83.37	---	---	107405.19	187.71
27	---	---	64606.65	111.52	75624.29	117.90	66867.41	101.24	---	---	102817.96	170.22
28	---	---	62626.51	109.45	83064.56	128.93	---	---	34151.26	62.09	85879.24	141.36
29	94188.57	124.14	---	---	93113.01	130.92	---	---	42775.03	76.43	61839.49	104.62
30	77145.27	109.04	---	---	51523.95	69.18	---	---	60725.71	111.31	---	---
31	69424.85	97.91	---	---	---	---	---	---	51733.31	96.81	---	---
最高 high	153076.45	230.98	257342.40	228.41	109643.74	173.24	74287.35	143.55	61306.81	130.86	107405.19	187.71
最低 low	40346.65	75.71	44271.89	64.09	32854.67	58.51	39389.45	59.11	34151.26	56.10	24399.19	46.82

期权每日成交(万元/万张)
Option Trading(10000 Yuan/10000 Lots)

期权
Option

日期 Date	7月 Jul		8月 Aug		9月 Sep		10月 Oct		11月 Nov		12月 Dec	
	金额 Val	数量 Vol	金额 Val	数量 Vol	金额 Val	数量 Vol	金额 Val	数量 Vol	金额 Val	数量 Vol	金额 Val	数量 Vol
1	---	---	82550.79	155.83	---	---	---	---	113156.59	156.16	---	---
2	102712.00	155.50	117223.25	215.55	---	---	---	---	148649.24	205.65	---	---
3	119708.34	185.82	69556.15	130.44	62589.12	104.66	---	---	---	---	77838.94	139.93
4	73141.25	113.74	---	---	75482.72	131.54	---	---	---	---	52197.98	102.27
5	72959.57	112.24	---	---	69581.89	124.12	---	---	88608.06	122.57	47261.11	94.50
6	87459.53	144.87	92444.37	158.01	87644.96	147.80	---	---	71221.55	102.42	65018.79	132.00
7	---	---	86090.58	161.09	86065.85	150.81	---	---	96359.11	138.39	34700.80	76.26
8	---	---	65993.46	130.05	---	---	101728.97	189.03	72918.95	106.39	---	---
9	72405.46	134.20	93682.86	184.98	---	---	69258.03	141.91	82428.69	129.48	---	---
10	54692.81	106.48	65149.01	134.23	62011.80	106.03	80543.52	162.92	---	---	49646.81	117.22
11	67438.88	127.16	---	---	71882.48	133.67	139179.50	272.92	---	---	30527.38	68.08
12	71913.67	148.61	---	---	71362.80	137.49	111305.52	222.52	61671.56	96.90	37595.86	80.66
13	38527.57	78.86	89816.78	184.44	75990.87	151.09	---	---	86089.46	140.83	65231.35	151.97
14	---	---	73368.93	145.31	61295.18	133.76	---	---	67818.87	115.67	49762.03	111.58
15	---	---	86682.59	180.39	---	---	87869.95	176.91	68596.52	121.34	---	---
16	53840.68	108.23	122434.74	232.48	---	---	110172.07	223.30	91626.32	152.54	---	---
17	48500.20	104.46	105884.26	201.60	51219.21	113.21	143231.08	293.11	---	---	44978.32	104.64
18	62228.52	138.48	---	---	91335.25	202.03	123763.33	238.92	---	---	64884.45	153.67
19	58701.53	128.67	---	---	103162.79	224.49	165706.12	332.67	77228.11	141.99	60909.24	149.67
20	112518.74	240.57	113780.65	221.12	63969.35	139.20	---	---	71294.57	140.72	116232.17	252.03
21	---	---	93437.91	193.90	140924.87	268.82	---	---	56721.35	116.00	116775.07	244.76
22	---	---	60723.88	123.50	---	---	194394.15	373.20	61564.66	133.06	---	---
23	87869.81	176.43	89826.78	146.84	---	---	135757.72	265.34	73824.78	168.72	---	---
24	90343.12	171.13	82981.07	130.30	---	---	157190.69	275.25	---	---	86156.26	187.47
25	67531.99	117.79	---	---	73816.08	156.53	140192.61	184.01	---	---	137612.23	262.09
26	59488.64	104.99	---	---	135380.71	242.43	108184.46	146.05	80680.01	180.40	80872.02	153.19
27	49005.30	90.21	82349.26	126.84	66975.95	123.59	---	---	73696.58	155.21	76359.25	143.95
28	---	---	47548.01	79.25	102296.65	172.09	---	---	77282.33	155.97	66114.87	118.20
29	---	---	38153.93	60.45	---	---	123566.30	161.86	57195.18	108.17	---	---
30	61758.81	109.65	51116.34	87.11	---	---	123146.01	163.32	67628.87	111.38	---	---
31	45843.56	81.17	68686.75	113.41	---	---	101594.87	136.26	---	---	---	---
最高 high	119708.34	240.57	122434.74	232.48	140924.87	268.82	194394.15	373.20	148649.24	205.65	137612.23	262.09
最低 low	38527.57	78.86	38153.93	60.45	51219.21	104.66	69258.03	136.26	56721.35	96.90	30527.38	68.08

债券市场概貌
Bond Market Overview

债券
Bond

债券市场交易 Bond Market Data	2018 年	2017 年	增减(%) Change (%)
交易天数 Trading Days	243	244	-0.41
上市债券数 Number of Bonds	12146	10440	16.34
政府债 G-Bonds	3077	2450	25.59
公司债 C-Bonds	9012	7936	13.56
债券回购 Repo	57	54	5.56
新上市债券数 Number of New Bonds	3962	3622	9.39
总成交金额 (亿) Total Trading Val(100M)	2169458.16	2473417.83	-12.29
政府债 G-Bonds	2552.16	2453.81	4.01
公司债 C-Bonds	48699.98	41977.39	16.01
债券回购 Repo	2118206.02	2428986.62	-12.79
日均成交金额(百万)Average Turnover In Val(M)	892781.13	1013695.83	-11.93
政府债 G-Bonds	1050.27	1005.66	4.44
公司债 C-Bonds	20041.14	17203.85	16.49
债券回购 Repo	871689.72	995486.32	-12.44
总成交量(百万张) Total Trading Vol(M)	2170510.50	2474386.12	-12.28
政府债 G-Bonds	2583.27	2488.40	3.81
公司债 C-Bonds	49721.20	42911.00	15.87
债券回购 Repo	2118206.03	2428986.72	-12.79
日均成交量(百万张) AverageTrading Vol(M)	8932.14	10140.93	-11.92
政府债 G-Bonds	10.63	10.20	4.22
公司债 C-Bonds	204.61	175.86	16.35
债券回购 Repo	8716.90	9954.86	-12.44
总成交笔数(万)Total Transactions(10000)	13822.70	15555.40	-11.14
政府债 G-Bonds	33.64	28.13	19.60
公司债 C-Bonds	1313.07	599.75	118.94
债券回购 Repo	12475.98	14927.52	-16.42
日均成交笔数(万)Average Transactions(10000)	56.88	63.75	-10.77
政府债 G-Bonds	0.14	0.12	20.07
公司债 C-Bonds	5.40	2.46	119.84
债券回购 Repo	51.34	61.18	-16.08
债券托管量(亿) Amount of Bonds under Custody (100M)	83840.49	74072.36	13.19
政府债 G-Bonds	9044.84	8623.15	4.89
公司债 C-Bonds	74795.65	65449.20	14.28
大宗交易成交 Bulk Trading			
总成交金额(亿) Total Trading Val(100M)	406.75	441.74	-7.92
总成交量(百万) Total Trading Vol (M)	427.95	455.21	-5.99
总成交笔数(笔) Total Transactions	1750.00	1846.00	-5.20

政府债现货每日成交(亿元/百万张)
G-Bond Spot Trading(100 M Yuan/1M Lots)

债券 Bond

日期 Date	1月 Jan		2月 Feb		3月 Mar		4月 Apr		5月 May		6月 Jun	
	金额 Val	数量 Vol	金额 Val	数量 Vol	金额 Val	数量 Vol	金额 Val	数量 Vol	金额 Val	数量 Vol	金额 Val	数量 Vol
1	---	---	2.69	2.78	4.82	4.95	---	---	---	---	8.73	8.88
2	5.38	5.62	4.80	5.15	6.70	6.85	11.84	11.88	4.43	4.54	---	---
3	5.86	6.08	---	---	---	---	11.68	11.82	8.51	8.55	---	---
4	8.33	8.66	---	---	---	---	8.21	8.27	6.90	7.05	2.99	3.10
5	2.86	2.95	3.75	3.92	4.92	5.06	---	---	---	---	3.83	3.85
6	---	---	6.13	6.50	5.44	5.54	---	---	---	---	11.88	11.89
7	---	---	6.29	6.73	14.51	14.86	---	---	10.97	11.08	4.03	4.10
8	7.08	7.23	6.53	6.91	9.67	10.19	---	---	7.98	8.12	2.27	2.27
9	5.81	5.90	7.79	8.30	8.58	8.90	10.16	10.56	5.65	5.72	---	---
10	7.21	7.49	---	---	---	---	12.59	13.11	16.00	16.05	---	---
11	16.33	16.49	---	---	---	---	10.12	10.65	8.90	8.91	9.81	9.91
12	1.98	2.01	5.52	5.71	8.70	8.87	13.00	13.18	---	---	1.59	1.62
13	---	---	3.62	3.75	7.22	7.39	7.38	7.50	---	---	2.87	2.93
14	---	---	6.84	6.91	5.03	5.13	---	---	11.73	11.88	2.03	2.14
15	5.69	5.74	---	---	5.78	6.07	---	---	7.93	7.98	2.27	2.31
16	10.60	11.11	---	---	3.56	3.71	13.72	14.02	9.06	9.12	---	---
17	12.27	12.61	---	---	---	---	18.42	18.79	5.93	5.93	---	---
18	5.44	5.63	---	---	---	---	27.34	27.55	1.11	1.15	---	---
19	4.26	4.34	---	---	4.20	4.24	21.60	21.88	---	---	7.44	7.54
20	---	---	---	---	4.85	5.27	20.94	21.14	---	---	2.09	2.16
21	---	---	---	---	4.09	4.18	---	---	10.25	10.34	11.67	11.74
22	2.65	2.70	6.06	6.32	4.18	4.28	---	---	6.63	6.70	3.81	3.84
23	2.83	2.89	3.02	3.05	5.02	5.17	5.57	5.61	16.42	16.57	---	---
24	5.00	5.15	---	---	---	---	8.32	8.42	13.55	13.66	---	---
25	7.61	8.16	---	---	---	---	6.11	6.15	4.05	4.11	8.70	8.79
26	8.58	9.33	2.87	2.93	6.84	7.01	12.50	12.61	---	---	9.05	9.08
27	---	---	9.45	9.84	7.84	7.96	2.95	3.05	---	---	27.80	28.05
28	---	---	5.64	5.72	6.71	6.78	---	---	1.04	1.06	7.61	7.64
29	5.49	5.60	---	---	10.37	10.53	---	---	2.30	2.32	3.67	3.75
30	2.49	2.60	---	---	5.33	5.35	---	---	10.66	10.69	---	---
31	5.77	6.00	---	---	---	---	---	---	7.40	7.53	---	---
最高 high	16.33	16.49	9.45	9.84	14.51	14.86	27.34	27.55	16.42	16.57	27.80	28.05
最低 low	1.98	2.01	2.69	2.78	3.56	3.71	2.95	3.05	1.04	1.06	1.59	1.62

政府债现货每日成交(亿元/百万张)
G-Bond Spot Trading(100 M Yuan/1M Lots)

债券 Bond

日期 Date	7月 Jul		8月 Aug		9月 Sep		10月 Oct		11月 Nov		12月 Dec	
	金额 Val	数量 Vol	金额 Val	数量 Vol	金额 Val	数量 Vol	金额 Val	数量 Vol	金额 Val	数量 Vol	金额 Val	数量 Vol
1	---	---	8.04	8.19	---	---	---	---	6.74	6.85	---	---
2	6.75	6.86	17.65	17.71	---	---	---	---	6.01	6.15	---	---
3	7.01	7.01	12.34	12.48	17.44	17.65	---	---	---	---	23.37	23.27
4	8.16	8.16	---	---	12.75	12.85	---	---	---	---	6.90	7.08
5	16.32	16.55	---	---	28.87	29.17	---	---	9.56	9.62	19.36	19.48
6	17.02	17.27	12.16	12.24	8.87	8.97	---	---	8.00	8.04	10.27	10.23
7	---	---	13.87	13.90	14.01	14.19	---	---	6.97	7.04	3.56	3.65
8	---	---	14.13	14.14	---	---	2.36	2.42	9.92	10.01	---	---
9	23.46	24.08	10.59	10.62	---	---	8.55	8.58	10.67	10.80	---	---
10	9.24	9.29	6.23	6.29	11.12	11.22	6.45	6.65	---	---	32.27	32.22
11	8.09	8.17	---	---	14.72	14.87	11.79	11.99	---	---	5.85	5.86
12	6.53	6.52	---	---	2.37	2.41	12.02	11.93	14.33	14.30	35.65	35.61
13	5.50	5.60	15.61	15.75	10.54	10.66	---	---	10.23	10.28	12.00	11.93
14	---	---	3.66	3.74	15.34	15.46	---	---	19.99	19.98	10.97	11.05
15	---	---	18.09	18.41	---	---	8.17	8.28	22.02	21.92	---	---
16	6.98	7.02	11.01	11.10	---	---	7.40	7.41	6.21	6.37	---	---
17	4.56	4.59	10.26	10.44	9.78	9.89	7.76	7.88	---	---	26.38	26.44
18	8.86	8.97	---	---	20.38	20.61	4.91	5.01	---	---	30.65	30.55
19	9.55	9.73	---	---	21.16	21.25	8.31	8.42	12.19	12.32	33.93	34.01
20	14.42	14.58	5.02	5.10	26.75	27.19	---	---	4.20	4.25	34.41	34.15
21	---	---	8.21	8.59	10.47	10.54	---	---	10.30	10.37	37.58	37.07
22	---	---	7.51	7.78	---	---	8.52	8.62	22.31	22.44	---	---
23	6.45	6.57	20.79	21.54	---	---	7.16	7.24	10.34	10.31	---	---
24	7.13	7.28	8.41	8.63	---	---	4.36	4.44	---	---	32.17	31.79
25	12.23	12.27	---	---	9.90	9.94	11.64	11.85	---	---	41.52	41.31
26	6.44	6.49	---	---	24.88	25.07	6.69	6.78	16.04	16.00	47.65	47.77
27	17.42	17.85	10.68	10.80	20.71	20.75	---	---	14.76	14.90	10.49	10.52
28	---	---	14.10	14.17	2.07	2.16	---	---	31.34	31.50	4.91	4.95
29	---	---	19.17	19.37	---	---	7.50	7.62	10.75	10.84	---	---
30	28.51	29.03	6.52	6.70	---	---	9.18	9.31	5.92	5.89	---	---
31	8.00	8.10	6.16	6.18	---	---	10.81	11.02	---	---	---	---
最高 high	28.51	29.03	20.79	21.54	28.87	29.17	12.02	11.99	31.34	31.50	47.65	47.77
最低 low	4.56	4.59	3.66	3.74	2.07	2.16	2.36	2.42	4.20	4.25	3.56	3.65

公司债每日成交(亿元/百万张)
C-Bond Trading(100 M Yuan/1M Lots)

债券
Bond

日期 Date	1月 Jan		2月 Feb		3月 Mar		4月 Apr		5月 May		6月 Jun	
	金额 Val	数量 Vol	金额 Val	数量 Vol	金额 Val	数量 Vol	金额 Val	数量 Vol	金额 Val	数量 Vol	金额 Val	数量 Vol
1	---	---	184.20	186.33	247.80	252.62	---	---	---	---	117.02	120.10
2	52.94	53.11	167.58	170.73	188.41	191.88	134.72	138.93	120.49	121.64	---	---
3	149.01	151.45	---	---	---	---	157.80	162.23	215.33	216.67	---	---
4	215.33	222.34	---	---	---	---	123.64	127.10	159.00	162.73	124.69	127.50
5	171.37	173.80	212.99	216.35	186.37	190.37	---	---	---	---	177.67	181.11
6	---	---	224.43	225.11	209.11	214.14	---	---	---	---	183.52	187.08
7	---	---	209.26	212.97	227.79	233.91	---	---	220.38	223.04	174.99	180.84
8	188.66	191.66	258.73	262.78	282.84	290.14	---	---	238.89	242.14	162.16	165.39
9	228.20	231.70	227.40	230.17	271.54	280.46	173.36	180.16	231.01	234.80	---	---
10	229.45	236.61	---	---	---	---	233.42	238.00	245.76	250.39	---	---
11	240.87	247.71	---	---	---	---	234.64	241.27	179.92	184.16	194.53	201.41
12	156.65	160.35	156.97	162.63	260.13	266.59	230.56	237.82	---	---	196.93	201.67
13	---	---	139.27	144.32	328.78	338.82	177.04	180.66	---	---	157.71	163.80
14	---	---	23.53	23.89	269.03	276.38	---	---	187.44	191.41	173.14	176.94
15	219.19	222.25	---	---	262.18	292.82	---	---	219.14	222.94	142.87	147.64
16	211.38	217.48	---	---	238.22	266.91	220.35	223.71	207.31	211.87	---	---
17	193.61	197.84	---	---	---	---	194.91	199.73	202.65	208.75	---	---
18	212.60	217.38	---	---	---	---	228.08	231.94	188.56	194.51	---	---
19	199.82	200.60	---	---	214.95	221.91	263.88	268.48	---	---	154.34	161.44
20	---	---	---	---	216.45	223.22	178.77	183.07	---	---	159.68	165.09
21	---	---	---	---	234.69	242.42	---	---	181.80	184.90	161.47	165.37
22	167.25	170.21	44.65	44.46	230.11	238.55	---	---	168.40	173.42	170.65	174.93
23	211.90	213.07	110.49	112.29	210.06	216.89	203.89	207.59	192.53	196.36	---	---
24	214.61	215.87	---	---	---	---	118.88	120.22	174.57	177.92	---	---
25	217.33	219.23	---	---	---	---	189.59	191.08	143.06	145.91	161.07	165.99
26	184.34	184.46	171.55	175.08	192.40	203.63	165.79	169.15	---	---	209.31	216.38
27	---	---	237.84	243.00	201.67	205.61	122.71	123.97	---	---	229.01	232.97
28	---	---	297.91	306.17	184.07	188.49	---	---	161.96	165.45	179.87	183.59
29	186.15	189.02	---	---	167.52	174.32	---	---	132.41	135.26	93.07	97.94
30	152.90	156.29	---	---	118.44	121.52	---	---	158.41	161.56	---	---
31	167.40	171.26	---	---	---	---	---	---	133.38	134.88	---	---
最高 high	240.87	247.71	297.91	306.17	328.78	338.82	263.88	268.48	245.76	250.39	229.01	232.97
最低 low	52.23	52.40	21.27	21.62	115.81	118.89	113.22	114.57	117.67	118.83	87.50	92.37

公司债每日成交(亿元/百万张)　　债券
C-Bond Trading(100 M Yuan/1M Lots)　　Bond

日期 Date	7月 Jul		8月 Aug		9月 Sep		10月 Oct		11月 Nov		12月 Dec	
	金额 Val	数量 Vol	金额 Val	数量 Vol	金额 Val	数量 Vol	金额 Val	数量 Vol	金额 Val	数量 Vol	金额 Val	数量 Vol
1	---	---	202.86	208.04	---	---	---	---	151.63	154.20	---	---
2	159.17	166.23	211.27	215.47	---	---	---	---	153.15	155.58	---	---
3	207.53	212.36	237.66	246.27	155.00	158.35	---	---	---	---	189.51	191.14
4	247.07	251.13	---	---	203.60	206.99	---	---	---	---	239.40	240.72
5	253.24	259.77	---	---	226.17	229.85	---	---	189.54	190.76	234.74	236.66
6	192.09	195.12	194.00	199.86	237.02	240.51	---	---	249.42	254.01	306.05	310.16
7	---	---	194.55	198.23	172.14	174.29	---	---	235.14	239.09	258.70	260.07
8	---	---	226.03	232.28	---	---	126.72	127.95	196.62	204.09	---	---
9	181.26	185.46	231.67	233.81	---	---	204.47	207.50	184.45	186.00	---	---
10	216.89	221.58	164.34	167.20	187.58	191.41	237.48	239.95	---	---	235.27	241.78
11	198.12	201.73	---	---	257.45	268.07	265.96	268.93	---	---	302.17	309.02
12	188.74	194.09	---	---	252.26	259.66	148.59	151.31	189.78	193.58	335.70	338.91
13	153.31	157.92	189.29	191.46	236.51	241.33	---	---	212.06	216.00	319.16	319.61
14	---	---	171.71	176.08	187.73	192.24	---	---	209.58	211.27	252.99	255.54
15	---	---	228.64	231.61	---	---	198.79	202.46	249.66	250.75	---	---
16	180.60	183.63	175.15	177.80	---	---	204.16	208.36	154.68	156.34	---	---
17	186.71	193.15	115.49	117.62	216.56	222.67	255.77	257.34	---	---	213.45	214.43
18	197.22	202.12	---	---	243.95	248.56	215.08	218.33	---	---	245.63	248.02
19	210.16	217.91	---	---	237.30	244.67	158.87	161.92	227.52	229.74	268.32	270.98
20	206.64	212.56	134.72	137.39	212.77	218.11	---	---	312.51	314.75	339.69	340.74
21	---	---	170.79	176.12	204.63	209.28	---	---	249.95	255.55	277.82	278.42
22	---	---	165.32	168.39	---	---	212.61	215.64	246.95	249.00	---	---
23	200.66	206.31	182.38	184.87	---	---	211.17	213.84	186.86	189.66	---	---
24	210.62	217.48	145.27	147.64	---	---	222.51	223.83	---	---	275.83	277.33
25	203.76	214.08	---	---	166.84	169.58	223.63	226.90	---	---	288.58	290.80
26	226.10	233.96	---	---	212.10	216.65	180.70	182.69	224.25	226.27	264.87	268.59
27	210.38	215.65	171.64	174.16	205.13	211.08	---	---	204.56	206.57	232.03	234.65
28	---	---	185.54	190.54	71.45	71.63	---	---	230.21	232.35	95.51	96.11
29	---	---	188.51	190.03	---	---	191.02	194.84	250.90	253.98	---	---
30	227.10	234.20	194.19	197.14	---	---	206.06	213.44	235.11	237.73	---	---
31	217.02	225.76	151.79	153.45	---	---	204.67	207.87	---	---	---	---
最高 high	253.24	259.77	237.66	246.27	257.45	268.07	265.96	268.93	312.51	314.75	339.69	340.74
最低 low	147.37	151.99	111.34	113.50	63.70	63.90	123.34	124.58	147.47	150.07	92.42	93.05

债券回购每日成交(亿/百万)
Bond Repo Trading(100M /M)

债券
Bond

日期 Date	1月 Jan		2月 Feb		3月 Mar		4月 Apr		5月 May		6月 Jun	
	金额 Val	数量 Vol	金额 Val	数量 Vol	金额 Val	数量 Vol	金额 Val	数量 Vol	金额 Val	数量 Vol	金额 Val	数量 Vol
1	---	---	9266.76	9266.76	10214.86	10214.86	---	---	---	---	8848.93	8848.93
2	10365.20	10365.20	9170.42	9170.42	9387.87	9387.87	9959.55	9959.55	11903.48	11903.48	---	---
3	9776.19	9776.19	---	---	---	---	9007.20	9007.20	10461.42	10461.42	---	---
4	9434.46	9434.46	---	---	---	---	8257.34	8257.34	9611.30	9611.30	9949.29	9949.29
5	8887.06	8887.06	9246.12	9246.12	9922.29	9922.29	---	---	---	---	9071.61	9071.61
6	---	---	9358.80	9358.80	9302.39	9302.39	---	---	---	---	9312.85	9312.85
7	---	---	8686.39	8686.39	8884.64	8884.64	---	---	9742.76	9742.76	8901.85	8901.85
8	8865.33	8865.33	8942.21	8942.21	9580.51	9580.51	---	---	8537.41	8537.41	8417.56	8417.56
9	9166.78	9166.78	8460.48	8460.48	8872.84	8872.84	10693.60	10693.60	9236.62	9236.62	---	---
10	9108.07	9108.07	---	---	---	---	9235.10	9235.10	8967.56	8967.56	---	---
11	9028.95	9028.95	---	---	---	---	8554.63	8554.63	8453.07	8453.07	9058.68	9058.68
12	8573.94	8573.94	8995.40	8995.40	9447.15	9447.15	7864.77	7864.77	---	---	8449.61	8449.61
13	---	---	8099.88	8099.88	9197.67	9197.67	7316.58	7316.58	---	---	8877.51	8877.51
14	---	---	6675.18	6675.18	8874.30	8874.30	---	---	9004.14	9004.14	8493.28	8493.28
15	8776.68	8776.68	---	---	9330.09	9330.09	---	---	8310.65	8310.65	8401.60	8401.60
16	9038.97	9038.99	---	---	8868.47	8868.47	9393.83	9393.83	8819.72	8819.72	---	---
17	9066.90	9066.90	---	---	---	---	8748.22	8748.22	8474.30	8474.30	---	---
18	9142.20	9142.20	---	---	---	---	8718.50	8718.50	8414.21	8414.21	---	---
19	8971.36	8971.36	---	---	9390.51	9390.51	8757.76	8757.76	---	---	9895.97	9895.97
20	---	---	---	---	8536.42	8536.42	8378.01	8378.01	---	---	9027.78	9027.78
21	---	---	---	---	8145.73	8145.73	---	---	8887.50	8887.50	8565.81	8565.81
22	9445.34	9445.34	11532.59	11532.59	8732.07	8732.07	---	---	8212.18	8212.18	8046.73	8046.73
23	9491.52	9491.52	9566.87	9566.87	8428.12	8428.12	10847.85	10847.85	8602.36	8602.36	---	---
24	9352.82	9352.82	---	---	---	---	10561.48	10561.48	8562.96	8562.96	---	---
25	9340.44	9340.44	---	---	---	---	10315.04	10315.04	8395.82	8395.82	8312.64	8312.64
26	8857.77	8857.77	10019.67	10019.67	9213.84	9213.84	10123.21	10123.21	---	---	8817.81	8817.81
27	---	---	9414.06	9414.06	9084.62	9084.62	8830.70	8830.70	---	---	9057.05	9057.05
28	---	---	9079.29	9079.29	8905.14	8905.14	---	---	9237.68	9237.68	9556.28	9556.28
29	9340.42	9340.42	---	---	10041.14	10041.14	---	---	8621.51	8621.51	8884.67	8884.67
30	9214.32	9214.32	---	---	9306.93	9306.93	---	---	9333.11	9333.11	---	---
31	8729.58	8729.58	---	---	---	---	---	---	8718.93	8718.93	---	---
最高 high	10365.20	10365.20	11532.59	11532.59	10214.86	10214.86	10847.85	10847.85	H11903.48	H11903.48	9949.29	9949.29
最低 low	8573.94	8573.94	L6675.18	L6675.18	8145.73	8145.73	7316.58	7316.58	8212.18	8212.18	8046.73	8046.73

债券回购每日成交(亿/百万)
Bond Repo Trading(100M /M)

日期 Date	7月 Jul		8月 Aug		9月 Sep		10月 Oct		11月 Nov		12月 Dec	
	金额 Val	数量 Vol	金额 Val	数量 Vol	金额 Val	数量 Vol	金额 Val	数量 Vol	金额 Val	数量 Vol	金额 Val	数量 Vol
1	---	---	8641.78	8641.78	---	---	---	---	7831.72	7831.72	---	---
2	9634.77	9634.77	8310.83	8310.83	---	---	---	---	7751.46	7751.46	---	---
3	8861.03	8861.03	8007.25	8007.25	8954.31	8954.31	---	---	---	---	8779.85	8779.85
4	8655.43	8655.43	---	---	9012.31	9012.31	---	---	---	---	8365.55	8365.55
5	8304.48	8304.48	---	---	8182.71	8182.71	---	---	9250.87	9250.87	8087.87	8087.87
6	7838.43	7838.43	8575.74	8575.74	7914.96	7914.96	---	---	8396.94	8396.94	8192.63	8192.63
7	---	---	7983.36	7983.36	7783.28	7783.28	---	---	7960.66	7960.66	7854.55	7854.55
8	---	---	8246.75	8246.75	---	---	11267.26	11267.26	7943.86	7943.86	---	---
9	8545.80	8545.80	7857.37	7857.37	---	---	8654.74	8654.74	7666.07	7666.07	---	---
10	7922.31	7922.31	7620.04	7620.04	8505.23	8505.23	8214.62	8214.62	---	---	8870.77	8870.77
11	7787.44	7787.44	---	---	7912.64	7912.64	8033.05	8033.05	---	---	8061.86	8061.86
12	7749.75	7749.75	---	---	8055.96	8055.96	7904.49	7904.49	9113.86	9113.86	8046.53	8046.53
13	7554.84	7554.84	8311.29	8311.29	7771.50	7771.50	---	---	8539.35	8539.35	8104.98	8104.98
14	---	---	7801.75	7801.75	7688.11	7688.11	---	---	7956.84	7956.84	7769.03	7769.03
15	---	---	8014.98	8014.98	---	---	9441.23	9441.23	7957.63	7957.63	---	---
16	8576.63	8576.63	7954.93	7954.93	---	---	8218.45	8218.45	7671.39	7671.39	---	---
17	8555.74	8555.74	8048.67	8048.67	8272.54	8272.54	8038.29	8038.29	---	---	9363.54	9363.54
18	8583.21	8583.21	---	---	7851.32	7851.32	7993.96	7993.96	---	---	8750.23	8750.23
19	8366.11	8366.11	---	---	8105.29	8105.29	7712.45	7712.45	8906.91	8906.91	8429.72	8429.72
20	7968.19	7968.19	8537.65	8537.65	8089.74	8089.74	---	---	8572.36	8572.36	8482.18	8482.18
21	---	---	8324.58	8324.58	7793.41	7793.41	---	---	8281.92	8281.92	8291.12	8291.12
22	---	---	8212.32	8212.32	---	---	9399.57	9399.57	8143.75	8143.75	---	---
23	8809.83	8809.83	7926.21	7926.21	---	---	8801.11	8801.11	7727.28	7727.28	---	---
24	8652.19	8652.19	8010.73	8010.73	---	---	8299.76	8299.76	---	---	9931.71	9931.71
25	8562.65	8562.65	---	---	9429.59	9429.59	8318.96	8318.96	---	---	9351.97	9351.97
26	8376.42	8376.42	---	---	8486.07	8486.07	7958.99	7958.99	8680.65	8680.65	9614.46	9614.46
27	8381.84	8381.84	8827.28	8827.28	8246.45	8246.45	---	---	8284.63	8284.63	9922.52	9922.52
28	---	---	8464.47	8464.47	7138.83	7138.83	---	---	8128.48	8128.48	8516.24	8516.24
29	---	---	8479.12	8479.12	---	---	9131.53	9131.53	8188.15	8188.15	---	---
30	8914.47	8914.47	8299.53	8299.53	---	---	8603.24	8603.24	7531.50	7531.50	---	---
31	8360.02	8360.02	8190.92	8190.92	---	---	7961.79	7961.79	---	---	---	---
最高 high	9634.77	9634.77	8827.28	8827.28	9429.59	9429.59	11267.26	11267.26	9250.87	9250.87	9931.71	9931.71
最低 low	7554.84	7554.84	7620.04	7620.04	7138.83	7138.83	7712.45	7712.45	7531.50	7531.50	7769.03	7769.03

债券信息 List of Bonds

债券 Bond

债券代码 Code	债券简称 Bond Name	发行数量(百万) Issued Vol(M)	年限 Terms	到期日 Expiration Date	票面利率(%) Coupon Rate(%)	本年收盘 Close	成交数量(万张) Trading Vol(10000)
010107	21 国债(7)	23960.00	20.00	2021.07.31	4.2600	102.95	19656.83
010303	03 国债(3)	26000.00	20.00	2023.04.17	3.4000	100.82	8309.83
010504	05 国债(4)	33920.00	20.00	2025.05.15	4.1100	103.70	29.84
010512	05 国债(12)	34410.00	15.00	2020.11.15	3.6500	100.61	99.66
010609	06 国债(9)	31090.00	20.00	2026.06.26	3.7000	100.00	90.00
010619	06 国债(19)	30000.00	15.00	2021.11.15	3.2700	100.00	7.59
010706	07 国债 06	30000.00	30.00	2037.05.17	4.2700	100.00	0.00
010713	07 国债 13	28000.00	20.00	2027.08.16	4.5200	100.00	0.00
018002	国开 1302	4000.00	5.00	2019.01.03	5.8400	100.10	3499.91
018003	国开 1401	2500.00	15.00	2029.04.15	5.8500	118.90	693.51
018005	国开 1701	6000.00	2.00	2019.04.06	3.7800	100.44	56366.46
018006	国开 1702	4000.00	5.00	2022.04.06	3.9100	102.10	20498.39
018007	国开 1801	4000.00	2.00	2020.08.01	3.4900	100.62	3948.28
018008	国开 1802	2500.00	5.00	2023.08.01	3.8700	102.00	1736.81
018009	国开 1803	1500.00	20.00	2038.08.01	4.5900	109.69	818.05
019002	10 国债 02	26000.00	10.00	2020.02.04	3.4300	102.24	0.00
019003	10 国债 03	24000.00	30.00	2040.03.01	4.0800	100.00	0.00
019007	10 国债 07	26000.00	10.00	2020.03.25	3.3600	101.59	0.00
019009	10 国债 09	28000.00	20.00	2030.04.15	3.9600	98.80	0.00
019012	10 国债 12	28000.00	10.00	2020.05.13	3.2500	100.46	1.12
019014	10 国债 14	28000.00	50.00	2060.05.24	4.0300	100.00	0.00
019018	10 国债 18	28000.00	30.00	2040.06.21	4.0300	100.00	0.00
019019	10 国债 19	28010.00	10.00	2020.06.24	3.4100	100.70	0.00
019023	10 国债 23	28000.00	30.00	2040.07.29	3.9600	109.50	40.00
019024	10 国债 24	30440.00	10.00	2020.08.05	3.2800	100.00	0.00
019026	10 国债 26	28000.00	30.00	2040.08.16	3.9600	100.00	0.00
019029	10 国债 29	28000.00	20.00	2030.09.02	3.8200	99.61	0.00
019031	10 国债 31	28260.00	10.00	2020.09.16	3.2900	98.20	0.01
019034	10 国债 34	28000.00	10.00	2020.10.28	3.6700	100.00	0.00
019037	10 国债 37	28000.00	50.00	2060.11.18	4.4000	100.00	0.00
019040	10 国债 40	28000.00	30.00	2040.12.09	4.2300	100.00	370.00
019041	10 国债 41	30780.00	10.00	2020.12.16	3.7700	100.00	0.00
019102	11 国债 02	62060.00	10.00	2021.01.20	3.9400	100.00	0.00
019103	11 国债 03	62520.00	7.00	2018.01.27	3.8300	100.00	0.00
019105	11 国债 05	28000.00	30.00	2041.02.24	4.3100	106.70	70.00
019106	11 国债 06	30000.00	7.00	2018.03.03	3.7500	100.00	0.00
019108	11 国债 08	30000.00	10.00	2021.03.17	3.8300	99.94	0.01
019110	11 国债 10	58000.00	20.00	2031.04.28	4.1500	113.04	20.00
019112	11 国债 12	30000.00	50.00	2061.05.26	4.4800	100.00	0.00
019115	11 国债 15	61930.00	10.00	2021.06.16	3.9900	106.12	0.00
019116	11 国债 16	58000.00	30.00	2041.06.23	4.5000	105.27	180.00
019117	11 国债 17	60000.00	7.00	2018.07.07	3.7000	100.30	0.00
019119	11 国债 19	63050.00	10.00	2021.08.18	3.9300	100.00	0.01
019121	11 国债 21	58630.00	7.00	2018.10.13	3.6500	100.00	0.00
019123	11 国债 23	28000.00	50.00	2061.11.10	4.3300	100.00	0.00
019124	11 国债 24	56050.00	10.00	2021.11.17	3.5700	100.20	1.02
019204	12 国债 04	86000.00	10.00	2022.02.23	3.5100	99.66	4.47
019205	12 国债 05	94670.00	7.00	2019.03.08	3.4100	100.40	2.40
019206	12 国债 06	28000.00	20.00	2032.04.23	4.0300	100.00	0.00
019208	12 国债 08	28000.00	50.00	2062.05.17	4.2500	100.00	0.00

债券信息 List of Bonds

债券 Bond

债券代码 Code	债券简称 Bond Name	发行数量(百万) Issued Vol(M)	年限 Terms	到期日 Expiration Date	票面利率(%) Coupon Rate(%)	本年收盘 Close	成交数量(万张) Trading Vol(10000)
019209	12 国债 09	100220.00	10.00	2022.05.24	3.3600	98.00	200.00
019210	12 国债 10	94350.00	7.00	2019.06.07	3.1400	101.68	0.00
019212	12 国债 12	28000.00	30.00	2042.06.28	4.0700	101.94	0.00
019213	12 国债 13	28000.00	30.00	2042.08.02	4.1200	100.00	0.00
019215	12 国债 15	86140.00	10.00	2022.08.23	3.3900	100.00	173.83
019216	12 国债 16	82820.00	7.00	2019.09.06	3.2500	100.20	20.12
019218	12 国债 18	28000.00	20.00	2032.09.27	4.1000	105.00	2.94
019220	12 国债 20	26000.00	50.00	2062.11.15	4.3500	100.00	0.00
019221	12 国债 21	29010.00	10.00	2022.12.13	3.5500	100.32	0.00
019301	13 国债 01	48000.00	5.00	2018.01.10	3.1500	104.99	0.09
019303	13 国债 03	82000.00	7.00	2020.01.24	3.4200	100.70	24.04
019305	13 国债 05	78790.00	10.00	2023.02.21	3.5200	99.70	0.00
019308	13 国债 08	91720.00	7.00	2020.04.18	3.2900	100.99	21.34
019309	13 国债 09	26000.00	20.00	2033.04.22	3.9900	112.11	0.00
019310	13 国债 10	20000.00	50.00	2063.05.20	4.2400	100.00	0.00
019311	13 国债 11	90000.00	10.00	2023.05.23	3.3800	102.00	488.55
019313	13 国债 13	60000.00	5.00	2018.05.30	3.0900	100.00	45.48
019315	13 国债 15	90150.00	7.00	2020.07.11	3.4600	100.87	22.11
019316	13 国债 16	26000.00	20.00	2033.08.12	4.3200	116.74	0.00
019318	13 国债 18	111880.00	10.00	2023.08.22	4.0800	104.10	313.40
019319	13 国债 19	26000.00	30.00	2043.09.16	4.7600	116.40	3.46
019320	13 国债 20	88890.00	7.00	2020.10.17	4.0700	101.56	2.75
019323	13 国债 23	57210.00	5.00	2018.11.07	4.1300	100.03	45.28
019324	13 国债 24	20000.00	50.00	2063.11.18	5.3100	100.00	0.00
019325	13 国债 25	24000.00	30.00	2043.12.09	5.0500	121.00	0.00
019401	14 国债 01	38000.00	5.00	2019.01.07	4.4700	100.62	1000.16
019403	14 国债 03	66000.00	7.00	2021.01.16	4.4400	104.16	1.11
019405	14 国债 05	84970.00	10.00	2024.03.20	4.4200	103.00	0.00
019406	14 国债 06	84080.00	7.00	2021.04.03	4.3300	104.16	0.17
019408	14 国债 08	57000.00	5.00	2019.04.24	4.0400	103.11	20.00
019409	14 国债 09	26000.00	20.00	2034.04.28	4.7700	100.00	0.00
019410	14 国债 10	26000.00	50.00	2064.05.26	4.6700	100.00	0.00
019412	14 国债 12	84010.00	10.00	2024.06.19	4.0000	107.13	0.00
019413	14 国债 13	84030.00	7.00	2021.07.03	4.0200	100.19	50.33
019416	14 国债 16	26000.00	30.00	2044.07.24	4.7600	100.00	0.00
019417	14 国债 17	26000.00	20.00	2034.08.11	4.6300	100.00	0.00
019421	14 国债 21	85790.00	10.00	2024.09.18	4.1300	103.63	40.39
019424	14 国债 24	84180.00	7.00	2021.10.23	3.7000	101.43	39.04
019425	14 国债 25	26000.00	30.00	2044.10.27	4.3000	100.00	0.00
019426	14 国债 26	56040.00	5.00	2019.10.30	3.5300	100.31	0.00
019427	14 国债 27	26000.00	50.00	2064.11.24	4.2400	100.41	0.00
019429	14 国债 29	68240.00	10.00	2024.12.18	3.7700	104.29	0.01
019502	15 国债 02	60000.00	7.00	2022.01.22	3.3600	100.90	230.30
019503	15 国债 03	70410.00	5.00	2020.02.05	3.3100	100.52	15.00
019504	15 国债 04	80050.00	3.00	2018.03.26	3.2200	103.00	121.25
019505	15 国债 05	90320.00	10.00	2025.04.09	3.6400	102.90	29.68
019507	15 国债 07	90120.00	7.00	2022.04.16	3.5400	102.00	0.00
019508	15 国债 08	26000.00	20.00	2035.04.27	4.0900	104.18	223.09
019510	15 国债 10	26000.00	50.00	2065.05.25	3.9900	103.50	7.42
019511	15 国债 11	90120.00	5.00	2020.05.28	3.1000	100.66	33.28

债券信息 List of Bonds

债券 Bond

债券代码 Code	债券简称 Bond Name	发行数量(百万) Issued Vol(M)	年限 Terms	到期日 Expiration Date	票面利率(%) Coupon Rate(%)	本年收盘 Close	成交数量(万张) Trading Vol(10000)
019512	15 国债 12	90050.00	3.00	2018.06.11	2.7300	99.98	1202.37
019514	15 国债 14	90040.00	7.00	2022.07.09	3.3000	100.61	43.81
019516	15 国债 16	90000.00	10.00	2025.07.16	3.5100	101.20	371.20
019517	15 国债 17	26000.00	30.00	2045.07.27	3.9400	102.00	204.63
019519	15 国债 19	86100.00	5.00	2020.09.08	3.1400	100.51	229.27
019521	15 国债 21	26000.00	20.00	2035.09.22	3.7400	101.00	94.08
019522	15 国债 22	86000.00	3.00	2018.09.24	2.9200	100.00	225.54
019523	15 国债 23	104000.00	10.00	2025.10.15	2.9900	97.19	260.57
019525	15 国债 25	26000.00	30.00	2045.10.20	3.7400	100.00	0.00
019526	15 国债 26	104010.00	7.00	2022.10.22	3.0500	99.90	21.67
019528	15 国债 28	26000.00	50.00	2065.11.23	3.8900	100.80	65.57
019530	16 国债 02	60000.00	5.00	2021.01.14	2.5300	99.62	730.11
019531	16 国债 03	60000.00	3.00	2019.01.28	2.5500	99.91	330.43
019532	16 国债 04	73150.00	10.00	2026.01.28	2.8500	97.98	16.69
019534	16 国债 06	88820.00	7.00	2023.03.17	2.7500	98.29	590.90
019535	16 国债 07	110600.00	5.00	2021.04.14	2.5800	98.84	259.08
019536	16 国债 08	90060.00	30.00	2046.04.25	3.5200	95.98	3202.80
019537	16 国债 09	111940.00	3.00	2019.04.28	2.5500	100.14	1183.26
019538	16 国债 10	109120.00	10.00	2026.05.05	2.9000	96.60	1148.54
019540	16 国债 12	116880.00	2.00	2018.05.19	2.5100	99.98	1463.56
019541	16 国债 13	28410.00	50.00	2066.05.23	3.7000	97.45	294.13
019542	16 国债 14	113470.00	7.00	2023.06.16	2.9500	98.85	3310.50
019543	16 国债 15	116080.00	5.00	2021.07.14	2.6500	99.10	1730.35
019544	16 国债 16	110970.00	3.00	2019.07.28	2.4300	99.95	1946.45
019545	16 国债 17	102310.00	10.00	2026.08.04	2.7400	113.60	6440.90
019547	16 国债 19	97670.00	30.00	2046.08.22	3.2700	92.01	9963.18
019548	16 国债 20	105300.00	7.00	2023.09.01	2.7500	99.15	193.94
019549	16 国债 21	85240.00	5.00	2021.10.20	2.3900	98.15	1220.52
019550	16 国债 22	71570.00	3.00	2019.10.27	2.2900	100.00	30.00
019551	16 国债 23	75990.00	10.00	2026.11.03	2.7000	95.50	191.35
019553	16 国债 25	83040.00	7.00	2023.11.17	2.7900	99.81	0.00
019554	16 国债 26	24200.00	50.00	2066.11.21	3.4800	100.00	0.00
019555	17 国债 01	60000.00	5.00	2022.01.12	2.8800	99.51	5.37
019556	17 国债 02	60000.00	3.00	2020.01.19	2.7700	99.65	20.00
019557	17 国债 03	72000.00	1.00	2018.02.09	2.7800	99.99	1241.99
019558	17 国债 04	72000.00	10.00	2027.02.09	3.4000	100.28	90.44
019559	17 国债 05	77400.00	30.00	2047.02.20	3.7700	100.00	0.00
019560	17 国债 06	88000.00	7.00	2024.03.16	3.2000	100.00	80.00
019561	17 国债 07	110000.00	5.00	2022.04.13	3.1300	100.14	160.70
019562	17 国债 08	108200.00	3.00	2020.04.27	3.2300	100.25	15.97
019563	17 国债 09	108270.00	1.00	2018.05.04	3.3200	99.99	5785.99
019564	17 国债 10	109380.00	10.00	2027.05.04	3.5200	100.50	903.49
019565	17 国债 11	29150.00	50.00	2067.05.22	4.0800	100.00	0.00
019566	17 国债 12	84580.00	2.00	2019.06.15	3.6200	100.45	890.69
019567	17 国债 13	108660.00	7.00	2024.06.22	3.5700	100.00	525.00
019568	17 国债 14	108610.00	5.00	2022.07.13	3.4700	101.12	80.08
019569	17 国债 15	87120.00	30.00	2047.07.24	4.0500	104.51	428.24
019570	17 国债 16	108280.00	3.00	2020.07.27	3.4600	99.29	0.00
019571	17 国债 17	112390.00	1.00	2018.08.03	3.3300	100.00	3165.68
019572	17 国债 18	112170.00	10.00	2027.08.03	3.5900	98.77	3185.10

债券信息 List of Bonds

债券 Bond

债券代码 Code	债券简称 Bond Name	发行数量(百万) Issued Vol(M)	年限 Terms	到期日 Expiration Date	票面利率(%) Coupon Rate(%)	本年收盘 Close	成交数量(万张) Trading Vol(10000)
019573	17 国债 19	84000.00	2.00	2019.09.14	3.5000	100.30	40.00
019574	17 特国 03	96400.00	5.00	2022.09.19	3.5900	100.00	490.00
019575	17 国债 20	108950.00	7.00	2024.09.21	3.6900	100.00	0.00
019576	17 国债 21	95210.00	5.00	2022.10.19	3.7300	100.00	20.00
019577	17 国债 22	77710.00	30.00	2047.10.23	4.2800	105.67	25.00
019578	17 国债 23	94120.00	3.00	2020.10.26	3.6000	100.00	0.00
019579	17 国债 24	78000.00	1.00	2018.11.02	3.5400	100.50	126.10
019580	17 国债 25	78280.00	10.00	2027.11.02	3.8200	103.99	543.26
019581	17 国债 26	29370.00	50.00	2067.11.20	4.3700	100.00	0.00
019582	17 国债 27	66220.00	7.00	2024.12.21	3.9000	100.00	0.00
019583	18 国债 01	60000.00	5.00	2023.01.18	3.8100	102.37	1.34
019584	18 国债 02	60000.00	3.00	2021.01.25	3.5600	100.00	20.00
019585	18 国债 03	69000.00	1.00	2019.02.01	3.3800	100.08	2016.78
019586	18 国债 04	69000.00	10.00	2028.02.01	3.8500	102.74	530.69
019587	18 国债 05	106590.00	7.00	2025.03.08	3.7700	100.00	360.00
019588	18 国债 06	80200.00	30.00	2048.03.19	4.2200	100.00	20.00
019589	18 国债 07	131310.00	3.00	2021.04.12	3.4200	100.00	490.00
019590	18 国债 08	87590.00	2.00	2020.04.19	3.0600	100.00	330.00
019591	18 国债 09	123150.00	5.00	2023.04.19	3.1700	100.34	33.93
019592	18 国债 10	123060.00	1.00	2019.05.17	3.0200	100.23	637.29
019593	18 国债 11	123020.00	10.00	2028.05.17	3.6900	100.00	4290.00
019594	18 国债 12	30520.00	50.00	2068.05.21	4.1300	100.00	0.00
019595	18 国债 13	123010.00	7.00	2025.06.07	3.6100	100.00	670.00
019596	18 国债 14	123350.00	3.00	2021.07.05	3.2400	100.00	1080.00
019597	18 国债 15	87060.00	2.00	2020.07.12	3.1400	100.00	130.00
019598	18 国债 16	123240.00	5.00	2023.07.12	3.3000	100.39	3089.26
019599	18 国债 17	91050.00	30.00	2048.07.23	3.9700	102.81	535.09
019600	18 国债 18	125050.00	1.00	2019.08.16	2.7900	100.21	1186.11
019601	18 国债 19	125050.00	10.00	2028.08.16	3.5400	103.45	570.00
019602	18 国债 20	119170.00	7.00	2025.09.06	3.6000	100.00	530.00
019603	18 国债 21	122050.00	3.00	2021.10.11	3.1700	100.00	4020.00
019604	18 国债 22	78120.00	2.00	2020.10.18	3.0000	99.76	10.00
019605	18 国债 23	113360.00	5.00	2023.10.18	3.2900	100.00	50.00
019606	18 国债 24	70060.00	30.00	2048.10.22	4.0800	100.00	0.00
019607	18 国债 25	20640.00	50.00	2068.11.19	3.8200	100.00	0.00
019608	18 国债 26	65160.00	1.00	2019.11.22	2.4100	100.00	2750.00
019609	18 国债 27	74550.00	10.00	2028.11.22	3.2500	100.00	260.00
019610	18 国债 28	48220.00	7.00	2025.12.06	3.2200	101.20	1610.00
019802	08 国债 02	28000.00	15.00	2023.02.28	4.1600	100.00	0.00
019803	08 国债 03	27940.00	10.00	2018.03.20	4.0700	100.00	0.00
019806	08 国债 06	28000.00	30.00	2038.05.08	4.5000	100.00	0.00
019810	08 国债 10	26650.00	10.00	2018.06.23	4.4100	100.00	0.00
019813	08 国债 13	24000.00	20.00	2028.08.11	4.9400	100.00	10.00
019818	08 国债 18	24360.00	10.00	2018.09.22	3.6800	100.25	40.02
019820	08 国债 20	24000.00	30.00	2038.10.23	3.9100	100.00	20.00
019823	08 国债 23	24000.00	15.00	2023.11.27	3.6200	100.00	60.00
019825	08 国债 25	25370.00	10.00	2018.12.15	2.9000	100.10	60.20
019902	09 国债 02	22000.00	20.00	2029.02.19	3.8600	100.00	0.00
019903	09 国债 03	26000.00	10.00	2019.03.12	3.0500	101.26	0.00
019905	09 国债 05	22000.00	30.00	2039.04.09	4.0200	100.00	0.00

债券信息 List of Bonds

债券 Bond

债券代码 Code	债券简称 Bond Name	发行数量(百万) Issued Vol(M)	年限 Terms	到期日 Expiration Date	票面利率(%) Coupon Rate(%)	本年收盘 Close	成交数量(万张) Trading Vol(10000)
019907	09 国债 07	27760.00	10.00	2019.05.07	3.0200	100.00	90.00
019911	09 国债 11	28000.00	15.00	2024.06.11	3.6900	100.00	0.00
019912	09 国债 12	28270.00	10.00	2019.06.18	3.0900	100.00	0.00
019916	09 国债 16	28300.00	10.00	2019.07.23	3.4800	100.00	0.00
019920	09 国债 20	26000.00	20.00	2029.08.27	4.0000	100.00	0.00
019923	09 国债 23	26640.00	10.00	2019.09.17	3.4400	100.00	0.00
019925	09 国债 25	24000.00	30.00	2039.10.15	4.1800	95.01	0.00
019927	09 国债 27	27240.00	10.00	2019.11.05	3.6800	100.00	0.00
019930	09 国债 30	20000.00	50.00	2059.11.30	4.3000	100.00	0.00
020190	17 贴债 34	10050.00	0.50	2018.01.15	0.0000	98.30	0.00
020195	17 贴债 39	10000.00	0.50	2018.02.12	0.0000	98.42	0.00
020200	17 贴债 44	10000.00	0.50	2018.03.12	0.0000	98.20	0.00
020203	17 贴债 47	15000.00	0.25	2018.01.15	0.0000	99.19	3.03
020204	17 贴债 48	10000.00	0.50	2018.04.16	0.0000	98.33	1.21
020205	17 贴债 49	15000.00	0.25	2018.01.22	0.0000	99.18	0.00
020206	17 贴债 50	15000.00	0.25	2018.01.29	0.0000	99.15	0.00
020207	17 贴债 51	15000.00	0.25	2018.02.05	0.0000	99.07	0.00
020208	17 贴债 52	15000.00	0.25	2018.02.12	0.0000	99.06	7.50
020209	17 贴债 53	10000.00	0.50	2018.05.14	0.0000	98.27	510.00
020210	17 贴债 54	15000.00	0.25	2018.02.19	0.0000	99.08	9.50
020211	17 贴债 55	15000.00	0.25	2018.02.26	0.0000	99.05	0.00
020212	17 贴债 56	15070.00	0.25	2018.03.05	0.0000	99.03	0.00
020213	17 贴债 57	15000.00	0.25	2018.03.12	0.0000	99.08	4.00
020214	17 贴债 58	10000.00	0.50	2018.06.11	0.0000	98.05	0.00
020215	17 贴债 59	15230.00	0.25	2018.03.19	0.0000	99.03	0.00
020216	17 贴债 60	15400.00	0.25	2018.03.26	0.0000	99.04	0.00
020217	17 贴债 61	15050.00	0.25	2018.04.03	0.0000	99.07	0.00
020218	18 贴债 01	10000.00	0.25	2018.04.09	0.0000	99.19	300.00
020219	18 贴债 02	10000.00	0.25	2018.04.16	0.0000	99.18	900.00
020220	18 贴债 03	10000.00	0.50	2018.07.16	0.0000	98.27	0.00
020221	18 贴债 04	10000.00	0.25	2018.04.23	0.0000	99.18	0.00
020222	18 贴债 05	10000.00	0.25	2018.04.30	0.0000	99.10	139.79
020223	18 贴债 06	10000.00	0.25	2018.05.07	0.0000	99.21	0.00
020224	18 贴债 07	10000.00	0.50	2018.08.06	0.0000	98.40	90.00
020225	18 贴债 08	10000.00	0.25	2018.05.14	0.0000	99.22	500.00
020226	18 贴债 09	10000.00	0.25	2018.05.28	0.0000	99.23	0.00
020227	18 贴债 10	10000.00	0.25	2018.06.04	0.0000	99.23	500.00
020228	18 贴债 11	10000.00	0.25	2018.06.11	0.0000	99.24	0.00
020229	18 贴债 12	10000.00	0.50	2018.09.10	0.0000	98.44	0.00
020230	18 贴债 13	10000.00	0.25	2018.06.18	0.0000	99.25	0.00
020231	18 贴债 14	10000.00	0.25	2018.06.25	0.0000	99.28	0.00
020232	18 贴债 15	10000.00	0.25	2018.07.02	0.0000	99.28	60.00
020233	18 贴债 16	10000.00	0.25	2018.07.16	0.0000	99.38	8.50
020234	18 贴债 17	10100.00	0.50	2018.10.15	0.0000	98.62	10.00
020235	18 贴债 18	10050.00	0.25	2018.07.23	0.0000	99.37	460.86
020236	18 贴债 19	10030.00	0.25	2018.08.01	0.0000	99.33	20.00
020237	18 贴债 20	10000.00	0.25	2018.08.06	0.0000	99.40	25.47
020238	18 贴债 21	10010.00	0.25	2018.08.13	0.0000	99.34	60.00
020239	18 贴债 22	10010.00	0.50	2018.11.12	0.0000	98.57	0.00
020240	18 贴债 23	10000.00	0.25	2018.08.20	0.0000	99.28	1080.00

债券信息 List of Bonds

债券 Bond

债券代码 Code	债券简称 Bond Name	发行数量(百万) Issued Vol(M)	年限 Terms	到期日 Expiration Date	票面利率(%) Coupon Rate(%)	本年收盘 Close	成交数量(万张) Trading Vol(10000)
020241	18 贴债 24	10000.00	0.25	2018.08.27	0.0000	99.28	10.00
020242	18 贴债 25	10000.00	0.25	2018.09.03	0.0000	99.32	30.00
020243	18 贴债 26	10010.00	0.25	2018.09.10	0.0000	99.28	0.00
020244	18 贴债 27	10000.00	0.50	2018.12.10	0.0000	98.56	81.10
020245	18 贴债 28	10000.00	0.25	2018.09.18	0.0000	99.28	0.00
020246	18 贴债 29	10000.00	0.25	2018.09.24	0.0000	99.24	2300.00
020247	18 贴债 30	10000.00	0.25	2018.10.01	0.0000	99.23	0.00
020248	18 贴债 31	10000.00	0.25	2018.10.08	0.0000	99.40	0.00
020249	18 贴债 32	10000.00	0.25	2018.10.15	0.0000	99.38	0.00
020250	18 贴债 33	10000.00	0.50	2019.01.14	0.0000	98.61	0.00
020251	18 贴债 34	10070.00	0.25	2018.10.22	0.0000	99.41	0.00
020252	18 贴债 35	10030.00	0.25	2018.10.29	0.0000	99.44	0.00
020253	18 贴债 36	10000.00	0.25	2018.11.05	0.0000	99.48	0.00
020254	18 贴债 37	10010.00	0.25	2018.11.12	0.0000	99.51	0.00
020255	18 贴债 38	10000.00	0.50	2019.02.11	0.0000	98.78	100.91
020256	18 贴债 39	10030.00	0.25	2018.11.19	0.0000	99.48	0.00
020257	18 贴债 40	10030.00	0.25	2018.11.26	0.0000	99.47	0.00
020258	18 贴债 41	10000.00	0.25	2018.12.03	0.0000	99.47	1090.00
020259	18 贴债 42	10000.00	0.25	2018.12.10	0.0000	99.47	0.00
020260	18 贴债 43	10000.00	0.50	2019.03.11	0.0000	98.75	0.00
020261	18 贴债 44	10010.00	0.25	2018.12.17	0.0000	99.48	1040.00
020262	18 贴债 45	10000.00	0.25	2018.12.25	0.0000	99.49	0.00
020263	18 贴债 46	15000.00	0.25	2019.01.14	0.0000	99.52	10.00
020264	18 贴债 47	10000.00	0.50	2019.04.15	0.0000	98.86	108.39
020265	18 贴债 48	15000.00	0.25	2019.01.21	0.0000	99.46	0.00
020266	18 贴债 49	15000.00	0.25	2019.01.28	0.0000	99.45	0.00
020267	18 贴债 50	15000.00	0.25	2019.02.04	0.0000	99.39	109.65
020268	18 贴债 51	15050.00	0.25	2019.02.11	0.0000	99.44	0.00
020269	18 贴债 52	10000.00	0.50	2019.05.13	0.0000	98.76	0.00
020270	18 贴债 53	10000.00	0.25	2019.02.18	0.0000	99.45	0.00
020271	18 贴债 54	10030.00	0.25	2019.02.25	0.0000	99.45	0.00
020272	18 贴债 55	10010.00	0.25	2019.03.04	0.0000	99.42	30.00
020273	18 贴债 56	20000.00	0.25	2019.03.11	0.0000	99.33	810.00
020274	18 贴债 57	10030.00	0.50	2019.06.10	0.0000	98.77	20.00
020275	18 贴债 58	20000.00	0.25	2019.03.18	0.0000	99.32	1010.00
020276	18 贴债 59	20000.00	0.25	2019.03.25	0.0000	99.33	300.00
120201	02 三峡债	5000.00	20.00	2022.09.20	4.7600	102.00	1722.26
120301	03 沪轨道	4000.00	15.00	2018.02.19	4.5100	99.98	32.70
120303	03 三峡债	3000.00	30.00	2033.07.31	4.8600	103.62	33.81
120306	03 中电投	3000.00	15.00	2018.12.08	5.0200	99.98	432.60
120486	04 国电(2)	1556.00	15.00	2019.09.21	5.6000	101.64	140.91
120490	04 南网(2)	2000.00	15.00	2019.09.16	5.6000	101.40	805.58
120506	05 大唐债	3000.00	15.00	2020.04.28	5.2800	102.28	41.97
120508	05 铁道债	5000.00	15.00	2020.07.28	4.8500	102.00	93.06
120512	05 沪建(2)	1000.00	15.00	2020.07.26	5.1800	101.00	100.26
120527	05 武城投	1000.00	15.00	2020.12.25	4.7000	101.00	3.31
120529	05 宁煤债	1000.00	15.00	2020.09.15	4.9000	97.00	0.00
120601	06 大唐债	2000.00	20.00	2026.02.15	4.2000	99.18	36.75
120602	06 冀建投	1000.00	20.00	2026.03.27	4.1800	99.00	26.50
120603	06 航天债	2000.00	15.00	2021.04.17	4.0000	99.20	25.57

债券信息 List of Bonds

债券 Bond

债券代码 Code	债券简称 Bond Name	发行数量 (百万) Issued Vol(M)	年限 Terms	到期日 Expiration Date	票面利率(%) Coupon Rate(%)	本年收盘 Close	成交数量(万张) Trading Vol(10000)
120605	06 三峡债	3000.00	20.00	2026.05.10	4.1500	99.44	510.11
120607	06 沪水务	1500.00	15.00	2021.06.28	4.2500	0.00	0.00
120608	06 鲁高速	1000.00	20.00	2026.04.06	4.1000	98.00	0.06
120609	06 赣投债	800.00	15.00	2021.09.10	4.3800	101.36	20.00
120702	07 世博(2)	2000.00	15.00	2022.02.14	4.1500	98.00	0.94
122007	08 莱钢债	2000.00	10.00	2018.03.25	6.5500	100.08	438.17
122008	08 华能 G1	4000.00	10.00	2018.05.08	5.2000	99.98	307.66
122015	09 长电债	3500.00	10.00	2019.07.30	4.7800	100.67	2457.42
122017	09 大唐债	3000.00	10.00	2019.08.17	5.0000	100.87	661.69
122019	09 中交 G2	7900.00	10.00	2019.08.21	5.2000	101.06	4597.02
122046	10 中铁 G2	5000.00	10.00	2020.01.27	4.8800	101.25	1346.35
122049	10 营口港	1200.00	8.00	2018.03.02	5.9000	100.00	120.89
122052	10 石化 02	9000.00	10.00	2020.05.21	4.0500	100.50	1915.36
122054	10 中铁 G3	2500.00	10.00	2020.10.19	4.3400	100.70	323.29
122055	10 中铁 G4	3500.00	15.00	2025.10.19	4.5000	93.95	0.06
122057	10 龙源 02	2000.00	10.00	2020.12.10	5.0500	100.00	0.00
122062	11 西矿 02	2000.00	10.00	2021.01.17	5.3000	97.30	503.68
122064	11 龙源 02	1500.00	10.00	2021.01.21	5.0400	108.35	20.00
122066	11 大唐 01	3000.00	10.00	2021.04.20	5.2500	103.17	1709.30
122067	11 南钢债	4000.00	7.00	2018.05.06	5.8000	99.94	614.98
122069	11 海螺 02	2500.00	7.00	2018.05.23	5.2000	100.00	456.64
122071	11 海航 02	1440.00	10.00	2021.05.24	6.2000	92.62	1903.18
122072	11 大连港	2350.00	10.00	2021.05.23	5.3000	102.00	533.77
122075	11 柳钢债	2000.00	8.00	2019.06.01	5.7000	100.00	128.24
122077	11 西钢债	1000.00	8.00	2019.06.15	6.7500	98.00	5.09
122080	11 康美债	2500.00	7.00	2018.06.21	6.0000	100.00	1788.57
122083	11 天威债	1600.00	7.00	2018.07.11	5.7500	99.90	11.78
122087	11 凌钢债	1480.00	8.00	2019.08.01	6.5800	100.00	25.46
122093	11 中孚债	1500.00	8.00	2019.08.29	7.3000	63.36	714.83
122096	11 健康元	1000.00	7.00	2018.10.28	7.1000	99.99	378.53
122099	11 连港 02	2650.00	7.00	2018.09.26	6.0500	100.08	1232.57
122105	11 安钢 02	800.00	7.00	2019.02.14	6.9000	100.10	69.79
122107	11 安钢 01	1000.00	7.00	2018.11.11	7.8700	100.00	64.32
122109	11 新天 02	1000.00	7.00	2018.11.18	5.4000	100.10	225.50
122110	11 众和债	1370.00	7.00	2018.11.17	6.8500	99.91	748.15
122112	11 沪大众	1600.00	6.00	2018.01.06	5.7100	99.98	32.27
122118	12 兴发 01	300.00	6.00	2018.02.14	6.3000	99.95	55.36
122124	11 中化 02	1200.00	7.00	2019.03.05	4.9900	100.15	632.31
122125	11 美兰债	800.00	7.00	2019.03.15	7.8000	98.00	496.25
122127	11 欧亚债	470.00	7.00	2019.03.21	7.0000	100.40	229.60
122133	11 柳化债	510.00	7.00	2019.03.27	7.0000	90.00	0.01
122134	11 华微债	320.00	7.00	2019.04.10	8.0000	99.95	82.72
122138	11 桂东 01	600.00	7.00	2019.04.16	6.3000	97.50	363.55
122143	12 亿利 01	800.00	8.00	2020.04.23	7.3000	77.90	278.83
122145	11 桂东 02	400.00	7.00	2019.06.20	5.3000	94.88	38.82
122147	12 华新 02	1000.00	7.00	2019.05.17	5.6500	100.70	518.91
122150	12 石化 02	7000.00	10.00	2022.06.01	4.9000	103.25	410.14
122152	12 国电 02	1000.00	7.00	2019.06.15	4.7500	100.46	810.46
122157	12 广控 01	2350.00	7.00	2019.06.25	4.7400	100.50	1164.79
122158	12 西钢债	430.00	8.00	2020.07.16	6.5000	94.49	51.08

债券信息 List of Bonds

债券 Bond

债券代码 Code	债券简称 Bond Name	发行数量(百万) Issued Vol(M)	年限 Terms	到期日 Expiration Date	票面利率(%) Coupon Rate(%)	本年收盘 Close	成交数量(万张) Trading Vol(10000)
122159	12 亿利 02	800.00	8.00	2020.07.19	6.4200	68.00	164.08
122168	12 兖煤 02	4000.00	10.00	2022.07.23	4.9500	101.45	726.15
122172	12 中海 02	1500.00	10.00	2022.08.03	5.0000	99.23	0.00
122174	12 中交 02	2000.00	10.00	2022.08.09	5.0000	99.76	0.00
122175	12 中交 03	4000.00	15.00	2027.08.09	5.1500	100.00	0.00
122176	12 中储债	1600.00	7.00	2019.08.13	5.3000	100.96	1250.43
122179	12 科环 03	2000.00	10.00	2022.08.20	5.1500	100.00	0.00
122181	12 山鹰债	800.00	7.00	2019.08.22	7.5000	100.30	559.10
122187	12 玻纤债	1200.00	7.00	2019.10.17	5.5600	101.20	758.51
122188	12 华新 03	1100.00	7.00	2019.11.09	5.9000	101.40	531.33
122190	12 王府 02	1100.00	7.00	2019.10.24	5.2000	101.00	277.16
122192	12 桂冠 02	930.00	10.00	2022.10.24	5.1000	106.00	0.00
122193	12 中水 01	2000.00	7.00	2019.10.29	5.0300	100.70	0.15
122194	12 中水 02	3000.00	10.00	2022.10.29	5.2000	104.27	2.45
122195	12 中海 03	1500.00	7.00	2019.10.29	5.0500	100.55	39.49
122196	12 中海 04	1000.00	10.00	2022.10.29	5.1800	100.00	0.00
122197	12 华天成	900.00	5.00	2018.03.13	5.8000	100.00	207.67
122201	12 开滦 01	1500.00	7.00	2019.10.30	5.4000	101.28	1493.35
122203	12 海螺 02	3500.00	10.00	2022.11.07	5.1000	103.80	701.01
122210	12 中油 02	2000.00	10.00	2022.11.22	4.9000	103.61	179.50
122211	12 中油 03	2000.00	15.00	2027.11.22	5.0400	109.80	0.00
122213	12 松建化	2200.00	7.00	2019.12.05	8.9000	98.00	292.76
122216	12 桐昆债	1300.00	5.00	2018.01.21	5.8500	100.04	17.00
122217	12 渝水务	1500.00	5.00	2018.01.29	5.1200	100.02	14.52
122218	12 国航 01	5000.00	10.00	2023.01.18	5.1000	103.96	71.39
122219	12 榕泰债	750.00	5.00	2018.01.24	5.9000	99.99	35.03
122221	12 重工 02	600.00	7.00	2020.01.25	5.2000	104.04	90.00
122222	12 永泰 02	900.00	5.00	2018.01.31	6.5000	99.99	89.73
122224	12 电气 02	1600.00	5.00	2018.02.27	4.9000	100.40	60.75
122225	12 一拖 01	800.00	5.00	2018.03.04	4.8000	100.00	47.13
122226	12 宝科创	600.00	5.00	2018.03.06	5.4800	99.99	72.87
122227	13 尖峰 01	300.00	5.00	2018.06.05	4.9000	99.96	96.55
122228	13 天士 01	400.00	5.00	2018.03.29	4.9800	100.02	66.15
122229	12 国控 01	4000.00	5.00	2018.03.13	4.5400	100.30	385.80
122230	12 沪海立	1000.00	5.00	2018.02.28	4.8500	100.00	184.88
122231	12 上电债	1500.00	5.00	2018.03.04	4.5500	100.00	132.55
122232	12 招商 01	3000.00	5.00	2018.03.05	4.4500	100.03	120.24
122233	12 招商 02	1500.00	5.00	2018.03.05	4.8000	99.94	139.05
122234	12 招商 03	5500.00	10.00	2023.03.05	5.1500	100.00	0.00
122235	12 芜湖港	1500.00	5.00	2018.03.20	4.9900	99.98	571.29
122236	12 哈电 01	3000.00	5.00	2018.03.11	4.9000	100.01	360.69
122237	12 西资源	600.00	5.00	2018.03.08	7.5000	99.93	95.92
122239	13 中油 01	16000.00	5.00	2018.03.15	4.4700	100.00	386.98
122240	13 中油 02	4000.00	10.00	2023.03.15	4.8800	91.69	0.00
122241	12 东航 01	4800.00	10.00	2023.03.18	5.0500	103.76	0.02
122242	12 广汽 01	1000.00	5.00	2018.03.20	4.8900	99.99	0.02
122243	12 广汽 02	3000.00	10.00	2023.03.20	5.0900	101.40	920.31
122244	12 大唐 01	3000.00	10.00	2023.03.27	5.1000	103.78	1880.25
122245	13 甬热电	300.00	7.00	2020.04.15	5.6000	101.94	153.74
122247	13 福新 01	1000.00	5.00	2018.03.25	5.0000	99.80	0.01

债券信息 List of Bonds

债券 Bond

债券代码 Code	债券简称 Bond Name	发行数量(百万) Issued Vol(M)	年限 Terms	到期日 Expiration Date	票面利率(%) Coupon Rate(%)	本年收盘 Close	成交数量(万张) Trading Vol(10000)
122248	13 福新 02	1000.00	10.00	2023.03.25	5.3000	109.04	1.01
122249	13 平煤债	4500.00	10.00	2023.04.17	5.0700	95.60	879.36
122250	13 和邦 01	400.00	7.00	2020.04.22	5.8000	108.00	80.05
122251	13 南车 01	1500.00	5.00	2018.04.22	4.7000	100.00	219.45
122252	13 南车 02	1500.00	10.00	2023.04.22	5.0000	100.00	0.00
122253	12 一拖 02	700.00	5.00	2018.05.30	4.5000	99.96	277.91
122254	12 拜克 01	300.00	5.00	2018.05.22	5.3000	99.99	0.78
122255	13 赣粤 01	1800.00	10.00	2023.04.19	5.1500	104.17	100.09
122256	13 保税债	350.00	5.00	2018.05.23	5.5000	100.00	73.46
122257	12 岳纸 01	850.00	5.00	2018.05.29	5.0400	100.02	60.71
122258	13 云煤业	250.00	7.00	2020.12.03	8.8000	100.00	5.61
122259	13 中信 01	3000.00	5.00	2018.06.07	4.6500	100.00	499.36
122260	13 中信 02	12000.00	10.00	2023.06.07	5.0500	100.00	249.01
122261	13 华泰 01	4000.00	5.00	2018.06.05	4.6800	100.05	455.42
122262	13 华泰 02	6000.00	10.00	2023.06.05	5.1000	100.00	0.00
122263	12 豫园 01	500.00	5.00	2018.06.17	5.2000	99.99	133.60
122264	13 京客隆	750.00	5.00	2018.08.13	5.4800	100.01	158.00
122265	13 川路桥	1500.00	5.00	2018.07.26	5.6500	100.50	526.11
122267	13 永泰债	3800.00	5.00	2018.08.06	7.3000	72.00	2040.12
122268	12 国航 02	3500.00	5.00	2018.08.16	5.1500	100.15	558.60
122269	12 国航 03	1500.00	10.00	2023.08.16	5.3000	102.58	0.00
122270	13 安信债	3600.00	5.00	2018.08.19	5.1500	100.17	551.15
122271	12 兖煤 03	1950.00	5.00	2019.03.03	5.9200	100.63	501.19
122272	12 兖煤 04	3050.00	10.00	2024.03.03	6.1500	100.00	0.00
122273	13 鲁金 01	2000.00	5.00	2018.09.03	5.1600	101.00	629.24
122276	13 魏桥 01	3000.00	5.00	2018.10.23	7.0000	100.00	1890.75
122278	13 华域 02	2800.00	5.00	2018.11.18	5.7200	100.06	804.74
122281	13 海通 02	2350.00	5.00	2018.11.25	6.1500	100.65	419.00
122282	13 海通 03	2390.00	10.00	2023.11.25	6.1800	111.00	50.53
122284	13 鲁金 02	1300.00	5.00	2020.03.30	5.3000	101.20	633.53
122285	13 杉杉债	750.00	5.00	2019.03.07	7.5000	100.90	624.99
122287	13 国投 01	1800.00	5.00	2019.03.21	5.8900	100.73	467.68
122288	13 东吴债	3000.00	5.00	2018.11.18	6.1800	100.20	1301.33
122292	13 兴业 01	1500.00	5.00	2019.03.13	6.0000	100.40	1145.86
122293	13 兴业 02	1000.00	7.00	2021.03.13	6.3500	104.00	588.99
122294	12 鲁创投	400.00	5.00	2019.03.25	7.3500	100.69	157.59
122295	13 川投 01	1700.00	5.00	2019.04.17	6.1200	100.85	1515.77
122298	13 亚盛债	1200.00	5.00	2019.06.19	6.3500	100.10	233.30
122299	13 中原债	1500.00	5.00	2019.04.23	6.2000	100.80	626.40
122301	13 楚天 01	600.00	5.00	2019.05.26	5.8800	100.60	686.26
122302	13 天房债	1200.00	7.00	2021.04.25	8.9000	96.75	606.76
122305	14 鲁高速	2000.00	5.00	2019.07.11	5.8400	101.16	2016.54
122306	13 太极 01	250.00	5.00	2019.06.09	6.2500	99.30	120.24
122308	13 杭齿债	400.00	5.00	2019.07.11	6.3000	101.30	94.50
122312	13 海通 05	4550.00	5.00	2019.07.14	5.4500	100.80	1653.43
122313	13 海通 06	800.00	10.00	2024.07.14	5.8500	100.00	0.00
122315	14 东海债	1000.00	5.00	2019.07.31	5.5500	101.23	235.00
122316	14 赣粤 01	500.00	7.00	2021.08.11	5.7400	104.40	614.40
122317	14 赣粤 02	2300.00	10.00	2024.08.11	6.0900	106.43	241.94
122318	14 中炬 01	500.00	5.00	2019.09.23	6.2000	100.55	219.12

债券信息 List of Bonds

债券 Bond

债券代码 Code	债券简称 Bond Name	发行数量(百万) Issued Vol(M)	年限 Terms	到期日 Expiration Date	票面利率(%) Coupon Rate(%)	本年收盘 Close	成交数量(万张) Trading Vol(10000)
122320	14 国贸 01	500.00	5.00	2019.08.20	5.5000	101.35	211.30
122321	14 银河 G1	1500.00	3.00	2018.02.04	4.6500	100.08	20.00
122322	14 银河 G2	1000.00	5.00	2020.02.04	4.8000	101.19	475.64
122323	14 凤凰债	750.00	5.00	2019.09.12	5.6500	101.16	305.42
122327	13 卧龙债	600.00	5.00	2019.09.23	9.0700	100.20	286.73
122328	12 开滦 02	1500.00	6.00	2020.09.26	6.3000	103.30	1755.43
122329	14 伊泰 01	4500.00	5.00	2019.10.09	6.9900	102.10	4071.93
122330	13 中企债	1550.00	5.00	2019.10.14	5.4700	101.00	825.37
122331	14 营口港	1000.00	7.00	2021.10.20	5.6000	100.00	983.91
122332	14 亿利 01	1000.00	5.00	2020.01.26	7.1000	100.00	178.36
122333	14 嘉宝债	960.00	5.00	2019.10.23	5.5000	101.00	1050.08
122334	12 大唐 02	3000.00	10.00	2024.11.03	5.0000	102.82	607.70
122335	14 爱众 01	300.00	7.00	2021.10.28	6.0000	100.72	445.86
122336	13 牡丹 01	850.00	5.00	2019.10.29	5.4000	100.80	1063.33
122337	13 魏桥 02	3000.00	5.00	2019.11.07	5.5000	100.00	1569.93
122338	13 金桥债	1200.00	8.00	2022.11.17	5.0000	102.80	563.40
122339	13 香江债	700.00	5.00	2019.12.10	8.4800	100.00	234.21
122340	14 武控 01	650.00	5.00	2019.11.05	4.9500	100.85	430.52
122341	14 连云港	645.00	5.00	2020.03.20	6.2000	101.62	1753.90
122342	13 包钢 03	1500.00	3.00	2018.01.26	4.9800	99.98	52.44
122343	13 和邦 02	400.00	5.00	2019.11.25	6.4000	99.00	80.60
122344	13 尖峰 02	300.00	5.00	2019.11.20	5.0900	100.90	16.91
122346	14 贵人鸟	800.00	5.00	2019.12.03	7.0000	45.00	1005.50
122347	13 太极 02	250.00	5.00	2019.12.03	5.2500	100.63	105.02
122348	14 北辰 01	1000.00	5.00	2020.01.20	5.6500	101.30	214.40
122349	14 中炬 02	400.00	5.00	2020.01.26	5.5000	100.50	114.40
122350	14 盛屯债	450.00	5.00	2019.12.26	7.7000	96.00	160.42
122351	14 北辰 02	1500.00	7.00	2022.01.20	5.2000	101.14	1050.50
122352	12 广汽 03	2000.00	5.00	2020.01.19	4.7000	100.70	1159.44
122353	14 东兴债	2000.00	4.00	2019.04.07	4.8900	100.45	1469.88
122354	15 康美债	2400.00	7.00	2022.01.27	5.3300	84.63	4680.77
122355	14 齐鲁债	3000.00	5.00	2020.01.29	5.2000	101.00	1028.20
122356	14 富贵鸟	800.00	5.00	2020.04.22	6.3000	13.00	294.11
122357	14 浙证债	1500.00	5.00	2018.05.30	4.9000	99.95	135.80
122358	15 际华 03	2000.00	7.00	2022.09.15	4.1000	100.25	1483.00
122360	14 华融 G1	2000.00	3.00	2018.04.10	4.9000	99.99	281.62
122361	14 福田债	1000.00	5.00	2020.03.31	5.1000	101.20	1200.10
122362	14 上实 01	1000.00	5.00	2020.03.23	5.6900	101.60	757.89
122363	14 太证债	1000.00	3.00	2018.03.09	5.2800	99.99	119.63
122364	14 渝路 01	450.00	5.00	2020.03.16	6.0700	99.90	62.00
122365	14 昊华 01	1500.00	7.00	2022.03.26	5.5000	101.75	493.33
122366	14 武钢债	7000.00	3.00	2018.07.01	4.3800	99.95	4296.26
122367	14 财富债	800.00	5.00	2020.03.31	5.8300	102.00	653.75
122368	14 渝路 02	410.00	5.00	2020.04.27	5.8400	99.85	52.20
122369	13 包钢 04	1500.00	3.00	2018.04.21	4.7500	99.97	880.75
122370	14 华远债	1400.00	5.00	2020.04.27	5.2400	100.40	2447.43
122371	14 亨通 01	800.00	5.00	2020.06.23	6.2000	101.30	487.99
122372	14 财通债	1500.00	5.00	2020.05.19	4.0000	100.20	700.12
122373	15 舟港债	700.00	5.00	2020.05.22	4.4800	101.21	390.00
122374	14 招商债	5500.00	10.00	2025.05.26	5.0800	104.74	2460.75

债券信息
List of Bonds

债券代码 Code	债券简称 Bond Name	发行数量 (百万) Issued Vol(M)	年限 Terms	到期日 Expiration Date	票面利率(%) Coupon Rate(%)	本年收盘 Close	成交数量(万张) Trading Vol(10000)
122375	14 苏新债	700.00	3.00	2018.05.29	4.6700	100.00	273.60
122376	15 首置 01	3000.00	5.00	2020.05.27	4.5800	100.60	2484.16
122377	14 首开债	4000.00	7.00	2022.06.03	4.8000	101.00	3598.88
122378	13 楚天 02	600.00	5.00	2020.06.08	4.5800	100.40	324.10
122379	14 西南 01	4000.00	3.00	2018.06.10	4.1000	100.00	691.07
122380	14 瀚华 01	1500.00	5.00	2020.06.10	6.9000	99.95	3209.41
122381	安债暂停	1200.00	5.00	2020.11.20	7.0000	100.00	0.00
122382	14 京银债	779.00	3.00	2018.06.26	4.8000	99.90	198.64
122383	15 恒大 01	5000.00	5.00	2020.06.19	6.8000	100.60	4964.91
122384	15 中信 01	5500.00	5.00	2020.06.25	4.6000	101.20	2213.88
122385	15 中信 02	2500.00	10.00	2025.06.25	5.1000	104.78	896.86
122386	15 迪马债	2000.00	5.00	2020.07.10	7.4900	99.60	518.90
122387	15 城乡 01	300.00	5.00	2020.06.30	4.9800	103.39	92.00
122388	15 华泰 G1	6600.00	3.00	2018.06.29	4.2000	100.00	2997.70
122390	15 龙湖 01	2000.00	5.00	2020.07.07	4.6000	100.50	1947.07
122391	15 云能投	500.00	5.00	2020.07.06	4.4900	100.46	381.00
122392	15 恒大 02	6800.00	4.00	2019.07.08	6.3000	100.44	10005.69
122393	15 恒大 03	8200.00	7.00	2022.07.08	6.9800	101.39	7384.76
122394	15 中银债	3000.00	3.00	2018.07.09	3.9500	99.99	1363.85
122395	15 富力债	6500.00	5.00	2020.07.13	7.0000	100.89	2645.36
122396	15 时代债	2000.00	5.00	2020.07.10	7.5000	100.35	7455.64
122397	15 宜华 01	1200.00	5.00	2020.07.16	6.8800	81.00	922.57
122398	15 北巴债	700.00	5.00	2020.07.14	5.0000	100.65	119.64
122399	15 中投 G1	3500.00	3.00	2018.07.24	3.6200	99.99	3106.60
122401	15 远洋 03	1500.00	10.00	2025.08.19	5.0000	95.00	301.29
122402	15 城建 01	5800.00	7.00	2022.07.20	4.4000	100.79	4816.73
122403	15 天恒债	1500.00	5.00	2018.08.31	4.1200	99.10	400.20
122404	14 西南 02	2000.00	5.00	2020.07.23	5.3700	100.91	4493.38
122405	15 宜华 02	600.00	5.00	2020.07.23	6.8800	92.00	261.25
122406	15 新湖债	3500.00	5.00	2020.07.23	7.2000	99.00	10000.56
122407	15 广证债	1000.00	5.00	2020.07.24	5.2500	102.00	918.95
122408	15 美都债	1200.00	3.00	2018.07.27	6.5000	99.82	317.74
122409	15 龙湖 02	2000.00	5.00	2020.07.27	5.5000	101.39	1867.06
122410	15 龙湖 03	2000.00	7.00	2022.07.27	4.2000	99.60	2700.16
122411	14 招金债	950.00	5.00	2020.07.29	4.8000	101.00	806.32
122412	15 昆药债	300.00	5.00	2020.07.29	4.2800	99.87	127.40
122413	15 精工债	600.00	5.00	2020.07.29	5.2000	94.90	236.05
122414	15 物美 01	1500.00	3.00	2018.08.13	4.7000	99.65	1066.95
122415	15 增碧 01	3000.00	3.00	2018.08.03	4.2000	99.96	1107.40
122416	15 好民居	2000.00	5.00	2020.07.30	7.4500	99.60	4902.84
122417	15 东旭集	2000.00	5.00	2020.07.30	7.0000	99.99	3895.61
122418	15 盛和债	450.00	5.00	2020.08.05	4.7000	99.59	160.00
122419	15 天风债	1200.00	3.00	2018.07.31	4.2300	100.00	510.00
122420	15 奥园债	2400.00	3.00	2018.07.30	5.8000	100.00	1409.05
122421	15 天房债	1000.00	5.00	2020.08.06	7.5000	97.00	676.55
122422	15 梅花 01	1500.00	5.00	2020.07.31	4.4700	99.85	135.40
122423	15 五洋债	800.00	3.00	2018.08.14	7.7800	0.00	0.39
122424	15 华业债	1500.00	5.00	2020.08.06	8.5000	89.99	4818.08
122425	15 际华 01	2000.00	5.00	2020.08.07	4.6000	100.63	3239.48
122426	15 际华 02	500.00	7.00	2022.08.07	3.9800	99.90	365.90

债券信息 List of Bonds

债券 Bond

债券代码 Code	债券简称 Bond Name	发行数量(百万) Issued Vol(M)	年限 Terms	到期日 Expiration Date	票面利率(%) Coupon Rate(%)	本年收盘 Close	成交数量(万张) Trading Vol(10000)
122427	15 海正 01	800.00	5.00	2020.08.13	5.7000	101.00	173.83
122428	15 信投 01	1800.00	10.00	2025.08.13	4.2000	100.33	1376.00
122429	15 海亮 01	1500.00	5.00	2020.08.10	5.3900	98.50	575.76
122430	15 增碧 02	3000.00	3.00	2018.08.12	4.2000	99.98	645.64
122431	15 闽高速	2000.00	5.00	2020.08.11	4.9000	101.53	3477.13
122432	15 融创 01	2500.00	5.00	2020.08.14	6.8000	101.04	6494.68
122433	15 融创 02	2500.00	5.00	2020.08.14	5.7000	96.20	2396.43
122434	15 清能债	1200.00	5.00	2020.08.18	7.5000	103.00	550.50
122435	15 兴发债	600.00	5.00	2020.08.20	5.2000	99.50	94.38
122436	15 远洋 02	1500.00	7.00	2022.08.19	4.1500	97.66	1290.00
122437	15 远洋 01	2000.00	5.00	2020.08.19	4.9000	101.20	3070.47
122438	15 祥源债	1000.00	3.00	2018.08.24	6.5000	99.93	635.71
122439	15 红豆债	1000.00	5.00	2020.08.20	5.9900	88.00	191.27
122440	15 龙光 01	4000.00	5.00	2020.08.19	7.3000	102.50	4744.85
122441	15 赣长运	690.00	5.00	2020.08.24	7.3000	99.69	223.16
122442	15 鲁焦 01	1500.00	3.00	2018.08.24	6.9000	70.01	1564.57
122443	15 桂金债	4000.00	8.00	2023.08.21	5.0000	90.98	1631.03
122444	15 冠城债	2800.00	5.00	2020.08.26	7.6000	100.20	4967.55
122445	15 融创 03	1000.00	5.00	2020.09.01	7.5000	99.90	1128.68
122446	15 万达 01	5000.00	5.00	2020.08.27	6.8000	102.70	16259.37
122447	15 物美 02	1500.00	3.00	2018.09.08	4.7500	99.90	304.58
122448	15 龙光 02	1000.00	4.00	2019.08.27	5.3500	99.83	1025.48
122449	15 绿城 01	3000.00	5.00	2020.08.27	5.3500	102.00	2762.10
122450	15 齐鲁债	2500.00	5.00	2020.08.28	4.5000	100.86	3276.56
122451	15 九鼎债	1000.00	5.00	2020.08.31	7.0300	99.80	1419.23
122452	15 杭实 01	1500.00	10.00	2025.09.09	4.4800	100.78	740.50
122453	15 联发 01	1000.00	3.00	2018.09.15	3.8900	99.50	490.50
122454	15 五洋 02	560.00	5.00	2020.09.11	7.8000	0.00	9.35
122455	15 绿城 02	2000.00	5.00	2020.09.16	4.9100	101.49	2267.74
122456	15 绿城 03	2000.00	7.00	2022.09.16	5.1600	101.50	1641.67
122457	15 新金债	700.00	7.00	2022.09.16	4.4700	96.54	314.86
122458	15 泛海 02	3000.00	6.00	2018.09.28	8.6000	99.20	939.84
122459	15 平高债	550.00	3.00	2018.09.16	3.9300	99.32	305.00
122460	15 粤路建	1500.00	15.00	2030.12.11	4.2500	88.90	230.00
122461	15 杭实 02	1000.00	10.00	2025.09.17	4.3600	99.22	624.00
122462	15 正奇债	500.00	3.00	2018.09.16	3.9800	99.84	210.00
122463	15 花样年	2000.00	5.00	2020.09.16	7.9500	99.97	4884.39
122464	15 世茂 01	6000.00	5.00	2020.09.18	6.5000	102.60	10016.77
122465	15 广越 01	7500.00	3.00	2018.09.18	3.7500	99.99	8699.30
122466	15 广越 02	1500.00	5.00	2020.09.18	3.9700	100.10	1218.00
122467	15 万达 02	5000.00	5.00	2020.10.14	6.6000	102.40	17221.82
122468	15 五矿 01	2000.00	5.00	2020.09.21	3.8800	98.80	724.12
122469	15 五矿 02	2000.00	10.00	2025.09.21	4.7500	99.80	431.47
122470	15 泛海 03	1000.00	6.00	2021.09.21	8.6000	98.50	682.15
122472	15 盛屯债	500.00	5.00	2020.09.24	7.0000	100.00	653.09
122473	15 联发 02	1000.00	5.00	2020.09.24	4.2000	96.20	540.00
122474	15 格房产	700.00	5.00	2020.09.24	6.5000	99.50	140.55
122475	15 亿达 01	1000.00	5.00	2020.09.25	6.0000	99.55	1297.95
122476	15 天瑞债	1000.00	5.00	2020.09.25	5.9500	97.90	768.49
122477	15 月星 01	2000.00	5.00	2020.09.28	7.1000	99.10	501.93

债券信息 List of Bonds

债券 Bond

债券代码 Code	债券简称 Bond Name	发行数量(百万) Issued Vol(M)	年限 Terms	到期日 Expiration Date	票面利率(%) Coupon Rate(%)	本年收盘 Close	成交数量(万张) Trading Vol(10000)
122478	14 粤运 01	400.00	7.00	2022.09.28	4.2000	100.40	438.05
122479	15 南铝 01	500.00	5.00	2020.09.25	4.9700	100.78	594.03
122480	15 南铝 02	1000.00	5.00	2020.09.25	5.0000	100.50	863.81
122481	15 铁建 01	3000.00	5.00	2020.09.25	4.8000	101.18	6729.30
122482	15 金茂债	1000.00	5.00	2020.09.25	8.0000	35.84	1004.23
122483	15 新光 01	2000.00	5.00	2020.09.25	8.0000	60.00	1285.32
122484	15 龙源 01	3000.00	5.00	2020.09.28	4.2000	100.51	4353.04
122485	15 厦住宅	2000.00	5.00	2020.10.14	5.4000	101.43	3539.10
122486	15 旭辉 01	3495.00	5.00	2020.10.14	5.2000	100.00	1358.50
122487	15 盈德债	980.00	5.00	2018.10.15	5.4800	99.80	776.61
122488	15 金地 01	3000.00	7.00	2022.10.15	4.1800	99.93	3187.41
122490	15 三福 01	500.00	5.00	2020.10.19	7.5000	99.50	876.72
122491	15 藏城投	900.00	7.00	2022.10.15	5.0000	100.00	647.67
122492	15 新光 02	2000.00	5.00	2020.10.22	8.0000	56.00	1037.09
122493	14 国电 03	1500.00	5.00	2020.10.16	3.8700	99.60	1353.79
122494	15 华夏 05	4000.00	7.00	2022.10.22	5.1000	97.00	3229.87
122495	14 亨通 02	700.00	5.00	2020.10.21	5.4400	100.00	327.00
122496	15 世茂 02	1400.00	7.00	2022.10.16	4.1500	98.46	481.62
122497	15 远洋 04	2000.00	6.00	2021.10.19	5.1500	103.00	4497.59
122498	15 远洋 05	3000.00	10.00	2025.10.19	4.7600	100.72	690.00
122499	15 哈投 01	700.00	3.00	2018.10.21	4.5000	100.10	12.00
122500	PR 郴城投	1600.00	7.00	2018.06.29	7.3400	40.20	112.13
122501	PR 寿财资	1200.00	7.00	2018.05.22	6.7000	41.00	170.00
122502	PR 哈合力	1200.00	6.00	2018.09.26	7.4800	43.50	290.00
122503	PR 并龙城	2000.00	7.00	2019.09.25	6.5000	20.33	223.46
122504	PR 通天诚	1000.00	7.00	2019.09.24	7.7500	19.50	73.81
122505	PR 绍袍江	1000.00	7.00	2019.10.31	6.9000	20.60	64.61
122506	PR 吴交投	1200.00	8.00	2020.10.31	6.8000	41.25	35.92
122507	PR 玉交投	1000.00	7.00	2019.10.12	7.1500	20.20	380.19
122509	PR 白中兴	1000.00	7.00	2018.04.27	7.0000	40.60	40.06
122510	PR 靖新城	800.00	6.00	2018.10.23	6.8000	24.50	139.62
122513	12 伟星集	500.00	7.00	2019.10.23	6.3000	93.00	213.63
122514	12 金融街	1900.00	7.00	2019.10.22	5.1800	101.32	1808.22
122515	PR 庆城投	2200.00	7.00	2018.09.18	6.5500	40.20	440.60
122516	PR 青州 01	800.00	7.00	2019.10.19	7.3500	20.00	70.00
122517	PR 青州 02	400.00	6.00	2018.10.19	7.2500	25.07	21.19
122518	12 保利集	1500.00	7.00	2019.10.25	5.0300	101.00	607.50
122519	PR 锡经开	700.00	7.00	2019.11.01	6.9900	31.00	60.00
122520	PR 唐城投	1000.00	7.00	2018.03.08	7.0800	41.90	0.00
122521	PR 筑金阳	1200.00	6.00	2018.07.18	6.7000	26.01	20.00
122522	PR 兴城建	1200.00	6.00	2018.10.23	7.2500	25.05	25.78
122523	12 海亮 01	600.00	6.00	2018.10.19	6.5000	99.94	118.13
122524	12 海亮 02	400.00	7.00	2019.10.19	6.7500	95.10	152.97
122525	PR 沪嘉开	800.00	6.00	2018.10.10	6.7100	25.10	95.00
122526	PR 永川惠	1200.00	7.00	2019.10.16	7.3300	20.32	318.02
122527	PR 温国投	1400.00	7.00	2019.09.18	7.1800	21.20	128.01
122528	PR 琼港航	850.00	7.00	2019.10.18	6.8000	40.77	5.00
122530	PR 七城投	1000.00	7.00	2018.09.21	7.3000	40.95	425.08
122531	PR 太科园	1000.00	7.00	2019.09.17	7.6000	21.40	120.00
122532	PR 宜财投	1500.00	7.00	2018.09.14	7.1200	44.01	0.00

债券信息
List of Bonds

债券
Bond

债券代码 Code	债券简称 Bond Name	发行数量(百万) Issued Vol(M)	年限 Terms	到期日 Expiration Date	票面利率(%) Coupon Rate(%)	本年收盘 Close	成交数量(万张) Trading Vol(10000)
122533	PR 平城投	900.00	7.00	2019.09.18	7.2000	20.40	191.33
122534	PR 秦开发	1400.00	7.00	2018.08.10	7.4600	41.30	22.72
122535	苏飞暂停	800.00	6.00	2018.08.30	6.2300	0.00	0.00
122536	PR 慈国控	800.00	7.00	2019.09.20	6.6000	20.40	292.40
122537	PR 克城投	2000.00	7.00	2018.06.01	7.1500	42.40	60.00
122538	PR 榕城乡	1000.00	6.00	2018.09.25	6.3500	25.00	40.00
122539	PR 阜城投	1200.00	7.00	2018.04.27	7.5500	41.00	252.59
122540	PR 宁浦口	1200.00	7.00	2019.10.08	7.1000	20.00	271.40
122541	12 宁上陵	500.00	6.00	2018.10.16	8.4000	97.00	109.72
122542	PR 阿信诚	1000.00	6.00	2018.10.10	7.5000	25.01	63.36
122543	PR 钦开投	900.00	7.00	2019.10.16	7.1000	40.50	148.99
122544	PR 渝长开	800.00	7.00	2019.09.25	7.4500	23.10	130.00
122545	PR 蒙高新	1000.00	7.00	2018.05.30	7.2000	40.44	1.41
122546	PR 宁高新	900.00	7.00	2019.09.07	6.9400	22.52	265.00
122547	PR 曲靖投	650.00	7.00	2019.09.06	7.2500	22.00	0.00
122549	PR 邳润城	1000.00	7.00	2019.09.25	7.5500	20.48	41.29
122551	PR 如东投	800.00	7.00	2019.09.24	7.4500	19.30	39.95
122552	PR 新新业	660.00	7.00	2019.08.15	6.2000	50.55	6.20
122553	PR 虞交通	1000.00	7.00	2019.09.11	6.7000	20.40	441.92
122554	PR 定海债	1000.00	8.00	2020.08.31	7.2500	41.65	70.00
122555	PR 常经投	1200.00	7.00	2019.09.12	7.1900	24.36	0.00
122556	PR 咸宁投	600.00	6.00	2018.08.31	7.5000	25.09	102.69
122557	PR 株高科	1000.00	7.00	2019.09.10	7.5000	20.20	223.30
122559	12 昆交 02	1300.00	7.00	2019.08.17	6.9500	105.40	0.00
122560	PR 淄城运	1500.00	7.00	2018.04.24	6.8300	40.65	16.61
122561	PR 饶城投	1300.00	7.00	2018.08.08	7.3000	40.70	1.52
122562	PR 伊春债	800.00	7.00	2018.08.24	7.3500	20.20	370.28
122563	PR 亳州债	1500.00	7.00	2019.09.04	7.6800	20.00	150.96
122564	PR 椒江债	1000.00	8.00	2020.09.13	7.4600	41.10	115.05
122565	PR 邵城投	1200.00	6.00	2018.09.11	7.4000	24.97	34.92
122566	PR 库城建	1200.00	6.00	2018.09.10	7.4800	25.05	95.59
122567	PR 小清河	1800.00	7.00	2019.09.05	7.1500	20.44	755.72
122568	PR 随州债	700.00	7.00	2019.08.22	7.5000	20.30	63.83
122569	PR 津生态	1200.00	7.00	2019.08.14	6.7600	26.00	20.00
122570	12 滇水投	1000.00	7.00	2019.08.27	6.8000	100.40	38.10
122571	PR 兴国资	1400.00	7.00	2019.08.31	6.4800	20.38	348.32
122572	12 蓉投控	1600.00	7.00	2019.09.04	6.3000	101.90	409.18
122573	PR 牡国投	1200.00	7.00	2018.08.30	7.0800	45.40	20.00
122574	PR 淮开控	1200.00	7.00	2019.09.06	7.2000	20.24	494.00
122575	PR 肥城债	900.00	6.00	2018.08.14	7.1000	25.16	1.00
122576	PR 内江债	700.00	6.00	2018.07.19	7.0000	29.00	0.00
122577	PR 苏相城	1800.00	7.00	2019.09.03	6.9500	24.50	50.00
122578	12 长宁债	700.00	7.00	2019.08.16	6.0800	101.26	120.07
122580	PR 临安债	700.00	6.00	2018.03.09	8.1500	25.00	0.00
122581	PR 津南城	1500.00	7.00	2019.06.18	6.9500	20.10	107.75
122582	PR 湘九华	900.00	7.00	2018.08.29	7.4300	40.00	227.91
122583	PR 遵投债	1000.00	7.00	2018.05.02	8.5300	20.90	0.24
122584	PR 松城开	1300.00	7.00	2019.08.29	7.3000	10.01	42.37
122585	PR 新海连	1300.00	8.00	2020.08.27	7.0000	44.90	20.00
122586	PR 中交通	600.00	6.00	2018.08.28	6.6500	25.00	106.00

债券信息 List of Bonds

债券 Bond

债券代码 Code	债券简称 Bond Name	发行数量(百万) Issued Vol(M)	年限 Terms	到期日 Expiration Date	票面利率(%) Coupon Rate(%)	本年收盘 Close	成交数量(万张) Trading Vol(10000)
122587	PR 遵义债	1800.00	8.00	2018.04.13	7.1500	56.50	1.98
122588	PR 益城投	1600.00	7.00	2019.08.24	7.3600	20.50	16.66
122589	PR 毕信泰	1600.00	7.00	2018.08.20	7.1500	40.60	10.10
122590	PR 鹤城债	1500.00	10.00	2022.06.21	7.0500	60.50	65.00
122591	12 常交债	1500.00	7.00	2019.08.21	6.8000	101.50	464.97
122592	PR 乌国资	1400.00	6.00	2018.04.28	6.4800	25.05	1.50
122593	PR 衡城投	1800.00	7.00	2019.08.13	7.0600	20.30	202.60
122594	12 泉州 01	800.00	6.00	2018.02.12	7.0000	101.20	21.93
122595	12 泉州 02	800.00	7.00	2018.02.12	7.0300	101.80	10.62
122596	12 沪城开	1500.00	6.00	2018.08.21	6.5000	100.12	164.11
122597	12 宝钛债	700.00	6.00	2018.08.21	5.4000	100.00	243.39
122598	PR 荆门债	800.00	10.00	2022.07.09	6.8500	61.55	64.11
122599	PR 梵投债	1200.00	7.00	2018.04.17	6.8900	44.80	134.28
122600	PR 鑫泰债	1000.00	6.00	2018.08.14	6.8500	25.00	0.00
122601	PR 白山债	1000.00	7.00	2018.07.31	7.0000	40.50	210.05
122602	PR 松城投	1200.00	6.00	2018.08.15	6.2800	25.00	510.71
122603	PR 穗经开	2500.00	10.00	2018.06.08	6.7000	73.00	137.14
122604	PR 吉铁路	800.00	7.00	2018.08.22	6.6300	40.38	11.96
122607	PR 渝地产	5000.00	7.00	2019.04.25	7.3500	20.15	3289.49
122608	PR 西永债	1600.00	7.00	2019.07.25	6.7600	20.20	185.49
122609	PR 扬城控	1200.00	7.00	2019.07.26	6.3000	20.21	330.81
122610	PR 乐清债	1500.00	7.00	2019.06.29	6.5000	20.20	332.05
122611	PR 蓉经 01	1000.00	6.00	2018.07.17	6.5000	25.00	52.52
122612	PR 蓉经 02	1000.00	7.00	2019.07.17	6.5500	20.20	0.11
122613	PR 乌海债	1600.00	7.00	2018.09.10	8.2000	20.10	31.11
122614	PR 渝缙债	1000.00	7.00	2019.06.18	6.7500	19.70	81.27
122615	PR 百色债	800.00	7.00	2019.07.04	6.5000	20.00	120.00
122616	PR 黔铁债	2000.00	10.00	2022.03.27	7.2000	83.30	31.25
122617	PR 襄投债	1500.00	7.00	2019.01.12	8.1200	20.50	240.00
122618	统众暂停	1500.00	10.00	2022.04.11	6.9500	0.00	0.00
122619	PR 迁安债	1600.00	6.00	2018.07.11	6.4500	25.00	97.36
122620	PR 乌城投	900.00	7.00	2019.07.09	6.3500	20.20	462.20
122621	PR 赣城债	2000.00	6.00	2018.07.10	6.4000	24.98	343.58
122622	PR 锦城债	1300.00	7.00	2019.06.13	7.0800	25.00	259.99
122623	PR 旅建债	1200.00	7.00	2018.06.05	6.7800	40.51	72.63
122624	PR 滨开债	800.00	7.00	2018.01.19	6.5000	40.10	0.05
122625	12 升华债	500.00	7.00	2018.11.20	6.2000	98.00	25.21
122626	PR 海恒债	1200.00	7.00	2019.06.12	7.3000	20.00	133.03
122627	PR 京建工	800.00	7.00	2019.07.05	5.9500	20.22	172.49
122628	PR 东投债	1000.00	6.00	2018.07.05	7.3900	25.00	80.32
122629	PR 平发债	1500.00	7.00	2019.05.08	7.8600	20.00	190.42
122630	PR 惠投债	1800.00	7.00	2019.05.28	6.8000	20.35	676.54
122631	PR 晋国电	2000.00	10.00	2022.05.24	5.8800	89.30	0.01
122632	PR 江阴债	900.00	7.00	2019.06.11	7.2000	20.28	585.73
122633	PR 嘉经债	900.00	7.00	2019.06.14	6.7800	23.50	0.00
122634	PR 芜开 01	700.00	6.00	2018.06.08	6.7000	25.07	0.39
122635	PR 芜开 02	1000.00	10.00	2018.07.03	6.9000	61.90	6.61
122636	PR 连发债	900.00	7.00	2019.06.19	6.1000	19.90	0.30
122637	PR 鑫城债	1200.00	7.00	2019.04.23	7.8800	20.90	69.00
122638	PR 申华信	1000.00	7.00	2019.06.14	6.9500	23.80	120.00

债券信息 List of Bonds　　债券 Bond

债券代码 Code	债券简称 Bond Name	发行数量(百万) Issued Vol(M)	年限 Terms	到期日 Expiration Date	票面利率(%) Coupon Rate(%)	本年收盘 Close	成交数量(万张) Trading Vol(10000)
122639	PR 绍新城	1000.00	6.00	2018.06.11	6.2100	25.04	7.23
122640	PR 仪征债	800.00	7.00	2019.06.14	7.7800	20.30	136.22
122641	PR 武城投	1400.00	6.00	2018.06.08	6.2200	25.03	87.72
122642	PR 朝阳债	1600.00	7.00	2018.05.10	7.3000	40.62	20.06
122643	12 海资债	1500.00	7.00	2019.05.22	8.5100	84.00	131.72
122644	PR 铁岭债	1200.00	6.00	2018.05.29	7.3400	24.90	153.00
122645	PR 苏园建	2000.00	7.00	2019.05.30	5.7900	20.19	380.57
122648	PR 宣国投	1000.00	7.00	2019.03.20	7.9900	30.26	215.73
122649	PR 长建投	1500.00	7.00	2019.04.06	8.3500	20.20	820.58
122650	12 泰能债	500.00	6.00	2018.04.25	6.5000	0.00	0.00
122651	PR 广安投	800.00	7.00	2019.04.25	8.1800	20.20	161.03
122652	12 杨农债	1500.00	7.00	2018.04.16	7.6000	101.83	165.56
122654	12 昆钢控	2000.00	8.00	2020.04.26	5.7800	98.98	134.17
122655	PR 铜建投	1500.00	10.00	2018.08.28	8.2000	71.00	0.00
122658	PR 盘锦债	1500.00	7.00	2018.04.27	7.5000	40.70	27.04
122659	12 石油 06	10000.00	10.00	2022.04.12	4.5000	102.00	1618.80
122660	12 石油 07	10000.00	10.00	2022.04.12	4.7300	102.00	1711.55
122661	PR 怀化债	1000.00	6.00	2018.03.22	8.0000	25.00	5.48
122662	PR 合桃花	800.00	7.00	2018.08.31	8.7900	20.50	150.57
122663	PR 科发债	1500.00	7.00	2019.05.15	7.1600	19.04	161.25
122665	PR 镇交投	1800.00	7.00	2019.05.08	7.2900	19.98	696.52
122666	12 国网 01	5000.00	10.00	2022.04.17	4.9900	103.50	680.42
122667	12 国网 02	10000.00	15.00	2027.04.17	5.2600	106.90	304.33
122668	12 凉国投	500.00	7.00	2019.04.23	7.5800	100.80	90.89
122669	PR 桂林债	1000.00	6.00	2018.05.09	6.9000	25.03	33.20
122670	PR 新盛债	1500.00	6.00	2018.05.08	7.4800	25.04	50.00
122671	12 扬子江	500.00	7.00	2019.05.21	7.6500	104.50	100.00
122672	PR 西城投	1300.00	7.00	2019.04.27	7.7000	20.30	113.24
122673	PR 渝李渡	800.00	7.00	2019.03.23	8.4000	40.00	0.00
122674	PR12 渝黔	900.00	7.00	2018.08.23	8.4000	40.00	0.00
122675	PR 杭城投	1600.00	6.00	2018.04.25	5.9000	25.25	444.10
122676	PR 滨江债	1200.00	7.00	2019.04.27	6.8500	20.15	45.00
122677	PR 江宁债	1200.00	7.00	2019.04.28	7.2900	20.22	163.63
122678	12 扬化工	1000.00	7.00	2019.04.25	7.7500	99.30	111.50
122679	PR 河套债	1000.00	10.00	2022.03.31	8.5400	62.99	162.03
122680	PR 昆建债	2200.00	6.00	2018.04.13	7.6000	25.00	49.93
122681	PR 合农投	1500.00	6.00	2018.04.10	8.2800	25.00	0.71
122683	12 春和债	540.00	6.00	2018.04.24	7.7800	0.00	0.00
122684	PR 合高新	1200.00	7.00	2019.03.22	7.9800	48.71	63.01
122685	PR 吉城投	1600.00	7.00	2019.04.20	7.8000	20.15	334.35
122686	12 白药债	1100.00	7.00	2019.03.30	5.6000	100.49	370.41
122687	PR 金坛债	1000.00	7.00	2019.03.14	8.3000	19.60	80.01
122688	PR 华通债	1000.00	7.00	2019.04.18	7.3000	20.20	185.61
122689	PR 宿开发	900.00	7.00	2019.03.26	7.5000	20.22	71.10
122690	12 三胞债	800.00	7.00	2019.03.19	8.2800	79.93	214.52
122691	PR 武清债	800.00	7.00	2019.03.27	7.8000	19.98	220.00
122692	12 漳路桥	1100.00	7.00	2019.03.01	8.2000	102.40	9.01
122693	PR 佳城投	1000.00	7.00	2018.09.28	8.2500	20.19	61.02
122694	PR 兴荣债	800.00	7.00	2019.04.19	8.3500	20.26	61.13
122695	PR 五国投	1000.00	6.00	2018.03.15	8.6000	25.00	36.87

债券信息 List of Bonds

债券 Bond

债券代码 Code	债券简称 Bond Name	发行数量(百万) Issued Vol(M)	年限 Terms	到期日 Expiration Date	票面利率(%) Coupon Rate(%)	本年收盘 Close	成交数量(万张) Trading Vol(10000)
122696	PR 丹投债	1500.00	7.00	2019.03.06	8.1000	20.11	131.68
122697	PR11 太资	900.00	7.00	2018.12.31	8.2500	49.00	144.50
122698	PR 双流 01	700.00	7.00	2019.03.16	8.4000	40.51	0.70
122699	PR 双流 02	300.00	7.00	2019.03.16	8.4800	40.50	7.53
122700	PR 来宾债	900.00	7.00	2019.03.14	8.3600	40.30	7.56
122701	PR 余城建	1200.00	7.00	2019.03.29	7.5500	20.22	171.55
122702	PR 海安债	1500.00	6.00	2018.03.28	8.3500	25.00	15.17
122704	PR 江都债	800.00	7.00	2019.03.23	8.1000	19.98	93.54
122706	PR 海门债	1200.00	7.00	2018.06.08	8.3500	20.40	140.09
122707	PR 泰兴债	1200.00	6.00	2018.03.27	8.2900	25.01	124.38
122709	PR 绵阳债	1200.00	7.00	2019.03.26	7.7000	40.50	51.19
122710	PR 济城建	1800.00	6.00	2018.03.26	6.9800	24.98	32.13
122711	12 郑新债	2000.00	7.00	2019.03.14	8.1000	101.20	239.29
122712	12 中航债	1800.00	7.00	2019.03.12	5.4000	100.40	1102.26
122713	12 冀交通	1400.00	10.00	2022.03.27	6.0000	100.00	0.00
122714	PR 海陵债	800.00	7.00	2019.03.21	8.5200	20.93	0.00
122715	PR 蓉新城	1000.00	7.00	2019.03.19	8.3500	20.20	149.84
122716	PR 莆田债	1100.00	7.00	2018.05.16	8.1000	20.50	30.01
122717	12 泉矿债	1500.00	7.00	2019.03.21	6.7000	99.53	104.32
122718	12 渝南债	800.00	7.00	2019.03.23	8.4000	101.06	93.80
122719	12 龙交投	1000.00	10.00	2018.08.31	8.1500	110.26	24.26
122720	PR 甬城投	1000.00	6.00	2018.03.01	7.3900	25.13	10.00
122721	PR 辽国资	1000.00	7.00	2019.03.13	8.1700	20.00	408.69
122722	PR 淮水利	1600.00	7.00	2019.03.08	8.2500	20.20	88.12
122723	12 石油 05	20000.00	10.00	2022.03.15	4.8000	103.08	5789.26
122724	PR 攀国 02	1000.00	10.00	2022.03.13	8.1800	81.20	124.66
122725	12 宿产发	800.00	6.00	2018.03.08	6.9800	100.10	3.39
122726	PR 柳东债	1000.00	7.00	2019.02.15	8.3000	20.20	158.95
122727	PR 东胜债	2000.00	6.00	2018.02.28	8.4000	24.98	449.90
122728	PR 徐经开	1800.00	7.00	2019.03.07	8.2000	21.50	160.02
122729	江泉暂停	800.00	7.00	2019.03.12	8.4000	0.00	0.00
122731	PR 镇经开	1600.00	7.00	2019.03.01	8.1600	20.18	115.85
122732	PR 九江债	2000.00	7.00	2019.02.23	8.4900	20.28	47.01
122734	11 京资 02	6000.00	10.00	2021.12.26	5.4000	101.70	812.32
122735	11 六安债	1500.00	7.00	2018.12.28	8.2000	101.22	202.20
122736	12 石油 03	10000.00	7.00	2019.02.22	4.5000	100.15	2741.65
122737	12 石油 04	10000.00	15.00	2027.02.22	5.0000	105.40	297.15
122741	PR 双鸭债	1000.00	7.00	2018.12.20	8.3600	39.02	319.45
122742	12 鲁高速	2000.00	10.00	2022.02.09	5.7200	104.80	956.19
122743	PR 华发集	2500.00	6.00	2018.02.16	8.4300	25.01	228.45
122745	12 方大 01	500.00	6.00	2018.02.22	8.0900	100.02	133.68
122746	12 方大 02	500.00	7.00	2019.02.22	8.2900	100.25	337.39
122747	12 晋煤运	2500.00	10.00	2022.01.18	5.9400	0.00	0.00
122748	12 石油 01	10000.00	7.00	2019.01.11	4.5400	100.03	4745.74
122749	12 石油 02	10000.00	10.00	2022.01.11	4.6900	102.00	2189.31
122750	PR 常经营	1200.00	7.00	2019.01.16	8.0000	20.84	0.00
122751	11 冀新债	500.00	7.00	2018.12.30	7.6000	99.90	34.11
122753	PR 姜国资	700.00	7.00	2019.12.03	6.8500	19.80	2.30
122754	PR 通化债	1000.00	10.00	2018.02.28	8.3600	83.50	1.86
122755	PR 潭城建	1200.00	7.00	2018.09.28	8.0000	21.02	221.50

债券信息 List of Bonds

债券 Bond

债券代码 Code	债券简称 Bond Name	发行数量(百万) Issued Vol(M)	年限 Terms	到期日 Expiration Date	票面利率(%) Coupon Rate(%)	本年收盘 Close	成交数量(万张) Trading Vol(10000)
122756	12 甘农垦	800.00	7.00	2019.01.06	6.5000	101.00	239.32
122757	PR 丹建投	1600.00	7.00	2018.04.20	8.0000	40.50	180.55
122758	PR 张家港	900.00	7.00	2018.12.15	7.8000	46.00	5.00
122759	11 泰豪债	400.00	7.00	2018.12.27	7.5000	101.60	124.00
122760	PR 渝富债	2000.00	7.00	2019.09.04	6.5000	20.30	698.64
122762	PR 吴江债	1300.00	7.00	2018.12.05	8.0500	42.05	40.00
122765	11 泛海 02	1000.00	10.00	2021.12.13	8.9000	72.04	223.27
122766	PR 宜投债	1000.00	8.00	2019.11.17	8.1300	30.90	231.93
122767	PR 盐城新	1500.00	7.00	2018.12.16	8.1900	43.80	161.00
122768	PR 兰城投	1500.00	7.00	2018.12.15	8.2000	40.02	205.09
122770	11 国网 01	10000.00	10.00	2021.12.08	5.1400	103.70	2848.59
122771	11 国网 02	5000.00	15.00	2026.12.08	5.2400	106.58	379.97
122772	11 山煤债	1000.00	7.00	2018.12.06	6.8500	0.00	0.00
122774	PR 滨投 02	2500.00	10.00	2021.11.23	6.1000	61.80	540.00
122776	11 新光债	1600.00	7.00	2018.11.23	8.1000	72.00	603.27
122777	PR 吴中债	1500.00	7.00	2018.12.16	8.0500	43.42	210.00
122778	11 建发债	1600.00	8.00	2019.10.28	7.3000	103.80	1170.97
122779	PR 株城债	1500.00	10.00	2021.11.10	8.3600	63.37	258.89
122781	PR 永州债	1000.00	10.00	2018.12.10	8.4000	64.50	113.35
122782	11 宁农债	1800.00	7.00	2018.11.16	7.1000	100.60	105.12
122783	11 苏中能	1500.00	7.00	2018.11.15	7.0500	99.80	720.06
122784	11 中兴新	1000.00	8.00	2019.10.28	6.5000	100.00	108.78
122786	11 联想债	2900.00	7.00	2018.10.31	5.8000	99.98	2450.86
122787	11 赣铁债	1000.00	7.00	2018.09.30	7.2000	101.20	333.00
122788	PR 三明债	1000.00	7.00	2018.06.14	6.9900	40.01	64.49
122789	11 象屿债	900.00	7.00	2018.07.08	6.6800	100.40	243.10
122790	PR 诸暨债	1500.00	7.00	2018.07.05	6.9200	40.02	72.47
122792	11 邯郸债	1000.00	7.00	2018.07.01	6.7800	99.96	257.90
122794	PR 海城债	800.00	7.00	2018.11.07	8.3900	40.00	0.17
122795	PR 诸城债	1000.00	7.00	2018.04.26	6.4000	23.60	0.00
122796	11 冀投 01	1000.00	10.00	2021.06.27	5.7500	102.22	100.00
122797	11 冀投 02	1000.00	13.00	2024.06.27	5.8500	106.38	0.00
122798	11 泰矿债	1000.00	7.00	2018.06.22	6.7500	99.97	554.26
122799	11 武国资	300.00	7.00	2018.06.17	5.9000	100.20	23.65
122800	龙煤暂停	1000.00	7.00	2018.06.17	6.2000	0.00	0.00
122801	11 焦作债	2200.00	7.00	2018.06.08	6.2000	99.95	255.55
122802	PR 辽阳债	2000.00	7.00	2018.06.13	6.8800	35.00	39.34
122803	PR 滁建投	1000.00	10.00	2021.11.30	6.5900	81.10	272.05
122806	11 渭南 02	1200.00	7.00	2018.06.08	6.5000	100.00	90.06
122809	PR 准国资	2000.00	7.00	2018.05.10	6.9400	49.96	350.04
122810	PR 邹平债	500.00	7.00	2018.04.27	6.9800	40.05	28.14
122811	11 蒙奈伦	800.00	7.00	2018.05.05	7.4800	0.00	0.00
122812	11 淮北债	1200.00	7.00	2018.03.14	7.1000	100.90	0.00
122813	11 宁交通	1500.00	10.00	2021.04.27	6.1000	0.00	3.45
122814	PR 东营债	1200.00	7.00	2018.04.20	6.7500	36.00	27.09
122816	11 高密债	1000.00	7.00	2018.04.08	6.9800	105.29	0.00
122818	PR 牟平债	600.00	8.00	2018.07.13	8.0500	40.80	51.31
122819	11 常城建	2500.00	7.00	2018.04.25	6.1700	100.00	307.18
122820	11 潍东方	500.00	7.00	2018.04.12	6.9700	100.08	98.93
122821	11 吉城建	2000.00	7.00	2018.03.03	7.1000	100.08	17.77

债券信息 List of Bonds

债券 Bond

债券代码 Code	债券简称 Bond Name	发行数量(百万) Issued Vol(M)	年限 Terms	到期日 Expiration Date	票面利率(%) Coupon Rate(%)	本年收盘 Close	成交数量(万张) Trading Vol(10000)
122822	PR 汉中债	800.00	7.00	2018.03.14	7.4800	40.00	5.66
122823	11 舟山债	1500.00	7.00	2018.04.20	6.2000	100.00	54.58
122824	11 中煤建	600.00	7.00	2018.03.15	6.5000	99.99	0.60
122825	PR 景德镇	800.00	7.00	2018.03.23	7.4800	50.00	59.23
122827	11 新奥债	500.00	7.00	2018.02.16	6.4500	100.00	30.77
122828	PR 抚州债	800.00	7.00	2018.02.28	7.7500	50.08	69.95
122829	万基暂停	800.00	7.00	2018.08.24	7.5500	0.00	0.00
122831	PR 惠通债	1000.00	7.00	2018.03.14	7.4900	39.98	47.93
122832	PR 泰山债	1000.00	7.00	2018.03.02	6.6400	40.00	0.08
122833	11 赣城债	2000.00	7.00	2018.04.22	6.2600	100.10	217.51
122834	11 牡国投	1500.00	7.00	2018.02.15	7.1500	100.00	0.16
122835	11 兴泸债	1000.00	10.00	2021.03.01	6.3900	104.45	520.25
122836	PR 盘锦投	1500.00	7.00	2018.03.01	7.4200	60.05	3.37
122837	11 武经发	2500.00	7.00	2018.02.24	6.5500	100.06	38.47
122838	11 吉利债	1000.00	7.00	2018.06.21	6.4000	100.04	468.22
122839	11 鑫泰债	1200.00	7.00	2018.02.23	6.7800	99.90	0.72
122840	PR 临汾债	2000.00	8.00	2019.02.22	7.2300	50.12	372.52
122841	PR 渝津债	600.00	7.00	2018.01.06	6.9500	40.30	0.00
122842	PR 合城债	600.00	7.00	2018.01.06	6.9500	40.30	0.00
122843	11 绥化债	800.00	7.00	2018.02.28	7.3500	99.99	13.07
122844	11 筑城投	2000.00	7.00	2018.01.12	6.4000	100.01	22.65
122845	11 横店债	1200.00	10.00	2021.01.27	6.3000	102.70	295.96
122846	11 渝富债	2000.00	7.00	2018.02.22	6.3300	100.06	41.20
122847	11 甬交投	1000.00	10.00	2021.02.10	6.3000	103.69	56.66
122849	11 新余债	1400.00	7.00	2018.01.11	6.5000	99.95	0.07
122850	11 华泰债	880.00	7.00	2018.03.02	6.3800	99.98	44.50
122854	11 中汇债	1000.00	7.00	2018.03.23	6.1800	100.00	81.65
122855	11 渝轻纺	700.00	7.00	2018.01.12	6.4800	100.80	26.00
122856	PR 株高债	1000.00	7.00	2018.08.18	7.8200	39.90	27.99
122864	11 外滩债	900.00	7.00	2018.03.11	6.2000	99.99	49.68
122866	10 杭交投	1200.00	10.00	2020.10.19	5.1200	102.00	866.97
122867	11 石城投	1000.00	10.00	2021.03.09	6.5500	102.90	714.15
122876	11 海控债	1500.00	7.00	2018.01.20	5.8000	100.30	0.00
122881	PR 吴江经	1500.00	8.00	2018.12.23	6.4000	40.29	57.91
122885	10 冀交通	2000.00	15.00	2025.09.28	4.9500	100.00	0.00
122889	10 冶色债	700.00	8.00	2018.10.15	4.9800	98.00	0.21
122890	PR 凯迪债	1000.00	10.00	2020.08.23	6.1200	89.01	380.40
122892	10 寿光债	1000.00	10.00	2018.05.22	6.1800	101.50	23.90
122897	10 襄投债	1000.00	8.00	2018.05.19	5.7000	100.04	92.30
122898	PR 攀国投	600.00	10.00	2020.07.29	5.4100	39.30	0.00
122904	10 长城投	2000.00	10.00	2018.06.28	5.5000	101.25	531.59
122912	10 鄂国资	2800.00	10.00	2020.05.11	6.8800	100.00	743.46
122917	10 太仓港	600.00	10.00	2020.01.21	7.1000	102.50	246.83
122927	09 海航债	1300.00	10.00	2019.12.24	7.6000	97.09	2577.07
122928	09 铁岭债	1500.00	10.00	2018.12.24	7.1500	101.00	169.58
122934	09 南山 2	1000.00	10.00	2019.10.20	7.5000	101.80	240.29
122940	09 咸城投	1750.00	10.00	2019.09.30	7.6000	102.60	488.52
122941	10 镇城投	2000.00	10.00	2020.12.17	6.7600	98.00	257.38
122956	09 常高新	1500.00	10.00	2019.06.04	6.2000	100.80	265.40
122961	09 武城投	1500.00	10.00	2019.05.25	5.7200	100.90	693.83

债券信息
List of Bonds

债券代码 Code	债券简称 Bond Name	发行数量(百万) Issued Vol(M)	年限 Terms	到期日 Expiration Date	票面利率(%) Coupon Rate(%)	本年收盘 Close	成交数量(万张) Trading Vol(10000)
122965	09 潍投债	700.00	10.00	2019.04.15	6.8800	99.95	462.36
122969	09 豫投债	1500.00	10.00	2019.04.15	5.8500	101.00	523.00
122975	09 济城建	1500.00	10.00	2019.03.26	4.7800	100.25	573.10
122995	PR 合建投	1700.00	10.00	2018.08.28	6.6000	40.04	560.63
122999	08 广纸债	390.00	10.00	2018.03.13	6.4500	100.00	80.07
123006	10 武高债	500.00	10.00	2020.05.24	6.2000	0.00	0.00
123010	PR 湘临港	1000.00	6.00	2018.10.15	7.7000	0.00	10.00
123011	PR 梅州债	1000.00	7.00	2020.09.10	6.9500	0.00	40.00
123012	PR 哈高新	2500.00	7.00	2018.09.17	7.0000	0.00	350.00
123013	PR 赣和济	1000.00	7.00	2019.09.04	8.0000	0.00	145.00
123017	14 京投 02	4000.00	5.00	2020.08.11	4.9000	0.00	10.00
123019	PR 阳纸业	500.00	7.00	2021.07.21	8.1900	0.00	0.00
123020	PR 沿江债	700.00	6.00	2020.07.29	7.4800	0.00	0.00
123021	14 东证债	6000.00	5.00	2019.08.26	6.0000	0.00	0.00
123022	14 首创 01	2000.00	6.00	2020.11.03	4.9800	0.00	0.00
123023	14 京投 01	1000.00	5.00	2019.11.18	5.5000	0.00	0.00
123024	PR 穗热电	800.00	10.00	2024.11.18	6.3800	0.00	90.00
123025	PR 福鼎债	1000.00	7.00	2018.05.08	7.4800	0.00	0.00
123026	15 中电续	3000.00	6.00	2021.06.08	4.6000	0.00	0.00
123027	14 首创 02	1000.00	6.00	2021.06.16	4.6000	0.00	105.00
123029	15 义水债	200.00	5.00	2018.08.09	6.0500	0.00	0.00
123030	15 津融债	1200.00	7.00	2022.04.23	5.9000	0.00	0.00
123031	16 温城 01	1000.00	7.00	2023.01.25	4.0500	0.00	80.00
123032	16 穗铁 01	2600.00	3.00	2019.01.26	4.2800	0.00	0.00
123034	16 神雾债	500.00	3.00	2019.01.28	7.9000	0.00	300.00
123035	16 洲际 01	700.00	2.00	2018.04.29	7.5000	0.00	30.00
123036	14 大东方	250.00	10.00	2025.08.28	6.2000	0.00	0.00
123037	14 浙商次	400.00	10.00	2025.12.03	6.3000	0.00	150.00
123046	16 宁水 01	550.00	5.00	2021.05.12	4.9500	0.00	170.00
123047	16 洲际 02	150.00	2.00	2018.08.26	7.0000	0.00	0.00
123048	18 昌控 01	800.00	5.00	2023.08.27	5.3500	0.00	100.00
123051	15 东吴 04	2000.00	3.00	2018.06.04	5.7000	0.00	0.00
123052	15 华创 01	500.00	5.00	2020.06.25	6.0000	0.00	0.00
123053	15 东吴 03	2000.00	3.00	2018.06.01	5.7000	0.00	0.00
123054	15 安信 03	2000.00	3.00	2018.06.02	5.5000	0.00	0.00
123063	15 中金 C1	2000.00	6.00	2018.05.29	5.2500	0.00	400.00
123064	15 中金 Y1	1000.00	5.00	2020.05.29	5.7000	0.00	0.00
123065	15 东方债	6000.00	5.00	2018.05.29	5.6000	0.00	600.00
123069	15 华融 C2	1500.00	3.00	2018.05.28	5.3900	0.00	730.00
123073	15 齐鲁 Y1	6000.00	5.00	2020.05.28	5.9500	0.00	1715.00
123075	15 东兴 01	5000.00	3.00	2018.05.19	5.6800	0.00	1000.00
123079	15 首创 02	680.00	4.00	2019.04.29	4.0000	0.00	0.00
123080	15 沪券 02	2100.00	3.00	2018.04.28	5.0000	0.00	0.00
123081	15 财通 02	1500.00	4.00	2019.04.29	6.0500	0.00	50.00
123085	15 光大 04	6000.00	5.00	2018.04.27	5.7000	0.00	0.00
123088	15 银河 04	5800.00	3.00	2018.04.24	5.6000	0.00	1160.00
123093	15 东吴 02	3000.00	3.00	2018.04.17	5.9000	0.00	0.00
123094	15 齐鲁 01	4000.00	5.00	2020.04.23	5.9000	0.00	50.00
123100	15 华泰 03	5000.00	5.00	2018.04.23	5.8000	0.00	0.00
123203	15 信达 02	3000.00	3.00	2018.04.24	6.0000	0.00	0.00

债券信息 List of Bonds

债券 Bond

债券代码 Code	债券简称 Bond Name	发行数量(百万) Issued Vol(M)	年限 Terms	到期日 Expiration Date	票面利率(%) Coupon Rate(%)	本年收盘 Close	成交数量(万张) Trading Vol(10000)
123211	15 招商 04	5000.00	3.00	2018.04.13	5.7500	0.00	0.00
123212	15 海通 C1	15000.00	5.00	2018.04.09	5.5000	0.00	0.00
123213	15 国君 Y2	5000.00	5.00	2020.04.03	5.8000	0.00	0.00
123217	15 湘财 03	420.00	5.00	2018.05.08	6.8000	0.00	0.00
123218	15 湘财 02	580.00	5.00	2020.03.27	7.0000	0.00	330.00
123223	15 财通 01	1000.00	4.00	2019.03.23	5.8500	0.00	10.00
123224	15 东吴 01	3000.00	3.00	2018.03.23	5.9000	0.00	0.00
123227	15 招商 02	10000.00	5.00	2018.03.26	5.5800	0.00	0.00
123233	14 新华债	4000.00	10.00	2024.11.19	5.6000	0.00	0.00
123238	15 中信投	3000.00	5.00	2020.03.19	5.8000	0.00	400.00
123241	15 华鑫 02	500.00	3.00	2018.03.30	6.3000	0.00	198.00
123247	15 中信 C1	11500.00	5.00	2018.03.16	5.5000	0.00	0.00
123248	15 华融 C1	1500.00	3.00	2018.03.05	5.7000	0.00	0.00
123255	15 信达 01	3000.00	3.00	2018.02.13	5.9000	0.00	0.00
123259	15 光大 01	4000.00	3.00	2018.01.29	5.8500	0.00	0.00
123262	14 恒泰 03	200.00	5.00	2018.01.30	6.7000	0.00	0.00
123263	15 湘财 01	500.00	5.00	2020.02.03	7.3000	0.00	160.00
123267	15 浙商 01	500.00	3.00	2018.01.21	6.3000	0.00	50.00
123268	15 中信建	2000.00	5.00	2020.01.16	6.0000	0.00	0.00
123269	15 国君 Y1	5000.00	5.00	2020.01.22	6.0000	0.00	0.00
123275	15 首创 01	900.00	5.00	2020.01.29	5.6000	0.00	0.00
123283	14 泰康 02	3000.00	10.00	2025.01.08	5.6000	0.00	0.00
123284	14 天安次	1300.00	10.00	2024.12.30	6.7000	0.00	0.00
123306	14 财通 02	1000.00	5.00	2019.11.17	5.9500	0.00	70.00
123310	14 东方债	1400.00	4.00	2018.11.17	5.5000	0.00	0.00
123322	14 财通 01	1000.00	5.00	2019.10.28	6.2500	0.00	650.00
123358	14 齐鲁 02	700.00	4.00	2018.09.26	6.8000	0.00	0.00
123369	14 兴业 01	2500.00	4.00	2018.08.26	5.8900	0.00	0.00
123372	14 泰康债	3000.00	10.00	2024.06.27	5.9000	0.00	0.00
123373	14 齐鲁 01	800.00	4.00	2018.07.08	6.9000	0.00	0.00
123377	14 太保债	4000.00	10.00	2024.03.07	5.9000	0.00	0.00
123378	13 大都会	800.00	10.00	2024.05.08	8.0000	0.00	0.00
123385	14 平安寿	8000.00	10.00	2024.03.05	5.9000	0.00	0.00
123401	14 方正债	3000.00	5.00	2019.04.28	7.0000	0.00	2350.00
123459	12 申万债	6000.00	6.00	2019.07.29	5.2000	0.00	600.00
123493	11 泰康 01	1000.00	10.00	2021.05.27	5.3900	0.00	0.00
123494	11 泰康 02	1000.00	10.00	2021.06.01	5.3900	0.00	0.00
123510	14 吉城 04	700.00	4.00	2018.03.21	8.5000	100.15	55.00
123511	14 吉城 05	600.00	5.00	2018.09.10	8.8000	101.07	0.00
123516	14 益优 04	90.00	4.00	2018.05.29	8.9000	92.00	0.00
123517	14 益优 05	100.00	5.00	2019.05.29	9.2000	99.93	0.00
123518	14 益优 06	110.00	6.01	2020.05.29	9.5000	99.91	0.00
123524	14 迁热 05	190.00	4.54	2018.12.26	9.0000	100.24	110.00
123525	14 迁热 06	200.00	5.54	2019.12.26	9.0000	100.00	0.00
123526	14 迁热 07	210.00	6.54	2020.12.26	9.0000	100.00	0.00
123530	14 远东 03	680.00	4.36	2018.06.08	7.0000	100.52	150.00
123537	14 淮运 07	210.00	3.50	2018.02.01	7.1500	100.00	0.00
123538	14 淮运 08	220.00	4.00	2018.08.01	7.2000	100.00	0.00
123539	14 淮运 09	225.00	4.50	2019.02.01	7.2400	99.94	0.00
123540	14 淮运 10	230.00	5.00	2019.08.01	7.2500	100.00	195.00

债券信息
List of Bonds

债券
Bond

债券代码 Code	债券简称 Bond Name	发行数量(百万) Issued Vol(M)	年限 Terms	到期日 Expiration Date	票面利率(%) Coupon Rate(%)	本年收盘 Close	成交数量(万张) Trading Vol(10000)
123581	PR 交 03	300.00	3.12	2018.03.28	5.7000	51.30	0.00
123582	PR 交 04	300.00	4.12	2019.03.27	5.8000	51.58	0.00
123583	宁公交 05	300.00	5.12	2020.03.27	6.2500	100.00	0.00
123585	15 国优 01	500.00	3.01	2018.02.12	6.7000	102.22	0.00
123589	禾燃气 03	180.00	3.00	2018.03.20	6.3000	100.00	0.00
123590	禾燃气 04	190.00	4.00	2019.03.20	6.5000	100.35	55.00
123591	禾燃气 05	200.00	5.01	2020.03.20	6.7000	100.44	290.00
123596	15 瑞热 04	119.00	3.78	2018.12.26	6.7000	99.96	0.00
123597	15 瑞热 05	126.00	4.78	2019.12.26	7.7000	100.00	0.00
123598	15 瑞热 06	132.00	5.78	2020.12.26	7.1000	99.99	0.00
123599	15 瑞热 07	139.00	6.78	2021.12.26	7.8000	100.00	139.00
123606	海航 102	500.00	2.79	2018.01.23	6.6000	101.01	0.00
123607	海航 103	500.00	3.79	2019.01.23	7.2000	102.43	0.00
123608	海航 104	500.00	4.79	2020.01.23	7.5500	100.84	284.00
123612	PR 水务 03	113.00	2.93	2018.03.26	6.0500	48.67	0.00
123613	PR 务 04	130.00	3.93	2019.03.26	6.1000	48.85	0.00
123614	吉水务 05	149.00	4.93	2020.03.26	6.9500	102.66	0.00
123615	吉水务 06	170.00	5.93	2021.03.26	7.3000	99.30	40.00
123616	吉水务 07	195.00	6.93	2022.03.26	7.3000	102.77	106.00
123627	包高速 03	260.00	3.00	2018.04.15	6.9000	100.00	0.00
123628	包高速 04	280.00	4.00	2019.04.15	7.1500	100.00	0.00
123629	包高速 05	220.00	5.01	2020.04.15	7.4500	100.00	0.00
123642	PR1B	245.00	3.47	2018.04.23	6.5500	13.06	0.00
123649	15 富水 06	40.00	3.00	2018.05.20	6.5000	100.00	0.00
123650	15 富水 07	42.00	3.51	2018.11.20	6.7000	100.00	0.00
123651	15 富水 08	42.00	4.00	2019.05.20	6.9000	100.00	0.00
123652	15 富水 09	45.00	4.51	2019.11.20	7.0000	100.00	0.00
123653	15 富水 10	45.00	5.01	2020.05.20	7.2000	100.00	0.00
123670	PR1B	263.00	3.00	2018.05.20	7.9000	32.87	25.00
123674	HLNYYX03	100.00	3.00	2018.04.14	8.7000	100.82	0.00
123675	HLNYYX04	90.00	4.00	2018.04.16	9.2000	101.91	0.00
123676	HLNYYX05	90.00	5.00	2020.04.14	9.7000	100.00	37.00
123699	- -	28.00	- -	- -		83.10	0.00
123706	15 环球 A2	219.00	3.01	2018.05.30	5.2000	101.01	0.00
123707	15 环球 A3	365.00	5.01	2020.05.28	5.5000	100.00	0.00
123708	15 环球 B	182.00	5.01	2020.05.28	6.4300	96.79	44.00
123712	15 正奇优	480.00	2.89	2018.04.28	5.9000	100.00	0.00
123720	皖贷一优	480.00	3.00	2018.05.25	6.3000	100.17	40.00
123727	福能融 06	70.00	3.00	2018.06.18	5.4000	100.00	0.00
123729	PR 优先	1140.00	3.77	2019.03.31	5.3000	12.97	0.00
123734	PR 远东 A	2829.00	3.19	2018.03.01	5.1000	0.86	0.00
123735	PR 远东 B	388.00	4.19	2018.11.26	7.2000	6.63	258.00
123736	- -	92.00	- -	- -	- -	100.00	0.00
123746	151 中信 3	550.00	2.79	2018.04.20	5.2000	102.36	0.00
123752	融和 1 次	489.00	2.56	2018.01.20	0.0000	100.00	0.00
123756	兴光 1 号 D	200.00	2.51	2018.02.11	5.3000	100.00	0.00
123757	兴光 1 号 E	220.00	3.00	2018.08.11	5.4000	100.00	0.00
123758	兴光 1 号 F	240.00	3.51	2019.02.11	5.5000	100.00	0.00
123759	兴光 1 号 G	260.00	4.00	2019.08.11	5.6000	100.00	0.00
123760	兴光 1 号 H	280.00	4.51	2020.02.11	5.7000	100.00	0.00

债券信息 List of Bonds

债券 Bond

债券代码 Code	债券简称 Bond Name	发行数量(百万) Issued Vol(M)	年限 Terms	到期日 Expiration Date	票面利率(%) Coupon Rate(%)	本年收盘 Close	成交数量(万张) Trading Vol(10000)
123761	兴光 1 号 I	300.00	5.01	2020.08.11	5.8000	100.00	0.00
123767	大丰港 05	96.00	3.00	2018.06.30	6.2000	100.00	0.00
123768	大丰港 06	102.00	3.50	2018.07.24	6.4000	100.00	102.00
123769	大丰港 07	105.00	4.00	2018.07.24	7.0000	100.00	105.00
123770	大丰港 08	111.00	4.50	2018.07.24	7.2000	99.94	111.00
123771	大丰港 09	115.00	5.00	2018.07.24	7.3000	99.94	115.00
123776	PR4C	332.00	2.92	2018.06.23	8.8000	20.89	0.00
123779	PR 丰汇 1B	210.00	3.01	2018.01.29	7.0000	7.46	0.00
123782	PR1B	70.00	3.05	2018.04.26	6.7000	5.29	20.00
123783	PR1 次	71.00	3.55	2018.08.15	0.0000	85.74	0.00
123786	金光 1A1	738.00	2.75	2018.04.29	5.7500	100.16	60.00
123787	金光 1A2	315.00	3.00	2018.07.29	6.7500	100.00	0.00
123789	15 中联 02	500.00	3.00	2018.07.10	5.7500	100.00	0.00
123802	丰源 A05	39.00	2.51	2018.02.13	6.6000	101.51	0.00
123803	丰源 A06	39.00	3.00	2018.08.13	6.8000	102.40	0.00
123804	丰源 A07	41.00	3.51	2019.02.13	7.1000	98.87	0.00
123805	丰源 A08	41.00	4.00	2019.08.13	7.3000	99.20	221.30
123806	丰源 A09	41.00	4.51	2020.02.13	7.5000	99.07	213.90
123807	丰源 A10	41.00	5.01	2020.08.13	7.7000	98.97	95.00
123808	丰源 B	5.00	5.01	2020.08.13	10.0000	100.00	0.00
123813	哈场路 04	160.00	3.37	2018.12.31	7.5000	98.08	0.00
123814	哈场路 05	198.00	4.37	2019.01.02	8.0000	97.90	0.00
123815	哈场路 06	237.00	5.37	2019.01.02	8.5000	99.95	0.00
123829	PRA02	116.00	2.91	2018.07.26	4.6000	28.03	0.00
123830	PRA03	327.00	4.92	2020.07.26	5.2000	88.73	39.00
123831	连徐 A04	207.00	5.92	2021.07.26	5.2400	100.00	0.00
123832	连徐 A05	240.00	6.92	2022.07.26	5.2400	100.00	0.00
123842	15 鹤热 03	100.00	3.00	2018.09.02	7.0000	100.00	136.00
123843	15 鹤热 04	105.00	4.00	2019.09.02	8.0000	99.70	115.00
123844	15 鹤热 05	110.00	5.01	2020.09.02	8.5000	101.36	0.00
123870	世茂天 03	280.00	3.00	2018.08.12	6.5000	100.00	0.00
123871	世茂天 04	300.00	4.00	2019.08.12	6.8000	100.00	0.00
123872	世茂天 05	320.00	5.01	2020.08.12	7.1000	100.00	0.00
123876	PR 中关 B	102.00	2.82	2018.06.21	7.0000	9.80	0.00
123892	PR 赣贷 A3	120.00	3.00	2018.08.04	6.0000	50.00	0.00
123893	赣小贷 B	80.00	3.00	2018.08.04	7.5000	100.00	0.00
123897	PR 四 A2	1170.00	3.70	2018.11.26	4.5000	3.94	0.00
123898	PR 四 B	187.00	4.20	2019.11.26	6.3000	93.24	150.00
123905	南山 06	60.00	2.83	2018.07.08	6.9000	100.00	0.00
123906	南山次级	30.00	2.83	2018.07.08	0.0000	100.00	0.00
123907	海航 201	700.00	2.77	2018.06.23	5.5500	100.00	0.00
123908	海航 202	800.00	4.60	2020.04.23	5.8000	101.64	70.00
123909	海航 203	500.00	4.77	2020.06.23	6.1000	98.03	60.00
123913	PR 节能 03	127.00	2.78	2018.07.26	4.8100	51.18	0.00
123914	15 节能 04	147.00	3.78	2019.07.26	5.0700	100.00	0.00
123915	15 节能 05	150.00	4.78	2020.07.26	5.0700	100.00	0.00
123922	PR02	750.00	3.04	2018.09.28	5.8000	60.05	75.00
123923	首航 03	850.00	4.04	2019.09.30	6.8000	100.60	207.00
123924	首航 04	800.00	5.04	2020.09.28	7.0000	100.44	1069.00
123928	高新热 03	187.00	2.56	2018.04.23	4.5000	100.00	0.00

债券信息 List of Bonds

债券 Bond

债券代码 Code	债券简称 Bond Name	发行数量(百万) Issued Vol(M)	年限 Terms	到期日 Expiration Date	票面利率(%) Coupon Rate(%)	本年收盘 Close	成交数量(万张) Trading Vol(10000)
123929	高新热 04	235.00	3.56	2019.04.23	4.8000	100.00	0.00
123930	高新热 05	280.00	4.57	2020.04.23	5.0000	100.81	0.00
123931	高新热 06	315.00	5.57	2021.04.23	5.2000	100.00	0.00
123932	高新热 07	325.00	6.57	2022.04.23	5.2000	100.00	0.00
123934	15 濮热 02	80.00	2.33	2018.01.20	5.3000	100.00	0.00
123935	15 濮热 03	95.00	3.33	2019.01.20	5.5500	100.00	0.00
123936	15 濮热 04	105.00	4.33	2020.01.20	5.9800	100.00	0.00
123937	15 濮热 05	120.00	5.33	2021.01.20	6.4500	101.29	44.00
123938	15 濮热 06	130.00	6.33	2022.01.20	6.9000	98.51	150.00
123941	PR1B	419.00	3.87	2019.08.28	6.9000	10.60	12.00
123945	PR1A3	34.00	2.60	2018.04.28	5.9000	29.42	0.00
123946	PR 奥租 A4	86.00	2.85	2018.05.02	6.0000	0.71	0.00
123947	PR 奥租 B	72.00	3.85	2019.07.28	7.9000	35.80	0.00
123973	协鑫 03	380.00	2.63	2018.06.01	5.9000	100.00	0.00
123974	协鑫 04	430.00	3.63	2019.06.01	6.5000	100.00	0.00
123975	协鑫 05	470.00	4.63	2020.06.01	7.0000	100.00	0.00
123984	15 庆热 03	330.00	3.20	2018.12.26	5.0000	100.00	0.00
123985	15 庆热 04	370.00	4.20	2019.12.26	5.4000	100.00	0.00
123986	15 庆热 05	420.00	5.20	2020.12.26	5.7000	100.00	0.00
123987	15 庆热 06	470.00	6.20	2021.12.26	6.0000	100.00	470.00
123988	15 庆热 07	510.00	7.20	2022.12.26	6.4000	100.00	0.00
123997	PR 海洋 B	100.00	2.70	2018.01.26	6.5000	15.00	0.00
124000	PR 奉投资	1000.00	7.00	2018.07.27	7.4500	40.20	53.55
124001	PR 漯城投	1200.00	7.00	2019.10.30	6.9900	20.38	80.29
124002	12 蒙高路	1500.00	7.00	2019.11.12	5.9000	101.10	398.81
124003	12 珠水务	500.00	6.00	2018.08.27	5.3000	100.19	187.10
124004	PR 盐城南	1500.00	7.00	2019.10.26	6.9300	20.49	155.05
124005	PR 昆创债	1800.00	7.00	2019.11.07	6.2800	20.30	344.69
124006	PR 绍城投	1300.00	7.00	2019.11.09	6.4000	20.40	82.57
124007	12 西电梯	500.00	6.00	2018.11.09	5.7500	99.99	100.79
124008	PR 国奥停	400.00	6.00	2018.10.29	6.8900	0.00	12.14
124009	PR 渝惠农	1000.00	7.00	2019.09.06	7.3500	20.00	60.00
124010	PR 鸡国资	1200.00	7.00	2018.09.17	7.1800	40.80	203.55
124011	PR 锡科技	1800.00	6.00	2018.10.26	5.9800	40.21	1111.00
124012	PR 高密 01	800.00	7.00	2019.11.15	6.7000	25.00	110.00
124013	PR 高密 02	400.00	6.00	2018.11.15	6.7500	25.00	10.00
124014	PR 筑住投	1600.00	7.00	2018.04.27	6.7000	40.93	82.00
124015	12 筑工投	1700.00	7.00	2019.11.19	6.5000	94.00	195.85
124016	PR 常德源	700.00	6.00	2018.10.18	7.1800	24.70	100.80
124017	PR 伊国资	1200.00	6.00	2018.11.19	6.7000	25.10	220.75
124018	PR 昌经投	500.00	8.00	2018.08.31	7.3500	55.85	40.00
124019	PR 湘昭投	800.00	6.00	2018.12.12	7.0000	25.00	281.37
124020	PR 辽城经	1500.00	7.00	2018.04.26	7.1000	40.80	22.86
124021	PR 潍东兴	1300.00	7.00	2019.11.20	6.8800	24.30	340.00
124022	PR 韶金叶	1400.00	7.00	2019.10.18	7.3000	20.45	139.24
124023	PR 滁城投	1500.00	7.00	2019.11.23	6.8100	20.46	251.00
124024	12 青投资	600.00	10.00	2022.10.08	7.0800	90.00	0.19
124025	PR 池州债	900.00	7.00	2018.07.20	7.1700	40.60	2.43
124026	PR 川广元	800.00	7.00	2018.08.31	7.2500	40.40	19.04
124027	PR 瑞国投	700.00	7.00	2019.11.26	6.9300	19.94	61.50

债券信息
List of Bonds

债券
Bond

债券代码 Code	债券简称 Bond Name	发行数量(百万) Issued Vol(M)	年限 Terms	到期日 Expiration Date	票面利率(%) Coupon Rate(%)	本年收盘 Close	成交数量(万张) Trading Vol(10000)
124028	PR 诸城投	1300.00	7.00	2018.07.27	6.8000	41.05	46.48
124029	PR 玉城投	800.00	7.00	2019.11.26	6.8800	20.00	258.71
124030	PR 宁城投	2300.00	6.00	2018.11.26	5.6800	25.50	297.00
124031	豫铁暂停	2800.00	10.00	2022.11.19	6.3800	0.00	0.00
124032	PR 宜建投	1000.00	7.00	2019.11.08	6.8500	20.40	267.90
124033	PR 苏城投	2000.00	7.00	2019.10.25	5.7900	20.10	542.95
124035	PR 沭金源	1000.00	7.00	2019.12.03	6.5000	22.00	0.00
124036	PR 张经开	1000.00	7.00	2019.11.16	6.9800	20.50	43.21
124037	PR 渝江北	1800.00	7.00	2019.10.16	7.2000	20.30	86.62
124038	12 远洲控	500.00	7.00	2019.12.04	7.4000	95.00	152.65
124039	PR 渝江津	1300.00	7.00	2019.09.21	7.4600	20.00	70.00
124040	PR 绍迪荡	1000.00	6.00	2018.12.05	6.7500	25.06	183.79
124041	PR 宿水务	800.00	7.00	2019.12.04	6.5500	20.40	15.45
124042	12 鄂旅投	800.00	7.00	2019.10.29	6.8800	102.35	93.08
124043	12 深立业	1000.00	6.00	2018.12.03	6.3000	99.90	121.88
124044	12 联想债	2300.00	10.00	2022.11.30	5.7000	103.25	275.49
124045	PR 嘉经开	800.00	7.00	2019.12.03	7.0500	24.43	110.00
124047	PR 黔宏升	1400.00	7.00	2019.11.22	6.9900	19.99	174.61
124050	PR 榆城投	1500.00	6.00	2018.12.04	6.8100	25.00	570.77
124051	PR 庆高新	1200.00	7.00	2018.09.13	6.8800	39.97	408.50
124052	PR 昆产投	2000.00	7.00	2019.10.23	6.4600	23.01	36.00
124053	12 营口港	2200.00	8.00	2020.11.13	5.6000	96.00	168.11
124054	PR 株云龙	1000.00	7.00	2019.11.19	6.7800	20.50	112.94
124055	PR 蓉高投	700.00	7.00	2019.11.20	6.2800	20.35	31.70
124056	PR 启国投	1500.00	10.00	2022.11.20	7.3000	62.24	130.61
124057	PR 汕城开	1300.00	10.00	2022.03.23	8.5700	63.48	16.41
124058	PR 萍乡债	1200.00	7.00	2019.12.10	6.8900	20.12	52.00
124059	PR 临城发	1500.00	7.00	2018.08.10	6.6800	40.71	12.50
124060	PR 驻投资	1300.00	7.00	2018.04.25	6.9500	40.66	20.01
124061	PR 沛国资	1000.00	7.00	2019.12.06	7.2000	20.00	140.02
124062	PR 冀顺德	1000.00	7.00	2018.04.20	6.9800	43.50	0.00
124063	12 国网 03	5000.00	7.00	2019.11.20	4.8000	101.00	3093.73
124064	12 国网 04	5000.00	10.00	2022.11.20	5.0000	103.40	217.78
124065	PR 津开 01	1850.00	7.00	2019.12.03	6.2000	22.00	64.50
124066	PR 津开 02	450.00	10.00	2022.12.03	6.5000	60.00	40.00
124070	PR 新城投	1500.00	7.00	2019.12.13	7.0800	20.10	5.81
124071	PR 鹰投融	1400.00	10.00	2018.08.20	7.5000	74.30	261.43
124072	12 曲公路	1400.00	7.00	2019.10.26	7.2300	101.20	126.17
124073	PR 吉华债	1000.00	7.00	2018.07.26	7.3700	40.50	0.13
124074	PR 张公经	1200.00	7.00	2019.11.27	6.4300	20.40	59.65
124075	PR 淮建投	1800.00	6.00	2018.12.17	6.6800	25.05	211.34
124076	12 金湖债	800.00	6.00	2018.06.11	7.7600	101.78	182.70
124077	PR 榕建工	500.00	7.00	2019.12.10	6.8000	40.70	118.98
124078	12 云城建	500.00	6.00	2018.10.24	7.1500	100.06	243.98
124079	PR 保国资	800.00	7.00	2019.12.10	7.3000	20.60	131.09
124080	PR 苏海投	1000.00	7.00	2019.11.07	7.2000	20.20	31.24
124081	PR 长先导	1800.00	7.00	2019.12.10	6.7000	20.60	614.93
124082	PR 青国信	2000.00	10.00	2022.12.12	6.4000	62.98	188.31
124083	PR 黄城投	1000.00	7.00	2018.12.28	7.1000	20.50	207.40
124084	12 沪临港	700.00	7.00	2019.12.10	6.0900	101.90	110.60

债券信息 List of Bonds

债券 Bond

债券代码 Code	债券简称 Bond Name	发行数量(百万) Issued Vol(M)	年限 Terms	到期日 Expiration Date	票面利率(%) Coupon Rate(%)	本年收盘 Close	成交数量(万张) Trading Vol(10000)
124085	PR 沪金投	900.00	7.00	2019.12.21	6.6000	20.39	32.06
124086	PR 诸建投	1600.00	7.00	2019.12.19	6.9200	20.20	575.99
124087	PR 芜新马	800.00	7.00	2018.08.10	7.1800	41.00	30.00
124088	PR 东台债	1500.00	7.00	2019.12.26	7.1000	20.40	67.86
124089	PR 赣开债	1800.00	6.00	2018.12.26	6.7000	25.00	63.37
124090	PR 遵国投	2000.00	7.00	2018.05.31	6.9800	40.90	81.15
124091	PR 渝兴债	1200.00	7.00	2019.12.10	7.3000	19.52	45.30
124092	鄂华暂停	1200.00	6.00	2018.12.17	7.8800	98.37	17.32
124093	PR 喀城投	800.00	7.00	2019.11.27	7.1800	20.15	49.00
124094	12 甬交投	800.00	10.00	2022.12.21	6.4000	104.30	0.00
124095	PR 六开投	1600.00	7.00	2018.04.20	6.9700	41.20	29.16
124096	PR 淮城资	1500.00	7.00	2019.12.26	6.8700	19.30	187.00
124097	PR 宝投资	1000.00	6.00	2018.12.26	7.1400	25.00	112.90
124098	PR 达投资	1000.00	7.00	2019.12.25	6.9900	25.10	153.89
124099	PR 德建投	1000.00	7.00	2018.06.21	6.9900	41.19	66.00
124100	PR 石国投	800.00	7.00	2018.03.12	7.4000	41.00	0.00
124102	12 滇祥航	700.00	7.00	2019.12.14	7.2900	105.28	60.00
124103	PR 同创债	800.00	7.00	2020.01.09	7.0500	40.00	0.00
124104	PR 巢城投	1200.00	7.00	2018.08.30	7.0000	43.60	40.00
124105	12 愉悦债	300.00	6.00	2018.12.20	7.1500	99.80	7.85
124106	PR 邯郸债	2000.00	7.00	2018.12.07	7.0500	40.40	370.02
124108	PR 吴经开	1500.00	7.00	2019.12.27	6.8800	20.40	185.80
124110	PR 宁新开	700.00	7.00	2020.01.08	6.8000	40.50	85.36
124111	PR 长城建	1000.00	7.00	2019.11.30	6.8000	20.00	38.00
124112	13 豫盛润	1100.00	6.00	2019.01.10	7.3900	94.90	174.76
124113	12 渝出版	400.00	7.00	2019.11.23	6.1800	98.00	27.40
124114	PR 大丰债	1000.00	7.00	2019.12.13	7.0800	20.00	60.10
124116	PR 渝北飞	1000.00	7.00	2019.12.25	7.1300	20.30	78.79
124117	PR 宜城投	1800.00	7.00	2018.09.27	6.7600	40.80	222.68
124118	12 香兴中	700.00	7.00	2019.12.31	5.9500	103.62	0.00
124119	PR 环太湖	1200.00	7.00	2019.11.28	6.7000	20.20	11.90
124121	12 盘江债	800.00	7.00	2019.12.28	6.6300	100.00	40.00
124122	PR 抚城投	1200.00	7.00	2020.01.16	6.7800	40.30	146.75
124123	PR 南城投	1300.00	7.00	2020.02.20	6.1900	40.40	212.92
124124	PR 双鸭山	1000.00	7.00	2019.12.25	6.5500	18.50	40.00
124125	PR 温经开	1000.00	7.00	2020.01.15	6.4900	40.42	185.00
124126	PR 柳城投	1500.00	10.00	2022.12.31	7.1800	71.30	220.74
124127	PR 黄国资	1000.00	6.00	2018.12.17	6.8500	25.10	28.30
124128	PR 萧经开	1400.00	6.00	2018.12.26	6.7000	25.16	526.01
124129	PR 泉石建	1000.00	7.00	2018.01.19	8.4000	40.00	0.00
124130	13 陕东岭	700.00	10.00	2023.01.15	7.9800	90.00	0.34
124131	PR 安国资	800.00	7.00	2020.01.10	6.9800	40.01	116.00
124133	12 宁宝源	400.00	7.00	2019.11.19	7.2000	99.00	56.70
124134	PR 泉城投	1700.00	7.00	2018.02.12	6.4800	42.60	0.00
124135	13 滇公投	2000.00	6.00	2019.01.11	6.0500	100.00	935.73
124136	PR 太城投	1600.00	7.00	2020.01.11	6.7500	40.60	104.61
124137	13 赣发投	1500.00	7.00	2020.01.18	6.6000	102.75	352.41
124138	PR 长城投	1800.00	7.00	2019.04.24	6.9500	20.38	471.16
124139	PR 通港闸	1200.00	7.00	2020.01.09	7.1500	44.00	150.00
124140	PR 沧建投	1200.00	7.00	2020.01.23	6.7200	40.30	565.28

债券信息 List of Bonds

债券 Bond

债券代码 Code	债券简称 Bond Name	发行数量(百万) Issued Vol(M)	年限 Terms	到期日 Expiration Date	票面利率(%) Coupon Rate(%)	本年收盘 Close	成交数量(万张) Trading Vol(10000)
124141	13 浙吉利	1200.00	7.00	2020.01.24	5.9000	101.96	517.61
124142	PR 渝三峡	1000.00	6.00	2019.01.23	6.4000	24.80	302.00
124143	PR 泰投资	1800.00	7.00	2020.01.25	6.7600	40.45	229.52
124144	PR 蓉城投	2000.00	7.00	2020.01.14	6.1800	40.95	330.00
124145	PR 蓉兴城	2000.00	7.00	2020.01.28	6.1700	40.45	1258.10
124146	13 海发控	2500.00	7.00	2020.01.24	6.1000	101.60	311.67
124147	PR 甬东投	1500.00	7.00	2020.01.21	6.4500	40.30	305.65
124148	PR 金灌债	1000.00	6.00	2019.01.28	6.4000	25.00	110.04
124149	PR 镇水利	1400.00	7.00	2020.01.30	6.6000	39.58	322.67
124150	PR 南发展	2000.00	7.00	2018.06.28	6.6900	40.46	166.97
124151	PR 长兴岛	1800.00	7.00	2018.07.31	6.6000	41.00	134.10
124152	13 宁禄口	1600.00	10.00	2023.01.29	5.1500	101.12	120.00
124153	13 国网 01	10000.00	7.00	2020.01.23	4.7500	101.35	575.00
124154	13 国网 02	10000.00	15.00	2028.01.23	5.1000	100.00	0.00
124155	PR 渭城投	1200.00	7.00	2018.07.06	6.6900	41.00	120.90
124156	PR 涪国资	1700.00	7.00	2020.01.21	6.3900	41.20	50.00
124158	PR 锡东城	1500.00	7.00	2020.01.28	6.6500	40.40	198.56
124159	PR 绍城改	1200.00	7.00	2020.01.24	6.5000	40.50	226.15
124160	PR 蓬莱阁	800.00	8.00	2018.01.26	6.8000	70.50	0.00
124161	13 瑞水泥	2000.00	8.00	2021.02.04	8.0000	73.95	3111.62
124162	PR 济高新	1200.00	7.00	2018.07.17	6.6000	43.37	0.00
124163	13 蓉文旅	500.00	7.00	2018.07.03	6.5000	101.02	40.00
124164	PR 建城投	1000.00	7.00	2020.02.22	6.5000	41.50	239.23
124165	PR 洪市政	1200.00	7.00	2020.02.25	5.8800	40.43	222.18
124166	PR 江滨投	1200.00	7.00	2020.02.28	6.6000	40.49	344.74
124167	PR 滇投债	1200.00	7.00	2020.02.01	6.5000	40.21	161.02
124168	PR 绍中城	1500.00	6.00	2019.02.26	6.3000	25.10	69.43
124169	13 华峰债	800.00	7.00	2020.02.26	6.8500	99.30	132.01
124170	PR 厦杏林	500.00	7.00	2020.02.22	6.6000	41.80	122.00
124171	PR 长投建	1300.00	7.00	2020.02.26	6.4600	40.40	256.21
124172	PR 常城投	1500.00	7.00	2020.02.25	6.5000	40.55	289.08
124173	13 陕有色	1500.00	6.00	2019.02.26	4.8800	100.10	436.40
124174	PR 吉城债	1800.00	7.00	2020.02.26	6.3400	45.00	889.97
124175	PR 湘高新	800.00	7.00	2020.01.15	6.9000	39.00	250.01
124176	PR 武地铁	2000.00	7.00	2020.02.04	5.7000	40.59	330.00
124177	PR 乌高新	1000.00	7.00	2020.03.05	6.1800	40.20	64.50
124178	PR 集城投	800.00	7.00	2018.08.10	6.8800	39.95	78.58
124179	13 广越秀	2800.00	7.00	2020.02.28	5.2000	101.80	1041.60
124180	PR 綦东开	1200.00	7.00	2020.01.29	6.7500	40.10	35.80
124181	PR 余开投	1000.00	7.00	2020.03.04	6.7500	40.40	74.91
124182	13 精控债	450.00	5.00	2018.03.05	6.5000	99.91	29.19
124183	PR 津广成	1500.00	10.00	2023.02.22	6.9700	66.65	27.93
124184	13 京投债	2800.00	10.00	2023.03.11	5.0400	100.00	100.00
124185	PR 海宁债	1500.00	7.00	2020.03.06	6.0800	40.50	240.94
124187	PR 泰矿债	900.00	7.00	2020.03.12	5.8000	39.00	598.51
124188	PR 邹城资	1200.00	6.00	2018.04.25	6.1800	26.20	104.10
124189	13 大旅游	800.00	7.00	2020.03.07	7.5000	100.00	454.06
124190	PR 奉南城	650.00	7.00	2020.03.05	6.2500	40.50	113.46
124191	PR 杭高新	500.00	7.00	2020.01.28	6.4500	42.40	40.00
124192	PR 邗城建	1300.00	7.00	2020.03.12	6.2000	40.44	66.00

债券信息 List of Bonds

债券 Bond

债券代码 Code	债券简称 Bond Name	发行数量(百万) Issued Vol(M)	年限 Terms	到期日 Expiration Date	票面利率(%) Coupon Rate(%)	本年收盘 Close	成交数量(万张) Trading Vol(10000)
124193	PR 文城资	700.00	7.00	2018.07.02	6.3800	41.00	40.30
124194	PR 滨海 01	2000.00	5.00	2018.03.13	5.0000	39.98	94.00
124195	PR 滨海 02	3000.00	7.00	2020.03.13	5.1900	40.25	681.29
124199	PR 泰交债	800.00	7.00	2020.03.11	6.1500	40.33	90.00
124200	PR 自高新	1000.00	7.00	2018.04.27	6.3000	41.50	0.00
124201	PR 南高速	1500.00	7.00	2020.01.28	6.6900	40.40	1180.47
124202	PR 平潭债	1200.00	7.00	2018.05.18	6.5800	40.40	123.03
124203	PR 浔富和	900.00	6.00	2018.08.14	6.1000	25.29	0.00
124204	PR 津城投	8000.00	10.00	2023.02.26	5.7000	71.70	1203.41
124205	PR 余创债	1200.00	7.00	2020.03.18	6.5000	40.00	188.14
124206	13 祥源债	600.00	7.00	2020.02.26	6.8500	58.00	77.74
124207	PR 巴城投	1800.00	7.00	2018.02.12	6.4000	60.10	100.00
124208	13 西投债	700.00	10.00	2023.03.19	6.1800	100.00	0.00
124210	PR 皋投债	1200.00	7.00	2020.02.01	6.7000	40.81	90.00
124211	PR 甘投债	800.00	7.00	2020.03.06	5.4000	70.20	22.48
124212	PR 益高新	1500.00	7.00	2018.07.16	6.7000	44.25	134.18
124213	PR 德清债	1000.00	7.00	2020.02.22	6.4000	40.10	453.10
124214	PR 河城投	1000.00	7.00	2018.08.31	6.5500	41.85	0.00
124215	PR 九国资	900.00	7.00	2020.03.07	6.6800	40.50	45.98
124216	新查暂停	600.00	7.00	2019.12.13	7.5000	0.00	0.00
124217	PR 西高新	1500.00	6.00	2019.02.26	5.7000	26.03	339.80
124218	13 三福船	700.00	6.00	2019.03.27	6.9000	100.50	0.00
124219	PR 荣经开	1000.00	7.00	2018.08.23	6.4500	41.28	146.62
124220	13 晋能交	1000.00	7.00	2020.03.08	6.4000	102.35	103.80
124221	PR 武地产	1600.00	6.00	2019.03.22	5.9000	25.14	115.71
124222	13 京粮食	700.00	6.00	2019.03.20	5.0500	103.51	30.00
124223	PR 微山矿	850.00	7.00	2020.03.13	6.1500	67.19	286.83
124224	PR 朝国资	1600.00	7.00	2020.03.27	5.2500	40.43	97.86
124225	PR 阿城投	1000.00	7.00	2018.07.19	6.4000	41.80	232.81
124226	PR 闽兴杭	1200.00	6.00	2018.08.10	6.2000	25.30	35.01
124227	PR 宁国 01	3500.00	7.00	2020.03.06	5.4000	40.38	265.62
124228	PR 宁国 02	3000.00	10.00	2023.03.06	5.6000	77.50	0.00
124229	PR 晋公投	800.00	7.00	2020.03.18	6.5000	40.10	155.72
124230	PR 蓉兴锦	800.00	7.00	2019.11.27	7.3000	25.40	308.00
124231	PR 临海投	1200.00	7.00	2020.03.21	6.3000	40.50	50.00
124232	PR 苏海发	1000.00	10.00	2023.03.29	7.0100	69.50	383.90
124234	PR 鹏铁 01	5000.00	10.00	2023.03.25	5.4000	71.90	139.95
124235	PR 清河投	700.00	7.00	2020.01.24	6.6800	44.14	0.00
124236	PR 马经开	800.00	7.00	2019.12.20	7.1000	21.13	10.00
124238	PR 通辽投	1600.00	7.00	2018.06.13	6.6400	40.20	125.00
124239	PR 鄞城投	600.00	7.00	2020.03.18	6.5000	40.50	0.19
124240	PR 合工投	1000.00	7.00	2020.03.20	6.3000	41.12	468.00
124242	PR 营经开	900.00	7.00	2018.01.12	6.1700	59.92	0.14
124243	PR 常高新	1600.00	7.00	2020.03.21	6.1800	40.00	390.00
124244	PR 番交投	1100.00	6.00	2019.04.12	6.3000	25.12	367.92
124245	PR 杭运河	1000.00	7.00	2020.04.02	6.0000	40.39	169.83
124246	PR 溧城发	1200.00	7.00	2020.03.08	6.2000	40.31	11.40
124247	13 绍交投	1500.00	7.00	2020.03.04	6.0000	101.90	193.38
124248	13 京歌华	600.00	7.00	2018.09.19	5.9800	103.00	80.00
124249	PR 大城投	1500.00	7.00	2018.08.20	6.5800	40.33	77.99

债券信息 List of Bonds

债券 Bond

债券代码 Code	债券简称 Bond Name	发行数量(百万) Issued Vol(M)	年限 Terms	到期日 Expiration Date	票面利率(%) Coupon Rate(%)	本年收盘 Close	成交数量(万张) Trading Vol(10000)
124250	PR 宿建投	1500.00	7.00	2020.04.17	6.4000	44.80	0.00
124251	13 鲁信投	1000.00	7.00	2020.04.17	5.6000	102.00	702.01
124252	13 邯交通	1000.00	8.00	2021.04.18	6.5000	101.10	511.79
124253	PR 新乡投	900.00	7.00	2020.04.15	5.8500	39.90	86.61
124254	PR 常熟发	1000.00	7.00	2020.04.19	5.8000	40.40	52.23
124255	PR 浙新昌	1200.00	7.00	2020.04.24	6.6000	42.90	60.00
124256	13 苏泊尔	300.00	7.00	2018.10.24	6.7000	99.55	137.26
124257	PR 海浆纸	1200.00	7.00	2020.04.15	6.1000	67.50	100.00
124258	13 潞矿 01	3000.00	10.00	2023.04.25	5.1500	103.00	60.00
124259	13 潞矿 02	1000.00	10.00	2023.04.25	5.1000	88.00	0.05
124260	PR 遂发展	600.00	7.00	2020.04.25	6.6200	39.50	110.14
124262	楚投暂停	2000.00	7.00	2020.03.29	6.6000	39.80	240.00
124263	PR 临国资	500.00	7.00	2020.04.11	6.5800	40.00	40.37
124264	PR 晋城投	1600.00	7.00	2020.04.26	6.3500	40.65	188.71
124265	PR 红河路	500.00	7.00	2020.05.06	6.2700	39.80	76.26
124266	PR 哈水投	1500.00	7.00	2018.05.07	5.7000	60.50	31.08
124267	PR 金坛投	1000.00	7.00	2020.04.26	6.3800	40.00	39.50
124268	PR 渝南发	1800.00	7.00	2020.04.27	6.4300	40.27	40.00
124269	PR 渝大足	1200.00	7.00	2020.04.26	6.7500	40.20	110.11
124270	PR 渝万盛	1300.00	7.00	2020.04.17	6.3900	40.20	265.20
124271	PR 金外滩	500.00	7.00	2020.04.24	6.3500	38.50	160.00
124272	PR 绥芬河	1000.00	7.00	2018.09.13	6.6000	40.00	414.65
124273	13 翔宇债	500.00	7.00	2020.02.27	7.8000	99.93	198.01
124275	PR 龙岗投	1000.00	6.00	2018.03.27	6.1800	53.39	0.00
124276	13 津滨投	550.00	7.00	2018.10.26	7.7900	103.63	692.00
124277	13 大丰港	800.00	7.00	2020.05.08	7.1800	100.00	351.24
124278	PR 渝双桥	1000.00	7.00	2020.04.26	6.7500	40.00	240.50
124279	PR 海拉尔	800.00	7.00	2018.06.29	6.2000	39.50	2.00
124280	PR 通经开	800.00	7.00	2020.05.17	5.8000	39.10	15.00
124281	PR 石地产	2200.00	7.00	2020.05.15	5.6500	40.30	763.04
124283	13 武新港	800.00	7.00	2020.04.18	5.8900	98.20	72.96
124284	13 琼洋浦	800.00	7.00	2020.03.11	6.4000	101.50	332.27
124285	ST 同煤集	5400.00	15.00	2028.04.24	5.2000	0.00	0.00
124286	13 海航债	1150.00	7.00	2020.04.15	7.1000	98.98	380.25
124287	13 金特债	550.00	7.00	2018.05.30	6.1000	0.00	0.00
124288	13 光谷联	600.00	6.00	2019.10.23	7.3500	104.00	0.00
124289	PR 丽城投	1000.00	7.00	2020.05.23	6.0000	40.30	106.01
124290	PR 长轨交	2500.00	10.00	2023.04.23	6.2000	74.02	370.00
124291	PR 兖城投	1000.00	8.00	2018.07.02	5.9000	55.08	9.76
124292	PR 溧城建	1000.00	7.00	2020.05.29	5.8000	40.25	52.20
124293	PR 农六师	500.00	7.00	2020.05.23	6.1000	37.88	80.00
124294	PR 苏华靖	1200.00	7.00	2020.05.16	6.0000	40.30	245.28
124295	13 宁铁路	1300.00	7.00	2018.01.23	5.3000	100.69	32.06
124296	盛江暂停	600.00	7.00	2020.05.31	6.7000	0.00	0.00
124297	PR 桐乡投	1300.00	7.00	2020.05.16	6.1000	39.50	281.19
124298	PR 临汾投	1500.00	7.00	2020.05.23	6.2000	40.35	287.65
124299	PR 西经开	600.00	7.00	2020.06.04	5.9000	40.00	130.41
124300	13 云投控	700.00	5.00	2018.05.24	5.3700	100.07	63.12
124301	PR 日照债	800.00	7.00	2020.06.06	5.8000	40.50	154.73
124302	12 桂交投	2000.00	10.00	2022.12.11	6.2000	100.38	120.00

债券信息
List of Bonds

债券
Bond

债券代码 Code	债券简称 Bond Name	发行数量(百万) Issued Vol(M)	年限 Terms	到期日 Expiration Date	票面利率(%) Coupon Rate(%)	本年收盘 Close	成交数量(万张) Trading Vol(10000)
124303	PR 咸荣盛	1500.00	7.00	2020.06.05	5.8000	39.70	339.26
124304	PR 合川投	1000.00	7.00	2020.06.17	6.1900	40.32	950.00
124305	PR 瓦国资	1500.00	7.00	2018.08.10	6.2000	40.15	105.00
124306	13 鄂三宁	500.00	6.00	2019.06.18	5.3400	96.00	463.38
124307	PR 安经开	600.00	7.00	2018.08.30	6.0000	53.50	0.00
124308	PR 眉宏大	1600.00	7.00	2020.06.19	6.5600	40.20	199.77
124309	13 弘燃气	700.00	7.00	2020.06.20	6.4900	0.00	0.00
124310	PR 洪水利	1500.00	7.00	2020.06.21	6.2800	40.70	133.19
124311	PR 弘湘资	1600.00	7.00	2020.06.19	6.2000	40.00	0.04
124312	PR 景国资	1200.00	7.00	2020.06.25	6.5900	40.39	123.09
124313	PR 苏家屯	1300.00	7.00	2020.06.20	6.4000	38.50	126.40
124314	13 筑铁路	1000.00	7.00	2018.06.12	6.2000	101.66	67.53
124315	13 瓯交投	1000.00	7.00	2020.04.22	6.0500	101.00	16.25
124316	PR 新郑投	1500.00	6.00	2019.06.28	6.5200	24.90	60.20
124317	PR 华发债	800.00	6.00	2019.06.05	5.5000	25.14	253.36
124319	PR 昌国资	1500.00	6.00	2018.08.31	6.0000	25.00	157.45
124321	PR 岳城投	1800.00	7.00	2018.12.13	6.0500	41.00	262.72
124322	PR 南城发	1200.00	6.00	2019.07.17	6.5000	25.15	271.98
124323	PR 新天治	1500.00	7.00	2020.07.17	6.3000	40.00	43.49
124324	PR 白银城	1300.00	7.00	2018.10.22	6.7800	39.90	26.78
124325	PR 京生物	600.00	7.00	2020.07.23	6.3500	40.68	72.12
124326	PR 郑建投	700.00	7.00	2020.07.17	5.9800	40.40	87.61
124327	13 中电投	2000.00	10.00	2023.07.22	5.2000	110.46	80.00
124328	PR 渝鸿业	800.00	7.00	2020.06.03	6.3000	45.00	0.00
124329	PR 惠国投	800.00	7.00	2018.05.16	7.5000	41.00	0.00
124330	13 龙工贸	800.00	8.00	2021.03.11	6.6800	106.50	0.00
124332	PR 湘振湘	1800.00	7.00	2020.08.07	6.6000	40.00	198.00
124333	PR 铜城建	1600.00	7.00	2020.08.08	6.6000	40.66	262.00
124334	PR 博国资	900.00	7.00	2020.08.09	7.1800	40.00	183.47
124335	PR 海国资	1600.00	7.00	2020.08.07	5.5000	40.70	52.53
124336	PR 渝地债	1800.00	7.00	2020.08.22	6.3000	40.85	364.32
124337	PR 铜建设	1500.00	7.00	2020.08.26	6.9800	42.50	409.99
124338	PR 闽经开	1800.00	7.00	2020.08.06	6.7000	40.70	142.00
124339	PR 渝城投	2200.00	7.00	2020.05.21	5.1200	42.56	420.00
124340	PR 张保债	1100.00	7.00	2020.08.23	7.1000	46.04	500.00
124341	PR 吐番资	800.00	6.00	2019.08.09	7.2000	26.70	0.00
124342	PR 黔南资	1500.00	7.00	2018.05.30	6.9000	60.85	45.05
124343	PR 阳江债	1000.00	7.00	2020.09.09	6.8500	40.90	216.98
124344	PR 沪南房	400.00	6.00	2019.09.09	6.7000	25.50	40.00
124345	PR 京煤债	1400.00	7.00	2020.09.09	6.1400	40.30	463.43
124346	PR 乳国资	1300.00	7.00	2018.05.31	6.9000	61.48	48.22
124347	13 石建投	500.00	7.00	2018.09.21	6.7000	100.10	22.78
124348	PR 京谷财	600.00	7.00	2020.09.06	6.6000	43.68	120.00
124349	PR 福东海	1000.00	7.00	2020.09.13	7.0900	40.00	97.00
124350	ST 晋煤运	2500.00	10.00	2023.01.28	5.2500	0.00	0.00
124351	PR 克州债	900.00	7.00	2018.06.05	7.1500	60.50	131.53
124352	PR 平凉债	1000.00	7.00	2020.09.17	7.1000	39.90	36.09
124353	PR 商洛 01	1000.00	7.00	2020.09.09	7.0500	45.40	0.00
124354	PR 商洛 02	500.00	6.00	2019.09.09	6.7500	25.00	70.12
124356	PR 珠汇华	1500.00	7.00	2020.09.17	7.1500	41.15	226.11

债券信息 List of Bonds

债券 Bond

债券代码 Code	债券简称 Bond Name	发行数量(百万) Issued Vol(M)	年限 Terms	到期日 Expiration Date	票面利率(%) Coupon Rate(%)	本年收盘 Close	成交数量(万张) Trading Vol(10000)
124357	津房暂停	700.00	7.00	2018.10.12	5.8800	0.00	0.00
124358	PR 蚌城投	1600.00	7.00	2018.08.31	6.3000	61.53	218.70
124359	PR 三明投	1800.00	7.00	2018.08.30	6.4000	41.00	21.28
124360	PR 成阿债	800.00	7.00	2020.09.12	7.1800	39.50	10.50
124361	PR 京科城	1100.00	6.00	2019.09.22	6.2800	25.49	475.73
124362	PR 钦滨海	900.00	7.00	2020.08.27	7.0000	41.50	0.00
124364	PR 临尧都	1500.00	7.00	2020.09.27	6.9900	40.00	303.55
124365	PR 昌润债	600.00	7.00	2020.09.16	6.8800	46.00	30.00
124366	PR 汇丰投	1000.00	7.00	2018.04.27	7.0600	63.15	49.39
124367	PR 锡城发	1500.00	7.00	2020.10.11	6.1000	41.00	1041.27
124369	PR 吴城投	1000.00	7.00	2018.05.17	7.1800	64.00	0.00
124370	PR 虞新区	1800.00	7.00	2020.10.11	6.9500	40.86	113.81
124371	PR 北辰发	1300.00	7.00	2021.04.21	7.0000	67.15	260.00
124373	PR 平天湖	1000.00	7.00	2020.10.23	7.4000	38.00	21.93
124374	PR 塔国资	1500.00	6.00	2018.10.25	7.4900	32.00	131.93
124375	13 鄂供销	600.00	6.00	2019.10.10	6.1800	92.80	53.04
124376	PR 渝物流	1500.00	7.00	2020.10.18	7.0800	41.25	9.17
124377	PR 渝碚城	900.00	7.00	2020.10.16	7.3000	41.00	38.06
124378	PR 湘九华	1800.00	7.00	2020.10.15	7.1500	37.00	265.92
124380	PR 曹妃甸	2000.00	7.00	2020.10.15	7.5000	39.00	475.03
124384	PR 雅发投	1500.00	7.00	2020.09.13	7.0000	37.00	220.40
124385	PR 龙岩汇	1100.00	7.00	2018.04.27	7.1000	67.00	110.00
124386	PR 新沂债	1500.00	7.00	2020.10.15	7.3900	40.50	41.50
124387	PR 湛基投	1200.00	7.00	2020.10.21	6.9300	40.88	149.75
124388	PR 任城债	600.00	7.00	2020.10.18	7.3000	43.40	105.00
124389	PR 资水务	1800.00	7.00	2020.10.21	7.4000	41.10	62.18
124390	PR 葫岛 01	1400.00	7.00	2020.10.18	7.0500	40.52	0.00
124391	PR 葫岛 02	400.00	10.00	2023.10.18	7.5000	67.99	59.32
124392	PR 荆门投	1600.00	7.00	2020.10.17	7.0000	38.57	470.01
124393	PR 连顺兴	1200.00	7.00	2018.08.30	6.9700	61.10	477.06
124394	PR 永城投	1000.00	7.00	2020.10.23	7.3000	42.80	20.00
124395	PR 堰城投	1600.00	7.00	2020.10.11	6.8800	40.68	115.99
124396	PR 姜发展	800.00	7.00	2020.09.03	7.1000	40.60	2.32
124397	PR �国投	1000.00	7.00	2020.10.15	7.2500	38.50	210.00
124398	PR 株城发	2000.00	7.00	2020.10.16	6.9500	40.90	279.94
124399	PR 郴高科	1800.00	7.00	2018.08.21	7.2500	60.00	21.21
124400	PR 渝双福	1200.00	7.00	2020.10.23	7.4900	40.00	36.82
124401	13 冀广网	300.00	8.00	2021.10.23	6.7500	102.00	62.45
124402	PR 丹投 01	800.00	7.00	2020.10.23	6.9000	40.18	206.30
124403	PR 丹投 02	800.00	6.00	2019.10.23	6.8100	25.53	134.09
124404	PR 怀化工	1200.00	7.00	2020.10.29	7.7000	40.50	88.94
124405	PR 宝工债	1000.00	7.00	2020.10.17	7.1000	42.62	0.00
124406	PR 荆经开	400.00	7.00	2020.12.09	8.2000	41.80	0.80
124407	PR 泰州债	1800.00	10.00	2023.10.16	6.9200	72.50	481.37
124408	PR 宛城投	1800.00	7.00	2020.10.24	7.0500	41.10	536.43
124409	PR 宿城投	1000.00	7.00	2020.10.29	6.8800	40.90	476.49
124410	13 国网 03	5000.00	7.00	2020.10.23	5.5000	103.00	1285.61
124411	13 国网 04	5000.00	15.00	2028.10.23	5.7300	113.95	0.00
124412	PR 金利源	1000.00	7.00	2020.10.28	7.0000	41.20	169.55
124413	PR 寿城投	480.00	7.00	2020.10.18	7.1000	42.87	0.00

债券信息 List of Bonds

债券 Bond

债券代码 Code	债券简称 Bond Name	发行数量(百万) Issued Vol(M)	年限 Terms	到期日 Expiration Date	票面利率(%) Coupon Rate(%)	本年收盘 Close	成交数量(万张) Trading Vol(10000)
124415	13 鄂投 01	500.00	10.00	2023.10.28	5.9800	105.07	50.00
124416	13 鄂投 02	2500.00	15.00	2028.10.28	6.1800	123.97	250.00
124417	PR 江高新	950.00	7.00	2020.11.04	7.3900	40.95	83.94
124418	13 永利债	500.00	6.00	2019.10.29	7.5000	90.70	213.67
124420	PR 盐国资	1200.00	7.00	2020.09.04	7.0000	41.25	225.80
124421	PR 海新区	1300.00	7.00	2020.11.04	6.9000	41.42	152.00
124422	PR 崇明债	800.00	6.00	2019.11.06	7.1800	25.70	232.49
124423	PR 宜环科	1000.00	7.00	2020.10.18	7.1000	43.21	22.00
124424	PR 柳东城	1000.00	7.00	2020.10.29	7.4000	41.00	140.00
124425	PR 平国资	1300.00	7.00	2018.08.31	7.2500	61.55	257.48
124426	PR 澄港城	650.00	7.00	2020.11.07	7.1000	40.80	300.00
124427	PR 临河债	1000.00	7.00	2020.11.13	7.9000	40.60	313.11
124428	13 粤垦债	1300.00	6.00	2019.11.15	7.0000	102.10	208.71
124429	PR 亭公投	1000.00	7.00	2020.11.15	7.9500	38.30	40.64
124430	PR 城阳债	1400.00	7.00	2018.09.11	7.0900	62.50	756.08
124431	PR 普兰债	800.00	7.00	2018.06.15	7.6000	61.70	80.07
124432	PR 襄建投	1500.00	7.00	2020.11.11	7.3000	46.60	0.00
124433	PR 沪闵行	1600.00	7.00	2019.10.23	6.4800	20.40	212.79
124434	PR 渝豪江	700.00	7.00	2020.11.22	7.9900	40.00	0.00
124435	PR 邯城投	1800.00	7.00	2018.12.07	7.6000	41.90	276.62
124436	13 海旅业	1000.00	5.00	2018.12.04	7.3100	100.00	0.00
124437	PR 津静海	1200.00	7.00	2018.08.30	7.9000	61.30	39.40
124438	PR 冶城投	1000.00	7.00	2020.11.27	7.9500	40.80	193.87
124439	PR 六安 01	600.00	7.00	2018.11.16	8.0000	62.00	42.00
124440	PR 宁德投	800.00	7.00	2018.05.09	7.9900	66.00	20.00
124441	PR 库车 01	500.00	7.00	2018.05.30	7.9500	60.00	0.00
124442	PR 武威 01	500.00	7.00	2020.12.09	8.2000	42.53	50.00
124443	PR 黔投 01	500.00	7.00	2018.08.31	8.3000	62.20	120.49
124444	PR 六安 02	1000.00	7.00	2018.11.16	7.5000	67.00	0.00
124445	PR 泰成兴	800.00	7.00	2020.12.12	8.3000	43.14	0.00
124446	PR 即墨债	800.00	6.00	2019.12.17	8.1000	25.90	315.41
124448	PR 大理 01	400.00	7.00	2020.12.11	8.3000	40.70	87.98
124449	PR 常滨湖	1500.00	7.00	2020.12.12	8.0400	42.43	449.52
124451	PR 濮建债	500.00	7.00	2020.12.11	8.0000	40.00	0.00
124452	PR 府谷债	1200.00	7.00	2020.12.16	8.6900	41.90	509.14
124453	PR 秦开 01	700.00	7.00	2020.12.17	8.0000	40.00	0.00
124454	PR 武清 01	600.00	7.00	2020.12.17	8.0000	43.80	0.00
124455	PR 越都债	1200.00	7.00	2020.12.12	8.2000	44.50	279.00
124456	13 闽投债	1500.00	8.00	2021.04.09	5.3000	102.70	1101.03
124458	PR 镇投 01	1200.00	7.00	2020.12.18	7.9000	52.27	227.05
124459	PR 随州 01	300.00	7.00	2020.12.20	8.5000	41.83	60.00
124460	PR 忻州 01	600.00	7.00	2020.12.18	8.5000	40.00	0.08
124461	PR 清远债	1000.00	7.00	2020.12.19	8.2000	41.75	190.76
124462	PR 海财 01	300.00	7.00	2020.12.19	8.5600	49.00	46.21
124463	PR 津住宅	700.00	7.00	2020.12.19	8.0000	39.99	25.78
124464	PR 天易 01	500.00	7.00	2020.12.23	8.0000	42.72	144.00
124465	PR 黄冈 01	1600.00	7.00	2020.12.25	8.6000	43.50	110.50
124466	PR 邕城投	900.00	7.00	2018.03.09	8.2000	63.54	0.00
124467	PR 锦州 01	1000.00	7.00	2020.12.27	8.5000	41.95	118.22
124468	PR 丰城 01	500.00	7.00	2020.12.30	8.5000	62.00	10.00

债券信息
List of Bonds

债券
Bond

债券代码 Code	债券简称 Bond Name	发行数量 (百万) Issued Vol(M)	年限 Terms	到期日 Expiration Date	票面利率(%) Coupon Rate(%)	本年收盘 Close	成交数量(万张) Trading Vol(10000)
124469	PR 格尔木	1400.00	7.00	2020.12.30	8.7000	59.90	1.56
124470	PR 赣开 01	500.00	6.00	2019.12.31	8.1500	58.50	30.00
124471	PR 宁海 01	400.00	7.00	2021.01.02	8.0000	65.00	0.00
124472	PR 海西州	1000.00	7.00	2021.01.02	8.6000	62.00	199.70
124477	PR 滨高新	500.00	7.00	2021.01.10	8.6000	63.40	0.00
124478	PR 仪城发	1000.00	7.00	2021.01.09	8.6000	69.30	0.00
124479	PR 丰投 01	800.00	7.00	2018.08.24	8.6500	62.88	41.84
124480	PR 东台 01	600.00	7.00	2021.01.13	8.6500	61.80	8.33
124481	PR 镇投 02	1000.00	7.00	2021.01.13	8.2000	71.00	394.00
124482	14 京华远	1200.00	5.00	2019.01.16	8.5000	109.24	0.00
124483	09 渝地产	2300.00	10.00	2019.03.03	6.4600	100.39	607.51
124485	14 苏沿海	700.00	7.00	2021.01.15	7.0000	122.00	387.30
124486	PR 锦开 01	200.00	7.00	2021.01.21	9.1000	65.00	0.00
124487	PR 邵城债	1800.00	7.00	2021.01.17	8.5800	60.85	713.27
124488	PR 吴兴南	1200.00	7.00	2021.01.16	8.7900	60.58	118.91
124489	PR 融强 01	500.00	7.00	2018.07.06	8.6000	60.00	0.00
124490	PR 首开 01	650.00	7.00	2021.01.15	7.1900	60.00	20.00
124491	PR 皋开债	1000.00	7.00	2021.01.22	8.3000	69.00	253.25
124492	PR 江夏投	800.00	7.00	2021.01.20	8.9900	67.93	50.00
124493	PR 伊宁债	1500.00	7.00	2021.01.23	8.9000	69.95	208.20
124494	PR 迁安 01	500.00	7.00	2021.01.23	8.8800	60.00	0.00
124495	14 晟晏债	640.00	7.00	2021.01.21	8.9900	100.00	1352.75
124496	PR 丰城 02	800.00	7.00	2021.01.24	8.7000	61.30	93.08
124497	PR 扬化工	800.00	7.00	2021.01.24	8.5800	66.00	0.00
124498	14 金资 01	1000.00	7.00	2021.01.24	6.6600	101.00	70.00
124500	PR 鹏铁 02	3000.00	10.00	2024.01.24	6.7500	85.20	209.65
124501	PR 皋沿江	1300.00	7.00	2021.01.24	8.6000	65.00	129.00
124505	PR 嘉市镇	900.00	7.00	2021.02.26	7.4500	60.00	65.75
124507	PR 潍滨城	800.00	7.00	2018.09.27	8.5900	67.94	0.00
124509	PR 湘潭新	1200.00	7.00	2021.02.25	8.1600	68.99	100.00
124510	PR 赣开 02	500.00	6.00	2020.02.19	7.4000	57.60	60.00
124511	PR 赣开投	1000.00	7.00	2021.02.19	7.4300	59.00	80.00
124513	PR 铜旅游	1500.00	7.00	2018.04.17	8.0000	67.17	50.00
124514	PR 六开债	1600.00	7.00	2018.04.20	7.5000	63.00	30.97
124515	云路暂停	350.00	6.00	2020.02.21	7.5800	104.00	63.00
124516	PR 泉高新	1000.00	7.00	2018.01.05	7.4000	84.48	0.00
124518	PR 忻州 02	1000.00	7.00	2021.02.21	7.9000	63.41	90.00
124519	PR 淮新 01	1000.00	7.00	2021.03.04	7.4500	60.00	80.00
124520	PR14 太资	1200.00	7.00	2021.02.27	7.0000	61.90	144.26
124521	PR 泉港债	900.00	7.00	2018.01.19	7.7900	86.50	0.00
124522	PR 连普湾	2500.00	7.00	2021.02.20	7.0900	69.00	0.00
124523	PR 开城投	800.00	7.00	2018.05.25	7.8800	67.94	0.00
124524	PR 黔投 02	1000.00	7.00	2018.08.31	7.8000	62.50	79.49
124525	PR 毕开源	1300.00	7.00	2021.02.25	7.7800	70.00	40.00
124527	PR 榆神债	2300.00	7.00	2018.09.07	8.5000	70.85	80.00
124528	PR 粤云浮	1000.00	7.00	2018.03.30	8.6000	60.00	0.00
124530	PR 海开 01	700.00	7.00	2018.05.31	7.4900	64.50	0.00
124531	PR 海开 02	500.00	6.00	2018.05.31	7.4000	51.20	0.00
124532	14 甘公 01	2500.00	6.00	2020.02.27	7.0000	103.56	2154.46
124533	PR 酒经投	1600.00	7.00	2021.02.26	7.4000	60.60	1.05

债券信息 List of Bonds

债券代码 Code	债券简称 Bond Name	发行数量(百万) Issued Vol(M)	年限 Terms	到期日 Expiration Date	票面利率(%) Coupon Rate(%)	本年收盘 Close	成交数量(万张) Trading Vol(10000)
124534	PR 渝中债	800.00	7.00	2021.02.26	7.2500	61.40	276.55
124535	PR 眉山资	1400.00	7.00	2021.02.26	7.8400	62.10	137.15
124536	PR 莱开投	1300.00	7.00	2021.02.28	7.0800	61.69	650.00
124537	PR 伊财通	1600.00	7.00	2021.02.28	7.6800	61.90	81.00
124538	PR 麓城投	600.00	7.00	2018.07.18	7.7000	60.00	0.00
124540	PR 汉车都	2000.00	7.00	2021.02.27	7.1800	64.36	746.00
124541	PR 文城投	1000.00	7.00	2018.05.09	8.1000	62.30	61.04
124542	PR 陆嘴 01	1600.00	5.00	2019.02.25	5.7900	43.00	170.00
124543	PR 临港控	1200.00	7.00	2021.02.26	7.7500	61.00	230.00
124544	PR 锦州 02	800.00	7.00	2021.02.25	8.3800	45.00	0.00
124545	PR 双水 01	800.00	6.00	2020.02.26	7.4000	50.30	33.33
124546	PR 丰投 02	800.00	7.00	2018.08.24	7.5000	60.00	0.00
124547	PR 海建债	1000.00	7.00	2018.05.31	7.4500	59.93	100.00
124548	14 裕峰债	900.00	7.00	2021.02.28	7.0800	107.00	180.00
124549	PR 新滨江	1000.00	7.00	2021.03.05	7.6000	61.10	320.00
124550	PR 桃城投	1000.00	7.00	2021.02.24	8.1500	70.90	0.00
124551	PR 长兴经	1300.00	7.00	2021.03.03	7.9900	70.00	63.00
124552	PR 如金鑫	900.00	7.00	2021.03.03	8.0800	64.03	169.98
124553	PR 佳城债	1300.00	7.00	2018.09.28	7.9000	68.00	165.00
124554	PR 威楠科	600.00	7.00	2018.08.07	8.2800	62.00	202.28
124555	PR 余城集	1300.00	7.00	2021.03.03	7.0000	61.90	266.66
124556	PR 余经开	1200.00	7.00	2021.03.03	7.4500	61.60	8.70
124557	PR 天易 02	700.00	7.00	2021.03.03	7.1000	61.80	190.40
124558	14 宏桥 01	1200.00	7.00	2021.03.03	8.6900	104.50	242.83
124559	PR 冶城投	600.00	7.00	2021.03.03	7.3000	63.53	210.00
124560	PR 大理 02	400.00	7.00	2021.03.04	7.9000	60.00	20.99
124561	PR 苏汾湖	1200.00	7.00	2021.02.28	7.4900	61.45	90.94
124562	PR 富蕴资	800.00	6.00	2018.05.30	8.6700	80.99	37.30
124563	PR 吉铁投	1000.00	7.00	2021.03.04	7.1800	60.20	326.15
124564	PR 兴安盟	1300.00	7.00	2018.07.05	8.2000	75.00	65.50
124565	PR 庆投 02	2300.00	7.00	2018.09.20	7.1000	60.32	218.27
124566	PR 潭两型	1200.00	7.00	2021.04.23	7.8900	59.68	9.57
124567	14 扬开发	1000.00	7.00	2021.03.05	7.4000	100.00	30.00
124568	14 株国投	800.00	7.00	2021.02.19	7.3900	104.30	199.46
124569	PR 嘉经投	900.00	7.00	2021.03.05	7.8900	65.17	60.00
124570	PR 首开 02	1000.00	7.00	2021.02.27	6.5000	61.80	282.57
124571	14 高新投	410.00	7.00	2021.03.12	8.5000	112.00	69.00
124572	PR 遂川中	1000.00	7.00	2021.04.21	8.6900	62.50	171.20
124573	PR 龙岩城	800.00	7.00	2018.04.20	7.4500	61.60	6.78
124574	PR 攀国 01	600.00	7.00	2021.03.05	7.6000	60.32	0.00
124575	PR 汕投资	1800.00	10.00	2024.03.04	7.9900	84.30	285.38
124576	11 滇铁投	1000.00	7.00	2018.01.27	5.9800	100.50	0.00
124577	PR 甬广聚	1200.00	7.00	2021.03.06	7.7500	66.30	220.00
124578	PR 青莱西	1000.00	7.00	2021.03.06	7.5000	68.79	20.00
124580	PR 淮开发	1300.00	7.00	2021.03.10	7.3000	67.84	410.00
124581	PR 黄冈 02	400.00	7.00	2021.03.04	7.4500	64.98	0.00
124583	PR 津房信	1000.00	7.00	2021.03.13	8.5900	60.00	0.00
124584	14 天能 01	400.00	5.00	2019.03.11	7.3100	99.70	277.59
124585	14 南网债	5000.00	10.00	2024.03.19	5.9000	116.00	422.20
124586	PR 陆嘴 02	1000.00	5.00	2019.03.11	5.9800	40.20	747.12

债券信息
List of Bonds

债券
Bond

债券代码 Code	债券简称 Bond Name	发行数量(百万) Issued Vol(M)	年限 Terms	到期日 Expiration Date	票面利率(%) Coupon Rate(%)	本年收盘 Close	成交数量(万张) Trading Vol(10000)
124587	PR 阜阳 01	800.00	7.00	2018.05.22	7.6000	61.67	0.00
124588	PR 济宁债	1800.00	7.00	2018.01.31	7.0500	84.07	0.00
124589	PR 海晋交	900.00	7.00	2018.06.04	8.0000	62.98	10.70
124590	PR 武清 02	2000.00	7.00	2021.03.19	7.1800	60.00	213.40
124591	PR 长土开	1800.00	7.00	2021.03.17	7.3600	60.00	310.00
124592	PR 并国投	2000.00	7.00	2021.03.19	7.2000	66.50	390.00
124593	PR 相城投	1500.00	7.00	2021.03.19	6.9500	62.60	90.00
124594	PR 潍东方	1000.00	7.00	2018.06.07	7.7800	61.00	31.00
124595	PR 涪陵债	1200.00	7.00	2021.03.20	7.8900	67.33	20.00
124596	14 长影债	600.00	7.00	2021.03.03	7.2000	107.64	0.00
124597	14 海资 01	800.00	7.00	2021.04.29	8.0000	100.00	0.00
124598	PR 济城投	1600.00	7.00	2021.03.20	6.8000	61.90	511.78
124599	PR 西保 01	1000.00	5.00	2019.03.18	7.3100	40.00	0.00
124600	PR 贵水 01	1000.00	10.00	2018.05.18	8.1000	85.89	35.12
124601	PR 唐城债	1800.00	7.00	2018.06.28	7.1000	67.50	206.00
124602	14 国网 01	5000.00	5.00	2019.03.13	5.6900	101.00	1123.41
124603	14 国网 02	5000.00	15.00	2029.03.13	6.0000	100.00	0.00
124605	PR 温高 01	600.00	7.00	2021.03.21	7.9500	61.70	33.11
124606	PR 菏泽债	700.00	7.00	2021.03.24	7.1400	60.00	430.01
124607	PR 津环城	1800.00	7.00	2021.03.21	7.2000	62.20	200.30
124608	14 句容福	1200.00	7.00	2021.03.21	7.7000	101.00	3.55
124609	PR 常德投	1700.00	7.00	2021.03.24	7.0000	63.30	341.20
124610	14 云铁投	1400.00	5.00	2019.03.06	7.3000	101.04	122.30
124611	PR 阜阳 02	800.00	7.00	2018.05.22	7.6500	64.89	0.00
124612	PR 永城建	1800.00	7.00	2018.08.08	7.8000	62.84	83.56
124613	PR 长星建	1200.00	8.00	2022.03.25	7.9000	76.00	0.00
124614	14 桂农垦	700.00	7.00	2021.03.18	7.5000	103.80	86.00
124615	PR 昆高新	1500.00	7.00	2021.03.26	7.1000	62.09	463.89
124616	14 鄂交 01	2480.00	10.00	2024.03.27	6.6800	108.88	532.69
124617	14 鄂交 02	3020.00	10.00	2024.03.27	6.8000	100.00	0.00
124618	14 粤科债	1000.00	10.00	2024.03.25	7.3000	102.00	130.00
124619	PR 中卫建	700.00	7.00	2018.03.26	8.2000	82.11	0.00
124620	PR14 渝黔	1000.00	7.00	2021.03.21	8.0000	61.70	65.35
124621	PR 宣国资	1500.00	7.00	2021.03.27	7.9500	66.00	120.00
124622	PR 钦临海	900.00	7.00	2021.02.20	7.6800	64.77	40.00
124623	PR 穗铁 01	2000.00	10.00	2024.04.02	6.4500	80.00	0.00
124624	PR 盛经 01	800.00	7.00	2021.04.08	8.1900	63.90	0.00
124626	PR 渝豪 02	300.00	7.00	2021.03.06	8.0500	60.00	0.00
124627	PR 青州债	600.00	10.00	2019.05.22	6.5000	9.95	73.85
124628	PR 启东 01	1000.00	7.00	2021.04.04	8.2000	61.80	47.76
124629	PR 苏金灌	1000.00	7.00	2021.04.08	7.9000	60.00	22.03
124630	PR 库城建	1200.00	6.00	2020.05.20	6.9900	57.02	180.00
124631	PR 漕开发	790.00	7.00	2021.04.09	7.2400	62.80	12.00
124632	PR 合桃园	800.00	7.00	2018.08.31	7.8000	64.28	0.00
124633	PR 淄高新	1000.00	7.00	2018.05.04	7.5800	60.01	0.00
124634	PR 牡国资	1800.00	7.00	2018.08.30	7.7000	68.50	20.00
124636	PR 防城港	1600.00	7.00	2021.04.16	8.0900	64.50	53.90
124637	PR 融强 02	1300.00	7.00	2018.07.06	7.9200	61.66	3.00
124638	PR 信阳债	1200.00	7.00	2021.04.15	7.5500	66.30	260.00
124639	PR14 沭阳	1300.00	7.00	2021.04.14	7.3900	60.00	60.80

债券信息 List of Bonds

债券 Bond

债券代码 Code	债券简称 Bond Name	发行数量(百万) Issued Vol(M)	年限 Terms	到期日 Expiration Date	票面利率(%) Coupon Rate(%)	本年收盘 Close	成交数量(万张) Trading Vol(10000)
124641	PR 江宁开	1000.00	10.00	2024.04.14	7.9400	86.69	160.76
124642	PR 鸠建投	1300.00	7.00	2021.04.14	8.4900	60.00	220.00
124643	14 冀高开	2000.00	7.00	2021.04.15	7.2200	103.00	68.97
124645	PR 临沂债	1200.00	7.00	2018.09.17	7.7000	60.00	0.00
124646	PR 宁经开	1200.00	7.00	2021.04.16	8.2000	62.70	18.30
124647	PR 娄底债	1800.00	7.00	2021.04.15	7.9500	70.31	400.00
124648	PR 郴州债	1700.00	7.00	2018.06.29	7.2900	66.04	0.00
124649	PR14 润城	1300.00	7.00	2021.04.16	7.8800	68.80	109.97
124650	PR 海财 02	700.00	7.00	2021.04.16	8.1700	61.30	15.30
124651	14 杨农发	1100.00	7.00	2018.03.26	7.2000	106.89	0.00
124652	PR 益交投	1400.00	7.00	2018.06.27	7.7700	62.50	31.00
124653	PR 遂河投	1200.00	7.00	2021.04.17	8.3600	67.82	10.00
124654	PR 庆经投	800.00	7.00	2021.04.16	7.9800	8.00	43.31
124655	PR 宁海 02	1000.00	7.00	2021.04.16	7.9900	61.10	112.96
124656	PR 永国投	1000.00	6.00	2018.08.17	8.7800	51.97	228.10
124657	PR 张经投	1000.00	7.00	2021.04.17	7.8000	68.99	61.71
124658	PR14 桂城	900.00	7.00	2021.04.14	7.5900	63.00	60.00
124659	PR 平经开	700.00	7.00	2021.04.17	7.9900	63.00	2.11
124660	PR 桐庐投	700.00	7.00	2021.04.18	8.0900	63.30	40.00
124661	PR 赣四通	1200.00	7.00	2021.04.18	8.2000	60.43	16.04
124662	14 京投债	5000.00	15.00	2029.04.16	6.2500	101.80	727.29
124663	PR 威经开	1000.00	7.00	2018.08.10	7.4500	65.60	180.00
124664	PR 秦开 02	700.00	7.00	2021.04.18	8.4500	64.61	10.00
124665	PR 余交通	1500.00	7.00	2021.04.18	7.1900	61.85	239.00
124666	PR 莱山债	600.00	7.00	2018.04.13	7.4500	83.00	0.00
124667	14 苏元禾	1000.00	7.00	2021.04.21	6.8500	105.31	300.00
124668	14 滇公路	2500.00	6.00	2020.04.24	7.0000	102.70	414.49
124669	PR 西保 02	500.00	5.00	2019.04.18	7.3100	40.50	0.40
124670	PR 蚌高新	600.00	7.00	2021.04.17	8.7000	60.00	40.00
124671	PR 湛新域	800.00	7.00	2018.09.13	8.0000	60.00	0.00
124672	PR 徐开发	1600.00	7.00	2021.04.21	7.3500	60.70	530.53
124673	PR 火炬债	700.00	7.00	2021.04.21	7.4900	64.88	310.00
124674	PR 泰中兴	1500.00	7.00	2018.04.25	7.6000	82.36	54.90
124675	PR 崇川债	1100.00	7.00	2021.04.18	7.1500	65.40	260.00
124676	PR 衢国资	1500.00	7.00	2021.04.21	7.2000	63.42	323.50
124677	PR 乌城建	1000.00	7.00	2021.04.21	8.1900	15.70	28.59
124678	PR 宁开控	500.00	7.00	2021.04.21	7.0900	69.00	30.00
124679	PR 宜经开	1600.00	7.00	2021.04.18	7.6900	70.19	0.00
124680	PR 普兰 02	700.00	7.00	2018.06.15	7.7400	62.40	20.00
124681	PR 徐高新	1300.00	7.00	2021.04.22	7.8600	71.50	54.00
124682	PR 宝高新	400.00	7.00	2021.04.21	8.2500	60.00	40.00
124684	PR 新城基	1800.00	7.00	2021.04.21	7.5000	61.70	160.02
124685	PR 临淄债	1000.00	7.00	2018.04.20	7.5500	84.30	0.00
124686	PR 昌平债	2000.00	7.00	2021.04.22	6.7400	61.60	239.16
124687	PR 南化债	1100.00	7.00	2021.04.21	8.2800	71.20	34.00
124688	PR 潜城投	1500.00	7.00	2021.04.22	8.3800	61.00	40.35
124689	PR 雨城投	1800.00	7.00	2021.04.18	7.1700	64.00	100.00
124690	14 中电建	2000.00	5.00	2019.04.23	5.7000	101.30	578.13
124692	PR 嘉公路	800.00	7.00	2021.04.23	6.8000	61.30	396.70
124693	PR 新凯迪	900.00	7.00	2021.04.22	7.8000	65.00	0.00

债券信息
List of Bonds

债券
Bond

债券代码 Code	债券简称 Bond Name	发行数量（百万）Issued Vol(M)	年限 Terms	到期日 Expiration Date	票面利率(%) Coupon Rate(%)	本年收盘 Close	成交数量(万张) Trading Vol(10000)
124694	PR 克投债	1400.00	7.00	2018.06.28	7.1500	60.63	0.00
124695	PR 广元控	1000.00	7.00	2021.04.22	7.3000	62.52	100.00
124696	PR 东台 02	1200.00	7.00	2021.04.23	7.5800	68.48	0.00
124697	PR 马城投	1500.00	7.00	2021.04.24	7.1400	65.50	200.00
124698	PR 奉化债	1000.00	7.00	2018.07.27	7.8000	70.23	0.00
124699	PR 汇通债	800.00	6.00	2020.04.25	8.3000	50.00	0.00
124700	PR 内江投	1800.00	7.00	2021.04.24	7.9900	68.53	180.00
124701	PR 临开债	1000.00	7.00	2021.04.23	7.9000	64.00	80.00
124702	PR 衡水投	1300.00	7.00	2021.04.23	7.4000	61.10	268.00
124703	PR 蓉隆博	700.00	7.00	2021.04.24	8.1000	58.00	69.62
124704	PR 武威 02	800.00	7.00	2021.04.24	8.2000	67.42	29.50
124705	PR 库车 02	700.00	7.00	2018.05.30	7.4500	63.00	0.00
124706	PR 巴国资	500.00	7.00	2021.04.25	8.5000	60.00	209.12
124707	PR 渝江 01	2000.00	7.00	2021.04.25	6.7000	62.12	629.06
124709	PR 安吉债	1400.00	7.00	2021.04.24	8.3000	64.57	50.00
124710	PR 兴展债	2600.00	7.00	2021.04.24	6.6600	61.50	322.24
124711	PR 象山债	1800.00	7.00	2021.04.25	7.9500	62.50	138.37
124712	PR 并经开	700.00	7.00	2021.04.24	7.4300	60.00	0.00
124713	PR 黔铁投	1700.00	10.00	2024.04.23	7.5000	84.00	127.49
124714	14 鲁国集	600.00	6.00	2020.04.25	7.5000	101.94	52.57
124715	PR 四平债	1300.00	7.00	2018.08.27	8.1000	62.70	512.11
124716	PR 宁国债	1300.00	7.00	2021.04.28	8.7000	72.00	42.50
124717	PR 姜鑫源	1000.00	6.00	2020.04.23	8.5000	53.70	69.00
124718	PR 乌房债	700.00	7.00	2018.06.15	7.2700	67.80	40.00
124719	PR 鞍新 02	450.00	7.00	2018.06.15	8.3900	61.64	70.20
124720	14 电投 01	2000.00	15.00	2029.04.24	6.1000	100.00	0.00
124721	PR 青海创	1000.00	7.00	2021.04.25	6.8800	61.40	141.00
124722	PR 包滨河	800.00	7.00	2018.05.30	7.7000	63.00	0.00
124723	PR 启东 02	800.00	7.00	2021.04.28	7.9000	62.50	25.88
124724	PR 富山居	1500.00	7.00	2021.04.28	7.7000	69.00	51.00
124725	PR 曲开投	1500.00	7.00	2021.04.28	7.4800	62.55	160.00
124726	PR 德高新	1200.00	7.00	2021.04.28	7.9000	68.26	0.00
124727	PR 渝保税	1500.00	7.00	2021.04.24	7.5000	61.80	133.40
124728	PR 左旗债	800.00	7.00	2018.08.31	8.6000	61.91	0.00
124729	PR 兰新控	600.00	7.00	2018.09.05	8.3000	64.00	82.03
124730	PR 长交 01	600.00	7.00	2021.04.30	7.8800	70.30	90.00
124731	PR 朝建投	1000.00	7.00	2018.05.10	7.5800	61.80	2.00
124732	PR 渝高开	2300.00	7.00	2021.04.25	7.8000	70.80	110.10
124734	PR 随州 02	1200.00	7.00	2021.04.30	8.4000	61.91	83.90
124735	PR 合建投	4500.00	10.00	2024.04.29	7.2000	86.20	527.38
124736	PR 柳龙投	1800.00	10.00	2024.04.30	8.2800	84.20	278.48
124737	PR 虞交公	2300.00	7.00	2021.04.29	7.0000	67.00	540.00
124738	PR 安发投	1200.00	7.00	2018.06.28	7.4300	67.00	36.00
124739	PR 西塞山	1000.00	7.00	2021.04.29	7.8000	60.00	0.00
124740	PR 青经开	500.00	7.00	2021.04.30	6.8700	60.00	0.00
124742	PR 贵水 02	1400.00	10.00	2018.05.18	8.0500	88.90	60.00
124743	PR 银城投	1800.00	7.00	2021.05.12	6.8800	60.80	882.49
124744	PR 萧经开	1300.00	7.00	2021.05.13	6.9000	61.72	114.85
124745	PR 武安债	1100.00	7.00	2018.06.21	7.9900	61.58	44.97
124746	PR 贺城投	1000.00	7.00	2021.05.16	8.1600	61.50	25.90

债券信息 List of Bonds

债券代码 Code	债券简称 Bond Name	发行数量(百万) Issued Vol(M)	年限 Terms	到期日 Expiration Date	票面利率(%) Coupon Rate(%)	本年收盘 Close	成交数量(万张) Trading Vol(10000)
124747	PR 太仓港	1200.00	7.00	2021.04.28	7.4000	60.00	40.00
124748	PR 铜示范	700.00	7.00	2021.05.13	7.3000	67.18	10.00
124749	PR 仁城投	1400.00	7.00	2018.05.16	8.0900	83.30	6.80
124750	PR 宜春投	1600.00	7.00	2021.05.15	7.0900	63.47	930.00
124751	PR 徐高铁	2400.00	7.00	2021.05.15	7.0900	61.00	416.80
124752	PR 文金滩	1000.00	7.00	2018.07.02	6.9900	63.50	88.58
124753	14 海控 01	1200.00	7.00	2021.05.16	6.4800	110.00	1182.81
124755	14 合工微	500.00	4.00	2018.04.30	7.3000	100.01	0.00
124757	PR 鄂城 01	800.00	7.00	2021.05.15	7.7600	66.50	89.00
124758	PR 吉安债	1200.00	7.00	2018.08.15	6.9600	63.75	36.00
124759	PR 威新区	800.00	7.00	2018.05.21	6.8700	81.20	156.99
124760	PR 余城投	1500.00	7.00	2021.05.19	7.0900	68.16	0.00
124761	14 深业团	2400.00	7.00	2021.05.21	6.2000	101.39	2806.00
124762	PR 萍昌盛	500.00	7.00	2021.05.22	8.1800	69.34	0.00
124763	PR 昆交发	1800.00	7.00	2021.05.22	6.9500	65.45	450.00
124764	PR 蔡家湖	1200.00	7.00	2021.05.21	7.5000	61.00	131.08
124765	PR 醴陵投	700.00	7.00	2021.05.22	8.1000	63.00	103.59
124766	PR 景洪投	1000.00	7.00	2021.05.23	8.0800	55.80	0.06
124768	PR 云城投	700.00	7.00	2021.05.23	6.7700	60.50	75.82
124769	PR 合力 01	1000.00	7.00	2018.08.20	6.8700	67.50	62.00
124770	PR 合力 02	800.00	7.00	2018.08.20	7.1000	67.52	40.00
124771	PR 亳建投	1800.00	7.00	2021.05.23	6.8500	66.50	630.00
124772	PR 当阳债	1200.00	7.00	2021.05.23	7.9900	61.00	2.00
124773	PR 温高 02	1200.00	7.00	2021.05.30	7.3000	61.30	69.95
124774	PR 通辽债	1700.00	7.00	2018.06.13	7.2900	86.10	90.00
124775	PR 新余东	1200.00	7.00	2021.05.27	8.4800	67.00	269.13
124776	PR 绿地债	2000.00	6.00	2020.05.23	6.2400	50.00	2016.51
124777	PR 茂交投	1000.00	7.00	2018.08.31	6.9000	61.40	40.50
124778	PR 蔡甸投	800.00	7.00	2018.04.27	7.2400	40.50	0.00
124779	PR 银开发	800.00	8.00	2018.08.02	8.1500	77.00	357.40
124781	PR 渝江 02	2000.00	7.00	2021.09.16	5.8800	61.74	1027.18
124782	PR 遵国资	2000.00	7.00	2018.06.28	6.9500	62.00	0.00
124783	PR 绍袍江	1000.00	7.00	2021.05.29	6.9800	63.90	455.09
124785	PR 青宏源	1000.00	7.00	2021.05.29	7.5900	67.50	60.00
124786	PR 苏海集	1300.00	7.00	2021.05.29	7.2800	65.00	30.00
124787	PR 荣经债	1200.00	7.00	2018.08.23	6.7500	62.65	414.91
124788	PR 宣北山	600.00	7.00	2018.05.24	8.6000	80.00	0.00
124789	PR 海东投	1200.00	7.00	2018.05.30	7.7500	86.26	96.00
124790	PR 陶都债	1200.00	7.00	2021.05.28	7.6000	63.50	194.00
124791	PR 孝城投	1600.00	7.00	2021.05.29	6.8900	61.00	198.01
124792	PR 桓台债	1000.00	7.00	2018.05.28	7.7900	86.40	120.00
124793	PR 合新 01	1000.00	7.00	2018.09.14	7.3500	63.41	290.00
124794	PR 合新 02	500.00	10.00	2018.09.14	7.9000	85.80	3.22
124795	PR 渝惠通	1800.00	7.00	2021.05.30	7.2800	61.60	120.01
124796	PR 襄高投	600.00	7.00	2021.05.29	7.0000	63.38	170.00
124797	14 十二师	800.00	7.00	2021.06.03	6.6800	99.20	134.36
124799	PR 京鑫融	1000.00	7.00	2018.04.20	6.6000	84.87	0.00
124800	PR 金城债	1200.00	7.00	2021.04.28	6.8800	61.69	554.32
124801	PR 恩城投	1100.00	7.00	2021.06.03	7.5000	67.54	250.00
124802	PR 保山债	1800.00	7.00	2018.07.18	7.7900	60.34	2.48

债券信息
List of Bonds

债券代码 Code	债券简称 Bond Name	发行数量(百万) Issued Vol(M)	年限 Terms	到期日 Expiration Date	票面利率(%) Coupon Rate(%)	本年收盘 Close	成交数量(万张) Trading Vol(10000)
124803	PR 津宁投	1500.00	7.00	2021.05.30	7.0000	67.50	0.00
124804	PR 津南债	1800.00	7.00	2021.06.03	6.5000	61.50	120.98
124805	PR 穗铁 02	3000.00	10.00	2024.06.03	6.0500	84.10	210.00
124806	PR 渝园业	800.00	7.00	2021.06.03	8.4500	60.00	0.00
124807	PR 金国发	600.00	7.00	2021.05.30	6.8500	60.00	180.00
124808	PR 唐丰南	2000.00	7.00	2018.04.12	7.2300	88.96	0.00
124809	PR 龙国投	2000.00	7.00	2021.05.30	6.9000	66.00	70.00
124810	PR 一师鑫	1000.00	8.00	2022.06.16	6.8000	62.00	0.11
124811	PR 滇投 02	1800.00	7.00	2018.01.05	6.6500	82.17	10.00
124812	PR 长交 02	600.00	7.00	2021.06.16	6.7500	60.00	10.00
124813	PR 井开债	800.00	7.00	2021.06.03	7.9900	61.00	20.00
124814	14 郑投控	720.00	7.00	2021.07.18	6.8000	103.52	120.00
124815	14 天瑞 02	1000.00	10.00	2024.06.25	8.5000	89.98	251.33
124816	PR 顺德投	1800.00	7.00	2018.04.23	6.8000	80.00	15.00
124817	14 北国资	1600.00	10.00	2024.06.25	5.9000	106.70	210.89
124818	PR 德源债	1000.00	7.00	2021.06.16	6.5000	62.25	260.00
124819	PR 渝旅开	700.00	7.00	2021.06.19	7.1000	60.00	10.00
124820	PR 济高债	800.00	7.00	2021.06.19	6.3800	62.90	6.02
124821	PR 百色投	700.00	7.00	2021.06.20	7.2700	61.00	0.00
124822	PR 合滨投	2000.00	5.00	2019.06.13	6.3500	40.30	402.44
124823	PR 池金桥	950.00	7.00	2018.08.31	7.7000	61.00	190.12
124824	14 金桥棚	700.00	7.00	2021.06.19	6.8800	100.07	1.00
124827	PR 普国资	1700.00	8.00	2022.06.20	7.1800	75.01	690.00
124828	PR 日经开	900.00	7.00	2018.08.15	6.5300	61.00	162.00
124829	PR 孝高 01	800.00	7.00	2021.06.23	7.4300	72.72	250.00
124830	14 桂铁投	1000.00	10.00	2018.05.31	6.8900	104.90	415.51
124831	PR 崇建设	1000.00	6.00	2020.06.13	6.4000	50.90	80.24
124832	PR 睢宁润	1200.00	7.00	2021.06.25	7.1000	60.20	68.76
124833	PR 如东泰	1100.00	7.00	2021.06.20	6.9900	65.90	310.00
124835	PR 渝南债	1500.00	7.00	2021.06.17	7.0500	62.47	142.00
124836	PR 大石桥	1000.00	7.00	2018.10.25	7.4000	65.60	50.00
124837	PR 赤城投	800.00	7.00	2018.06.19	7.0700	81.78	120.00
124839	PR 滨新塘	1300.00	7.00	2018.07.02	6.7400	81.70	15.72
124840	PR 漳九龙	700.00	7.00	2021.06.20	6.4800	61.27	193.21
124841	14 清微 01	500.00	4.00	2018.06.19	7.1900	100.70	0.00
124842	PR 神木债	1500.00	7.00	2021.06.23	7.2800	60.26	36.40
124843	PR 宏河债	360.00	7.00	2021.06.23	8.5000	64.00	0.00
124844	PR 遵汇投	1000.00	7.00	2018.09.18	7.8500	61.60	73.62
124845	PR 晋开发	800.00	7.00	2021.06.27	7.0800	60.10	92.12
124846	PR 瘦西湖	1000.00	7.00	2021.06.25	6.8000	60.00	0.00
124848	PR 元国资	1000.00	7.00	2018.07.24	7.2200	89.30	0.00
124849	PR 辽沿海	2200.00	7.00	2021.04.01	8.9000	10.91	0.00
124850	PR 合川投	1600.00	7.00	2021.07.07	7.3000	63.43	100.00
124851	PR 梧东泰	1000.00	7.00	2018.03.26	8.1400	83.01	0.01
124852	PR 冀渤海	1000.00	6.00	2018.09.13	6.9000	49.00	2.80
124853	PR 淄博债	2300.00	7.00	2018.04.24	6.4500	82.40	70.00
124854	PR 喀什深	1000.00	6.00	2020.07.07	7.0800	50.10	417.50
124855	PR 淮城投	1800.00	7.00	2021.07.09	6.7900	61.65	120.00
124856	PR 常房债	1100.00	7.00	2021.07.02	6.6400	61.45	120.20
124857	PR 临桂新	1000.00	7.00	2021.06.13	6.9000	60.00	0.00

债券信息 List of Bonds

债券代码 Code	债券简称 Bond Name	发行数量(百万) Issued Vol(M)	年限 Terms	到期日 Expiration Date	票面利率(%) Coupon Rate(%)	本年收盘 Close	成交数量(万张) Trading Vol(10000)
124858	PR 黄海港	1200.00	7.00	2018.08.10	7.1700	62.00	30.02
124859	14 柳暂停	900.00	7.00	2021.07.03	6.9500	0.00	3.97
124860	PR 汤建投	800.00	7.00	2021.06.30	6.8000	66.80	0.00
124862	PR 台基投	1800.00	7.00	2021.07.11	6.5300	61.36	657.14
124863	PR 沂科技	1500.00	7.00	2018.08.31	7.4900	62.60	446.52
124864	PR 兴城建	1200.00	6.00	2020.07.15	7.3600	50.00	0.00
124865	PR 奎屯润	800.00	6.00	2020.07.10	7.1500	50.27	140.80
124866	PR 南二建	750.00	7.00	2021.07.10	8.1000	56.00	177.07
124868	14 冀融投	1500.00	7.00	2021.07.08	6.7600	0.00	182.02
124869	PR 渝长寿	700.00	7.00	2021.07.15	7.2000	60.00	30.00
124870	PR 嵊投控	1000.00	7.00	2021.07.17	7.6000	62.32	742.48
124871	14 绿国资	600.00	7.00	2021.07.16	6.7000	100.00	16.00
124872	PR 杭拱墅	600.00	7.00	2021.07.21	6.9000	60.40	360.01
124873	PR 盛经 02	700.00	7.00	2021.08.25	6.9500	65.00	0.00
124874	PR 哈密 01	1000.00	7.00	2018.08.14	6.6300	60.30	116.00
124875	PR 哈密 02	500.00	7.00	2018.08.14	6.8700	61.62	170.00
124877	PR 莱国资	1300.00	7.00	2018.02.02	7.0000	83.00	0.00
124878	PR 苏高新	1000.00	7.00	2021.07.22	6.2000	61.70	591.03
124879	PR 淮新 02	600.00	7.00	2021.07.28	6.9500	67.50	60.00
124880	PR 曲经开	1700.00	7.00	2021.07.21	7.4800	60.50	274.98
124882	PR 江北嘴	1000.00	7.00	2021.07.21	6.5000	62.00	103.07
124883	PR 西微债	1500.00	7.00	2021.07.25	6.5800	62.33	460.00
124884	PR 双水 02	1000.00	6.00	2020.07.30	6.9200	50.30	159.42
124885	PR 临城建	1000.00	7.00	2021.08.01	6.9400	68.50	120.00
124886	PR 长农建	1100.00	7.00	2021.07.25	7.0000	60.00	140.15
124887	PR 城南投	1600.00	7.00	2021.07.30	6.7000	61.50	196.17
124888	PR 邹城债	1400.00	7.00	2018.04.25	6.9900	81.70	13.09
124889	PR 定国资	1200.00	7.00	2021.08.04	7.1300	65.00	10.00
124890	14 甘电投	1000.00	10.00	2024.08.05	6.4000	100.00	30.00
124891	PR 株高 01	1000.00	7.00	2021.08.11	6.9500	61.18	28.00
124892	PR 株高 02	1000.00	7.00	2022.04.17	6.3800	80.00	0.00
124893	PR 文登债	1200.00	7.00	2018.07.30	6.9900	82.00	82.46
124894	14 海资 02	1000.00	7.00	2021.08.08	8.0000	80.00	77.71
124896	14 北港债	900.00	7.00	2021.07.30	6.2900	101.30	27.00
124897	PR 津广投	1500.00	7.00	2021.07.24	7.4500	69.00	32.50
124898	PR 津水停	1000.00	7.00	2021.07.28	6.6000	81.80	0.00
124899	PR 穗铁 03	3000.00	10.00	2018.08.31	6.0000	82.70	180.36
124900	PR 滨城区	1000.00	7.00	2018.01.19	6.7400	88.50	8.00
124901	PR 虞城建	1800.00	7.00	2021.08.07	6.8000	65.00	160.00
124902	14 陕交建	1300.00	10.00	2024.07.31	6.3500	101.09	20.00
124903	PR 鹤投资	900.00	7.00	2021.08.01	7.8800	63.26	0.00
124904	PR 连旅泰	1200.00	7.00	2021.08.08	7.0000	63.30	50.00
124906	PR 迁安 02	500.00	7.00	2021.08.11	7.1900	60.00	50.00
124907	PR 芜宜居	2300.00	7.00	2021.08.11	6.4500	61.45	46.00
124908	PR 靖江港	800.00	7.00	2021.08.05	7.3000	68.68	130.00
124909	14 超威债	600.00	6.00	2020.08.14	7.9800	101.98	465.90
124910	PR 石景山	1000.00	7.00	2021.08.18	6.0800	63.87	380.00
124911	PR 北辰债	1500.00	7.00	2021.08.20	6.8700	67.00	40.00
124912	PR 锦城 02	1000.00	7.00	2021.08.18	6.4400	64.91	0.00
124913	PR 绍交投	1500.00	7.00	2021.08.20	6.4000	65.26	0.00

债券信息
List of Bonds

债券
Bond

债券代码 Code	债券简称 Bond Name	发行数量(百万) Issued Vol(M)	年限 Terms	到期日 Expiration Date	票面利率(%) Coupon Rate(%)	本年收盘 Close	成交数量(万张) Trading Vol(10000)
124914	PR 慈建投	1200.00	7.00	2021.08.18	6.1800	68.80	530.00
124915	14 宏桥 02	1100.00	7.00	2021.08.21	7.4500	101.50	401.30
124916	PR 新开元	1200.00	7.00	2021.08.12	7.4300	62.30	391.41
124917	PR 沣西债	1200.00	7.00	2021.08.15	6.8500	65.50	409.00
124918	PR 沪南汇	1500.00	7.00	2021.08.20	6.0400	61.65	215.52
124919	PR 安城投	1000.00	6.00	2018.05.16	7.3500	78.30	40.00
124920	PR 龙海投	800.00	7.00	2018.08.10	6.5800	83.43	0.00
124921	PR 浏阳债	1500.00	7.00	2021.08.22	6.9800	61.63	426.70
124923	PR 胶城投	1500.00	7.00	2018.12.12	6.2000	60.00	200.00
124924	PR 白沙投	1200.00	7.00	2021.08.22	6.8700	64.50	20.00
124925	PR 金湖资	700.00	7.00	2021.08.25	7.7500	66.95	160.00
124926	PR 阜宁债	1200.00	7.00	2021.08.15	7.1900	62.70	0.00
124927	PR 玉溪投	1900.00	7.00	2018.06.22	6.5800	80.00	40.00
124928	PR 九龙债	900.00	7.00	2021.08.19	6.6000	60.00	104.17
124929	PR 巴南 01	500.00	7.00	2021.08.20	7.0000	59.50	142.50
124930	PR 堰城债	1500.00	7.00	2021.08.20	6.5800	60.00	660.00
124931	09 晋交投	2000.00	10.00	2019.08.05	5.8000	99.30	55.06
124932	PR 阿克苏	1700.00	7.00	2018.10.19	6.7400	62.40	55.04
124933	PR 揭城投	1600.00	7.00	2021.08.27	6.5500	61.33	115.10
124934	PR 渝港投	1300.00	7.00	2018.08.21	6.8400	80.62	0.00
124935	14 冀建投	2000.00	11.00	2025.09.01	5.6900	102.80	562.00
124936	PR 天门债	1000.00	7.00	2021.08.28	8.2000	65.16	0.00
124937	PR 湖中兴	1100.00	7.00	2021.08.28	6.4800	62.38	0.00
124938	PR 郴百福	1800.00	7.00	2021.08.28	6.5400	60.25	135.00
124939	PR 蒙盛祥	700.00	7.00	2021.08.21	8.1800	64.00	268.37
124940	PR 滁州债	1400.00	7.00	2021.08.22	6.4000	60.70	40.39
124941	PR14 钦滨	1000.00	7.00	2021.07.07	6.9900	60.00	0.00
124942	PR 南绿港	500.00	7.00	2021.06.27	7.3000	64.80	10.00
124943	PR 兰国停	700.00	7.00	2021.09.10	6.3200	74.90	50.00
124944	PR 广建设	800.00	7.00	2021.08.26	8.3500	67.00	100.00
124945	PR 石狮投	1500.00	7.00	2018.03.12	6.9000	85.50	0.00
124946	14 保利集	2800.00	5.00	2019.09.04	5.5000	101.20	1228.02
124947	PR 西港债	900.00	7.00	2021.09.23	7.9000	62.28	330.00
124948	14 金资 02	1500.00	7.00	2021.09.05	5.5500	103.45	1430.48
124949	PR 随建投	1000.00	7.00	2021.09.02	7.1800	60.50	50.00
124950	14 登电债	350.00	6.00	2020.09.01	6.6100	102.00	0.00
124951	PR 威中城	1200.00	7.00	2018.01.29	6.5500	82.10	0.00
124952	PR 马高新	1200.00	7.00	2021.09.09	6.8500	63.00	270.00
124953	09 宁城建	2600.00	10.00	2018.03.09	5.8500	100.75	163.91
124956	PR 锑都债	1200.00	7.00	2021.08.27	7.1800	60.00	360.45
124957	PR 滨投债	800.00	7.00	2021.09.11	6.3900	60.00	0.00
124958	PR 九富和	1200.00	6.00	2018.08.14	7.0400	78.00	287.00
124959	PR 仁寿债	1200.00	7.00	2018.08.23	8.6600	83.00	20.00
124960	PR 胶发展	1150.00	7.00	2021.09.18	6.3300	62.00	80.91
124961	PR 苏望涛	1000.00	6.00	2020.09.15	6.8200	51.10	127.50
124962	PR 武经开	800.00	7.00	2021.09.12	6.6500	59.69	46.87
124963	PR 广安经	1000.00	7.00	2018.09.07	7.1000	82.51	110.00
124964	PR 自高投	1000.00	7.00	2018.04.27	5.7300	79.50	108.00
124965	PR 济西投	2000.00	7.00	2018.06.06	6.0000	81.99	543.89
124966	14 京国资	4500.00	15.00	2029.09.16	5.2800	101.00	1543.08

债券信息 List of Bonds

债券 Bond

债券代码 Code	债券简称 Bond Name	发行数量(百万) Issued Vol(M)	年限 Terms	到期日 Expiration Date	票面利率(%) Coupon Rate(%)	本年收盘 Close	成交数量(万张) Trading Vol(10000)
124967	PR 昌经债	1000.00	7.00	2018.08.31	7.5800	82.58	290.00
124968	PR 盐东投	1200.00	7.00	2021.09.15	6.4800	59.70	182.20
124969	PR 醴陵资	300.00	7.00	2021.09.05	7.1800	65.23	0.00
124970	PR 杭地铁	5000.00	10.00	2024.09.17	5.9700	84.50	695.10
124971	PR 宜国投	1100.00	7.00	2018.07.25	7.2500	83.60	0.00
124972	PR 安高债	900.00	7.00	2021.09.17	8.7800	67.00	0.00
124973	PR 宣建债	900.00	7.00	2021.09.22	7.9500	66.00	165.00
124974	PR 泸纳债	800.00	7.00	2021.09.11	7.1700	60.00	141.00
124975	PR 溧经开	1200.00	7.00	2021.09.22	6.2700	62.48	93.00
124976	PR 张掖债	1100.00	7.00	2021.09.22	6.9200	58.00	100.00
124977	14 天瑞 03	1500.00	7.00	2021.10.16	8.0000	91.70	2533.97
124979	PR 陂城投	1200.00	7.00	2021.09.17	6.4300	63.02	275.00
124981	PR 嘉峪关	1000.00	7.00	2021.09.23	7.8300	60.00	120.00
124982	PR 高安 01	700.00	7.00	2018.04.19	8.3500	80.00	0.00
124983	PR 孝高 02	800.00	7.00	2021.09.22	6.8700	66.69	210.00
124984	PR 鄂城 02	700.00	7.00	2021.09.19	6.6800	60.00	50.48
124986	PR 建开债	1300.00	7.00	2021.09.25	7.2900	62.75	170.00
124987	PR 昆经开	1200.00	7.00	2018.03.26	6.4700	82.00	5.00
124988	14 闽投债	1500.00	7.00	2021.10.16	5.1000	101.43	868.00
124989	14 三星 01	300.00	7.00	2021.09.22	9.0000	92.00	266.20
124999	13 武续债	2300.00	5.00	2018.10.29	8.5000	100.01	1881.61
125446	14 草堂 02	300.00	3.00	2018.01.05	8.9000	100.00	0.00
125448	14 洋口港	300.00	3.00	2018.02.04	9.0000	100.00	0.00
125457	14 如顾庄	200.00	3.00	2018.01.16	9.5000	99.94	0.00
125458	14 福升 01	150.00	3.00	2018.01.15	7.9000	100.00	0.00
125459	15 维多 02	190.00	3.00	2018.01.26	11.0000	99.50	0.00
125461	14 常公用	300.00	3.00	2018.01.19	9.8000	100.00	60.00
125463	15 余高 01	300.00	3.00	2018.01.21	9.0000	100.00	0.00
125465	14 吉高新	500.00	3.00	2018.01.22	8.5000	100.00	0.00
125466	14 东丽 02	280.00	3.00	2018.02.09	9.2000	99.96	60.00
125467	14 北塘 01	200.00	3.00	2018.02.10	9.0000	101.00	0.00
125469	14 淮交控	400.00	3.00	2018.02.06	8.8000	100.27	0.00
125470	14 鑫海 02	150.00	3.00	2018.01.27	9.4000	100.00	0.00
125473	14 华盛债	300.00	3.00	2018.02.12	10.0000	100.20	0.00
125474	PR 圣芳纶	80.00	3.00	2018.02.06	9.5000	62.50	0.00
125475	14 华宏债	200.00	3.00	2018.02.09	9.8000	100.00	0.00
125476	14 南水 01	200.00	3.00	2018.02.12	9.5000	100.00	0.00
125477	14 南水 02	100.00	3.00	2018.02.16	8.9000	100.00	0.00
125478	14 园兴债	150.00	3.00	2018.02.06	9.5000	99.94	30.00
125481	14 武陵山	500.00	3.00	2018.03.05	9.5000	100.93	10.00
125482	14 阳澄 02	170.00	3.00	2018.02.13	8.5000	100.25	0.00
125484	14 青水债	500.00	3.00	2018.04.02	9.6000	99.97	245.00
125489	15 财源债	200.00	3.00	2018.03.04	9.5000	100.00	0.00
125490	PR 众一债	120.00	3.00	2018.02.27	7.8200	50.00	0.00
125491	14 龙翔 01	250.00	3.00	2018.03.19	9.3000	99.86	50.00
125492	14 湄潭 01	100.00	3.00	2018.02.09	9.8000	100.00	15.00
125493	14 麻柳 01	210.00	3.00	2018.02.16	9.8000	100.00	0.00
125494	14 长湖 03	100.00	3.00	2018.03.20	9.7000	100.00	30.00
125496	14 蓉家投	300.00	3.00	2018.02.12	10.0000	100.52	0.00
125498	14 金坛债	100.00	3.00	2018.03.18	9.0000	100.00	0.00

债券信息 List of Bonds

债券 Bond

债券代码 Code	债券简称 Bond Name	发行数量(百万) Issued Vol(M)	年限 Terms	到期日 Expiration Date	票面利率(%) Coupon Rate(%)	本年收盘 Close	成交数量(万张) Trading Vol(10000)
125499	14 南湖 01	99.00	3.00	2018.03.25	8.5000	100.00	0.00
125500	14 南湖 02	201.00	3.00	2018.04.01	8.5000	100.00	0.00
125501	14 福升 02	150.00	3.00	2018.03.25	7.9000	100.00	0.00
125502	14 锡水 02	70.00	3.00	2018.04.01	9.0000	100.00	0.00
125503	PR 金沙 02	100.00	3.00	2018.03.30	7.0500	25.00	0.00
125505	15 余高 02	200.00	3.00	2018.04.14	8.0000	100.46	0.00
125506	14 龙翔 02	250.00	3.00	2018.04.09	9.3000	100.25	90.60
125507	14 株金科	250.00	3.00	2018.04.02	7.0000	101.01	20.00
125508	14 泰华诚	300.00	3.00	2018.04.14	10.0000	99.92	0.00
125509	14 镇宁债	100.00	3.00	2018.03.25	10.0000	100.00	0.00
125510	15 净源债	100.00	3.00	2018.04.09	7.5000	100.00	0.00
125511	14 德胜 01	100.00	3.00	2018.04.14	8.2000	100.00	0.00
125513	14 金禹 02	100.00	3.00	2018.04.13	9.3000	100.00	20.00
125514	14 航空 02	200.00	3.00	2018.04.15	7.7800	100.00	0.00
125515	14 驾培 01	168.50	3.00	2018.03.27	10.0000	101.42	0.00
125516	14 长公债	150.00	3.00	2018.04.21	9.4000	99.94	0.00
125517	15 渝共享	300.00	3.00	2018.04.28	8.5000	99.92	0.00
125519	14 温泉 01	200.00	3.00	2018.03.27	8.8000	100.00	0.00
125521	14 雪浪 01	100.00	3.00	2018.04.28	8.0000	100.00	0.00
125522	14 雪浪 02	200.00	3.00	2018.04.28	10.0000	103.30	0.00
125523	14 至纯债	50.00	3.00	2018.02.13	7.5000	100.00	0.00
125524	14 百矿 01	200.00	3.00	2018.04.27	9.0000	100.38	90.00
125525	14 百矿 02	100.00	3.00	2018.04.30	10.0000	100.00	0.00
125528	14 德胜 02	100.00	3.00	2018.05.15	8.2000	100.00	0.00
125529	14 麻柳 02	190.00	3.00	2018.05.08	9.5000	100.00	0.00
125532	14 北山债	350.00	3.00	2018.05.19	9.5000	99.92	140.00
125537	14 天自源	500.00	3.00	2018.05.28	8.8000	100.00	0.00
125541	14 海供水	260.00	3.00	2018.05.19	8.0000	99.93	0.00
125542	15 德恒 01	250.00	3.00	2018.06.05	9.5000	101.50	0.00
125544	15 瀛洲债	125.00	3.00	2018.06.04	10.5000	100.00	0.00
125545	14 安阳山	200.00	3.00	2018.06.04	9.5000	100.00	0.00
125546	14 东和债	200.00	3.00	2018.06.18	10.3000	100.00	0.00
125552	14 黑旅 01	200.00	3.00	2018.06.30	9.9000	101.30	0.00
125553	14 黑旅 02	100.00	3.00	2018.07.09	9.9000	99.92	0.00
125556	14 纳雍债	300.00	3.00	2018.07.01	10.2000	100.00	0.00
125557	14 湄潭 02	200.00	3.00	2018.06.23	9.6000	99.95	0.00
125558	15 德恒 02	250.00	3.00	2018.07.22	9.0000	99.98	210.00
125559	14 六水债	150.00	3.00	2018.06.24	9.7000	100.48	0.00
125560	14 新津 01	91.00	3.00	2018.07.07	9.8000	100.00	0.00
125562	14 松花湖	60.00	3.00	2018.08.24	10.5000	100.00	66.00
125563	14 包发展	400.00	3.00	2018.08.19	9.0000	99.89	0.00
125565	14 松花 02	20.00	3.00	2018.08.24	10.0000	100.00	34.00
125568	14 大竹海	200.00	3.00	2018.09.24	8.5000	100.57	0.00
125570	14 西太湖	250.00	3.00	2018.07.28	8.5000	99.68	217.00
125600	15 麓谷债	300.00	3.00	2018.12.25	7.0000	100.79	180.00
125601	15 中城 01	300.00	3.00	2018.12.30	7.5000	100.00	0.00
125603	15 广利债	500.00	3.00	2018.12.30	7.9000	100.01	0.00
125604	15 饶城投	2000.00	5.00	2020.12.30	5.9700	101.35	5965.00
125605	15 贵安债	5000.00	5.00	2020.12.30	5.5000	104.60	4015.13
125607	15 海安债	250.00	3.00	2018.01.05	8.5000	100.41	0.00

债券信息 List of Bonds

债券 Bond

债券代码 Code	债券简称 Bond Name	发行数量(百万) Issued Vol(M)	年限 Terms	到期日 Expiration Date	票面利率(%) Coupon Rate(%)	本年收盘 Close	成交数量(万张) Trading Vol(10000)
125608	15 津港债	2000.00	5.00	2020.12.29	5.9000	99.98	1520.00
125609	15 驻投 01	1000.00	5.00	2020.12.31	5.5000	99.95	650.00
125610	15 珠投 01	1600.00	4.00	2019.12.28	7.5000	99.97	410.00
125611	15 碧园 01	1000.00	5.00	2020.12.29	4.9900	99.80	1959.00
125612	15 赫章债	300.00	3.00	2018.12.25	8.6000	100.00	0.00
125613	15 桂金 02	2000.00	5.00	2020.12.29	5.1900	100.51	1906.00
125614	15 宝龙 01	200.00	4.00	2018.01.05	6.8000	100.25	0.00
125615	15 宝龙 02	300.00	5.00	2020.12.28	7.3000	100.00	40.60
125616	15 华资债	500.00	4.00	2019.12.25	7.4000	60.00	675.68
125617	16 吴江 01	1000.00	5.00	2018.12.28	4.3700	101.81	450.00
125618	15 常鼎力	1000.00	5.00	2020.12.24	7.7000	99.30	410.00
125619	15 湘创新	300.00	3.00	2018.01.03	7.5600	99.97	0.00
125620	15 中安消	500.00	3.00	2018.09.21	7.0000	86.50	12.60
125621	15 津思达	60.00	3.00	2018.12.23	8.0000	101.25	0.00
125622	15 郴高投	600.00	3.00	2018.12.24	6.5000	100.11	240.00
125623	15 碧海债	800.00	5.00	2020.12.23	7.8000	100.00	1617.90
125624	15 昆经开	1000.00	5.00	2020.12.25	6.0000	100.50	362.50
125625	15 新禹 02	250.00	3.00	2018.12.09	7.0000	99.98	0.00
125626	15 新禹 03	150.00	3.00	2018.12.16	7.0000	99.98	0.00
125627	15 鄂铁 01	1000.00	5.00	2020.12.24	6.0000	100.30	600.00
125628	15 协信 01	1350.00	3.00	2018.12.24	7.5000	100.00	390.00
125629	15 柳东 02	1000.00	5.00	2020.12.24	7.3500	100.00	1190.00
125630	15 南庭债	500.00	3.00	2018.12.18	7.9800	100.17	126.00
125632	15 惠金 01	350.00	3.00	2018.12.25	7.8000	99.54	0.00
125633	15 滕建 01	500.00	3.00	2018.12.21	5.8000	99.50	450.00
125634	15 渝开 01	200.00	5.00	2020.12.21	6.0000	99.99	240.00
125635	15 金坛 01	500.00	5.00	2020.12.18	8.5000	100.00	759.00
125636	16 丹阳 01	400.00	3.00	2019.01.13	6.0000	98.32	0.00
125638	15 长兴岛	500.00	3.00	2018.12.18	7.2000	100.17	10.00
125639	15 吴江 01	1000.00	5.00	2020.12.18	4.8000	99.77	160.00
125640	15 中民投	4000.00	3.00	2018.12.18	5.3500	97.59	11.00
125641	15 柳东 01	1000.00	5.00	2020.12.18	7.3000	100.17	2675.00
125642	15 新投 01	1000.00	5.00	2020.12.03	8.8000	100.20	1280.00
125644	15 济晋债	150.00	3.00	2018.10.12	7.7000	99.99	0.00
125645	15 红旅债	500.00	3.00	2018.12.03	8.0000	100.00	440.00
125646	15 中企 01	857.00	3.00	2018.12.03	6.0000	100.00	0.00
125647	15 绿投 01	1000.00	5.00	2020.12.01	7.8000	100.18	1475.00
125648	15 海怡 01	3000.00	3.00	2018.11.27	7.9900	99.93	2883.00
125649	15 香投 01	1500.00	3.00	2018.11.27	5.6000	99.78	0.00
125650	15 华宇 01	1000.00	3.00	2018.12.03	7.0000	100.31	565.00
125651	15 漳州 01	500.00	3.00	2018.11.25	6.0000	100.08	415.00
125652	15 黔江 02	1000.00	3.00	2018.11.27	7.3500	100.34	40.00
125653	15 海航 04	200.00	3.00	2018.11.26	7.5000	100.00	0.00
125654	15 渝德债	200.00	3.00	2018.11.24	9.0000	101.70	0.00
125655	15 绵科 01	1000.00	5.00	2020.11.26	6.3000	99.60	1180.00
125656	15 铜水务	1000.00	3.00	2018.11.27	7.7900	99.94	1096.00
125657	15 海航 05	250.00	3.00	2018.12.03	7.5000	100.00	0.00
125659	15 绵科 02	1000.00	5.00	2020.11.27	6.3000	99.66	200.00
125660	15 南城 01	250.00	5.00	2020.12.17	9.7000	100.00	0.00
125663	15 嘉湘债	1000.00	3.00	2018.12.07	6.0000	99.81	0.00

债券信息 List of Bonds

债券 Bond

债券代码 Code	债券简称 Bond Name	发行数量(百万) Issued Vol(M)	年限 Terms	到期日 Expiration Date	票面利率(%) Coupon Rate(%)	本年收盘 Close	成交数量(万张) Trading Vol(10000)
125664	PR 锡新债	550.00	3.00	2018.12.10	5.9500	63.63	0.00
125665	15 晋交 01	1500.00	5.00	2020.12.11	6.2000	100.91	680.00
125666	15 鸿业债	200.00	3.00	2018.12.01	9.8000	99.98	440.00
125667	15 增碧 04	4000.00	4.00	2019.12.07	6.5000	100.65	380.00
125668	15 苏宁 01	10000.00	5.00	2020.12.17	7.3000	100.55	14987.80
125669	16 智光 01	900.00	3.00	2019.01.12	7.5000	100.33	78.00
125670	15 中房 01	1000.00	5.00	2020.12.09	6.8000	100.00	0.00
125673	15 润弘投	2000.00	5.00	2020.12.03	8.0000	99.70	2715.00
125675	15 邦信 02	2230.00	4.00	2019.12.09	6.0700	100.99	402.00
125676	15 海动迁	1000.00	3.00	2018.12.08	6.3000	100.01	510.00
125677	15 遵高速	1500.00	3.00	2018.12.08	7.0000	100.00	1330.00
125678	15 中地 01	4000.00	5.00	2020.12.09	4.8000	100.00	1400.00
125679	15 南通债	1500.00	5.00	2020.12.16	5.5000	100.20	3026.00
125680	15 首集 01	2000.00	3.00	2018.12.09	4.1600	100.00	0.00
125681	15 自高 01	1000.00	5.00	2020.12.16	7.5000	100.00	830.00
125682	15 浙五金	800.00	5.00	2020.12.10	7.2000	100.00	220.00
125683	15 启迪 01	1000.00	5.00	2020.12.09	7.3000	100.49	1049.20
125684	15 湘财信	2000.00	3.00	2018.12.11	5.8000	100.00	630.00
125685	15 望城 01	1500.00	5.00	2020.12.10	7.5000	100.09	923.00
125686	15 伊财 02	1000.00	5.00	2020.12.10	6.0000	99.76	520.00
125687	15 首业 02	2500.00	3.00	2018.12.09	4.7800	101.00	1350.00
125688	15 淮水 01	800.00	5.00	2020.12.15	5.5000	100.91	110.00
125689	15 镇城 01	1500.00	3.00	2018.12.10	5.9800	99.92	650.00
125690	15 天泽债	300.00	3.00	2018.12.24	5.2500	99.39	204.00
125691	15 白沙洲	1500.00	5.00	2020.12.15	7.0000	99.48	1994.00
125693	15 遵桥梁	2300.00	5.00	2020.12.14	6.5000	100.29	1520.00
125694	15 海期债	500.00	6.00	2018.12.17	4.9400	100.13	230.00
125695	15 长顺债	120.00	3.00	2018.12.14	9.5000	99.93	150.00
125696	15 鲁班债	1000.00	3.00	2018.12.10	7.1000	100.76	60.00
125697	15 吉铁发	490.00	3.00	2018.12.16	5.4000	99.99	0.00
125698	16 海陵 01	1400.00	5.00	2021.03.18	5.3000	99.80	1184.00
125699	15 石建投	1300.00	3.00	2018.10.24	6.3000	100.90	245.00
125700	15 桂铁 01	1000.00	5.00	2018.12.05	4.5000	100.00	450.00
125702	15 政通债	1500.00	5.00	2020.11.26	7.5000	101.73	440.00
125703	15 惠憬 01	1000.00	4.00	2019.11.24	6.2500	100.52	0.00
125704	15 惠憬 02	1000.00	5.00	2020.11.24	7.1500	102.92	1536.00
125705	15 太湖 01	500.00	5.00	2020.11.19	7.8000	100.00	818.79
125707	15 漳龙债	1000.00	5.00	2020.11.23	5.6000	99.63	3810.00
125708	15 麻柳债	500.00	3.00	2018.11.27	7.5000	100.00	0.00
125711	15 黔江债	1000.00	3.00	2018.11.20	7.3500	100.00	872.00
125712	15 潭九华	2000.00	5.00	2020.11.19	7.5000	99.97	1045.00
125713	15 济高债	2000.00	3.00	2018.11.18	5.5500	100.11	1188.00
125714	15 威国 01	1500.00	3.00	2018.11.23	5.3900	100.07	40.00
125715	15 伊财 01	1500.00	5.00	2020.11.18	6.0000	100.02	350.00
125716	15 海航 03	300.00	3.00	2018.11.19	7.5000	100.00	0.00
125717	15 海航 02	400.00	3.00	2018.11.17	7.0000	100.00	0.00
125718	15 湘洞庭	1000.00	3.00	2018.11.12	7.0000	100.29	469.00
125719	15 都兴市	1000.00	5.00	2020.11.27	8.0000	100.00	2851.00
125720	15 中科债	500.00	5.00	2020.11.10	5.6000	99.80	210.00
125721	15 邦信 01	770.00	4.00	2019.11.13	5.9000	100.65	190.00

债券信息 List of Bonds

债券 Bond

债券代码 Code	债券简称 Bond Name	发行数量(百万) Issued Vol(M)	年限 Terms	到期日 Expiration Date	票面利率(%) Coupon Rate(%)	本年收盘 Close	成交数量(万张) Trading Vol(10000)
125722	15 山焦 02	1000.00	3.00	2018.11.17	7.2000	99.00	180.00
125724	15 涪交 01	800.00	3.00	2018.11.13	6.4000	100.30	180.00
125725	15 汾湖 01	1000.00	5.00	2020.11.16	6.7000	100.95	1200.00
125726	15 黔福磷	200.00	3.00	2018.11.12	9.5000	100.00	92.00
125727	16 安吉债	500.00	3.00	2018.03.22	6.0000	100.00	0.00
125728	15 湘型债	1200.00	4.00	2019.11.13	7.0000	99.39	931.00
125729	15 永兴债	800.00	5.00	2020.11.13	7.8000	100.00	1010.00
125730	15 江阴公	1500.00	3.00	2018.11.18	5.3000	100.06	430.00
125731	15 华林 01	1000.00	5.00	2018.11.12	5.4800	100.00	1526.00
125732	15 泸工投	1000.00	3.00	2018.11.12	7.2000	100.29	900.00
125733	15 国控债	1000.00	5.00	2020.12.10	5.9000	100.63	1450.00
125734	15 德感债	500.00	3.00	2018.11.10	7.3000	101.34	220.00
125735	15 威宁 01	600.00	5.00	2020.11.09	6.0000	97.96	130.00
125736	15 临电债	300.00	3.00	2018.10.16	8.4600	99.94	0.00
125737	15 绍兴债	1000.00	3.00	2018.11.11	5.8000	100.11	323.00
125738	15 来宾建	1000.00	3.00	2018.11.11	6.0800	99.99	888.00
125739	15 远东 01	100.00	3.00	2018.11.09	7.8000	99.98	0.00
125740	15 兴城 01	2000.00	3.00	2018.11.05	5.0700	100.06	1710.00
125741	15 新城 02	2000.00	3.00	2018.11.10	6.0000	100.08	440.00
125742	16 金红叶	700.00	2.00	2018.01.29	6.8000	101.00	0.00
125743	15 邳恒润	700.00	3.00	2018.11.06	6.5000	99.74	180.00
125744	15 海资债	1000.00	5.00	2020.11.09	5.5000	100.10	260.00
125747	15 增碧 03	4000.00	4.00	2019.11.09	6.5000	100.00	3755.00
125748	15 正润 01	500.00	5.00	2018.11.27	6.5000	99.78	710.00
125749	15 新业 01	1000.00	5.00	2020.11.10	7.2000	99.71	2750.00
125750	15 新奥 01	1800.00	3.00	2018.11.03	4.7000	99.74	1880.00
125751	15 都匀债	500.00	3.00	2018.10.30	9.5000	100.00	295.00
125752	15 顺风 01	550.00	3.00	2018.11.10	7.8000	100.00	58.00
125753	15 株循环	1200.00	5.00	2020.10.30	8.0500	100.00	1340.00
125754	15 铸康债	500.00	3.00	2018.10.28	7.9500	99.98	100.00
125755	15 都江堰	2000.00	5.00	2020.10.30	8.3000	103.22	4701.00
125756	15 山钢 04	1500.00	5.00	2020.11.02	6.7900	101.12	2215.00
125757	15 黔物债	1000.00	5.00	2018.11.15	8.3000	100.17	1466.00
125758	15 海河 01	2000.00	5.00	2020.10.27	4.7900	100.00	0.00
125759	15 城发 01	1000.00	4.00	2019.10.27	6.0000	100.89	1560.00
125760	15 伊资 02	1200.00	5.00	2020.10.28	8.1800	99.96	1360.00
125762	15 天风次	2000.00	5.00	2020.10.28	5.5000	101.02	1950.00
125763	15 首业 01	2500.00	3.00	2018.10.26	5.4000	100.15	680.00
125764	15 泰滨 01	800.00	3.00	2018.10.27	6.8000	99.93	574.00
125765	15 漳九龙	2500.00	5.00	2020.10.27	5.8000	101.19	1730.00
125766	15 首股 01	3000.00	5.00	2020.10.27	5.5000	101.79	516.00
125767	15 时代 01	3000.00	3.00	2018.10.26	7.8500	99.99	3630.00
125768	15 宏河矿	500.00	3.00	2018.10.23	8.2000	99.96	535.00
125769	15 湘德山	400.00	3.00	2018.10.27	6.4000	100.01	283.00
125770	15 人居债	1500.00	3.00	2018.10.27	6.0000	101.60	0.00
125771	15 虞尚湖	500.00	3.00	2018.10.23	5.8000	99.58	50.00
125772	15 清能 01	600.00	3.00	2018.10.30	7.0000	100.01	50.00
125773	15 坛国 01	1000.00	5.00	2020.10.23	7.0500	100.18	2477.60
125774	15 云工 02	500.00	3.00	2018.10.26	5.4100	99.51	394.00
125775	15 奥园 01	1500.00	3.00	2018.10.21	7.8000	100.13	1178.00

债券信息 List of Bonds

债券 Bond

债券代码 Code	债券简称 Bond Name	发行数量(百万) Issued Vol(M)	年限 Terms	到期日 Expiration Date	票面利率(%) Coupon Rate(%)	本年收盘 Close	成交数量(万张) Trading Vol(10000)
125776	15 天铝 01	1500.00	5.00	2020.10.19	8.5000	100.00	852.00
125779	15 禹地产	2000.00	3.00	2018.10.15	6.9900	99.93	329.00
125780	15 银发债	800.00	5.00	2020.10.19	6.3000	101.06	260.00
125781	15 酉桃源	500.00	3.00	2018.10.14	7.5000	100.12	280.00
125782	15 恒大 04	17500.00	5.00	2020.10.16	8.0000	100.47	28742.20
125783	15 恒大 05	2500.00	5.00	2020.10.16	7.8800	101.61	200.00
125784	15 桂物资	600.00	3.00	2018.10.13	7.2000	97.91	270.00
125785	15 潞矿 02	430.00	5.00	2020.10.15	6.5000	101.71	270.00
125786	15 潞矿 01	2570.00	5.00	2020.10.15	6.2000	101.06	4327.00
125787	15 首开 01	2000.00	5.00	2020.10.12	5.6000	101.34	6990.00
125788	15 园兴债	250.00	3.00	2018.09.23	7.4000	99.94	270.00
125789	15 晋经 01	800.00	5.00	2020.10.09	7.6000	101.00	1000.00
125790	15 山焦 01	500.00	3.00	2018.10.12	7.8000	99.41	0.00
125791	15 绵投控	2000.00	6.00	2021.10.13	7.4500	105.05	4764.00
125792	15 富阳 01	1000.00	3.00	2018.09.30	6.1800	100.00	320.00
125793	15 句福地	1500.00	3.00	2018.09.29	6.9000	100.00	394.00
125794	15 中扬债	500.00	3.00	2018.09.28	7.9500	100.00	622.00
125796	15 海航 01	400.00	3.00	2018.09.29	7.5000	99.87	0.00
125797	15 济康债	300.00	3.00	2018.09.28	7.8000	99.96	206.00
125798	16 山煤 01	300.00	5.00	2021.01.27	7.6000	99.81	0.00
125799	15 华夏 04	1000.00	3.00	2018.09.28	5.6900	99.77	425.00
125800	15 万通债	1500.00	3.00	2018.10.12	7.9900	100.15	0.00
125801	15 山钢 03	1500.00	3.00	2018.09.28	5.8000	100.04	1150.00
125802	15 通顺债	1200.00	5.00	2018.10.16	7.4000	99.97	680.00
125803	15 华容债	400.00	3.00	2018.09.24	9.3000	99.94	659.00
125804	15 华信 02	1000.00	5.00	2020.09.24	6.7000	100.46	400.00
125805	15 滇度债	2000.00	3.00	2018.10.30	7.0000	100.00	4050.00
125807	15 镇交产	1230.00	3.00	2018.09.25	7.5000	100.00	1703.75
125808	15 锡东科	3000.00	5.00	2020.09.24	6.5000	101.63	5307.00
125809	15 甬海债	1200.00	3.00	2018.09.25	5.5000	100.09	670.00
125811	15 苏中能	700.00	3.00	2018.10.23	7.5000	99.63	100.00
125813	15 宜城 01	1000.00	5.00	2020.09.21	6.3000	102.32	880.00
125814	15 泰华诚	500.00	3.00	2018.09.21	8.9800	99.95	805.00
125815	15 扬化债	1000.00	5.00	2020.09.21	8.5000	102.99	4452.00
125817	15 南山 01	1000.00	3.00	2018.09.18	5.8000	100.03	236.00
125818	15 华远债	1500.00	3.00	2018.09.17	5.7300	100.03	540.00
125819	15 苏名城	300.00	3.00	2018.09.15	6.3000	100.02	210.00
125820	15 平江债	200.00	3.00	2018.09.18	7.5000	100.00	128.00
125821	15 华信 01	1000.00	5.00	2020.09.17	6.9000	102.69	0.00
125822	15 滇投 01	3000.00	3.00	2018.10.28	6.7000	99.99	1627.10
125823	15 常城 02	1500.00	5.00	2020.09.16	6.8000	102.51	3826.00
125824	15 常城 01	1500.00	5.00	2020.09.15	6.8000	102.73	3786.00
125825	15 黄海港	1000.00	3.00	2018.09.10	7.7000	100.01	20.00
125826	15 新航发	200.00	3.00	2018.09.11	10.5000	100.00	0.00
125827	15 春华债	1000.00	3.00	2018.09.14	6.9000	100.16	350.00
125828	15 中宝债	5000.00	4.00	2019.09.14	7.3000	99.51	2280.50
125829	15 永煤 01	3000.00	5.00	2018.09.21	7.0000	100.02	2420.00
125830	15 新合作	500.00	3.00	2018.09.09	5.9000	99.76	60.00
125831	15 泰丰债	1500.00	7.00	2022.09.15	7.5000	98.95	341.00
125832	15 文旅债	2000.00	3.00	2018.09.10	7.5000	101.97	712.00

债券信息 List of Bonds

债券代码 Code	债券简称 Bond Name	发行数量(百万) Issued Vol(M)	年限 Terms	到期日 Expiration Date	票面利率(%) Coupon Rate(%)	本年收盘 Close	成交数量(万张) Trading Vol(10000)
125833	15 蒙高 01	900.00	5.00	2020.09.10	7.5000	100.00	830.00
125834	15 常熟债	180.00	3.00	2018.08.19	7.8000	99.97	60.00
125836	15 浏园林	400.00	3.00	2018.09.08	7.6000	99.98	116.00
125837	15 华夏 03	1000.00	4.00	2019.09.09	6.0000	97.27	621.00
125838	15 山钢 01	3000.00	3.00	2018.09.08	5.8000	99.82	3580.00
125840	15 金交债	200.00	3.00	2018.09.14	8.5000	100.00	0.00
125841	15 茅景区	200.00	3.00	2018.09.10	8.5000	100.00	225.00
125842	15 华融德	3000.00	3.00	2018.09.01	5.2000	99.72	150.00
125843	15 天地 02	1000.00	3.00	2018.09.02	7.9800	99.97	1196.00
125844	15 天地 01	1000.00	3.00	2018.09.02	7.9800	100.11	860.00
125845	15 兴旅债	300.00	3.00	2018.08.28	9.3000	101.99	282.00
125846	15 眉山债	2000.00	3.00	2018.08.28	6.8000	99.94	990.00
125847	15 云城投	2000.00	5.00	2020.09.01	5.8000	99.55	1388.30
125848	15 华夏 02	1000.00	4.00	2019.08.31	6.0000	97.26	102.00
125851	15 靖新城	1500.00	3.00	2018.08.31	6.7000	100.09	314.30
125852	15 彭统建	500.00	3.00	2018.08.26	8.8000	100.10	596.00
125853	15 宝信 01	300.00	3.00	2018.08.28	8.9000	100.00	0.00
125854	15 南华 01	450.00	4.00	2021.08.28	5.8000	96.71	30.00
125855	15 四联 02	1000.00	3.00	2018.08.27	6.3500	99.37	0.00
125856	15 潍坊 01	500.00	3.00	2018.08.24	5.7000	99.47	0.00
125857	15 金禹 02	500.00	5.00	2020.08.27	8.0000	100.10	530.00
125858	15 利春蕾	300.00	3.00	2018.08.21	8.5000	99.78	371.00
125859	15 云工 01	500.00	3.00	2018.08.24	5.4500	99.71	170.00
125860	PR 百色矿	1000.00	3.00	2018.08.21	8.8000	30.01	217.00
125861	15 广证 02	800.00	5.00	2020.08.26	6.0400	99.17	890.00
125863	15 建安债	500.00	3.00	2018.08.18	9.0000	99.99	454.00
125864	15 焦作 02	1000.00	5.00	2020.08.20	6.8000	101.26	863.00
125865	15 浙资 02	800.00	3.00	2018.08.21	5.9000	99.91	510.00
125866	15 泛海 01	6000.00	3.00	2018.08.14	7.9000	99.00	1332.00
125868	15 鄂长投	2000.00	5.00	2020.08.14	6.3000	102.15	2255.00
125869	15 锡东债	1500.00	3.00	2018.08.18	6.4000	99.71	160.00
125870	15 伊资 01	1000.00	5.00	2020.08.14	7.5000	101.54	220.00
125871	15 云投债	2000.00	3.00	2018.08.17	5.1000	99.23	0.00
125872	15 永安债	600.00	3.00	2018.08.17	5.4000	99.43	0.00
125873	15 产投 01	600.00	6.00	2018.09.03	5.7500	98.37	80.00
125874	15 无锡 01	1000.00	5.00	2020.08.10	6.2000	99.93	100.00
125875	15 焦作 01	1000.00	5.00	2020.08.12	6.8000	100.60	2207.00
125876	15 天恒 01	3000.00	3.00	2018.08.10	5.5700	99.99	170.00
125877	15 城六局	1050.00	5.00	2020.08.12	8.0000	100.83	150.00
125878	15 星海湾	2000.00	3.00	2018.08.10	8.5000	100.00	3380.00
125879	15 金禹 01	1000.00	5.00	2020.08.12	8.0000	99.84	2185.00
125880	15 苏高水	500.00	3.00	2018.08.06	7.1000	100.15	280.00
125882	15 兴市债	600.00	3.00	2018.08.07	9.0000	100.44	73.00
125884	15 都堰债	250.00	3.00	2018.08.06	9.3000	100.20	232.50
125885	15 天房发	3000.00	5.00	2020.08.05	9.0000	100.00	250.00
125886	15 浏水债	800.00	3.00	2018.07.31	7.0000	101.57	703.00
125887	15 新港债	1000.00	3.00	2018.08.05	5.8000	99.81	800.00
125909	15 普湾 02	2000.00	5.00	2020.07.31	6.8500	78.00	771.00
125910	15 天门旅	190.00	3.00	2018.07.29	9.8000	100.00	0.00
125911	15 龙投债	600.00	3.00	2018.07.29	8.5000	99.95	60.00

债券信息
List of Bonds

债券
Bond

债券代码 Code	债券简称 Bond Name	发行数量(百万) Issued Vol(M)	年限 Terms	到期日 Expiration Date	票面利率(%) Coupon Rate(%)	本年收盘 Close	成交数量(万张) Trading Vol(10000)
125912	15 华夏债	1000.00	3.00	2018.07.29	5.9900	100.08	162.00
125913	15 棒棰岛	50.00	3.00	2018.07.27	6.5000	102.25	0.00
125915	15 伟驰 03	500.00	5.00	2020.07.21	8.3000	100.00	400.00
125916	PR 建工债	100.00	3.00	2018.07.16	9.8000	49.94	0.00
125917	15 华泰期	600.00	4.00	2019.07.22	5.8000	99.95	0.00
125918	15 湘高速	2000.00	3.00	2018.07.23	5.9800	100.01	1370.00
125919	15 渝八方	400.00	3.00	2018.07.17	10.0000	100.14	0.00
125921	15 宁化工	800.00	5.00	2020.07.15	6.9000	100.13	205.00
125926	15 湘财 04	500.00	5.00	2020.07.16	7.0000	102.40	825.00
125927	15 伟驰 02	500.00	5.00	2020.07.14	8.3000	100.00	540.00
125929	15 华福 Y1	1200.00	5.00	2020.07.13	6.1000	99.74	200.00
125931	15 滇建工	1000.00	3.00	2018.07.10	5.9000	99.97	560.00
125953	15 国金 01	3000.00	3.00	2018.07.15	5.6000	100.00	2132.00
125954	15 诚兴债	300.00	3.00	2018.07.03	7.2000	100.00	0.00
125967	15 中信 C2	8500.00	5.00	2018.07.16	5.0000	99.79	0.00
125968	15 长荡湖	300.00	3.00	2018.08.07	9.3000	100.00	0.00
125969	15 桂金投	2000.00	3.00	2018.07.01	6.3500	99.90	200.00
125970	15 普湾 01	2000.00	5.00	2018.07.11	7.5000	93.00	196.00
125972	15 伟驰 01	500.00	5.00	2020.07.02	8.3000	100.79	1415.00
125975	15 恒泰续	1500.00	5.00	2020.06.29	6.8000	100.88	830.00
125976	15 广证 01	1000.00	5.00	2018.06.25	6.0000	100.04	70.00
125979	15 浙资 01	1200.00	3.00	2018.07.03	5.3500	99.94	0.00
125980	14 永诚债	900.00	10.00	2025.06.15	6.2000	103.64	180.00
125981	15 齐鲁 F1	5000.00	3.00	2018.06.24	5.5000	99.97	1000.00
125984	15 华证 01	600.00	3.00	2018.06.26	6.0000	100.01	270.00
125985	15 东期债	600.00	3.00	2018.06.18	6.8200	100.07	280.00
125990	15 开源 01	500.00	4.00	2018.06.12	6.0000	99.92	40.00
125991	15 东海债	1000.00	5.00	2020.06.11	5.7000	102.36	0.00
125992	15 信建投	6000.00	5.00	2018.06.19	5.3200	100.00	0.00
125993	15 海通 C3	5000.00	5.00	2018.06.12	5.3800	99.97	2000.00
125995	15 财富 C1	1000.00	5.00	2018.06.11	5.8600	100.00	132.00
127000	PR 繁昌投	1000.00	7.00	2018.07.03	6.8000	81.61	110.00
127001	14 电投 02	3000.00	15.00	2029.09.17	5.7400	100.00	0.00
127002	14 天能 02	400.00	6.00	2020.09.29	8.0000	101.00	79.17
127003	PR 德兴债	800.00	7.00	2018.04.25	7.1700	81.00	410.00
127004	PR 溧昆仑	1100.00	7.00	2021.10.24	5.9000	58.00	0.00
127005	PR 乐清投	1000.00	7.00	2021.10.20	5.9900	60.85	90.00
127006	PR 蓬莱债	1000.00	8.00	2022.10.22	6.9800	73.44	294.00
127007	PR 潭万楼	2000.00	7.00	2022.01.14	6.9000	89.00	340.00
127008	PR 龙岩 01	500.00	7.00	2018.08.31	8.3500	64.57	0.00
127009	PR 龙岩 02	500.00	7.00	2018.08.31	7.7000	80.00	0.00
127010	PR 海城投	1300.00	7.00	2021.10.22	5.5800	65.20	0.00
127011	PR14 鹰投	1500.00	7.00	2018.08.20	6.2000	81.20	104.50
127013	PR 乐山债	1200.00	7.00	2021.10.22	5.6800	65.60	74.00
127014	PR 三门 01	400.00	7.00	2021.10.29	6.8500	60.00	30.00
127015	PR 世园债	1200.00	7.00	2021.10.21	6.2000	61.46	240.00
127016	14 忠旺债	1100.00	6.00	2020.10.22	5.4800	100.00	0.00
127017	14 粤高债	2000.00	15.00	2029.10.29	5.4000	115.63	60.00
127018	PR 新昌 01	600.00	7.00	2021.10.30	5.8800	64.99	30.00
127019	PR 丹徒投	1500.00	7.00	2021.11.03	5.8900	59.20	193.80

债券信息 List of Bonds

债券 Bond

债券代码 Code	债券简称 Bond Name	发行数量(百万) Issued Vol(M)	年限 Terms	到期日 Expiration Date	票面利率(%) Coupon Rate(%)	本年收盘 Close	成交数量(万张) Trading Vol(10000)
127020	PR 玉交 01	500.00	7.00	2021.11.03	5.6500	64.50	40.00
127021	14 京天恒	1500.00	6.00	2020.10.24	5.4000	105.40	350.00
127023	PR 集宁债	1200.00	7.00	2018.08.10	6.6900	80.00	0.00
127024	14 攀小微	600.00	5.00	2019.10.30	6.0000	99.90	159.97
127025	PR 惠城投	900.00	7.00	2018.05.18	5.4900	80.00	0.00
127026	PR 沪建债	2000.00	10.00	2024.11.05	4.8000	81.98	735.16
127027	PR 晋城债	1400.00	7.00	2021.11.11	4.9900	60.45	690.32
127028	14 新供销	800.00	7.00	2018.11.27	6.0700	98.00	4.95
127029	PR 岳阳债	1300.00	7.00	2021.11.03	5.5000	62.00	110.00
127030	PR 鹿城债	1200.00	7.00	2021.11.03	5.5800	63.00	0.00
127031	PR 鹤建投	1600.00	7.00	2021.11.11	5.6000	60.00	110.00
127032	PR 连交通	900.00	7.00	2021.11.17	5.4700	65.00	68.00
127033	PR 即旅投	1000.00	7.00	2021.11.17	5.4700	60.80	142.00
127034	PR 永嘉债	800.00	7.00	2021.11.12	6.5000	60.00	0.00
127037	PR 双桥债	900.00	7.00	2021.11.19	5.9900	66.25	300.00
127038	PR 吴经发	2000.00	7.00	2021.11.19	5.4900	60.32	160.00
127039	14 西电债	500.00	5.00	2019.11.26	5.9600	100.00	0.00
127040	14 春辉 02	400.00	6.00	2018.02.14	8.5000	99.99	41.33
127041	PR 中山交	800.00	7.00	2021.11.26	5.2500	60.00	100.00
127042	PR 来工投	1000.00	7.00	2021.11.26	5.9700	60.00	350.00
127043	PR 黑重建	700.00	6.00	2020.11.20	7.0600	49.60	50.00
127044	PR 河润业	900.00	7.00	2021.12.03	6.2000	65.88	60.00
127045	PR 长兴债	1300.00	7.00	2021.12.03	6.0000	59.00	200.00
127046	14 海控 02	1200.00	7.00	2021.12.04	5.6500	103.00	20.00
127047	PR 江油债	1100.00	7.00	2022.09.02	6.5500	80.00	0.00
127048	PR 浏经开	1300.00	7.00	2021.11.27	5.7000	58.60	10.00
127049	PR 绍柯开	800.00	7.00	2021.12.10	7.0000	60.00	0.00
127050	PR 松原债	1100.00	7.00	2021.12.04	5.7900	61.10	70.00
127051	PR 滕建债	800.00	7.00	2022.06.08	6.0000	80.00	40.00
127052	14 甘公 02	2500.00	7.00	2021.12.01	5.8500	104.60	1630.50
127053	15 天瑞 01	1500.00	6.00	2021.01.15	7.0000	99.08	656.26
127054	15 黔物资	500.00	7.00	2022.01.23	6.0000	100.00	0.00
127055	PR 邳恒润	1200.00	7.00	2021.12.05	6.4600	62.46	20.00
127056	16 朝国资	1900.00	7.00	2023.03.23	3.2500	94.20	1525.60
127057	PR 牟中债	1000.00	7.00	2021.12.11	7.4800	66.20	60.00
127058	PR 连融达	4500.00	7.00	2018.07.31	5.6900	80.00	100.00
127059	PR 芜建债	1600.00	7.00	2021.12.08	6.6000	66.35	0.00
127060	PR 遵义投	1600.00	7.00	2018.07.31	6.4500	88.30	0.00
127061	PR 黔西南	1300.00	7.00	2018.04.02	7.4000	88.80	0.00
127062	PR 博兴债	1000.00	7.00	2021.12.22	8.0000	62.41	450.00
127065	PR 阜新 01	800.00	7.00	2018.04.27	7.1800	80.00	0.00
127066	PR 高安 02	800.00	7.00	2018.04.19	8.2000	85.00	935.00
127067	16 遵经债	600.00	7.00	2023.01.22	4.8700	100.00	0.00
127068	PR 新昌 02	600.00	7.00	2021.12.31	6.9500	81.00	72.50
127069	PR 准国投	1700.00	7.00	2021.12.31	6.5400	80.82	388.20
127070	14 钦开投	800.00	4.00	2018.12.31	4.8000	98.90	0.28
127071	14 清微 02	500.00	4.00	2018.12.29	8.0500	100.68	91.00
127072	PR 泾河债	1000.00	7.00	2022.01.05	6.8900	83.10	140.00
127073	PR 铁暂停	1200.00	7.00	2022.01.14	6.0000	0.00	0.00
127074	PR 铜大江	800.00	7.00	2022.01.19	6.5000	88.00	49.00

债券信息 List of Bonds

债券代码 Code	债券简称 Bond Name	发行数量(百万) Issued Vol(M)	年限 Terms	到期日 Expiration Date	票面利率(%) Coupon Rate(%)	本年收盘 Close	成交数量(万张) Trading Vol(10000)
127075	PR 鸡西资	1300.00	7.00	2022.01.19	6.8700	76.00	790.62
127076	PR 宁城建	1300.00	7.00	2022.01.20	6.7000	80.20	220.00
127077	PR 本溪债	900.00	7.00	2022.01.22	6.2400	80.00	0.00
127078	PR 盘山债	600.00	7.00	2022.01.21	7.4800	80.00	0.00
127079	PR 郴高投	1500.00	7.00	2022.01.23	6.4500	88.60	0.00
127080	PR 达州 01	500.00	7.00	2022.01.14	6.5500	80.00	0.00
127081	PR 牟国资	500.00	7.00	2018.07.03	6.3900	80.00	0.00
127082	PR 望经开	1200.00	7.00	2022.01.22	6.5700	88.81	204.00
127083	PR 宜创债	1000.00	7.00	2022.03.23	6.7000	85.00	62.00
127084	PR 中区债	1500.00	7.00	2022.01.29	6.3900	84.44	110.00
127085	14 抚微 02	400.00	4.00	2019.01.28	7.0800	99.91	0.00
127087	PR 榕城 01	600.00	7.00	2022.01.26	5.4800	80.00	60.00
127088	PR15 汇丰	1000.00	7.00	2022.01.26	6.6000	80.00	0.00
127089	PR 新郑 01	700.00	6.00	2021.01.29	6.4000	75.00	80.00
127090	PR 新郑 02	700.00	6.00	2021.01.29	6.6000	75.00	60.00
127091	PR 梵净山	1500.00	7.00	2022.01.28	6.9500	80.00	280.00
127092	PR 淀山湖	1300.00	6.00	2021.01.30	5.9500	76.28	460.60
127093	15 铜发债	500.00	7.00	2022.01.28	6.8800	105.50	0.00
127094	PR 盘经开	800.00	7.00	2022.01.22	7.2500	79.00	103.57
127095	PR 湘九债	1500.00	7.00	2022.01.21	6.5900	81.12	180.00
127096	PR 东方财	1600.00	7.00	2022.01.29	5.1900	79.59	192.01
127097	PR 毕建投	1600.00	7.00	2022.01.28	6.5000	85.65	210.00
127098	PR 营沿海	1500.00	7.00	2022.01.26	6.4500	80.29	0.00
127099	15 天瑞 02	1000.00	6.00	2021.02.06	6.8900	97.32	201.56
127100	PR 新交投	1300.00	7.00	2022.02.06	6.1400	81.60	424.23
127101	PR 吉华投	800.00	7.00	2022.02.09	7.1800	82.82	60.00
127102	15 襄矿债	800.00	7.00	2022.02.11	8.8000	91.89	389.36
127104	PR 涪交旅	800.00	7.00	2022.02.03	6.6800	80.00	20.00
127105	PR 咸荣投	1400.00	7.00	2022.02.10	6.2900	85.00	100.00
127106	PR 黑债 01	900.00	6.00	2020.11.19	7.1000	51.60	0.00
127107	14 紫微 02	900.00	3.00	2018.02.04	5.2900	104.56	0.00
127108	PR 常天宁	1200.00	7.00	2022.02.12	6.4800	80.00	20.00
127109	PR 天盈债	800.00	7.00	2022.03.25	6.7900	88.00	100.00
127110	PR 兴城债	600.00	7.00	2022.03.20	6.0000	80.00	40.00
127111	PR 黔南投	1800.00	7.00	2022.03.09	6.4300	86.80	234.00
127112	PR 天诚 01	800.00	7.00	2022.03.11	6.5000	80.00	0.00
127113	PR 乌国投	1000.00	6.00	2021.03.16	6.1700	75.95	20.00
127114	15 乳国资	1000.00	7.00	2018.03.09	6.1700	100.00	0.00
127115	PR 马建投	600.00	7.00	2022.03.06	6.4900	84.99	0.00
127116	PR 淳新开	1100.00	7.00	2022.03.11	6.1000	84.55	40.00
127117	PR 娄开债	1300.00	7.00	2022.03.13	6.3600	87.00	267.40
127118	PR 丰城投	1000.00	7.00	2022.02.10	6.4900	84.49	150.00
127119	PR 兴堰债	800.00	7.00	2022.03.12	6.1000	80.00	0.00
127120	PR 巴南债	600.00	7.00	2022.03.13	6.1700	84.00	104.00
127121	15 苏国信	2800.00	5.00	2020.03.16	4.9000	101.57	2118.64
127122	10 湘高速	2800.00	10.00	2020.04.08	5.5000	101.80	1781.87
127123	PR 阜新 02	800.00	7.00	2022.03.18	6.1800	82.80	200.00
127124	14 中色 03	3000.00	10.00	2025.03.20	5.3000	108.35	0.00
127125	PR 三门 02	300.00	7.00	2022.03.18	6.8000	80.00	0.00
127126	PR 遂富源	900.00	7.00	2022.03.17	6.3900	84.18	150.00

债券信息
List of Bonds

债券 Bond

债券代码 Code	债券简称 Bond Name	发行数量(百万) Issued Vol(M)	年限 Terms	到期日 Expiration Date	票面利率(%) Coupon Rate(%)	本年收盘 Close	成交数量(万张) Trading Vol(10000)
127127	PR 渭城债	600.00	7.00	2022.03.11	6.0900	80.00	242.00
127128	PR 沈大东	700.00	7.00	2022.03.20	6.0500	80.00	160.00
127129	PR 苏通债	900.00	7.00	2022.03.18	6.2000	80.00	200.00
127130	PR 尧都债	1200.00	7.00	2022.03.13	7.1900	80.37	445.50
127131	PR 玉交 02	500.00	7.00	2022.03.20	6.1800	84.47	60.00
127132	PR 梅山债	800.00	7.00	2022.03.23	6.2700	88.29	0.00
127133	PR 泗洪债	1000.00	7.00	2022.03.16	6.1500	80.00	170.00
127134	PR 广安债	1200.00	7.00	2022.03.24	6.3900	84.00	68.00
127135	PR 阳高新	1600.00	7.00	2022.03.30	7.0000	88.00	140.00
127136	15 西经微	500.00	4.00	2019.03.26	5.1500	100.79	0.00
127137	PR 株今添	1600.00	7.00	2022.03.25	6.2500	88.53	60.00
127138	PR 柯岩债	800.00	7.00	2022.03.24	6.2800	80.00	40.00
127139	PR 邛崃债	800.00	7.00	2022.03.25	6.9800	84.90	150.00
127140	15 文小微	700.00	4.00	2019.03.24	6.2800	100.50	220.48
127141	PR 东南债	800.00	7.00	2022.03.26	6.5300	87.32	80.00
127142	PR 怀经开	700.00	7.00	2022.03.26	6.8000	80.00	140.00
127143	PR 新泰债	1000.00	7.00	2022.03.23	6.3500	80.75	178.00
127144	15 黄河债	700.00	6.00	2021.03.27	8.0000	100.00	0.00
127145	PR 长轨 01	3000.00	10.00	2025.04.03	5.9700	93.30	173.00
127146	PR 汴新债	800.00	7.00	2022.03.23	6.3500	80.00	0.00
127147	PR15 郫国	1400.00	7.00	2022.04.01	6.9500	88.83	50.00
127148	PR 九江置	1200.00	7.00	2022.03.23	6.2000	80.36	44.10
127149	15 粤路桥	2000.00	15.00	2030.05.21	5.1800	100.00	0.00
127150	PR 包科教	600.00	7.00	2022.03.25	6.4800	85.50	0.00
127151	PR 白工投	1000.00	7.00	2022.03.27	7.3000	85.00	298.58
127152	PR 渝铜梁	1200.00	7.00	2022.04.08	6.5900	80.00	0.00
127153	PR 吐国投	1200.00	7.00	2022.03.19	6.2000	82.50	110.00
127154	15 乌小微	600.00	4.00	2018.04.13	3.7900	100.00	0.00
127155	PR 宜兴债	1100.00	7.00	2022.03.30	6.1600	80.00	0.00
127156	15 联峰债	1000.00	6.00	2021.04.07	7.2000	100.00	0.00
127157	PR 石城投	800.00	7.00	2022.05.04	6.1000	80.00	0.00
127158	PR 东营资	800.00	7.00	2022.03.31	5.5700	79.73	120.00
127159	PR 越投债	1100.00	7.00	2022.04.07	6.3800	80.00	0.00
127160	PR 耒城投	700.00	7.00	2022.04.10	7.8000	85.00	0.00
127161	PR 石国控	850.00	7.00	2022.04.09	5.7500	87.20	120.00
127162	PR 湘铁投	1100.00	10.00	2025.04.30	6.0900	90.00	0.00
127163	PR15 海门	1400.00	7.00	2022.04.03	6.2200	81.00	72.50
127164	PR 庐江债	1000.00	7.00	2022.04.16	6.7000	80.00	40.00
127165	PR 高国资	900.00	7.00	2022.04.14	6.6800	80.00	0.00
127166	PR 洋口港	900.00	7.00	2022.04.10	6.2300	87.50	440.00
127167	PR 阳江投	1100.00	7.00	2022.04.14	6.2400	80.00	50.00
127168	PR 绍城建	1300.00	7.00	2022.04.17	5.7500	88.00	320.00
127169	PR 鄂长江	450.00	7.00	2022.04.03	6.1500	82.40	0.00
127170	PR 渝水债	1200.00	7.00	2022.06.24	7.7000	83.63	342.00
127171	PR 乌经开	990.00	7.00	2022.04.13	6.4000	80.00	160.00
127172	PR 滨中海	500.00	7.00	2022.04.13	6.6500	80.00	0.00
127173	PR 津铁投	2400.00	10.00	2025.04.13	5.5800	88.10	297.51
127174	PR 迁安投	1500.00	7.00	2022.04.22	6.2500	86.90	68.00
127175	15 武铁 01	1800.00	15.00	2030.04.14	5.1800	101.75	1258.28
127176	PR 武铁 02	1500.00	7.00	2022.04.14	5.2500	81.30	619.08

债券信息 List of Bonds

债券代码 Code	债券简称 Bond Name	发行数量(百万) Issued Vol(M)	年限 Terms	到期日 Expiration Date	票面利率(%) Coupon Rate(%)	本年收盘 Close	成交数量(万张) Trading Vol(10000)
127177	PR 梅金叶	1000.00	7.00	2022.04.22	6.0200	85.32	30.00
127178	15 华南城	1500.00	6.00	2021.04.13	8.0500	99.96	121.45
127179	PR 兴泸债	1000.00	10.00	2025.04.23	6.4100	90.00	0.00
127180	PR 郴新债	1050.00	7.00	2022.04.24	6.1500	85.30	30.00
127181	PR 桂经投	1000.00	7.00	2022.04.22	5.6000	80.00	0.00
127182	PR 阿信投	800.00	7.00	2022.04.20	6.4000	80.00	0.00
127183	PR 淮城债	1200.00	7.00	2022.04.23	5.7000	81.85	4.00
127184	PR 漳经发	600.00	7.00	2022.04.27	6.1700	80.00	0.00
127185	PR 绍城债	500.00	7.00	2022.04.27	6.0900	80.00	0.00
127186	PR 遵道桥	900.00	8.00	2023.04.27	6.1000	87.96	0.00
127187	PR 宜城债	1600.00	7.00	2022.04.27	6.0100	80.00	80.00
127188	PR 江新债	800.00	7.00	2022.04.22	6.0300	86.15	0.00
127189	PR 渝悦投	1100.00	7.00	2022.04.29	6.0900	80.00	30.00
127190	PR 大足债	700.00	7.00	2022.04.28	6.3000	80.00	10.00
127191	PR 济高 02	800.00	7.00	2022.04.30	6.0900	81.50	118.00
127192	PR 沪闵城	2000.00	7.00	2022.04.20	5.6300	80.79	150.00
127193	PR 马花山	1000.00	7.00	2022.04.20	6.0700	80.99	510.00
127194	PR 天诚 02	500.00	7.00	2022.04.30	6.4500	80.00	0.00
127195	16 闽投 02	1000.00	8.00	2024.03.01	3.2000	97.00	1242.00
127196	PR 海海业	600.00	7.00	2022.04.29	6.8400	80.00	100.00
127197	PR 瓯海债	1600.00	7.00	2022.04.23	6.4500	80.00	0.00
127198	PR 绍城北	400.00	7.00	2022.04.30	6.1300	88.29	70.00
127199	15 龙口债	700.00	7.00	2018.04.20	6.0900	100.00	0.00
127200	PR 津城债	1200.00	7.00	2022.04.27	5.7500	79.75	0.00
127201	PR 丹开债	900.00	7.00	2022.04.24	6.4000	80.00	110.00
127202	PR 呼伦债	700.00	7.00	2022.04.30	6.3100	80.00	55.00
127203	15 兴泰债	1000.00	7.00	2022.04.29	5.6000	101.25	110.00
127204	15 七师微	500.00	4.00	2018.05.08	6.0000	100.00	0.00
127205	PR 巢城债	800.00	7.00	2022.04.30	6.5000	80.00	0.00
127206	PR 沈经区	1200.00	7.00	2022.04.29	7.1700	81.26	56.00
127207	15 呼小微	650.00	4.00	2019.04.30	3.7000	100.00	0.00
127208	15 国网 01	8000.00	7.00	2022.04.09	4.9000	103.26	1317.83
127209	15 国网 02	2000.00	15.00	2030.04.09	4.9500	101.70	648.17
127210	15 双鸭微	600.00	4.00	2019.04.30	7.4000	103.00	150.00
127211	PR 黄山债	900.00	7.00	2022.05.06	5.9500	80.65	0.00
127212	PR 黄城债	1500.00	7.00	2022.04.29	5.9900	80.00	0.00
127213	16 枝江 02	800.00	7.00	2023.03.28	4.3800	104.70	0.00
127214	15 建发债	1000.00	7.00	2022.05.27	4.2800	100.35	1051.02
127215	16 兴荣控	900.00	7.00	2023.03.31	4.8600	102.91	60.00
127216	PR 蜀城投	500.00	7.00	2022.05.26	6.5800	79.30	125.50
127219	PR 九城投	1400.00	7.00	2022.05.22	5.5000	79.55	70.00
127220	PR 邯建投	1300.00	7.00	2022.05.27	5.4800	87.20	0.00
127221	PR 赣城投	2000.00	7.00	2022.06.16	5.5000	80.00	0.00
127222	PR 建湖债	1400.00	7.00	2022.06.01	6.3000	82.86	0.00
127223	PR 大洼债	800.00	7.00	2022.06.12	6.2900	82.50	123.30
127224	15 西微 01	400.00	4.00	2019.06.11	6.3500	100.00	0.00
127225	PR 鹰高新	900.00	7.00	2022.07.31	6.7500	80.00	0.00
127226	15 海基债	1500.00	7.00	2022.06.17	7.5000	98.20	46.02
127227	PR 锡山债	800.00	7.00	2022.07.20	5.7800	80.00	70.00
127228	PR 邗建债	1000.00	7.00	2022.06.15	5.8800	86.63	0.00

债券信息 List of Bonds

债券 Bond

债券代码 Code	债券简称 Bond Name	发行数量(百万) Issued Vol(M)	年限 Terms	到期日 Expiration Date	票面利率(%) Coupon Rate(%)	本年收盘 Close	成交数量(万张) Trading Vol(10000)
127229	PR 潍高新	1000.00	7.00	2022.06.18	6.0500	82.45	120.00
127230	PR 牡新区	600.00	7.00	2022.06.30	6.4800	85.00	50.50
127231	15 冀广 01	300.00	8.00	2023.06.12	5.3000	100.00	0.00
127232	PR 长轨 02	3000.00	10.00	2025.07.14	5.4000	90.00	280.00
127233	16 余金控	300.00	4.00	2020.03.22	4.4800	100.00	40.00
127234	15 十师债	350.00	7.00	2022.04.24	6.1000	104.73	80.00
127235	PR 椒江 01	1000.00	7.00	2022.07.06	6.1800	84.00	10.00
127236	PR 吴江投	1200.00	7.00	2022.07.08	5.2500	80.70	112.00
127237	PR 喀城建	700.00	7.00	2022.07.20	5.8000	80.00	60.00
127238	PR 陕东岭	1000.00	7.00	2022.07.14	8.0000	80.00	0.00
127239	15 东港债	900.00	7.00	2018.04.24	6.2500	100.00	73.00
127240	15 洪轨 02	3600.00	15.00	2030.08.03	5.0700	103.22	12.00
127241	PR 郑经开	1300.00	7.00	2022.07.31	5.4800	80.00	20.00
127242	PR 当涂债	900.00	7.00	2022.08.10	5.3800	86.50	130.00
127243	15 潍渤海	500.00	8.00	2023.08.05	6.8000	100.00	0.00
127244	PR 中关村	1100.00	7.00	2022.08.12	4.2000	78.00	1106.01
127245	PR 荆高新	700.00	7.00	2022.08.11	5.4800	79.80	60.00
127246	PR 徐新盛	2000.00	7.00	2022.08.12	5.1300	84.46	0.00
127247	15 任城债	600.00	4.00	2019.11.09	5.3300	101.18	504.90
127248	PR 京科债	1000.00	7.00	2022.08.13	4.2000	82.70	390.00
127249	PR 丽水债	600.00	7.00	2022.08.13	5.6700	80.00	40.00
127250	PR 闽漳龙	600.00	7.00	2022.08.07	4.9900	80.00	30.00
127251	PR 丰县债	1000.00	7.00	2022.03.20	6.4800	80.00	0.00
127252	PR 通途债	700.00	7.00	2022.06.19	6.0000	88.20	0.00
127253	15 粤电 01	1500.00	10.00	2025.08.20	4.5400	102.00	280.00
127255	PR 平湖债	1500.00	7.00	2022.08.25	4.9500	84.21	1330.00
127256	15 温铁 01	800.00	5.00	2020.08.27	7.0000	105.80	0.00
127257	PR 博投债	800.00	7.00	2022.08.26	5.7700	80.00	0.00
127258	15 温铁 02	700.00	15.00	2030.08.27	5.8000	100.00	0.00
127259	PR 太科债	1400.00	7.00	2022.08.28	5.5400	84.65	76.00
127260	15 开小微	700.00	4.00	2019.09.09	8.5000	100.00	0.00
127261	PR 鄱阳债	500.00	7.00	2022.09.09	5.5000	80.00	0.00
127262	PR 连江债	1000.00	7.00	2022.04.30	6.2900	80.00	0.00
127263	PR15 沭阳	800.00	7.00	2022.09.11	5.4900	86.00	120.50
127264	15 彬煤债	800.00	7.00	2022.07.30	8.0000	100.00	100.00
127265	15 涪小微	700.00	4.00	2019.09.09	1.8000	102.00	0.00
127266	15 桓台债	700.00	4.00	2019.09.21	6.8800	100.00	60.00
127267	PR 邵武债	700.00	7.00	2022.09.11	5.8800	83.39	0.00
127268	PR 汝州债	800.00	6.00	2021.09.16	6.3000	78.30	40.00
127269	PR 武夷债	1500.00	7.00	2022.09.28	4.9600	77.00	615.59
127270	15 港小微	800.00	4.00	2018.10.17	5.5800	100.00	80.00
127271	15 乌高微	600.00	4.00	2019.08.24	5.1900	100.00	0.00
127272	PR 高邮债	1000.00	7.00	2022.09.15	5.4800	80.00	0.00
127273	PR 黑山债	400.00	7.00	2022.09.18	6.7900	79.28	40.00
127274	PR 铜城投	1000.00	7.00	2022.09.18	5.2300	87.38	303.00
127275	PR 一师债	500.00	7.00	2022.09.16	5.3500	80.00	40.00
127276	15 昌小微	600.00	4.00	2019.09.22	7.0000	100.10	155.50
127277	15 内小微	450.00	6.00	2018.10.15	5.4000	100.00	80.00
127278	PR 津地铁	2500.00	10.00	2025.10.16	4.2700	94.00	120.00
127279	PR 浏新城	1500.00	7.00	2022.10.23	4.4300	79.50	519.02

债券信息 List of Bonds

债券 Bond

债券代码 Code	债券简称 Bond Name	发行数量(百万) Issued Vol(M)	年限 Terms	到期日 Expiration Date	票面利率(%) Coupon Rate(%)	本年收盘 Close	成交数量(万张) Trading Vol(10000)
127280	15 魏桥债	1000.00	7.00	2022.10.26	5.2600	99.40	293.80
127281	PR 邳经发	1000.00	7.00	2022.10.29	5.0000	80.00	0.00
127282	PR 贵路桥	1500.00	7.00	2022.10.28	4.1700	77.00	561.47
127283	PR 大同建	2000.00	7.00	2022.10.22	4.4900	80.19	966.55
127284	PR 桐建债	800.00	7.00	2022.11.09	5.4700	80.00	210.00
127285	15 茂名港	600.00	7.00	2022.11.04	5.2400	99.00	51.00
127286	PR 沛城投	900.00	7.00	2022.11.10	5.2000	80.00	0.00
127287	PR 芜新投	1000.00	7.00	2022.11.04	4.8700	78.08	160.00
127288	PR 通高新	1300.00	7.00	2022.10.19	5.0000	77.60	120.00
127289	PR 河池债	700.00	7.00	2022.11.13	5.5800	82.42	100.00
127290	PR 伊国投	500.00	7.00	2022.09.24	5.3700	80.00	0.00
127291	PR 苍南债	800.00	7.00	2022.11.11	5.5800	88.00	280.00
127292	15 国网 03	5000.00	3.00	2018.10.21	3.5000	99.99	1992.77
127293	15 国网 04	5000.00	5.00	2020.10.21	3.7900	99.90	801.00
127294	PR 天心 01	800.00	7.00	2022.11.06	4.2000	79.00	480.01
127295	PR 泰虹桥	600.00	7.00	2022.10.29	5.0300	83.87	20.00
127296	15 云能源	1500.00	10.00	2025.11.17	4.8000	100.88	1410.00
127297	15 兴小微	500.00	4.00	2019.10.30	8.0000	99.90	135.00
127298	PR 任丘债	700.00	7.00	2022.11.18	5.6800	78.22	556.00
127299	15 蓬莱债	900.00	7.00	2018.01.12	5.5100	100.00	0.00
127300	15 国泰债	800.00	7.00	2022.09.09	5.5800	101.50	0.00
127301	PR 武清投	1800.00	7.00	2022.11.17	4.1500	79.00	765.08
127302	PR 桂城投	1600.00	7.00	2022.12.02	5.2300	68.00	210.30
127303	PR 秦汉债	1400.00	7.00	2022.11.27	5.1500	79.70	604.01
127304	PR 蒙金隆	600.00	7.00	2022.11.19	7.3000	82.00	10.00
127305	16 穗港 03	500.00	10.00	2026.11.24	3.3800	100.00	65.00
127306	15 伊小微	600.00	4.00	2019.11.23	5.5900	100.00	80.00
127307	16 神木债	800.00	4.00	2020.03.16	4.4800	100.00	120.00
127308	PR 巴中债	1300.00	7.00	2022.12.02	5.1300	80.00	0.00
127309	PR 赣陶债	1000.00	7.00	2022.11.27	5.3800	80.00	50.00
127310	PR 海城改	1150.00	7.00	2022.11.27	5.0800	82.03	299.98
127311	PR 麒麟债	1000.00	7.00	2022.11.26	5.3700	81.95	60.00
127312	15 海航债	3000.00	7.00	2022.11.27	5.9900	85.59	499.51
127313	PR 东丽投	2500.00	7.00	2022.12.02	4.2800	76.00	1136.93
127314	PR 睢润企	1500.00	7.00	2022.11.20	5.4200	80.00	0.00
127315	15 机场债	800.00	7.00	2022.12.03	6.8800	100.00	0.00
127316	PR 洛城债	1000.00	7.00	2022.12.02	4.4700	80.00	0.00
127317	PR 平崆旅	350.00	7.00	2022.11.30	6.8500	73.20	41.12
127318	15 闽投专	800.00	10.00	2025.12.11	3.7000	99.70	473.20
127319	PR 日建债	600.00	7.00	2022.12.07	3.9800	77.00	101.47
127320	15 萍小微	700.00	4.00	2019.11.25	7.5000	100.00	0.00
127321	15 湘产债	300.00	7.00	2022.12.08	4.9500	100.00	0.00
127322	PR 义城投	1100.00	7.00	2022.12.07	4.3100	79.90	466.50
127323	PR 海资债	1200.00	7.00	2022.12.14	4.6000	80.00	0.00
127324	PR 达州 02	500.00	7.00	2022.11.27	5.1000	80.00	0.00
127326	15 国网 05	8000.00	3.00	2018.11.11	3.5800	100.00	1002.24
127327	15 国网 06	2000.00	5.00	2020.11.11	3.7500	96.43	370.00
127328	PR 长轨 03	2000.00	10.00	2025.12.21	4.1000	90.00	120.00
127329	16 马高新	850.00	7.00	2023.11.28	3.9000	100.00	779.00
127330	PR 和济投	500.00	7.00	2022.12.17	5.0900	80.00	0.00

债券信息 List of Bonds

债券 Bond

债券代码 Code	债券简称 Bond Name	发行数量(百万) Issued Vol(M)	年限 Terms	到期日 Expiration Date	票面利率(%) Coupon Rate(%)	本年收盘 Close	成交数量(万张) Trading Vol(10000)
127331	PR 威海投	1100.00	7.00	2022.12.17	4.8000	79.39	0.00
127332	PR 凤城债	500.00	7.00	2022.12.17	5.7600	80.00	48.00
127333	PR 榕城 02	600.00	7.00	2022.07.08	4.8900	80.00	80.00
127334	15 锡创投	400.00	7.00	2022.12.21	4.3300	100.00	100.00
127335	PR 昌乐债	900.00	7.00	2022.12.16	5.1800	82.03	30.00
127336	15 寿小微	600.00	4.00	2019.12.07	7.5000	100.00	60.00
127337	PR 潜城债	1700.00	7.00	2022.12.21	5.1900	80.00	80.00
127338	PR 宜高投	2000.00	7.00	2022.12.15	4.8000	80.00	120.00
127339	PR 金昌债	650.00	7.00	2022.12.21	6.7900	80.00	50.00
127340	15 冀广 02	200.00	8.00	2023.12.14	4.2800	100.00	30.00
127341	PR 正棚改	1800.00	10.00	2025.12.24	5.2800	75.00	0.00
127342	PR 内双创	600.00	7.00	2022.12.25	5.0300	76.36	120.00
127344	PR 仁发债	1000.00	7.00	2022.12.22	6.4200	80.00	40.00
127345	PR 盐高新	1000.00	7.00	2022.12.14	3.9000	79.25	906.21
127346	15 七小微	790.00	4.00	2019.12.23	7.3400	100.00	0.00
127347	15 昆水务	700.00	7.00	2022.12.25	4.3500	100.00	0.00
127348	PR 响水债	1300.00	7.00	2022.12.24	4.9800	83.20	30.00
127349	16 邵东债	1000.00	7.00	2023.01.11	6.5000	99.93	330.00
127350	PR 浙滨债	1800.00	7.00	2022.12.23	4.6500	80.00	200.00
127351	PR 黔畅达	2000.00	7.00	2022.12.21	5.7900	84.54	564.70
127352	16 恒投 01	2300.00	10.00	2026.05.10	4.1000	98.00	340.10
127353	15 渝缙云	1200.00	7.00	2022.12.31	4.5000	100.00	130.00
127354	15 梅建投	1300.00	7.00	2022.12.30	5.0000	100.00	248.00
127355	PR 凯投 01	1400.00	7.00	2022.12.17	5.2900	80.00	40.00
127356	16 常城投	1900.00	7.00	2023.01.12	3.5900	98.72	362.70
127357	16 永经投	1300.00	7.00	2023.01.14	3.5500	97.15	707.75
127358	16 平阳债	1500.00	7.00	2023.01.08	4.9700	100.00	134.00
127359	16 穗金控	1000.00	10.00	2026.02.02	3.4800	96.37	20.00
127360	PR 兴义债	1000.00	7.00	2022.12.16	5.4000	80.00	0.00
127361	PR 老边 01	800.00	7.00	2022.12.16	5.6300	80.00	118.00
127362	16 闽投 01	1500.00	8.00	2024.01.15	3.2000	98.15	1119.12
127363	16 新沂债	1900.00	7.00	2023.01.19	4.3000	100.00	220.00
127364	15 潼南债	2000.00	7.00	2022.12.31	4.9900	100.00	29.00
127365	16 渝两江	2800.00	5.00	2021.01.13	3.1700	99.02	1864.00
127366	16 红小微	1200.00	4.00	2020.01.14	6.0500	100.00	458.00
127367	15 沪城建	2000.00	7.00	2023.01.06	3.5000	98.40	554.90
127368	16 衡阳债	1400.00	7.00	2023.01.21	4.2800	100.00	170.00
127369	16 来宾债	800.00	4.00	2020.03.07	6.0000	100.00	76.00
127370	16 奥德 01	500.00	7.00	2023.01.15	5.7700	102.19	30.00
127371	16 普兰店	1500.00	7.00	2023.01.25	3.8000	95.96	389.68
127372	16 大理债	500.00	7.00	2023.01.25	6.0100	95.23	207.00
127373	16 枝江 01	800.00	7.00	2023.01.11	4.7800	100.00	40.00
127374	16 六盘水	2000.00	7.00	2023.01.20	3.7400	100.00	660.00
127375	16 五家渠	1500.00	7.00	2023.03.16	3.6000	98.60	590.20
127376	15 西微 02	400.00	4.00	2020.01.29	4.6000	100.00	0.00
127377	16 黄冈债	2000.00	7.00	2023.01.18	4.0800	95.85	560.00
127378	16 禹州债	1200.00	7.00	2023.01.19	4.6800	100.00	0.00
127379	16 泗阳债	1200.00	7.00	2023.01.21	4.9400	100.00	0.00
127380	16 阿勒泰	700.00	7.00	2023.01.22	4.8500	100.70	9.00
127381	16 仪征债	700.00	7.00	2023.01.08	4.6300	100.00	0.00

债券信息 List of Bonds

债券 Bond

债券代码 Code	债券简称 Bond Name	发行数量(百万) Issued Vol(M)	年限 Terms	到期日 Expiration Date	票面利率(%) Coupon Rate(%)	本年收盘 Close	成交数量(万张) Trading Vol(10000)
127382	16 赣投债	1000.00	10.00	2026.01.11	3.7000	95.69	390.00
127383	16 宁经开	1500.00	7.00	2023.01.27	3.8700	99.00	165.00
127384	16 开福 01	600.00	7.00	2023.01.21	4.2000	100.00	140.00
127385	16 兴资债	800.00	7.00	2023.01.18	5.9700	99.68	113.00
127386	16 丹投债	1600.00	7.00	2023.01.25	3.9900	92.00	395.70
127387	16 雨城投	1400.00	7.00	2023.01.28	3.8000	110.00	520.00
127388	16 瓯海债	1700.00	7.00	2023.01.21	4.8300	100.00	130.00
127390	16 芙蓉债	2500.00	7.00	2023.01.26	3.8800	99.73	660.00
127391	16 瓦沿海	1500.00	7.00	2023.02.01	3.9800	95.33	100.00
127392	16 平交投	1500.00	7.00	2023.01.29	3.9200	99.45	676.00
127393	16 合川债	500.00	4.00	2020.01.29	5.1000	100.00	100.00
127394	16 诸经债	800.00	4.00	2020.01.26	4.8700	100.00	200.00
127395	16 吉城建	2150.00	7.00	2023.01.27	3.8000	95.35	844.00
127396	16 陕旅债	350.00	7.00	2023.03.01	4.5800	100.00	0.00
127397	PR 耒阳债	1200.00	7.00	2022.11.26	6.4000	80.00	0.00
127398	16 威海债	1600.00	7.00	2023.03.02	3.3300	93.23	1230.00
127399	16 鲁信债	600.00	7.00	2023.03.09	3.3600	98.30	529.00
127400	16 广晟 01	2000.00	15.00	2031.03.11	3.7000	100.00	1200.00
127401	16 铜建专	1190.00	7.00	2023.03.14	4.1200	100.00	0.00
127402	16 下城债	1400.00	7.00	2023.03.14	3.8000	100.00	0.00
127403	15 老边 02	1500.00	7.00	2023.03.11	4.9800	100.00	0.00
127404	16 唐金债	1600.00	7.00	2023.03.16	4.3500	94.81	130.00
127405	16 盐都债	1300.00	7.00	2023.03.17	3.6700	96.60	1175.00
127406	16 宏小微	900.00	4.00	2020.03.16	5.5000	99.10	449.50
127407	16 汇盛债	1000.00	8.00	2024.03.15	4.4900	100.00	330.00
127408	16 张经开	700.00	7.00	2023.03.22	3.9500	100.00	90.00
127409	16 渝地产	2300.00	7.00	2023.03.21	3.3600	95.35	726.00
127410	16 德兴债	800.00	7.00	2023.03.21	5.9900	100.00	50.00
127411	16 滁小微	1000.00	4.00	2020.03.23	5.4400	98.01	245.00
127412	16 鸠江债	1200.00	7.00	2023.03.21	3.9600	100.00	0.00
127413	16 皋投债	1500.00	7.00	2023.03.23	3.7400	97.50	865.14
127414	16 邕高 01	500.00	7.00	2023.03.25	4.2800	95.20	260.00
127415	16 三明交	1300.00	7.00	2023.03.29	3.6800	97.00	877.41
127416	16 贾汪债	1600.00	7.00	2023.03.23	4.0000	94.25	335.27
127417	16 榕高新	700.00	7.00	2018.12.18	4.3600	100.00	172.00
127418	16 启交通	1500.00	7.00	2023.03.18	4.0000	97.30	732.11
127419	16 启国投	1500.00	7.00	2023.03.09	4.0000	97.90	1025.20
127420	16 渝开债	1500.00	7.00	2023.04.13	3.9500	99.03	1080.20
127421	16 青小微	1000.00	4.00	2020.03.29	3.9700	102.00	1103.00
127422	16 牡小微	600.00	7.00	2020.03.24	6.6600	97.00	252.10
127424	16 惠开债	1600.00	7.00	2023.04.08	4.1600	97.10	1244.95
127425	16 穗港 01	500.00	10.00	2026.04.18	3.5700	100.00	620.00
127426	16 渝江 01	2500.00	5.00	2021.04.19	3.6000	98.74	2800.05
127427	16 渤海 01	3000.00	7.00	2023.04.18	3.8200	98.00	296.01
127428	16 渤海 02	600.00	10.00	2026.04.18	4.1000	100.00	50.00
127429	G16 京汽 1	2500.00	7.00	2023.04.22	3.4500	97.70	1209.09
127430	16 淮城资	1200.00	7.00	2023.05.03	4.6300	100.02	430.00
127431	16 洛新债	1500.00	7.00	2023.04.26	4.2800	99.00	180.00
127432	16 太新 01	1000.00	7.00	2023.05.03	4.4900	100.10	691.00
127433	16 海发债	1060.00	7.00	2023.06.06	4.6700	97.70	400.00

债券信息 List of Bonds

债券代码 Code	债券简称 Bond Name	发行数量(百万) Issued Vol(M)	年限 Terms	到期日 Expiration Date	票面利率(%) Coupon Rate(%)	本年收盘 Close	成交数量(万张) Trading Vol(10000)
127434	16 晋煤 01	1000.00	5.00	2021.05.03	6.8000	100.00	535.00
127435	16 磁湖 01	1500.00	7.00	2023.06.08	4.5000	103.00	893.00
127436	16 惠棚改	1000.00	5.00	2021.06.08	4.3800	103.00	800.00
127437	16 扬城投	1000.00	7.00	2023.06.03	5.1500	98.68	1412.02
127438	16 望经开	2700.00	7.00	2023.07.13	3.7500	98.42	1410.01
127439	16 樟树债	900.00	7.00	2023.06.22	4.8000	102.67	50.00
127440	16 惠投 01	1000.00	7.00	2023.07.07	3.7500	98.50	150.10
127441	16 苏筑富	1600.00	7.00	2023.07.20	4.4700	96.30	58.40
127442	16 广晟 02	1400.00	15.00	2031.07.21	3.7500	98.60	692.00
127443	16 湘潭 01	1600.00	7.00	2023.08.04	3.6000	92.00	513.52
127445	16 渝江 02	2000.00	5.00	2021.08.05	3.1000	98.00	1075.75
127446	16 穗城 02	1000.00	10.00	2026.07.22	3.3300	100.00	0.00
127447	16 宁地铁	2600.00	7.00	2023.08.29	3.2900	97.20	1366.57
127448	15 天心 02	700.00	7.00	2023.08.08	3.4300	94.60	100.00
127449	16 太新 02	1000.00	7.00	2023.08.29	3.4700	92.47	1120.00
127450	16 晋城投	3000.00	7.00	2023.08.24	3.3500	96.70	570.92
127451	G17 龙湖 1	1600.00	5.00	2022.02.17	4.4000	100.00	1361.18
127452	16 硚口债	1400.00	7.00	2023.08.29	3.4800	98.14	1024.00
127453	16 建安 01	1600.00	7.00	2023.09.05	3.5000	100.60	1009.20
127454	16 南管廊	1270.00	10.00	2026.09.12	3.5800	96.00	230.86
127455	16 广陵债	1500.00	7.00	2023.09.07	3.6200	91.00	528.55
127456	16 穗港 02	500.00	10.00	2026.09.18	3.1900	100.00	505.00
127457	16 广饶债	2000.00	7.00	2023.09.08	3.6100	100.00	316.00
127458	16 济市中	900.00	7.00	2023.09.14	3.5200	93.90	325.51
127459	16 广晟 03	1200.00	15.00	2031.11.10	3.6000	98.10	40.00
127460	16 建湖项	1000.00	5.00	2021.10.13	3.2800	101.00	420.00
127461	G16 国网 1	5000.00	3.00	2019.10.20	2.8000	99.21	1024.00
127462	G16 国网 2	5000.00	5.00	2021.10.20	2.9900	97.40	2157.18
127463	16 溧经开	1500.00	7.00	2023.11.09	3.4100	100.00	760.00
127464	16 京投 01	3000.00	5.00	2021.11.02	3.6000	100.00	1192.00
127465	16 德清债	870.00	7.00	2023.11.11	3.6000	97.58	110.00
127467	G17 龙湖 2	1440.00	7.00	2024.02.17	4.6700	100.00	300.00
127468	17 长经 01	1000.00	7.00	2024.03.03	4.7800	100.00	40.00
127469	17 首房专	1180.00	10.00	2027.03.20	5.4900	99.80	190.00
127470	G17 龙湖 3	1000.00	7.00	2024.03.07	4.7500	100.38	143.01
127471	17 苏众安	1200.00	7.00	2024.03.24	5.6500	100.00	315.00
127472	17 宿裕丰	1000.00	7.00	2024.04.21	5.5000	102.90	730.00
127473	17 慈溪债	950.00	7.00	2024.04.07	4.9000	100.00	20.00
127474	17 三明国	1000.00	7.00	2024.04.17	5.1000	98.00	99.29
127475	17 宿开发	1200.00	7.00	2024.04.20	5.4000	102.68	101.00
127476	17 众邦债	1500.00	7.00	2024.06.02	5.9500	100.30	81.80
127477	17 邳润债	1700.00	7.00	2024.04.19	5.6500	100.00	510.00
127478	17 新交投	1250.00	7.00	2024.04.24	5.3500	97.82	305.00
127479	16 瀚瑞 01	1600.00	7.00	2023.04.15	4.6300	99.00	830.09
127480	17 陂城投	1730.00	7.00	2024.04.19	5.4800	101.23	440.00
127481	17 京投 01	2000.00	5.00	2018.05.03	4.2000	99.87	1043.00
127482	G17 产建 1	900.00	7.00	2024.05.02	5.7500	99.00	191.06
127483	17 宝城投	800.00	7.00	2024.04.18	5.0500	101.20	505.81
127484	17 乌城投	2000.00	4.00	2021.04.26	5.1800	101.56	394.00
127485	17 枞阳债	1000.00	7.00	2024.04.25	5.8500	100.00	0.00

债券信息 List of Bonds

债券 Bond

债券代码 Code	债券简称 Bond Name	发行数量(百万) Issued Vol(M)	年限 Terms	到期日 Expiration Date	票面利率(%) Coupon Rate(%)	本年收盘 Close	成交数量(万张) Trading Vol(10000)
127486	17 威高新	1800.00	7.00	2024.04.28	5.3200	102.19	200.08
127488	17 惠投债	1000.00	7.00	2024.04.10	4.8800	99.50	786.32
127489	17 六交投	1400.00	7.00	2024.05.02	5.9800	99.91	978.08
127490	17 延新投	1000.00	7.00	2024.04.21	5.6000	98.00	675.39
127491	17 灌东债	660.00	7.00	2024.05.16	6.4200	99.30	271.95
127492	17 盐国资	1500.00	7.00	2024.06.12	5.8000	100.32	348.00
127493	17 郑通 01	400.00	7.00	2024.06.27	5.9800	100.00	0.00
127494	17 高港债	1500.00	7.00	2024.06.22	5.5400	100.00	310.00
127495	G17 京汽 1	2300.00	7.00	2024.07.04	4.7200	101.80	526.00
127496	17 毕节 01	1230.00	7.00	2024.07.06	5.7800	100.56	177.44
127497	17 永兴 01	700.00	7.00	2024.07.07	6.9300	100.00	0.00
127499	17 秦投 01	800.00	7.00	2024.07.07	6.6800	100.00	0.00
127500	17 青州 01	1000.00	7.00	2024.07.10	6.4000	100.00	0.00
127501	17 望铜官	1200.00	10.00	2027.07.12	5.7300	99.78	190.00
127502	17 宿迁 01	300.00	7.00	2024.07.11	5.3000	100.00	6.00
127503	17 即旅债	1200.00	7.00	2024.07.10	5.3500	100.00	0.00
127504	17 沛国资	1310.00	7.00	2024.07.19	5.9800	100.00	257.00
127505	16 榕经开	1000.00	7.00	2023.08.25	3.5300	96.80	406.64
127506	17 扬开发	1100.00	7.00	2024.07.06	5.2800	102.40	410.00
127507	17 永城投	1300.00	7.00	2024.07.13	5.3000	99.50	374.31
127508	17 蚌经投	1160.00	7.00	2024.07.13	6.4500	100.00	0.00
127509	16 邮发 02	600.00	7.00	2024.07.13	5.2600	97.05	20.00
127510	17 诸城债	1500.00	7.00	2024.07.12	5.3700	100.00	667.23
127511	17 崇川债	1500.00	5.00	2022.07.21	5.7000	100.00	80.00
127512	17 民科债	1200.00	7.00	2024.07.18	6.4400	100.00	0.00
127513	17 广国投	1400.00	7.00	2024.07.18	5.3700	97.98	482.07
127514	17 白云 01	460.00	7.00	2024.07.17	6.4800	100.00	50.00
127515	17 常鼎力	1700.00	7.00	2024.07.20	6.1000	100.00	30.00
127516	17 诸资 01	1000.00	7.00	2024.06.28	5.3400	100.00	64.00
127517	17 荆城投	1490.00	7.00	2024.07.20	5.6800	100.68	28.00
127518	17 嵊投控	1700.00	7.00	2024.07.20	5.3500	102.08	621.20
127519	17 桂城投	1400.00	7.00	2024.07.21	5.9800	100.00	0.00
127520	17 伟驰 01	300.00	7.00	2024.07.24	6.1800	100.00	0.00
127521	16 邮发 01	1000.00	7.00	2023.09.02	3.6500	100.00	170.00
127522	17 厦轨 01	1000.00	9.00	2026.07.20	4.5500	100.45	1195.70
127523	17 启创债	1200.00	7.00	2024.07.14	5.1600	100.40	165.51
127524	17 诸资 02	1300.00	7.00	2024.07.18	5.2300	100.00	208.00
127525	17 兴宁债	500.00	7.00	2024.07.24	5.9900	100.00	90.00
127526	17 襄经债	800.00	7.00	2024.07.19	6.1000	100.00	0.00
127527	17 攀投债	800.00	7.00	2024.07.24	7.3000	100.00	80.00
127528	17 郴新天	1420.00	7.00	2024.07.26	6.0000	100.00	0.00
127529	17 秦投 02	700.00	7.00	2024.07.25	6.9100	100.00	106.00
127531	17 浠凤 01	1000.00	7.00	2024.07.28	6.5200	102.00	0.00
127532	17 红投债	1000.00	7.00	2024.07.12	5.9000	100.00	360.00
127533	17 惠华 02	900.00	7.00	2024.07.26	5.9600	0.00	0.00
127534	17 衡滨江	1530.00	7.00	2024.07.27	5.4700	100.00	274.06
127535	17 古蔺债	640.00	7.00	2024.07.24	5.9600	100.00	0.00
127536	17 黔投 01	700.00	7.00	2024.07.28	6.7700	100.00	160.00
127537	17 咸宁债	1350.00	10.00	2027.07.27	5.9900	100.00	0.00
127539	17 雨山 01	500.00	7.00	2024.07.31	5.6200	100.00	75.00

债券信息 List of Bonds

债券 Bond

债券代码 Code	债券简称 Bond Name	发行数量(百万) Issued Vol(M)	年限 Terms	到期日 Expiration Date	票面利率(%) Coupon Rate(%)	本年收盘 Close	成交数量(万张) Trading Vol(10000)
127540	G17 龙源 2	3000.00	7.00	2024.08.01	4.7800	101.70	1356.00
127541	17 新津 02	310.00	7.00	2024.08.03	6.2800	100.00	0.00
127542	17 铜建 01	1000.00	7.00	2024.07.31	5.7700	100.00	160.00
127544	17 张家界	1000.00	10.00	2027.07.24	6.4700	100.00	0.00
127545	17 毕节 02	500.00	7.00	2024.08.03	5.5500	100.00	60.00
127546	17 含浦债	700.00	7.00	2024.07.28	5.8000	100.00	0.00
127547	17 宿新债	1200.00	7.00	2024.08.04	5.9800	100.00	0.00
127548	17 安皖江	1000.00	7.00	2024.08.02	6.5000	100.00	0.00
127549	17 泗阳债	1200.00	7.00	2024.07.31	7.4000	100.00	0.00
127550	17 包头 01	1500.00	7.00	2024.07.27	5.2500	97.70	632.10
127551	17 湖滨 01	700.00	7.00	2024.08.02	6.8500	100.00	0.00
127552	17 黄岩 01	1000.00	7.00	2024.08.01	6.1000	100.00	0.00
127553	17 金潼 01	1490.00	7.00	2024.08.01	6.5000	100.00	292.00
127554	17 开投债	1500.00	7.00	2024.08.03	7.0800	100.00	0.00
127555	17 柔刚 02	500.00	7.00	2024.08.02	6.8000	100.00	0.00
127556	G17 靖新 1	970.00	7.00	2024.07.25	5.3700	100.00	50.00
127557	17 广铁 01	3000.00	10.00	2027.08.09	4.8400	101.56	887.00
127558	17 蒲城债	1000.00	7.00	2024.08.10	6.5700	100.00	0.00
127559	17 粤海 01	1500.00	10.00	2027.08.07	4.7700	102.12	1031.10
127560	17 厦轨 02	1500.00	9.00	2026.08.08	4.6100	98.75	1191.00
127561	17 宁国债	1100.00	7.00	2024.08.07	7.1400	100.00	0.00
127562	17 株湘江	1400.00	7.00	2024.08.09	6.4000	100.00	0.00
127563	17 怀经开	1000.00	7.00	2024.08.07	5.7700	100.00	40.00
127564	17 鄱阳债	1200.00	7.00	2024.08.08	6.5300	100.00	0.00
127565	17 淮水利	1500.00	7.00	2024.08.11	5.2800	100.00	80.00
127566	17 永兴 02	800.00	7.00	2024.08.14	6.5000	100.00	0.00
127568	17 萍昌盛	880.00	7.00	2024.08.11	6.0000	100.00	0.00
127569	17 宁高 02	600.00	7.00	2024.08.14	6.0800	99.57	210.00
127570	G17 产建 2	900.00	7.00	2024.08.10	5.8800	97.90	190.00
127571	17 淄创 01	600.00	7.00	2024.08.10	5.2800	100.00	200.00
127572	17 包头 02	1500.00	7.00	2024.08.10	5.3100	100.00	800.00
127573	17 秭归 01	600.00	10.00	2027.08.14	7.0800	100.00	0.00
127574	17 宜城投	2500.00	10.00	2027.08.14	5.7700	100.00	0.00
127576	17 铜建 02	1000.00	7.00	2024.08.16	5.8000	100.00	50.00
127577	17 濮阳债	850.00	7.00	2024.08.17	5.1800	101.80	251.00
127578	17 启城投	1300.00	7.00	2024.08.16	5.2500	97.00	610.00
127579	17 毕信泰	1500.00	7.00	2024.11.01	7.8000	100.00	38.00
127580	17 石桥 01	500.00	7.00	2024.08.14	7.5900	100.00	0.00
127581	17 运通债	1700.00	7.00	2024.08.10	6.1300	100.00	151.05
127582	17 渌湘投	1200.00	7.00	2024.08.16	7.0900	100.00	0.00
127584	17 湘管廊	1000.00	7.00	2024.10.27	7.5000	100.00	0.00
127585	17 宝开 01	600.00	7.00	2024.08.21	5.4500	100.00	130.00
127586	17 遵经开	970.00	7.00	2024.08.17	7.4800	100.00	0.00
127587	17 新东观	800.00	7.00	2024.09.05	7.7000	100.00	65.00
127588	16 柯城 02	1100.00	7.00	2024.08.03	5.7400	100.00	0.00
127589	G17 武铁 1	3000.00	15.00	2032.08.22	4.9900	100.00	0.00
127590	17 威经开	810.00	7.00	2024.08.23	5.8000	100.00	30.00
127591	17 吴国太	1500.00	10.00	2027.08.23	6.4000	100.00	0.00
127592	17 资兴 02	1100.00	7.00	2024.08.09	6.1800	100.00	0.00
127593	17 金洲投	1500.00	7.00	2024.08.24	6.6000	100.00	0.00

债券信息 List of Bonds

债券代码 Code	债券简称 Bond Name	发行数量(百万) Issued Vol(M)	年限 Terms	到期日 Expiration Date	票面利率(%) Coupon Rate(%)	本年收盘 Close	成交数量(万张) Trading Vol(10000)
127594	17 泾河债	800.00	7.00	2024.08.23	6.6700	100.00	410.00
127595	17 兴蜀债	1300.00	7.00	2024.08.21	6.7800	100.00	160.00
127596	17 湖滨 02	800.00	7.00	2024.08.25	6.9300	98.99	250.00
127597	17 舜发债	700.00	7.00	2024.08.23	7.0000	100.00	0.00
127598	17 平阳债	870.00	10.00	2027.08.24	6.9000	100.00	0.00
127601	17 义乌专	1620.00	7.00	2024.08.18	5.4800	100.00	0.00
127602	17 广鑫 01	600.00	7.00	2024.08.28	7.1800	100.00	10.00
127603	17 开元 02	700.00	7.00	2024.08.29	7.2800	100.00	87.30
127604	17 老河口	1040.00	7.00	2024.08.16	6.4900	100.00	0.00
127606	18 百东 01	200.00	7.00	2025.06.29	7.9000	100.00	0.00
127607	17 苏科债	1500.00	7.00	2024.08.30	5.7000	100.00	190.00
127608	17 运城债	840.00	7.00	2024.08.29	6.3000	100.00	0.00
127610	17 邵阳 01	1000.00	7.00	2024.09.01	5.9800	100.00	0.00
127611	17 渝丰都	1200.00	7.00	2024.09.05	6.3800	100.00	180.00
127612	17 彭山 01	880.00	7.00	2024.09.05	7.0000	100.00	0.00
127613	17 淮南 01	1100.00	7.00	2024.09.04	5.7400	100.92	340.00
127614	17 新经开	890.00	7.00	2024.09.27	6.6600	100.00	0.00
127615	17 夷陵 01	500.00	7.00	2024.09.05	6.4500	100.00	0.00
127616	G17 发展 1	2400.00	5.00	2022.09.06	4.9400	102.80	1029.13
127617	G17 汴投 1	1300.00	10.00	2027.09.08	6.1000	100.00	0.00
127618	17 南陵债	1500.00	7.00	2024.09.06	6.2000	100.00	0.00
127620	17 阜宁债	1000.00	7.00	2024.03.14	6.0000	94.10	0.00
127621	17 新宇 01	700.00	7.00	2024.09.08	7.6000	100.00	0.00
127622	17 吉首 02	900.00	7.00	2024.09.11	6.4500	100.00	28.50
127623	17 桂金债	500.00	7.00	2024.09.08	6.5000	100.00	0.00
127624	17 滨江债	1450.00	7.00	2024.09.13	6.4000	100.00	100.00
127625	17 盈地债	1000.00	7.00	2024.11.07	7.0000	100.00	140.00
127626	17 随专 02	490.00	7.00	2024.09.15	5.9700	100.00	0.00
127627	17 安丘债	1000.00	7.00	2024.09.14	7.0000	100.00	220.00
127628	17 城建 01	700.00	7.00	2024.11.06	5.9000	100.00	0.00
127629	17 黄岩 02	650.00	7.00	2024.09.14	6.2200	100.00	0.00
127631	17 当经债	600.00	7.00	2024.09.11	6.0000	100.00	0.00
127632	17 怀城投	950.00	7.00	2024.08.28	5.8000	100.00	0.00
127633	17 高建投	500.00	7.00	2024.09.18	5.9500	100.00	0.00
127634	17 安顺债	1500.00	7.00	2024.09.15	7.3000	100.00	0.00
127635	17 沅陵 01	500.00	7.00	2024.09.20	6.5000	100.00	0.00
127636	17 淮安债	1500.00	7.00	2024.09.20	5.2200	100.60	313.20
127637	17 蒙城债	800.00	7.00	2024.09.21	5.6000	100.50	90.02
127638	17 武隆 01	800.00	7.00	2024.09.21	6.8000	100.00	30.00
127639	17 柳龙投	500.00	10.00	2027.09.21	7.0000	100.00	0.00
127641	G17 汇丰 1	2000.00	7.00	2024.09.21	5.7900	101.00	1048.00
127643	17 遵湘江	1100.00	7.00	2024.09.25	6.9900	100.00	0.00
127644	17 新津债	580.00	7.00	2024.10.23	7.3000	100.00	0.00
127645	17 雨山 02	500.00	7.00	2024.09.22	5.8500	100.00	735.39
127646	17 资城 02	500.00	7.00	2024.09.26	6.3000	100.00	0.00
127648	17 江北债	1000.00	7.00	2024.09.26	5.5900	100.10	0.20
127649	17 句容 01	800.00	7.00	2024.09.18	6.8900	100.00	90.00
127650	17 白云 02	740.00	7.00	2024.09.25	7.2800	100.00	90.00
127651	17 邳经债	700.00	7.00	2024.09.19	6.6600	100.00	0.00
127652	17 锡东债	1500.00	7.00	2024.09.14	5.7300	100.00	20.00

债券信息 List of Bonds

债券 Bond

债券代码 Code	债券简称 Bond Name	发行数量(百万) Issued Vol(M)	年限 Terms	到期日 Expiration Date	票面利率(%) Coupon Rate(%)	本年收盘 Close	成交数量(万张) Trading Vol(10000)
127653	17 泸汇兴	1000.00	7.00	2024.10.19	6.2800	100.00	147.01
127654	17 温高新	450.00	7.00	2024.09.18	5.9000	100.00	0.00
127655	17 恒驰 01	500.00	7.00	2024.09.22	7.4500	100.00	100.00
127656	17 食科债	1600.00	7.00	2024.09.28	5.7000	100.00	90.00
127657	17 莒南 01	770.00	7.00	2024.09.26	7.5000	100.00	780.00
127658	17 扬化工	400.00	7.00	2024.10.09	6.8000	100.00	0.00
127659	17 绵宏达	800.00	7.00	2024.09.29	7.2000	100.00	0.00
127660	17 武胜债	830.00	7.00	2024.11.03	7.0500	100.00	0.00
127664	17 珲春 01	400.00	7.00	2024.09.29	8.4800	100.00	0.00
127666	17 昆银桥	760.00	7.00	2024.10.18	5.5000	100.00	0.00
127667	17 宝开 02	600.00	7.00	2024.10.17	5.4900	100.00	130.00
127669	17 郑蒲 01	600.00	7.00	2024.10.13	6.0000	100.00	70.00
127670	17 郑通 02	400.00	7.00	2024.10.18	5.8000	100.00	0.00
127671	17 秀洲债	1000.00	7.00	2024.09.25	5.6000	96.60	340.00
127672	17 渝双福	760.00	7.00	2024.10.13	6.3700	100.00	30.00
127673	17 播投 02	700.00	7.00	2024.10.24	7.8500	100.00	24.00
127674	17 恒驰 02	1000.00	7.00	2024.10.27	7.4000	100.00	0.00
127675	17 黄梅 02	200.00	7.00	2024.10.18	6.6800	100.00	0.00
127676	17 隆发债	800.00	7.00	2024.10.31	7.0900	100.00	9.00
127677	17 都江堰	600.00	7.00	2024.10.19	6.9000	100.00	0.00
127678	17 含山债	900.00	7.00	2024.08.30	6.2000	100.00	0.00
127679	17 黄梅 01	1000.00	7.00	2024.10.09	6.8000	100.00	0.00
127680	17 南谯债	800.00	7.00	2024.10.23	5.9500	100.00	20.00
127681	17 安交投	1400.00	7.00	2024.10.31	7.5000	100.00	190.00
127682	17 淮产债	1500.00	7.00	2024.10.25	5.6900	100.00	220.00
127683	17 润企债	840.00	7.00	2024.11.02	6.7800	100.00	50.00
127685	17 哈密债	1360.00	7.00	2024.10.27	6.5500	100.00	30.00
127686	G17 扬城 1	2000.00	10.00	2027.10.30	5.6900	100.00	0.00
127687	17 芦溪债	1000.00	7.00	2024.10.27	6.8000	100.00	100.00
127688	17 南漳 02	340.00	7.00	2024.10.25	6.5800	100.00	0.00
127689	17 抚投债	930.00	7.00	2024.10.30	5.7000	100.00	93.00
127690	G17 丹徒 1	1400.00	7.00	2024.11.06	5.9800	100.00	250.00
127691	17 金坛 01	1000.00	7.00	2024.11.07	6.5000	100.00	0.00
127692	17 寿县债	1000.00	7.00	2024.10.13	6.2000	100.00	50.00
127693	17 成阿 01	900.00	7.00	2024.11.06	7.5000	100.00	0.00
127694	17 临朐债	1000.00	7.00	2024.11.23	7.2000	100.00	0.00
127695	17 乐行债	700.00	7.00	2024.11.01	6.0500	100.00	70.00
127696	17 威中城	1000.00	7.00	2024.11.02	6.0500	100.00	20.00
127697	17 句容 02	700.00	7.00	2024.11.06	6.8000	100.00	0.00
127698	17 孝感债	1480.00	10.00	2027.11.10	6.3500	100.00	0.00
127699	17 襄城债	1000.00	7.00	2024.11.10	7.4500	100.00	0.00
127700	17 普定 01	1000.00	7.00	2024.11.13	7.7900	104.00	279.80
127701	17 凤阳债	1000.00	7.00	2024.11.16	6.0000	100.00	55.00
127702	17 六枝 01	700.00	7.00	2024.11.16	7.0000	100.00	0.00
127703	17 汕尾债	1100.00	7.00	2024.11.09	5.6800	100.00	160.00
127705	17 石柱 01	700.00	7.00	2024.11.13	7.0000	100.00	0.00
127706	17 云岩债	1500.00	7.00	2024.11.17	6.8000	100.00	0.00
127707	17 天台债	700.00	7.00	2024.11.22	6.5000	100.00	0.00
127708	17 钟停 01	1600.00	10.00	2027.11.22	6.4600	100.00	0.00
127709	17 红果 01	500.00	7.00	2024.11.24	7.8000	98.90	10.00

债券信息 List of Bonds

债券 Bond

债券代码 Code	债券简称 Bond Name	发行数量(百万) Issued Vol(M)	年限 Terms	到期日 Expiration Date	票面利率(%) Coupon Rate(%)	本年收盘 Close	成交数量(万张) Trading Vol(10000)
127710	17 乐清 01	900.00	7.00	2024.12.14	6.7900	100.00	0.00
127713	17 青交 01	1100.00	10.00	2027.12.11	5.9000	100.00	0.00
127714	17 定远 01	600.00	7.00	2024.12.06	5.8000	100.00	0.00
127715	17 射阳债	1110.00	7.00	2024.11.27	7.8000	0.00	0.00
127716	17 成阿 02	270.00	7.00	2024.11.29	7.5000	100.00	170.00
127717	17 湖织债	1500.00	7.00	2024.11.23	7.5000	100.00	100.00
127718	17 森特 01	500.00	7.00	2024.11.28	6.9000	100.00	0.00
127719	17 临港 01	500.00	7.00	2024.12.01	7.0000	100.00	60.00
127720	17 沅陵 02	500.00	7.00	2024.11.30	6.5000	100.00	0.00
127721	17 太和债	1200.00	7.00	2024.08.07	5.8700	100.00	150.00
127722	17 红安债	800.00	7.00	2024.12.04	7.5000	100.00	0.00
127723	17 长物流	800.00	8.00	2025.11.30	6.5000	100.00	0.00
127724	17 南高新	800.00	7.00	2024.12.06	6.0000	100.00	0.00
127725	17 郎溪债	900.00	7.00	2024.12.11	6.1300	102.20	179.00
127726	17 湖口债	900.00	7.00	2024.12.01	6.8000	100.00	0.00
127727	17 石桥 02	600.00	7.00	2024.12.01	7.8200	100.00	0.00
127729	17 金坛 02	1000.00	7.00	2024.12.21	7.1000	100.00	0.00
127733	17 桃源 01	600.00	7.00	2024.12.08	7.0000	100.00	90.00
127734	17 襄阳债	2190.00	7.00	2024.12.15	6.1000	100.00	0.00
127735	17 射洪 01	500.00	7.00	2024.12.14	7.3000	100.00	0.00
127736	17 桐建 01	400.00	7.00	2024.12.18	6.6000	100.00	0.00
127737	17 鹤岗债	400.00	7.00	2024.12.18	6.9000	100.00	0.00
127738	17 青交 02	780.00	10.00	2027.12.18	5.8900	100.00	0.00
127739	17 西平 01	700.00	7.00	2024.12.26	7.5000	100.00	0.00
127740	17 宿迁 02	400.00	7.00	2024.12.26	6.4400	100.00	10.00
127742	17 嘉陵 01	500.00	7.00	2024.12.12	7.8000	100.00	175.00
127743	17 融盛债	1000.00	7.00	2024.12.27	6.8500	100.00	0.00
127744	17 武隆 02	400.00	7.00	2024.12.28	6.8000	100.00	0.00
127745	17 凤建 01	500.00	7.00	2024.12.29	7.9000	100.00	0.00
127746	18 潜山债	1000.00	7.00	2025.01.19	6.9800	100.00	0.00
127747	18 营北 01	590.00	7.00	2025.01.25	7.9800	100.00	0.00
127748	18 城建债	500.00	7.00	2025.02.01	6.5000	100.00	0.00
127749	18 兴义 01	800.00	7.00	2025.01.31	7.9000	100.00	0.00
127751	18 泾县债	950.00	7.00	2025.02.07	6.8000	100.00	55.00
127752	18 红果债	350.00	7.00	2025.02.08	7.8000	100.00	0.00
127753	18 吉水 01	660.00	7.00	2025.02.07	6.8000	100.00	0.00
127754	18 渝中 01	700.00	7.00	2025.02.08	6.9000	100.00	0.00
127756	18 秭归 01	200.00	10.00	2028.02.12	7.8000	100.00	0.00
127757	18 铜梁债	1220.00	7.00	2025.02.11	6.8000	100.00	0.00
127758	16 肥西债	1500.00	7.00	2023.06.03	4.4500	100.00	0.00
127759	18 嘉禾 01	400.00	7.00	2025.03.13	7.5000	100.00	0.00
127760	18 京诚债	950.00	7.00	2025.02.07	7.0000	100.00	0.00
127761	18 普定 01	400.00	7.00	2025.03.13	8.0000	105.00	25.60
127762	18 郑蒲 01	600.00	7.00	2025.03.19	6.8000	100.00	0.00
127763	18 淮南 01	700.00	7.00	2025.03.20	7.5000	100.00	0.00
127764	G18 城南 1	1000.00	7.00	2025.03.19	6.0000	100.00	10.00
127765	18 哈城投	1500.00	7.00	2025.03.19	6.0400	100.00	0.00
127767	18 钱投债	4900.00	7.00	2025.03.19	5.6400	102.50	880.10
127768	18 白云 01	600.00	7.00	2025.03.21	8.3000	100.00	0.00
127769	18 粤海 01	1800.00	10.00	2028.03.20	5.4000	100.00	0.00

债券信息 List of Bonds

债券代码 Code	债券简称 Bond Name	发行数量(百万) Issued Vol(M)	年限 Terms	到期日 Expiration Date	票面利率(%) Coupon Rate(%)	本年收盘 Close	成交数量(万张) Trading Vol(10000)
127770	18 东宝债	500.00	7.00	2025.03.23	7.3000	100.00	0.00
127771	18 邵赛 01	700.00	7.00	2025.03.26	7.2000	100.00	0.00
127772	18 临邑 01	700.00	7.00	2025.03.21	7.7800	100.00	0.00
127773	18 文停 01	1000.00	10.00	2028.05.02	7.7000	100.00	170.00
127774	18 西发债	500.00	7.00	2025.04.04	6.2800	105.25	42.00
127775	18 洋口 01	900.00	7.00	2025.04.03	7.3800	100.00	0.00
127776	18 舟城 01	1000.00	7.00	2025.04.04	6.3300	100.00	0.00
127777	18 新城 01	400.00	7.00	2025.03.23	7.6000	100.00	0.00
127778	18 万盛 01	500.00	7.00	2025.03.27	7.5000	100.00	50.00
127779	18 巢城投	1800.00	7.00	2025.05.03	5.6700	100.25	2.00
127780	18 吉水 02	280.00	7.00	2025.04.10	7.5000	100.00	0.00
127781	18 歙县债	500.00	7.00	2025.04.11	6.5000	100.00	60.00
127782	G18 金控 1	1000.00	7.00	2025.03.21	5.8800	100.00	0.00
127783	18 芜新债	1200.00	7.00	2025.04.10	6.0000	104.00	99.33
127784	18 泸工债	1040.00	7.00	2025.04.12	7.2000	100.00	405.00
127785	18 榕城 01	600.00	10.00	2028.03.22	5.6500	104.93	410.10
127786	18 伟驰 01	450.00	7.00	2025.04.13	7.2000	100.00	45.00
127787	18 来安债	800.00	7.00	2025.04.18	6.5000	100.00	320.00
127788	G18 武铁 1	2000.00	15.00	2033.04.11	5.2900	100.00	380.00
127789	18 陶都 01	500.00	7.00	2025.04.13	5.9900	100.00	10.00
127791	18 温岭 01	1200.00	7.00	2025.04.19	5.7300	100.00	50.00
127792	G18 龙源 1	3000.00	7.00	2025.04.23	4.8300	102.58	2055.10
127793	18 草堂债	500.00	7.00	2025.04.25	6.4900	100.00	170.00
127794	18 荣经开	1500.00	7.00	2025.04.24	5.7500	102.50	480.10
127796	18 秀湖债	1050.00	7.00	2025.04.16	6.8000	100.00	140.00
127797	18 庐江债	1300.00	7.00	2025.05.02	5.8900	100.00	120.00
127798	G18 嘉湘 1	580.00	7.00	2025.04.19	6.4000	100.00	40.00
127799	18 韶高新	1000.00	7.00	2025.05.02	8.0000	100.00	0.00
127800	18 谷城 01	400.00	7.00	2025.04.27	7.8800	100.00	0.00
127801	18 泗阳 01	600.00	7.00	2025.04.27	7.5000	100.00	330.00
127802	18 芜湖 01	300.00	10.00	2028.04.27	6.5000	100.00	0.00
127803	18 绵安 01	300.00	7.00	2025.05.04	8.1000	100.00	0.00
127805	18 益阳 01	850.00	7.00	2025.04.24	6.4300	100.00	790.00
127806	G18 安吉 1	500.00	7.00	2025.05.02	7.2000	100.00	0.00
127807	18 于都债	1000.00	7.00	2025.05.03	7.5000	100.00	0.00
127808	G18 黄山 1	850.00	7.00	2025.04.27	6.7400	100.00	54.00
127809	18 彭山 01	500.00	7.00	2025.05.03	7.9800	100.00	0.00
127810	G18 广业 1	900.00	7.00	2025.04.28	5.0800	100.00	140.00
127811	18 唐金债	1600.00	7.00	2025.05.16	7.6000	100.00	0.00
127812	18 万盛 02	1000.00	7.00	2025.05.03	7.0900	100.00	510.00
127813	18 都江堰	300.00	7.00	2025.05.02	7.8000	100.00	0.00
127814	18 永修 01	500.00	7.00	2025.05.02	7.5000	100.00	0.00
127815	18 泗县债	800.00	7.00	2025.04.16	6.5000	100.00	35.00
127817	18 弋阳 01	700.00	7.00	2025.06.07	7.5000	100.00	0.00
127818	18 乳山债	560.00	7.00	2025.06.07	7.4000	100.00	120.00
127819	18 常德源	1600.00	7.00	2025.06.11	7.7000	100.00	0.00
127820	18 鄂交投	5000.00	7.00	2025.06.05	5.2900	103.50	831.00
127822	18 蓉园 01	600.00	7.00	2025.06.13	8.0000	100.00	946.00
127823	18 城北 01	1500.00	7.00	2025.06.06	6.9500	106.00	35.06
127824	18 产投 01	2000.00	7.00	2025.06.15	6.9000	105.88	280.00

债券信息 List of Bonds

债券 Bond

债券代码 Code	债券简称 Bond Name	发行数量(百万) Issued Vol(M)	年限 Terms	到期日 Expiration Date	票面利率(%) Coupon Rate(%)	本年收盘 Close	成交数量(万张) Trading Vol(10000)
127825	18 嘉陵 01	500.00	7.00	2025.05.23	7.9800	100.00	445.00
127827	18 定远 01	600.00	7.00	2025.06.27	7.0000	100.00	0.00
127828	18 青平度	1800.00	7.00	2025.07.11	6.0500	99.50	75.71
127829	18 常鼎 01	500.00	7.00	2025.10.19	7.5800	100.00	200.00
127830	18 珠江债	1020.00	15.00	2033.07.19	5.7000	100.00	110.00
127831	18 西高 01	1000.00	7.00	2025.06.26	5.8700	100.00	730.00
127832	18 桐建 01	800.00	7.00	2025.07.23	7.5000	100.00	0.00
127833	18 宿高 01	600.00	7.00	2025.07.20	6.9700	100.00	0.00
127834	18 射洪 01	320.00	7.00	2025.08.22	7.5000	100.00	0.00
127835	18 南溪 01	600.00	7.00	2025.07.24	8.1000	100.00	0.00
127836	18 金交投	800.00	7.00	2025.08.10	7.3800	100.00	100.00
127837	18 京投 02	500.00	15.00	2033.08.09	4.6500	100.00	0.00
127838	18 京投 01	1500.00	10.00	2028.08.09	4.3000	100.00	690.00
127839	G18 树业	200.00	4.00	2022.08.14	7.5000	100.00	0.00
127840	G18 广业 2	1000.00	7.00	2025.08.15	4.9800	100.00	0.00
127841	18 武义 01	700.00	7.00	2025.08.10	8.0000	100.00	0.00
127842	G18 安吉 2	500.00	7.00	2025.09.25	7.4900	100.00	0.00
127843	18 新宇 01	1300.00	7.00	2025.08.16	8.0500	100.00	0.00
127844	18 东坡 01	600.00	7.00	2025.08.16	8.0800	100.00	0.00
127845	G18 武铁 2	2130.00	7.00	2025.08.21	5.0900	103.00	450.50
127846	18 洋口 02	900.00	7.00	2025.08.17	7.6000	100.00	40.00
127847	18 浔开 01	800.00	7.00	2025.08.21	7.8000	100.00	0.00
127848	18 厦轨 01	1500.00	9.00	2027.08.24	4.4100	100.00	30.00
127849	18 宏鼎债	1200.00	7.00	2025.08.17	7.5000	100.00	920.00
127850	18 良渚债	1500.00	7.00	2025.08.23	6.3000	100.00	280.00
127851	18 永修 02	900.00	7.00	2025.08.27	7.8000	100.00	850.00
127852	18 溧停车	1150.00	7.00	2025.07.31	5.4000	100.00	50.00
127853	18 孟投 01	100.00	7.00	2025.09.03	8.0000	100.00	0.00
127854	18 尖山 01	700.00	7.00	2025.09.10	6.9800	100.00	90.00
127855	18 南黄海	1000.00	7.00	2025.09.11	5.9800	100.00	60.00
127856	18 安发 01	800.00	7.00	2025.09.11	8.8000	100.00	547.00
127857	18 桃源 01	600.00	7.00	2025.09.06	8.2000	100.00	250.00
127858	18 当涂债	850.00	7.00	2025.09.06	7.4700	100.00	0.00
127859	18 华汽 01	1500.00	5.00	2023.09.14	5.4000	101.00	352.00
127860	18 华汽 02	500.00	5.00	2023.09.14	6.3000	103.55	195.01
127861	18 天易 01	500.00	7.00	2025.09.17	7.5000	100.00	0.00
127862	18 兴义 02	800.00	7.00	2025.11.21	8.0000	100.00	1080.00
127863	18 苏交 04	3500.00	5.00	2023.10.24	4.4300	100.00	50.00
127865	18 南康 01	300.00	7.00	2025.09.27	8.0000	100.00	0.00
127866	18 舟蓬 01	1000.00	8.00	2026.09.25	7.0000	100.00	0.00
127868	18 酉桃花	700.00	7.00	2025.09.28	7.5000	100.00	0.00
127870	18 桂东 01	500.00	7.00	2025.10.11	7.9500	100.00	0.00
127871	18 沛经 01	950.00	7.00	2025.10.24	6.2000	100.00	110.00
127872	18 宿高 02	600.00	7.00	2025.10.17	6.4900	100.00	0.00
127873	18 章贡债	1400.00	7.00	2025.10.16	7.8000	100.00	0.00
127874	18 舟城 02	900.00	7.00	2025.10.22	5.9400	100.00	0.00
127875	18 都新城	300.00	7.00	2025.10.11	7.8000	100.00	0.00
127876	18 乌铁 01	120.00	7.00	2025.10.19	7.5000	100.00	0.00
127877	18 天易 02	580.00	7.00	2025.10.24	8.0000	100.05	330.00
127878	18 即旅投	990.00	7.00	2025.10.15	6.2700	100.00	0.00

债券信息 List of Bonds

债券 Bond

债券代码 Code	债券简称 Bond Name	发行数量(百万) Issued Vol(M)	年限 Terms	到期日 Expiration Date	票面利率(%) Coupon Rate(%)	本年收盘 Close	成交数量(万张) Trading Vol(10000)
127879	18 城北 02	1000.00	7.00	2025.10.26	7.0000	100.00	201.90
127880	18 南康 02	230.00	7.00	2025.10.29	8.0000	100.00	0.00
127881	18 成金 01	700.00	7.00	2025.10.23	5.9900	100.00	0.00
127882	18 射洪 02	350.00	7.00	2025.10.22	7.6000	100.00	0.00
127884	18 水高科	1000.00	7.00	2025.10.26	7.5000	100.00	513.00
127885	18 乌兴 01	300.00	7.00	2025.10.25	7.5000	100.00	150.00
127886	18 什邡债	600.00	7.00	2025.12.05	8.0000	100.00	0.00
127887	18 射洪 03	330.00	7.00	2025.10.25	7.6000	100.00	0.00
127888	18 弥勒 01	500.00	7.00	2025.10.25	8.0000	100.00	0.00
127889	G18 余旅	600.00	7.00	2025.10.31	5.5700	100.00	40.00
127890	18 云阳 01	800.00	7.00	2025.10.26	7.5000	100.00	0.00
127891	18 邮政债	2000.00	5.00	2023.10.23	4.0000	100.00	0.00
127892	18 瓯专债	700.00	7.00	2025.11.05	7.8000	100.00	0.00
127893	18 华汽 03	2000.00	5.00	2023.11.05	5.8000	102.50	230.50
127894	18 弋阳 02	800.00	7.00	2025.11.05	7.9000	100.00	0.00
127895	18 彭泽 01	500.00	7.00	2025.04.19	7.0000	100.00	0.00
127897	18 凤建 01	1000.00	7.00	2025.11.07	5.4800	101.50	200.50
127899	18 漳城投	730.00	7.00	2025.10.31	5.7300	100.00	0.00
127900	18 铁道 17	10000.00	5.00	2023.06.07	4.4600	102.45	4596.00
127901	18 铁道 18	10000.00	20.00	2038.06.07	4.7800	100.00	0.00
127902	18 铁道 19	7000.00	5.00	2023.07.05	4.1800	101.75	3430.00
127903	18 铁道 20	13000.00	20.00	2038.07.05	4.6500	100.00	350.00
127904	18 铁道 21	7000.00	5.00	2023.07.26	4.0900	101.56	1140.00
127905	18 铁道 22	13000.00	20.00	2038.07.26	4.6500	105.62	360.00
127906	18 铁道 23	10000.00	5.00	2023.08.23	4.1500	101.30	1740.00
127907	18 铁道 24	10000.00	10.00	2028.08.23	4.5300	104.87	1842.00
128003	--	80.00	--	--	--	0.00	0.00
130085	12 上海 02	4450.00	7.00	2019.08.24	3.3900	100.00	0.00
130087	12 广东 02	4300.00	7.00	2019.09.07	3.4000	100.00	0.00
130091	12 浙江 02	4350.00	7.00	2019.09.24	3.4700	100.00	0.00
130093	12 深圳 02	1350.00	7.00	2019.10.15	3.4300	100.00	0.00
130095	13 地债 02	21200.00	5.00	2018.06.17	3.6600	100.00	0.00
130097	13 地债 04	24300.00	5.00	2018.07.15	3.8200	100.00	0.00
130099	13 地债 06	23800.00	5.00	2018.08.05	3.8700	101.50	0.00
130101	13 地债 08	25500.00	5.00	2018.08.20	4.4300	102.39	100.00
130102	13 山东 01	5600.00	5.00	2018.08.26	3.9400	100.00	0.00
130103	13 山东 02	5600.00	7.00	2020.08.26	4.0000	100.00	0.00
130105	13 上海 01	5600.00	5.00	2018.09.09	3.9400	100.00	0.00
130106	13 上海 02	5600.00	7.00	2020.09.09	4.0100	100.00	0.00
130107	13 地债 10	26200.00	5.00	2018.09.10	4.4500	100.00	0.00
130108	13 广东 01	6050.00	5.00	2018.09.17	4.0000	100.00	0.00
130109	13 广东 02	6050.00	7.00	2020.09.17	4.1000	100.00	0.00
130110	13 江苏 01	7650.00	5.00	2018.10.11	3.8800	100.00	0.00
130111	13 江苏 02	7650.00	7.00	2020.10.11	4.0000	100.00	0.00
130113	13 地债 12	22100.00	5.00	2018.10.22	4.3300	100.00	0.00
130114	13 浙江 01	5900.00	5.00	2018.10.28	3.9600	100.00	0.00
130115	13 浙江 02	5900.00	7.00	2020.10.28	4.1700	100.00	0.00
130116	13 深圳 01	1800.00	5.00	2018.11.11	4.1100	100.00	0.00
130117	13 深圳 02	1800.00	7.00	2020.11.11	4.1800	100.00	0.00
130119	14 地债 02	25800.00	5.00	2019.06.16	3.9900	100.00	0.00

债券信息 List of Bonds

债券 Bond

债券代码 Code	债券简称 Bond Name	发行数量(百万) Issued Vol(M)	年限 Terms	到期日 Expiration Date	票面利率(%) Coupon Rate(%)	本年收盘 Close	成交数量(万张) Trading Vol(10000)
130120	14 广东 01	5920.00	5.00	2019.06.24	3.8400	100.00	0.00
130121	14 广东 02	4440.00	7.00	2021.06.24	3.9700	100.00	0.00
130122	14 广东 03	4440.00	10.00	2024.06.24	4.0500	100.00	0.00
130123	14 地债 03	18300.00	7.00	2021.06.23	4.1000	100.00	0.00
130125	14 地债 05	26100.00	5.00	2019.06.30	4.1200	102.81	0.00
130126	14 山东 01	5480.00	5.00	2019.07.14	3.7500	100.00	0.00
130127	14 山东 02	4110.00	7.00	2021.07.14	3.8800	100.00	0.00
130128	14 山东 03	4110.00	10.00	2024.07.14	3.9300	106.34	0.00
130130	14 地债 07	23400.00	5.00	2019.07.15	4.2800	100.00	0.00
130131	14 地债 08	19800.00	7.00	2021.07.21	4.5000	100.00	0.00
130132	14 江苏 01	6960.00	5.00	2019.07.25	4.0600	100.00	0.00
130133	14 江苏 02	5220.00	7.00	2021.07.25	4.2100	104.81	0.00
130134	14 江苏 03	5220.00	10.00	2024.07.25	4.2900	100.00	0.00
130135	14 江西 01	5720.00	5.00	2019.08.06	4.0100	100.00	0.00
130136	14 江西 02	4290.00	7.00	2021.08.06	4.1800	100.00	0.00
130137	14 江西 03	4290.00	10.00	2024.08.06	4.2700	100.00	0.00
130138	14 宁夏 01	2200.00	5.00	2019.08.12	3.9800	100.00	0.00
130139	14 宁夏 02	1650.00	7.00	2021.08.12	4.1700	100.00	0.00
130140	14 宁夏 03	1650.00	10.00	2024.08.12	4.2600	100.00	0.00
130142	14 地债 10	24700.00	5.00	2019.08.18	4.1600	103.03	0.00
130143	14 青岛 01	1000.00	5.00	2019.08.19	3.9600	100.00	0.00
130144	14 青岛 02	750.00	7.00	2021.08.19	4.1800	100.00	0.00
130145	14 青岛 03	750.00	10.00	2024.08.19	4.2500	100.00	0.00
130146	14 浙江 01	5480.00	5.00	2019.08.20	3.9600	100.00	0.00
130147	14 浙江 02	4110.00	7.00	2021.08.20	4.1700	100.00	0.00
130148	14 浙江 03	4110.00	10.00	2024.08.20	4.2300	100.00	0.00
130149	14 北京 01	4200.00	5.00	2019.08.22	4.0000	100.00	0.00
130150	14 北京 02	3150.00	7.00	2021.08.22	4.1800	100.00	0.00
130151	14 北京 03	3150.00	10.00	2024.08.22	4.2400	100.00	0.00
130152	14 上海 01	5040.00	5.00	2019.09.12	4.0100	100.00	0.00
130153	14 上海 02	3780.00	7.00	2021.09.12	4.2200	100.00	0.00
130154	14 上海 03	3780.00	10.00	2024.09.12	4.3300	100.00	0.00
130156	14 地债 12	16300.00	5.00	2019.09.16	4.1500	103.09	0.00
130157	14 地债 13	20700.00	7.00	2021.09.25	4.1200	100.00	0.00
130158	14 深圳 01	1680.00	5.00	2019.10.24	3.6300	100.00	0.00
130159	14 深圳 02	1260.00	7.00	2021.10.24	3.7900	100.00	0.00
130160	14 深圳 03	1260.00	10.00	2024.10.24	3.8100	100.00	0.00
130161	15 江苏 01	10440.00	3.00	2018.05.19	2.9400	98.48	0.00
130162	15 江苏 02	15660.00	5.00	2020.05.19	3.1200	98.30	110.33
130163	15 江苏 03	15660.00	7.00	2022.05.19	3.4100	98.80	50.00
130164	15 江苏 04	10440.00	10.00	2025.05.19	3.4100	96.20	0.33
130165	15 新疆 01	1180.00	3.00	2018.05.22	2.8400	100.00	0.00
130166	15 新疆 02	1770.00	5.00	2020.05.22	3.0700	100.00	0.00
130167	15 新疆 03	1770.00	7.00	2022.05.22	3.3700	100.00	0.00
130168	15 新疆 04	1180.00	10.00	2025.05.22	3.4100	100.00	0.00
130169	15 湖北 01	2000.00	3.00	2018.05.28	2.8500	100.00	0.00
130170	15 湖北 02	6000.00	5.00	2020.05.28	3.1500	100.00	0.00
130171	15 湖北 03	6000.00	7.00	2022.05.28	3.4000	101.52	90.00
130172	15 湖北 04	6000.00	10.00	2025.05.28	3.4500	100.00	0.00
130173	15 广西 01	4000.00	3.00	2018.05.29	2.8600	100.00	0.00

债券信息
List of Bonds

债券
Bond

债券代码 Code	债券简称 Bond Name	发行数量(百万) Issued Vol(M)	年限 Terms	到期日 Expiration Date	票面利率(%) Coupon Rate(%)	本年收盘 Close	成交数量(万张) Trading Vol(10000)
130174	15 广西 02	6000.00	5.00	2020.05.29	3.1600	100.00	0.00
130175	15 广西 03	6000.00	7.00	2022.05.29	3.4200	100.59	20.00
130176	15 广西 04	4000.00	10.00	2025.05.29	3.4700	100.00	0.00
130177	15 山东 01	7200.00	3.00	2018.06.01	2.8700	100.00	0.00
130178	15 山东 02	10800.00	5.00	2020.06.01	3.2000	100.00	0.00
130179	15 山东 03	10800.00	7.00	2022.06.01	3.4600	100.00	0.00
130180	15 山东 04	7200.00	10.00	2025.06.01	3.4900	100.00	0.00
130181	15 重庆 01	4000.00	3.00	2018.06.03	2.9000	100.00	0.00
130182	15 重庆 02	7900.00	5.00	2020.06.03	3.2600	100.00	10.00
130183	15 重庆 03	8000.00	7.00	2022.06.03	3.5500	100.00	0.00
130184	15 重庆 04	6600.00	10.00	2025.06.03	3.5700	100.00	0.00
130185	15 贵州 01	6800.00	3.00	2018.06.05	2.9100	100.00	0.00
130186	15 贵州 02	10000.00	5.00	2020.06.05	3.3000	100.00	400.00
130187	15 贵州 03	10000.00	7.00	2022.06.05	3.5800	102.55	0.00
130188	15 贵州 04	6800.00	10.00	2025.06.05	3.6000	100.00	0.00
130189	15 安徽 01	6300.00	3.00	2018.06.08	2.9000	100.00	0.00
130190	15 安徽 02	9300.00	5.00	2020.06.08	3.2900	100.00	0.00
130191	15 安徽 03	9300.00	7.00	2022.06.08	3.5800	100.00	0.00
130192	15 安徽 04	6300.00	10.00	2025.06.08	3.6100	100.00	0.00
130193	15 天津 01	1500.00	3.00	2018.06.09	2.8900	99.32	0.00
130194	15 天津 02	3900.00	5.00	2020.06.09	3.2800	100.00	100.00
130195	15 天津 03	3900.00	7.00	2022.06.09	3.5600	100.00	0.00
130196	15 天津 04	3900.00	10.00	2025.06.09	3.6000	100.00	0.00
130197	15 湖北 05	3640.00	3.00	2018.06.10	2.8800	100.00	0.00
130198	15 湖北 06	10920.00	5.00	2020.06.10	3.2600	100.00	0.00
130199	15 湖北 07	10920.00	7.00	2022.06.10	3.5400	100.00	0.00
130200	15 湖北 08	10920.00	10.00	2025.06.10	3.6000	100.00	0.00
130201	15 浙江 01	4000.00	3.00	2018.06.10	2.8800	100.00	0.00
130202	15 浙江 02	12000.00	5.00	2020.06.10	3.2600	100.00	330.00
130203	15 浙江 03	12000.00	7.00	2022.06.10	3.5400	100.00	200.00
130204	15 浙江 04	12000.00	10.00	2025.06.10	3.5900	100.00	0.00
130205	15 河北 01	9400.00	3.00	2018.06.11	2.8700	100.00	0.00
130206	15 河北 02	14100.00	5.00	2020.06.11	3.2500	100.00	0.00
130207	15 河北 03	14100.00	7.00	2022.06.11	3.5300	100.00	0.00
130208	15 河北 04	9400.00	10.00	2025.06.11	3.5800	103.50	0.00
130209	15 吉林 01	2290.00	3.00	2018.06.12	2.8700	100.00	0.00
130210	15 吉林 02	6870.00	5.00	2020.06.12	3.2500	100.00	0.00
130211	15 吉林 03	6870.00	7.00	2022.06.12	3.5200	100.00	0.00
130212	15 吉林 04	6870.00	10.00	2025.06.12	3.5800	103.38	0.00
130213	15 山西 01	2300.00	3.00	2018.06.15	2.8700	100.00	0.00
130214	15 山西 02	4800.00	5.00	2020.06.15	3.2500	100.00	0.00
130215	15 山西 03	4800.00	7.00	2022.06.15	3.5200	100.00	0.00
130216	15 山西 04	4800.00	10.00	2025.06.15	3.5800	100.00	0.00
130217	15 河北 Z1	480.00	3.00	2018.06.12	2.8700	100.00	0.00
130218	15 河北 Z2	480.00	5.00	2020.06.12	3.2500	100.00	0.00
130219	15 河北 Z3	640.00	7.00	2022.06.12	3.5200	100.00	0.00
130220	15 广东 01	3100.00	3.00	2018.06.15	2.8700	100.00	0.00
130221	15 广东 02	9300.00	5.00	2020.06.15	3.2500	100.00	0.00
130222	15 广东 03	9300.00	7.00	2022.06.15	3.5200	100.00	0.00
130223	15 广东 04	9300.00	10.00	2025.06.15	3.5800	100.00	0.00

债券信息
List of Bonds

债券
Bond

债券代码 Code	债券简称 Bond Name	发行数量(百万) Issued Vol(M)	年限 Terms	到期日 Expiration Date	票面利率(%) Coupon Rate(%)	本年收盘 Close	成交数量(万张) Trading Vol(10000)
130224	15 江西 01	4170.00	3.00	2018.06.16	2.8800	100.00	0.00
130225	15 江西 02	12510.00	5.00	2020.06.16	3.2500	100.00	0.00
130226	15 江西 03	12510.00	7.00	2022.06.16	3.5200	100.00	0.00
130227	15 江西 04	12510.00	10.00	2025.06.16	3.5900	100.00	0.00
130228	15 宁夏 01	700.00	3.00	2018.06.16	2.8900	100.00	0.00
130229	15 宁夏 02	2100.00	5.00	2020.06.16	3.2500	100.00	0.00
130230	15 宁夏 03	2100.00	7.00	2022.06.16	3.5200	100.00	0.00
130231	15 宁夏 04	2100.00	10.00	2025.06.16	3.5900	100.00	0.00
130232	15 新疆 05	5020.00	3.00	2018.06.17	2.8900	100.00	0.00
130233	15 新疆 06	7530.00	5.00	2020.06.17	3.2600	100.00	150.00
130234	15 新疆 07	7530.00	7.00	2022.06.17	3.5400	100.00	0.00
130235	15 新疆 08	5020.00	10.00	2025.06.17	3.6100	100.00	0.00
130236	15 四川 01	13500.00	3.00	2018.06.17	2.8900	99.60	0.00
130237	15 四川 02	13500.00	5.00	2020.06.17	3.2600	102.12	0.00
130238	15 四川 03	13500.00	7.00	2022.06.17	3.5400	100.00	0.00
130239	15 四川 04	4500.00	10.00	2025.06.17	3.6200	100.00	0.00
130240	15 河南 01	4300.00	3.00	2018.06.19	2.9200	100.00	0.00
130241	15 河南 02	12700.00	5.00	2020.06.19	3.2700	100.00	0.00
130242	15 河南 03	12700.00	7.00	2022.06.19	3.5500	100.00	0.00
130243	15 河南 04	12700.00	10.00	2025.06.19	3.6300	100.00	0.00
130244	15 辽宁 01	7300.00	3.00	2018.06.23	2.9200	100.00	0.00
130245	15 辽宁 02	10900.00	5.00	2020.06.23	3.2600	100.00	0.00
130246	15 辽宁 03	10900.00	7.00	2022.06.23	3.5400	100.00	0.00
130247	15 辽宁 04	7300.00	10.00	2025.06.23	3.6200	100.00	0.00
130248	15 云南 01	4600.00	3.00	2018.06.23	2.9200	99.59	0.00
130249	15 云南 02	8000.00	5.00	2020.06.23	3.2600	100.00	0.00
130250	15 云南 03	8000.00	7.00	2022.06.23	3.5400	100.00	0.00
130251	15 云南 04	8000.00	10.00	2025.06.23	3.6200	100.00	0.00
130252	15 青岛 01	280.00	3.00	2018.06.24	2.9200	100.00	0.00
130253	15 青岛 02	840.00	5.00	2020.06.24	3.2400	100.00	0.00
130254	15 青岛 03	840.00	7.00	2022.06.24	3.5300	100.00	0.00
130255	15 青岛 04	840.00	10.00	2025.06.24	3.6100	100.00	0.00
130256	15 海南 01	810.00	3.00	2018.06.24	2.9200	100.00	0.00
130257	15 海南 02	2430.00	5.00	2020.06.24	3.2400	100.00	0.00
130258	15 海南 03	2430.00	7.00	2022.06.24	3.5300	100.00	0.00
130259	15 海南 04	2430.00	10.00	2025.06.24	3.6100	100.00	0.00
130260	15 江苏 Z1	4227.87	5.00	2020.06.26	3.2100	100.00	0.00
130261	15 江苏 Z2	1680.00	7.00	2022.06.26	3.5200	101.95	0.00
130262	15 江苏 Z3	2520.00	10.00	2025.06.26	3.5900	100.00	0.00
130263	15 陕西 01	1800.00	3.00	2018.06.30	2.8700	100.00	0.00
130264	15 陕西 02	5300.00	5.00	2020.06.30	3.2000	100.00	330.00
130265	15 陕西 03	5300.00	7.00	2022.06.30	3.5300	103.09	0.00
130266	15 陕西 04	5300.00	10.00	2025.06.30	3.6000	100.00	0.00
130267	15 山东 05	7211.59	3.00	2018.06.29	2.8700	100.00	0.00
130268	15 山东 06	10700.00	5.00	2020.06.29	3.2000	100.70	20.00
130269	15 山东 07	10700.00	7.00	2022.06.29	3.5200	101.78	0.00
130270	15 山东 08	7100.00	10.00	2025.06.29	3.5900	100.00	0.00
130271	15 大连 01	1270.00	3.00	2018.07.03	2.8800	100.00	0.00
130272	15 大连 02	1900.00	5.00	2020.07.03	3.2100	100.00	0.00
130273	15 大连 03	1900.00	7.00	2022.07.03	3.5400	100.00	0.00

债券信息 List of Bonds

债券 Bond

债券代码 Code	债券简称 Bond Name	发行数量(百万) Issued Vol(M)	年限 Terms	到期日 Expiration Date	票面利率(%) Coupon Rate(%)	本年收盘 Close	成交数量(万张) Trading Vol(10000)
130274	15 大连 04	1260.00	10.00	2025.07.03	3.6000	100.00	0.00
130275	15 大连 Z1	170.00	3.00	2018.07.03	2.8800	100.00	0.00
130276	15 大连 Z2	240.00	5.00	2020.07.03	3.2100	100.00	0.00
130277	15 大连 Z3	240.00	7.00	2022.07.03	3.5400	100.00	0.00
130278	15 大连 Z4	160.00	10.00	2025.07.03	3.6000	100.00	0.00
130279	15 贵州 05	8000.00	3.00	2018.07.06	2.8800	100.00	0.00
130280	15 贵州 06	12000.00	5.00	2020.07.06	3.2000	100.77	0.00
130281	15 贵州 07	12000.00	7.00	2022.07.06	3.5400	100.00	0.00
130282	15 贵州 08	8000.00	10.00	2025.07.06	3.6100	100.00	0.00
130283	15 内蒙 01	4400.00	3.00	2018.07.06	2.8800	100.00	0.00
130284	15 内蒙 02	8800.00	5.00	2020.07.06	3.2000	100.00	200.00
130285	15 内蒙 03	8800.00	7.00	2022.07.06	3.5400	100.00	0.00
130286	15 内蒙 04	7400.00	10.00	2025.07.06	3.6100	100.00	0.00
130287	15 新疆 Z1	660.00	3.00	2018.07.07	2.8900	100.81	0.00
130288	15 新疆 Z2	990.00	5.00	2020.07.07	3.1900	100.00	0.00
130289	15 新疆 Z3	990.00	7.00	2022.07.07	3.5400	101.95	0.00
130290	15 新疆 Z4	660.00	10.00	2025.07.07	3.6000	100.00	0.00
130291	15 北京 01	2800.00	3.00	2018.07.08	2.8800	100.00	0.00
130292	15 北京 02	8400.00	5.00	2020.07.08	3.1700	100.00	0.00
130293	15 北京 03	8400.00	7.00	2022.07.08	3.5200	100.00	0.00
130294	15 北京 04	8400.00	10.00	2025.07.08	3.5800	100.00	80.00
130295	15 四川 05	15000.00	3.00	2018.07.08	2.8900	99.50	0.00
130296	15 四川 06	15000.00	5.00	2020.07.08	3.1800	100.00	210.00
130297	15 四川 07	15000.00	7.00	2022.07.08	3.5300	100.00	0.00
130298	15 四川 08	5000.00	10.00	2025.07.08	3.6000	100.00	0.00
130299	15 甘肃 01	2000.00	3.00	2018.07.10	2.8500	100.60	0.00
130300	15 甘肃 02	6000.00	5.00	2020.07.10	3.1400	100.52	0.00
130301	15 甘肃 03	6000.00	7.00	2022.07.10	3.4800	100.00	0.00
130302	15 甘肃 04	6000.00	10.00	2025.07.10	3.5100	100.00	90.00
130303	15 青海 01	2800.00	3.00	2018.07.13	2.8400	100.00	100.00
130304	15 青海 02	4000.00	5.00	2020.07.13	3.1300	100.00	0.00
130305	15 青海 03	4000.00	7.00	2022.07.13	3.4600	100.00	0.00
130306	15 青海 04	4500.00	10.00	2025.07.13	3.4700	100.00	0.00
130307	15 宁波 01	2920.00	3.00	2018.07.13	2.8400	100.00	0.00
130308	15 宁波 02	4410.00	5.00	2020.07.13	3.1300	100.00	0.00
130309	15 宁波 03	2990.00	7.00	2022.07.13	3.4600	100.00	0.00
130310	15 宁波 04	4380.00	10.00	2025.07.13	3.4700	100.00	0.00
130311	15 宁波 Z1	1420.00	3.00	2018.07.13	2.8400	100.00	0.00
130312	15 宁波 Z2	1500.00	5.00	2020.07.13	3.1300	100.00	0.00
130313	15 宁波 Z3	1220.00	7.00	2022.07.13	3.4600	100.00	0.00
130314	15 宁波 Z4	1690.00	10.00	2025.07.13	3.4700	100.00	0.50
130315	15 广东 Z1	2750.00	5.00	2020.07.14	3.1200	100.00	0.00
130316	15 广东 Z2	1100.00	7.00	2022.07.14	3.4500	100.00	0.00
130317	15 广东 Z3	1650.00	10.00	2025.07.14	3.4600	100.00	0.00
130318	15 福建 01	1160.00	3.00	2018.07.15	2.8300	100.56	50.00
130319	15 福建 02	3480.00	5.00	2020.07.15	3.1300	100.00	0.00
130320	15 福建 03	3480.00	7.00	2022.07.15	3.4500	100.00	0.00
130321	15 福建 04	3480.00	10.00	2025.07.15	3.4600	100.00	0.00
130322	15 湖南 01	4400.00	3.00	2018.07.17	2.8300	100.00	50.00
130323	15 湖南 02	12600.00	5.00	2020.07.17	3.1400	100.00	0.00

债券信息 List of Bonds

债券 Bond

债券代码 Code	债券简称 Bond Name	发行数量(百万) Issued Vol(M)	年限 Terms	到期日 Expiration Date	票面利率(%) Coupon Rate(%)	本年收盘 Close	成交数量(万张) Trading Vol(10000)
130324	15 湖南 03	12600.00	7.00	2022.07.17	3.4800	101.81	0.00
130325	15 湖南 04	12600.00	10.00	2025.07.17	3.5000	100.00	0.00
130326	15 湖北 09	2110.00	3.00	2018.07.20	2.8400	100.00	0.00
130327	15 湖北 10	6330.00	5.00	2020.07.20	3.1500	100.00	0.00
130328	15 湖北 11	6330.00	7.00	2022.07.20	3.4900	100.00	0.00
130329	15 湖北 12	6330.00	10.00	2025.07.20	3.5200	100.00	0.00
130330	15 湖北 Z1	230.00	3.00	2018.07.20	2.8400	100.00	0.00
130331	15 湖北 Z2	920.00	5.00	2020.07.20	3.1700	100.00	0.00
130332	15 湖北 Z3	460.00	7.00	2022.07.20	3.5900	100.00	0.00
130333	15 湖北 Z4	690.00	10.00	2025.07.20	3.6200	100.00	0.00
130334	15 广西 05	5827.74	3.00	2018.07.20	2.8400	100.00	0.00
130335	15 广西 06	8500.00	5.00	2020.07.20	3.1500	100.00	0.00
130336	15 广西 07	8500.00	7.00	2022.07.20	3.4900	100.00	0.00
130337	15 广西 08	5600.00	10.00	2025.07.20	3.5200	100.00	0.00
130338	15 广西 Z1	650.00	5.00	2020.07.20	3.1500	100.00	0.00
130339	15 广西 Z2	650.00	7.00	2022.07.20	3.4900	100.00	0.00
130340	15 广东 05	2590.00	3.00	2018.07.22	2.8500	100.00	0.00
130341	15 广东 06	7770.00	5.00	2020.07.22	3.1600	100.00	0.00
130342	15 广东 07	7770.00	7.00	2022.07.22	3.4900	100.00	0.00
130343	15 广东 08	7770.00	10.00	2025.07.22	3.5300	100.00	0.00
130344	15 山东 Z1	9005.64	5.00	2020.07.27	3.1600	100.00	0.00
130345	15 山东 Z2	3600.00	7.00	2022.07.27	3.4600	100.00	0.00
130346	15 山东 Z3	5400.00	10.00	2025.07.27	3.5000	100.00	0.00
130347	15 福建 Z1	8550.00	5.00	2020.07.27	3.1600	100.00	0.00
130348	15 福建 Z2	8550.00	10.00	2025.07.27	3.5000	100.00	0.00
130349	15 福建 05	800.00	3.00	2018.07.27	2.8400	100.56	0.00
130350	15 福建 06	2400.00	5.00	2020.07.27	3.1600	100.00	0.00
130351	15 福建 07	2400.00	7.00	2022.07.27	3.4600	100.00	0.00
130352	15 福建 08	2400.00	10.00	2025.07.27	3.5000	100.00	0.00
130353	15 黑龙 01	4550.00	3.00	2018.07.28	2.8500	99.60	21.17
130354	15 黑龙 02	5460.00	5.00	2020.07.28	3.1700	100.59	60.00
130355	15 黑龙 03	2800.00	7.00	2022.07.28	3.4500	100.00	0.00
130356	15 黑龙 04	5400.00	10.00	2025.07.28	3.5000	100.00	0.00
130357	15 黑龙 Z1	1790.00	5.00	2020.07.28	3.1600	100.00	0.00
130358	15 黑龙 Z2	680.00	7.00	2022.07.28	3.4500	101.74	0.00
130359	15 黑龙 Z3	1100.00	10.00	2025.07.28	3.4900	100.00	0.00
130360	15 云南 Z1	1300.00	3.00	2018.07.28	2.8400	99.40	0.00
130361	15 云南 Z2	1300.00	5.00	2020.07.28	3.1600	100.00	30.00
130362	15 云南 Z3	1300.00	7.00	2022.07.28	3.4500	100.00	0.00
130363	15 云南 Z4	800.00	10.00	2025.07.28	3.4900	100.00	0.00
130364	15 重庆 05	6229.00	3.00	2018.08.05	2.8800	100.00	0.00
130365	15 重庆 06	11600.00	5.00	2020.08.05	3.1900	100.00	20.00
130366	15 重庆 07	11600.00	7.00	2022.08.05	3.4400	100.00	0.00
130367	15 重庆 08	9700.00	10.00	2025.08.05	3.4700	100.00	0.00
130368	15 重庆 Z1	1300.00	5.00	2020.08.05	3.1900	100.00	0.00
130369	15 重庆 Z2	1200.00	10.00	2025.08.05	3.4700	100.00	0.00
130370	15 新疆 09	740.00	3.00	2018.08.07	2.8800	99.79	0.00
130371	15 新疆 10	1110.00	5.00	2020.08.07	3.1900	100.00	0.00
130372	15 新疆 11	1110.00	7.00	2022.08.07	3.4500	100.00	0.00
130373	15 新疆 12	740.00	10.00	2025.08.07	3.4700	100.00	0.00

债券信息 List of Bonds

债券 Bond

债券代码 Code	债券简称 Bond Name	发行数量(百万) Issued Vol(M)	年限 Terms	到期日 Expiration Date	票面利率(%) Coupon Rate(%)	本年收盘 Close	成交数量(万张) Trading Vol(10000)
130374	15 新疆 Z5	240.00	3.00	2018.08.07	2.8800	100.77	0.00
130375	15 新疆 Z6	360.00	5.00	2020.08.07	3.1900	100.00	0.00
130376	15 新疆 Z7	360.00	7.00	2022.08.07	3.4500	100.00	0.00
130377	15 新疆 Z8	240.00	10.00	2025.08.07	3.4700	100.00	0.00
130378	15 上海 01	3850.00	3.00	2018.08.07	2.8800	100.00	0.00
130379	15 上海 02	11610.00	5.00	2020.08.07	3.1900	100.00	0.00
130380	15 上海 03	11610.00	7.00	2022.08.07	3.4500	100.00	0.00
130381	15 上海 04	11610.00	10.00	2025.08.07	3.4700	102.67	0.00
130382	15 上海 Z1	4700.00	5.00	2020.08.07	3.1900	100.00	0.00
130383	15 上海 Z2	4700.00	10.00	2025.08.07	3.4700	100.00	0.00
130384	15 辽宁 05	6800.00	3.00	2018.08.10	3.1700	100.00	0.00
130385	15 辽宁 06	6800.00	5.00	2020.08.10	3.4800	100.00	0.00
130386	15 辽宁 07	6800.00	7.00	2022.08.10	3.7500	103.46	0.00
130387	15 辽宁 08	2471.61	10.00	2025.08.10	3.6700	100.00	0.00
130388	15 辽宁 Z1	550.00	5.00	2020.08.10	3.4800	100.00	0.00
130389	15 辽宁 Z2	400.00	10.00	2025.08.10	3.9900	100.00	0.00
130390	15 青岛 05	80.00	3.00	2018.08.17	3.0300	100.00	0.00
130391	15 青岛 06	240.00	5.00	2020.08.17	3.3300	100.00	0.00
130392	15 青岛 07	240.00	7.00	2022.08.17	3.5700	100.00	0.00
130393	15 青岛 08	240.00	10.00	2025.08.17	3.6000	100.00	0.00
130394	15 青岛 Z1	350.00	5.00	2020.08.17	3.3300	100.00	0.00
130395	15 青岛 Z2	140.00	7.00	2022.08.17	3.5700	100.00	0.00
130396	15 青岛 Z3	210.00	10.00	2025.08.17	3.6000	100.00	0.00
130397	15 天津 05	819.00	3.00	2018.08.19	3.0400	100.60	0.00
130398	15 天津 06	2300.00	5.00	2020.08.19	3.3600	100.00	0.00
130399	15 天津 07	2300.00	7.00	2022.08.19	3.6000	100.00	0.00
130400	15 天津 08	2300.00	10.00	2025.08.19	3.6200	100.00	0.00
130401	15 天津 Z1	4541.00	5.00	2020.08.19	3.3600	100.00	0.00
130402	15 天津 Z2	500.00	7.00	2022.08.19	3.6000	100.00	0.00
130403	15 天津 Z3	3600.00	10.00	2025.08.19	3.6200	100.00	0.00
130404	15 甘肃 05	955.75	3.00	2018.08.21	3.0300	100.00	0.00
130405	15 甘肃 06	2000.00	5.00	2020.08.21	3.3600	100.00	0.00
130406	15 甘肃 07	2000.00	7.00	2022.08.21	3.6000	100.00	0.00
130407	15 甘肃 08	2000.00	10.00	2025.08.21	3.6100	100.00	0.00
130408	15 甘肃 Z1	4462.28	5.00	2020.08.21	3.3600	100.00	0.00
130409	15 甘肃 Z2	4400.00	10.00	2025.08.21	3.6100	100.00	0.00
130411	15 安徽 06	4787.25	3.00	2018.08.21	3.0300	100.00	0.00
130412	15 安徽 07	7500.00	5.00	2020.08.21	3.3600	100.00	0.00
130413	15 安徽 08	7500.00	7.00	2022.08.21	3.6100	100.00	0.00
130414	15 安徽 09	5000.00	10.00	2025.08.21	3.6100	100.00	0.00
130415	15 安徽 Z1	4936.61	5.00	2020.08.21	3.3600	100.00	0.00
130416	15 安徽 Z2	4900.00	7.00	2022.08.21	3.6000	104.10	0.00
130417	15 厦门 01	647.18	3.00	2018.08.22	2.9200	100.00	0.00
130418	15 厦门 02	940.00	5.00	2020.08.22	3.2600	100.00	0.00
130419	15 厦门 03	940.00	7.00	2022.08.22	3.5100	100.00	0.00
130420	15 厦门 04	630.00	10.00	2025.08.22	3.5100	100.00	0.00
130421	15 厦门 Z1	707.42	5.00	2020.08.22	3.2600	100.00	0.00
130422	15 厦门 Z2	690.00	10.00	2025.08.22	3.5100	100.00	0.00
130423	15 青海 05	1527.12	3.00	2018.08.25	3.0200	99.84	0.00
130424	15 青海 06	2600.00	5.00	2020.08.25	3.3600	100.00	0.00

债券信息 List of Bonds

债券 Bond

债券代码 Code	债券简称 Bond Name	发行数量(百万) Issued Vol(M)	年限 Terms	到期日 Expiration Date	票面利率(%) Coupon Rate(%)	本年收盘 Close	成交数量(万张) Trading Vol(10000)
130425	15 青海 07	2600.00	7.00	2022.08.25	3.6100	100.00	0.00
130426	15 青海 08	2600.00	10.00	2025.08.25	3.6100	100.00	0.00
130427	15 青海 Z1	800.00	3.00	2018.08.25	3.0200	100.00	0.00
130428	15 青海 Z2	900.00	5.00	2020.08.25	3.3600	100.00	0.00
130429	15 青海 Z3	800.00	7.00	2022.08.25	3.6100	100.00	0.00
130430	15 青海 Z4	800.00	10.00	2025.08.25	3.6100	100.00	0.00
130431	15 北京 Z1	1560.00	3.00	2018.08.26	3.0200	100.06	0.00
130432	15 北京 Z2	3640.00	5.00	2020.08.26	3.3600	100.00	0.00
130433	15 北京 Z3	1560.00	7.00	2022.08.26	3.6100	100.00	0.00
130434	15 北京 Z4	2340.00	10.00	2025.08.26	3.6000	100.00	0.00
130435	15 陕西 05	3534.12	3.00	2018.08.31	3.0300	100.00	0.00
130436	15 陕西 06	5280.00	5.00	2020.08.31	3.3600	100.00	0.00
130437	15 陕西 07	5280.00	7.00	2022.08.31	3.6200	100.00	0.00
130438	15 陕西 08	3530.00	10.00	2025.08.31	3.6000	100.00	0.00
130439	15 陕西 Z1	2630.49	3.00	2018.08.31	3.0300	100.00	0.00
130440	15 陕西 Z2	3940.00	5.00	2020.08.31	3.3600	100.00	0.00
130441	15 陕西 Z3	3940.00	7.00	2022.08.31	3.6200	100.00	0.00
130442	15 陕西 Z4	2630.00	10.00	2025.08.31	3.6000	100.00	0.00
130443	15 陕西 Z5	100.00	3.00	2018.08.31	3.0300	100.00	0.00
130444	15 陕西 Z6	150.00	5.00	2020.08.31	3.3600	100.00	0.00
130445	15 陕西 Z7	150.00	7.00	2022.08.31	3.6200	100.00	0.00
130446	15 陕西 Z8	100.00	10.00	2025.08.31	3.6000	100.00	0.00
130447	15 河南 05	5100.00	3.00	2018.09.01	3.0300	100.00	0.00
130448	15 河南 06	7660.00	5.00	2020.09.01	3.2900	100.00	0.00
130449	15 河南 07	7660.00	7.00	2022.09.01	3.5400	100.00	0.00
130450	15 河南 08	5100.00	10.00	2025.09.01	3.5300	100.00	0.00
130451	15 河南 Z1	3140.00	3.00	2018.09.01	3.0300	100.97	0.00
130452	15 河南 Z2	4700.00	5.00	2020.09.01	3.2900	100.00	0.00
130453	15 河南 Z3	4700.00	7.00	2022.09.01	3.5400	100.00	0.00
130454	15 河南 Z4	3140.00	10.00	2025.09.01	3.5300	100.00	0.00
130455	15 内蒙 05	4240.00	3.00	2018.09.09	3.1400	100.00	0.00
130456	15 内蒙 06	12720.00	5.00	2020.09.09	3.3500	100.00	0.00
130457	15 内蒙 07	12720.00	7.00	2022.09.09	3.5300	100.00	0.00
130458	15 内蒙 08	12720.00	10.00	2025.09.09	3.5200	100.00	0.00
130459	15 内蒙 Z1	1165.07	3.00	2018.09.09	3.1400	100.00	0.00
130460	15 内蒙 Z2	4470.00	5.00	2020.09.09	3.3500	100.00	0.00
130461	15 内蒙 Z3	2230.00	7.00	2022.09.09	3.5300	100.00	0.00
130462	15 内蒙 Z4	3350.00	10.00	2025.09.09	3.5200	100.00	0.00
130463	15 宁夏 05	572.79	3.00	2018.09.09	3.1400	100.00	0.00
130464	15 宁夏 06	1000.00	5.00	2020.09.09	3.3500	100.00	0.00
130465	15 宁夏 07	1000.00	7.00	2022.09.09	3.5300	100.00	0.00
130466	15 宁夏 08	1000.00	10.00	2025.09.09	3.5200	100.00	60.00
130467	15 江苏 05	9460.00	3.00	2018.09.11	3.2600	101.07	0.00
130468	15 江苏 06	14190.00	5.00	2020.09.11	3.4700	100.00	0.00
130469	15 江苏 07	14190.00	7.00	2022.09.11	3.6400	103.28	0.00
130470	15 江苏 08	9460.00	10.00	2025.09.11	3.6300	100.00	0.00
130471	15 江苏 Z4	6516.88	3.00	2018.09.11	3.2700	101.20	0.00
130472	15 江苏 Z5	9740.00	5.00	2020.09.11	3.4700	100.00	0.00
130473	15 江苏 Z6	9740.00	7.00	2022.09.11	3.6400	100.00	0.00
130474	15 江苏 Z7	6500.00	10.00	2025.09.11	3.6300	100.00	0.00

债券信息 List of Bonds

债券 Bond

债券代码 Code	债券简称 Bond Name	发行数量(百万) Issued Vol(M)	年限 Terms	到期日 Expiration Date	票面利率(%) Coupon Rate(%)	本年收盘 Close	成交数量(万张) Trading Vol(10000)
130475	15 山东 09	20250.00	3.00	2018.09.15	3.2400	101.64	0.00
130476	15 山东 10	20250.00	5.00	2020.09.15	3.4400	102.86	2310.00
130477	15 山东 11	20250.00	7.00	2022.09.15	3.6100	100.00	680.00
130478	15 山东 12	6816.00	10.00	2025.09.15	3.6000	100.00	660.00
130479	15 山东 Z4	2220.00	3.00	2018.09.15	3.2300	101.00	0.00
130480	15 山东 Z5	2220.00	5.00	2020.09.15	3.4400	100.00	0.00
130481	15 山东 Z6	2220.00	7.00	2022.09.15	3.6000	100.00	0.00
130482	15 山东 Z7	777.00	10.00	2025.09.15	3.5900	100.00	0.00
130483	15 新疆 13	3700.00	3.00	2018.09.16	3.1300	100.00	0.00
130484	15 新疆 14	5550.00	5.00	2020.09.16	3.3700	100.00	0.00
130485	15 新疆 15	5550.00	7.00	2022.09.16	3.5500	100.00	0.00
130486	15 新疆 16	3700.00	10.00	2025.09.16	3.4900	100.00	0.00
130487	15 新疆 Z9	1160.00	3.00	2018.09.16	2.9800	100.50	0.00
130488	15 新疆 17	1740.00	5.00	2020.09.16	3.1800	100.00	0.00
130489	15 新疆 18	1740.00	7.00	2022.09.16	3.4100	100.00	0.00
130490	15 新疆 19	1160.00	10.00	2025.09.16	3.3400	100.00	0.00
130491	15 广西 09	5900.00	3.00	2018.09.16	3.2300	100.00	0.00
130492	15 广西 10	8800.00	5.00	2020.09.16	3.4300	100.00	0.00
130493	15 广西 11	8800.00	7.00	2022.09.16	3.6000	100.00	0.00
130494	15 广西 12	5900.00	10.00	2025.09.16	3.5900	100.00	0.00
130495	15 广西 Z3	950.00	5.00	2020.09.16	3.4300	100.00	0.00
130496	15 广西 Z4	950.00	7.00	2022.09.16	3.6000	100.00	0.00
130497	15 浙江 05	2330.00	3.00	2018.09.18	2.9800	100.00	0.00
130498	15 浙江 06	6990.00	5.00	2020.09.18	3.2700	100.00	0.00
130499	15 浙江 07	6990.00	7.00	2022.09.18	3.3800	100.00	0.00
130500	15 浙江 08	6990.00	10.00	2025.09.18	3.4300	100.00	0.00
130501	15 浙江 Z1	4310.00	3.00	2018.09.18	2.9800	100.00	0.00
130502	15 浙江 Z2	6540.00	5.00	2020.09.18	3.1700	100.00	0.00
130503	15 浙江 Z3	4310.00	7.00	2022.09.18	3.3400	100.00	140.00
130504	15 浙江 Z4	6540.00	10.00	2025.09.18	3.3300	100.00	0.00
130505	15 河北 05	14000.00	3.00	2018.09.18	3.1800	100.00	60.00
130506	15 河北 06	14000.00	5.00	2020.09.18	3.3700	100.00	0.00
130507	15 河北 07	14000.00	7.00	2022.09.18	3.5400	100.00	0.00
130508	15 河北 08	4945.00	10.00	2025.09.18	3.5300	100.00	0.00
130509	15 河北 Z4	4700.00	3.00	2018.09.21	3.1700	100.00	0.00
130510	15 河北 Z5	4774.00	5.00	2020.09.21	3.3700	100.00	0.00
130511	15 贵州 09	10000.00	3.00	2018.09.21	3.2200	100.16	60.00
130512	15 贵州 10	15000.00	5.00	2020.09.21	3.4200	102.52	0.00
130513	15 贵州 11	15000.00	7.00	2022.09.21	3.5800	100.00	0.00
130514	15 贵州 12	10000.00	10.00	2025.09.21	3.5700	100.00	0.00
130515	15 云南 05	2760.00	3.00	2018.09.22	3.1700	100.22	0.00
130516	15 云南 06	5000.00	5.00	2020.09.22	3.3600	100.00	0.00
130517	15 云南 07	5000.00	7.00	2022.09.22	3.5300	100.00	0.00
130518	15 云南 08	5000.00	10.00	2025.09.22	3.5200	100.00	0.00
130519	15 云南 Z5	4440.00	3.00	2018.09.22	3.1700	100.00	0.00
130520	15 云南 Z6	4100.00	5.00	2020.09.22	3.3600	100.00	0.00
130521	15 云南 Z7	4200.00	7.00	2022.09.22	3.5300	100.00	0.00
130522	15 云南 Z8	4200.00	10.00	2025.09.22	3.5200	100.00	0.00
130523	15 福建 09	722.07	3.00	2018.09.23	3.2800	101.35	0.00
130524	15 福建 10	2090.00	5.00	2020.09.23	3.4500	100.00	0.00

债券信息 List of Bonds

债券 Bond

债券代码 Code	债券简称 Bond Name	发行数量(百万) Issued Vol(M)	年限 Terms	到期日 Expiration Date	票面利率(%) Coupon Rate(%)	本年收盘 Close	成交数量(万张) Trading Vol(10000)
130525	15 福建 11	2090.00	7.00	2022.09.23	3.6200	100.00	0.00
130526	15 福建 12	2090.00	10.00	2025.09.23	3.6100	100.00	0.00
130527	15 福建 Z3	7360.03	5.00	2020.09.23	3.4500	100.00	0.00
130528	15 福建 Z4	7360.00	10.00	2025.09.23	3.6100	100.00	0.00
130529	15 青海 09	500.00	3.00	2018.09.25	3.1900	100.00	0.00
130530	15 青海 10	800.00	5.00	2020.09.25	3.3500	100.00	0.00
130531	15 青海 11	800.00	7.00	2022.09.25	3.5300	100.00	0.00
130532	15 青海 12	800.00	10.00	2025.09.25	3.5200	100.00	0.00
130533	15 湖北 13	780.00	3.00	2018.10.10	2.9400	100.00	20.00
130534	15 湖北 14	2340.00	5.00	2020.10.10	3.0700	100.00	210.00
130535	15 湖北 15	2340.00	7.00	2022.10.10	3.4500	100.00	0.00
130536	15 湖北 16	2340.00	10.00	2025.10.10	3.4400	100.00	0.00
130537	15 湖北 Z5	180.00	3.00	2018.10.10	2.9400	100.00	0.00
130538	15 湖北 Z6	720.00	5.00	2020.10.10	3.0700	100.00	0.00
130539	15 湖北 Z7	360.00	7.00	2022.10.10	3.2800	100.00	0.00
130540	15 湖北 Z8	540.00	10.00	2025.10.10	3.3000	100.00	0.00
130541	15 四川 09	8400.00	3.00	2018.10.10	3.2400	101.64	20.00
130542	15 四川 10	8400.00	5.00	2020.10.10	3.3700	100.00	10.00
130543	15 四川 11	8400.00	7.00	2022.10.10	3.5800	100.00	0.00
130544	15 四川 12	2800.00	10.00	2025.10.10	3.5600	100.00	0.00
130545	15 广东 09	1926.34	3.00	2018.10.12	3.0200	100.07	0.00
130546	15 广东 10	5779.06	5.00	2020.10.12	3.1400	100.00	0.00
130547	15 广东 11	5779.06	7.00	2022.10.12	3.3500	100.00	0.00
130548	15 广东 12	5779.06	10.00	2025.10.12	3.3300	100.00	0.00
130549	15 广东 Z4	7750.80	5.00	2020.10.12	3.1500	100.00	0.00
130550	15 广东 Z5	3100.32	7.00	2022.10.12	3.3500	100.00	0.00
130551	15 广东 Z6	4650.48	10.00	2025.10.12	3.3300	100.00	0.00
130552	15 海南 05	535.48	3.00	2018.10.14	3.0700	100.79	0.00
130553	15 海南 06	1530.00	5.00	2020.10.14	3.2000	100.00	0.00
130554	15 海南 07	1530.00	7.00	2022.10.14	3.4000	100.00	0.00
130555	15 海南 08	1530.00	10.00	2025.10.14	3.3900	100.00	0.00
130556	15 海南 Z1	1844.84	5.00	2020.10.14	3.2000	100.00	0.00
130557	15 海南 Z2	700.00	7.00	2022.10.14	3.4000	100.00	0.00
130558	15 海南 Z3	1050.00	10.00	2025.10.14	3.3900	100.00	0.00
130559	15 浙江 09	1320.00	3.00	2018.10.16	2.9400	100.00	10.00
130560	15 浙江 10	3960.00	5.00	2020.10.16	3.0400	100.00	0.00
130561	15 浙江 11	3960.00	7.00	2022.10.16	3.2300	100.00	0.00
130562	15 浙江 12	3960.00	10.00	2025.10.16	3.3100	100.00	0.00
130563	15 浙江 Z5	2870.00	3.00	2018.10.16	2.9400	100.00	0.00
130564	15 浙江 Z6	4310.00	5.00	2020.10.16	3.0400	100.00	0.00
130565	15 浙江 Z7	2870.00	7.00	2022.10.16	3.2300	100.00	0.00
130566	15 浙江 Z8	4310.00	10.00	2025.10.16	3.3100	100.00	0.00
130567	15 甘肃 09	930.00	3.00	2018.10.21	3.0100	100.00	0.00
130568	15 甘肃 10	700.00	5.00	2020.10.21	3.1300	100.00	10.00
130569	15 甘肃 11	770.00	7.00	2022.10.21	3.3200	100.00	0.00
130570	15 甘肃 12	1000.00	10.00	2025.10.21	3.2900	100.00	0.00
130571	15 甘肃 Z3	1000.00	5.00	2020.10.21	3.1300	100.00	0.00
130572	15 甘肃 Z4	1000.00	10.00	2025.10.21	3.2900	100.00	0.00
130573	15 江西 05	4485.54	3.00	2018.10.21	3.0500	100.76	0.00
130574	15 江西 06	13450.00	5.00	2020.10.21	3.1800	100.00	0.00

债券信息
List of Bonds

债券
Bond

债券代码 Code	债券简称 Bond Name	发行数量(百万) Issued Vol(M)	年限 Terms	到期日 Expiration Date	票面利率(%) Coupon Rate(%)	本年收盘 Close	成交数量(万张) Trading Vol(10000)
130575	15 江西 07	13450.00	7.00	2022.10.21	3.3700	100.00	0.00
130576	15 江西 08	13450.00	10.00	2025.10.21	3.3400	100.00	0.00
130577	15 江西 Z1	750.00	3.00	2018.10.21	3.0300	100.01	0.00
130578	15 江西 Z2	750.00	5.00	2020.10.21	3.0700	100.00	0.00
130579	15 江西 Z3	750.00	7.00	2022.10.21	3.2700	100.00	0.00
130580	15 江西 Z4	750.00	10.00	2025.10.21	3.3400	100.00	0.00
130581	15 江西 Z5	150.00	3.00	2018.10.21	3.0000	100.00	0.00
130582	15 江西 Z6	150.00	5.00	2020.10.21	3.0500	100.00	0.00
130583	15 江西 Z7	150.00	7.00	2022.10.21	3.3600	100.00	0.00
130584	15 江西 Z8	150.00	10.00	2025.10.21	3.3400	100.00	0.00
130585	15 上海 05	500.00	5.00	2020.10.26	2.9300	100.00	0.00
130586	15 上海 06	7860.00	7.00	2022.10.26	3.1000	100.00	0.00
130587	15 上海 07	7860.00	10.00	2025.10.26	3.0800	100.00	0.00
130588	15 上海 Z3	3150.00	3.00	2018.10.26	2.8000	100.00	0.00
130589	15 上海 Z4	4750.00	5.00	2020.10.26	2.9300	100.00	0.00
130590	15 上海 Z5	4750.00	7.00	2022.10.26	3.1000	100.00	0.00
130591	15 上海 Z6	3150.00	10.00	2025.10.26	3.0800	100.00	0.00
130592	15 四川 Z1	15300.00	3.00	2018.10.27	3.0900	99.02	260.00
130593	15 四川 Z2	15300.00	5.00	2020.10.27	3.2100	100.86	100.00
130594	15 四川 Z3	15300.00	7.00	2022.10.27	3.3800	100.00	0.00
130595	15 四川 Z4	5342.00	10.00	2025.10.27	3.3700	98.58	15.20
130596	15 福建 13	310.00	3.00	2018.10.28	2.9800	100.00	0.00
130597	15 福建 14	930.00	5.00	2020.10.28	3.0900	100.00	0.00
130598	15 福建 15	930.00	7.00	2022.10.28	3.2600	100.00	0.00
130599	15 福建 16	930.00	10.00	2025.10.28	3.2500	100.00	0.00
130600	15 福建 Z5	330.00	5.00	2020.10.28	3.0900	100.00	0.00
130601	15 福建 Z6	320.00	10.00	2025.10.28	3.2500	100.00	0.00
130602	15 福建 Z7	180.00	5.00	2020.10.28	3.0900	99.75	70.00
130603	15 福建 Z8	170.00	10.00	2025.10.28	3.2500	100.00	0.00
130604	15 安徽 10	9540.00	3.00	2018.10.28	3.1300	101.42	0.00
130605	15 安徽 11	9540.00	5.00	2020.10.28	3.2400	100.00	0.00
130606	15 安徽 12	6360.00	7.00	2022.10.28	3.3600	100.00	0.00
130607	15 安徽 13	6436.86	10.00	2025.10.28	3.4500	99.07	345.89
130608	15 安徽 Z3	9901.05	5.00	2020.10.28	3.1900	100.00	0.00
130609	15 安徽 Z4	5200.00	10.00	2025.10.28	3.3900	100.00	0.00
130610	15 宁夏 09	2500.00	3.00	2018.10.30	3.0500	100.00	0.00
130611	15 宁夏 10	2500.00	5.00	2020.10.30	3.1500	100.00	0.00
130612	15 宁夏 11	2500.00	7.00	2022.10.30	3.3700	100.00	0.00
130613	15 宁夏 12	2010.11	10.00	2025.10.30	3.3700	100.00	0.00
130614	15 宁夏 Z1	2000.00	3.00	2018.10.30	3.0500	100.00	0.00
130615	15 宁夏 Z2	1500.00	5.00	2020.10.30	3.1500	100.00	0.00
130616	15 宁夏 Z3	1500.00	7.00	2022.10.30	3.3700	100.00	0.00
130617	15 宁夏 Z4	917.65	10.00	2025.10.30	3.3700	100.00	0.00
130618	15 宁夏 Z5	200.00	7.00	2022.10.30	3.3700	100.00	0.00
130619	15 宁夏 Z6	500.00	10.00	2025.10.30	3.3700	100.00	0.00
130620	15 天津 09	507.00	3.00	2018.10.30	3.0000	100.00	0.00
130621	15 天津 10	1540.00	5.00	2020.10.30	3.1000	100.00	0.00
130622	15 天津 11	1540.00	7.00	2022.10.30	3.2700	100.00	0.00
130623	15 天津 12	1540.00	10.00	2025.10.30	3.2700	100.00	0.00
130624	15 天津 Z4	831.00	5.00	2020.10.30	3.1000	100.00	0.00

债券信息 List of Bonds

债券 Bond

债券代码 Code	债券简称 Bond Name	发行数量(百万) Issued Vol(M)	年限 Terms	到期日 Expiration Date	票面利率(%) Coupon Rate(%)	本年收盘 Close	成交数量(万张) Trading Vol(10000)
130625	15 天津 Z5	310.00	7.00	2022.10.30	3.2500	100.00	0.00
130626	15 天津 Z6	370.00	10.00	2025.10.30	3.2700	100.00	0.00
130627	15 广东 13	1589.20	3.00	2018.11.03	2.8300	100.00	0.00
130628	15 广东 14	4750.00	5.00	2020.11.03	2.9600	99.40	14.07
130629	15 广东 15	4750.00	7.00	2022.11.03	3.1200	100.00	50.00
130630	15 广东 16	4750.00	10.00	2025.11.03	3.1200	97.06	38.38
130631	15 山西 05	2492.20	3.00	2018.11.04	2.8700	99.20	0.00
130632	15 山西 06	6620.79	5.00	2020.11.04	3.0700	99.46	450.00
130633	15 山西 07	6620.79	7.00	2022.11.04	3.2300	100.00	0.00
130634	15 山西 08	6620.79	10.00	2025.11.04	3.2300	102.59	0.00
130635	15 山西 Z1	6998.25	5.00	2020.11.04	2.9700	100.00	0.00
130636	15 山西 Z2	6748.27	10.00	2025.11.04	3.1800	100.00	0.00
130637	15 河南 09	7040.38	3.00	2018.11.04	3.0200	98.85	10.00
130638	15 河南 10	10200.00	5.00	2020.11.04	3.1700	100.00	190.00
130639	15 河南 11	10200.00	7.00	2022.11.04	3.3300	100.00	0.00
130640	15 河南 12	6800.00	10.00	2025.11.04	3.3300	100.00	150.00
130641	15 河南 Z5	4267.38	3.00	2018.11.04	3.0200	100.00	0.00
130642	15 河南 Z6	6300.00	5.00	2020.11.04	3.1700	99.90	40.00
130643	15 河南 Z7	6300.00	7.00	2022.11.04	3.3300	100.00	0.00
130644	15 河南 Z8	4200.00	10.00	2025.11.04	3.3300	100.00	0.00
130645	15 贵州 Z1	10000.00	3.00	2018.11.06	2.9900	100.00	0.00
130646	15 贵州 Z2	15000.00	5.00	2020.11.06	3.1700	100.00	0.00
130647	15 贵州 Z3	15000.00	7.00	2022.11.06	3.3200	100.00	0.00
130648	15 贵州 Z4	10000.00	10.00	2025.11.06	3.3300	100.00	0.00
130649	15 江苏 09	16240.00	3.00	2018.11.06	2.8900	99.04	100.00
130650	15 江苏 10	24360.00	5.00	2020.11.06	3.1100	97.80	325.03
130651	15 江苏 11	24360.00	7.00	2022.11.06	3.2600	100.61	0.00
130652	15 江苏 12	16240.00	10.00	2025.11.06	3.2300	97.72	111.01
130653	15 江苏 Z8	7132.12	3.00	2018.11.06	2.8900	100.00	0.00
130654	15 江苏 Z9	10670.00	5.00	2020.11.06	3.0700	100.00	100.00
130655	15 江苏 13	10670.00	7.00	2022.11.06	3.2200	100.00	160.00
130656	15 江苏 14	7120.00	10.00	2025.11.06	3.1800	100.00	0.00
130657	15 云南 09	6290.00	3.00	2018.11.09	2.9500	99.62	0.00
130658	15 云南 10	10900.00	5.00	2020.11.09	3.1400	100.00	0.00
130659	15 云南 11	10900.00	7.00	2022.11.09	3.2900	100.00	120.00
130660	15 云南 12	10900.00	10.00	2025.11.09	3.2900	100.00	0.00
130661	15 云南 Z9	6500.00	3.00	2018.11.09	2.9500	100.00	0.00
130662	15 云南 13	6500.00	5.00	2020.11.09	3.1400	100.00	0.00
130663	15 云南 14	6300.00	7.00	2022.11.09	3.2900	100.00	50.00
130664	15 云南 15	6300.00	10.00	2025.11.09	3.2900	100.00	0.00
130665	15 内蒙 09	1903.93	3.00	2018.11.10	3.1700	100.00	0.00
130666	15 内蒙 10	5670.00	5.00	2020.11.10	3.3900	98.42	220.00
130667	15 内蒙 11	5670.00	7.00	2022.11.10	3.5600	100.00	0.00
130668	15 内蒙 12	5670.00	10.00	2025.11.10	3.5500	100.00	0.00
130669	15 内蒙 Z5	493.76	3.00	2018.11.10	3.1700	100.00	0.00
130670	15 内蒙 Z6	2000.00	5.00	2020.11.10	3.3900	100.00	0.00
130671	15 内蒙 Z7	1480.00	7.00	2022.11.10	3.5600	100.00	0.00
130672	15 内蒙 Z8	1000.00	10.00	2025.11.10	3.5500	100.00	0.00
130673	15 宁波 05	1020.00	3.00	2018.11.11	2.8700	100.00	0.00
130674	15 宁波 06	1530.00	5.00	2020.11.11	3.0800	99.47	240.00

债券信息
List of Bonds

债券代码 Code	债券简称 Bond Name	发行数量(百万) Issued Vol(M)	年限 Terms	到期日 Expiration Date	票面利率(%) Coupon Rate(%)	本年收盘 Close	成交数量(万张) Trading Vol(10000)
130675	15 宁波 07	1020.00	7.00	2022.11.11	3.2400	100.82	0.00
130676	15 宁波 08	1530.00	10.00	2025.11.11	3.3300	100.00	0.00
130677	15 宁波 Z5	840.00	3.00	2018.11.11	2.7800	100.00	0.00
130678	15 宁波 Z6	1260.00	5.00	2020.11.11	3.0800	99.47	280.00
130679	15 宁波 Z7	840.00	7.00	2022.11.11	3.2400	97.00	40.00
130680	15 宁波 Z8	1260.00	10.00	2025.11.11	3.3300	100.00	0.00
130681	15 厦门 05	187.25	3.00	2018.11.11	2.7800	100.00	0.00
130682	15 厦门 06	270.00	5.00	2020.11.11	2.9800	100.33	0.00
130683	15 厦门 07	270.00	7.00	2022.11.11	3.1400	100.22	0.00
130684	15 厦门 08	180.00	10.00	2025.11.11	3.1300	100.00	0.00
130685	15 厦门 Z3	1081.89	5.00	2020.11.11	2.9800	99.54	640.00
130686	15 厦门 Z4	1080.00	10.00	2025.11.11	3.1300	100.00	0.00
130687	15 陕西 09	4960.00	3.00	2018.11.13	3.1600	101.13	0.00
130688	15 陕西 10	4960.00	5.00	2020.11.13	3.3900	100.00	0.00
130689	15 陕西 11	4960.00	7.00	2022.11.13	3.5700	100.00	0.00
130690	15 陕西 12	1666.51	10.00	2025.11.13	3.5500	100.00	0.00
130691	15 陕西 Z9	6620.00	3.00	2018.11.13	3.0400	100.00	0.00
130692	15 陕西 13	6620.00	5.00	2020.11.13	3.2400	100.00	0.00
130693	15 陕西 14	6620.00	7.00	2022.11.13	3.4400	100.00	0.00
130694	15 陕西 15	2230.58	10.00	2025.11.13	3.5400	100.00	0.00
130695	15 黑龙 05	13000.00	3.00	2018.11.16	3.1300	100.00	0.00
130696	15 黑龙 06	13000.00	5.00	2020.11.16	3.3400	100.00	0.00
130697	15 黑龙 07	13000.00	7.00	2022.11.16	3.4800	100.00	0.00
130698	15 黑龙 08	5214.12	10.00	2025.11.16	3.4700	100.00	0.00
130699	15 黑龙 Z4	1500.00	5.00	2020.11.16	3.3200	100.00	0.00
130700	15 黑龙 Z5	900.00	7.00	2022.11.16	3.4700	100.00	0.00
130701	15 大连 05	1180.00	3.00	2018.11.18	3.0300	100.99	0.00
130702	15 大连 06	1770.00	5.00	2020.11.18	3.2600	100.00	0.00
130703	15 大连 07	1770.00	7.00	2022.11.18	3.4000	100.00	0.00
130704	15 大连 08	1180.00	10.00	2025.11.18	3.3900	100.00	0.00
130705	15 大连 Z5	1170.00	3.00	2018.11.18	3.0800	100.00	0.00
130706	15 大连 Z6	1750.00	5.00	2020.11.18	3.2600	100.00	0.00
130707	15 大连 Z7	1750.00	7.00	2022.11.18	3.4400	100.00	0.00
130708	15 大连 Z8	1170.00	10.00	2025.11.18	3.4300	100.00	0.00
130709	15 吉林 05	2446.86	3.00	2018.11.20	3.0800	100.00	0.00
130710	15 吉林 06	7320.00	5.00	2020.11.20	3.4400	101.77	0.00
130711	15 吉林 07	7320.00	7.00	2022.11.20	3.4500	100.00	0.00
130712	15 吉林 08	7320.00	10.00	2025.11.20	3.4500	100.00	0.00
130713	15 吉林 Z1	5432.21	5.00	2020.11.20	3.3500	100.00	0.00
130714	15 吉林 Z2	5430.00	10.00	2025.11.20	3.4500	100.00	0.00
130715	15 吉林 Z3	1648.29	5.00	2020.11.20	3.3500	102.52	0.00
130716	15 吉林 Z4	886.40	10.00	2025.11.20	3.5700	100.00	0.00
130717	15 北京 05	2017.07	3.00	2018.11.20	2.9200	100.00	0.00
130718	15 北京 06	2405.46	5.00	2020.11.20	3.1000	100.00	0.00
130719	15 北京 07	2538.86	7.00	2022.11.20	3.2400	100.00	0.00
130720	15 北京 08	1673.85	10.00	2025.11.20	3.2300	100.00	0.00
130721	15 北京 Z5	6229.84	3.00	2018.11.20	2.9300	100.00	0.00
130722	15 北京 Z6	6960.62	5.00	2020.11.20	3.1000	100.00	0.00
130723	15 北京 Z7	6690.75	7.00	2022.11.20	3.2400	100.00	0.00
130724	15 北京 Z8	5787.00	10.00	2025.11.20	3.2300	100.00	0.00

债券信息
List of Bonds

债券
Bond

债券代码 Code	债券简称 Bond Name	发行数量(百万) Issued Vol(M)	年限 Terms	到期日 Expiration Date	票面利率(%) Coupon Rate(%)	本年收盘 Close	成交数量(万张) Trading Vol(10000)
130725	15 北京 Z9	203.00	7.00	2022.11.20	3.2400	100.00	0.00
130726	15 湖南 05	4646.70	3.00	2018.11.23	3.0400	100.00	0.00
130727	15 湖南 06	13200.00	5.00	2020.11.23	3.1900	100.00	0.00
130728	15 湖南 07	13200.00	7.00	2022.11.23	3.3500	100.00	0.00
130729	15 湖南 08	13200.00	10.00	2025.11.23	3.3300	100.00	0.00
130730	15 上海 08	5000.00	3.00	2018.11.25	2.9500	100.00	300.00
130731	15 上海 09	5000.00	5.00	2020.11.25	3.1000	99.52	10.00
130732	15 山东 13	280.00	3.00	2018.11.27	3.0800	100.00	0.00
130733	15 山东 14	840.00	5.00	2020.11.27	3.1900	100.00	0.00
130734	15 山东 15	840.00	7.00	2022.11.27	3.3800	100.00	0.00
130735	15 山东 16	840.00	10.00	2025.11.27	3.3400	100.00	0.00
130736	15 贵州 13	2725.92	3.00	2018.11.27	3.1100	101.24	0.00
130737	15 贵州 14	3900.00	5.00	2020.11.27	3.2200	100.00	0.00
130738	15 贵州 15	3900.00	7.00	2022.11.27	3.4100	100.00	0.00
130739	15 贵州 16	2600.00	10.00	2025.11.27	3.4000	100.00	0.00
130740	15 贵州 Z5	5815.94	3.00	2018.11.27	3.0900	100.00	0.00
130741	15 贵州 Z6	8500.00	5.00	2020.11.27	3.2500	100.00	0.00
130742	15 贵州 Z7	8500.00	7.00	2022.11.27	3.4100	100.00	0.00
130743	15 贵州 Z8	5600.00	10.00	2025.11.27	3.4700	98.70	9.11
130744	15 浙江 13	2560.00	3.00	2018.11.30	2.9500	100.00	0.00
130745	15 浙江 14	7600.00	5.00	2020.11.30	3.0600	97.67	200.00
130746	15 浙江 15	7600.00	7.00	2022.11.30	3.2400	100.00	0.00
130747	15 浙江 16	7600.00	10.00	2025.11.30	3.2000	97.47	785.87
130748	15 青岛 09	140.00	3.00	2018.12.04	3.0600	100.00	0.00
130749	15 青岛 10	420.00	5.00	2020.12.04	3.1500	100.00	0.00
130750	15 青岛 11	420.00	7.00	2022.12.04	3.3200	100.00	0.00
130751	15 青岛 12	420.00	10.00	2025.12.04	3.3000	100.00	0.00
130752	15 福建 17	1617.94	3.00	2018.12.04	3.0700	99.96	0.00
130753	15 福建 18	4800.00	5.00	2020.12.04	3.1500	100.00	0.00
130754	15 福建 19	4800.00	7.00	2022.12.04	3.3200	100.00	0.00
130755	15 福建 20	4800.00	10.00	2025.12.04	3.3000	100.00	0.00
130756	15 福建 Z9	12281.85	5.00	2020.12.04	3.1500	100.00	0.00
130757	15 福建 21	12280.00	10.00	2025.12.04	3.3000	100.00	0.00
130758	15 内蒙 13	870.00	3.00	2018.12.07	3.1100	100.00	0.00
130759	15 内蒙 14	1810.00	5.00	2020.12.07	3.2900	100.00	0.00
130760	15 内蒙 15	1810.00	7.00	2022.12.07	3.4200	100.00	0.00
130761	15 内蒙 16	1810.00	10.00	2025.12.07	3.4400	100.00	0.00
130762	15 内蒙 Z9	1100.00	5.00	2020.12.07	3.1900	100.00	0.00
130763	15 内蒙 17	1000.00	7.00	2022.12.07	3.3600	100.00	0.00
130764	15 辽宁 09	21660.00	3.00	2018.12.09	3.0000	100.00	0.00
130765	15 辽宁 10	21660.00	5.00	2020.12.09	3.1800	99.89	200.00
130766	15 辽宁 11	21660.00	7.00	2022.12.09	3.3400	100.00	0.00
130767	15 辽宁 12	7220.00	10.00	2025.12.09	3.3400	100.00	0.00
130768	15 甘肃 13	700.00	3.00	2018.12.11	3.0000	100.00	0.00
130769	15 甘肃 14	1500.00	5.00	2020.12.11	3.1500	100.00	0.00
130770	15 甘肃 15	1570.00	7.00	2022.12.11	3.3300	100.00	0.00
130771	15 甘肃 16	1500.00	10.00	2025.12.11	3.3200	100.00	0.00
130772	15 山西 09	550.00	3.00	2018.12.16	2.7100	100.00	0.00
130773	15 山西 10	1580.00	5.00	2020.12.16	2.8300	100.00	0.00
130774	15 山西 11	1580.00	7.00	2022.12.16	3.0100	100.00	0.00

债券信息 List of Bonds

债券代码 Code	债券简称 Bond Name	发行数量(百万) Issued Vol(M)	年限 Terms	到期日 Expiration Date	票面利率(%) Coupon Rate(%)	本年收盘 Close	成交数量(万张) Trading Vol(10000)
130775	15 山西 12	1580.00	10.00	2025.12.16	3.0000	100.00	0.00
130776	15 贵州 17	600.00	3.00	2018.12.24	2.7900	100.00	0.00
130777	15 贵州 18	900.00	5.00	2020.12.24	2.9900	100.00	0.00
130778	15 贵州 19	900.00	7.00	2022.12.24	3.1800	100.00	0.00
130779	15 贵州 20	600.00	10.00	2025.12.24	3.2300	100.00	0.00
130780	16 湖北 01	18000.00	3.00	2019.02.19	2.7500	100.00	0.00
130781	16 湖北 02	18000.00	5.00	2021.02.19	2.9000	100.00	140.00
130782	16 湖北 03	18000.00	7.00	2023.02.19	3.0700	100.00	800.00
130783	16 湖北 04	6000.00	10.00	2026.02.19	3.0400	100.00	0.00
130784	16 广东 01	22850.00	5.00	2021.02.24	2.9000	97.10	100.00
130785	16 广东 02	9140.00	7.00	2023.02.24	3.0700	100.00	13.00
130786	16 广东 03	13710.00	10.00	2026.02.24	3.0400	100.00	0.00
130787	16 广东 04	4130.00	3.00	2019.03.02	2.7400	100.00	0.00
130788	16 广东 05	12390.00	5.00	2021.03.02	2.8500	100.00	0.00
130789	16 广东 06	12390.00	7.00	2023.03.02	3.0700	97.53	230.00
130790	16 广东 07	12390.00	10.00	2026.03.02	3.0600	100.00	0.00
130791	16 浙江 01	3000.00	3.00	2019.03.11	2.5700	100.00	30.00
130792	16 浙江 02	9000.00	5.00	2021.03.11	2.7900	100.00	450.00
130793	16 浙江 03	9000.00	7.00	2023.03.11	3.0700	100.00	0.00
130794	16 浙江 04	9000.00	10.00	2026.03.11	3.2100	100.00	0.00
130795	16 山东 01	6320.00	3.00	2019.03.11	2.6000	100.00	100.00
130796	16 山东 02	9480.00	5.00	2021.03.11	2.7900	100.00	0.00
130797	16 山东 03	9480.00	7.00	2023.03.11	3.0900	100.00	100.00
130798	16 山东 04	6320.00	10.00	2026.03.11	3.1100	100.00	0.00
130799	16 山东 05	5680.00	3.00	2019.03.11	2.5900	99.91	40.00
130800	16 山东 06	8520.00	5.00	2021.03.11	2.7900	100.00	40.00
130801	16 山东 07	8520.00	7.00	2023.03.11	3.0900	100.00	100.00
130802	16 山东 08	5680.00	10.00	2026.03.11	3.1100	100.00	0.00
130803	16 内蒙 01	6300.00	3.00	2019.03.14	2.7600	98.95	60.00
130804	16 内蒙 02	18900.00	5.00	2021.03.14	2.9300	96.01	140.00
130805	16 内蒙 03	18900.00	7.00	2023.03.14	3.1900	100.45	250.00
130806	16 内蒙 04	18900.00	10.00	2026.03.14	3.2000	96.82	387.82
130807	16 江苏 01	12180.00	3.00	2019.03.16	2.6400	99.88	78.01
130808	16 江苏 02	18250.00	5.00	2021.03.16	2.7600	100.15	100.00
130809	16 江苏 03	18250.00	7.00	2023.03.16	3.0500	100.00	0.00
130810	16 江苏 04	12180.00	10.00	2026.03.16	3.0600	96.46	50.00
130811	16 江苏 05	10550.00	3.00	2019.03.16	2.5800	100.00	0.00
130812	16 江苏 06	15820.00	5.00	2021.03.16	2.7600	100.00	0.00
130813	16 江苏 07	15820.00	7.00	2023.03.16	3.0500	100.00	0.00
130814	16 江苏 08	10550.00	10.00	2026.03.16	3.0600	100.00	0.00
130815	16 重庆 01	2600.00	3.00	2019.03.18	2.6400	99.95	19.09
130816	16 重庆 02	5100.00	5.00	2021.03.18	2.7800	100.00	0.00
130817	16 重庆 03	5100.00	7.00	2023.03.18	3.0400	100.00	0.00
130818	16 重庆 04	4200.00	10.00	2026.03.18	3.0400	101.14	260.00
130819	16 重庆 05	6500.00	5.00	2021.03.18	2.7800	100.00	120.00
130820	16 重庆 06	6500.00	7.00	2023.03.18	3.0400	100.00	0.00
130821	16 天津 01	864.00	3.00	2019.03.21	2.5200	100.00	0.00
130822	16 天津 02	550.00	5.00	2021.03.21	2.7600	100.06	0.00
130823	16 天津 03	4975.00	5.00	2021.03.21	2.7300	100.00	0.00
130824	16 天津 04	2326.00	7.00	2023.03.21	2.9800	100.00	0.00

债券信息 List of Bonds

债券 Bond

债券代码 Code	债券简称 Bond Name	发行数量(百万) Issued Vol(M)	年限 Terms	到期日 Expiration Date	票面利率(%) Coupon Rate(%)	本年收盘 Close	成交数量(万张) Trading Vol(10000)
130825	16 天津 05	2695.00	10.00	2026.03.21	3.0300	100.00	0.00
130826	16 云南 01	3760.00	7.00	2023.03.22	3.0200	100.39	60.00
130827	16 云南 02	3700.00	10.00	2026.03.22	3.0500	100.00	0.00
130828	16 云南 03	6850.00	7.00	2023.03.22	3.0000	100.00	0.00
130829	16 云南 04	7000.00	10.00	2026.03.22	3.0500	100.00	0.00
130830	16 新疆 01	3730.00	3.00	2019.03.23	2.5200	100.00	0.00
130831	16 新疆 02	5595.00	5.00	2021.03.23	2.7200	100.00	0.00
130832	16 新疆 03	5595.00	7.00	2023.03.23	3.0000	100.00	0.00
130833	16 新疆 04	3730.00	10.00	2026.03.23	3.0200	100.00	0.00
130834	16 江西 01	2950.00	3.00	2019.03.25	2.4300	100.00	0.00
130835	16 江西 02	8790.00	5.00	2021.03.25	2.7100	100.00	0.00
130836	16 江西 03	8790.00	7.00	2023.03.25	3.0000	100.00	0.00
130837	16 江西 04	8790.00	10.00	2026.03.25	3.0100	100.00	0.00
130838	16 江西 05	2670.00	3.00	2019.03.25	2.5000	100.00	0.00
130839	16 江西 06	2670.00	5.00	2021.03.25	2.7100	100.00	0.00
130840	16 江西 07	2670.00	7.00	2023.03.25	3.0500	100.00	800.00
130841	16 江西 08	2670.00	10.00	2026.03.25	3.0700	100.00	0.00
130842	16 宁夏 01	2100.00	3.00	2019.03.25	2.5500	100.00	0.00
130843	16 宁夏 02	2100.00	5.00	2021.03.25	2.7800	100.00	0.00
130844	16 宁夏 03	2100.00	7.00	2023.03.25	3.0400	100.00	0.00
130845	16 宁夏 04	700.00	10.00	2026.03.25	3.0500	100.00	0.00
130846	16 广西 01	3000.00	3.00	2019.03.28	2.3900	100.00	0.00
130847	16 广西 02	4200.00	5.00	2021.03.28	2.6500	100.00	0.00
130848	16 广西 03	4200.00	7.00	2023.03.28	2.9600	100.00	0.00
130849	16 广西 04	2900.00	10.00	2026.03.28	2.9900	100.00	0.00
130850	16 广西 05	8500.00	5.00	2021.03.28	2.6100	100.00	0.00
130851	16 广西 06	8500.00	7.00	2023.03.28	2.9300	100.00	0.00
130852	16 四川 01	13800.00	3.00	2019.03.29	2.5300	97.55	30.00
130853	16 四川 02	13800.00	5.00	2021.03.29	2.7500	100.00	0.00
130854	16 四川 03	13800.00	7.00	2023.03.29	3.0400	100.00	0.00
130855	16 四川 04	4562.00	10.00	2026.03.29	3.0800	100.00	0.00
130856	16 辽宁 01	22700.00	3.00	2019.03.29	2.6300	99.87	50.00
130857	16 辽宁 02	22700.00	5.00	2021.03.29	2.8500	100.00	0.00
130858	16 辽宁 03	22700.00	7.00	2023.03.29	3.1400	100.00	1790.00
130859	16 辽宁 04	7800.00	10.00	2026.03.29	3.1800	96.71	1640.41
130860	16 安徽 01	2300.00	3.00	2019.04.01	2.4600	100.00	30.00
130861	16 安徽 02	6200.00	5.00	2021.04.01	2.7100	99.91	0.00
130862	16 安徽 03	6200.00	7.00	2023.04.01	3.0000	100.00	0.00
130863	16 安徽 04	6200.00	10.00	2026.04.01	3.0400	100.00	0.00
130864	16 青海 01	3600.00	3.00	2019.04.01	2.4600	100.00	0.00
130865	16 青海 02	5200.00	5.00	2021.04.01	2.6600	100.00	0.00
130866	16 青海 03	5200.00	7.00	2023.04.01	3.0000	100.00	0.00
130867	16 青海 04	5850.00	10.00	2026.04.01	3.0400	100.00	0.00
130868	16 广东 08	2870.00	3.00	2019.04.06	2.4600	100.00	0.00
130869	16 广东 09	8610.00	5.00	2021.04.06	2.6700	100.00	0.00
130870	16 广东 10	8610.00	7.00	2023.04.06	2.9800	100.00	0.00
130871	16 广东 11	8610.00	10.00	2026.04.06	3.0300	100.00	300.00
130872	16 广东 12	1500.00	5.00	2021.04.06	2.6400	100.00	0.00
130873	16 广东 13	600.00	7.00	2023.04.06	2.9800	100.00	50.00
130874	16 广东 14	900.00	10.00	2026.04.06	3.0300	100.00	0.00

债券信息 List of Bonds　　债券 Bond

债券代码 Code	债券简称 Bond Name	发行数量(百万) Issued Vol(M)	年限 Terms	到期日 Expiration Date	票面利率(%) Coupon Rate(%)	本年收盘 Close	成交数量(万张) Trading Vol(10000)
130875	16 广西 07	2000.00	3.00	2019.04.07	2.4900	100.00	0.00
130876	16 广西 08	3000.00	5.00	2021.04.07	2.6800	100.00	0.00
130877	16 广西 09	3000.00	7.00	2023.04.07	2.9900	100.00	0.00
130878	16 广西 10	2000.00	10.00	2026.04.07	3.0700	100.00	0.00
130879	16 新疆 05	4710.00	3.00	2019.04.08	2.4200	100.00	0.00
130880	16 新疆 06	7060.00	5.00	2021.04.08	2.6200	100.00	0.00
130881	16 新疆 07	7060.00	7.00	2023.04.08	2.9800	100.00	0.00
130882	16 新疆 08	4700.00	10.00	2026.04.08	3.0800	100.00	0.00
130883	16 新疆 09	1460.00	3.00	2019.04.08	2.3700	100.00	120.00
130884	16 新疆 10	2180.00	5.00	2021.04.08	2.5800	100.00	0.00
130885	16 新疆 11	2180.00	7.00	2023.04.08	2.9300	100.00	0.00
130886	16 新疆 12	1450.00	10.00	2026.04.08	3.0500	100.00	0.00
130887	16 贵州 01	10000.00	3.00	2019.04.08	2.5200	100.00	0.00
130888	16 贵州 02	15000.00	5.00	2021.04.08	2.6900	95.19	0.00
130889	16 贵州 03	15000.00	7.00	2023.04.08	3.0500	100.00	300.00
130890	16 贵州 04	10000.00	10.00	2026.04.08	3.1400	100.00	0.00
130891	16 贵州 05	6000.00	3.00	2019.04.08	2.5300	100.00	0.00
130892	16 贵州 06	9000.00	5.00	2021.04.08	2.7200	100.00	0.00
130893	16 贵州 07	9000.00	7.00	2023.04.08	3.0300	100.00	200.00
130894	16 贵州 08	6000.00	10.00	2026.04.08	3.1500	100.00	0.00
130895	16 黑龙 01	9240.00	3.00	2019.04.11	2.6200	100.00	0.00
130896	16 黑龙 02	13860.00	5.00	2021.04.11	2.7700	100.00	0.00
130897	16 黑龙 03	13860.00	7.00	2023.04.11	3.0900	100.00	0.00
130898	16 黑龙 04	9240.00	10.00	2026.04.11	3.1800	100.00	0.00
130899	16 黑龙 05	2600.00	3.00	2019.04.11	2.6300	100.00	0.00
130900	16 黑龙 06	3900.00	5.00	2021.04.11	2.7700	100.00	0.00
130901	16 黑龙 07	3900.00	7.00	2023.04.11	3.0900	100.00	0.00
130902	16 黑龙 08	2600.00	10.00	2026.04.11	3.1800	100.00	0.00
130903	16 湖南 01	10100.00	7.00	2023.04.12	2.9700	100.00	0.00
130904	16 湖南 02	31000.00	10.00	2026.04.12	3.0600	100.00	320.00
130905	16 河南 01	10000.00	3.00	2019.04.15	2.5900	100.00	100.00
130906	16 河南 02	15000.00	5.00	2021.04.15	2.7300	100.00	0.00
130907	16 河南 03	15000.00	7.00	2023.04.15	3.0600	100.00	0.00
130908	16 河南 04	10000.00	10.00	2026.04.15	3.1600	100.00	0.00
130909	16 河北 01	8000.00	3.00	2019.04.15	2.5400	100.00	0.00
130910	16 河北 02	11900.00	5.00	2021.04.15	2.6800	100.00	0.00
130911	16 河北 03	11900.00	7.00	2023.04.15	3.0000	100.00	0.00
130912	16 河北 04	7900.00	10.00	2026.04.15	3.1000	100.00	0.00
130913	16 河北 05	6100.00	3.00	2019.04.15	2.5400	100.00	0.00
130914	16 河北 06	9100.00	5.00	2021.04.15	2.6800	100.00	0.00
130915	16 河北 07	9100.00	7.00	2023.04.15	3.0600	100.00	0.00
130916	16 河北 08	6000.00	10.00	2026.04.15	3.1400	100.00	0.00
130917	16 湖北 05	4500.00	3.00	2019.04.18	2.6100	100.00	405.00
130918	16 湖北 06	4500.00	5.00	2021.04.18	2.7800	100.00	0.00
130919	16 湖北 07	4500.00	7.00	2023.04.18	3.1000	100.00	0.00
130920	16 湖北 08	1500.00	10.00	2026.04.18	3.2100	100.00	0.00
130921	16 湖北 09	12500.00	5.00	2021.04.18	2.8200	100.00	0.00
130922	16 湖北 10	12500.00	7.00	2023.04.18	3.0700	100.00	0.00
130923	16 甘肃 01	4400.00	3.00	2019.04.18	2.6100	100.00	0.00
130924	16 甘肃 02	10834.10	5.00	2021.04.18	2.7600	100.00	0.00

债券信息
List of Bonds

债券代码 Code	债券简称 Bond Name	发行数量(百万) Issued Vol(M)	年限 Terms	到期日 Expiration Date	票面利率(%) Coupon Rate(%)	本年收盘 Close	成交数量(万张) Trading Vol(10000)
130925	16 甘肃 03	9000.00	7.00	2023.04.18	3.0200	100.00	0.00
130926	16 甘肃 04	7324.65	5.00	2021.04.18	2.7600	100.00	0.00
130927	16 甘肃 05	1300.00	7.00	2023.04.18	3.0200	100.00	0.00
130928	16 山西 01	2700.00	3.00	2019.04.20	2.4300	100.00	50.00
130929	16 山西 02	8100.00	5.00	2021.04.20	2.6500	100.00	0.00
130930	16 山西 03	8100.00	7.00	2023.04.20	2.9800	100.45	30.00
130931	16 山西 04	8100.00	10.00	2026.04.20	3.1200	100.00	0.00
130932	16 山东 09	13808.00	3.00	2019.04.27	2.6600	100.00	0.00
130933	16 山东 10	20712.00	5.00	2021.04.27	2.9400	101.00	50.00
130934	16 山东 11	20712.00	7.00	2023.04.27	3.1800	97.75	150.00
130935	16 山东 12	13808.00	10.00	2026.04.27	3.1500	100.00	0.00
130936	16 陕西 01	9290.00	3.00	2019.04.29	2.7100	99.05	330.00
130937	16 陕西 02	9290.00	5.00	2021.04.29	2.9400	100.00	0.00
130938	16 陕西 03	9290.00	7.00	2023.04.29	3.2300	100.00	0.00
130939	16 陕西 04	3154.48	10.00	2026.04.29	3.2000	100.00	0.00
130940	16 陕西 05	6590.00	3.00	2019.04.29	2.7300	100.00	0.00
130941	16 陕西 06	6590.00	5.00	2021.04.29	2.9500	100.00	0.00
130942	16 陕西 07	6590.00	7.00	2023.04.29	3.2300	100.00	0.00
130943	16 陕西 08	2225.57	10.00	2026.04.29	3.2100	100.00	0.00
130944	16 湖南 03	3933.18	3.00	2019.05.09	2.7700	98.13	400.00
130945	16 湖南 04	48166.82	5.00	2021.05.09	2.9100	97.25	260.00
130946	16 海南 01	2897.52	3.00	2019.05.13	2.7200	100.00	20.00
130947	16 海南 02	2400.00	5.00	2021.05.13	2.9100	100.00	0.00
130948	16 海南 03	3100.00	10.00	2026.05.13	3.1000	100.00	200.00
130949	16 宁波 01	1810.00	3.00	2019.05.16	2.6100	100.00	0.00
130950	16 宁波 02	2620.00	5.00	2021.05.16	2.7800	98.54	10.00
130951	16 宁波 03	1920.00	7.00	2023.05.16	3.0200	100.00	0.00
130952	16 宁波 04	2620.00	10.00	2026.05.16	3.0900	100.00	0.00
130953	16 宁波 05	530.00	3.00	2019.05.16	2.5600	100.00	0.00
130954	16 宁波 06	760.00	5.00	2021.05.16	2.7000	100.00	0.00
130955	16 宁波 07	420.00	7.00	2023.05.16	2.9100	100.00	0.00
130956	16 宁波 08	760.00	10.00	2026.05.16	2.9500	100.00	0.00
130957	16 青岛 01	390.00	3.00	2019.05.17	2.7000	100.00	0.00
130958	16 青岛 02	1170.00	5.00	2021.05.17	2.8700	100.00	0.00
130959	16 青岛 03	1170.00	7.00	2023.05.17	3.1200	100.00	0.00
130960	16 青岛 04	1170.00	10.00	2026.05.17	3.1500	100.00	140.00
130961	16 青岛 05	1950.00	5.00	2021.05.17	2.8500	100.00	0.00
130962	16 青岛 06	780.00	7.00	2023.05.17	3.1000	100.00	0.00
130963	16 青岛 07	1170.00	10.00	2026.05.17	3.1400	100.00	0.00
130964	16 四川 05	6000.00	3.00	2019.05.18	2.7600	100.00	400.00
130965	16 四川 06	6000.00	5.00	2021.05.18	2.9800	97.90	260.00
130966	16 四川 07	6000.00	7.00	2023.05.18	3.1600	99.90	70.00
130967	16 四川 08	2000.00	10.00	2026.05.18	3.2100	100.99	0.00
130968	16 四川 09	12000.00	3.00	2019.05.18	2.7900	98.39	705.00
130969	16 四川 10	12000.00	5.00	2021.05.18	2.9800	100.00	0.00
130970	16 四川 11	12000.00	7.00	2023.05.18	3.1800	100.00	0.00
130971	16 四川 12	4000.00	10.00	2026.05.18	3.2100	95.00	0.18
130972	16 宁夏 05	1400.00	3.00	2019.05.20	2.6400	97.97	0.00
130973	16 宁夏 06	1400.00	5.00	2021.05.20	2.9000	100.00	0.00
130974	16 宁夏 07	1400.00	7.00	2023.05.20	3.1800	100.00	0.00

债券信息 List of Bonds

债券 Bond

债券代码 Code	债券简称 Bond Name	发行数量(百万) Issued Vol(M)	年限 Terms	到期日 Expiration Date	票面利率(%) Coupon Rate(%)	本年收盘 Close	成交数量(万张) Trading Vol(10000)
130975	16 宁夏 08	421.00	10.00	2026.05.20	3.2000	100.00	0.00
130976	16 辽宁 05	6100.00	3.00	2019.05.25	2.8300	98.12	40.00
130977	16 辽宁 06	6100.00	5.00	2021.05.25	3.0500	99.00	171.46
130978	16 辽宁 07	6100.00	7.00	2023.05.25	3.3000	100.00	260.00
130979	16 辽宁 08	2200.00	10.00	2026.05.25	3.3000	100.00	350.00
130980	16 云南 05	23500.00	5.00	2021.05.27	2.9800	98.78	300.00
130981	16 云南 06	25000.00	7.00	2023.05.27	3.2300	100.00	700.00
130982	16 云南 07	5500.00	5.00	2021.05.27	2.9800	100.00	200.00
130983	16 云南 08	4000.00	7.00	2023.05.27	3.2300	100.00	0.00
130984	16 陕西 09	9060.00	3.00	2019.05.27	2.7400	98.96	300.00
130985	16 陕西 10	9060.00	5.00	2021.05.27	2.9400	99.91	0.00
130986	16 陕西 11	9060.00	7.00	2023.05.27	3.2000	100.00	0.00
130987	16 陕西 12	3020.00	10.00	2026.05.27	3.2500	99.91	0.00
130988	16 陕西 13	1020.00	3.00	2019.05.27	2.7300	100.00	0.00
130989	16 陕西 14	1020.00	5.00	2021.05.27	2.9500	100.00	0.00
130990	16 陕西 15	1020.00	7.00	2023.05.27	3.1800	100.00	0.00
130991	16 陕西 16	340.00	10.00	2026.05.27	3.1900	100.00	0.00
130992	16 陕西 17	150.00	3.00	2019.05.27	2.6900	100.00	0.00
130993	16 陕西 18	150.00	5.00	2021.05.27	2.9000	100.00	0.00
130994	16 陕西 19	150.00	7.00	2023.05.27	3.1300	100.00	0.00
130995	16 陕西 20	50.00	10.00	2026.05.27	3.1000	100.00	0.00
130996	16 青海 05	1100.00	3.00	2019.05.30	2.7000	100.00	0.00
130997	16 青海 06	1950.00	5.00	2021.05.30	2.9000	100.00	0.00
130998	16 青海 07	2000.00	7.00	2023.05.30	3.1800	100.00	0.00
130999	16 青海 08	2050.00	10.00	2026.05.30	3.1800	100.00	0.00
131007	PR 兴乾 2	475.00	11.79	2018.12.26	4.5100	33.35	0.00
131008	PR2A	242.00	3.00	2018.04.23	6.0000	36.87	0.00
131009	摩山 2B	69.00	3.00	2018.04.23	6.9000	100.00	0.00
131012	PR 一 B	139.00	2.55	2018.02.27	6.4300	32.96	60.00
131022	PR1B1	18.00	2.20	2018.01.09	5.9000	95.29	0.00
131023	PR1B2	6.00	2.45	2018.04.10	5.9000	86.28	0.00
131027	PR 聚二 A3	110.00	2.82	2018.08.21	5.6000	22.72	0.00
131029	PR 聚二次	78.00	3.82	2018.09.21	0.0000	52.74	0.00
131030	15 中联 3A	2850.00	3.00	2018.08.14	5.6000	100.00	0.00
131031	15 中联 3B	150.00	3.00	2018.08.14	6.6000	100.00	0.00
131034	巩燃 03	80.00	3.00	2018.10.27	6.6000	100.00	0.00
131035	巩燃 04	90.00	4.00	2019.10.27	7.5000	100.00	0.00
131036	巩燃 05	100.00	5.01	2020.10.27	7.5000	97.69	181.60
131037	巩燃 06	100.00	6.01	2021.10.27	7.5000	92.09	152.10
131040	15 世建 02	180.00	2.15	2018.01.04	5.8500	102.40	0.00
131041	15 世建 03	180.00	3.13	2018.12.31	5.9500	99.74	94.00
131056	PR1 优 5	71.00	2.17	2018.01.17	5.3000	39.42	0.00
131057	中铁 1 次	170.00	4.58	2018.04.16	0.0000	100.00	0.00
131066	中民 1A9	90.00	2.20	2018.01.23	5.4500	100.00	0.00
131067	中民 1A10	95.00	2.45	2018.04.23	5.6500	100.20	45.00
131068	中民 1A11	95.00	2.70	2018.07.23	5.7500	99.90	0.00
131074	津桥 04	83.00	3.02	2018.11.26	4.6000	99.55	20.00
131075	津桥 05	95.00	4.02	2019.11.26	4.8300	100.00	0.00
131076	津桥 06	110.00	5.02	2020.11.26	5.5800	98.67	0.00
131077	津桥 07	120.00	6.02	2021.11.26	5.6300	99.98	0.00

债券信息 List of Bonds

债券 Bond

债券代码 Code	债券简称 Bond Name	发行数量(百万) Issued Vol(M)	年限 Terms	到期日 Expiration Date	票面利率(%) Coupon Rate(%)	本年收盘 Close	成交数量(万张) Trading Vol(10000)
131078	津桥 08	145.00	7.02	2022.11.26	5.8500	99.97	0.00
131079	津桥 09	160.00	8.02	2023.11.26	5.9000	99.67	28.00
131080	津桥 10	175.00	9.02	2024.11.26	5.9500	99.71	212.00
131082	PR1 优	529.00	3.00	2018.10.31	5.3000	32.18	280.00
131085	PR 平安 B	164.00	2.76	2018.05.25	6.8000	1.98	0.00
131092	PRX2A3	22.00	2.43	2018.04.25	5.9000	45.46	0.00
131094	PRX2B	53.00	3.43	2018.10.25	7.6000	37.92	52.00
131099	PR03	155.00	3.00	2018.11.18	4.7000	50.00	0.00
131100	扬汽 04	170.00	4.00	2019.11.18	5.0000	100.00	0.00
131101	扬汽 05	200.00	5.01	2020.11.18	5.2000	100.00	0.00
131116	PR 恒航 A	1531.00	18.16	2034.01.23	5.3000	97.06	20.00
131117	恒浩航 B	969.00	3.15	2019.01.23	6.9000	100.52	862.00
131121	渝西永 4	300.00	3.17	2018.12.28	4.7500	100.00	0.00
131122	渝西永 5	245.00	4.18	2019.12.30	4.9000	100.00	245.00
131123	渝西永 6	140.00	5.18	2020.12.30	5.0000	100.00	140.00
131127	余燃气 3	184.00	3.09	2018.12.28	5.4000	98.56	0.00
131128	余燃气 4	243.00	4.09	2019.12.30	6.0000	100.00	100.00
131129	余燃气 5	299.00	5.10	2020.12.30	6.0000	100.01	130.00
131130	余燃气 6	331.00	6.10	2021.12.30	6.3000	100.00	260.00
131138	PR 五 A3	1923.00	3.50	2018.11.26	4.2000	5.36	0.00
131139	PR 五 B	365.00	4.00	2019.11.26	6.8000	57.76	0.00
131141	哈热 02	250.00	2.11	2018.01.25	4.9000	100.00	0.00
131142	哈热 03	265.00	3.11	2019.01.25	5.2000	100.00	0.00
131143	哈热 04	285.00	4.11	2020.01.25	5.5000	100.00	0.00
131144	哈热 05	310.00	5.11	2021.01.25	5.7500	100.00	0.00
131155	15 昆西 03	36.00	3.01	2018.12.10	4.9500	100.00	0.00
131156	15 昆西 04	39.00	4.01	2019.12.10	5.3000	100.00	0.00
131157	15 昆西 05	39.00	5.01	2020.12.10	5.6000	100.00	0.00
131158	PR 昆西中	20.00	5.01	2020.12.10	9.0000	40.00	0.00
131175	PR4B2	20.00	2.15	2018.02.08	6.8000	64.96	0.00
131176	PR4B3	10.00	2.22	2018.03.09	6.8000	44.13	0.00
131186	PR2B	30.00	2.17	2018.02.28	7.5000	15.20	0.00
131188	恒浩云 A	770.00	18.11	2034.01.26	4.4900	100.00	0.00
131189	恒浩云 B	4930.00	9.10	2025.01.26	6.3900	102.45	660.00
131190	恒浩云 C	100.00	9.10	2025.01.26	7.9900	99.70	0.00
131199	井燃气 09	45.00	2.25	2018.03.24	5.2000	100.00	0.00
131200	井燃气 10	48.00	2.50	2018.06.24	5.2000	100.00	0.00
131201	井燃气 11	48.00	2.75	2018.09.24	5.3000	100.00	0.00
131202	井燃气 12	50.00	3.00	2018.12.24	5.3000	100.00	0.00
131203	井燃气 13	50.00	3.25	2019.03.24	5.4000	100.00	0.00
131204	井燃气 14	50.00	3.50	2019.06.24	5.4000	100.00	0.00
131205	井燃气 15	51.00	3.75	2019.09.24	5.5000	100.00	0.00
131206	井燃气 16	56.00	4.00	2019.12.24	5.5500	100.00	0.00
131207	井燃气 17	55.00	4.25	2020.03.24	5.6000	100.00	0.00
131208	井燃气 18	60.00	4.50	2020.06.24	5.6000	100.00	0.00
131209	井燃气 19	60.00	4.76	2020.09.24	5.6000	100.00	0.00
131210	井燃气 20	60.00	5.01	2020.12.24	5.6500	100.00	0.00
131211	井燃气次	40.00	5.01	2020.12.24	0.0000	100.00	0.00
131216	PR1B	95.00	2.36	2018.04.25	6.3000	14.19	0.00
131219	PRA02	107.00	2.15	2018.07.26	3.8000	40.19	0.00

债券信息 List of Bonds

债券代码 Code	债券简称 Bond Name	发行数量(百万) Issued Vol(M)	年限 Terms	到期日 Expiration Date	票面利率(%) Coupon Rate(%)	本年收盘 Close	成交数量(万张) Trading Vol(10000)
131220	申通 A03	108.00	3.15	2019.07.26	3.9000	100.00	0.00
131222	庆汇 1 优	475.00	2.83	2018.11.04	6.3000	90.59	10.00
131235	PR2A8	20.00	2.04	2018.01.09	5.6000	65.98	0.00
131236	PR2A9	20.00	2.28	2018.04.10	6.0000	55.82	0.00
131237	PR2A10	10.00	2.53	2018.07.09	6.0000	37.46	0.00
131239	三局优	2560.00	2.98	2018.12.21	4.1900	98.58	0.00
131242	16 碧桂 1A	2800.00	3.96	2019.12.31	5.1000	98.46	750.00
131245	PR 呼 03	80.00	3.00	2018.12.08	5.3000	25.00	0.00
131246	呼公交 04	80.00	4.00	2019.12.08	5.5000	100.00	0.00
131247	呼公交 05	90.00	5.01	2020.12.08	5.7000	100.00	0.00
131248	呼公交 06	90.00	6.01	2021.12.08	5.8000	100.00	0.00
131249	呼公交 07	90.00	7.01	2022.12.08	5.8000	100.00	0.00
131250	呼公交 08	100.00	8.01	2023.12.08	5.8000	100.00	0.00
131251	呼公交 09	100.00	9.01	2024.12.08	5.8000	100.00	0.00
131252	呼公交 10	40.00	9.51	2025.06.08	5.8000	100.00	0.00
131263	PR 常交 03	21.00	3.00	2018.12.18	5.3000	28.57	0.00
131264	常公交 04	23.00	4.00	2019.12.18	5.5000	100.00	0.00
131265	常公交 05	25.00	5.01	2020.12.18	5.6000	100.00	0.00
131266	常公交 06	27.00	6.01	2021.12.18	5.6000	100.00	0.00
131267	常公交 07	29.00	7.01	2022.12.18	5.6000	100.00	0.00
131268	常公交 08	31.00	8.01	2023.12.18	5.6000	100.00	0.00
131269	常公交 09	33.00	9.01	2024.12.18	5.6000	100.00	0.00
131270	常公交 10	24.00	9.76	2025.09.18	5.6000	100.00	0.00
131274	东宇 03	71.00	3.00	2018.12.09	7.0000	100.00	0.00
131275	东宇 04	78.00	4.00	2019.12.09	7.2000	100.00	0.00
131276	东宇 05	80.00	5.01	2020.12.09	7.7000	100.00	0.00
131285	PR3 优 A	850.00	2.39	2018.01.26	5.5000	1.98	0.00
131286	PR3 优 B	70.00	3.15	2018.07.26	6.5000	16.61	0.00
131287	PR3 优 C	46.00	3.39	2019.04.26	8.5000	5.66	0.00
131288	聚信三次	51.00	4.15	2020.01.26	0.0000	92.01	0.00
131291	高燃气 3	85.00	2.44	2018.06.29	5.9000	99.91	37.00
131292	高燃气 4	105.00	3.43	2019.06.28	6.4000	99.98	155.00
131293	高燃气 5	125.00	4.44	2020.06.30	6.8000	98.91	0.00
131297	PR 苏帕 03	80.00	2.75	2018.09.25	4.2000	17.50	0.00
131298	PR 苏帕 04	85.00	3.75	2019.09.25	4.4000	74.12	0.00
131299	苏帕河 5	95.00	4.75	2020.09.25	4.6000	100.00	0.00
131300	苏帕河 6	100.00	5.75	2021.09.25	4.8000	100.00	0.00
131301	苏帕河 7	105.00	6.75	2022.09.25	4.8000	100.00	0.00
131302	苏帕河 8	120.00	7.75	2023.09.25	4.8000	100.00	0.00
131303	苏帕河 9	80.00	8.50	2024.06.25	4.8000	100.00	0.00
131313	启供水 3	87.00	2.93	2018.12.31	4.7000	98.98	80.00
131314	启供水 4	107.00	3.93	2019.12.31	5.0000	100.00	0.00
131315	启供水 5	128.00	4.93	2020.12.31	5.6000	98.06	205.00
131316	启供水 6	150.00	5.93	2021.12.31	5.8000	98.20	380.00
131317	启供水 7	175.00	6.93	2022.12.30	6.1500	98.82	344.00
131321	赣发一优	285.00	2.73	2018.10.16	6.0200	100.11	170.00
131322	赣发一次	15.00	2.73	2018.10.16	0.0000	100.00	0.00
131326	武经开 01	60.00	3.00	2019.01.13	6.4500	100.00	0.00
131327	武经开 02	73.00	4.00	2020.01.13	6.6500	100.00	0.00
131328	武经开 03	87.00	5.00	2021.01.13	6.9500	100.00	0.00

债券信息 List of Bonds

债券 Bond

债券代码 Code	债券简称 Bond Name	发行数量(百万) Issued Vol(M)	年限 Terms	到期日 Expiration Date	票面利率(%) Coupon Rate(%)	本年收盘 Close	成交数量(万张) Trading Vol(10000)
131329	武经开 04	100.00	6.00	2022.01.13	7.1500	100.00	0.00
131332	PR 平安 B	152.00	2.50	2018.06.20	5.8000	19.05	0.00
131333	PR 平安 C	76.00	3.00	2018.09.21	8.5000	66.67	0.00
131336	PR 新皓 A3	164.00	2.73	2018.06.21	5.0000	62.12	0.00
131341	PR 粤科 A3	238.00	2.73	2018.03.21	5.5000	18.77	0.00
131342	PR 粤科 B	58.00	2.98	2018.09.21	6.0000	9.83	0.00
131370	PR 融和 A3	815.00	2.47	2018.08.20	4.2000	14.96	200.00
131371	融和 2B	169.00	3.14	2019.04.20	5.5000	100.00	0.00
131374	恒源 02	75.00	2.00	2018.01.20	4.6000	100.00	0.00
131375	恒源 03	97.00	3.00	2019.01.20	4.7000	100.00	0.00
131376	恒源 04	110.00	4.00	2020.01.20	4.7300	100.00	0.00
131377	恒源 05	118.00	5.01	2021.01.20	4.7500	100.00	0.00
131379	阜阳 1A	178.00	2.01	2018.02.22	6.8000	99.92	20.00
131380	阜阳 1B	53.00	2.01	2018.02.22	7.8000	99.98	98.29
131382	PR 华中 1A	646.00	2.44	2018.02.23	5.8000	15.46	0.00
131383	PR1B	174.00	3.44	2018.11.23	7.0000	0.03	0.00
131385	16 江海 A	40.00	3.00	2018.03.29	4.5000	100.00	0.00
131386	PR 江海 B	180.00	3.00	2019.02.26	5.0000	35.04	0.00
131393	迎宾馆 05	30.00	2.38	2018.06.20	6.0000	100.00	16.00
131394	迎宾馆 06	40.00	2.88	2018.12.20	6.1000	100.00	0.00
131395	迎宾馆 07	35.00	3.38	2019.06.20	6.2000	100.00	0.00
131396	迎宾馆 08	40.00	3.88	2019.12.20	6.3000	100.00	0.00
131397	迎宾馆 09	40.00	4.38	2020.06.20	6.4000	100.00	0.00
131398	迎宾馆 10	40.00	4.88	2020.12.20	6.5000	100.00	0.00
131401	苏恒泰 02	100.00	2.07	2018.01.31	6.2000	100.00	0.00
131402	苏恒泰 03	120.00	3.07	2019.01.31	6.5000	99.98	40.00
131406	PR1B	60.00	3.04	2018.10.22	7.5000	10.03	0.00
131410	PRA3	33.00	2.44	2018.06.30	5.7000	25.61	0.00
131411	PR 先锋 B	39.00	3.19	2019.03.30	7.5000	45.44	0.00
131412	先锋 E	33.00	4.95	2020.12.30	0.0000	100.00	0.00
131435	PR5B1	26.00	1.87	2018.01.09	6.9000	89.90	0.00
131436	PR5B2	15.00	1.95	2018.02.08	6.9000	84.81	0.00
131437	PR5B3	20.00	2.03	2018.03.09	6.9000	79.80	40.00
131438	PR5B4	20.00	2.12	2018.04.10	6.9000	74.60	0.00
131439	PR5B5	7.00	2.20	2018.05.09	6.9000	59.16	0.00
131443	PR 富阳 03	60.00	3.00	2018.12.24	5.3000	51.67	0.00
131444	富阳 04	67.00	4.00	2019.12.24	5.5000	100.00	0.00
131445	富阳 05	75.00	5.00	2020.12.24	5.7500	100.00	0.00
131448	PR1 优 2	154.00	3.90	2020.01.23	4.8500	45.01	180.00
131449	PR1 优 3	48.00	4.15	2020.04.23	4.8800	21.81	0.00
131452	PR 远东 1A	1531.00	3.08	2018.12.26	3.5500	0.34	0.00
131453	PR 远东 1B	171.00	3.83	2019.12.26	5.5000	69.90	0.00
131460	PR 聚四 B	78.00	2.81	2018.06.21	6.8000	20.93	0.00
131461	聚信四次	76.00	4.31	2018.06.21	0.0000	106.25	0.00
131464	PR 德 2A3	185.00	2.30	2018.06.21	5.3000	1.10	0.00
131465	德润 2B	50.00	2.30	2018.06.21	6.0000	100.00	0.00
131470	16 广汇 04	53.00	2.00	2018.03.10	5.3000	100.00	0.00
131471	16 广汇 05	76.00	2.50	2018.09.10	5.4000	100.00	0.00
131472	16 广汇 06	56.00	3.00	2019.03.10	5.5000	100.00	0.00
131473	16 广汇 07	80.00	3.50	2019.09.10	5.7000	100.00	0.00

债券信息
List of Bonds

债券
Bond

债券代码 Code	债券简称 Bond Name	发行数量(百万) Issued Vol(M)	年限 Terms	到期日 Expiration Date	票面利率(%) Coupon Rate(%)	本年收盘 Close	成交数量(万张) Trading Vol(10000)
131474	16广汇08	60.00	4.00	2020.03.10	6.1000	100.00	0.00
131475	16广汇09	85.00	4.51	2020.09.10	6.2000	100.00	0.00
131476	16广汇10	65.00	5.00	2021.03.10	6.3000	100.00	0.00
131477	16广汇11	91.00	5.51	2021.09.10	6.3000	100.00	0.00
131478	16广汇12	71.00	6.00	2022.03.10	6.3000	100.00	0.00
131479	16广汇13	97.00	6.51	2022.09.10	6.3000	100.00	0.00
131480	16广汇14	77.00	7.00	2023.03.10	6.3000	100.00	0.00
131481	16广汇次	50.00	7.00	2023.03.10	0.0000	100.00	0.00
131482	凯盛优先	830.00	2.91	2018.11.26	4.6500	99.90	0.00
131491	PR3A8	19.00	1.95	2018.02.14	5.6000	64.27	0.00
131492	PR3A9	18.00	2.20	2018.05.15	6.2000	53.58	0.00
131493	PR3A10	10.00	2.45	2018.08.14	6.2000	53.58	0.00
131499	--	51.00	--	--	--	25.00	0.00
131500	PRB	71.00	2.62	2018.10.15	5.7000	8.97	0.00
131503	16潍北02	65.00	2.00	2018.01.28	5.3000	99.69	0.00
131504	16潍北03	85.00	3.00	2018.04.20	5.5000	99.17	0.00
131505	16潍北04	110.00	4.00	2018.04.20	6.5000	99.98	0.00
131506	16潍北05	140.00	5.01	2018.04.20	6.7000	99.99	0.00
131511	PR康1A2	210.00	2.01	2018.03.21	3.7000	25.47	0.00
131512	PR康1A3	105.00	2.51	2018.09.21	3.9000	30.78	0.00
131514	PR康1B	250.00	4.26	2020.06.21	5.3000	65.01	0.00
131516	金林1A1	475.00	2.78	2018.12.25	5.7000	100.00	50.00
131517	金林1A2	450.00	3.78	2019.12.24	5.9000	100.00	0.00
131518	金林1A3	450.00	4.78	2020.12.23	6.1000	100.00	0.00
131521	PR2A2	53.00	1.84	2018.01.22	4.6000	20.61	0.00
131522	PR2B	29.00	2.84	2018.01.22	6.2000	24.38	0.00
131527	悦达01	500.00	2.50	2018.06.20	4.5000	100.00	0.00
131529	--	1900.00	--	--	--	76.65	0.00
131551	PR2A21	17.00	1.80	2018.01.15	4.5000	63.96	0.00
131552	PR2A22	10.00	1.88	2018.01.15	4.5000	63.96	0.00
131563	海晟2B	33.00	1.75	2018.01.11	6.0000	99.97	0.00
131567	协电力03	340.00	2.36	2018.08.31	5.5000	100.37	0.00
131568	协电力04	380.00	3.36	2019.08.31	6.0000	99.51	250.00
131569	协电力05	300.00	4.36	2020.08.31	6.4000	100.00	0.00
131572	PRCA2	35.00	1.94	2018.03.21	5.5000	12.86	0.00
131573	PRCB	18.00	2.94	2018.03.21	6.0000	10.00	0.00
131581	PR6A7	24.00	1.76	2018.01.15	4.7000	58.66	0.00
131584	保利物02	210.00	1.81	2018.01.26	4.3500	100.09	0.00
131585	保利物03	220.00	2.81	2019.01.26	4.6000	100.28	0.00
131586	保利物04	230.00	3.81	2020.01.26	4.8000	100.00	0.00
131587	保利物05	240.00	4.81	2021.01.26	4.9000	100.00	0.00
131588	保利物09	300.00	8.81	2025.01.26	5.0000	98.74	0.00
131589	保利物10	200.00	9.81	2026.01.26	5.0000	109.83	0.00
131591	上实次级	179.00	5.05	2021.05.24	0.0000	100.87	0.00
131593	凯盛1优2	443.00	1.90	2018.03.21	5.2000	100.00	0.00
131594	凯盛1优3	347.00	2.90	2019.03.21	5.3000	100.00	0.00
131596	增碧A2	600.00	2.00	2018.03.18	5.5000	100.00	0.00
131597	增碧B1	260.00	2.00	2018.03.18	6.0000	100.00	0.00
131605	中2A7	45.00	1.66	2018.01.21	4.3000	100.00	0.00
131606	PR中2A8	50.00	1.90	2018.04.21	4.4000	83.81	0.00

债券信息 List of Bonds

债券 Bond

债券代码 Code	债券简称 Bond Name	发行数量(百万) Issued Vol(M)	年限 Terms	到期日 Expiration Date	票面利率(%) Coupon Rate(%)	本年收盘 Close	成交数量(万张) Trading Vol(10000)
131607	PR 中 2A9	50.00	2.15	2018.07.21	4.5000	69.09	0.00
131608	PR 中 2A10	50.00	2.41	2018.10.21	4.6000	41.52	0.00
131609	PR 中 2A11	20.00	2.66	2018.10.22	4.7000	41.52	0.00
131610	PR 中 2A12	75.00	2.41	2018.01.22	4.8000	20.10	0.00
131611	中 2B1	25.00	2.66	2019.01.21	5.5000	100.00	0.00
131612	中 2B2	50.00	2.90	2019.04.21	5.5000	100.00	0.00
131613	中 2B3	50.00	3.15	2019.07.21	5.5000	100.00	0.00
131614	中 2B4	25.00	2.90	2018.10.22	5.5000	100.00	0.00
131617	PR 银河 02	60.00	2.00	2018.04.25	4.3000	20.00	0.00
131618	PR 银河 03	60.00	3.00	2019.04.24	5.0000	50.00	0.00
131619	16 银河 04	70.00	4.00	2020.04.23	5.0000	100.00	0.00
131620	16 银河 05	70.00	5.00	2021.04.23	5.5000	100.00	0.00
131621	16 银河 06	70.00	6.00	2022.04.25	6.0000	100.00	0.00
131622	16 银河 07	80.00	7.00	2023.04.25	6.0000	100.00	0.00
131623	16 银河 08	80.00	8.00	2024.04.24	6.0000	100.00	0.00
131624	16 银河 09	90.00	9.00	2025.04.23	6.0000	100.00	0.00
131626	凯公 02	70.00	2.00	2018.03.23	5.7000	100.00	40.00
131627	凯公 03	80.00	3.00	2019.03.23	6.0000	98.35	0.00
131628	凯公 04	90.00	4.00	2020.03.23	6.3000	100.50	74.00
131629	凯公 05	90.00	5.00	2021.03.23	6.6000	100.57	88.00
131632	建业 02	167.00	2.00	2018.04.13	5.1000	100.00	0.00
131633	建业 03	175.00	3.00	2019.04.13	5.3000	100.00	0.00
131634	建业 04	185.00	4.00	2020.04.13	5.6000	100.00	0.00
131635	建业 05	195.00	5.00	2021.04.13	5.9000	100.00	0.00
131640	顺泰 1 优 4	83.00	1.81	2018.02.15	5.5000	100.00	0.00
131641	顺泰 1 优 5	85.00	2.30	2018.08.15	5.4000	100.00	0.00
131642	顺泰 1 优 6	52.00	2.81	2019.02.15	5.9800	99.99	55.00
131658	PR 上实 A4	40.00	2.05	2018.05.22	4.6000	50.00	0.00
131659	PR 上实 A5	38.00	2.55	2018.11.22	4.9000	47.01	38.00
131660	上实 A6	87.00	3.05	2019.05.22	5.0000	100.00	0.00
131662	今典 02	150.00	1.69	2018.01.19	7.5000	100.04	0.00
131663	今典 03	200.00	2.70	2019.01.21	8.5000	99.10	150.00
131664	今典 04	230.00	3.70	2020.01.20	8.5000	100.00	0.00
131665	今典 05	270.00	4.70	2021.01.19	8.5000	100.00	0.00
131667	上实 A7	35.00	3.55	2019.11.22	5.5500	100.00	0.00
131668	上实 A8	36.00	4.05	2020.05.22	5.5800	100.00	0.00
131669	上实 A9	35.00	4.56	2020.11.23	5.6000	99.98	40.00
131670	上实 A10	216.00	5.05	2021.05.24	5.9000	100.10	404.00
131671	上实 B	499.00	5.05	2021.05.24	7.1000	100.00	0.00
131672	汇金 1 次	54.00	2.62	2018.07.02	0.0000	100.00	0.00
131673	PR 兴乾 6	950.00	23.17	2039.06.26	4.3000	40.64	0.00
131674	- -	31.00	- -	- -	- -	100.00	0.00
131684	PR1B	180.00	2.37	2018.07.02	6.5000	25.13	30.00
131686	宇光二 A2	94.00	1.87	2018.03.10	5.6000	100.00	0.00
131687	宇光二 A3	106.00	2.87	2019.03.10	5.8000	100.00	0.00
131688	宇光二 A4	114.00	3.87	2020.03.10	6.3000	100.00	0.00
131689	宇光二 A5	104.00	4.87	2021.03.10	6.5000	100.00	0.00
131694	世茂酒 04	100.00	2.00	2018.04.19	4.8000	100.00	0.00
131695	世茂酒 05	120.00	2.50	2018.10.19	5.4000	100.00	0.00
131696	世茂酒 06	120.00	3.00	2019.04.19	5.4000	100.00	0.00

债券信息 List of Bonds

债券代码 Code	债券简称 Bond Name	发行数量(百万) Issued Vol(M)	年限 Terms	到期日 Expiration Date	票面利率(%) Coupon Rate(%)	本年收盘 Close	成交数量(万张) Trading Vol(10000)
131697	世茂酒 07	140.00	3.50	2019.10.19	5.4000	99.34	80.00
131698	世茂酒 08	140.00	4.00	2020.04.19	5.4000	100.00	0.00
131699	世茂酒 09	160.00	4.50	2020.10.19	5.4000	100.00	0.00
131700	世茂酒 10	160.00	5.00	2021.04.19	5.4000	99.34	77.00
131701	世茂酒 11	190.00	5.50	2021.10.19	5.4000	98.42	105.00
131702	世茂酒 12	190.00	6.00	2022.04.19	5.4000	98.42	40.00
131703	世茂酒 13	220.00	6.50	2022.10.19	5.4000	98.42	27.00
131704	世茂酒 14	220.00	7.00	2023.04.19	5.4000	98.29	40.00
131705	世茂酒 15	250.00	7.50	2023.10.19	5.4000	98.42	20.00
131706	世茂酒 16	250.00	8.01	2024.04.19	5.4000	100.10	130.00
131708	PR 远东 2A	2980.00	3.29	2019.08.26	4.0000	4.90	0.00
131709	16 远东 2B	323.00	3.79	2020.02.26	6.1000	100.00	120.00
131711	PR 兴乾 5	760.00	29.89	2046.03.26	4.2800	28.65	0.00
131713	秦动 02	110.00	1.85	2018.03.16	5.1000	101.57	0.00
131714	秦动 03	110.00	2.85	2019.03.16	5.2000	100.34	110.00
131715	秦动 04	120.00	3.85	2020.03.16	5.5000	100.00	0.00
131716	秦动 05	130.00	4.85	2021.03.16	6.2000	100.00	65.00
131717	秦动 06	130.00	5.85	2022.03.16	6.4000	100.00	65.00
131718	秦动 07	100.00	6.85	2023.03.16	6.8000	100.00	50.00
131727	PR4A8	24.00	1.80	2018.03.14	5.4000	58.63	0.00
131728	PR4A9	15.00	2.05	2018.06.14	5.5000	58.63	0.00
131729	PR4A10	11.00	2.31	2018.09.14	5.6000	58.63	0.00
131732	宝龙 02	180.00	2.00	2018.04.08	6.2000	100.04	536.00
131733	宝龙 03	230.00	3.00	2018.08.30	7.0000	100.00	0.00
131742	汇通 7A8	110.00	1.82	2018.03.14	4.8000	100.00	0.00
131743	汇通 7A9	69.00	2.07	2018.06.14	4.9000	100.00	0.00
131747	16 中民 03	92.00	1.50	2018.01.15	4.1000	100.00	0.00
131748	16 中民 04	100.00	2.00	2018.07.15	4.3000	100.00	0.00
131749	16 中民 05	103.00	2.50	2019.01.15	4.5000	100.00	0.00
131750	16 中民 06	110.00	3.00	2019.07.15	4.7000	100.00	0.00
131751	16 中民 07	114.00	3.50	2020.01.15	5.5000	100.00	0.00
131752	16 中民 08	115.00	4.00	2020.07.15	5.5000	100.00	0.00
131753	16 中民 09	129.00	4.51	2021.01.15	5.5000	100.00	0.00
131754	16 中民 10	77.00	5.00	2021.07.15	5.5000	100.00	0.00
131755	16 中民次	50.00	5.00	2021.07.15	0.0000	100.00	0.00
131756	融和 F1A	236.00	2.77	2019.03.08	4.2000	100.00	0.00
131757	融和 F1B	158.00	2.77	2019.03.08	5.2000	100.00	0.00
131762	融创物 04	121.00	2.00	2018.04.26	5.3000	100.00	0.00
131763	融创物 05	92.00	2.50	2018.10.26	5.5000	100.00	0.00
131764	融创物 06	129.00	3.00	2019.04.26	5.7000	100.00	0.00
131765	融创物 07	99.00	3.50	2019.10.26	5.7000	100.57	0.00
131766	融创物 08	137.00	4.00	2020.04.26	5.7000	100.09	0.00
131767	融创物 09	106.00	4.50	2020.10.26	5.7000	98.41	12.00
131768	融创物 10	144.00	5.00	2021.04.26	5.7000	99.64	0.00
131775	PR 二 B1	170.00	3.39	2018.04.20	6.6000	35.00	0.00
131776	PR 二 B2	165.00	3.89	2020.04.21	7.2000	41.09	0.00
131778	PR 丰汇 3A	460.00	3.16	2018.10.26	5.0000	2.08	170.00
131779	PR3B	174.00	4.17	2020.07.27	6.9800	81.60	0.00
131785	PR 优 B	778.00	2.40	2018.04.13	4.9000	18.64	0.00
131787	PR 京 1 优 A	1440.00	2.28	2018.07.10	4.1000	24.96	0.00

债券信息
List of Bonds

债券
Bond

债券代码 Code	债券简称 Bond Name	发行数量(百万) Issued Vol(M)	年限 Terms	到期日 Expiration Date	票面利率(%) Coupon Rate(%)	本年收盘 Close	成交数量(万张) Trading Vol(10000)
131788	PR 京 1 优 B	559.00	2.28	2018.08.09	5.9000	27.72	0.00
131791	PR 斯 A2	63.00	1.89	2018.03.18	5.1000	22.22	0.00
131792	PR 斯 A3	26.00	2.40	2018.09.18	5.3000	50.00	0.00
131793	PR 奥三 A4	92.00	2.89	2018.06.19	5.6000	2.46	0.00
131794	PR 斯 B	64.00	3.65	2019.12.18	7.5000	36.00	0.00
131798	16 东莞 1A	1200.00	3.00	2019.06.18	3.8000	99.37	200.00
131799	16 东莞 1B	225.00	3.00	2019.06.18	4.2000	99.13	120.00
131800	16 东莞次	75.00	3.00	2019.06.18	0.0000	100.00	0.00
131814	PR 贰 A2	530.00	2.52	2018.06.21	5.1500	6.93	0.00
131815	PR 贰 B	80.00	3.27	2018.12.21	6.8000	35.61	0.00
131816	PR 贰次	80.00	4.77	2021.03.22	0.0000	101.95	0.00
131818	PR1A2	32.00	2.01	2018.06.20	4.8000	31.24	0.00
131819	PRS1B	7.00	2.76	2018.06.20	6.9500	29.95	0.00
131822	PR1B	46.00	2.00	2018.09.12	5.2400	56.52	0.00
131823	镇交 1C	54.00	3.00	2019.09.12	5.4000	100.00	0.00
131824	镇交 1D	62.00	4.00	2020.09.12	6.0100	100.00	0.00
131825	镇交 1E	70.00	5.00	2021.09.12	6.2100	100.00	0.00
131826	镇交 1F	80.00	6.00	2022.09.12	7.1000	99.98	0.00
131827	镇交 1G	92.00	7.00	2023.09.12	7.3300	95.60	84.00
131828	镇交 1H	101.00	8.01	2024.09.12	7.5500	99.47	0.00
131830	PR 海亮 A	1218.00	1.93	2018.05.20	4.7000	0.13	0.00
131831	PR 海亮 B	1166.00	3.68	2020.02.20	5.1000	68.66	0.00
131832	16 海亮次	207.00	4.85	2021.04.20	0.0000	100.00	0.00
131833	PR 航星 A	680.00	17.96	2034.05.26	4.9000	99.78	0.00
131834	航星 B	620.00	4.95	2021.05.26	7.0000	100.00	0.00
131836	PR 平安 1A	2500.00	2.68	2018.11.26	3.9500	6.55	120.00
131837	PR 平安 1B	340.00	3.43	2019.11.26	6.8000	94.75	80.00
131839	PR 正奇 B	97.00	1.61	2018.01.31	5.5000	49.09	0.00
131840	PR 正奇 C	83.00	2.10	2018.07.31	7.5000	5.53	0.00
131843	华供热 02	75.00	2.00	2018.05.25	6.0000	100.00	0.00
131844	华供热 03	80.00	3.00	2019.05.25	6.8000	100.00	0.00
131845	华供热 04	85.00	4.00	2020.05.25	7.8000	100.00	0.00
131846	华供热 05	90.00	5.00	2021.05.25	8.2000	100.00	0.00
131848	PR 远东 3A	2901.00	3.03	2019.06.26	4.0000	3.26	580.00
131849	16 远东 3B	381.00	3.78	2020.03.26	6.0000	99.00	100.00
131851	PR 华新 1A	518.00	1.60	2018.01.29	5.5000	3.97	0.00
131852	PR 华新 1B	128.00	2.09	2018.04.27	6.3000	73.59	0.00
131853	PR 华新 1C	268.00	3.84	2020.04.27	6.6000	48.12	0.00
131856	16 华凌 2	200.00	1.58	2018.01.22	6.0000	99.77	0.00
131857	16 华凌 3	240.00	2.58	2019.01.22	7.3000	99.38	310.00
131858	16 华凌 4	250.00	3.58	2020.01.22	7.2000	100.00	215.00
131859	16 华凌 5	260.00	4.58	2021.01.22	7.3000	99.54	144.00
131860	16 华凌 6	260.00	5.59	2022.01.24	7.5000	100.00	0.00
131865	PR6C	66.00	1.81	2018.04.23	7.2000	20.56	0.00
131869	武涉路 2	90.00	1.50	2018.01.25	4.3000	100.00	0.00
131870	武涉路 3	90.00	2.50	2019.01.25	4.6500	100.00	0.00
131871	武涉路 4	100.00	3.43	2019.12.31	4.9000	100.00	0.00
131874	PR 源 02	172.00	2.03	2018.07.26	4.0000	52.18	0.00
131875	新能源 03	182.00	3.03	2019.07.26	4.2000	97.43	0.00
131880	PR2A1	485.00	3.05	2019.08.23	5.3000	22.87	90.00

债券信息 List of Bonds

债券 Bond

债券代码 Code	债券简称 Bond Name	发行数量(百万) Issued Vol(M)	年限 Terms	到期日 Expiration Date	票面利率(%) Coupon Rate(%)	本年收盘 Close	成交数量(万张) Trading Vol(10000)
131881	PR2A2	207.00	3.05	2018.08.23	5.5000	2.11	0.00
131882	华中 2B1	70.00	3.56	2020.02.23	6.0000	98.84	315.96
131883	华中 2B2	50.00	3.56	2020.02.23	6.5000	101.44	139.75
131901	易鑫 3A18	27.00	1.53	2018.01.15	4.5000	100.00	0.00
131902	易鑫 3A19	27.00	1.61	2018.02.14	4.5000	100.00	0.00
131903	易鑫 3A20	27.00	1.69	2018.03.14	4.5000	100.00	0.00
131904	易鑫 3A21	21.00	1.78	2018.04.17	4.5000	100.00	0.00
131905	易鑫 3A22	10.00	1.87	2018.05.17	4.5000	100.00	0.00
131906	易鑫 3A23	10.00	1.94	2018.06.14	4.5000	100.00	0.00
131907	易鑫 3A24	10.00	2.02	2018.07.13	4.6000	100.00	0.00
131910	PR 普惠 B	147.00	2.76	2018.07.10	7.0000	3.25	0.00
131914	PR 港 1A2	151.00	1.69	2018.03.23	4.3000	5.00	18.00
131915	中港 1B	32.00	1.95	2018.03.23	5.0000	100.00	0.00
131916	PR 港 1C	138.00	3.45	2019.12.23	6.0000	34.19	14.00
131919	16 幸福 A2	430.00	1.92	2018.06.15	4.2900	100.00	0.00
131920	16 幸福 A3	460.00	2.93	2019.06.17	5.3000	100.00	0.00
131921	16 幸福 A4	490.00	3.92	2020.06.15	7.0000	100.00	1495.00
131922	16 幸福 A5	530.00	4.92	2021.06.15	5.6000	100.03	168.00
131924	PR 贰 A	2103.00	2.75	2018.10.26	3.5900	5.02	200.00
131925	PR 贰 B	318.00	3.50	2020.01.27	6.0000	96.40	90.00
131929	漳长运 03	50.00	2.35	2018.10.26	5.1000	100.00	0.00
131930	漳长运 04	50.00	3.35	2019.10.26	5.4000	100.00	0.00
131931	漳长运 05	55.00	4.35	2020.10.26	5.4200	100.00	0.00
131932	漳长运 06	55.00	5.35	2021.10.26	5.4200	100.00	0.00
131933	漳长运 07	50.00	6.35	2022.10.26	5.4200	100.00	0.00
131934	漳长运次	20.00	6.35	2022.10.26	0.0000	100.00	0.00
131939	铜供水 02	35.00	2.00	2018.05.03	4.5000	100.00	0.00
131940	铜供水 03	40.00	3.00	2019.05.03	5.5000	98.47	0.00
131941	铜供水 04	45.00	4.00	2020.05.03	6.2000	99.06	0.00
131942	铜供水 05	50.00	5.00	2021.05.03	6.9000	103.18	0.00
131949	金安 07	42.00	1.75	2018.03.15	4.6000	100.00	0.00
131950	金安 08	41.00	2.00	2018.06.15	5.0000	100.00	0.00
131951	金安 09	58.00	2.25	2018.09.15	5.2000	100.00	0.00
131952	PR 中间	75.00	3.00	2019.06.15	7.0000	66.67	0.00
131955	融信优 A	572.00	2.93	2018.07.25	4.8000	99.55	150.00
131956	融信优 B	255.00	2.93	2018.07.25	5.4000	98.25	0.00
131968	PR2A	165.00	1.49	2018.01.23	5.2000	55.18	0.00
131969	PR2B	110.00	2.49	2019.01.23	6.0000	18.94	0.00
131970	庆汇 2C	226.00	4.74	2021.04.23	6.5000	100.00	1022.72
131979	新再贷优	300.00	1.62	2018.03.12	5.8000	100.00	0.00
131982	复地物 02	114.00	1.74	2018.04.26	4.5000	100.00	0.00
131983	复地物 03	124.00	2.74	2019.04.26	4.7000	100.00	0.00
131984	复地物 04	130.00	3.75	2020.04.26	5.0500	100.00	36.00
131985	复地物 05	136.00	4.75	2021.04.26	5.0500	100.00	223.00
131986	复地物 06	143.00	5.75	2022.04.26	5.0500	100.00	0.00
131987	复地物 07	150.00	6.75	2023.04.26	5.0500	100.00	0.00
131988	复地物 08	158.00	7.75	2024.04.26	5.0500	100.00	0.00
131989	复地物 09	166.00	8.75	2025.04.26	5.0500	100.00	168.00
131990	复地物 10	174.00	9.75	2026.04.26	5.2000	100.00	85.00
131996	PRG 风绿 B	215.00	2.00	2018.08.03	3.6000	48.84	0.00

债券信息 List of Bonds

债券 Bond

债券代码 Code	债券简称 Bond Name	发行数量(百万) Issued Vol(M)	年限 Terms	到期日 Expiration Date	票面利率(%) Coupon Rate(%)	本年收盘 Close	成交数量(万张) Trading Vol(10000)
131997	G 金风绿 C	250.00	3.00	2019.08.03	3.9000	100.00	0.00
131998	G 金风绿 D	270.00	4.00	2020.08.03	4.2000	100.00	0.00
131999	G 金风绿 E	285.00	5.00	2021.08.03	4.5000	100.00	0.00
132002	15 天集 EB	1200.00	5.00	2018.10.30	1.0000	106.20	1212.39
132003	15 清控 EB	1000.00	3.00	2018.10.26	1.0000	99.93	1294.00
132004	15 国盛 EB	5000.00	6.00	2021.11.05	1.0000	96.77	4122.27
132005	15 国资 EB	2000.00	5.00	2020.12.08	1.7000	108.17	1535.53
132006	16 皖新 EB	2500.00	5.00	2021.06.23	1.0000	102.41	1934.52
132007	16 凤凰 EB	5000.00	5.00	2021.10.31	1.0000	96.30	4690.29
132008	17 山高 EB	2500.00	5.00	2022.04.24	1.7000	98.40	1247.79
132009	17 中油 EB	10000.00	5.00	2022.07.13	1.0000	100.79	17916.04
132010	17 桐昆 EB	1000.00	3.00	2020.08.03	1.0000	98.05	1934.71
132011	17 浙报 EB	2400.00	5.00	2022.08.17	1.0000	92.30	2646.67
132012	17 巨化 EB	2000.00	3.00	2020.09.04	1.0000	96.93	2193.27
132013	17 宝武 EB	15000.00	3.00	2020.11.24	1.0000	99.32	33491.59
132014	18 中化 EB	3500.00	5.00	2023.04.24	0.9000	97.75	4297.46
132015	18 中油 EB	20000.00	5.00	2023.02.01	1.4000	97.77	18809.62
135019	16 太湖湾	1000.00	3.00	2019.03.16	7.4000	100.12	144.00
135028	16 南城 02	300.00	5.00	2021.03.30	8.5000	99.50	52.74
135029	16 兴长 01	1000.00	5.00	2021.04.06	5.5800	99.58	300.00
135030	16 延旅债	400.00	3.00	2019.03.30	7.5000	100.69	120.00
135032	16 石门 01	600.00	3.00	2019.03.29	8.0000	99.96	806.00
135033	16 湄潭 01	300.00	5.00	2021.04.06	7.6000	99.90	322.00
135041	15 黔南 01	1000.00	5.00	2020.12.30	8.8000	101.76	1561.00
135043	16 仁寿债	500.00	2.00	2018.01.06	8.2000	99.92	0.00
135044	16 思润债	200.00	3.00	2019.01.19	8.7000	100.00	170.00
135045	15 坪桥债	500.00	3.00	2018.12.31	8.5000	100.00	616.90
135046	15 西游发	200.00	3.00	2018.12.31	6.0000	101.34	0.00
135047	16 华远 01	1500.00	3.00	2019.01.12	5.1000	99.28	340.00
135048	16 扬金控	500.00	2.00	2018.01.07	5.8700	99.95	0.00
135049	16 迪马 01	600.00	2.00	2018.01.07	6.8000	100.00	0.00
135050	16 崇川 01	1000.00	3.00	2019.01.18	6.5000	100.05	1197.00
135051	16 道其债	200.00	3.00	2019.01.08	7.0000	100.09	195.00
135052	16 首股 01	2000.00	5.00	2021.01.11	4.9000	101.01	490.00
135053	16 龙光 01	2500.00	3.00	2019.01.13	6.8800	100.03	2180.00
135054	16 江城建	900.00	3.00	2018.01.24	4.6000	99.80	0.00
135055	16 柳投 01	620.00	6.00	2022.01.14	7.5000	100.20	912.00
135056	16 中燃 01	1000.00	3.00	2019.01.13	4.2000	98.79	0.00
135057	16 华信 01	1500.00	5.00	2021.01.15	8.0000	98.26	0.00
135058	16 泗宏源	1000.00	3.00	2018.02.05	6.3900	100.00	0.00
135059	16 兴化债	500.00	3.00	2018.01.19	6.3000	99.82	0.00
135060	16 旭辉 01	2000.00	2.00	2018.01.21	4.9900	99.72	0.00
135061	16 渝大足	400.00	3.00	2019.01.14	7.1000	100.00	0.00
135062	16 遵桥 01	700.00	5.00	2021.01.13	6.5000	98.71	120.00
135063	16 富阳债	1000.00	3.00	2019.01.13	5.7000	99.47	200.00
135065	16 蒙高 01	600.00	5.00	2021.01.13	7.5000	99.70	228.00
135066	16 华诚 01	1000.00	3.00	2019.01.14	7.2000	100.00	0.00
135067	16 中地 01	1000.00	5.00	2021.01.15	4.4000	99.96	200.00
135068	16 世茂 01	4000.00	5.00	2021.01.18	6.9000	97.75	6616.00
135069	16 海旅 01	1000.00	3.00	2019.01.21	7.5000	100.00	0.00

债券信息
List of Bonds

债券
Bond

债券代码 Code	债券简称 Bond Name	发行数量(百万) Issued Vol(M)	年限 Terms	到期日 Expiration Date	票面利率(%) Coupon Rate(%)	本年收盘 Close	成交数量(万张) Trading Vol(10000)
135070	16 海瀛 01	300.00	3.00	2019.01.15	6.5000	100.00	210.00
135071	16 承控 01	1500.00	5.00	2021.01.29	7.5000	100.00	210.00
135072	16 锡藕 01	1000.00	5.00	2021.01.22	7.1500	99.99	470.00
135075	16 长兴岛	500.00	3.00	2019.01.15	7.2000	99.73	0.00
135077	16 城发 01	500.00	4.00	2020.01.22	6.5000	101.64	460.00
135078	16 中民投	3500.00	3.00	2019.01.20	4.6300	99.71	0.00
135079	16 融创 01	1500.00	4.00	2018.03.08	6.7000	99.55	0.00
135081	16 惠城铁	500.00	5.00	2021.01.19	5.9800	100.01	150.00
135082	16 华夏 01	2800.00	5.00	2021.03.09	5.4000	99.50	2172.50
135083	16 申证 C1	10000.00	5.00	2021.03.25	3.6200	99.81	1430.00
135084	16 中铁 02	3000.00	5.00	2021.01.21	4.3000	100.07	2870.00
135085	16 先导 01	3000.00	3.00	2019.01.21	4.4900	99.90	550.00
135086	16 柳东 01	1000.00	5.00	2021.01.25	5.5000	99.94	250.00
135087	16 渝投 01	300.00	3.00	2019.01.27	5.3000	100.00	0.00
135088	16 首集 01	2000.00	3.00	2019.01.26	3.7500	99.80	270.00
135089	16 兴城 01	1000.00	5.00	2021.01.22	7.8000	99.53	470.00
135090	16 近湖债	300.00	3.00	2019.01.22	9.0000	100.44	190.00
135091	16 安顺债	500.00	3.00	2019.01.22	7.8000	99.87	746.00
135092	16 沪腾达	800.00	5.00	2021.02.19	6.3000	100.00	0.00
135093	16 新城 01	1850.00	3.00	2019.03.29	6.7000	100.12	1990.00
135095	16 渝投 02	700.00	3.00	2019.01.27	4.4900	101.50	0.00
135096	16 锡惠开	1500.00	3.00	2019.02.02	5.4500	99.70	1110.00
135097	16 润新债	300.00	5.00	2021.01.13	8.0000	100.00	280.00
135098	16 黔南 01	1000.00	5.00	2021.01.26	8.5000	99.96	540.00
135099	16 郑地 01	500.00	5.00	2021.01.25	4.9300	99.44	370.00
135200	16 来宾建	1000.00	3.00	2019.01.28	7.3000	99.97	3625.40
135201	16 海聚力	200.00	3.00	2019.01.27	9.7000	100.00	394.00
135202	16 东江债	200.00	3.00	2018.02.06	10.0000	100.00	0.00
135203	16 穗金 01	4000.00	5.00	2021.01.27	3.9400	100.04	1360.00
135204	16 渝开 01	400.00	5.00	2021.01.25	7.0000	100.07	160.00
135205	16 鲁商债	2000.00	3.00	2019.02.02	6.0000	99.85	1630.00
135206	16 玉柴 01	500.00	5.00	2021.01.26	6.9000	99.78	487.80
135207	16 道博债	200.00	3.00	2019.02.02	7.5000	100.28	20.00
135208	16 远东二	2000.00	5.00	2021.01.26	4.0000	99.88	950.00
135209	16 南城 01	100.00	5.00	2021.01.28	9.7000	100.00	0.00
135211	16 渝物 01	1000.00	5.00	2021.01.27	7.2000	99.95	1200.00
135212	16 正润 01	400.00	5.00	2021.04.25	6.1000	99.34	1433.10
135213	16 永城投	1500.00	5.00	2021.01.27	7.3000	99.91	890.00
135214	16 靖江债	1500.00	3.00	2019.01.26	6.8000	100.17	560.00
135215	16 潍水 01	500.00	3.00	2019.01.29	5.0400	98.87	200.00
135216	16 马经开	1500.00	5.00	2021.01.26	7.6000	100.08	1825.00
135217	16 昱达债	800.00	3.00	2019.01.28	6.6000	99.48	221.00
135219	16 桂东 01	1000.00	5.00	2021.02.04	6.3000	100.84	630.00
135220	16 珠投 02	330.00	4.00	2020.01.28	7.5000	100.08	0.00
135221	16 智光 02	300.00	3.00	2019.02.03	7.7000	100.92	1078.00
135222	16 协信 01	1000.00	3.00	2019.02.01	7.5000	100.00	517.00
135224	16 西矿 01	350.00	2.00	2018.02.02	6.0000	100.00	0.00
135225	16 西矿 02	150.00	3.00	2019.02.02	6.5000	100.00	149.20
135226	16 西矿 03	500.00	4.00	2020.02.02	6.8000	100.00	0.00
135227	16 惠金债	150.00	3.00	2019.02.02	7.8000	101.85	0.00

债券信息
List of Bonds

债券
Bond

债券代码 Code	债券简称 Bond Name	发行数量(百万) Issued Vol(M)	年限 Terms	到期日 Expiration Date	票面利率(%) Coupon Rate(%)	本年收盘 Close	成交数量(万张) Trading Vol(10000)
135229	16 华业 01	600.00	3.00	2019.03.04	7.0000	100.00	5.00
135230	16 丰经开	1000.00	3.00	2019.02.02	6.5000	100.00	520.00
135231	16 六安 01	1000.00	3.00	2019.02.01	7.0000	100.00	470.00
135232	16 森工建	500.00	3.00	2019.02.03	7.2000	99.91	0.00
135233	16 凤机场	1000.00	3.00	2019.02.02	6.9000	97.80	1075.00
135234	16 陕旅游	200.00	3.00	2019.06.14	5.4000	100.00	0.00
135235	16 龙垦 02	1910.00	3.00	2019.02.02	4.0000	99.65	0.00
135236	16 蓟投债	1000.00	3.00	2019.02.03	7.2000	100.00	5091.00
135237	16 海鑫债	300.00	3.00	2018.03.26	8.5000	100.00	0.00
135239	16 茅山湖	300.00	3.00	2018.02.08	7.3000	100.00	10.00
135240	16 方正 01	3810.00	5.00	2021.02.18	6.5000	99.87	1864.00
135241	16 方正 C1	10000.00	5.00	2021.02.19	4.4300	99.92	4087.00
135242	16 新奥 01	1000.00	3.00	2019.02.23	4.2000	99.91	510.00
135243	16 锡山水	1500.00	3.00	2019.02.25	5.4500	99.35	30.00
135244	16 宁浦口	1500.00	3.00	2019.02.25	4.5000	99.68	260.00
135245	16 渝投 03	2000.00	3.00	2019.03.01	4.3000	99.46	150.00
135246	16 吉华泰	500.00	3.00	2019.03.25	5.9800	99.60	1050.00
135247	16 龙垦 04	1090.00	3.00	2018.03.02	3.8000	101.61	0.00
135248	16 桂东 02	1000.00	5.00	2021.03.01	5.7000	97.00	909.00
135249	16 爱山债	1000.00	3.00	2019.02.25	6.9000	100.00	30.00
135250	16 庞大 01	600.00	3.00	2019.02.24	8.0000	100.00	870.00
135251	16 无锡 01	500.00	5.00	2021.02.26	4.6800	96.19	100.00
135252	16 无锡 02	1000.00	5.00	2021.02.26	4.2000	99.87	690.00
135253	16 财通 Y1	500.00	5.00	2021.02.26	4.6000	100.00	0.00
135254	16 湘振湘	1500.00	5.00	2021.03.01	5.4700	99.83	1537.00
135256	16 镇交 01	1140.00	3.00	2019.02.26	7.5000	100.00	577.00
135257	16 金凤债	600.00	3.00	2019.02.26	7.0000	100.00	440.00
135258	16 永兴 01	1000.00	5.00	2021.03.01	6.0000	99.92	338.00
135259	16 泗阳 01	1000.00	3.00	2018.03.08	7.2000	99.23	60.00
135260	16 滨海 01	6000.00	5.00	2021.03.21	4.0800	97.55	1970.00
135261	16 碧园 01	4000.00	5.00	2021.03.02	4.7500	99.90	1640.00
135262	16 凉山 01	800.00	3.00	2019.03.02	5.7800	100.38	1290.00
135263	16 中企 01	1443.00	3.00	2019.03.02	6.0000	100.00	0.00
135264	16 丹阳 02	500.00	3.00	2019.03.01	6.0000	99.23	90.00
135265	16 淮交控	500.00	3.00	2019.03.01	4.7500	99.92	400.00
135266	16 华发 01	500.00	5.00	2021.03.03	4.8000	100.06	275.00
135267	16 华发 02	1500.00	3.00	2019.03.03	6.7000	100.50	1280.00
135268	16 融创 03	3500.00	5.00	2021.03.07	5.4000	98.40	720.00
135269	16 东兴 01	600.00	5.00	2021.03.04	4.4800	99.91	380.00
135270	16 黔高 01	2000.00	5.00	2021.03.09	4.1800	99.79	660.00
135271	16 渝隆债	2000.00	3.00	2019.03.07	4.3700	98.28	320.00
135272	16 道博 02	200.00	3.00	2019.03.03	7.5000	99.83	10.00
135273	16 海瀛 02	1900.00	3.00	2019.03.04	6.5000	99.70	1062.00
135274	16 融信 02	500.00	3.00	2019.03.21	7.5000	99.88	31.00
135275	16 华远 02	1000.00	3.00	2019.03.08	4.5800	99.63	580.00
135276	16 成龙 01	300.00	3.00	2018.05.07	7.8000	100.00	0.00
135277	16 钟山债	1000.00	5.00	2021.03.07	7.7900	100.12	639.00
135278	16 淮建投	2000.00	3.00	2019.03.08	7.0000	100.00	1460.90
135279	16 新奥 02	500.00	3.00	2019.03.14	4.0000	99.94	377.80
135280	16 城发 02	500.00	4.00	2020.03.09	6.5000	101.05	1050.00

债券信息 List of Bonds

债券 Bond

债券代码 Code	债券简称 Bond Name	发行数量(百万) Issued Vol(M)	年限 Terms	到期日 Expiration Date	票面利率(%) Coupon Rate(%)	本年收盘 Close	成交数量(万张) Trading Vol(10000)
135281	16 长湖 01	900.00	5.00	2021.03.09	6.1000	99.32	595.00
135282	16 镇投 01	600.00	5.00	2021.03.09	4.6900	99.97	300.00
135283	16 海河 01	1500.00	5.00	2021.03.09	4.3800	97.93	300.00
135284	16 住宅 01	500.00	5.00	2021.03.14	4.0000	99.46	580.00
135286	16 宜城 01	1000.00	5.00	2021.03.10	4.0000	98.42	0.00
135289	16 盘城发	800.00	5.00	2021.03.23	7.8000	99.98	1676.00
135290	16 鄂农 01	200.00	5.00	2021.03.10	5.7000	100.00	0.00
135291	16 昆投 01	1000.00	5.00	2021.03.14	4.1400	100.00	400.00
135292	16 方正 02	4190.00	5.00	2021.03.11	4.1400	99.42	839.00
135293	16 宁新 01	500.00	3.00	2019.03.15	4.4000	98.77	0.00
135294	16 国裕 01	1000.00	3.00	2019.03.11	4.7000	99.87	240.00
135295	16 江东 01	2000.00	5.00	2021.03.11	5.9500	100.14	3289.00
135296	16 长投 01	3000.00	3.00	2019.03.11	4.1800	99.78	1800.00
135297	16 株湘 01	1500.00	5.00	2021.03.15	4.6800	99.56	618.00
135298	16 柯桥 01	1900.00	5.00	2021.03.15	4.1800	100.00	1120.00
135299	16 鸿达 01	1100.00	2.00	2018.03.16	7.3000	101.60	73.50
135300	16 惠水债	300.00	3.00	2019.03.10	9.5000	99.69	0.00
135301	16 太湖 01	500.00	5.00	2021.03.15	5.9000	99.72	1446.00
135302	16 华夏 04	3000.00	5.00	2021.03.24	5.1900	98.22	1245.00
135303	16 园口 01	700.00	3.00	2018.03.22	7.9000	99.68	800.00
135304	16 宁投债	500.00	3.00	2019.03.15	6.5000	97.00	610.00
135305	16 迈瑞 01	2000.00	7.00	2023.03.14	5.3800	99.58	550.00
135306	16 福升债	300.00	3.00	2018.03.16	7.4000	100.00	0.00
135307	16 川瑞债	600.00	3.00	2019.03.16	5.8000	99.77	348.00
135308	16 常熟 01	1000.00	5.00	2021.03.17	4.0800	98.83	50.00
135309	16 贵安 01	5000.00	5.00	2021.03.17	4.7000	98.79	2944.70
135310	16 银期债	300.00	5.00	2021.03.15	4.3000	99.43	150.00
135311	16 常交 01	1000.00	5.00	2021.03.22	4.5500	99.96	550.00
135312	16 蓉文旅	500.00	5.00	2021.03.17	4.9000	101.70	0.00
135313	16 华信 02	1500.00	5.00	2021.03.21	5.4000	99.70	1035.00
135314	16 雨投 01	500.00	5.00	2021.03.21	4.3700	98.27	110.00
135315	16 裕丰债	300.00	3.00	2018.03.30	7.5000	100.36	0.00
135316	16 洛投 01	2000.00	5.00	2021.03.18	4.1000	99.70	1400.00
135317	16 吴开债	2000.00	3.00	2019.03.21	4.6800	99.91	2538.00
135318	16 京泰 01	1000.00	3.00	2019.03.18	5.2400	99.82	510.00
135319	16 新控 01	400.00	3.00	2019.03.21	8.0000	96.40	0.00
135320	16 中企 02	1500.00	3.00	2019.03.18	4.9500	99.94	2822.00
135321	16 绍兴债	1000.00	3.00	2019.03.23	4.5000	99.20	80.00
135322	16 田岭涧	500.00	5.00	2021.03.03	8.8000	100.00	0.00
135323	16 昆银桥	1000.00	5.00	2021.03.28	4.1000	99.88	610.00
135324	16 长投 02	2000.00	3.00	2019.03.18	4.1500	99.77	900.00
135325	16 海航 01	3500.00	3.00	2019.03.17	7.0000	92.50	1587.40
135326	16 安吉 01	1000.00	3.00	2019.03.24	5.3900	99.78	700.00
135327	16 普湾 01	2000.00	5.00	2021.03.18	5.4000	94.81	825.25
135328	16 顺投债	1000.00	4.00	2020.03.23	7.4900	102.75	2345.00
135329	16 华发 03	1500.00	5.00	2021.03.21	4.6000	99.96	1390.00
135330	16 华发 04	1500.00	3.00	2019.03.21	6.7000	100.59	3366.00
135331	16 岳阳 01	2000.00	5.00	2021.03.21	4.4500	95.29	510.00
135332	16 海瀛 03	800.00	3.00	2019.08.31	5.1800	98.01	120.00
135333	16 连工 01	500.00	5.00	2021.03.30	5.4000	99.12	200.00

债券信息 List of Bonds

债券 Bond

债券代码 Code	债券简称 Bond Name	发行数量(百万) Issued Vol(M)	年限 Terms	到期日 Expiration Date	票面利率(%) Coupon Rate(%)	本年收盘 Close	成交数量(万张) Trading Vol(10000)
135334	16 柳龙 01	800.00	6.00	2022.03.28	4.9900	99.46	1350.00
135335	16 平证 01	1500.00	3.00	2019.03.23	3.5000	98.80	40.00
135337	16 邢路 01	800.00	3.00	2019.05.20	6.8000	98.95	340.00
135338	16 金坛 01	500.00	5.00	2021.03.23	5.4500	100.01	840.00
135339	16 远东四	2000.00	5.00	2021.03.23	3.8000	99.68	370.00
135340	16 宁海 01	1000.00	3.00	2019.03.24	6.4000	99.10	300.00
135341	16 宝投 01	1000.00	5.00	2021.03.24	5.3200	97.42	680.00
135343	16 同煤 01	3000.00	5.00	2021.11.21	6.8000	101.43	6493.10
135344	16 春华 01	1000.00	3.00	2019.03.28	5.7000	100.08	1891.00
135345	16 柳投 02	2380.00	6.00	2022.03.25	5.5000	99.99	1234.00
135346	16 凤凰 01	2000.00	5.00	2021.03.29	4.5900	99.84	1783.50
135347	16 普定 01	190.00	3.00	2019.03.24	9.5000	100.00	0.00
135348	16 名城 01	500.00	3.00	2019.03.25	7.5000	99.75	227.00
135349	16 刚泰 02	1000.00	3.00	2019.03.25	8.0000	94.55	528.00
135350	16 新城 02	1150.00	3.00	2019.03.29	6.7000	99.96	1203.00
135351	16 住总 02	2000.00	5.00	2021.03.28	4.2000	99.80	1310.00
135352	16 瑞茂通	1000.00	2.00	2018.03.28	7.5000	99.59	287.80
135353	16 武经 01	500.00	5.00	2021.05.24	4.9500	98.92	30.00
135354	16 常文旅	400.00	5.00	2021.03.30	5.5000	99.80	1026.00
135355	16 碧园 02	4000.00	4.00	2020.03.29	4.5500	99.86	50.00
135356	16 泰交债	2000.00	5.00	2021.03.30	4.8000	99.36	1800.00
135357	16 紫薇 01	1000.00	3.00	2019.03.31	7.1500	100.00	20.00
135358	16 国际 01	2000.00	3.00	2018.04.23	7.7000	99.28	0.00
135359	16 昆投 02	500.00	5.00	2021.04.01	4.2000	99.22	310.00
135360	16 绵投 01	1000.00	6.00	2022.03.28	5.7300	100.22	2611.00
135361	16 绵投 02	1000.00	6.00	2022.03.29	5.7300	99.94	1360.00
135362	16 庞大 02	1400.00	3.00	2019.03.31	8.3000	99.81	561.00
135363	16 花园债	300.00	2.00	2018.03.31	5.9900	99.83	0.00
135364	16 川菜债	1000.00	3.00	2019.03.30	7.8000	99.77	565.00
135365	16 普交 01	660.00	3.00	2019.03.31	6.5000	99.82	1122.00
135367	16 新芦淞	1000.00	5.00	2021.03.31	5.8000	99.85	540.00
135368	16 海陵 02	600.00	5.00	2021.04.01	5.5000	99.75	320.00
135369	16 望城 01	1500.00	5.00	2021.03.30	5.0400	98.95	220.00
135370	16 先导 02	1500.00	5.00	2021.04.07	4.8500	99.36	582.00
135371	16 自贡债	1000.00	5.00	2021.04.19	5.9800	99.50	1877.00
135372	16 汇通 01	500.00	5.00	2021.04.01	6.4800	100.00	1290.00
135373	16 东怀 01	330.00	3.00	2018.04.16	8.3000	101.83	0.00
135375	16 大江债	800.00	5.00	2021.04.08	5.6900	99.60	960.00
135376	16 太水 01	500.00	3.00	2018.10.26	4.7000	100.00	0.00
135377	16 苏科 01	1000.00	5.00	2021.06.16	4.6900	98.68	504.00
135378	16 新港 01	500.00	3.00	2019.04.13	3.9500	98.88	260.00
135379	16 五控 01	800.00	5.00	2021.05.03	4.6000	100.00	0.00
135380	16 东港债	500.00	5.00	2021.06.03	5.4000	99.88	726.00
135381	16 高科债	120.00	3.00	2019.03.28	6.3000	100.67	44.00
135382	16 硕经发	500.00	5.00	2021.04.18	5.3800	100.02	630.00
135383	16 首业 01	700.00	3.00	2019.04.18	6.1000	100.58	1362.00
135384	16 首业 02	2300.00	5.00	2021.04.18	4.2000	98.93	220.00
135385	16 兖城投	1000.00	3.00	2019.04.14	7.6000	100.00	900.00
135386	16 中交 01	2300.00	5.00	2021.04.14	4.5000	99.86	1892.50
135387	16 夷陵债	500.00	3.00	2019.04.13	5.2000	98.04	100.00

债券信息 List of Bonds

债券代码 Code	债券简称 Bond Name	发行数量(百万) Issued Vol(M)	年限 Terms	到期日 Expiration Date	票面利率(%) Coupon Rate(%)	本年收盘 Close	成交数量(万张) Trading Vol(10000)
135388	16 郑地 02	1000.00	5.00	2021.04.11	4.7300	98.94	250.00
135389	16 濮阳 01	1500.00	5.00	2021.06.29	5.0000	98.63	250.00
135390	16 新控 02	2000.00	3.00	2019.04.14	7.0000	100.00	0.00
135391	16 华夏 05	2000.00	5.00	2021.04.18	5.3000	99.23	720.00
135392	16 悦达 01	500.00	3.00	2018.12.13	6.8000	99.75	125.00
135393	16 桐乡债	1500.00	5.00	2021.08.10	4.2000	99.93	590.00
135394	16 靖新城	1000.00	3.00	2019.04.14	5.6000	99.60	1279.00
135395	16 景瑞 02	1000.00	3.00	2019.09.13	9.0000	100.01	2013.00
135397	16 迈瑞 02	2000.00	7.00	2023.04.18	5.2900	99.29	1700.00
135398	16 鑫域 01	600.00	5.00	2021.04.15	6.8000	100.80	802.00
135399	16 亿利 01	500.00	3.00	2019.04.20	5.5000	100.08	0.00
135400	16 华建债	800.00	4.00	2020.04.19	6.1700	100.01	0.00
135401	16 盘水债	1000.00	5.00	2021.04.28	6.8000	100.05	2557.00
135402	16 金通 01	500.00	3.00	2019.04.21	8.5000	99.92	190.00
135403	16 北辰 01	1500.00	5.00	2021.04.21	4.4800	99.93	580.00
135404	16 禾嘉 01	500.00	3.00	2019.12.29	7.5700	100.00	0.00
135406	16 华融 C1	1000.00	4.00	2020.04.21	4.1000	100.00	0.00
135407	16 中铁 03	1500.00	5.00	2021.04.20	4.8000	100.04	1670.00
135408	16 融创 04	2700.00	6.00	2022.05.03	5.8500	97.12	9.00
135410	16 宁建发	1000.00	5.00	2021.04.21	4.8000	100.07	380.00
135412	16 合华债	700.00	5.00	2021.04.21	6.5800	100.00	0.00
135413	16 内投债	1000.00	5.00	2021.04.19	5.0000	98.46	160.00
135414	16 滕建 01	2000.00	5.00	2021.04.20	6.7000	100.50	375.00
135415	16 三盛 01	830.00	3.00	2019.04.19	8.0000	99.70	797.00
135416	16 星城 01	2000.00	5.00	2021.04.22	5.1500	99.99	458.00
135417	16 番雅 01	1200.00	4.00	2018.05.31	5.8000	101.06	0.00
135418	16 中原 01	2500.00	3.00	2019.04.22	4.2000	99.34	950.00
135419	16 昆旅 01	500.00	5.00	2021.04.20	4.8800	100.00	0.00
135420	16 南通债	1500.00	5.00	2021.04.27	4.5800	99.97	1040.00
135421	16 湘型 01	1200.00	4.00	2020.08.01	4.5000	100.05	390.00
135422	16 姜交 01	100.00	3.00	2019.04.22	6.0000	100.04	100.00
135423	16 化医 01	700.00	3.00	2019.04.25	5.2000	98.93	200.00
135424	16 侨鑫 01	3000.00	4.00	2020.04.25	8.0000	99.73	5256.40
135425	16 金港债	570.00	5.00	2021.04.25	4.7000	100.00	0.00
135426	16 协信 04	500.00	3.00	2019.04.21	7.5000	100.00	0.00
135427	16 景洪 01	200.00	6.00	2022.04.22	7.2000	99.65	300.00
135428	16 苏高水	500.00	3.00	2019.05.24	4.9900	101.70	230.00
135429	16 晋能 01	2000.00	3.00	2019.11.11	5.9500	100.81	1840.00
135430	16 天房 03	700.00	5.00	2021.04.26	5.5000	100.62	0.00
135431	16 湛交 01	800.00	3.00	2019.04.27	5.2000	100.09	670.00
135432	16 三水 01	270.00	5.00	2021.04.26	5.4500	99.30	60.00
135433	PR 汝水电	900.00	5.00	2021.04.27	7.0000	40.00	0.00
135436	16 迪马 02	600.00	3.00	2019.04.29	7.6000	99.82	200.00
135437	16 迪马 03	500.00	3.00	2019.04.29	7.6000	99.81	98.00
135438	16 昆债 01	400.00	3.00	2018.05.08	8.5000	99.66	0.00
135439	16 苏望涛	400.00	5.00	2021.04.28	5.7900	99.98	840.00
135440	16 甬海 01	1500.00	5.00	2021.04.28	4.9900	100.03	1500.00
135441	16 眉控 01	600.00	5.00	2021.04.28	5.4500	99.91	211.20
135442	16 海旅 02	1000.00	3.00	2019.04.28	8.0000	99.71	0.00
135443	16 融信 03	550.00	3.00	2019.05.03	7.4000	99.98	756.00

债券信息 List of Bonds

债券 Bond

债券代码 Code	债券简称 Bond Name	发行数量(百万) Issued Vol(M)	年限 Terms	到期日 Expiration Date	票面利率(%) Coupon Rate(%)	本年收盘 Close	成交数量(万张) Trading Vol(10000)
135444	16 南城 03	100.00	5.00	2021.04.27	8.5000	100.00	0.00
135445	16 中融 01	1000.00	2.00	2018.04.27	7.0000	99.91	279.50
135446	16 龙光 02	500.00	3.00	2020.05.16	6.9900	99.98	175.00
135447	16 新控 03	1600.00	3.00	2019.04.27	7.0000	92.53	91.50
135448	16 金建债	600.00	5.00	2021.04.13	7.3000	98.87	0.00
135449	16 方正 03	2000.00	2.00	2018.04.29	4.9000	100.14	355.00
135450	16 巴中 01	2000.00	5.00	2021.05.04	5.9500	100.68	1459.00
135451	16 黔投 01	600.00	5.00	2021.04.29	7.0000	99.63	740.00
135453	16 盐国 02	1000.00	5.00	2021.04.29	5.2500	99.38	1121.00
135454	16 湛交 02	700.00	3.00	2019.04.28	5.2000	100.03	850.00
135455	16 靖北辰	600.00	5.00	2021.04.29	7.0500	99.98	1600.00
135456	16 红谷滩	1000.00	5.00	2021.05.05	5.7800	99.88	980.00
135457	16 金建 02	400.00	5.00	2021.04.22	7.3000	100.09	829.00
135458	16 玉皇债	500.00	3.00	2019.05.18	6.3000	101.68	0.00
135459	16 盛泽 01	300.00	5.00	2021.05.04	5.2000	98.89	0.00
135460	16 鑫业 01	1500.00	3.00	2019.08.15	8.2000	100.00	3071.00
135461	16 九州 01	400.00	4.00	2020.06.03	6.3000	100.00	596.00
135462	16 金辉 04	600.00	3.00	2019.05.05	7.5000	99.84	0.00
135463	16 郑通航	300.00	3.00	2018.05.22	6.0000	99.61	0.00
135465	16 华夏 06	4000.00	5.00	2021.05.12	5.3800	97.26	520.00
135466	16 天风次	580.00	5.00	2021.05.11	4.9000	100.00	71.00
135467	16 天恒 01	1500.00	5.00	2021.05.12	5.0000	99.62	100.00
135468	16 富力 06	4600.00	6.00	2022.05.16	5.2000	99.26	610.00
135470	16 余姚债	300.00	5.00	2018.09.10	6.3000	99.80	0.00
135471	16 肇庆 01	1500.00	5.00	2021.05.12	5.0000	100.02	480.00
135472	16 云能 01	2000.00	5.00	2021.05.18	5.0000	99.99	1950.00
135473	16 循环债	2000.00	5.00	2021.05.13	6.0000	100.21	1040.00
135475	16 高投 01	1800.00	5.00	2021.05.16	4.9000	100.04	1430.00
135476	16 綦江债	1000.00	5.00	2021.05.19	5.7000	100.14	730.00
135477	16 同益 01	550.00	3.00	2019.05.13	8.0000	98.56	256.60
135478	16 中融 02	1000.00	3.00	2019.05.17	7.0000	97.00	145.00
135479	16 太证 01	2000.00	3.00	2018.05.21	4.2000	99.76	90.00
135480	16 淮经 01	800.00	5.00	2021.05.20	5.2800	99.10	390.00
135482	16 常通 01	800.00	5.00	2021.05.25	5.0600	99.74	490.00
135483	16 博融 01	360.00	3.00	2019.05.17	7.3000	99.50	230.00
135484	16 海通 01	15000.00	4.00	2020.05.18	3.6000	99.90	750.00
135485	16 海通 02	5000.00	5.00	2021.05.18	3.8000	98.16	2550.00
135486	16 住总 03	500.00	5.00	2021.05.20	4.5000	98.34	140.00
135487	16 津劝业	300.00	3.00	2019.05.20	8.5000	100.00	0.00
135488	16 和平 01	300.00	3.00	2018.06.08	5.5500	99.55	30.00
135489	16 滨海 02	2000.00	5.00	2021.05.27	4.3500	97.42	580.00
135490	16 中科债	800.00	5.00	2021.05.20	5.2000	99.09	164.00
135491	16 财通 01	1000.00	3.00	2019.05.23	4.0000	99.63	438.00
135492	16 新港 02	1000.00	3.00	2019.05.25	4.3000	99.69	470.00
135495	16 中铁建	1500.00	5.00	2021.05.25	5.1000	99.82	220.00
135496	16 信地 03	3000.00	3.00	2019.05.26	6.7000	100.45	3380.00
135497	16 软件 01	500.00	5.00	2021.05.24	5.4000	100.00	0.00
135498	16 梅州 01	1000.00	5.00	2021.05.27	5.0000	99.99	380.00
135499	16 海安 01	700.00	3.00	2019.05.31	6.0000	99.30	1244.00
135500	14 昆高 01	1400.00	5.00	2020.01.20	6.8500	101.30	140.00

债券信息 List of Bonds

债券 Bond

债券代码 Code	债券简称 Bond Name	发行数量(百万) Issued Vol(M)	年限 Terms	到期日 Expiration Date	票面利率(%) Coupon Rate(%)	本年收盘 Close	成交数量(万张) Trading Vol(10000)
135501	14 昆高 02	1100.00	5.00	2020.06.25	7.5000	100.00	315.00
135503	16 广金 01	750.00	3.00	2019.05.27	6.0500	99.77	120.00
135504	16 邳经债	1000.00	5.00	2021.05.25	5.9800	99.89	1662.50
135505	16 洪业 01	500.00	3.00	2018.09.25	8.5000	100.00	0.00
135506	16 株教 01	500.00	5.00	2021.05.30	5.7800	98.69	130.00
135507	16 华夏 07	1000.00	4.00	2020.06.01	5.1900	100.00	869.00
135508	16 富力 08	10400.00	4.00	2020.05.30	6.5000	98.45	4230.00
135509	16 大庆 01	500.00	5.00	2021.05.27	5.9500	99.80	950.00
135511	16 和平 02	200.00	3.00	2018.06.14	5.5500	101.61	0.00
135512	16 郑地 03	1000.00	5.00	2021.05.30	5.2000	100.11	762.00
135513	16 鑫隆 01	500.00	5.00	2021.06.17	6.8000	99.97	270.00
135514	16 黔投 02	900.00	5.00	2021.05.30	6.9900	98.02	40.00
135515	16 晋交 01	1000.00	5.00	2021.05.31	5.7000	96.25	0.00
135517	16 苏新 01	1000.00	3.00	2019.06.06	4.2300	99.77	420.00
135518	16 眉控 02	600.00	5.00	2021.05.30	5.4000	99.09	300.00
135521	16 首业 03	2300.00	3.00	2019.06.01	5.7000	100.43	5140.00
135522	16 首业 04	1700.00	5.00	2021.06.01	4.2600	99.81	340.00
135523	16 海兴 01	1000.00	5.00	2021.06.01	5.3900	98.36	340.00
135524	16 西南 C1	3000.00	5.00	2018.06.04	3.6300	100.00	0.00
135525	16 湖州 01	2000.00	5.00	2021.06.02	4.5000	99.89	1438.00
135526	16 华远 03	1000.00	3.00	2019.06.02	5.5500	100.04	290.00
135527	16 桂物 01	500.00	3.00	2019.06.07	7.7000	100.88	160.00
135528	16 安庆 01	200.00	5.00	2021.06.06	6.1700	100.00	0.00
135529	16 洛市政	100.00	3.00	2019.06.03	7.5000	100.00	0.00
135530	16 淮新 01	1000.00	3.00	2019.06.01	5.1000	97.45	107.00
135531	16 碧园 03	1000.00	5.00	2021.07.29	4.6000	99.70	1620.00
135532	16 华业 02	430.00	3.00	2019.06.03	8.5000	92.49	767.19
135533	16 鲁宏 01	3000.00	3.00	2019.06.02	6.9500	100.61	3325.00
135534	16 康嘉 01	200.00	3.00	2018.06.28	6.3000	100.01	45.00
135535	16 康嘉 02	300.00	3.00	2019.06.15	6.5000	100.20	510.00
135536	16 四面债	500.00	5.00	2021.06.08	6.0000	100.00	0.00
135537	16 滁城投	800.00	5.00	2021.06.07	4.7500	99.52	30.00
135538	16 方正 04	1800.00	2.00	2018.06.08	5.6000	100.00	2512.00
135539	16 方正 05	2200.00	3.00	2019.06.08	6.2500	99.51	570.00
135540	16 先导 03	1500.00	5.00	2021.06.07	4.4300	99.79	820.00
135541	16 任城债	1500.00	5.00	2021.06.07	5.6100	99.00	1360.00
135542	16 化医 02	1400.00	3.00	2019.06.24	6.0000	99.05	562.00
135543	16 电建 02	1070.00	3.00	2019.06.08	5.8000	100.29	570.00
135545	16 新奥 03	700.00	3.00	2019.06.07	4.0900	97.34	0.00
135546	16 吴发 01	1000.00	3.00	2019.06.08	4.5000	99.89	1205.00
135547	16 黄浦 01	550.00	5.00	2021.06.07	5.8000	100.19	0.00
135548	16 融创 05	2300.00	6.00	2022.06.13	5.4500	97.24	737.10
135549	16 盐城 01	2000.00	5.00	2021.06.15	5.2800	99.34	1320.00
135550	16 滕建投	500.00	3.00	2019.06.13	5.4400	99.63	540.00
135551	16 贵安 02	3000.00	5.00	2021.06.20	5.2000	99.25	2012.00
135552	16 常港 01	500.00	5.00	2021.07.15	5.5000	99.00	540.00
135553	16 姜城 01	600.00	5.00	2021.06.17	5.5000	99.43	184.00
135554	16 滇投 01	1500.00	5.00	2021.06.14	6.2000	99.88	207.00
135555	16 洛投 02	2000.00	5.00	2021.06.17	4.5000	99.69	1132.00
135556	16 苏商 01	500.00	3.00	2018.07.02	1.0000	100.56	0.00

债券信息 List of Bonds

债券 Bond

债券代码 Code	债券简称 Bond Name	发行数量(百万) Issued Vol(M)	年限 Terms	到期日 Expiration Date	票面利率(%) Coupon Rate(%)	本年收盘 Close	成交数量(万张) Trading Vol(10000)
135557	16 华夏 08	5200.00	4.00	2020.06.21	6.9500	96.45	4690.00
135558	16 财通 02	1000.00	4.00	2020.06.16	5.3000	99.62	100.00
135559	16 滁同创	1000.00	5.00	2021.06.15	5.3800	99.01	949.60
135560	16 金泰 01	500.00	5.00	2021.06.16	4.5000	100.00	0.00
135561	16 鄂农 02	100.00	5.00	2021.06.20	5.8000	99.73	80.00
135562	16 长沙 01	1500.00	5.00	2021.06.20	3.8900	99.78	1176.00
135563	16 双福 01	300.00	5.00	2021.06.17	5.7000	99.37	0.00
135564	16 渝西债	1000.00	3.00	2019.06.29	4.3300	99.92	60.00
135565	16 先导 04	2000.00	4.00	2020.06.16	6.5000	101.94	6730.00
135566	16 红塔 01	500.00	5.00	2021.07.06	6.8000	99.51	544.00
135567	16 张公 01	3000.00	5.00	2021.06.20	4.1900	99.66	914.50
135568	16 深业 01	2380.00	3.00	2019.06.17	7.5000	100.00	5050.26
135569	16 川铁 01	500.00	3.00	2019.06.30	6.0000	99.04	510.00
135570	16 泰滨 01	700.00	3.00	2019.06.21	7.8000	100.36	250.00
135571	16 来雁 01	1000.00	5.00	2021.06.22	5.1400	101.00	1110.00
135572	16 开乾 01	1000.00	5.00	2021.08.01	5.9000	99.75	1547.70
135573	16 扬临港	500.00	3.00	2018.07.24	6.5000	100.66	300.00
135574	16 珠实 01	720.00	5.00	2021.06.22	5.8000	99.32	450.00
135575	16 蓉工 01	300.00	3.00	2019.06.30	5.3000	99.84	30.00
135576	16 顺风 01	500.00	2.00	2018.06.22	7.7000	100.00	64.70
135577	16 格地 01	3000.00	5.00	2021.06.23	6.2000	99.84	2817.00
135578	16 融信 04	1050.00	3.00	2019.06.27	7.5200	99.55	0.00
135579	16 东洋 01	500.00	3.00	2019.06.28	4.8000	99.02	130.00
135580	16 任兴债	1500.00	5.00	2021.06.23	5.6000	99.88	601.00
135581	16 湘怀化	500.00	3.00	2018.09.20	5.1500	98.84	120.00
135582	16 悦来债	2000.00	5.00	2021.06.24	4.9000	99.61	954.00
135583	16 新发 01	300.00	3.00	2019.07.14	5.3000	99.95	850.00
135584	16 迪马 04	300.00	3.00	2019.06.23	6.5000	100.60	0.00
135585	16 合生 01	3100.00	3.00	2019.06.27	5.5000	98.33	30.00
135587	16 甬海 02	1000.00	5.00	2021.06.24	4.4000	99.94	810.00
135588	16 启迪 01	1000.00	5.00	2021.06.27	5.5000	99.11	350.00
135589	16 安投 01	800.00	5.00	2021.06.23	6.3600	99.90	1001.00
135590	16 盛锦债	400.00	5.00	2021.06.28	5.9800	100.00	0.00
135591	16 黔水 01	580.00	5.00	2021.06.27	6.8800	89.25	399.50
135592	16 盐国 03	1000.00	5.00	2021.06.27	4.9800	98.87	950.00
135593	16 九华 01	1200.00	5.00	2021.06.27	5.8500	99.00	1396.00
135594	16 宁城投	1000.00	5.00	2021.06.30	5.0000	98.82	210.00
135595	16 常熟 02	500.00	5.00	2021.06.29	4.2800	99.44	90.00
135596	16 淮水 02	600.00	5.00	2021.07.04	4.9900	96.52	40.00
135597	16 崇川 02	500.00	3.00	2019.06.30	6.7800	99.91	350.00
135598	16 国际 02	3000.00	3.00	2019.07.01	7.7000	100.50	500.00
135600	16 无锡 04	500.00	5.00	2021.07.04	4.2000	99.60	170.00
135601	16 国裕 02	1000.00	3.00	2019.06.29	5.1000	99.10	200.00
135602	16 运和债	1500.00	5.00	2021.07.01	5.0000	99.61	1131.00
135603	16 金辉 05	1500.00	3.00	2019.07.05	7.4000	100.00	6652.00
135604	16 临港 01	2000.00	5.00	2021.06.30	5.0000	98.98	60.00
135605	16 阜宁 01	410.00	2.00	2018.06.30	6.4600	99.95	420.00
135606	16 鲁水 01	1000.00	5.00	2021.07.07	3.9800	99.31	762.00
135607	16 天房 01	870.00	5.00	2021.07.01	6.9900	90.42	228.00
135608	16 天房 02	330.00	6.00	2022.07.01	6.9900	88.00	20.00

债券信息 List of Bonds

债券 Bond

债券代码 Code	债券简称 Bond Name	发行数量(百万) Issued Vol(M)	年限 Terms	到期日 Expiration Date	票面利率(%) Coupon Rate(%)	本年收盘 Close	成交数量(万张) Trading Vol(10000)
135609	16沙旅游	200.00	3.00	2019.06.30	6.0500	100.00	0.00
135610	16海宁01	1000.00	5.00	2021.07.05	4.2000	99.73	270.00
135611	16牟中01	600.00	5.00	2021.07.11	4.6800	99.79	50.00
135612	16渝物02	500.00	5.00	2021.07.07	5.8000	99.75	1010.00
135613	16博融02	440.00	3.00	2018.10.30	7.3000	100.00	475.00
135614	16内建01	1000.00	5.00	2021.07.07	5.6000	99.70	1983.00
135615	16江津01	300.00	3.00	2019.07.12	4.3000	99.30	245.00
135616	16绿港01	500.00	3.00	2019.07.12	7.9800	99.99	1865.00
135617	16渝开02	900.00	5.00	2021.07.11	5.4000	100.03	641.00
135618	16三盛02	1000.00	3.00	2019.07.08	7.3000	90.00	1696.00
135620	16武经02	1500.00	5.00	2021.07.12	4.8000	99.29	1274.00
135621	16安吉02	1000.00	3.00	2019.07.18	5.7500	99.60	2564.00
135622	16万通05	500.00	3.00	2019.07.13	8.4000	100.00	0.00
135623	16海财债	1000.00	3.00	2018.07.23	7.8800	97.15	590.00
135624	16鲁水02	1000.00	5.00	2021.07.15	3.7500	99.23	140.00
135625	16靖华01	1000.00	3.00	2018.09.27	7.0000	100.88	940.00
135626	16兴业C1	3000.00	4.00	2018.07.19	3.4900	94.84	900.00
135627	16长开01	1500.00	5.00	2021.07.14	6.3000	99.42	0.00
135628	16普定02	210.00	3.00	2018.07.24	10.0000	99.16	160.00
135629	16常通02	600.00	5.00	2021.07.18	4.6300	98.54	170.00
135630	16兴永01	800.00	3.00	2018.08.01	7.8000	100.00	714.80
135631	16建房01	1500.00	5.00	2021.07.19	3.8500	99.44	1350.00
135632	16肇庆02	1500.00	5.00	2021.07.19	4.6500	96.90	790.00
135633	16漳交通	500.00	3.00	2019.07.13	4.8000	99.51	130.00
135635	16黄浦02	1100.00	5.00	2021.07.14	5.8000	100.81	614.00
135636	16首业05	2000.00	3.00	2019.07.19	5.9000	100.81	1710.00
135637	16首业06	1000.00	5.00	2021.07.19	3.8400	99.55	80.00
135638	16大庆02	1000.00	5.00	2021.07.18	5.9500	99.25	1990.00
135640	16哈居01	1500.00	5.00	2021.07.18	6.0000	98.93	470.00
135641	16滨江01	1000.00	5.00	2021.07.18	4.5800	100.00	613.00
135642	16淮交债	700.00	5.00	2021.07.21	4.4800	100.00	0.00
135643	16国君C1	5000.00	4.00	2018.07.19	3.3000	98.30	0.00
135644	16化医03	1500.00	3.00	2019.07.20	6.0000	98.31	102.00
135645	16新港03	500.00	3.00	2019.07.19	3.7600	99.30	450.00
135646	16卓越02	1605.00	3.00	2019.07.22	7.3000	100.21	2870.00
135647	16上虞01	3000.00	5.00	2021.07.21	4.1500	99.56	3690.45
135648	16临港02	1000.00	5.00	2021.07.18	5.0000	99.51	0.00
135649	16鲁宏02	3000.00	5.00	2021.07.15	6.4800	99.75	2647.60
135650	16余姚01	500.00	5.00	2021.07.19	5.4500	100.55	1428.00
135651	16中金C1	2000.00	5.00	2018.07.23	3.2500	100.00	0.00
135652	16新发02	500.00	3.00	2019.07.20	5.3000	99.99	1234.00
135654	16豫资01	1500.00	5.00	2021.07.19	3.9800	99.14	150.00
135655	16新航债	1000.00	5.00	2021.07.19	5.5000	100.16	2487.00
135656	16昌投01	1000.00	5.00	2021.07.25	5.9900	99.57	853.00
135657	16东兴02	2000.00	5.00	2021.07.21	3.6800	100.00	0.00
135658	16合景01	2000.00	5.00	2021.07.25	4.8500	99.03	1872.00
135659	16雨投02	500.00	5.00	2021.07.22	4.3500	98.28	410.00
135660	16迪马05	530.00	3.00	2019.07.22	7.6000	100.00	0.00
135661	16迪马06	70.00	3.00	2019.07.22	7.6000	99.25	0.00
135663	16上虞债	1000.00	3.00	2019.07.28	4.6300	100.00	449.00

债券信息 List of Bonds

债券代码 Code	债券简称 Bond Name	发行数量(百万) Issued Vol(M)	年限 Terms	到期日 Expiration Date	票面利率(%) Coupon Rate(%)	本年收盘 Close	成交数量(万张) Trading Vol(10000)
135665	16 铁置 01	1000.00	3.00	2018.08.08	4.8000	99.73	170.00
135668	16 方正 06	1500.00	3.00	2019.07.26	4.5000	98.90	580.00
135669	16 方正 07	700.00	5.00	2021.07.26	4.5000	99.06	300.00
135670	16 方正 08	600.00	5.00	2021.07.26	4.8000	95.06	550.00
135671	16 长寿 01	500.00	7.00	2023.07.25	5.7800	99.00	80.00
135672	16 碧海 01	700.00	5.00	2021.07.27	6.6000	99.74	1150.00
135673	16 生态 01	500.00	5.00	2021.07.28	6.4000	100.00	0.00
135674	16 虹阳 01	1000.00	5.00	2021.07.29	6.4900	99.45	613.00
135675	16 融信 05	2900.00	3.00	2019.08.01	7.5000	100.00	4397.70
135676	16 贵建设	1000.00	3.00	2019.07.27	5.0000	100.42	572.00
135677	16 哈居 02	500.00	5.00	2021.07.25	6.0000	99.69	120.00
135678	16 盛泽 02	1000.00	5.00	2021.07.28	4.5000	100.90	200.00
135679	16 丰盛 01	1400.00	3.00	2019.08.04	8.0000	100.45	0.00
135680	16 丰盛 02	600.00	3.00	2019.08.04	8.0000	101.48	0.00
135681	16 联发 01	700.00	3.00	2019.07.28	3.8400	99.03	160.80
135682	16 吐国资	1000.00	5.00	2021.07.27	5.1000	99.22	490.00
135683	16 黔水 02	920.00	5.00	2021.07.29	6.6000	100.51	1397.10
135684	16 昆旅 02	500.00	5.00	2021.07.27	4.5000	99.92	1190.00
135685	16 中民 F2	5000.00	3.00	2019.07.29	7.5000	99.20	7030.00
135686	16 豫资 02	1500.00	5.00	2021.07.28	3.8000	97.63	10.00
135687	16 绿建 01	1500.00	5.00	2021.07.28	5.2000	98.79	770.00
135688	16 新津 01	500.00	3.00	2018.08.08	9.5000	99.71	660.00
135689	16 海动迁	1000.00	5.00	2021.07.28	4.7900	99.41	120.00
135690	16 雅居 01	3000.00	4.00	2020.07.29	7.5000	99.90	640.00
135691	16 东海债	1500.00	5.00	2021.07.28	3.9000	100.00	0.00
135692	16 盛屯 01	500.00	3.00	2019.07.25	8.0000	100.00	489.08
135693	16 合景 02	1300.00	5.00	2021.07.29	4.9500	99.55	1424.00
135694	16 天禾债	300.00	3.00	2019.08.09	5.7000	99.55	120.00
135695	16 协信 07	720.00	3.00	2019.07.29	8.0000	100.00	134.20
135696	16 世茂 02	540.00	5.00	2021.07.31	4.3000	98.08	100.00
135697	16 高淳 01	1000.00	5.00	2021.07.29	4.8000	99.58	640.00
135699	16 国联 C1	1500.00	5.00	2021.07.29	3.8900	92.70	100.00
135701	16 宝龙 02	300.00	3.00	2018.08.15	6.8000	99.82	100.00
135702	16 秀山 01	500.00	5.00	2021.07.28	6.5000	100.00	0.00
135703	16 仙居 01	400.00	5.00	2021.07.29	5.1000	99.70	1200.00
135704	16 大航 01	1000.00	5.00	2021.07.29	6.0000	99.90	2690.00
135705	16 美兰 01	1400.00	3.00	2019.07.29	6.8000	97.81	225.00
135706	16 海航 02	1500.00	3.00	2019.07.29	6.2000	95.80	274.00
135707	16 九华 02	1900.00	5.00	2021.07.29	5.3000	99.70	1702.00
135708	16 紫薇 02	500.00	3.00	2019.07.29	6.3000	99.85	140.00
135709	16 住宅 03	2000.00	5.00	2021.08.04	3.9700	99.30	1220.00
135710	16 珠投 05	2000.00	4.00	2020.07.29	8.5000	99.91	1070.00
135711	16 津星 01	1000.00	3.00	2019.07.29	5.4900	99.85	962.80
135712	16 海安债	250.00	3.00	2019.08.02	8.0000	100.00	100.00
135713	16 汽车园	300.00	3.00	2019.08.05	5.7000	100.00	0.00
135714	16 株教 02	500.00	5.00	2021.08.08	5.0000	98.80	890.00
135715	16 蓝星 01	2400.00	3.00	2019.08.08	4.2000	99.64	2554.00
135716	16 清浦 01	500.00	5.00	2021.08.09	4.7700	97.73	580.00
135717	16 宜城 02	1000.00	5.00	2021.08.05	3.8000	97.63	140.00
135718	16 产投债	300.00	5.00	2021.09.20	6.3000	98.92	40.00

债券信息 List of Bonds

债券 Bond

债券代码 Code	债券简称 Bond Name	发行数量(百万) Issued Vol(M)	年限 Terms	到期日 Expiration Date	票面利率(%) Coupon Rate(%)	本年收盘 Close	成交数量(万张) Trading Vol(10000)
135719	16 贵安 03	5000.00	5.00	2021.08.08	4.4800	98.51	3975.00
135721	16 汾湖投	1000.00	5.00	2021.08.08	4.2000	97.88	618.00
135722	16 泗阳 02	1000.00	3.00	2018.08.17	7.5000	99.99	623.00
135723	16 吴发 02	1500.00	3.00	2019.08.09	4.0000	99.50	679.00
135725	16 中融 03	1000.00	3.00	2018.08.20	7.0000	99.13	981.00
135726	16 首发 01	1500.00	5.00	2021.08.10	3.5600	98.41	917.00
135727	16 信地 04	3000.00	3.00	2019.08.12	6.9900	100.96	2110.00
135728	16 华融 C2	1000.00	3.00	2019.08.19	3.5000	98.78	650.00
135729	16 汇通 02	500.00	5.00	2021.08.09	6.4200	99.50	658.00
135730	16 景陶 01	1000.00	5.00	2021.08.12	4.3000	100.00	1519.00
135731	16 东丽 01	2000.00	5.00	2021.08.15	4.5500	99.46	1332.00
135732	16 阜宁 02	590.00	2.00	2018.08.11	6.4600	100.01	555.00
135733	16 碧海 02	300.00	5.00	2021.08.18	6.0000	99.99	132.00
135734	16 南城 04	100.00	5.00	2021.08.11	8.0000	96.40	300.00
135735	16 海安 02	800.00	3.00	2019.08.22	4.5000	100.13	533.50
135736	16 新城 03	2000.00	5.00	2021.08.15	4.4800	98.83	1343.00
135737	16 鑫鸿 01	1000.00	5.00	2021.08.10	5.6000	98.61	1770.00
135738	16 山钢 01	3000.00	3.00	2019.08.15	7.0000	100.92	4532.00
135740	16 德庆债	400.00	3.00	2018.09.18	7.0000	98.45	0.00
135741	16 彭水 01	800.00	5.00	2021.08.15	6.6000	100.00	0.00
135742	16 江城 02	1500.00	5.00	2021.08.16	3.6000	96.70	130.00
135743	16 化医 04	400.00	3.00	2019.08.16	5.8000	97.29	162.00
135744	16 京投 02	1000.00	3.00	2019.08.19	4.9800	99.73	462.00
135745	16 驻投 01	1000.00	5.00	2021.09.07	3.9300	99.29	30.00
135746	16 三盛 03	1420.00	3.00	2019.08.16	8.0000	100.00	847.50
135747	16 新发 03	700.00	3.00	2019.08.18	4.6500	99.44	1202.00
135748	16 富达债	750.00	5.00	2021.08.18	3.8500	99.15	170.00
135749	16 民生 01	1480.00	3.00	2019.08.16	4.2000	98.92	1130.00
135750	16 经开 01	1000.00	5.00	2021.08.17	3.8000	99.15	260.00
135751	16 京融 01	4000.00	5.00	2021.08.18	3.4800	99.25	638.00
135752	16 通泰 01	600.00	5.00	2021.08.19	6.1000	99.09	535.00
135756	16 锡洲 01	500.00	3.00	2019.08.19	7.9000	87.22	1108.00
135758	16 鑫源 01	2000.00	3.00	2019.08.18	6.5000	100.93	2160.00
135759	16 复地 F1	3000.00	3.00	2019.08.22	7.2000	100.33	1014.00
135760	16 萍乡 01	1000.00	5.00	2021.08.25	4.1400	98.51	480.00
135761	16 华安债	600.00	5.00	2021.08.23	5.0000	99.60	360.00
135762	16 五控 02	1500.00	5.00	2021.08.23	4.5000	99.20	540.00
135763	16 文蓝 01	1500.00	5.00	2021.08.23	4.2000	98.97	1483.00
135764	16 柳龙 02	700.00	6.00	2022.08.24	4.5500	99.27	190.00
135765	16 上虞 02	500.00	5.00	2021.08.25	4.0500	97.01	166.00
135766	16 上虞 03	1500.00	5.00	2021.08.25	3.8000	98.93	536.00
135767	16 亿利 02	200.00	3.00	2018.09.07	7.0000	97.06	0.00
135768	16 余交 01	1000.00	5.00	2021.08.25	4.2000	100.02	235.00
135770	16 滇投 03	1500.00	5.00	2021.09.05	7.5000	100.59	1642.00
135771	16 晋交 02	2500.00	5.00	2021.08.23	5.6600	100.80	3195.00
135772	16 淮经 02	600.00	5.00	2021.09.09	4.7500	94.18	442.50
135773	16 丰经 01	500.00	5.00	2021.08.25	4.7700	97.53	310.00
135774	16 联发 02	800.00	5.00	2021.08.29	3.8500	99.05	310.00
135775	16 瓦房 01	500.00	3.00	2018.09.26	7.5000	99.77	195.00
135776	16 新会 01	1000.00	5.00	2021.08.31	4.1500	98.40	400.00

债券信息 List of Bonds

债券 Bond

债券代码 Code	债券简称 Bond Name	发行数量(百万) Issued Vol(M)	年限 Terms	到期日 Expiration Date	票面利率(%) Coupon Rate(%)	本年收盘 Close	成交数量(万张) Trading Vol(10000)
135777	16 昌润 01	400.00	3.00	2019.08.25	4.4000	100.00	0.00
135778	16 镇交 02	630.00	3.00	2019.08.29	5.8000	100.73	230.00
135779	16 春华 02	1000.00	3.00	2019.08.26	4.5000	97.19	210.00
135780	16 远东六	4000.00	5.00	2021.08.29	3.4600	97.10	20.00
135781	16 渝南 01	800.00	5.00	2021.08.25	5.0000	93.04	500.00
135782	16 鲁公用	500.00	5.00	2021.08.24	4.1500	98.75	310.00
135783	16 永开 01	1500.00	5.00	2021.08.29	5.2000	99.30	840.00
135784	16 张经 01	500.00	3.00	2019.09.01	3.7800	97.02	100.00
135785	16 祥源 01	500.00	3.00	2019.08.29	7.0000	97.26	976.20
135786	16 盛泽 03	700.00	5.00	2021.08.31	4.2000	98.02	668.00
135787	16 沪证 Y1	2000.00	5.00	2021.09.02	4.1000	95.93	400.00
135788	16 洞庭 01	1000.00	5.00	2021.08.29	6.0000	98.99	280.00
135789	16 沪城开	1700.00	6.00	2022.08.30	3.9000	99.05	137.00
135790	16 姜交 02	300.00	3.00	2019.08.30	4.7000	97.00	205.00
135791	16 天地一	1000.00	3.00	2019.08.30	6.2800	100.00	310.00
135792	16 漯河 01	1000.00	5.00	2021.08.30	4.0000	96.81	520.00
135793	16 京开 01	2000.00	5.00	2021.09.02	4.4300	98.62	858.00
135794	16 迈瑞 03	1000.00	7.00	2023.09.05	4.5000	100.00	260.00
135795	16 清能债	600.00	3.00	2018.09.17	5.8000	99.45	250.00
135796	16 碧园 04	4170.00	4.00	2020.09.02	6.8000	99.29	11173.00
135797	16 碧园 05	5830.00	7.00	2023.09.02	5.6500	99.43	765.00
135798	16 铜旅 01	1500.00	5.00	2021.09.01	5.7000	98.18	1555.00
135799	16 川铁 02	1500.00	3.00	2019.08.31	5.8500	100.10	1931.00
135800	16 海河 02	1500.00	5.00	2021.09.05	3.7700	95.70	450.00
135801	16 方洋 01	1100.00	5.00	2021.09.02	4.6800	97.82	690.00
135802	16 亿利 03	500.00	3.00	2019.09.02	7.0000	100.00	0.00
135803	16 金辉 06	900.00	3.00	2019.09.05	7.3000	100.00	1217.00
135804	16 兴长 02	1000.00	5.00	2021.09.08	4.9300	100.02	150.00
135805	16 珠管 04	200.00	3.00	2018.09.17	8.0000	99.00	81.00
135806	16 双福 02	300.00	5.00	2021.09.02	5.3000	99.45	516.00
135807	16 榆神 01	1100.00	3.00	2018.09.12	7.9000	99.38	1360.00
135808	16 政通 01	1000.00	5.00	2021.09.05	4.1900	100.02	140.00
135809	16 连工 02	500.00	3.00	2018.09.19	5.3000	99.61	60.00
135810	16 潍东债	2000.00	5.00	2021.09.20	4.2500	99.27	2500.00
135811	16 万林 01	500.00	5.00	2021.09.08	4.7900	85.58	102.00
135812	16 首股 02	3000.00	5.00	2021.09.05	3.5900	99.34	2657.00
135813	16 镇城 03	1500.00	3.00	2019.09.01	4.7900	97.25	240.00
135814	16 金交 01	500.00	5.00	2021.09.02	5.2000	95.21	830.00
135815	16 名城 03	3500.00	3.00	2019.09.09	8.0000	98.57	2526.50
135816	16 建房 02	1500.00	5.00	2021.09.08	3.8300	99.09	380.00
135817	16 南县债	500.00	5.00	2021.09.06	6.6000	100.10	282.00
135818	16 洪泽 01	400.00	5.00	2021.09.22	5.8000	97.65	160.00
135819	16 绍城 01	1000.00	5.00	2021.09.08	4.0800	98.43	600.00
135820	16 厦特 01	2000.00	5.00	2021.09.09	4.0000	99.06	1650.00
135821	16 瀚控 01	2000.00	3.00	2019.09.02	5.5800	97.31	1269.50
135822	16 九华 03	900.00	5.00	2021.09.05	5.0700	97.29	500.00
135823	16 天房 04	2000.00	5.00	2021.09.08	5.4000	100.00	0.00
135825	16 岳阳 02	1000.00	5.00	2021.09.05	3.9200	93.90	50.00
135826	16 珠实 02	780.00	5.00	2021.09.05	5.1900	99.33	140.00
135827	16 浏广宇	600.00	3.00	2019.09.06	6.3500	100.00	200.00

债券信息 List of Bonds

债券 Bond

债券代码 Code	债券简称 Bond Name	发行数量(百万) Issued Vol(M)	年限 Terms	到期日 Expiration Date	票面利率(%) Coupon Rate(%)	本年收盘 Close	成交数量(万张) Trading Vol(10000)
135828	16 清浦 02	500.00	5.00	2021.09.13	5.3000	93.76	80.00
135829	16 金投 01	600.00	5.00	2021.09.08	5.6000	96.87	369.00
135831	16 通经 01	200.00	5.00	2021.09.08	3.7800	99.64	300.00
135832	16 天宁 01	500.00	5.00	2021.09.13	4.9000	93.72	244.00
135833	16 京融 02	4000.00	5.00	2021.09.07	3.6000	99.32	3080.00
135834	16 华发 05	2000.00	5.00	2021.09.12	3.8500	97.70	100.00
135835	16 贵安 04	2000.00	5.00	2021.09.13	4.3900	98.00	1090.00
135836	16 六安 02	500.00	5.00	2021.09.09	5.4800	98.82	894.00
135838	16 新城 04	500.00	7.00	2023.09.12	4.8000	93.34	25.00
135839	16 承控 02	1500.00	5.00	2021.09.08	4.0000	99.65	400.00
135840	16 新中泰	500.00	5.00	2021.09.30	5.6000	97.33	200.00
135841	16 筑投 01	2800.00	7.00	2023.09.12	4.0000	93.35	144.00
135842	16 旭辉 02	3500.00	5.00	2021.09.23	4.3000	98.86	1050.00
135843	16 旭辉 03	500.00	5.00	2021.09.23	5.5000	97.01	90.00
135844	16 潞矿 01	620.00	3.00	2018.10.09	5.0000	100.19	615.00
135845	16 潞矿 02	1500.00	5.00	2021.09.09	7.5000	101.64	2290.00
135846	16 三水 02	1000.00	5.00	2021.09.12	4.5500	98.83	570.00
135847	16 永兴 02	1000.00	5.00	2021.09.13	4.7400	99.52	800.00
135848	16 邳州债	500.00	5.00	2021.09.09	6.5000	99.98	1096.00
135849	16 阳山 01	500.00	3.00	2019.09.08	4.9000	100.01	0.00
135850	16 正源 03	2000.00	3.00	2019.09.19	8.8000	98.90	4751.50
135852	16 崇川 03	500.00	3.00	2019.09.19	6.5000	99.98	580.00
135853	16 海西 01	500.00	5.00	2021.09.20	3.8900	98.86	1290.00
135854	G16 唐新 1	1000.00	5.00	2021.09.14	3.5000	99.37	320.00
135855	16 诸资 01	2000.00	5.00	2021.09.13	3.8000	99.22	2170.00
135856	16 西南 C2	3000.00	3.00	2019.09.20	3.4900	97.82	760.00
135857	16 眉山债	1000.00	3.00	2019.09.12	8.0000	100.00	685.00
135858	16 银河 F1	3500.00	3.00	2018.09.19	3.1800	98.83	900.00
135859	16 南城 05	150.00	5.00	2021.09.14	8.2000	100.00	0.00
135860	16 锡洲 02	1500.00	3.00	2019.09.19	7.4000	44.67	2146.35
135862	16 花园 02	1000.00	5.00	2021.09.29	5.3000	95.71	80.00
135863	16 常高 01	1500.00	5.00	2021.09.20	4.0800	101.11	120.00
135866	16 通泰 02	400.00	5.00	2021.09.20	6.1000	100.01	340.00
135867	16 山钢 02	3000.00	3.00	2019.09.14	6.9800	100.92	3211.00
135868	16 佳源 03	400.00	3.00	2018.10.19	8.1500	100.00	0.00
135869	16 佳源 04	500.00	3.00	2019.09.27	8.1500	100.00	687.60
135871	16 湘财 01	500.00	10.00	2026.09.12	4.9200	96.08	400.00
135872	16 大足债	800.00	5.00	2021.09.27	4.5000	97.61	100.00
135873	16 高速 01	3000.00	6.00	2022.09.26	3.4500	98.04	350.00
135874	16 兴业 02	3000.00	5.00	2021.09.26	3.6800	97.37	1330.00
135875	16 大庆 03	500.00	5.00	2021.09.20	5.7000	98.38	180.00
135876	16 新港 04	500.00	3.00	2019.09.23	3.6700	96.83	200.00
135877	16 新港 05	500.00	5.00	2021.09.23	3.9000	100.00	0.00
135878	16 华创 01	800.00	4.00	2020.09.22	4.0000	100.00	181.00
135879	16 世茂 03	1000.00	2.00	2018.09.21	3.7000	99.66	0.00
135880	16 世茂 04	3000.00	3.00	2019.09.21	6.9000	99.80	3510.00
135881	16 世茂 05	1200.00	5.00	2021.09.21	4.1000	97.38	950.00
135882	16 雅居 02	1800.00	5.00	2021.10.11	4.6000	97.83	710.00
135883	16 雅居 03	1200.00	7.00	2023.10.11	5.7000	95.89	150.00
135884	16 威国资	300.00	5.00	2021.09.21	4.5000	97.89	30.00

债券信息 List of Bonds

债券代码 Code	债券简称 Bond Name	发行数量(百万) Issued Vol(M)	年限 Terms	到期日 Expiration Date	票面利率(%) Coupon Rate(%)	本年收盘 Close	成交数量(万张) Trading Vol(10000)
135885	16 市北 01	1000.00	5.00	2021.09.27	4.1200	97.33	160.00
135886	16 白沙洲	1500.00	5.00	2021.09.23	4.5700	97.62	790.00
135887	16 郑地 04	1500.00	5.00	2021.09.22	4.1900	97.91	1620.00
135888	16 三盛 04	750.00	5.00	2021.09.22	7.5000	100.00	184.00
135889	16 国开次	5000.00	5.00	2021.09.26	3.5800	96.60	1140.00
135890	16 中铝 01	3215.00	3.00	2019.09.23	4.3000	100.05	2330.00
135892	16 中融 06	1000.00	3.00	2018.10.15	7.3000	99.85	197.70
135894	16 鑫鸿 02	1000.00	5.00	2021.09.21	5.6000	99.05	1477.00
135895	16 联发 03	1500.00	5.00	2021.09.26	3.8500	98.91	1115.00
135896	16 阳澄 01	300.00	3.00	2019.09.23	4.2800	100.00	0.00
135897	16 威海投	1500.00	7.00	2023.09.26	4.9500	94.86	190.00
135898	16 中银 C1	2000.00	6.00	2022.09.26	3.3500	98.99	500.00
135899	16 双鸭 01	800.00	5.00	2021.09.27	6.0000	100.00	0.00
136000	15 浙国资	1600.00	5.00	2020.10.19	4.5800	101.10	2929.80
136001	15 福能债	500.00	5.00	2020.10.22	3.8800	99.30	748.14
136002	15 赣粤 02	700.00	7.00	2022.10.23	3.8500	100.05	241.20
136003	15 如意债	2000.00	5.00	2020.10.23	7.9000	100.00	4695.12
136004	14 武控 02	350.00	5.00	2021.06.24	3.6000	98.90	388.54
136005	15 海投 01	200.00	5.00	2018.11.14	3.8000	99.25	257.00
136006	15 鲁星 01	1100.00	5.00	2020.10.23	7.8000	100.00	1914.60
136007	15 鲁焦 02	1500.00	3.00	2018.11.05	6.9000	63.00	599.69
136008	15 协鑫债	1000.00	5.00	2020.10.28	7.3000	100.00	1742.71
136009	15 红星 01	2000.00	5.00	2018.12.14	4.3700	99.72	1166.48
136010	15 中骏 01	2000.00	5.00	2020.10.28	7.6000	100.99	5308.52
136011	14 瀚华 02	900.00	4.00	2019.11.03	6.6000	99.79	2860.04
136012	15 梅花 02	1500.00	4.00	2019.10.30	4.2700	99.30	489.97
136013	15 财达债	2500.00	5.00	2020.10.28	4.9500	101.50	4087.42
136014	15 福投债	3000.00	8.00	2023.11.02	3.8600	99.95	3473.36
136015	15 华安 01	1300.00	3.00	2018.11.02	5.0000	100.10	1060.70
136016	15 赛轮债	700.00	3.00	2018.11.02	5.1000	99.95	1408.64
136017	15 名城 01	1600.00	5.00	2020.11.04	7.8800	100.00	2994.78
136019	15 龙湖 04	2000.00	7.00	2022.11.02	4.0800	99.40	2728.50
136020	15 华安 02	500.00	5.00	2020.11.02	4.7000	100.15	714.45
136021	15 新城 01	3000.00	5.00	2020.11.03	7.0000	101.99	3631.73
136022	15 东吴债	2500.00	5.00	2020.11.09	4.1500	100.65	766.00
136023	15 当代债	1000.00	5.00	2018.11.20	7.0000	99.40	565.36
136024	15 沪城开	1800.00	7.00	2022.11.06	4.4700	98.39	1238.62
136025	15 黔路 01	2000.00	3.00	2018.11.05	4.2000	99.85	859.58
136026	15 蒙阜丰	1000.00	3.00	2018.11.05	3.9800	99.80	617.40
136027	15 三福 02	400.00	5.00	2020.11.09	7.5000	99.18	896.50
136028	15 花园 01	2000.00	5.00	2020.11.10	7.2500	98.99	1224.22
136029	15 华宝债	4000.00	3.00	2018.11.09	3.8500	99.99	6803.66
136030	15 吉利 01	2000.00	6.00	2021.11.09	3.8800	99.98	1601.02
136031	15 常发投	1000.00	5.00	2020.11.11	4.3000	100.00	1102.00
136032	15 红美 01	5000.00	5.00	2020.11.10	5.9000	100.00	4595.48
136033	15 东旭 02	2000.00	5.00	2020.11.13	7.5000	99.98	4697.41
136034	15 沪国资	3000.00	5.00	2020.11.11	4.0000	100.35	1040.28
136035	15 远东一	2000.00	5.00	2020.11.11	4.8000	100.74	3516.20
136036	15 苏元禾	1000.00	5.00	2020.11.11	5.2700	100.75	1227.00
136037	15 旭辉 02	500.00	5.00	2020.11.11	5.9600	100.50	751.00

债券信息
List of Bonds

债券
Bond

债券代码 Code	债券简称 Bond Name	发行数量(百万) Issued Vol(M)	年限 Terms	到期日 Expiration Date	票面利率(%) Coupon Rate(%)	本年收盘 Close	成交数量(万张) Trading Vol(10000)
136038	15兴杭01	2000.00	5.00	2018.11.12	4.0900	100.01	3462.31
136039	15石化01	16000.00	3.00	2018.11.19	3.3000	100.00	5263.97
136040	15石化02	4000.00	5.00	2020.11.19	3.7000	99.20	923.60
136041	15渝信01	3700.00	3.00	2018.11.18	3.8800	99.85	2690.77
136042	15渝信02	5300.00	7.00	2022.11.18	4.2600	96.28	2064.51
136043	15华凌01	1200.00	5.00	2020.11.23	8.0000	92.00	193.17
136044	15通运01	500.00	7.00	2022.11.18	4.9000	108.00	530.00
136045	15复地01	4000.00	5.00	2020.11.20	6.9500	101.90	4815.52
136046	15中海01	7000.00	6.00	2021.11.19	4.2000	99.92	3928.23
136047	15国君G1	5000.00	5.00	2020.11.19	3.6000	100.00	1540.00
136048	15国君G2	1000.00	7.00	2022.11.19	3.8000	96.07	450.00
136049	15中海02	1000.00	7.00	2022.11.19	3.8500	98.80	131.42
136050	15景德01	500.00	7.00	2022.11.19	5.3000	99.85	550.30
136051	15五矿03	1500.00	7.00	2022.11.20	4.5000	99.80	1192.85
136052	15五矿04	2500.00	10.00	2025.11.20	4.9000	100.28	456.00
136053	15南航01	3000.00	5.00	2020.11.20	4.1500	100.50	3258.89
136055	14国贸02	400.00	3.00	2018.11.25	3.8800	100.00	165.57
136056	15玉皇01	500.00	3.00	2018.11.23	6.8500	98.78	135.10
136057	15华发01	3000.00	5.00	2020.11.26	5.5000	101.62	4663.49
136058	15宜集债	1000.00	5.00	2020.11.26	7.5000	100.00	996.97
136060	15纳通02	200.00	3.00	2018.12.31	5.4300	100.00	54.00
136061	15东证债	12000.00	5.00	2020.11.26	3.9000	100.11	2609.53
136062	15大连港	3000.00	5.00	2020.11.26	3.9400	99.43	3949.50
136063	15中骏02	1500.00	5.00	2020.12.08	7.6000	100.20	3879.80
136064	13铁龙02	600.00	3.00	2018.11.30	3.7700	99.88	356.11
136065	15晋电01	3000.00	10.00	2025.11.27	4.2900	99.76	1629.02
136066	15西王01	1000.00	7.00	2022.12.03	7.4100	84.80	1365.56
136067	15洪市政	1000.00	7.00	2022.12.02	4.0700	98.35	334.00
136068	15哈投02	800.00	5.00	2020.12.09	4.0000	99.20	712.00
136069	15双欣债	1060.00	5.00	2020.12.04	7.8000	99.90	825.55
136070	15必康债	800.00	5.00	2020.12.07	6.6000	35.36	683.51
136071	15开元01	1400.00	5.00	2020.12.03	4.2500	99.49	1332.00
136072	15开元02	600.00	3.00	2018.12.03	3.9000	99.90	460.00
136073	15云能02	3300.00	5.00	2020.12.11	4.1500	100.30	2114.50
136074	15合作债	600.00	5.00	2020.12.03	7.5000	99.80	429.81
136075	15桂铁投	1000.00	10.00	2025.12.07	3.8000	100.00	1060.00
136076	15瑞贝卡	560.00	5.00	2020.12.08	5.6800	100.00	703.89
136077	15中天01	910.00	3.00	2018.12.10	7.5000	99.94	122.71
136078	15禹洲01	3000.00	5.00	2020.12.07	7.5000	100.50	3387.43
136079	15中航债	5000.00	5.00	2020.12.07	3.7200	99.64	2816.10
136080	15北汽01	1500.00	5.00	2020.12.10	3.6000	99.10	1298.70
136081	15广汇01	520.00	5.00	2020.12.08	7.0000	99.80	972.61
136082	15浙交01	1000.00	5.00	2020.12.11	3.6800	100.59	575.10
136083	15浙交02	500.00	10.00	2025.12.11	4.0000	91.65	0.59
136084	15金源01	5000.00	5.00	2020.12.09	4.8500	99.50	4037.80
136085	15金茂投	2200.00	5.00	2020.12.09	3.9000	100.00	2470.90
136086	15金源02	1000.00	7.00	2022.12.09	5.4000	107.00	880.22
136087	15保利01	3000.00	5.00	2020.12.11	3.4000	100.00	2451.25
136088	15保利02	2000.00	7.00	2022.12.11	3.6800	99.63	1106.00
136089	15绿地01	2000.00	5.00	2020.12.10	3.9000	93.00	2213.98

债券信息 List of Bonds

债券 Bond

债券代码 Code	债券简称 Bond Name	发行数量(百万) Issued Vol(M)	年限 Terms	到期日 Expiration Date	票面利率(%) Coupon Rate(%)	本年收盘 Close	成交数量(万张) Trading Vol(10000)
136090	15 绿地 02	8000.00	5.00	2020.12.10	6.8000	99.90	17177.29
136091	15 华集 01	500.00	5.00	2020.12.11	6.6000	99.75	354.63
136092	15 连云港	660.00	5.00	2020.12.10	5.8000	100.00	577.00
136093	15 华信债	3000.00	5.00	2020.12.10	4.9800	61.29	1021.75
136094	15 晋电 02	1000.00	10.00	2025.12.14	3.9900	97.20	418.09
136095	15 锡交 01	1500.00	5.00	2020.12.16	3.8800	99.30	1253.27
136096	16 复星 01	4000.00	5.00	2021.01.21	5.5500	100.25	6717.16
136097	15 鲁高 01	1000.00	5.00	2020.12.17	3.6700	98.07	670.58
136098	15 义市 01	1000.00	5.00	2020.12.16	3.9000	98.60	977.20
136099	15 绍交 01	500.00	5.00	2020.12.15	3.9000	99.00	417.09
136100	16 凯乐债	700.00	3.00	2019.01.21	6.8000	98.50	425.36
136101	15 合景 01	2500.00	6.00	2021.12.17	7.0000	100.10	4487.95
136102	15 合景 02	800.00	7.00	2022.12.17	6.1500	97.40	284.08
136103	15 滇路 01	2000.00	5.00	2020.12.15	4.9000	100.30	2537.91
136104	15 市北债	900.00	5.00	2020.12.21	4.3300	100.20	847.38
136105	15 三友 01	500.00	5.00	2020.12.17	4.2000	98.30	241.68
136106	15 三友 02	500.00	7.00	2022.12.17	5.3000	100.83	608.39
136107	15 穗工债	550.00	5.00	2020.12.18	5.1000	100.75	1110.01
136108	14 粤运 02	380.00	5.00	2020.12.17	4.5000	100.10	164.50
136109	15 康达债	900.00	7.00	2022.12.18	7.0000	100.00	2181.20
136110	14 昊华 02	1500.00	7.00	2023.01.22	5.8500	103.46	233.87
136111	15 中环 01	600.00	5.00	2020.12.18	5.2000	98.07	445.00
136112	15 华集 02	500.00	5.00	2020.12.21	6.7500	100.11	333.00
136113	15 新燃 01	2500.00	5.00	2020.12.18	3.6800	99.97	1729.67
136114	15 花园 02	1000.00	5.00	2020.12.21	7.4700	99.50	1361.03
136115	15 广证 G2	1000.00	5.00	2020.12.21	4.6500	100.90	1296.00
136116	15 天富债	600.00	5.00	2020.12.21	4.3000	96.20	370.00
136117	15 苏伟驰	2000.00	5.00	2020.12.21	5.4000	87.80	1173.78
136118	15 融信 01	1200.00	5.00	2020.12.23	6.9000	100.00	2516.71
136119	15 国创 01	400.00	5.00	2020.12.23	8.0000	99.20	1543.65
136120	15 鲁能债	3000.00	5.00	2020.12.23	3.7600	98.97	1704.18
136121	15 南山 02	1000.00	5.00	2020.12.25	5.7000	100.20	895.58
136122	15 天域债	150.00	3.00	2018.12.24	8.5000	100.00	0.00
136123	15 中合 01	700.00	7.00	2022.12.25	3.6000	95.03	142.00
136124	16 新奥债	1700.00	5.00	2021.02.25	6.2500	99.90	972.73
136125	15 洛娃 01	1000.00	5.00	2020.12.28	5.8000	98.75	693.60
136126	15 鑫苑 01	1000.00	5.00	2020.12.28	8.2000	100.00	1488.26
136127	15 中江 01	500.00	5.00	2020.12.25	4.4600	98.15	194.00
136128	15 宇通 01	500.00	5.00	2020.12.28	3.3800	99.92	593.10
136129	15 圣牧 01	1000.00	5.00	2020.12.28	6.4800	98.00	1245.61
136130	16 葛洲 01	3000.00	5.00	2021.01.19	3.1400	98.40	1557.87
136131	15 陕投债	500.00	5.00	2020.12.30	6.5000	98.60	152.00
136132	15 邢钢债	300.00	5.00	2020.12.31	7.3000	99.00	398.03
136133	16 国电 01	2000.00	3.00	2019.01.05	2.9800	99.95	2252.59
136134	16 番雅债	1600.00	5.00	2021.01.12	6.9500	99.90	1698.32
136135	16 联泰 01	1000.00	6.00	2022.01.06	7.0000	99.90	643.76
136136	16 茂业 01	1100.00	3.00	2019.01.05	4.0000	99.98	30.89
136137	16 茂业 02	1700.00	5.00	2021.01.05	7.5000	98.19	1114.61
136138	16 常高新	1000.00	5.00	2021.01.13	3.5800	94.41	1080.00
136139	16 国美 01	3000.00	6.00	2022.01.07	7.6000	100.00	4481.85

债券信息 List of Bonds

债券 Bond

债券代码 Code	债券简称 Bond Name	发行数量(百万) Issued Vol(M)	年限 Terms	到期日 Expiration Date	票面利率(%) Coupon Rate(%)	本年收盘 Close	成交数量(万张) Trading Vol(10000)
136140	16 富力 01	6000.00	5.00	2021.01.11	7.2000	100.50	9128.69
136141	16 邦信 01	1000.00	6.00	2022.07.01	3.4700	99.80	339.01
136142	16 中铁 01	2800.00	5.00	2021.01.11	3.7000	98.00	2537.01
136143	16 万达 01	5000.00	5.00	2021.01.14	5.5000	100.70	8050.73
136144	16 远东一	1000.00	5.00	2021.01.13	4.0000	99.70	1414.75
136145	16 金辉 01	500.00	5.00	2021.01.13	7.3000	100.00	1457.04
136146	16 东兴债	2800.00	5.00	2021.01.13	3.0300	99.80	3430.49
136147	16 中粮 01	3000.00	5.00	2021.01.14	3.9500	99.80	5460.11
136148	16 宏桥 01	2000.00	5.00	2021.01.14	7.3000	101.50	1456.03
136149	16 宏桥 02	1000.00	5.00	2021.01.14	4.8800	96.00	589.95
136150	16 桐昆 01	600.00	3.00	2019.01.15	3.9500	99.99	766.74
136151	16 保利 01	2500.00	5.00	2021.01.15	4.0000	100.06	3279.00
136152	16 保利 02	2500.00	7.00	2023.01.15	3.1900	98.40	2937.20
136153	16 珠投 01	3900.00	5.00	2021.01.14	7.5000	100.00	2415.78
136154	16 西王 01	1000.00	5.00	2021.01.18	7.8000	99.98	1457.26
136155	16 电建 01	2000.00	5.00	2021.01.26	3.7000	95.89	314.11
136156	16 同益债	1000.00	5.00	2021.01.15	7.4800	82.00	501.86
136157	16 重水 01	500.00	5.00	2021.01.15	3.2700	97.26	750.00
136158	16 融信 01	1300.00	5.00	2021.01.18	6.2000	99.80	1887.22
136159	16 沪国资	1000.00	5.00	2021.01.15	3.0000	98.30	1187.35
136160	16 东旭 01	1000.00	5.00	2021.01.18	7.5000	99.46	3625.75
136161	16 渝交投	1000.00	5.00	2021.01.18	3.1000	98.00	980.26
136162	16 中静 01	800.00	6.00	2022.01.19	6.5000	85.00	374.43
136163	16 青国信	2500.00	10.00	2026.01.18	3.6000	96.60	752.70
136164	16 中油 01	8800.00	5.00	2021.01.19	3.0300	98.30	5687.27
136165	16 中油 02	4700.00	10.00	2026.01.19	3.5000	95.00	835.01
136166	16 广新 01	1000.00	5.00	2021.01.19	3.3300	97.90	1433.25
136167	16 华夏债	1500.00	7.00	2023.01.20	4.8800	94.75	998.76
136168	16 建发 01	1500.00	7.00	2023.01.21	3.3000	98.10	1774.00
136169	16 狮桥债	450.00	5.00	2021.01.29	7.5000	100.00	619.24
136170	16 景瑞 01	1500.00	5.00	2021.03.17	5.8800	98.20	451.30
136171	16 华证 01	600.00	5.00	2021.01.21	4.5000	99.85	466.37
136172	16 亿阳 01	209.00	4.00	2020.01.27	7.1000	0.00	0.00
136173	16 龙源 01	3700.00	5.00	2021.01.21	3.2800	98.82	1523.92
136174	16 工艺 01	1000.00	5.00	2021.03.30	3.8000	97.30	663.10
136175	16 搜候债	3000.00	3.00	2019.01.22	3.4500	99.75	2122.91
136176	16 绿地 01	9000.00	5.00	2021.01.21	6.8000	100.48	22376.90
136177	16 电气债	2500.00	3.00	2019.01.21	3.0000	99.90	2908.00
136178	16 兆泰 01	2000.00	5.00	2021.01.21	7.5000	100.00	1470.71
136179	16 绿地 02	1000.00	5.00	2021.01.21	3.8000	93.80	606.37
136180	16 国汽 01	1000.00	5.00	2021.01.25	4.7000	99.95	1339.70
136181	16 万通 01	1460.00	5.00	2021.01.25	6.9000	92.00	327.95
136182	16 玉皇 01	500.00	3.00	2019.01.22	7.8500	98.50	767.87
136183	16 新华债	1700.00	5.00	2021.03.24	6.5000	87.97	1018.66
136184	16 上港 01	2500.00	5.00	2021.01.22	3.0000	99.81	2229.60
136185	16 国发 01	1250.00	5.00	2021.01.21	4.3000	100.35	1465.20
136186	16 苏新债	1000.00	5.00	2021.01.25	4.0000	97.47	630.40
136187	16 景德 01	500.00	7.00	2023.01.25	4.5000	96.80	977.70
136188	16 富力 03	3600.00	5.00	2021.01.22	7.0000	100.20	5696.13
136189	16 新业 01	600.00	7.00	2023.01.26	4.3800	96.30	712.50

债券信息 List of Bonds

债券代码 Code	债券简称 Bond Name	发行数量(百万) Issued Vol(M)	年限 Terms	到期日 Expiration Date	票面利率(%) Coupon Rate(%)	本年收盘 Close	成交数量(万张) Trading Vol(10000)
136190	16 正才 02	600.00	3.00	2019.01.22	6.4700	99.89	1655.06
136191	16 靖江港	600.00	5.00	2021.05.25	4.4800	98.50	868.00
136192	16 信威 01	500.00	5.00	2021.01.25	7.5000	0.00	19.60
136193	16 广越 01	2000.00	7.00	2023.01.27	3.3800	98.90	1370.17
136194	16 广越 02	1000.00	10.00	2026.01.27	3.7300	95.84	400.00
136195	16 龙湖 01	2300.00	5.00	2021.01.25	4.5000	100.00	5606.78
136196	16 龙湖 02	1800.00	8.00	2024.01.25	3.6800	98.00	1527.73
136197	16 鑫苑 01	700.00	5.00	2021.01.27	8.2000	100.00	1009.04
136198	16 上药 01	2000.00	3.00	2019.01.26	2.9800	99.86	2263.86
136199	16 铁工 01	2050.00	5.00	2021.01.28	3.9000	99.86	3220.00
136200	16 铁工 02	2120.00	10.00	2026.01.28	3.8000	89.93	920.00
136201	16 香江 01	1800.00	5.00	2021.03.28	5.5000	99.33	237.80
136202	16 宏桥 03	1800.00	5.00	2021.01.27	7.0000	101.60	1937.71
136203	16 国创 01	250.00	5.00	2021.01.28	8.0000	99.00	182.70
136204	16 丹港 01	2000.00	5.00	2021.01.27	5.5000	0.00	0.05
136205	16 龙盛 01	890.00	5.00	2021.01.29	4.3500	99.90	681.49
136206	16 龙盛 02	110.00	5.00	2021.01.29	4.1800	96.70	35.00
136207	16 武金 01	1200.00	5.00	2021.03.29	3.5000	97.85	1202.50
136208	16 广新 02	1000.00	5.00	2021.01.29	3.7500	98.30	258.41
136209	16 国美 02	300.00	6.00	2022.01.28	7.6000	100.00	338.42
136210	16 力帆债	900.00	5.00	2021.01.28	7.5000	99.04	885.08
136211	16 恒力 01	2000.00	5.00	2021.11.08	6.4800	97.00	1931.21
136212	16 中交债	500.00	5.00	2021.01.28	4.1800	100.00	316.99
136213	16 晋建发	800.00	5.00	2021.01.29	7.5000	100.30	868.51
136214	14 上实 02	1000.00	5.00	2021.03.11	3.2300	99.04	1643.00
136215	14 恒泰 05	1500.00	3.00	2019.01.29	3.4200	100.00	1034.00
136217	16 新有色	1300.00	5.00	2021.02.01	4.7600	100.11	904.53
136218	16 华凌 01	800.00	5.00	2021.02.01	6.9500	97.86	355.05
136219	16 中大债	3000.00	5.00	2021.02.01	3.3500	99.94	2926.71
136220	16 新投 01	600.00	5.00	2021.02.02	4.1900	96.60	371.20
136221	16 天铝 01	860.00	5.00	2021.02.04	7.0000	98.99	654.35
136222	16 疏浚 01	2000.00	5.00	2021.02.24	2.9900	99.95	2999.59
136223	16 卓越 01	2500.00	5.00	2021.02.25	5.5000	99.00	1262.03
136224	16 新业 02	200.00	7.00	2023.03.04	3.9800	100.00	246.00
136225	16 月星 01	550.00	5.00	2021.02.24	6.5000	98.00	225.01
136226	16 锡公 01	1200.00	7.00	2023.02.25	3.2800	99.10	1228.15
136227	16 住总 01	1500.00	5.00	2021.02.24	3.5500	99.83	1438.20
136228	16 国电 02	3000.00	3.00	2019.02.26	2.9200	99.78	3235.79
136229	16 珠投 03	3100.00	5.00	2021.02.24	5.2000	99.63	1710.07
136230	16 宏桥 05	1200.00	5.00	2021.02.24	4.0400	100.32	748.02
136231	16 金茂 01	500.00	5.00	2021.04.01	6.9700	20.70	180.54
136232	16 漳九龙	2500.00	7.00	2023.04.07	3.6000	98.70	772.51
136233	16 保利 03	2000.00	5.00	2021.02.25	2.9600	99.87	3266.00
136234	16 保利 04	3000.00	10.00	2026.02.25	4.1900	96.57	634.69
136235	16 晋然 01	500.00	5.00	2021.03.01	3.2000	99.00	568.30
136236	16 复药 01	3000.00	5.00	2021.03.04	3.3500	99.79	3150.61
136237	16 纳通 01	200.00	3.00	2019.03.01	5.2800	101.50	122.00
136238	16 兴发 01	400.00	5.00	2021.03.08	4.7000	99.80	208.68
136239	16 国联 01	1000.00	5.00	2021.03.03	2.9800	97.75	760.00
136240	16 北部湾	1500.00	5.00	2021.03.01	3.6000	96.30	904.50

债券信息 List of Bonds

债券 Bond

债券代码 Code	债券简称 Bond Name	发行数量(百万) Issued Vol(M)	年限 Terms	到期日 Expiration Date	票面利率(%) Coupon Rate(%)	本年收盘 Close	成交数量(万张) Trading Vol(10000)
136241	16 中牧 01	1200.00	5.00	2021.02.26	3.1500	100.00	1280.00
136242	16 中车 G1	1000.00	5.00	2021.03.03	2.9400	98.80	1404.00
136243	16 中车 G2	1500.00	10.00	2026.03.03	3.2300	98.00	2064.14
136244	16 华夏 02	2000.00	5.00	2021.03.03	4.0400	99.95	2410.24
136245	16 海投 01	100.00	5.00	2021.03.30	3.7800	100.00	100.00
136246	16 津投 01	2000.00	10.00	2026.03.01	3.3400	97.37	2570.00
136247	16 华综 01	2500.00	5.00	2021.03.11	3.2400	99.80	3704.46
136248	16 外运 01	2000.00	5.00	2021.03.02	3.2000	98.45	1693.00
136249	16 海怡 01	1500.00	5.00	2021.03.30	6.4900	99.00	789.50
136250	16 瑞茂 01	700.00	3.00	2019.03.01	7.5000	103.50	595.55
136251	16 信地 01	2500.00	5.00	2021.03.01	3.8000	99.90	2345.73
136252	16 亿阳 03	755.00	5.00	2021.03.02	7.1000	0.00	0.00
136253	16 中油 03	12700.00	5.00	2021.03.03	3.1500	98.64	7956.67
136254	16 中油 04	2300.00	10.00	2026.03.03	3.7000	97.10	74.00
136255	16 泰阳债	700.00	5.00	2021.03.02	5.9700	100.00	0.00
136256	16 南航 01	5000.00	3.00	2019.03.03	2.9700	99.79	5610.99
136257	16 新投 02	900.00	5.00	2021.03.03	3.7000	95.80	201.00
136258	16 财通债	2500.00	3.00	2019.03.04	3.1500	99.77	2017.85
136259	16 龙湖 03	2500.00	6.00	2022.03.04	3.1900	99.70	4774.73
136260	16 龙湖 04	1500.00	10.00	2026.03.04	3.7500	97.50	1234.56
136261	16 长园 01	700.00	3.00	2019.03.04	5.6000	90.00	275.62
136262	16 建元 01	1000.00	5.00	2021.03.07	3.2000	99.50	1842.68
136263	16 建元 02	500.00	5.00	2021.03.07	3.6200	96.15	120.00
136264	16 隆基 01	1000.00	5.00	2021.03.07	5.6300	100.40	633.28
136265	16 正奇 01	400.00	3.00	2019.03.04	5.7000	99.50	407.19
136266	16 鑫苑 02	500.00	5.00	2021.03.14	7.0900	100.00	159.49
136267	16 广越 03	1500.00	7.00	2023.03.09	3.2000	95.08	1802.00
136268	16 广越 04	1500.00	10.00	2026.03.09	3.8000	98.99	1056.26
136269	16 伊品债	380.00	5.00	2021.03.21	7.6000	100.00	667.00
136270	16 南网 01	5000.00	5.00	2021.03.11	3.1400	98.60	4349.52
136271	16 天富 01	1000.00	5.00	2021.03.08	3.7600	99.78	543.20
136272	16 国控 01	4000.00	5.00	2021.03.09	2.9200	99.75	3196.80
136273	16 亿达 01	2000.00	5.00	2021.03.09	6.5000	100.00	95.09
136274	16 海亮 01	1300.00	3.00	2019.03.10	5.3000	99.50	614.41
136275	16 海正债	1200.00	5.00	2021.03.16	3.2000	99.50	768.80
136276	16 南山 01	2500.00	5.00	2021.03.14	3.9900	99.74	2657.32
136277	16 华地 01	800.00	3.00	2019.06.20	4.8700	100.00	452.36
136278	16 紫江 01	600.00	5.00	2021.03.18	3.6000	99.60	305.00
136279	16 渤水产	1000.00	7.00	2023.03.16	4.8500	95.01	1260.00
136280	16 北汽 01	1500.00	5.00	2021.03.17	3.1500	98.30	1979.32
136281	16 华综 02	1500.00	5.00	2021.03.11	3.5700	97.50	487.27
136282	16 华峰 01	500.00	5.00	2021.03.14	4.9500	99.00	261.24
136283	16 浙交 01	2000.00	5.00	2021.03.16	3.2000	97.60	1236.28
136284	16 浙交 02	1000.00	10.00	2026.03.16	3.8400	96.60	574.00
136285	16 金隅 01	3200.00	5.00	2021.03.14	3.1200	99.90	5048.57
136286	16 金隅 02	1800.00	7.00	2023.03.14	3.5000	99.00	1504.54
136287	16 首开 01	750.00	5.00	2021.03.14	3.3000	98.80	705.00
136288	16 建发 02	1500.00	7.00	2023.03.21	3.2000	98.35	950.00
136289	16 珠江 01	500.00	5.00	2021.03.15	3.3200	96.95	565.00
136290	16 航民 01	400.00	5.00	2021.03.15	4.2000	98.30	246.58

债券信息
List of Bonds

债券代码 Code	债券简称 Bond Name	发行数量(百万) Issued Vol(M)	年限 Terms	到期日 Expiration Date	票面利率(%) Coupon Rate(%)	本年收盘 Close	成交数量(万张) Trading Vol(10000)
136291	16 力帆 02	1100.00	4.00	2020.03.15	7.5000	99.00	1423.82
136292	16 中星 01	3700.00	5.00	2021.03.16	3.2000	99.55	4080.47
136293	16 兆泰 02	1000.00	5.00	2021.03.16	4.1800	99.30	471.85
136294	16 信地 02	500.00	5.00	2021.03.15	3.5000	99.75	717.26
136295	16 川电 01	1000.00	5.00	2021.03.23	3.3800	92.80	475.90
136296	16 珠投 04	1000.00	5.00	2021.03.16	4.8000	99.23	539.00
136297	16 两江 01	2000.00	3.00	2019.03.17	2.9500	99.85	3261.00
136298	16 青港 01	1500.00	5.00	2021.03.18	2.9000	99.78	2031.00
136299	16 翠微 01	550.00	5.00	2021.03.21	3.0000	99.20	792.10
136300	16 联泰 02	1000.00	6.00	2022.03.18	5.6800	99.25	382.00
136301	16 龙盛 03	3500.00	5.00	2021.03.17	3.4800	99.80	2411.34
136302	16 龙盛 04	500.00	5.00	2021.03.17	3.9300	98.50	758.91
136303	16 世茂 G1	2000.00	3.00	2019.03.21	3.2900	99.70	2057.00
136304	16 紫金 01	3000.00	5.00	2021.03.18	2.9900	99.60	5017.86
136305	16 紫金 02	2000.00	5.00	2021.03.18	3.3700	93.01	1452.02
136306	16 复地 01	1000.00	3.00	2019.03.21	4.6000	99.89	179.30
136307	16 协信 03	2000.00	5.00	2021.03.17	6.5000	97.00	67.62
136308	16 皖经 01	500.00	5.00	2021.03.30	4.5000	98.00	225.72
136309	16 云投 01	2000.00	5.00	2021.03.18	3.4000	97.20	1531.49
136310	16 当代 01	500.00	5.00	2021.03.21	3.7500	99.00	802.55
136311	16 中化 01	3000.00	5.00	2021.03.21	3.1500	98.50	547.00
136312	16 皖投 01	2000.00	5.00	2021.03.18	2.9600	99.85	1877.11
136313	16 西高科	2500.00	7.00	2023.03.21	3.9000	97.00	1091.22
136314	16 汇丰 01	500.00	5.00	2021.03.21	5.8000	101.00	222.00
136315	16 远东三	2000.00	5.00	2021.03.22	3.0300	99.66	2816.65
136316	16 福能债	500.00	5.00	2021.03.23	3.2700	96.00	244.00
136317	15 智慧 01	800.00	5.00	2021.04.05	4.8000	85.93	994.58
136318	16 中油 05	9500.00	5.00	2021.03.24	3.0800	98.60	6206.60
136319	16 中油 06	2000.00	10.00	2026.03.24	3.6000	93.45	428.56
136320	16 宇通 01	500.00	5.00	2021.03.22	3.0000	99.66	557.15
136321	16 金泰债	1000.00	3.00	2019.03.23	3.7500	99.70	969.84
136322	16 宇通 02	1000.00	7.00	2023.03.22	3.5000	98.25	280.10
136323	16 越交 01	300.00	5.00	2021.03.21	2.8500	97.34	429.00
136324	16 越交 02	700.00	7.00	2023.03.21	3.3800	97.00	338.00
136325	16 金地 01	1300.00	6.00	2022.03.22	3.0000	99.41	2560.99
136326	16 金地 02	1700.00	8.00	2024.03.22	3.5000	98.50	1421.20
136327	16 特房 01	2100.00	5.00	2021.03.22	3.2000	99.30	1939.44
136328	16 忠旺 01	2500.00	5.00	2021.03.22	4.0500	98.00	2250.76
136329	16 国美 03	1700.00	6.00	2022.05.10	4.5000	99.20	1644.60
136330	16 扬城控	1500.00	5.00	2021.03.25	3.3500	98.15	1668.70
136331	16 金辉 02	1500.00	5.00	2021.03.23	6.5000	99.30	728.10
136332	16 泰豪 01	500.00	5.00	2021.03.23	4.2000	96.70	334.15
136334	16 银宝 01	1100.00	5.00	2021.03.25	3.5000	101.00	980.00
136335	16 北汽集	1000.00	7.00	2023.03.28	3.6000	98.10	81.92
136336	16 宏泰债	1000.00	5.00	2021.03.24	3.5400	94.10	209.95
136337	16 乌房 01	1500.00	5.00	2021.03.25	3.5400	99.00	1221.02
136338	16 漳诏 01	500.00	5.00	2021.03.30	3.2300	99.75	510.00
136339	16 滇路 01	2000.00	5.00	2021.03.25	3.3000	98.16	1136.23
136340	16 鲁星 01	1000.00	5.00	2021.03.28	5.1000	93.00	435.92
136341	16 洋河 01	1000.00	10.00	2026.03.24	3.2400	98.40	1008.00

债券信息 List of Bonds

债券 Bond

债券代码 Code	债券简称 Bond Name	发行数量(百万) Issued Vol(M)	年限 Terms	到期日 Expiration Date	票面利率(%) Coupon Rate(%)	本年收盘 Close	成交数量(万张) Trading Vol(10000)
136342	16 浦集 01	2000.00	7.00	2023.03.25	3.1800	98.20	2355.70
136343	16 泸工债	1000.00	5.00	2021.03.25	5.3900	95.60	1129.22
136344	16 广电 01	2500.00	5.00	2021.03.25	3.4800	99.10	2591.00
136345	16 天建 01	600.00	6.00	2022.03.28	3.9000	100.00	0.00
136346	16 天建 02	1600.00	10.00	2026.03.28	4.8000	93.00	313.26
136347	16 永利债	1000.00	5.00	2021.03.28	6.2000	98.00	32.01
136348	16 国机债	2000.00	5.00	2021.03.30	3.3900	98.50	2154.10
136349	16 华虹 01	500.00	5.00	2021.03.25	4.3000	96.44	220.40
136350	16 海怡 02	1000.00	3.00	2019.03.30	7.6000	99.85	1760.68
136351	16 永泰 01	760.00	3.00	2019.03.30	7.5000	36.95	557.50
136352	16 中天 01	900.00	3.00	2019.03.31	7.4000	99.97	560.38
136353	16 象屿债	500.00	7.00	2023.04.12	3.8000	97.50	411.92
136354	16 鲁商 01	1000.00	7.00	2023.04.08	3.6600	85.00	64.03
136355	16 大华 01	500.00	5.00	2021.04.01	3.9800	99.50	413.82
136356	16 宁远高	530.00	5.00	2021.04.12	7.9000	98.00	1112.44
136357	16 亚泰 01	1000.00	5.00	2021.04.05	6.0000	0.00	98.00
136358	16 川电 02	1000.00	5.00	2021.04.11	3.4400	95.00	322.50
136360	16 富力 04	1950.00	6.00	2022.04.07	3.4800	99.50	2096.22
136361	16 富力 05	950.00	7.00	2023.04.07	3.9500	94.21	1360.23
136362	16 珠管 01	1000.00	5.00	2021.04.08	5.0000	96.50	174.38
136363	16 复星 02	1600.00	5.00	2021.04.14	3.7000	99.72	1740.28
136364	16 十二师	800.00	7.00	2023.04.11	4.6600	101.60	520.10
136365	16 桂铁债	1000.00	10.00	2026.04.11	3.5500	97.95	485.60
136366	16 当代 02	800.00	5.00	2021.04.12	3.9000	98.00	324.23
136367	16 国君 G1	5000.00	5.00	2021.04.12	2.9700	99.81	5155.04
136368	16 国君 G2	1000.00	7.00	2023.04.12	3.2500	93.91	590.00
136369	16 山鹰债	1000.00	7.00	2023.04.13	5.3500	99.80	698.56
136370	16 宁开控	1000.00	5.00	2021.04.12	3.7300	98.67	1085.41
136371	16 众品 01	500.00	3.00	2019.04.11	7.5000	99.95	407.73
136372	16 光大 01	5000.00	5.00	2021.04.12	2.9500	99.80	5336.37
136374	16 建业 01	3000.00	5.00	2021.04.12	6.0000	99.40	1104.35
136375	16 恒健 01	1800.00	5.00	2021.04.12	3.2700	97.52	695.00
136376	16 中希 01	1600.00	3.00	2019.04.13	7.2000	99.96	1989.00
136377	16 泰玻债	700.00	5.00	2021.09.06	3.5700	99.50	1089.47
136378	16 华泰 01	2000.00	5.00	2021.04.14	6.2000	67.59	2414.11
136379	16 精控 01	100.00	5.00	2021.04.15	6.5000	101.50	237.94
136380	16 新湖 01	3500.00	5.00	2021.05.20	5.2000	99.40	3661.95
136382	16 津投 02	2000.00	3.00	2019.06.17	3.1000	99.50	3070.88
136383	16 南港 01	1000.00	5.00	2021.04.25	4.0600	96.80	648.00
136384	16 三花 01	1000.00	5.00	2021.07.13	3.4700	98.50	921.00
136385	16 九华债	400.00	5.00	2021.04.18	4.0500	99.96	200.10
136386	16 财信债	2000.00	5.00	2021.04.19	3.7000	99.85	482.51
136387	16 福投 01	1000.00	8.00	2024.04.25	3.6700	100.00	660.00
136388	16 亿阳 04	1210.00	5.00	2021.04.21	7.1000	0.00	0.00
136389	16 鲁商 02	1000.00	5.00	2021.04.22	3.6800	99.00	915.00
136390	16 人福债	1000.00	3.00	2019.04.22	3.8300	99.30	772.54
136391	16 圆融 01	1000.00	3.00	2019.05.25	3.2700	98.35	1602.00
136393	16 武金 02	800.00	5.00	2021.04.20	3.8900	98.65	1094.00
136394	16 武商贸	300.00	5.00	2021.04.29	4.7500	99.05	400.20
136396	16 粤港 01	1200.00	5.00	2021.05.27	3.0500	99.51	1663.00

债券信息 List of Bonds

债券 Bond

债券代码 Code	债券简称 Bond Name	发行数量(百万) Issued Vol(M)	年限 Terms	到期日 Expiration Date	票面利率(%) Coupon Rate(%)	本年收盘 Close	成交数量(万张) Trading Vol(10000)
136397	16 北水 01	2000.00	5.00	2021.04.25	3.6000	99.98	2279.75
136398	16 华融德	1500.00	5.00	2021.04.27	3.8000	97.96	1620.00
136399	16 桂农 01	1000.00	3.00	2019.06.17	4.4000	99.00	671.50
136400	16 金辉 03	1000.00	5.00	2021.04.25	6.5000	100.00	549.37
136401	16 华润 01	5000.00	7.00	2023.06.13	3.4900	99.20	7419.82
136402	16 红星 01	1000.00	5.00	2021.04.28	4.7000	99.40	762.10
136403	16 红星 02	1000.00	7.00	2023.04.28	5.3000	99.37	238.00
136404	16 外高 01	750.00	5.00	2021.04.27	3.4600	99.85	566.98
136405	14 亿利 02	1000.00	5.00	2021.04.26	7.0000	98.56	354.13
136406	16 正才 03	784.00	5.00	2021.04.25	6.2000	99.73	524.22
136407	16 正才 04	120.00	3.00	2019.04.25	5.8000	100.10	253.40
136408	16 路桥 01	400.00	5.00	2021.04.26	3.5900	99.40	505.20
136411	16 小商 01	800.00	3.00	2019.04.27	3.8000	99.75	1042.50
136412	16 房信 01	200.00	5.00	2021.08.23	6.0000	100.00	0.00
136414	16 绵投债	910.00	5.00	2021.04.27	5.5000	100.80	1227.00
136415	16 华建 01	600.00	5.00	2021.04.27	4.6000	100.00	618.45
136416	16 南山 03	2400.00	5.00	2021.05.26	4.8000	100.00	2603.77
136417	16 万达 02	8000.00	5.00	2021.05.06	3.9500	100.20	9087.73
136418	16 信威 02	500.00	5.00	2021.04.27	7.8000	0.00	0.00
136419	16 国华 01	1500.00	5.00	2021.09.14	4.2500	98.50	569.80
136420	16 中电 01	2000.00	5.00	2021.05.04	3.5000	100.42	630.00
136421	16 春秋 01	2300.00	5.00	2021.06.02	3.6500	99.60	2104.37
136422	16 宝丰 01	1000.00	5.00	2021.09.30	6.2000	98.60	989.29
136424	16 南翔 02	1500.00	3.00	2019.07.28	7.7000	98.50	565.74
136425	16 苏农 01	310.00	5.00	2021.05.19	5.0000	100.00	430.00
136426	16 电投 01	6000.00	3.00	2018.06.06	3.1000	98.84	2304.12
136427	16 葛洲 02	3000.00	5.00	2021.05.04	3.2700	99.75	3939.49
136429	16 福华 02	1100.00	3.00	2019.05.04	7.5000	100.00	2241.73
136430	16 浙五金	800.00	5.00	2021.05.06	4.9700	98.95	785.00
136431	16 广安 01	400.00	5.00	2021.05.12	3.8400	100.00	670.00
136432	16 协信 05	1260.00	5.00	2021.05.12	6.5000	98.90	869.83
136433	16 晟晏债	1000.00	5.00	2021.05.19	7.5000	100.99	869.46
136434	16 葛洲 03	4000.00	5.00	2021.05.13	3.4500	98.90	1996.04
136435	16 广汇 G1	1400.00	3.00	2019.05.18	7.3000	99.80	1958.63
136436	16 远洋 01	4000.00	5.00	2021.05.19	3.5000	99.50	5868.02
136438	16 信投 G1	3000.00	5.00	2021.05.20	3.1400	99.45	2003.00
136439	16 永泰 02	1390.00	3.00	2019.05.19	7.5000	35.00	611.79
136440	16 渝开投	2000.00	5.00	2021.06.16	3.6300	98.70	1872.47
136441	15 智慧 02	500.00	5.00	2021.05.24	5.3300	77.45	430.11
136442	16 国盛 01	1000.00	5.00	2021.05.24	4.2800	100.05	657.95
136443	16 蓉金 01	1500.00	5.00	2021.05.25	3.3000	99.85	1181.20
136445	G16 嘉化 1	300.00	5.00	2021.05.23	4.7800	99.26	304.67
136446	16 电投 02	6000.00	3.00	2018.07.11	3.0300	98.49	4545.56
136447	16 复星 03	4400.00	5.00	2021.05.26	3.8000	99.63	3807.60
136448	16 万达 03	5000.00	5.00	2021.05.24	3.9500	100.00	4450.46
136449	16 油服 01	2000.00	3.00	2019.05.27	3.1400	99.70	2121.38
136450	16 油服 02	3000.00	10.00	2026.05.27	4.1000	104.09	0.00
136451	16 远洲 01	150.00	5.00	2018.10.19	8.0000	100.00	300.00
136452	16 南航 02	5000.00	5.00	2021.05.25	3.1200	99.71	7970.84
136453	16 中工 01	900.00	3.00	2019.06.17	5.6500	100.00	799.04

债券信息 List of Bonds

债券 Bond

债券代码 Code	债券简称 Bond Name	发行数量(百万) Issued Vol(M)	年限 Terms	到期日 Expiration Date	票面利率(%) Coupon Rate(%)	本年收盘 Close	成交数量(万张) Trading Vol(10000)
136454	16 吴交 01	300.00	7.00	2023.05.26	3.7500	97.50	180.35
136455	16 银河 G1	4900.00	3.00	2019.06.01	3.1000	99.60	5398.61
136456	16 银河 G2	600.00	5.00	2021.06.01	3.3500	100.00	159.00
136457	16 希望 01	700.00	5.00	2021.05.30	4.2500	99.90	500.60
136458	16 圣牧 01	600.00	5.00	2021.06.01	4.7500	93.50	511.83
136459	16 上港 02	3000.00	5.00	2021.06.02	3.0800	99.59	3592.81
136460	16 市政 01	500.00	5.00	2021.06.03	3.6500	96.00	0.00
136461	16 东辰 01	700.00	3.00	2019.06.02	7.5000	82.00	3817.19
136462	16 漕河泾	900.00	7.00	2023.06.02	3.7600	100.00	60.00
136463	16 香城建	600.00	5.00	2021.06.07	3.8400	99.30	565.00
136464	16 路桥 02	300.00	5.00	2021.06.07	3.1400	99.87	789.70
136465	16 国投 01	3000.00	7.00	2023.06.03	3.7900	98.25	1295.00
136466	16 长园 02	500.00	3.00	2019.06.06	6.9000	100.00	232.50
136467	16 东南 01	1000.00	3.00	2019.06.06	7.0000	99.68	600.55
136468	16 瑞茂 02	600.00	3.00	2019.06.13	8.0000	103.50	947.29
136469	16 联通 01	7000.00	3.00	2019.06.07	3.0700	99.61	6123.78
136470	16 联通 02	1000.00	5.00	2021.06.07	3.4300	98.15	500.00
136471	16 杨农债	600.00	7.00	2023.06.07	5.1800	101.00	400.00
136472	16 青港 02	2000.00	5.00	2021.06.08	3.0900	99.70	2627.00
136473	16 中化债	2500.00	5.00	2021.06.06	3.6100	98.90	3015.63
136474	16 万达 04	3000.00	5.00	2021.06.13	3.8800	99.80	3197.55
136475	16 华宇 01	900.00	5.00	2021.06.08	6.0000	98.41	665.00
136476	16 天海债	1000.00	3.00	2019.06.08	7.5000	0.00	25.00
136477	16 北控 01	1000.00	3.00	2019.06.13	3.0300	99.40	1492.45
136478	16 北控 02	1000.00	10.00	2026.06.13	3.9900	95.85	9.50
136479	16 华能 01	3000.00	5.00	2021.06.13	3.4800	99.10	2600.52
136480	16 华能 02	1200.00	10.00	2026.06.13	3.9800	94.00	411.12
136481	16 海建 01	400.00	3.00	2018.08.13	4.3500	99.90	480.16
136482	16 华福 G1	900.00	5.00	2021.06.14	3.6700	100.00	640.00
136483	16 光大 02	2000.00	5.00	2021.06.07	3.4900	99.06	1344.00
136484	16 香江 02	1300.00	4.00	2018.06.20	6.9000	99.70	492.25
136485	16 协鑫 01	500.00	3.00	2019.06.29	5.1000	100.00	170.00
136486	16 长城 01	600.00	3.00	2019.06.13	7.5000	100.00	887.30
136487	16 月星 02	450.00	5.00	2021.06.17	6.3500	93.50	284.64
136488	16 南港 02	500.00	5.00	2021.06.17	3.6500	100.00	500.00
136489	16 正集 01	1000.00	3.00	2019.06.13	3.8800	99.70	1157.35
136490	16 红美 01	1500.00	5.00	2021.07.13	4.3000	98.75	1864.18
136491	16 红美 02	1500.00	7.00	2023.07.13	5.2900	98.00	1525.20
136492	16 禾嘉债	500.00	3.00	2021.06.14	6.9800	99.92	238.17
136493	16 成渝 01	1000.00	5.00	2021.06.17	3.4800	98.50	675.11
136494	16 滇博 01	300.00	5.00	2021.06.15	4.9800	99.80	46.00
136495	16 粤高 01	2000.00	15.00	2031.06.16	4.1000	106.00	200.00
136496	16 苏华成	1350.00	5.00	2018.03.30	6.8000	100.00	468.60
136497	16 西王 02	1000.00	5.00	2021.06.17	7.0000	90.00	1143.00
136498	16 河西 01	2000.00	5.00	2021.06.17	3.4700	98.50	1331.34
136499	16 洪市政	1000.00	7.00	2023.06.20	3.5100	98.70	846.00
136500	16 兴泰债	1000.00	3.00	2019.06.22	3.3800	99.10	751.30
136501	16 天风 01	2000.00	5.00	2021.06.20	3.3700	99.67	3351.00
136502	16 穗控 01	4000.00	5.00	2021.07.08	3.3200	98.63	4572.00
136503	16 兴杭债	2000.00	5.00	2021.06.28	3.2800	99.40	3811.29

债券信息 List of Bonds

债券 Bond

债券代码 Code	债券简称 Bond Name	发行数量(百万) Issued Vol(M)	年限 Terms	到期日 Expiration Date	票面利率(%) Coupon Rate(%)	本年收盘 Close	成交数量(万张) Trading Vol(10000)
136504	16 中关 01	2000.00	5.00	2021.06.28	3.3800	105.00	3522.00
136505	16 广汇 G2	2570.00	3.00	2019.07.05	7.5000	99.10	1734.51
136506	16 洛娃 01	1000.00	5.00	2021.07.05	5.5300	29.10	886.72
136507	16 奥克斯	810.00	5.00	2021.06.28	7.5000	100.00	12.00
136508	16 广电 02	1500.00	5.00	2021.07.06	3.3600	98.25	2099.00
136509	16 三胞 02	730.00	5.00	2021.06.29	6.6000	92.59	685.59
136510	16 华电 01	4000.00	3.00	2019.07.04	2.9900	99.64	6405.17
136511	16 云金 01	900.00	5.00	2021.07.01	5.1800	94.10	702.71
136512	16 广安 02	300.00	7.00	2023.07.01	3.7500	97.50	133.00
136513	16 电投 03	5000.00	3.00	2019.07.06	2.8800	99.48	4619.58
136514	16 远东五	2000.00	5.00	2021.07.06	3.1500	99.50	2117.02
136515	16 疏浚 02	3000.00	5.00	2021.07.05	3.0100	99.45	3866.00
136516	16 疏浚 03	1000.00	5.00	2021.07.05	3.3500	95.71	879.00
136517	16 云投 02	1000.00	5.00	2021.07.04	3.6400	100.00	2030.00
136518	16 鲁高 01	2500.00	5.00	2021.07.06	3.3200	98.50	1945.00
136519	16 陆嘴 01	5000.00	5.00	2021.07.05	3.0100	99.63	6141.29
136520	16 永泰 03	1850.00	3.00	2019.07.07	7.5000	36.00	762.69
136521	16 鸿坤 01	900.00	5.00	2021.07.08	4.1000	95.50	90.00
136522	16 首股债	1000.00	5.00	2021.07.07	3.3000	97.00	744.00
136523	16 广新 03	1200.00	5.00	2021.07.07	3.5800	98.15	585.41
136524	16 联想 01	1500.00	5.00	2021.07.06	3.3000	95.90	891.10
136525	16 联想 02	2000.00	10.00	2026.07.06	4.6000	98.50	5170.00
136526	16 亿阳 05	326.00	5.00	2021.07.11	7.1000	0.00	0.00
136527	16 两江 02	3000.00	3.00	2019.07.07	3.0000	99.40	4483.00
136528	16 世茂 G2	1500.00	3.00	2019.07.12	3.3800	99.50	1445.00
136529	16 中车 G3	1500.00	5.00	2021.07.07	2.9500	99.30	1897.16
136530	16 深燃 01	500.00	5.00	2021.07.11	2.9700	99.20	553.12
136531	13 牡丹 02	850.00	5.00	2021.07.08	4.3000	99.10	1056.82
136532	16 粤桥 01	3000.00	15.00	2031.07.12	4.0000	90.89	260.00
136533	G16 能新 1	1140.00	5.00	2021.07.11	2.9500	99.36	792.00
136534	16 晟晏 02	200.00	5.00	2021.07.12	7.2000	99.99	81.20
136535	16 万达 05	2000.00	5.00	2021.07.12	3.4500	99.00	1838.08
136536	16 国汽 02	1000.00	5.00	2021.07.12	3.3500	99.45	851.00
136537	16GLP01	1000.00	3.00	2019.07.13	3.1200	99.50	1296.61
136538	16GLP02	500.00	5.00	2021.07.13	3.5800	96.44	280.00
136539	16 上港 03	2500.00	5.00	2021.07.13	2.9500	99.55	2809.00
136540	16 协信 06	1000.00	5.00	2021.07.14	6.5000	103.50	1160.17
136541	16 希望 02	1000.00	5.00	2021.07.13	3.8500	99.20	605.80
136542	16 云工 01	700.00	5.00	2021.07.27	3.9900	95.00	310.71
136543	16 龙湖 05	700.00	5.00	2021.07.14	3.0600	97.00	1327.50
136544	16 联通 03	10000.00	3.00	2019.07.14	2.9500	99.57	7550.85
136545	16 皖经 02	3000.00	5.00	2021.07.13	5.8000	84.90	939.26
136546	16 龙湖 06	3000.00	7.00	2023.07.14	3.6800	98.00	1375.00
136547	16 国发 02	1250.00	3.00	2018.08.10	2.9000	99.72	859.20
136548	16 正源 01	2000.00	5.00	2021.07.15	7.3000	76.00	848.65
136549	16 紫金 03	1800.00	5.00	2021.07.15	3.0500	99.40	1858.68
136550	16 紫金 04	1200.00	5.00	2021.07.15	3.4500	98.35	873.01
136551	16 融侨 01	2000.00	5.00	2021.07.15	5.8000	102.00	1186.27
136552	16 圆融 02	1000.00	5.00	2021.07.13	3.3700	97.25	496.00
136553	16 联投 01	2000.00	7.00	2023.07.14	3.5000	98.64	1739.00

债券信息 List of Bonds

债券代码 Code	债券简称 Bond Name	发行数量(百万) Issued Vol(M)	年限 Terms	到期日 Expiration Date	票面利率(%) Coupon Rate(%)	本年收盘 Close	成交数量(万张) Trading Vol(10000)
136554	16 中金 01	3000.00	5.00	2021.07.18	2.9900	99.50	2609.20
136555	16 中金 02	1000.00	7.00	2023.07.18	3.2900	97.61	979.80
136556	16 鸿坤 02	400.00	5.00	2021.07.18	4.0000	98.10	311.60
136557	16 国寿投	2000.00	7.00	2023.07.20	3.2400	97.00	430.02
136558	16 华电 02	3000.00	5.00	2021.07.21	2.9500	99.55	4311.48
136559	16 华电 03	3000.00	5.00	2021.07.21	3.2500	98.35	3173.74
136560	16 齐成 01	440.00	5.00	2021.07.21	6.9800	96.99	191.04
136561	16 老百姓	800.00	5.00	2021.07.19	3.5300	99.10	786.50
136562	16 能建 01	1000.00	5.00	2021.07.20	2.9400	99.65	690.00
136563	16 福投 02	2000.00	8.00	2024.07.22	3.3000	98.20	1843.00
136564	16 东旭 02	3500.00	5.00	2021.07.25	5.8000	70.00	2912.61
136565	16 海亮 02	1200.00	3.00	2018.08.21	4.7000	98.40	420.90
136566	16 福耀 01	800.00	3.00	2019.07.22	3.0000	99.60	770.68
136567	16 凯华 01	700.00	5.00	2021.07.22	4.0000	90.00	468.50
136568	16 张江 01	2000.00	5.00	2021.07.26	2.9500	99.45	2130.19
136569	16 海亮 03	800.00	5.00	2021.07.22	4.9900	97.00	740.81
136570	16 中江债	300.00	5.00	2021.07.22	4.0000	100.00	155.00
136571	16 正源 02	2000.00	5.00	2021.07.26	7.0000	99.70	1394.83
136572	16 现牧停	250.00	3.00	2019.08.12	5.3000	99.95	141.75
136573	16 港投债	500.00	5.00	2021.08.08	3.8000	98.20	457.35
136574	16 河西 02	800.00	5.00	2021.07.22	3.2000	98.29	662.37
136575	16 光控 01	1000.00	5.00	2021.07.22	2.9200	99.29	1401.70
136576	16 光控 02	3000.00	5.00	2021.07.22	3.2400	98.35	4583.06
136577	16 鲁能 01	4000.00	5.00	2021.07.26	3.1800	99.55	3369.18
136578	16 小商 02	700.00	3.00	2019.07.27	3.1000	99.48	1343.50
136579	16 华泰 02	1000.00	5.00	2021.07.28	6.1800	104.00	3083.85
136580	16 万达 06	2000.00	5.00	2021.07.27	3.3600	99.00	2159.83
136581	16 外高 02	1250.00	5.00	2021.07.27	2.9500	99.57	1406.00
136582	16 国联 02	1000.00	5.00	2021.07.28	3.0000	99.00	1076.00
136583	16 北新集	700.00	5.00	2021.07.29	4.0000	99.72	900.00
136584	16 铁牛债	2000.00	3.00	2019.07.29	6.9900	100.00	1388.39
136585	16 广汇 G3	1030.00	3.00	2019.08.03	6.5000	99.20	631.35
136586	16 中合 01	800.00	6.00	2022.09.02	3.3900	100.00	517.00
136587	16 水务 01	1800.00	5.00	2021.07.28	3.0000	99.45	2176.00
136588	16 水务 02	2200.00	7.00	2023.07.28	3.3300	98.60	3698.15
136589	16 融侨 02	2000.00	5.00	2021.07.29	5.6000	96.95	1137.35
136590	16 海伟 01	1000.00	3.00	2019.08.01	5.8900	92.50	1000.66
136591	16 西经发	750.00	5.00	2021.08.01	3.7700	97.00	175.00
136592	16 鄂稻 01	1000.00	5.00	2021.08.04	6.9000	99.19	594.50
136593	16 新华 01	1000.00	5.00	2021.07.29	3.2000	99.58	342.02
136594	16 同仁堂	800.00	5.00	2021.07.31	2.9500	99.30	734.00
136595	16 南港 03	500.00	5.00	2021.08.10	3.3000	100.00	340.00
136596	16 南港 04	500.00	7.00	2023.08.10	3.5500	94.08	265.28
136597	16 石大 01	620.00	5.00	2021.08.03	5.5000	90.00	566.34
136598	16 首旅 01	500.00	7.00	2023.08.02	3.2000	97.75	652.80
136599	16 首旅 02	1500.00	10.00	2026.08.02	3.3000	97.12	1346.60
136600	16 穗建 01	1000.00	3.00	2019.07.31	2.9500	99.50	1898.90
136601	16 穗建 02	2000.00	5.00	2021.07.31	3.0000	99.52	3331.11
136602	16 泰豪 02	500.00	5.00	2021.08.02	4.1900	74.00	105.01
136603	16 义市 01	1000.00	5.00	2021.08.03	3.4000	97.70	1153.00

债券信息 List of Bonds

债券 Bond

债券代码 Code	债券简称 Bond Name	发行数量(百万) Issued Vol(M)	年限 Terms	到期日 Expiration Date	票面利率(%) Coupon Rate(%)	本年收盘 Close	成交数量(万张) Trading Vol(10000)
136604	16兴发02	400.00	5.00	2021.08.08	5.5000	94.00	305.43
136605	G16北控1	700.00	8.00	2024.08.03	3.2500	96.70	678.00
136606	16信投G2	1500.00	5.00	2021.08.09	2.9000	99.30	1915.40
136607	16宁安01	2800.00	5.00	2021.08.09	2.9800	99.32	3717.37
136608	16广新04	800.00	5.00	2021.08.08	3.3500	96.64	168.00
136609	16舟交01	500.00	5.00	2021.08.09	3.3000	93.06	552.00
136610	16信威03	1000.00	5.00	2021.08.08	6.6500	0.00	0.00
136611	16电投04	4000.00	5.00	2021.08.11	2.9400	99.50	4932.22
136612	16不动产	4000.00	7.00	2023.08.05	3.2800	97.85	7228.44
136613	16西王03	1000.00	5.00	2021.08.05	6.9000	88.98	1883.18
136614	16碱业01	600.00	5.00	2021.08.08	3.3500	99.20	611.54
136615	16碱业02	600.00	7.00	2023.08.08	3.8000	96.80	437.00
136616	16上实01	400.00	5.00	2021.08.11	3.4900	99.50	641.00
136617	16正集02	1000.00	5.00	2021.08.10	3.4000	98.00	669.54
136619	16中静02	900.00	6.00	2022.08.24	6.5000	100.00	120.00
136620	16锡交01	1500.00	5.00	2021.08.12	3.2400	97.68	679.80
136621	16粤高02	1000.00	15.00	2031.08.11	3.5700	92.00	60.00
136622	16国君G3	5000.00	5.00	2021.08.12	2.9000	99.40	4826.06
136623	16国君G4	3000.00	5.00	2021.08.12	3.1400	98.08	1998.07
136624	16融创07	2800.00	7.00	2023.08.16	4.0000	87.41	3648.99
136625	G16节能1	1000.00	5.00	2021.08.18	2.8900	98.97	1013.00
136626	G16节能2	2000.00	7.00	2023.08.18	3.1300	96.00	1915.00
136627	16精控02	300.00	5.00	2021.08.15	6.5000	109.00	541.21
136628	16杭汽01	500.00	10.00	2026.08.16	3.9500	100.00	230.00
136629	16兵装01	1500.00	5.00	2021.08.16	2.8900	99.49	3387.30
136630	16兵装02	2000.00	7.00	2023.08.16	3.1000	97.70	804.41
136631	16南瑞01	500.00	3.00	2019.08.16	2.8700	99.27	887.00
136632	16亚洲浆	1000.00	5.00	2021.08.24	6.3800	97.98	752.50
136633	16融创06	1200.00	5.00	2021.08.16	3.4400	98.49	2319.89
136634	16黔高速	2000.00	7.00	2023.08.15	3.4600	98.00	1333.00
136635	16津投03	2000.00	10.00	2026.08.17	3.5500	105.00	350.00
136636	16供销01	1000.00	3.00	2019.08.16	2.9900	99.20	2195.00
136637	16巨化01	800.00	3.00	2019.08.17	3.4500	100.00	634.23
136638	16海资01	1000.00	7.00	2023.08.16	3.4000	93.59	478.02
136639	16皖投02	1000.00	5.00	2021.08.17	2.9200	100.00	1146.00
136640	16海亮04	750.00	3.00	2019.08.17	7.0000	99.22	827.42
136641	16海亮05	950.00	5.00	2021.08.17	5.3800	97.99	684.11
136642	16国航01	4000.00	3.00	2019.08.18	2.8400	99.47	4488.44
136643	16华宇02	2700.00	5.00	2021.08.18	5.2900	94.71	2074.52
136644	16天地01	1000.00	5.00	2021.08.23	4.6800	100.05	538.27
136645	16百隆01	1600.00	5.00	2021.08.22	3.5500	98.20	920.90
136646	16中海01	6000.00	10.00	2026.08.23	3.1000	97.00	1132.00
136647	16华新01	1200.00	5.00	2021.08.22	4.7900	99.50	514.28
136648	16佳源01	1500.00	5.00	2021.08.23	6.4000	100.00	326.19
136649	16佳源02	1000.00	3.00	2019.08.23	7.2000	100.00	939.75
136650	16普天01	3000.00	6.00	2022.08.19	3.0700	98.51	1864.11
136651	16普天02	500.00	10.00	2026.08.19	3.3500	92.00	225.00
136652	16洪政02	1000.00	7.00	2023.08.22	3.2300	97.87	604.70
136653	16清控01	1000.00	5.00	2021.08.24	2.9000	99.15	1534.00
136654	16外运03	1500.00	5.00	2021.08.24	2.9400	99.19	2144.00

债券信息
List of Bonds

债券
Bond

债券代码 Code	债券简称 Bond Name	发行数量(百万) Issued Vol(M)	年限 Terms	到期日 Expiration Date	票面利率(%) Coupon Rate(%)	本年收盘 Close	成交数量(万张) Trading Vol(10000)
136655	14 银河 G3	1500.00	3.00	2019.08.23	2.8900	98.17	1319.00
136656	14 银河 G4	1000.00	5.00	2021.08.23	3.1400	100.00	940.00
136657	16 旅业 01	950.00	3.00	2018.09.27	7.5000	107.00	50.00
136660	16 天铝 03	1140.00	5.00	2021.08.23	7.6000	99.80	1364.55
136661	16 六建 01	600.00	3.00	2019.08.22	8.5000	102.00	941.04
136662	16 友阿 01	1000.00	5.00	2021.08.24	5.2000	96.00	320.11
136663	16 友阿 02	500.00	5.00	2021.08.24	5.7000	100.00	100.00
136664	16 云工 02	800.00	5.00	2021.09.27	3.9700	94.30	710.00
136665	16 鲁万通	640.00	5.00	2021.08.29	6.5000	98.86	186.70
136666	16 外高 03	1000.00	5.00	2021.08.30	2.9400	99.46	1641.00
136667	16 海矿 01	106.00	5.00	2021.08.30	5.6500	100.00	150.00
136668	16 重水 02	500.00	5.00	2021.08.25	3.1900	100.00	380.00
136669	16 南山 04	900.00	5.00	2021.08.29	3.7000	99.00	1390.52
136670	16 南山 05	700.00	5.00	2021.08.29	4.5000	98.25	510.15
136671	16 中车 01	2000.00	5.00	2021.08.30	2.9500	99.50	2634.47
136672	16 京技投	1000.00	2.00	2018.08.31	2.8600	99.98	821.00
136673	16 齐成 02	80.00	5.00	2021.08.31	6.9800	100.00	0.00
136674	16 正才 05	1500.00	5.00	2021.09.05	5.5000	103.00	2120.62
136675	16 正才 06	996.00	3.00	2019.09.05	5.2800	100.30	2871.17
136676	16 天风 02	1300.00	5.00	2021.08.31	3.4800	97.40	1599.91
136677	16 名城 G1	1200.00	5.00	2021.08.29	5.9900	98.00	787.78
136678	16 穗建 03	2500.00	6.00	2022.08.29	2.9700	99.17	2410.00
136679	16 穗建 04	500.00	5.00	2021.08.29	3.1900	97.96	290.00
136680	16 川电 03	1000.00	5.00	2021.08.30	3.3500	94.25	613.00
136681	16 晋交 03	1500.00	5.00	2021.09.05	4.5000	100.00	1365.02
136682	G16 三峡 1	3500.00	3.00	2019.08.30	2.9200	99.52	2786.50
136683	G16 三峡 2	2500.00	10.00	2026.08.30	3.3900	93.42	510.00
136684	16 丰盛 03	2200.00	5.00	2021.09.01	5.8000	99.84	3058.20
136685	16 海投债	1600.00	5.00	2021.09.06	3.5900	98.00	1060.00
136686	16 环球 01	600.00	5.00	2021.09.06	3.1300	99.30	419.40
136687	16 中泰 01	2000.00	3.00	2019.09.07	2.9500	99.30	3458.00
136688	16 鸿商 01	1900.00	5.00	2021.09.05	4.1900	99.00	1067.00
136689	16 绿水 01	1000.00	5.00	2021.09.12	3.0900	98.80	803.00
136690	16 恒安 01	1000.00	5.00	2021.09.08	3.3000	97.52	691.00
136692	16 鲁能 02	1000.00	7.00	2023.09.07	3.3500	94.30	530.00
136693	16 晋然 02	500.00	5.00	2021.09.08	3.1500	98.60	625.00
136694	16 铁峰 01	1000.00	5.00	2021.09.09	7.8000	100.30	970.53
136695	16 长城 02	600.00	3.00	2019.09.08	6.9800	99.99	550.65
136696	16 路劲 01	1500.00	5.00	2021.09.12	4.5000	97.20	546.51
136697	16 中天 02	190.00	3.00	2019.09.12	7.3000	99.50	234.47
136698	16 申信 01	6000.00	5.00	2021.09.09	4.0800	60.00	657.71
136699	16 皖经 03	1500.00	5.00	2021.09.09	5.6800	97.36	228.89
136700	16 蓝光 01	3000.00	5.00	2021.09.14	5.5000	99.00	1545.80
136701	16 椒江债	2000.00	5.00	2021.09.21	3.2000	98.55	1997.50
136702	16 华润 02	3000.00	3.00	2019.09.19	2.9200	99.35	3814.34
136703	16 宁资 01	500.00	7.00	2023.09.13	3.5900	100.00	230.00
136704	16 六建 02	400.00	3.00	2019.09.15	8.5000	99.40	1143.61
136705	16 协信 08	540.00	5.00	2021.09.27	6.5000	100.00	0.00
136706	16 当代 03	700.00	5.00	2021.09.14	3.5000	95.49	139.24
136707	16 邢钢 01	700.00	5.00	2021.09.19	7.0000	99.70	711.21

债券信息 List of Bonds

债券 Bond

债券代码 Code	债券简称 Bond Name	发行数量(百万) Issued Vol(M)	年限 Terms	到期日 Expiration Date	票面利率(%) Coupon Rate(%)	本年收盘 Close	成交数量(万张) Trading Vol(10000)
136708	16 通运 01	300.00	5.00	2021.09.13	4.1000	100.00	150.00
136709	16 粤桥 02	2000.00	15.00	2031.09.23	3.6900	100.00	150.00
136710	16 福新 01	3000.00	5.00	2021.09.21	2.9700	99.30	4117.63
136711	16 国君 G5	3000.00	5.00	2021.09.21	2.9400	99.33	2728.80
136712	16 港务 01	1500.00	7.00	2023.09.23	3.1800	96.90	2100.10
136713	16 康恩贝	1100.00	5.00	2021.09.26	3.1700	98.50	1120.46
136714	G16 节能 3	500.00	7.00	2023.09.26	3.1100	94.82	880.00
136715	G16 节能 4	1500.00	10.00	2026.09.26	3.5500	86.25	968.70
136716	16 旅业 03	1000.00	3.00	2018.10.11	7.5000	99.28	105.39
136718	16 浙证债	1900.00	5.00	2021.09.23	3.0800	99.40	1780.00
136719	16 珠江 02	1500.00	5.00	2021.09.22	3.4400	97.20	1753.46
136720	16 西王 04	1000.00	5.00	2021.09.22	6.4000	96.99	350.00
136721	16 石化 01	13000.00	5.00	2021.09.23	2.8300	99.29	13317.60
136722	16 石化 02	4300.00	7.00	2023.09.23	3.0200	97.95	1869.02
136723	16 石化 03	800.00	10.00	2026.09.23	3.3000	91.55	126.00
136724	16 鲁公债	200.00	5.00	2021.09.22	3.9000	96.10	249.00
136725	16 中材 01	3000.00	5.00	2021.09.27	3.0900	99.45	3454.31
136726	16 中材 02	2000.00	7.00	2023.09.27	3.4500	98.10	2282.74
136727	16 平海 01	700.00	5.00	2021.09.26	3.1000	99.05	430.00
136728	16 忠旺 03	4000.00	5.00	2021.09.26	3.7500	91.13	2382.68
136729	16 九牧 01	200.00	3.00	2019.09.26	3.7000	98.80	332.80
136730	G16 唐新 2	500.00	5.00	2021.09.27	3.1500	97.25	370.00
136731	16 刚集 01	500.00	3.00	2019.09.26	6.8000	90.00	160.00
136732	16 穗建 05	1500.00	5.00	2021.09.26	2.9500	99.20	2829.12
136733	16 穗建 06	500.00	7.00	2023.09.26	3.1500	98.00	759.00
136734	16 大唐 01	4800.00	6.00	2022.09.28	2.9400	99.44	5979.01
136735	16 大唐 02	2200.00	10.00	2026.09.28	3.3800	92.64	1376.00
136736	16 鸿商 02	100.00	5.00	2021.09.26	4.0000	104.50	128.97
136737	16 协鑫债	1000.00	5.00	2021.09.26	4.1500	82.49	513.46
136738	16 通用 01	2500.00	5.00	2021.09.28	2.9500	97.55	3154.00
136739	16 通用 02	2500.00	5.00	2021.09.28	3.1700	100.00	2123.98
136740	渝钢暂停	600.00	5.00	2021.09.30	7.8000	0.00	0.00
136741	16 重机债	800.00	5.00	2021.09.29	4.2800	98.50	855.30
136742	16 众品 02	500.00	3.00	2019.09.28	7.5000	99.80	353.36
136743	16 齐成 03	180.00	5.00	2021.10.12	6.5000	100.00	192.00
136744	16 祥源债	600.00	5.00	2021.09.29	6.4900	79.00	200.04
136745	16 南港 05	500.00	5.00	2021.10.17	3.1800	95.30	273.90
136746	16 南港 06	500.00	7.00	2023.10.17	3.5500	100.00	260.00
136747	16 南港 07	500.00	10.00	2026.10.17	3.7000	100.00	540.00
136748	16 长峰 01	500.00	5.00	2021.10.14	3.6400	96.94	342.50
136749	G16 博天	300.00	5.00	2021.10.12	4.6700	96.38	167.76
136750	16 荣盛 01	600.00	5.00	2021.10.13	4.0600	98.48	529.94
136751	16 佳源 06	620.00	3.00	2019.10.18	7.2000	100.00	1466.38
136752	16 佳源 07	380.00	5.00	2021.10.18	6.4000	100.00	107.20
136753	16 大华 02	2000.00	5.00	2021.10.12	3.3500	97.88	1172.20
136754	16 兵装 03	1100.00	5.00	2021.10.17	2.9200	96.66	1282.00
136755	16 兵装 04	1400.00	7.00	2023.10.17	3.1400	96.70	1198.00
136756	16 兵装 05	1000.00	10.00	2026.10.17	3.3900	91.10	200.08
136757	16 凯华 02	1000.00	5.00	2021.10.14	3.5000	98.60	856.52
136758	16 凯华 03	400.00	5.00	2021.10.14	4.0900	91.70	320.10

债券信息 List of Bonds

债券代码 Code	债券简称 Bond Name	发行数量(百万) Issued Vol(M)	年限 Terms	到期日 Expiration Date	票面利率(%) Coupon Rate(%)	本年收盘 Close	成交数量(万张) Trading Vol(10000)
136759	16 三胞 05	770.00	5.00	2021.11.17	6.3000	99.50	576.45
136760	16 中工 Y1	1208.00	3.00	2019.10.13	5.0000	100.10	1503.12
136762	16 长电 01	3000.00	10.00	2026.10.17	3.3500	94.00	419.90
136763	16 张江 02	900.00	5.00	2021.10.24	2.8900	99.00	1339.00
136764	16 蓝光 02	1000.00	5.00	2021.10.18	5.2500	100.00	727.60
136765	16 陕燃 01	700.00	7.00	2023.10.18	3.1400	96.00	304.34
136766	16 油服 03	2100.00	5.00	2021.10.24	3.0800	99.10	2172.05
136767	16 油服 04	2900.00	7.00	2023.10.24	3.3500	97.65	1094.40
136768	16 苏海 01	600.00	5.00	2021.10.21	3.4600	89.00	406.49
136769	16 欣捷 01	550.00	3.00	2019.10.18	7.5000	100.00	1990.78
136770	16 华资 01	1000.00	5.00	2021.10.20	2.9800	100.00	1347.00
136771	16 沪宁 01	1200.00	7.00	2023.10.20	3.1400	97.40	777.76
136772	16 聚信一	400.00	3.00	2018.10.31	8.5000	100.00	181.02
136773	16 清控 02	4500.00	5.00	2021.10.25	3.1500	97.05	4827.15
136774	16 中船 01	1500.00	5.00	2021.10.18	2.9500	97.00	1170.00
136775	16 中船 02	5500.00	7.00	2023.10.18	3.1700	98.15	4058.27
136776	16 国航 02	4000.00	5.00	2021.10.20	3.0800	97.80	2985.00
136777	G16 唐新 3	500.00	5.00	2021.10.21	3.1000	93.50	929.00
136778	16 融强债	1500.00	5.00	2021.11.03	6.5000	99.74	200.00
136779	16 腾越 01	1000.00	4.00	2020.10.21	6.8000	99.62	2871.78
136780	16 腾越 02	2000.00	7.00	2023.10.21	3.9000	92.20	1343.62
136781	16 湘财 02	500.00	3.00	2019.10.24	3.0800	97.60	220.00
136782	16 宁建材	500.00	3.00	2019.10.20	3.5000	98.52	529.00
136783	16 金发 01	1000.00	5.00	2021.10.21	3.1000	96.17	321.83
136784	16 旅业 05	1050.00	3.00	2018.10.31	7.5000	100.00	110.01
136786	16 华泰 03	2000.00	5.00	2021.10.26	6.1000	104.00	2422.40
136787	16 天目湖	1000.00	5.00	2021.10.24	3.2300	97.82	806.73
136788	16 京运 01	1200.00	5.00	2021.10.24	4.0000	97.70	71.12
136789	16 东航 01	1500.00	10.00	2026.10.24	3.0300	97.60	1776.00
136790	16 东航 02	1500.00	10.00	2026.10.24	3.3000	93.13	969.01
136791	16 丰盛 04	800.00	5.00	2021.10.24	5.7100	100.00	256.00
136792	16 中筑 01	1000.00	5.00	2021.11.07	6.4800	87.30	903.21
136793	16 国投电	700.00	5.00	2021.10.27	3.1000	97.70	397.09
136794	16 华阳 01	1498.00	5.00	2021.11.22	5.0000	100.00	328.00
136796	16 中航 01	2000.00	3.00	2019.10.25	2.8700	99.30	2282.19
136797	16 瀚蓝 01	1000.00	5.00	2021.10.26	3.0500	99.00	952.10
136798	16 环球 02	500.00	5.00	2021.10.26	3.1400	99.00	636.30
136799	16 中金 03	1100.00	5.00	2021.10.27	2.9500	96.23	1172.50
136800	16 中金 04	900.00	7.00	2023.10.27	3.1300	93.09	2347.00
136801	16 津创 01	700.00	5.00	2021.10.25	3.1300	96.80	822.90
136802	16 中燃 G1	2000.00	5.00	2021.10.27	3.0500	99.50	1633.80
136803	16 南三 01	1000.00	5.00	2021.10.31	6.3500	100.00	1307.66
136804	16 越交 03	200.00	5.00	2021.10.26	2.9000	100.00	320.00
136805	16 七师 01	1000.00	5.00	2021.10.27	3.9800	96.57	784.01
136806	16 越交 04	800.00	7.00	2023.10.26	3.1800	95.85	481.00
136807	16 方圆 01	1500.00	3.00	2019.10.31	6.5000	100.00	2469.84
136808	16 永达 01	2000.00	5.00	2021.10.31	3.9000	98.50	1559.60
136809	16 常城 01	600.00	5.00	2021.11.08	3.0300	94.00	48.74
136810	16 福新 02	900.00	5.00	2021.11.02	3.0200	99.20	1491.80
136811	16 福新 03	1100.00	7.00	2023.11.02	3.1800	97.85	1340.60

债券信息 List of Bonds

债券 Bond

债券代码 Code	债券简称 Bond Name	发行数量(百万) Issued Vol(M)	年限 Terms	到期日 Expiration Date	票面利率(%) Coupon Rate(%)	本年收盘 Close	成交数量(万张) Trading Vol(10000)
136812	16 国泰 01	600.00	5.00	2021.11.03	4.6500	98.00	220.00
136813	16 中电 02	3000.00	5.00	2021.11.07	3.2800	95.10	3405.95
136814	16 京运 02	1200.00	5.00	2021.11.03	3.9800	96.30	247.27
136815	16 杭汽 02	1500.00	6.00	2022.11.21	4.1000	100.00	1782.00
136816	16 伟星 01	500.00	5.00	2021.11.07	4.5000	96.20	161.20
136817	16 刚集 02	500.00	3.00	2019.11.03	7.5700	92.00	240.08
136818	16 新华 02	400.00	4.00	2020.11.03	4.9000	101.20	560.31
136819	16 川发 01	3000.00	10.00	2026.11.17	3.9000	91.00	824.00
136820	16 纳通 02	500.00	3.00	2019.11.07	4.0000	92.00	167.35
136821	16 中安消	1100.00	3.00	2019.11.11	4.4500	31.00	201.07
136822	16 南山 06	700.00	5.00	2021.11.16	3.6000	98.52	606.40
136823	16 南山 07	800.00	5.00	2021.11.16	4.2000	96.20	518.88
136824	16 滇路 02	300.00	5.00	2021.11.10	3.1600	97.60	158.00
136825	16 滇路 03	700.00	5.00	2021.11.10	3.6000	96.80	251.00
136826	16 国网 01	5000.00	3.00	2019.11.14	2.9900	99.40	4583.58
136827	16 国网 02	5000.00	5.00	2021.11.14	3.1500	97.88	7620.20
136830	16 中信 G1	12500.00	3.00	2019.11.17	3.2600	99.57	11515.44
136831	16 中信 G2	2500.00	5.00	2021.11.17	3.3800	97.60	1040.00
136832	16 正大债	1000.00	5.00	2021.11.14	3.6900	100.00	1280.31
136833	G17 三峡 1	3500.00	3.00	2020.08.15	4.5600	101.00	1454.00
136835	16 紫金债	750.00	5.00	2021.11.16	3.2600	99.70	481.05
136836	16 鲁信 01	1500.00	10.00	2026.11.25	3.7000	95.70	1590.35
136837	16 穗发 01	3000.00	5.00	2021.11.22	3.2800	99.20	1810.50
136838	16 国投控	500.00	5.00	2021.11.18	3.3200	98.58	380.00
136839	16 港务 02	1000.00	7.00	2023.11.18	3.4200	95.50	1800.00
136840	16 华福 G2	900.00	5.00	2021.11.21	3.5300	97.82	830.00
136842	16 银鹰 01	400.00	5.00	2021.11.23	6.5000	100.39	286.47
136843	17 苏新 01	1000.00	5.00	2022.01.24	4.3800	100.00	810.00
136845	16 环球 03	1100.00	5.00	2021.11.23	3.5000	99.55	1556.79
136846	16 深燃 02	500.00	5.00	2021.11.22	3.2400	99.40	305.19
136847	16 玉皇 03	500.00	5.00	2021.11.21	6.0000	70.00	128.84
136849	16 华能债	4000.00	10.00	2026.11.24	3.6500	90.90	1051.09
136850	16 宝丰 02	1000.00	5.00	2021.11.23	6.2000	99.10	2040.60
136851	16 华泰 G1	3500.00	3.00	2019.12.06	3.5700	99.81	3304.10
136852	16 华泰 G2	2500.00	5.00	2021.12.06	3.7800	96.26	280.00
136853	16 洪业 02	1000.00	3.00	2019.12.02	6.4800	0.00	66.00
136854	16 鲁再担	500.00	5.00	2021.11.25	3.6500	97.20	573.33
136855	16 光控 03	2000.00	6.00	2022.11.23	3.2200	98.32	2776.10
136856	16 光控 04	2000.00	7.00	2023.11.23	3.3700	98.50	1634.18
136857	16 重汽 01	1560.00	5.00	2021.11.24	3.5000	99.70	1391.37
136859	16 鲁通 02	860.00	5.00	2021.11.29	5.9700	33.95	271.00
136860	16 乌资 01	1000.00	7.00	2023.11.28	4.2800	97.87	556.00
136861	16 恒健 02	3000.00	5.00	2021.11.25	3.4500	98.83	1440.00
136863	16 丹港 02	550.00	5.00	2021.11.25	8.5000	0.00	0.00
136864	16 华虹 02	500.00	5.00	2021.12.01	4.6800	97.00	342.54
136865	16 新燃 01	2500.00	3.00	2019.11.30	3.5500	99.60	2294.36
136866	16 汇丰 02	1000.00	5.00	2021.11.29	5.6800	97.99	190.01
136867	16 歌山 01	300.00	3.00	2018.12.10	7.1000	99.64	274.40
136868	16 开元 01	500.00	3.00	2019.11.29	6.0000	100.00	161.40
136869	16 广核 01	2000.00	10.00	2026.12.08	3.8400	93.00	330.25

债券信息 List of Bonds　　债券 Bond

债券代码 Code	债券简称 Bond Name	发行数量(百万) Issued Vol(M)	年限 Terms	到期日 Expiration Date	票面利率(%) Coupon Rate(%)	本年收盘 Close	成交数量(万张) Trading Vol(10000)
136870	16 中关 02	1150.00	5.00	2021.12.07	3.8000	98.96	509.00
136871	16 玉皇 04	500.00	5.00	2021.12.12	7.0000	98.50	71.90
136872	16 豫投债	1500.00	5.00	2021.12.13	4.1800	98.08	1120.00
136873	16 华泰 G3	5000.00	3.00	2019.12.14	3.7900	99.84	4627.60
136874	16 华泰 G4	3000.00	5.00	2021.12.14	3.9700	98.79	650.00
136875	16 华晨 01	2000.00	3.00	2019.12.07	6.0000	97.20	889.19
136877	16 合盛 01	200.00	5.00	2021.12.14	5.5500	98.30	84.00
136879	16 国电资	2000.00	3.00	2019.12.12	3.6400	99.90	3023.21
136880	16 恒信 01	250.00	5.00	2021.12.12	6.5000	93.99	196.98
136881	17 甬开投	1000.00	5.00	2022.03.22	4.5000	100.69	800.00
136882	16 科发 01	50.00	5.00	2021.12.21	7.0000	100.00	0.00
136883	16 金工 01	500.00	5.00	2021.12.15	6.2000	95.40	1071.13
136884	16 联讯 01	1000.00	3.00	2019.12.13	4.1900	98.72	939.15
136886	16 南翔 03	1800.00	5.00	2021.12.19	6.9000	100.00	1533.12
136887	17 沪资 01	300.00	5.00	2022.03.15	3.8000	98.52	886.00
136888	17 中材 01	1500.00	5.00	2022.01.17	3.9500	100.31	817.53
136889	17 华阳 01	402.00	5.00	2022.03.21	5.6000	100.00	0.00
136892	17 北汽 01	800.00	7.00	2024.01.20	4.2900	97.00	860.00
136893	17 泰达债	3000.00	5.00	2022.01.20	4.2800	99.60	1502.96
136894	17 黄河 01	200.00	5.00	2022.01.19	7.1000	100.00	521.18
136895	17 中信 G1	10000.00	3.00	2020.02.17	4.2000	100.78	6330.00
136896	17 中信 G2	2000.00	5.00	2022.02.17	4.4000	100.00	780.00
136897	17 绿原 01	500.00	5.00	2022.02.13	5.2900	100.00	140.00
136898	17 蚌投 01	600.00	5.00	2022.02.17	5.4800	100.50	142.00
136901	18 海航 Y5	1400.00	3.00	2021.11.27	7.3000	100.00	1130.24
136902	18 铁工 Y6	1600.00	3.00	2021.11.27	4.5500	100.00	740.00
136903	18 铁工 Y7	1400.00	5.00	2023.11.27	4.8000	100.00	150.00
136905	18 津保 Y1	650.00	2.00	2020.11.30	6.5500	100.00	40.00
136907	18 建三 Y1	2000.00	3.00	2021.11.27	4.8000	100.00	320.00
136910	18 航租 Y1	500.00	3.00	2021.11.22	5.5000	100.00	150.00
136912	18 路建 Y1	1000.00	3.00	2021.11.28	5.1000	100.00	490.00
136913	G18 京 Y3	2900.00	3.00	2021.11.23	4.4500	100.00	2000.00
136914	G18 京 Y4	2100.00	5.00	2023.11.23	4.7000	100.00	460.00
136915	18 中大 Y1	2000.00	3.00	2021.11.26	5.2000	100.00	470.00
136916	18 中公 Y2	1000.00	3.00	2021.11.22	4.6800	100.00	110.00
136917	18 蒙电 Y1	1500.00	3.00	2021.11.20	4.8900	100.00	850.00
136918	18 蒙电 Y2	500.00	5.00	2023.11.20	5.1500	100.00	100.00
136919	18 三峡 Y1	200.00	3.00	2021.11.22	6.5000	103.00	2.06
136921	18 铁工 Y3	1200.00	3.00	2021.11.15	4.5900	100.00	284.00
136922	18 铁工 Y4	1800.00	5.00	2023.11.15	4.9000	100.00	350.00
136923	18 特变 Y3	530.00	3.00	2021.11.13	6.4000	100.00	50.00
136924	18 铁工 Y1	2300.00	3.00	2021.11.06	4.6900	100.00	200.00
136925	18 铁工 Y2	700.00	5.00	2023.11.06	4.9900	100.80	141.00
136926	18 方程 Y1	2000.00	3.00	2021.11.14	5.0000	100.00	170.00
136928	18 联投 Y1	1500.00	3.00	2021.11.22	5.4400	100.00	60.00
136931	18 滇建 Y2	810.00	3.00	2021.11.21	7.0000	100.00	160.00
136932	18 中化 Y5	2500.00	2.00	2020.11.12	4.5700	100.00	4640.00
136933	18 中化 Y6	2500.00	3.00	2021.11.12	4.6800	100.00	1880.00
136934	18 海航 Y4	800.00	3.00	2021.11.05	7.3500	101.00	1117.64
136935	G18XHY1	1000.00	3.00	2021.11.09	5.0000	100.00	60.00

债券信息
List of Bonds

债券代码 Code	债券简称 Bond Name	发行数量 (百万) Issued Vol(M)	年限 Terms	到期日 Expiration Date	票面利率(%) Coupon Rate(%)	本年收盘 Close	成交数量(万张) Trading Vol(10000)
136936	18CHNG3Y	2800.00	5.00	2023.10.31	4.8800	100.00	290.00
136937	18CHNG4Y	200.00	10.00	2028.10.31	5.3000	100.00	0.00
136938	18CHNG1Y	1500.00	5.00	2023.10.25	4.8800	100.00	50.00
136939	18CHNG2Y	500.00	10.00	2028.10.25	5.3000	100.00	100.00
136942	18 青城 Y2	2000.00	5.00	2023.10.30	5.5000	100.59	272.22
136943	18 大唐 Y5	500.00	5.00	2023.10.25	4.9800	100.00	155.00
136944	18 大唐 Y4	2800.00	3.00	2021.10.25	4.7700	100.00	2350.00
136945	18 大唐 Y3	1500.00	2.00	2020.10.25	4.6400	100.36	2070.00
136946	18 海航 Y3	1500.00	3.00	2021.10.19	7.4500	100.00	1361.19
136947	18 建材 Y5	1000.00	3.00	2021.10.22	4.9000	100.00	200.00
136948	18 建材 Y6	800.00	5.00	2023.10.22	5.2500	101.00	120.00
136949	18 中化 Y3	1500.00	2.00	2020.10.19	4.6500	100.00	1070.00
136950	18 中化 Y4	1500.00	3.00	2021.10.19	4.7800	100.00	980.00
136951	18 紫金 Y1	4500.00	3.00	2021.10.17	5.1700	102.50	520.00
136952	18 中公 Y1	1000.00	3.00	2021.10.17	5.2000	100.00	330.00
136953	18 风电 Y1	700.00	3.00	2021.10.15	4.9000	100.00	80.00
136954	18 风电 Y2	300.00	5.00	2023.10.15	5.3000	100.00	0.00
136955	18 沪建 Y3	1500.00	5.00	2023.10.10	5.4500	102.00	691.00
136956	18 海航 Y2	800.00	3.00	2021.09.27	7.4500	101.00	2014.14
136957	18 大唐 Y1	4200.00	3.00	2021.09.21	5.0500	101.63	3286.00
136959	18 中交 Y1	1950.00	3.00	2021.10.19	4.9400	101.15	91.00
136960	18 海航 Y1	500.00	3.00	2021.09.14	7.6000	100.00	316.00
136961	18 中化 Y1	1800.00	2.00	2020.09.13	4.9000	100.00	2270.00
136962	18 中化 Y2	1200.00	3.00	2021.09.13	4.9600	101.00	485.00
136963	G18 京 Y1	1000.00	3.00	2021.09.12	4.9100	100.00	480.00
136965	18 新金 Y2	500.00	3.00	2021.10.23	6.8000	100.00	62.00
136966	18 建集 Y2	1500.00	3.00	2021.10.23	5.3000	100.00	220.00
136968	18 新际 Y5	1500.00	3.00	2021.10.23	5.0000	100.78	390.00
136970	17 沪建 Y1	1000.00	3.00	2020.03.06	4.7800	100.30	420.00
136972	17 中冶 Y3	2000.00	3.00	2020.03.13	4.9800	100.60	1198.00
136974	17 中工 Y1	500.00	3.00	2020.03.17	6.0000	103.00	755.00
136976	17 苏建 01	600.00	5.00	2022.04.05	6.8000	101.35	364.00
136977	17 中材 02	1500.00	5.00	2022.04.05	4.5500	100.80	1159.90
136978	17 迪信 01	600.00	3.00	2020.04.05	7.5000	90.00	171.70
136979	17 鑫海 01	300.00	5.00	2022.04.11	7.0000	101.50	1228.48
136980	17 申证 01	7500.00	5.00	2022.02.17	4.4000	100.40	560.00
136981	17 申证 02	500.00	7.00	2024.02.17	4.5000	100.00	0.00
136982	17 金红 01	400.00	2.00	2019.02.22	6.0000	99.00	265.99
136983	17 晋电 01	2390.00	5.00	2022.02.23	5.3000	99.00	1029.00
136984	17 银鹰 01	100.00	5.00	2022.12.27	7.0000	100.00	0.00
136985	17 黄金债	700.00	5.00	2022.02.27	5.5000	100.00	157.80
136986	17 中山 01	500.00	3.00	2020.02.28	4.8800	100.60	480.99
136987	17 中冶 Y1	2700.00	3.00	2020.03.01	4.9900	100.00	980.00
136989	17 锡投 Y1	1000.00	5.00	2022.03.15	5.2800	100.00	220.00
136991	G16 北 Y1	2800.00	5.00	2021.09.13	3.6800	97.68	3076.77
136992	16 葛洲 Y3	2000.00	3.00	2019.08.03	3.1500	98.40	1890.00
136993	16 葛洲 Y4	3000.00	5.00	2021.08.03	3.4300	97.00	1621.44
136994	16 葛洲 Y1	2500.00	3.00	2019.07.21	3.2400	99.34	3676.92
136995	16 葛洲 Y2	2500.00	5.00	2021.07.21	3.4800	97.30	2468.00
136996	16 电投 Y1	4000.00	5.00	2021.06.29	3.6500	97.75	1401.99

债券信息 List of Bonds

债券 Bond

债券代码 Code	债券简称 Bond Name	发行数量 (百万) Issued Vol(M)	年限 Terms	到期日 Expiration Date	票面利率(%) Coupon Rate(%)	本年收盘 Close	成交数量(万张) Trading Vol(10000)
136997	16 铁建 Y1	8000.00	3.00	2019.06.29	3.5300	99.40	6219.78
136998	16 金茂 Y1	2000.00	3.00	2019.06.15	3.7000	100.00	630.00
136999	16 浙交 Y1	2000.00	5.00	2021.03.09	3.6000	98.00	544.95
139001	16 襄经开	1100.00	7.00	2023.01.25	4.6200	100.00	0.00
139002	16 井开债	850.00	7.00	2023.01.27	4.8700	93.64	30.00
139003	16 高密债	1500.00	7.00	2023.01.26	4.6900	100.00	0.00
139004	16 浏产专	1100.00	7.00	2023.01.19	4.7200	99.20	143.00
139005	16 郴福城	1500.00	7.00	2023.01.22	4.7300	100.42	0.00
139006	16 上饶债	1180.00	7.00	2023.01.29	4.6500	95.00	50.00
139007	16 富春债	1500.00	7.00	2023.01.27	4.7600	97.25	0.00
139008	16 泸兴阳	1000.00	7.00	2023.01.28	4.8700	102.24	0.00
139009	16 万宝 01	500.00	7.00	2023.02.01	5.1300	100.00	0.00
139010	16 岳阳债	2100.00	10.00	2026.01.27	4.8000	100.00	0.00
139011	16 观投 01	1500.00	7.00	2023.01.28	4.8700	95.37	10.00
139012	15 沣东债	2000.00	7.00	2023.01.08	4.6700	96.34	50.00
139013	16 娄锑都	770.00	7.00	2023.01.20	4.8300	98.39	410.00
139014	16 普湾债	2800.00	7.00	2023.02.01	4.5000	99.13	0.00
139015	16 新密债	880.00	7.00	2023.02.28	4.3500	97.41	400.00
139016	16 齐河债	1500.00	7.00	2023.03.07	5.1000	95.15	300.00
139017	16 四国资	1100.00	7.00	2023.01.14	4.5900	100.00	0.00
139018	16 嘉建投	500.00	7.00	2023.01.19	5.7000	96.81	120.00
139019	16 常鼎力	1080.00	7.00	2023.03.10	4.3000	96.60	140.00
139020	16 郴新天	800.00	10.00	2026.03.08	5.3800	92.41	89.80
139021	16 瑞安债	450.00	7.00	2023.01.27	4.5600	97.79	10.00
139022	16 观投 02	1000.00	7.00	2023.03.09	4.4800	101.65	20.00
139023	16 安经开	1000.00	7.00	2023.03.09	4.0900	94.80	0.00
139024	16 新泰债	570.00	4.00	2020.03.10	5.1500	99.49	189.00
139025	16 恒澄债	1500.00	7.00	2023.03.01	4.4000	96.06	200.00
139026	16 盘山债	800.00	7.00	2023.03.15	5.3900	95.10	135.00
139027	16 建安债	1500.00	7.00	2023.03.08	4.3000	97.80	220.00
139028	16 龙旅发	1150.00	7.00	2023.03.16	4.3500	96.26	0.00
139029	16 荆城投	1600.00	7.00	2023.03.10	3.9700	97.67	520.00
139030	16 资水务	1900.00	7.00	2023.03.17	3.9700	102.80	70.00
139031	16 郴百福	1490.00	10.00	2026.03.22	4.9600	90.90	30.00
139032	16 广元债	880.00	7.00	2023.03.10	4.4800	94.35	90.00
139033	16 永银都	880.00	7.00	2023.03.24	5.6000	96.96	140.00
139034	16 湘天易	1490.00	7.00	2023.03.17	4.2000	93.88	60.00
139035	16 阿克苏	1100.00	7.00	2023.03.11	4.0900	96.94	302.20
139036	16 枣阳债	1500.00	7.00	2023.03.22	5.5000	96.02	0.00
139037	16 株循环	1400.00	7.00	2023.03.24	4.3800	94.02	30.00
139039	16 亿利债	1000.00	5.00	2021.03.22	7.5000	100.00	0.00
139040	16 宝应债	1600.00	7.00	2023.03.24	4.5000	98.96	522.00
139041	16 眉宏大	2000.00	7.00	2023.03.28	4.1800	99.79	250.00
139042	16 靖城投	1500.00	7.00	2023.03.30	4.5500	95.99	90.00
139043	16 皋开债	1600.00	7.00	2023.03.24	3.9500	97.70	684.00
139044	16 苏新城	1100.00	7.00	2023.03.23	4.1800	97.42	200.00
139045	16 筑城 01	3000.00	10.00	2026.03.25	4.3700	92.28	60.00
139046	16 国融债	1000.00	7.00	2023.03.24	6.1600	80.84	496.00
139047	16 鑫泰债	1000.00	7.00	2023.03.23	4.0700	97.27	140.00
139048	16 白国资	1400.00	7.00	2023.03.29	3.9800	95.45	120.00

债券信息 List of Bonds

债券 Bond

债券代码 Code	债券简称 Bond Name	发行数量(百万) Issued Vol(M)	年限 Terms	到期日 Expiration Date	票面利率(%) Coupon Rate(%)	本年收盘 Close	成交数量(万张) Trading Vol(10000)
139049	16 璧山债	2300.00	7.00	2023.03.29	4.9300	96.68	380.00
139050	16 肥城债	880.00	7.00	2023.03.23	4.0400	100.00	0.00
139052	16 冀建投	2000.00	5.00	2021.06.06	4.2500	94.32	60.00
139053	16 奉化债	1000.00	6.00	2022.03.28	4.5800	96.68	57.00
139054	16 宿建投	1870.00	7.00	2023.03.24	3.8900	98.34	420.00
139055	16 玉鑫债	1300.00	7.00	2023.03.28	4.6500	94.25	60.00
139056	16 当阳债	1100.00	7.00	2023.03.29	4.9700	94.78	170.00
139057	16 遵车债	1400.00	10.00	2026.04.07	5.9900	95.57	160.00
139058	16 仁怀债	1400.00	7.00	2023.04.14	5.1200	95.30	150.00
139059	16 文专项	880.00	7.00	2023.03.21	3.9700	101.05	0.00
139060	16 庐城投	1100.00	7.00	2023.03.30	4.5800	95.53	190.00
139061	16 开乾债	1000.00	7.00	2023.03.21	4.6400	96.47	201.50
139062	16 大冶 01	1200.00	7.00	2023.03.28	4.5000	96.82	50.00
139063	16 温港城	2000.00	7.00	2023.03.29	5.1900	104.50	910.00
139064	16 宣城债	2400.00	7.00	2023.04.07	4.1200	98.35	250.00
139065	16 谷小微	1500.00	4.00	2020.03.31	4.0900	100.00	0.00
139066	16 钱城债	1800.00	7.00	2023.03.22	4.0000	97.49	210.00
139067	16 邹城 01	700.00	4.00	2020.04.08	4.5600	97.94	120.00
139068	16 海开债	1000.00	7.00	2023.04.13	5.4500	96.00	259.00
139069	16 虞经开	1890.00	7.00	2023.04.11	4.7600	99.90	60.00
139070	16 遂开债	700.00	7.00	2023.04.08	4.8900	95.03	360.00
139071	16 安泰 01	880.00	7.00	2023.04.11	4.5800	99.70	220.00
139072	16 盱眙债	1200.00	7.00	2023.04.15	5.1000	96.82	108.00
139073	16 安泰 02	320.00	7.00	2023.04.11	5.1600	97.21	196.00
139074	16 泸纳债	680.00	7.00	2023.03.31	4.6800	94.81	0.00
139075	16 广安经	690.00	7.00	2023.04.14	5.1600	96.17	60.00
139076	16 龙铁债	800.00	7.00	2023.04.13	4.9800	95.46	20.00
139077	16 都梁债	1110.00	7.00	2023.04.13	5.5000	96.29	308.00
139078	16 药都债	800.00	7.00	2023.04.29	6.5000	95.65	110.00
139079	16 水城债	880.00	7.00	2023.05.03	6.1500	99.93	0.00
139080	16 宜居债	1500.00	7.00	2023.04.14	4.7800	99.79	190.00
139081	16 昌兴债	590.00	7.00	2023.04.11	5.2600	100.00	0.00
139082	16 海集 01	2000.00	3.00	2019.04.14	7.0000	100.00	0.00
139083	16 秦城发	1200.00	7.00	2023.04.14	4.6900	99.09	40.00
139084	16 牟中债	880.00	7.00	2023.04.18	4.5900	100.00	0.00
139085	16 红日债	800.00	7.00	2023.04.20	5.0900	94.87	150.00
139086	16 扬中 01	950.00	7.00	2023.04.07	4.9800	100.00	0.00
139087	16 扬中 02	950.00	7.00	2023.04.07	4.9500	95.21	360.00
139088	16 内人和	700.00	7.00	2023.04.12	6.2000	95.48	187.00
139089	16 津广成	1100.00	7.00	2023.04.20	5.4000	96.09	350.00
139090	16 聊开债	1400.00	7.00	2023.04.13	5.2000	95.72	60.00
139091	16 渝迈瑞	2000.00	7.00	2023.04.21	4.9500	99.97	440.00
139092	16 长乐债	1000.00	7.00	2023.04.11	4.5000	96.01	250.00
139093	16 秀工投	800.00	7.00	2023.04.14	5.8500	98.59	0.00
139094	16 遵小微	700.00	4.00	2020.04.22	5.6800	100.00	320.00
139095	16 仙桃债	900.00	7.00	2023.04.18	4.5900	100.00	0.00
139096	16 西湖债	1200.00	7.00	2023.04.25	4.3000	99.24	100.00
139097	16 温城 02	3000.00	7.00	2023.04.26	5.0000	99.44	0.00
139098	16 舒城债	1500.00	7.00	2023.04.29	5.5000	98.36	257.00
139099	16 金专债	1100.00	7.00	2023.04.25	5.9000	99.96	180.00

债券信息 List of Bonds

债券 Bond

债券代码 Code	债券简称 Bond Name	发行数量(百万) Issued Vol(M)	年限 Terms	到期日 Expiration Date	票面利率(%) Coupon Rate(%)	本年收盘 Close	成交数量(万张) Trading Vol(10000)
139100	16 阆名城	1000.00	7.00	2023.04.19	5.6000	94.10	30.00
139101	16 泰控债	600.00	7.00	2023.04.26	5.5000	100.61	10.00
139102	16 津宁投	1500.00	7.00	2023.04.22	5.5000	96.89	250.00
139103	16 瀚瑞 02	800.00	7.00	2023.08.31	5.0000	95.70	140.00
139104	16 溧水债	980.00	7.00	2023.04.28	4.9700	98.00	220.00
139105	16 怀化债	1400.00	7.00	2023.04.12	4.9600	95.35	400.00
139106	16 新开元	1400.00	7.00	2023.04.27	5.2900	96.69	60.00
139108	16 平湖债	1370.00	7.00	2023.04.29	5.1300	98.15	200.00
139109	16 广铁 01	4000.00	10.00	2026.04.28	3.9900	102.53	0.00
139110	16 芜交 01	1400.00	7.00	2023.04.28	4.5000	95.84	40.00
139111	16 渝宏安	1200.00	7.00	2023.05.03	5.7500	96.90	0.00
139112	16 新东港	800.00	7.00	2023.04.27	5.5300	99.50	40.00
139114	16 宜建投	1180.00	7.00	2023.04.27	5.4400	99.56	140.00
139115	16 襄建投	850.00	7.00	2023.04.28	5.1800	97.29	0.00
139116	16 邯小微	500.00	4.00	2020.03.16	3.7600	100.00	0.00
139117	16 吉经开	800.00	7.00	2023.04.29	6.2000	100.00	0.00
139118	16 娄开债	1060.00	7.00	2023.03.30	4.8900	102.80	0.00
139119	16 堰管廊	1500.00	10.00	2026.01.11	4.8800	97.05	14.30
139120	16 海西债	1000.00	7.00	2023.05.12	4.3600	96.85	0.00
139121	16 全椒债	1000.00	7.00	2023.05.18	5.1000	95.47	250.00
139122	16 浏城建	2200.00	7.00	2023.05.24	4.4500	95.89	240.00
139123	16 湘城建	500.00	7.00	2023.05.18	5.8400	99.98	50.00
139124	16 惠交 01	1000.00	7.00	2023.05.17	4.1600	95.00	0.00
139125	16 文登债	1000.00	7.00	2023.05.26	4.8000	100.00	0.00
139126	16 莆高新	500.00	6.00	2022.05.03	5.9000	100.00	0.00
139128	16 龙建投	750.00	7.00	2023.05.27	5.4500	96.25	169.00
139129	16 宁债 01	500.00	7.00	2023.06.03	4.8900	102.00	0.00
139130	18 云和债	940.00	7.00	2025.05.04	7.4900	100.00	0.00
139131	16 空港债	1300.00	7.00	2023.06.06	5.1000	94.09	260.00
139132	16 西发 01	1500.00	7.00	2023.06.06	4.2600	94.97	0.00
139133	16 磁湖 02	700.00	7.00	2023.06.08	4.9700	95.32	0.00
139134	16 曲经开	900.00	7.00	2023.06.01	5.7500	94.79	180.00
139135	16 姜堰 01	1260.00	7.00	2023.06.02	5.1000	98.97	0.00
139136	16 萧县债	900.00	7.00	2023.06.22	4.8500	100.00	0.00
139137	16 江夏城	450.00	7.00	2023.06.03	4.8000	97.00	0.00
139138	16 盘改债	1500.00	7.00	2023.06.07	6.0000	98.96	0.00
139139	16 首创 01	2500.00	5.00	2021.05.31	4.4000	100.00	0.00
139140	16 丰棚改	1300.00	5.00	2021.07.13	4.2300	95.49	0.00
139141	16 蓉铁 01	1000.00	5.00	2021.06.17	4.2400	100.00	0.00
139142	16 栖霞债	1400.00	7.00	2023.06.24	4.1000	98.20	60.00
139143	16 宁科债	1100.00	7.00	2023.06.24	4.3700	95.93	270.00
139144	16 鄂旅投	500.00	7.00	2023.06.16	4.2000	98.17	130.00
139145	16 汝城 01	700.00	7.00	2023.06.28	6.0000	93.24	170.00
139146	16 旅顺债	770.00	10.00	2026.06.17	6.1900	92.42	50.00
139147	16 北固债	1400.00	7.00	2023.06.20	5.8000	95.66	269.00
139148	16 临川债	1500.00	7.00	2023.07.05	5.6800	100.19	280.00
139149	16 遵红城	1100.00	7.00	2023.06.27	5.0500	95.17	110.00
139150	16 汇华债	1500.00	7.00	2023.06.27	4.7000	98.86	110.00
139151	16 湘发展	1080.00	7.00	2023.07.07	4.8000	95.00	13.90
139152	16 鄂交 01	1000.00	5.00	2021.07.04	4.0000	100.00	0.00

债券信息
List of Bonds

债券代码 Code	债券简称 Bond Name	发行数量(百万) Issued Vol(M)	年限 Terms	到期日 Expiration Date	票面利率(%) Coupon Rate(%)	本年收盘 Close	成交数量(万张) Trading Vol(10000)
139153	16 东坡债	1100.00	7.00	2023.06.30	5.9000	94.61	146.50
139154	16 洪轨 01	500.00	3.00	2019.06.29	5.2700	97.49	0.00
139155	16 金农债	800.00	7.00	2023.07.14	5.4900	94.32	320.00
139156	16 寒亭债	400.00	10.00	2026.07.13	5.0000	99.76	0.00
139157	16 鑫城债	1400.00	7.00	2023.07.15	4.1300	95.36	140.00
139158	16 南投债	1200.00	7.00	2023.07.11	4.2000	92.85	2.00
139159	16 洪泽债	1000.00	7.00	2023.07.18	4.3700	95.47	310.00
139160	16 江南债	500.00	7.00	2023.07.08	4.7600	100.00	0.00
139161	16 柳东通	2000.00	7.00	2023.07.22	4.4500	94.08	0.00
139162	16 一带债	2600.00	7.00	2023.07.15	4.7000	93.76	239.00
139163	16 嘉湘 01	600.00	7.00	2023.07.20	4.1300	100.00	0.00
139164	16 淮小微	1500.00	4.00	2020.07.20	5.0000	99.59	390.00
139165	16 汉建投	1200.00	7.00	2023.07.18	4.2500	95.79	0.00
139166	16 安城债	860.00	7.00	2023.07.18	5.9000	95.69	360.00
139167	16 镜停债	1200.00	7.00	2023.07.20	4.3700	94.00	330.00
139168	16 宜双 01	800.00	7.00	2023.07.21	3.7400	100.00	0.00
139169	16 安国资	1100.00	7.00	2023.07.18	4.4800	99.99	0.00
139170	16 新天地	1000.00	7.00	2023.07.18	4.3700	95.11	240.00
139171	16 金湖债	1000.00	6.00	2022.07.26	4.0000	95.39	10.00
139172	16 穗城 01	1500.00	5.00	2021.07.22	3.8100	100.00	0.00
139173	16 禹停车	1280.00	10.00	2026.08.11	3.8900	90.82	60.00
139174	16 马经 01	1490.00	7.00	2023.07.25	4.5300	99.60	0.00
139175	16 岳港 01	1200.00	7.00	2023.07.21	4.2400	91.94	235.00
139177	16 新路鑫	900.00	7.00	2023.07.29	6.4100	92.53	40.00
139178	16 东至债	1000.00	7.00	2023.06.20	4.8800	100.00	0.00
139179	16 双创债	1000.00	10.00	2026.07.25	5.0000	106.42	0.00
139180	16 铜小微	700.00	4.00	2020.07.26	5.6000	98.71	400.00
139181	16 南康债	1000.00	4.00	2020.08.04	5.3000	99.50	0.00
139182	16 镇新债	1160.00	7.00	2023.07.14	5.3100	100.00	0.00
139183	16 兴港债	1950.00	10.00	2026.07.20	4.2700	100.01	0.00
139184	16 古蔺债	1000.00	7.00	2023.08.04	4.1800	100.01	0.00
139185	16 穗铁 02	2000.00	3.00	2019.07.25	4.1900	100.00	0.00
139186	16 湘潭 02	400.00	7.00	2023.08.04	3.9500	100.36	80.00
139187	16 营开 01	1500.00	7.00	2023.08.05	5.2000	100.00	0.00
139188	16 荆高新	1800.00	7.00	2023.07.28	4.1500	94.89	40.00
139189	16 万宝 02	1000.00	7.00	2023.08.01	4.4200	100.57	0.00
139190	16 海城债	1000.00	7.00	2023.08.10	5.3700	100.00	0.00
139191	16 合江债	1000.00	7.00	2023.08.11	5.0000	93.62	80.00
139192	16 新干债	1000.00	7.00	2023.08.03	5.4800	94.20	841.50
139193	16 赤壁债	1000.00	7.00	2023.08.10	4.3800	92.65	458.00
139194	16 章丘债	1500.00	7.00	2023.08.09	3.6900	94.43	390.00
139195	16 十经开	650.00	7.00	2023.08.05	3.9800	100.24	80.00
139196	16 穗铁 03	2400.00	3.00	2019.08.16	3.9500	98.21	60.00
139197	16 穗城 03	2500.00	5.00	2021.08.25	3.8100	94.53	0.00
139198	16 玉城 01	600.00	7.00	2023.05.03	5.1000	100.00	0.00
139199	16 公安债	650.00	7.00	2023.08.30	4.3000	100.01	0.00
139200	16 秦经开	250.00	7.00	2023.08.26	4.0700	98.90	0.00
139201	16 牡城 01	900.00	7.00	2023.06.08	6.4400	100.00	0.00
139202	16 金国发	1800.00	7.00	2023.08.22	4.6000	96.00	200.00
139203	16 内兴元	1000.00	7.00	2023.08.16	4.2800	100.00	0.00

债券信息 List of Bonds

债券 Bond

债券代码 Code	债券简称 Bond Name	发行数量(百万) Issued Vol(M)	年限 Terms	到期日 Expiration Date	票面利率(%) Coupon Rate(%)	本年收盘 Close	成交数量(万张) Trading Vol(10000)
139204	16 开福 02	1100.00	7.00	2023.08.22	3.7300	96.88	407.00
139205	16 海集 02	1800.00	3.00	2019.08.23	6.2000	95.66	80.00
139206	16 宜兴投	800.00	8.00	2024.09.02	5.4900	93.17	433.50
139207	16 大冶 02	1000.00	7.00	2023.08.31	4.0500	100.00	90.00
139208	16 渝新梁	900.00	7.00	2023.08.26	4.7600	92.86	126.00
139209	16 湘环科	1500.00	7.00	2023.09.06	4.1700	98.00	150.00
139210	16 足棚改	1200.00	6.00	2022.08.11	3.9700	91.65	240.00
139211	16 合川投	1200.00	7.00	2023.09.06	3.9500	95.69	374.00
139212	16 金沙债	1650.00	7.00	2023.09.05	6.0100	95.60	242.00
139213	16 马经 02	1400.00	7.00	2023.09.02	4.4300	95.29	0.00
139214	16 湘乡投	1500.00	7.00	2023.09.09	5.2800	92.56	271.00
139215	16 怀专项	2270.00	7.00	2023.08.31	4.1800	94.16	350.00
139216	16 建安 02	900.00	7.00	2023.09.05	3.8500	100.00	0.00
139217	16 济专项	1000.00	15.00	2031.09.07	3.5500	92.88	10.00
139218	16 兴小 01	500.00	3.00	2019.09.08	4.2500	100.08	56.50
139219	16 库小微	900.00	4.00	2020.09.06	4.2000	98.84	160.00
139220	16 通港闸	1500.00	5.00	2021.09.06	3.8000	100.10	96.00
139221	16 黔开投	790.00	7.00	2023.09.08	4.4200	100.02	399.00
139222	16 鲁经投	1800.00	10.00	2026.09.08	3.5400	95.28	200.00
139223	16 白城投	1200.00	10.00	2026.09.13	4.7500	100.27	0.00
139225	16 诸城债	1500.00	7.00	2023.08.26	3.8900	96.67	240.00
139226	16 瑞金债	1200.00	7.00	2023.09.06	4.1300	92.97	40.00
139227	16 文城投	1160.00	7.00	2023.09.13	4.5000	94.72	60.00
139228	16 威临港	380.00	4.00	2020.09.07	4.2100	98.90	83.50
139229	16 柯城 01	1000.00	7.00	2023.09.19	3.6400	90.86	30.00
139230	16 瀛洲债	800.00	7.00	2023.09.21	4.3300	100.00	0.00
139231	16 番禺 01	500.00	10.00	2026.09.08	4.5000	90.57	60.00
139232	16 青昌阳	1770.00	7.00	2023.09.12	3.7300	95.71	310.00
139233	16 滨旅债	1000.00	9.00	2025.09.20	4.6800	96.49	0.00
139234	16 荆开债	770.00	10.00	2026.09.23	4.8700	91.08	0.00
139235	16 洪经债	770.00	7.00	2023.09.22	3.8300	100.00	0.00
139236	16 凯宏债	1400.00	10.00	2026.09.22	5.3000	100.01	0.00
139237	16 宁高 01	400.00	7.00	2023.09.23	3.6700	92.75	0.00
139238	16 芜交 02	1400.00	7.00	2023.09.23	3.5800	93.86	360.00
139239	16 嘉湘 02	600.00	7.00	2023.09.21	3.8700	100.00	0.00
139240	16 汝州债	2000.00	7.00	2023.09.26	4.4300	96.42	170.00
139241	16 永专 01	500.00	10.00	2026.09.23	4.1900	86.14	210.00
139242	16 苏大行	1000.00	7.00	2023.09.22	5.1800	95.80	63.50
139243	16 株高孵	1130.00	7.00	2023.09.28	3.7800	93.94	100.00
139244	16 温铁债	1030.00	15.00	2031.09.22	3.8500	100.00	0.00
139245	16 宁投 01	700.00	10.00	2026.09.12	3.6800	94.50	110.00
139246	16 鹤山 01	300.00	7.00	2023.09.28	4.0800	100.00	0.00
139247	16 黔凯专	1100.00	7.00	2023.10.13	4.2000	99.58	0.00
139248	16 锦都债	1000.00	7.00	2023.10.13	3.6500	89.74	5.00
139249	16 中瑞债	560.00	7.00	2023.09.29	6.5000	97.16	180.00
139250	16 大方债	550.00	7.00	2023.09.26	6.0000	94.20	255.00
139251	16 蕲春债	870.00	7.00	2023.10.18	4.9600	94.00	428.50
139252	16 武铁 01	2000.00	3.00	2019.09.27	3.9400	98.82	320.00
139253	16 邕高 02	500.00	7.00	2023.10.20	3.8200	91.23	110.00
139254	16 新港债	1000.00	7.00	2023.10.20	3.4200	94.29	80.00

债券信息
List of Bonds

债券
Bond

债券代码 Code	债券简称 Bond Name	发行数量 (百万) Issued Vol(M)	年限 Terms	到期日 Expiration Date	票面利率(%) Coupon Rate(%)	本年收盘 Close	成交数量(万张) Trading Vol(10000)
139255	16 大洼债	1470.00	8.00	2024.10.19	5.9900	100.00	0.00
139256	16 鄂国资	1500.00	15.00	2031.10.21	5.5500	94.01	100.00
139257	16 玉城 02	570.00	7.00	2023.10.21	3.7200	91.40	20.00
139258	16 瓯新城	2000.00	7.00	2023.10.26	3.9800	91.52	50.00
139259	16 杭运河	1000.00	7.00	2023.10.17	3.4000	94.48	40.00
139260	16 韶关债	1000.00	8.00	2024.10.25	3.6700	91.60	240.00
139261	16 陕高 01	1000.00	5.00	2021.10.13	4.1800	96.55	360.00
139262	16 邹城 02	480.00	4.00	2020.10.21	3.8000	100.00	0.00
139263	16 文蓝海	1500.00	7.00	2023.10.26	3.6400	96.84	0.00
139264	16 柳东城	830.00	4.00	2020.10.24	3.8500	96.28	230.00
139265	16 恩施债	590.00	7.00	2023.11.01	3.8400	92.51	0.00
139266	16 益集 01	1200.00	7.00	2023.10.13	4.9500	100.07	610.00
139267	16 宁债 02	1000.00	7.00	2023.11.02	3.8800	101.51	140.00
139268	16 贵溪债	1800.00	7.00	2023.08.18	4.1800	92.18	173.00
139269	16 荆管廊	1200.00	10.00	2026.08.19	4.3700	91.60	43.93
139270	16 岳港 02	1200.00	7.00	2023.10.26	3.9400	92.59	620.00
139272	16 桂金 02	1500.00	7.00	2023.11.01	4.8000	91.00	50.00
139273	16 钟楼债	1500.00	7.00	2023.10.26	3.6400	96.33	30.00
139274	16 河国投	440.00	7.00	2023.11.04	4.3700	89.24	20.00
139275	16 淳安债	690.00	7.00	2023.11.04	3.8400	93.15	0.00
139276	16 泉小微	700.00	3.00	2019.11.03	3.4400	98.02	130.00
139277	16 共青城	800.00	7.00	2023.03.25	5.8500	96.09	348.00
139278	16 达州 01	700.00	10.00	2026.11.04	3.9900	91.97	0.00
139279	16 锡新城	2000.00	7.00	2023.11.09	3.9200	96.19	472.00
139280	16 徐高新	1130.00	7.00	2023.11.11	3.7800	91.64	66.00
139281	16 简州债	1000.00	7.00	2023.11.10	3.9300	100.41	0.00
139282	16 筑城 02	3000.00	10.00	2026.11.14	4.0000	90.34	100.00
139283	16 牡城 02	900.00	7.00	2023.10.27	5.3400	91.32	111.00
139284	16 分宜债	1450.00	7.00	2023.08.22	4.5400	93.18	25.00
139286	16 海创债	1500.00	7.00	2023.11.16	4.4700	91.50	157.00
139287	16 天门债	600.00	7.00	2023.11.15	3.9800	92.78	90.00
139288	16 京诚债	670.00	7.00	2023.08.29	4.3800	94.30	200.00
139289	16 东宝债	700.00	7.00	2023.07.22	4.4400	97.22	0.00
139290	16 水城投	1060.00	7.00	2023.11.22	4.9800	95.98	210.00
139291	16 昌吉债	800.00	7.00	2023.11.18	4.2400	93.65	200.00
139292	16 江宁城	900.00	7.00	2023.11.11	3.4800	92.42	160.00
139293	16 诸微债	700.00	4.00	2020.10.28	4.0000	100.00	0.00
139294	PR 湘开债	1500.00	7.00	2022.11.25	5.3900	77.25	30.00
139295	16 乐平债	1800.00	7.00	2023.10.20	3.7000	92.79	0.00
139297	16 金潼 01	1000.00	7.00	2023.11.16	4.4400	100.00	0.00
139298	16 金阳 01	2000.00	10.00	2026.11.17	4.4600	90.01	450.00
139299	16 德溪 01	550.00	7.00	2023.11.17	4.6000	100.00	0.00
139300	PR 兴安债	1200.00	7.00	2022.12.21	6.1800	76.83	115.00
139301	16 中岳债	1200.00	5.00	2021.11.16	4.1000	100.23	0.00
139302	16 宁高 02	400.00	7.00	2023.11.23	3.9200	95.84	0.00
139303	16 冠隆债	1000.00	7.00	2023.11.10	4.7000	92.28	190.00
139304	16 益集 02	1200.00	7.00	2023.11.23	5.1600	100.25	0.00
139305	16 西秀债	1500.00	7.00	2023.11.22	4.7000	94.76	0.00
139306	16 临城开	1200.00	7.00	2023.11.22	3.8500	93.59	0.00
139307	16 七城投	900.00	7.00	2023.11.23	5.7500	100.00	0.00

债券信息 List of Bonds

债券 Bond

债券代码 Code	债券简称 Bond Name	发行数量(百万) Issued Vol(M)	年限 Terms	到期日 Expiration Date	票面利率(%) Coupon Rate(%)	本年收盘 Close	成交数量(万张) Trading Vol(10000)
139308	16 宁投 02	800.00	10.00	2026.11.28	3.8700	100.00	0.00
139309	16 遂富源	1050.00	7.00	2023.12.02	5.3400	90.80	150.00
139310	16 韩城投	1000.00	7.00	2023.12.05	4.6900	96.64	200.00
139311	16 沾化债	700.00	7.00	2023.11.29	4.9300	92.71	190.00
139312	16 鹤山 02	900.00	7.00	2023.12.07	5.0800	93.46	60.00
139313	16 德溪 02	500.00	7.00	2023.12.05	5.1000	100.00	0.00
139315	16 邵开债	2000.00	7.00	2023.12.13	6.5800	93.90	220.00
139316	16 金鑫 01	750.00	7.00	2023.07.26	4.5700	100.00	0.00
139317	16 金鑫 02	750.00	7.00	2023.07.26	3.8000	106.82	30.00
139320	16 首创 02	1500.00	5.00	2021.11.09	3.7000	97.48	215.00
139322	16 奥德 02	500.00	7.00	2023.08.22	4.7000	95.88	30.00
139323	16 惠交 02	2000.00	7.00	2023.12.27	4.9500	100.00	0.00
139324	16 衡东债	1200.00	7.00	2023.12.27	6.6000	100.00	0.00
139326	17 嘉鱼 01	300.00	7.00	2024.01.19	6.5000	100.00	0.00
139329	17 肇东 01	500.00	7.00	2024.01.20	6.5000	100.00	0.00
139330	17 柔刚 01	500.00	7.00	2024.01.24	5.6500	98.78	100.00
139331	17 南漳 01	300.00	7.00	2024.01.20	6.0000	95.54	80.00
139332	16 浏阳 01	900.00	7.00	2023.04.06	4.3700	94.86	85.00
139333	16 浏阳 02	1100.00	7.00	2023.04.06	4.3900	100.00	0.00
139334	16 汝城 02	300.00	7.00	2024.02.23	5.6900	100.00	0.00
139335	17 滇投债	1550.00	7.00	2024.07.24	5.7500	100.33	110.00
139336	17 广水债	800.00	7.00	2024.03.01	6.1900	100.00	0.00
139337	16 綦东开	800.00	7.00	2023.09.05	4.0000	100.00	0.00
139339	17 东乡债	1000.00	7.00	2024.03.20	6.2000	100.00	0.00
139340	17 蚌埠 01	2500.00	7.00	2024.04.13	5.8000	97.06	20.00
139341	17 凤台债	1200.00	7.00	2024.03.13	5.6000	100.00	0.00
139342	17 永专债	500.00	10.00	2027.04.05	6.3000	95.87	140.00
139343	17 嘉鱼 02	300.00	7.00	2024.03.23	5.7000	100.00	0.00
139344	17 资兴 01	300.00	7.00	2024.03.16	6.2000	100.00	0.00
139345	17 开元债	1200.00	7.00	2024.11.29	7.2500	100.00	0.00
139346	17 遂天泰	1000.00	7.00	2024.03.28	5.9800	100.00	0.00
139347	17 博山债	800.00	7.00	2024.03.29	5.6300	97.42	170.00
139348	17 随专 01	400.00	7.00	2024.04.07	5.7000	100.00	0.00
139349	16 达州 02	600.00	10.00	2027.04.07	6.5000	100.00	0.00
139350	17 鄂高投	400.00	7.00	2024.04.11	5.9000	99.63	40.00
139351	17 鄂交 Y1	1000.00	5.00	2022.04.13	5.4000	99.47	0.00
139352	17 惠华 01	500.00	7.00	2024.04.18	5.7800	99.11	0.00
139353	17 邵东债	1400.00	7.00	2024.04.19	7.1000	100.00	0.00
139354	17 应城债	1200.00	7.00	2024.04.14	6.5000	100.00	0.00
139355	16 营开 02	1000.00	7.00	2024.04.19	6.9800	100.00	0.00
139356	17 黔南 01	1000.00	7.00	2024.04.19	6.9900	97.91	27.00
139357	17 营北 01	400.00	7.00	2024.07.12	7.1900	98.11	60.00
139358	17 资城 01	800.00	7.00	2024.05.03	6.0000	100.00	0.00
139359	17 襄投债	2500.00	7.00	2024.04.21	5.4000	100.67	140.00
139360	17 醴陵债	1120.00	7.00	2024.04.21	6.5000	98.05	20.00
139361	17 德投债	1200.00	7.00	2024.09.14	6.4600	100.00	0.00
139362	G17 沣西 1	1500.00	7.00	2024.08.23	7.1000	97.99	200.00
139363	17 阳新债	1000.00	7.00	2024.04.26	6.5000	100.00	0.00
139365	17 伍家债	500.00	7.00	2024.04.20	6.5000	100.00	0.00
139366	17 松滋债	1000.00	7.00	2024.06.21	6.6000	100.00	0.00

债券信息 List of Bonds

债券 Bond

债券代码 Code	债券简称 Bond Name	发行数量(百万) Issued Vol(M)	年限 Terms	到期日 Expiration Date	票面利率(%) Coupon Rate(%)	本年收盘 Close	成交数量(万张) Trading Vol(10000)
139367	17 监利债	900.00	7.00	2024.04.28	6.7800	100.00	0.00
139370	17 石首债	860.00	7.00	2024.06.15	6.9800	100.00	0.00
139371	17 长葛债	1330.00	7.00	2024.04.19	7.1000	97.03	10.00
139372	G17 云绿 1	550.00	10.00	2027.06.01	6.3000	100.00	0.00
139373	17 西双创	350.00	7.00	2024.05.02	6.2000	96.39	32.00
139374	17 简工债	1370.00	7.00	2024.04.24	6.0000	100.00	0.00
139375	17 宜双 01	800.00	7.00	2024.05.18	6.1000	100.00	0.00
139376	17 嘉禾 01	800.00	7.00	2024.05.25	6.5000	100.00	0.00
139377	17 开元 01	700.00	7.00	2024.05.26	7.3000	97.35	12.00
139378	17 咸双创	1000.00	10.00	2027.06.01	6.6000	100.00	0.00
139380	17 鄂交 Y2	1500.00	5.00	2022.06.07	5.6500	100.00	0.00
139381	17 襄高投	800.00	7.00	2024.06.12	6.2500	102.28	160.00
139382	17 武铁 Y1	1500.00	3.00	2020.06.15	5.5500	100.00	0.00
139383	17 鹤城投	2000.00	7.00	2024.06.19	6.9500	98.51	3.00
139384	17 阿纺织	700.00	7.00	2024.06.21	7.5000	98.93	392.00
139385	17 巴州债	1600.00	7.00	2024.06.19	6.0800	100.06	20.00
139386	17 吉首 01	500.00	7.00	2024.06.21	6.5000	100.00	0.00
139387	17 鄂交 Y3	1000.00	5.00	2022.06.16	5.6000	100.00	0.00
139388	17 津国投	500.00	7.00	2024.07.05	6.4000	100.00	0.00
139390	17 宁高 01	400.00	7.00	2024.06.26	5.6600	100.00	0.00
139391	17 观投债	1600.00	7.00	2024.06.22	6.4900	87.88	10.00
139392	17 科投债	910.00	7.00	2024.06.30	5.9900	100.00	0.00
139393	17 黔南 02	1000.00	7.00	2024.07.06	6.9800	100.00	0.00
139394	17 金鑫债	1000.00	7.00	2024.07.31	7.0800	100.00	0.00
139395	17 市北 01	1500.00	7.00	2024.08.07	5.9800	98.39	50.00
139396	17 湘东山	1150.00	7.00	2024.08.03	6.2000	100.00	0.00
139397	17 宿马债	1000.00	7.00	2024.08.03	6.1000	100.00	0.00
139398	17 蓉轨 Y1	2000.00	5.00	2022.08.10	5.6900	102.03	150.00
139399	17 高科 01	1440.00	10.00	2027.09.14	5.6000	100.00	0.00
139400	17 钟祥债	800.00	7.00	2024.09.01	6.5000	100.00	0.00
139401	17 清浦债	1500.00	7.00	2024.09.29	6.7500	100.00	0.00
139402	17 蒙自 01	600.00	7.00	2024.09.25	7.6500	100.00	0.00
139403	17 西高 01	5000.00	7.00	2024.12.27	6.1200	105.38	900.00
139404	18 陕高 Y1	500.00	5.00	2023.08.02	5.9700	102.22	90.00
139405	18 首旅 01	2500.00	9.00	2027.08.20	4.6700	100.00	0.00
139406	18 首旅 02	1500.00	10.00	2028.08.20	5.0000	100.00	0.00
139407	18 上饶县	1500.00	7.00	2025.07.24	7.9500	100.00	0.00
139408	18 瑞专 01	700.00	10.00	2028.09.12	6.4800	100.00	0.00
139459	18 陕交 Y	668.00	5.00	2023.10.23	6.5000	100.00	0.00
140000	16 青海 09	600.00	3.00	2019.05.30	2.7000	100.00	0.00
140001	16 青海 10	610.00	5.00	2021.05.30	2.9000	100.00	0.00
140002	16 青海 11	690.00	7.00	2023.05.30	3.1800	100.00	0.00
140003	16 青海 12	500.00	10.00	2026.05.30	3.2400	100.00	0.00
140004	16 内蒙 05	2474.71	3.00	2019.05.31	2.8600	98.09	500.00
140005	16 内蒙 06	7421.00	5.00	2021.05.31	3.0500	99.30	632.00
140006	16 内蒙 07	7421.00	7.00	2023.05.31	3.3100	100.00	0.00
140007	16 内蒙 08	7421.00	10.00	2026.05.31	3.2900	100.00	0.00
140008	16 河南 05	7600.00	3.00	2019.05.31	2.8100	98.01	10.00
140009	16 河南 06	11400.00	5.00	2021.05.31	3.0300	96.65	220.00
140010	16 河南 07	11400.00	7.00	2023.05.31	3.2600	100.00	0.00

债券信息 List of Bonds

债券代码 Code	债券简称 Bond Name	发行数量(百万) Issued Vol(M)	年限 Terms	到期日 Expiration Date	票面利率(%) Coupon Rate(%)	本年收盘 Close	成交数量(万张) Trading Vol(10000)
140011	16 河南 08	7600.00	10.00	2026.05.31	3.2400	100.00	0.00
140012	16 河南 09	5260.00	3.00	2019.05.31	2.8100	102.40	230.00
140013	16 河南 10	7890.00	5.00	2021.05.31	3.0300	100.00	0.00
140014	16 河南 11	7890.00	7.00	2023.05.31	3.2600	100.00	0.00
140015	16 河南 12	5260.00	10.00	2026.05.31	3.2400	100.00	0.00
140016	16 天津 06	4928.00	3.00	2019.06.01	2.6700	100.00	0.00
140017	16 天津 07	13480.00	5.00	2021.06.01	2.8600	100.00	0.00
140018	16 天津 08	13761.00	7.00	2023.06.01	3.1000	100.00	0.00
140019	16 天津 09	13760.00	10.00	2026.06.01	3.1300	100.00	1120.00
140020	16 天津 10	5835.00	5.00	2021.06.01	2.7500	100.00	0.00
140021	16 天津 11	2120.00	7.00	2023.06.01	2.9700	100.00	200.00
140022	16 天津 12	2028.00	10.00	2026.06.01	2.9500	94.15	0.00
140023	16 河北 09	14500.00	3.00	2019.06.02	2.7600	98.30	350.00
140024	16 河北 10	14500.00	5.00	2021.06.02	2.9400	100.00	0.00
140025	16 河北 11	14500.00	7.00	2023.06.02	3.2300	100.00	0.00
140026	16 河北 12	4958.00	10.00	2026.06.02	3.2100	100.00	0.00
140027	16 河北 13	4300.00	3.00	2019.06.02	2.7400	100.00	0.00
140028	16 河北 14	5942.00	5.00	2021.06.02	2.9000	100.00	0.00
140029	16 河北 15	4300.00	7.00	2023.06.02	3.1800	100.00	0.00
140030	16 贵州 09	8000.00	3.00	2019.06.03	2.8100	100.00	2630.00
140031	16 贵州 10	12000.00	5.00	2021.06.03	2.9900	95.95	300.00
140032	16 贵州 11	12000.00	7.00	2023.06.03	3.1800	100.00	0.00
140033	16 贵州 12	8000.00	10.00	2026.06.03	3.2700	100.00	0.00
140034	16 湖北 11	7680.00	3.00	2019.06.06	2.8000	98.07	510.00
140035	16 湖北 12	7680.00	5.00	2021.06.06	3.0100	98.00	200.10
140036	16 湖北 13	7680.00	7.00	2023.06.06	3.2800	100.00	0.00
140037	16 湖北 14	2560.00	10.00	2026.06.06	3.3400	100.00	0.00
140038	16 湖北 15	15000.00	5.00	2021.06.06	3.0400	101.17	140.00
140039	16 湖北 16	15000.00	7.00	2023.06.06	3.3000	100.60	0.00
140040	16 山东 13	12996.00	3.00	2019.06.07	2.8300	98.02	70.00
140041	16 山东 14	19493.00	5.00	2021.06.07	3.0300	97.01	100.00
140042	16 山东 15	19493.00	7.00	2023.06.07	3.2600	100.00	0.00
140043	16 山东 16	12996.00	10.00	2026.06.07	3.2700	100.00	0.00
140044	16 山东 17	600.00	3.00	2019.06.07	2.8300	100.00	0.00
140045	16 山东 18	900.00	5.00	2021.06.07	3.0300	100.00	0.00
140046	16 山东 19	900.00	7.00	2023.06.07	3.2600	100.00	0.00
140047	16 山东 20	600.00	10.00	2026.06.07	3.2700	100.00	0.00
140048	16 甘肃 06	7700.00	10.00	2026.06.07	3.2700	97.55	15.24
140049	16 重庆 07	2100.00	3.00	2019.06.08	2.8100	100.00	0.00
140050	16 重庆 08	4000.00	5.00	2021.06.08	3.0000	100.00	0.00
140051	16 重庆 09	4000.00	7.00	2023.06.08	3.1900	100.00	0.00
140052	16 重庆 10	3600.00	10.00	2026.06.08	3.2700	100.00	0.00
140053	16 重庆 11	6800.00	3.00	2019.06.08	2.7900	100.00	0.00
140054	16 重庆 12	6700.00	5.00	2021.06.08	2.9600	100.00	0.00
140055	16 重庆 13	6700.00	7.00	2023.06.08	3.1900	100.00	0.00
140056	16 重庆 14	6700.00	10.00	2026.06.08	3.2300	100.00	0.00
140057	16 广西 11	3600.00	3.00	2019.06.08	2.8100	99.82	100.00
140058	16 广西 12	10000.00	5.00	2021.06.08	2.9600	100.00	0.00
140059	16 广西 13	10000.00	7.00	2023.06.08	3.2400	100.00	0.00
140060	16 广西 14	10000.00	10.00	2026.06.08	3.2800	100.00	0.00

债券信息 List of Bonds

债券 Bond

债券代码 Code	债券简称 Bond Name	发行数量(百万) Issued Vol(M)	年限 Terms	到期日 Expiration Date	票面利率(%) Coupon Rate(%)	本年收盘 Close	成交数量(万张) Trading Vol(10000)
140061	16 广西 15	1600.00	5.00	2021.06.08	2.9600	100.00	0.00
140062	16 广西 16	600.00	7.00	2023.06.08	3.2400	100.00	0.00
140063	16 广西 17	1000.00	10.00	2026.06.08	3.2800	100.00	0.00
140064	16 江苏 09	6770.00	3.00	2019.06.14	2.7100	100.00	0.00
140065	16 江苏 10	10000.00	5.00	2021.06.14	2.9600	98.93	1200.00
140066	16 江苏 11	10000.00	7.00	2023.06.14	3.1900	100.00	0.00
140067	16 江苏 12	6700.00	10.00	2026.06.14	3.2100	102.20	40.00
140068	16 江苏 13	10900.00	3.00	2019.06.14	2.7100	100.00	0.00
140069	16 江苏 14	16100.00	5.00	2021.06.14	2.8900	100.00	10.00
140070	16 江苏 15	16100.00	7.00	2023.06.14	3.1500	100.00	0.00
140071	16 江苏 16	10800.00	10.00	2026.06.14	3.1800	100.00	0.00
140072	16 浙江 05	4220.00	3.00	2019.06.15	2.6500	100.00	0.00
140073	16 浙江 06	12650.00	5.00	2021.06.15	2.8800	97.60	850.00
140074	16 浙江 07	12650.00	7.00	2023.06.15	3.1000	100.00	0.00
140075	16 浙江 08	12650.00	10.00	2026.06.15	3.2000	102.40	0.00
140076	16 浙江 09	1950.00	5.00	2021.06.15	2.8000	100.00	0.00
140077	16 浙江 10	1950.00	10.00	2026.06.15	3.0900	100.00	0.00
140078	16 新疆 13	940.00	3.00	2019.06.16	2.6000	100.00	0.00
140079	16 新疆 14	1410.00	5.00	2021.06.16	2.8000	100.00	0.00
140080	16 新疆 15	1410.00	7.00	2023.06.16	2.9900	100.00	0.00
140081	16 新疆 16	940.00	10.00	2026.06.16	3.0000	100.00	0.00
140082	16 宁夏 09	2000.00	3.00	2019.06.17	2.7600	99.70	0.00
140083	16 宁夏 10	2300.00	5.00	2021.06.17	3.0100	95.75	50.00
140084	16 宁夏 11	2300.00	7.00	2023.06.17	3.2700	100.00	0.00
140085	16 宁夏 12	1080.00	10.00	2026.06.17	3.2900	99.91	0.00
140086	16 宁夏 13	600.00	5.00	2021.06.17	3.0100	100.00	0.00
140087	16 宁夏 14	400.00	7.00	2023.06.17	3.2500	100.00	0.00
140088	16 宁夏 15	300.00	10.00	2026.06.17	3.2800	100.00	0.00
140089	16 广东 15	1524.00	3.00	2019.06.17	2.7600	98.12	148.00
140090	16 广东 16	4540.00	5.00	2021.06.17	2.9800	98.98	150.00
140091	16 广东 17	4540.00	7.00	2023.06.17	3.1700	99.91	0.00
140092	16 广东 18	4540.00	10.00	2026.06.17	3.1700	100.00	100.00
140093	16 广东 19	8904.50	5.00	2021.06.17	2.9500	100.00	0.00
140094	16 广东 20	3550.00	7.00	2023.06.17	3.1700	100.00	0.00
140095	16 广东 21	5330.00	10.00	2026.06.17	3.1700	100.00	0.00
140096	16 福建 01	2838.71	3.00	2019.06.20	2.8000	97.60	200.00
140097	16 福建 02	8470.00	5.00	2021.06.20	2.9900	101.37	180.00
140098	16 福建 03	8470.00	7.00	2023.06.20	3.1700	100.00	0.00
140099	16 福建 04	8470.00	10.00	2026.06.20	3.1700	100.00	0.00
140100	16 福建 05	16004.18	5.00	2021.06.20	2.9900	100.00	0.00
140101	16 福建 06	15990.00	10.00	2026.06.20	3.1700	100.00	0.00
140102	16 四川 13	8200.00	3.00	2019.06.20	2.8000	100.00	443.00
140103	16 四川 14	8200.00	5.00	2021.06.20	2.9900	99.00	160.00
140104	16 四川 15	8200.00	7.00	2023.06.20	3.1800	100.00	70.00
140105	16 四川 16	2910.00	10.00	2026.06.20	3.2700	100.30	0.00
140106	16 四川 17	9200.00	3.00	2019.06.20	2.8000	98.27	150.00
140107	16 四川 18	9200.00	5.00	2021.06.20	2.9900	100.00	480.00
140108	16 四川 19	9200.00	7.00	2023.06.20	3.2300	100.78	0.00
140109	16 四川 20	3300.00	10.00	2026.06.20	3.2600	100.00	0.00
140110	16 吉林 01	2517.68	3.00	2019.06.21	2.8000	100.00	120.00

债券信息 List of Bonds

债券 Bond

债券代码 Code	债券简称 Bond Name	发行数量(百万) Issued Vol(M)	年限 Terms	到期日 Expiration Date	票面利率(%) Coupon Rate(%)	本年收盘 Close	成交数量(万张) Trading Vol(10000)
140111	16 吉林 02	7549.00	5.00	2021.06.21	2.9800	95.64	0.00
140112	16 吉林 03	7549.00	7.00	2023.06.21	3.1600	100.00	0.00
140113	16 吉林 04	7549.00	10.00	2026.06.21	3.3000	100.00	0.00
140114	16 吉林 05	1500.00	5.00	2021.06.21	2.9800	100.00	0.00
140115	16 吉林 06	438.00	7.00	2023.06.21	3.2500	100.00	0.00
140116	16 吉林 07	1062.00	10.00	2026.06.21	3.3000	100.00	20.00
140117	16 江西 09	2140.00	3.00	2019.06.22	2.7000	100.00	0.00
140118	16 江西 10	6350.00	5.00	2021.06.22	2.9000	100.00	0.00
140119	16 江西 11	6350.00	7.00	2023.06.22	3.0700	100.00	0.00
140120	16 江西 12	6350.00	10.00	2026.06.22	3.2100	100.00	0.00
140121	16 江西 13	3950.00	3.00	2019.06.22	2.7000	100.00	0.00
140122	16 江西 14	3920.00	5.00	2021.06.22	2.8300	100.00	0.00
140123	16 江西 15	3920.00	7.00	2023.06.22	3.0500	100.00	0.00
140124	16 江西 16	3920.00	10.00	2026.06.22	3.1800	100.00	0.00
140125	16 湖南 05	30000.00	3.00	2019.06.24	2.7600	100.00	250.00
140126	16 湖南 06	25600.00	7.00	2023.06.24	3.1500	100.50	0.00
140127	16 内蒙 09	7545.00	3.00	2019.06.24	2.8900	99.70	1070.00
140128	16 内蒙 10	7545.00	5.00	2021.06.24	3.0600	96.83	330.00
140129	16 内蒙 11	7545.00	7.00	2023.06.24	3.2600	100.97	100.00
140130	16 内蒙 12	2515.00	10.00	2026.06.24	3.3000	100.00	0.00
140131	16 内蒙 13	3414.00	3.00	2019.06.24	2.8900	97.84	0.00
140132	16 内蒙 14	5188.00	5.00	2021.06.24	3.0600	96.80	10.00
140133	16 内蒙 15	5164.00	7.00	2023.06.24	3.2600	100.00	0.00
140134	16 内蒙 16	1134.00	10.00	2026.06.24	3.3000	100.00	0.00
140135	16 山西 05	1360.00	3.00	2019.06.27	2.5900	100.00	0.00
140136	16 山西 06	4000.00	5.00	2021.06.27	2.7700	100.00	0.00
140137	16 山西 07	4000.00	7.00	2023.06.27	3.0200	100.00	0.00
140138	16 山西 08	4000.00	10.00	2026.06.27	3.0800	100.00	0.00
140139	16 山西 09	2900.00	5.00	2021.06.27	2.7600	100.08	120.00
140140	16 山西 10	2900.00	10.00	2026.06.27	3.0600	100.00	0.00
140141	16 河南 13	3739.14	3.00	2019.06.29	2.6100	100.00	0.00
140142	16 河南 14	5608.70	5.00	2021.06.29	2.7800	100.00	0.00
140143	16 河南 15	5608.70	7.00	2023.06.29	3.0800	100.40	0.00
140144	16 河南 16	3739.14	10.00	2026.06.29	3.1000	100.00	0.00
140145	16 河南 17	3838.20	3.00	2019.06.29	2.5800	100.00	0.00
140146	16 河南 18	5757.29	5.00	2021.06.29	2.7300	100.00	0.00
140147	16 河南 19	5757.29	7.00	2023.06.29	2.9000	100.00	0.00
140148	16 河南 20	3838.20	10.00	2026.06.29	2.9200	100.00	0.00
140149	16 安徽 05	13700.00	3.00	2019.07.01	2.7500	98.76	240.00
140150	16 安徽 06	13700.00	5.00	2021.07.01	2.8500	100.00	0.00
140151	16 安徽 07	13700.00	7.00	2023.07.01	3.0800	100.00	0.00
140152	16 安徽 08	4770.00	10.00	2026.07.01	3.1000	100.00	0.00
140153	16 安徽 09	22500.00	5.00	2021.07.01	2.8500	100.00	200.00
140154	16 安徽 10	22500.00	7.00	2023.07.01	3.1000	100.20	0.00
140155	16 北京 01	11349.52	3.00	2019.07.08	2.5400	100.00	0.00
140156	16 北京 02	11488.37	5.00	2021.07.08	2.6700	100.00	500.00
140157	16 青海 13	548.01	3.00	2019.07.11	2.6400	100.00	0.00
140158	16 青海 14	759.00	5.00	2021.07.11	2.8100	100.00	0.00
140159	16 青海 15	759.00	7.00	2023.07.11	2.9800	100.00	0.00
140160	16 青海 16	549.00	10.00	2026.07.11	3.0300	100.00	0.00

债券信息
List of Bonds

债券
Bond

债券代码 Code	债券简称 Bond Name	发行数量(百万) Issued Vol(M)	年限 Terms	到期日 Expiration Date	票面利率(%) Coupon Rate(%)	本年收盘 Close	成交数量(万张) Trading Vol(10000)
140161	16 辽宁 09	13800.00	3.00	2019.07.13	2.7300	99.28	10.00
140162	16 辽宁 10	13800.00	5.00	2021.07.13	2.9500	99.00	812.00
140163	16 辽宁 11	13800.00	7.00	2023.07.13	3.1200	95.83	100.00
140164	16 辽宁 12	4600.00	10.00	2026.07.13	3.1100	96.05	280.63
140165	16 新疆 17	3210.00	3.00	2019.07.13	2.5300	100.00	0.00
140166	16 新疆 18	4810.00	5.00	2021.07.13	2.6600	100.00	0.00
140167	16 新疆 19	4820.00	7.00	2023.07.13	2.8300	100.00	0.00
140168	16 新疆 20	3210.00	10.00	2026.07.13	2.8200	100.00	0.00
140169	16 新疆 21	300.00	3.00	2019.07.13	2.5300	100.00	0.00
140170	16 新疆 22	450.00	5.00	2021.07.13	2.6600	100.00	0.00
140171	16 新疆 23	450.00	7.00	2023.07.13	2.8300	100.00	80.00
140172	16 新疆 24	300.00	10.00	2026.07.13	2.8200	100.00	0.00
140173	16 广东 22	1726.00	3.00	2019.07.19	2.6800	100.00	0.00
140174	16 广东 23	5140.00	5.00	2021.07.19	2.8600	100.00	470.00
140175	16 广东 24	5140.00	7.00	2023.07.19	3.0100	100.00	0.00
140176	16 广东 25	5140.00	10.00	2026.07.19	3.0200	100.00	0.00
140177	16 广东 26	6374.00	5.00	2021.07.19	2.8300	100.00	0.00
140178	16 广东 27	2550.00	7.00	2023.07.19	3.0100	100.00	0.00
140179	16 广东 28	3820.00	10.00	2026.07.19	3.0200	100.00	0.00
140180	16 贵州 13	4000.00	3.00	2019.07.20	2.7000	100.00	0.00
140181	16 贵州 14	6000.00	5.00	2021.07.20	2.8400	100.00	0.00
140182	16 贵州 15	6000.00	7.00	2023.07.20	2.9800	100.00	0.00
140183	16 贵州 16	4000.00	10.00	2026.07.20	3.0700	100.00	0.00
140184	16 贵州 17	8000.00	3.00	2019.07.20	2.6800	100.00	0.00
140185	16 贵州 18	12000.00	7.00	2023.07.20	2.9600	100.00	0.00
140186	16 上海 01	16260.00	3.00	2019.07.25	2.5200	100.00	0.00
140187	16 上海 02	24390.00	5.00	2021.07.25	2.6500	100.00	210.00
140188	16 上海 03	16260.00	7.00	2023.07.25	2.8100	100.00	300.00
140189	16 上海 04	24390.00	10.00	2026.07.25	2.8100	100.00	0.00
140190	16 黑龙 09	4659.32	3.00	2019.07.27	2.7400	100.00	0.00
140191	16 黑龙 10	6800.00	5.00	2021.07.27	2.8600	100.00	0.00
140192	16 黑龙 11	6800.00	7.00	2023.07.27	3.0900	100.00	0.00
140193	16 黑龙 12	4500.00	10.00	2026.07.27	3.1000	100.00	0.00
140194	16 黑龙 13	5595.22	5.00	2021.07.27	2.8900	100.00	0.00
140195	16 黑龙 14	5500.00	7.00	2023.07.27	3.0800	100.00	0.00
140196	16 江苏 17	12800.00	3.00	2019.08.01	2.5100	100.00	0.00
140197	16 江苏 18	19000.00	5.00	2021.08.01	2.5900	99.90	380.00
140198	16 江苏 19	19000.00	7.00	2023.08.01	2.8200	99.90	0.00
140199	16 江苏 20	12700.00	10.00	2026.08.01	2.9000	100.00	1050.00
140200	16 江苏 21	7620.00	3.00	2019.08.01	2.4900	100.00	0.00
140201	16 江苏 22	11300.00	5.00	2021.08.01	2.5900	100.00	0.00
140202	16 江苏 23	11300.00	7.00	2023.08.01	2.7900	100.00	20.00
140203	16 江苏 24	7500.00	10.00	2026.08.01	2.7900	100.00	0.00
140204	16 吉林 08	1200.15	3.00	2019.08.01	2.5400	100.00	0.00
140205	16 吉林 09	3596.00	5.00	2021.08.01	2.6900	100.00	0.00
140206	16 吉林 10	3596.00	7.00	2023.08.01	2.8900	100.00	0.00
140207	16 吉林 11	3596.00	10.00	2026.08.01	2.9900	100.00	0.00
140208	16 吉林 12	1302.10	5.00	2021.08.01	2.6800	100.00	0.00
140209	16 吉林 13	174.20	7.00	2023.08.01	2.8400	100.00	0.00
140210	16 吉林 14	1127.80	10.00	2026.08.01	2.9900	100.00	0.00

债券信息
List of Bonds

债券
Bond

债券代码 Code	债券简称 Bond Name	发行数量(百万) Issued Vol(M)	年限 Terms	到期日 Expiration Date	票面利率(%) Coupon Rate(%)	本年收盘 Close	成交数量(万张) Trading Vol(10000)
140211	16 陕西 21	5070.00	3.00	2019.08.03	2.4900	100.00	0.00
140212	16 陕西 22	5070.00	5.00	2021.08.03	2.5900	100.00	0.00
140213	16 陕西 23	5070.00	7.00	2023.08.03	2.8300	100.00	120.00
140214	16 陕西 24	1740.05	10.00	2026.08.03	2.9400	100.00	0.00
140215	16 北京 03	13819.10	7.00	2023.08.05	2.7900	100.00	1550.00
140216	16 北京 04	13515.93	10.00	2026.08.05	2.7900	100.00	300.00
140217	16 四川 21	9000.00	3.00	2019.08.05	2.6100	100.00	0.00
140218	16 四川 22	9000.00	5.00	2021.08.05	2.6900	100.00	300.00
140219	16 四川 23	9000.00	7.00	2023.08.05	2.9300	100.00	150.00
140220	16 四川 24	3000.00	10.00	2026.08.05	3.0300	100.00	0.00
140221	16 四川 25	9000.00	3.00	2019.08.05	2.6100	100.00	0.00
140222	16 四川 26	9000.00	5.00	2021.08.05	2.7300	100.00	0.00
140223	16 四川 27	9000.00	7.00	2023.08.05	2.9300	100.00	0.00
140224	16 四川 28	3000.00	10.00	2026.08.05	3.0700	100.00	160.00
140225	16 云南 09	13880.00	3.00	2019.08.08	2.5400	100.00	0.00
140226	16 云南 10	16300.00	10.00	2026.08.08	2.9600	100.00	80.00
140227	16 云南 11	2310.00	3.00	2019.08.08	2.4600	100.00	0.00
140228	16 云南 12	900.00	5.00	2021.08.08	2.5800	100.00	0.00
140229	16 云南 13	900.00	7.00	2023.08.08	2.7700	100.00	0.00
140230	16 云南 14	900.00	10.00	2026.08.08	2.9100	100.00	0.00
140231	16 浙江 11	2714.70	3.00	2019.08.09	2.4400	100.00	0.00
140232	16 浙江 12	8144.01	5.00	2021.08.09	2.5800	100.00	0.00
140233	16 浙江 13	8144.01	7.00	2023.08.09	2.7700	100.00	0.00
140234	16 浙江 14	8144.01	10.00	2026.08.09	2.7700	100.00	0.00
140235	16 浙江 15	12570.66	3.00	2019.08.09	2.4400	100.00	0.00
140236	16 浙江 16	18855.98	5.00	2021.08.09	2.5800	100.00	470.00
140237	16 浙江 17	12570.65	7.00	2023.08.09	2.7700	100.00	0.00
140238	16 浙江 18	18855.98	10.00	2026.08.09	2.7700	100.00	0.00
140239	16 河北 16	4600.00	3.00	2019.08.10	2.4300	100.00	0.00
140240	16 河北 17	4600.00	5.00	2021.08.10	2.5700	100.00	0.00
140241	16 河北 18	4600.00	7.00	2023.08.10	2.7600	100.00	0.00
140242	16 河北 19	1551.00	10.00	2026.08.10	2.7600	100.00	0.00
140243	16 河北 20	6398.00	5.00	2021.08.10	2.5700	100.00	0.00
140244	16 山西 11	340.00	3.00	2019.08.12	2.4000	100.00	0.00
140245	16 山西 12	1020.00	5.00	2021.08.12	2.5400	100.00	0.00
140246	16 山西 13	1020.00	7.00	2023.08.12	2.7200	99.92	0.00
140247	16 山西 14	1020.00	10.00	2026.08.12	2.7400	100.00	0.00
140248	16 山西 15	4915.64	5.00	2021.08.12	2.5400	100.00	0.00
140249	16 山西 16	4900.00	10.00	2026.08.12	2.7500	99.92	0.00
140250	16 湖北 17	2925.00	3.00	2019.08.15	2.3900	100.00	0.00
140251	16 湖北 18	2925.00	5.00	2021.08.15	2.6300	99.93	0.00
140252	16 湖北 19	2925.00	7.00	2023.08.15	2.8000	100.00	0.00
140253	16 湖北 20	975.00	10.00	2026.08.15	2.8700	100.00	0.00
140254	16 上海 05	7740.00	3.00	2019.08.19	2.4100	100.00	0.00
140255	16 上海 06	10740.00	5.00	2021.08.19	2.5300	100.00	2100.00
140256	16 上海 07	16110.00	7.00	2023.08.19	2.7200	99.90	800.00
140257	16 上海 08	16110.00	10.00	2026.08.19	2.7500	100.00	0.00
140258	16 湖南 07	30000.00	3.00	2019.08.23	2.4300	100.00	0.00
140259	16 湖南 08	35000.00	7.00	2023.08.23	2.7800	100.00	0.00
140260	16 福建 07	4383.23	3.00	2019.08.24	2.4300	100.00	0.00

债券信息 List of Bonds

债券 Bond

债券代码 Code	债券简称 Bond Name	发行数量(百万) Issued Vol(M)	年限 Terms	到期日 Expiration Date	票面利率(%) Coupon Rate(%)	本年收盘 Close	成交数量(万张) Trading Vol(10000)
140261	16 福建 08	13090.00	5.00	2021.08.24	2.6000	100.00	0.00
140262	16 福建 09	13090.00	7.00	2023.08.24	2.8300	100.00	0.00
140263	16 福建 10	13090.00	10.00	2026.08.24	2.8700	100.00	0.00
140264	16 福建 11	8718.07	5.00	2021.08.24	2.5600	100.00	0.00
140265	16 福建 12	8700.00	10.00	2026.08.24	2.8000	100.00	0.00
140266	16 海南 04	2857.91	5.00	2021.08.26	2.5800	100.00	0.00
140267	16 海南 05	5100.00	7.00	2023.08.26	2.7700	100.00	0.00
140268	16 海南 06	1200.00	10.00	2026.08.26	2.8000	100.00	0.00
140269	16 贵州 19	4000.00	3.00	2019.09.02	2.4600	100.00	0.00
140270	16 贵州 20	6000.00	5.00	2021.09.02	2.6600	100.00	120.00
140271	16 贵州 21	6000.00	7.00	2023.09.02	2.8700	100.00	0.00
140272	16 贵州 22	4000.00	10.00	2026.09.02	2.9200	100.00	0.00
140273	16 贵州 23	12000.00	5.00	2021.09.02	2.6200	100.00	390.00
140274	16 贵州 24	8000.00	10.00	2026.09.02	2.9900	100.00	100.00
140275	16 山东 21	2934.00	3.00	2019.09.06	2.4500	100.00	0.00
140276	16 山东 22	4402.00	5.00	2021.09.06	2.6000	100.00	0.00
140277	16 山东 23	4402.00	7.00	2023.09.06	2.8800	100.00	0.00
140278	16 山东 24	2934.00	10.00	2026.09.06	2.8900	100.00	0.00
140279	16 宁夏 16	1814.39	3.00	2019.09.07	2.4200	100.00	0.00
140280	16 宁夏 17	2200.00	5.00	2021.09.07	2.6400	100.00	0.00
140281	16 宁夏 18	2200.00	7.00	2023.09.07	2.9100	100.00	0.00
140282	16 宁夏 19	1200.00	10.00	2026.09.07	2.9200	100.00	0.00
140283	16 甘肃 07	1050.00	3.00	2019.09.08	2.4200	100.00	0.00
140284	16 甘肃 08	1000.00	5.00	2021.09.08	2.6400	100.00	0.00
140285	16 甘肃 09	621.54	7.00	2023.09.08	2.8900	100.60	0.00
140286	16 甘肃 10	166.07	5.00	2021.09.08	2.6400	100.00	0.00
140287	16 北京 05	12144.40	3.00	2019.09.09	2.4700	100.00	0.00
140288	16 北京 06	10054.19	5.00	2021.09.09	2.6200	100.00	0.00
140289	16 北京 07	1360.86	7.00	2023.09.09	2.8400	100.20	0.00
140290	16 北京 08	966.20	10.00	2026.09.09	2.8100	100.00	0.00
140291	16 江西 17	940.00	3.00	2019.09.09	2.4200	100.00	100.00
140292	16 江西 18	2818.00	5.00	2021.09.09	2.5700	100.00	0.00
140293	16 江西 19	2818.00	7.00	2023.09.09	2.7900	100.00	0.00
140294	16 江西 20	2818.00	10.00	2026.09.09	2.8600	100.00	0.00
140295	16 江西 21	1789.00	3.00	2019.09.09	2.4200	100.00	0.00
140296	16 江西 22	1789.00	5.00	2021.09.09	2.5700	100.00	0.00
140297	16 江西 23	1789.00	7.00	2023.09.09	2.7900	100.00	0.00
140298	16 江西 24	1789.00	10.00	2026.09.09	3.0000	100.00	0.00
140299	16 广西 18	380.00	3.00	2019.09.12	2.4800	100.00	0.00
140300	16 广西 19	1000.00	5.00	2021.09.12	2.6700	99.54	0.00
140301	16 广西 20	1000.00	7.00	2023.09.12	2.8900	100.00	0.00
140302	16 广西 21	1000.00	10.00	2026.09.12	2.9100	100.00	0.00
140303	16 广西 22	11620.00	5.00	2021.09.12	2.6700	100.00	0.00
140304	16 广西 23	4500.00	7.00	2023.09.12	2.8900	100.00	0.00
140305	16 广西 24	6800.00	10.00	2026.09.12	2.9100	100.00	0.00
140306	16 宁波 09	1740.00	3.00	2019.09.14	2.4300	100.00	0.00
140307	16 宁波 10	2590.00	5.00	2021.09.14	2.5900	100.00	0.00
140308	16 宁波 11	1740.00	7.00	2023.09.14	2.8300	100.00	0.00
140309	16 宁波 12	2590.00	10.00	2026.09.14	2.8200	100.00	0.00
140310	16 宁波 13	250.00	3.00	2019.09.14	2.4300	100.00	0.00

债券信息
List of Bonds

债券代码 Code	债券简称 Bond Name	发行数量(百万) Issued Vol(M)	年限 Terms	到期日 Expiration Date	票面利率(%) Coupon Rate(%)	本年收盘 Close	成交数量(万张) Trading Vol(10000)
140311	16 宁波 14	380.00	5.00	2021.09.14	2.5700	100.00	0.00
140312	16 宁波 15	240.00	7.00	2023.09.14	2.7900	100.00	0.00
140313	16 宁波 16	380.00	10.00	2026.09.14	2.7800	100.00	0.00
140314	16 陕西 25	3260.00	3.00	2019.09.21	2.4500	100.00	100.00
140315	16 陕西 26	3260.00	5.00	2021.09.21	2.5700	100.00	0.00
140316	16 陕西 27	3260.00	7.00	2023.09.21	2.7700	100.00	0.00
140317	16 陕西 28	1193.12	10.00	2026.09.21	2.7800	100.00	0.00
140318	16 辽宁 13	6000.00	3.00	2019.09.21	2.5100	100.00	0.00
140319	16 辽宁 14	6000.00	5.00	2021.09.21	2.7100	100.00	0.00
140320	16 辽宁 15	6000.00	7.00	2023.09.21	2.8800	100.00	0.00
140321	16 辽宁 16	1905.86	10.00	2026.09.21	2.9100	100.00	0.00
140322	16 湖北 21	2115.00	3.00	2019.09.26	2.4300	100.00	0.00
140323	16 湖北 22	2115.00	5.00	2021.09.26	2.5700	100.00	0.00
140324	16 湖北 23	2115.00	7.00	2023.09.26	2.7600	100.00	0.00
140325	16 湖北 24	705.00	10.00	2026.09.26	2.7700	100.00	0.00
140326	16 湖北 25	2500.00	5.00	2021.09.26	2.6000	100.00	0.00
140327	16 湖北 26	2500.00	7.00	2023.09.26	2.7600	100.00	0.00
140328	16 河南 21	3124.45	3.00	2019.09.28	2.4200	100.00	50.00
140329	16 河南 22	4650.00	5.00	2021.09.28	2.5600	100.00	0.00
140330	16 河南 23	4650.00	7.00	2023.09.28	2.7500	100.00	0.00
140331	16 河南 24	3100.00	10.00	2026.09.28	2.7400	100.00	0.00
140332	16 河南 25	1852.18	3.00	2019.09.28	2.4200	100.00	0.00
140333	16 河南 26	2760.00	5.00	2021.09.28	2.5600	100.00	0.00
140334	16 河南 27	2760.00	7.00	2023.09.28	2.7500	100.00	0.00
140335	16 河南 28	1840.00	10.00	2026.09.28	2.7400	100.00	0.00
140336	16 新疆 25	890.00	3.00	2019.09.29	2.4600	100.00	0.00
140337	16 新疆 26	1330.00	5.00	2021.09.29	2.6100	100.00	0.00
140338	16 新疆 27	1330.00	7.00	2023.09.29	2.8700	100.00	0.00
140339	16 新疆 28	880.00	10.00	2026.09.29	2.8500	100.00	0.00
140340	16 新疆 29	980.00	3.00	2019.09.29	2.4600	100.00	0.00
140341	16 新疆 30	1470.00	5.00	2021.09.29	2.6100	100.00	0.00
140342	16 新疆 31	1470.00	7.00	2023.09.29	2.8700	100.00	160.00
140343	16 新疆 32	980.00	10.00	2026.09.29	2.8500	100.00	0.00
140344	16 江苏 25	10450.00	3.00	2019.10.11	2.4000	100.00	0.00
140345	16 江苏 26	15500.00	5.00	2021.10.11	2.5500	100.00	0.00
140346	16 江苏 27	15500.00	7.00	2023.10.11	2.7300	100.00	0.00
140347	16 江苏 28	10400.00	10.00	2026.10.11	2.7100	100.00	0.00
140348	16 江苏 29	8250.00	3.00	2019.10.11	2.4000	100.00	0.00
140349	16 江苏 30	12100.00	5.00	2021.10.11	2.5500	100.00	0.00
140350	16 江苏 31	12100.00	7.00	2023.10.11	2.7300	100.00	0.00
140351	16 江苏 32	8100.00	10.00	2026.10.11	2.7100	100.00	40.00
140352	16 安徽 11	5124.94	3.00	2019.10.12	2.4000	100.00	0.00
140353	16 安徽 12	5000.00	5.00	2021.10.12	2.5400	100.00	0.00
140354	16 安徽 13	3600.00	7.00	2023.10.12	2.7200	100.00	0.00
140355	16 安徽 14	3600.00	10.00	2026.10.12	2.7000	100.00	0.00
140356	16 安徽 15	7769.13	5.00	2021.10.12	2.5400	100.00	0.00
140357	16 安徽 16	7700.00	7.00	2023.10.12	2.7200	100.00	0.00
140358	16 湖南 09	20000.00	3.00	2019.10.14	2.4000	100.00	0.00
140359	16 湖南 10	20000.00	5.00	2021.10.14	2.5200	100.00	0.00
140360	16 湖南 11	25000.00	10.00	2026.10.14	2.7900	100.00	180.00

债券信息 List of Bonds

债券 Bond

债券代码 Code	债券简称 Bond Name	发行数量(百万) Issued Vol(M)	年限 Terms	到期日 Expiration Date	票面利率(%) Coupon Rate(%)	本年收盘 Close	成交数量(万张) Trading Vol(10000)
140361	16 青海 17	32.26	3.00	2019.10.17	2.4000	100.00	0.00
140362	16 青海 18	56.50	5.00	2021.10.17	2.5200	100.00	0.00
140363	16 青海 19	56.50	7.00	2023.10.17	2.7000	100.00	0.00
140364	16 青海 20	56.50	10.00	2026.10.17	2.6900	100.00	0.00
140365	16 青岛 08	40.00	3.00	2019.10.18	2.3900	100.00	0.00
140366	16 青岛 09	120.00	5.00	2021.10.18	2.5100	100.00	0.00
140367	16 青岛 10	120.00	7.00	2023.10.18	2.6900	100.00	0.00
140368	16 青岛 11	120.00	10.00	2026.10.18	2.6900	100.00	0.00
140369	16 青岛 12	1600.00	5.00	2021.10.18	2.5100	100.00	0.00
140370	16 青岛 13	640.00	7.00	2023.10.18	2.6900	100.00	0.00
140371	16 青岛 14	960.00	10.00	2026.10.18	2.6900	100.00	96.00
140372	16 山东 25	4730.00	3.00	2019.10.19	2.4100	100.00	0.00
140373	16 山东 26	7094.00	5.00	2021.10.19	2.5200	100.00	0.00
140374	16 山东 27	7094.00	7.00	2023.10.19	2.7400	100.20	0.00
140375	16 山东 28	4729.00	10.00	2026.10.19	2.7800	100.00	0.00
140376	16 山东 29	3641.00	3.00	2019.10.19	2.4100	100.00	0.00
140377	16 山东 30	5461.00	5.00	2021.10.19	2.5200	100.00	0.00
140378	16 山东 31	5461.00	7.00	2023.10.19	2.7400	100.00	0.00
140379	16 山东 32	3640.00	10.00	2026.10.19	2.7800	100.00	0.00
140380	16 山东 33	270.00	3.00	2019.10.19	2.4100	100.00	0.00
140381	16 山东 34	405.00	5.00	2021.10.19	2.5200	100.00	0.00
140382	16 山东 35	405.00	7.00	2023.10.19	2.7400	100.00	0.00
140383	16 山东 36	270.00	10.00	2026.10.19	2.7800	100.00	0.00
140384	16 内蒙 17	4059.88	3.00	2019.10.21	2.4300	100.00	0.00
140385	16 内蒙 18	12130.00	5.00	2021.10.21	2.5700	100.00	0.00
140386	16 内蒙 19	12130.00	7.00	2023.10.21	2.8100	100.00	0.00
140387	16 内蒙 20	12130.00	10.00	2026.10.21	2.8900	100.00	0.00
140388	16 内蒙 21	950.06	5.00	2021.10.21	2.5700	100.00	0.00
140389	16 内蒙 22	950.06	10.00	2026.10.21	2.8900	100.00	0.00
140390	16 重庆 15	2830.00	3.00	2019.10.26	2.3100	100.00	0.00
140391	16 重庆 16	4000.00	5.00	2021.10.26	2.4300	100.00	0.00
140392	16 重庆 17	4000.00	7.00	2023.10.26	2.6300	100.00	120.00
140393	16 重庆 18	2800.00	10.00	2026.10.26	2.6600	96.00	60.00
140394	16 重庆 19	5920.00	5.00	2021.10.26	2.4300	100.00	150.00
140395	16 重庆 20	5900.00	10.00	2026.10.26	2.6600	100.00	120.00
140396	16 辽宁 17	4950.00	3.00	2019.10.26	2.3500	100.00	170.00
140397	16 辽宁 18	4950.00	5.00	2021.10.26	2.4900	100.00	0.00
140398	16 辽宁 19	4950.00	7.00	2023.10.26	2.7000	100.00	100.00
140399	16 辽宁 20	1650.00	10.00	2026.10.26	2.7500	100.00	0.00
140400	16 辽宁 21	1840.30	3.00	2019.10.26	2.3600	100.00	0.00
140401	16 辽宁 22	1840.30	5.00	2021.10.26	2.5000	100.00	0.00
140402	16 辽宁 23	1100.00	7.00	2023.10.26	2.7000	100.00	0.00
140403	16 辽宁 24	294.91	10.00	2026.10.26	2.7600	100.00	0.00
140404	16 四川 29	9100.00	3.00	2019.10.31	2.3700	100.00	0.00
140405	16 四川 30	9100.00	5.00	2021.10.31	2.4800	100.00	0.00
140406	16 四川 31	9100.00	7.00	2023.10.31	2.7000	100.00	0.00
140407	16 四川 32	3324.00	10.00	2026.10.31	2.8700	100.00	0.00
140408	16 四川 33	2400.00	3.00	2019.10.31	2.4200	100.00	0.00
140409	16 四川 34	2400.00	5.00	2021.10.31	2.5700	100.00	90.00
140410	16 四川 35	2400.00	7.00	2023.10.31	2.7000	100.00	100.00

债券信息
List of Bonds

债券
Bond

债券代码 Code	债券简称 Bond Name	发行数量(百万) Issued Vol(M)	年限 Terms	到期日 Expiration Date	票面利率(%) Coupon Rate(%)	本年收盘 Close	成交数量(万张) Trading Vol(10000)
140411	16 四川 36	828.00	10.00	2026.10.31	3.0700	100.00	0.00
140412	16 浙江 19	2042.21	3.00	2019.11.04	2.3500	100.00	0.00
140413	16 浙江 20	6126.63	5.00	2021.11.04	2.4500	100.00	0.00
140414	16 浙江 21	6126.63	7.00	2023.11.04	2.6800	100.00	0.00
140415	16 浙江 22	6126.63	10.00	2026.11.04	2.7300	100.00	0.00
140416	16 浙江 23	4355.58	3.00	2019.11.04	2.3500	100.00	0.00
140417	16 浙江 24	6533.37	5.00	2021.11.04	2.4500	100.00	0.00
140418	16 浙江 25	4355.58	7.00	2023.11.04	2.6800	100.00	0.00
140419	16 浙江 26	6533.37	10.00	2026.11.04	2.7300	100.00	0.00
140420	16 贵州 25	2400.00	3.00	2019.11.07	2.3500	100.00	0.00
140421	16 贵州 26	3600.00	5.00	2021.11.07	2.4400	100.00	0.00
140422	16 贵州 27	3600.00	7.00	2023.11.07	2.8000	100.00	0.00
140423	16 贵州 28	2400.00	10.00	2026.11.07	2.8700	100.00	0.00
140424	16 贵州 29	1600.00	3.00	2019.11.07	2.3500	100.00	0.00
140425	16 贵州 30	2400.00	5.00	2021.11.07	2.4400	100.00	0.00
140426	16 贵州 31	2400.00	7.00	2023.11.07	2.7100	100.00	0.00
140427	16 贵州 32	1600.00	10.00	2026.11.07	2.8100	100.00	0.00
140428	16 广西 25	700.00	3.00	2019.11.07	2.4000	100.00	0.00
140429	16 广西 26	2000.00	5.00	2021.11.07	2.5200	100.00	0.00
140430	16 广西 27	2000.00	7.00	2023.11.07	2.7700	100.00	0.00
140431	16 广西 28	2000.00	10.00	2026.11.07	2.8800	100.00	0.00
140432	16 广西 29	3000.00	3.00	2019.11.07	2.4000	100.00	0.00
140433	16 广西 30	2000.00	5.00	2021.11.07	2.5200	100.00	0.00
140434	16 广西 31	3000.00	7.00	2023.11.07	2.7700	100.00	0.00
140435	16 广西 32	2000.00	10.00	2026.11.07	2.8800	100.00	0.00
140436	16 广东 29	3837.13	5.00	2021.11.08	2.4500	100.00	0.00
140437	16 广东 30	1550.00	7.00	2023.11.08	2.7000	100.00	0.00
140438	16 广东 31	2310.00	10.00	2026.11.08	2.7400	100.00	0.00
140439	16 山西 17	2275.40	3.00	2019.11.09	2.3500	100.00	0.00
140440	16 山西 18	786.48	5.00	2021.11.09	2.4500	100.00	0.00
140441	16 山西 19	2290.00	7.00	2023.11.09	2.7000	100.00	0.00
140442	16 山西 20	2290.00	10.00	2026.11.09	2.7400	100.00	0.00
140443	16 山西 21	2397.09	3.00	2019.11.09	2.3500	100.00	180.00
140444	16 山西 22	2300.00	7.00	2023.11.09	2.7000	100.00	140.00
140445	16 厦门 01	1924.99	3.00	2019.11.09	2.3500	100.00	0.00
140446	16 厦门 02	2860.00	5.00	2021.11.09	2.4500	100.00	50.00
140447	16 厦门 03	2860.00	7.00	2023.11.09	2.7000	100.00	0.00
140448	16 厦门 04	1900.00	10.00	2026.11.09	2.7400	100.00	0.00
140449	16 厦门 05	3290.35	5.00	2021.11.09	2.4500	100.00	0.00
140450	16 厦门 06	3280.00	10.00	2026.11.09	2.7400	100.00	0.00
140451	16 湖南 12	20000.00	3.00	2019.11.11	2.5000	100.00	0.00
140452	16 湖南 13	15000.00	10.00	2026.11.11	2.9500	100.00	0.00
140453	16 湖南 14	15000.00	5.00	2021.11.11	2.6800	100.00	0.00
140454	16 湖南 15	20000.00	7.00	2023.11.11	2.9700	100.00	0.00
140455	16 陕西 29	1800.00	3.00	2019.11.15	2.3700	100.00	0.00
140456	16 陕西 30	1800.00	5.00	2021.11.15	2.4900	100.00	0.00
140457	16 陕西 31	1800.00	7.00	2023.11.15	2.7500	100.00	0.00
140458	16 陕西 32	780.00	10.00	2026.11.15	2.7800	100.00	0.00
140459	16 大连 01	1560.50	3.00	2019.11.16	2.5000	100.00	0.00
140460	16 大连 02	2340.74	5.00	2021.11.16	2.7300	100.00	0.00

债券信息 List of Bonds

债券代码 Code	债券简称 Bond Name	发行数量(百万) Issued Vol(M)	年限 Terms	到期日 Expiration Date	票面利率(%) Coupon Rate(%)	本年收盘 Close	成交数量(万张) Trading Vol(10000)
140461	16大连03	2340.74	7.00	2023.11.16	3.1100	100.00	0.00
140462	16大连04	1560.50	10.00	2026.11.16	3.1400	100.00	0.00
140463	16大连05	379.66	3.00	2019.11.16	2.6100	100.00	0.00
140464	16大连06	569.49	5.00	2021.11.16	2.8000	100.00	0.00
140465	16大连07	569.49	7.00	2023.11.16	3.1300	100.00	0.00
140466	16大连08	379.66	10.00	2026.11.16	3.2000	100.00	0.00
140467	16海南07	2000.00	3.00	2019.11.18	2.4200	100.00	0.00
140468	16海南08	2679.41	5.00	2021.11.18	2.6100	100.00	0.00
140469	16海南09	2000.00	7.00	2023.11.18	2.8900	100.00	0.00
140470	16海南10	2600.00	10.00	2026.11.18	2.9800	100.00	0.00
140471	16河北21	3600.00	3.00	2019.11.18	2.3800	100.00	0.00
140472	16云南15	4530.00	3.00	2019.11.21	2.4500	100.00	0.00
140473	16云南16	7800.00	5.00	2021.11.21	2.6800	100.00	0.00
140474	16云南17	12700.00	10.00	2026.11.21	2.9600	100.00	0.00
140475	16云南18	4580.00	3.00	2019.11.21	2.4500	100.00	0.00
140476	16云南19	5000.00	5.00	2021.11.21	2.6800	100.00	0.00
140477	16新疆33	1410.00	3.00	2019.11.23	2.4600	100.00	0.00
140478	16新疆34	2120.00	5.00	2021.11.23	2.6700	100.00	0.00
140479	16新疆35	2120.00	7.00	2023.11.23	2.9500	100.00	60.00
140480	16新疆36	1410.00	10.00	2026.11.23	2.9800	100.00	0.00
140481	16新疆37	930.00	3.00	2019.11.23	2.4600	100.00	0.00
140482	16新疆38	1400.00	5.00	2021.11.23	2.6700	100.00	0.00
140483	16新疆39	1400.00	7.00	2023.11.23	2.9500	100.00	60.00
140484	16新疆40	920.00	10.00	2026.11.23	2.9800	100.00	0.00
140485	16西藏01	340.00	3.00	2019.11.30	2.4800	100.00	0.00
140486	16西藏02	348.00	5.00	2021.11.30	2.6500	100.00	0.00
140487	16西藏03	283.00	7.00	2023.11.30	2.8400	100.00	0.00
140488	16西藏04	305.00	10.00	2026.11.30	2.8600	100.00	0.00
140489	16西藏05	300.00	3.00	2019.11.30	2.4800	100.00	0.00
140490	16北京09	405.14	10.00	2026.12.01	2.9100	99.90	0.00
140491	16北京10	3000.00	3.00	2019.12.01	2.5100	99.95	0.00
140492	16北京11	1500.00	5.00	2021.12.01	2.6700	99.90	0.00
140493	16北京12	1635.19	10.00	2026.12.01	2.9100	99.90	0.00
140494	16吉林15	571.55	3.00	2019.12.02	2.7300	100.00	0.00
140495	16天津13	4871.00	3.00	2019.12.02	2.6300	100.00	0.00
140496	16天津14	3371.00	10.00	2026.12.02	3.0700	100.00	0.00
140497	16天津15	6806.00	3.00	2019.12.02	2.7200	100.00	0.00
140498	16天津16	6001.00	5.00	2021.12.02	2.8700	100.00	0.00
140499	16天津17	2491.00	7.00	2023.12.02	2.9700	100.00	0.00
140500	16天津18	5380.00	10.00	2026.12.02	3.1700	100.00	0.00
140501	16江苏33	940.00	3.00	2019.12.05	2.5600	100.00	0.00
140502	16江苏34	1390.00	5.00	2021.12.05	2.7100	100.00	0.00
140503	16江苏35	1390.00	7.00	2023.12.05	2.8900	100.00	0.00
140504	16江苏36	930.00	10.00	2026.12.05	2.9100	100.00	0.00
140505	16江苏37	2250.00	3.00	2019.12.05	2.5600	100.00	0.00
140506	16江苏38	3370.00	5.00	2021.12.05	2.7100	100.00	0.00
140507	16江苏39	3370.00	7.00	2023.12.05	2.8900	100.00	0.00
140508	16江苏40	2250.00	10.00	2026.12.05	2.9100	100.00	0.00
140509	16内蒙23	1804.44	3.00	2019.12.07	2.7700	100.00	0.00
140510	16内蒙24	5390.00	5.00	2021.12.07	3.0600	97.70	100.00

债券信息
List of Bonds

债券代码 Code	债券简称 Bond Name	发行数量(百万) Issued Vol(M)	年限 Terms	到期日 Expiration Date	票面利率(%) Coupon Rate(%)	本年收盘 Close	成交数量(万张) Trading Vol(10000)
140511	16 内蒙 25	5390.00	7.00	2023.12.07	3.2900	100.00	0.00
140512	16 内蒙 26	5390.00	10.00	2026.12.07	3.4200	100.00	0.00
140513	16 内蒙 27	1512.78	5.00	2021.12.07	3.0600	100.00	0.00
140514	16 内蒙 28	1512.78	10.00	2026.12.07	3.4200	100.00	0.00
140516	16 广东 32	302.68	3.00	2019.12.12	2.6600	100.00	0.00
140517	16 广东 33	1436.89	5.00	2021.12.12	2.8500	100.00	0.00
140518	16 广东 34	580.00	7.00	2023.12.12	3.0500	100.00	0.00
140519	16 广东 35	860.00	10.00	2026.12.12	3.0600	100.00	0.00
140520	16 新疆 41	620.00	5.00	2021.12.16	3.1000	100.00	0.00
140521	16 新疆 42	610.00	10.00	2026.12.16	3.3400	100.00	0.00
140522	17 新疆 01	5680.00	3.00	2020.03.02	3.0300	100.00	0.00
140523	17 新疆 02	5670.00	7.00	2024.03.02	3.4000	100.00	0.00
140524	17 新疆 03	2150.00	3.00	2020.03.02	3.1900	100.00	50.00
140525	17 新疆 04	2150.00	7.00	2024.03.02	3.5400	100.00	0.00
140526	17 河北 01	3800.00	5.00	2022.03.10	3.2000	100.00	0.00
140527	17 河北 02	3800.00	7.00	2024.03.10	3.3500	100.00	0.00
140528	17 河北 03	2400.00	5.00	2022.03.10	3.2000	100.00	0.00
140529	17 辽宁 01	4170.00	3.00	2020.03.15	3.1300	100.00	0.00
140530	17 辽宁 02	4170.00	5.00	2022.03.15	3.3000	100.00	0.00
140531	17 辽宁 03	4170.00	7.00	2024.03.15	3.4800	100.00	0.00
140532	17 辽宁 04	1390.00	10.00	2027.03.15	3.6500	100.00	0.00
140533	17 广西 01	2400.00	3.00	2020.03.17	3.1200	100.00	0.00
140534	17 广西 02	2200.00	5.00	2022.03.17	3.3300	100.00	0.00
140535	17 广西 03	3300.00	7.00	2024.03.17	3.4700	100.00	0.00
140536	17 广西 04	3300.00	10.00	2027.03.17	3.6400	100.00	0.00
140537	17 广西 05	9500.00	5.00	2022.03.17	3.3300	100.00	0.00
140538	17 广西 06	3800.00	7.00	2024.03.17	3.5100	100.00	0.00
140539	17 广西 07	5700.00	10.00	2027.03.17	3.6900	100.00	0.00
140540	17 广西 08	450.00	5.00	2022.03.17	3.3300	100.00	0.00
140541	17 广西 09	450.00	10.00	2027.03.17	3.7000	100.00	0.00
140542	17 云南 01	7700.00	3.00	2020.03.20	3.2400	100.00	0.00
140543	17 云南 02	7720.00	10.00	2027.03.20	3.7900	100.00	0.00
140544	17 云南 03	8800.00	3.00	2020.03.20	3.3600	100.00	0.00
140545	17 云南 04	8840.00	10.00	2027.03.20	3.8700	100.00	0.00
140546	17 山西 01	1800.00	3.00	2020.03.22	2.9200	100.00	0.00
140547	17 山西 02	1800.00	5.00	2022.03.22	3.1100	100.00	0.00
140548	17 山西 03	2400.00	7.00	2024.03.22	3.4000	100.00	0.00
140549	17 山西 04	2500.00	5.00	2022.03.22	3.2500	100.00	0.00
140550	17 山西 05	2500.00	7.00	2024.03.22	3.5800	100.00	0.00
140551	17 贵州 01	7600.00	3.00	2020.03.24	3.1500	100.00	0.00
140552	17 贵州 02	11400.00	7.00	2024.03.24	3.5100	100.00	0.00
140553	17 江西 01	868.90	3.00	2020.03.24	2.9900	100.00	0.00
140554	17 江西 02	2606.70	5.00	2022.03.24	3.3800	100.00	0.00
140555	17 江西 03	2606.70	7.00	2024.03.24	3.6000	100.00	0.00
140556	17 江西 04	2606.70	10.00	2027.03.24	3.6600	100.00	0.00
140557	17 江西 05	1227.63	3.00	2020.03.24	3.1800	100.00	0.00
140558	17 江西 06	1227.79	5.00	2022.03.24	3.4900	100.00	20.00
140559	17 江西 07	1227.79	7.00	2024.03.24	3.6800	100.00	0.00
140560	17 江西 08	1227.79	10.00	2027.03.24	3.7400	100.00	0.00
140561	17 山东 01	13600.00	5.00	2022.04.01	3.2800	100.00	0.00

债券信息 List of Bonds

债券 Bond

债券代码 Code	债券简称 Bond Name	发行数量(百万) Issued Vol(M)	年限 Terms	到期日 Expiration Date	票面利率(%) Coupon Rate(%)	本年收盘 Close	成交数量(万张) Trading Vol(10000)
140562	17 山东 02	13600.00	7.00	2024.04.01	3.6300	100.00	0.00
140563	17 江苏 01	19010.00	3.00	2020.04.10	3.2700	100.00	0.00
140564	17 江苏 02	19000.00	7.00	2024.04.10	3.6000	100.00	0.00
140565	17 江苏 03	14770.00	5.00	2022.04.10	3.5000	100.00	0.00
140566	17 江苏 04	14770.00	10.00	2027.04.10	3.7800	100.00	0.00
140567	17 重庆 01	4000.00	5.00	2022.04.10	3.4600	100.00	0.00
140568	17 重庆 02	6000.00	7.00	2024.04.10	3.6100	100.00	0.00
140569	17 重庆 03	4000.00	5.00	2022.04.10	3.4000	100.00	0.00
140570	17 重庆 04	14000.00	7.00	2024.04.10	3.6100	100.00	0.00
140571	17 河南 01	9357.74	3.00	2020.04.14	3.3400	100.00	0.00
140572	17 河南 02	9400.00	7.00	2024.04.14	3.6300	100.00	0.00
140573	17 河南 03	6904.63	3.00	2020.04.14	3.3300	100.00	0.00
140574	17 河南 04	6900.00	7.00	2024.04.14	3.6600	100.00	0.00
140575	17 四川 01	4200.00	3.00	2020.04.14	3.3500	100.00	0.00
140576	17 四川 02	4200.00	5.00	2022.04.14	3.5400	100.00	0.00
140577	17 四川 03	4200.00	7.00	2024.04.14	3.7200	100.00	0.00
140578	17 四川 04	1400.00	10.00	2027.04.14	3.8000	100.00	0.00
140579	17 四川 05	4800.00	3.00	2020.04.14	3.4500	100.00	0.00
140580	17 四川 06	4800.00	5.00	2022.04.14	3.5700	100.00	0.00
140581	17 四川 07	4800.00	7.00	2024.04.14	3.7000	100.00	0.00
140582	17 四川 08	1600.00	10.00	2027.04.14	3.8100	100.00	0.00
140583	17 浙江 01	2856.58	5.00	2022.04.17	3.1300	100.00	0.00
140584	17 浙江 02	2856.58	7.00	2024.04.17	3.5100	100.00	0.00
140585	17 浙江 03	3808.77	10.00	2027.04.17	3.6700	100.00	0.00
140586	17 浙江 04	8671.19	5.00	2022.04.17	3.1300	100.00	0.00
140587	17 浙江 05	3468.47	7.00	2024.04.17	3.4100	100.00	0.00
140588	17 浙江 06	5202.70	10.00	2027.04.17	3.6100	100.00	0.00
140589	17 青海 01	985.00	3.00	2020.04.18	3.2800	100.00	0.00
140590	17 青海 02	2205.00	5.00	2022.04.18	3.5000	100.00	0.00
140591	17 青海 03	2205.00	7.00	2024.04.18	3.7400	100.00	0.00
140592	17 青海 04	2205.00	10.00	2027.04.18	3.8300	100.00	0.00
140593	17 甘肃 01	4000.00	5.00	2022.04.19	3.5700	100.00	0.00
140594	17 甘肃 02	5000.00	7.00	2024.04.19	3.7700	100.00	0.00
140595	17 辽宁 05	5877.00	3.00	2020.04.19	3.5300	100.00	0.00
140596	17 辽宁 06	5877.00	5.00	2022.04.19	3.7600	100.00	0.00
140597	17 辽宁 07	5877.00	7.00	2024.04.19	3.8100	100.00	0.00
140598	17 辽宁 08	1959.00	10.00	2027.04.19	3.8300	100.00	0.00
140599	17 贵州 03	8000.00	3.00	2020.04.24	3.5600	100.00	0.00
140600	17 贵州 04	12000.00	7.00	2024.04.24	3.8900	100.00	0.00
140601	17 新疆 05	620.00	3.00	2020.05.09	3.8000	100.00	0.00
140602	17 新疆 06	610.00	7.00	2024.05.09	4.0500	100.00	0.00
140603	17 新疆 07	560.00	3.00	2020.05.09	3.8000	100.00	0.00
140604	17 新疆 08	570.00	7.00	2024.05.09	4.0500	100.00	0.00
140605	17 黑龙 01	3450.00	3.00	2020.05.08	3.9300	100.00	0.00
140606	17 黑龙 02	9600.00	5.00	2022.05.08	4.0800	100.00	0.00
140607	17 黑龙 03	9600.00	7.00	2024.05.08	4.2300	100.00	0.00
140608	17 黑龙 04	9600.00	10.00	2027.05.08	4.1700	100.00	0.00
140609	17 黑龙 05	2000.00	5.00	2022.05.08	4.1600	100.00	0.00
140610	17 黑龙 06	1131.00	7.00	2024.05.08	4.0500	100.00	0.00
140611	17 云南 05	5710.00	5.00	2022.05.19	4.2000	100.00	0.00

债券信息 List of Bonds

债券代码 Code	债券简称 Bond Name	发行数量(百万) Issued Vol(M)	年限 Terms	到期日 Expiration Date	票面利率(%) Coupon Rate(%)	本年收盘 Close	成交数量(万张) Trading Vol(10000)
140612	17 云南 06	6000.00	7.00	2024.05.19	4.2800	100.00	0.00
140613	17 云南 07	4550.00	5.00	2022.05.19	4.2000	100.00	0.00
140614	17 云南 08	5000.00	7.00	2024.05.19	4.2600	100.00	0.00
140615	17 北京 01	276.80	5.00	2022.05.10	3.4600	100.00	0.00
140616	17 北京 02	4505.92	5.00	2022.05.10	3.4600	100.00	0.00
140617	17 陕西 01	7000.00	5.00	2022.05.12	4.0800	100.00	300.00
140618	17 陕西 02	7000.00	7.00	2024.05.12	4.2300	100.00	0.00
140619	17 陕西 03	5000.00	5.00	2022.05.12	4.1300	100.00	0.00
140620	17 陕西 04	5000.00	7.00	2024.05.12	4.2600	100.00	0.00
140621	17 青岛 01	317.00	3.00	2020.05.16	3.9900	100.00	0.00
140622	17 青岛 02	951.00	5.00	2022.05.16	4.0500	100.00	0.00
140623	17 青岛 03	951.00	7.00	2024.05.16	4.1200	100.00	0.00
140624	17 青岛 04	951.00	10.00	2027.05.16	4.1900	100.00	0.00
140625	17 青岛 05	850.00	5.00	2022.05.16	4.0300	100.00	0.00
140626	17 青岛 06	1380.00	7.00	2024.05.16	4.1000	100.00	0.00
140627	17 青岛 07	2620.00	10.00	2027.05.16	4.1200	100.00	0.00
140628	17 宁波 01	950.00	3.00	2020.05.17	3.7700	100.00	0.00
140629	17 宁波 02	1420.00	5.00	2022.05.17	3.8900	100.00	0.00
140630	17 宁波 03	950.00	7.00	2024.05.17	4.0300	100.00	0.00
140631	17 宁波 04	1420.00	10.00	2027.05.17	4.1300	100.00	0.00
140632	17 宁波 05	440.00	3.00	2020.05.17	3.8800	100.00	0.00
140633	17 宁波 06	650.00	5.00	2022.05.17	3.8900	100.00	0.00
140634	17 宁波 07	440.00	7.00	2024.05.17	4.0800	100.00	0.00
140635	17 宁波 08	650.00	10.00	2027.05.17	4.1000	100.00	0.00
140636	17 广东 01	440.00	3.00	2020.05.19	3.8300	100.00	0.00
140637	17 广东 02	1320.00	5.00	2022.05.19	3.8500	100.00	0.00
140638	17 广东 03	1320.00	7.00	2024.05.19	3.9600	100.00	0.00
140639	17 广东 04	1320.00	10.00	2027.05.19	3.9300	100.00	0.00
140640	17 广东 05	3300.00	5.00	2022.05.19	3.8500	100.00	400.00
140641	17 广东 06	1320.00	7.00	2024.05.19	3.9600	100.00	0.00
140642	17 广东 07	1980.00	10.00	2027.05.19	3.9300	100.00	0.00
140643	17 四川 09	6600.00	3.00	2020.05.23	4.2900	100.00	120.00
140644	17 四川 10	6600.00	5.00	2022.05.23	4.3500	100.00	0.00
140645	17 四川 11	6600.00	7.00	2024.05.23	4.4400	100.00	0.00
140646	17 四川 12	2200.00	10.00	2027.05.23	4.3400	100.00	0.00
140647	17 四川 13	3000.00	3.00	2020.05.23	4.3800	100.00	0.00
140648	17 四川 14	3000.00	5.00	2022.05.23	4.3900	100.00	0.00
140649	17 四川 15	3000.00	7.00	2024.05.23	4.4400	100.00	100.00
140650	17 四川 16	1000.00	10.00	2027.05.23	4.3400	100.00	0.00
140651	17 广西 10	11000.00	3.00	2020.05.24	4.2900	100.00	120.00
140652	17 广西 11	22000.00	5.00	2022.05.24	4.3200	100.00	0.00
140653	17 广西 12	22000.00	7.00	2024.05.24	4.4100	100.00	0.00
140654	17 广西 13	3200.00	5.00	2022.05.24	4.3200	100.00	0.00
140655	17 湖北 01	4100.00	5.00	2022.05.26	4.2000	100.00	0.00
140656	17 湖北 02	5900.00	7.00	2024.05.26	4.3900	101.09	300.00
140657	17 河南 05	8496.65	3.00	2020.06.05	4.1200	100.00	0.00
140658	17 河南 06	14200.00	5.00	2022.06.05	4.2000	100.00	50.00
140659	17 河南 07	14200.00	7.00	2024.06.05	4.3100	100.00	0.00
140660	17 河南 08	8600.00	10.00	2027.06.05	4.3200	104.72	100.70
140661	17 河南 09	2542.11	5.00	2022.06.05	4.1800	100.00	0.00

债券信息 List of Bonds

债券 Bond

债券代码 Code	债券简称 Bond Name	发行数量(百万) Issued Vol(M)	年限 Terms	到期日 Expiration Date	票面利率(%) Coupon Rate(%)	本年收盘 Close	成交数量(万张) Trading Vol(10000)
140662	17 上海 01	15460.00	5.00	2022.06.06	3.7500	100.00	0.00
140663	17 上海 02	10000.00	7.00	2024.06.06	3.8600	100.00	0.00
140664	17 上海 03	15460.00	10.00	2027.06.06	3.8300	100.00	0.00
140665	17 福建 01	1095.90	3.00	2020.06.07	4.0000	100.00	0.00
140666	17 福建 02	3210.00	5.00	2022.06.07	4.0500	100.00	0.00
140667	17 福建 03	3210.00	7.00	2024.06.07	4.2100	100.00	0.00
140668	17 福建 04	3210.00	10.00	2027.06.07	4.2200	100.00	0.00
140669	17 福建 05	7382.98	5.00	2022.06.07	4.1900	100.00	0.00
140670	17 福建 06	3690.00	7.00	2024.06.07	4.2000	100.00	0.00
140671	17 福建 07	3690.00	10.00	2027.06.07	4.2500	100.00	0.00
140672	17 贵州 05	6000.00	5.00	2022.06.09	4.1800	100.00	0.00
140673	17 贵州 06	4000.00	10.00	2027.06.09	4.3200	100.00	0.00
140674	17 贵州 07	6000.00	5.00	2022.06.09	4.1300	100.00	0.00
140675	17 贵州 08	4000.00	10.00	2027.06.09	4.3000	100.00	0.00
140676	17 宁夏 01	2880.41	3.00	2020.06.12	3.9900	100.00	0.00
140677	17 宁夏 02	4200.00	5.00	2022.06.12	4.0900	100.00	0.00
140678	17 宁夏 03	4200.00	7.00	2024.06.12	4.2300	100.00	0.00
140679	17 宁夏 04	2900.00	10.00	2027.06.12	4.2800	100.00	0.00
140680	17 宁夏 05	1423.71	5.00	2022.06.12	4.0800	100.00	0.00
140681	17 宁夏 06	900.00	7.00	2024.06.12	4.2000	100.77	0.00
140682	17 河北 08	4600.00	7.00	2024.06.13	4.0500	100.43	0.00
140683	17 河北 09	12500.00	5.00	2022.06.13	4.0000	100.00	0.00
140684	17 河北 10	15000.00	7.00	2024.06.13	4.0800	100.00	0.00
140685	17 河北 11	7500.00	10.00	2027.06.13	4.0700	100.00	0.00
140686	17 陕西 05	5000.00	3.00	2020.06.13	4.0000	100.00	100.00
140687	17 陕西 06	7500.00	5.00	2022.06.13	4.0500	100.00	0.00
140688	17 陕西 07	7500.00	7.00	2024.06.13	4.1000	100.00	0.00
140689	17 陕西 08	5000.00	10.00	2027.06.13	4.1000	100.00	0.00
140690	17 陕西 09	1000.00	5.00	2022.06.13	4.0000	100.00	0.00
140691	17 新疆 09	11200.00	5.00	2022.06.14	4.0200	99.96	0.00
140692	17 新疆 10	11220.00	10.00	2027.06.14	4.0900	100.00	0.00
140693	17 新疆 11	1000.00	5.00	2022.06.14	4.0200	100.00	0.00
140694	17 海南 01	1600.00	3.00	2020.06.16	3.9300	100.00	0.00
140695	17 海南 02	3400.00	7.00	2024.06.16	4.0800	100.00	0.00
140696	17 海南 03	2400.00	10.00	2027.06.16	4.0500	100.00	0.00
140697	17 山西 06	3800.00	5.00	2022.06.19	3.7000	100.00	0.00
140698	17 山西 07	7950.00	7.00	2024.06.19	4.0200	100.00	0.00
140699	17 山西 08	18250.00	5.00	2022.06.19	3.9600	100.00	0.00
140700	17 山西 09	2000.00	7.00	2024.06.19	4.0200	100.00	0.00
140701	17 甘肃 03	11000.00	3.00	2020.06.16	3.9700	101.14	123.00
140702	17 甘肃 04	6256.93	5.00	2022.06.16	3.9800	99.95	0.00
140703	17 甘肃 05	3000.00	3.00	2020.06.16	3.9900	100.00	0.00
140704	17 甘肃 06	4315.11	7.00	2024.06.16	4.0400	100.00	0.00
140705	17 青海 05	3040.00	3.00	2020.06.20	4.0000	100.00	20.00
140706	17 青海 06	3040.00	5.00	2022.06.20	4.0400	100.00	0.00
140707	17 青海 07	2620.00	7.00	2024.06.20	4.1100	100.00	0.00
140708	17 湖南 01	14200.00	3.00	2020.06.21	3.8900	100.00	0.00
140709	17 湖南 02	20000.00	5.00	2022.06.21	3.9500	100.00	50.00
140710	17 安徽 01	9080.00	5.00	2022.07.05	3.8500	100.00	0.00
140711	17 安徽 02	10000.00	7.00	2024.07.05	4.0200	100.00	0.00

债券信息
List of Bonds

债券代码 Code	债券简称 Bond Name	发行数量 (百万) Issued Vol(M)	年限 Terms	到期日 Expiration Date	票面利率(%) Coupon Rate(%)	本年收盘 Close	成交数量(万张) Trading Vol(10000)
140712	17 安徽 03	17900.00	5.00	2022.07.05	3.8800	100.00	0.00
140713	17 安徽 04	17800.00	7.00	2024.07.05	3.9800	100.00	0.00
140714	17 山东 07	2400.00	5.00	2022.07.06	3.8300	100.00	0.00
140715	17 山东 08	1065.00	5.00	2022.07.06	3.8000	100.00	0.00
140716	17 江西 09	1605.00	3.00	2020.07.10	3.8000	100.00	0.00
140717	17 江西 10	4815.00	5.00	2022.07.10	3.9000	100.00	0.00
140718	17 江西 11	4815.00	7.00	2024.07.10	4.0100	100.00	0.00
140719	17 江西 12	4815.00	10.00	2027.07.10	4.1000	100.00	0.00
140720	17 江西 13	5425.00	3.00	2020.07.10	3.8700	100.98	550.00
140721	17 江西 14	5425.00	5.00	2022.07.10	3.9200	100.00	0.00
140722	17 江西 15	5425.00	7.00	2024.07.10	4.0100	100.00	0.00
140723	17 江西 16	5425.00	10.00	2027.07.10	4.0800	100.00	0.00
140724	17 北京 03	2900.00	3.00	2020.07.11	3.5000	100.00	0.00
140725	17 北京 04	8623.00	5.00	2022.07.11	3.6100	100.00	0.00
140726	17 北京 05	8663.00	7.00	2024.07.11	3.8200	100.00	0.00
140727	17 北京 06	9514.00	10.00	2027.07.11	3.8800	100.00	0.00
140728	17 广西 14	6500.00	10.00	2027.07.11	4.0900	100.00	0.00
140729	17 广西 15	3200.00	5.00	2022.07.11	3.9600	100.00	0.00
140730	17 广西 16	9500.00	7.00	2024.07.11	4.0200	100.00	0.00
140731	17 广西 17	800.00	5.00	2022.07.11	3.9600	100.00	0.00
140732	17 江苏 05	14000.00	5.00	2022.07.12	3.8300	100.00	0.00
140733	17 江苏 06	14000.00	10.00	2027.07.12	3.9300	100.00	0.00
140734	17 江苏 07	14550.00	3.00	2020.07.12	3.8500	100.00	1740.00
140735	17 江苏 08	14550.00	5.00	2022.07.12	3.9000	100.00	0.00
140736	17 江苏 09	14550.00	7.00	2024.07.12	3.9900	100.00	0.00
140737	17 江苏 10	14550.00	10.00	2027.07.12	4.0400	100.00	0.00
140738	17 新疆 12	9940.00	5.00	2022.07.12	3.8800	100.00	0.00
140739	17 新疆 13	9930.00	7.00	2024.07.12	4.0000	100.00	0.00
140740	17 新疆 14	2250.00	5.00	2022.07.12	3.9800	100.00	0.00
140741	17 新疆 15	2250.00	7.00	2024.07.12	4.0000	100.00	0.00
140742	17 辽宁 09	8720.00	3.00	2020.07.14	3.8100	100.00	900.00
140743	17 辽宁 10	6540.00	5.00	2022.07.14	3.8300	100.00	0.00
140744	17 辽宁 11	6540.00	7.00	2024.07.14	3.9500	100.00	150.00
140745	17 辽宁 12	1271.20	3.00	2020.07.14	3.7800	100.00	0.00
140746	17 辽宁 13	953.40	5.00	2022.07.14	3.7900	100.00	0.00
140747	17 辽宁 14	953.40	7.00	2024.07.14	3.9000	100.00	0.00
140748	17 重庆 05	9000.00	5.00	2022.07.17	3.8200	100.00	0.00
140749	17 重庆 06	8000.00	7.00	2024.07.17	4.0000	102.62	30.00
140750	17 重庆 07	3800.00	10.00	2027.07.17	4.0100	100.00	0.00
140751	17 重庆 08	6800.00	3.00	2020.07.17	3.7400	100.00	0.00
140752	17 重庆 09	6000.00	7.00	2024.07.17	3.9700	100.00	0.00
140753	17 重庆 10	5400.00	10.00	2027.07.17	4.0100	100.00	0.00
140754	17 北京 07	5650.00	5.00	2022.07.17	3.5700	100.00	0.00
140755	17 北京 08	3980.00	7.00	2024.07.17	3.7500	100.00	0.00
140756	17 北京 09	3170.00	10.00	2027.07.17	3.7800	100.00	0.00
140757	17 北京 10	1000.00	5.00	2022.07.17	3.5500	100.00	0.00
140758	17 北京 11	1310.00	3.00	2020.07.17	3.4900	100.00	0.00
140759	17 北京 12	3050.00	5.00	2022.07.17	3.5400	100.00	0.00
140760	17 北京 13	360.00	5.00	2022.07.17	3.5500	100.00	0.00
140761	17 北京 14	3630.00	5.00	2022.07.17	3.5500	100.00	0.00

债券信息
List of Bonds

债券
Bond

债券代码 Code	债券简称 Bond Name	发行数量(百万) Issued Vol(M)	年限 Terms	到期日 Expiration Date	票面利率(%) Coupon Rate(%)	本年收盘 Close	成交数量(万张) Trading Vol(10000)
140762	17 北京 15	650.00	5.00	2022.07.17	3.5500	100.00	0.00
140763	17 四川 21	2900.00	3.00	2020.07.18	3.7800	100.00	570.00
140764	17 四川 22	2900.00	5.00	2022.07.18	3.8600	100.00	0.00
140765	17 四川 23	2900.00	7.00	2024.07.18	3.9800	100.00	0.00
140766	17 四川 24	1150.00	10.00	2027.07.18	4.0000	100.00	0.00
140767	17 四川 25	6200.00	3.00	2020.07.18	3.7800	100.00	0.00
140768	17 四川 26	6200.00	5.00	2022.07.18	3.8500	100.00	0.00
140769	17 四川 27	6200.00	7.00	2024.07.18	3.9600	100.00	0.00
140770	17 四川 28	2300.00	10.00	2027.07.18	3.9800	100.00	0.00
140771	17 厦门 01	180.00	3.00	2020.07.18	3.6700	100.00	0.00
140772	17 厦门 02	540.00	5.00	2022.07.18	3.7100	100.00	0.00
140773	17 厦门 03	540.00	7.00	2024.07.18	3.9000	100.00	80.00
140774	17 厦门 04	540.00	10.00	2027.07.18	3.8800	100.00	0.00
140775	17 厦门 05	4000.00	5.00	2022.07.18	3.8100	100.00	0.00
140776	17 厦门 06	3900.00	10.00	2027.07.18	3.8800	100.00	0.00
140777	17 陕西 10	10000.00	3.00	2020.07.19	3.7000	100.00	0.00
140778	17 陕西 11	5470.00	10.00	2027.07.19	3.9000	100.00	0.00
140779	17 陕西 12	1900.00	5.00	2022.07.19	3.8000	100.00	0.00
140780	17 广东 08	2710.00	3.00	2020.07.13	3.6800	100.00	0.00
140781	17 广东 09	8090.00	5.00	2022.07.13	3.7000	100.00	0.00
140782	17 广东 10	8090.00	7.00	2024.07.13	3.9000	102.10	30.00
140783	17 广东 11	8090.00	10.00	2027.07.13	3.8800	100.00	0.00
140784	17 广东 12	19050.00	5.00	2022.07.13	3.7000	100.00	0.00
140785	17 广东 13	7620.00	7.00	2024.07.13	3.9000	100.00	0.00
140786	17 广东 14	11430.00	10.00	2027.07.13	3.8800	100.00	0.00
140787	17 吉林 01	5000.00	3.00	2020.07.19	3.7600	101.22	500.00
140788	17 吉林 02	14000.00	5.00	2022.07.19	3.8900	100.33	300.00
140789	17 吉林 03	14000.00	7.00	2024.07.19	4.0000	100.00	0.00
140790	17 吉林 04	5750.02	10.00	2027.07.19	3.9700	100.00	0.00
140791	17 吉林 05	6573.24	5.00	2022.07.19	3.9500	100.00	0.00
140792	17 贵州 09	12000.00	5.00	2022.07.21	3.8300	100.00	250.00
140793	17 贵州 10	8000.00	10.00	2027.07.21	3.9900	100.00	0.00
140794	17 贵州 11	6000.00	5.00	2022.07.21	3.8100	100.00	0.00
140795	17 贵州 12	4000.00	10.00	2027.07.21	3.8800	100.00	0.00
140796	17 湖南 03	24540.00	7.00	2024.07.21	3.9800	100.00	100.00
140797	17 湖南 04	30000.00	10.00	2027.07.21	4.1400	100.00	0.00
140798	17 河北 12	5000.00	3.00	2020.07.24	3.6500	100.00	0.00
140799	17 河北 13	5000.00	5.00	2022.07.24	3.7200	100.00	0.00
140800	17 河北 14	5000.00	7.00	2024.07.24	3.9200	100.00	0.00
140801	17 河北 15	1351.00	10.00	2027.07.24	3.8800	100.00	0.00
140802	17 河北 16	3800.00	7.00	2024.07.24	3.9000	100.00	0.00
140803	17 河北 17	3745.00	10.00	2027.07.24	3.9300	100.00	0.00
140804	17 四川 29	9000.00	3.00	2020.08.02	3.7600	100.00	3.50
140805	17 四川 30	9000.00	5.00	2022.08.02	3.8700	100.00	1180.00
140806	17 四川 31	9000.00	7.00	2024.08.02	3.9800	102.33	20.00
140807	17 四川 32	3000.00	10.00	2027.08.02	3.9800	100.00	0.00
140808	17 山东 09	36200.00	7.00	2024.08.08	4.0000	100.00	70.00
140809	17 山东 10	1500.00	7.00	2024.08.08	3.9700	100.00	0.00
140810	17 广东 15	5220.00	3.00	2020.08.14	3.5700	100.00	0.00
140811	17 广东 16	1590.00	5.00	2022.08.14	3.8100	100.00	0.00

债券信息 List of Bonds

债券代码 Code	债券简称 Bond Name	发行数量(百万) Issued Vol(M)	年限 Terms	到期日 Expiration Date	票面利率(%) Coupon Rate(%)	本年收盘 Close	成交数量(万张) Trading Vol(10000)
140812	17 广东 17	1590.00	7.00	2024.08.14	3.9900	100.00	0.00
140813	17 广东 18	4306.00	5.00	2022.08.11	3.8000	100.00	130.00
140814	17 广东 19	450.00	5.00	2022.08.11	3.8000	100.00	0.00
140815	17 广东 20	667.00	5.00	2022.08.11	3.8000	100.00	0.00
140816	17 广东 21	2464.00	5.00	2022.08.11	3.8000	100.00	0.00
140817	17 广东 22	415.00	5.00	2022.08.11	3.8000	100.00	0.00
140818	17 广东 23	437.00	5.00	2022.08.11	3.8000	100.00	0.00
140819	17 广东 24	1553.00	5.00	2022.08.11	3.8000	100.00	0.00
140820	17 广东 25	1030.00	5.00	2022.08.11	3.8000	100.00	0.00
140821	17 广东 26	1356.00	5.00	2022.08.11	3.8000	100.00	0.00
140822	17 广东 27	84.00	5.00	2022.08.11	3.8000	100.00	0.00
140823	17 广东 28	2177.00	5.00	2022.08.11	3.8000	100.00	0.00
140824	17 广东 29	167.00	5.00	2022.08.11	3.8000	100.00	0.00
140825	17 广东 30	641.00	5.00	2022.08.11	3.8000	100.00	0.00
140826	17 广东 31	634.00	5.00	2022.08.11	3.8000	100.00	0.00
140827	17 广东 32	770.00	5.00	2022.08.11	3.8000	100.00	0.00
140828	17 广东 33	369.00	5.00	2022.08.11	3.8000	100.00	0.00
140829	17 广东 34	265.00	5.00	2022.08.11	3.8000	100.00	0.00
140830	17 广东 35	642.00	5.00	2022.08.11	3.8000	100.00	0.00
140831	17 广东 36	436.00	5.00	2022.08.11	3.8000	100.00	0.00
140832	17 广东 37	137.00	5.00	2022.08.11	3.8000	100.00	0.00
140833	17 广东 38	6300.00	7.00	2024.08.11	3.9900	100.00	0.00
140834	17 广东 39	2400.00	5.00	2022.08.14	3.8100	100.00	0.00
140835	17 广东 40	2400.00	7.00	2024.08.14	3.9900	100.00	0.00
140836	17 海南 04	2000.00	7.00	2024.08.18	4.0200	100.00	0.00
140837	17 海南 05	3000.00	5.00	2022.08.18	3.8600	100.00	0.00
140838	17 海南 06	3000.00	10.00	2027.08.18	4.0900	100.00	0.00
140839	17 新疆 16	4440.00	10.00	2027.08.28	4.0600	100.00	0.00
140840	17 新疆 17	3410.00	5.00	2022.08.28	3.9000	100.00	0.00
140841	17 新疆 18	770.00	5.00	2022.08.28	4.0000	100.00	0.00
140842	17 新疆 19	120.00	5.00	2022.08.28	4.1500	100.00	0.00
140843	17 新疆 20	110.00	5.00	2022.08.28	4.1500	100.00	0.00
140844	17 安徽 05	8714.55	5.00	2022.09.01	4.0000	100.00	0.00
140845	17 安徽 06	8000.00	7.00	2024.09.01	4.0800	100.00	50.00
140846	17 浙江 11	8040.00	7.00	2024.09.01	3.8600	100.00	0.00
140847	17 浙江 12	30.00	7.00	2024.09.01	3.7100	100.00	0.00
140848	17 浙江 13	480.00	7.00	2024.09.01	3.9600	100.00	0.00
140849	17 浙江 14	250.00	7.00	2024.09.01	3.8600	100.00	0.00
140850	17 浙江 15	280.00	7.00	2024.09.01	3.8600	100.00	0.00
140851	17 浙江 16	20.00	7.00	2024.09.01	3.7100	100.00	0.00
140852	17 浙江 17	1380.00	5.00	2022.09.01	3.7700	100.00	0.00
140853	17 浙江 18	500.00	5.00	2022.09.01	3.6700	100.00	0.00
140854	17 浙江 19	2020.00	5.00	2022.09.01	3.7700	100.00	0.00
140855	17 浙江 20	13200.00	10.00	2027.09.01	3.9100	100.00	0.00
140856	17 浙江 21	1400.00	5.00	2022.09.01	3.7700	100.00	0.00
140857	17 浙江 22	530.00	5.00	2022.09.01	3.6700	100.00	0.00
140858	17 浙江 23	3000.00	5.00	2022.09.01	3.6300	100.00	0.00
140859	17 浙江 24	6700.00	5.00	2022.09.01	3.7700	100.00	0.00
140860	17 浙江 25	830.00	5.00	2022.09.01	3.7700	100.00	0.00
140861	17 浙江 26	2730.00	5.00	2022.09.01	3.7700	100.00	0.00

债券信息 List of Bonds

债券代码 Code	债券简称 Bond Name	发行数量(百万) Issued Vol(M)	年限 Terms	到期日 Expiration Date	票面利率(%) Coupon Rate(%)	本年收盘 Close	成交数量(万张) Trading Vol(10000)
140862	17 浙江 27	250.00	5.00	2022.09.01	3.7000	100.00	0.00
140863	17 浙江 28	3560.00	5.00	2022.09.01	3.7700	100.00	0.00
140864	17 山西 10	1583.00	3.00	2020.09.06	3.5800	100.00	0.00
140865	17 山西 11	10000.00	10.00	2027.09.06	3.9300	100.00	0.00
140866	17 山西 12	1100.00	5.00	2022.09.06	3.6200	100.00	0.00
140867	17 山西 13	200.00	5.00	2022.09.06	3.7200	100.00	0.00
140868	17 山西 14	60.00	5.00	2022.09.06	3.7700	100.00	0.00
140869	17 山西 15	900.00	5.00	2022.09.06	3.6200	100.00	0.00
140870	17 山西 16	100.00	5.00	2022.09.06	3.7700	100.00	0.00
140871	17 山西 17	20.00	5.00	2022.09.06	3.6200	100.00	0.00
140872	17 山西 18	3000.00	10.00	2027.09.06	4.1200	100.00	0.00
140873	17 吉林 06	7753.70	3.00	2020.09.07	3.8300	100.00	0.00
140874	17 吉林 07	562.00	5.00	2022.09.07	3.9200	100.00	0.00
140875	17 吉林 08	108.00	5.00	2022.09.07	3.9200	100.00	0.00
140876	17 吉林 09	330.00	5.00	2022.09.07	4.0000	100.00	0.00
140877	17 贵州 13	8200.00	3.00	2020.09.08	3.8300	100.00	0.00
140878	17 贵州 14	5700.00	5.00	2022.09.08	3.8800	100.00	0.00
140879	17 贵州 15	12300.00	7.00	2024.09.08	4.0100	100.00	100.00
140880	17 贵州 16	3800.00	10.00	2027.09.08	3.9500	100.00	0.00
140881	17 江苏 11	1100.00	5.00	2022.09.18	3.8400	100.00	0.00
140882	17 江苏 12	3000.00	5.00	2022.09.18	3.8800	100.00	0.00
140883	17 江苏 13	5880.00	5.00	2022.09.18	3.9000	100.00	0.00
140884	17 江苏 14	3800.00	5.00	2022.09.18	3.8900	100.00	0.00
140885	17 江苏 15	3700.00	5.00	2022.09.18	3.8900	100.00	0.00
140886	17 江苏 16	1000.00	5.00	2022.09.18	3.8900	100.00	0.00
140887	17 江苏 17	1000.00	5.00	2022.09.18	3.9000	100.00	0.00
140888	17 江苏 18	4200.00	5.00	2022.09.18	3.9000	100.00	0.00
140889	17 江苏 19	2900.00	5.00	2022.09.18	3.9000	100.00	0.00
140890	17 江苏 20	2700.00	5.00	2022.09.18	3.9900	100.00	0.00
140891	17 江苏 21	3800.00	3.00	2020.09.18	3.8200	100.00	0.00
140892	17 江苏 22	2800.00	3.00	2020.09.18	3.7000	100.00	0.00
140893	17 江苏 23	1120.00	3.00	2020.09.18	3.7200	100.00	0.00
140894	17 西藏 01	908.00	3.00	2020.09.19	3.6700	100.00	0.00
140895	17 西藏 02	1117.00	5.00	2022.09.19	3.7500	100.00	0.00
140896	17 西藏 03	755.00	7.00	2024.09.19	3.8800	100.00	0.00
140897	17 西藏 04	1007.00	10.00	2027.09.19	3.8100	100.00	0.00
140898	17 西藏 05	909.00	5.00	2022.09.19	3.7500	100.00	0.00
140899	17 西藏 06	909.00	10.00	2027.09.19	3.8100	100.00	0.00
140900	16 上海 09	6000.00	3.00	2019.11.14	2.4100	98.04	80.00
140901	16 上海 10	6000.00	5.00	2021.11.14	2.5200	100.00	0.00
140902	16 上海 11	9000.00	7.00	2023.11.14	2.8100	96.28	230.00
140903	16 上海 12	9000.00	10.00	2026.11.14	2.8600	94.55	244.29
140904	17 河北 04	5600.00	3.00	2020.05.10	3.5100	100.00	0.00
140905	17 河北 05	5600.00	5.00	2022.05.10	3.6400	100.00	0.00
140906	17 河北 06	5600.00	7.00	2024.05.10	3.7400	100.00	0.00
140907	17 河北 07	2000.00	10.00	2027.05.10	3.7400	100.00	0.00
140908	17 山东 03	18093.00	3.00	2020.05.22	4.0400	100.00	0.00
140909	17 山东 04	10341.00	5.00	2022.05.22	4.2000	100.00	0.00
140910	17 山东 05	10341.00	7.00	2024.05.22	4.2300	100.00	0.00
140911	17 山东 06	17397.00	5.00	2022.05.22	4.2100	100.00	0.00

债券信息 List of Bonds

债券 Bond

债券代码 Code	债券简称 Bond Name	发行数量(百万) Issued Vol(M)	年限 Terms	到期日 Expiration Date	票面利率(%) Coupon Rate(%)	本年收盘 Close	成交数量(万张) Trading Vol(10000)
140912	17 内蒙 01	7050.00	3.00	2020.05.23	4.4300	99.96	160.00
140913	17 内蒙 02	7050.00	5.00	2022.05.23	4.4500	100.00	10.00
140914	17 内蒙 03	7050.00	7.00	2024.05.23	4.5200	100.00	0.00
140915	17 湖北 03	9000.00	3.00	2020.06.19	3.9400	100.00	0.00
140916	17 湖北 04	8000.00	7.00	2024.06.19	4.0500	100.00	0.00
140917	17 湖北 05	3000.00	10.00	2027.06.19	4.0500	100.00	0.00
140918	17 湖北 06	6000.00	3.00	2020.06.19	3.9400	100.00	0.00
140919	17 湖北 07	6100.00	5.00	2022.06.19	3.9600	100.00	0.00
140920	17 湖北 08	6000.00	7.00	2024.06.19	4.0200	100.00	0.00
140921	17 四川 17	12000.00	3.00	2020.06.09	4.0500	99.96	0.00
140922	17 四川 18	12000.00	5.00	2022.06.09	4.1800	100.00	100.00
140923	17 四川 19	12000.00	7.00	2024.06.09	4.2800	100.00	0.00
140924	17 四川 20	4000.00	10.00	2027.06.09	4.2900	100.00	0.00
140925	17 天津 01	3489.00	3.00	2020.06.21	3.8400	100.00	0.00
140926	17 天津 02	3728.00	5.00	2022.06.21	3.7900	100.00	0.00
140927	17 天津 03	3900.00	7.00	2024.06.21	3.8900	100.00	0.00
140928	17 天津 04	3072.00	10.00	2027.06.21	3.9000	100.00	0.00
140929	17 天津 05	6670.00	7.00	2024.06.21	3.9500	100.00	0.00
140930	17 内蒙 04	10782.00	3.00	2020.07.07	3.9300	100.00	18.37
140931	17 内蒙 05	10782.00	5.00	2022.07.07	3.9000	100.00	0.00
140932	17 内蒙 06	10782.00	7.00	2024.07.07	4.0200	100.00	0.00
140933	17 内蒙 07	3594.00	10.00	2027.07.07	3.9500	100.00	0.00
140936	17 浙江 07	3300.00	3.00	2020.07.07	3.5000	98.54	23.91
140937	17 浙江 08	8900.00	5.00	2022.07.07	3.6000	100.00	0.00
140938	17 浙江 09	8900.00	7.00	2024.07.07	3.7100	100.00	0.00
140939	17 浙江 10	8800.00	10.00	2027.07.07	3.8100	100.00	0.00
140940	17 云南 09	14500.00	5.00	2022.07.10	3.9300	98.70	200.24
140941	17 云南 10	14500.00	7.00	2024.07.10	4.0000	100.00	0.00
140942	17 云南 11	10000.00	10.00	2027.07.10	4.1100	102.50	50.57
140943	17 云南 12	500.00	5.00	2022.07.10	3.9300	100.00	0.00
140944	17 云南 13	500.00	7.00	2024.07.10	4.1100	100.00	0.00
140945	17 河南 10	11000.00	3.00	2020.07.14	3.8600	99.50	21.27
140946	17 河南 11	12400.00	5.00	2022.07.14	3.8900	100.00	0.00
140947	17 河南 12	12400.00	7.00	2024.07.14	3.9800	100.00	0.00
140948	17 河南 13	5000.00	10.00	2027.07.14	4.0200	100.00	0.00
140949	17 福建 08	4610.00	3.00	2020.07.24	3.8100	100.00	0.00
140950	17 福建 09	13790.00	5.00	2022.07.24	3.9300	100.00	0.00
140951	17 福建 10	13790.00	7.00	2024.07.24	4.0100	100.00	0.00
140952	17 福建 11	13790.00	10.00	2027.07.24	4.0800	100.00	140.00
140953	17 福建 12	300.00	5.00	2022.07.24	3.9600	100.00	0.00
140954	17 福建 13	650.00	7.00	2024.07.24	4.1200	100.00	0.00
140955	17 福建 14	650.00	10.00	2027.07.24	4.0800	100.00	0.00
140956	17 福建 15	1000.00	5.00	2022.07.24	4.0600	100.00	0.00
140957	17 陕西 13	2910.00	3.00	2020.08.16	3.6800	100.49	100.00
140958	17 陕西 14	2833.46	10.00	2027.08.16	4.0700	100.00	0.00
140959	17 陕西 15	4000.00	3.00	2020.08.16	3.7600	100.00	0.00
140960	17 陕西 16	3968.00	10.00	2027.08.16	4.1000	100.00	0.00
140961	17 河北 18	3070.00	5.00	2022.08.07	3.9700	100.00	0.00
140962	17 河北 19	230.00	5.00	2022.08.07	3.9500	100.00	0.00
140963	17 河北 20	245.00	5.00	2022.08.07	3.9500	100.00	0.00

债券信息 List of Bonds

债券代码 Code	债券简称 Bond Name	发行数量(百万) Issued Vol(M)	年限 Terms	到期日 Expiration Date	票面利率(%) Coupon Rate(%)	本年收盘 Close	成交数量(万张) Trading Vol(10000)
140964	17 河北 21	635.00	3.00	2020.08.07	3.8200	100.00	0.00
140965	17 湖北 09	1500.00	3.00	2020.08.14	3.7700	100.00	0.00
140966	17 湖北 10	6000.00	10.00	2027.08.14	4.0700	100.00	90.00
140967	17 湖北 11	5000.00	3.00	2020.08.14	3.8500	100.00	0.00
140968	17 湖北 12	6700.00	5.00	2022.08.14	3.9900	100.00	500.00
140969	17 湖北 13	3300.00	7.00	2024.08.14	4.0200	100.00	100.00
140970	17 云南 14	5130.00	3.00	2020.08.11	3.7800	100.10	1.27
140971	17 云南 15	6550.00	5.00	2022.08.11	3.9500	99.50	65.42
140972	17 云南 16	6690.00	7.00	2024.08.11	3.9900	100.00	0.00
140973	17 云南 17	8700.00	10.00	2027.08.11	4.1100	100.00	0.00
140974	17 云南 18	2980.00	5.00	2022.08.11	3.9800	102.02	50.00
140975	17 云南 19	2500.00	7.00	2024.08.11	4.0100	100.00	0.00
140976	17 广西 18	4600.00	3.00	2020.08.18	3.8600	100.00	0.00
140977	17 广西 19	2400.00	5.00	2022.08.18	3.9600	100.00	0.00
140978	17 广西 20	2400.00	7.00	2024.08.18	4.0700	100.00	100.00
140979	17 广西 21	2600.00	3.00	2020.08.18	3.8600	100.00	750.00
140980	17 广西 22	7700.00	7.00	2024.08.18	4.1200	100.00	70.00
140981	17 广西 23	7800.00	10.00	2027.08.18	4.1300	103.40	63.80
140982	17 龙江 07	1956.00	3.00	2020.08.25	3.8900	100.00	320.00
140983	17 龙江 08	5200.00	5.00	2022.08.25	3.9900	100.00	0.00
140984	17 龙江 09	5200.00	7.00	2024.08.25	4.1000	100.00	0.00
140985	17 龙江 10	5200.00	10.00	2027.08.25	4.1500	100.00	0.00
140986	17 龙江 11	1500.00	7.00	2024.08.25	4.1400	100.00	0.00
140987	17 天津 06	2000.00	3.00	2020.09.04	3.7800	100.00	0.00
140988	17 天津 07	2856.00	5.00	2022.09.04	3.8700	100.00	0.00
140989	17 天津 08	3527.00	7.00	2024.09.04	4.0100	100.00	0.00
140990	17 天津 09	5000.00	5.00	2022.09.04	3.8700	100.00	0.00
140991	17 天津 10	4900.00	5.00	2022.09.04	3.8700	100.00	0.00
140992	17 天津 11	1500.00	5.00	2022.09.04	3.8700	100.00	0.00
140993	17 天津 12	2100.00	5.00	2022.09.04	3.8700	100.00	0.00
140994	17 天津 13	1400.00	5.00	2022.09.04	3.8700	100.00	0.00
140995	17 天津 14	600.00	5.00	2022.09.04	4.0100	100.00	0.00
140996	17 天津 15	1300.00	5.00	2022.09.04	3.8700	100.00	0.00
140997	17 天津 16	100.00	5.00	2022.09.04	4.0200	100.00	0.00
140998	17 天津 17	500.00	5.00	2022.09.04	3.9200	100.00	0.00
140999	17 天津 18	800.00	5.00	2022.09.04	4.0200	100.00	210.00
142005	奥凯 03	800.00	2.37	2018.11.26	7.5000	100.00	200.00
142006	奥凯次级	50.00	2.37	2018.11.26	0.0000	100.00	0.00
142010	海发优先	180.00	1.58	2018.02.18	6.4000	100.00	0.00
142022	海航 301	700.00	2.27	2018.11.23	4.3000	100.00	70.40
142023	海航 302	800.00	4.10	2020.09.23	5.1500	100.01	0.00
142024	海航 303	500.00	4.27	2020.11.23	5.8000	99.00	168.00
142025	海航 3 次	50.00	4.27	2020.11.23	0.0000	100.00	0.00
142031	金安 2A7	84.00	1.75	2018.05.14	4.8000	100.00	0.00
142032	金安 2A6	86.00	1.50	2018.02.12	4.7000	100.00	0.00
142033	金安 2A8	82.00	2.00	2018.08.12	4.8000	99.27	0.00
142034	金安 2A9	100.00	2.25	2018.11.12	4.9000	100.00	0.00
142035	金安 2B	150.00	3.00	2019.08.12	6.5000	100.00	0.00
142037	PR 银泰 A	4000.00	18.44	2035.01.24	4.0000	99.41	540.00
142038	银泰 B	3300.00	18.44	2035.01.24	5.3000	100.02	48.00

债券信息 List of Bonds

债券 Bond

债券代码 Code	债券简称 Bond Name	发行数量 (百万) Issued Vol(M)	年限 Terms	到期日 Expiration Date	票面利率(%) Coupon Rate(%)	本年收盘 Close	成交数量(万张) Trading Vol(10000)
142039	银泰 C	200.00	18.44	2035.01.24	6.9800	100.00	0.00
142043	PR 关 2B	108.00	1.84	2018.03.21	3.9800	79.44	0.00
142050	PRA	5000.00	4.53	2021.02.19	5.0000	93.88	220.00
142051	兴银 B	2138.00	4.62	2021.03.24	6.2000	98.57	1005.00
142052	兴银次	794.00	4.62	2021.03.24	16.3000	100.00	720.00
142054	PR 优 A2	180.00	2.05	2018.08.27	4.0000	16.10	0.00
142055	PR 优 B	29.00	2.30	2018.11.26	5.4000	69.30	0.00
142056	富通次级	47.00	2.79	2018.11.26	0.0000	100.00	0.00
142061	PR 聚信 A2	520.00	2.08	2018.09.21	3.7900	6.79	0.00
142062	PR 聚信 A3	200.00	3.08	2019.09.21	5.1000	27.43	100.00
142063	16 聚信 B	83.00	3.83	2020.06.21	6.8500	100.75	0.00
142064	16 聚信次	117.00	4.58	2021.03.21	0.0000	112.32	20.26
142065	PR 优先	4000.00	3.05	2019.09.16	3.3000	93.49	670.00
142069	PR3B	41.00	1.42	2018.01.30	5.7000	70.73	0.00
142070	PR3C	44.00	1.67	2018.04.30	6.6000	75.00	0.00
142073	PR 天裕 A2	192.00	2.07	2018.09.21	6.1000	25.00	30.00
142074	PR 天裕 A3	204.00	3.07	2019.09.21	6.6000	75.00	200.00
142075	16 天裕 A4	220.00	4.08	2020.09.21	6.6000	102.12	0.00
142076	16 天裕次	90.00	4.08	2020.09.21	0.0000	100.00	0.00
142078	PR02	80.00	2.00	2018.08.27	4.6000	50.00	0.00
142079	华汇 03	90.00	3.00	2019.08.25	4.8000	100.00	0.00
142080	华汇 04	100.00	4.00	2020.08.25	5.2000	100.00	0.00
142081	华汇 05	110.00	5.00	2021.08.25	5.6000	100.00	0.00
142083	PR02	68.00	2.00	2018.08.30	4.6000	50.00	0.00
142084	泰兴 03	76.00	3.00	2019.08.30	4.8000	100.00	0.00
142085	泰兴 04	85.00	4.00	2020.08.30	5.3000	100.00	0.00
142086	泰兴 05	92.00	5.00	2021.08.30	5.8000	100.00	0.00
142091	PRA	360.00	1.62	2018.04.17	5.5000	16.06	0.00
142092	人人 B	56.00	1.62	2018.04.17	7.0000	100.19	56.00
142094	皖投 01 优	480.00	2.89	2019.07.11	4.0000	98.83	296.00
142095	皖投 01 次	20.00	2.89	2019.07.11	0.0000	100.00	0.00
142098	学费 03	135.00	2.19	2018.11.01	4.9000	100.00	0.00
142099	学费 04	140.00	3.19	2019.11.01	5.4000	98.99	0.00
142100	学费 05	150.00	4.19	2020.11.01	5.9000	100.50	693.00
142101	学费 06	160.00	5.19	2021.11.01	6.4000	98.61	75.00
142105	PR4A3	160.00	1.85	2018.03.27	4.6000	22.69	0.00
142111	宏达 05	34.00	1.64	2018.04.30	5.0000	100.00	0.00
142112	宏达 06	39.00	2.15	2018.10.31	6.5000	100.00	0.00
142113	宏达 07	40.00	2.64	2019.04.30	7.0000	100.00	0.00
142114	宏达 08	46.00	3.15	2019.10.31	7.2000	100.00	0.00
142115	宏达 09	48.00	3.64	2020.04.30	7.3000	99.67	0.00
142116	宏达 10	54.00	4.15	2020.10.31	7.4000	100.00	0.00
142125	青州优 02	28.00	2.00	2018.05.28	4.5000	100.00	0.00
142126	青州优 03	31.00	3.00	2019.09.12	4.8000	100.00	0.00
142127	青州优 04	33.00	4.01	2020.09.14	5.1000	100.00	0.00
142128	青州优 05	36.00	5.01	2021.09.13	5.6000	100.00	0.00
142129	青州优 06	38.00	6.00	2022.09.12	5.7000	100.00	0.00
142130	青州优 07	41.00	7.00	2023.09.12	5.8000	100.00	0.00
142131	PR 次	13.00	7.00	2023.09.12	0.0000	67.39	0.00
142132	PR4A1	500.00	2.45	2019.02.26	4.6500	2.79	150.00

债券信息 List of Bonds

债券代码 Code	债券简称 Bond Name	发行数量(百万) Issued Vol(M)	年限 Terms	到期日 Expiration Date	票面利率(%) Coupon Rate(%)	本年收盘 Close	成交数量(万张) Trading Vol(10000)
142133	PR4A2	203.00	2.95	2018.10.26	4.9500	10.91	100.00
142134	丰汇 4B1	145.00	3.70	2020.05.26	6.8000	99.58	246.00
142135	丰汇 4 次	150.00	4.20	2020.11.26	0.0000	100.00	0.00
142148	福碧桂 A2	540.00	2.00	2018.06.29	5.0000	99.64	20.00
142149	福碧桂 B	410.00	2.00	2018.06.29	6.0000	99.70	140.00
142150	福碧桂次	71.00	2.00	2018.06.29	0.0000	100.00	0.00
142151	PR 远东 4A	2570.00	3.45	2020.02.26	3.5000	20.26	400.00
142152	16 远东 4B	340.00	3.95	2020.08.26	5.5000	97.85	55.00
142163	16 民商次	107.00	4.08	2020.09.30	0.0000	100.00	0.00
142165	PR 水 02	36.00	1.84	2018.07.18	4.4000	25.00	0.00
142166	PR 水 03	38.00	2.84	2019.07.18	4.6000	73.68	0.00
142167	如皋水 04	40.00	3.85	2020.07.18	4.8000	100.00	0.00
142168	如皋水 05	43.00	4.85	2021.07.18	5.0000	100.00	0.00
142169	如皋水 06	45.00	5.85	2022.07.18	5.1000	100.00	0.00
142170	如皋水 07	48.00	6.85	2023.07.18	5.1000	100.00	0.00
142171	如皋水 08	51.00	7.85	2024.07.18	5.1000	100.00	0.00
142172	PR 水次	17.00	7.85	2024.07.18	0.0000	41.23	0.00
142174	广汇热 02	90.00	1.73	2018.05.19	5.3000	100.00	0.00
142175	广汇热 03	95.00	2.73	2019.05.19	5.5000	100.00	0.00
142176	广汇热 04	100.00	3.73	2020.05.19	5.8000	100.00	0.00
142177	广汇热 05	105.00	4.73	2021.05.19	6.1000	100.00	0.00
142178	广汇次级	25.00	4.73	2021.05.19	0.0000	100.00	0.00
142180	16 新热 02	61.00	2.31	2018.12.10	4.2000	100.00	0.00
142181	16 新热 03	71.00	3.31	2019.12.10	5.0000	98.70	71.00
142182	16 新热 04	84.00	4.32	2020.12.10	5.2500	100.00	0.00
142183	16 新热 05	98.00	5.32	2021.12.10	5.3000	100.01	118.00
142184	16 新热 06	106.00	6.32	2022.12.10	5.3000	100.00	58.00
142187	PR 赁 02	70.00	1.46	2018.01.25	3.9000	21.43	0.00
142188	PR 青租 03	74.00	2.46	2019.01.25	4.1000	21.63	74.00
142189	青租赁 04	75.00	3.46	2020.01.25	4.3000	100.02	75.00
142190	青租赁 05	72.00	4.55	2021.02.25	4.4000	99.41	72.00
142197	南山二 07	34.00	1.56	2018.03.31	4.6000	100.00	0.00
142198	南山二 08	47.00	1.81	2018.06.30	4.7000	100.00	0.00
142199	南山二 09	33.00	2.06	2018.09.30	5.1000	100.00	0.00
142200	南山二 10	45.00	2.31	2018.12.31	5.1000	100.00	0.00
142201	南山二 11	30.00	2.56	2019.03.31	5.1000	100.00	0.00
142202	南山二 12	34.00	2.81	2019.06.30	5.1000	100.00	0.00
142203	南山二次	36.00	2.81	2019.06.30	0.0000	100.00	0.00
142206	16 云水 02	68.00	1.84	2018.08.14	3.3000	98.94	19.00
142207	16 云水 03	78.00	2.84	2019.08.14	3.5000	100.00	0.00
142208	16 云水 04	88.00	3.84	2020.08.14	4.0000	100.00	0.00
142209	16 云水 05	98.00	4.84	2021.08.14	4.0000	100.00	0.00
142210	16 云水 06	110.00	5.84	2022.08.14	4.0000	95.46	60.00
142211	16 云水 07	121.00	6.84	2023.08.14	4.4000	100.41	116.00
142212	16 云水 08	133.00	7.85	2024.08.14	4.6000	96.42	8.00
142213	16 云水 09	146.00	8.85	2025.08.14	4.9900	98.50	39.00
142214	16 云水次	100.00	8.85	2025.08.14	0.0000	100.00	0.00
142216	PR 润兴 1A	471.00	1.75	2018.06.30	4.5000	11.18	0.00
142217	PR 润兴 1B	81.00	2.25	2018.12.30	6.3500	33.35	0.00
142218	润兴 1C	232.00	2.75	2019.06.30	7.1500	100.00	0.00

债券信息
List of Bonds

债券代码 Code	债券简称 Bond Name	发行数量(百万) Issued Vol(M)	年限 Terms	到期日 Expiration Date	票面利率(%) Coupon Rate(%)	本年收盘 Close	成交数量(万张) Trading Vol(10000)
142226	汇通 8A6	110.00	1.46	2018.03.16	4.3000	98.65	0.00
142227	PR8A7	105.00	1.72	2018.06.19	4.4000	35.94	20.00
142228	PR8A8	55.00	1.97	2018.09.18	4.5000	15.22	40.00
142229	汇通 8B	44.00	2.22	2018.12.18	6.2000	100.00	0.00
142230	汇通 8C1	54.00	2.47	2019.03.18	7.0000	100.00	0.00
142231	汇通 8C2	53.00	2.72	2019.06.19	7.0000	100.00	0.00
142232	汇通 8C3	52.00	2.97	2019.09.18	7.0000	100.00	0.00
142233	汇通 8C4	28.00	3.22	2019.12.17	7.0000	100.00	0.00
142248	PR4A2	54.00	1.66	2018.05.21	4.7000	24.07	0.00
142249	PR4A3	39.00	2.42	2019.02.25	4.9000	35.14	30.00
142250	PR4A4	58.00	2.66	2019.05.21	5.3000	16.44	10.00
142251	奥租 4B	60.00	3.41	2020.02.20	7.1500	100.00	0.00
142252	奥租 4 次	32.00	4.65	2021.05.19	0.0000	100.00	0.00
142253	PR 公交 2	180.00	2.07	2018.10.25	3.3500	24.72	290.00
142254	G 锡公交 3	185.00	3.07	2019.10.25	3.5100	100.00	0.00
142255	G 锡公交 4	185.00	4.08	2020.10.25	3.7600	100.00	0.00
142256	G 锡公交 5	180.00	5.08	2021.10.25	3.8800	100.00	0.00
142257	G 锡公交 6	180.00	6.08	2022.10.25	3.8800	100.00	0.00
142258	G 锡公交 7	190.00	7.08	2023.10.25	3.8800	100.00	0.00
142259	G 锡公交 8	190.00	8.08	2024.10.25	3.8800	100.00	0.00
142260	G 锡公交 9	200.00	9.08	2025.10.25	3.8800	100.00	0.00
142261	G 锡交 10	210.00	10.08	2026.10.25	3.8800	100.00	0.00
142262	PR 交次	100.00	10.08	2026.10.25	0.0000	80.00	0.00
142266	朗诗 05	29.00	1.77	2018.06.30	4.5000	100.00	0.00
142267	朗诗 06	54.00	2.27	2018.12.31	5.3000	100.00	0.00
142268	朗诗 07	32.00	2.77	2019.06.30	5.5000	99.53	0.00
142269	朗诗 08	58.00	3.27	2019.12.31	5.8000	98.65	0.00
142270	朗诗 09	35.00	3.77	2020.06.30	6.0000	98.84	0.00
142271	朗诗 10	60.00	4.27	2020.12.31	6.2000	99.26	0.00
142272	朗诗次	21.00	4.27	2020.12.31	0.0000	100.00	0.00
142278	PR 特 02	660.00	1.74	2018.06.26	5.0000	52.00	0.00
142279	美吉特 31	353.00	2.24	2018.12.26	5.8000	100.00	0.00
142280	美吉特 32	382.00	2.74	2019.06.26	6.5000	96.32	396.00
142281	美吉特次	110.00	2.74	2019.06.26	0.0000	100.00	0.00
142283	PR 郑 1A2	130.00	2.01	2018.09.26	3.7000	38.46	0.00
142284	郑银 1A3	370.00	5.02	2021.09.26	4.2000	100.00	0.00
142290	太盟 5A6	37.00	1.37	2018.02.26	5.0000	100.00	0.00
142291	太盟 5A7	37.00	1.59	2018.05.17	5.1000	100.00	0.00
142292	太盟 5A8	25.00	1.84	2018.08.16	5.2000	100.00	0.00
142293	太盟 5A9	18.00	2.09	2018.11.16	5.3000	99.07	18.00
142294	太盟 5A10	15.00	2.37	2019.02.26	5.4000	98.74	15.00
142295	太盟 5 次	54.00	2.84	2019.08.16	0.0000	100.00	0.00
142297	PR 一 A2	369.00	2.76	2019.07.26	3.5000	14.63	0.00
142298	国控一 B	100.00	3.28	2020.01.31	4.5000	98.13	3.00
142299	国控一次	62.00	4.27	2021.01.26	4.0000	100.00	0.00
142307	PR 原 02	77.00	2.00	2018.09.30	4.5000	25.99	0.00
142308	新东原 03	80.00	3.00	2019.09.30	5.0000	99.82	40.00
142309	新东原 04	86.00	4.00	2020.09.30	5.2000	99.14	86.00
142310	新东原 05	91.00	5.00	2021.09.30	6.2000	97.22	26.00
142311	新东原次	40.00	5.00	2021.09.30	0.0000	100.00	0.00

债券信息 List of Bonds

债券 Bond

债券代码 Code	债券简称 Bond Name	发行数量(百万) Issued Vol(M)	年限 Terms	到期日 Expiration Date	票面利率(%) Coupon Rate(%)	本年收盘 Close	成交数量(万张) Trading Vol(10000)
142313	PR1A2	620.00	1.69	2018.06.20	3.4700	12.58	0.00
142315	天成 1B1	250.00	2.69	2018.06.22	4.4000	100.00	0.00
142317	- -	96.00	- -	- -	- -	72.92	0.00
142319	PR 上 2A3	83.00	1.49	2018.02.28	4.2000	60.00	0.00
142320	PR 上 2B1	144.00	1.99	2018.08.28	4.7000	65.12	54.00
142321	PR 上 2B2	77.00	2.49	2019.02.28	5.1000	43.49	113.00
142322	上实 2C1	118.00	2.49	2019.02.28	6.2000	100.00	0.00
142323	上实 2C2	306.00	2.99	2019.08.28	6.4000	100.00	50.00
142324	上实 2 次	101.00	4.99	2021.08.30	0.0000	91.73	51.00
142328	融创 A	2280.00	3.00	2019.10.11	4.2800	95.43	454.00
142329	融创次级	120.00	3.00	2019.10.11	0.0000	100.00	0.00
142330	PR 海尔 1A	757.00	1.28	2018.01.31	3.5000	8.14	0.00
142331	PR 海尔 1B	32.00	1.53	2018.04.30	4.5000	19.96	0.00
142340	PR 海洋 A5	116.00	1.78	2018.04.26	5.1000	24.27	0.00
142341	PR 海洋 B	100.00	2.78	2019.07.26	5.3000	19.00	0.00
142342	16 海洋次	37.00	4.79	2021.07.26	0.0000	100.00	0.00
142343	PR 优 A	1010.00	1.94	2018.06.27	3.8000	7.25	134.00
142344	PR 优 B	60.00	2.19	2018.09.27	6.0000	27.14	0.00
142345	易鑫次级	124.00	2.19	2018.11.30	0.0000	100.00	0.00
142349	PR19A4	290.00	1.36	2018.02.06	4.0000	78.92	0.00
142350	承影 19A5	400.00	1.38	2018.02.15	4.0000	100.00	0.00
142351	PR19A6	300.00	1.71	2018.06.13	4.2000	96.44	0.00
142352	承影 19A7	100.00	1.73	2018.06.20	4.2000	100.00	0.00
142353	承影 19B	800.00	1.76	2018.07.04	4.4000	100.00	0.00
142354	PR19C	1030.00	1.78	2018.07.11	4.4000	98.95	0.00
142355	承影 19 次	498.00	2.47	2019.03.20	0.0000	100.00	0.00
142361	PR1A6	247.00	1.35	2018.02.26	4.1000	53.94	0.00
142362	PR1A7	234.00	1.57	2018.05.17	4.1000	42.85	20.00
142363	PR1A8	160.00	1.82	2018.08.16	4.2000	7.94	10.00
142364	国金 1A9	113.00	2.07	2018.08.16	4.2000	100.00	0.00
142365	PR1B1	123.00	2.35	2018.11.16	5.0000	61.31	0.00
142366	PR1B2	87.00	2.57	2019.05.17	5.0000	33.63	0.00
142367	国金 1B3	55.00	2.82	2019.08.16	5.0000	100.00	0.00
142368	国金 1 次	265.00	5.07	2021.11.16	0.0000	100.00	0.00
142371	PR 中融 A2	915.00	2.04	2018.10.10	3.8000	6.00	410.00
142372	PR 中融 A3	175.00	2.04	2018.04.10	4.0000	11.47	0.00
142373	中融优 B	70.00	2.04	2018.10.10	5.0000	100.00	0.00
142386	16 亚泰 A2	150.00	1.34	2018.01.24	4.7000	100.14	0.00
142387	16 亚泰 A3	155.00	2.34	2019.01.24	5.1000	100.00	35.00
142388	16 亚泰 A4	162.00	3.34	2020.01.24	5.6000	100.00	0.00
142389	16 亚泰 A5	170.00	4.34	2021.01.24	6.1000	100.00	0.00
142390	16 亚泰 A6	175.00	5.34	2022.01.24	7.1000	101.00	93.00
142391	16 亚泰次	50.00	5.34	2022.01.24	0.0000	100.00	0.00
142392	PR 远东 5A	2950.00	3.39	2020.03.26	3.5000	19.37	584.00
142393	16 远东 5B	367.00	4.15	2020.12.26	5.0000	97.16	60.00
142394	16 远东 5C	199.00	4.90	2021.09.26	0.0000	120.00	199.10
142395	PR01A1	200.00	2.03	2018.01.10	4.2000	12.98	0.00
142396	PR01A2	190.00	2.03	2018.02.07	4.5000	63.53	0.00
142397	PR01B1	90.00	2.03	2018.05.11	6.0000	13.99	0.00
142398	PR01B2	20.00	2.03	2018.06.07	0.0000	51.25	0.00

债券信息 List of Bonds

债券 Bond

债券代码 Code	债券简称 Bond Name	发行数量(百万) Issued Vol(M)	年限 Terms	到期日 Expiration Date	票面利率(%) Coupon Rate(%)	本年收盘 Close	成交数量(万张) Trading Vol(10000)
142400	PR 聚肆 A2	560.00	2.40	2019.03.21	3.9800	5.32	249.00
142401	聚肆 A3	185.00	3.40	2020.03.21	4.2000	100.00	0.00
142402	聚肆 B	70.00	3.65	2020.06.21	6.5000	99.99	120.00
142403	聚肆次	130.00	4.91	2021.09.21	4.0000	108.62	3.01
142404	PR16A	284.00	1.77	2018.01.29	4.8500	4.38	0.00
142405	中程 16B	33.00	2.02	2018.01.29	6.4000	100.00	0.00
142408	PR 贷 1A	168.00	2.05	2018.10.31	5.2000	60.72	0.00
142409	通利贷 1B	32.00	2.05	2018.10.31	0.0000	100.00	0.00
142411	PR 基石 02	350.00	1.80	2018.07.15	3.5000	0.73	50.00
142412	PR 基石 03	340.00	2.80	2018.10.15	3.6000	13.11	0.00
142413	16 基石次	60.00	4.55	2018.10.31	0.0000	100.00	0.00
142417	PR 力租 A1	87.00	1.17	2018.01.15	4.0000	8.14	0.00
142419	PR 力租 B	48.00	1.67	2018.07.15	6.0000	21.97	0.00
142420	力帆租次	15.00	1.92	2018.08.20	0.0000	100.00	0.00
142427	PR 宇 1 优	200.00	2.00	2018.09.14	6.5000	1.48	0.00
142428	创宇 1 次	50.00	2.00	2018.10.24	0.0000	100.00	0.00
142430	PRJCA2	200.00	1.42	2018.04.21	3.9000	10.18	30.00
142431	PRA3	300.00	2.67	2019.07.21	4.3000	38.47	500.00
142432	君创 A4	100.00	3.18	2020.01.21	4.7000	100.00	0.00
142433	君创 B	50.00	3.43	2020.04.21	6.8000	100.00	0.00
142434	君创次级	126.00	4.18	2021.01.21	0.0000	100.00	0.00
142435	PR 平安 3A	1356.00	2.56	2019.06.10	3.6900	2.09	200.00
142436	16 平安 3B	215.00	3.32	2020.03.12	5.9000	99.40	151.50
142437	PR 二 A	1662.00	1.48	2018.07.05	4.5250	2.22	0.00
142438	PR 二 B	506.00	1.52	2018.09.03	4.5250	10.57	0.00
142439	PR 二次	241.00	1.59	2018.09.28	4.7250	22.90	0.00
142440	16 裕东 01	161.00	2.50	2019.05.24	5.2000	100.00	0.00
142441	16 裕东 02	208.00	3.00	2019.11.24	5.6000	100.00	0.00
142442	16 裕东 03	172.00	3.50	2020.05.24	5.6000	100.00	0.00
142443	16 裕东 04	219.00	4.00	2020.11.24	5.6000	100.00	0.00
142444	16 裕东 05	184.00	4.50	2021.05.24	5.6000	100.00	0.00
142445	16 裕东 06	233.00	5.00	2021.11.24	5.6000	100.00	0.00
142446	16 裕东 07	199.00	5.50	2022.05.24	5.6000	100.00	0.00
142447	16 裕东 08	249.00	6.00	2022.11.24	5.6000	100.00	0.00
142448	16 裕东 09	216.00	6.50	2023.05.24	5.6000	100.00	0.00
142449	16 裕东 10	266.00	7.00	2023.11.24	5.6000	100.00	0.00
142455	宝龙 A02	550.00	2.00	2018.11.11	4.6000	99.55	14.00
142456	宝龙 A03	500.00	3.00	2019.11.11	4.9000	97.22	0.00
142457	宝龙 B01	250.00	3.00	2019.11.11	5.5000	100.00	0.00
142458	宝龙次	100.00	3.00	2019.11.11	0.0000	100.00	0.00
142460	PR3A1	179.00	1.18	2018.01.15	4.1000	21.24	0.00
142461	PR3A2	110.00	1.67	2018.04.16	4.5000	47.75	50.00
142462	PR3B	130.00	2.42	2019.04.15	6.8000	12.81	70.00
142463	华科 3 次	47.00	4.93	2021.10.15	0.0000	100.00	0.00
142464	16 恒信 A	1425.00	5.93	2022.10.21	3.7200	100.00	0.00
142465	16 恒信次	75.00	5.93	2022.10.21	0.0000	100.00	0.00
142467	PR02	51.00	1.27	2018.02.28	3.8500	72.54	0.00
142468	PR03	65.00	2.27	2019.02.28	4.9700	68.81	0.00
142469	德清 04	83.00	3.27	2020.02.28	5.0000	100.00	0.00
142470	德清 05	102.00	4.27	2021.03.01	5.2000	100.00	0.00

债券信息
List of Bonds

债券代码 Code	债券简称 Bond Name	发行数量(百万) Issued Vol(M)	年限 Terms	到期日 Expiration Date	票面利率(%) Coupon Rate(%)	本年收盘 Close	成交数量(万张) Trading Vol(10000)
142471	德清 06	124.00	5.27	2022.02.28	5.2500	102.50	120.00
142472	德清 07	146.00	6.27	2023.02.28	5.3000	93.00	0.00
142473	德清 1 次	31.00	6.27	2023.02.28	0.0000	100.00	0.00
142474	PR 三胞 A	1575.00	24.01	2040.11.27	3.8000	94.66	0.00
142475	16 三胞 B	1478.00	4.00	2020.11.27	6.9500	97.00	10.00
142477	PR02	119.00	1.82	2018.10.26	4.2500	19.33	0.00
142478	正商 03	124.00	2.82	2019.10.26	5.5000	100.00	0.00
142479	正商 04	132.00	3.83	2020.10.26	6.0000	100.00	0.00
142480	正商 05	153.00	4.75	2021.09.26	6.5000	100.00	0.00
142481	PR 次	60.00	4.75	2021.09.26	0.0000	31.83	0.00
142484	PR16A3	46.00	1.68	2018.01.22	3.7400	34.78	0.00
142485	天风 16B	69.00	2.18	2018.01.22	6.5000	99.04	0.00
142486	天风 16 次	74.00	2.68	2018.01.22	0.0000	100.00	0.00
142488	PRA	5460.00	23.98	2040.11.24	3.9500	95.54	700.00
142489	PRB	1540.00	23.98	2040.11.24	4.3000	83.33	0.00
142490	金金次	800.00	23.98	2040.11.24	0.0000	100.00	0.00
142491	PR 皖新 1A	360.00	18.11	2035.01.18	4.2000	94.36	400.00
142492	16 皖新 1B	195.00	18.11	2035.01.18	4.7000	95.16	46.00
142493	PR 平安 4A	1454.00	2.64	2019.08.08	4.7000	10.92	440.00
142494	16 平安 4B	86.00	2.90	2019.11.08	5.4000	100.00	0.00
142495	16 平安 4C	70.00	3.41	2020.05.12	6.5000	100.00	0.00
142497	金坤 1 优 A	283.00	3.00	2019.11.24	5.2000	99.51	128.00
142498	金坤 1 优 B	165.00	3.00	2019.11.24	7.2000	100.00	220.65
142499	金坤 1 次	24.00	3.00	2019.11.24	0.0000	100.00	0.00
142506	PR5A7	51.00	1.55	2018.01.08	5.0000	60.61	0.00
142507	PR5A8	36.00	1.80	2018.04.09	5.0000	16.09	0.00
142508	丰汇 5A9	45.00	2.05	2018.04.09	5.2000	100.00	0.00
142509	丰汇 5A10	44.00	2.30	2018.04.09	5.2000	100.00	0.00
142510	PR5A11	48.00	2.55	2018.07.09	5.4000	36.51	0.00
142511	PR5A12	40.00	2.80	2018.10.08	5.4000	38.18	0.00
142512	PR5B1	43.00	3.05	2020.01.08	6.5000	36.13	208.00
142513	丰汇 5B2	35.00	3.30	2020.04.08	6.5000	100.00	138.00
142514	丰汇 5B3	33.00	3.55	2020.07.08	6.7000	100.00	298.02
142515	丰汇 5B4	35.00	3.80	2020.10.08	6.7000	100.00	207.93
142516	丰汇 5 次	130.00	4.80	2021.10.08	0.0000	100.00	0.00
142517	金科 01	1700.00	3.00	2019.12.02	4.7000	100.00	0.00
142518	金科 02	100.00	3.00	2019.12.02	0.0000	100.00	0.00
142522	PR3A4	80.00	1.50	2018.06.28	5.8000	54.97	0.00
142523	PR3A5	200.00	2.50	2019.06.28	6.1000	51.29	30.00
142524	上实 3A6	54.00	2.75	2019.09.28	6.5000	100.00	0.00
142525	上实 3B	66.00	3.00	2019.12.28	7.0000	100.00	0.00
142527	G 葛洲坝 2	150.00	2.00	2018.11.22	3.3000	100.00	0.00
142528	G 葛洲坝 3	150.00	3.00	2019.11.22	3.4500	100.00	0.00
142529	G 葛洲坝 4	150.00	4.00	2020.11.22	3.5000	96.09	45.00
142530	G 葛洲坝 5	160.00	5.00	2021.11.22	3.6000	94.21	48.00
142531	G 葛洲坝 B	40.00	5.00	2021.11.22	0.0000	100.00	0.00
142532	PR 新生 1A	342.00	1.68	2018.05.28	5.5000	1.13	0.00
142533	PR 新生 1B	21.00	1.85	2018.07.30	8.0000	16.24	0.00
142535	PR02	280.00	2.18	2019.03.26	5.2500	2.86	0.00
142536	富龙 03	295.00	3.19	2020.03.26	5.4000	100.00	0.00

债券信息 List of Bonds

债券 Bond

债券代码 Code	债券简称 Bond Name	发行数量(百万) Issued Vol(M)	年限 Terms	到期日 Expiration Date	票面利率(%) Coupon Rate(%)	本年收盘 Close	成交数量(万张) Trading Vol(10000)
142537	富龙 04	300.00	4.19	2021.03.26	6.0000	99.43	90.00
142538	富龙 05	280.00	5.19	2022.03.26	6.1000	100.03	90.00
142539	富龙 06	230.00	6.19	2023.03.26	6.2000	100.02	420.00
142540	富龙 07	240.00	7.69	2024.09.26	6.3000	100.02	440.00
142541	富龙次	100.00	7.69	2024.09.26	0.0000	100.00	0.00
142543	PR 聚伍 A2	420.00	2.00	2018.12.21	5.0000	14.93	0.00
142544	PR 聚伍 A3	293.00	3.25	2020.03.21	5.5000	90.15	0.00
142545	聚伍 B	70.00	3.76	2020.09.21	6.5000	100.00	0.00
142546	聚伍次	112.00	5.01	2021.12.21	4.0000	100.00	0.00
142548	PR 万隆 B	67.00	1.75	2018.03.21	5.5700	27.19	0.00
142549	16 万隆次	20.00	1.75	2018.03.21	0.0000	100.00	0.00
142550	花呗 14A1	2018.00	1.03	2018.01.05	5.1500	100.00	0.00
142551	花呗 14A2	175.00	1.03	2018.01.05	5.6000	100.00	0.00
142552	花呗 14B	308.00	1.03	2018.01.05	0.0000	104.89	0.00
142553	PR 中百 A	450.00	5.00	2021.12.25	5.1000	48.17	100.00
142554	16 中百 B	330.00	5.00	2021.12.25	6.0000	100.00	0.00
142555	16 中百次	260.00	5.00	2021.12.25	0.0000	100.00	0.00
142556	PR 远东 6A	3346.00	3.75	2020.09.26	5.2800	42.64	1106.00
142557	16 远东 6B	345.00	4.25	2021.03.26	6.5000	98.20	0.00
142558	16 远东 6C	229.00	5.00	2021.12.26	0.0000	110.30	229.00
142559	PR 国控 A	1011.00	1.80	2018.10.12	4.8500	35.43	0.00
142560	国控优 B	68.00	1.80	2018.10.12	4.9500	100.00	0.00
142561	国控优 C	94.00	1.80	2018.10.12	5.5000	100.00	0.00
142562	国控次级	175.00	1.80	2018.10.12	0.0000	100.00	0.00
142567	太盟 6A5	34.00	1.08	2018.01.25	5.5000	100.00	0.00
142568	太盟 6A6	47.00	1.32	2018.04.25	5.5000	100.00	0.00
142569	太盟 6A7	45.00	1.57	2018.07.25	5.5000	100.00	0.00
142570	太盟 6B	39.00	1.82	2018.10.25	6.0000	100.00	0.00
142571	太盟 6C	35.00	2.08	2019.01.25	6.8000	100.00	0.00
142572	太盟 6 次	57.00	2.82	2019.10.25	0.0000	100.00	0.00
142573	中兵 1A	760.00	1.03	2018.01.05	4.0000	99.81	0.00
142574	中兵 1B	95.00	1.03	2018.01.05	5.0000	100.00	0.00
142575	中兵 1 次	95.00	1.03	2018.01.05	0.0000	100.00	0.00
142576	PR 实业 A	1000.00	16.86	2018.12.27	5.1500	95.95	400.00
142577	实业 B	1000.00	1.85	2018.12.27	6.2300	100.01	700.00
142578	实业 C	200.00	1.85	2018.12.27	6.9000	99.82	360.00
142579	花呗 15A1	1614.00	1.03	2018.01.10	5.0000	99.91	0.00
142580	花呗 15A2	140.00	1.03	2018.01.10	5.6000	100.00	0.00
142581	花呗 15B	246.00	1.03	2018.01.10	0.0000	104.28	0.00
142582	铁建 1A	840.00	1.95	2018.12.11	4.8000	99.11	132.00
142583	铁建 1B	126.00	1.95	2018.12.11	5.8000	100.00	0.00
142584	铁建 1 次	84.00	1.95	2018.12.11	0.0000	100.00	0.00
142585	借呗 08A1	1640.00	1.03	2018.01.16	5.0000	99.99	0.00
142586	借呗 08A2	160.00	1.03	2018.01.16	5.0000	100.00	0.00
142587	借呗 08B	200.00	1.03	2018.01.16	0.0000	104.00	5.00
142588	借呗 09A1	4100.00	1.02	2018.01.18	4.8000	100.00	0.00
142589	借呗 09A2	400.00	1.02	2018.01.18	5.0000	100.00	0.00
142590	借呗 09B	500.00	1.02	2018.01.18	0.0000	104.00	5.00
142593	花呗 16A1	1614.00	1.02	2018.01.19	4.8000	99.90	0.00
142594	花呗 16A2	140.00	1.02	2018.01.19	5.0000	100.00	0.00

债券信息
List of Bonds

债券
Bond

债券代码 Code	债券简称 Bond Name	发行数量(百万) Issued Vol(M)	年限 Terms	到期日 Expiration Date	票面利率(%) Coupon Rate(%)	本年收盘 Close	成交数量(万张) Trading Vol(10000)
142599	沪保障 05	172.00	2.53	2018.09.18	4.5000	100.00	0.00
142600	沪保障 06	153.00	3.04	2018.09.18	4.6000	100.00	0.00
142601	沪保障次	46.00	3.04	2018.09.18	0.0000	100.00	0.00
142602	PR 苏广 A	350.00	21.01	2037.12.27	5.2000	97.39	0.00
142603	16 苏广 B	1100.00	9.01	2025.12.27	6.0000	98.18	600.00
142604	16 苏广次	230.00	21.01	2037.12.27	0.0000	100.00	0.00
142609	中民 3A5	75.00	1.13	2018.01.25	4.3000	100.00	0.00
142610	中民 3A6	130.00	1.38	2018.04.25	4.4000	99.18	0.00
142611	中民 3A7	75.00	1.63	2018.07.25	4.4000	98.79	0.00
142612	中民 3A8	170.00	1.88	2018.07.25	4.4000	100.63	110.00
142613	PR 民 3A9	60.00	2.13	2018.08.29	4.5000	86.85	0.00
142614	PR3A10	100.00	2.38	2018.08.29	5.0000	7.46	0.00
142615	中民 3B1	90.00	2.38	2018.08.29	5.3000	100.00	0.00
142616	PR 民 3B2	80.00	2.63	2018.09.10	5.3000	89.17	0.00
142617	中民 3B3	80.00	2.88	2018.09.10	5.3000	100.00	0.00
142618	中民 3B4	50.00	3.38	2018.09.10	5.3000	100.00	0.00
142619	中民 3 次	100.00	9.22	2018.09.13	0.0000	100.00	0.00
142620	花呗 16B	246.00	1.02	2018.01.19	0.0000	105.86	0.00
142622	PR 投 1B	182.00	1.63	2018.02.28	6.5000	15.91	0.00
142623	中建投次	15.00	1.63	2018.02.28	0.0000	100.00	0.00
142624	上实 3 次	124.00	3.00	2019.12.28	0.0000	100.21	0.00
142625	分期 01A1	1226.00	1.03	2018.01.22	4.4300	100.00	0.00
142626	分期 01A2	95.00	1.03	2018.01.22	5.0000	100.00	0.00
142627	分期 01B	180.00	1.03	2018.01.22	0.0000	106.50	0.00
142628	分期 02A1	817.00	1.03	2018.01.24	4.8000	100.03	0.00
142629	分期 02A2	63.00	1.03	2018.01.24	4.8000	100.00	0.00
142630	分期 02B	120.00	1.03	2018.01.24	0.0000	106.45	0.00
142631	承影 23 次	300.00	1.82	2018.10.22	0.0000	100.00	0.00
142636	汇通 9A5	141.00	1.19	2018.03.25	5.6000	99.79	0.00
142637	汇通 9A6	140.00	1.45	2018.06.25	5.6000	99.81	68.00
142638	汇通 9A7	136.00	1.70	2018.09.25	5.7000	100.00	0.00
142639	汇通 9A8	77.00	1.95	2018.12.25	5.7000	100.00	0.00
142640	汇通 9B	53.00	2.19	2019.03.25	6.3000	100.00	0.00
142641	汇通 9 次	157.00	2.87	2019.11.25	10.0000	100.00	0.00
142642	怀运 01	100.00	1.00	2018.02.24	5.8700	100.00	0.00
142643	怀运 02	105.00	2.00	2019.02.24	6.3000	100.00	0.00
142644	怀运 03	110.00	3.00	2020.02.24	6.6800	100.00	0.00
142645	怀运 04	115.00	4.00	2021.02.24	6.7200	100.00	0.00
142646	怀运 05	125.00	5.00	2022.02.24	6.7600	100.00	0.00
142647	怀运 06	130.00	6.00	2023.02.24	7.0200	100.00	0.00
142648	怀运 07	140.00	7.00	2024.02.24	7.0200	100.00	0.00
142649	PR23B	900.00	1.82	2018.10.22	5.2000	72.86	0.00
142653	创富 3B	15.00	1.13	2018.02.28	5.3500	100.00	0.00
142654	创富 3 次	26.00	2.69	2018.04.10	0.0000	100.00	0.00
142656	PR2A1	270.00	1.48	2018.06.20	5.1000	13.34	0.00
142657	PR2A2	194.00	2.48	2018.09.20	5.2000	17.86	0.00
142658	PR2 优 B	54.00	2.73	2019.09.20	5.5000	31.04	0.00
142659	中港 2 优 C	217.00	4.48	2021.06.20	6.5000	100.00	0.00
142660	中港 2 次	39.00	4.74	2021.09.20	0.0000	100.00	0.00
142664	借呗 10A1	4100.00	1.03	2018.01.30	4.6600	100.00	0.00

债券信息 List of Bonds

债券代码 Code	债券简称 Bond Name	发行数量(百万) Issued Vol(M)	年限 Terms	到期日 Expiration Date	票面利率(%) Coupon Rate(%)	本年收盘 Close	成交数量(万张) Trading Vol(10000)
142665	借呗 10A2	400.00	1.03	2018.01.30	4.8000	99.92	30.00
142666	借呗 10B	500.00	1.03	2018.01.30	0.0000	107.79	100.00
142668	PR1B	69.00	1.51	2018.07.23	4.3500	50.72	0.00
142669	绍兴 1C	73.00	2.51	2019.07.23	4.5000	100.00	0.00
142670	绍兴 1D	77.00	3.51	2020.07.23	4.8000	100.00	0.00
142671	绍兴 1E	82.00	4.51	2021.07.23	5.4000	99.51	0.00
142672	绍兴 1F	87.00	5.52	2022.07.25	5.5000	99.01	0.00
142673	绍兴 1G	92.00	6.52	2023.07.24	5.5000	100.00	0.00
142674	绍兴 1H	99.00	7.52	2024.07.23	5.5000	100.00	0.00
142675	绍兴 1 次	34.00	7.52	2024.07.23	0.0000	100.00	0.00
142676	花呗 17A1	2421.00	1.03	2018.01.31	4.6500	99.61	0.00
142677	花呗 17A2	210.00	1.03	2018.01.31	4.8000	100.00	0.00
142678	花呗 17B	369.00	1.03	2018.01.31	0.0000	107.76	110.70
142679	花呗 18A1	1614.00	1.02	2018.02.01	4.6000	100.00	0.00
142680	花呗 18A2	140.00	1.02	2018.02.01	4.8800	100.00	0.00
142681	花呗 18B	246.00	1.02	2018.02.01	0.0000	107.69	37.00
142682	PR01	100.00	1.00	2018.01.10	4.8000	25.00	0.00
142683	PR02	100.00	2.00	2019.01.10	5.0000	25.00	0.00
142684	魔方 03	115.00	3.00	2020.01.10	5.4000	99.24	0.00
142685	魔方次级	35.00	3.00	2020.01.10	0.0000	100.00	0.00
142687	龙矿 1B	220.00	2.00	2018.12.20	5.0000	100.00	0.00
142688	龙矿 1C	220.00	3.00	2019.12.20	5.1000	100.00	0.00
142689	龙矿 1D	250.00	4.00	2020.12.20	5.3000	100.00	0.00
142690	龙矿 1E	260.00	5.00	2021.12.20	5.3500	100.00	0.00
142693	PRYH 优 3	150.00	3.23	2018.05.10	4.9000	74.15	0.00
142694	JJYH 次	210.00	3.23	2018.08.17	4.0000	100.00	0.00
142695	PR 京 2 优 A	432.00	1.29	2018.05.09	4.8000	1.74	52.00
142696	京保 2 优 B	167.00	1.29	2018.05.09	5.8000	100.00	40.00
142697	京保 2 次	1.00	1.29	2018.05.09	0.0000	100.00	0.00
142699	华美 A2	500.00	1.36	2018.07.23	5.2000	100.00	0.00
142700	华美 A3	500.00	2.36	2019.07.23	5.3500	100.00	0.00
142701	华美次	75.00	2.36	2019.07.23	0.0000	100.00	0.00
142703	PR2 优 2	220.00	1.81	2018.11.14	5.1000	22.73	0.00
142704	PR2 优 3	210.00	2.06	2019.02.14	5.2000	8.67	0.00
142705	德润 2 优 B	88.00	2.30	2019.05.14	6.0000	99.56	67.89
142706	德润 2 次 C	50.00	4.55	2021.08.12	0.0000	100.00	0.00
142707	PR 德银次	22.00	1.19	2018.04.26	0.0000	46.14	0.00
142708	PR 德银 1A	185.00	0.94	2018.01.26	4.7000	4.49	0.00
142709	16 德银 1B	15.00	0.94	2018.01.26	4.9000	100.00	0.00
142710	唯品花 1A	229.00	1.30	2018.03.09	4.5900	100.00	0.00
142711	唯品花 1B	56.00	1.30	2018.03.09	4.6000	100.00	0.00
142714	PR 富通 A2	182.00	1.85	2018.11.26	4.9000	12.90	0.00
142715	PR 富通 B	32.00	2.10	2019.02.26	6.7000	49.74	32.00
142716	17 富通次	50.00	2.60	2019.08.26	0.0000	100.00	0.00
142717	PR5A	456.00	2.51	2018.11.23	5.5000	19.35	100.00
142718	PR5B	46.00	2.77	2019.11.25	6.4000	50.92	0.00
142719	华中 5C	106.00	3.27	2020.05.25	6.8000	98.68	534.80
142720	PR 太保 1A	910.00	1.00	2018.02.14	4.4900	4.15	0.00
142721	16 太保 1B	80.00	1.00	2018.02.14	10.0000	100.00	0.00
142722	兴光 2 号 A	80.00	1.00	2018.01.24	4.1000	100.00	0.00

债券信息 List of Bonds

债券代码 Code	债券简称 Bond Name	发行数量(百万) Issued Vol(M)	年限 Terms	到期日 Expiration Date	票面利率(%) Coupon Rate(%)	本年收盘 Close	成交数量(万张) Trading Vol(10000)
142723	兴光 2 号 B	100.00	1.50	2018.07.24	4.1000	100.00	0.00
142724	兴光 2 号 C	100.00	2.00	2019.01.24	4.1000	100.00	0.00
142725	兴光 2 号 D	110.00	2.50	2019.07.24	4.1000	100.00	0.00
142726	兴光 2 号 E	110.00	3.00	2020.01.24	4.1000	100.00	0.00
142727	兴光 2 号 F	120.00	3.50	2020.07.24	4.5000	100.00	0.00
142728	兴光 2 号 G	120.00	4.00	2021.01.24	4.5000	100.00	0.00
142729	兴光 2 号 H	130.00	4.50	2021.07.24	4.5000	100.00	0.00
142730	兴光 2 号 I	130.00	5.00	2022.01.24	4.8700	100.00	0.00
142731	兴光 2 号 J	50.00	5.00	2022.01.24	0.0000	100.00	0.00
142732	龙光优先	913.00	3.02	2020.01.31	5.6000	99.95	400.00
142733	龙光次优	532.00	3.02	2020.01.31	6.0800	99.98	250.00
142734	龙光次级	76.00	3.02	2020.01.31	0.0000	100.00	0.00
142737	PR 三次	543.00	1.58	2018.08.28	4.7250	33.26	0.00
142738	华中 5 次	152.00	3.27	2020.05.25	0.0000	100.00	0.00
142739	PR 双塔 A	1130.00	17.91	2035.01.23	5.0000	97.08	0.00
142740	双塔 B	1520.00	17.91	2035.01.23	6.5000	100.00	120.00
142741	双塔 C	50.00	17.91	2035.01.23	7.0000	100.00	0.00
142742	PR4 优	1396.00	0.88	2018.01.20	5.2000	21.21	0.00
142743	摩山 4 次	74.00	0.88	2018.01.20	0.0000	100.00	0.00
142751	PR 鲁租 A2	178.00	1.14	2018.04.20	5.3000	17.91	0.00
142752	17 鲁租次	102.00	1.64	2018.05.30	0.0000	100.00	0.00
142754	财信 02	89.00	1.82	2018.12.31	6.0000	100.00	0.00
142755	财信 03	96.00	2.82	2019.12.31	6.5000	100.00	0.00
142756	财信 04	99.00	3.82	2020.12.31	6.7000	100.00	0.00
142757	财信 05	101.00	4.82	2021.12.31	6.8000	100.00	0.00
142758	财信 06	103.00	5.82	2022.12.30	6.9000	100.00	0.00
142759	财信次级	35.00	5.82	2022.12.30	0.0000	100.00	0.00
142760	PR 聚 01A1	605.00	1.04	2018.03.16	4.8900	16.15	0.00
142761	PR 聚 01A2	885.00	2.55	2019.09.17	5.1000	40.26	33.00
142762	17 聚 01A3	301.00	3.55	2020.09.16	5.5800	100.00	0.00
142763	17 聚 01B	143.00	4.04	2021.03.16	6.5000	101.28	222.00
142764	17 聚 01 次	176.00	5.04	2022.03.16	0.0000	100.00	0.00
142765	借呗 11A1	1230.00	1.03	2018.03.21	4.8000	99.87	80.00
142766	借呗 11A2	120.00	1.03	2018.03.21	5.1800	100.00	0.00
142767	借呗 11B	150.00	1.03	2018.03.21	0.0000	105.90	45.00
142768	花呗 19A1	3228.00	1.03	2018.03.21	4.8000	99.90	250.00
142769	花呗 19A2	280.00	1.03	2018.03.21	5.3000	100.00	0.00
142770	花呗 19B	492.00	1.03	2018.03.21	0.0000	105.90	110.00
142775	诺斯 B3	58.00	1.22	2018.05.21	5.8000	100.00	0.00
142776	诺斯 B4	56.00	1.72	2018.11.20	6.0000	100.00	0.00
142777	诺斯 B5	62.00	2.30	2019.06.20	6.2000	100.00	0.00
142778	诺斯次	34.00	3.47	2020.08.20	0.0000	100.00	0.00
142779	凯恒优 A	1600.00	9.86	2027.01.20	4.6000	97.44	530.00
142780	凯恒优 B	850.00	9.86	2027.01.20	5.2000	97.75	80.00
142782	英才 02	95.00	1.53	2018.09.21	5.3500	100.00	0.00
142783	英才 03	105.00	2.53	2019.09.21	5.6000	100.00	0.00
142784	英才 04	115.00	3.54	2020.09.21	5.8000	100.00	0.00
142785	英才 05	125.00	4.54	2021.09.21	6.0000	100.00	0.00
142786	PR 次级	270.00	4.54	2021.09.21	0.0000	74.61	0.00
142787	凯恒次	555.00	9.86	2027.01.20	0.0000	100.00	0.00

债券信息 List of Bonds

债券 Bond

债券代码 Code	债券简称 Bond Name	发行数量(百万) Issued Vol(M)	年限 Terms	到期日 Expiration Date	票面利率(%) Coupon Rate(%)	本年收盘 Close	成交数量(万张) Trading Vol(10000)
142788	PR02A1	200.00	2.03	2018.05.22	5.3000	4.68	0.00
142789	PR02A2	190.00	2.03	2018.06.21	5.8000	60.56	95.00
142790	PR02B1	90.00	2.03	2018.10.22	8.0000	4.56	0.00
142791	小米 02B2	20.00	2.03	2018.10.22	0.0000	100.00	0.00
142793	PR 弘优 02	91.00	1.54	2018.03.14	5.1000	26.12	0.00
142795	弘信次级	50.00	2.54	2018.07.20	0.0000	100.00	0.00
142796	17 九通 A1	58.00	1.11	2018.04.24	3.9000	99.80	80.00
142797	17 九通 A2	80.00	2.11	2019.04.24	5.0000	100.00	0.00
142798	17 九通 A3	102.00	3.11	2020.04.24	5.2000	99.67	0.00
142799	17 九通 A4	128.00	4.11	2021.04.23	5.2000	95.15	38.00
142800	17 九通 A5	143.00	5.11	2022.04.22	5.2000	95.17	42.00
142801	17 九通 A6	159.00	6.11	2023.04.24	5.2000	100.00	0.00
142802	17 九通次	36.00	6.11	2023.04.24	0.0000	100.00	0.00
142803	花呗 20A1	3228.00	1.03	2018.03.28	4.8000	100.00	0.00
142804	花呗 20A2	280.00	1.03	2018.03.28	5.3000	100.00	0.00
142805	花呗 20B	492.00	1.03	2018.03.28	0.0000	105.75	128.40
142806	武威 A1	98.00	0.91	2018.01.26	4.9000	100.00	0.00
142807	武威 A2	105.00	1.91	2019.01.26	5.2000	100.00	0.00
142808	武威 A3	110.00	2.91	2020.01.26	5.8000	99.34	100.00
142809	武威 A4	119.00	3.91	2021.01.26	6.4000	100.00	0.00
142810	武威 A5	125.00	4.91	2022.01.26	6.7000	100.00	0.00
142811	武威 B1	25.00	0.91	2018.01.26	5.7000	100.00	0.00
142812	武威 B2	28.00	1.91	2019.01.26	6.0000	100.00	0.00
142813	武威 B3	31.00	2.91	2020.01.26	6.5000	100.00	0.00
142814	武威 B4	34.00	3.91	2021.01.26	7.0000	99.83	68.00
142815	武威 B5	37.00	4.91	2022.01.26	7.5000	100.00	0.00
142816	武威次	25.00	4.91	2022.01.26	0.0000	100.00	0.00
142817	PR 首创 01	16.00	1.02	2018.03.20	3.7000	25.89	16.00
142818	PR 首创 02	18.00	2.02	2019.03.20	3.9800	25.10	54.00
142819	17 首创 03	20.00	3.02	2020.03.20	4.6000	100.58	100.00
142820	17 首创 04	20.00	4.02	2021.03.20	4.6000	101.50	120.00
142821	17 首创 05	22.00	5.02	2022.03.20	4.6000	100.02	66.00
142822	17 首创 06	22.00	6.02	2023.03.20	4.6000	99.62	128.00
142823	17 首创 07	24.00	7.02	2024.03.20	4.6000	100.61	192.00
142824	17 首创 08	26.00	8.02	2025.03.20	4.6000	100.30	204.00
142825	17 首创 09	26.00	9.02	2026.03.20	4.6000	100.01	124.00
142826	17 首创 10	28.00	10.02	2027.03.20	4.6000	100.01	168.00
142827	17 首创 11	28.00	11.03	2028.03.20	4.6000	100.01	168.00
142828	17 首创 12	30.00	12.03	2029.03.20	4.6000	100.01	120.00
142829	17 首创 13	32.00	13.03	2030.03.20	4.6000	100.01	80.00
142830	17 首创 14	32.00	14.03	2031.03.20	4.6000	98.70	24.00
142831	17 首创 15	36.00	15.03	2032.03.20	4.6000	99.07	296.00
142832	17 首创 16	38.00	16.03	2033.03.20	4.6000	98.75	318.00
142833	17 首创 17	40.00	17.03	2034.03.20	4.6000	100.06	246.00
142834	17 首创 18	42.00	18.03	2035.03.20	4.6000	100.40	72.00
142836	苏高速 01	300.00	1.00	2018.03.15	4.4500	100.00	0.00
142837	苏高速 02	300.00	2.00	2019.03.15	4.5000	100.00	0.00
142838	苏高速 03	50.00	3.00	2020.03.15	4.6000	100.00	0.00
142839	苏高速次	50.00	3.00	2020.03.15	0.0000	100.00	0.00
142840	17 镇保 A1	100.00	1.00	2018.03.08	5.1600	100.00	0.00

债券信息 List of Bonds

债券 Bond

债券代码 Code	债券简称 Bond Name	发行数量(百万) Issued Vol(M)	年限 Terms	到期日 Expiration Date	票面利率(%) Coupon Rate(%)	本年收盘 Close	成交数量(万张) Trading Vol(10000)
142841	17 镇保 A2	400.00	2.00	2019.03.08	5.4900	100.00	0.00
142842	17 镇保 A3	500.00	3.00	2020.03.08	6.2900	97.95	180.00
142843	17 镇保次	110.00	3.00	2020.03.08	0.0000	100.00	0.00
142845	17 上实 A2	289.00	0.91	2018.02.12	5.0000	100.00	0.00
142846	17 上实 A3	250.00	1.41	2018.08.13	5.3000	100.00	60.00
142847	17 上实 A4	320.00	1.91	2019.02.12	5.5000	99.69	220.00
142848	17 上实 A5	720.00	2.41	2019.08.12	5.7000	97.99	0.00
142849	17 上实 A6	410.00	2.91	2020.02.12	5.9000	100.00	0.00
142850	17 上实 B	420.00	2.91	2020.02.12	7.2000	99.40	160.00
142851	17 上实次	361.00	4.92	2022.02.14	0.0000	100.12	0.00
142857	21 世纪 03	22.00	0.91	2018.02.21	5.5000	100.00	0.00
142858	21 世纪 04	24.00	1.40	2018.08.21	5.9000	99.58	6.00
142859	21 世纪 05	26.00	1.91	2019.02.21	6.0000	100.00	0.00
142860	21 世纪 06	28.00	2.40	2019.08.21	6.2000	99.34	5.00
142861	21 世纪 07	30.00	2.91	2020.02.21	6.4000	100.00	0.00
142862	21 世纪 08	37.00	3.41	2020.08.21	6.5000	100.00	0.00
142863	21 世纪 09	38.00	3.91	2021.02.21	6.5000	100.00	0.00
142864	21 世纪 10	40.00	4.41	2021.08.21	6.5000	99.34	0.00
142865	21 世纪次	15.00	4.41	2021.08.21	0.0000	100.00	0.00
142866	瑞通 05	861.00	0.98	2018.03.09	3.8000	100.00	0.00
142867	中建材 A1	523.00	1.00	2018.03.15	5.0500	100.00	0.00
142868	中建材 A2	144.00	1.00	2018.03.15	5.2800	100.00	0.00
142869	中建材次	640.00	1.00	2018.03.15	0.0000	100.00	0.00
142871	PR 粤 2A2	148.00	1.77	2018.12.21	5.2000	17.16	40.00
142872	PR 粤 2A3	112.00	1.77	2018.06.21	6.0600	29.93	0.00
142873	PR 粤 2B	80.00	2.27	2019.06.21	6.0000	71.00	0.00
142874	粤科 2 次	70.00	3.02	2020.03.21	0.0000	100.00	0.00
142875	PRA	378.00	0.91	2018.02.26	5.5500	54.05	0.00
142876	尉中 B	99.00	0.91	2018.02.26	5.9000	100.00	0.00
142877	PRC	258.00	2.91	2020.02.26	6.5000	31.59	100.00
142878	尉中次	165.00	4.66	2021.11.26	0.0000	100.00	0.00
142880	枣优 A2	50.00	1.00	2018.03.21	5.5900	99.50	0.00
142881	枣优 A3	55.00	1.50	2018.09.21	5.6000	100.00	0.00
142882	枣优 A4	60.00	2.00	2019.03.21	5.9000	100.17	60.00
142883	枣优 A5	60.00	2.50	2019.09.21	5.9500	100.00	0.00
142884	枣优 A6	65.00	3.00	2020.03.21	5.8000	100.00	0.00
142885	枣优 A7	65.00	3.51	2020.09.21	5.8500	100.00	0.00
142886	枣优 A8	65.00	4.00	2021.03.21	6.3000	100.00	0.00
142887	枣优 A9	65.00	4.51	2021.09.21	6.5000	100.00	0.00
142888	枣优 A10	65.00	5.00	2022.03.21	6.3000	100.00	0.00
142889	枣优 B	35.00	5.00	2022.03.21	8.0000	100.00	0.00
142890	枣矿次	35.00	5.00	2022.03.21	0.0000	100.00	0.00
142891	PR 贵交 1	250.00	1.00	2018.03.29	5.1000	25.00	0.00
142892	PRG 贵交 2	270.00	2.00	2019.03.29	5.2000	50.00	0.00
142893	G 贵公交 3	290.00	3.00	2020.03.29	5.5000	100.00	0.00
142894	G 贵公交 4	310.00	4.00	2021.03.29	5.8000	100.00	0.00
142895	G 贵公交 5	330.00	5.00	2022.03.29	6.0000	100.00	0.00
142896	G 贵公交 6	330.00	6.00	2023.03.29	6.1900	100.00	0.00
142897	PR 庆春 A	700.00	14.00	2031.03.13	4.0500	95.57	0.00
142898	PR 庆春 B	400.00	14.00	2031.03.13	4.1500	95.75	0.00

债券信息 List of Bonds

债券 Bond

债券代码 Code	债券简称 Bond Name	发行数量 (百万) Issued Vol(M)	年限 Terms	到期日 Expiration Date	票面利率(%) Coupon Rate(%)	本年收盘 Close	成交数量(万张) Trading Vol(10000)
142899	17 庆春次	58.00	14.00	2031.03.13	0.0000	100.00	0.00
142900	G 贵公交 7	350.00	7.01	2024.03.29	6.0000	96.92	10.00
142901	G 贵公交 8	370.00	8.01	2025.03.29	6.0000	96.92	70.00
142902	G 贵交次	150.00	8.01	2025.03.29	0.0000	100.00	0.00
142903	JSZBHEXD	426.00	1.00	2018.04.17	4.9000	100.00	0.00
142904	东融 2 优	970.00	2.00	2019.04.20	4.8300	99.64	0.00
142905	东融 2 次	30.00	2.00	2019.04.20	0.0000	100.00	0.00
142908	PRC1	223.00	0.78	2018.01.14	4.8000	54.62	0.00
142909	PRC2	313.00	1.87	2019.02.19	4.8000	42.82	0.00
142910	冀银次	153.00	1.87	2019.02.19	0.0000	100.00	0.00
142911	PR 优 A	1751.00	1.75	2018.12.27	5.2000	4.57	116.00
142912	PR 优 B	117.00	1.99	2019.03.27	6.7800	0.85	60.00
142913	YX 次级	221.00	3.00	2020.03.27	0.0000	100.00	0.00
142914	花呗 21A1	2421.00	1.03	2018.04.25	5.0000	99.92	115.00
142915	花呗 21A2	210.00	1.03	2018.04.25	5.5000	100.00	50.00
142916	花呗 21B	369.00	1.03	2018.04.25	0.0000	105.14	132.00
142920	PR10A4	150.00	0.93	2018.03.25	5.2000	22.11	0.00
142921	PR10A5	150.00	1.18	2018.06.25	5.3000	9.93	0.00
142922	PR10A6	160.00	1.44	2018.09.25	5.4000	5.73	0.00
142923	PR10A7	160.00	1.68	2018.12.25	5.5000	9.41	0.00
142924	PR10A8	155.00	1.93	2019.03.25	5.6000	11.78	100.00
142925	汇通 10A9	163.00	2.18	2019.06.25	5.8000	100.15	163.00
142926	汇通 10B	52.00	2.44	2019.09.25	6.4000	100.00	0.00
142927	汇通 10 次	220.00	3.77	2021.01.25	10.0000	100.00	0.00
142931	PR7A4	47.00	0.91	2018.03.25	5.3000	3.47	0.00
142932	太盟 7A5	47.00	1.16	2018.03.26	5.4000	100.00	0.00
142933	PR7A6	47.00	1.42	2018.06.25	5.5000	94.99	16.00
142934	PR7A7	41.00	1.67	2018.09.25	5.6000	81.31	26.00
142935	PR7B	50.00	1.91	2018.12.25	6.4000	62.15	14.00
142936	PR7C	40.00	2.16	2019.06.25	6.8000	45.41	0.00
142937	太盟 7 次	90.00	2.84	2020.02.25	0.0000	100.00	0.00
142938	HEXD 次	22.00	1.00	2018.04.17	4.9000	100.00	0.00
142939	借呗 12A1	1640.00	1.04	2018.05.02	5.2000	100.02	260.00
142940	借呗 12A2	160.00	1.04	2018.05.02	5.5000	100.00	42.00
142941	借呗 12B	200.00	1.04	2018.05.02	0.0000	101.18	0.00
142942	借呗 13A1	1640.00	1.04	2018.05.04	5.1000	99.74	10.00
142943	借呗 13A2	160.00	1.04	2018.05.04	5.5000	100.00	0.00
142944	借呗 13B	200.00	1.04	2018.05.04	0.0000	104.98	88.00
142950	借呗 14A1	1230.00	1.04	2018.05.08	5.2000	99.90	20.00
142951	借呗 14A2	120.00	1.04	2018.05.08	5.5000	100.00	0.00
142952	借呗 14B	150.00	1.04	2018.05.08	0.0000	104.90	45.00
142953	PR 优 A	4300.00	17.86	2035.02.28	4.9000	97.67	0.00
142954	SKP 优 B	700.00	17.86	2035.02.28	5.5600	100.00	0.00
142955	SKP 次	200.00	17.86	2035.02.28	0.0000	100.00	0.00
142957	17 康富 A2	270.00	1.90	2019.03.21	5.4000	100.00	80.00
142958	PR 康富 A3	678.00	2.91	2020.03.23	5.7000	9.68	0.00
142959	17 康富 B	495.00	5.65	2022.12.21	6.2000	100.00	0.00
142960	17 康富次	82.00	9.41	2026.09.21	0.0000	100.00	0.00
142967	借呗 15A1	492.00	1.04	2018.05.11	5.2000	100.00	0.00
142968	借呗 15A2	48.00	1.04	2018.05.11	5.4900	100.00	0.00

债券信息 List of Bonds

债券 Bond

债券代码 Code	债券简称 Bond Name	发行数量(百万) Issued Vol(M)	年限 Terms	到期日 Expiration Date	票面利率(%) Coupon Rate(%)	本年收盘 Close	成交数量(万张) Trading Vol(10000)
142969	借呗 15B	60.00	1.04	2018.05.11	0.0000	100.00	0.00
142970	新华 01	98.00	1.00	2018.04.27	5.6000	100.00	0.00
142971	新华 02	108.00	2.00	2019.04.27	5.8000	100.00	0.00
142972	新华 03	121.00	3.00	2020.04.27	6.2500	100.00	0.00
142973	新华 04	134.00	4.00	2021.04.27	6.2500	100.00	0.00
142974	新华 05	72.00	5.00	2022.04.27	6.2500	99.66	54.00
142976	借呗 16A1	902.00	1.03	2018.05.15	5.2000	100.00	180.00
142977	借呗 16A2	88.00	1.03	2018.05.15	5.5000	100.00	28.00
142978	借呗 16B	110.00	1.03	2018.05.15	0.0000	100.00	0.00
142979	瑞通 06	236.00	1.00	2018.04.20	4.6500	100.00	0.00
142981	PR 航优 B	63.00	0.74	2018.01.19	6.3000	64.47	0.00
142982	航天次级	63.00	0.74	2018.01.19	0.0000	100.00	0.00
142983	PR01	180.00	2.35	2019.08.20	5.4000	75.00	0.00
142984	天颐 02	200.00	3.35	2020.08.20	6.2000	97.83	0.00
142985	天颐 03	220.00	4.35	2021.08.20	6.4000	100.00	0.00
142986	天颐次级	50.00	4.35	2021.08.20	0.0000	100.00	0.00
142987	借呗 17A1	2460.00	1.03	2018.05.22	5.4000	100.00	23.00
142988	借呗 17A2	240.00	1.03	2018.05.22	5.5000	100.00	0.00
142989	借呗 17B	300.00	1.03	2018.05.22	0.0000	100.00	0.00
142991	17 中民 01	125.00	0.50	2018.02.09	6.1000	100.00	0.00
142992	17 中民 02	134.00	1.00	2018.08.09	6.3000	100.00	0.00
142993	17 中民 03	139.00	1.50	2019.02.09	6.4000	100.00	0.00
142994	17 中民 04	149.00	2.00	2019.08.09	6.6000	100.00	0.00
142995	17 中民 05	154.00	2.50	2020.02.09	6.6000	100.00	0.00
142996	17 中民 06	165.00	3.00	2020.08.09	6.6000	100.00	0.00
142997	17 中民 07	171.00	3.51	2021.02.09	6.7000	100.00	0.00
142998	17 中民 08	180.00	4.00	2021.08.09	6.7000	100.00	0.00
142999	17 中民 09	187.00	4.51	2022.02.09	6.7000	100.00	0.00
143001	17 浦建 01	200.00	3.00	2020.02.28	4.4600	100.40	114.10
143002	17 中核 01	1000.00	5.00	2022.04.26	4.6000	100.00	0.00
143003	17 中核 02	1000.00	10.00	2027.04.26	4.9000	100.00	0.00
143004	17 联邦 01	1100.00	5.00	2022.02.27	5.5000	100.00	630.00
143005	17 长发 01	500.00	5.00	2022.03.03	5.0000	101.10	212.00
143006	17 洛娃 01	1200.00	5.00	2022.03.03	6.4000	70.00	290.90
143007	17 东旭 01	2500.00	5.00	2022.03.13	6.5500	74.00	2314.60
143008	17 东旭 02	500.00	5.00	2022.03.13	6.8000	100.00	495.00
143009	17 宏泰债	1000.00	3.00	2020.03.02	4.6900	100.50	820.54
143010	17 鲁资 01	2000.00	5.00	2022.03.08	4.3500	100.20	2437.60
143011	17 沪投 01	530.00	5.00	2022.03.06	4.4500	100.00	100.00
143012	17 渝信 01	2500.00	3.00	2020.03.09	4.6800	98.40	2079.10
143013	17 渝信 02	2500.00	7.00	2024.03.09	5.0000	100.00	500.00
143014	17 正奇 01	300.00	3.00	2020.09.26	7.2000	100.00	295.00
143015	17 锡公 01	1100.00	5.00	2022.03.09	4.3800	101.10	1046.10
143016	17 智慧 01	460.00	3.00	2020.03.09	5.6800	88.00	148.42
143017	17 华汽 01	2000.00	5.00	2022.03.10	4.8500	100.75	2260.48
143018	18 金地 07	1000.00	5.00	2023.07.18	5.0000	102.00	274.20
143019	17 东莞债	1100.00	5.00	2022.03.08	4.6200	99.45	313.00
143020	17 复药 01	1250.00	5.00	2022.03.14	4.5000	99.70	790.00
143021	17 东吴债	2500.00	5.00	2022.03.13	4.7000	101.80	1040.20
143022	G17 协合 1	100.00	3.00	2020.12.06	7.1700	100.00	0.00

债券信息 List of Bonds
债券 Bond

债券代码 Code	债券简称 Bond Name	发行数量(百万) Issued Vol(M)	年限 Terms	到期日 Expiration Date	票面利率(%) Coupon Rate(%)	本年收盘 Close	成交数量(万张) Trading Vol(10000)
143023	17 豫电 01	300.00	3.00	2020.03.15	4.8500	100.53	467.30
143024	17 桂农 01	640.00	3.00	2020.03.13	5.5000	100.30	618.00
143025	17 辽能 01	1500.00	5.00	2022.03.13	5.2000	101.21	763.00
143026	18 中储 01	500.00	5.00	2023.07.19	5.7800	102.00	10.00
143027	17 荣盛 01	900.00	5.00	2022.03.13	5.6900	100.63	392.47
143028	17 兴源 01	200.00	4.00	2018.11.09	6.3700	100.00	90.00
143029	18 沪资 02	800.00	5.00	2023.07.26	4.3200	100.83	667.00
143030	17 金元债	450.00	3.00	2020.03.15	4.9900	100.40	322.70
143031	17 华置债	1900.00	5.00	2022.03.13	5.4800	100.40	2947.23
143032	17 杭旅 01	500.00	5.00	2022.03.15	4.7500	101.70	317.00
143033	17 保文 01	300.00	3.00	2020.03.15	4.8000	100.00	150.00
143034	17 中保债	500.00	5.00	2022.03.17	4.4900	100.17	264.00
143035	17 工投 01	100.00	5.00	2022.03.28	5.5000	100.00	140.00
143036	17 国证债	2500.00	3.00	2020.03.14	4.3900	100.60	1252.50
143037	17 中科 01	500.00	5.00	2022.03.28	6.5000	100.00	50.00
143038	17 海建 01	300.00	3.00	2020.03.16	7.1900	99.60	486.51
143039	17 北方 01	2000.00	5.00	2022.03.20	5.0000	102.00	745.26
143040	17 金钰债	750.00	5.00	2022.03.17	7.0000	100.00	100.10
143041	17 维维 01	500.00	3.00	2020.03.23	7.0000	100.00	0.00
143042	17 闽电 01	300.00	5.00	2022.03.24	5.0000	100.67	330.00
143043	17 邮政 01	3000.00	5.00	2022.03.23	4.4800	101.20	3390.00
143044	17 晋电 05	1110.00	5.00	2022.03.22	5.2800	100.00	290.00
143045	17 广晟 01	2500.00	5.00	2022.03.22	4.5900	100.49	3824.91
143046	18 富海 01	200.00	5.00	2023.07.24	7.0000	100.00	0.00
143047	17 南传 01	900.00	5.00	2022.03.23	6.4700	100.00	0.00
143048	17 兵器 01	2000.00	5.00	2022.04.12	4.2400	100.70	1314.30
143049	17 国地 01	100.00	5.00	2022.03.23	5.3000	101.52	90.00
143050	17 海矿 01	200.00	5.00	2022.03.27	6.5000	100.00	0.00
143051	17 长峰 01	1920.00	5.00	2022.03.24	5.9500	100.16	39.00
143052	17 成龙 01	200.00	5.00	2022.04.10	7.6000	100.00	0.00
143053	17 成龙 02	180.00	3.00	2020.04.10	7.5000	99.47	415.21
143054	17 现牧停	800.00	3.00	2020.03.28	5.4900	99.30	288.00
143055	17 南三 01	1000.00	5.00	2022.04.13	6.8000	99.80	372.00
143056	17 力控债	457.00	3.00	2020.04.10	7.2000	94.00	388.51
143057	17 富宇 01	300.00	5.00	2022.04.06	7.7000	102.00	579.58
143058	17 中经债	1400.00	5.00	2022.04.11	5.1700	98.83	16.00
143059	17 大海 01	500.00	5.00	2022.04.11	7.3000	99.90	741.01
143060	17 蚌投 02	600.00	5.00	2022.04.12	5.2500	98.99	197.00
143061	17 正集 01	1000.00	3.00	2020.04.11	4.9800	99.93	1095.45
143062	17 首农 01	1000.00	5.00	2022.04.11	4.6300	100.44	933.10
143063	17 三鼎 01	344.00	3.00	2020.09.06	7.5000	104.00	166.50
143064	17 邮政 02	4000.00	5.00	2022.04.13	4.3200	100.63	4659.51
143065	17 海资 01	1000.00	7.00	2024.04.12	5.0300	102.00	399.60
143066	17 桂铁 01	500.00	5.00	2022.04.14	4.9600	100.85	270.50
143067	17 广晟 02	1800.00	5.00	2022.04.12	4.4800	100.50	1007.00
143068	17 新新能	500.00	7.00	2024.04.11	5.7900	100.00	559.00
143069	17 川投 01	2000.00	5.00	2022.04.14	4.3900	100.70	1564.21
143070	17 鲁高 01	970.00	3.00	2020.04.18	4.3400	100.67	987.99
143071	17 鲁高 02	530.00	5.00	2022.04.18	4.5800	100.00	300.00
143072	17 北汽集	1000.00	3.00	2020.04.17	4.3500	100.50	1303.00

债券信息 List of Bonds

债券 Bond

债券代码 Code	债券简称 Bond Name	发行数量(百万) Issued Vol(M)	年限 Terms	到期日 Expiration Date	票面利率(%) Coupon Rate(%)	本年收盘 Close	成交数量(万张) Trading Vol(10000)
143073	17 桂交 01	1500.00	5.00	2022.04.17	4.6200	99.80	617.00
143074	18 亦庄 01	3000.00	5.00	2023.07.27	4.5800	100.82	2138.50
143075	17 重汽 01	1440.00	5.00	2022.04.17	5.2000	101.40	1084.61
143076	17 兵装 01	2000.00	3.00	2020.04.19	4.4500	100.45	2995.00
143077	17 兵装 02	2000.00	5.00	2022.04.19	4.6000	101.70	2461.01
143078	17 神州 01	300.00	5.00	2022.04.26	5.5000	100.00	30.00
143079	17 信投 G1	4000.00	3.00	2020.04.20	4.4800	100.60	1639.00
143080	17 津投 01	1000.00	5.00	2022.04.24	4.6000	99.80	1217.00
143081	17 长电 01	2500.00	3.00	2020.07.11	4.5000	101.11	2776.00
143082	18 陕燃 01	500.00	5.00	2023.07.25	5.0000	101.20	237.00
143083	17 金诚 01	200.00	3.00	2020.04.24	7.1500	100.00	90.00
143084	17 国电资	3000.00	5.00	2022.04.21	4.6800	101.10	1843.60
143085	17 光明 01	3000.00	5.00	2022.04.21	4.5500	100.90	1608.10
143086	17 鲁资 02	1000.00	5.00	2022.04.27	4.7800	100.90	773.10
143087	17 穗发 01	3000.00	5.00	2022.04.26	4.7000	101.19	2095.50
143088	17 南水 01	1500.00	5.00	2022.04.25	4.9500	100.78	1118.00
143089	17 南水 02	200.00	7.00	2024.04.25	5.0000	100.00	80.00
143090	17 桂铁 02	500.00	3.00	2020.04.24	5.0800	100.80	315.50
143091	17 华资 01	1000.00	5.00	2022.06.14	4.7800	100.66	1708.00
143092	17 广汇 G1	1170.00	3.00	2020.07.11	7.2900	99.51	262.01
143093	17 瑞控 01	200.00	5.00	2022.06.19	7.0000	100.00	0.00
143094	18 三友 01	600.00	5.00	2023.07.25	5.3800	100.00	20.00
143095	17 金玛 01	400.00	3.00	2020.05.02	7.5000	100.13	474.96
143096	17 宜交 01	650.00	5.00	2022.04.24	5.5000	100.00	340.00
143097	17 华阳 02	900.00	5.00	2022.04.27	5.7000	100.00	0.00
143098	18 川投 01	2000.00	5.00	2023.07.27	4.3700	100.80	1557.10
143099	17 连港 01	1070.00	5.00	2022.04.27	4.8000	100.63	720.00
143100	17 晋交 01	1500.00	5.00	2022.05.03	6.5000	102.00	457.00
143101	17 当代 01	500.00	5.00	2022.05.02	5.9000	100.00	150.00
143102	17 南海 01	600.00	5.00	2022.09.19	5.0400	99.50	304.00
143103	17 云投 G1	2000.00	5.00	2022.04.28	5.5000	100.00	1287.60
143104	17 陕能债	1600.00	7.00	2024.04.26	5.5000	103.44	728.00
143105	17 能投 01	2200.00	5.00	2022.06.22	4.8400	101.15	1866.04
143106	17 洋河 01	500.00	10.00	2027.04.28	4.9500	100.00	10.00
143107	17 欣捷 01	450.00	5.00	2022.05.16	7.5000	93.90	895.02
143108	17 翔业 01	1000.00	5.00	2022.06.30	4.4900	100.88	1219.00
143109	18 国证债	2500.00	3.00	2021.07.24	4.3500	100.60	1085.00
143110	G17 龙源 1	2000.00	5.00	2022.05.16	4.9000	101.34	980.00
143112	17 兵器 03	1000.00	10.00	2027.05.16	5.0500	100.00	0.00
143113	17 亦庄 01	300.00	5.00	2022.06.01	5.6000	100.80	9.00
143114	17 电投 01	2670.00	3.00	2020.05.17	4.8000	100.50	3254.75
143115	17 电投 02	830.00	5.00	2022.05.17	4.8500	100.55	300.00
143116	17 信投 G2	3000.00	3.00	2020.05.18	4.8800	101.12	772.00
143117	17 常熟 01	700.00	5.00	2022.05.22	5.5000	100.61	148.00
143118	17 常熟 02	222.00	5.00	2022.05.22	5.9700	100.00	0.00
143119	17 璞泰 01	200.00	3.00	2020.05.18	5.3000	100.00	0.00
143120	17 电投 03	2000.00	3.00	2020.05.22	4.7900	100.68	1600.00
143121	17 电投 04	500.00	5.00	2022.05.22	4.8000	101.45	119.00
143122	皖交控 01	500.00	5.00	2022.05.24	4.9500	100.35	160.00
143123	皖交控 02	500.00	5.00	2022.05.24	5.1000	100.00	50.00

债券信息
List of Bonds

债券
Bond

债券代码 Code	债券简称 Bond Name	发行数量(百万) Issued Vol(M)	年限 Terms	到期日 Expiration Date	票面利率(%) Coupon Rate(%)	本年收盘 Close	成交数量(万张) Trading Vol(10000)
143124	17 天图 01	1000.00	5.00	2022.05.22	6.5000	99.50	345.14
143125	17 金隅 01	3500.00	5.00	2022.05.19	5.2000	102.00	3114.60
143126	17 金隅 02	500.00	7.00	2024.05.19	5.3800	102.20	193.00
143127	17 天风 01	1500.00	5.00	2022.06.26	5.3800	102.04	1370.00
143129	17 兵装 04	2000.00	10.00	2027.06.06	5.0400	101.30	100.00
143130	G17 华电 1	2000.00	5.00	2022.06.09	4.8000	99.07	700.00
143131	17 中泰 01	2000.00	2.00	2019.06.07	4.8800	100.41	1878.39
143132	17 浦土 01	1000.00	5.00	2022.06.12	4.9000	100.20	875.50
143133	17 兴泸 01	1000.00	5.00	2022.06.07	5.7000	100.00	940.00
143134	18 双欣 01	200.00	3.00	2021.08.07	7.8000	100.00	156.00
143135	17 东兴 02	1500.00	3.00	2020.06.15	4.8000	101.20	1099.10
143136	17 东兴 03	900.00	5.00	2022.06.15	4.9900	102.80	688.00
143137	18 际华 01	1000.00	5.00	2023.07.20	4.6000	100.00	160.00
143139	17 长园债	1000.00	5.00	2022.07.13	5.6700	99.90	996.00
143140	17 维维 02	500.00	3.00	2020.06.15	7.5000	99.88	38.00
143141	18 金玛 01	285.00	5.00	2023.08.06	7.5000	100.00	0.00
143142	17 武投 01	2000.00	7.00	2024.06.15	4.9900	100.00	410.00
143143	17 鹏博债	1000.00	5.00	2022.06.16	6.0000	101.00	567.00
143144	17 祥鹏 01	600.00	5.00	2022.06.20	7.9800	99.95	237.00
143145	17 皖盐债	770.00	5.00	2022.06.21	6.9000	100.00	350.00
143146	17 恒信 01	1500.00	3.00	2020.06.21	4.9500	100.40	1700.06
143147	17 特变 01	200.00	3.00	2020.06.21	5.6400	100.00	194.93
143148	17 特变 02	800.00	5.00	2022.06.21	6.0500	101.25	490.00
143149	17 广汇 01	600.00	5.00	2022.06.22	7.7000	95.10	646.56
143150	17 金玛 02	400.00	5.00	2022.06.26	7.5000	99.78	605.66
143151	17 国信一	750.00	2.00	2019.07.06	4.5000	100.45	944.41
143152	17 国信二	750.00	3.00	2020.07.06	4.5700	101.05	887.01
143153	17 圆融 01	1000.00	3.00	2020.07.03	4.5300	101.00	1018.00
143154	17 光证 G1	3000.00	3.00	2020.07.04	4.5800	101.15	2978.99
143155	17 光证 G2	1500.00	5.00	2022.07.04	4.7000	101.90	1127.36
143156	17 港务 01	1000.00	5.00	2022.07.03	4.4800	101.00	659.60
143157	17 华融 G1	1500.00	3.00	2020.07.04	4.9800	100.50	1455.00
143158	17 银河 G1	5000.00	3.00	2020.07.10	4.5500	101.20	3813.98
143159	17 联想 01	2500.00	5.00	2022.07.05	5.0500	101.68	1117.00
143160	17 电投 05	1100.00	3.00	2020.07.10	4.5000	100.50	1658.27
143161	17 电投 06	900.00	5.00	2022.07.10	4.6000	101.13	925.00
143162	17 电投 07	1500.00	3.00	2020.07.12	4.4900	100.36	1936.70
143163	17 电投 08	500.00	5.00	2022.07.12	4.5300	101.32	662.00
143164	17 建屋 01	100.00	5.00	2022.07.10	4.9000	100.00	0.00
143165	17 世茂 G1	2500.00	3.00	2020.07.12	4.9500	99.75	1858.51
143166	17 光控 01	1000.00	5.00	2022.07.10	4.5500	101.00	1140.49
143167	17 光控 02	1500.00	7.00	2024.07.10	4.8000	102.40	1171.00
143168	17 南传 02	1020.00	5.00	2022.07.17	6.5000	101.00	20.00
143169	17 兵装 05	2000.00	5.00	2022.07.13	4.5500	101.00	1184.00
143170	17 兵装 06	2000.00	10.00	2027.07.13	4.9000	100.00	0.00
143171	17 杭旅 02	1500.00	5.00	2022.07.11	4.7100	101.40	914.00
143172	17 沪宁 01	800.00	7.00	2024.07.25	5.0000	100.00	100.00
143173	17 广药 01	1300.00	3.00	2020.07.14	4.4500	99.75	1790.00
143174	17 广药 02	1700.00	5.00	2022.07.14	4.5300	99.70	2207.70
143175	17 金地 01	3000.00	5.00	2022.07.13	4.8500	101.00	1997.76

债券信息 List of Bonds

债券 Bond

债券代码 Code	债券简称 Bond Name	发行数量(百万) Issued Vol(M)	年限 Terms	到期日 Expiration Date	票面利率(%) Coupon Rate(%)	本年收盘 Close	成交数量(万张) Trading Vol(10000)
143176	17 金地 02	1000.00	7.00	2024.07.13	5.0500	100.00	0.00
143177	17 金红 02	400.00	2.00	2019.07.21	7.6900	94.00	47.51
143178	17 杭金 01	300.00	5.00	2022.07.14	4.7900	101.00	80.10
143179	17 杭金 02	700.00	5.00	2022.07.14	4.6000	99.70	880.00
143180	G17 华电 2	1000.00	5.00	2022.07.20	4.4200	101.10	370.00
143181	G17 华电 3	500.00	10.00	2027.07.20	4.6400	97.48	640.00
143182	17 建材 01	3000.00	5.00	2022.07.17	4.6000	101.00	3681.20
143183	17 建材 02	1000.00	7.00	2024.07.17	4.8900	103.00	1097.50
143184	17 巨化 01	700.00	3.00	2020.07.17	5.1500	101.50	1008.54
143185	17 湘财 01	500.00	3.00	2020.09.25	5.4300	100.00	182.00
143186	17 工贸债	600.00	3.00	2020.07.17	6.3000	100.99	90.00
143187	17 洪政 01	1000.00	5.00	2022.07.27	4.5800	101.24	595.30
143188	18 长电 01	2500.00	3.00	2021.07.26	4.1900	100.60	1606.00
143189	18 蓉产 01	1500.00	5.00	2023.08.22	5.2800	100.00	830.00
143190	17 荣盛 02	1000.00	3.00	2020.07.21	5.9900	100.47	942.27
143191	17 恒信 02	1000.00	3.00	2020.07.21	4.7000	100.88	760.25
143192	17 邮政 03	3000.00	5.00	2022.07.24	4.4500	101.00	2927.00
143193	17 电投 09	1300.00	3.00	2020.07.24	4.4000	100.50	959.04
143194	17 电投 10	700.00	5.00	2022.07.24	4.4500	101.14	1212.80
143195	18 格地 02	600.00	5.00	2023.07.27	5.3000	100.00	260.00
143196	17 张江 01	1100.00	5.00	2022.07.25	4.4500	100.50	1031.00
143197	17 晋圣 01	1500.00	5.00	2022.07.24	5.8000	98.60	7046.00
143198	17 华鲁 01	1300.00	3.00	2020.07.24	4.9400	100.95	319.60
143199	17 中煤 01	1000.00	5.00	2022.07.20	4.6100	100.89	861.44
143200	17 产发 01	1000.00	10.00	2027.07.25	4.8500	99.15	533.01
143201	17 南山 01	500.00	5.00	2022.07.25	5.5000	101.13	481.00
143202	18 晶澳 01	100.00	3.00	2021.03.13	6.9000	100.00	0.00
143203	17 电控 01	1380.00	3.00	2020.07.25	4.5000	100.38	1825.11
143204	17 平租 02	1600.00	5.00	2022.07.27	4.7000	100.60	1664.01
143205	17 福投 01	1000.00	8.00	2025.07.27	4.6900	100.00	1063.25
143206	17 圣泉 01	100.00	3.00	2020.08.01	7.0000	100.00	0.00
143207	17 皖交 03	400.00	5.00	2022.07.31	4.5000	99.50	391.13
143208	17 皖交 04	600.00	5.00	2022.07.31	4.7000	97.50	34.00
143209	G17 光水 1	1000.00	5.00	2022.07.24	4.5500	101.00	1767.00
143210	17 合盛 01	420.00	5.00	2022.09.22	6.8000	100.00	82.00
143211	17 花集 01	245.00	3.00	2020.07.28	7.5000	100.41	0.00
143212	17 花集 02	137.00	3.00	2020.07.28	7.0000	101.00	29.93
143213	17 豫高速	2000.00	5.00	2022.08.04	4.9500	101.39	1392.01
143214	17 晋然债	600.00	5.00	2022.08.02	5.0000	97.80	255.00
143215	17 京资 01	4000.00	5.00	2022.08.01	4.5300	101.30	5988.20
143216	17 京资 02	1000.00	5.00	2022.08.01	4.6800	100.00	1137.00
143217	17 华药债	210.00	4.00	2021.07.28	6.5000	101.17	63.00
143218	17 清控 01	2500.00	5.00	2022.08.08	4.9500	101.60	2143.99
143219	17 昌控 01	500.00	5.00	2022.07.31	5.0500	97.60	355.00
143220	17 连云港	1000.00	5.00	2022.08.04	5.1000	100.80	818.21
143221	17 海资 02	1000.00	7.00	2024.08.03	4.9900	100.85	449.55
143222	17 圆融 02	1000.00	5.00	2022.08.03	4.5800	100.00	1120.00
143223	17 南水 03	1800.00	5.00	2022.08.03	4.7900	101.53	1603.20
143224	17 南水 04	200.00	5.00	2022.08.03	5.0000	102.90	214.74
143225	17 津投 03	1500.00	15.00	2032.08.02	4.6400	101.00	1507.70

债券信息 List of Bonds

债券 Bond

债券代码 Code	债券简称 Bond Name	发行数量(百万) Issued Vol(M)	年限 Terms	到期日 Expiration Date	票面利率(%) Coupon Rate(%)	本年收盘 Close	成交数量(万张) Trading Vol(10000)
143226	18 格地 03	600.00	5.00	2023.07.27	5.5000	100.00	180.00
143227	17 船重 01	2000.00	5.00	2022.08.07	4.5500	101.04	1866.70
143228	18 中煤 07	800.00	5.00	2023.07.26	4.4000	100.00	170.70
143229	17 国君 G1	4700.00	3.00	2020.08.04	4.5700	101.20	3716.99
143230	17 国君 G2	600.00	5.00	2022.08.04	4.7000	102.75	220.05
143231	17 海通 01	5000.00	3.00	2020.08.11	4.6300	100.95	2656.78
143232	17 海通 02	1000.00	5.00	2022.08.11	4.8000	97.70	275.00
143233	17 东方债	4000.00	10.00	2027.08.03	4.9800	100.00	250.00
143234	17 陕煤 01	1000.00	3.00	2020.08.10	4.7500	101.00	366.30
143235	17 舟交 01	500.00	5.00	2022.08.08	5.3300	100.00	412.00
143236	17 鲁信 01	1000.00	7.00	2024.08.04	4.7700	97.78	290.00
143237	17 苏新 02	1000.00	5.00	2022.08.08	5.1000	102.35	80.00
143238	17 普天 01	1000.00	9.00	2026.08.07	4.9900	99.28	540.14
143239	17 电投 11	1070.00	3.00	2020.08.09	4.4500	100.50	1072.04
143240	17 电投 12	430.00	5.00	2022.08.09	4.5000	100.00	950.00
143241	17 南山 02	500.00	5.00	2022.08.14	5.4900	100.00	359.00
143242	17 首农 02	1000.00	5.00	2022.08.10	5.0000	101.50	1027.20
143243	17 光大 01	3800.00	5.00	2022.08.10	4.6000	101.42	2200.00
143244	17 光大 02	1200.00	7.00	2024.08.10	4.8000	100.00	1220.00
143245	17 电投 13	940.00	3.00	2020.08.11	4.5800	100.40	1069.40
143246	17 电投 14	560.00	5.00	2022.08.11	4.6400	99.90	560.00
143247	17 浦土 02	500.00	5.00	2022.08.17	4.6500	100.00	50.00
143248	18 杭金 03	700.00	5.00	2023.07.25	4.4100	100.00	160.00
143249	G17 华电 4	1500.00	5.00	2022.08.18	4.5500	100.88	1074.00
143250	18 杭金 04	300.00	5.00	2023.07.25	4.7900	100.00	180.00
143251	17 荣盛 03	1000.00	3.00	2020.08.15	6.0000	100.00	920.00
143252	17 鄂资 01	1300.00	5.00	2022.08.16	6.7700	96.00	245.09
143253	17 豫电 02	300.00	3.00	2020.08.24	5.2000	99.00	105.00
143254	17 国联 01	1000.00	3.00	2020.08.24	5.0000	99.90	180.00
143255	17 中油 01	2000.00	3.00	2020.08.18	4.3000	100.58	2106.00
143256	17 泰瑞 01	500.00	5.00	2022.08.21	6.5000	98.30	194.00
143257	17 广电 01	2000.00	5.00	2022.08.23	4.9700	103.23	1178.75
143258	17 洋河 02	600.00	9.00	2026.08.21	4.6200	101.10	609.00
143259	18 闽能 02	1000.00	3.00	2021.07.27	4.3000	100.80	463.00
143260	17 国投 01	2000.00	5.00	2022.08.22	4.5500	101.00	1959.50
143261	17 百联 01	1200.00	5.00	2022.08.28	4.6900	101.50	528.00
143263	17 平租 04	2200.00	5.00	2022.08.23	4.8900	101.57	1926.15
143264	17 港务 02	1500.00	5.00	2022.08.25	4.6300	100.90	2670.00
143265	17 泰达 02	3000.00	5.00	2022.08.30	5.1900	101.12	1951.32
143266	17 光大 03	800.00	5.00	2022.08.23	4.5400	100.00	0.00
143267	17 光大 04	1200.00	7.00	2024.08.23	4.7900	100.00	100.00
143268	17 远东四	500.00	3.00	2020.08.29	4.7500	100.40	717.26
143269	17 远东五	2500.00	5.00	2022.08.29	5.1900	101.00	470.92
143270	17 东港 01	500.00	5.00	2022.08.25	5.6800	99.20	338.00
143271	17 南铝债	1500.00	5.00	2022.08.29	5.3700	100.70	1007.00
143272	17 建发 01	1000.00	3.00	2020.08.29	4.6500	100.70	1182.50
143273	17 两江 01	1350.00	3.00	2020.08.25	4.6900	101.60	1664.00
143274	17 君华 01	1200.00	3.00	2020.08.30	6.9900	100.00	201.00
143275	17 沪国 01	1500.00	5.00	2022.09.05	4.9000	103.00	1376.01
143276	17 川电 01	1800.00	5.00	2022.09.07	5.5800	104.20	860.00

债券信息 List of Bonds

债券 Bond

债券代码 Code	债券简称 Bond Name	发行数量(百万) Issued Vol(M)	年限 Terms	到期日 Expiration Date	票面利率(%) Coupon Rate(%)	本年收盘 Close	成交数量(万张) Trading Vol(10000)
143277	17 瑞控 03	720.00	5.00	2022.08.30	7.1000	100.00	0.00
143278	17 信债 01	2000.00	5.00	2022.09.04	4.6000	100.00	2880.00
143280	17 宁资债	500.00	5.00	2022.09.05	5.6000	100.00	346.00
143281	18 张江 02	600.00	5.00	2023.07.30	4.2900	100.80	300.01
143282	17 平租 05	600.00	5.00	2022.09.07	4.8900	101.25	331.00
143283	17 江海 G1	1000.00	3.00	2020.09.07	5.3000	99.94	460.00
143284	17 鑫海 02	200.00	3.00	2020.09.06	7.2000	102.99	299.50
143285	G17 风电 1	300.00	5.00	2022.09.07	4.8300	100.07	175.01
143286	17 杭汽 01	1000.00	5.00	2022.09.13	5.8800	99.80	420.00
143287	17 联投 01	2000.00	5.00	2022.09.11	4.9000	101.35	1741.00
143288	17 国联 02	800.00	2.00	2019.09.14	4.9500	100.40	746.00
143289	18 鲁商 01	100.00	2.00	2020.07.27	7.0000	100.00	50.00
143290	17 广汇 02	400.00	5.00	2022.09.07	7.5000	100.00	569.06
143291	17 渝高 01	1600.00	5.00	2022.09.14	4.9300	101.99	1140.10
143292	17 津投 05	1000.00	15.00	2032.09.14	4.8000	99.40	1374.00
143293	18 川发 02	2000.00	7.00	2025.08.06	4.5500	101.43	508.00
143294	17 银河 G2	4000.00	3.00	2020.09.18	4.6900	101.40	1710.50
143295	17 象屿 01	1000.00	5.00	2022.09.19	5.1800	100.35	1190.20
143296	17 富宇 02	200.00	5.00	2022.09.18	7.7000	70.00	315.09
143297	17 大华 01	600.00	5.00	2022.12.12	6.2000	100.00	300.00
143298	17 兵装 07	1500.00	5.00	2022.09.18	4.7000	101.60	1727.70
143299	17 兵装 08	900.00	7.00	2024.09.18	4.8500	100.00	680.00
143300	17 兵装 09	600.00	10.00	2027.09.18	5.0000	100.00	60.00
143301	17 海通 03	5500.00	10.00	2027.09.22	4.9900	103.08	241.00
143302	17 中科 02	500.00	5.00	2022.09.25	7.5000	100.00	0.00
143303	17 北方 02	1600.00	5.00	2022.09.19	5.1200	100.20	351.01
143304	17 江铜 01	500.00	5.00	2022.09.21	4.7400	101.00	196.87
143305	17 电建债	1000.00	5.00	2022.09.25	5.5800	100.00	290.00
143306	17 不动 01	2000.00	5.00	2022.09.18	4.8800	101.25	1830.44
143307	17 福投 02	1000.00	3.00	2020.09.21	4.6600	100.00	1134.00
143308	17 世茂 G2	1000.00	3.00	2020.09.21	5.1500	100.60	220.01
143309	18 苏通 01	2500.00	5.00	2023.04.18	4.8000	102.31	2602.00
143310	17 建租 01	1000.00	3.00	2020.09.22	5.4800	100.80	715.00
143311	17 义乌 01	1900.00	5.00	2022.09.22	5.1000	99.55	1705.01
143312	17 义乌 02	200.00	5.00	2022.09.22	5.3000	100.00	80.00
143313	17 华药 02	290.00	4.00	2021.09.25	6.2000	99.22	79.00
143314	17 居然 01	790.00	5.00	2022.09.26	5.9800	100.00	272.00
143315	17 广汇 G2	945.00	3.00	2020.10.11	7.4800	99.60	190.03
143316	17 三鼎 02	427.00	3.00	2020.09.27	7.3000	104.00	351.70
143317	18 五资 02	1000.00	3.00	2021.07.27	4.3900	100.85	100.15
143318	17 六建 01	320.00	2.00	2019.09.27	7.5000	100.00	60.00
143319	17 农投 01	600.00	5.00	2022.09.26	4.9500	100.95	151.00
143320	17 晋中 01	800.00	5.00	2022.09.27	5.7000	101.50	158.00
143321	17 金玛 03	315.00	4.00	2021.10.12	7.3000	99.50	348.10
143322	17 金玛 04	300.00	5.00	2022.10.12	7.3000	96.99	248.60
143323	17 首创债	1000.00	5.00	2022.10.12	5.4200	100.50	23.00
143324	17 苏保债	500.00	5.00	2022.10.24	4.9500	100.00	319.00
143325	17 光证 G3	4100.00	3.00	2020.10.16	4.8000	101.50	2130.80
143326	17 光证 G4	1600.00	5.00	2022.10.16	4.9000	101.75	150.00
143327	17 招商 G1	4500.00	2.00	2019.10.13	4.7800	100.97	2488.92

债券信息 List of Bonds

债券代码 Code	债券简称 Bond Name	发行数量(百万) Issued Vol(M)	年限 Terms	到期日 Expiration Date	票面利率(%) Coupon Rate(%)	本年收盘 Close	成交数量(万张) Trading Vol(10000)
143328	17 中材 03	500.00	7.00	2024.10.18	4.9900	98.10	10.00
143329	G17 三峡 3	2000.00	3.00	2020.10.19	4.6800	99.14	580.00
143330	18 华数 02	1200.00	5.00	2023.08.06	4.3300	100.64	160.10
143331	17 广汇 03	480.00	5.00	2022.10.12	7.5000	97.87	335.51
143332	17 世茂 G3	500.00	3.00	2020.10.18	5.1900	100.00	305.00
143333	17 江海 G2	2000.00	3.00	2020.10.18	5.5000	99.44	1265.00
143334	17 蓉工 01	1000.00	5.00	2022.10.23	5.3000	101.97	535.00
143335	17 国元 01	1000.00	5.00	2022.10.20	4.7800	98.40	350.00
143336	17 海通 04	500.00	3.00	2020.10.25	4.7700	100.00	215.00
143337	17 国君 G3	3700.00	3.00	2020.10.18	4.7800	101.50	1240.10
143338	17 益佰 01	500.00	5.00	2022.10.23	5.9000	100.00	0.00
143339	17 卓越 01	1950.00	5.00	2022.10.20	6.4800	98.70	695.00
143340	17 老窖 01	600.00	5.00	2022.11.13	4.9900	98.60	810.00
143341	17 南京 01	1000.00	5.00	2022.10.24	4.8800	101.75	619.77
143342	17 招商 G2	1060.00	3.00	2020.10.23	4.7800	100.00	240.00
143343	17 洪政 02	1000.00	5.00	2022.10.24	4.8800	101.00	1112.06
143344	17 红星 01	2500.00	5.00	2022.11.07	5.7000	98.80	740.80
143345	17 红星 02	1000.00	7.00	2024.11.07	6.5000	100.00	0.00
143346	17 科工 01	1200.00	5.00	2022.11.01	4.8000	100.46	100.00
143347	G17 能源 1	480.00	5.00	2022.10.23	5.7000	100.65	79.00
143348	17 五资 01	800.00	3.00	2020.10.27	4.8000	101.30	852.00
143349	17 天图 02	800.00	5.00	2022.10.24	6.0000	100.00	260.79
143350	17 科发债	1537.50	5.00	2022.10.31	7.5000	0.00	795.25
143351	17 花集 03	230.00	3.00	2018.11.07	7.0000	100.00	60.00
143352	18 翔业 01	1000.00	5.00	2023.08.03	4.1800	100.00	360.00
143353	17 中车 G1	1000.00	5.00	2022.10.24	4.8000	98.61	983.00
143354	17 中车 G2	3000.00	10.00	2027.10.24	5.0000	103.45	1157.55
143355	17 国控 01	1000.00	5.00	2022.10.27	4.8000	100.42	710.00
143356	17 日照 01	600.00	5.00	2022.10.25	5.0700	100.80	150.00
143357	17 工投 02	400.00	5.00	2022.12.13	6.0000	100.00	40.00
143358	17 天风 02	500.00	5.00	2022.10.25	5.2400	100.29	310.00
143359	17 华汇 01	300.00	3.00	2020.10.27	5.6000	100.00	245.00
143360	17 川发 01	4000.00	7.00	2024.10.25	5.0900	103.19	3075.50
143361	17 中冶 01	570.00	5.00	2022.10.25	4.9900	100.00	410.00
143362	17 三鼎 03	735.00	3.00	2020.10.25	7.3000	105.50	969.52
143363	18 广汇 G1	700.00	3.00	2021.08.08	7.3000	100.00	0.00
143364	17 北控 02	2000.00	5.00	2022.10.30	5.0000	100.00	1220.00
143365	17 九华旅	400.00	5.00	2022.10.26	5.6300	101.50	132.00
143366	17 环能 01	6000.00	5.00	2022.10.27	5.3400	102.50	5410.49
143367	17 金证 01	350.00	5.00	2022.11.13	5.3900	101.49	450.00
143368	17 招金 01	500.00	5.00	2022.11.01	5.1000	100.80	248.00
143369	17 招商 G3	1000.00	3.00	2020.10.31	4.8500	100.00	550.00
143370	17 联合 04	800.00	3.00	2020.10.31	7.0000	100.00	180.00
143371	17 沪中环	300.00	5.00	2022.10.30	5.5000	100.00	240.00
143372	18 核建 01	2000.00	5.00	2023.04.18	4.8000	101.58	3150.10
143373	18 核建 02	2000.00	5.00	2023.04.26	4.6700	101.70	2110.00
143374	17 红豆 01	1000.00	5.00	2022.10.31	6.5000	96.76	110.00
143375	17 东辰 01	200.00	3.00	2020.10.31	7.3000	63.00	130.16
143376	17 成龙 03	200.00	5.00	2022.11.13	7.6000	100.00	232.20
143377	17 穗金控	1200.00	5.00	2022.10.31	5.2400	102.97	215.00

债券信息 List of Bonds

债券代码 Code	债券简称 Bond Name	发行数量(百万) Issued Vol(M)	年限 Terms	到期日 Expiration Date	票面利率(%) Coupon Rate(%)	本年收盘 Close	成交数量(万张) Trading Vol(10000)
143378	17 绍交 02	1000.00	5.00	2022.11.02	5.3900	101.00	541.00
143379	17 合盛 02	180.00	5.00	2022.11.03	6.8000	100.00	222.00
143380	17 华能 01	2300.00	3.00	2020.11.06	4.9900	102.30	650.00
143381	18 宁安 02	1800.00	5.00	2023.08.08	4.1500	100.20	379.60
143382	17 国联 03	500.00	2.00	2019.11.16	5.3000	100.15	160.00
143383	17 颖泰 01	1200.00	5.00	2022.11.08	6.8000	99.36	476.00
143385	17 富宇 03	100.00	5.00	2022.11.08	7.7000	99.90	193.07
143386	18 粤控 01	1000.00	5.00	2023.08.08	3.9700	100.00	510.00
143387	17 刚股 01	500.00	5.00	2022.11.08	7.2000	100.00	50.00
143388	17 如意 01	300.00	5.00	2022.11.14	7.6000	100.00	301.20
143389	17 永钢 01	300.00	5.00	2022.11.13	6.2800	98.00	50.02
143390	17 永钢 02	300.00	7.00	2024.11.13	6.8000	100.00	0.00
143391	17 金玛 05	300.00	5.00	2022.11.15	7.3000	99.12	460.41
143392	18 招商 G6	3000.00	3.00	2021.08.08	3.9400	100.00	840.00
143394	17 招金 02	350.00	5.00	2022.11.14	5.1000	102.00	197.12
143395	17 汇鸿 01	1000.00	5.00	2022.11.13	5.6800	102.20	505.60
143396	17 浙旅 01	400.00	5.00	2022.11.15	5.8800	99.85	71.00
143397	18 闽电 01	500.00	5.00	2023.08.15	5.0000	100.81	221.50
143398	17 中船 01	1100.00	5.00	2022.11.16	5.0000	100.00	1310.00
143399	17 中船 02	900.00	7.00	2024.11.16	5.2000	103.12	403.00
143400	17 精工 01	385.00	4.00	2021.11.15	6.5000	100.00	90.00
143401	17 开旅 01	450.00	3.00	2020.12.04	6.9800	100.00	0.00
143402	17 远洋 01	1000.00	5.00	2022.11.21	5.2900	102.20	377.00
143403	17 三福 01	100.00	5.00	2022.11.17	7.0000	100.00	0.00
143404	17 三福 02	150.00	5.00	2022.11.17	7.1000	100.00	42.60
143405	17 新大 01	1000.00	5.00	2022.11.17	7.0000	100.00	463.80
143406	17 新大 02	1000.00	7.00	2024.11.17	7.5000	100.00	940.24
143407	17 不动 02	500.00	5.00	2022.11.20	5.2700	100.00	340.00
143408	18 招金 02	1300.00	5.00	2023.08.10	4.1900	100.00	230.00
143409	17 万向 01	900.00	5.00	2022.12.06	5.8000	100.00	256.00
143410	17 义乌 03	900.00	5.00	2022.11.21	5.6200	101.00	303.00
143411	17 航租 01	500.00	3.00	2020.11.24	5.3000	101.74	541.00
143412	17 星星 01	250.00	3.00	2020.11.23	7.5000	100.00	0.00
143413	17 贵产 01	1130.00	5.00	2022.11.28	6.2000	100.00	310.00
143414	17 兴泸 03	700.00	5.00	2022.11.24	5.9800	101.90	964.00
143415	18 钢钒 02	1000.00	5.00	2023.08.10	5.4000	100.00	1225.00
143416	17 中信 G3	2400.00	2.00	2019.11.28	5.2500	101.63	3651.00
143417	17 中信 G4	2400.00	3.00	2020.11.28	5.3300	100.00	1470.00
143418	17 亚通 01	80.00	5.00	2022.12.19	7.5000	99.00	179.06
143419	18 津投 05	1200.00	3.00	2021.07.30	4.8000	100.99	432.00
143420	18 津投 06	800.00	5.00	2023.07.30	5.0500	100.00	590.00
143421	18 新发 01	500.00	5.00	2023.02.01	6.3000	102.60	163.00
143422	18 复药 01	1300.00	5.00	2023.08.13	5.1000	100.68	616.00
143423	17 联讯 01	530.00	3.00	2020.11.28	6.6000	100.00	370.00
143424	17 绍交 03	600.00	5.00	2022.12.01	5.6900	100.00	210.00
143425	17 歌山 01	300.00	3.00	2020.12.08	7.3000	99.50	437.90
143426	17 绍城投	100.00	7.00	2024.12.05	5.5000	100.00	0.00
143427	17 红星 03	1000.00	5.00	2022.12.14	6.2000	100.00	213.00
143429	17 三鼎 04	494.00	3.00	2020.12.06	7.2000	99.76	865.90
143430	18 三峡 01	100.00	5.00	2023.03.21	5.7800	100.00	0.00

债券信息 List of Bonds

债券 Bond

债券代码 Code	债券简称 Bond Name	发行数量(百万) Issued Vol(M)	年限 Terms	到期日 Expiration Date	票面利率(%) Coupon Rate(%)	本年收盘 Close	成交数量(万张) Trading Vol(10000)
143431	17 泰瑞 02	500.00	5.00	2022.12.28	7.0000	95.88	686.60
143432	18 云工 01	1180.00	3.00	2021.09.03	7.5000	100.00	0.00
143433	17 陕能 02	1060.00	5.00	2022.12.07	5.6500	98.70	560.00
143434	17 陕能 03	1940.00	7.00	2024.12.07	6.0000	99.83	631.00
143435	17 紫江 01	200.00	5.00	2022.12.19	6.6000	100.00	40.00
143436	17 海科 01	250.00	5.00	2022.12.18	7.5000	100.00	248.10
143437	17 新大 03	2000.00	5.00	2022.12.14	7.2000	100.00	2601.80
143438	17 乌资 01	1000.00	7.00	2024.12.18	6.4000	103.10	240.00
143439	17 昌润 01	135.00	5.00	2022.12.27	6.8500	100.00	0.00
143440	18 熊猫 01	310.00	5.00	2023.05.02	6.8000	100.00	160.00
143441	17 贵安 01	2800.00	7.00	2024.12.19	6.8000	100.00	960.00
143442	18 光水 01	400.00	5.00	2023.08.16	4.5800	101.05	160.05
143443	17 中民 G1	4480.00	3.00	2020.12.26	7.0000	89.90	2866.21
143445	17 南传 03	500.00	5.00	2023.01.02	7.5000	100.00	0.00
143446	18 复星 01	1200.00	5.00	2023.01.12	6.4800	102.00	699.08
143447	18 力控 01	500.00	3.00	2021.01.15	7.5000	100.00	537.78
143448	18 大华 01	1900.00	5.00	2023.03.15	6.4800	100.00	2301.00
143449	18 航租 01	1500.00	3.00	2021.01.18	5.5000	102.10	1710.25
143450	18 绿城 01	2000.00	5.00	2023.03.12	5.5000	102.71	2151.49
143451	18 市北 02	300.00	5.00	2023.08.09	4.5500	100.00	90.00
143452	18 国都 G1	1000.00	2.00	2020.01.18	4.6000	100.00	736.00
143453	18 吉高 01	1500.00	5.00	2023.01.22	6.1500	104.89	1732.00
143454	18 路桥 01	1000.00	5.00	2023.01.23	5.5900	103.15	285.50
143455	18 红狮 01	300.00	3.00	2021.01.23	6.3400	102.00	244.11
143456	18 新大 01	1000.00	3.00	2021.01.22	7.0000	100.00	512.00
143457	18 新大 02	1000.00	3.00	2021.01.22	7.1000	33.70	545.02
143458	18 成大 01	300.00	5.00	2023.01.26	6.3500	103.60	90.50
143459	18 宝丰 01	900.00	5.00	2023.02.12	6.8000	100.00	250.00
143460	18 招商 G1	1940.00	3.00	2021.02.05	5.3500	103.20	540.50
143461	18 紫金 01	2000.00	5.00	2023.01.26	5.6000	103.10	1221.00
143462	18 东风 01	300.00	3.00	2021.01.31	5.4900	100.00	30.00
143463	18 延长 01	6000.00	5.00	2023.03.30	5.2300	102.75	4861.99
143464	18 海通 04	3000.00	3.00	2021.08.06	3.9800	100.00	1060.00
143465	18 亦庄 02	2000.00	5.00	2023.08.17	4.4300	100.92	1020.00
143466	18 中银 01	1000.00	2.00	2020.01.31	5.2700	101.80	683.00
143467	18 联想 01	1000.00	5.00	2023.01.31	6.0000	102.05	443.00
143468	18 国联 01	700.00	2.00	2020.02.06	5.6500	100.56	100.00
143469	18 建材 09	900.00	3.00	2021.08.09	4.0300	100.00	190.00
143470	18 建材 10	700.00	5.00	2023.08.09	4.2500	100.00	110.00
143471	18 新业 01	300.00	7.00	2025.02.07	6.8000	104.50	20.00
143473	18 陕投 01	780.00	5.00	2023.02.05	5.7400	101.12	240.00
143474	18 陕投 02	720.00	7.00	2025.02.05	6.0500	106.10	141.00
143475	18 建材 01	500.00	3.00	2021.02.08	5.5000	100.00	40.00
143476	18 台金 01	500.00	5.00	2023.03.19	6.3000	100.00	180.00
143477	18 贵安 01	7200.00	7.00	2025.04.26	7.6000	100.00	940.00
143478	18 皖投 01	2000.00	5.00	2023.02.13	5.5000	103.21	1234.00
143479	18 浦建 01	400.00	4.00	2022.03.08	5.5700	100.00	170.00
143480	18 海通 01	3000.00	3.00	2021.03.08	5.1500	102.70	1060.00
143481	18 东辰 01	300.00	3.00	2021.03.06	7.3000	108.98	631.16
143482	18 京资 01	1500.00	5.00	2023.03.08	5.2800	103.18	1598.00

债券信息 List of Bonds

债券代码 Code	债券简称 Bond Name	发行数量(百万) Issued Vol(M)	年限 Terms	到期日 Expiration Date	票面利率(%) Coupon Rate(%)	本年收盘 Close	成交数量(万张) Trading Vol(10000)
143483	18 京资 02	1000.00	8.00	2026.03.08	5.4000	105.08	450.00
143484	18 房信 01	274.00	5.00	2023.03.08	8.0000	100.00	0.00
143485	18 房信 02	285.00	5.00	2023.03.08	9.5000	100.00	800.00
143486	18 南水 02	800.00	3.00	2021.08.16	4.3900	101.30	80.05
143487	18 帝泰 01	100.00	3.00	2021.03.27	7.5000	98.00	41.73
143488	18 复星 02	600.00	5.00	2023.03.12	6.8000	101.10	213.00
143489	18 渝高 01	1600.00	5.00	2023.03.16	5.3600	102.09	1334.00
143490	18 武商 01	500.00	3.00	2021.03.12	7.1000	100.00	316.00
143492	18 银河 G1	2500.00	3.00	2021.03.14	5.1500	102.75	945.00
143493	18 象屿 01	1000.00	5.00	2023.03.15	5.5900	102.80	640.10
143494	18 香江 01	910.00	4.00	2022.03.09	7.9000	100.00	200.00
143495	18 豫高 01	1500.00	5.00	2023.03.20	5.6700	101.70	200.00
143496	18 沪资 01	1000.00	5.00	2023.03.14	5.2800	102.60	1534.00
143497	18 天风 01	2420.00	5.00	2023.03.14	5.9500	100.07	1270.00
143498	18 国信三	500.00	3.00	2021.08.17	4.2000	100.00	110.00
143499	18 深航 02	500.00	3.00	2021.03.14	5.2700	102.60	157.24
143500	18 公用 01	500.00	5.00	2023.03.13	5.5800	102.70	40.10
143501	18 南山 03	1100.00	3.00	2021.08.17	5.8000	100.83	660.00
143502	18 铁建 Y1	3000.00	3.00	2021.03.19	5.5600	103.20	250.60
143503	18 招金 01	1750.00	3.00	2021.03.15	5.4500	102.80	1085.36
143504	18 华能 01	1500.00	3.00	2021.04.04	4.9000	102.38	1460.01
143505	18 舟交 01	1000.00	3.00	2021.03.19	6.0000	103.88	798.60
143507	18 建材 02	2000.00	3.00	2021.03.16	5.3700	103.05	1005.10
143508	18 榕投 01	50.00	8.00	2026.03.15	5.5000	100.00	0.00
143509	18 宜华 01	600.00	3.00	2021.03.15	6.8000	100.00	650.00
143510	18 龙湖 01	3000.00	5.00	2023.03.21	5.6000	102.24	2481.50
143511	18 南报 01	200.00	5.00	2023.08.30	5.3800	100.00	20.00
143512	18 中信 G1	1700.00	3.00	2021.03.20	5.1400	102.85	1335.00
143513	18 国控 01	1000.00	5.00	2023.03.20	5.8500	100.00	200.00
143514	18 璞泰来	100.00	3.00	2021.03.19	5.5000	100.00	0.00
143515	18 粤桥 01	500.00	15.00	2033.08.16	4.9000	100.00	140.00
143516	18 当代 01	500.00	3.00	2021.03.16	7.0000	100.00	316.00
143517	18 锦江 01	500.00	5.00	2023.03.16	5.2500	103.00	53.00
143518	G18 临港 1	650.00	4.00	2022.03.20	5.2800	100.00	410.00
143519	G18 临港 2	350.00	5.00	2023.03.20	5.2800	101.60	0.10
143520	18 金地 01	3000.00	5.00	2023.03.19	5.6800	103.00	2390.50
143522	18 吉高 02	3500.00	5.00	2023.03.21	6.0800	104.50	2851.99
143523	18 宁安 01	1000.00	5.00	2023.03.22	5.3600	102.70	755.00
143524	18 信通 01	185.00	3.00	2021.03.20	6.9000	100.00	0.00
143525	G18 光水 1	400.00	5.00	2023.08.16	4.6000	101.10	20.10
143526	18 老窖 01	2400.00	5.00	2023.03.27	5.2000	102.70	4385.60
143527	18 华药 01	80.00	5.00	2023.03.22	6.8000	100.00	0.00
143528	18 国君 G1	4300.00	3.00	2021.03.21	5.1500	100.00	2746.00
143529	18 海通 02	3000.00	3.00	2021.03.22	5.1400	102.71	1580.00
143530	18 陕投 03	870.00	5.00	2023.03.20	5.6500	100.49	265.00
143531	18 陕投 04	430.00	7.00	2025.03.20	5.9800	105.70	4.30
143532	18 绍城 01	700.00	5.00	2023.03.22	5.8700	103.30	51.00
143533	18 国投 01	3000.00	5.00	2023.03.23	5.1700	101.20	2649.80
143534	18 天风 02	880.00	5.00	2023.03.27	5.8000	100.93	1104.00
143535	18 荣和 01	850.00	5.00	2023.03.28	7.5500	100.00	0.00

债券信息 List of Bonds

债券 Bond

债券代码 Code	债券简称 Bond Name	发行数量(百万) Issued Vol(M)	年限 Terms	到期日 Expiration Date	票面利率(%) Coupon Rate(%)	本年收盘 Close	成交数量(万张) Trading Vol(10000)
143536	18 复星 03	1500.00	3.00	2021.08.20	6.1700	101.60	510.50
143537	18 五资 01	1200.00	2.00	2020.04.10	4.7000	100.11	268.20
143538	18 陆债 01	500.00	5.00	2023.03.26	5.0800	100.00	340.00
143539	18 凤祥 01	330.00	5.00	2023.03.29	7.4000	95.50	180.23
143540	18 栖建 01	1340.00	5.00	2023.04.02	6.3600	100.00	400.00
143541	18 南资 01	1000.00	5.00	2023.04.18	5.3000	100.00	40.00
143542	18 钢钒 01	1000.00	5.00	2023.04.12	6.1000	100.00	672.00
143544	G18 华综 1	1000.00	5.00	2023.03.30	5.2700	102.20	741.56
143545	18 建材 11	1300.00	3.00	2021.11.15	3.9900	100.00	2340.00
143546	18 福日 01	100.00	3.00	2021.04.09	6.9000	100.00	0.00
143547	18 旭辉 03	2500.00	3.00	2021.08.09	5.4600	100.00	820.00
143548	18 海科 01	400.00	5.00	2023.04.03	7.3000	99.50	234.58
143549	18 珠实 01	1400.00	5.00	2023.04.02	6.9300	100.00	190.00
143550	18 华夏 01	2475.00	4.00	2022.05.30	6.8000	97.45	1930.48
143551	18 华夏 02	525.00	5.00	2023.05.30	6.8000	100.00	575.00
143552	18 市政 01	500.00	10.00	2028.04.03	5.1500	100.00	0.00
143553	18 市政 02	700.00	10.00	2028.04.03	5.4000	104.60	180.00
143554	18 国信一	900.00	2.00	2020.04.16	4.7200	101.20	676.00
143555	18 国信二	600.00	3.00	2021.04.16	4.7900	101.40	16.00
143556	18 特变 01	900.00	3.00	2021.04.04	5.8300	100.00	294.00
143557	18 特变 02	100.00	5.00	2023.04.04	6.1500	100.00	70.00
143559	18 桂交 01	2000.00	3.00	2021.04.09	5.2900	101.19	430.00
143560	18 豫高 02	1300.00	5.00	2023.04.13	5.2100	100.00	800.00
143561	18 航集 01	750.00	3.00	2021.04.13	4.7800	101.49	220.00
143562	18 川发 01	3000.00	7.00	2025.06.05	5.1700	104.96	1096.01
143563	18 张江 01	1500.00	5.00	2023.04.12	4.8700	102.20	1170.10
143564	18 京投 03	3300.00	5.00	2023.04.12	4.7900	102.32	3610.00
143565	18 京投 04	1700.00	10.00	2028.04.12	5.0900	100.67	470.00
143566	18 不动 01	1500.00	3.00	2021.04.11	5.0000	100.00	230.00
143567	18 住总 01	1200.00	5.00	2023.04.11	5.3400	100.00	233.80
143568	18 建材 12	600.00	5.00	2023.11.15	4.3500	100.30	470.00
143569	18 国控 02	1000.00	5.00	2023.04.17	5.4000	102.65	100.50
143570	18 兵器 01	5000.00	5.00	2023.04.17	4.7700	101.78	8288.10
143571	18 南水 01	2000.00	3.00	2021.04.17	4.8900	101.27	1512.10
143572	18 南京 01	800.00	5.00	2023.04.16	4.8600	101.61	10.00
143573	18 杭金 01	1300.00	5.00	2023.04.13	4.9000	101.00	1185.00
143574	18 杭金 02	700.00	5.00	2023.04.13	5.1000	100.00	230.00
143575	18 光证 G1	2700.00	2.00	2020.04.18	4.6800	101.10	1504.00
143576	18 光证 G2	3300.00	3.00	2021.04.18	4.7800	101.92	1359.00
143577	18 南山 01	1300.00	3.00	2021.04.19	5.3000	100.00	180.00
143578	18 南山 02	700.00	5.00	2023.04.19	5.5000	100.00	140.00
143579	18 军工债	400.00	5.00	2023.04.19	5.9100	100.00	0.00
143580	18 穗发 01	2200.00	5.00	2023.04.19	4.8400	102.20	1480.01
143581	18 象屿 02	1000.00	5.00	2023.04.20	4.8000	100.00	488.30
143582	18 中化 01	3000.00	5.00	2023.04.18	4.5900	101.53	9304.00
143583	18 龙湖 03	3000.00	5.00	2023.08.02	4.9600	101.45	910.00
143584	18 电投 01	3000.00	3.00	2021.04.23	4.5000	101.43	4935.25
143585	18 深燃 01	1900.00	5.00	2023.04.18	4.8000	102.40	1121.48
143586	18 神州 01	730.00	3.00	2021.04.25	6.3000	100.00	40.00
143587	18 航集 02	3200.00	3.00	2021.09.03	3.8900	100.10	1420.00

债券信息
List of Bonds

债券
Bond

债券代码 Code	债券简称 Bond Name	发行数量(百万) Issued Vol(M)	年限 Terms	到期日 Expiration Date	票面利率(%) Coupon Rate(%)	本年收盘 Close	成交数量(万张) Trading Vol(10000)
143588	18 沪国 01	1000.00	5.00	2023.04.23	4.9000	102.36	1310.55
143589	18 建材 03	800.00	3.00	2021.04.23	4.5900	100.00	600.00
143590	18 建材 04	400.00	5.00	2023.04.23	4.7800	101.62	327.00
143591	18 鲁金 02	1000.00	5.00	2023.04.24	4.9900	100.90	418.10
143592	18 能建 01	3000.00	5.00	2023.04.23	4.6500	100.00	1620.00
143593	18 招金 03	700.00	3.00	2021.08.27	4.4700	100.00	220.00
143594	18 华数 01	800.00	5.00	2023.04.23	4.7000	100.00	266.00
143595	18 君华 01	1200.00	3.00	2021.05.04	7.0000	95.97	2901.87
143596	18 华胜 01	100.00	5.00	2023.04.23	8.0000	100.00	0.00
143598	18 陕煤 01	2000.00	3.00	2021.04.27	4.8600	101.80	1040.50
143599	18 甬投 01	1000.00	5.00	2023.04.25	4.6800	100.90	193.00
143600	18 阳集 01	1000.00	3.00	2021.08.24	7.5000	100.00	0.00
143601	18 深航 04	800.00	3.00	2021.04.24	4.5500	100.00	380.00
143602	18 雅砻 01	1000.00	5.00	2023.04.24	4.5000	100.00	275.00
143603	18 同济 01	220.00	3.00	2021.04.25	7.8000	100.00	0.00
143604	18 同济 02	200.00	3.00	2021.04.25	7.8000	100.00	0.00
143605	18 扬城控	1500.00	5.00	2023.04.27	5.5000	104.00	927.20
143606	18 鹏博债	1000.00	5.00	2023.04.25	7.0000	100.00	746.10
143607	18 国君 G2	4300.00	3.00	2021.04.25	4.5500	101.65	4967.90
143608	18 威国 01	1000.00	5.00	2023.05.02	5.7000	101.20	350.70
143609	18 津创 01	1100.00	5.00	2023.04.26	5.1700	102.20	90.00
143610	18 新工 01	725.00	5.00	2023.04.30	4.9700	100.70	120.00
143611	18 新工 02	275.00	7.00	2025.04.30	4.9700	100.00	40.00
143612	18 绍城 02	700.00	5.00	2023.04.25	4.9900	100.00	320.00
143613	18 市北 01	500.00	5.00	2023.04.23	5.0300	98.01	250.00
143614	18 景国 01	200.00	3.00	2021.04.27	6.9200	100.00	260.00
143615	18 远海 01	2000.00	3.00	2021.04.24	4.5000	101.36	2415.00
143616	18 浙能 01	3000.00	5.00	2023.04.26	4.8800	103.10	3288.52
143617	18 迈科 01	500.00	3.00	2021.04.26	7.5000	100.00	705.00
143618	18 陕旅 01	600.00	10.00	2028.04.24	7.6600	0.00	162.00
143619	18 歌山 01	250.00	3.00	2021.05.03	7.4000	98.00	133.50
143620	18 国科 01	500.00	6.00	2024.04.27	4.7000	101.13	431.00
143621	18 蓝星 02	800.00	5.00	2023.08.22	5.0000	100.00	160.00
143622	18 东方 02	360.00	3.00	2021.05.02	7.2000	100.00	291.07
143623	18 粤电 01	2000.00	3.00	2021.05.07	4.7200	100.85	1303.71
143624	18 中科 01	100.00	3.00	2021.05.03	5.9000	100.00	0.00
143625	18 贵产 01	870.00	5.00	2023.05.03	6.6000	101.50	1090.00
143626	18 招商 G2	2000.00	2.00	2020.06.12	4.7800	101.41	2350.00
143627	18 招商 G3	1000.00	3.00	2021.06.12	4.7800	101.50	1430.00
143628	18 新业 03	700.00	7.00	2025.05.03	6.5700	101.11	60.01
143629	18 中凯 01	1000.00	5.00	2023.06.11	5.4900	102.00	180.50
143630	18 华谊 01	1000.00	7.00	2025.05.04	5.1000	103.10	0.50
143631	18 南港 01	600.00	5.00	2023.09.03	5.7000	103.75	140.10
143632	18 海通 03	3000.00	3.00	2021.05.10	4.7000	101.71	1480.00
143633	18 粤财 01	2000.00	5.00	2023.05.10	4.7500	100.96	2150.00
143634	18 中冶 01	870.00	3.00	2021.05.08	4.7800	101.35	294.00
143635	18 中冶 02	220.00	5.00	2023.05.08	4.9800	100.80	80.00
143636	18 国联 G1	1000.00	5.00	2023.05.09	4.8800	101.95	646.10
143637	18 日照 01	600.00	5.00	2023.05.10	5.3800	101.45	265.20
143638	18 中煤 01	1100.00	5.00	2023.05.09	4.8500	101.80	610.00

债券信息 List of Bonds

债券 Bond

债券代码 Code	债券简称 Bond Name	发行数量(百万) Issued Vol(M)	年限 Terms	到期日 Expiration Date	票面利率(%) Coupon Rate(%)	本年收盘 Close	成交数量(万张) Trading Vol(10000)
143639	18 中煤 02	400.00	7.00	2025.05.09	5.0000	100.00	0.00
143640	18 隧道 01	500.00	3.00	2021.05.14	4.8000	101.80	165.00
143641	18 江海债	1000.00	3.00	2021.05.15	5.8000	100.00	190.00
143642	18 国电 01	1800.00	3.00	2021.05.15	4.7400	100.00	1120.00
143643	18 联想 02	1600.00	3.00	2021.06.29	5.9900	102.39	236.00
143644	18 复地 01	3000.00	3.00	2021.08.27	6.8000	101.50	1221.00
143645	18 电投 02	3000.00	3.00	2021.05.18	4.8400	102.20	1369.60
143646	18 中租一	1059.00	3.00	2021.09.21	7.5500	99.98	1575.68
143647	18 电投 03	3000.00	3.00	2021.05.21	4.8300	102.00	2533.00
143648	18 国投 02	2000.00	5.00	2023.05.16	4.7400	100.00	300.00
143649	18 成龙 01	220.00	5.00	2023.05.22	7.5000	100.00	213.50
143650	18 绿城 07	1650.00	5.00	2023.08.10	4.7300	100.46	241.00
143651	18 北方 01	500.00	3.00	2021.09.12	4.1200	100.00	170.00
143652	18 光证 G3	2800.00	3.00	2021.09.26	4.3000	100.00	480.00
143653	18 元禾 01	700.00	5.00	2023.05.25	5.1800	102.58	250.00
143654	18 泰富 01	1000.00	3.00	2021.05.31	4.9000	101.83	678.00
143656	18 文投 01	1200.00	5.00	2023.05.25	5.1000	100.00	250.00
143657	18 金地 03	1000.00	3.00	2021.05.28	5.2900	101.50	861.00
143658	18 金地 04	2000.00	5.00	2023.05.28	5.3800	100.00	820.00
143659	18 西地 01	300.00	5.00	2023.06.01	7.5000	100.00	180.00
143661	18 泛海 G1	1000.00	5.00	2023.06.05	7.5500	100.00	0.00
143662	18 国电 02	2500.00	3.00	2021.06.05	4.7200	101.85	3101.00
143663	18 苏城 01	1000.00	5.00	2023.06.01	4.8000	102.00	489.00
143664	18 保集 01	450.00	3.00	2021.06.07	7.5000	99.98	259.42
143665	18 兴泸 01	860.00	7.00	2025.06.07	6.0300	100.00	410.00
143666	18 远洋 01	2000.00	5.00	2023.08.02	4.7000	100.50	461.00
143667	18 农投 01	400.00	5.00	2023.06.06	5.3500	99.81	170.00
143668	18 皖高速	1000.00	5.00	2023.06.07	5.6000	102.00	10.20
143669	18 宁开控	1000.00	5.00	2023.06.11	6.3800	103.88	580.50
143670	18 中煤 03	1700.00	5.00	2023.06.05	4.9000	101.92	789.00
143671	18 恒安 01	3000.00	3.00	2021.08.01	4.5800	100.00	1290.00
143672	18 兴泸 02	140.00	7.00	2025.06.07	6.4000	100.00	0.00
143673	18 伊泰 01	1500.00	3.00	2021.06.08	6.0000	103.38	540.00
143674	18 临债 01	600.00	4.00	2022.06.12	5.0100	100.60	151.60
143675	18 方正 12	1200.00	5.00	2023.08.31	6.0500	100.00	2499.00
143676	18 津投 02	400.00	15.00	2033.06.08	5.4700	100.00	20.00
143677	18 临债 02	600.00	5.00	2023.06.12	5.1700	100.00	190.00
143678	18 新望 01	1800.00	2.00	2020.06.19	5.7900	101.39	281.20
143679	18 龙湖 04	2000.00	5.00	2023.08.17	4.9800	101.50	806.00
143680	18 西股 01	700.00	5.00	2023.06.08	6.5000	100.00	100.00
143681	18 中银投	1000.00	3.00	2021.06.19	4.9000	102.70	390.01
143682	18 中核 01	2000.00	5.00	2023.06.12	4.7800	100.00	1030.00
143683	18 铁牛 01	280.00	5.00	2023.06.15	7.2000	100.00	0.00
143684	18 建材 05	2000.00	3.00	2021.06.14	4.9700	102.15	1943.00
143685	18 中证 G1	2400.00	3.00	2021.06.15	4.8000	102.31	1382.50
143686	18 中证 G2	600.00	5.00	2023.06.15	4.9000	100.00	180.00
143687	18 建材 06	500.00	5.00	2023.06.14	5.1900	100.00	265.00
143688	18 泛海 G2	1700.00	5.00	2023.06.14	7.8000	100.00	0.00
143689	18 建投 01	1000.00	5.00	2023.06.19	4.9900	100.80	235.00
143690	18 齐鲁 01	1500.00	5.00	2023.06.19	5.0000	102.00	710.00

债券信息 List of Bonds

债券 Bond

债券代码 Code	债券简称 Bond Name	发行数量(百万) Issued Vol(M)	年限 Terms	到期日 Expiration Date	票面利率(%) Coupon Rate(%)	本年收盘 Close	成交数量(万张) Trading Vol(10000)
143691	18 桂交 02	1500.00	5.00	2023.06.19	5.3800	101.51	690.00
143692	18 当代 02	1000.00	5.00	2023.06.20	7.5500	100.00	240.00
143693	18 华夏 03	2000.00	4.00	2022.06.20	7.1500	98.50	4223.06
143694	18 金地 05	1000.00	3.00	2021.06.20	5.5800	102.00	985.00
143695	18 金地 06	1000.00	5.00	2023.06.20	5.7000	100.00	720.00
143696	18 盛屯 01	100.00	5.00	2023.06.25	7.5000	100.00	263.80
143697	18 中民 G1	1000.00	3.00	2021.07.26	7.5000	100.00	946.40
143698	18 华宇 05	2000.00	5.00	2023.06.27	6.9900	100.00	0.00
143699	18 佛控 01	300.00	3.00	2021.07.06	4.7200	100.68	350.10
143700	18 宁资 01	500.00	3.00	2021.07.09	4.7700	100.00	230.00
143701	18 居然 01	300.00	3.00	2021.07.02	7.5000	100.00	198.00
143704	18 闽能 01	1000.00	3.00	2021.07.13	4.6000	100.00	750.00
143705	18 蓝星 01	1500.00	5.00	2023.07.04	5.2800	102.00	658.00
143706	18 中煤 05	2200.00	5.00	2023.07.06	4.6900	101.00	1570.00
143707	18 中煤 06	800.00	7.00	2025.07.06	4.8900	103.00	620.00
143708	18 中庚 G1	1000.00	5.00	2023.06.29	8.5000	100.00	0.00
143709	18 诚通 01	3000.00	3.00	2021.07.10	4.6700	101.85	2121.25
143712	18 招商 G5	2500.00	3.00	2021.07.18	4.3800	100.00	1630.00
143714	18 实业 02	366.00	3.00	2021.07.30	7.5000	99.97	338.42
143716	18 国电 03	2300.00	3.00	2021.07.10	4.4300	101.23	2320.00
143719	18 渝高 02	800.00	5.00	2023.07.17	4.6000	100.00	790.00
143720	18 联泰 01	100.00	2.00	2020.07.11	7.0000	100.00	0.00
143721	18 建材 07	1300.00	3.00	2021.07.16	4.6500	100.00	690.00
143722	18 建材 08	1000.00	5.00	2023.07.16	4.8900	102.00	201.00
143723	G18 风电 1	700.00	5.00	2023.07.18	4.9000	100.00	20.00
143724	18 津投 03	1200.00	3.00	2021.07.17	5.0000	101.80	504.91
143725	18 光明 01	3000.00	3.00	2021.07.16	4.4300	101.08	4310.00
143727	18 津投 04	1300.00	5.00	2023.07.17	5.2800	100.87	1430.00
143728	18 国科 02	1200.00	5.00	2023.07.18	4.5700	100.83	790.00
143729	18 国科 03	800.00	8.00	2026.07.18	4.8000	101.58	400.00
143730	18 康美 01	1500.00	3.00	2021.07.20	6.8000	100.00	30.68
143731	18 金隅 01	1500.00	5.00	2023.07.12	4.7000	101.72	1244.00
143732	18 国君 G3	4700.00	3.00	2021.07.16	4.4400	101.14	2780.00
143733	18 国君 G4	300.00	5.00	2023.07.16	4.6400	100.00	0.00
143734	18 金隅 02	1500.00	7.00	2025.07.12	5.0000	103.27	1088.50
143735	18 方正 09	2000.00	5.00	2023.07.19	6.2000	100.00	3620.00
143736	18 远海 02	2500.00	3.00	2021.07.23	4.4300	101.05	1354.10
143737	18 远海 03	1500.00	5.00	2023.07.23	4.6400	100.00	685.00
143738	18 广开 01	1500.00	5.00	2023.07.23	4.9500	102.50	318.01
143739	18 广开 02	3500.00	5.00	2023.07.23	4.7500	101.80	760.40
143740	18 公用 03	510.00	5.00	2023.07.18	4.6500	100.00	350.00
143741	18 江河 01	100.00	3.00	2021.07.19	7.2000	100.00	0.00
143742	18 华资 01	1000.00	5.00	2023.07.23	4.4800	100.00	310.00
143743	18 公用 04	680.00	5.00	2023.07.18	4.8900	100.00	170.00
143744	G18 三峡 1	2500.00	3.00	2021.08.03	4.0000	99.70	1410.00
143745	G18 三峡 2	1000.00	5.00	2023.08.03	4.2000	100.00	240.00
143746	18 光明 02	2000.00	5.00	2023.08.02	4.0900	100.00	820.00
143747	18 粤财 02	2000.00	5.00	2023.08.20	4.2000	100.48	1160.00
143748	18 粤财 03	1000.00	7.00	2025.08.20	4.5000	100.00	100.00
143749	18 云城 01	3780.00	3.00	2021.08.15	5.9000	100.00	580.00

债券信息 List of Bonds

债券 Bond

债券代码 Code	债券简称 Bond Name	发行数量(百万) Issued Vol(M)	年限 Terms	到期日 Expiration Date	票面利率(%) Coupon Rate(%)	本年收盘 Close	成交数量(万张) Trading Vol(10000)
143750	18 云城 02	360.00	5.00	2023.08.15	6.2000	100.00	275.40
143751	18 华综 01	2000.00	5.00	2023.08.17	4.6800	101.15	780.75
143753	18 京投 05	2000.00	5.00	2023.08.20	4.2000	100.60	1345.00
143754	18 京投 06	500.00	10.00	2028.08.20	4.8000	100.00	100.00
143755	18CHNG1A	1700.00	10.00	2028.08.17	4.8900	100.00	100.00
143756	18CHNG1B	300.00	10.00	2028.08.17	5.1400	100.00	120.00
143757	18CHNG1C	1000.00	5.00	2023.08.17	4.4800	101.00	190.00
143758	18CHNG1D	1000.00	1.50	2020.02.17	3.9000	100.20	127.40
143760	18 保文 01	400.00	3.00	2021.09.07	4.9200	100.00	90.00
143761	18 电投 04	4000.00	3.00	2021.08.22	4.3800	101.30	1654.68
143762	18 招商 G8	1800.00	3.00	2021.09.07	4.2300	100.00	380.00
143764	18 电投 05	3500.00	3.00	2021.08.30	4.3400	100.99	4029.00
143765	18 津投 07	1600.00	2.00	2020.10.12	4.5800	100.80	271.00
143767	18 石化 01	5000.00	3.00	2021.09.06	3.6800	100.02	1840.00
143769	18 兵装 01	2000.00	3.00	2021.08.30	4.3000	100.00	1410.00
143771	18 诚通 03	3000.00	3.00	2021.09.14	4.5900	101.50	2201.01
143772	18 诚通 02	3500.00	3.00	2021.08.28	4.5000	101.20	2590.80
143774	18 北汽集	1000.00	5.00	2023.08.31	4.6900	101.80	90.00
143777	18 红星 01	300.00	3.00	2021.10.23	6.5000	100.00	430.00
143779	18 绿城 09	500.00	5.00	2023.09.04	4.9800	100.00	70.00
143781	18 中燃 01	1500.00	5.00	2023.09.11	4.5000	102.00	200.00
143783	18 国元债	500.00	5.00	2023.09.04	4.7000	101.78	107.10
143784	18 湘财 01	300.00	2.00	2020.09.13	5.7700	100.00	220.00
143785	18 湘财 02	700.00	3.00	2021.09.13	6.0000	100.00	290.00
143787	18 京投 07	2200.00	5.00	2023.09.07	4.3000	100.00	1318.00
143788	18 京投 08	300.00	10.00	2028.09.07	4.9000	100.00	30.00
143789	18 中车 G1	2500.00	5.00	2023.09.10	4.2900	100.00	1100.00
143791	18 电投 06	3500.00	3.00	2021.09.07	4.2900	100.94	2460.00
143793	18 深航 06	600.00	3.00	2021.09.07	4.3500	100.00	40.00
143794	18 兵器 02	2000.00	5.00	2023.09.11	4.2700	100.70	531.00
143795	18 华福 G1	1500.00	3.00	2021.09.11	4.5500	100.00	400.00
143798	18 华能 03	5000.00	10.00	2028.09.10	5.0500	100.00	1090.00
143799	18 天目湖	1000.00	5.00	2023.09.27	6.7800	100.00	690.00
143800	18 佛控 02	800.00	5.00	2023.09.14	4.4900	100.00	60.00
143801	18 双欣 02	200.00	3.00	2021.09.19	7.8000	100.00	0.00
143802	18 爱众 01	200.00	5.00	2023.09.17	6.2000	100.00	20.00
143804	18 中铝 01	1100.00	3.00	2021.09.18	4.5500	100.00	440.00
143805	18 中铝 02	900.00	5.00	2023.09.18	4.9900	100.00	510.00
143806	18 纺织 01	500.00	3.00	2021.09.14	4.4500	100.00	350.00
143807	18 电投 07	3500.00	3.00	2021.09.19	4.3400	101.20	2690.20
143808	18 华宝 01	2400.00	3.00	2021.09.17	4.6000	101.50	699.00
143812	18 首置 01	2500.00	5.00	2023.09.14	4.8900	102.38	1590.60
143814	18 通用 01	2000.00	5.00	2023.09.20	4.4800	101.28	160.80
143816	18 居然 02	310.00	3.00	2021.09.25	6.9000	100.00	0.00
143817	18 广汇 G2	350.00	3.00	2021.09.20	7.2000	100.00	190.00
143818	18 如意 01	1500.00	5.00	2023.09.18	7.9000	100.00	0.00
143820	18 杭城 01	1760.00	5.00	2023.09.20	4.3700	101.10	390.00
143821	18 旭辉 05	875.00	4.00	2022.09.19	6.3900	100.00	0.00
143822	G18 绿园 1	1200.00	5.00	2023.09.19	4.7400	101.00	512.00
143823	18 闽能 03	1000.00	3.00	2021.09.25	4.4200	101.18	0.00

债券信息 List of Bonds

债券 Bond

债券代码 Code	债券简称 Bond Name	发行数量(百万) Issued Vol(M)	年限 Terms	到期日 Expiration Date	票面利率(%) Coupon Rate(%)	本年收盘 Close	成交数量(万张) Trading Vol(10000)
143825	18 长电 02	3000.00	3.00	2021.09.27	3.8800	100.00	690.00
143826	18 粤电 02	1000.00	3.00	2021.09.25	4.3000	100.20	350.00
143827	18 中航集	3000.00	3.00	2021.09.21	4.3000	101.20	1260.10
143828	18 油气 01	800.00	5.00	2023.09.20	4.6800	100.00	340.00
143829	18 恒信 01	800.00	3.00	2021.09.21	5.0500	102.10	200.00
143831	18 保利 01	600.00	3.00	2021.10.08	4.2800	100.00	0.00
143835	18 奥园 04	1500.00	3.00	2021.10.12	8.5000	99.81	2250.00
143836	18 建投 02	1000.00	5.00	2023.10.15	4.2200	100.36	282.00
143838	18 永钢 01	600.00	5.00	2023.09.26	7.0000	100.00	165.00
143839	18 晟晏 G1	600.00	5.00	2023.09.27	7.5000	100.00	773.03
143840	18 雪松 01	400.00	3.00	2021.10.17	7.5000	100.00	0.00
143841	18 香江 02	150.00	4.00	2022.09.27	7.9000	100.00	0.00
143842	18 康美 04	2000.00	5.00	2023.10.09	6.8000	100.00	0.00
143843	18 淄矿 01	300.00	5.00	2023.10.12	6.0000	100.00	90.00
143844	18 南港 02	1200.00	5.00	2023.10.18	5.5000	100.00	0.00
143846	18 航租 02	1000.00	3.00	2021.10.15	4.3400	102.00	720.00
143847	18 方正 13	2000.00	5.00	2023.10.12	6.0500	99.97	3910.00
143848	18 兴杭 01	2000.00	5.00	2023.10.22	4.3500	100.00	490.00
143849	S18 红狮 2	300.00	3.00	2021.10.31	5.5000	100.00	40.00
143850	18 华宝 03	1100.00	3.00	2021.10.16	4.3000	100.00	370.00
143851	18 华宝 04	500.00	5.00	2023.10.16	4.6000	100.00	60.00
143852	18 中凯 02	1000.00	5.00	2023.10.18	4.6800	100.70	426.00
143853	18 阳集 02	375.00	3.00	2021.10.16	7.5000	100.00	0.00
143854	18 穗建 01	800.00	3.00	2021.10.22	4.2400	100.00	150.00
143855	18 穗建 02	700.00	5.00	2023.10.22	4.2500	100.00	50.00
143856	18 北汽 02	1000.00	5.00	2023.10.19	4.4800	100.00	360.00
143857	18 鸿坤 01	100.00	4.00	2022.10.12	7.5000	100.00	135.41
143858	18 甬投 02	1000.00	5.00	2023.10.18	4.2400	100.00	592.00
143859	18 东港 01	500.00	5.00	2023.10.17	6.6000	100.00	0.00
143860	18 南水 04	1500.00	3.00	2021.10.17	4.2600	100.70	1310.00
143862	18 保集 02	260.00	3.00	2021.12.10	7.5000	100.00	101.00
143863	18 腾越 01	3000.00	3.00	2021.10.26	6.8000	99.91	3600.00
143865	18 渝信 01	1000.00	3.00	2021.10.23	5.5000	100.00	260.00
143867	18 电投 08	2400.00	3.00	2021.10.22	4.1000	100.00	1680.00
143868	18 电投 09	1400.00	5.00	2023.10.22	4.4500	101.52	1030.00
143869	18 格力 01	500.00	5.00	2023.10.22	4.2400	100.00	90.00
143871	18 蓉高 01	1200.00	3.00	2021.10.22	4.4800	100.00	190.00
143874	18 实业 05	1000.00	3.00	2021.10.23	7.5000	100.00	248.11
143875	18 宜华 02	700.00	3.00	2021.10.23	7.5000	100.00	0.00
143876	G18 三峡 3	4000.00	3.00	2021.10.24	4.0800	100.59	755.00
143878	18 浦土 01	800.00	5.00	2023.10.24	4.2400	100.00	120.00
143879	18 中民 G2	1010.00	3.00	2021.10.22	7.5000	100.00	790.00
143880	18 滇城 01	2180.00	3.00	2021.10.24	8.1000	100.00	0.00
143883	18 恒信 03	400.00	3.00	2021.10.26	4.8500	100.00	110.00
143885	18 复星 04	2000.00	3.00	2021.10.29	5.8000	100.90	397.00
143886	18 津投 09	1000.00	3.00	2021.10.26	4.5200	100.00	410.00
143887	18 津投 10	400.00	5.00	2023.10.26	5.0000	100.00	200.00
143888	18 西地 02	1060.00	5.00	2023.11.23	7.5000	100.00	0.00
143889	18 华证 01	1500.00	3.00	2021.10.30	4.4000	100.00	450.00
143890	18 陆债 02	1000.00	5.00	2023.10.26	4.1500	100.66	290.00

债券信息 List of Bonds

债券代码 Code	债券简称 Bond Name	发行数量(百万) Issued Vol(M)	年限 Terms	到期日 Expiration Date	票面利率(%) Coupon Rate(%)	本年收盘 Close	成交数量(万张) Trading Vol(10000)
143891	18 疏浚 01	4000.00	5.00	2023.10.25	4.2500	100.80	731.00
143892	18 凤祥 02	500.00	3.00	2021.11.01	7.9000	100.41	457.20
143893	18 洋河 01	500.00	5.00	2023.10.29	4.4900	100.00	270.00
143894	18 洋河 02	500.00	5.00	2023.10.29	4.1700	100.00	160.00
143896	18 新控 05	2160.00	4.00	2022.10.29	7.4300	100.00	1408.00
143897	18 兴杭 02	500.00	5.00	2023.11.01	4.2700	100.00	90.00
143899	18 福晟 02	1000.00	3.00	2021.11.19	7.9000	100.00	96.00
143900	17 招金 Y1	500.00	5.00	2022.04.21	5.4300	101.50	141.00
143901	17 云绫 Y1	1500.00	3.00	2020.05.03	5.9000	99.69	805.97
143902	17 中冶 Y5	2000.00	3.00	2020.07.11	5.1000	100.80	1017.20
143903	18 能投 Y5	1400.00	2.00	2020.09.17	6.1400	100.00	730.00
143904	17 远东 Y1	5000.00	3.00	2020.07.06	5.5000	102.00	1338.00
143905	17 首旅 Y1	950.00	3.00	2020.07.10	4.9900	100.00	590.00
143906	17 首旅 Y2	550.00	5.00	2022.07.10	5.2000	102.00	110.00
143907	17 中冶 Y7	1300.00	3.00	2020.07.28	5.1000	100.00	840.00
143909	17 中航 Y1	1500.00	3.00	2020.07.31	5.0000	100.66	950.00
143910	18 建五 Y3	300.00	3.00	2021.08.01	5.3700	100.00	40.00
143911	17 首旅 Y3	500.00	3.00	2020.08.07	4.9500	100.00	118.00
143912	17 首旅 Y4	1000.00	5.00	2022.08.07	5.2000	100.00	220.00
143913	17 渝信 Y1	2580.00	3.00	2020.08.15	5.5800	100.00	682.00
143914	17 渝信 Y2	800.00	5.00	2022.08.15	5.7800	100.00	0.00
143915	17 电投 Y1	1500.00	5.00	2022.08.16	5.1000	101.51	925.00
143916	17 兖煤 Y1	5000.00	3.00	2020.08.17	5.7000	101.50	4841.48
143917	17 紫金 Y1	500.00	3.00	2020.09.13	5.1700	100.71	87.50
143918	17 华能 Y1	2500.00	3.00	2020.09.25	5.0500	101.20	1777.03
143919	17 华能 Y2	2500.00	5.00	2022.09.25	5.1700	101.76	1560.00
143920	17 云建 Y1	1120.00	3.00	2020.09.29	5.8800	99.03	456.00
143921	18 阳煤 Y3	1350.00	3.00	2021.07.30	6.9000	102.99	911.18
143922	17 锡投 Y2	1000.00	5.00	2022.10.13	5.5600	101.80	1.50
143923	17 建材 Y1	3000.00	3.00	2020.10.16	5.1800	100.00	575.00
143924	17 建材 Y2	1500.00	5.00	2022.10.16	5.3000	100.00	328.00
143925	17 电投 Y2	1500.00	5.00	2022.10.16	5.1400	100.00	60.00
143926	17 电投 Y3	1500.00	5.00	2022.10.18	5.1300	100.00	0.00
143927	17 鲁高 Y1	2500.00	3.00	2020.10.20	5.2200	100.49	1555.00
143928	17 平租 Y1	4500.00	3.00	2020.10.26	5.4700	101.00	2224.99
143929	17 建集 Y1	2000.00	5.00	2022.11.01	5.4000	100.00	260.00
143930	17 中保 Y1	2000.00	3.00	2020.10.26	5.3000	101.35	819.03
143931	17 中保 Y2	500.00	5.00	2022.10.26	5.4900	101.90	91.00
143932	17 云建 Y3	1880.00	3.00	2020.11.01	5.9800	100.00	638.00
143933	18 建集 Y1	1000.00	3.00	2021.08.07	5.1200	100.75	560.00
143934	17 新际 Y1	1800.00	3.00	2020.11.07	5.2500	100.00	310.00
143935	17 新际 Y2	200.00	5.00	2022.11.07	5.4000	100.00	0.00
143936	17 福新 Y1	2000.00	3.00	2020.11.06	5.3000	100.00	330.00
143938	17 鲁高 Y2	2500.00	3.00	2020.11.06	5.3000	100.00	590.00
143939	17 中交 Y1	1500.00	3.00	2020.11.21	5.4500	102.50	30.20
143940	17 建集 Y2	1000.00	5.00	2022.11.23	5.6900	100.00	0.00
143941	18 新际 Y3	800.00	3.00	2021.07.23	5.1500	100.00	180.00
143943	17 华信 Y1	1000.00	3.00	2020.12.12	7.8000	100.00	240.00
143944	17 华信 Y2	3000.00	3.00	2020.12.26	7.8000	100.00	90.00
143945	17 能投 Y1	1000.00	3.00	2020.12.26	6.2800	100.00	660.00

债券信息 List of Bonds

债券 Bond

债券代码 Code	债券简称 Bond Name	发行数量(百万) Issued Vol(M)	年限 Terms	到期日 Expiration Date	票面利率(%) Coupon Rate(%)	本年收盘 Close	成交数量(万张) Trading Vol(10000)
143946	18 闽电 Y1	500.00	3.00	2021.09.26	6.5400	100.00	160.00
143947	17 铁投 Y1	1700.00	3.00	2020.12.27	5.9500	102.00	493.00
143948	18 航集 Y1	2000.00	3.00	2021.01.18	5.5000	100.00	240.00
143950	18 航集 Y2	1000.00	3.00	2021.01.25	5.4900	100.00	100.00
143951	18 中建 Y1	1000.00	5.00	2023.02.07	6.5500	104.50	560.20
143952	G18 新 Y1	590.00	3.00	2021.03.13	5.9600	102.11	5.00
143953	18 电力 Y1	500.00	3.00	2021.03.15	5.5000	101.00	290.00
143954	18 能投 Y1	1000.00	3.00	2021.03.26	6.2700	102.20	225.00
143955	18 供销 Y1	1000.00	3.00	2021.08.14	5.9900	100.00	270.00
143956	18 鲁高 Y2	1500.00	3.00	2021.03.27	5.5700	102.00	151.00
143957	18 鲁高 Y1	1500.00	3.00	2021.03.23	5.7000	100.00	430.00
143958	18 京汽 Y1	2000.00	3.00	2021.03.23	5.6000	102.00	82.00
143959	18 兖煤 Y1	5000.00	3.00	2021.03.26	6.0000	103.00	2260.90
143960	18 阳煤 Y1	1150.00	3.00	2021.04.02	7.0000	104.00	1916.81
143961	18 铁建 Y2	2000.00	3.00	2021.04.17	5.2300	101.30	961.00
143962	18 能投 Y3	600.00	3.00	2021.04.23	6.0000	101.92	1171.01
143963	18 华电 Y3	1150.00	3.00	2021.08.15	4.8700	100.00	50.00
143964	18 特变 Y1	1700.00	3.00	2021.04.17	6.3000	100.00	830.00
143965	18 华电 Y4	850.00	5.00	2023.08.15	5.0500	100.00	0.00
143966	18 新际 Y1	2700.00	3.00	2021.04.24	5.2000	101.20	2441.00
143967	18 新际 Y2	300.00	5.00	2023.04.24	5.2900	100.00	232.00
143968	18 渝信 Y1	1620.00	3.00	2021.04.25	6.1000	100.00	200.00
143969	18 新金 Y1	200.00	3.00	2021.04.25	6.1000	100.00	0.00
143970	18 鲁商 Y1	640.00	3.00	2021.12.18	7.5000	100.00	190.00
143972	18 厦贸 Y1	1000.00	2.00	2020.04.26	5.3000	100.68	510.05
143973	18 电力 Y2	1500.00	3.00	2021.05.09	5.2300	101.90	538.39
143974	18 铁投 Y1	700.00	3.00	2021.05.09	5.6000	101.50	421.00
143975	18 兵装 Y1	2000.00	3.00	2021.05.15	5.2800	102.10	60.00
143976	18 建五 Y1	700.00	3.00	2021.05.21	6.0000	100.00	280.00
143977	18 沪建 Y1	2000.00	3.00	2021.08.20	5.1500	101.50	290.10
143978	18 铁建 Y3	2000.00	3.00	2021.05.31	5.3000	100.78	200.00
143979	18 阳煤 Y2	500.00	3.00	2021.06.01	7.0000	100.00	320.00
143980	18 建材 Y1	900.00	3.00	2021.06.07	5.5000	102.99	852.89
143981	18 建材 Y2	300.00	5.00	2023.06.07	5.7000	102.50	446.67
143982	18 电投 Y1	2500.00	5.00	2023.06.06	5.5000	102.40	739.50
143983	18 电投 Y2	1500.00	5.00	2023.06.12	5.5700	103.20	100.01
143984	18 建二 Y1	2000.00	3.00	2021.06.26	6.2500	102.20	1019.90
143989	18 中关 Y1	4000.00	3.00	2021.07.13	5.7900	102.29	1718.56
143990	18 铁投 Y2	600.00	2.00	2020.07.17	5.4000	101.11	490.00
143991	18 铁投 Y3	1200.00	3.00	2021.07.17	5.7900	101.60	762.00
143992	18 华电 Y1	1500.00	3.00	2021.07.17	5.0000	100.82	310.00
143993	18 华电 Y2	1500.00	5.00	2023.07.17	5.2000	102.30	91.00
143994	18 电力 Y3	2000.00	3.00	2021.07.18	4.9800	100.78	400.00
143995	18 福新 Y1	1500.00	3.00	2021.08.07	4.7000	100.00	315.00
143996	18 福新 Y2	500.00	5.00	2023.08.07	5.0000	100.00	0.00
143997	18 山招 Y2	400.00	3.00	2021.08.10	5.0300	100.90	260.10
143998	18 建材 Y3	800.00	3.00	2021.08.13	4.7900	100.00	280.00
143999	18 建材 Y4	500.00	5.00	2023.08.13	5.0000	100.00	100.00
145001	16 太证 C1	1500.00	5.00	2021.09.28	4.0000	97.51	400.00
145003	16 潞矿 04	880.00	5.00	2021.09.27	7.5000	101.69	920.00

债券信息 List of Bonds

债券代码 Code	债券简称 Bond Name	发行数量(百万) Issued Vol(M)	年限 Terms	到期日 Expiration Date	票面利率(%) Coupon Rate(%)	本年收盘 Close	成交数量(万张) Trading Vol(10000)
145004	16 驻投 02	1000.00	5.00	2021.09.27	3.9800	98.93	1000.00
145005	16 智光 03	2000.00	5.00	2021.10.13	5.0000	98.88	810.00
145006	16 宁新 03	500.00	3.00	2019.10.14	4.0500	98.37	163.00
145007	16 德邦 03	1250.00	5.00	2021.09.27	4.2000	100.00	0.00
145008	16 九州 02	1100.00	4.00	2020.09.27	6.9900	100.94	944.00
145009	16 新能 01	1000.00	3.00	2018.10.23	7.5000	99.30	360.00
145010	16 仁怀 01	1500.00	5.00	2021.09.26	4.6400	98.43	3023.00
145011	16 江城 03	900.00	5.00	2021.10.10	3.5900	96.74	112.00
145012	16 朗诗 01	500.00	4.00	2020.10.11	7.5000	100.00	88.50
145013	16 朗诗 02	500.00	5.00	2021.10.11	6.7000	100.00	0.00
145014	16 宜居 01	1500.00	5.00	2021.09.29	4.1300	98.82	250.00
145015	16 上饶 01	1000.00	5.00	2021.09.28	3.7800	99.03	1340.50
145016	16 合景 03	2500.00	7.00	2023.10.14	5.6000	98.21	990.00
145017	16 合景 04	2500.00	7.00	2023.10.14	5.7000	99.23	950.00
145018	16 合景 05	3000.00	7.00	2023.10.14	5.8000	96.81	760.00
145020	16 山金 01	2500.00	5.00	2021.09.27	3.7500	96.75	610.00
145021	16 晋经 01	210.00	3.00	2019.10.10	7.2000	100.46	260.00
145022	16 阜水债	300.00	5.00	2021.09.29	9.6000	100.00	360.00
145023	16 正荣 01	2000.00	3.00	2019.10.10	7.2000	100.01	1867.10
145024	16 亿利 04	500.00	3.00	2018.10.19	6.5000	99.55	111.00
145025	16 金花 01	200.00	3.00	2018.10.19	6.5000	100.00	80.00
145026	16 北山债	500.00	3.00	2018.10.19	10.0000	100.00	80.00
145027	16 上饶 02	1000.00	5.00	2021.10.10	3.7500	98.08	390.00
145028	16 慈溪 01	500.00	5.00	2021.10.13	3.8000	99.13	755.00
145029	16 华泰 C1	5000.00	5.00	2021.10.14	3.3000	96.21	1370.00
145030	16 申证 C2	5000.00	2.00	2018.10.19	3.1700	99.27	1890.00
145031	16 申证 C3	5000.00	3.00	2019.10.19	3.2800	96.17	500.00
145032	16 锡城投	1500.00	5.00	2021.10.13	3.8900	100.01	430.00
145033	16 中保 01	1500.00	5.00	2021.10.14	3.7000	99.26	862.00
145034	16 天易 01	1500.00	6.00	2022.10.17	4.3700	100.00	1030.00
145035	16 余城建	1000.00	5.00	2021.10.13	3.5000	99.24	280.00
145036	16 新泰 02	680.00	5.00	2021.10.24	5.6000	97.58	136.00
145037	16 海兴 02	1000.00	5.00	2021.10.20	4.7000	98.02	250.00
145038	16 山金 02	2500.00	5.00	2021.10.18	3.7000	96.94	180.00
145039	16 华泰 C2	3000.00	3.00	2018.10.22	3.1200	98.46	520.00
145040	16 青建投	3000.00	8.00	2024.10.19	3.6800	96.13	700.00
145041	16 秋林 01	520.00	3.00	2019.10.17	8.5000	100.00	60.00
145042	16 首股 03	1000.00	5.00	2021.10.27	3.5700	99.42	535.00
145043	16 新城 05	2500.00	5.00	2021.10.17	4.4100	98.51	1558.00
145044	16 兴业 03	5000.00	5.00	2021.10.20	3.4800	97.29	2830.00
145045	16 长湖 02	600.00	5.00	2021.10.25	4.4600	98.08	140.00
145046	16 嵊州 01	1500.00	5.00	2021.10.19	4.0000	98.95	680.00
145047	16 新泰发	800.00	5.00	2021.10.18	4.2400	100.00	130.00
145048	16 银河 F2	4000.00	2.00	2018.10.24	3.1500	99.91	1820.00
145050	16 国君 C2	4000.00	4.00	2018.10.22	3.1400	99.26	1700.00
145051	16 大庆 04	700.00	5.00	2021.10.24	5.3900	98.86	307.00
145052	16 安投 02	750.00	5.00	2021.10.19	5.0000	98.06	426.00
145053	16 湘财 03	500.00	5.00	2021.10.24	4.4800	93.00	402.00
145054	16 黔西南	1500.00	5.00	2021.10.20	5.9800	97.90	1220.00
145055	16 珠管 05	900.00	3.00	2018.11.01	8.0000	101.00	0.00

债券信息 List of Bonds

债券 Bond

债券代码 Code	债券简称 Bond Name	发行数量(百万) Issued Vol(M)	年限 Terms	到期日 Expiration Date	票面利率(%) Coupon Rate(%)	本年收盘 Close	成交数量(万张) Trading Vol(10000)
145056	16 珠管 06	500.00	3.00	2018.11.01	8.0000	99.09	201.50
145057	16 商飞 01	3000.00	10.00	2026.10.20	3.6200	95.31	470.00
145058	17 青城 01	1000.00	5.00	2022.10.31	5.3500	100.00	80.00
145059	17 青城 02	2000.00	8.00	2025.10.31	5.6600	101.74	92.00
145060	16 新师 01	1000.00	5.00	2021.11.10	4.4500	98.21	1151.00
145061	17 中孚 01	150.00	1.00	2018.11.09	7.8000	100.00	150.00
145062	16 新光债	2000.00	3.00	2019.10.19	8.0000	96.12	0.00
145063	16 苏新 02	1000.00	3.00	2019.10.31	3.6300	99.09	300.00
145064	16 丰县 01	980.00	5.00	2021.10.24	5.0000	98.18	710.00
145065	16 山钢 03	3000.00	3.00	2019.10.19	6.8800	100.97	4473.00
145066	16 泉丰 01	520.00	5.00	2021.10.19	5.9000	99.52	340.00
145067	16 苏科 02	1000.00	5.00	2021.10.24	3.7600	98.00	140.00
145068	16 柯桥 02	2500.00	5.00	2021.10.21	3.7500	98.90	1412.00
145069	16 同益 02	450.00	3.00	2019.10.19	8.0000	100.00	256.00
145070	16 湖州 02	2000.00	5.00	2021.10.21	3.7600	99.03	1340.00
145071	16 光证 05	1000.00	2.00	2018.10.24	3.1300	99.26	70.00
145072	16 光证 06	3000.00	3.00	2019.10.24	3.2000	96.42	500.00
145073	16 德品债	5.00	3.00	2018.10.31	8.0000	100.00	0.00
145075	16 常照明	300.00	3.00	2019.10.24	4.9000	100.14	685.00
145076	16 中民 F3	5000.00	3.00	2019.10.25	7.5000	100.00	4315.00
145077	16 东泰 01	500.00	5.00	2021.12.02	4.5000	99.31	240.00
145078	16 涪交旅	700.00	5.00	2021.10.25	4.5000	95.94	300.00
145079	16 云济 01	500.00	3.00	2019.10.26	5.8000	98.99	450.00
145080	16 广利债	700.00	5.00	2021.10.28	6.2000	100.00	0.00
145081	16 新津 02	500.00	5.00	2021.10.27	4.9000	98.52	590.00
145082	16 新泰 03	20.00	5.00	2021.10.24	5.0000	99.14	85.00
145083	16 苏控 01	400.00	5.00	2021.10.24	4.0000	96.55	310.00
145084	16 淮水 05	600.00	5.00	2021.10.27	3.9800	97.69	108.00
145085	16 中原 02	1500.00	2.00	2018.10.26	3.3000	98.57	160.00
145087	16 瑞通 02	1000.00	3.00	2019.10.28	6.5000	99.67	295.00
145088	16 虞尚 01	200.00	3.00	2019.10.21	4.6000	100.00	0.00
145089	16 津滨 01	1300.00	5.00	2021.10.25	4.6000	98.30	490.00
145090	16 市政 02	200.00	3.00	2018.11.12	7.5000	102.00	163.00
145091	16 天府债	800.00	3.00	2019.10.28	8.0000	100.87	1834.00
145092	16 东丽 02	1000.00	5.00	2021.10.28	4.4100	99.34	655.00
145093	16 津星 02	1000.00	3.00	2019.10.27	4.9800	98.90	524.00
145094	16 江都 01	1100.00	5.00	2021.10.26	4.9900	99.01	2143.20
145095	16 驰宏 01	900.00	3.00	2019.10.28	4.9000	100.00	440.00
145096	16 驰宏 02	100.00	3.00	2019.10.28	5.2000	99.98	40.00
145097	16 长寿 02	1000.00	7.00	2023.10.27	5.1000	96.60	280.00
145098	17 兴业 F2	2200.00	2.00	2019.11.06	5.2500	101.29	800.00
145099	17 海亮 01	400.00	3.00	2020.11.01	7.2000	99.33	180.00
145100	16 信集 01	500.00	3.00	2019.10.25	7.5000	100.00	0.00
145102	16 绍交 01	1500.00	5.00	2021.10.31	3.7800	95.87	100.00
145104	16 开乾 02	1400.00	5.00	2021.11.01	4.9800	99.00	1197.50
145105	16 株金科	500.00	5.00	2021.10.27	4.5000	99.77	215.00
145106	16 汇川债	2000.00	3.00	2019.10.28	8.0000	99.99	120.00
145107	16 潍水 02	500.00	3.00	2019.10.31	4.0000	98.83	500.00
145108	16 成阿债	800.00	5.00	2021.10.26	4.8000	100.00	0.00
145109	16 文旅 01	500.00	5.00	2021.11.04	5.2000	95.99	470.00

债券信息 List of Bonds

债券 Bond

债券代码 Code	债券简称 Bond Name	发行数量(百万) Issued Vol(M)	年限 Terms	到期日 Expiration Date	票面利率(%) Coupon Rate(%)	本年收盘 Close	成交数量(万张) Trading Vol(10000)
145110	16 金东 01	700.00	3.00	2019.10.28	6.6000	99.60	0.00
145111	16 方正 C2	3000.00	3.00	2019.10.28	3.8000	99.07	1580.00
145112	16 先导 05	2000.00	5.00	2021.10.28	3.8800	94.27	200.00
145113	17 湘乡 01	500.00	5.00	2022.11.01	7.0000	101.29	154.00
145114	17 湘乡 02	300.00	3.00	2020.11.01	6.7800	100.00	316.00
145115	17 郴高 01	1100.00	7.00	2024.11.03	6.5000	100.00	450.00
145116	16 盛州 01	800.00	5.00	2021.10.31	5.0400	100.93	545.80
145117	16 中期 01	310.00	3.00	2019.11.04	6.5000	100.00	0.00
145118	17 颐和 01	304.00	3.00	2020.08.04	8.0000	98.37	337.80
145119	16 浙商 01	1000.00	5.00	2021.10.31	3.6300	96.36	420.00
145120	16 景陶 02	1000.00	5.00	2021.11.04	4.4200	98.17	650.00
145121	16 银控 01	440.00	3.00	2019.11.02	7.0000	100.00	10.00
145122	16 银控 02	1560.00	3.00	2019.11.02	8.5000	81.00	2355.25
145123	16 连工 03	500.00	4.00	2018.11.21	5.3000	98.68	380.00
145124	16 望水投	1000.00	5.00	2021.11.03	5.1000	99.20	730.00
145125	16 博润 01	300.00	5.00	2021.11.02	6.5000	97.79	129.00
145126	16 国融 C1	400.00	4.00	2020.10.31	5.2000	100.00	0.00
145127	16 江东 02	1000.00	5.00	2021.11.01	4.1200	94.76	110.00
145128	16 嵊州 02	1000.00	5.00	2021.11.04	4.1800	98.79	374.00
145129	17 高创 03	600.00	5.00	2022.11.10	6.6400	100.00	740.00
145130	16 榆神 02	900.00	3.00	2019.11.10	8.7000	99.90	963.00
145131	16 吴发 03	1500.00	3.00	2019.11.07	3.6900	97.65	60.00
145132	17 华泰 05	4000.00	1.00	2018.08.11	4.6500	100.00	0.00
145133	16 绿投 01	1500.00	5.00	2021.11.02	4.5800	98.14	300.00
145134	16 普湾 02	1000.00	5.00	2021.11.02	5.1500	88.00	631.85
145135	16 庞大 03	1000.00	3.00	2019.11.08	8.0000	55.61	255.00
145136	17 太高 01	100.00	5.00	2022.10.31	5.8000	100.00	0.00
145137	16 亿利 05	200.00	3.00	2019.11.08	7.0000	100.00	200.00
145138	16 冀控 01	500.00	5.00	2021.11.07	6.5000	99.08	842.80
145139	16 开滦 01	2200.00	3.00	2019.11.07	6.9500	99.86	1841.00
145140	16 秋林 02	480.00	3.00	2019.11.07	8.5000	99.53	300.00
145141	16 国美 F1	4000.00	6.00	2018.12.19	7.9000	99.42	400.00
145144	16 余姚 03	1000.00	5.00	2021.11.14	4.7800	94.81	21.00
145145	16 莱城发	1000.00	3.00	2019.11.08	7.5000	98.40	400.00
145146	16 双鸭 02	200.00	5.00	2021.11.09	6.0000	100.00	0.00
145147	16 大庆 05	600.00	5.00	2021.11.07	5.1500	99.23	467.00
145148	16 国君 C3	3000.00	3.00	2019.11.11	3.3400	96.32	500.00
145149	16 国君 C4	3000.00	5.00	2021.11.11	3.5500	92.31	100.00
145150	16 茶开 01	800.00	5.00	2021.11.17	4.7000	97.75	50.00
145151	16 信集 02	510.00	3.00	2019.11.14	7.5000	98.30	100.00
145152	16 玉皇 02	550.00	3.00	2018.11.21	7.5000	96.65	120.00
145153	16 国都 01	1000.00	4.00	2020.11.11	3.7000	95.41	100.00
145154	16 皖高债	1000.00	5.00	2021.11.14	5.1800	98.60	842.00
145155	16 长兴 01	1000.00	7.00	2023.11.15	4.7000	97.85	325.00
145156	16 建工 01	200.00	3.00	2019.11.15	4.0000	99.98	60.00
145157	16 通经 02	1200.00	5.00	2021.11.15	3.7000	96.85	500.00
145158	16 鲁星 02	500.00	3.00	2019.11.22	6.3000	97.30	380.00
145159	16 东证次	4000.00	5.00	2021.11.14	3.4500	92.24	200.00
145160	16 凯文 01	1000.00	5.00	2021.11.14	6.0300	99.19	400.00
145162	16 居然 01	1000.00	3.00	2019.11.22	7.3000	99.99	440.00

债券信息 List of Bonds

债券 Bond

债券代码 Code	债券简称 Bond Name	发行数量(百万) Issued Vol(M)	年限 Terms	到期日 Expiration Date	票面利率(%) Coupon Rate(%)	本年收盘 Close	成交数量(万张) Trading Vol(10000)
145163	16 月星 03	1200.00	3.00	2019.12.12	5.7000	99.25	0.00
145164	16 郑建 01	800.00	5.00	2021.11.14	3.8900	92.74	50.00
145165	16 兴业 04	2000.00	2.00	2018.11.16	3.3900	99.19	680.00
145166	16 姜城 02	600.00	5.00	2021.11.14	4.4000	97.14	119.00
145167	16 盛屯 02	500.00	3.00	2019.11.14	8.0000	100.01	901.10
145168	16 望铜官	1200.00	5.00	2021.11.15	5.0800	99.90	460.00
145169	16 安庆 02	250.00	5.00	2021.11.15	6.3600	98.95	151.80
145170	16 中林 01	800.00	3.00	2018.12.03	6.5000	99.91	830.00
145171	16 凉山 02	1200.00	3.00	2019.11.21	5.3800	99.16	960.00
145172	16 美兰 02	1600.00	3.00	2019.11.14	5.6000	98.38	784.00
145173	16 兴永 02	1200.00	3.00	2019.11.29	7.6000	99.83	880.00
145174	16 德感 01	50.00	5.00	2021.11.16	5.4000	99.30	435.00
145175	16 东控 02	400.00	5.00	2021.11.21	4.1000	97.13	40.00
145176	16 广金 02	1250.00	3.00	2018.12.06	3.9600	98.46	400.00
145177	16 连岛 01	300.00	3.00	2018.11.27	7.0000	99.98	255.00
145179	16 海通 C1	4000.00	3.00	2019.11.17	3.3000	96.23	2000.00
145180	16 海通 C2	2000.00	5.00	2021.11.17	3.4000	97.35	0.00
145181	16 姜交 03	200.00	3.00	2019.11.18	4.8000	100.00	24.00
145182	16 驻投 03	1000.00	5.00	2021.11.18	4.2700	98.71	280.00
145183	16 昆投 03	500.00	5.00	2021.11.21	4.0800	98.91	50.00
145184	16 梅州 02	1000.00	5.00	2021.11.23	4.4500	99.54	250.00
145185	17 东兴 F2	2000.00	3.00	2020.11.09	5.3900	100.00	1030.00
145187	16 东辰 03	600.00	4.00	2020.11.23	7.1000	97.86	0.00
145188	16 扬广 01	600.00	5.00	2021.11.25	4.9500	97.06	100.00
145189	17 东投 01	500.00	3.00	2020.11.03	7.0000	99.00	500.00
145190	16 盘双债	500.00	3.00	2019.11.21	8.6000	99.07	200.00
145191	16 中联 01	500.00	5.00	2021.12.06	8.0000	100.00	630.00
145192	16 蓝星 02	2100.00	3.00	2019.11.24	4.3500	99.57	2183.00
145193	17 乌经建	900.00	5.00	2022.10.30	6.3800	100.05	130.00
145194	16 江津 02	1000.00	3.00	2019.11.30	4.3700	98.33	115.00
145196	16 中期 02	1690.00	3.00	2019.11.22	7.5000	98.53	2517.00
145198	16 马花山	1000.00	5.00	2021.11.23	5.2000	92.27	150.00
145199	16 花竹 01	250.00	3.00	2019.11.28	8.0000	100.83	22.00
145200	16 稻花香	1000.00	5.00	2021.11.24	7.1800	98.36	219.00
145201	17 苏商 02	40.00	5.00	2022.11.15	5.9900	100.00	0.00
145202	16 万林 02	1000.00	5.00	2021.12.06	4.9800	98.30	0.00
145203	16 中银 C2	1500.00	6.00	2022.11.28	3.4000	98.94	1200.00
145204	16 铁牛 01	1500.00	3.00	2019.11.24	7.5000	99.50	505.00
145205	16 星城 02	1000.00	5.00	2021.12.01	4.5000	99.28	810.00
145206	16 千里 01	1200.00	3.00	2019.11.30	6.0000	100.03	0.00
145207	16 双鸭 03	1000.00	5.00	2021.11.25	8.0000	99.85	1000.00
145208	16 宝龙 03	3000.00	7.00	2023.11.24	5.8500	99.04	645.20
145209	16 宝龙 04	500.00	6.00	2018.12.10	4.9800	100.00	151.40
145212	17 华阳 04	213.00	5.00	2022.11.02	7.5000	99.00	120.00
145213	16 清浦 03	500.00	5.00	2021.12.05	5.3000	97.29	30.00
145214	16 长虹 01	1620.00	3.00	2019.11.29	6.5000	98.39	210.00
145215	16 清源 01	230.00	3.00	2019.12.01	7.0000	100.00	0.00
145216	17 凉山 01	1200.00	3.00	2020.11.08	6.9800	98.88	640.00
145217	16 金花 02	410.00	3.00	2019.12.01	6.7000	100.00	701.40
145218	17 恒泰 01	1500.00	5.00	2022.11.01	5.9000	100.63	670.00

债券信息
List of Bonds

债券
Bond

债券代码 Code	债券简称 Bond Name	发行数量 (百万) Issued Vol(M)	年限 Terms	到期日 Expiration Date	票面利率(%) Coupon Rate(%)	本年收盘 Close	成交数量(万张) Trading Vol(10000)
145219	16 信集 03	370.00	3.00	2019.12.05	6.8000	97.34	0.00
145220	16 澄港 01	2000.00	3.00	2019.12.02	4.8000	100.27	40.00
145222	16 浙商 02	1000.00	5.00	2021.11.30	4.4000	96.36	800.00
145224	16 赣开 01	1000.00	6.00	2022.12.05	4.8000	97.53	200.00
145225	16 清源 02	1000.00	3.00	2019.12.08	6.5000	99.79	485.00
145226	16 居然 02	1000.00	3.00	2019.12.06	7.3000	99.85	300.00
145227	16 华融 C3	2000.00	2.00	2018.12.08	4.2000	100.01	710.00
145228	16 南浔 01	1000.00	3.00	2019.12.13	5.2000	98.52	345.00
145229	16 桂金债	2000.00	5.00	2021.12.07	5.5000	98.90	1360.00
145230	16 慈商 01	300.00	5.00	2021.12.09	4.7500	98.50	22.00
145231	16 铸康债	500.00	5.00	2021.12.01	5.1000	100.01	0.00
145232	16 新新能	350.00	5.00	2021.12.06	5.1000	98.15	159.00
145233	17 港闸 01	1500.00	5.00	2022.04.06	5.5000	100.01	366.60
145234	17 长隆 01	1100.00	5.00	2022.05.22	5.9800	101.84	750.00
145235	16 洪业债	500.00	3.00	2019.12.07	7.2000	100.01	0.00
145236	16 神华 01	300.00	3.00	2019.12.09	6.5000	98.02	15.00
145239	17 民生 C1	500.00	3.00	2020.03.17	5.2000	99.05	170.00
145240	17 漳九 01	3000.00	5.00	2022.07.10	5.7400	101.16	1210.00
145241	16 关岭 01	500.00	3.00	2019.12.08	9.8000	100.70	1714.30
145242	16 漯河 02	2000.00	5.00	2021.12.09	5.2500	100.50	850.00
145243	16 中投 01	2200.00	3.00	2019.12.07	4.0000	97.23	700.00
145244	16 新会 02	200.00	5.00	2021.12.16	4.8000	98.91	160.00
145246	16 柯桥 03	500.00	5.00	2021.12.14	4.9500	99.89	170.00
145247	16 东辰 04	500.00	5.00	2021.12.29	5.8000	98.09	50.00
145248	16 生态 02	500.00	5.00	2021.12.15	5.9000	99.68	0.00
145249	17 绍城 01	1000.00	7.00	2024.02.20	5.1800	97.08	198.00
145251	16 中金 C2	3400.00	5.00	2021.12.15	4.6000	95.55	330.00
145253	16 晋能 02	1160.00	3.00	2019.12.15	6.5000	101.01	4160.40
145254	16 悦达 02	500.00	3.00	2019.12.14	6.8000	100.00	0.00
145256	16 中冶 Y1	1000.00	3.00	2019.12.14	5.5000	100.84	345.00
145257	16 宏信 01	200.00	4.00	2020.12.15	5.2000	100.00	0.00
145258	16 建旅 01	150.00	3.00	2019.12.20	8.5000	100.01	300.00
145259	16 中金期	100.00	8.00	2024.12.16	5.0000	100.00	0.00
145260	16 太证 C2	500.00	3.00	2019.12.26	5.2600	99.70	40.00
145261	16 大航 02	500.00	5.00	2021.12.16	5.6500	99.70	1487.00
145262	16 苏商 02	230.00	5.00	2021.12.19	5.0000	100.00	0.00
145263	16 西工投	500.00	5.00	2021.12.29	6.4000	99.31	75.00
145264	17 剑江 01	700.00	5.00	2022.01.19	6.9900	99.99	560.00
145265	16 渝园 01	1000.00	5.00	2021.12.23	5.5000	100.00	0.00
145266	16 西秀 01	600.00	5.00	2021.12.20	6.4500	99.96	0.00
145267	16 中金 05	2000.00	3.00	2019.12.26	4.5000	100.31	60.00
145268	16 悦达 03	90.00	3.00	2019.12.20	6.8000	100.44	120.00
145269	16 悦达 04	200.00	3.00	2019.12.20	6.8000	100.00	0.00
145270	16 物流 01	300.00	5.00	2021.12.21	5.8000	100.00	0.00
145271	16 平煤 01	1000.00	5.00	2021.12.28	7.0000	100.00	0.00
145272	16 金申 01	500.00	3.00	2019.12.21	7.0000	99.52	30.00
145273	17 枝金 03	330.00	5.00	2022.11.14	7.2000	99.43	236.00
145274	16 大庆 06	1700.00	5.00	2021.12.23	6.0000	99.34	1630.00
145275	16 兴业 C5	3000.00	2.00	2018.12.26	5.2600	100.24	3195.00
145276	17 其亚 01	200.00	3.00	2020.01.24	8.6000	100.00	20.00

债券信息
List of Bonds

债券代码 Code	债券简称 Bond Name	发行数量(百万) Issued Vol(M)	年限 Terms	到期日 Expiration Date	票面利率(%) Coupon Rate(%)	本年收盘 Close	成交数量(万张) Trading Vol(10000)
145277	17 金港 02	1000.00	5.00	2022.11.08	5.8000	99.70	180.00
145278	16 川投债	700.00	5.00	2021.12.29	5.2900	100.00	0.00
145279	16 长虹 02	1380.00	3.00	2019.12.30	5.8000	100.00	0.00
145280	16 巨洋债	600.00	3.00	2019.12.29	9.9000	91.93	562.40
145281	16 近湖 02	300.00	3.00	2019.12.30	9.9000	103.50	823.00
145282	16 晋电 01	1500.00	3.00	2020.01.10	5.9700	100.89	537.00
145285	17 钟山 01	500.00	5.00	2022.01.12	6.4000	100.00	0.00
145286	17 常交 01	1000.00	5.00	2022.01.13	5.4300	100.92	210.00
145288	17 光证 02	2000.00	1.50	2018.07.11	4.1000	99.25	0.00
145289	17 国裕 01	500.00	3.00	2020.01.10	5.2500	100.00	0.00
145290	17 滁城 01	700.00	5.00	2022.01.12	4.9000	99.22	360.00
145291	17 仁怀 01	1000.00	5.00	2022.01.10	5.9400	98.94	410.00
145292	17 锡洲 01	1000.00	3.00	2020.01.10	7.3000	99.42	359.80
145293	17 国裕 02	500.00	3.00	2020.01.13	5.2500	98.30	20.00
145295	17 六安 01	500.00	5.00	2022.01.16	6.3600	100.00	220.00
145296	17 西秀 01	550.00	3.00	2020.03.14	6.5000	100.23	746.00
145297	17 宝材 01	10.00	3.00	2020.01.13	6.5000	100.00	0.00
145298	17 双福债	500.00	3.00	2020.01.16	5.5000	100.00	0.00
145299	17 金洲 01	700.00	5.00	2022.01.18	5.8000	98.19	580.00
145300	17 中金 01	4000.00	3.00	2020.01.20	4.3500	100.26	2170.00
145303	17 高创 01	800.00	6.00	2023.01.24	5.5000	99.64	840.00
145304	17 顾家 01	200.00	2.00	2019.01.18	5.0000	100.00	0.00
145305	17 淮新 01	1000.00	3.00	2020.01.13	5.6000	98.77	480.00
145306	17 张公 01	1000.00	5.00	2022.01.18	4.6000	97.93	120.00
145307	17 乳山 01	800.00	5.00	2022.02.22	6.0000	98.01	225.00
145308	17 安仁 01	500.00	5.00	2022.01.19	5.8000	100.00	0.00
145309	17 首创 01	1000.00	3.00	2020.01.19	4.8900	100.00	771.00
145310	17 沪信 01	5000.00	1.00	2018.01.18	6.0000	99.99	33.00
145311	17 浙商 02	2000.00	2.00	2019.11.08	5.5000	101.14	400.00
145312	17 沙旅 01	200.00	3.00	2020.01.25	5.2000	100.00	0.00
145313	17 同煤 01	4700.00	5.00	2022.01.19	6.8000	100.20	12411.00
145314	17 银控 01	110.00	3.00	2020.01.20	8.5000	99.51	150.00
145315	17 银控 02	630.00	3.00	2020.01.20	8.5000	80.30	2289.50
145316	17 安汉债	500.00	5.00	2022.01.24	6.4000	100.00	0.00
145317	17 桂物 01	500.00	3.00	2020.01.23	7.0000	98.83	810.00
145318	17 新奥 01	1500.00	5.00	2022.01.19	4.7300	98.70	80.00
145320	17 昊华 02	300.00	3.00	2020.01.24	6.2000	100.00	158.00
145322	17 华建 01	200.00	3.00	2020.01.23	6.5000	99.40	210.00
145323	17 古蔺 01	500.00	5.00	2022.11.17	6.5000	100.00	0.00
145324	17 广厦债	25.00	2.00	2019.01.23	7.1000	100.00	0.00
145325	17 益交债	75.00	5.00	2022.01.24	5.5000	100.00	0.00
145326	17 云济 01	500.00	3.00	2020.01.24	6.1000	99.32	1380.00
145327	17 三联 01	500.00	3.00	2020.01.20	8.2000	100.00	0.00
145328	17 金杯 01	500.00	3.00	2020.01.24	6.5000	98.90	130.00
145329	17 汾西 01	450.00	3.00	2020.01.23	7.2000	99.68	50.00
145330	17 云投 01	500.00	3.00	2020.01.24	4.6000	100.00	0.00
145332	17 昊华 04	500.00	3.00	2020.02.10	5.8500	100.00	182.00
145333	17 苏商 01	200.00	5.00	2022.01.26	5.0000	100.00	0.00
145334	17 南浔债	1000.00	3.00	2020.03.10	6.0000	98.40	290.00
145335	17 镇投 01	900.00	5.00	2022.01.25	5.0000	99.22	250.00

债券信息 List of Bonds

债券 Bond

债券代码 Code	债券简称 Bond Name	发行数量(百万) Issued Vol(M)	年限 Terms	到期日 Expiration Date	票面利率(%) Coupon Rate(%)	本年收盘 Close	成交数量(万张) Trading Vol(10000)
145336	17 光证 03	2000.00	2.00	2019.02.14	4.3000	99.77	80.00
145337	17 光证 04	2000.00	3.00	2020.02.14	4.4500	100.27	180.00
145338	17 远东一	4000.00	5.00	2022.02.14	5.0000	99.98	1365.00
145339	17 保集债	1000.00	3.00	2020.03.28	8.0000	102.05	200.00
145340	17 招商 Y1	4000.00	5.00	2022.02.17	5.1800	100.34	1821.00
145341	17 云能 01	1330.00	5.00	2022.02.17	5.2000	99.87	40.00
145342	17 信达 C1	3000.00	3.00	2020.02.23	4.9900	99.15	780.00
145343	17 太水 01	500.00	2.00	2019.02.17	5.3800	99.83	127.50
145344	17 海兴 01	600.00	5.00	2022.02.20	5.5000	100.00	0.00
145345	17 长沙 01	800.00	5.00	2022.02.21	4.7000	100.31	500.00
145347	17 通经 01	100.00	5.00	2022.02.16	5.2000	100.00	0.00
145348	17 长兴 01	600.00	7.00	2024.03.14	6.1000	100.00	0.00
145350	17 昊华 06	700.00	3.00	2020.02.23	5.6500	100.20	500.00
145351	17 华泰 01	6000.00	1.50	2018.08.24	4.5000	99.94	1990.00
145352	17 华泰 02	2000.00	3.00	2020.02.24	4.6500	99.99	104.00
145353	17 兴业 C1	2500.00	2.00	2019.02.22	4.8000	100.40	2020.00
145354	17 虞尚 01	300.00	3.00	2020.02.20	4.8000	100.00	0.00
145355	17 新会 01	300.00	5.00	2022.02.27	5.4900	100.24	390.00
145356	17 银河 F1	2500.00	2.00	2019.02.27	4.6500	100.22	330.00
145358	17 中投 01	1000.00	3.00	2020.02.23	4.8500	99.24	390.00
145359	17 中投 02	1800.00	5.00	2022.02.23	5.0000	99.49	460.00
145361	17 平证 03	1300.00	3.00	2020.02.22	4.6500	100.56	440.00
145362	17 平证 04	1200.00	5.00	2022.02.22	4.9900	101.51	100.00
145364	17 海陵 02	250.00	3.00	2020.03.20	5.7000	99.15	80.00
145365	17 国君 C1	5000.00	3.00	2020.02.28	4.6000	100.05	620.00
145366	17 黔江 01	2000.00	5.00	2022.03.02	5.8000	99.76	310.00
145367	17 胄天债	12.00	2.00	2019.02.27	6.5000	100.00	0.00
145368	17 同煤 02	2300.00	5.00	2022.03.01	6.8000	100.04	4631.00
145369	17 金杯 02	1000.00	3.00	2020.02.25	5.7500	99.80	0.00
145370	17 云投 02	600.00	3.00	2020.02.24	4.8700	99.57	240.00
145371	17 招商 Y2	5000.00	5.00	2022.03.03	5.1500	100.28	730.00
145373	17 鸿业 01	1050.00	5.00	2022.03.02	5.7000	100.00	0.00
145374	17 其亚 02	710.00	3.00	2020.03.02	8.6000	99.65	80.00
145375	17 常城 01	1100.00	7.00	2024.03.03	5.7800	100.31	80.00
145376	17 晋能 01	3840.00	3.00	2020.03.07	7.0000	102.02	9810.90
145377	17 鑫科 02	670.00	3.00	2020.10.31	7.5000	101.00	783.92
145378	17 东泰 01	1700.00	5.00	2022.03.10	5.5000	99.22	200.00
145379	17 常交通	600.00	5.00	2022.03.06	5.5500	100.54	80.00
145380	17 物流 01	160.00	5.00	2022.03.21	6.2500	100.40	270.00
145381	17 新沂 01	1350.00	5.00	2022.03.01	5.7000	100.15	550.00
145383	17 余交 02	550.00	5.00	2022.03.15	5.5000	100.00	0.00
145384	17 青山 01	220.00	3.00	2020.03.07	7.0000	100.00	0.00
145385	17 青山 02	630.00	3.00	2020.03.07	7.0000	99.97	0.00
145386	17 西江 D2	1000.00	1.00	2018.11.28	6.0000	100.20	213.00
145387	17 浙湖 01	720.00	5.00	2022.04.18	6.3000	100.43	360.00
145388	17 晋电 02	3000.00	3.00	2020.03.10	6.0800	101.02	2063.00
145391	17 新奥 02	1000.00	5.00	2022.03.13	4.8900	100.08	10.00
145392	17 星城 01	1000.00	5.00	2022.03.13	5.4900	101.40	940.00
145393	17 润达 02	300.00	3.00	2020.11.09	6.7000	100.00	0.00
145394	17 方洋 01	700.00	5.00	2022.03.10	6.0800	98.44	290.00

债券信息 List of Bonds

债券 Bond

债券代码 Code	债券简称 Bond Name	发行数量(百万) Issued Vol(M)	年限 Terms	到期日 Expiration Date	票面利率(%) Coupon Rate(%)	本年收盘 Close	成交数量(万张) Trading Vol(10000)
145395	17 太证 C1	900.00	3.00	2020.03.15	5.5000	99.76	410.00
145396	17 天富 01	2000.00	3.00	2020.03.23	6.4000	99.43	180.00
145398	17 潍水 01	500.00	3.00	2020.03.14	5.4000	97.72	0.00
145399	17 经贸 01	720.00	5.00	2022.03.10	6.0500	100.30	155.00
145400	17 长寿 01	900.00	5.00	2022.03.13	5.8000	99.75	385.00
145401	17 长寿 02	600.00	7.00	2024.03.13	6.1000	100.00	0.00
145402	17 枝金 01	600.00	5.00	2022.04.25	6.7000	100.15	284.00
145403	17 吴发 01	1000.00	3.00	2020.03.15	5.0000	100.06	377.00
145404	17 鸿业 02	950.00	5.00	2022.03.16	5.7000	100.00	0.00
145405	17 信达 C2	3000.00	3.00	2020.03.17	5.1200	100.32	1120.00
145406	17 长兴债	630.00	5.00	2022.03.21	6.3000	100.32	410.00
145407	17 准国投	832.00	5.00	2022.11.09	8.6000	100.03	475.00
145408	17 渝南债	700.00	5.00	2022.03.16	5.5000	100.00	0.00
145410	17 东兴 01	3000.00	3.00	2020.03.20	5.0000	100.00	241.00
145411	17 海通 C1	4500.00	3.00	2020.03.16	4.8000	98.34	950.00
145412	17UCR01	1000.00	3.00	2020.03.20	5.5000	99.74	230.00
145413	17 泰佳鑫	750.00	5.00	2022.03.17	6.5000	99.91	570.00
145414	17 晨鸣 01	1000.00	3.00	2018.03.26	6.4800	99.96	205.00
145415	17 亿利 01	2100.00	3.00	2020.03.21	6.5000	100.00	0.00
145416	17 兴业 C2	4000.00	3.00	2020.03.21	5.0000	100.95	2200.00
145417	17 宿惠 01	1130.00	5.00	2022.03.20	6.0000	99.97	485.00
145418	17 融禾 01	1000.00	5.00	2022.03.21	5.9000	100.00	0.00
145421	17 廊控 01	560.00	3.00	2020.03.22	5.5000	100.00	20.00
145422	17 海兴 02	400.00	5.00	2022.03.22	5.6900	100.00	0.00
145423	17 紫光 01	3400.00	5.00	2022.03.20	5.5000	99.96	1123.50
145424	17 信投 D3	3000.00	1.00	2018.03.22	4.8000	100.01	320.00
145425	17 苏宁 01	3870.00	5.00	2022.03.20	7.0000	100.00	460.00
145427	17 晋能 02	3000.00	3.00	2020.03.24	6.9000	100.57	2542.00
145428	17 银河 F3	1760.00	2.00	2019.03.23	4.9800	100.39	790.00
145429	17 银河 F4	2500.00	2.50	2019.09.23	4.9800	100.77	555.00
145430	17 德感 01	500.00	5.00	2022.03.22	5.7000	100.00	0.00
145431	17 赣开 01	1500.00	6.00	2023.03.31	5.8300	99.28	140.00
145433	17 青山 04	780.00	3.00	2020.03.23	7.0000	100.00	40.00
145434	17 丰经开	500.00	5.00	2022.03.23	6.3000	98.21	900.00
145435	17 瓦房 01	300.00	3.00	2020.03.27	5.5000	100.00	0.00
145436	17 住保 01	800.00	5.00	2022.05.03	5.4400	100.00	100.00
145438	17 绿洲 02	500.00	5.00	2022.11.15	7.3000	101.50	780.00
145439	17 宝材 02	300.00	3.00	2020.03.24	6.8000	100.00	0.00
145440	17 织里 01	800.00	5.00	2022.03.24	6.0000	101.81	210.00
145441	17 云能 02	1025.00	5.00	2022.04.05	5.2000	100.10	405.00
145442	17 盐城 01	2000.00	5.00	2022.04.10	5.7700	99.60	530.00
145443	17 东怀 01	170.00	3.00	2020.03.24	7.0000	99.94	0.00
145445	17 海宁 01	1000.00	5.00	2022.05.24	6.0000	102.27	40.00
145446	17 长建债	870.00	5.00	2022.04.06	6.2800	99.83	420.00
145447	17 常城 02	1610.00	5.00	2022.04.05	5.7000	100.17	508.00
145448	17 来雁 01	1000.00	5.00	2022.03.31	6.0000	101.01	312.00
145449	17 安仁 02	100.00	5.00	2022.03.30	5.8000	98.00	0.00
145450	17 廊控 02	440.00	3.00	2020.04.06	5.9500	102.16	320.00
145451	17 云投 03	940.00	3.00	2020.03.31	5.5000	99.85	342.90
145452	17 大宁 01	600.00	5.00	2022.10.31	5.4800	100.50	30.00

债券信息 List of Bonds

债券 Bond

债券代码 Code	债券简称 Bond Name	发行数量(百万) Issued Vol(M)	年限 Terms	到期日 Expiration Date	票面利率(%) Coupon Rate(%)	本年收盘 Close	成交数量(万张) Trading Vol(10000)
145453	PR 麓置业	350.00	3.00	2020.04.12	5.6000	69.14	0.00
145454	17 晋电 06	2500.00	3.00	2020.04.11	5.8700	100.05	696.00
145455	17 苏控 01	600.00	5.00	2022.04.12	5.6900	100.00	0.00
145456	17 沣西债	1400.00	3.00	2020.04.13	6.2000	100.41	1624.00
145457	17 汇盛 01	500.00	5.00	2022.04.12	5.8000	100.01	200.00
145458	17 新能 01	300.00	3.00	2020.08.03	6.5000	100.00	0.00
145459	17 鑫业 01	1130.00	3.00	2020.04.07	8.2000	99.59	4168.00
145460	17 祥云债	300.00	3.00	2020.05.04	6.5000	100.00	365.00
145461	17 城发 01	700.00	5.00	2022.04.13	5.3000	100.14	755.00
145462	17 洛新 01	1500.00	5.00	2022.04.10	5.7500	98.59	905.00
145464	17 德感 02	450.00	5.00	2022.04.07	5.7000	100.00	0.00
145465	17 鄂宏泰	1000.00	5.00	2022.04.27	5.5000	100.61	98.00
145466	17 天风次	1000.00	5.00	2022.04.11	5.2000	100.00	381.00
145467	17 渝园债	500.00	5.00	2022.04.14	5.7000	100.00	0.00
145468	17 常城 03	270.00	7.00	2024.04.13	5.5000	100.47	340.00
145469	17 长兴 02	400.00	7.00	2024.04.12	6.2500	100.00	0.00
145470	17 常港 01	300.00	5.00	2022.04.11	5.8000	100.00	0.00
145471	17 淮经 01	600.00	5.00	2022.04.11	5.7000	100.00	0.00
145472	17 兴业 C3	5000.00	2.00	2019.04.14	4.9000	100.27	2205.00
145473	17 瓦房 02	400.00	3.00	2020.04.13	6.0000	100.00	0.00
145474	17 天源债	300.00	5.00	2022.06.14	6.9000	100.07	60.00
145475	17 开乾 01	1300.00	5.00	2022.04.20	6.0000	100.00	0.00
145476	17 谷财 01	500.00	5.00	2022.04.18	5.3000	99.76	120.00
145477	17 渝建 01	740.00	5.00	2018.12.28	6.5000	100.73	140.00
145478	17 海西 01	800.00	5.00	2022.04.19	5.5000	100.00	0.00
145481	17 动力 01	170.00	3.00	2020.04.20	5.7000	99.39	30.00
145482	17 太证 D1	2000.00	1.00	2018.04.21	5.5000	99.87	120.00
145483	17 太证 C2	500.00	3.00	2020.04.25	5.5000	100.34	100.00
145484	17 瓦房 03	300.00	3.00	2020.04.25	6.8000	100.79	521.00
145485	17 长开 01	1500.00	5.00	2022.04.25	6.3000	100.00	0.00
145486	17 绿港 01	500.00	3.00	2020.04.21	6.6000	100.17	453.00
145487	17 江海 C1	2150.00	3.00	2020.04.24	5.3000	100.00	500.00
145488	17 天源 01	400.00	5.00	2022.07.20	6.7000	100.00	0.00
145489	17 绍兴 01	875.00	5.00	2022.04.27	6.0000	100.00	0.00
145490	17 长安 01	1000.00	2.00	2019.04.24	7.2000	100.26	2629.90
145491	17 连工 01	300.00	5.00	2022.11.09	7.2000	99.99	230.00
145492	17 任丘 01	1000.00	5.00	2022.04.20	6.1000	97.45	705.00
145493	17 高创 02	600.00	5.00	2022.04.26	6.5000	100.54	1050.00
145494	17 东吴 01	4060.00	3.00	2020.04.26	5.2000	100.60	963.00
145495	17 东吴 02	1650.00	5.00	2022.04.26	5.5000	102.25	120.00
145496	17 工控 01	750.00	5.00	2022.06.08	6.5000	100.00	0.00
145497	17 银控 03	250.00	3.00	2020.04.26	7.0000	90.00	232.00
145498	17 银控 04	1010.00	3.00	2020.04.26	7.4000	97.70	2388.21
145499	17 余经 01	700.00	5.00	2022.04.25	5.4000	100.00	0.00
145500	17 聚信 01	550.00	3.00	2020.05.02	6.8000	100.00	250.00
145501	17 泉丰 01	480.00	5.00	2022.04.24	6.4000	99.09	210.00
145502	17 欧控 01	600.00	3.00	2020.07.21	6.0000	100.32	50.00
145503	17 金洲 02	800.00	5.00	2022.04.26	5.8500	99.67	100.00
145504	17 兴业 C4	3000.00	3.00	2020.04.25	5.1500	101.05	1156.00
145505	17 兴业 C5	1500.00	1.00	2018.04.25	5.0000	99.82	50.00

债券信息 List of Bonds

债券代码 Code	债券简称 Bond Name	发行数量(百万) Issued Vol(M)	年限 Terms	到期日 Expiration Date	票面利率(%) Coupon Rate(%)	本年收盘 Close	成交数量(万张) Trading Vol(10000)
145506	17 光证 05	3000.00	2.00	2019.04.26	4.9500	100.43	1020.00
145507	17 光证 06	4000.00	3.00	2020.04.26	5.0000	100.59	350.00
145508	17 苏宁 03	1160.00	5.00	2022.07.14	7.5000	100.55	100.00
145509	17 苏宁 04	800.00	5.00	2022.07.14	7.3000	100.00	0.00
145510	17 文投 01	200.00	3.00	2020.06.08	7.0000	100.04	0.00
145511	17 大装 01	300.00	5.00	2022.11.13	6.3000	100.00	40.00
145512	17 长寿 03	500.00	5.00	2022.04.28	6.0000	100.00	0.00
145513	17 东次 01	1500.00	3.00	2020.04.26	4.9000	100.34	1050.00
145514	17 东次 02	1500.00	5.00	2022.04.26	5.1000	100.00	0.00
145515	17 华融 C1	4530.00	3.00	2020.04.26	5.3000	100.00	2830.00
145516	17 银河 F5	4630.00	2.00	2019.04.28	4.9500	100.50	1680.00
145517	17 银河 F6	4720.00	3.00	2020.04.28	4.9900	100.68	1250.00
145519	17 胥口 01	200.00	3.00	2020.08.11	6.4000	100.00	0.00
145520	17 定城 01	1690.00	5.00	2022.08.09	6.5000	100.99	560.00
145521	17 薛城 01	500.00	5.00	2022.05.02	6.6600	100.69	1492.00
145523	G17 首 Y1	1000.00	3.00	2020.05.26	5.5000	99.00	700.00
145524	17 复地 F1	3000.00	3.00	2020.05.02	6.5500	100.04	1490.50
145525	17 常港 02	200.00	5.00	2022.04.28	6.3000	100.00	0.00
145526	17 中区 01	1500.00	5.00	2022.04.28	6.3000	100.55	275.00
145527	17UCR02	500.00	3.00	2020.09.04	5.5000	99.59	0.00
145529	17 金发债	530.00	5.00	2022.05.26	6.5000	99.07	60.00
145530	17 南翔 01	570.00	3.00	2020.05.03	7.7000	100.00	540.50
145531	17 钦临 01	500.00	5.00	2022.05.10	6.9900	100.99	330.00
145532	17 云投 04	960.00	5.00	2022.08.29	6.0000	100.02	30.00
145533	17 中金 02	1000.00	3.00	2020.05.08	4.9700	98.79	400.00
145534	17 中金 03	1000.00	5.00	2022.05.08	5.1900	101.89	510.00
145535	17 民生 C2	500.00	3.00	2020.07.14	5.9500	100.00	100.00
145536	17 东莞 01	1150.00	3.00	2020.05.09	5.5000	100.00	0.00
145537	17 华泰 03	4000.00	2.00	2019.05.15	5.0000	100.15	100.00
145538	17 华泰 04	6000.00	3.00	2020.05.15	5.2500	101.05	2690.00
145539	17 政通 01	500.00	5.00	2022.06.08	6.7500	100.00	0.00
145540	17 沪券 C3	2000.00	2.00	2019.11.13	5.5000	100.55	600.00
145541	17 腾越 02	1200.00	4.00	2021.11.10	6.9000	100.00	959.00
145542	17 大丰 01	300.00	5.00	2022.05.11	6.5000	100.00	0.00
145543	17 国资 01	1000.00	3.00	2020.05.16	4.6000	99.88	750.00
145544	17 沪券 C1	1400.00	3.00	2020.05.17	5.3000	100.14	534.00
145545	17 招商 Y3	3700.00	5.00	2022.05.22	5.6500	101.85	1735.00
145546	17 冶园 01	200.00	3.00	2020.05.12	5.4000	100.00	0.00
145548	17 新华 01	500.00	3.00	2020.05.19	6.9000	92.50	316.00
145549	17 兴业 C6	1000.00	1.00	2018.05.17	5.2000	99.73	20.00
145550	17 东吴 03	2740.00	3.00	2020.05.22	5.4000	101.63	880.00
145551	17 东吴 04	1230.00	5.00	2022.05.22	5.6000	102.25	800.00
145552	17 太证 C3	1100.00	3.00	2020.05.26	6.2000	100.88	1012.00
145553	17 东次 03	1500.00	3.00	2020.05.15	5.1500	98.84	350.00
145554	17 东次 04	1500.00	5.00	2022.05.15	5.3500	97.90	300.00
145555	17 余交 03	550.00	5.00	2022.05.25	6.5000	101.64	0.00
145556	17 中金 C1	600.00	5.00	2022.05.22	5.3900	100.04	320.00
145557	17 苏控 02	600.00	5.00	2022.05.19	6.2000	100.00	0.00
145558	17 中信 C1	2000.00	3.00	2020.05.25	5.1000	100.90	240.00
145559	17 中信 C2	2300.00	5.00	2022.05.25	5.3000	100.10	100.00

债券信息
List of Bonds

债券代码 Code	债券简称 Bond Name	发行数量(百万) Issued Vol(M)	年限 Terms	到期日 Expiration Date	票面利率(%) Coupon Rate(%)	本年收盘 Close	成交数量(万张) Trading Vol(10000)
145560	17 株高 01	780.00	5.00	2022.05.19	6.2000	100.00	0.00
145561	17 渤海 C1	1500.00	3.00	2020.05.26	5.6500	101.61	650.00
145562	17 红塔 01	500.00	5.00	2022.05.19	6.8000	101.58	364.00
145563	17 东兴 F3	1580.00	1.00	2018.11.14	5.2000	100.13	510.00
145564	17 方洋 02	200.00	5.00	2022.05.26	6.3000	100.00	0.00
145565	17 钦临 02	800.00	5.00	2022.05.22	7.3000	101.57	127.90
145566	17 兖矿 01	2000.00	3.00	2020.05.25	6.4700	100.98	1805.00
145567	17 兴阳 01	1000.00	5.00	2022.06.02	6.5000	100.00	0.00
145568	17 刚泰 01	500.00	5.00	2022.06.05	7.9600	93.00	396.00
145569	17 鲁星 01	300.00	3.00	2018.06.29	5.0000	99.96	0.00
145571	17 首创 C2	500.00	3.00	2020.07.21	5.6900	98.92	273.10
145572	17 深业 01	400.00	3.00	2020.06.07	7.8000	100.00	568.91
145573	17 富阳债	2000.00	5.00	2022.06.07	6.1000	100.00	1000.00
145574	17 中盐 01	1100.00	5.00	2022.06.09	6.0000	101.39	280.00
145575	17 泰交 01	2000.00	5.00	2022.06.08	5.9900	101.24	1090.00
145576	17 东证 01	4000.00	3.00	2020.06.09	5.3000	100.00	0.00
145577	17 东证 02	1000.00	5.00	2022.06.09	5.5000	103.17	390.00
145578	17 高投 01	1000.00	5.00	2022.06.14	6.5000	102.06	150.00
145579	17 招商 Y4	2300.00	5.00	2022.06.19	5.5800	101.65	70.00
145580	17 华阔 01	500.00	5.00	2022.06.15	7.0000	100.00	519.00
145581	17 沅江 01	300.00	5.00	2022.06.15	6.8000	100.00	0.00
145582	17 余交 04	600.00	5.00	2022.06.20	6.5000	100.00	0.00
145583	17 当涂 01	330.00	5.00	2022.06.20	6.7000	100.00	0.00
145584	17 建房 01	1000.00	5.00	2022.06.23	5.7000	100.14	270.00
145585	17 建房 02	2000.00	3.00	2020.06.23	5.5300	100.25	754.00
145586	17 新郑 01	1000.00	5.00	2022.10.31	6.5000	100.86	350.00
145587	17 政通 02	500.00	5.00	2022.06.26	6.9500	101.92	326.00
145588	17 长隆 02	4000.00	5.00	2022.07.04	6.1900	101.66	1230.00
145589	17 枝金 02	570.00	5.00	2022.08.28	6.5000	100.00	0.00
145590	17 亭湖 01	610.00	5.00	2022.07.14	7.0000	99.28	490.00
145591	17 宁化 01	600.00	3.00	2020.06.21	5.8300	100.35	468.00
145592	17 汇盛 02	240.00	5.00	2022.06.26	6.2800	100.00	0.00
145593	17 金投 01	500.00	4.00	2021.06.27	6.5000	100.00	0.00
145594	17 国泰 01	860.00	3.00	2020.06.29	6.8000	99.96	160.00
145595	17 国泰 02	140.00	3.00	2020.06.29	6.8000	100.00	0.00
145596	17 浙湖 02	180.00	5.00	2022.06.29	6.7000	97.47	162.00
145597	17 精功债	500.00	5.00	2022.06.23	7.5000	99.64	713.40
145598	17 金交 01	500.00	5.00	2022.06.29	6.8000	100.00	0.00
145599	17 新华 02	300.00	3.00	2020.06.30	7.0000	99.70	0.00
145600	17 永利 01	244.00	3.00	2020.07.03	7.5000	100.00	0.00
145601	17 花竹 01	350.00	3.00	2020.06.30	8.0000	99.95	315.00
145602	17 佳源 01	390.00	3.00	2020.07.06	8.1500	100.00	861.00
145603	17 余交 05	300.00	5.00	2022.07.03	6.1000	100.00	0.00
145604	17 萍乡 01	500.00	5.00	2022.07.05	6.4900	98.17	55.00
145605	G7 云水 Y1	1200.00	3.00	2020.06.29	7.0000	100.40	1625.41
145606	17 佳源 02	1500.00	3.00	2020.07.06	8.5000	98.00	4066.34
145607	17 滨海 01	2000.00	10.00	2027.11.13	5.5900	100.63	410.00
145608	17 雅居 01	3000.00	3.00	2020.07.12	6.9800	99.97	639.00
145609	17 锡藕 01	940.00	5.00	2022.11.10	6.5000	100.00	0.00
145610	17 天府 01	560.00	5.00	2022.07.06	7.5000	100.20	538.00

债券信息 List of Bonds

债券 Bond

债券代码 Code	债券简称 Bond Name	发行数量(百万) Issued Vol(M)	年限 Terms	到期日 Expiration Date	票面利率(%) Coupon Rate(%)	本年收盘 Close	成交数量(万张) Trading Vol(10000)
145611	17 平证 05	1000.00	0.50	2018.01.06	4.9900	99.98	0.00
145612	17 平证 06	500.00	0.67	2018.03.06	4.9200	98.98	50.00
145613	17 鲁星 02	300.00	3.00	2018.07.23	5.0000	100.00	0.00
145614	17 城发 02	1300.00	5.00	2022.07.12	5.6000	99.79	230.00
145615	17 仙居 01	600.00	3.00	2020.07.10	6.0000	99.70	350.00
145616	17 南翔 02	280.00	3.00	2020.07.07	7.5000	99.00	971.00
145617	17 厦特 01	1500.00	5.00	2022.07.12	5.8500	101.09	710.00
145618	17 厦特 02	500.00	3.00	2020.07.12	5.6300	100.28	68.00
145619	17 乌高 01	600.00	5.00	2022.07.13	5.8000	100.41	206.00
145620	17 国联 D1	500.00	0.75	2018.04.11	5.0000	99.90	15.00
145621	17 华创 01	2000.00	5.00	2022.07.26	5.5000	100.00	360.00
145622	17 沭阳 01	1037.00	5.00	2022.07.11	6.4000	102.75	1235.00
145623	17 太证 C4	2000.00	3.00	2020.07.18	6.0000	98.63	460.00
145624	17 余杭 01	600.00	5.00	2022.07.18	5.8000	100.29	390.00
145625	17 金隅 03	1250.00	3.00	2020.07.13	5.2000	100.45	760.00
145626	17 信投 F1	5000.00	3.00	2020.07.18	4.7400	101.32	2740.00
145627	17 长隆 03	900.00	5.00	2022.07.13	6.0000	99.96	0.00
145628	17 旭杰债	15.60	3.00	2020.07.11	7.0000	100.00	0.00
145629	17 金隅 04	1750.00	5.00	2022.07.13	5.3000	100.96	507.00
145630	17 民生 F1	400.00	0.83	2018.05.14	5.2800	99.88	40.00
145631	17 民生 F2	600.00	1.00	2018.07.14	5.3800	99.94	210.00
145632	17 宝投资	1000.00	5.00	2022.07.17	5.9000	100.39	656.00
145634	17 扬教 01	600.00	5.00	2022.07.14	6.9000	98.95	0.00
145635	17 株高 02	820.00	5.00	2022.07.13	6.5000	101.37	0.00
145636	17 方正 D1	4000.00	1.00	2018.07.18	5.4800	100.06	919.00
145637	17 新中泰	1200.00	5.00	2022.07.17	6.5000	100.69	479.00
145638	17 织里 02	700.00	5.00	2022.07.14	7.0000	100.57	440.00
145639	17 平煤 01	1000.00	5.00	2022.07.20	7.0000	101.29	1194.00
145640	17 江海 C2	2260.00	3.00	2020.07.19	5.7000	98.70	2023.20
145641	17 家园 01	1600.00	5.00	2022.07.14	6.5000	99.13	1340.00
145642	17 中盐 02	1500.00	5.00	2022.07.18	5.9500	100.98	550.00
145643	17 平租 01	2000.00	5.00	2022.07.20	5.3000	100.35	1140.00
145644	17 中原 01	1500.00	3.00	2020.07.26	5.1500	100.08	380.00
145645	17 天目湖	500.00	3.00	2020.07.18	6.0000	99.50	56.00
145646	17 金港 01	700.00	5.00	2022.07.17	5.7500	100.03	20.00
145647	17 清浦 01	500.00	5.00	2022.07.19	6.6500	98.09	60.00
145648	17 冶园 02	680.00	3.00	2020.07.20	6.5000	100.01	125.00
145649	17 云港债	1000.00	3.00	2020.07.19	5.5800	98.89	379.00
145650	17 中金 C2	1500.00	5.00	2022.07.24	4.9800	100.00	0.00
145651	17 旋风 01	700.00	3.00	2020.07.19	7.8000	60.50	50.00
145652	17 山金 Y1	2475.00	3.00	2020.07.19	5.8000	100.88	690.00
145653	17 中投 F1	3000.00	3.00	2020.07.18	4.9500	99.88	469.00
145654	17 中投 F2	1000.00	5.00	2022.07.18	5.1000	99.80	160.00
145656	17 信投 D4	3500.00	1.00	2018.07.21	4.7400	100.29	50.00
145657	17 阳山 01	500.00	3.00	2020.07.19	6.4000	100.00	0.00
145658	17 盛州 01	700.00	5.00	2022.07.26	8.5000	99.94	206.25
145659	17 宁化 02	600.00	3.00	2020.07.20	5.5700	100.23	250.20
145660	17 迈瑞 01	1100.00	7.00	2024.07.21	6.3800	98.60	300.00
145661	17 宝工 01	800.00	5.00	2022.07.21	6.5000	100.09	2056.00
145662	G17 丰盛 1	2000.00	3.00	2020.07.19	7.5000	100.00	0.00

债券信息 List of Bonds

债券 Bond

债券代码 Code	债券简称 Bond Name	发行数量(百万) Issued Vol(M)	年限 Terms	到期日 Expiration Date	票面利率(%) Coupon Rate(%)	本年收盘 Close	成交数量(万张) Trading Vol(10000)
145663	17 中原 02	1000.00	3.00	2020.11.17	5.4900	100.00	750.00
145664	17 华泰 C2	5000.00	3.00	2020.07.27	4.9500	100.63	1560.00
145665	17 联合 01	200.00	3.00	2020.07.25	6.7200	100.00	0.00
145666	17 宝庆 01	1250.00	5.00	2022.07.26	6.8000	100.69	1156.00
145667	17 康富 01	1000.00	5.00	2022.07.25	5.9800	99.58	1085.00
145668	17 中金 04	2000.00	3.00	2020.07.27	4.7800	100.38	1320.00
145670	17 信达 01	2500.00	3.00	2020.07.26	5.0500	100.00	0.00
145671	17 鸿达 01	1010.00	3.00	2020.07.27	7.5000	99.07	1096.60
145672	17 天山 01	500.00	5.00	2022.07.24	6.6500	100.00	0.00
145673	17 慈溪 01	1000.00	5.00	2022.07.27	5.3800	100.16	90.00
145674	17 天宁 01	500.00	5.00	2022.07.28	6.8000	98.72	158.00
145675	17 西江 D1	1000.00	1.00	2018.08.01	5.2900	99.91	350.00
145676	17 上虞 01	1000.00	5.00	2022.07.24	5.9800	97.71	0.00
145677	17 剑江 02	200.00	5.00	2022.07.28	7.5000	100.09	320.00
145678	17 兴阳 02	400.00	5.00	2022.07.25	6.5000	98.37	170.00
145679	17 迈瑞 02	400.00	7.00	2024.09.01	6.3800	98.00	300.00
145680	17 伏泰债	20.00	2.00	2018.04.25	7.0000	100.00	0.00
145681	17 华福 C1	1200.00	5.00	2022.07.28	5.5000	100.00	260.00
145682	17 福华 01	600.00	3.00	2020.07.28	8.2000	100.00	0.00
145683	17 华融德	1500.00	5.00	2022.07.31	5.4000	100.24	420.00
145684	17 东建 01	1500.00	7.00	2024.07.28	7.4800	100.17	1638.40
145685	17 江公 01	2000.00	5.00	2022.08.07	5.4000	99.58	648.00
145686	17 昭投 01	765.00	5.00	2022.07.31	7.5000	99.47	560.00
145687	17 金投 02	250.00	4.00	2021.08.01	6.5000	99.32	20.00
145688	17 上虞 02	500.00	5.00	2022.07.28	5.9400	96.39	210.00
145689	17 中金 C3	1500.00	5.00	2022.11.16	5.5000	101.63	450.00
145690	17 铜旅 01	300.00	5.00	2022.08.03	7.4800	98.99	820.00
145691	17 鄱阳 01	1000.00	5.00	2022.07.28	6.8000	100.00	500.00
145692	17 大丰 02	500.00	1.00	2018.08.01	6.0000	99.30	15.00
145693	17 冶园 03	620.00	3.00	2020.08.10	6.5000	100.00	70.00
145694	17 巴中 02	640.00	5.00	2022.11.14	6.9000	98.02	220.00
145695	17 水务 02	1300.00	5.00	2022.08.02	5.2000	101.12	1040.00
145696	17 中信 01	4500.00	1.00	2018.08.11	4.6000	99.95	260.00
145697	17 金发 02	110.00	5.00	2022.09.27	6.5000	100.00	0.00
145698	17 沪券 C2	600.00	3.00	2020.08.08	5.3000	100.00	0.00
145699	17 长安 02	500.00	2.00	2019.08.29	7.5000	100.64	150.00
145700	17 实达债	600.00	3.00	2020.11.15	8.5000	100.02	557.00
145701	17 华泰 07	4000.00	1.00	2018.11.20	5.2000	100.22	220.00
145702	17 联合 02	300.00	3.00	2020.08.10	6.7200	100.00	0.00
145703	17 招 D13	2280.00	0.74	2018.08.12	5.1000	100.07	400.00
145704	17 融和 01	2000.00	3.00	2020.08.09	5.5500	99.78	320.00
145705	17 华信 01	1020.00	5.00	2022.11.20	6.2000	99.89	610.00
145706	17 腾越 01	3800.00	4.00	2021.10.24	6.9000	100.00	3630.00
145707	17 九通 01	1000.00	4.00	2021.08.17	6.2000	99.77	40.00
145708	17 常通 02	500.00	5.00	2022.11.15	6.0000	100.00	0.00
145709	17 金堂 01	850.00	5.00	2022.08.10	7.5000	98.73	250.00
145710	17 平证 07	3000.00	3.00	2020.08.09	4.8800	100.59	2360.00
145711	17 亭公 01	1260.00	5.00	2022.08.21	6.8000	98.43	318.00
145712	17 山金 Y2	1525.00	3.00	2020.08.15	5.6000	100.25	1060.00
145713	17 玄武债	900.00	5.00	2022.08.11	5.8500	99.63	40.00

债券信息
List of Bonds

债券
Bond

债券代码 Code	债券简称 Bond Name	发行数量(百万) Issued Vol(M)	年限 Terms	到期日 Expiration Date	票面利率(%) Coupon Rate(%)	本年收盘 Close	成交数量(万张) Trading Vol(10000)
145714	17 浦交 01	500.00	5.00	2022.08.11	5.8000	100.00	0.00
145715	17 株湘 01	650.00	5.00	2022.08.14	6.8000	99.73	875.00
145716	17 平租 03	1800.00	5.00	2022.08.21	5.5600	100.27	1040.00
145717	17 物流 03	437.00	5.00	2022.09.15	6.9000	97.79	0.00
145718	17 九华 01	750.00	5.00	2022.08.16	6.8800	98.56	200.00
145719	17 新港 01	1000.00	3.00	2020.08.14	5.3900	100.72	43.00
145720	17 新港 02	500.00	5.00	2022.08.14	5.7000	100.00	140.00
145721	17 绍交 01	1500.00	5.00	2022.08.22	5.4000	100.46	721.75
145722	17 盛泽 01	500.00	5.00	2022.08.18	6.2000	99.88	0.00
145723	17 物流 02	1450.00	5.00	2022.08.18	6.9000	100.60	707.50
145724	17 华融 C2	1470.00	3.00	2020.08.16	5.0000	100.00	0.00
145725	17 苏宁 05	1100.00	5.00	2022.08.21	7.5000	100.00	0.00
145726	17 苏宁 06	600.00	5.00	2022.08.21	7.3000	100.00	30.00
145727	17 文投 02	800.00	3.00	2020.09.15	7.5000	100.00	1160.00
145728	17 华靖 01	600.00	5.00	2022.08.23	6.2000	100.59	198.00
145729	G17 启迪 1	350.00	5.00	2022.08.18	6.1000	99.84	70.00
145730	17 华建 03	300.00	3.00	2020.11.13	6.5900	100.00	300.00
145731	17 康富 02	2000.00	5.00	2022.08.21	7.0000	99.90	945.00
145732	17 红日 02	440.00	5.00	2022.11.14	7.5000	99.37	270.00
145733	17 常投 01	500.00	5.00	2022.08.18	5.8500	96.02	10.00
145734	17 宁城 01	740.00	5.00	2022.08.18	6.3500	101.15	729.00
145735	17 川菜债	500.00	3.00	2020.08.25	6.3000	60.50	40.00
145736	17 延安 01	350.00	10.00	2027.10.12	7.0000	100.00	0.00
145737	17 兴业 C7	2800.00	2.00	2019.08.24	5.1500	100.80	180.00
145738	17 聚信 02	450.00	3.00	2020.08.22	6.9000	100.00	100.00
145739	17 中冶 Y9	1500.00	3.00	2020.08.24	5.6800	101.20	190.00
145740	17 华建 02	300.00	3.00	2018.09.28	6.4200	99.99	31.30
145741	17 钱城 01	1480.00	3.00	2020.08.24	5.5000	100.00	0.00
145742	17 联合 03	500.00	3.00	2020.08.25	6.7200	100.00	0.00
145743	17 瑞茂 01	950.00	3.00	2020.09.01	7.5000	100.00	1224.70
145744	17 潞安 01	2000.00	5.00	2022.08.29	6.5800	101.67	550.00
145745	17 光证 D2	2200.00	1.00	2018.11.16	5.1500	100.12	800.00
145746	17 山能 01	800.00	5.00	2022.08.28	5.7000	100.98	396.00
145747	17 如皋 01	740.00	3.00	2020.08.30	6.5000	98.76	120.00
145748	17 工控 02	1250.00	5.00	2022.09.04	6.5000	99.62	918.00
145749	17 华汽 03	2000.00	3.00	2020.08.29	5.3500	99.96	1080.00
145750	17 大成 01	250.00	5.00	2022.11.15	5.9800	100.00	0.00
145751	17 白沙 01	600.00	5.00	2022.08.28	6.9000	99.61	380.00
145752	17 银河 F7	1930.00	0.75	2018.05.29	4.7900	100.00	0.00
145753	17 银河 F8	1800.00	1.00	2018.08.29	4.7900	100.00	0.00
145754	17 润达 01	630.00	3.00	2018.09.03	6.5000	99.58	10.00
145755	17 图南 01	10.00	2.00	2018.11.05	6.0000	100.00	0.00
145756	17 复星 F1	500.00	3.00	2020.08.31	6.0000	100.00	460.00
145757	17 云工 01	600.00	3.00	2020.09.01	6.0000	99.56	740.00
145758	17 太仓 01	200.00	5.00	2022.08.31	5.9000	99.30	0.00
145759	17 中银 01	1500.00	3.00	2020.09.04	4.9500	100.00	0.00
145760	17 九通 03	600.00	5.00	2022.10.27	6.6000	100.25	450.00
145761	17 精功 02	300.00	5.00	2022.09.05	7.3000	97.55	495.00
145762	17 陶都 01	300.00	5.00	2022.09.01	6.5000	100.00	0.00
145763	17 巴中 01	360.00	5.00	2022.08.31	6.6000	100.89	70.00

债券信息 List of Bonds

债券 Bond

债券代码 Code	债券简称 Bond Name	发行数量(百万) Issued Vol(M)	年限 Terms	到期日 Expiration Date	票面利率(%) Coupon Rate(%)	本年收盘 Close	成交数量(万张) Trading Vol(10000)
145764	17 观城 01	140.00	5.00	2022.11.17	6.7000	99.31	48.00
145765	17 昭投 02	735.00	5.00	2022.09.05	7.3000	100.00	0.00
145767	17 朗诗 02	600.00	3.00	2020.09.13	7.5000	98.38	0.00
145768	17 中信 02	6000.00	1.00	2018.09.12	4.8400	100.02	50.00
145769	17 中信 03	2000.00	2.00	2019.09.12	4.9700	100.62	360.00
145770	17 旋风 02	400.00	3.00	2020.09.06	7.5000	100.00	0.00
145771	17 中金 06	2500.00	3.00	2020.11.21	5.4500	100.00	440.00
145772	17 华安 01	1500.00	0.92	2018.10.21	5.2500	100.23	690.00
145773	17 定城 03	86.00	5.00	2022.09.05	6.5000	100.00	0.00
145774	17 颐和 04	760.00	3.00	2020.09.08	8.0000	97.54	695.00
145776	17 薛城 02	500.00	5.00	2022.09.07	7.0000	99.60	330.00
145777	17 中泰 F1	3000.00	3.00	2020.09.13	5.0000	101.20	740.00
145778	17 油气 01	1500.00	3.00	2020.09.08	5.5000	100.47	740.00
145779	17 信投 D6	4000.00	1.00	2018.11.20	5.2000	102.00	60.00
145780	17 阿纺 02	610.00	5.00	2022.09.14	7.5000	100.10	138.00
145781	17 华泰 C3	2000.00	1.00	2018.09.14	5.0000	100.00	0.00
145782	17 时代 01	500.00	3.00	2020.09.08	7.7500	99.90	950.00
145783	17 时代 02	1100.00	5.00	2022.09.08	8.2000	100.14	740.00
145784	17 国都 01	1000.00	3.00	2020.09.12	5.7800	98.22	100.00
145785	17 信投 D5	5000.00	1.00	2018.09.12	4.8500	100.00	0.00
145786	17 大同 01	200.00	3.00	2020.09.07	6.3000	100.00	0.00
145787	17 融德 02	1500.00	5.00	2022.10.17	5.3900	99.74	244.00
145788	G17 丰盛 2	500.00	3.00	2020.09.08	7.5000	100.00	0.00
145789	17 如皋 02	170.00	3.00	2020.09.12	6.6000	100.00	50.00
145790	17 沪券 D2	2000.00	1.00	2018.09.18	5.1000	100.00	0.00
145791	17 西高地	600.00	5.00	2022.09.08	7.5000	100.00	398.00
145792	17 东广 01	1500.00	5.00	2022.09.15	5.8000	99.95	250.00
145793	17 平租 06	1200.00	5.00	2022.09.13	5.4500	99.96	246.00
145794	17 昌吉 01	2000.00	5.00	2022.09.15	5.8000	100.00	726.00
145795	17 惠基 01	430.00	5.00	2022.09.18	6.5000	101.06	150.00
145796	17 惠基 03	370.00	5.00	2022.11.22	6.5000	100.00	0.00
145797	17 当涂 02	600.00	5.00	2022.09.15	6.7000	100.00	0.00
145798	17 铁投 01	1500.00	5.00	2022.09.13	7.5000	99.09	1110.00
145799	17 兴业 C8	2000.00	2.00	2019.09.15	5.1000	100.00	0.00
145800	17 国泰 03	460.00	3.00	2020.09.19	6.8000	99.27	525.00
145801	17 国泰 04	540.00	3.00	2020.09.19	6.7000	100.00	743.00
145802	17 光证 D1	3000.00	1.00	2018.09.20	4.8800	99.93	80.00
145803	17 维泰 01	500.00	3.00	2020.12.19	7.0000	100.49	180.00
145804	17 沅江 02	200.00	5.00	2022.09.15	6.8000	100.00	0.00
145805	17 西矿 01	800.00	3.00	2020.09.20	6.4800	99.40	380.00
145806	17 本钢 01	1300.00	3.00	2020.11.27	6.0000	100.00	0.00
145807	17 龙腾债	50.00	1.00	2018.09.19	5.6000	100.00	0.00
145808	17 神华 01	230.00	3.00	2020.09.26	7.5000	100.00	468.15
145809	17 银产 01	600.00	5.00	2022.11.21	6.1000	99.72	130.00
145810	17 招商 D9	2200.00	1.00	2018.09.20	4.8500	99.92	50.00
145811	17 金凤 01	500.00	5.00	2022.09.19	6.0000	100.00	0.00
145812	17 方正 C1	1900.00	3.00	2020.09.19	5.7000	100.60	890.00
145813	17 崇川 01	500.00	5.00	2022.09.20	5.8000	100.00	0.00
145814	17 永利 02	256.00	3.00	2020.09.19	7.5000	100.00	0.00
145815	17 邹城 01	410.00	5.00	2022.09.26	6.8000	100.00	0.00

债券信息 List of Bonds

债券代码 Code	债券简称 Bond Name	发行数量(百万) Issued Vol(M)	年限 Terms	到期日 Expiration Date	票面利率(%) Coupon Rate(%)	本年收盘 Close	成交数量(万张) Trading Vol(10000)
145816	17 兴业 F3	1500.00	3.00	2020.11.22	5.4000	102.18	100.00
145817	17 安吉 01	1000.00	5.00	2022.09.20	6.7000	100.00	0.00
145818	17 温投 01	800.00	5.00	2022.11.20	6.0000	99.97	30.00
145819	17 皋投债	2000.00	5.00	2022.09.21	6.1500	99.87	794.00
145820	G17 华昱 1	800.00	5.00	2022.09.27	6.7000	99.00	390.00
145821	17 宁高新	1240.00	5.00	2022.09.28	5.5900	100.98	252.00
145822	17 天源 02	150.00	5.00	2022.09.22	6.7000	98.91	30.00
145823	17 精功 03	500.00	5.00	2022.10.11	7.3000	99.09	50.00
145824	17 刚泰 02	500.00	5.00	2022.09.26	7.8000	91.00	648.00
145825	17 宝工 02	500.00	5.00	2022.09.28	6.5000	101.07	150.00
145826	17 鑫科 01	330.00	3.00	2020.09.27	7.5000	100.00	417.00
145827	17 招 D10	2930.00	0.74	2018.07.09	4.9500	99.82	165.00
145828	17 中泰 F2	3000.00	2.00	2019.11.21	5.4700	100.00	1080.00
145829	17 麒麟 01	1000.00	5.00	2022.09.29	7.0000	98.41	440.00
145830	17 仁水 01	800.00	5.00	2022.09.26	5.8000	100.00	0.00
145831	17 虞资 01	3000.00	5.00	2022.09.29	5.8500	100.61	2420.00
145833	17 泰交 02	1000.00	5.00	2022.09.27	5.6000	100.81	51.00
145834	17 富通 01	500.00	3.00	2020.10.09	6.6000	99.99	0.00
145836	17 红日 01	1070.00	5.00	2022.09.27	7.0800	99.51	263.00
145837	17 彭统建	830.00	5.00	2022.09.26	7.2000	98.15	80.00
145839	17 华泰 06	5000.00	1.50	2019.04.19	4.9800	100.00	0.00
145840	17 洛新 03	1500.00	5.00	2022.10.12	6.0000	100.00	320.00
145841	17 精功 05	150.00	5.00	2022.11.17	7.3000	99.60	271.00
145842	17 方正 C2	2220.00	3.00	2020.10.12	5.7000	100.00	390.00
145843	17 湖州 01	2000.00	5.00	2022.11.17	5.9800	101.77	140.00
145844	17 晋路 01	2000.00	3.00	2020.10.13	6.3000	99.91	290.00
145845	17 港闸 02	1000.00	5.00	2022.10.18	6.0000	100.00	0.00
145846	17 国融 01	300.00	4.00	2021.10.27	6.5000	95.62	40.00
145847	17 剑江 03	300.00	5.00	2022.11.20	7.8000	100.00	0.00
145848	17 新源 01	620.00	5.00	2022.11.17	6.8000	100.00	0.00
145849	17 华阔 02	750.00	5.00	2022.10.12	6.9000	100.00	0.00
145850	18 安通 01	100.00	3.00	2021.09.27	7.5000	100.00	0.00
145851	18 安通 02	240.00	3.00	2021.09.27	7.0000	99.98	90.00
145852	17 兴业 F1	3000.00	2.00	2019.10.23	5.1300	100.71	792.00
145853	17 振浔 01	500.00	5.00	2022.10.20	6.5700	100.08	413.00
145854	17 东兴 04	1000.00	1.00	2018.10.19	5.1000	100.50	0.00
145855	17 中金 05	2000.00	3.00	2020.10.20	5.1300	101.53	244.00
145856	17 威凯 01	700.00	5.00	2022.10.18	6.3000	100.00	0.00
145857	17 鲁胜 01	700.00	5.00	2022.10.16	7.2000	99.80	1059.00
145858	17 响水债	1500.00	5.00	2022.10.18	7.0000	102.40	1106.00
145859	17 民生 C3	500.00	3.00	2020.10.20	5.8000	99.27	120.00
145860	17 华汽 05	1000.00	3.00	2020.10.23	5.3000	98.93	175.00
145861	17 台商债	800.00	5.00	2022.10.18	6.5000	100.60	750.00
145862	17 银河 F9	4000.00	2.00	2019.10.20	5.0300	100.20	410.00
145863	17 银河 10	1000.00	0.75	2018.07.20	4.7700	100.00	0.00
145864	17 锡交 01	1500.00	5.00	2022.10.25	5.3200	101.01	70.00
145865	17 启迪 01	1070.00	5.00	2022.10.19	6.4000	100.17	290.00
145866	17 新港 03	1200.00	3.00	2020.10.19	5.3800	100.00	50.00
145867	17 康富 03	2000.00	5.00	2022.10.23	6.5000	99.53	1050.00
145868	17 信投 F2	3000.00	3.00	2020.10.24	5.0700	101.27	310.00

债券信息 List of Bonds

债券 Bond

债券代码 Code	债券简称 Bond Name	发行数量 (百万) Issued Vol(M)	年限 Terms	到期日 Expiration Date	票面利率(%) Coupon Rate(%)	本年收盘 Close	成交数量(万张) Trading Vol(10000)
145869	17 财富 01	2000.00	3.00	2020.10.23	5.5800	101.17	845.00
145870	17 常经 01	1000.00	5.00	2022.10.25	5.5000	100.00	100.00
145871	17 中信 C3	800.00	3.00	2020.10.26	5.0500	101.12	820.00
145872	17 中信 C4	4900.00	5.00	2022.10.26	5.2500	98.98	2050.00
145873	17 中信资	500.00	5.00	2022.11.22	5.8000	100.80	280.00
145874	17 亭公 02	740.00	5.00	2022.10.25	7.5000	101.53	340.00
145875	17 汇盛 03	460.00	5.00	2022.10.23	6.4900	100.48	210.00
145876	17 惠基 02	360.00	5.00	2022.10.25	6.9900	100.90	110.00
145877	17 绍兴 02	375.00	5.00	2022.10.25	6.1700	100.00	0.00
145878	17 精功 04	300.00	5.00	2022.10.23	7.3000	100.00	524.50
145879	17 招 D11	4680.00	0.99	2018.10.19	4.9000	100.07	247.00
145880	17 方程 01	300.00	3.00	2020.10.30	5.0900	100.33	150.00
145881	17 兴化债	1000.00	5.00	2022.10.23	7.8000	99.40	150.00
145882	17 蒙中 01	700.00	5.00	2022.11.21	6.0000	100.07	182.00
145883	17 中天 01	500.00	5.00	2022.11.24	7.5000	100.00	669.00
145884	17 恒盛 02	500.00	5.00	2022.10.26	7.3000	99.14	110.00
145885	17 阳煤 01	1000.00	3.00	2020.10.25	5.6800	100.48	530.00
145886	17 阳煤 02	1000.00	3.00	2020.10.25	5.9200	101.31	317.50
145887	17 河钢 01	3000.00	3.00	2020.10.25	5.4400	100.71	1280.00
145889	17 民生 03	500.00	1.50	2019.05.24	5.5000	99.63	0.00
145890	17 平证 08	1000.00	3.00	2020.11.22	5.4800	100.00	300.00
145891	17 招 D12	3600.00	1.00	2018.10.30	5.0000	100.13	290.00
145892	17 濮阳 01	1500.00	5.00	2022.10.26	6.4000	99.66	160.00
145893	17 申太 01	660.00	5.00	2022.11.20	7.2000	100.00	0.00
145894	17 茅山湖	600.00	5.00	2022.11.22	6.3500	100.00	0.00
145895	S17 长乐	300.00	7.00	2024.10.26	7.0000	100.00	0.00
145896	17 淮交控	1500.00	5.00	2022.11.27	6.0000	100.36	300.00
145897	17 盘江 01	1000.00	3.00	2020.11.23	7.5000	99.96	353.90
145898	17 物流 04	653.00	5.00	2022.10.27	6.9000	100.00	116.00
145899	17 招商 C1	2200.00	2.00	2019.11.27	5.4500	101.14	200.00
145900	17 旭杰转	10.60	6.00	2023.10.16	6.5000	100.00	12.08
145901	17 伏泰转	40.00	1.00	2018.10.16	4.0000	100.00	0.00
145902	17 虞山 01	200.00	5.00	2022.12.05	6.0000	100.00	0.00
145951	18 君实转	200.00	6.00	2024.02.23	10.3500	100.00	0.00
146000	17 中民 10	197.00	5.00	2022.08.09	6.7000	100.00	0.00
146001	17 中民 11	204.00	5.51	2023.02.09	6.7000	100.00	258.00
146002	17 中民 12	195.00	6.00	2023.08.09	6.7000	100.00	146.00
146003	17 中民次	20.00	6.00	2023.08.09	0.0000	100.00	0.00
146004	PR 正奇 A1	200.00	0.88	2018.04.28	5.8000	4.34	0.00
146005	PR 正奇 A2	156.00	1.63	2019.01.28	5.8500	11.44	0.00
146006	17 正奇 B	72.00	2.13	2019.07.28	6.4000	99.74	0.00
146007	17 正奇 C1	70.00	2.38	2019.10.28	6.5000	100.60	70.00
146008	17 正奇 C2	30.00	2.63	2020.01.28	6.8000	97.91	0.00
146009	17 正奇次	76.00	4.63	2022.01.28	0.0000	100.00	0.00
146010	PRT2 优 A	1095.00	0.91	2018.03.27	5.0500	25.18	0.00
146011	JZT2 优 B	330.00	0.91	2018.03.27	5.4000	100.00	0.00
146012	JZT2 次	75.00	0.91	2018.03.27	0.0000	100.00	0.00
146013	借呗 18A1	2460.00	1.03	2018.05.23	5.4000	100.01	40.00
146014	借呗 18A2	240.00	1.03	2018.05.23	5.4500	100.00	0.00
146015	借呗 18B	300.00	1.03	2018.05.23	0.0000	100.00	0.00

债券信息 List of Bonds

债券 Bond

债券代码 Code	债券简称 Bond Name	发行数量(百万) Issued Vol(M)	年限 Terms	到期日 Expiration Date	票面利率(%) Coupon Rate(%)	本年收盘 Close	成交数量(万张) Trading Vol(10000)
146016	PR17 远 1A	3060.00	3.88	2021.03.26	5.3000	49.58	420.00
146017	17 远东 1B	291.00	4.13	2021.06.26	6.5000	100.00	0.00
146018	17 远东次	209.00	4.88	2022.03.26	0.0000	100.00	0.00
146019	华润 1 期 A	1761.00	1.50	2018.11.18	5.2900	99.62	400.00
146020	华润 1 期 B	147.00	1.50	2018.11.18	5.5000	100.00	0.00
146021	华润 1 期 C	147.00	1.50	2018.11.18	0.0000	100.00	0.00
146022	华润 1 期 D	42.00	1.50	2018.11.18	0.0000	100.00	0.00
146023	PR 搜候优	3800.00	20.00	2037.03.24	4.6000	99.04	0.00
146024	17 搜候次	10.00	20.00	2037.03.24	0.0000	100.00	0.00
146026	常城投 A2	80.00	1.63	2018.12.20	5.5000	100.00	0.00
146027	常城投 A3	150.00	2.63	2019.12.20	5.5000	100.00	0.00
146028	常城投 A4	280.00	3.64	2020.12.21	5.5000	100.00	0.00
146029	常城投次	30.00	3.64	2020.12.21	0.0000	100.00	0.00
146030	PR6A1	550.00	2.02	2019.04.26	5.3000	17.14	171.63
146031	PR6A2	220.00	2.27	2018.04.26	5.6000	43.45	0.00
146032	PR6A3	230.00	3.02	2020.04.26	6.8000	75.78	230.00
146033	丰汇 6 次	143.00	3.02	2020.04.26	0.0000	100.00	0.00
146034	PR 新生 1A	276.00	1.35	2018.07.30	6.3000	2.51	6.00
146035	PR 新生 1B	24.00	1.52	2018.09.28	7.5000	31.56	24.00
146036	PR 浙商 A	2860.00	1.23	2018.07.25	5.2000	19.01	0.00
146037	浙商优 B	860.00	1.73	2018.07.25	6.0000	100.00	0.00
146038	PR 浙商 C	860.00	2.48	2019.10.25	6.5000	13.22	0.00
146039	浙商次	857.00	2.48	2019.10.25	6.5000	100.00	0.00
146041	PR 租 A2	135.00	1.38	2018.09.26	5.4000	25.18	0.00
146042	PR 租 A3	130.00	2.38	2019.09.26	5.6000	72.38	80.00
146043	青城租 A4	130.00	3.38	2020.09.26	5.8000	100.00	0.00
146044	青城租 A5	70.00	4.38	2021.09.26	5.8000	100.00	0.00
146045	青城租次	30.00	4.38	2021.09.26	0.0000	100.00	0.00
146046	借呗 19A1	1886.00	1.02	2018.06.01	5.4000	99.94	100.00
146047	借呗 19A2	184.00	1.02	2018.06.01	5.8000	100.00	0.00
146048	借呗 19B	230.00	1.02	2018.06.01	0.0000	104.28	83.00
146050	PR 诚 1A2	140.00	1.66	2018.12.26	5.9000	15.65	70.00
146051	PR 诚 1A3	83.00	2.66	2019.12.26	6.1000	90.09	49.00
146052	诚泰 1 优 B	32.00	3.16	2020.06.26	6.5000	100.00	0.00
146053	诚泰 1 次	61.00	4.67	2021.12.26	0.0000	100.00	0.00
146056	PR17A	1377.00	3.35	2020.10.26	6.1000	49.55	759.50
146057	君创 17B	111.00	3.60	2021.01.26	6.8500	100.00	0.00
146058	君创 17 次	224.00	4.60	2022.01.26	0.0000	100.00	0.00
146064	疏浚 1 优	1040.00	3.01	2020.11.09	4.8800	100.00	0.00
146065	疏浚 1 次	111.00	3.01	2020.11.09	0.0000	100.00	0.00
146066	借呗 20A1	1968.00	1.03	2018.06.06	5.5000	100.00	0.00
146067	借呗 20A2	192.00	1.03	2018.06.06	5.8000	100.00	5.00
146068	借呗 20B	240.00	1.03	2018.06.06	0.0000	104.22	72.00
146069	17 光股优	500.00	2.36	2020.01.03	5.1000	100.00	0.00
146070	17 光股次	25.00	2.36	2020.01.03	0.0000	100.00	0.00
146071	PR 读秒 1A	180.00	2.03	2018.09.14	6.0000	20.04	110.00
146072	PR1 优 A	426.00	1.10	2018.06.12	5.7000	21.65	0.00
146073	PRXM1 优 B	78.00	1.18	2018.08.10	6.3000	20.03	0.00
146074	PRXM1 次 1	60.00	1.27	2018.09.12	8.0000	52.12	60.00
146075	PR 优 1	380.00	0.79	2018.03.15	5.3000	18.77	0.00

债券信息 List of Bonds

债券 Bond

债券代码 Code	债券简称 Bond Name	发行数量(百万) Issued Vol(M)	年限 Terms	到期日 Expiration Date	票面利率(%) Coupon Rate(%)	本年收盘 Close	成交数量(万张) Trading Vol(10000)
146076	PR 优 2	310.00	1.55	2018.12.17	5.4000	31.50	0.00
146077	PR 优 3	310.00	2.55	2019.12.16	5.3000	99.26	0.00
146078	中海次	200.00	3.68	2021.02.01	0.0000	100.00	0.00
146079	借呗 21A1	820.00	1.02	2018.06.15	5.7000	100.00	0.00
146080	借呗 21A2	80.00	1.02	2018.06.15	5.8000	100.00	0.00
146081	借呗 21B	100.00	1.02	2018.06.15	0.0000	103.98	30.00
146082	17 七热 01	71.00	0.23	2018.01.26	5.8000	100.00	0.00
146083	17 七热 02	75.00	1.24	2019.01.28	6.5000	100.00	0.00
146084	17 七热 03	79.00	2.22	2020.01.23	6.9000	100.00	0.00
146085	17 七热 04	84.00	3.23	2021.01.26	7.0000	100.00	0.00
146086	17 七热 05	91.00	4.23	2022.01.26	7.1000	100.00	0.00
146087	17 七热次	20.00	4.23	2022.01.26	0.0000	100.00	0.00
146089	17 亿燃 A2	80.00	1.00	2018.06.16	6.2000	100.00	0.00
146090	17 亿燃 A3	100.00	1.50	2018.12.16	6.3000	100.00	73.60
146091	17 亿燃 A4	130.00	2.00	2019.06.16	6.5000	100.00	0.00
146092	17 亿燃 A5	120.00	2.50	2019.12.16	6.9000	100.00	0.00
146093	17 亿燃 A6	150.00	3.00	2020.06.16	7.2000	100.00	0.00
146094	八局优	2159.00	2.58	2019.12.20	5.0000	100.00	0.00
146095	17 亿燃 B	50.00	3.00	2020.06.16	0.0000	100.00	0.00
146096	花呗 22A1	1660.00	1.02	2018.06.14	5.6000	100.06	100.00
146097	花呗 22A2	94.00	1.02	2018.06.14	5.8000	100.00	0.00
146098	花呗 22B	246.00	1.02	2018.06.14	0.0000	104.00	74.00
146099	借呗 22A1	1640.00	1.03	2018.06.25	5.7000	99.90	10.00
146100	借呗 22A2	160.00	1.03	2018.06.25	5.8000	100.00	0.00
146101	借呗 22B	200.00	1.03	2018.06.25	0.0000	103.82	52.00
146102	花呗 23A1	2822.00	1.03	2018.06.21	5.7000	99.96	140.00
146103	花呗 23A2	160.00	1.03	2018.06.21	5.8000	100.00	0.00
146104	花呗 23B	418.00	1.03	2018.06.21	0.0000	103.82	126.00
146105	八局次 A	30.00	2.58	2019.12.20	6.0000	100.00	0.00
146106	八局次 B	210.00	4.58	2021.12.20	0.0000	100.61	0.00
146107	西部 1 优	925.00	1.00	2018.06.02	5.1000	100.00	0.00
146108	西部 1 次	76.00	1.00	2018.06.02	0.0000	100.00	0.00
146109	借呗 23A1	3280.00	1.03	2018.07.18	5.5000	100.03	705.00
146110	借呗 23A2	320.00	1.03	2018.07.18	5.7000	100.00	200.00
146111	借呗 23B	400.00	1.03	2018.07.18	0.0000	104.09	80.00
146112	花呗 24A1	1245.00	1.03	2018.06.26	5.7000	99.96	80.00
146113	花呗 24A2	71.00	1.03	2018.06.26	5.7000	100.00	0.00
146114	花呗 24B	185.00	1.03	2018.06.26	0.0000	103.80	56.00
146115	乌经开 01	73.00	1.00	2018.06.06	5.5000	100.00	0.00
146116	乌经开 02	77.00	2.00	2019.06.06	5.7000	100.00	0.00
146117	乌经开 03	81.00	3.00	2020.06.06	5.9000	100.00	81.00
146118	乌经开 04	86.00	4.00	2021.06.06	6.1000	100.00	26.00
146119	乌经开 05	87.00	5.00	2022.06.06	6.3000	100.00	0.00
146120	乌经开 06	84.00	6.00	2023.06.06	6.9000	100.00	84.00
146121	乌经开 07	82.00	7.00	2024.06.06	7.0000	100.00	0.00
146122	乌经开次	50.00	7.00	2024.06.06	0.0000	100.00	0.00
146123	花呗 25A1	2158.00	1.03	2018.06.28	5.7000	99.98	130.00
146124	花呗 25A2	122.00	1.03	2018.06.28	5.8000	100.00	0.00
146125	花呗 25B	320.00	1.03	2018.06.28	0.0000	103.58	96.00
146126	花呗 26A1	2490.00	1.02	2018.06.29	5.7000	100.06	277.00

债券信息 List of Bonds

债券代码 Code	债券简称 Bond Name	发行数量(百万) Issued Vol(M)	年限 Terms	到期日 Expiration Date	票面利率(%) Coupon Rate(%)	本年收盘 Close	成交数量(万张) Trading Vol(10000)
146127	花呗 26A2	141.00	1.02	2018.06.29	5.8000	100.00	0.00
146128	花呗 26B	369.00	1.02	2018.06.29	0.0000	103.49	120.00
146129	花呗 27A1	2490.00	1.03	2018.07.04	5.6500	100.21	777.00
146130	花呗 27A2	141.00	1.03	2018.07.04	5.8000	100.00	0.00
146131	花呗 27B	369.00	1.03	2018.07.04	0.0000	107.66	120.00
146133	不动产 02	81.00	1.56	2018.12.31	5.2000	100.00	0.00
146134	不动产 03	83.00	2.56	2019.12.31	5.3000	100.00	0.00
146135	不动产 04	65.00	3.56	2020.12.31	5.3500	100.00	0.00
146136	PR 郑 2A1	128.00	0.97	2018.05.29	5.6000	55.50	0.00
146137	PR 郑 2A2	170.00	1.97	2019.05.29	5.8000	57.60	0.00
146138	郑银 2A3	987.00	3.00	2020.06.09	6.2000	100.00	0.00
146142	PR 七 A2	1130.00	0.76	2018.04.02	4.8000	47.51	0.00
146143	恒信七 A3	89.00	1.28	2018.04.02	4.9000	100.00	0.00
146144	恒信七 A4	51.00	1.52	2018.04.02	4.9000	100.00	0.00
146145	恒信七 A5	242.00	1.76	2018.04.02	5.0000	100.00	0.00
146146	恒信七 A6	36.00	2.01	2018.04.02	5.1000	100.00	0.00
146147	PR 七 A7	238.00	2.28	2018.10.10	5.2000	18.18	0.00
146148	恒信七 A8	80.00	2.52	2018.10.10	5.3000	100.00	0.00
146149	PR 七 A9	1564.00	2.64	2020.02.20	5.3000	94.90	0.00
146150	恒信七 B	410.00	2.68	2020.03.03	5.6000	100.00	0.00
146151	恒信七次	522.00	3.44	2020.12.08	7.0000	100.00	0.00
146156	花呗 28A1	2075.00	1.02	2018.07.05	5.6000	99.97	932.00
146157	花呗 28A2	118.00	1.02	2018.07.05	5.8000	100.00	0.00
146158	花呗 28B	308.00	1.02	2018.07.05	0.0000	107.59	73.90
146159	花呗 29A1	1660.00	1.03	2018.07.30	5.2900	100.07	640.00
146160	花呗 29A2	94.00	1.03	2018.07.30	5.5900	100.00	0.00
146161	花呗 29B	246.00	1.03	2018.07.30	0.0000	107.39	50.00
146162	PR 光胜 1A	5599.00	2.26	2019.09.26	4.0500	31.81	16797.00
146163	光胜 1B	2028.00	2.51	2019.12.26	5.4000	100.00	0.00
146164	光胜 1 次	488.00	3.76	2021.03.26	0.0000	100.00	0.00
146165	PR 一 A	1730.00	0.79	2018.04.11	4.7000	16.54	0.00
146166	招信一 B	262.00	0.79	2018.04.11	5.4000	100.00	0.00
146167	招信一 C	250.00	1.04	2018.04.11	5.5000	100.00	0.00
146168	PR 一次	534.00	2.30	2019.10.16	0.0000	13.31	0.00
146169	PR 德银 2A	185.00	1.19	2018.08.31	5.4000	7.14	0.00
146170	17 德银 2B	15.00	1.19	2018.08.31	5.6000	100.00	0.00
146171	PR2 次	22.00	1.68	2018.11.16	0.0000	98.88	0.00
146175	PR 国租 A4	42.00	0.76	2018.03.23	8.4000	69.28	0.00
146176	17 国租次	36.00	0.76	2018.03.23	0.0000	100.00	0.00
146177	PR 优 A	460.00	18.01	2035.10.26	6.0400	97.36	0.00
146178	华邦优 B	275.00	18.01	2035.10.26	6.0400	100.00	0.00
146179	华邦次	30.00	18.01	2035.10.26	0.0000	100.00	0.00
146183	PR 鑫安 A1	2139.00	0.79	2018.04.12	4.2000	28.11	0.00
146184	PR 鑫安 A2	527.00	1.52	2019.01.04	4.2300	80.09	0.00
146185	17 鑫安 A3	865.00	2.28	2019.10.08	4.4000	100.00	0.00
146186	17 鑫安 A4	1655.00	2.52	2020.01.03	4.5000	100.00	0.00
146187	17 鑫安 B	1504.00	2.52	2020.01.03	5.5000	100.00	0.00
146188	17 鑫安次	827.00	6.48	2023.12.22	0.0000	100.00	0.00
146190	PR 华景 A2	55.00	1.44	2018.10.30	5.4000	72.73	0.00
146191	17 华景 A3	55.00	2.44	2019.10.30	5.4500	100.00	0.00

债券信息 List of Bonds

债券代码 Code	债券简称 Bond Name	发行数量(百万) Issued Vol(M)	年限 Terms	到期日 Expiration Date	票面利率(%) Coupon Rate(%)	本年收盘 Close	成交数量(万张) Trading Vol(10000)
146192	17 华景 A4	40.00	3.44	2020.10.30	5.5000	100.00	0.00
146194	中泰 1 优 B	950.00	1.00	2018.09.08	4.8400	100.00	0.00
146195	中泰 1 次 B	50.00	1.00	2018.09.08	0.0000	100.00	0.00
146196	PR02A1	624.00	0.88	2018.04.30	5.7800	64.10	0.00
146197	天富 02A2	90.00	0.88	2018.04.30	8.2000	100.00	0.00
146198	天富 02 次	35.00	0.88	2018.04.30	0.0000	100.00	0.00
146199	借呗 24A1	2460.00	1.03	2018.07.23	5.4700	100.03	880.00
146200	借呗 24A2	240.00	1.03	2018.07.23	5.6500	100.00	0.00
146201	借呗 24B	300.00	1.03	2018.07.23	0.0000	107.59	66.54
146202	借呗 25A1	1722.00	1.03	2018.07.25	5.3500	100.05	230.00
146203	借呗 25A2	168.00	1.03	2018.07.25	5.6500	100.00	40.00
146204	借呗 25B	210.00	1.03	2018.07.25	0.0000	107.57	42.00
146205	东融 3 优	970.00	2.00	2019.07.14	4.9500	100.00	0.00
146206	东融 3 次	30.00	2.00	2019.07.14	0.0000	100.00	0.00
146207	德华优先	80.00	3.00	2020.06.06	6.0000	100.00	0.00
146208	德华次级	20.00	3.00	2020.06.06	0.0000	100.00	0.00
146209	PR 聚 02A1	660.00	0.93	2018.06.18	5.5400	20.20	150.00
146210	PR 聚 02A2	790.00	2.43	2019.12.17	5.6900	56.78	90.00
146211	17 聚 02A3	290.00	3.43	2020.12.16	6.0000	100.00	0.00
146212	17 聚 02B1	105.00	3.68	2021.03.16	6.8000	100.00	0.00
146213	17 聚 02B2	30.00	3.93	2021.06.16	0.1000	100.00	0.00
146214	17 聚 02 次	184.00	4.68	2022.03.16	0.0000	100.00	0.00
146216	17 遵义 02	45.00	1.03	2018.06.26	4.9000	100.00	0.00
146217	17 遵义 03	42.00	1.53	2018.12.26	5.0000	100.00	0.00
146218	17 遵义 04	45.00	2.03	2019.06.26	5.2000	100.00	0.00
146219	17 遵义 05	45.00	2.53	2019.12.26	5.4500	100.00	0.00
146220	17 遵义 06	50.00	3.04	2020.06.26	5.5000	100.09	18.00
146221	17 遵义 07	48.00	3.54	2020.12.26	5.5000	100.00	0.00
146222	17 遵义 08	53.00	4.04	2021.06.26	5.5000	100.00	20.00
146223	17 遵义 09	50.00	4.54	2021.12.26	5.5000	100.00	0.00
146224	17 遵义 10	57.00	5.04	2022.06.26	5.5000	100.00	0.00
146225	G 武铁 01	47.00	0.50	2018.01.18	4.8000	100.00	0.00
146226	G 武铁 02	47.00	1.00	2018.07.18	4.8000	100.00	0.00
146227	G 武铁 03	54.00	1.50	2019.01.18	4.8000	100.00	0.00
146228	G 武铁 04	52.00	2.00	2019.07.18	4.8000	100.00	0.00
146229	G 武铁 05	59.00	2.50	2020.01.18	4.8000	100.00	0.00
146230	G 武铁 06	58.00	3.00	2020.07.18	4.8000	100.00	0.00
146231	G 武铁 07	65.00	3.51	2021.01.18	4.8000	100.00	0.00
146232	G 武铁 08	63.00	4.00	2021.07.18	4.8000	100.00	0.00
146233	G 武铁 09	70.00	4.51	2022.01.18	4.8000	100.00	0.00
146234	G 武铁 10	69.00	5.00	2022.07.18	5.2900	100.00	0.00
146235	G 武铁 11	76.00	5.51	2023.01.18	5.2900	100.00	0.00
146236	G 武铁 12	76.00	6.00	2023.07.18	5.2900	100.00	0.00
146237	G 武铁 13	84.00	6.51	2024.01.18	5.2900	100.00	0.00
146238	G 武铁 14	83.00	7.01	2024.07.18	5.2900	100.00	0.00
146239	G 武铁 15	91.00	7.51	2025.01.18	5.2900	100.00	0.00
146240	G 武铁 16	90.00	8.01	2025.07.18	5.2900	100.00	0.00
146241	G 武铁 17	99.00	8.51	2026.01.18	5.2900	100.00	0.00
146242	G 武铁 18	99.00	9.01	2026.07.18	5.2900	100.00	0.00
146243	G 武铁 19	109.00	9.51	2027.01.18	5.2900	100.00	0.00

债券信息 List of Bonds

债券 Bond

债券代码 Code	债券简称 Bond Name	发行数量(百万) Issued Vol(M)	年限 Terms	到期日 Expiration Date	票面利率(%) Coupon Rate(%)	本年收盘 Close	成交数量(万张) Trading Vol(10000)
146244	G 武铁 20	109.00	10.01	2027.07.18	5.2900	100.00	0.00
146245	花呗 30A1	3320.00	1.03	2018.08.01	5.2700	100.10	560.00
146246	花呗 30A2	188.00	1.03	2018.08.01	5.5500	100.00	0.00
146247	花呗 30B	492.00	1.03	2018.08.01	0.0000	107.38	198.00
146248	恒信 04 优	1568.00	5.86	2023.06.12	5.4000	100.47	650.00
146249	恒信 04 次	83.00	5.86	2023.06.12	0.0000	100.00	0.00
146250	PR01A1	120.00	1.25	2018.07.26	5.5000	3.28	40.00
146251	PR01A2	122.00	2.25	2019.10.28	5.6000	55.71	244.00
146252	国药 01A3	115.00	3.25	2020.10.26	6.1000	101.90	31.00
146253	国药 01B1	41.00	3.50	2021.01.26	6.7000	100.71	0.00
146254	国药 01C1	26.00	3.75	2021.04.26	7.3000	100.00	0.00
146255	国药 01 次	75.00	3.75	2021.04.26	0.0000	100.00	0.00
146256	借呗 26A1	2544.00	1.03	2018.08.07	5.3500	100.07	490.00
146257	借呗 26A2	231.00	1.03	2018.08.07	5.6000	100.00	60.00
146258	借呗 26B	225.00	1.03	2018.08.07	0.0000	100.00	0.00
146259	花呗 31A1	3320.00	1.03	2018.08.08	5.2600	99.57	100.00
146260	花呗 31A2	188.00	1.03	2018.08.08	5.5500	100.00	0.00
146261	花呗 31B	492.00	1.03	2018.08.08	0.0000	107.45	150.00
146262	17 荣发 01	640.00	0.83	2018.05.26	5.9000	100.07	74.00
146263	17 荣发 02	570.00	1.83	2019.05.26	6.1000	100.40	300.00
146264	17 荣发 03	500.00	2.84	2020.05.26	6.4000	100.00	0.00
146265	17 荣发次	90.00	2.84	2020.05.26	0.0000	100.00	0.00
146266	PR 桥 01	42.00	0.50	2018.01.26	4.9900	26.67	0.00
146267	PR 桥 02	90.00	2.50	2020.01.26	5.4200	65.00	0.00
146268	鄂黄桥 03	110.00	4.50	2022.01.26	5.5000	100.00	0.00
146269	鄂黄桥 04	248.00	9.50	2027.01.26	6.0000	100.00	0.00
146270	鄂黄桥次	10.00	9.50	2027.01.26	0.0000	100.00	0.00
146271	PRA1	323.00	4.39	2021.12.15	6.3000	47.74	0.00
146272	PRA2	83.00	4.39	2021.12.15	6.5000	19.67	0.00
146273	科高次	25.00	4.39	2021.12.15	0.0000	100.00	0.00
146275	PRX01A2	47.00	0.67	2018.03.28	6.5000	18.00	0.00
146276	PR01B1	84.00	2.17	2018.11.28	6.7000	45.11	0.00
146277	祥达 01B2	26.00	2.42	2018.11.28	6.7000	100.00	0.00
146278	祥达 01C	12.00	3.92	2018.11.28	0.0000	100.00	0.00
146279	PR2A1	410.00	1.89	2019.07.20	6.2000	20.84	0.00
146280	汇金 2A2	60.00	2.14	2019.10.20	6.5000	100.00	0.00
146281	汇金 2A3	100.00	2.89	2020.07.20	6.8000	100.00	0.00
146282	汇金 2 次	70.00	2.89	2020.07.20	0.0000	100.00	0.00
146283	武夷优 01	400.00	3.00	2020.07.28	6.5000	100.00	100.00
146284	武夷优 02	350.00	4.00	2021.07.28	7.0000	100.00	140.00
146285	武夷优 03	250.00	4.50	2022.01.26	7.5000	100.00	100.00
146286	武夷次级	50.00	4.50	2022.01.26	0.0000	100.00	0.00
146288	东环 A2	28.00	1.33	2018.11.28	4.4000	100.00	0.00
146289	东环 A3	28.00	2.33	2019.11.28	4.4550	100.00	0.00
146290	东环 A4	28.00	3.33	2020.11.28	4.4550	100.00	0.00
146291	东环 A5	28.00	4.33	2021.11.28	4.4550	100.00	0.00
146292	东环 A6	88.00	5.33	2022.11.28	4.4550	100.00	0.00
146293	东环 A7	89.00	6.33	2023.11.28	4.4550	100.00	0.00
146294	东环 A8	89.00	7.33	2024.11.28	4.4550	100.00	0.00
146295	东环 A9	90.00	8.33	2025.11.28	4.4550	100.00	0.00

债券信息 List of Bonds

债券 Bond

债券代码 Code	债券简称 Bond Name	发行数量(百万) Issued Vol(M)	年限 Terms	到期日 Expiration Date	票面利率(%) Coupon Rate(%)	本年收盘 Close	成交数量(万张) Trading Vol(10000)
146296	东环 A10	91.00	9.33	2026.11.28	4.4550	100.00	0.00
146297	东环 A11	92.00	10.33	2027.11.28	4.4550	100.00	0.00
146298	东环 A12	93.00	11.33	2028.11.28	4.4550	100.00	0.00
146299	东环 A13	94.00	12.33	2029.11.28	4.4550	100.00	0.00
146300	东环 A14	95.00	13.33	2030.11.28	4.4550	100.00	0.00
146301	东环 A15	96.00	14.33	2031.11.28	4.4550	100.00	0.00
146302	东环次	471.00	14.33	2031.11.28	0.0000	100.00	0.00
146303	PR 园 01A	1104.00	1.00	2018.06.26	6.2000	54.63	100.00
146304	G 绿园 01B	75.00	1.00	2018.06.26	6.8000	100.00	0.00
146305	G 绿园 1 次	125.00	1.00	2018.06.26	0.0000	100.00	0.00
146306	17 临热 01	80.00	0.23	2018.01.23	5.7000	100.00	0.00
146307	17 临热 02	100.00	1.23	2019.01.23	6.0000	100.00	0.00
146308	17 临热 03	130.00	2.23	2020.01.23	6.4000	100.00	0.00
146309	17 临热 04	160.00	3.24	2021.01.25	6.6000	100.00	0.00
146310	17 临热 05	180.00	4.24	2022.01.25	6.7000	100.00	30.00
146311	17 临热 06	210.00	5.25	2023.01.30	6.8000	100.00	0.00
146312	17 临热次	50.00	5.25	2023.01.30	0.0000	100.00	0.00
146313	绿城优先	1500.00	3.00	2020.07.21	5.2900	100.00	0.00
146314	绿城次级	100.00	3.00	2020.07.21	0.0000	100.00	0.00
146315	PRXM2 优 A	568.00	1.19	2018.10.17	5.4900	13.04	0.00
146316	PR2 优 B	104.00	1.27	2018.11.12	6.1000	27.64	80.00
146317	小米 2 次 1	80.00	1.35	2018.11.12	6.5000	104.68	80.00
146318	PR 黄交 01	97.00	1.06	2018.08.26	5.6000	25.00	0.00
146319	PR 交 02	102.00	2.06	2019.08.26	5.6000	75.00	0.00
146320	黄公交 03	108.00	3.07	2020.08.26	6.1700	100.00	0.00
146321	黄公交 04	114.00	4.07	2021.08.26	6.4000	100.00	0.00
146322	黄公交 05	118.00	5.07	2022.08.26	6.6000	100.00	0.00
146323	黄公交 06	126.00	6.07	2023.08.26	6.6000	100.00	0.00
146324	黄公交 07	135.00	7.07	2024.08.26	6.6000	100.00	0.00
146325	黄公交次	40.00	7.07	2024.08.26	0.0000	100.00	0.00
146326	PRG 桑德	768.00	9.41	2027.01.18	6.5000	96.02	0.00
146327	G 桑德次	52.00	9.41	2027.01.18	0.0000	100.00	0.00
146328	借呗 27A1	3392.00	1.03	2018.08.20	5.3000	100.08	1256.00
146329	借呗 27A2	308.00	1.03	2018.08.20	5.5600	100.00	0.00
146330	借呗 27B	300.00	1.03	2018.08.20	0.0000	108.04	147.60
146331	青兰路 01	198.00	0.53	2018.02.20	5.9000	100.00	0.00
146332	青兰路 02	208.00	1.53	2019.02.20	6.1000	100.00	0.00
146333	青兰路 03	219.00	2.53	2020.02.20	6.3500	100.00	0.00
146334	青兰路 04	231.00	3.54	2021.02.20	6.8000	100.00	0.00
146335	青兰路 05	244.00	4.54	2022.02.20	6.9000	100.76	191.00
146336	青兰路次	50.00	4.54	2022.02.20	0.0000	100.00	0.00
146337	PR 京美 A	134.00	2.57	2018.07.17	6.3500	3.63	0.00
146338	PR 京美 B	27.00	2.57	2018.12.18	9.0000	5.92	0.00
146339	PR 京次 1	4.00	2.57	2020.02.20	10.0000	2.68	0.00
146340	京美次 2	25.00	2.57	2020.02.20	0.0000	100.00	0.00
146341	PR1A1	1400.00	0.44	2018.01.19	5.2500	29.05	0.00
146342	PR1A2	640.00	0.92	2018.07.12	5.3000	1.04	0.00
146343	PR1A3	610.00	1.27	2018.11.19	5.5000	63.31	0.00
146344	恒通 1A4	430.00	1.93	2018.11.19	5.5500	100.00	0.00
146345	PR1B	700.00	2.12	2019.09.24	5.8000	45.53	0.00

债券信息 List of Bonds

债券 Bond

债券代码 Code	债券简称 Bond Name	发行数量(百万) Issued Vol(M)	年限 Terms	到期日 Expiration Date	票面利率(%) Coupon Rate(%)	本年收盘 Close	成交数量(万张) Trading Vol(10000)
146346	恒通 1 次	617.00	4.68	2022.04.15	0.0000	100.00	0.00
146347	借呗 28A1	3392.00	1.03	2018.08.29	5.3400	100.10	670.00
146348	借呗 28A2	308.00	1.03	2018.08.29	5.5600	100.00	0.00
146349	借呗 28B	300.00	1.03	2018.08.29	0.0000	107.45	265.00
146350	借呗 29A1	2544.00	1.03	2018.09.03	5.2800	100.02	300.00
146351	借呗 29A2	231.00	1.03	2018.09.03	5.5600	100.00	0.00
146352	借呗 29B	225.00	1.03	2018.09.03	0.0000	107.55	130.00
146355	PR3A3	170.00	0.45	2018.01.20	5.5500	49.85	0.00
146356	PR3A4	245.00	0.70	2018.04.20	5.8000	65.03	0.00
146357	海亮 3A5	170.00	0.95	2018.04.20	6.0000	100.00	0.00
146358	海亮 3A6	250.00	1.20	2018.04.20	6.0000	99.75	37.50
146359	海亮 3A7	175.00	1.45	2018.04.20	6.1000	100.00	0.00
146360	PR3A8	260.00	1.70	2018.10.22	6.1500	29.05	0.00
146361	PR3A9	180.00	1.95	2019.07.20	6.2500	41.25	0.00
146362	海亮 3A10	200.00	2.20	2019.10.20	6.3000	100.00	0.00
146363	海亮 3B1	200.00	2.45	2020.01.20	6.3500	100.00	0.00
146364	海亮 3B2	140.00	2.70	2020.04.20	6.3500	100.00	0.00
146365	海亮 3B3	95.00	2.95	2020.07.20	6.3500	99.23	14.25
146366	海亮 3B4	105.00	3.20	2020.10.20	6.3500	99.16	15.75
146367	海亮 3B5	44.00	3.45	2021.01.20	6.3500	99.08	6.60
146368	海亮 3 次	146.00	4.37	2021.12.20	0.0000	100.00	0.00
146369	花呗 32A1	1660.00	1.03	2018.08.28	5.2000	100.07	710.00
146370	花呗 32A2	94.00	1.03	2018.08.28	5.5400	100.00	0.00
146371	花呗 32B	246.00	1.03	2018.08.28	0.0000	106.00	157.70
146372	PR 保利优	3500.00	11.36	2029.01.20	4.8800	99.86	0.00
146373	PR 保利 A	810.00	17.73	2035.04.30	4.9800	99.75	0.00
146374	保利优 B	810.00	17.73	2035.04.30	5.4000	100.00	0.00
146375	保利次级	1.00	17.73	2035.04.30	0.0000	100.00	0.00
146376	PR 远东 2A	2850.00	3.45	2021.01.26	5.5600	53.43	1470.00
146377	17 远东 2B	351.00	4.19	2021.10.26	6.9500	100.27	0.00
146378	17 远东 2C	201.00	4.94	2022.07.26	0.0000	100.00	0.00
146379	PR 自如优	450.00	1.93	2019.07.19	5.3900	8.13	300.00
146380	PR 平安 1A	2385.00	2.71	2020.05.15	5.5000	30.00	500.00
146381	17 平安 1B	330.00	3.71	2021.05.14	6.5000	100.00	0.00
146383	南三优 02	102.00	0.40	2018.01.15	6.1000	100.00	0.00
146384	南三优 03	70.00	0.65	2018.04.15	6.2000	100.00	0.00
146385	南三优 04	104.00	0.90	2018.07.15	6.4000	100.00	0.00
146386	南三优 05	71.00	1.15	2018.10.15	6.5000	100.00	0.00
146387	南三优 06	90.00	1.40	2019.01.15	6.6000	100.00	0.00
146388	PR 优过	113.00	1.40	2019.01.15	6.9000	44.93	0.00
146389	南三次优	87.00	3.41	2021.01.15	7.2000	100.00	0.00
146390	南三次级	166.00	3.41	2021.01.15	0.0000	100.00	0.00
146391	融鑫 A1	287.00	0.96	2018.08.01	5.5000	100.00	0.00
146392	17 沣西 01	18.00	0.39	2018.01.26	5.8700	100.00	0.00
146393	17 沣西 02	18.00	1.40	2019.01.28	6.0700	100.00	0.00
146394	17 沣西 03	19.00	2.41	2020.02.03	6.2700	100.00	0.00
146395	17 沣西 04	20.00	3.39	2021.01.26	6.5700	100.00	0.00
146396	17 沣西 05	20.00	4.39	2022.01.26	6.8700	100.00	0.00
146397	17 沣西次	5.00	4.39	2022.01.26	0.0000	100.00	0.00
146398	泰禾优 A	720.00	2.00	2019.08.04	6.5000	98.73	0.00

债券信息 List of Bonds

债券 Bond

债券代码 Code	债券简称 Bond Name	发行数量(百万) Issued Vol(M)	年限 Terms	到期日 Expiration Date	票面利率(%) Coupon Rate(%)	本年收盘 Close	成交数量(万张) Trading Vol(10000)
146399	泰禾优 B	780.00	2.00	2019.08.04	7.0000	100.00	300.00
146400	泰禾次	79.00	2.00	2019.08.04	0.0000	100.00	0.00
146402	PR1B	33.00	0.58	2018.01.17	5.2000	24.79	0.00
146403	有钱花 1C	26.00	0.67	2018.01.17	6.1000	100.00	0.00
146404	PR1D	39.00	0.75	2018.03.16	6.5000	26.72	0.00
146405	有钱花 1E	77.00	2.00	2018.03.16	0.0000	100.00	0.00
146406	PR 一 A1	690.00	0.55	2018.01.08	4.9000	49.80	0.00
146407	PR 一 A2	1110.00	1.69	2019.05.24	5.0000	63.13	0.00
146408	君诚一 A3	1155.00	2.21	2019.11.29	5.1000	100.00	0.00
146409	君诚一 B	334.00	2.37	2020.01.29	5.2000	100.00	0.00
146410	君诚一次	664.00	4.73	2022.06.07	0.0000	100.00	0.00
146412	创富 4A2	25.00	0.40	2018.01.23	6.0000	100.00	0.00
146413	创富 4A3	11.00	0.65	2018.04.24	6.2000	100.00	0.00
146414	创富 4A4	12.00	0.88	2018.07.19	6.3000	100.00	0.00
146415	创富 4A5	12.00	1.15	2018.10.25	6.4000	100.29	36.00
146416	创富 4A6	11.00	1.40	2019.01.24	6.5000	100.82	27.00
146417	创富 4 次	28.00	2.31	2019.12.20	0.0000	100.00	0.00
146418	借呗 30A1	2544.00	1.03	2018.09.04	5.3800	100.05	200.00
146419	借呗 30A2	231.00	1.03	2018.09.04	5.5600	100.00	0.00
146420	借呗 30B	225.00	1.03	2018.09.04	0.0000	100.00	100.00
146421	借呗 31A1	2205.00	1.03	2018.09.05	5.3800	100.12	450.00
146422	借呗 31A2	200.00	1.03	2018.09.05	5.5600	100.00	0.00
146423	借呗 31B	195.00	1.03	2018.09.05	0.0000	102.77	78.00
146424	PR 惠金 01	500.00	0.56	2018.03.21	5.2000	67.20	0.00
146425	PR 易鑫 A	1870.00	2.03	2019.09.02	5.5900	22.20	300.00
146426	17 易鑫 B	220.00	2.28	2019.12.02	6.9500	100.00	100.00
146427	17 易鑫次	117.00	3.03	2020.09.02	0.0000	100.00	0.00
146428	花呗 33A1	3360.00	1.02	2018.09.06	5.2700	99.72	145.00
146429	花呗 33A2	260.00	1.02	2018.09.06	5.6000	100.00	36.00
146430	花呗 33B	380.00	1.02	2018.09.06	0.0000	102.70	217.90
146431	花呗 34A1	1680.00	1.03	2018.09.10	5.2700	100.13	934.00
146432	花呗 34A2	130.00	1.03	2018.09.10	5.6000	100.00	90.00
146433	花呗 34B	190.00	1.03	2018.09.10	0.0000	101.94	115.00
146434	花呗 35A1	3360.00	1.03	2018.09.17	5.2700	100.00	0.00
146435	花呗 35A2	260.00	1.03	2018.09.17	5.6000	100.00	0.00
146436	花呗 35B	380.00	1.03	2018.09.17	0.0000	102.51	76.00
146437	PR 海洋 A1	254.00	0.81	2018.06.26	5.6000	29.81	0.00
146438	PR 海洋 A2	181.00	1.81	2019.06.26	5.6000	6.25	0.00
146439	17 海洋 B	100.00	2.81	2020.06.26	6.3500	100.00	0.00
146440	17 海洋次	69.00	4.81	2022.06.26	0.0000	100.00	0.00
146441	金坤 2 优 A	305.00	3.00	2020.08.18	6.5000	99.21	130.00
146442	金坤 2 优 B	178.00	3.00	2020.08.18	7.5000	100.00	108.00
146443	金坤 2 次	26.00	3.00	2020.08.18	0.0000	100.00	0.00
146445	王晁 02	28.00	0.50	2018.03.06	6.1000	100.00	0.00
146446	王晁 03	30.00	0.75	2018.06.06	6.2000	99.88	72.00
146447	王晁 04	30.00	1.00	2018.09.06	6.2000	100.00	0.00
146448	王晁 05	27.00	1.25	2018.12.06	6.3000	99.95	17.00
146449	王晁 06	33.00	1.50	2019.03.06	6.3000	100.00	0.00
146450	王晁 07	33.00	1.75	2019.06.06	6.5000	99.95	33.00
146451	王晁 08	33.00	2.00	2019.09.06	6.7000	99.80	13.20

债券信息 List of Bonds

债券 Bond

债券代码 Code	债券简称 Bond Name	发行数量(百万) Issued Vol(M)	年限 Terms	到期日 Expiration Date	票面利率(%) Coupon Rate(%)	本年收盘 Close	成交数量(万张) Trading Vol(10000)
146452	王晁 09	29.00	2.25	2019.12.06	6.8000	100.00	0.00
146453	王晁 10	34.00	2.50	2020.03.06	6.9000	100.00	0.00
146454	王晁 11	34.00	2.75	2020.06.06	7.0000	100.00	0.00
146455	王晁 12	34.00	3.00	2020.09.06	7.1000	100.00	0.00
146456	王晁次级	20.00	3.00	2020.09.06	0.0000	100.00	0.00
146457	借呗 32A1	3392.00	1.03	2018.09.12	5.2500	100.00	0.00
146458	借呗 32A2	308.00	1.03	2018.09.12	5.5800	100.00	0.00
146459	借呗 32B	300.00	1.03	2018.09.12	0.0000	103.93	115.00
146460	借呗 33A1	3392.00	1.03	2018.09.19	5.3000	100.00	0.00
146461	借呗 33A2	308.00	1.03	2018.09.19	5.6000	100.00	0.00
146462	借呗 33B	300.00	1.03	2018.09.19	0.0000	101.74	60.00
146463	借呗 34A1	2035.00	1.02	2018.09.20	5.3000	100.00	0.00
146464	借呗 34A2	185.00	1.02	2018.09.20	5.6000	100.00	99.60
146465	借呗 34B	180.00	1.02	2018.09.20	0.0000	101.67	36.00
146466	花呗 36A1	3360.00	1.02	2018.09.21	5.3000	100.24	10.00
146467	花呗 36A2	260.00	1.02	2018.09.21	5.6000	100.00	0.00
146468	花呗 36B	380.00	1.02	2018.09.21	0.0000	102.38	161.50
146469	花呗 37A1	3360.00	1.03	2018.09.28	5.3000	100.19	1020.00
146470	花呗 37A2	260.00	1.03	2018.09.28	5.6000	100.00	0.00
146471	花呗 37B	380.00	1.03	2018.09.28	0.0000	102.24	171.00
146472	花呗 38A1	3024.00	1.04	2018.10.12	5.3500	100.12	896.00
146473	花呗 38A2	234.00	1.04	2018.10.12	5.6000	100.00	0.00
146474	花呗 38B	342.00	1.04	2018.10.12	0.0000	100.00	0.00
146475	花呗 39A1	1848.00	1.05	2018.10.16	5.3000	100.10	230.00
146476	花呗 39A2	143.00	1.05	2018.10.16	5.5400	100.00	0.00
146477	花呗 39B	209.00	1.05	2018.10.16	0.0000	100.00	0.00
146478	PR 阆燃 01	100.00	1.15	2018.10.30	5.5000	59.00	0.00
146479	17 阆燃 02	100.00	2.15	2019.10.30	5.6000	100.00	0.00
146480	17 阆燃 03	100.00	3.15	2020.10.30	5.9000	100.00	0.00
146481	17 阆燃 04	100.00	4.15	2021.10.30	6.4500	100.00	10.00
146482	17 阆燃 05	100.00	5.15	2022.10.30	6.6000	102.73	110.00
146483	17 阆燃次	25.00	5.15	2022.10.30	0.0000	100.00	0.00
146490	金地优 1	23.00	0.78	2018.06.11	5.3000	100.00	0.00
146491	金地优 2	35.00	1.78	2019.06.10	5.4000	100.00	0.00
146492	金地优 3	44.00	2.78	2020.06.10	5.7400	100.00	0.00
146493	金地优 4	45.00	3.78	2021.06.10	5.7400	100.00	0.00
146494	金地优 5	55.00	4.78	2022.06.10	5.7400	100.00	0.00
146495	金地优 6	57.00	5.78	2023.06.12	5.7400	100.00	0.00
146496	金地优 7	69.00	6.78	2024.06.10	5.7400	100.00	0.00
146497	金地优 8	72.00	7.78	2025.06.10	5.7400	100.00	0.00
146498	金地次	20.00	7.78	2025.06.10	0.0000	100.00	0.00
146499	PR02A1	170.00	0.81	2018.06.26	5.6000	13.21	60.00
146500	PR 诚 2A2	148.00	1.81	2019.06.26	5.8500	38.07	0.00
146501	诚泰 02A3	115.00	3.06	2020.09.26	6.3000	100.00	0.00
146502	诚泰 02B	38.00	3.31	2020.12.26	6.8000	100.00	0.00
146503	诚泰 02 次	81.00	4.56	2022.03.26	0.0000	100.00	0.00
146507	PRXM3 优 A	355.00	1.01	2018.11.12	5.5000	6.85	60.00
146508	PRXM3 优 B	65.00	1.18	2018.12.12	6.1500	22.66	40.00
146509	小米 3 次 1	50.00	1.26	2018.12.12	6.7000	104.24	50.00
146510	G 通水 01	24.00	0.92	2018.08.15	5.3000	100.00	0.00

债券信息 List of Bonds

债券代码 Code	债券简称 Bond Name	发行数量(百万) Issued Vol(M)	年限 Terms	到期日 Expiration Date	票面利率(%) Coupon Rate(%)	本年收盘 Close	成交数量(万张) Trading Vol(10000)
146511	G 通水 02	28.00	1.92	2019.08.15	5.4000	100.00	0.00
146512	G 通水 03	34.00	2.92	2020.08.15	5.8000	100.00	0.00
146513	G 通水 04	38.00	3.92	2021.08.15	6.0000	100.00	0.00
146514	G 通水 05	44.00	4.92	2022.08.15	6.3000	100.00	0.00
146515	G 通水 06	50.00	5.92	2023.08.15	6.3000	100.00	0.00
146516	G 通水 07	55.00	6.92	2024.08.15	6.3000	100.00	0.00
146517	G 通水 08	62.00	7.92	2025.08.15	6.3000	100.00	0.00
146518	G 通水 09	69.00	8.92	2026.08.15	6.3000	100.00	0.00
146519	G 通水 10	76.00	9.92	2027.08.15	6.3000	100.00	0.00
146520	G 通水次	30.00	9.92	2027.08.15	0.0000	100.00	0.00
146521	番雅优 01	910.00	3.00	2020.09.01	5.7500	100.00	0.00
146522	番雅优 02	147.00	3.00	2020.09.01	6.5600	100.00	0.00
146523	番雅次级	55.00	3.00	2020.09.01	0.0000	100.00	0.00
146524	PR1A1	270.00	0.78	2018.03.27	5.6000	26.42	0.00
146525	PR1A2	285.00	2.37	2020.01.27	6.1000	27.50	100.00
146526	金石 1B	45.00	2.37	2020.01.27	6.5000	100.00	0.00
146527	金石 1 次	155.00	4.87	2022.07.27	0.0000	100.00	0.00
146528	PR 奥 5A1	129.00	0.62	2018.04.28	5.3000	19.39	0.00
146529	PR5A2	86.00	1.62	2019.04.28	5.5000	47.69	0.00
146530	PR 奥 5A4	114.00	2.88	2020.07.28	5.9000	58.15	0.00
146531	奥租 5A3	63.00	2.63	2020.04.28	5.7000	100.00	0.00
146532	奥租 5B	68.00	3.63	2021.04.28	6.5000	100.00	0.00
146534	春申 1 优	2850.00	0.83	2018.07.19	4.9900	99.33	30.00
146535	春申 1 次	150.00	0.83	2018.07.19	0.0000	100.00	0.00
146536	PR01	60.00	1.04	2018.10.13	5.7500	50.00	0.00
146537	南汽 02	60.00	2.04	2019.10.13	5.7500	100.00	0.00
146538	南汽 03	60.00	3.04	2020.10.13	5.7500	100.00	0.00
146539	南汽 04	60.00	4.04	2021.10.13	5.7500	100.00	0.00
146540	南汽 05	60.00	5.04	2022.10.13	5.7500	100.00	0.00
146541	南汽次级	38.00	5.04	2022.10.13	0.0000	100.00	0.00
146542	PR 百新 1A	340.00	2.03	2019.09.30	5.5000	19.59	0.00
146543	百新 1B	24.00	2.19	2019.11.29	7.0000	100.00	0.00
146544	百新 1C	36.00	2.19	2019.11.29	0.0000	100.00	0.00
146545	17 水总 01	19.00	3.00	2018.09.21	4.9100	100.00	0.00
146546	17 水总 02	11.00	3.00	2018.09.21	6.5800	100.00	0.00
146547	17 水总 03	11.00	3.00	2020.09.21	7.5800	100.00	0.00
146548	17 水总 04	35.00	3.00	2020.09.21	7.6500	100.00	0.00
146549	17 水总次	35.00	3.00	2020.09.21	0.0000	100.00	0.00
146550	PR 龙 1A	1350.00	18.02	2035.09.24	5.0000	98.59	0.00
146551	美凯龙 1B	1050.00	18.02	2035.09.24	6.2000	99.73	0.00
146552	恒汇 1A1	1086.00	0.30	2018.01.18	5.2000	100.00	0.00
146553	PR 恒汇 12	2303.00	1.30	2018.12.21	5.2500	36.27	0.00
146554	PR 恒汇 13	1002.00	1.81	2018.12.21	5.5000	62.09	0.00
146555	PR 恒汇 14	463.00	2.07	2018.12.21	5.5500	63.05	0.00
146556	恒汇 1 次	255.00	2.81	2018.12.21	0.0000	100.00	0.00
146557	借呗 35A1	848.00	1.05	2018.10.17	5.5000	100.14	476.00
146558	借呗 35A2	77.00	1.05	2018.10.17	5.6000	100.00	0.00
146559	借呗 35B	75.00	1.05	2018.10.17	0.0000	100.00	33.75
146560	花呗 40A1	1848.00	1.03	2018.10.24	5.4000	100.14	1000.00
146561	花呗 40A2	143.00	1.03	2018.10.24	5.6000	100.00	0.00

债券信息
List of Bonds

债券
Bond

债券代码 Code	债券简称 Bond Name	发行数量(百万) Issued Vol(M)	年限 Terms	到期日 Expiration Date	票面利率(%) Coupon Rate(%)	本年收盘 Close	成交数量(万张) Trading Vol(10000)
146562	花呗 40B	209.00	1.03	2018.10.24	0.0000	100.00	0.00
146563	借呗 36A1	1272.00	1.03	2018.10.23	5.3000	100.10	14.00
146564	借呗 36A2	116.00	1.03	2018.10.23	5.6000	100.00	0.00
146565	借呗 36B	113.00	1.03	2018.10.23	0.0000	103.02	95.75
146566	借呗 37A1	1696.00	1.03	2018.10.24	5.4000	100.15	1060.00
146567	借呗 37A2	154.00	1.03	2018.10.24	5.6000	100.00	0.00
146568	借呗 37B	150.00	1.03	2018.10.24	0.0000	101.70	30.00
146569	借呗 38A1	3392.00	1.02	2018.10.26	5.4000	100.15	580.00
146570	借呗 38A2	308.00	1.02	2018.10.26	5.6000	100.00	0.00
146571	借呗 38B	300.00	1.02	2018.10.26	0.0000	100.89	35.00
146572	借呗 39A1	3392.00	1.02	2018.11.01	5.4000	100.20	440.00
146573	借呗 39A2	308.00	1.02	2018.11.01	5.6000	100.00	0.00
146574	借呗 39B	300.00	1.02	2018.11.01	0.0000	101.48	70.00
146575	借呗 40A1	2544.00	1.03	2018.11.05	5.4000	99.58	9.00
146576	借呗 40A2	231.00	1.03	2018.11.05	5.7000	100.07	50.00
146577	借呗 40B	225.00	1.03	2018.11.05	0.0000	101.43	68.25
146578	花呗 41A1	1848.00	1.03	2018.10.30	5.4000	100.15	390.00
146579	花呗 41A2	143.00	1.03	2018.10.30	5.6000	100.00	0.00
146580	花呗 41B	209.00	1.03	2018.10.30	0.0000	100.93	30.00
146581	PR 红博 01	60.00	1.00	2018.09.30	6.2000	50.00	0.00
146582	17 红博 02	70.00	2.00	2019.09.30	6.4500	100.00	0.00
146583	17 红博 03	80.00	3.01	2020.09.30	6.5500	100.00	0.00
146584	17 红博 04	90.00	4.01	2021.09.30	6.6000	100.00	0.00
146585	17 红博 05	100.00	5.01	2022.09.30	6.6000	100.00	0.00
146586	17 红博 06	110.00	6.01	2023.09.30	6.7000	100.00	0.00
146587	17 红博 07	120.00	7.01	2024.09.30	7.5000	100.00	0.00
146588	17 红博 08	130.00	8.01	2025.09.30	7.5000	102.40	130.00
146589	17 红博 09	140.00	9.01	2026.09.30	7.5000	102.60	140.00
146590	17 红博次	50.00	9.01	2026.09.30	0.0000	100.00	0.00
146591	融鑫 2	178.00	0.97	2018.09.19	5.3500	99.95	170.00
146592	光谷 A1	35.00	0.30	2018.01.28	5.2000	100.00	0.00
146593	光谷 A2	112.00	0.30	2018.01.28	5.6500	100.00	0.00
146594	PRA3	110.00	0.79	2018.07.28	5.6500	78.15	0.00
146595	光谷 A4	93.00	1.30	2018.07.30	5.7500	100.00	0.00
146596	PRB1	140.00	1.79	2019.07.28	6.0000	41.67	0.00
146597	光谷 B2	30.00	2.30	2020.01.28	6.5000	100.00	0.00
146598	光谷 C1	185.00	2.80	2020.07.28	7.0000	100.00	0.00
146599	光谷 C2	15.00	3.30	2021.01.28	7.2000	98.22	15.00
146600	光谷 D	181.00	3.80	2021.07.28	8.0000	100.00	401.00
146601	光谷次级	100.00	4.35	2022.02.16	0.0000	100.00	0.00
146602	上实 6A1	269.00	0.34	2018.01.30	5.7000	99.91	8.00
146603	上实 6A2	351.00	0.83	2018.07.30	5.8000	100.16	20.00
146604	上实 6A3	268.00	1.34	2019.01.30	6.0000	100.00	0.00
146605	上实 6A4	360.00	1.83	2019.07.30	6.3000	100.71	14.00
146606	上实 6A5	621.00	2.34	2020.01.30	6.5000	98.93	56.00
146607	上实 6A6	390.00	2.84	2020.07.30	6.7000	99.39	178.00
146608	上实 6B	393.00	2.84	2020.07.30	7.2000	84.00	72.00
146609	上实 6 次	378.00	2.84	2020.07.30	0.0000	100.00	0.00
146611	厦工院 02	98.00	1.04	2018.11.07	5.7500	100.00	0.00
146612	厦工院 03	100.00	2.04	2019.11.07	5.9500	100.00	0.00

债券信息 List of Bonds

债券 Bond

债券代码 Code	债券简称 Bond Name	发行数量(百万) Issued Vol(M)	年限 Terms	到期日 Expiration Date	票面利率(%) Coupon Rate(%)	本年收盘 Close	成交数量(万张) Trading Vol(10000)
146613	厦工院 04	108.00	3.04	2020.11.07	6.7000	100.00	0.00
146614	厦工院 05	116.00	4.04	2021.11.07	6.8000	100.00	0.00
146615	厦工院 06	125.00	5.04	2022.11.07	6.9000	100.00	0.00
146616	17 畅星 01	1368.00	5.00	2022.09.13	5.7000	96.54	100.00
146617	17 畅星 02	432.00	5.00	2022.09.13	6.1000	100.00	0.00
146618	17 畅星次	850.00	5.00	2022.09.13	0.0000	100.00	0.00
146619	电投优	684.00	2.72	2020.07.02	4.7500	100.00	0.00
146620	电投次	36.00	2.72	2020.07.02	0.0000	100.00	0.00
146621	首开优先	2910.00	3.00	2020.09.28	5.3400	100.00	0.00
146622	首开次级	90.00	3.00	2020.09.28	0.0000	100.00	0.00
146623	花呗 42A1	1512.00	1.02	2018.11.02	5.4000	100.31	100.00
146624	花呗 42A2	117.00	1.02	2018.11.02	5.5900	100.00	0.00
146625	花呗 42B	171.00	1.02	2018.11.02	0.0000	103.24	34.00
146626	顺丰 1A	382.00	2.50	2020.04.18	5.8000	100.00	0.00
146627	顺丰 1B	23.00	2.50	2020.04.18	6.7000	99.85	11.00
146628	顺丰 1 次	45.00	4.50	2022.04.18	0.0000	100.00	0.00
146629	聚元 2A1	282.00	0.49	2018.03.07	4.6500	100.00	0.00
146630	聚元 2A2	77.00	0.89	2018.07.31	4.7000	100.00	0.00
146631	聚元 2A3	98.00	0.96	2018.08.24	4.8000	100.00	0.00
146632	聚元 2A4	353.00	0.98	2018.08.30	4.8000	100.00	0.00
146633	聚元 2A5	191.00	0.99	2018.09.03	4.8000	100.00	0.00
146634	PRXM4 优 A	355.00	1.38	2019.03.12	5.5600	22.00	30.00
146635	小米 4 优 B	65.00	1.38	2019.03.12	6.0500	100.00	0.00
146636	小米 4 次 1	50.00	1.38	2019.03.12	7.0000	103.53	50.00
146637	汇通 11A1	310.00	0.25	2018.01.27	5.4000	100.00	0.00
146638	PR11A2	140.00	0.50	2018.04.27	5.5000	45.26	0.00
146639	PR11A3	125.00	0.75	2018.07.27	5.5000	28.35	0.00
146640	PR11A4	115.00	1.00	2018.10.27	5.5500	10.24	0.00
146641	PR11A5	115.00	1.25	2019.01.27	5.6500	8.82	0.00
146642	汇通 11A6	115.00	1.50	2019.04.27	5.7500	100.00	0.00
146643	汇通 11A7	98.00	1.75	2019.07.27	5.8000	100.00	0.00
146644	汇通 11A8	66.00	2.00	2019.10.27	6.2000	100.33	0.00
146645	汇通 11B	176.00	2.75	2020.07.27	10.0000	100.00	0.00
146646	德盈 01	476.00	0.97	2018.10.12	4.7600	100.00	0.00
146647	借呗 41A1	848.00	1.03	2018.11.06	5.4300	100.00	0.00
146648	借呗 41A2	77.00	1.03	2018.11.06	5.7000	100.00	0.00
146649	借呗 41B	75.00	1.03	2018.11.06	0.0000	101.41	20.00
146650	借呗 42A1	3392.00	1.03	2018.11.07	5.5000	100.12	929.00
146651	借呗 42A2	308.00	1.03	2018.11.07	5.7000	100.00	0.00
146652	借呗 42B	300.00	1.03	2018.11.07	0.0000	101.39	40.00
146653	借呗 43A1	3392.00	1.02	2018.11.09	5.5000	100.23	190.00
146654	借呗 43A2	308.00	1.02	2018.11.09	5.7000	100.00	50.00
146655	借呗 43B	300.00	1.02	2018.11.09	0.0000	103.09	85.00
146656	借呗 44A1	2205.00	1.02	2018.11.15	5.6000	100.27	305.00
146657	借呗 44A2	200.00	1.02	2018.11.15	5.7000	100.00	0.00
146658	借呗 44B	195.00	1.02	2018.11.15	0.0000	104.92	94.25
146659	PR 平安 2A	3099.00	3.79	2021.08.10	5.8000	47.52	315.47
146660	17 平安 2B	107.00	4.04	2021.11.10	6.5000	100.00	0.00
146661	17 平安 2C	203.00	5.50	2023.04.25	0.0000	100.00	0.00
146662	唯品花 2A	390.00	1.29	2018.12.05	5.7500	99.82	200.00

债券信息 List of Bonds

债券代码 Code	债券简称 Bond Name	发行数量(百万) Issued Vol(M)	年限 Terms	到期日 Expiration Date	票面利率(%) Coupon Rate(%)	本年收盘 Close	成交数量(万张) Trading Vol(10000)
146663	PR 花 2B	85.00	1.29	2019.02.03	6.1800	8.11	120.00
146665	PR17 三 A	2965.00	3.50	2021.04.26	5.4500	59.35	0.00
146666	17 远东 3B	445.00	4.50	2022.04.26	6.9500	99.50	0.00
146667	17 远东 3C	205.00	5.00	2022.10.26	0.0000	100.00	0.00
146668	花呗 43A1	1239.00	1.02	2018.11.08	5.5000	100.12	700.00
146669	花呗 43A2	42.00	1.02	2018.11.08	5.7000	100.00	0.00
146670	花呗 43B	119.00	1.02	2018.11.08	0.0000	100.00	0.00
146671	花呗 44A1	1770.00	1.03	2018.11.14	5.6000	100.13	1190.00
146672	花呗 44A2	60.00	1.03	2018.11.14	5.8000	100.00	0.00
146673	花呗 44B	170.00	1.03	2018.11.14	0.0000	107.76	78.00
146674	花呗 45A1	2655.00	1.02	2018.11.16	5.7000	100.13	2495.00
146675	花呗 45A2	90.00	1.02	2018.11.16	5.8000	100.00	90.00
146676	花呗 45B	255.00	1.02	2018.11.16	0.0000	104.90	129.00
146677	花呗 46A1	2213.00	1.03	2018.11.21	5.7000	100.10	1029.00
146678	花呗 46A2	75.00	1.03	2018.11.21	5.7700	100.00	0.00
146679	花呗 46B	213.00	1.03	2018.11.21	0.0000	100.00	0.00
146680	花呗 47A1	1682.00	1.02	2018.11.23	5.7000	100.32	260.00
146681	花呗 47A2	57.00	1.02	2018.11.23	5.8000	100.00	0.00
146682	花呗 47B	162.00	1.02	2018.11.23	0.0000	100.00	0.00
146683	花呗 48A1	2655.00	1.03	2018.12.03	5.9000	100.13	1020.00
146684	花呗 48A2	90.00	1.03	2018.12.03	6.0000	100.00	0.00
146685	花呗 48B	255.00	1.03	2018.12.03	0.0000	101.20	20.00
146686	花呗 49A1	1859.00	1.03	2018.12.04	5.9000	100.43	918.00
146687	花呗 49A2	63.00	1.03	2018.12.04	6.0000	100.00	0.00
146688	花呗 49B	179.00	1.03	2018.12.04	0.0000	101.18	30.00
146689	花呗 50A1	3540.00	1.03	2018.12.05	6.0000	100.11	610.00
146690	花呗 50A2	120.00	1.03	2018.12.05	6.1000	100.00	0.00
146691	花呗 50B	340.00	1.03	2018.12.05	0.0000	100.00	50.00
146692	PR 华铁 1A	482.00	1.40	2019.03.28	6.3500	3.01	0.00
146693	华铁 1B	98.00	2.16	2019.12.28	7.3000	100.00	0.00
146694	华铁 1C	40.00	2.41	2020.03.28	7.5000	100.00	0.00
146695	华铁 1 次	142.00	2.41	2020.03.28	0.0000	100.00	0.00
146696	华润 2 优 1	1638.00	2.00	2019.11.07	5.2000	100.00	0.00
146697	华润 2 优 2	158.00	2.00	2019.11.07	5.7000	100.00	30.00
146698	华润 2 次 1	138.00	2.00	2019.11.07	0.0000	100.00	0.00
146699	华润 2 次 2	39.00	2.00	2019.11.07	0.0000	100.00	0.00
146700	PR17A	2000.00	18.01	2035.11.03	5.7000	96.76	600.00
146701	复地 17B	1200.00	18.01	2035.11.03	6.0000	100.00	0.00
146702	复地 17C	170.00	18.01	2035.11.03	0.0000	100.00	0.00
146703	苏银 1 号	190.00	0.99	2018.11.01	5.0100	100.00	0.00
146705	PR01A2	1000.00	0.37	2018.03.25	4.8000	93.42	3.20
146706	PR01A3	850.00	0.62	2018.06.25	4.9000	92.66	0.00
146707	PR01A4	840.00	0.87	2018.09.25	5.0000	92.93	0.00
146708	PR01A5	660.00	1.12	2018.12.25	5.1000	90.61	150.00
146709	PR01A6	1075.00	1.37	2019.03.25	5.1500	94.51	320.00
146710	宁远 01 次	106.00	1.37	2019.03.25	0.0000	100.00	0.00
146711	皖投 03 优	480.00	3.00	2020.11.08	6.0000	98.98	420.00
146712	借呗 45A1	2459.00	1.03	2018.11.19	5.7000	100.26	957.50
146713	借呗 45A2	223.00	1.03	2018.11.19	5.8000	100.00	0.00
146714	借呗 45B	218.00	1.03	2018.11.19	0.0000	100.01	0.00

债券信息 List of Bonds

债券 Bond

债券代码 Code	债券简称 Bond Name	发行数量(百万) Issued Vol(M)	年限 Terms	到期日 Expiration Date	票面利率(%) Coupon Rate(%)	本年收盘 Close	成交数量(万张) Trading Vol(10000)
146715	浙商 1A1	130.00	0.18	2018.01.10	5.2000	100.00	0.00
146716	PR1A2	480.00	0.94	2018.10.15	5.3000	96.24	0.00
146717	PR1A3	405.00	1.42	2019.04.10	5.4000	88.65	0.00
146718	浙商 1B	137.00	1.42	2019.04.10	6.0000	100.00	0.00
146719	浙商 1C	418.00	1.82	2019.09.03	0.0000	100.00	0.00
146720	PR 易鑫 4A	1282.00	1.97	2019.11.04	5.5000	36.59	200.00
146721	17 易鑫 4B	153.00	2.22	2020.02.03	6.9000	100.00	0.00
146722	17 易鑫 4C	90.00	2.47	2020.05.04	0.0000	100.00	0.00
146723	17 花 01A1	2213.00	1.03	2018.11.21	5.7000	100.21	982.50
146724	17 花 01A2	75.00	1.03	2018.11.21	5.7100	100.00	0.00
146725	17 花 01B	213.00	1.03	2018.11.21	0.0000	104.78	259.50
146726	17 花 02A1	3540.00	1.03	2018.12.03	5.9000	100.09	2083.50
146727	17 花 02A2	120.00	1.03	2018.12.03	6.1000	100.00	0.00
146728	17 花 02B	340.00	1.03	2018.12.03	0.0000	101.70	8.00
146729	17 花 03A1	1770.00	1.03	2018.12.10	6.0000	100.42	1220.00
146730	17 花 03A2	60.00	1.03	2018.12.10	6.1000	100.00	0.00
146731	17 花 03B	170.00	1.03	2018.12.10	0.0000	99.99	46.00
146732	17 花 04A1	3540.00	1.02	2018.12.14	6.0000	100.24	780.00
146733	17 花 04A2	120.00	1.02	2018.12.14	6.2000	100.00	0.00
146734	17 花 04B	340.00	1.02	2018.12.14	0.0000	104.83	441.00
146735	17 花 05A1	1328.00	1.02	2018.12.14	6.0000	100.17	2188.00
146736	17 花 05A2	45.00	1.02	2018.12.14	6.2000	100.00	0.00
146737	17 花 05B	128.00	1.02	2018.12.14	0.0000	104.83	246.50
146744	海融 1 优	1900.00	1.50	2019.05.17	5.2000	100.00	0.00
146745	海融 1 次	100.00	1.50	2019.05.17	0.0000	100.00	0.00
146746	海融 2 优	4750.00	1.50	2019.07.16	5.6500	100.55	110.00
146747	海融 2 次	250.00	1.50	2019.07.16	0.0000	100.00	0.00
146748	恒信八 A1	1130.00	0.32	2018.03.12	5.3000	100.00	0.00
146749	恒信八 A2	744.00	0.38	2018.04.03	5.4000	100.00	0.00
146750	恒信八 A3	159.00	0.63	2018.07.04	5.5000	100.00	0.00
146751	PR 八 A4	195.00	0.90	2018.10.11	5.5000	79.32	0.00
146752	恒信八 A5	68.00	1.39	2018.10.11	4.9000	100.00	0.00
146753	PR 八 A6	193.00	1.63	2019.07.04	4.9000	78.57	0.00
146754	恒信八 A7	154.00	1.90	2019.10.10	4.9000	100.00	0.00
146755	恒信八 A8	104.00	2.14	2020.01.07	5.0000	100.00	0.00
146756	恒信八 A9	623.00	2.26	2020.02.21	5.0000	100.00	0.00
146757	恒信八 B	338.00	2.26	2020.02.21	5.0000	100.00	0.00
146758	恒信八次	489.00	2.35	2020.03.23	7.0000	100.00	0.00
146759	长虹优 A	581.00	3.00	2020.11.03	5.4400	100.00	0.00
146760	长虹优 B	68.00	3.00	2020.11.03	5.5300	100.00	0.00
146761	长虹优 C	352.00	3.00	2020.11.03	6.1600	100.00	0.00
146762	长虹次级	53.00	3.00	2020.11.03	0.0000	100.00	0.00
146763	天风 17A1	420.00	0.17	2018.01.22	5.2000	100.00	0.00
146764	PR17A2	170.00	0.92	2018.10.22	5.6000	34.67	0.00
146765	PR17A3	126.00	2.17	2020.01.21	6.0000	62.00	0.00
146766	天风 17B	55.00	2.17	2020.01.21	8.5000	100.00	0.00
146767	天风 17 次	123.00	2.17	2020.01.21	0.0000	100.00	0.00
146768	PR1A	445.00	0.67	2018.04.26	5.9000	71.88	200.00
146769	京农 1B	50.00	0.67	2018.04.26	6.5000	99.98	20.00
146770	京农 1 中	55.00	0.67	2018.04.26	0.0000	100.00	0.00

债券信息 List of Bonds

债券 Bond

债券代码 Code	债券简称 Bond Name	发行数量(百万) Issued Vol(M)	年限 Terms	到期日 Expiration Date	票面利率(%) Coupon Rate(%)	本年收盘 Close	成交数量(万张) Trading Vol(10000)
146771	京农 1 次	30.00	0.67	2018.04.26	0.0000	100.00	0.00
146772	宁海 A1	252.00	0.55	2018.06.01	5.4600	100.00	0.00
146773	宁海 A2	439.00	1.05	2018.12.01	5.5000	100.00	100.00
146774	宁海 A3	313.00	1.55	2019.06.01	5.6600	100.00	280.00
146775	宁海 A4	117.00	2.05	2019.12.01	5.7000	100.00	0.00
146776	宁海 A5	59.00	2.55	2020.06.01	5.8000	100.00	0.00
146777	宁海次级	70.00	2.55	2020.06.01	0.0000	100.00	0.00
146778	PR 德银 3A	185.00	1.36	2018.12.26	5.4000	13.68	180.00
146779	PR 德银 3B	15.00	1.36	2019.03.26	5.6000	42.57	0.00
146780	17 德银次	22.00	1.86	2019.09.26	0.0000	100.00	0.00
146781	天津住 A1	520.00	0.52	2018.05.28	5.4000	100.00	0.00
146782	天津住 A2	90.00	1.02	2018.11.28	5.9500	100.00	0.00
146783	天津住 A3	290.00	1.52	2018.12.07	6.2000	100.05	64.00
146784	天津住次	50.00	1.52	2018.12.07	0.0000	100.00	0.00
146785	镜泊湖 A1	25.00	1.00	2018.10.20	5.5000	100.00	0.00
146786	镜泊湖 A2	27.00	2.00	2019.10.20	5.8000	100.00	0.00
146787	镜泊湖 A3	30.00	3.00	2020.10.20	7.0000	100.00	0.00
146788	镜泊湖 A4	33.00	4.00	2021.10.20	7.2000	100.00	0.00
146789	镜泊湖 A5	35.00	5.00	2022.10.20	7.2000	100.00	0.00
146790	镜泊湖 A6	40.00	6.00	2023.10.20	7.2000	100.00	0.00
146791	镜泊湖 A7	45.00	7.01	2024.10.20	7.2000	100.00	0.00
146792	镜泊湖次	26.00	7.01	2024.10.20	0.0000	100.00	0.00
146793	PR 聚 03A1	630.00	1.07	2018.12.18	5.8000	5.92	0.00
146794	PR 聚 03A2	665.00	2.32	2020.03.17	6.0000	90.03	0.00
146795	17 聚 03A3	357.00	3.32	2021.03.16	6.1800	100.00	0.00
146796	17 聚 03B1	90.00	3.57	2021.06.16	7.0000	102.40	315.00
146797	17 聚 03B2	40.00	3.82	2021.09.16	6.5000	100.00	0.00
146798	17 聚 03 次	218.00	4.82	2022.09.16	4.0000	100.00	0.00
146799	PR 京保 5A	1380.00	0.53	2018.03.16	5.5000	15.40	20.00
146800	PR 京保 5B	120.00	0.53	2018.04.19	0.0000	83.00	0.00
146801	PR 京保 6A	736.00	0.53	2018.03.20	5.5000	29.72	30.00
146802	PR 京保 6B	64.00	0.53	2018.04.23	0.0000	26.00	0.00
146803	仪师 01	26.00	0.31	2018.03.20	5.6000	100.00	0.00
146804	仪师 02	20.00	1.31	2019.03.20	5.7000	100.00	0.00
146805	仪师 03	21.00	2.31	2020.03.20	5.8000	100.00	0.00
146806	仪师 04	21.00	3.31	2021.03.20	6.5000	100.00	0.00
146807	仪师 05	23.00	4.31	2022.03.20	6.5000	100.00	0.00
146808	仪师 06	24.00	5.31	2023.03.20	6.5000	99.59	23.50
146809	仪师 07	25.00	6.31	2024.03.20	6.5000	99.04	25.00
146810	仪师 08	26.00	7.31	2025.03.20	6.5000	98.36	26.00
146811	仪师 09	28.00	8.31	2026.03.20	6.5000	97.58	27.50
146812	仪师 10	29.00	9.31	2027.03.20	6.5000	96.72	29.00
146813	仪师 11	31.00	10.32	2028.03.20	6.5000	95.78	30.50
146814	仪师 12	82.00	11.32	2029.03.20	6.5000	94.77	81.50
146815	仪师次级	28.00	11.32	2029.03.20	0.0000	100.00	0.00
146816	PRA1	368.00	0.90	2018.07.17	5.2400	72.66	0.00
146817	PRA2	1715.00	1.65	2019.07.17	5.5000	78.73	223.00
146818	同享优 B	318.00	2.42	2020.04.24	5.5100	100.08	318.00
146819	同享优 C	174.00	2.42	2020.04.24	5.5200	99.10	174.00
146820	同享次级	319.00	2.42	2020.04.24	0.0000	100.00	0.00

债券信息 List of Bonds

债券 Bond

债券代码 Code	债券简称 Bond Name	发行数量(百万) Issued Vol(M)	年限 Terms	到期日 Expiration Date	票面利率(%) Coupon Rate(%)	本年收盘 Close	成交数量(万张) Trading Vol(10000)
146821	PR1A1	100.00	0.38	2018.04.11	4.5000	73.94	0.00
146822	PR1A2	620.00	0.63	2018.07.11	4.6000	6.15	0.00
146823	兴资 1B	210.00	0.63	2018.07.11	4.9000	100.00	0.00
146824	兴资 1 次	249.00	0.90	2018.10.17	0.0000	100.00	0.00
146825	海尔二优	1300.00	2.00	2019.11.15	5.5000	100.00	0.00
146826	海尔二次	40.00	2.00	2019.11.15	0.0000	100.00	0.00
146827	PR 正保 A	235.00	2.05	2018.12.12	6.3000	8.35	0.00
146828	17 正保 B	85.00	2.05	2018.12.12	6.8000	100.00	0.00
146829	PR 正保 C	80.00	2.05	2019.12.11	7.5000	65.32	99.00
146830	17 正保次	20.00	2.05	2019.12.11	0.0000	100.00	0.00
146831	花呗 51A1	1505.00	1.02	2018.12.07	6.0000	100.08	1140.00
146832	花呗 51A2	51.00	1.02	2018.12.07	6.1000	100.00	0.00
146833	花呗 51B	145.00	1.02	2018.12.07	0.0000	100.00	0.00
146834	花呗 52A1	3540.00	1.03	2018.12.11	6.0000	100.10	800.00
146835	花呗 52A2	120.00	1.03	2018.12.11	6.1000	100.00	0.00
146836	花呗 52B	340.00	1.03	2018.12.11	0.0000	101.02	45.00
146837	花呗 53A1	1770.00	1.03	2018.12.12	6.0000	100.29	2119.00
146838	花呗 53A2	60.00	1.03	2018.12.12	6.2000	100.00	0.00
146839	花呗 53B	170.00	1.03	2018.12.12	0.0000	101.00	30.00
146840	PRXM5 优 A	426.00	1.27	2019.03.12	6.1200	22.33	0.00
146841	小米 5 优 B	78.00	1.27	2019.03.12	6.7000	100.00	58.00
146842	小米 5 次 1	60.00	1.27	2019.03.12	7.0000	100.00	60.00
146853	PR 中元 1A	491.00	0.81	2018.09.28	5.6000	17.91	0.00
146854	PR 中元 1B	75.00	1.06	2018.12.28	6.0000	58.29	0.00
146855	PR 中元次	125.00	1.81	2019.09.28	0.0000	58.21	0.00
146856	17 汇融 A1	180.00	0.16	2018.01.28	5.8000	100.00	0.00
146857	PRA2	900.00	1.16	2019.01.28	5.8000	93.10	60.00
146858	17 汇融 A3	150.00	2.16	2020.01.28	6.0000	100.36	10.00
146859	17 汇融 A4	1470.00	2.41	2020.04.28	6.0000	100.00	0.00
146860	17 汇融 B	660.00	2.66	2020.07.28	6.5000	100.00	390.00
146861	17 汇融 C	330.00	2.66	2020.07.28	6.5000	100.00	0.00
146862	17 汇融次	640.00	3.16	2021.01.28	0.0000	100.00	0.00
146863	借呗 46A1	2125.00	1.02	2018.12.13	6.0000	100.37	60.00
146864	借呗 46A2	188.00	1.02	2018.12.13	6.1000	100.00	0.00
146865	借呗 46B	188.00	1.02	2018.12.13	0.0000	100.93	40.00
146866	借呗 47A1	2125.00	1.02	2018.12.14	6.0000	100.30	140.00
146867	借呗 47A2	188.00	1.02	2018.12.14	6.1000	100.00	0.00
146868	借呗 47B	188.00	1.02	2018.12.14	0.0000	104.83	65.00
146869	17 华夏 A1	500.00	0.53	2018.06.30	6.0000	100.00	0.00
146870	17 华夏 A2	500.00	1.53	2019.06.30	6.2000	100.00	200.00
146871	17 华夏 A3	500.00	2.53	2020.06.30	6.6000	100.00	0.00
146872	17 华夏 A4	500.00	3.53	2021.06.30	6.6000	100.85	1237.00
146873	17 华夏 A5	500.00	4.53	2022.06.30	6.6000	100.00	0.00
146874	17 华夏 A6	500.00	5.53	2023.06.30	6.6000	100.00	0.00
146875	PRA	4075.00	1.35	2019.04.10	5.3000	21.81	0.00
146876	信福 B	870.00	2.15	2020.01.29	5.6000	100.00	0.00
146877	信福次	1242.00	3.35	2021.04.10	0.0000	100.00	0.00
146878	新湖优 A	975.00	3.00	2020.11.29	6.1000	100.00	0.00
146879	新湖优 B	450.00	3.00	2020.11.29	6.6000	100.00	0.00
146880	新湖次	75.00	3.00	2020.11.29	0.0000	100.00	0.00

债券信息 List of Bonds

债券代码 Code	债券简称 Bond Name	发行数量(百万) Issued Vol(M)	年限 Terms	到期日 Expiration Date	票面利率(%) Coupon Rate(%)	本年收盘 Close	成交数量(万张) Trading Vol(10000)
146881	PR 优 1	330.00	2.65	2020.07.26	5.5200	37.85	0.00
146882	建房优 2	390.00	5.65	2023.07.26	5.8000	100.00	0.00
146883	建房优 3	480.00	8.65	2026.07.26	5.9800	100.00	0.00
146884	建房次级	50.00	8.65	2026.07.26	0.0000	100.00	0.00
146885	17 中投 1A	1900.00	3.00	2020.11.21	5.4500	100.00	0.00
146886	17 中投次	100.00	3.00	2020.11.21	0.0000	100.00	0.00
146887	PR2A1	2450.00	0.87	2018.10.12	4.6000	52.59	0.00
146888	PR2A2	2000.00	1.34	2019.04.03	4.6500	92.02	0.00
146889	鑫安 2A3	1089.00	1.86	2019.10.11	4.7500	100.00	0.00
146890	鑫安 2B	1497.00	2.61	2020.07.10	5.1000	100.00	0.00
146891	鑫安 2 次	449.00	2.87	2020.10.12	0.0000	100.00	0.00
146892	PR4A	453.00	0.73	2019.02.08	6.5000	10.43	204.00
146893	华科 4B	55.00	0.97	2019.05.08	7.0000	100.00	0.00
146894	华科 4 次	120.00	0.97	2019.05.08	0.0000	100.00	0.00
146895	PR1A	1600.00	18.01	2035.11.24	5.4500	99.68	0.00
146896	泛海 1B	730.00	18.01	2035.11.24	5.7800	100.00	0.00
146897	泛海 1 次	70.00	18.01	2035.11.24	0.0000	100.00	0.00
146898	花呗 54A1	974.00	1.03	2018.12.19	6.0000	100.27	510.00
146899	花呗 54A2	33.00	1.03	2018.12.19	6.2000	100.00	0.00
146901	PR 租 01	17.00	0.88	2018.11.12	2.9000	26.23	0.00
146902	中飞租 02	19.00	1.88	2019.11.12	3.0000	100.00	0.00
146903	中飞租 03	20.00	2.87	2020.11.10	3.2800	100.00	0.00
146904	中飞租 04	24.00	3.87	2021.11.10	3.4800	100.00	0.00
146905	中飞租 05	24.00	4.87	2022.11.10	3.5800	100.00	0.00
146906	中飞租 06	27.00	5.87	2023.11.10	3.6000	100.00	0.00
146907	中飞租 07	23.00	6.88	2024.11.12	3.9000	100.00	0.00
146908	中飞租 08	17.00	7.63	2025.08.11	4.0000	100.00	0.00
147000	17 河北 22	271.00	5.00	2022.09.25	3.9100	100.00	0.00
147001	17 河北 23	420.00	5.00	2022.09.25	3.9800	100.00	0.00
147002	17 河北 24	210.00	5.00	2022.09.25	3.9500	100.00	0.00
147003	17 河北 25	160.00	5.00	2022.09.25	3.9800	100.00	0.00
147004	17 河北 26	1014.00	5.00	2022.09.25	3.9500	100.00	0.00
147005	17 河北 27	409.00	5.00	2022.09.25	3.9800	100.00	0.00
147006	17 河北 28	500.00	3.00	2020.09.25	3.9000	100.00	0.00
147007	17 河北 29	619.00	3.00	2020.09.25	3.7400	100.00	0.00
147008	17 河北 30	1065.00	5.00	2022.09.25	3.9500	100.00	0.00
147009	17 河北 31	1426.00	5.00	2022.09.25	3.9900	100.00	0.00
147010	17 河北 32	136.00	5.00	2022.09.25	3.9900	100.00	0.00
147011	17 新疆 21	12930.00	10.00	2027.09.25	4.0500	100.00	0.00
147012	17 江西 17	1880.00	5.00	2022.10.11	3.7700	100.00	0.00
147013	17 江西 18	1880.00	7.00	2024.10.11	3.9800	100.00	0.00
147014	17 江西 19	715.00	5.00	2022.10.11	3.7700	100.00	0.00
147015	17 江西 20	715.00	7.00	2024.10.11	3.9800	100.00	0.00
147016	17 青海 08	813.20	3.00	2020.10.13	3.8700	100.00	0.00
147017	17 青海 09	2033.00	5.00	2022.10.13	3.9300	100.00	0.00
147018	17 青海 10	2439.00	7.00	2024.10.13	3.9900	100.00	0.00
147019	17 青海 11	2845.00	10.00	2027.10.13	4.0300	100.00	0.00
147020	17 青海 12	300.00	3.00	2020.10.13	3.8700	100.00	0.00
147021	17 青海 13	300.00	5.00	2022.10.13	3.9500	100.00	0.00
147022	17 青海 14	200.00	7.00	2024.10.13	3.9900	100.00	0.00

债券信息 List of Bonds

债券 Bond

债券代码 Code	债券简称 Bond Name	发行数量(百万) Issued Vol(M)	年限 Terms	到期日 Expiration Date	票面利率(%) Coupon Rate(%)	本年收盘 Close	成交数量(万张) Trading Vol(10000)
147023	17 青海 15	300.00	10.00	2027.10.13	4.0500	100.00	0.00
147024	17 青海 16	400.00	5.00	2022.10.13	3.9600	100.00	0.00
147025	17 青海 17	500.00	5.00	2022.10.13	3.9600	100.00	0.00
147026	17 青海 18	500.00	5.00	2022.10.13	3.9600	100.00	0.00
147027	17 青海 19	200.00	5.00	2022.10.13	3.9900	100.00	0.00
147028	17 青海 20	100.00	5.00	2022.10.13	3.9900	100.00	0.00
147029	17 青海 21	100.00	5.00	2022.10.13	3.9900	100.00	0.00
147030	17 青海 22	100.00	5.00	2022.10.13	3.9900	100.00	0.00
147031	17 青海 23	100.00	5.00	2022.10.13	3.9900	100.00	0.00
147032	17 湖北 14	5213.56	5.00	2022.10.16	3.9400	100.00	0.00
147033	17 湖北 15	328.96	5.00	2022.10.16	4.0500	100.00	0.00
147034	17 湖北 16	522.66	5.00	2022.10.16	3.9800	100.00	0.00
147035	17 湖北 17	968.41	5.00	2022.10.16	3.9600	100.00	0.00
147036	17 湖北 18	2204.67	5.00	2022.10.16	3.9500	100.00	0.00
147037	17 湖北 19	724.79	5.00	2022.10.16	3.9400	100.00	0.00
147038	17 湖北 20	997.00	5.00	2022.10.16	4.1900	100.00	0.00
147039	17 湖北 21	1762.85	5.00	2022.10.16	3.9800	100.00	0.00
147040	17 湖北 22	866.73	5.00	2022.10.16	3.9800	100.00	0.00
147041	17 湖北 23	753.71	5.00	2022.10.16	4.0500	100.00	50.00
147042	17 湖北 24	472.12	5.00	2022.10.16	4.0500	100.00	0.00
147043	17 湖北 25	686.07	5.00	2022.10.16	4.2400	100.00	0.00
147044	17 湖北 26	400.72	5.00	2022.10.16	4.2800	100.00	0.00
147045	17 湖北 27	97.75	5.00	2022.10.16	4.3200	100.00	0.00
147046	17 重庆 11	4460.00	10.00	2027.10.17	3.9600	100.00	0.00
147047	17 重庆 12	5740.00	3.00	2020.10.17	3.7800	100.00	0.00
147048	17 重庆 13	11500.00	5.00	2022.10.17	3.9500	100.00	0.00
147049	17 重庆 14	800.00	5.00	2022.10.17	4.0000	100.00	0.00
147050	17 重庆 15	200.00	5.00	2022.10.17	3.9600	100.00	0.00
147051	17 甘肃 07	1700.00	5.00	2022.10.18	3.8500	100.00	0.00
147052	17 甘肃 08	100.00	5.00	2022.10.18	3.9900	100.00	0.00
147053	17 甘肃 09	100.00	5.00	2022.10.18	3.9900	100.00	0.00
147054	17 甘肃 10	500.00	5.00	2022.10.18	3.8700	100.00	0.00
147055	17 甘肃 11	500.00	5.00	2022.10.18	3.8700	100.00	0.00
147056	17 甘肃 12	200.00	5.00	2022.10.18	3.9200	100.00	0.00
147057	17 甘肃 13	200.00	5.00	2022.10.18	3.9300	100.00	0.00
147058	17 甘肃 14	200.00	5.00	2022.10.18	3.8700	100.00	0.00
147059	17 甘肃 15	300.00	5.00	2022.10.18	3.8500	100.00	0.00
147060	17 甘肃 16	400.00	5.00	2022.10.18	3.8500	100.00	0.00
147061	17 甘肃 17	200.00	5.00	2022.10.18	3.8600	100.00	0.00
147062	17 甘肃 18	300.00	5.00	2022.10.18	3.8600	100.00	0.00
147063	17 甘肃 19	300.00	5.00	2022.10.18	3.8600	100.00	0.00
147064	17 甘肃 20	3000.00	10.00	2027.10.18	4.2600	100.00	0.00
147065	17 甘肃 21	2800.00	7.00	2024.10.18	3.8000	100.00	0.00
147066	17 四川 33	6000.00	3.00	2020.10.24	3.7700	100.00	0.00
147067	17 四川 34	6000.00	5.00	2022.10.24	3.9400	100.00	0.00
147068	17 四川 35	6000.00	7.00	2024.10.24	4.0600	100.00	0.00
147069	17 四川 36	2000.00	10.00	2027.10.24	4.1300	100.00	0.00
147070	17 河北 33	2000.00	7.00	2024.10.23	3.9000	100.00	0.00
147071	17 河北 34	100.00	7.00	2024.10.23	3.9800	100.00	0.00
147072	17 广西 24	5000.00	10.00	2027.10.25	4.1100	100.00	0.00

债券信息
List of Bonds

债券代码 Code	债券简称 Bond Name	发行数量(百万) Issued Vol(M)	年限 Terms	到期日 Expiration Date	票面利率(%) Coupon Rate(%)	本年收盘 Close	成交数量(万张) Trading Vol(10000)
147073	17 广西 25	1100.00	3.00	2020.10.25	3.9000	100.00	0.00
147074	17 广西 26	4700.00	3.00	2020.10.25	3.8500	100.00	0.00
147075	17 广西 27	2000.00	7.00	2024.10.25	4.0700	100.00	0.00
147076	17 广西 28	4000.00	10.00	2027.10.25	4.0500	100.00	0.00
147077	17 辽宁 15	7700.00	3.00	2020.10.27	3.8100	100.00	1700.00
147078	17 辽宁 16	10000.00	5.00	2022.10.27	3.9800	100.00	0.00
147079	17 辽宁 17	7646.00	7.00	2024.10.27	4.0800	100.00	0.00
147080	17 辽宁 18	2200.00	3.00	2020.10.27	3.8600	100.00	0.00
147081	17 辽宁 19	2900.00	5.00	2022.10.27	3.9800	100.00	0.00
147082	17 辽宁 20	2117.00	7.00	2024.10.27	4.0800	100.00	0.00
147083	17 浙江 29	2403.33	3.00	2020.11.01	3.6600	100.00	0.00
147084	17 浙江 30	1977.40	5.00	2022.11.01	3.8500	100.00	0.00
147085	17 浙江 31	1977.40	7.00	2024.11.01	3.9100	100.00	0.00
147086	17 浙江 32	7056.40	5.00	2022.11.01	3.8400	100.00	0.00
147087	17 浙江 33	2882.57	7.00	2024.11.01	3.9400	100.00	0.00
147088	17 浙江 34	4773.85	10.00	2027.11.01	3.9500	100.00	0.00
147089	17 贵州 17	8000.00	3.00	2020.11.01	3.8600	100.00	160.00
147090	17 贵州 18	2000.00	7.00	2024.11.01	4.1400	100.00	0.00
147091	17 贵州 19	6000.00	3.00	2020.11.01	3.8600	100.00	0.00
147092	17 贵州 20	9000.00	5.00	2022.11.01	4.0000	100.00	0.00
147093	17 贵州 21	9000.00	7.00	2024.11.01	4.1400	100.00	0.00
147094	17 贵州 22	6000.00	10.00	2027.11.01	4.1000	100.00	0.00
147095	17 江苏 24	8620.00	3.00	2020.11.03	3.8400	100.00	0.00
147096	17 江苏 25	8500.00	5.00	2022.11.03	3.9900	100.00	0.00
147097	17 江苏 26	8500.00	7.00	2024.11.03	3.9900	100.00	0.00
147098	17 江苏 27	8500.00	10.00	2027.11.03	4.0000	100.00	0.00
147099	17 江苏 28	14810.00	3.00	2020.11.03	3.7900	100.00	0.00
147100	17 江苏 29	14800.00	7.00	2024.11.03	4.0900	100.00	0.00
147101	17 上海 04	5490.00	3.00	2020.11.06	3.7500	100.00	0.00
147102	17 上海 05	8210.00	5.00	2022.11.06	3.9700	100.00	0.00
147103	17 上海 06	5480.00	7.00	2024.11.06	4.0600	100.00	0.00
147104	17 上海 07	8210.00	10.00	2027.11.06	4.0700	100.00	0.00
147105	17 新疆 22	9140.00	3.00	2020.11.07	3.8400	100.00	0.00
147106	17 新疆 23	2220.00	7.00	2024.11.07	4.2200	100.00	0.00
147107	17 山东 28	7145.00	3.00	2020.11.08	3.7800	100.00	0.00
147108	17 山东 29	1297.00	5.00	2022.11.08	4.0500	100.00	0.00
147109	17 山东 30	1271.00	7.00	2024.11.08	4.1500	100.00	0.00
147110	17 山东 31	4879.00	5.00	2022.11.08	4.0600	100.00	0.00
147111	17 山东 32	6000.00	7.00	2024.11.08	4.2200	100.00	0.00
147112	17 山东 33	450.00	5.00	2022.11.08	4.0500	100.00	0.00
147113	17 宁夏 07	600.00	5.00	2022.11.08	3.8800	100.00	0.00
147114	17 宁夏 08	600.00	7.00	2024.11.08	3.9200	100.00	0.00
147115	17 宁夏 09	876.64	10.00	2027.11.08	3.8800	100.00	0.00
147116	17 宁夏 10	216.07	5.00	2022.11.08	3.8800	100.00	0.00
147117	17 宁夏 11	500.00	10.00	2027.11.08	3.8800	100.00	0.00
147118	17 大连 01	1498.22	3.00	2020.11.10	3.8700	100.00	0.00
147119	17 大连 02	2244.43	5.00	2022.11.10	4.0900	100.00	0.00
147120	17 大连 03	2245.59	7.00	2024.11.10	4.1800	100.00	0.00
147121	17 大连 04	1497.06	10.00	2027.11.10	4.1800	100.00	0.00
147122	17 大连 05	106.53	3.00	2020.11.10	3.8900	100.00	0.00

债券信息 List of Bonds

债券 Bond

债券代码 Code	债券简称 Bond Name	发行数量(百万) Issued Vol(M)	年限 Terms	到期日 Expiration Date	票面利率(%) Coupon Rate(%)	本年收盘 Close	成交数量(万张) Trading Vol(10000)
147123	17 大连 06	159.79	5.00	2022.11.10	4.0500	100.00	0.00
147124	17 大连 07	159.79	7.00	2024.11.10	4.2200	100.00	0.00
147125	17 大连 08	106.52	10.00	2027.11.10	4.3800	100.00	0.00
147126	17 山西 19	5827.00	3.00	2020.11.13	3.6900	100.00	0.00
147127	17 山西 20	700.00	7.00	2024.11.13	3.9200	100.00	0.00
147128	17 山西 21	1000.00	10.00	2027.11.13	3.8800	100.00	0.00
147129	17 山西 22	1615.00	10.00	2027.11.13	3.8800	100.00	0.00
147130	17 山西 23	2600.00	10.00	2027.11.13	3.9100	100.00	0.00
147131	17 山西 24	540.00	5.00	2022.11.13	3.9000	100.00	0.00
147132	17 山西 25	80.00	5.00	2022.11.13	3.9000	100.00	0.00
147133	17 广东 41	3580.00	5.00	2022.11.10	3.9900	100.00	0.00
147134	17 广东 42	3580.00	7.00	2024.11.10	3.9900	100.00	0.00
147135	17 河北 35	2290.00	3.00	2020.11.14	3.7000	100.00	0.00
147136	17 河北 36	5000.00	3.00	2020.11.14	3.7000	100.00	0.00
147137	17 河北 37	5360.00	5.00	2022.11.14	3.9000	100.00	0.00
147138	17 海南 07	1900.00	3.00	2020.11.15	3.8400	100.00	0.00
147139	17 海南 08	3517.95	5.00	2022.11.15	3.9600	100.00	0.00
147140	17 海南 09	1500.00	10.00	2027.11.15	4.1400	100.00	0.00
147141	17 海南 10	1887.27	7.00	2024.11.15	4.0200	100.00	0.00
147142	17 海南 11	800.00	5.00	2022.11.15	4.1500	100.00	0.00
147143	17 海南 12	800.00	5.00	2022.11.15	4.3000	100.00	0.00
147144	17 海南 13	200.00	5.00	2022.11.15	4.2600	100.00	0.00
147145	17 海南 14	300.00	5.00	2022.11.15	4.4900	100.00	0.00
147146	17 海南 15	1000.00	5.00	2022.11.15	4.4900	100.00	0.00
147147	17 海南 16	100.00	5.00	2022.11.15	4.3000	100.00	0.00
147148	17 海南 17	100.00	5.00	2022.11.15	4.4900	100.00	0.00
147149	17 海南 18	100.00	5.00	2022.11.15	4.4900	100.00	10.00
147150	17 海南 19	100.00	5.00	2022.11.15	4.4900	100.00	10.00
147151	17 海南 20	100.00	5.00	2022.11.15	4.4900	100.00	10.00
147152	17 海南 21	100.00	5.00	2022.11.15	4.4900	100.00	10.00
147153	17 海南 22	100.00	5.00	2022.11.15	4.4900	100.00	0.00
147154	17 海南 23	200.00	5.00	2022.11.15	4.4900	100.00	10.00
147155	17 福建 16	941.87	3.00	2020.11.17	3.9200	100.00	0.00
147156	17 福建 17	2820.00	5.00	2022.11.17	4.0600	100.00	0.00
147157	17 福建 18	2820.00	7.00	2024.11.17	4.2200	100.00	0.00
147158	17 福建 19	2820.00	10.00	2027.11.17	4.3000	100.00	140.00
147159	17 福建 20	6621.67	5.00	2022.11.17	4.1000	100.00	20.00
147160	17 福建 21	3300.00	7.00	2024.11.17	4.2600	100.00	0.00
147161	17 福建 22	3300.00	10.00	2027.11.17	4.3200	100.00	130.00
147162	17 安徽 10	661.19	5.00	2022.11.20	4.0600	100.00	0.00
147163	17 安徽 11	436.97	5.00	2022.11.20	4.2500	100.00	0.00
147164	17 安徽 12	500.50	5.00	2022.11.20	4.2000	100.00	0.00
147165	17 安徽 13	972.40	5.00	2022.11.20	4.2000	100.00	0.00
147166	17 安徽 14	6108.90	5.00	2022.11.20	4.1300	100.00	0.00
147167	17 安徽 15	297.99	5.00	2022.11.20	4.2000	100.00	0.00
147168	17 安徽 16	1351.95	5.00	2022.11.20	4.1500	100.00	0.00
147169	17 安徽 17	821.77	3.00	2020.11.20	4.2200	100.00	0.00
147170	17 安徽 18	1569.33	3.00	2020.11.20	4.1900	100.00	0.00
147171	17 安徽 19	98.23	5.00	2022.11.20	4.2000	100.00	0.00
147172	17 安徽 20	395.30	5.00	2022.11.20	4.3500	100.00	0.00

债券信息 List of Bonds

债券 Bond

债券代码 Code	债券简称 Bond Name	发行数量(百万) Issued Vol(M)	年限 Terms	到期日 Expiration Date	票面利率(%) Coupon Rate(%)	本年收盘 Close	成交数量(万张) Trading Vol(10000)
147173	17 安徽 21	587.80	5.00	2022.11.20	4.3900	100.00	0.00
147174	17 安徽 22	206.72	5.00	2022.11.20	4.3000	100.00	0.00
147175	17 四川 37	2200.00	3.00	2020.11.21	3.9900	100.00	0.00
147176	17 四川 38	2200.00	5.00	2022.11.21	4.0800	100.00	0.00
147177	17 四川 39	2200.00	7.00	2024.11.21	4.1700	100.00	0.00
147178	17 四川 40	714.00	10.00	2027.11.21	4.2500	100.00	0.00
147179	17 湖北 28	800.00	5.00	2022.11.27	4.0800	100.00	0.00
147180	17 湖北 29	6000.00	10.00	2027.11.27	4.7100	100.00	0.00
147181	17 湖北 30	1500.00	5.00	2022.11.27	3.9700	100.00	0.00
147182	17 青海 24	879.66	10.00	2027.11.27	4.3000	100.00	0.00
147183	17 青海 25	600.00	5.00	2022.11.27	4.2000	100.00	0.00
147184	17 青海 26	1400.00	7.00	2024.11.27	4.4900	100.00	0.00
147185	17 青海 27	2800.00	10.00	2027.11.27	4.7000	100.00	0.00
147186	17 青海 28	200.00	3.00	2020.11.27	3.9700	100.00	0.00
147187	17 青海 29	300.00	5.00	2022.11.27	4.0700	100.00	0.00
147188	17 青海 30	300.00	3.00	2020.11.27	3.9300	100.00	0.00
147189	17 青海 31	700.00	5.00	2022.11.27	4.0900	100.00	0.00
147190	17 青海 32	32.85	5.00	2022.11.27	4.5900	100.00	0.00
147191	17 吉林 10	1839.80	10.00	2027.12.01	4.2900	100.00	0.00
147192	17 吉林 11	635.00	5.00	2022.12.01	4.0400	100.00	0.00
147193	17 吉林 12	883.00	10.00	2027.12.01	4.5900	100.00	0.00
147194	17 北京 16	3833.64	3.00	2020.12.01	3.7900	100.00	0.00
147195	17 北京 17	117.40	10.00	2027.12.01	3.9600	100.00	0.00
147196	17 北京 18	2500.00	3.00	2020.12.01	3.7900	100.00	0.00
147197	17 北京 19	7620.00	10.00	2027.12.01	3.9600	100.00	0.00
147198	17 陕西 17	580.00	5.00	2022.12.04	4.0300	100.00	0.00
147199	17 陕西 18	120.00	5.00	2022.12.04	4.4400	100.00	0.00
147200	17 陕西 19	40.00	5.00	2022.12.04	4.0300	100.00	0.00
147201	17 陕西 20	40.00	5.00	2022.12.04	4.5900	100.00	0.00
147202	17 陕西 21	30.00	5.00	2022.12.04	4.5000	100.00	0.00
147203	17 陕西 22	70.00	5.00	2022.12.04	4.4400	100.00	0.00
147204	17 陕西 23	120.00	5.00	2022.12.04	4.0300	100.00	0.00
147205	17 天津 25	1240.00	3.00	2020.12.06	4.0200	100.00	0.00
147206	17 天津 26	4750.00	3.00	2020.12.06	4.1800	101.18	90.00
147207	17 天津 27	600.00	5.00	2022.12.06	4.3000	100.00	0.00
147208	17 甘肃 22	770.00	5.00	2022.12.11	3.9500	100.00	0.00
147209	17 甘肃 23	300.00	7.00	2024.12.11	4.1000	100.00	0.00
147210	17 河南 38	1900.00	7.00	2024.12.12	4.1500	100.00	0.00
147211	17 深圳 01	2000.00	5.00	2022.12.12	3.8200	100.00	0.00
147212	17 内蒙 13	380.00	5.00	2022.12.18	4.4900	100.00	0.00
147213	17 内蒙 14	170.00	5.00	2022.12.18	4.6800	100.00	0.00
147214	17 内蒙 15	490.00	5.00	2022.12.18	4.5000	100.00	0.00
147215	17 内蒙 16	240.00	5.00	2022.12.18	4.7500	100.00	0.00
147216	17 内蒙 17	270.00	5.00	2022.12.18	4.6800	100.00	0.00
147217	17 内蒙 18	500.00	5.00	2022.12.18	4.5000	100.00	0.00
147218	17 内蒙 19	250.00	5.00	2022.12.18	4.7500	100.00	0.00
147219	17 内蒙 20	230.00	5.00	2022.12.18	4.6800	100.00	20.00
147220	17 内蒙 21	470.00	5.00	2022.12.18	4.5000	100.71	52.00
147221	17 内蒙 22	200.00	5.00	2022.12.18	4.6700	100.00	20.00
147222	17 内蒙 23	90.00	5.00	2022.12.18	4.7200	100.00	0.00

债券信息
List of Bonds

债券
Bond

债券代码 Code	债券简称 Bond Name	发行数量(百万) Issued Vol(M)	年限 Terms	到期日 Expiration Date	票面利率(%) Coupon Rate(%)	本年收盘 Close	成交数量(万张) Trading Vol(10000)
147223	17 内蒙 24	60.00	5.00	2022.12.18	4.6400	100.00	0.00
147224	17 内蒙 25	30.00	5.00	2022.12.18	4.2800	100.00	0.00
147225	17 内蒙 26	120.00	5.00	2022.12.18	4.2000	100.00	0.00
147226	17 云南 23	1000.00	3.00	2020.12.27	4.2400	100.00	0.00
147227	18 新疆 01	1400.00	3.00	2021.02.28	3.6100	100.00	0.00
147228	18 新疆 02	2460.00	3.00	2021.02.28	3.8000	100.00	0.00
147229	18 广西 01	4840.00	5.00	2023.03.09	3.9700	100.00	0.00
147230	18 广西 02	3120.00	5.00	2023.03.09	4.1000	100.00	0.00
147231	18 广西 03	600.00	5.00	2023.03.09	4.1000	100.00	0.00
147232	18 广西 04	1500.00	7.00	2025.03.09	4.1800	100.00	0.00
147233	18 内蒙 01	1056.48	3.00	2021.03.14	3.9700	100.00	0.00
147234	18 内蒙 02	3240.00	5.00	2023.03.14	4.1600	100.00	0.00
147235	18 内蒙 03	3240.00	7.00	2025.03.14	4.2900	100.00	0.00
147236	18 内蒙 04	3240.00	10.00	2028.03.14	4.3200	100.00	0.00
147237	18 内蒙 05	1886.78	5.00	2023.03.14	4.1500	100.00	0.00
147238	18 内蒙 06	1886.78	10.00	2028.03.14	4.3500	100.00	0.00
147239	18 贵州 01	12000.00	3.00	2021.03.14	4.0300	100.00	0.00
147240	18 贵州 02	18000.00	7.00	2025.03.14	4.3200	100.00	150.00
147241	18 贵州 03	4400.00	3.00	2021.03.14	4.1400	100.00	120.00
147242	18 贵州 04	6600.00	7.00	2025.03.14	4.3200	100.00	0.00
147243	18 河北 01	2600.00	3.00	2021.03.16	3.6800	100.00	0.00
147244	18 河北 02	2600.00	5.00	2023.03.16	3.9600	100.00	0.00
147245	18 河北 03	2600.00	7.00	2025.03.16	3.9600	100.00	0.00
147246	18 河北 04	1100.00	10.00	2028.03.16	4.2300	100.00	0.00
147247	18 河北 05	2300.00	5.00	2023.03.16	3.8800	100.00	0.00
147248	18 河北 06	2240.00	10.00	2028.03.16	4.2000	100.00	0.00
147249	18 湖北 01	9574.70	1.00	2019.03.26	3.5000	100.00	0.00
147250	18 湖北 02	2969.65	3.00	2021.03.26	3.8200	100.00	0.00
147251	18 山东 01	13958.00	5.00	2023.04.04	4.0000	100.00	0.00
147252	18 山东 02	5000.00	10.00	2028.04.04	4.0500	100.00	0.00
147253	18 山东 03	5668.00	3.00	2021.04.04	3.7600	100.00	0.00
147254	18 山东 04	5000.00	7.00	2025.04.04	4.1000	100.00	0.00
147255	18 辽宁 01	4540.00	3.00	2021.04.04	3.8600	100.00	0.00
147256	18 辽宁 02	4540.00	5.00	2023.04.04	4.0500	100.00	0.00
147257	18 辽宁 03	4540.00	7.00	2025.04.04	4.0400	100.00	0.00
147258	18 辽宁 04	1529.00	10.00	2028.04.04	4.0800	100.00	0.00
147259	18 辽宁 05	3000.00	5.00	2023.04.04	4.0100	100.00	40.00
147260	18 辽宁 06	2851.00	7.00	2025.04.04	4.0400	100.00	0.00
147261	18 山西 01	3000.00	3.00	2021.04.10	3.5500	100.32	180.00
147262	18 山西 02	5000.00	5.00	2023.04.10	3.6500	100.00	180.00
147263	18 山西 03	5000.00	7.00	2025.04.10	3.9400	100.00	0.00
147264	18 广东 01	3510.00	5.00	2023.04.11	3.8400	100.00	100.00
147265	18 广东 02	2870.00	5.00	2023.04.11	3.8400	100.00	150.00
147266	18 宁夏 01	2293.66	10.00	2028.04.13	3.7100	100.00	0.00
147267	18 重庆 01	6270.00	3.00	2021.04.23	3.2800	100.00	0.00
147268	18 重庆 02	8000.00	7.00	2025.04.23	3.6100	100.00	0.00
147269	18 甘肃 01	6600.00	5.00	2023.04.24	3.3900	100.00	0.00
147270	18 陕西 01	2493.41	3.00	2021.05.09	3.5200	100.00	0.00
147271	18 陕西 02	2493.36	5.00	2023.05.09	3.5600	100.00	0.00
147272	18 陕西 03	2493.38	7.00	2025.05.09	3.8500	100.00	0.00

债券信息 List of Bonds

债券 Bond

债券代码 Code	债券简称 Bond Name	发行数量(百万) Issued Vol(M)	年限 Terms	到期日 Expiration Date	票面利率(%) Coupon Rate(%)	本年收盘 Close	成交数量(万张) Trading Vol(10000)
147273	18 陕西 04	831.13	10.00	2028.05.09	3.9500	100.00	0.00
147274	18 陕西 05	4245.82	3.00	2021.05.09	3.7200	100.00	0.00
147275	18 陕西 06	4245.86	5.00	2023.05.09	3.6100	100.00	0.00
147276	18 陕西 07	4245.85	7.00	2025.05.09	4.0400	100.00	0.00
147277	18 陕西 08	1415.27	10.00	2028.05.09	3.9400	100.00	0.00
147278	18 新疆 03	5270.00	5.00	2023.05.14	3.4800	100.00	0.00
147279	18 大连 01	6268.46	3.00	2021.05.16	3.7100	100.00	0.00
147280	18 大连 02	5520.30	7.00	2025.05.16	4.0500	100.00	0.00
147281	18 大连 03	255.92	3.00	2021.05.16	3.7100	100.00	0.00
147282	18 大连 04	496.00	7.00	2025.05.16	4.1600	100.00	0.00
147283	18 江苏 02	16780.00	3.00	2021.05.21	3.3800	100.00	0.00
147284	18 江苏 03	16600.00	7.00	2025.05.21	3.8500	100.00	0.00
147285	18 江苏 04	12510.00	5.00	2023.05.21	3.6100	100.00	0.00
147286	18 江苏 05	12500.00	10.00	2028.05.21	3.9000	100.00	0.00
147287	18 广西 05	6800.00	3.00	2021.05.18	3.6000	100.00	0.00
147288	18 广西 06	5000.00	3.00	2021.05.18	3.6100	100.00	0.00
147289	18 广西 07	5700.00	5.00	2023.05.18	3.7500	100.00	0.00
147290	18 河北 07	8100.00	3.00	2021.05.28	3.6000	100.00	0.00
147291	18 河北 08	8190.00	5.00	2023.05.28	3.6400	100.00	0.00
147292	18 河北 09	790.00	3.00	2021.05.28	3.6500	100.00	0.00
147293	18 贵州 05	4000.00	3.00	2021.05.28	3.7600	100.00	0.00
147294	18 贵州 06	2500.00	5.00	2023.05.28	3.9400	100.00	0.00
147295	18 贵州 07	2000.00	7.00	2025.05.28	4.1200	100.00	0.00
147296	18 贵州 08	1500.00	10.00	2028.05.28	4.2300	100.00	100.00
147297	18 贵州 09	5700.00	3.00	2021.05.28	3.9000	100.00	300.00
147298	18 贵州 10	3300.00	5.00	2023.05.28	3.9700	100.00	50.00
147299	18 贵州 11	2700.00	7.00	2025.05.28	4.1400	100.00	0.00
147300	18 贵州 12	2300.00	10.00	2028.05.28	4.3000	100.00	0.00
147301	18 安徽 01	10000.00	3.00	2021.06.01	3.8600	100.00	250.00
147302	18 安徽 02	10134.86	5.00	2023.06.01	4.0000	100.00	0.00
147303	18 安徽 03	10000.00	7.00	2025.06.01	4.1500	100.00	0.00
147304	18 安徽 04	10000.00	5.00	2023.06.01	4.1600	100.00	0.00
147305	18 安徽 05	7280.60	7.00	2025.06.01	4.2300	100.00	0.00
147306	18 四川 04	10000.00	5.00	2023.06.04	3.7100	100.00	0.00
147307	18 四川 05	11000.00	7.00	2025.06.04	4.0700	100.00	0.00
147308	18 新疆 04	13600.00	10.00	2028.06.05	4.0900	100.00	0.00
147309	18 新疆 05	820.00	3.00	2021.06.05	3.5600	100.00	0.00
147310	18 广西 08	8849.00	5.00	2023.06.07	3.8500	100.00	0.00
147311	18 重庆 03	6600.00	5.00	2023.06.11	3.6700	100.00	0.00
147312	18 重庆 04	7000.00	7.00	2025.06.11	3.9300	100.00	0.00
147313	18 重庆 05	9000.00	3.00	2021.06.11	3.5600	100.00	0.00
147314	18 重庆 06	7100.00	10.00	2028.06.11	4.0000	100.00	0.00
147315	18 陕西 09	6656.17	3.00	2021.06.12	3.7600	100.00	200.00
147316	18 陕西 10	10000.00	5.00	2023.06.12	4.0000	100.00	0.00
147317	18 陕西 11	10000.00	7.00	2025.06.12	4.1400	100.00	0.00
147318	18 陕西 12	6600.00	10.00	2028.06.12	4.2000	100.00	0.00
147319	18 广东 03	13190.00	5.00	2023.06.13	3.6600	100.00	0.00
147320	18 广东 04	6430.00	5.00	2023.06.13	3.6800	100.00	0.00
147321	18 湖北 03	11970.10	5.00	2023.06.19	3.7900	100.00	0.00
147322	18 湖北 04	2175.26	5.00	2023.06.19	3.9400	100.00	0.00

债券信息 List of Bonds

债券 Bond

债券代码 Code	债券简称 Bond Name	发行数量 (百万) Issued Vol(M)	年限 Terms	到期日 Expiration Date	票面利率(%) Coupon Rate(%)	本年收盘 Close	成交数量(万张) Trading Vol(10000)
147323	18 山东 07	14526.00	5.00	2023.06.20	3.7600	100.00	0.00
147324	18 青海 01	2000.00	3.00	2021.06.22	4.0000	100.00	100.00
147325	18 青海 02	4000.00	5.00	2023.06.22	4.1000	100.00	0.00
147326	18 青海 03	4960.00	7.00	2025.06.22	4.2100	100.00	0.00
147327	18 浙江 01	2900.00	5.00	2023.06.22	3.4700	100.00	0.00
147328	18 浙江 02	30300.00	10.00	2028.06.22	3.8100	101.08	27.34
147329	18 海南 01	1600.00	3.00	2021.06.25	3.6900	100.00	0.00
147330	18 海南 02	3000.00	5.00	2023.06.25	3.8000	100.00	0.00
147331	18 海南 03	3000.00	7.00	2025.06.25	4.0500	100.00	0.00
147332	18 海南 04	3900.00	10.00	2028.06.25	4.1300	100.00	200.00
147333	18 河北 10	17700.00	5.00	2023.06.25	4.0800	100.00	0.00
147334	18 河北 11	17700.00	10.00	2028.06.25	4.2700	100.00	0.00
147335	18 贵州 13	16437.49	5.00	2023.06.26	4.0900	102.48	199.00
147336	18 贵州 14	5000.00	3.00	2021.06.26	4.0000	100.75	420.00
147337	18 贵州 15	10000.00	5.00	2023.06.26	4.1300	101.49	960.00
147338	18 新疆 06	15000.00	10.00	2028.07.06	4.1500	100.00	405.00
147339	18 广东 05	20000.00	7.00	2025.07.10	3.6900	100.00	0.00
147340	18 广东 06	10289.98	10.00	2028.07.10	3.7000	100.00	0.00
147341	18 广东 07	3500.00	3.00	2021.07.10	3.3700	100.00	0.00
147342	18 广东 08	7000.00	7.00	2025.07.10	3.6900	100.00	0.00
147343	18 广东 09	6990.00	10.00	2028.07.10	3.7000	100.00	0.00
147344	18 宁波 01	1870.00	3.00	2021.07.11	3.2700	100.00	0.00
147345	18 宁波 02	2830.00	5.00	2023.07.11	3.3700	100.00	0.00
147346	18 宁波 03	1880.00	7.00	2025.07.11	3.6500	99.63	20.78
147347	18 宁波 04	2830.00	10.00	2028.07.11	3.7200	100.00	0.00
147348	18 宁波 05	1480.00	3.00	2021.07.11	3.2700	100.00	0.00
147349	18 宁波 06	2220.00	5.00	2023.07.11	3.3700	100.00	0.00
147350	18 宁波 07	1490.00	7.00	2025.07.11	3.6500	99.76	42.75
147351	18 宁波 08	2260.00	10.00	2028.07.11	3.7200	100.00	0.00
147352	18 广东 10	1200.00	5.00	2023.07.10	3.5000	100.00	0.00
147353	18 广东 11	1200.00	5.00	2023.07.10	3.5000	100.00	0.00
147354	18 广东 12	1800.00	5.00	2023.07.10	3.5000	100.00	0.00
147355	18 广东 13	1400.00	5.00	2023.07.10	3.5000	100.00	0.00
147356	18 广东 14	1900.00	5.00	2023.07.10	3.5000	100.00	0.00
147357	18 广东 15	500.00	5.00	2023.07.10	3.5000	100.00	0.00
147358	18 广东 16	2910.00	5.00	2023.07.10	3.5000	100.00	0.00
147359	18 广东 17	1900.00	5.00	2023.07.10	3.5000	100.00	0.00
147360	18 广东 18	500.00	5.00	2023.07.10	3.5000	100.00	0.00
147361	18 广东 19	7100.00	10.00	2028.07.10	3.7100	100.00	0.00
147362	18 江苏 06	29400.00	5.00	2023.07.16	3.7000	100.00	0.00
147363	18 江苏 07	22340.00	10.00	2028.07.16	3.9300	100.00	0.00
147364	18 江苏 08	13560.00	3.00	2021.07.16	3.6000	100.00	600.00
147365	18 浙江 03	15100.00	10.00	2028.07.17	3.6200	100.00	0.00
147366	18 广西 09	31865.65	5.00	2023.07.19	3.8500	101.81	451.00
147367	18 广西 10	1374.51	7.00	2025.07.19	4.0000	100.00	0.00
147368	18 上海 01	6100.00	3.00	2021.07.20	3.2400	100.00	0.00
147369	18 上海 02	6100.00	5.00	2023.07.20	3.3200	100.00	0.00
147370	18 上海 03	9040.00	7.00	2025.07.20	3.5500	100.00	0.00
147371	18 上海 04	9040.00	10.00	2028.07.20	3.5700	100.00	0.00
147372	18 上海 05	2360.00	5.00	2023.07.20	3.3000	100.00	0.00

债券信息 List of Bonds

债券 Bond

债券代码 Code	债券简称 Bond Name	发行数量(百万) Issued Vol(M)	年限 Terms	到期日 Expiration Date	票面利率(%) Coupon Rate(%)	本年收盘 Close	成交数量(万张) Trading Vol(10000)
147373	18 上海 06	1690.00	7.00	2025.07.20	3.4800	99.43	3.03
147374	18 重庆 07	8000.00	3.00	2021.07.23	3.4300	100.00	40.00
147375	18 重庆 08	6608.00	10.00	2028.07.23	3.7500	100.00	0.00
147376	18 重庆 09	2862.00	7.00	2025.07.23	3.7200	100.00	0.00
147377	18 甘肃 06	3500.00	5.00	2023.07.24	3.7400	100.00	0.00
147378	18 甘肃 07	3270.00	7.00	2025.07.24	3.9000	100.00	0.00
147379	18 甘肃 08	3141.98	10.00	2028.07.24	3.9500	100.00	0.00
147380	18 四川 08	15000.00	5.00	2023.07.27	3.8400	100.00	600.00
147381	18 新疆 07	14350.00	5.00	2023.07.27	3.8000	100.00	0.00
147382	18 新疆 08	4010.00	3.00	2021.07.27	3.5900	100.00	0.00
147383	18 新疆 09	2150.00	7.00	2025.07.27	4.0000	100.00	0.00
147384	18 北京 01	9823.00	3.00	2021.08.01	3.1800	100.00	0.00
147385	18 北京 02	3679.00	5.00	2023.08.01	3.3000	100.00	0.00
147386	18 北京 03	6536.00	7.00	2025.08.01	3.5300	100.00	0.00
147387	18 北京 04	9562.00	10.00	2028.08.01	3.6400	100.00	0.00
147388	18 云南 12	6800.00	5.00	2023.08.13	3.4100	100.00	0.00
147389	18 云南 13	4400.00	7.00	2025.08.13	3.8300	100.00	0.00
147390	18 云南 14	2300.00	5.00	2023.08.13	3.7200	100.00	0.00
147391	18 云南 15	1000.00	5.00	2023.08.13	3.7800	100.00	0.00
147392	18 湖南 13	10000.00	3.00	2021.08.15	3.4800	100.00	0.00
147393	18 湖南 14	12719.44	7.00	2025.08.15	4.0000	100.00	100.00
147394	18 湖南 15	2000.00	5.00	2023.08.15	3.8000	100.00	100.00
147395	18 厦门 01	1700.00	5.00	2023.08.15	3.6500	100.00	0.00
147396	18 厦门 02	2500.00	10.00	2028.08.15	3.9400	100.00	0.00
147397	18 厦门 03	1000.00	2.00	2020.08.15	2.8600	100.00	0.00
147398	18 厦门 04	1400.00	5.00	2023.08.15	3.6500	100.00	0.00
147399	18 厦门 05	2400.00	10.00	2028.08.15	3.9400	100.00	0.00
147400	18 厦门 06	1000.00	20.00	2038.08.15	4.0800	100.00	130.00
147401	18 新疆 10	4580.00	10.00	2028.08.17	3.9600	100.00	0.00
147402	18 新疆 11	2400.00	10.00	2028.08.17	3.9700	100.00	0.00
147403	18 新疆 12	5000.00	10.00	2028.08.17	4.2500	100.00	0.00
147404	18 新疆 13	1000.00	5.00	2023.08.17	3.8000	100.00	0.00
147405	18 新疆 14	6500.00	5.00	2023.08.17	3.8000	100.00	0.00
147406	18 新疆 15	200.00	5.00	2023.08.17	3.9700	100.00	0.00
147407	18 新疆 16	380.00	5.00	2023.08.17	3.9700	100.00	0.00
147408	18 新疆 17	500.00	5.00	2023.08.17	3.9700	100.00	0.00
147409	18 新疆 18	200.00	5.00	2023.08.17	3.9700	100.00	0.00
147410	18 新疆 19	300.00	5.00	2023.08.17	3.9700	100.00	0.00
147411	18 江苏 09	13700.00	3.00	2021.08.20	3.5800	100.00	200.00
147412	18 江苏 10	30000.00	7.00	2025.08.20	3.9400	100.00	0.00
147413	18 江苏 11	16000.00	10.00	2028.08.20	3.9800	100.00	0.00
147414	18 海南 05	2760.63	3.00	2021.08.21	3.6100	100.00	0.00
147415	18 海南 06	1900.00	7.00	2025.08.21	3.9500	100.00	0.00
147416	18 海南 07	2300.00	10.00	2028.08.21	4.0000	99.88	100.00
147417	18 海南 08	1463.02	3.00	2021.08.21	3.6900	100.00	0.00
147418	18 海南 09	2000.00	7.00	2025.08.21	3.9500	100.00	0.00
147419	18 广东 20	3706.14	7.00	2025.08.17	3.9300	100.00	0.00
147420	18 广东 21	12924.41	7.00	2025.08.17	3.9300	100.00	0.00
147421	18 广东 22	1000.00	10.00	2028.08.17	3.9600	100.00	0.00
147422	18 广东 23	200.00	5.00	2023.08.17	3.7100	100.00	0.00

债券信息 List of Bonds

债券 Bond

债券代码 Code	债券简称 Bond Name	发行数量(百万) Issued Vol(M)	年限 Terms	到期日 Expiration Date	票面利率(%) Coupon Rate(%)	本年收盘 Close	成交数量(万张) Trading Vol(10000)
147423	18 广东 24	800.00	5.00	2023.08.17	3.7100	100.00	0.00
147424	18 广东 25	100.00	5.00	2023.08.17	3.7100	100.00	0.00
147425	18 广东 26	100.00	5.00	2023.08.17	3.7100	100.00	0.00
147426	18 广东 27	200.00	5.00	2023.08.17	3.7100	100.00	0.00
147427	18 广东 28	700.00	5.00	2023.08.17	3.7100	100.00	0.00
147428	18 广东 29	4200.00	5.00	2023.08.17	3.7100	100.00	0.00
147429	18 广东 30	500.00	5.00	2023.08.17	3.7100	100.00	0.00
147430	18 广东 31	400.00	5.00	2023.08.17	3.7100	100.00	0.00
147431	18 广东 32	200.00	5.00	2023.08.17	3.7100	100.00	0.00
147432	18 广东 33	1700.00	5.00	2023.08.17	3.7100	100.00	0.00
147433	18 广东 34	34190.00	5.00	2023.08.17	3.7100	100.00	0.00
147434	18 龙江 11	10112.59	7.00	2025.08.22	4.0100	100.00	0.00
147435	18 龙江 12	1200.00	5.00	2023.08.22	3.7600	100.00	0.00
147436	18 龙江 13	300.00	5.00	2023.08.22	3.9600	100.00	0.00
147437	18 龙江 14	9936.58	5.00	2023.08.22	3.7800	100.00	0.00
147438	18 龙江 15	1193.11	5.00	2023.08.22	3.9000	100.00	0.00
147439	18 龙江 16	1091.03	5.00	2023.08.22	3.9500	100.00	180.00
147440	18 龙江 17	979.28	5.00	2023.08.22	4.0100	100.00	140.00
147441	18 甘肃 09	1977.28	3.00	2021.08.27	3.7000	100.00	350.00
147442	18 甘肃 10	5202.74	5.00	2023.08.27	3.8300	100.00	300.00
147443	18 甘肃 11	3400.00	7.00	2025.08.27	3.9900	102.35	150.68
147444	18 龙江 18	2000.00	5.00	2023.08.22	3.7900	100.00	0.00
147445	18 广西 11	6845.00	7.00	2025.08.29	3.9900	100.00	0.00
147446	18 广西 12	20200.00	5.00	2023.08.29	3.8300	100.00	300.00
147447	18 广西 13	1300.00	5.00	2023.08.29	3.8700	100.00	0.00
147448	18 广西 14	4800.00	10.00	2028.08.29	4.2500	100.00	85.00
147449	18 新疆 20	2500.00	5.00	2023.08.29	3.8300	100.00	430.00
147450	18 安徽 09	10120.76	5.00	2023.08.30	3.8200	100.00	400.00
147451	18 安徽 10	2444.50	7.00	2025.08.30	3.9800	100.00	0.00
147452	18 安徽 11	5357.72	7.00	2025.08.30	3.9800	100.00	0.00
147453	18 青海 04	5450.00	5.00	2023.08.30	3.8200	100.00	150.00
147454	18 青海 05	5500.00	7.00	2025.08.30	3.9800	100.00	0.00
147455	18 青海 06	200.00	10.00	2028.08.30	4.1000	100.00	0.00
147456	18 青海 07	700.00	10.00	2028.08.30	4.0200	100.00	0.00
147457	18 青海 08	200.00	5.00	2023.08.30	3.8200	100.00	0.00
147458	18 青海 09	500.00	7.00	2025.08.30	4.0800	100.00	0.00
147459	18 湖北 08	1800.00	5.00	2023.09.03	3.8000	100.00	0.00
147460	18 湖北 09	11387.36	7.00	2025.09.03	3.9800	100.00	0.00
147461	18 湖北 10	9799.04	10.00	2028.09.03	4.0100	100.00	0.00
147462	18 内蒙 21	1200.00	10.00	2028.09.05	4.0500	100.00	0.00
147463	18 深圳 01	300.00	2.00	2020.09.12	3.4100	100.00	0.00
147464	18 深圳 02	1000.00	5.00	2023.09.12	3.8300	100.00	30.00
147465	18 浙江 12	14270.00	5.00	2023.09.13	3.8500	100.00	500.00
147466	18 浙江 13	7600.00	7.00	2025.09.13	4.0400	100.00	0.00
147467	18 北京 05	2100.00	5.00	2023.09.17	3.8900	100.00	0.00
147468	18 北京 06	3700.00	7.00	2025.09.17	4.0600	102.75	49.92
147469	18 北京 07	5000.00	10.00	2028.09.17	4.0500	100.00	0.00
147470	18 北京 08	7000.00	5.00	2023.09.17	3.8900	100.00	100.00
147471	18 北京 09	9200.00	10.00	2028.09.17	4.0500	100.00	0.00
147472	18 四川 18	2772.00	3.00	2021.09.18	3.8000	100.00	256.00

债券信息
List of Bonds

债券
Bond

债券代码 Code	债券简称 Bond Name	发行数量(百万) Issued Vol(M)	年限 Terms	到期日 Expiration Date	票面利率(%) Coupon Rate(%)	本年收盘 Close	成交数量(万张) Trading Vol(10000)
147473	18 四川 19	23083.00	5.00	2023.09.18	3.9000	99.90	960.00
147474	18 四川 20	827.00	5.00	2023.09.18	3.9000	100.00	0.00
147475	18 四川 21	2877.00	7.00	2025.09.18	4.0600	100.00	0.00
147476	18 四川 22	670.00	10.00	2028.09.18	4.0500	100.00	0.00
147477	18 四川 23	1500.00	10.00	2028.09.18	4.0500	100.00	0.00
147478	18 四川 24	400.00	10.00	2028.09.18	4.0500	100.00	0.00
147479	18 四川 25	400.00	10.00	2028.09.18	4.0500	100.00	0.00
147480	18 四川 26	500.00	7.00	2025.09.18	4.0600	100.00	0.00
147481	18 四川 27	904.00	7.00	2025.09.18	4.0600	100.00	0.00
147482	18 四川 28	1068.00	10.00	2028.09.18	4.0500	100.00	0.00
147483	18 四川 29	1350.00	7.00	2025.09.18	4.0600	100.00	0.00
147484	18 河北 37	6500.00	7.00	2025.09.19	4.0600	102.75	50.64
147485	18 河北 38	500.00	5.00	2023.09.19	3.9000	100.00	0.00
147486	18 河北 39	18000.00	5.00	2023.09.19	3.9000	99.90	560.00
147487	18 河北 40	17799.00	7.00	2025.09.19	4.0600	102.75	176.68
147488	18 湖北 11	8216.48	3.00	2021.09.19	3.7900	101.14	290.00
147489	18 湖北 12	29850.52	5.00	2023.09.19	3.9000	99.90	60.00
147490	18 湖北 13	108.78	7.00	2025.09.19	4.0600	100.00	0.00
147491	18 湖北 14	554.86	10.00	2028.09.19	4.0500	100.00	0.00
147492	18 陕西 24	3115.00	3.00	2021.09.19	3.7900	100.07	284.00
147493	18 陕西 25	8776.00	5.00	2023.09.19	3.9000	100.00	0.00
147494	18 陕西 26	1672.00	5.00	2023.09.19	3.9000	100.00	0.00
147495	18 陕西 27	2060.00	7.00	2025.09.19	4.0600	100.00	0.00
147496	18 陕西 28	877.00	10.00	2028.09.19	4.0500	100.00	0.00
147497	18 广西 15	4765.78	7.00	2025.09.20	4.0600	100.00	52.00
147498	18 广西 16	2942.00	7.00	2025.09.20	4.0600	100.00	0.00
147499	18 广西 17	733.30	7.00	2025.09.20	4.0600	100.00	0.00
147501	18 河北 31	2257.00	5.00	2023.08.24	3.8200	100.00	0.00
147502	18 河北 32	733.00	5.00	2023.08.24	3.8700	100.00	0.00
147503	18 河北 33	2360.00	7.00	2025.08.24	3.9800	100.00	0.00
147504	18 河北 34	1300.00	10.00	2028.08.24	4.1900	100.00	0.00
147505	18 河北 35	3968.00	7.00	2025.08.24	3.9800	100.00	0.00
147506	18 河北 36	3700.00	10.00	2028.08.24	4.0300	100.00	0.00
147507	18 山西 11	3170.87	7.00	2025.09.11	4.0200	100.00	0.00
147508	18 山西 12	3000.00	10.00	2028.09.11	4.0100	100.00	0.00
147509	18 山西 13	1757.00	5.00	2023.09.11	3.8100	100.00	80.00
147510	18 山西 14	4325.69	10.00	2028.09.11	4.0100	100.00	60.00
147511	18 山西 15	400.00	10.00	2028.09.11	4.0100	100.00	0.00
147512	18 山西 16	2900.00	5.00	2023.09.11	3.8100	100.00	220.00
147513	18 山西 17	1500.00	10.00	2028.09.11	4.0100	100.00	0.00
147514	18 内蒙 22	2460.00	10.00	2028.09.13	4.0400	100.00	0.00
147515	18 内蒙 23	2705.00	5.00	2023.09.13	3.8500	100.00	0.00
147518	18 天津 27	898.00	3.00	2021.09.07	3.7100	100.00	0.00
147519	18 天津 28	898.00	5.00	2023.09.07	3.7800	100.00	0.00
147520	18 天津 29	1000.00	3.00	2021.09.07	3.7100	100.00	100.00
147521	18 天津 30	2200.00	5.00	2023.09.07	3.7800	100.00	0.00
147523	18 山东 13	9161.00	5.00	2023.09.12	3.8300	100.00	0.00
147524	18 山东 14	15993.00	3.00	2021.09.12	3.7600	101.11	2490.00
147525	18 山东 15	16266.00	3.00	2021.09.12	3.7600	101.11	3170.00
147526	18 山东 16	789.00	3.00	2021.09.12	3.7600	100.00	210.00

债券信息 List of Bonds

债券 Bond

债券代码 Code	债券简称 Bond Name	发行数量(百万) Issued Vol(M)	年限 Terms	到期日 Expiration Date	票面利率(%) Coupon Rate(%)	本年收盘 Close	成交数量(万张) Trading Vol(10000)
147527	18 山东 17	1959.00	3.00	2021.09.12	3.7600	100.00	580.00
147528	18 辽宁 15	8805.88	3.00	2021.09.14	3.7900	100.00	900.00
147529	18 辽宁 16	823.21	10.00	2028.09.14	4.0500	100.00	0.00
147530	18 宁波 09	600.00	5.00	2023.09.18	3.9000	100.95	13.00
147531	18 宁波 10	600.00	10.00	2028.09.18	4.0500	100.00	0.00
147532	18 宁波 11	600.00	5.00	2023.09.18	3.9000	100.00	60.00
147533	18 宁波 12	700.00	10.00	2028.09.18	4.0500	100.00	0.00
147534	18 宁波 13	700.00	10.00	2028.09.18	4.0500	100.00	0.00
147535	18 宁波 14	2500.00	5.00	2023.09.18	3.9000	100.00	110.00
147536	18 宁波 15	3300.00	10.00	2028.09.18	4.0500	100.00	0.00
147537	18 甘肃 12	10200.00	5.00	2023.09.17	3.8900	100.00	140.00
147538	18 甘肃 13	3300.00	7.00	2025.09.17	4.0600	100.00	0.00
147539	18 江西 18	4300.00	5.00	2023.09.17	3.8900	100.00	180.00
147540	18 江西 19	34800.00	5.00	2023.09.17	3.8900	99.90	700.00
147541	18 宁夏 07	1395.22	5.00	2023.09.14	3.8700	100.00	0.00
147542	18 宁夏 08	1300.00	3.00	2021.09.14	3.7800	100.00	380.00
147543	18 宁夏 09	1300.00	5.00	2023.09.14	3.8700	100.00	0.00
147544	18 宁夏 10	1300.00	7.00	2025.09.14	4.0500	100.00	30.00
147545	18 宁夏 11	1900.00	10.00	2028.09.14	4.0500	100.00	70.00
147546	18 宁夏 12	600.00	5.00	2023.09.14	3.8700	100.00	0.00
147547	18 宁夏 13	700.00	10.00	2028.09.14	4.0500	100.00	0.00
147548	18 上海 07	1600.00	3.00	2021.09.17	3.7900	100.58	33.00
147549	18 上海 08	1600.00	5.00	2023.09.17	3.8900	100.65	60.00
147550	18 上海 09	2360.00	7.00	2025.09.17	4.0600	100.00	60.00
147551	18 上海 10	2370.00	10.00	2028.09.17	4.0500	103.03	80.84
147552	18 上海 11	1830.00	7.00	2025.09.17	4.0600	100.00	40.00
147553	18 上海 12	7370.00	3.00	2021.09.17	3.7900	100.00	150.00
147554	18 上海 13	13730.00	5.00	2023.09.17	3.8900	100.00	944.00
147555	18 上海 14	5400.00	10.00	2028.09.17	4.0500	100.00	200.00
147556	18 贵州 22	1761.01	7.00	2025.09.17	4.0600	100.00	0.00
147557	18 贵州 23	800.00	5.00	2023.09.17	3.8900	100.00	0.00
147558	18 福建 14	19375.00	5.00	2023.09.21	3.8900	100.00	330.00
147559	18 福建 15	6435.00	5.00	2023.09.21	3.8900	100.00	0.00
147560	18 福建 16	2050.00	15.00	2033.09.21	4.3300	100.00	0.00
147561	18 海南 10	700.00	7.00	2025.09.21	4.0600	100.00	0.00
147562	18 海南 11	1500.00	3.00	2021.09.21	3.7600	100.00	30.00
147563	18 海南 12	8600.00	5.00	2023.09.21	3.8900	100.00	260.00
147564	18 河南 25	4963.07	5.00	2023.09.25	3.9000	100.00	80.00
147565	18 河南 26	5662.15	5.00	2023.09.25	3.9000	100.00	0.00
147566	18 河南 27	1536.94	3.00	2021.09.25	3.7600	100.00	60.00
147567	18 河南 28	7550.76	5.00	2023.09.25	3.9000	100.00	0.00
147568	18 河南 29	5200.00	15.00	2033.09.25	4.3300	100.00	0.00
147569	18 河南 30	7460.95	5.00	2023.09.25	3.9000	100.00	0.00
147570	18 河南 31	10872.22	7.00	2025.09.25	4.0600	100.00	0.00
147571	18 云南 19	8650.00	5.00	2023.09.20	3.9000	100.00	0.00
147572	18 云南 20	2770.00	5.00	2023.09.20	3.9000	100.00	0.00
147573	18 云南 21	1900.00	7.00	2025.09.20	4.0600	100.00	0.00
147574	18 云南 22	1530.00	7.00	2025.09.20	4.0600	100.00	0.00
147575	18 云南 23	600.00	7.00	2025.09.20	4.0600	100.00	0.00
147576	18 广东 35	3500.00	3.00	2021.09.21	3.7600	100.50	354.00

债券信息 List of Bonds

债券 Bond

债券代码 Code	债券简称 Bond Name	发行数量(百万) Issued Vol(M)	年限 Terms	到期日 Expiration Date	票面利率(%) Coupon Rate(%)	本年收盘 Close	成交数量(万张) Trading Vol(10000)
147577	18 广东 36	3542.29	5.00	2023.09.21	3.8900	100.65	170.00
147578	18 四川 30	14229.26	7.00	2025.09.27	4.0700	100.00	30.00
147579	18 宁夏 14	1984.96	3.00	2021.10.10	3.6800	100.29	82.00
147580	18 宁夏 15	2000.00	7.00	2025.10.10	4.0200	100.00	0.00
147581	18 宁夏 16	1000.00	10.00	2028.10.10	4.0200	100.00	0.00
147582	18 宁夏 17	999.95	5.00	2023.10.10	3.8500	100.00	0.00
147583	18 宁夏 18	1000.00	7.00	2025.10.10	4.0200	100.00	0.00
147584	18 宁夏 19	1700.00	10.00	2028.10.10	4.0200	100.00	0.00
147585	18 辽宁 17	21656.89	3.00	2021.10.17	3.6200	100.00	1970.00
147586	18 辽宁 18	4990.00	10.00	2028.10.17	4.0000	100.00	0.00
147587	18 辽宁 19	200.00	5.00	2023.10.17	3.8200	100.00	0.00
147588	18 辽宁 20	370.00	5.00	2023.10.17	3.8200	100.00	0.00
147589	18 辽宁 21	30.00	5.00	2023.10.17	3.8200	100.00	0.00
147590	18 辽宁 22	300.00	10.00	2028.10.17	4.0000	100.00	0.00
147591	18 辽宁 23	174.00	10.00	2028.10.17	4.0000	100.00	0.00
147592	18 重庆 13	5000.00	10.00	2028.10.22	3.9800	102.46	586.53
147593	18 重庆 14	5000.00	5.00	2023.10.22	3.8000	100.00	290.00
147595	18 四川 31	2695.44	7.00	2025.10.17	4.0000	100.96	120.00
147596	18 四川 32	11998.34	7.00	2025.10.17	4.0000	100.00	0.00
147597	18 吉林 09	7841.00	5.00	2023.10.25	3.7800	100.00	301.00
147598	18 吉林 10	14613.00	5.00	2023.10.25	3.7800	100.00	100.00
147599	18 吉林 11	500.00	10.00	2028.10.25	3.9700	100.00	0.00
147601	18 吉林 04	4605.86	5.00	2023.08.08	3.7000	100.00	30.00
147602	18 吉林 05	5000.00	7.00	2025.08.08	3.9400	100.00	100.00
147603	18 吉林 06	5000.00	10.00	2028.08.08	3.9700	100.00	0.00
147604	18 吉林 07	6036.27	5.00	2023.08.08	3.7700	100.00	300.00
147605	18 吉林 08	224.07	7.00	2025.08.08	3.9600	102.19	3.29
147607	18 山东 08	32591.00	3.00	2021.08.07	3.4300	100.00	0.00
147608	18 山东 09	15728.00	5.00	2023.08.07	3.6700	100.00	50.00
147609	18 浙江 04	6120.80	5.00	2023.08.22	3.7600	100.00	0.00
147610	18 浙江 05	4706.81	3.00	2021.08.22	3.6300	100.00	0.00
147611	18 浙江 06	5800.00	10.00	2028.08.22	4.0100	100.00	0.00
147612	18 浙江 07	2000.00	15.00	2033.08.22	4.2900	100.00	0.00
147613	18 陕西 19	4964.03	5.00	2023.08.16	3.7500	100.00	0.00
147614	18 陕西 20	5092.50	7.00	2025.08.16	3.9900	100.00	0.00
147615	18 陕西 21	1300.00	7.00	2025.08.16	4.1200	102.50	26.83
147616	18 陕西 22	3569.00	5.00	2023.08.16	3.7900	100.00	0.00
147617	18 陕西 23	3570.00	7.00	2025.08.16	4.0000	100.00	0.00
147618	18 河南 04	9112.80	5.00	2023.08.10	3.3700	100.00	0.00
147619	18 河南 05	6309.33	5.00	2023.08.10	3.6000	100.00	0.00
147620	18 河南 06	864.20	5.00	2023.08.10	3.8000	100.00	0.00
147621	18 河南 07	1265.25	5.00	2023.08.10	3.9400	100.00	50.00
147622	18 河南 08	780.00	5.00	2023.08.10	3.7500	100.00	0.00
147623	18 河南 09	1779.44	5.00	2023.08.10	3.9500	100.00	100.00
147624	18 河南 10	239.19	5.00	2023.08.10	3.6600	100.00	0.00
147625	18 河南 11	1223.26	5.00	2023.08.10	3.9700	100.00	60.00
147626	18 河南 12	1424.23	3.00	2021.08.10	3.3300	100.00	0.00
147627	18 河南 13	2018.21	5.00	2023.08.10	3.7500	100.00	70.00
147628	18 河南 14	401.77	5.00	2023.08.10	3.6000	100.00	0.00
147629	18 河南 15	1707.64	5.00	2023.08.10	3.9000	100.00	100.00

债券信息
List of Bonds

债券
Bond

债券代码 Code	债券简称 Bond Name	发行数量(百万) Issued Vol(M)	年限 Terms	到期日 Expiration Date	票面利率(%) Coupon Rate(%)	本年收盘 Close	成交数量(万张) Trading Vol(10000)
147630	18 河南 16	163.50	5.00	2023.08.10	3.9500	100.00	0.00
147631	18 河南 17	1898.14	5.00	2023.08.10	3.8800	100.00	58.00
147632	18 河南 18	303.87	5.00	2023.08.10	3.9000	100.00	0.00
147633	18 河南 19	1497.11	5.00	2023.08.10	3.8500	100.00	0.00
147634	18 河南 20	640.27	5.00	2023.08.10	3.9000	100.00	0.00
147635	18 河南 21	752.68	5.00	2023.08.10	3.8000	100.00	0.00
147636	18 河南 22	259.00	5.00	2023.08.10	3.6000	100.00	0.00
147637	18 河南 23	2058.76	5.00	2023.08.10	3.9000	100.00	200.00
147638	18 河南 24	196.69	3.00	2021.08.10	3.5400	100.00	0.00
147639	18 天津 16	3729.00	3.00	2021.08.13	3.6000	100.00	0.00
147640	18 天津 17	880.00	3.00	2021.08.13	3.5300	100.00	0.00
147641	18 天津 18	5000.00	5.00	2023.08.13	3.8000	100.00	270.00
147642	18 天津 19	6000.00	5.00	2023.08.13	3.9500	100.00	490.00
147643	18 天津 20	300.00	5.00	2023.08.13	3.4800	100.00	0.00
147644	18 天津 21	1700.00	5.00	2023.08.13	3.9500	100.00	20.00
147645	18 天津 22	2200.00	5.00	2023.08.13	3.9500	100.00	70.00
147646	18 天津 23	2500.00	5.00	2023.08.13	3.4300	100.00	0.00
147647	18 天津 24	600.00	5.00	2023.08.13	3.8000	100.00	0.00
147648	18 天津 25	1500.00	5.00	2023.08.13	3.4300	100.00	0.00
147649	18 天津 26	2000.00	5.00	2023.08.13	3.4800	100.00	0.00
147650	18 大连 09	2200.00	5.00	2023.09.12	3.8300	100.00	0.00
147651	18 大连 10	2900.00	7.00	2025.09.12	4.0300	100.00	0.00
147652	18 大连 11	410.00	5.00	2023.09.12	3.8300	100.00	0.00
147653	18 大连 12	290.00	7.00	2025.09.12	4.0300	100.00	0.00
147654	18 内蒙 14	2000.00	1.00	2019.08.23	3.3200	100.00	50.00
147655	18 内蒙 15	8000.00	2.00	2020.08.23	3.6400	100.00	640.00
147656	18 内蒙 16	8347.20	3.00	2021.08.23	3.7000	100.00	60.00
147657	18 内蒙 17	11000.00	7.00	2025.08.23	4.0500	100.00	100.00
147658	18 内蒙 18	11000.00	10.00	2028.08.23	4.1900	100.00	150.00
147659	18 内蒙 19	10000.00	20.00	2038.08.23	4.4400	100.00	0.00
147660	18 内蒙 20	2161.15	5.00	2023.08.23	3.7900	100.00	0.00
147661	18 贵州 19	9150.95	5.00	2023.08.22	3.7600	100.00	0.00
147662	18 贵州 20	7000.00	10.00	2028.08.22	4.1000	103.02	165.70
147663	18 贵州 21	3313.67	10.00	2028.08.22	4.1100	100.00	0.00
147664	18 四川 09	5139.14	3.00	2021.08.21	3.6600	100.00	0.00
147665	18 四川 10	13600.00	7.00	2025.08.21	3.9500	100.00	0.00
147666	18 四川 11	4901.84	7.00	2025.08.21	3.9500	100.00	0.00
147667	18 四川 12	11700.00	5.00	2023.08.21	3.8000	100.00	0.00
147668	18 四川 13	2000.00	7.00	2025.08.21	4.1000	100.00	100.00
147669	18 四川 14	500.00	10.00	2028.08.21	4.2500	99.87	40.00
147670	18 四川 15	500.00	5.00	2023.08.21	3.7500	100.00	0.00
147671	18 四川 16	300.00	10.00	2028.08.21	4.1500	100.00	0.00
147672	18 四川 17	1000.00	7.00	2025.08.21	4.1000	100.00	0.00
147673	18 云南 16	8900.00	3.00	2021.08.23	3.6700	100.00	0.00
147674	18 云南 17	1750.00	5.00	2023.08.23	3.7900	100.00	0.00
147675	18 云南 18	4700.00	5.00	2023.08.23	3.7900	100.00	0.00
147676	18 青岛 04	4594.85	3.00	2021.08.28	3.7100	100.00	0.00
147677	18 青岛 05	2200.00	5.00	2023.08.28	3.8300	100.00	0.00
147678	18 青岛 06	3300.00	7.00	2025.08.28	3.9900	102.35	4.67
147679	18 青岛 07	840.00	3.00	2021.08.28	3.7100	100.00	0.00

债券信息 List of Bonds

债券 Bond

债券代码 Code	债券简称 Bond Name	发行数量(百万) Issued Vol(M)	年限 Terms	到期日 Expiration Date	票面利率(%) Coupon Rate(%)	本年收盘 Close	成交数量(万张) Trading Vol(10000)
147680	18 浙江 08	6941.00	3.00	2021.09.03	3.7000	101.20	1309.00
147681	18 浙江 09	10410.00	10.00	2028.09.03	4.0100	100.00	30.00
147682	18 浙江 10	11519.00	10.00	2028.09.03	4.0100	100.00	0.00
147683	18 浙江 11	23130.00	5.00	2023.09.03	3.8000	100.00	270.00
147684	18 重庆 10	11700.00	5.00	2023.08.27	3.8300	99.90	120.00
147685	18 重庆 11	9000.00	5.00	2023.08.27	3.8300	100.00	580.00
147686	18 重庆 12	9300.00	5.00	2023.08.27	3.8300	100.00	0.00
147687	18 青海 10	600.00	7.00	2025.09.14	4.0500	100.00	0.00
147688	18 青海 11	300.00	7.00	2025.09.14	4.0500	100.00	0.00
147689	18 青海 12	1500.00	7.00	2025.09.14	4.0500	100.00	30.00
147690	18 青海 13	200.00	7.00	2025.09.14	4.0500	100.00	0.00
147691	18 青海 14	700.00	7.00	2025.09.14	4.0500	100.00	0.00
147692	18 山东 10	4899.00	3.00	2021.09.03	3.7000	101.20	410.00
147693	18 山东 11	39135.00	5.00	2023.09.03	3.8000	100.00	670.00
147694	18 山东 12	2614.00	3.00	2021.09.03	3.7000	100.00	0.00
147695	18 河北 26	14030.00	3.00	2021.08.24	3.7000	101.20	1030.00
147696	18 河北 27	10500.00	7.00	2025.08.24	3.9800	100.00	0.00
147697	18 河北 28	10500.00	10.00	2028.08.24	4.0300	100.00	0.00
147698	18 河北 29	1882.00	5.00	2023.08.24	3.8700	100.00	0.00
147699	18 河北 30	2160.00	5.00	2023.08.24	3.9200	100.00	200.00
147701	18 天津 09	700.00	5.00	2023.06.21	4.1000	100.00	0.00
147702	18 天津 10	2300.00	3.00	2021.06.21	4.0900	100.00	120.00
147703	18 天津 11	2100.00	5.00	2023.06.21	4.0000	100.00	0.00
147704	18 天津 12	2300.00	5.00	2023.06.21	4.2000	100.00	180.00
147705	18 天津 13	700.00	3.00	2021.06.21	3.5600	100.00	0.00
147706	18 天津 14	1117.00	3.00	2021.06.21	4.1500	100.00	140.00
147707	18 天津 15	885.00	3.00	2021.06.21	4.0800	100.00	85.00
147708	18 甘肃 02	9125.00	5.00	2023.06.15	3.7900	100.00	0.00
147709	18 甘肃 03	4587.24	7.00	2025.06.15	3.9000	100.00	0.00
147710	18 甘肃 04	3000.00	10.00	2028.06.15	4.1800	100.00	0.00
147711	18 甘肃 05	493.72	5.00	2023.06.15	4.0800	100.00	0.00
147712	18 龙江 04	6749.06	3.00	2021.06.20	3.9900	101.85	299.06
147713	18 龙江 05	6893.48	5.00	2023.06.20	4.0700	100.00	200.00
147714	18 龙江 06	6000.00	7.00	2025.06.20	4.2100	103.74	50.00
147715	18 龙江 07	5000.00	10.00	2028.06.20	4.2400	100.00	50.00
147716	18 龙江 08	2038.11	5.00	2023.06.20	4.2400	103.49	350.42
147717	18 湖南 09	10000.00	5.00	2023.06.19	4.0000	100.00	0.00
147718	18 湖南 10	10000.00	7.00	2025.06.19	4.0800	100.00	0.00
147719	18 辽宁 09	10203.39	5.00	2023.06.22	4.1500	102.96	260.00
147720	18 辽宁 10	10440.56	7.00	2025.06.22	4.2300	100.00	0.00
147721	18 青岛 01	4203.50	5.00	2023.06.26	3.6100	100.00	0.00
147722	18 青岛 02	4200.00	7.00	2025.06.26	3.8300	100.00	0.00
147723	18 青岛 03	2300.00	5.00	2023.06.26	3.7300	100.00	0.00
147724	18 江西 09	3929.47	3.00	2021.07.04	3.6700	100.00	0.00
147725	18 江西 10	11720.00	5.00	2023.07.04	3.9500	102.21	331.00
147726	18 江西 11	11720.00	7.00	2025.07.04	4.0800	100.00	300.00
147727	18 江西 12	11720.00	10.00	2028.07.04	4.1700	100.00	640.00
147728	18 江西 13	2122.51	3.00	2021.07.04	3.8500	100.00	160.00
147729	18 江西 14	1140.00	5.00	2023.07.04	3.9500	100.00	0.00
147730	18 江西 15	2090.00	7.00	2025.07.04	4.1500	100.00	0.00

债券信息 List of Bonds

债券代码 Code	债券简称 Bond Name	发行数量(百万) Issued Vol(M)	年限 Terms	到期日 Expiration Date	票面利率(%) Coupon Rate(%)	本年收盘 Close	成交数量(万张) Trading Vol(10000)
147731	18 江西 16	2090.00	10.00	2028.07.04	4.2000	104.18	512.32
147732	18 内蒙 13	4432.42	5.00	2023.07.03	4.0800	100.00	670.00
147733	18 山西 04	3983.00	5.00	2023.07.09	3.3300	100.00	0.00
147734	18 山西 05	4000.00	7.00	2025.07.09	3.8900	100.00	0.00
147735	18 山西 06	10000.00	10.00	2028.07.09	4.0400	100.00	0.00
147736	18 山西 07	1117.00	5.00	2023.07.09	3.3300	100.00	0.00
147737	18 山西 08	639.56	5.00	2023.07.09	3.3300	100.00	0.00
147738	18 山西 09	1500.00	7.00	2025.07.09	3.9500	100.00	0.00
147739	18 山西 10	2000.00	10.00	2028.07.09	4.0000	102.74	50.00
147740	18 云南 08	6000.00	3.00	2021.07.09	3.5300	100.00	0.00
147741	18 云南 09	11290.00	5.00	2023.07.09	3.9000	100.00	0.00
147742	18 云南 10	11290.00	7.00	2025.07.09	4.0500	100.00	50.00
147743	18 云南 11	6000.00	10.00	2028.07.09	4.1300	100.00	0.00
147744	18 江西 17	950.00	5.00	2023.07.04	3.9800	100.00	50.00
147745	18 四川 06	11800.00	3.00	2021.07.03	3.9300	100.00	230.00
147746	18 四川 07	11700.00	5.00	2023.07.03	3.9900	102.08	300.01
147747	18 宁夏 02	2579.93	3.00	2021.07.06	3.5000	100.00	0.00
147748	18 宁夏 03	5000.00	5.00	2023.07.06	3.6000	100.00	0.00
147749	18 宁夏 04	3800.00	7.00	2025.07.06	3.9500	100.00	0.00
147750	18 宁夏 05	1300.00	10.00	2028.07.06	4.0900	100.00	0.00
147751	18 宁夏 06	157.66	5.00	2023.07.06	4.0400	100.00	0.00
147752	18 龙江 09	10593.84	5.00	2023.07.13	3.8500	101.98	400.00
147753	18 龙江 10	8700.00	7.00	2025.07.13	4.1000	102.50	837.09
147754	18 辽宁 11	5660.17	3.00	2021.07.18	3.7800	101.00	1442.00
147755	18 辽宁 12	810.00	3.00	2021.07.18	3.7500	100.00	200.00
147756	18 辽宁 13	734.00	5.00	2023.07.18	3.5600	100.00	0.00
147757	18 辽宁 14	182.00	5.00	2023.07.18	3.8600	100.00	0.00
147758	18 大连 05	9303.14	5.00	2023.07.24	3.8200	100.00	690.00
147759	18 大连 06	6464.86	7.00	2025.07.24	4.0000	102.44	74.03
147760	18 大连 07	198.92	5.00	2023.07.24	3.9300	100.00	0.00
147761	18 大连 08	772.00	7.00	2025.07.24	3.9800	100.00	0.00
147762	18 陕西 13	5129.45	3.00	2021.07.18	3.6100	100.00	0.00
147763	18 陕西 14	5110.00	10.00	2028.07.18	4.0900	100.00	410.00
147764	18 陕西 15	3566.86	3.00	2021.07.18	3.7700	100.00	1248.00
147765	18 陕西 16	3570.00	10.00	2028.07.18	4.1300	100.00	210.00
147766	18 陕西 17	4450.00	5.00	2023.07.18	3.9700	102.48	350.00
147767	18 陕西 18	3550.00	7.00	2025.07.18	4.1200	100.00	50.00
147769	18 福建 08	6339.57	5.00	2023.07.20	3.5400	100.00	40.00
147770	18 福建 09	4750.00	7.00	2025.07.20	3.7800	100.00	0.00
147771	18 福建 10	4750.00	10.00	2028.07.20	3.9500	102.19	9.03
147772	18 福建 11	2849.20	5.00	2023.07.20	3.7500	100.00	50.00
147773	18 福建 12	2120.00	7.00	2025.07.20	3.9800	100.00	0.00
147774	18 福建 13	2120.00	10.00	2028.07.20	4.0500	100.00	0.00
147775	18 湖南 11	4400.00	3.00	2021.07.13	3.6100	100.00	0.00
147776	18 湖南 12	19640.45	7.00	2025.07.13	4.0500	100.00	50.00
147777	18 安徽 06	7303.83	5.00	2023.07.23	3.7400	101.35	113.00
147778	18 安徽 07	10000.00	7.00	2025.07.23	3.9000	100.00	0.00
147779	18 安徽 08	9653.68	5.00	2023.07.23	3.8500	100.00	2780.00
147780	18 河北 12	2320.00	5.00	2023.07.25	3.9000	102.11	480.00
147781	18 河北 13	1460.00	5.00	2023.07.25	3.9900	100.00	0.00

债券信息
List of Bonds

债券
Bond

债券代码 Code	债券简称 Bond Name	发行数量(百万) Issued Vol(M)	年限 Terms	到期日 Expiration Date	票面利率(%) Coupon Rate(%)	本年收盘 Close	成交数量(万张) Trading Vol(10000)
147782	18 河北 14	1497.00	5.00	2023.07.25	4.0000	100.00	120.00
147783	18 河北 15	1287.00	5.00	2023.07.25	4.0000	100.00	150.00
147784	18 河北 16	840.00	5.00	2023.07.25	3.9500	100.00	0.00
147785	18 河北 17	2090.00	5.00	2023.07.25	3.8500	100.00	380.00
147786	18 河北 18	2460.00	5.00	2023.07.25	3.9900	100.00	330.00
147787	18 河北 19	370.00	5.00	2023.07.25	3.9900	100.00	0.00
147788	18 河北 20	1890.00	5.00	2023.07.25	4.0300	100.00	90.00
147789	18 河北 21	699.00	3.00	2021.07.25	3.7700	100.00	0.00
147790	18 河北 22	140.00	5.00	2023.07.25	3.9500	100.00	0.00
147791	18 河北 23	300.00	5.00	2023.07.25	4.0000	100.00	30.00
147792	18 河北 24	50.00	5.00	2023.07.25	3.9500	100.00	0.00
147793	18 河北 25	178.00	5.00	2023.07.25	4.0100	100.00	0.00
147794	18 湖北 05	17600.00	2.00	2020.08.01	3.4700	100.33	750.00
147795	18 湖北 06	14600.00	7.00	2025.08.01	3.9000	100.00	0.00
147796	18 湖北 07	7300.00	10.00	2028.08.01	3.9500	100.00	0.00
147797	18 贵州 16	5978.11	3.00	2021.07.30	3.7200	100.00	0.00
147798	18 贵州 17	6000.00	10.00	2028.07.30	4.1300	103.39	50.00
147799	18 贵州 18	521.89	10.00	2028.07.30	4.1400	100.00	0.00
147801	17 江西 34	402.15	5.00	2022.11.17	4.3300	100.00	60.00
147802	17 龙江 12	3783.96	3.00	2020.11.16	3.8300	100.00	0.00
147803	17 龙江 13	3358.24	3.00	2020.11.16	3.8900	100.00	0.00
147804	17 龙江 14	2714.00	5.00	2022.11.16	4.0200	100.00	0.00
147805	17 龙江 15	2000.00	7.00	2024.11.16	4.1200	100.00	0.00
147806	17 龙江 16	286.00	10.00	2027.11.16	4.3500	100.00	132.00
147807	17 龙江 17	90.00	5.00	2022.11.16	4.1200	100.00	0.00
147808	17 龙江 18	20.00	5.00	2022.11.16	4.0600	100.00	0.00
147809	17 龙江 19	338.28	5.00	2022.11.16	4.1200	100.00	0.00
147810	17 龙江 20	150.00	5.00	2022.11.16	4.1500	100.00	0.00
147811	17 龙江 21	401.72	5.00	2022.11.16	4.3000	100.00	0.00
147812	17 四川 41	2800.00	3.00	2020.11.22	3.9600	100.00	0.00
147813	17 四川 42	2800.00	5.00	2022.11.22	4.0800	100.00	0.00
147814	17 四川 43	2800.00	7.00	2024.11.22	4.1800	100.00	0.00
147815	17 四川 44	1168.00	10.00	2027.11.22	4.2800	100.00	0.00
147816	17 四川 45	1000.00	5.00	2022.11.22	4.1500	100.00	0.00
147817	17 四川 46	152.00	5.00	2022.11.22	4.3400	100.00	0.00
147818	17 四川 47	40.00	5.00	2022.11.22	4.6600	100.00	0.00
147819	17 四川 48	614.00	5.00	2022.11.22	4.2000	100.00	0.00
147820	17 四川 49	50.00	5.00	2022.11.22	4.5200	100.00	0.00
147821	17 四川 50	80.00	5.00	2022.11.22	4.3000	100.00	0.00
147822	17 四川 51	43.00	5.00	2022.11.22	4.6600	100.00	0.00
147823	17 四川 52	100.00	5.00	2022.11.22	4.3800	100.00	0.00
147824	17 四川 53	73.00	5.00	2022.11.22	4.5000	100.00	0.00
147825	17 四川 54	23.00	5.00	2022.11.22	4.4000	100.00	0.00
147826	17 四川 55	83.00	5.00	2022.11.22	4.3800	100.00	0.00
147827	17 四川 56	378.00	5.00	2022.11.22	4.3800	100.00	0.00
147828	17 四川 57	50.00	5.00	2022.11.22	4.6000	100.00	0.00
147829	17 湖南 07	15500.00	3.00	2020.11.30	4.2100	100.00	20.00
147830	17 湖南 08	10000.00	5.00	2022.11.30	4.2500	100.00	0.00
147831	17 湖南 09	5000.00	7.00	2024.11.30	4.3000	100.00	0.00
147832	17 湖南 10	10000.00	1.00	2018.11.30	4.1400	100.29	700.00

债券信息 List of Bonds

债券 Bond

债券代码 Code	债券简称 Bond Name	发行数量(百万) Issued Vol(M)	年限 Terms	到期日 Expiration Date	票面利率(%) Coupon Rate(%)	本年收盘 Close	成交数量(万张) Trading Vol(10000)
147833	17 湖南 11	20000.00	3.00	2020.11.30	4.3500	100.00	240.00
147834	17 湖南 12	13300.00	5.00	2022.11.30	4.3900	100.00	330.00
147835	17 青岛 17	500.00	5.00	2022.12.12	3.8500	100.00	0.00
147836	17 青岛 18	200.00	7.00	2024.12.12	3.9500	100.00	0.00
147837	17 青岛 19	300.00	10.00	2027.12.12	3.9400	100.00	0.00
147838	17 湖南 13	1000.00	7.00	2024.12.27	4.3000	100.00	0.00
147839	18 江西 01	1307.33	3.00	2021.03.19	3.6800	100.00	0.00
147840	18 江西 02	3921.97	5.00	2023.03.19	3.9700	100.00	0.00
147841	18 江西 03	3921.97	7.00	2025.03.19	4.3400	100.00	0.00
147842	18 江西 04	3921.97	10.00	2028.03.19	4.4100	100.00	0.00
147843	18 江西 05	1838.73	3.00	2021.03.19	3.8300	100.00	0.00
147844	18 江西 06	1838.74	5.00	2023.03.19	4.2600	103.55	80.00
147845	18 江西 07	1838.74	7.00	2025.03.19	4.2900	100.00	0.00
147846	18 江西 08	1838.74	10.00	2028.03.19	4.4100	100.00	0.00
147847	18 云南 01	5100.00	3.00	2021.03.23	3.8900	100.00	0.00
147848	18 云南 02	6600.00	10.00	2028.03.23	4.3700	100.00	30.00
147849	18 云南 03	4650.00	3.00	2021.03.23	3.7900	100.00	0.00
147850	18 四川 01	5400.00	3.00	2021.03.23	3.7300	100.00	0.00
147851	18 四川 02	5300.00	7.00	2025.03.23	4.1000	100.00	0.00
147852	18 四川 03	2800.00	5.00	2023.03.23	3.8400	100.00	0.00
147853	18 江苏 01	7500.00	5.00	2023.04.12	3.6300	100.00	0.00
147854	18 福建 01	1177.67	3.00	2021.04.20	3.3700	100.00	0.00
147855	18 福建 02	3500.00	5.00	2023.04.20	3.5700	100.00	0.00
147856	18 福建 03	3500.00	7.00	2025.04.20	3.7700	100.00	0.00
147857	18 福建 04	3500.00	10.00	2028.04.20	3.8500	101.40	15.20
147858	18 福建 05	4986.00	5.00	2023.04.20	3.6400	100.00	0.00
147859	18 福建 06	2480.00	7.00	2025.04.20	3.8000	100.00	0.00
147860	18 福建 07	2480.00	10.00	2028.04.20	3.9000	100.00	0.00
147861	18 湖南 01	11000.00	3.00	2021.04.19	3.5300	100.00	0.00
147862	18 湖南 02	17100.00	5.00	2023.04.19	3.6700	100.00	0.00
147863	18 湖南 03	9000.00	3.00	2021.04.19	3.6600	100.00	0.00
147864	18 辽宁 07	7080.45	5.00	2023.05.18	3.7000	100.00	100.00
147865	18 辽宁 08	5760.03	7.00	2025.05.18	3.9500	100.00	100.00
147866	18 山东 05	20332.00	7.00	2025.05.21	4.0100	100.00	30.00
147867	18 山东 06	9722.00	7.00	2025.05.21	4.0900	103.05	50.00
147868	18 内蒙 07	2182.55	3.00	2021.05.31	3.7700	100.10	17.95
147869	18 内蒙 08	6527.67	5.00	2023.05.31	4.0800	100.00	290.00
147870	18 内蒙 09	6527.67	7.00	2025.05.31	4.1500	100.00	0.00
147871	18 内蒙 10	6527.67	10.00	2028.05.31	4.3000	100.00	0.00
147872	18 内蒙 11	127.94	5.00	2023.05.31	4.0500	100.00	0.00
147873	18 内蒙 12	127.94	10.00	2028.05.31	4.3200	103.75	11.36
147874	18 湖南 04	18637.42	5.00	2023.05.22	3.7400	100.00	180.00
147875	18 湖南 05	12300.00	7.00	2025.05.22	4.0400	100.00	0.00
147876	18 湖南 06	3100.00	10.00	2028.05.22	4.1000	100.00	0.00
147877	18 湖南 07	6000.00	5.00	2023.05.22	3.9800	102.50	50.00
147878	18 湖南 08	2700.00	7.00	2025.05.22	4.0500	100.00	0.00
147879	18 云南 04	6670.00	5.00	2023.05.23	3.8000	101.30	1.00
147880	18 云南 05	6860.00	10.00	2028.05.23	4.2100	100.00	0.00
147881	18 云南 06	3300.00	3.00	2021.05.23	3.4900	100.00	0.00
147882	18 云南 07	7400.00	7.00	2025.05.23	4.1400	100.00	700.00

债券信息
List of Bonds

债券
Bond

债券代码 Code	债券简称 Bond Name	发行数量(百万) Issued Vol(M)	年限 Terms	到期日 Expiration Date	票面利率(%) Coupon Rate(%)	本年收盘 Close	成交数量(万张) Trading Vol(10000)
147883	18 吉林 01	10106.85	5.00	2023.06.15	4.0800	100.00	0.00
147884	18 吉林 02	10000.00	7.00	2025.06.15	4.2000	100.00	0.00
147885	18 吉林 03	7000.00	10.00	2028.06.15	4.1000	100.00	0.00
147886	18 龙江 01	5114.24	3.00	2021.05.30	3.8200	100.00	0.00
147887	18 龙江 02	6000.00	5.00	2023.05.30	3.9500	100.00	270.00
147888	18 龙江 03	6000.00	7.00	2025.05.30	4.0000	100.00	0.00
147889	18 河南 01	14644.96	3.00	2021.06.12	3.7500	100.00	200.00
147890	18 河南 02	14700.00	5.00	2023.06.12	3.9700	100.00	0.00
147891	18 河南 03	14700.00	7.00	2025.06.12	4.0400	100.00	0.00
147892	18 天津 01	4079.00	2.00	2020.06.21	3.8400	100.00	0.00
147893	18 天津 02	3190.00	5.00	2023.06.21	3.9000	100.00	0.00
147894	18 天津 03	3180.00	5.00	2023.06.21	4.1000	100.00	0.00
147895	18 天津 04	3900.00	7.00	2025.06.21	4.2900	100.00	0.00
147896	18 天津 05	1500.00	5.00	2023.06.21	3.8800	100.00	0.00
147897	18 天津 06	300.00	5.00	2023.08.13	3.3400	100.00	0.00
147898	18 天津 07	5400.00	5.00	2023.06.21	4.1300	100.00	0.00
147899	18 天津 08	700.00	5.00	2023.06.21	4.2000	100.00	0.00
147901	17 天津 19	1200.00	3.00	2020.09.04	3.7800	100.00	0.00
147902	17 天津 20	800.00	5.00	2022.09.04	4.0100	100.00	360.00
147903	17 天津 21	1200.00	5.00	2022.09.04	4.0100	100.00	0.00
147904	17 天津 22	700.00	3.00	2020.09.04	3.8800	100.00	0.00
147905	17 天津 23	1200.00	5.00	2022.09.04	4.1100	100.95	80.00
147906	17 天津 24	2759.00	7.00	2024.09.04	4.1300	100.00	0.00
147907	17 宁波 09	1840.00	3.00	2020.09.13	3.6000	100.00	10.00
147908	17 宁波 10	2760.00	5.00	2022.09.13	3.7100	100.00	0.00
147909	17 宁波 11	1940.00	7.00	2024.09.13	3.8500	100.00	0.00
147910	17 宁波 12	2760.00	10.00	2027.09.13	3.9300	100.00	10.00
147911	17 宁波 13	770.00	5.00	2022.09.13	3.6600	100.00	0.00
147912	17 宁波 14	600.00	10.00	2027.09.13	3.8300	100.00	0.00
147913	17 宁波 15	500.00	5.00	2022.09.13	3.6600	100.00	0.00
147914	17 宁波 16	200.00	5.00	2022.09.13	3.6600	100.00	0.00
147915	17 宁波 17	100.00	5.00	2022.09.13	3.6100	100.00	0.00
147916	17 宁波 18	200.00	5.00	2022.09.13	3.6600	100.00	0.00
147917	17 宁波 19	1000.00	10.00	2027.09.13	4.0800	100.00	20.00
147918	17 湖南 05	16000.00	5.00	2022.09.11	3.9200	100.00	0.00
147919	17 湖南 06	17000.00	7.00	2024.09.11	4.0600	100.00	0.00
147920	17 山东 11	8441.00	10.00	2027.09.15	4.0500	100.00	0.00
147921	17 山东 12	80.00	5.00	2022.09.15	3.9500	100.00	0.00
147922	17 山东 13	380.00	5.00	2022.09.15	3.9500	100.00	0.00
147923	17 山东 14	440.00	5.00	2022.09.15	3.9500	100.00	0.00
147924	17 山东 15	480.00	5.00	2022.09.15	3.9500	100.00	0.00
147925	17 山东 16	650.00	5.00	2022.09.15	3.9500	100.00	0.00
147926	17 山东 17	710.00	5.00	2022.09.15	3.9700	100.00	0.00
147927	17 山东 18	740.00	5.00	2022.09.15	3.9700	100.00	0.00
147928	17 山东 19	750.00	5.00	2022.09.15	3.9600	100.00	0.00
147929	17 山东 20	850.00	5.00	2022.09.15	3.9600	100.00	0.00
147930	17 山东 21	1160.00	5.00	2022.09.15	3.9500	100.00	0.00
147931	17 山东 22	1210.00	5.00	2022.09.15	3.9600	100.00	0.00
147932	17 山东 23	1330.00	5.00	2022.09.15	3.9500	100.00	0.00
147933	17 山东 24	1670.00	5.00	2022.09.15	3.9600	99.98	0.00

债券信息 List of Bonds

债券 Bond

债券代码 Code	债券简称 Bond Name	发行数量(百万) Issued Vol(M)	年限 Terms	到期日 Expiration Date	票面利率(%) Coupon Rate(%)	本年收盘 Close	成交数量(万张) Trading Vol(10000)
147934	17 山东 25	1710.00	5.00	2022.09.15	3.9600	100.00	0.00
147935	17 山东 26	2410.00	5.00	2022.09.15	3.9500	100.00	0.00
147936	17 山东 27	3430.00	5.00	2022.09.15	3.9000	100.00	70.00
147937	17 河南 14	5650.49	5.00	2022.09.20	3.7400	100.00	200.00
147938	17 河南 15	5650.50	10.00	2027.09.20	4.0400	100.00	0.00
147939	17 河南 16	760.41	5.00	2022.09.20	3.9100	100.00	0.00
147940	17 河南 17	6688.40	5.00	2022.09.20	3.9100	100.00	0.00
147941	17 河南 18	1040.00	5.00	2022.09.20	3.9500	100.00	0.00
147942	17 河南 19	800.00	5.00	2022.09.20	3.9100	100.00	0.00
147943	17 河南 20	21.00	5.00	2022.09.20	4.3200	100.00	0.00
147944	17 河南 21	204.00	5.00	2022.09.20	3.9900	100.00	0.00
147945	17 河南 22	421.00	5.00	2022.09.20	3.9500	100.00	0.00
147946	17 河南 23	27.00	5.00	2022.09.20	4.3100	100.00	0.00
147947	17 河南 24	408.00	5.00	2022.09.20	3.9500	100.00	0.00
147948	17 河南 25	45.00	5.00	2022.09.20	4.2100	100.00	0.00
147949	17 河南 26	282.00	5.00	2022.09.20	3.9800	100.00	0.00
147950	17 河南 27	144.00	5.00	2022.09.20	4.0000	100.00	0.00
147951	17 河南 28	989.00	5.00	2022.09.20	3.9100	100.00	0.00
147952	17 河南 29	849.00	5.00	2022.09.20	3.9100	100.00	0.00
147953	17 河南 30	669.00	5.00	2022.09.20	3.9100	100.00	0.00
147954	17 河南 31	273.00	5.00	2022.09.20	3.9600	100.00	0.00
147955	17 内蒙 08	3584.60	5.00	2022.10.24	3.9400	98.99	6.02
147956	17 内蒙 09	5840.00	7.00	2024.10.24	4.0500	100.00	0.00
147957	17 内蒙 10	12990.00	10.00	2027.10.24	4.0600	100.00	0.00
147958	17 内蒙 11	3842.70	5.00	2022.10.24	3.9400	100.00	0.00
147959	17 内蒙 12	3842.70	10.00	2027.10.24	4.0400	100.00	0.00
147960	17 安徽 07	16917.58	3.00	2020.10.20	3.9100	100.00	1410.00
147961	17 安徽 08	5400.00	5.00	2022.10.20	3.9000	100.00	0.00
147962	17 安徽 09	7000.00	10.00	2027.10.20	4.1500	100.00	0.00
147963	17 云南 20	1070.00	5.00	2022.10.20	3.9100	100.00	0.00
147964	17 云南 21	1050.00	7.00	2024.10.20	3.9500	100.00	0.00
147965	17 云南 22	1000.00	3.00	2020.10.20	3.9000	100.00	0.00
147966	17 青岛 08	239.86	3.00	2020.10.23	3.6900	100.00	0.00
147967	17 青岛 09	719.58	5.00	2022.10.23	3.8000	100.00	0.00
147968	17 青岛 10	719.58	7.00	2024.10.23	3.9000	100.00	0.00
147969	17 青岛 11	719.58	10.00	2027.10.23	3.8600	100.00	0.00
147970	17 青岛 12	3069.75	5.00	2022.10.23	3.8300	100.00	0.00
147971	17 青岛 13	1047.90	7.00	2024.10.23	3.9300	100.00	0.00
147972	17 青岛 14	1021.85	10.00	2027.10.23	3.9100	100.00	0.00
147973	17 青岛 15	150.00	5.00	2022.10.23	4.0000	100.00	0.00
147974	17 青岛 16	2000.00	5.00	2022.10.23	3.9300	100.00	0.00
147975	17 河南 32	3466.76	3.00	2020.11.14	3.7000	100.00	0.00
147976	17 河南 33	10300.00	5.00	2022.11.14	3.9000	100.00	0.00
147977	17 河南 34	6500.00	7.00	2024.11.14	4.0400	100.00	0.00
147978	17 河南 35	7500.00	10.00	2027.11.14	4.1300	100.00	0.00
147979	17 河南 36	10780.69	10.00	2027.11.14	4.0800	100.00	0.00
147980	17 河南 37	62.60	5.00	2022.11.14	4.1000	100.00	0.00
147981	17 上海 08	5260.00	3.00	2020.11.13	3.6900	100.00	0.00
147982	17 上海 09	790.00	3.00	2020.11.13	3.6900	100.00	0.00
147983	17 上海 10	780.00	3.00	2020.11.13	3.6900	100.00	0.00

债券信息 List of Bonds

债券 Bond

债券代码 Code	债券简称 Bond Name	发行数量(百万) Issued Vol(M)	年限 Terms	到期日 Expiration Date	票面利率(%) Coupon Rate(%)	本年收盘 Close	成交数量(万张) Trading Vol(10000)
147984	17 上海 11	1110.00	3.00	2020.11.13	3.6900	100.00	0.00
147985	17 上海 12	1960.00	3.00	2020.11.13	3.6900	100.00	0.00
147986	17 上海 13	100.00	3.00	2020.11.13	3.6900	100.00	0.00
147987	17 江西 21	460.00	3.00	2020.11.17	3.8900	100.00	0.00
147988	17 江西 22	1500.00	3.00	2020.11.17	3.8300	100.00	0.00
147989	17 江西 23	1500.00	10.00	2027.11.17	4.0900	100.00	0.00
147990	17 江西 24	3351.69	5.00	2022.11.17	4.0500	102.61	50.00
147991	17 江西 25	1201.69	5.00	2022.11.17	4.0600	100.00	0.00
147992	17 江西 26	249.00	5.00	2022.11.17	4.0600	100.00	0.00
147993	17 江西 27	439.39	5.00	2022.11.17	4.3000	103.51	50.00
147994	17 江西 28	221.81	5.00	2022.11.17	4.3000	100.00	0.00
147995	17 江西 29	193.59	5.00	2022.11.17	4.4100	100.00	0.00
147996	17 江西 30	1285.41	5.00	2022.11.17	4.3300	100.00	140.00
147997	17 江西 31	871.35	5.00	2022.11.17	4.4100	103.90	111.35
147998	17 江西 32	1116.76	5.00	2022.11.17	4.3200	101.60	220.00
147999	17 江西 33	667.16	5.00	2022.11.17	4.4100	100.00	100.00
149000	PR 业 01	78.00	0.85	2018.10.25	7.4000	48.72	78.00
149001	泛物业 02	79.00	1.85	2019.10.25	7.5000	100.02	79.00
149002	泛物业 03	83.00	2.85	2020.10.25	8.0000	99.74	150.00
149003	泛物业 04	88.00	3.85	2021.10.25	8.0000	99.74	173.00
149004	泛物业 05	94.00	4.85	2022.10.25	8.0000	100.00	94.00
149005	泛物业 06	100.00	5.85	2023.10.25	8.3000	99.97	260.00
149006	泛物业 07	107.00	6.85	2024.10.25	8.5000	99.78	107.00
149007	泛物业次	33.00	6.85	2024.10.25	0.0000	100.00	0.00
149016	汇通 12A1	315.00	0.35	2018.04.27	6.2000	100.00	30.00
149017	PR12A2	166.00	0.60	2018.07.27	6.4000	59.98	200.00
149018	PR12A3	144.00	0.85	2018.10.27	6.5000	46.82	40.00
149019	PR12A4	135.00	1.10	2019.01.27	6.6000	34.03	0.00
149020	汇通 12A5	132.00	1.35	2019.04.27	6.7000	100.00	0.00
149021	汇通 12A6	130.00	1.60	2019.07.27	6.8000	100.68	100.00
149022	汇通 12A7	96.00	1.85	2019.10.27	7.0000	101.25	100.00
149023	汇通 12B	182.00	2.85	2020.10.27	10.0000	100.00	0.00
149024	PR 优 1	165.00	1.59	2019.07.25	6.2800	56.89	0.00
149025	金港优 2	135.00	2.10	2020.01.25	6.8000	99.89	20.00
149027	PR 浙商 2A	3780.00	1.33	2019.04.15	5.8000	8.11	0.00
149028	浙商 2 优 B	764.00	2.33	2020.04.15	5.8000	100.00	0.00
149029	浙商 2 优 C	477.00	2.33	2020.04.15	5.9000	100.00	0.00
149030	浙商 2 次	653.00	4.33	2022.04.15	0.0000	100.00	0.00
149031	PR3A	3100.00	0.94	2018.11.29	5.6300	3.54	0.00
149032	PR3B	4310.00	1.70	2019.09.05	5.0000	91.58	0.00
149033	兴资 3 次	390.00	1.70	2019.09.05	0.0000	100.00	0.00
149034	PRHJ 优 A	3890.00	1.24	2019.03.11	5.8000	6.09	1240.00
149035	17HJ 优 B	400.00	1.73	2019.09.06	6.2000	100.00	0.00
149036	17HJ 次	660.00	3.02	2020.12.22	0.0000	100.00	0.00
149037	PR 华 3A1	458.00	1.03	2018.09.21	6.0000	11.44	0.00
149038	PR 华 3A2	147.00	1.53	2019.06.21	6.2000	30.53	0.00
149039	华鲁 3 次	78.00	1.78	2019.09.21	0.0000	100.00	0.00
149040	国药 2 优 1	1132.00	1.50	2019.06.12	5.6500	100.00	0.00
149041	国药 2 优 2	94.00	1.50	2019.06.12	6.1500	100.00	0.00
149042	国药 2 次 1	54.00	1.50	2019.06.12	10.0000	100.00	0.00

债券信息 List of Bonds

债券 Bond

债券代码 Code	债券简称 Bond Name	发行数量(百万) Issued Vol(M)	年限 Terms	到期日 Expiration Date	票面利率(%) Coupon Rate(%)	本年收盘 Close	成交数量(万张) Trading Vol(10000)
149043	国药 2 次 2	68.00	1.50	2019.06.12	0.0000	100.00	0.00
149044	PR1A1	472.00	0.88	2018.10.30	5.9000	7.44	0.00
149045	PR1A2	377.00	1.88	2019.10.30	6.1000	95.50	0.00
149046	光租 1A3	135.00	2.38	2020.04.30	6.2000	100.00	0.00
149047	光租 1B	297.00	4.13	2022.01.30	6.5000	100.00	0.00
149048	光租次级	67.00	4.13	2022.01.30	0.0000	100.00	0.00
149049	建工 1 优	2820.00	3.00	2020.12.15	5.7000	100.00	1000.00
149050	建工 1 次	180.00	3.00	2020.12.15	0.0000	100.00	0.00
149051	17 云城 A	1650.00	18.18	2036.02.14	6.1500	100.00	0.00
149052	17 云城 B	1800.00	18.18	2036.02.14	7.5000	100.00	1420.00
149053	17 云城 C	50.00	18.18	2036.02.14	7.6000	100.00	0.00
149054	PR01A1	95.00	0.57	2018.07.10	5.4300	19.08	0.00
149055	PR01A2	985.00	1.83	2019.10.15	5.8000	98.65	0.00
149056	华邦 01A3	770.00	2.32	2020.04.10	6.0000	100.48	670.00
149057	华邦 01A4	340.00	2.84	2020.10.15	6.2000	100.00	0.00
149058	华邦 01A5	510.00	3.32	2021.04.10	6.2500	101.37	510.00
149059	17 七局优	857.00	3.02	2020.12.25	5.8000	100.00	0.00
149060	华邦 01B	330.00	3.60	2021.07.20	6.3000	100.00	0.00
149061	华邦 01C	629.00	4.24	2022.03.10	0.0000	100.00	0.00
149062	17 七局次	117.00	3.02	2020.12.25	0.0000	100.00	0.00
149063	花呗 54B	94.00	1.03	2018.12.19	0.0000	100.00	0.00
149064	宝冶 17 优	1322.00	2.97	2020.12.15	5.5000	100.00	0.00
149065	宝冶 17 次	147.00	2.97	2020.12.15	0.0000	100.00	0.00
149066	PR 优 A	153.00	1.07	2018.04.24	6.2000	12.47	30.00
149067	PR 优 B	134.00	1.07	2018.12.21	6.8000	36.95	0.00
149068	南瑞次级	18.00	1.07	2018.12.21	0.0000	100.00	0.00
149069	PR 悦达 A	470.00	1.24	2018.12.24	6.5000	5.47	40.00
149070	PR 悦达 B	50.00	1.49	2019.06.23	7.0000	56.85	50.00
149071	17 悦达次	49.00	1.49	2019.06.23	0.0000	100.00	0.00
149072	中建材 2A	425.00	1.00	2018.12.19	6.3000	100.06	140.00
149073	中建材 2B	175.00	1.00	2018.12.19	6.4000	100.00	0.00
149074	中建材 2C	50.00	1.00	2018.12.19	6.5000	100.00	0.00
149075	中建 2 次	250.00	1.00	2018.12.19	0.0000	100.00	0.00
149076	PR 地矿 A	104.00	0.67	2018.08.31	7.0000	10.75	80.00
149077	PR 地矿 B	89.00	1.92	2018.09.20	7.5000	93.15	50.00
149078	17 地矿次	20.00	2.67	2018.09.20	0.0000	100.00	0.00
149079	18 局优 A	827.00	2.97	2020.12.16	6.2800	100.00	0.00
149080	18 局优 B	87.00	2.97	2020.12.16	6.6000	100.00	0.00
149081	18 局次 1	88.00	2.97	2020.12.16	6.8000	100.00	0.00
149082	18 局次 2	31.00	2.97	2020.12.16	0.0000	100.00	0.00
149083	PR 葛洲 A	310.00	0.58	2018.07.26	6.0000	80.69	60.00
149084	PR 葛洲 B	70.00	0.83	2018.10.26	6.5000	98.11	0.00
149085	PR 葛洲 C	132.00	1.08	2019.01.26	0.0000	31.91	0.00
149086	借呗 49A1	1275.00	1.02	2019.03.21	6.1900	100.52	1095.00
149087	借呗 49A2	113.00	1.02	2019.03.21	6.3000	100.00	0.00
149088	借呗 49B	113.00	1.02	2019.03.21	0.0000	106.23	25.00
149091	花呗 55A2	39.00	1.02	2019.01.31	6.1500	99.95	9.00
149092	18 智信 01	377.00	1.00	2019.01.25	5.6000	100.00	0.00
149093	睿信 2 号	1071.00	1.01	2019.01.15	5.6100	100.00	0.00
149094	PR 中电 3A	622.00	0.92	2018.11.23	6.0000	41.00	184.00

债券信息 List of Bonds

债券 Bond

债券代码 Code	债券简称 Bond Name	发行数量(百万) Issued Vol(M)	年限 Terms	到期日 Expiration Date	票面利率(%) Coupon Rate(%)	本年收盘 Close	成交数量(万张) Trading Vol(10000)
149095	中电 3 优 B	104.00	0.92	2018.11.23	6.7000	100.00	0.00
149096	中电 3 次 A	12.00	0.92	2018.11.23	0.0000	100.00	0.00
149097	中电 3 次 B	4.00	0.92	2018.11.23	0.0000	100.00	0.00
149098	中电 3 次 C	25.00	0.92	2018.11.23	0.0000	100.00	0.00
149099	中电 3 次 D	62.00	0.92	2018.11.23	0.0000	100.00	0.00
149100	聚元 3A1	183.00	0.38	2018.03.13	4.6500	100.00	0.00
149101	聚元 3A2	77.00	0.84	2018.08.28	4.7000	100.00	0.00
149102	聚元 3A3	349.00	0.88	2018.09.14	4.8000	100.00	0.00
149103	聚元 3A4	188.00	0.90	2018.09.21	4.8000	100.00	0.00
149104	聚元 3A5	77.00	0.92	2018.09.28	4.8000	100.00	0.00
149105	聚元 3A6	96.00	0.97	2018.10.17	4.8000	100.00	0.00
149106	铁建 002A	1889.00	2.00	2019.12.27	5.7000	100.00	0.00
149107	铁建 002C	100.00	2.00	2019.12.27	0.0000	100.00	0.00
149108	PR 德银 4A	185.00	1.24	2019.04.25	5.9000	18.06	155.00
149109	17 德银 4B	15.00	1.24	2019.04.25	6.1000	100.00	0.00
149110	德银 4 次	22.00	1.48	2019.07.25	0.0000	100.00	0.00
149111	云信农 A1	62.00	0.09	2018.01.31	6.3000	100.00	0.00
149112	PRA2	59.00	0.75	2018.09.28	6.8000	65.99	0.00
149113	云信农次	30.00	1.76	2018.09.28	0.0000	100.00	0.00
149114	PR 优 A	510.00	18.00	2035.12.22	4.8300	96.67	0.00
149115	创置优 B	580.00	18.00	2035.12.22	4.8300	100.00	0.00
149116	创置次级	10.00	18.00	2035.12.22	0.0000	100.00	0.00
149117	佳源优 01	1110.00	3.00	2020.12.20	6.7300	99.34	110.00
149118	佳源优 02	540.00	3.00	2020.12.20	7.5000	100.00	306.40
149119	佳源次级	50.00	3.00	2020.12.20	0.0000	100.00	0.00
149120	铁建 001A	1704.00	2.07	2020.01.20	5.7000	100.00	0.00
149121	铁建 001C	90.00	2.07	2020.01.20	0.0000	100.00	0.00
149122	海融 3 优	2850.00	1.50	2019.07.19	5.6000	100.00	0.00
149123	海融 3 次	150.00	1.50	2019.07.19	0.0000	100.00	0.00
149124	PR 优 A1	1468.00	1.08	2019.01.17	5.7580	36.41	230.00
149125	国融优 A2	587.00	1.58	2019.07.17	5.8000	100.00	0.00
149126	国融优 A3	264.00	1.58	2019.07.17	5.8690	100.00	0.00
149127	18 花 01A1	3540.00	1.03	2019.01.30	6.0000	100.29	1140.00
149128	18 花 01A2	120.00	1.03	2019.01.30	6.2000	100.00	0.00
149129	18 花 01B	340.00	1.03	2019.01.30	0.0000	100.00	54.00
149130	花呗 55A1	1151.00	1.02	2019.01.31	5.9700	100.33	170.00
149131	花呗 55B	111.00	1.02	2019.01.31	0.0000	101.56	30.00
149132	18 花 02A1	3540.00	1.04	2019.02.14	5.9400	100.63	900.00
149133	18 花 02A2	120.00	1.04	2019.02.14	6.1900	100.00	0.00
149134	18 花 02B	340.00	1.04	2019.02.14	0.0000	102.09	44.00
149135	18 花 03A1	1505.00	1.04	2019.02.15	5.8800	100.47	171.00
149136	18 花 03A2	51.00	1.04	2019.02.15	6.1800	100.00	0.00
149137	18 花 03B	145.00	1.04	2019.02.15	0.0000	102.07	31.00
149138	18 花 04A1	2655.00	1.02	2019.03.21	5.7900	100.44	285.00
149139	18 花 04A2	90.00	1.02	2019.03.21	6.1300	100.00	0.00
149140	18 花 04B	255.00	1.02	2019.03.21	0.0000	99.99	58.00
149141	国融优 B	264.00	2.08	2020.01.17	5.8700	100.27	314.29
149142	国融优 C	176.00	2.33	2020.04.17	5.8800	99.36	176.20
149143	国融次级	176.00	2.33	2020.04.17	5.0000	100.00	0.00
149144	博格一 A1	100.00	0.28	2018.04.20	5.9000	100.00	50.00

债券信息 List of Bonds

债券 Bond

债券代码 Code	债券简称 Bond Name	发行数量(百万) Issued Vol(M)	年限 Terms	到期日 Expiration Date	票面利率(%) Coupon Rate(%)	本年收盘 Close	成交数量(万张) Trading Vol(10000)
149145	PR 一 A2	169.00	1.28	2019.04.22	6.5000	11.52	106.00
149146	博格一次	25.00	2.03	2020.01.20	0.0000	100.00	0.00
149148	PR 五 A	2540.00	3.25	2021.04.15	6.2400	68.07	430.00
149149	平安五 B	125.00	3.50	2021.07.15	7.5000	100.00	10.00
149150	平安五次	159.00	5.00	2023.01.15	0.0000	100.00	0.00
149153	PR1 优 A	119.00	2.70	2020.09.22	6.3000	21.25	0.00
149154	利拓 1 优 B	13.00	2.70	2020.09.22	7.0000	100.00	0.00
149155	利拓 1 优 C	18.00	2.70	2020.09.22	7.2000	100.00	0.00
149156	利拓 1 次	8.00	2.70	2020.09.22	0.0000	100.00	0.00
149157	PR 优 1	31.00	1.01	2019.02.04	6.5000	51.61	0.00
149158	彩 1 优 2	33.00	2.01	2020.02.04	7.0000	101.39	72.00
149159	彩 1 优 3	36.00	3.02	2021.02.04	7.3000	102.77	60.00
149160	彩 1 次	12.00	3.02	2021.02.04	0.0000	100.00	0.00
149161	AUX6A1	220.00	0.62	2018.08.28	5.7400	22.72	0.00
149162	PRX6A2	130.00	1.62	2019.08.28	5.8700	84.62	0.00
149163	AUX6A3	60.00	2.63	2020.08.28	6.0000	100.00	0.00
149164	PRX6A4	415.00	3.13	2021.02.28	6.5000	71.70	100.00
149165	AUX6 次	175.00	5.63	2023.08.28	0.0000	100.00	0.00
149166	PR17 四 4A	3470.00	3.52	2021.07.26	6.1800	63.31	352.00
149167	17 远东 4B	353.00	4.02	2022.01.26	6.5000	100.00	166.00
149168	17 远东 4C	230.00	4.52	2022.07.26	0.0000	100.00	0.00
149169	恒信 05A1	490.00	0.09	2018.02.20	5.9000	100.00	0.00
149170	PR05A2	350.00	1.09	2018.08.20	6.0900	77.26	140.00
149171	PR05A3	230.00	2.59	2020.08.20	6.2000	9.91	0.00
149172	恒信 05 次	45.00	4.10	2022.02.20	0.0000	100.00	0.00
149173	PR18 易 1A	1678.00	2.07	2020.02.10	6.0800	40.10	300.00
149174	18 易鑫 1B	210.00	2.31	2020.05.08	7.1000	100.00	0.00
149175	18 易鑫 1C	119.00	2.81	2020.11.09	0.0000	100.00	0.00
149176	山财大 01	50.00	0.61	2018.12.06	5.6000	100.00	0.00
149177	山财大 02	53.00	1.64	2019.12.16	5.6000	100.00	0.00
149178	山财大 03	55.00	2.67	2020.12.25	5.6000	100.00	0.00
149179	山财大 04	58.00	3.70	2022.01.06	5.6000	100.00	0.00
149180	山财大 05	61.00	4.73	2023.01.16	5.6000	100.00	0.00
149181	山财大 06	65.00	5.75	2024.01.25	5.6000	100.00	0.00
149182	山财大 07	68.00	6.81	2025.02.12	5.6000	100.00	0.00
149183	山财大 08	72.00	7.81	2026.02.13	5.6000	100.00	0.00
149184	山财大 09	76.00	8.86	2027.03.04	5.6000	100.00	0.00
149185	山财大 10	79.00	9.86	2028.03.03	5.6000	100.00	0.00
149186	山财大次	33.00	9.86	2028.03.03	0.0000	100.00	0.00
149187	阳光 A	573.00	18.01	2036.01.27	6.7500	100.00	0.00
149188	阳光 B	225.00	18.01	2036.01.27	7.5000	100.00	0.00
149189	阳光次	42.00	18.01	2036.01.27	0.0000	100.00	0.00
149190	借呗 48A1	850.00	1.02	2019.02.01	6.2000	100.66	475.00
149191	借呗 48A2	75.00	1.02	2019.02.01	6.3000	100.03	45.00
149192	借呗 48B	75.00	1.02	2019.02.01	0.0000	102.19	15.00
149194	17 民通 02	200.00	1.04	2019.01.26	6.3000	100.00	0.00
149195	17 民通 03	230.00	2.04	2020.01.26	7.0000	100.00	0.00
149196	17 民通 04	240.00	3.04	2021.01.26	7.2000	100.00	0.00
149197	17 民通 05	70.00	4.04	2022.01.26	7.4000	102.51	100.00
149198	17 民通次	50.00	4.04	2022.01.26	0.0000	100.00	0.00

债券信息 List of Bonds

债券 Bond

债券代码 Code	债券简称 Bond Name	发行数量(百万) Issued Vol(M)	年限 Terms	到期日 Expiration Date	票面利率(%) Coupon Rate(%)	本年收盘 Close	成交数量(万张) Trading Vol(10000)
149199	PRJC02A1	617.00	1.47	2019.07.21	6.5000	32.06	100.00
149200	17JC02A2	160.00	2.22	2020.04.21	6.6000	98.45	20.00
149201	17JC02B	31.00	2.47	2020.07.21	6.7000	98.69	30.00
149202	17JC02C	51.00	2.98	2021.01.21	6.8000	100.00	0.00
149203	17JC02 次	82.00	4.72	2022.10.21	0.0000	100.00	0.00
149210	PR1A	1179.00	2.99	2021.01.26	6.3000	50.88	0.00
149211	国控 1B	174.00	3.74	2021.10.26	7.0000	100.00	0.00
149212	保利 R1 优	1545.00	18.00	2036.03.13	5.5000	100.00	0.00
149213	保利 R1 次	172.00	18.00	2036.03.13	0.0000	100.00	0.00
149214	新建元 1A	1450.00	5.00	2023.02.08	5.8000	100.00	0.00
149215	新建元 1B	600.00	5.00	2023.02.08	0.0000	100.00	0.00
149219	华信 01A	972.00	2.00	2020.02.12	7.6000	100.00	0.00
149220	华信 01B	52.00	2.00	2020.02.12	0.0000	100.00	0.00
149221	国控 1 次	117.00	8.24	2026.04.27	0.0000	100.00	0.00
149222	福田 01A	375.00	2.90	2020.12.21	6.1000	100.00	0.00
149223	福田 01B	100.00	2.90	2020.12.21	6.4200	100.00	0.00
149224	福田 01 次	26.00	2.90	2020.12.21	0.0000	100.00	0.00
149225	石榴优 A	1288.00	18.01	2036.02.06	6.7000	100.00	0.00
149226	石榴优 B	712.00	18.01	2036.02.06	7.0000	94.90	692.00
149227	石榴次	100.00	18.01	2036.02.06	0.0000	100.00	0.00
149228	创富 5A1	75.00	0.11	2018.03.20	6.4000	100.00	0.00
149229	创富 5A2	37.00	0.36	2018.06.21	6.5000	100.00	0.00
149230	创富 5A3	23.00	0.61	2018.09.20	6.8000	100.00	0.00
149231	PR 创富 5A	47.00	1.61	2019.09.20	6.9500	24.86	47.00
149232	创富 5 次	33.00	2.61	2020.09.18	0.0000	100.00	0.00
149233	18 中安优	550.00	3.00	2021.02.08	6.5000	100.00	0.00
149234	18 中安次	92.00	3.00	2021.02.08	0.0000	100.00	0.00
149235	PR 金腾优	1999.00	20.01	2038.02.09	5.8000	99.65	0.00
149236	18 金腾次	1.00	20.01	2038.02.09	0.0000	100.00	0.00
149237	18 光明 A	362.00	21.01	2039.02.14	5.9900	100.00	0.00
149238	18 光明 B	498.00	21.01	2039.02.14	6.4800	100.00	0.00
149239	18 光明 C	20.00	21.01	2039.02.14	6.9900	100.00	0.00
149240	PR 青 3A1	280.00	0.87	2018.12.21	6.2000	16.07	70.00
149241	青城 3A2	210.00	1.87	2019.12.21	6.3000	100.00	0.00
149242	PR 青 3A3	510.00	2.87	2020.12.21	6.5000	70.92	0.00
149243	青城 3 次	50.00	2.87	2020.12.21	0.0000	100.00	0.00
149246	18 花 05A1	2921.00	1.03	2019.03.26	5.7900	100.18	980.00
149247	18 花 05A2	99.00	1.03	2019.03.26	6.0900	100.00	0.00
149248	18 花 05B	281.00	1.03	2019.03.26	0.0000	99.99	26.00
149249	PR 春 2 优	4750.00	1.73	2019.11.05	5.5000	98.31	0.00
149250	春申 2 次	250.00	1.73	2019.11.05	0.0000	100.00	0.00
149251	花呗 56A1	2655.00	1.02	2019.03.14	5.8500	100.20	605.00
149252	花呗 56A2	90.00	1.02	2019.03.14	6.1500	100.00	0.00
149253	花呗 56B	255.00	1.02	2019.03.14	0.0000	102.08	57.00
149254	18 金辉 1A	800.00	2.25	2020.07.26	7.2000	100.00	256.20
149255	18 金辉 1B	220.00	2.25	2020.07.26	8.2000	97.09	70.00
149256	18 金辉 1C	180.00	2.25	2020.07.26	0.0000	100.00	0.00
149257	PR 翌成 A1	47.00	0.57	2018.10.15	6.6000	34.04	0.00
149258	18 翌成 A2	65.00	1.57	2019.10.15	7.0000	100.00	0.00
149259	18 翌成 A3	74.00	2.57	2020.10.15	7.2000	100.00	0.00

债券信息 List of Bonds　　债券 Bond

债券代码 Code	债券简称 Bond Name	发行数量(百万) Issued Vol(M)	年限 Terms	到期日 Expiration Date	票面利率(%) Coupon Rate(%)	本年收盘 Close	成交数量(万张) Trading Vol(10000)
149260	18 翌成 B1	70.00	3.57	2021.10.15	10.0000	100.00	0.00
149261	18 翌成次	30.00	3.57	2021.10.15	0.0000	100.00	0.00
149262	中垠 1A1	226.00	0.52	2018.06.21	5.9000	100.00	55.00
149263	PR 垠 1A2	162.00	1.52	2019.09.21	6.1000	49.50	65.00
149264	中垠 1A3	166.00	2.52	2020.09.21	6.4900	100.00	0.00
149265	中垠 1A4	166.00	3.52	2021.09.21	6.6900	100.00	0.00
149266	中垠 1 次	48.00	4.27	2022.06.21	0.0000	100.00	0.00
149267	18 自如 1A	203.00	2.05	2020.04.08	6.4700	100.00	0.00
149268	18 自如 1B	18.00	2.05	2020.04.08	6.7500	100.00	0.00
149269	18 自如中	16.00	2.05	2020.04.08	7.6000	100.00	0.00
149270	松江 A1	51.00	0.17	2018.05.23	5.5000	100.00	0.00
149271	PRA2	121.00	0.93	2019.02.23	5.5500	31.40	0.00
149272	松江 A3	131.00	1.93	2020.02.23	5.6500	100.00	0.00
149273	松江 A4	140.00	2.93	2021.02.23	5.6500	100.00	0.00
149274	松江 A5	152.00	3.93	2022.02.23	5.6500	100.00	0.00
149275	松江 A6	160.00	4.93	2023.02.23	5.9000	100.00	0.00
149276	松江 A7	170.00	5.93	2024.02.23	6.0000	101.31	100.00
149277	松江 A8	183.00	6.93	2025.02.23	6.2000	100.00	0.00
149278	松江 A9	195.00	7.93	2026.02.23	6.2000	100.00	0.00
149279	松江 A10	90.00	8.43	2026.08.23	6.2500	100.00	0.00
149280	松江次级	150.00	8.93	2027.02.23	0.0000	100.00	0.00
149281	花呗 57A1	1062.00	1.03	2019.04.02	5.7400	100.43	100.00
149282	花呗 57A2	36.00	1.03	2019.04.02	6.0900	100.00	0.00
149283	花呗 57B	102.00	1.03	2019.04.02	0.0000	105.22	68.00
149284	18 花呗 1A	885.00	1.02	2019.03.29	5.7800	100.45	160.00
149285	18 花呗 1B	30.00	1.02	2019.03.29	6.1000	100.00	0.00
149286	18 花呗 1C	85.00	1.02	2019.03.29	0.0000	100.00	0.00
149287	PR 二 A1	180.00	0.40	2018.08.15	5.9500	14.20	40.00
149288	PR 二 A2	175.00	1.40	2019.08.15	6.9000	56.64	30.00
149289	博格二 A3	170.00	2.65	2020.11.15	7.0000	100.00	0.00
149290	博格二 B	55.00	3.40	2021.08.15	8.2000	100.00	0.00
149291	博格二次	35.00	4.40	2022.08.15	0.0000	100.00	0.00
149292	PR2 优	255.00	1.34	2019.07.18	6.3900	34.66	155.00
149293	科高 2 次	13.00	1.34	2019.07.18	0.0000	100.00	0.00
149294	PR02A1	1530.00	0.54	2018.10.18	5.4000	7.60	3.00
149295	PR02A2	1935.00	1.02	2019.04.12	5.8000	80.29	180.00
149296	宁远 02A3	942.00	1.54	2019.10.18	6.0000	100.00	0.00
149297	宁远 02B	678.00	1.54	2019.10.18	8.5000	100.00	0.00
149298	宁远 02 次	565.00	2.28	2020.07.12	6.0000	100.64	495.30
149299	PR 长安 A	700.00	17.60	2035.10.24	6.3000	98.58	0.00
149300	18 长安 B	800.00	17.60	2035.10.24	6.5000	100.00	0.00
149301	18 长安次	1.00	20.02	2038.03.24	0.0000	100.00	0.00
149302	G 福新 01	103.00	2.00	2020.03.15	5.1000	100.00	0.00
149303	G 福新 02	108.00	3.00	2021.03.15	5.1000	100.00	0.00
149304	G 福新 03	113.00	4.00	2022.03.15	5.1000	100.00	0.00
149305	G 福新 04	119.00	5.00	2023.03.15	5.1000	100.00	0.00
149306	G 福新 05	125.00	6.00	2024.03.15	5.1000	100.00	0.00
149307	G 福新 06	57.00	7.00	2025.03.15	5.1000	100.00	0.00
149308	G 福新 07	60.00	8.00	2026.03.15	5.1000	100.00	0.00
149309	G 福新 08	64.00	9.00	2027.03.15	5.1000	100.00	0.00

债券信息 List of Bonds

债券 Bond

债券代码 Code	债券简称 Bond Name	发行数量(百万) Issued Vol(M)	年限 Terms	到期日 Expiration Date	票面利率(%) Coupon Rate(%)	本年收盘 Close	成交数量(万张) Trading Vol(10000)
149310	G 福新 09	26.00	10.00	2028.03.15	5.1000	100.00	0.00
149311	G 福新 10	28.00	11.00	2029.03.15	5.1000	100.00	0.00
149312	G 福新 11	26.00	12.00	2030.03.15	5.1000	100.00	0.00
149313	G 福新次	10.00	12.00	2030.03.15	0.0000	100.00	0.00
149314	18 花呗 3B	30.00	1.03	2019.05.28	5.5000	100.00	0.00
149315	花呗 58A1	885.00	1.03	2019.06.12	5.1800	100.00	0.00
149316	花呗 58A2	30.00	1.03	2019.06.12	5.2600	100.00	0.00
149317	花呗 58B	85.00	1.03	2019.06.12	0.0000	100.71	25.50
149318	花呗 59A1	2478.00	1.02	2019.06.21	5.1800	100.00	0.00
149319	花呗 59A2	84.00	1.02	2019.06.21	5.2500	100.00	0.00
149320	花呗 59B	238.00	1.02	2019.06.21	0.0000	100.00	70.00
149321	18 东莞 1A	1245.00	3.00	2021.03.30	6.0000	100.00	0.00
149322	18 东莞 1B	180.00	3.00	2021.03.30	6.1000	99.70	180.00
149323	18 东莞次	75.00	3.00	2021.03.30	0.0000	100.00	0.00
149324	PR 聚 01A1	570.00	1.15	2018.12.18	5.8000	19.28	200.00
149325	PR 聚 01A2	765.00	2.40	2020.09.16	6.9000	88.45	85.00
149326	18 聚 01A3	378.00	3.65	2021.12.16	7.1500	99.55	96.00
149327	18 聚 01B1	180.00	4.15	2022.06.17	7.6000	100.00	0.00
149328	18 聚 01 次	97.00	4.90	2023.03.16	0.0000	100.00	0.00
149329	沂水 02	160.00	1.01	2019.03.30	6.4000	100.00	0.00
149330	沂水 03	123.00	2.01	2020.03.30	6.5000	100.00	183.00
149331	沂水 04	135.00	3.01	2021.03.30	6.6000	100.00	142.00
149332	沂水 05	178.00	4.51	2022.09.30	6.7500	100.00	0.00
149333	PR01 优	1800.00	1.81	2020.01.15	5.4000	45.79	0.00
149334	智慧 01 次	180.00	2.68	2020.11.30	0.0000	100.00	0.00
149335	沂水次	37.00	4.51	2022.09.30	0.0000	100.00	0.00
149336	PR18 易 2A	2218.00	2.09	2020.05.05	6.1800	58.67	70.00
149337	18 易鑫 2B	280.00	2.34	2020.08.05	7.3800	100.00	0.00
149338	18 易鑫 2C	157.00	2.85	2021.02.05	0.0000	100.00	0.00
149339	PR 豫盛 A1	338.00	1.04	2019.04.10	5.8000	69.04	0.00
149340	18 豫盛 A2	587.00	2.04	2020.04.10	5.9000	100.00	0.00
149341	18 豫盛 A3	1354.00	3.04	2021.04.12	6.2000	99.98	186.00
149342	18 豫盛 B	240.00	3.29	2021.07.12	4.2000	99.99	228.00
149343	18 豫盛次	481.00	4.46	2022.09.12	0.0000	100.00	456.00
149344	PR 国 2A1	132.00	0.98	2019.03.21	5.8700	13.63	212.00
149345	国药 2A2	124.00	2.24	2020.06.21	6.2000	100.00	125.00
149346	PR 国 2A3	167.00	2.74	2020.12.21	6.6000	51.44	0.00
149347	国药 2B	62.00	3.49	2021.09.21	7.8000	100.00	0.00
149348	国药 2 次	80.00	4.74	2022.12.21	0.0000	100.00	0.00
149349	PR 皖新 1A	355.00	17.82	2036.01.18	6.1000	89.80	55.00
149350	18 皖新 1B	200.00	17.82	2036.01.18	6.5000	100.00	100.00
149351	PR06A1	400.00	0.65	2018.09.20	5.1000	22.85	0.00
149352	PR06A2	360.00	1.65	2019.12.19	5.4000	64.22	216.00
149353	恒信 06A3	200.00	2.65	2020.12.18	6.1000	99.98	60.00
149354	恒信 06 次	44.00	2.65	2020.12.18	0.0000	100.00	0.00
149355	PRYD01A	2103.00	3.23	2021.06.26	6.2500	67.00	280.00
149356	18YD01B	207.00	3.98	2022.03.26	7.5000	100.00	0.00
149357	18YD01C	139.00	4.98	2023.03.26	0.0000	100.00	0.00
149358	PR 康 3A1	302.00	0.73	2018.12.21	5.9400	19.87	132.00
149359	康富 3A2	276.00	1.73	2019.12.23	6.5000	100.00	40.00

债券信息 List of Bonds

债券代码 Code	债券简称 Bond Name	发行数量(百万) Issued Vol(M)	年限 Terms	到期日 Expiration Date	票面利率(%) Coupon Rate(%)	本年收盘 Close	成交数量(万张) Trading Vol(10000)
149360	康富 3A3	209.00	2.73	2020.12.21	6.6000	100.00	189.00
149361	PR 康 3A4	285.00	3.23	2021.06.21	6.8000	80.80	150.01
149362	康富 3B	177.00	3.98	2022.03.21	7.0000	100.00	39.60
149363	康富 3 次 1	76.00	4.23	2022.06.21	7.5000	100.00	0.00
149364	康富 3 次 2	144.00	9.73	2027.12.21	0.0000	100.00	0.00
149365	财通 01	128.00	0.27	2018.07.13	5.6000	100.00	0.00
149366	财通 02	80.00	0.79	2019.01.17	5.9000	100.00	0.00
149367	财通 03	94.00	1.27	2019.07.12	6.3000	100.00	0.00
149368	财通 04	96.00	1.79	2020.01.17	6.5000	100.00	0.00
149369	财通 05	100.00	2.28	2020.07.13	6.7000	100.00	0.00
149370	财通 06	90.00	2.79	2021.01.15	6.9000	100.00	0.00
149371	财通 07	105.00	3.28	2021.07.14	7.0000	100.00	0.00
149372	财通 08	88.00	3.79	2022.01.17	4.7500	100.00	0.00
149373	财通 09	86.00	4.26	2022.07.06	4.7500	100.00	0.00
149374	财通 10	1.00	4.53	2022.10.13	4.7500	100.00	0.00
149375	财通次级	47.00	4.53	2022.10.13	0.0000	100.00	0.00
149376	金供链优	4950.00	1.92	2020.04.23	6.8000	100.00	673.00
149377	金供链次	550.00	1.92	2020.04.23	0.0000	100.00	0.00
149380	18 花 06A1	2655.00	1.03	2019.04.30	5.4300	100.49	1030.00
149381	18 花 06A2	90.00	1.03	2019.04.30	5.8900	100.00	0.00
149382	18 花 06B	255.00	1.03	2019.04.30	0.0000	101.09	140.00
149383	18 花 07A1	2655.00	1.04	2019.05.13	5.2400	100.43	60.00
149384	18 花 07A2	90.00	1.04	2019.05.13	5.7000	100.00	0.00
149385	18 花 07B	255.00	1.04	2019.05.13	0.0000	100.91	64.00
149386	18 花 08A1	1770.00	1.02	2019.05.24	5.1800	100.27	140.00
149387	18 花 08A2	60.00	1.02	2019.05.24	5.5000	100.00	0.00
149388	18 花 08B	170.00	1.02	2019.05.24	0.0000	104.37	156.00
149389	18 花 09A1	2670.00	1.03	2019.06.24	5.3700	100.00	0.00
149390	18 花 09A2	120.00	1.03	2019.06.24	5.5500	100.00	0.00
149391	18 花 09B	210.00	1.03	2019.06.24	0.0000	100.00	70.00
149396	PR1 优	3610.00	0.55	2018.10.30	5.4000	2.54	0.00
149397	同心 1 次	190.00	0.55	2018.10.30	0.0000	100.00	0.00
149398	西南优先	1900.00	2.00	2020.04.16	6.1000	100.00	0.00
149399	西南次	100.00	2.00	2020.04.16	0.0000	100.00	0.00
149404	18 融侨 A	835.00	2.00	2020.04.18	6.8000	100.00	0.00
149405	18 融侨 B	327.00	2.00	2020.04.18	7.5000	99.08	473.90
149406	18 融侨次	87.00	2.00	2020.04.18	0.0000	100.00	0.00
149407	PR 上雅优	4100.00	17.79	2036.01.21	5.8500	99.98	0.00
149408	上雅次级	500.00	17.79	2036.01.21	0.0000	100.00	0.00
149409	PR18 平 1A	267.00	0.86	2019.03.06	6.2800	10.29	10.00
149410	18 平安 1B	30.00	1.10	2019.05.31	7.4000	100.00	0.00
149411	18 平安 1C	33.00	2.09	2020.05.29	0.0000	100.00	0.00
149414	PR 日 A01	315.00	0.41	2018.10.18	4.6000	25.40	0.00
149417	宁远 03A1	1759.00	0.39	2018.09.25	4.7000	100.00	0.00
149418	宁远 03A2	2941.00	0.64	2018.12.25	4.8000	100.02	70.00
149419	宁远 03A3	3767.00	0.89	2019.03.25	4.9400	100.00	0.00
149420	宁远 03A4	900.00	1.14	2019.06.25	5.0300	100.00	0.00
149421	PR03A5	150.00	1.22	2019.07.25	5.0500	38.71	0.00
149422	宁远 03 次	67.00	1.22	2019.07.25	0.0000	100.00	0.00
149423	PR 悦达 1A	292.00	0.91	2018.12.24	6.5000	16.00	200.00

债券信息 List of Bonds

债券 Bond

债券代码 Code	债券简称 Bond Name	发行数量(百万) Issued Vol(M)	年限 Terms	到期日 Expiration Date	票面利率(%) Coupon Rate(%)	本年收盘 Close	成交数量(万张) Trading Vol(10000)
149424	PR1B	66.00	1.16	2019.06.23	7.0000	99.88	25.40
149425	悦达 1 次	32.00	1.91	2020.03.23	0.0000	100.00	0.00
149426	1 如日 A02	70.00	0.66	2018.10.18	4.8000	100.00	0.00
149427	PR 远东 A1	1100.00	0.75	2019.02.26	5.2000	6.82	85.00
149428	18 远东 A2	2330.00	2.99	2021.05.26	6.2500	100.00	0.00
149429	18 远东 B	400.00	3.75	2022.02.26	7.5000	100.21	240.00
149430	18 远东次	223.00	4.75	2023.02.26	0.0000	100.00	0.00
149431	PR 沣邦 1A	375.00	1.17	2018.11.26	6.2900	0.69	145.00
149432	PR 沣邦 1B	70.00	1.92	2020.03.25	8.0000	43.83	0.00
149433	18 沣邦 1C	82.00	1.92	2020.03.25	0.0000	100.00	0.00
149434	PR 信睿 A	6080.00	2.22	2020.07.15	5.5000	70.34	0.00
149435	18 信睿 B	615.00	2.22	2020.07.15	5.6000	100.00	0.00
149436	18 信睿次	1039.00	2.31	2020.08.15	0.0000	100.00	0.00
149437	华发优 A	517.00	1.96	2020.06.25	6.5000	100.00	0.00
149438	华发优 B	333.00	2.21	2020.09.25	7.0000	100.00	0.00
149439	PR 日 A03	1000.00	0.90	2019.04.18	4.9000	21.00	200.00
149440	华发 1 次	100.00	2.21	2020.09.25	0.0000	100.00	0.00
149441	融鑫 3A1	283.00	0.96	2019.03.14	5.9000	100.08	283.00
149442	融鑫 3A2	170.00	0.99	2019.03.26	5.9500	100.12	170.00
149443	春申 3 优	6200.00	1.60	2019.12.02	5.1500	100.12	520.00
149444	春申 3 次	337.00	1.60	2019.12.02	0.0000	100.00	0.00
149445	蚂蚁 01A1	91.00	1.28	2019.07.30	5.7500	100.00	0.00
149446	蚂蚁 01A2	8.00	1.28	2019.07.30	5.8000	98.98	8.40
149447	蚂蚁 01B	20.00	1.28	2019.07.30	0.0000	100.00	0.00
149448	18 花呗 2A	2213.00	1.04	2019.05.09	5.3600	100.42	815.00
149449	18 花呗 2B	75.00	1.04	2019.05.09	5.8800	100.00	0.00
149450	18 花呗 2C	213.00	1.04	2019.05.09	0.0000	100.00	0.00
149451	唯品花 3A	390.00	1.28	2019.08.05	5.5900	100.00	45.00
149452	唯品花 3B	85.00	1.28	2019.08.05	6.3000	99.79	50.00
149456	PR 岚桥 A1	220.00	16.18	2034.06.28	6.5000	97.49	0.00
149457	PR 岚桥 A2	380.00	17.18	2035.06.28	6.5000	98.68	180.00
149459	PRX7A1	232.00	1.08	2019.05.28	5.4900	34.49	100.00
149460	AUX7A2	141.00	2.09	2020.05.28	5.7400	100.00	0.00
149461	AUX7A3	96.00	2.84	2021.02.28	6.7000	100.00	0.00
149462	PRX7A4	330.00	3.34	2021.08.28	6.9000	87.47	80.00
149463	AUX7B	51.00	3.59	2021.11.28	7.5000	100.00	0.00
149464	AUX7 次	130.00	4.84	2023.02.28	0.0000	100.00	0.00
149465	18 富力 1A	1360.00	18.02	2036.04.28	6.5000	100.00	0.00
149466	18 富力 1B	1.00	18.02	2036.04.28	0.0000	100.00	0.00
149467	G 节能 01	150.00	0.50	2018.10.26	5.4000	100.00	0.00
149468	G 节能 02	184.00	1.51	2019.10.28	5.5000	100.00	0.00
149469	G 节能 03	192.00	2.50	2020.10.26	5.6000	100.00	0.00
149470	G 节能 04	209.00	3.50	2021.10.26	5.6000	100.00	0.00
149471	G 节能 05	218.00	4.50	2022.10.26	5.8000	100.00	0.00
149472	G 节能次	47.00	4.50	2022.10.26	0.0000	100.00	0.00
149473	PR8A1	80.00	0.57	2018.11.27	6.5000	3.72	0.00
149474	PR8A2	92.00	1.57	2019.11.27	7.0000	75.22	0.00
149475	太盟 8A3	52.00	2.07	2020.05.27	7.5000	97.68	25.00
149476	太盟 8B	30.00	2.32	2020.08.27	7.6000	97.00	30.00
149477	太盟 8 次	29.00	2.65	2020.12.27	0.0000	100.00	0.00

债券信息 List of Bonds

债券 Bond

债券代码 Code	债券简称 Bond Name	发行数量(百万) Issued Vol(M)	年限 Terms	到期日 Expiration Date	票面利率(%) Coupon Rate(%)	本年收盘 Close	成交数量(万张) Trading Vol(10000)
149478	PR03A1	147.00	0.82	2019.03.11	5.8000	21.10	7.00
149479	诚泰 03A2	112.00	1.82	2020.03.10	6.3000	100.00	0.00
149480	PR03A3	271.00	2.57	2020.12.09	6.8000	62.70	269.00
149481	诚泰 03B	30.00	2.81	2021.03.09	6.9000	100.00	0.00
149482	诚泰 03C	20.00	3.07	2021.06.09	7.1500	100.00	0.00
149483	诚泰 03 次	97.00	4.81	2023.03.09	0.0000	100.00	0.00
149484	正荣优	2300.00	3.00	2021.04.10	7.3000	100.00	260.00
149485	正荣次	121.00	3.00	2021.04.10	0.0000	100.00	0.00
149486	18ZR2 优 A	234.00	2.05	2020.05.27	6.2900	100.00	0.00
149487	18ZR2 优 B	21.00	2.05	2020.05.27	6.7500	100.00	0.00
149488	18ZR2 中 A	18.00	2.05	2020.05.27	7.6000	100.00	0.00
149489	PR 京保 1A	1425.00	0.54	2018.10.18	5.5000	8.09	0.00
149490	PR 京保 1B	75.00	0.54	2018.11.22	0.0000	60.26	0.00
149491	PR 宁铁 01	60.00	1.00	2019.05.18	4.9000	33.33	0.00
149492	G 宁铁 02	71.00	2.00	2020.05.18	4.9500	100.00	0.00
149493	G 宁铁 03	83.00	3.00	2021.05.18	5.1300	100.00	0.00
149494	G 宁铁 04	94.00	4.00	2022.05.18	5.1300	100.00	0.00
149495	G 宁铁 05	108.00	5.00	2023.05.18	5.1300	100.00	0.00
149496	G 宁铁 06	120.00	6.01	2024.05.18	5.1300	100.00	0.00
149497	G 宁铁 07	140.00	7.01	2025.05.18	5.1300	100.00	0.00
149498	G 宁铁 08	156.00	8.01	2026.05.18	5.1300	100.00	0.00
149499	G 宁铁 09	174.00	9.01	2027.05.18	5.1300	100.00	0.00
149500	G 宁铁 10	193.00	10.01	2028.05.18	5.1300	100.00	0.00
149501	G 宁铁次	1.00	10.01	2028.05.18	0.0000	100.00	0.00
149502	PR 百新 2A	456.00	1.83	2020.03.31	6.5000	39.60	0.00
149503	百新 2B	35.00	1.99	2020.05.29	7.5000	100.00	0.00
149504	百新 2C	14.00	2.08	2020.06.30	10.0000	100.00	5.00
149505	百新 2 次	27.00	4.42	2022.10.31	0.0000	100.00	0.00
149506	借呗 50A1	850.00	1.03	2019.05.29	5.7500	100.73	190.00
149507	借呗 50A2	75.00	1.03	2019.05.29	6.1000	100.00	0.00
149508	借呗 50B	75.00	1.03	2019.05.29	0.0000	100.00	0.00
149509	高供水 01	59.00	0.67	2019.01.17	6.7000	100.71	136.20
149510	高供水 02	49.00	1.67	2020.01.17	6.8000	100.16	49.00
149511	高供水 03	56.00	2.68	2021.01.19	7.1000	100.00	56.00
149512	高供水 04	62.00	3.68	2022.01.18	7.4000	100.00	43.00
149513	高供水 05	65.00	4.67	2023.01.17	7.7000	100.00	0.00
149514	高供水 06	69.00	5.67	2024.01.17	8.0000	100.00	50.00
149515	高供水次	20.00	5.67	2024.01.17	0.0000	100.00	0.00
149516	18 花呗 3A	885.00	1.03	2019.05.28	5.1000	100.00	0.00
149517	18 花呗 3C	85.00	1.03	2019.05.28	0.0000	104.25	81.00
149518	PRDZC 优 A	1430.00	21.01	2039.05.16	5.6000	99.74	0.00
149519	18DZC 优 B	270.00	21.01	2039.05.16	5.8800	100.00	0.00
149520	18DZC 次	100.00	21.01	2039.05.16	0.0000	100.00	0.00
149521	1 如日 A04	90.00	1.15	2019.07.18	5.0000	100.00	0.00
149522	1 如日 A05	870.00	1.41	2019.10.18	5.1000	100.00	300.00
149523	1 如日 A06	3751.00	1.66	2020.01.18	5.1500	100.00	0.00
149524	1 如日 A07	1805.00	1.91	2020.04.18	5.1500	100.00	0.00
149525	1 如日 A08	420.00	2.16	2020.07.18	5.2000	100.00	0.00
149526	1 如日 A09	1122.00	2.41	2020.10.18	5.3500	100.00	0.00
149527	1 如日 A10	1545.00	2.66	2021.01.18	5.4000	100.00	0.00

债券信息
List of Bonds

债券
Bond

债券代码 Code	债券简称 Bond Name	发行数量(百万) Issued Vol(M)	年限 Terms	到期日 Expiration Date	票面利率(%) Coupon Rate(%)	本年收盘 Close	成交数量(万张) Trading Vol(10000)
149528	1 如日次	578.00	3.16	2021.07.18	0.0000	100.00	0.00
149529	18 天房 1B	560.00	3.00	2021.04.16	8.7000	100.00	0.00
149530	18 天房 1C	140.00	5.00	2023.04.16	0.0000	100.00	0.00
149531	华泰 2 号	950.00	1.00	2019.05.24	5.0000	100.00	0.00
149532	华泰 2 次	50.00	1.00	2019.05.24	0.0000	100.00	0.00
149533	PR 租 A1	715.00	0.67	2019.01.15	5.2100	19.09	100.00
149534	远海租 A2	985.00	2.42	2020.10.15	6.0500	100.00	0.00
149535	远海租 A3	160.00	3.17	2021.07.15	6.7000	99.71	79.80
149536	远海租次	161.00	4.17	2022.07.15	0.0000	100.00	0.00
149537	信证 01 次	75.00	1.50	2019.11.30	0.0000	100.00	0.00
149538	信证 01 优	1425.00	1.50	2019.11.30	5.2000	100.00	0.00
149539	PR3A1	150.00	1.07	2018.12.26	6.1500	49.47	180.00
149540	PR3A2	158.00	2.08	2020.06.29	6.2000	94.92	130.00
149541	国药 3A3	195.00	3.33	2021.09.27	6.6000	100.00	0.00
149542	国药 3B	88.00	3.83	2022.03.28	7.8000	104.77	114.00
149543	国药 3 次	101.00	3.83	2022.03.28	0.0000	100.00	0.00
149545	18 电投优	737.00	2.62	2020.12.31	5.2000	100.00	0.00
149546	18 电投次	39.00	2.62	2020.12.31	0.0000	100.00	0.00
149548	璀璨 1A	660.00	1.00	2019.05.16	5.6000	100.00	0.00
149549	18 荣发 01	700.00	0.70	2019.01.27	6.5000	100.00	0.00
149550	18 荣发 02	600.00	1.70	2020.01.27	6.8000	100.00	0.00
149551	18 荣发 03	600.00	2.70	2021.01.27	7.2000	100.00	160.00
149552	18 荣发次	100.00	2.70	2021.01.27	0.0000	100.00	0.00
149553	宁远 04A1	2450.00	0.80	2019.03.25	5.0000	100.01	185.00
149554	宁远 04A2	2145.00	1.05	2019.06.25	5.0500	100.31	40.00
149555	同煤联 01	280.00	0.87	2019.06.21	7.0000	100.97	88.00
149556	宁远 04A3	2995.00	1.31	2019.09.25	5.1000	100.00	0.00
149557	宁远 04A4	2530.00	1.56	2019.12.25	5.1500	100.00	0.00
149558	宁远 04A5	198.00	1.56	2019.12.25	5.1500	100.00	0.00
149559	宁远 04 次	11.00	1.56	2019.12.25	0.0000	100.00	0.00
149560	PR 京保 2A	1425.00	0.53	2018.10.17	5.6500	7.53	460.00
149561	PR18 京 2B	75.00	0.53	2018.11.21	0.0000	54.76	0.00
149562	18 新城 1A	1513.00	2.96	2021.05.20	7.5000	100.00	154.72
149563	18 新城 1B	80.00	2.96	2021.05.20	0.0000	100.00	0.00
149564	物资 1A1	500.00	1.00	2019.05.17	5.1300	100.00	0.00
149565	18 天房 1A	700.00	3.00	2021.04.16	6.7000	100.00	100.00
149566	18 中泰 1A	475.00	1.00	2019.11.14	4.0900	100.00	0.00
149567	18 中泰 1C	25.00	1.00	2019.11.14	0.0000	100.00	0.00
149568	PR 京蓝优	390.00	8.06	2026.07.05	7.5000	76.60	0.00
149569	18 京蓝次	21.00	8.06	2026.07.05	0.0000	100.00	0.00
149570	PR2A1	470.00	0.83	2019.04.15	5.7000	83.23	0.00
149571	豫盛 2A2	1864.00	1.84	2020.04.15	5.8000	100.00	0.00
149572	豫盛 2A3	1594.00	2.84	2021.04.15	6.3000	100.00	0.00
149578	君同一优	4418.00	0.26	2018.09.18	5.0200	100.00	0.00
149579	君同一次	233.00	0.26	2018.09.18	0.0000	100.00	0.00
149580	PR03A1	626.00	0.92	2019.04.30	6.0000	65.35	0.00
149581	天富 03A2	50.00	0.92	2019.04.30	8.5000	100.00	0.00
149582	天富 03 次	34.00	0.92	2019.04.30	0.0000	100.00	0.00
149583	豫盛 2B	381.00	2.84	2021.04.15	6.8000	100.00	0.00
149584	豫盛 2 次	666.00	2.92	2021.05.15	0.0000	100.00	0.00

债券信息
List of Bonds

债券代码 Code	债券简称 Bond Name	发行数量(百万) Issued Vol(M)	年限 Terms	到期日 Expiration Date	票面利率(%) Coupon Rate(%)	本年收盘 Close	成交数量(万张) Trading Vol(10000)
149585	18 花 10A1	2670.00	1.03	2019.07.01	5.3300	100.00	0.00
149586	18 花 10A2	120.00	1.03	2019.07.01	5.5500	100.00	0.00
149587	18 花 10B	210.00	1.03	2019.07.01	0.0000	100.00	60.00
149588	18 花 11A1	890.00	1.03	2019.07.29	5.0300	100.27	20.00
149589	18 花 11A2	40.00	1.03	2019.07.29	5.5300	100.00	0.00
149590	18 花 11B	70.00	1.03	2019.07.29	0.0000	100.00	18.00
149591	18 花 12A1	2670.00	2.03	2020.09.28	4.9200	100.00	0.00
149592	18 花 12A2	105.00	2.03	2020.09.28	5.3000	100.00	0.00
149593	18 花 12B	225.00	2.03	2020.09.28	0.0000	100.00	163.00
149594	PR13A1	483.00	0.74	2019.03.27	6.0000	12.57	0.00
149595	汇通 13A2	378.00	1.50	2019.12.27	6.5000	99.37	308.00
149596	汇通 13A3	243.00	2.25	2020.09.27	7.0000	99.22	193.00
149597	汇通 13B	194.00	2.83	2021.04.27	0.0000	100.00	0.00
149598	华鑫融 1A	656.00	1.79	2020.03.27	5.8000	100.00	22.40
149599	华鑫融 1B	104.00	1.79	2020.03.27	6.1000	100.00	0.00
149600	华鑫融次	40.00	1.79	2020.03.27	0.0000	100.00	0.00
149601	PR07A1	620.00	0.76	2019.03.20	5.4900	6.61	0.00
149602	恒信 07A2	530.00	1.76	2020.03.19	5.7000	100.00	50.00
149603	恒信 07A3	275.00	2.51	2020.12.18	5.8400	100.00	0.00
149604	恒信 07 次	75.00	2.76	2021.03.18	0.0000	100.00	0.00
149605	18 花呗 4A	3098.00	1.03	2019.06.26	5.3500	100.62	130.00
149606	18 花呗 4B	105.00	1.03	2019.06.26	5.5500	100.00	0.00
149607	18 花呗 4C	298.00	1.03	2019.06.26	0.0000	100.00	0.00
149608	PR 汇融 A1	380.00	0.88	2019.05.15	5.8000	23.45	0.00
149609	18 汇融 A2	770.00	1.88	2020.05.15	6.0000	100.00	220.00
149610	18 汇融 A3	750.00	2.64	2021.02.15	6.4000	100.00	170.00
149611	18 汇融 B	370.00	2.88	2021.05.15	6.5000	100.00	70.00
149612	18 汇融 C	50.00	3.13	2021.08.15	6.5000	100.00	0.00
149613	18 汇融次	420.00	4.55	2023.01.15	0.0000	100.00	0.00
149614	借呗 51A1	850.00	1.03	2019.07.01	5.6800	100.57	100.00
149615	借呗 51A2	75.00	1.03	2019.07.01	6.1000	100.00	0.00
149616	借呗 51B	75.00	1.03	2019.07.01	0.0000	103.99	26.25
149617	PR18 京 3A	950.00	0.55	2018.10.31	5.6000	21.00	200.00
149618	PR18 京 3B	50.00	0.55	2018.12.05	0.0000	71.30	0.00
149619	18 亚中 02	120.00	2.00	2020.07.25	6.8000	100.00	0.00
149620	18 亚中 03	125.00	3.00	2021.07.25	6.9000	100.00	0.00
149621	18 亚中 04	145.00	4.00	2022.07.25	7.6000	100.00	0.00
149622	18 亚中 05	150.00	5.00	2023.07.25	7.6000	100.00	100.00
149623	PR 广租	760.00	3.81	2022.04.21	6.3000	60.85	0.00
149624	18 亚中 06	165.00	6.01	2024.07.25	7.6000	100.00	165.00
149625	广租次级	40.00	7.32	2025.10.21	0.0000	100.00	0.00
149626	18 亚中 07	180.00	7.01	2025.07.25	7.6000	100.00	85.00
149627	18 亚中次	50.00	7.01	2025.07.25	0.0000	100.00	0.00
149628	18 领昱 1A	90.00	3.00	2021.06.21	5.9000	97.16	13.00
149629	18 领昱 1B	60.00	3.00	2021.06.21	6.5000	96.87	32.00
149630	18 领昱次	100.00	3.00	2021.06.21	0.0000	100.00	0.00
149631	福碧 18 优	2330.00	3.00	2021.06.11	6.3000	99.45	660.00
149632	福碧 18 次	123.00	3.00	2021.06.11	0.0000	100.00	0.00
149633	PR 亚中 01	115.00	1.00	2019.07.25	6.7000	70.43	0.00
149634	九州通 3A	1050.00	0.97	2019.05.31	5.4000	100.00	0.00

债券信息 List of Bonds

债券 Bond

债券代码 Code	债券简称 Bond Name	发行数量(百万) Issued Vol(M)	年限 Terms	到期日 Expiration Date	票面利率(%) Coupon Rate(%)	本年收盘 Close	成交数量(万张) Trading Vol(10000)
149635	九州通 3B	375.00	0.97	2019.05.31	6.2000	100.00	0.00
149636	九州通次	75.00	0.97	2019.05.31	0.0000	100.00	0.00
149637	花呗 60A1	1335.00	2.04	2020.07.08	5.6500	100.00	0.00
149638	花呗 60A2	53.00	2.04	2020.07.08	5.8000	100.00	0.00
149639	花呗 60B	113.00	2.04	2020.07.08	0.0000	100.00	47.38
149640	PR 平租 3A	840.00	1.14	2019.07.30	5.8000	34.28	200.00
149641	18 平租 3B	50.00	1.39	2019.10.30	7.0000	100.00	0.00
149642	18 平租 3C	50.00	1.65	2020.01.30	7.4000	100.00	0.00
149643	18 平租次	60.00	1.90	2020.04.30	0.0000	100.00	0.00
149644	一局优 A	336.00	1.98	2020.06.15	5.8000	100.00	0.00
149645	一局优 B	160.00	1.98	2020.06.15	6.2000	100.00	0.00
149646	一局次	74.00	1.98	2020.06.15	0.0000	100.00	0.00
149647	铁建 003A	2003.00	2.00	2020.06.29	5.5000	100.00	0.00
149648	铁建 003C	106.00	2.00	2020.06.29	0.0000	100.00	0.00
149649	首置 18 优	1350.00	2.00	2020.06.14	5.7000	100.00	0.00
149650	首置 18 次	70.00	2.00	2020.06.14	0.0000	100.00	0.00
149651	18 联储 A	385.00	2.17	2020.08.15	6.4000	99.44	140.00
149652	18 联储 B	85.00	2.17	2020.08.15	6.5000	100.00	28.00
149653	18 联储次	30.00	2.17	2020.08.15	0.0000	100.00	0.00
149654	逸锟 01A	425.00	1.21	2019.11.29	7.0000	101.00	249.00
149655	逸锟 01 次	10.00	1.21	2019.11.29	0.0000	100.00	0.00
149656	合生汇 01	5300.00	21.10	2039.07.29	6.5000	100.00	1280.00
149657	合生汇次	300.00	21.10	2039.07.29	0.0000	100.00	0.00
149658	18 易鑫 3C	144.00	2.94	2021.06.07	0.0000	100.00	0.00
149659	18 易鑫 3B	270.00	2.19	2020.09.07	7.8000	100.00	270.00
149660	PR 易鑫 3A	1780.00	1.94	2020.06.05	6.5000	61.40	0.00
149675	青山湖 01	150.00	1.50	2019.12.29	6.5000	100.00	0.00
149676	青山湖 02	200.00	2.50	2020.12.29	6.7000	101.71	160.00
149677	青山湖 03	200.00	3.50	2021.12.29	7.0000	100.00	260.00
149678	青山湖 04	350.00	4.50	2022.12.29	7.0000	100.00	65.00
149679	青山湖次	50.00	4.50	2022.12.29	0.0000	100.00	0.00
149680	铁建 006A	3114.00	1.95	2020.08.31	4.6600	100.00	0.00
149681	铁建 006C	164.00	1.95	2020.08.31	5.0000	100.00	0.00
149682	18 光贰优	1900.00	1.00	2019.09.21	4.0900	100.00	10.00
149683	18 光贰次	100.00	1.00	2019.09.21	0.0000	100.00	0.00
149684	璀璨 2A	1120.00	1.00	2019.06.26	6.5000	99.92	540.00
149685	18 前海 01	261.00	0.58	2019.01.25	7.5000	100.00	130.00
149686	18 前海次	14.00	0.58	2019.01.25	0.0000	100.00	0.00
149687	借呗 52A1	1275.00	1.03	2019.07.30	5.5500	100.63	20.00
149688	借呗 52A2	113.00	1.03	2019.07.30	6.0000	100.00	0.00
149689	借呗 52B	113.00	1.03	2019.07.30	0.0000	103.30	30.00
149690	借呗 53A1	1700.00	1.02	2019.08.02	5.4000	100.69	420.00
149691	借呗 53A2	150.00	1.02	2019.08.02	6.0000	100.00	0.00
149692	借呗 53B	150.00	1.02	2019.08.02	0.0000	103.17	60.00
149693	PR2A1	1184.00	1.45	2019.12.10	5.7300	92.20	380.00
149694	国融 2A2	474.00	1.70	2020.03.10	5.8000	100.00	0.00
149695	国融 2A3	189.00	1.70	2020.03.10	5.8300	100.00	0.00
149696	国融 2B	178.00	1.70	2020.03.10	6.0000	100.00	0.00
149697	国融 2C	201.00	2.20	2020.09.10	6.1000	100.00	0.00
149698	国融 2 次	142.00	2.45	2020.12.10	5.0000	100.00	0.00

债券信息 List of Bonds

债券 Bond

债券代码 Code	债券简称 Bond Name	发行数量(百万) Issued Vol(M)	年限 Terms	到期日 Expiration Date	票面利率(%) Coupon Rate(%)	本年收盘 Close	成交数量(万张) Trading Vol(10000)
149699	建房尾 A	1600.00	1.86	2020.04.30	6.3000	100.00	0.00
149700	建房尾 B	800.00	1.86	2020.04.30	6.6000	100.00	0.00
149701	建房次	100.00	1.86	2020.04.30	0.0000	100.00	0.00
149702	18 光大优	1900.00	1.50	2020.01.12	5.0000	99.97	60.00
149703	18 光大次	100.00	1.50	2020.01.12	0.0000	100.00	0.00
149704	PR 工诚 1A	5153.00	2.49	2020.12.30	4.4000	83.31	0.00
149705	18 世茂优	450.00	19.75	2038.03.31	5.6000	100.00	0.00
149706	18 世茂次	50.00	19.75	2038.03.31	0.0000	100.00	0.00
149707	1 车 01 优	188.00	1.00	2019.07.11	7.4000	100.93	14.75
149708	1 车 01 次	13.00	1.00	2019.07.11	0.0000	100.00	0.00
149709	18 工诚 1B	1453.00	4.16	2022.08.30	0.0000	100.98	60.72
149710	邹热 01	29.00	0.54	2019.01.16	7.5000	100.00	0.00
149711	邹热 02	42.00	1.54	2020.01.16	7.5000	100.00	0.00
149712	邹热 03	45.00	2.55	2021.01.18	7.5000	100.50	20.00
149713	邹热 04	46.00	3.54	2022.01.17	7.5000	100.00	0.00
149714	邹热 05	48.00	4.54	2023.01.16	7.5000	100.00	0.00
149715	邹热次级	20.00	4.54	2023.01.16	0.0000	100.00	0.00
149716	融鑫 4	205.00	0.97	2019.06.25	5.6500	100.00	0.00
149717	兴泽 1 次	240.00	0.90	2019.06.04	0.0000	100.00	0.00
149718	PR1 优	4560.00	0.90	2019.06.04	4.8000	89.56	0.00
149719	越物优 02	101.00	1.88	2020.03.20	5.3800	100.00	50.50
149720	越物优 03	107.00	2.88	2021.03.20	5.3800	100.00	0.00
149721	越物优 04	114.00	3.88	2022.03.20	5.5000	100.00	0.00
149722	越物优 05	122.00	4.88	2023.03.20	5.5000	100.00	0.00
149723	越物优 06	130.00	5.88	2024.03.20	5.5000	100.00	0.00
149724	越物优 07	138.00	6.88	2025.03.20	5.5000	100.00	0.00
149725	越物优 08	148.00	7.88	2026.03.20	5.5000	100.00	0.00
149726	越物优 09	157.00	8.88	2027.03.20	5.5000	100.00	0.00
149727	越物次级	39.00	9.13	2027.06.20	0.0000	100.00	0.00
149728	PR 优 01	94.00	0.88	2019.03.20	4.9500	25.53	0.00
149729	PR 平租 18	1637.00	2.73	2021.03.17	6.0900	63.45	74.00
149730	平租 18 次	122.00	4.48	2022.12.19	0.0000	100.00	0.00
149731	宁远 05A1	1180.00	0.42	2018.12.25	4.2000	100.01	50.00
149732	宁远 05A2	840.00	0.92	2019.06.25	4.6000	100.00	0.00
149733	宁远 05A3	2510.00	1.42	2019.12.25	4.8900	100.00	0.00
149734	宁远 05A4	1560.00	1.92	2020.06.25	5.0000	100.00	0.00
149735	宁远 05A5	2710.00	2.42	2020.12.25	5.1500	100.00	0.00
149736	宁远 05A6	800.00	2.92	2021.06.25	5.1500	100.00	0.00
149737	PR05A7	218.00	2.92	2021.06.25	5.1500	77.86	0.00
149738	宁远 05 次	11.00	2.92	2021.06.25	0.0000	100.00	0.00
149739	金地 01A	207.00	0.97	2019.07.08	5.7000	100.43	60.00
149740	金地 01 次	1.00	0.97	2019.07.08	0.0000	100.00	0.00
149741	PR 亿家 A1	335.00	0.72	2019.04.15	5.8000	39.40	0.00
149742	18 亿家 A2	273.00	1.73	2020.04.15	5.8000	100.00	0.00
149743	18 亿家 A3	285.00	2.73	2021.04.15	6.1000	100.00	0.00
149744	18 亿家 A4	299.00	3.73	2022.04.15	6.0500	100.00	0.00
149745	18 亿家 A5	318.00	4.73	2023.04.15	6.2000	100.00	0.00
149746	18 亿家 A6	336.00	5.73	2024.04.15	6.2000	100.00	0.00
149747	18 亿家 A7	358.00	6.73	2025.04.15	6.4000	100.00	0.00
149748	18 亿家 A8	383.00	7.73	2026.04.15	6.4000	100.00	0.00

债券信息
List of Bonds

债券代码 Code	债券简称 Bond Name	发行数量(百万) Issued Vol(M)	年限 Terms	到期日 Expiration Date	票面利率(%) Coupon Rate(%)	本年收盘 Close	成交数量(万张) Trading Vol(10000)
149749	18 亿家 A9	413.00	8.73	2027.04.15	6.4000	100.00	0.00
149750	18 亿家次	158.00	8.73	2027.04.15	0.0000	100.00	0.00
149751	资源 1A	450.00	0.68	2019.03.28	6.8000	99.98	165.00
149752	资源 1B	190.00	1.68	2020.03.28	7.0000	99.98	170.00
149753	资源 1C	300.00	2.68	2021.03.28	8.0000	100.00	60.00
149754	资源 1 次	50.00	2.68	2021.03.28	0.0000	100.00	0.00
149755	津逸锟 1A	694.00	1.33	2019.11.15	7.0000	100.31	355.71
149756	津逸锟 1C	37.00	1.33	2019.11.15	0.0000	100.00	0.00
149757	G1 华光 01	79.00	0.65	2019.03.22	5.2000	100.00	0.00
149758	G1 华光 02	84.00	1.65	2020.03.20	5.5000	100.00	0.00
149759	G1 华光 03	88.00	2.65	2021.03.19	5.6000	100.00	0.00
149760	PR2A	600.00	1.31	2019.11.23	6.5000	47.19	0.00
149761	悦达 2B	77.00	1.81	2020.05.23	7.0000	100.00	0.00
149762	悦达 2 次	74.00	2.31	2020.11.23	0.0000	100.00	0.00
149763	G1 华光次	15.00	2.65	2021.03.19	0.0000	100.00	0.00
149764	18 红企优	855.00	2.41	2020.12.26	7.5000	100.10	215.00
149765	18 红企次	45.00	2.99	2021.07.26	0.0000	100.00	0.00
149766	联保 1 优	506.00	0.94	2019.07.03	6.9500	100.36	165.00
149767	联保 1 次	1.00	0.94	2019.07.03	0.0000	100.00	0.00
149768	璀璨 3A	550.00	1.00	2019.08.10	6.5000	99.85	295.00
149769	德盈 2 号 1	1940.00	0.84	2019.06.13	4.9000	100.00	0.00
149770	18 泛海 1A	1700.00	18.02	2036.11.17	6.2000	100.00	0.00
149771	18 泛海 1B	935.00	18.02	2036.11.17	8.5000	100.00	0.00
149772	18 泛海 1C	50.00	18.02	2036.11.17	0.0000	100.00	0.00
149776	PR1A1	950.00	0.25	2018.10.30	4.3500	19.41	0.00
149777	PR1A2	94.00	0.71	2019.04.15	4.8500	83.45	0.00
149778	融联 1B	160.00	0.73	2019.04.22	5.0500	100.00	0.00
149779	融联 1 次	247.00	0.73	2019.04.22	6.1500	100.00	0.00
149780	小米 01 优	285.00	1.00	2019.08.29	5.1000	100.00	0.00
149781	PR 碧海 01	53.00	1.00	2019.08.10	6.5000	79.25	0.00
149782	18 碧海 02	56.00	2.00	2020.08.10	6.8000	100.00	0.00
149783	18 碧海 03	60.00	3.00	2021.08.10	7.3000	100.00	0.00
149784	18 碧海 04	63.00	4.00	2022.08.10	7.5000	100.00	0.00
149785	18 碧海 05	68.00	5.00	2023.08.10	7.5000	100.00	0.00
149786	18 碧海次	16.00	5.00	2023.08.10	0.0000	100.00	0.00
149787	18 花呗 5A	890.00	1.02	2019.09.06	4.6500	100.00	0.00
149788	18 花呗 5B	40.00	1.02	2019.09.06	5.5000	100.00	0.00
149789	18 花呗 5C	70.00	1.02	2019.09.06	0.0000	100.00	0.00
149790	18 海融 1A	475.00	2.00	2020.09.11	4.5500	100.00	0.00
149791	18 海融 1B	25.00	2.00	2020.09.11	0.0000	100.00	0.00
149792	PR 金融优	3000.00	14.47	2033.02.01	4.9600	99.99	200.00
149793	18 金融次	30.00	14.47	2033.02.01	0.0000	100.00	0.00
149794	金地 02A	403.00	0.98	2019.07.31	5.6000	100.21	233.00
149795	金地 02 次	1.00	0.98	2019.07.31	0.0000	100.00	0.00
149796	铁建 005A	1364.00	1.53	2020.02.19	4.8800	100.00	0.00
149797	铁建 005C	72.00	1.53	2020.02.19	0.0000	100.00	0.00
149798	PR1A	3600.00	2.89	2021.06.29	4.8000	99.04	0.00
149799	致远 1B	1385.00	4.77	2023.05.18	0.0000	100.39	1246.16
149800	18ZR3 优 A	234.00	2.05	2020.08.13	5.8100	100.00	0.00
149801	18ZR3 优 B	21.00	2.05	2020.08.13	6.6500	100.00	0.00

债券信息
List of Bonds

债券
Bond

债券代码 Code	债券简称 Bond Name	发行数量(百万) Issued Vol(M)	年限 Terms	到期日 Expiration Date	票面利率(%) Coupon Rate(%)	本年收盘 Close	成交数量(万张) Trading Vol(10000)
149802	18ZR3 中 A	18.00	2.05	2020.08.13	7.5000	100.00	0.00
149803	PR 永达 1A	680.00	1.90	2020.07.26	5.9500	68.27	256.00
149804	18 永达次	121.00	2.41	2021.01.26	0.0000	100.00	0.00
149805	借呗 54A1	3400.00	1.03	2019.09.03	5.1500	100.45	360.00
149806	借呗 54A2	300.00	1.03	2019.09.03	5.7200	100.00	0.00
149807	借呗 54B	300.00	1.03	2019.09.03	0.0000	100.00	0.00
149808	借呗 55A1	1700.00	1.02	2019.09.06	5.0500	100.46	490.00
149809	借呗 55A2	150.00	1.02	2019.09.06	5.7200	100.00	0.00
149810	借呗 55B	150.00	1.02	2019.09.06	0.0000	100.00	0.00
149811	借呗 56A1	1700.00	1.03	2019.09.11	4.8900	100.00	0.00
149812	借呗 56A2	150.00	1.03	2019.09.11	5.8000	100.00	0.00
149813	借呗 56B	150.00	1.03	2019.09.11	0.0000	100.00	0.00
149814	借呗 57A1	2550.00	1.02	2019.09.27	4.6800	100.00	0.00
149815	借呗 57A2	225.00	1.02	2019.09.27	5.1000	100.00	0.00
149816	借呗 57B	225.00	1.02	2019.09.27	0.0000	100.00	0.00
149817	昌西 01	107.00	0.50	2019.03.28	5.3000	100.00	0.00
149818	昌西 02	82.00	1.50	2020.03.28	5.4000	100.00	0.00
149819	昌西 03	94.00	2.50	2021.03.28	5.6000	100.00	0.00
149820	昌西 04	106.00	3.50	2022.03.28	5.9000	100.00	0.00
149821	昌西 05	113.00	4.50	2023.03.28	6.3000	100.00	0.00
149822	昌西 06	120.00	5.51	2024.03.28	6.5000	100.00	0.00
149823	昌西 07	128.00	6.51	2025.03.28	6.5000	100.00	0.00
149824	昌西 08	141.00	7.51	2026.03.28	6.5000	100.00	0.00
149825	昌西 09	154.00	8.51	2027.03.28	6.5000	100.00	0.00
149827	PR 大华 A	1280.00	20.65	2039.05.18	6.0000	99.92	60.00
149828	18 大华 B	710.00	20.65	2039.05.18	6.5000	100.00	0.00
149829	18 大华次	10.00	20.65	2039.05.18	0.0000	100.00	0.00
149830	18 正商优	1430.00	2.51	2021.01.31	7.2000	99.74	430.00
149831	18 正商次	170.00	2.51	2021.01.31	0.0000	100.00	0.00
149832	PR08A1	350.00	0.75	2019.05.20	4.5000	35.05	0.00
149833	恒信 08A2	260.00	1.50	2020.02.20	4.8500	100.00	0.00
149834	恒信 08A3	370.00	2.50	2021.02.18	5.8300	100.00	0.00
149835	恒信 08 次	70.00	2.75	2021.05.20	0.0000	100.00	0.00
149836	PR 易鑫 4A	1972.00	1.85	2020.06.25	6.0000	62.12	0.00
149837	18 易鑫 4B	293.00	2.10	2020.09.25	7.8000	100.40	126.00
149838	18 易鑫 4C	166.00	2.85	2021.06.25	0.0000	100.00	0.00
149839	18 德远优	370.00	2.91	2021.07.29	5.4000	100.00	259.00
149840	18 德远次	1.00	2.91	2021.07.29	0.0000	100.00	0.00
149841	18 保置优	1438.00	3.01	2021.11.01	6.3500	100.45	150.00
149842	18 保置次	76.00	3.01	2021.11.01	0.0000	100.00	0.00
149843	PR 鑫宁 A1	1060.00	0.65	2019.04.26	4.2000	41.83	0.00
149844	18 鑫宁 A2	840.00	1.65	2020.04.26	4.6000	100.00	0.00
149845	18 鑫宁 B	325.00	1.65	2020.04.26	6.0000	100.00	0.00
149846	18 鑫宁次	624.00	2.41	2021.01.26	4.0000	100.00	0.00
149847	PR 平租 4A	1253.00	2.48	2021.02.20	6.0000	72.89	90.00
149848	18 平租 4B	90.00	2.98	2021.08.20	7.0000	100.00	0.00
149849	18 平租 4C	75.00	3.48	2022.02.20	7.5000	100.00	0.00
149850	18 次 4	91.00	4.48	2023.02.20	0.0000	100.00	0.00
149851	PR 中铝 01	370.00	0.90	2019.07.26	4.6000	82.70	0.00
149852	中铝租 02	530.00	1.91	2020.07.26	5.0000	100.00	0.00

债券信息 List of Bonds

债券 Bond

债券代码 Code	债券简称 Bond Name	发行数量(百万) Issued Vol(M)	年限 Terms	到期日 Expiration Date	票面利率(%) Coupon Rate(%)	本年收盘 Close	成交数量(万张) Trading Vol(10000)
149853	中铝租 03	420.00	3.16	2021.10.26	5.3000	100.00	0.00
149854	中铝租次	70.00	3.66	2022.04.26	0.0000	100.00	0.00
149855	德盈 2 号 2	1937.00	0.78	2019.06.24	4.3000	100.00	0.00
149856	宝联 1A	161.00	1.00	2019.09.07	6.3000	100.00	0.00
149857	宝联 1 次	9.00	1.00	2019.09.07	0.0000	100.00	0.00
149858	18 花 13A1	3560.00	2.03	2020.09.30	4.8800	100.00	0.00
149859	18 花 13A2	140.00	2.03	2020.09.30	5.2000	100.00	0.00
149860	18 花 13B	300.00	2.03	2020.09.30	0.0000	100.00	180.00
149861	18 花 14A1	890.00	1.03	2019.10.23	4.3000	100.00	0.00
149862	18 花 14A2	40.00	1.03	2019.10.23	4.8900	100.00	0.00
149863	18 花 14B	70.00	1.03	2019.10.23	0.0000	100.00	42.00
149864	18 花 15A1	890.00	0.52	2019.04.26	4.0800	100.00	160.00
149865	18 花 15A2	40.00	0.52	2019.04.26	4.8000	100.00	0.00
149866	18 花 15B	70.00	0.52	2019.04.26	0.0000	100.00	42.00
149867	18 花 16A1	1780.00	2.04	2020.11.27	4.6000	100.00	0.00
149868	18 花 16A2	70.00	2.04	2020.11.27	4.9500	100.00	0.00
149869	18 花 16B	150.00	2.04	2020.11.27	0.0000	100.00	90.00
149873	18 借 01A1	1700.00	2.03	2020.09.22	5.3500	100.00	0.00
149874	18 借 01A2	150.00	2.03	2020.09.22	5.7500	100.00	0.00
149875	18 借 01B	150.00	2.03	2020.09.22	0.0000	100.00	70.00
149876	18 借 02A1	1700.00	2.03	2020.09.23	5.1900	100.90	200.00
149877	18 借 02A2	150.00	2.03	2020.09.23	5.6500	100.00	0.00
149878	18 借 02B	150.00	2.03	2020.09.23	0.0000	100.00	0.00
149879	18 借 03A1	1700.00	2.03	2020.10.21	5.2000	100.00	100.00
149880	18 借 03A2	150.00	2.03	2020.10.21	5.3900	100.00	0.00
149881	18 借 03B	150.00	2.03	2020.10.21	0.0000	100.00	85.00
149882	18 借 04A1	1700.00	2.03	2020.10.27	5.2500	100.00	0.00
149883	18 借 04A2	150.00	2.03	2020.10.27	5.4500	100.00	0.00
149884	18 借 04B	150.00	2.03	2020.10.27	0.0000	100.00	0.00
149885	18 借 05A1	1275.00	2.03	2020.11.25	5.0000	100.00	0.00
149886	18 借 05A2	113.00	2.03	2020.11.25	5.1300	100.00	0.00
149887	18 借 05B	113.00	2.03	2020.11.25	0.0000	100.00	68.00
149891	PRG 康达 1	48.00	2.86	2021.06.20	7.5000	83.34	0.00
149892	G1 康达 02	48.00	5.87	2024.06.20	7.5000	100.00	0.00
149893	G1 康达 03	60.00	8.87	2027.06.20	7.5000	100.00	0.00
149894	G1 康达 04	78.00	11.87	2030.06.20	7.5000	100.00	0.00
149895	G1 康达 05	96.00	14.87	2033.06.20	7.5000	100.00	0.00
149896	G1 康达次	30.00	14.87	2033.06.20	0.0000	100.00	0.00
149897	18 红星 1A	838.00	3.00	2021.08.30	7.5000	100.00	191.98
149898	18 红星 1B	47.00	3.00	2021.08.30	0.0000	100.00	0.00
149902	建设 1A	1003.00	2.00	2020.09.14	4.9500	100.00	0.00
149903	建设 1B	183.00	2.00	2020.09.14	6.1000	100.00	0.00
149904	建设 1 次	37.00	2.00	2020.09.14	0.0000	100.00	0.00
149905	中交三 A	640.00	2.52	2021.02.26	5.7000	100.00	0.00
149906	中交三 B	18.00	2.52	2021.02.26	6.2000	100.00	0.00
149907	中交三 C	52.00	2.52	2021.02.26	6.6000	100.00	0.00
149908	中交三次	165.00	2.52	2021.02.26	0.0000	100.00	0.00
149909	花呗 62A1	1780.00	2.03	2020.09.30	4.9000	100.00	0.00
149910	花呗 62A2	70.00	2.03	2020.09.30	5.2000	100.00	0.00
149911	花呗 62B	150.00	2.03	2020.09.30	0.0000	100.00	11.00

债券信息
List of Bonds

债券
Bond

债券代码 Code	债券简称 Bond Name	发行数量(百万) Issued Vol(M)	年限 Terms	到期日 Expiration Date	票面利率(%) Coupon Rate(%)	本年收盘 Close	成交数量(万张) Trading Vol(10000)
149912	花呗 61A1	3560.00	2.03	2020.09.23	4.9500	100.00	0.00
149913	花呗 61A2	140.00	2.03	2020.09.23	5.4000	100.00	0.00
149914	花呗 61B	300.00	2.03	2020.09.23	0.0000	102.13	145.95
149915	福田 02A	375.00	2.55	2021.03.11	6.0000	100.00	0.00
149916	福田 02B	51.00	2.55	2021.03.11	7.0000	100.00	102.00
149917	福田 02 次	75.00	2.97	2021.08.12	0.0000	100.00	0.00
149918	金地 03A	556.00	0.97	2019.08.23	5.0000	100.12	110.00
149919	金地 03 次	1.00	0.97	2019.08.23	0.0000	100.00	0.00
149920	18 花呗 6A	3560.00	1.03	2019.09.23	4.5400	100.15	350.00
149921	18 花呗 6B	160.00	1.03	2019.09.23	5.3300	100.00	0.00
149922	18 花呗 6C	280.00	1.03	2019.09.23	0.0000	100.00	150.00
149931	时代 01 优	470.00	1.00	2019.09.02	7.5000	99.73	250.00
149932	时代 01 次	30.00	1.00	2019.09.02	0.0000	100.00	0.00
149933	18 建花 A	1780.00	2.03	2020.09.23	5.0000	100.62	250.00
149934	18 建花 B	70.00	2.03	2020.09.23	5.5000	100.00	0.00
149935	18 建花 C	150.00	2.03	2020.09.23	0.0000	100.00	78.00
149936	18 借呗 1A	2550.00	2.03	2020.09.23	5.1000	100.00	0.00
149937	18 借呗 1B	225.00	2.03	2020.09.23	5.4500	100.00	0.00
149938	18 借呗 1C	225.00	2.03	2020.09.23	0.0000	100.00	100.00
149939	18 借呗 2A	2550.00	2.03	2020.09.28	5.1900	100.00	0.00
149940	18 借呗 2B	225.00	2.03	2020.09.28	5.3900	100.00	0.00
149941	18 借呗 2C	225.00	2.03	2020.09.28	0.0000	100.00	168.75
149942	PR 国美优	750.00	15.00	2033.09.03	6.2000	99.24	25.00
149943	18 国美次	40.00	15.00	2033.09.03	0.0000	100.00	0.00
149944	PR 鹭 01A1	1370.00	1.35	2020.01.17	5.1000	98.62	0.00
149945	18 鹭 01A2	561.00	1.59	2020.04.17	5.2500	100.00	0.00
149946	18 鹭 01A3	819.00	1.84	2020.07.17	5.3000	100.00	0.00
149947	18 鹭 01B1	140.00	1.84	2020.07.17	5.5000	100.00	0.00
149948	18 鹭 01C1	125.00	2.59	2021.04.17	5.6000	100.00	0.00
149949	18 鹭 01 次	184.00	2.84	2021.07.17	0.0000	100.00	0.00
149969	璀璨 4A	680.00	1.00	2019.09.26	6.3000	100.38	50.00
149970	PRX8A1	280.00	0.87	2019.07.28	6.0000	55.55	0.00
149971	AUX8A2	230.00	1.88	2020.07.28	6.1000	100.00	0.00
149972	AUX8A3	320.00	3.38	2022.01.28	6.5000	100.00	60.00
149973	AUX8B	90.00	3.88	2022.07.28	7.8000	100.00	45.00
149974	AUX8 次	106.00	4.88	2023.07.28	0.0000	100.00	0.00
149975	联保 2 优	794.00	0.98	2019.09.04	6.9800	100.00	0.00
149976	联保 2 次	1.00	0.98	2019.09.04	0.0000	100.00	0.00
149977	18 平安 6A	1970.00	2.79	2021.08.15	5.9800	99.70	203.00
149978	18 平安 6B	100.00	3.29	2022.02.15	7.5000	100.00	0.00
149979	18 平安 6C	176.00	5.29	2024.02.15	0.0000	100.00	0.00
149980	PR18 京 4A	1900.00	0.53	2019.04.01	4.8800	14.07	0.00
149981	18 京保 4B	100.00	0.53	2019.04.01	0.0000	100.00	0.00
149982	PR09 优	950.00	1.17	2019.11.20	5.0000	56.67	0.00
149983	恒信 09 次	50.00	1.92	2020.08.20	0.0000	100.00	0.00
149984	18 京保 5A	950.00	1.05	2019.10.17	5.0600	100.17	160.00
149985	18 京保 5B	50.00	1.05	2019.10.17	0.0000	100.00	0.00
149986	小米 01 次	15.00	1.00	2019.08.29	0.0000	100.00	0.00
149987	18 铁置优	1096.00	3.00	2021.09.17	5.6000	100.00	0.00
149988	18 铁置次	104.00	3.00	2021.09.17	0.0000	100.00	0.00

债券信息 List of Bonds

债券 Bond

债券代码 Code	债券简称 Bond Name	发行数量(百万) Issued Vol(M)	年限 Terms	到期日 Expiration Date	票面利率(%) Coupon Rate(%)	本年收盘 Close	成交数量(万张) Trading Vol(10000)
149990	花呗 64A1	2225.00	2.03	2020.09.30	4.9000	100.00	0.00
149991	花呗 64A2	88.00	2.03	2020.09.30	5.4500	100.00	0.00
149992	花呗 64B	188.00	2.03	2020.09.30	0.0000	100.00	70.63
149993	花呗 65A1	2225.00	2.03	2020.09.30	4.9500	100.00	0.00
149994	花呗 65A2	88.00	2.03	2020.09.30	5.5000	100.00	0.00
149995	花呗 65B	188.00	2.03	2020.09.30	0.0000	100.00	0.00
149996	融鑫 5	220.00	0.97	2019.09.02	5.0500	100.00	0.00
149997	18 建花 2A	2670.00	2.03	2020.09.30	4.9000	100.04	391.00
149998	18 建花 2B	105.00	2.03	2020.09.30	5.2000	100.00	0.00
149999	18 建花 2C	225.00	2.03	2020.09.30	0.0000	100.00	80.00
150001	17 浙商 03	1500.00	2.00	2019.11.28	5.6800	101.38	180.00
150002	17 日钢 01	1000.00	3.00	2018.12.06	6.2000	100.00	1521.00
150004	17 华融 F1	2000.00	3.00	2020.11.28	5.8600	101.87	543.30
150005	17 淮矿 01	2000.00	3.00	2020.11.24	6.1000	101.59	847.00
150008	17 木渎 01	600.00	3.00	2020.11.27	6.3000	100.00	70.00
150009	17 黄发 01	1000.00	5.00	2022.11.29	6.3000	100.00	0.00
150010	17 滨江 01	200.00	5.00	2022.12.01	7.0000	100.00	0.00
150011	17 黄发 02	500.00	5.00	2022.12.08	6.3500	101.10	180.00
150012	17 公投 01	950.00	5.00	2022.12.01	6.8000	101.63	548.00
150013	17 通高新	1100.00	3.00	2021.01.03	6.9600	100.92	160.00
150014	17 乐米债	10.00	3.00	2020.12.15	6.5000	100.00	10.00
150015	17 光证 07	3000.00	1.00	2018.12.06	5.5000	100.11	1300.00
150016	17 伟控 01	250.00	5.00	2022.11.30	6.2000	98.39	320.00
150017	17 遵红债	250.00	5.00	2022.12.15	7.5000	99.95	40.00
150018	17 方圆 01	1000.00	3.00	2020.12.06	8.0000	100.00	0.00
150019	17 银河 11	4000.00	2.00	2019.12.06	5.5300	101.24	370.00
150020	17 沧港 01	100.00	5.00	2022.12.04	7.2000	100.00	0.00
150022	17 巨力债	300.00	3.00	2020.12.06	7.0000	100.00	100.00
150024	17 方正 01	800.00	3.00	2020.12.12	6.2000	100.10	285.00
150027	17 府谷 01	400.00	3.00	2020.12.07	7.0000	99.47	800.00
150028	17 鲁水 01	1200.00	5.00	2022.12.06	5.9500	100.00	100.00
150029	17 镇新债	900.00	5.00	2022.12.08	7.5000	100.00	520.00
150030	17 振浔 02	260.00	5.00	2022.12.14	7.0000	99.08	90.00
150031	17 苏宁 07	1040.00	5.00	2022.12.13	7.3000	100.19	466.00
150033	17 中泰 D1	1600.00	0.90	2018.11.10	5.7000	100.35	170.00
150034	17 江城 01	900.00	5.00	2022.12.12	5.9700	100.00	0.00
150035	17 中信 04	1000.00	2.00	2019.12.15	5.5000	100.67	60.00
150039	17 铜城 01	600.00	3.00	2020.12.19	6.5000	100.43	198.00
150040	17 伟控 02	325.00	5.00	2022.12.15	6.7000	100.00	20.00
150041	17 晋开 01	350.00	3.00	2020.12.18	8.0000	100.00	200.00
150043	17 任兴 01	320.00	5.00	2022.12.13	7.5000	99.74	250.00
150044	17 涪交 01	200.00	5.00	2022.12.15	7.0000	100.00	0.00
150046	17 盛泽 02	550.00	3.00	2020.12.18	6.2000	100.00	0.00
150048	17 永泰 01	300.00	2.00	2019.12.18	7.5000	32.77	475.30
150049	17 博天 01	300.00	5.00	2022.12.19	6.5000	100.00	0.00
150050	17 平投债	620.00	5.00	2022.12.28	6.8800	98.54	180.00
150051	17 华置 F1	2220.00	5.00	2022.12.20	6.3400	99.91	1100.00
150052	17 金灌债	400.00	5.00	2022.12.21	7.5000	100.00	30.00
150053	18 红河 01	500.00	5.00	2023.06.29	7.8000	100.40	350.00
150054	17 红日 03	140.00	5.00	2022.12.18	7.5000	100.00	0.00

债券信息
List of Bonds

债券
Bond

债券代码 Code	债券简称 Bond Name	发行数量(百万) Issued Vol(M)	年限 Terms	到期日 Expiration Date	票面利率(%) Coupon Rate(%)	本年收盘 Close	成交数量(万张) Trading Vol(10000)
150055	17 天物债	285.00	5.00	2022.12.22	6.8000	100.00	0.00
150056	17 青投债	1000.00	5.00	2022.12.20	7.2000	99.00	438.00
150057	17 嘉兴 01	500.00	5.00	2022.12.22	6.1000	100.00	0.00
150058	17 西南 C1	1000.00	3.00	2020.12.21	6.2700	102.78	90.00
150059	17 通滨海	2000.00	5.00	2022.12.20	6.9800	101.08	100.00
150062	17 顾家 02	200.00	3.00	2020.12.26	7.3000	100.00	230.00
150064	17 振浔 03	150.00	5.00	2022.12.22	7.0000	100.00	0.00
150066	18 蓝天债	800.00	5.00	2023.01.03	7.8000	99.91	3044.00
150067	17 丰电债	30.00	3.00	2020.12.27	6.4200	100.00	0.00
150069	17 亭湖 02	260.00	5.00	2022.12.26	7.8000	99.84	465.00
150070	G17 启迪 2	550.00	5.00	2022.12.29	6.8000	100.81	216.00
150073	18 渝旅 01	1300.00	5.00	2023.05.03	6.8000	100.00	0.00
150074	17 连工 02	200.00	5.00	2022.12.29	7.2700	100.00	0.00
150075	17 博雅 01	10.00	2.00	2019.12.29	6.0000	100.00	0.00
150076	18 惠金债	800.00	3.00	2021.01.08	6.8000	100.00	200.00
150077	18 桂交投	500.00	3.00	2021.01.05	6.5000	100.00	100.00
150078	18 招商 C1	1640.00	2.00	2020.01.12	5.5600	100.00	0.00
150079	18 寿光 01	300.00	5.00	2023.01.12	7.5000	99.98	270.00
150080	18 金港债	300.00	3.00	2021.01.04	6.0000	100.00	0.00
150082	18 润田 01	1000.00	7.00	2025.01.16	7.0000	100.00	300.00
150083	18 漳九 01	1100.00	5.00	2023.01.16	6.4900	100.00	220.00
150084	18 机电 01	1200.00	3.00	2021.01.16	5.5000	100.10	240.00
150086	18 顾家 01	530.00	3.00	2021.01.17	7.3000	100.00	229.50
150088	18 鲁胜 01	200.00	5.00	2023.01.18	7.5000	84.86	407.00
150089	18 开滦 01	620.00	3.00	2021.01.12	7.5000	99.97	10.00
150090	18 银河 F1	3500.00	2.00	2020.01.17	5.5500	101.43	620.00
150091	18 银河 F2	1500.00	3.00	2021.01.17	5.6500	102.13	40.00
150092	18 崇川 01	500.00	5.00	2023.07.27	7.0000	100.66	165.00
150093	18 光证 01	2000.00	1.00	2019.01.18	5.4500	100.22	248.00
150094	18 光证 02	2000.00	2.00	2020.01.18	5.5500	101.39	130.00
150095	18 兴业 F1	4500.00	3.00	2021.01.22	5.7000	102.51	34.00
150096	18 金灌 01	100.00	5.00	2023.01.12	7.5000	100.00	0.00
150097	18 招商 C2	5150.00	2.00	2020.01.22	5.7000	101.47	580.00
150098	18 溧水 01	1500.00	5.00	2023.01.17	6.5000	100.00	300.00
150099	18 华友 01	100.00	2.00	2020.01.19	7.8000	100.00	0.00
150100	18 台基 01	900.00	5.00	2023.01.19	6.4800	101.60	980.00
150101	18 沪信 01	1000.00	1.00	2019.01.22	6.8000	98.50	740.00
150102	18 滨海 01	1420.00	10.00	2028.01.22	6.2900	100.00	0.00
150103	18 淮资 01	510.00	5.00	2023.03.23	7.9900	101.33	210.00
150104	18 浙商 C1	2000.00	1.00	2019.01.29	5.9300	100.00	430.00
150105	18 东吴 F1	4500.00	3.00	2021.01.29	5.7000	101.70	240.00
150106	18 民生 F1	950.00	2.00	2020.01.25	6.2000	100.32	527.00
150107	18 民生 F2	550.00	3.00	2021.01.25	6.5000	100.39	110.00
150108	18 海门 01	600.00	3.00	2021.02.01	6.9000	100.00	0.00
150109	18 方正 01	1090.00	5.00	2023.03.16	6.5000	100.08	360.00
150110	18 方正 02	1730.00	5.00	2023.03.16	6.8000	100.41	2640.00
150111	18 中金 01	1000.00	2.00	2020.01.26	5.5800	101.44	270.00
150112	18 中金 02	1000.00	3.00	2021.01.26	5.7000	102.63	60.00
150113	18 桂金 01	500.00	3.00	2021.01.29	6.7000	100.00	0.00
150114	18 方正 C1	640.00	2.00	2020.01.29	6.3000	101.21	180.00

债券信息 List of Bonds　　债券 Bond

债券代码 Code	债券简称 Bond Name	发行数量(百万) Issued Vol(M)	年限 Terms	到期日 Expiration Date	票面利率(%) Coupon Rate(%)	本年收盘 Close	成交数量(万张) Trading Vol(10000)
150117	18 昌吉 01	450.00	5.00	2023.07.23	7.5000	100.00	445.00
150118	18 粤铁 01	620.00	3.00	2021.01.30	4.7000	100.06	380.00
150119	18 阿尔特	60.00	3.00	2021.02.02	6.5000	100.00	0.00
150120	18 公投 01	400.00	5.00	2023.01.30	7.3000	102.00	300.00
150121	18 晋交 01	1620.00	5.00	2023.03.28	6.9900	101.74	620.00
150123	18 龙控 01	2000.00	4.00	2022.02.01	6.9900	100.39	390.00
150124	18 水产 01	300.00	5.00	2023.02.12	7.4000	100.00	0.00
150125	18 创启 01	200.00	3.00	2021.01.30	6.8000	100.00	0.00
150126	18 中泰 F1	2000.00	3.00	2021.02.06	5.8000	101.25	400.00
150127	18 启迪 01	200.00	5.00	2023.02.01	6.9700	100.00	0.00
150128	18 大丰 01	210.00	1.00	2019.02.01	6.9900	100.00	0.00
150129	18 雨花 01	500.00	5.00	2023.02.02	7.0000	102.10	450.00
150130	18 海门 02	400.00	5.00	2023.02.06	7.2000	100.00	0.00
150131	18 东兴 01	1000.00	3.00	2021.02.05	6.1000	101.51	60.00
150132	18 科投 01	800.00	3.00	2021.03.20	7.0700	100.00	0.00
150133	18 连工 01	200.00	5.00	2023.02.02	7.2000	100.00	0.00
150134	18 信投 D1	3000.00	0.96	2019.01.28	5.3400	100.31	370.00
150135	18 汇通 01	500.00	3.00	2021.02.08	5.4000	99.94	100.00
150136	18 临淄 01	750.00	5.00	2023.04.13	7.0000	101.34	60.00
150137	18 江水 01	1000.00	5.00	2023.02.07	6.8000	100.00	140.00
150138	18 融盛 01	50.00	5.00	2023.02.13	7.2000	100.00	50.00
150139	18 融盛 02	1100.00	5.00	2023.02.13	7.5000	100.04	1608.00
150140	18 义乌 01	3000.00	5.00	2023.04.16	6.2000	101.62	2180.00
150141	18 川铁 01	2570.00	5.00	2023.02.08	6.2900	102.79	160.00
150142	18 建租 01	960.00	2.00	2020.02.09	6.7900	101.67	1010.00
150143	18 德鑫泉	30.00	3.00	2021.02.09	6.8000	100.00	9.58
150144	18 镇交 01	500.00	2.00	2020.03.02	8.0000	98.24	190.00
150145	18 明诚 01	100.00	3.00	2021.02.06	7.5000	100.09	50.00
150146	18 银河 F3	1200.00	2.00	2020.02.12	5.6000	101.70	40.00
150147	18 银河 F4	1000.00	3.00	2021.02.12	5.7000	101.50	20.00
150148	18 华安 01	300.00	5.00	2023.02.08	7.5000	100.00	0.00
150149	18 华融 F1	2500.00	3.00	2021.02.08	5.9800	99.91	1189.00
150150	18 德清 01	250.00	5.00	2023.02.09	6.8000	102.19	260.00
150152	18 六合 01	187.00	5.00	2023.05.02	6.8000	100.00	0.00
150153	18 云锡 01	1240.00	3.00	2021.02.27	7.5000	100.76	875.00
150154	18 鸿达 01	330.00	3.00	2021.02.13	7.5000	100.00	0.00
150156	18 大同 01	100.00	3.00	2021.02.12	7.3000	100.00	0.00
150157	18 顾家 03	270.00	3.00	2021.02.12	7.5000	100.00	116.00
150160	18 邦信 02	1000.00	5.00	2023.03.09	7.0000	101.78	1345.00
150161	18 广能 01	300.00	3.00	2021.02.22	7.8000	100.00	0.00
150162	18 汇通 02	650.00	3.00	2021.03.08	6.4000	100.00	100.00
150163	18 高投 01	1000.00	5.00	2023.03.02	6.9000	100.00	100.00
150164	18 协信 01	710.00	3.00	2021.03.09	7.5000	100.00	1951.10
150166	18 旭辉 01	800.00	4.00	2022.03.21	6.5000	100.47	840.00
150167	18 旭辉 02	2700.00	5.00	2023.03.21	6.8000	100.00	725.00
150168	18 三盛 01	400.00	3.00	2021.03.21	7.8000	100.00	0.00
150169	18 三盛 02	1600.00	3.00	2021.03.21	8.2000	100.00	1424.50
150170	18 九通 01	1090.00	5.00	2023.03.12	7.4000	100.00	2270.00
150171	18 涪交 01	450.00	5.00	2023.03.07	6.8800	100.00	0.00
150172	18 美都 01	44.00	1.00	2019.03.06	7.5000	100.00	0.00

债券信息 List of Bonds

债券 Bond

债券代码 Code	债券简称 Bond Name	发行数量(百万) Issued Vol(M)	年限 Terms	到期日 Expiration Date	票面利率(%) Coupon Rate(%)	本年收盘 Close	成交数量(万张) Trading Vol(10000)
150173	18 宝工 01	200.00	5.00	2023.03.13	7.1500	100.00	0.00
150174	18 创启 02	300.00	3.00	2021.03.14	6.7000	101.81	140.00
150175	18 华泰 C1	1000.00	2.00	2020.03.15	5.6500	100.50	400.00
150176	18 山钢 01	2000.00	3.00	2021.03.09	6.6000	100.01	630.00
150178	18 景德 01	200.00	5.00	2023.03.16	6.9000	100.00	0.00
150179	18 招商 F1	2050.00	0.49	2018.09.09	5.1500	100.00	0.00
150180	18 招商 F2	3000.00	1.00	2019.03.13	5.3000	100.57	720.00
150181	18 华发 01	2500.00	3.00	2021.03.14	6.4900	101.66	2876.00
150183	18 财通 C1	3000.00	2.00	2020.03.19	5.8500	100.00	700.00
150184	18 华福 D1	1000.00	1.00	2019.03.19	5.6500	100.43	60.00
150185	18 连金 01	200.00	3.00	2021.04.19	7.0000	100.00	0.00
150186	18 大同 02	100.00	3.00	2021.03.12	7.0000	105.81	10.00
150187	18 信投 F1	4000.00	2.00	2020.03.15	5.4300	101.38	40.00
150188	18 明诚 02	150.00	3.00	2021.03.15	7.5000	100.00	30.00
150189	18 光证 D1	800.00	1.00	2019.03.19	5.2200	100.43	3.00
150191	18 同煤 01	3000.00	5.00	2023.03.19	6.8000	100.21	4860.00
150193	18 银产 01	400.00	5.00	2023.03.20	6.5000	100.00	0.00
150194	18 云投 01	500.00	2.00	2020.03.16	6.5000	100.40	50.00
150196	18 滨海 02	2010.00	10.00	2028.04.13	5.9800	101.41	155.00
150197	18 建租 02	500.00	2.00	2020.03.20	6.4400	100.00	0.00
150198	18 鲁钢 01	1450.00	3.00	2021.03.19	6.7800	99.28	1710.00
150199	18 大宁 01	1200.00	5.00	2023.03.21	6.0000	102.39	110.00
150200	18 招商 F3	1120.00	0.49	2018.09.16	5.1800	100.00	0.00
150202	18 南州 01	480.00	5.00	2023.04.02	7.3000	100.00	0.00
150203	18 首创 C1	500.00	3.00	2021.03.20	6.5000	100.25	90.00
150204	18 鲁金 01	1200.00	5.00	2023.03.27	5.9500	101.56	200.00
150205	18 联储 D1	1000.00	1.00	2019.03.22	6.5000	100.00	810.00
150206	18 绿城 03	500.00	4.00	2022.04.13	5.7000	99.71	74.00
150207	18 绿城 04	2500.00	5.00	2023.04.13	5.9900	100.82	734.00
150208	18 中投 01	1000.00	3.00	2021.03.23	5.9500	103.07	280.00
150209	18 柯建 01	200.00	5.00	2023.03.26	6.9800	100.00	80.00
150210	18 柯建 02	300.00	5.00	2023.03.26	7.0000	100.35	240.00
150211	18 龙控 02	2000.00	4.00	2022.03.22	7.2000	99.70	617.00
150212	18 平投 01	300.00	5.00	2023.04.03	7.4800	99.75	90.00
150213	18 富通 01	350.00	3.00	2021.03.26	6.8000	99.50	200.00
150215	18 蓝光 02	700.00	3.00	2021.03.29	7.5000	99.50	341.00
150216	18 蓝光 03	550.00	3.00	2021.03.29	7.2000	99.57	148.00
150217	18 苏园 01	290.00	5.00	2023.03.26	6.7200	100.00	0.00
150218	18 滁城 01	1500.00	5.00	2023.04.02	6.4600	101.95	550.00
150219	18 中宝 01	500.00	4.00	2022.03.23	7.5000	100.19	200.00
150220	18 漳九 02	1400.00	5.00	2023.03.26	6.5000	100.00	0.00
150221	18 平证 01	2840.00	2.00	2020.03.22	5.6000	101.79	200.00
150222	18 九通 02	1400.00	3.00	2021.06.01	7.4000	98.88	2067.11
150223	18 溧水 02	570.00	5.00	2023.03.27	6.7000	100.26	60.00
150224	18 韩投 01	1000.00	5.00	2023.03.23	8.0000	100.00	1470.00
150225	18 淮矿 01	2000.00	3.00	2021.04.03	6.0000	101.23	613.00
150226	18 川铁 02	1000.00	5.00	2023.03.26	6.0000	102.26	150.00
150227	18 余杭 01	140.00	5.00	2023.03.27	6.5300	100.00	50.00
150228	18 金凤 01	940.00	5.00	2023.04.10	6.8000	100.80	200.00
150230	G18 华友 1	620.00	3.00	2021.03.27	7.7600	100.00	0.00

债券信息 List of Bonds

债券 Bond

债券代码 Code	债券简称 Bond Name	发行数量(百万) Issued Vol(M)	年限 Terms	到期日 Expiration Date	票面利率(%) Coupon Rate(%)	本年收盘 Close	成交数量(万张) Trading Vol(10000)
150231	18 大成 01	370.00	5.00	2023.03.30	6.8000	100.00	200.00
150232	18 相城 01	800.00	5.00	2023.03.27	6.1800	100.00	150.00
150233	18 国金 01	1500.00	2.00	2020.04.02	5.7500	100.00	0.00
150234	18 国金 02	1500.00	3.00	2021.04.02	5.8500	100.00	0.00
150235	18 吴开 01	600.00	5.00	2023.03.28	6.3500	100.05	20.00
150236	18 镇国 01	714.00	5.00	2023.03.30	7.8000	100.00	0.00
150237	18 盐城 01	700.00	7.00	2025.03.29	7.1000	100.00	150.00
150239	18 泰通债	350.00	5.00	2023.03.28	7.8000	100.00	0.00
150240	18 薛城 01	210.00	5.00	2023.03.27	8.0000	100.00	0.00
150241	18 绍兴 01	1400.00	5.00	2023.03.29	7.2000	100.00	0.00
150243	18 鲁胜 02	200.00	5.00	2023.03.30	7.5000	99.63	167.50
150244	18 太仓 01	200.00	5.00	2023.03.30	6.5000	100.00	0.00
150245	18 绵投 01	1800.00	5.00	2023.03.30	6.9800	99.96	3590.00
150246	G18 湖州 1	500.00	3.00	2021.04.03	6.2800	102.38	1058.00
150247	18 滨江 01	900.00	5.00	2023.04.09	6.8000	100.23	60.00
150249	18 卓越 01	300.00	5.00	2023.04.02	7.2000	99.34	90.00
150251	18 桂金 02	500.00	3.00	2021.03.30	7.3000	99.92	108.00
150252	18 川铁 03	1020.00	5.00	2023.04.02	5.9900	100.00	0.00
150253	18 凉山 01	500.00	3.00	2021.03.30	7.1000	98.95	100.00
150254	18 海资 01	1000.00	5.00	2023.04.04	6.0500	101.00	790.00
150255	18 云投 03	2700.00	2.00	2020.04.03	6.5000	101.30	3863.00
150256	18 鹏欣 01	400.00	5.00	2023.04.10	7.5000	100.00	0.00
150257	18 连工 02	250.00	5.00	2023.03.30	7.2000	100.00	0.00
150258	18 宜春 01	300.00	5.00	2023.04.26	6.8000	100.00	0.00
150259	18 宜春 02	700.00	5.00	2023.04.26	7.2000	99.92	541.00
150260	18 华宇 02	300.00	3.00	2021.04.02	7.9900	100.00	0.00
150261	18 余杭 02	230.00	5.00	2023.03.30	6.6500	100.00	0.00
150262	18 方正 03	1030.00	5.00	2023.04.09	6.5000	100.17	970.00
150264	18 雨花 02	500.00	5.00	2023.04.03	6.8800	100.00	0.00
150265	18 新港 01	1300.00	4.00	2022.04.02	6.0000	100.20	240.00
150266	18 振浔 01	50.00	5.00	2023.04.02	7.5000	100.00	0.00
150267	18 平证 02	1500.00	0.50	2018.10.09	5.0500	100.15	50.00
150268	S18 云电 1	650.00	5.00	2023.04.09	7.0000	100.65	170.00
150271	18 东兴 02	1000.00	3.00	2021.04.04	5.9400	101.89	413.00
150272	18 乳山 01	540.00	5.00	2023.04.09	7.7500	100.64	517.00
150274	18 建租 03	1100.00	2.00	2020.04.11	6.0000	100.00	50.00
150275	18 台基 02	1000.00	5.00	2023.04.10	6.5000	100.96	92.00
150276	18 山钢 03	2000.00	3.00	2021.04.10	6.4800	100.38	2883.00
150278	18 首业 01	1000.00	3.00	2021.04.09	5.7000	100.83	460.00
150279	18 首业 02	2000.00	5.00	2023.04.09	5.8400	100.00	0.00
150280	18 融通 01	120.00	5.00	2023.04.04	7.0000	100.00	0.00
150281	18 融通 02	230.00	5.00	2023.04.04	7.0000	100.00	0.00
150283	18 中信 01	4800.00	2.00	2020.04.16	5.0500	100.00	0.00
150284	18 建租 04	500.00	3.00	2021.04.11	6.4000	102.05	35.00
150285	18 东兴 F1	3000.00	3.00	2021.04.12	5.3700	100.00	880.00
150286	18 常新 01	600.00	5.00	2023.04.16	6.4000	101.31	1340.00
150287	18 常新 02	400.00	5.00	2023.04.16	6.5500	100.16	100.00
150288	18 信投 F2	4000.00	3.00	2021.04.17	5.1200	101.80	120.00
150289	18 东证 01	8000.00	1.00	2019.04.13	4.8300	100.00	0.00
150290	18 海盐 01	1500.00	5.00	2023.04.16	6.7700	100.08	324.00

债券信息
List of Bonds

债券 Bond

债券代码 Code	债券简称 Bond Name	发行数量(百万) Issued Vol(M)	年限 Terms	到期日 Expiration Date	票面利率(%) Coupon Rate(%)	本年收盘 Close	成交数量(万张) Trading Vol(10000)
150291	18 苏新 01	1100.00	5.00	2023.08.16	5.9800	100.00	50.00
150292	18 新昌 01	700.00	5.00	2023.04.19	7.4500	100.00	0.00
150293	18 安租 01	2260.00	3.00	2021.04.13	6.2900	102.32	1146.00
150295	18 长安 01	450.00	3.00	2021.04.19	7.5000	100.66	940.00
150296	18 财通 C2	2500.00	2.00	2020.04.17	5.4000	100.58	960.00
150297	18 苏交 01	1500.00	2.00	2020.04.25	4.9000	100.34	200.00
150299	18 寿光 02	570.00	4.00	2022.04.17	7.5000	101.09	204.00
150300	18 义乌 02	2000.00	5.00	2023.04.16	6.3000	102.39	690.00
150302	18 招商 F6	3800.00	1.04	2019.05.04	4.7500	99.78	300.00
150303	18 融和 01	700.00	3.00	2021.04.19	6.4000	100.56	330.00
150305	18 桂金 03	1000.00	3.00	2021.04.26	7.3000	100.00	80.00
150306	18 浙商 C2	2000.00	2.00	2020.04.23	5.3000	100.00	310.00
150307	18 柯建 04	1000.00	5.00	2023.04.24	6.8900	98.74	80.00
150308	18 柯建 03	500.00	5.00	2023.04.24	6.8500	100.64	69.00
150309	18 银河 C1	800.00	2.00	2020.04.19	5.2000	100.00	0.00
150312	18 蓝光 06	1110.00	3.00	2021.04.27	7.2000	99.82	947.00
150313	18 金辉 01	1000.00	3.00	2021.04.23	7.5000	97.70	500.00
150314	18 银河 C2	3200.00	3.00	2021.04.19	5.3000	100.72	200.00
150315	18 中金 C1	1000.00	5.00	2023.04.20	5.3000	100.00	0.00
150316	18 唐建 01	250.00	5.00	2023.04.19	7.3000	100.30	125.00
150317	18 华融 C1	2500.00	3.00	2021.04.18	5.8000	100.65	180.00
150318	18 金控 01	285.00	5.00	2023.04.26	7.3000	100.00	0.00
150319	18 国联 02	1000.00	2.00	2020.04.25	5.6000	100.00	200.00
150320	18 中金 03	500.00	2.00	2020.04.24	4.8000	100.00	0.00
150321	18 中金 04	1000.00	3.00	2021.04.24	4.9400	100.00	0.00
150322	18 海门 03	1150.00	3.00	2021.04.25	7.5000	99.00	1324.00
150323	18 中原 01	1500.00	3.00	2021.04.27	5.5800	100.00	0.00
150324	18 方程 01	700.00	3.00	2021.04.26	5.5500	100.42	427.90
150325	18 邦信 03	1200.00	5.00	2023.04.26	6.3000	101.69	650.00
150326	18 邦信 04	300.00	5.00	2023.04.26	5.9500	100.74	320.00
150327	18 民生 C1	1800.00	3.00	2021.04.24	6.8000	101.07	220.00
150328	18 民生 C2	1200.00	2.00	2020.04.24	6.5000	100.71	1050.00
150329	18 甬展 01	500.00	5.00	2023.04.27	6.7000	100.00	0.00
150330	18 天风 C1	900.00	3.00	2021.04.26	6.0000	100.00	160.00
150332	18 薛城 02	790.00	5.00	2023.04.23	7.5000	99.88	976.00
150333	18 任城 01	640.00	5.00	2023.04.27	7.7000	100.00	0.00
150337	18 南湖 01	430.00	5.00	2023.04.24	7.5000	100.00	0.00
150338	18 滨海 03	570.00	10.00	2028.04.26	5.8800	100.00	0.00
150339	18 青城 01	950.00	5.00	2023.05.02	5.6500	100.00	0.00
150340	18 青城 02	250.00	5.00	2023.05.02	6.0000	100.32	108.00
150341	18 东兴 F2	1000.00	1.00	2019.04.26	4.8000	100.23	230.00
150342	18 东兴 F3	1300.00	3.00	2021.04.26	5.1000	100.88	756.00
150343	18 云港 01	1000.00	5.00	2023.04.26	6.2000	100.72	400.00
150344	18 中泰 F2	2000.00	3.00	2021.04.26	5.1000	100.00	0.00
150345	18 金堂 01	200.00	5.00	2023.04.25	7.8000	100.00	0.00
150346	18 台基 03	1100.00	4.00	2022.04.27	6.2300	101.33	1340.00
150347	18 绵投 02	800.00	5.00	2023.04.26	6.9900	98.82	400.00
150348	18 绍兴 03	970.00	5.00	2023.05.02	7.2000	98.91	60.00
150349	18 绍兴 04	220.00	5.00	2023.05.02	7.0000	100.00	0.00
150350	18 恒驰 01	500.00	3.00	2021.04.25	7.6000	99.28	1044.00

债券信息
List of Bonds

债券
Bond

债券代码 Code	债券简称 Bond Name	发行数量(百万) Issued Vol(M)	年限 Terms	到期日 Expiration Date	票面利率(%) Coupon Rate(%)	本年收盘 Close	成交数量(万张) Trading Vol(10000)
150351	18 恒驰 02	70.00	3.00	2021.04.25	8.0000	99.92	100.00
150352	18 建租 05	440.00	3.00	2021.04.27	6.7600	101.83	110.00
150353	18 宝工 02	500.00	5.00	2023.04.27	7.1500	100.00	0.00
150354	18 泰投 01	790.00	5.00	2023.04.26	7.5000	103.13	980.00
150355	18 万联 C1	500.00	3.00	2021.05.02	5.9700	100.00	0.00
150356	18 九联 01	460.00	5.00	2023.04.27	7.5000	100.00	300.00
150357	18 徐矿 01	1530.00	3.00	2021.04.26	6.9900	101.44	2385.00
150359	18 云锡 02	320.00	3.00	2021.05.24	7.5000	100.00	0.00
150360	18 国厚 01	1000.00	5.00	2023.05.02	7.5000	100.00	650.00
150364	18 公投 02	650.00	5.00	2023.08.21	7.5000	101.67	630.00
150369	18 东投 01	500.00	3.00	2021.05.11	7.5000	100.00	0.00
150370	18 海亮 01	200.00	3.00	2021.05.03	7.5000	100.00	0.00
150372	18 延安 01	142.00	10.00	2028.05.03	8.2000	100.00	0.00
150373	18 泰通 02	220.00	5.00	2023.05.08	7.8000	99.99	3.00
150374	18 黔物 01	100.00	3.00	2021.06.19	7.8000	100.00	0.00
150375	18 西南 C1	1900.00	3.00	2021.05.08	6.1000	103.09	330.00
150378	18 长投 01	530.00	5.00	2023.05.09	8.0000	101.63	310.00
150380	18 海金 01	200.00	3.00	2021.05.03	6.6000	100.00	0.00
150381	18 杭租 01	600.00	3.00	2021.08.30	6.2700	101.05	50.00
150382	18 光证 03	6000.00	1.00	2019.05.07	4.7900	100.00	540.00
150384	18 中信 02	2500.00	3.00	2021.05.10	5.0900	100.00	0.00
150385	18 格地 01	1020.00	5.00	2023.05.08	7.5000	99.87	10.00
150386	18 华泰 C2	2800.00	3.00	2021.05.10	5.2000	100.00	300.00
150388	18 兴业 F2	2000.00	3.00	2021.05.10	5.2000	101.76	10.00
150389	18 信投 D2	2900.00	0.95	2019.04.24	4.7000	100.00	0.00
150390	18 俊发 01	2000.00	4.00	2022.10.22	8.0000	100.00	500.00
150392	18 绿城 05	1000.00	4.00	2022.05.25	6.0000	100.91	368.00
150394	18 金辉 02	1700.00	3.00	2021.09.28	7.4000	100.00	2293.00
150395	18 安租 03	1710.00	5.00	2023.05.14	6.0000	101.08	140.00
150396	18 人居债	1500.00	3.00	2021.05.14	7.5000	99.52	3005.00
150397	18 上虞 01	1000.00	5.00	2023.05.30	7.5000	100.00	0.00
150398	18 先导 01	3300.00	5.00	2023.05.22	6.5000	101.89	650.00
150399	18 龙控 03	1000.00	4.00	2022.05.21	7.3000	100.87	390.00
150402	18 中盐 01	700.00	5.00	2023.05.18	6.0000	100.70	100.00
150403	18 雨花 03	500.00	5.00	2023.05.17	6.9900	100.00	0.00
150404	18 平证 03	1000.00	3.00	2021.05.17	5.3000	100.00	0.00
150405	18 平证 04	2600.00	1.00	2019.05.21	4.8400	100.38	800.00
150407	18 天府 01	640.00	5.00	2023.05.18	7.5000	100.16	300.00
150408	18 东莞 D1	1000.00	1.00	2019.05.24	5.3800	100.00	100.00
150409	18 蓝光 07	600.00	3.00	2021.05.29	7.9000	100.00	0.00
150410	18 国发 01	1300.00	5.00	2023.05.21	5.6700	100.00	0.00
150411	18 包钢 01	1506.00	5.00	2023.05.21	7.4000	100.14	610.00
150413	18 蓝光 09	150.00	3.00	2021.05.29	7.5000	99.39	75.00
150414	18 招商 F7	5900.00	1.04	2019.06.05	4.8400	100.52	200.00
150416	18 银河 C3	5500.00	2.00	2020.05.24	5.3800	100.00	460.00
150418	18 连金 02	750.00	3.00	2021.08.27	7.3000	99.99	180.00
150420	18 泛海 F1	1000.00	3.00	2021.05.30	7.8000	100.00	500.00
150421	18 农发 01	200.00	3.00	2021.05.24	6.8000	100.00	0.00
150422	18 金鑫 01	600.00	5.00	2023.06.14	7.0000	101.31	1120.00
150423	18 海伟 01	160.00	3.00	2021.05.24	7.3000	95.00	234.50

债券信息
List of Bonds

债券
Bond

债券代码 Code	债券简称 Bond Name	发行数量(百万) Issued Vol(M)	年限 Terms	到期日 Expiration Date	票面利率(%) Coupon Rate(%)	本年收盘 Close	成交数量(万张) Trading Vol(10000)
150424	18 金城 01	800.00	5.00	2023.05.28	6.1800	101.86	160.00
150425	18 金堂 02	450.00	5.00	2023.05.24	7.8000	99.67	1183.00
150426	18 科教 01	500.00	3.00	2021.06.15	8.5000	100.00	0.00
150427	18 华宇 03	1000.00	3.00	2021.05.29	7.9900	100.00	0.00
150428	18 方正 05	3000.00	5.00	2023.05.25	6.8000	100.46	2824.80
150430	18 常熟 01	480.00	5.00	2023.05.28	6.5000	102.51	300.00
150431	18 锡交 01	1500.00	5.00	2023.07.30	5.4700	100.00	200.00
150432	18 灵璧债	1000.00	5.00	2023.05.25	8.0000	100.00	50.00
150433	18 锡交 02	1000.00	5.00	2023.08.17	5.3000	100.00	0.00
150434	18 融和 02	300.00	3.00	2021.08.03	6.5000	100.48	135.00
150435	18 东兴 03	1000.00	2.00	2020.05.25	5.9900	101.14	230.00
150436	18 东兴 04	1000.00	3.00	2021.05.25	6.0000	101.57	196.00
150437	18 富力 01	1000.00	3.00	2021.06.01	6.8000	99.81	833.50
150440	18 山钢 05	1500.00	3.00	2021.06.01	7.0000	100.54	1280.00
150441	18 张投 01	530.00	5.00	2023.05.29	6.1700	100.00	100.00
150442	18 泰交 01	950.00	5.00	2023.05.29	6.4000	100.00	0.00
150443	18 华泰 D1	4600.00	1.00	2019.06.11	5.0000	100.00	460.00
150445	18 豫能 01	3000.00	5.00	2023.05.29	7.4500	99.99	1950.00
150446	18 华福 C1	1000.00	3.00	2021.05.29	5.7500	100.00	300.00
150447	18 川铁 04	560.00	5.00	2023.06.19	6.2900	100.00	0.00
150448	18 平证 05	1500.00	0.91	2019.04.30	4.9000	100.00	0.00
150449	18 方正 F1	2000.00	2.00	2020.05.29	6.0800	100.00	2270.00
150450	18 财达 C1	2000.00	3.00	2021.08.08	5.8000	100.00	200.00
150451	18 蒙中 01	255.00	5.00	2023.06.01	6.5000	101.16	38.00
150452	18 同煤 03	2000.00	5.00	2023.05.31	7.0000	100.96	3510.00
150453	18 融侨 01	1000.00	3.00	2021.06.05	7.5000	99.13	280.00
150454	18 昆租 01	700.00	7.00	2025.08.23	7.0000	99.87	180.00
150455	18 射阳 01	400.00	5.00	2023.06.05	7.5000	100.47	547.50
150456	18 招商 F8	3000.00	0.56	2019.04.11	3.7800	100.00	0.00
150457	18 华创 C1	800.00	3.00	2021.08.23	5.6000	100.00	0.00
150460	18 环球 01	600.00	5.00	2023.06.13	6.5000	101.36	210.00
150461	18 即旅 01	1000.00	5.00	2023.11.08	5.6200	100.37	200.00
150462	18 中泰 D1	1600.00	0.85	2019.04.17	5.2000	100.00	420.00
150464	18 天山 01	171.00	5.00	2023.06.05	6.9500	99.97	413.00
150466	18 九通 03	910.00	3.00	2021.06.11	7.4000	99.33	2465.17
150467	18 安租 04	1000.00	5.00	2023.06.13	6.2000	102.23	440.00
150468	18 中银 02	2500.00	2.00	2020.06.11	4.9900	101.51	150.00
150470	18 中证 03	3000.00	2.00	2020.06.15	5.1000	101.41	920.00
150472	18 鲁金 03	1400.00	4.00	2022.06.15	5.9000	100.00	0.00
150473	18 鲁金 04	400.00	5.00	2023.06.15	5.9400	100.00	0.00
150474	18 常熟 02	600.00	5.00	2023.06.14	6.5000	102.64	305.00
150476	18 富力 04	500.00	3.00	2021.06.27	7.3000	100.13	500.00
150477	18 文控 01	780.00	5.00	2023.06.14	7.2000	100.00	0.00
150478	18 渝南 01	600.00	5.00	2023.06.22	7.4000	100.00	0.00
150480	18 汇川 01	750.00	5.00	2023.06.14	8.0000	99.47	1050.00
150481	18 华宇 04	300.00	3.00	2021.06.19	8.5000	100.00	0.00
150482	18 德泰 01	1000.00	5.00	2023.07.19	7.5000	100.00	0.00
150484	18 卓越 04	1000.00	5.00	2023.07.09	6.3000	100.00	140.00
150485	18 东科 01	100.00	5.00	2023.06.15	7.8000	100.00	0.00
150486	18 西谷债	5.00	1.00	2019.06.14	7.5000	100.00	0.00

债券信息 List of Bonds

债券 Bond

债券代码 Code	债券简称 Bond Name	发行数量(百万) Issued Vol(M)	年限 Terms	到期日 Expiration Date	票面利率(%) Coupon Rate(%)	本年收盘 Close	成交数量(万张) Trading Vol(10000)
150487	18 常经 01	500.00	5.00	2023.06.20	6.3000	100.00	130.00
150489	18 名城 01	300.00	3.00	2021.08.08	8.2000	100.00	0.00
150490	18 吴开 02	240.00	5.00	2023.06.21	6.3000	100.00	0.00
150491	18 滇中 01	750.00	5.00	2023.06.20	7.5000	102.20	1400.00
150495	18 蓝光 12	1890.00	3.00	2021.07.27	7.5000	99.55	1464.00
150496	18 泛海 F2	300.00	3.00	2021.06.20	7.8000	100.00	220.00
150497	18 方正 07	2000.00	5.00	2023.06.21	6.8000	100.00	5125.00
150499	18 大宁 02	800.00	5.00	2023.06.28	6.3000	104.73	195.00
150500	18 新昌 02	300.00	5.00	2023.09.27	8.0000	99.97	40.00
150501	18 中金 05	1000.00	2.00	2020.06.28	5.2000	101.42	20.00
150502	G18 天成 1	400.00	3.00	2021.06.22	6.5000	101.23	79.00
150503	18 晋交 03	1140.00	5.00	2023.08.08	7.2000	102.18	280.00
150504	18 中金 06	1000.00	3.00	2021.06.28	5.3000	100.65	140.00
150505	18 长安 02	200.00	3.00	2021.06.25	8.0000	100.01	290.00
150508	18 通泰 01	500.00	5.00	2023.07.03	7.4000	100.00	330.00
150509	18 安租 06	1740.00	3.00	2021.09.14	6.0800	101.77	430.00
150511	18 鄂资 02	500.00	5.00	2023.11.06	7.0000	100.18	200.00
150514	18 苏交 03	600.00	2.00	2020.07.04	5.0000	100.00	0.00
150515	18 城发 01	1000.00	3.00	2021.12.12	6.2800	100.00	0.00
150516	18 新源 01	550.00	5.00	2023.06.29	7.4000	100.00	0.00
150518	18 申太 01	100.00	5.00	2023.06.27	8.0000	100.00	0.00
150519	18 宝钛债	700.00	5.00	2023.07.27	6.8500	99.82	125.00
150521	18 中庚 F1	400.00	3.00	2021.06.29	8.8000	100.00	0.00
150522	18 奥园 01	1200.00	3.00	2021.07.24	8.5000	100.30	1602.00
150523	S18 酉阳	600.00	5.00	2023.06.28	7.5000	100.00	190.00
150527	G18 华昱 1	620.00	5.00	2023.07.18	7.5000	100.00	326.00
150528	18 中证 04	4000.00	2.00	2020.07.09	4.8000	101.12	930.00
150530	18 华安 02	500.00	5.00	2023.07.04	7.5000	99.93	1228.00
150531	18 方正 F2	1540.00	1.00	2019.07.10	5.8000	100.55	690.00
150532	18 方正 F3	1460.00	2.00	2020.07.10	6.1000	101.03	1397.00
150533	18 信投 F3	3500.00	3.00	2021.07.11	4.8600	101.54	460.00
150534	18 广能 02	300.00	3.00	2021.09.25	7.9000	100.00	0.00
150535	18 山能 01	750.00	5.00	2023.07.06	6.2000	101.59	70.00
150536	18 山能 02	830.00	3.00	2021.07.06	5.9000	100.34	80.00
150537	18 太高 01	650.00	5.00	2023.07.11	6.8000	100.00	160.00
150538	18 常新 03	1000.00	5.00	2023.07.26	6.8700	103.45	1041.00
150540	18 首业 03	1500.00	3.00	2021.07.11	5.8000	101.26	797.00
150541	18 首业 04	500.00	5.00	2023.07.11	5.9400	100.00	0.00
150542	18 东次 01	6400.00	2.00	2020.07.12	5.1800	100.38	1100.00
150545	18 奥园 02	1200.00	3.00	2021.07.24	8.0000	98.71	1375.00
150546	18 安租 05	960.00	3.00	2021.07.16	5.9900	101.21	160.00
150548	18 山能 04	1600.00	3.00	2021.07.20	5.9000	99.81	600.00
150550	18 西能 01	200.00	5.00	2023.07.13	7.5000	100.00	0.00
150551	18 岚桥 01	400.00	1.00	2019.07.18	7.5000	100.00	0.00
150553	18 住宅 02	1000.00	3.00	2021.07.17	6.7900	101.53	440.00
150554	18 丰盛 01	500.00	3.00	2021.07.18	7.5000	99.90	500.00
150556	18 汝州 01	1500.00	5.00	2023.07.24	8.0000	99.68	2648.00
150557	18 国兴 01	1000.00	5.00	2023.08.02	6.7000	100.00	83.00
150558	18 常通 01	1000.00	3.00	2021.08.01	6.7200	103.62	1160.00
150559	18 嘉兴 01	700.00	3.00	2021.07.27	7.5000	99.94	532.00

债券信息 List of Bonds

债券 Bond

债券代码 Code	债券简称 Bond Name	发行数量(百万) Issued Vol(M)	年限 Terms	到期日 Expiration Date	票面利率(%) Coupon Rate(%)	本年收盘 Close	成交数量(万张) Trading Vol(10000)
150561	18 中租 01	1050.00	3.00	2021.07.20	6.0000	101.15	140.00
150562	18 中租 02	620.00	5.00	2023.07.20	6.1900	101.62	228.00
150563	18 信投 F4	2500.00	3.00	2021.07.24	4.8400	100.00	180.00
150564	18 嘉善 01	1500.00	5.00	2023.07.24	6.2000	101.71	1058.00
150565	18 嘉善 02	500.00	5.00	2023.07.24	6.7000	100.00	0.00
150566	18 腾冲 01	800.00	5.00	2023.09.07	7.5000	99.98	1460.00
150567	18 青城 03	1750.00	5.00	2023.07.26	5.6000	101.20	610.00
150570	18 浩通 01	1210.00	3.00	2021.07.25	7.5000	99.98	892.00
150572	18 温投 01	1200.00	5.00	2023.07.31	6.5900	100.00	280.00
150574	18 保置 01	700.00	3.00	2021.08.13	5.2800	99.41	50.00
150575	18 中租 03	1000.00	2.00	2020.07.30	5.2300	100.00	200.00
150576	18 紫光 03	1000.00	3.00	2021.08.02	6.5000	101.83	180.00
150577	18 如皋债	1000.00	5.00	2023.09.07	7.3000	99.99	60.00
150578	18 鄂长 01	1000.00	3.00	2021.09.06	5.1000	100.00	0.00
150579	18 常熟 03	420.00	5.00	2023.07.30	6.3500	102.22	180.00
150580	18 国发 02	2700.00	3.00	2021.07.30	5.1000	100.00	230.00
150581	18 蒙城 01	257.00	5.00	2023.07.27	7.3900	100.00	0.00
150582	18 蒙中 02	545.00	5.00	2023.08.09	6.4000	101.15	50.00
150583	18 包钢 02	3000.00	5.00	2023.07.27	7.3900	100.32	1405.00
150584	18 光证 05	1000.00	2.00	2020.07.30	4.5500	99.54	50.00
150585	18 光证 06	4000.00	3.00	2021.07.30	4.6700	100.00	600.00
150586	18 甬交 01	110.00	5.00	2023.08.02	7.3000	100.00	0.00
150587	G18 青信 1	1450.00	5.00	2023.08.13	5.0000	98.80	125.00
150588	18 长安 03	250.00	3.00	2021.08.06	8.0000	100.00	382.00
150589	18 皖高债	500.00	3.00	2021.08.06	5.5000	100.00	0.00
150590	18 苏高新	500.00	5.00	2023.08.01	5.3300	100.03	261.00
150592	18 东兴 F4	3000.00	3.00	2021.08.06	4.8800	101.03	1470.00
150594	18 潞矿 02	2000.00	5.00	2023.08.07	5.9500	100.88	1290.00
150595	18 宁新 01	1000.00	3.00	2021.08.21	7.0300	101.30	40.00
150597	18 晟晏 01	300.00	3.00	2021.08.06	8.5000	99.00	192.13
150598	18 方正 10	2350.00	5.00	2023.08.09	6.6800	100.00	2809.00
150599	18 泛海 F3	1000.00	3.00	2021.08.08	7.8000	100.00	50.00
150600	18 明诚 03	350.00	3.00	2021.08.15	8.5000	97.00	73.48
150601	18 科教 02	1000.00	3.00	2021.08.09	8.5000	100.26	200.00
150604	18 晋交 04	2591.00	5.00	2023.08.08	6.9000	102.69	150.80
150605	18 郑地 01	500.00	5.00	2023.08.14	5.3500	100.00	100.00
150606	18 沪券 D1	500.00	1.00	2019.08.17	4.2500	100.00	0.00
150607	18 中租 04	1000.00	3.00	2021.08.14	5.4500	100.00	0.00
150608	18 兴城 01	2000.00	3.00	2021.08.15	5.3900	101.18	10.00
150609	18 阿地 01	640.00	5.00	2023.10.08	7.7000	100.95	168.00
150611	18 富力 06	1200.00	3.00	2021.09.18	7.3000	99.65	1650.00
150612	18 富力 07	550.00	4.00	2022.09.18	7.7000	100.48	189.00
150613	18 秦发 01	500.00	5.00	2023.11.15	6.6000	100.00	0.00
150615	18 相城 02	450.00	5.00	2023.08.23	5.7000	100.00	0.00
150616	18 岳阳 01	740.00	5.00	2023.08.28	7.2800	100.00	85.00
150617	18 江公 01	1000.00	5.00	2023.08.16	6.2500	100.83	480.00
150618	18 财通 C3	2500.00	3.00	2021.08.23	5.1900	100.00	0.00
150619	18 绵投 03	400.00	5.00	2023.08.17	6.5000	100.00	0.00
150620	18 新控 01	600.00	3.00	2021.08.20	7.9700	101.44	570.80
150621	18 兴业 F3	5000.00	3.00	2021.08.20	4.7900	100.84	1270.00

债券信息 List of Bonds

债券 Bond

债券代码 Code	债券简称 Bond Name	发行数量(百万) Issued Vol(M)	年限 Terms	到期日 Expiration Date	票面利率(%) Coupon Rate(%)	本年收盘 Close	成交数量(万张) Trading Vol(10000)
150623	18 开滦 02	1380.00	3.00	2021.08.16	6.3000	100.00	20.00
150625	18 名城 04	500.00	5.00	2023.09.05	8.3000	100.00	0.00
150626	18 佳源 01	390.00	1.00	2019.09.25	8.0000	100.00	0.00
150628	18 住宅 04	800.00	3.00	2021.08.21	6.1100	100.09	340.00
150629	18 长安 04	510.00	3.00	2021.08.23	8.0000	100.00	1000.00
150630	18 环球 02	2000.00	3.00	2021.08.23	6.2900	101.09	570.00
150631	18 盛泽 01	1000.00	5.00	2023.09.12	6.9000	100.00	0.00
150632	18 时代 09	2200.00	3.00	2021.08.20	8.4000	100.51	1170.00
150634	18 先导 02	2700.00	5.00	2023.08.29	5.7500	100.00	70.00
150635	18 电建 01	2000.00	5.00	2023.08.22	6.2000	101.49	510.00
150636	18 禹洲 01	1000.00	3.00	2021.08.29	7.8500	100.00	360.00
150639	18 中航 01	500.00	3.00	2021.08.23	5.5000	100.00	70.00
150641	18 临矿 01	500.00	3.00	2021.08.22	6.3900	100.00	0.00
150642	18 常通 02	500.00	3.00	2021.08.24	6.2500	100.00	0.00
150643	18 江投 01	200.00	5.00	2023.08.23	8.1000	99.64	778.40
150644	18 华安 C1	2000.00	3.00	2021.08.27	5.4000	100.00	20.00
150645	18 射阳 02	980.00	5.00	2023.08.23	7.5000	100.99	2352.00
150646	G18 乌交 1	1500.00	5.00	2023.08.23	6.6000	101.89	260.00
150647	18 川资 01	500.00	3.00	2021.08.24	6.5000	100.57	620.00
150649	18 淮资 02	500.00	5.00	2023.08.23	7.9900	100.00	475.00
150650	18 中金 C2	1500.00	3.00	2021.08.29	4.7000	100.72	600.00
150652	18 岳阳 02	460.00	5.00	2023.08.28	7.5000	100.00	0.00
150653	18 海信 01	1700.00	3.00	2021.08.29	6.3000	100.11	630.00
150654	18 首股 01	3000.00	5.00	2023.08.29	5.7000	101.70	570.00
150655	18 山钢 06	715.00	3.00	2021.08.28	6.4900	100.60	670.00
150656	18 康欣 01	100.00	5.00	2023.09.20	8.0000	100.00	0.00
150657	18 农垦 01	500.00	5.00	2023.09.21	6.3000	100.00	40.00
150658	18 粤铁 02	1070.00	5.00	2023.09.17	4.5000	100.00	0.00
150659	G18 安租 1	508.00	3.00	2021.09.03	6.0800	102.16	432.00
150660	18 天物 01	425.00	5.00	2023.08.30	7.0000	100.20	612.00
150661	18 包钢 03	494.00	5.00	2023.09.21	7.0000	100.00	0.00
150663	18 振湘 01	1000.00	5.00	2023.08.31	7.7000	100.00	0.00
150664	18 中投 02	2000.00	2.00	2020.09.03	4.7200	100.00	0.00
150666	18 淮北 02	700.00	3.00	2021.09.03	6.0400	100.43	20.00
150667	18 泸工 01	900.00	5.00	2023.09.26	7.4000	100.00	0.00
150668	18 滇中 02	1500.00	5.00	2023.09.27	7.5000	101.91	450.00
150669	18 德清 02	450.00	5.00	2023.09.07	6.9000	99.94	80.00
150670	18 滇投 01	1180.00	3.00	2021.08.31	7.8000	100.00	690.00
150674	18 绿城 11	1000.00	5.00	2023.09.21	5.7000	101.24	440.00
150675	18 联发 01	1000.00	3.00	2021.09.05	5.7300	100.00	0.00
150677	18 广汇 01	500.00	3.00	2021.09.05	8.1000	99.95	482.00
150678	18 淮发 01	600.00	5.00	2023.09.03	7.3000	100.00	0.00
150679	18 临淄 02	1250.00	5.00	2023.09.12	7.5000	100.00	110.00
150680	18 甬交 02	890.00	5.00	2023.09.13	7.3000	100.00	0.00
150681	18 柳控 01	1000.00	2.00	2020.09.19	6.9000	100.00	0.00
150683	18 华夏 04	1300.00	3.00	2021.09.10	7.4000	98.82	2319.16
150684	18 通泰 03	700.00	5.00	2023.09.14	7.6000	100.00	1084.00
150685	18 中宝 02	1800.00	4.00	2022.09.10	7.8000	100.00	1310.00
150687	18 扬交产	500.00	5.00	2023.09.20	6.6000	100.00	150.00
150688	18 景德 02	200.00	3.00	2021.09.13	7.0000	100.00	0.00

债券信息 List of Bonds

债券 Bond

债券代码 Code	债券简称 Bond Name	发行数量(百万) Issued Vol(M)	年限 Terms	到期日 Expiration Date	票面利率(%) Coupon Rate(%)	本年收盘 Close	成交数量(万张) Trading Vol(10000)
150689	18 山钢 07	2500.00	3.00	2021.09.26	6.5800	100.75	1630.00
150690	18 宁投 01	600.00	5.00	2023.10.19	6.6000	100.00	80.00
150691	18 联储 C1	1000.00	2.00	2020.09.21	6.6000	100.00	1800.00
150692	S18 凉山 2	300.00	3.00	2021.09.20	7.1000	100.00	0.00
150694	18 川港 01	700.00	3.00	2021.09.19	5.3900	100.00	0.00
150697	18 富通 02	150.00	3.00	2021.09.19	7.5000	99.98	110.00
150699	18 四联 01	200.00	5.00	2023.09.13	7.0000	100.00	0.00
150700	18 新汶 01	3000.00	3.00	2021.09.25	6.6600	100.01	370.00
150701	G18 天成 2	600.00	3.00	2021.11.08	5.9000	100.00	0.00
150702	18 禹洲 03	1200.00	3.00	2021.09.25	7.8000	99.92	289.00
150704	18 厦特 02	550.00	3.00	2021.09.20	6.1400	100.24	100.00
150705	18 禹洲 04	800.00	3.00	2021.09.25	7.8500	100.00	370.00
150707	18 融盛 03	1200.00	5.00	2023.09.28	7.5000	100.10	60.00
150708	18 晟晏 02	300.00	3.00	2021.09.18	8.5000	99.70	94.00
150709	18 环球 03	500.00	3.00	2021.09.25	6.0000	100.00	0.00
150711	18 云锡 03	560.00	3.00	2021.09.27	7.5000	100.00	0.00
150712	18 海信 02	1100.00	3.00	2021.09.27	6.1700	100.00	760.00
150713	18 顺城 01	300.00	3.00	2021.09.27	6.3500	100.00	0.00
150714	18 中投 03	1000.00	3.00	2021.09.21	4.9900	99.95	100.00
150715	18 中租 05	1000.00	3.00	2021.09.26	5.2300	100.12	220.00
150718	18 滨城 01	560.00	5.00	2023.09.20	6.9700	100.00	0.00
150719	18 滨城 02	200.00	5.00	2023.09.20	6.8000	100.00	0.00
150720	18 乌经建	1000.00	3.00	2021.09.26	6.9900	100.00	0.00
150721	18 京发 01	2000.00	3.00	2021.09.21	5.5000	100.00	0.00
150723	18 木渎 01	200.00	3.00	2021.10.25	7.0000	100.00	30.00
150725	18 新力 02	313.00	3.00	2021.10.19	7.9000	100.00	91.00
150726	18 淮资 03	990.00	5.00	2023.10.11	7.3000	100.31	1805.00
150727	18 鑫业 01	600.00	2.00	2020.09.20	8.5000	99.69	577.00
150728	18 安顺 01	780.00	5.00	2023.09.26	8.0000	100.63	226.00
150729	18 沣东 01	250.00	5.00	2023.11.09	7.2000	100.00	0.00
150730	18 南州 02	320.00	5.00	2023.09.27	7.5000	100.00	0.00
150731	18 云化 01	300.00	3.00	2021.09.28	7.4000	100.00	0.00
150732	18 中资 01	1000.00	3.00	2021.09.25	6.1000	100.90	96.00
150733	18 景旅 01	820.00	5.00	2023.09.21	7.9900	100.60	280.00
150734	18 江水 02	2000.00	5.00	2023.11.22	5.9900	99.71	290.00
150735	18 生态 01	1110.00	3.00	2021.10.11	7.8000	100.00	539.00
150736	18 天物 02	1290.00	5.00	2023.09.28	7.3000	101.32	1121.80
150737	18 鄂旅 01	1000.00	5.00	2023.10.08	6.1000	100.00	110.00
150738	18 峨眉 01	650.00	5.00	2023.10.19	8.0000	100.00	0.00
150739	18 粤铁 03	610.00	5.00	2023.10.11	4.5000	99.45	230.00
150740	18 融强 01	350.00	3.00	2021.10.12	7.9000	100.00	0.00
150741	18 金控 02	950.00	5.00	2023.12.07	7.5000	100.00	0.00
150742	18 兴海 01	500.00	3.00	2021.09.27	7.5000	100.00	555.00
150743	18 百矿 01	500.00	2.00	2020.09.28	7.5000	100.00	0.00
150744	G18 川铁 1	1000.00	5.00	2023.10.17	5.2000	100.00	0.00
150745	18 华远 01	1500.00	3.00	2021.12.14	7.5000	100.00	370.00
150746	18 漳九 03	1000.00	3.00	2021.10.26	5.6900	101.00	60.00
150748	18 国太 01	500.00	5.00	2023.09.28	6.9000	100.50	239.00
150749	18 山煤 Y1	1500.00	3.00	2021.09.29	7.9000	99.96	1760.00
150750	18 招商 F9	3000.00	0.74	2019.07.12	3.7900	100.00	0.00

债券信息 List of Bonds

债券 Bond

债券代码 Code	债券简称 Bond Name	发行数量(百万) Issued Vol(M)	年限 Terms	到期日 Expiration Date	票面利率(%) Coupon Rate(%)	本年收盘 Close	成交数量(万张) Trading Vol(10000)
150751	18 苏新 02	400.00	5.00	2023.11.23	5.0900	100.00	0.00
150752	18 平投 02	1080.00	5.00	2023.10.30	7.4200	99.92	190.00
150753	18 涪交 03	1120.00	3.00	2021.10.30	7.5000	99.97	140.00
150755	18 时代 11	1700.00	3.00	2021.10.17	8.4000	100.00	200.00
150757	18 红河 02	700.00	5.00	2023.10.16	7.5000	99.65	2046.65
150758	18 湘洞庭	700.00	5.00	2023.10.15	7.2000	100.00	770.00
150759	18 中银 C1	2500.00	3.00	2021.10.19	4.6900	100.00	1000.00
150760	18 中证 C1	5000.00	3.00	2021.10.19	4.4800	100.00	1500.00
150761	18 渝开 01	400.00	5.00	2023.10.17	6.5000	99.19	328.00
150762	18 株国 01	910.00	5.00	2023.10.31	7.5000	100.00	0.00
150765	18 兵国 01	1000.00	3.00	2021.10.18	6.2900	100.00	0.00
150767	18 龙马 01	650.00	5.00	2023.11.14	7.5000	99.99	150.00
150768	18 安租 07	1740.00	3.00	2021.10.16	5.9500	101.46	700.00
150770	18 银河 C6	5000.00	3.00	2021.10.25	4.4800	100.00	800.00
150771	18 革新债	10.00	3.00	2021.10.22	7.5000	100.00	0.00
150772	18 协信 03	1400.00	2.00	2020.10.26	8.0000	100.00	268.00
150773	18 济高 02	2000.00	5.00	2023.11.01	5.5000	100.00	20.00
150775	18 同煤 06	4000.00	3.00	2021.10.26	6.4900	100.47	1499.00
150776	18 首创 C2	1000.00	3.00	2021.10.26	6.3000	99.94	60.00
150777	18 新津 01	590.00	5.00	2023.10.25	7.5700	100.38	135.00
150778	18 通泰 04	700.00	5.00	2023.10.25	7.5000	100.00	1452.50
150779	18 金辉 03	400.00	3.00	2021.11.05	7.5000	96.10	244.00
150780	18 海资 02	1000.00	5.00	2023.10.31	5.3400	100.00	0.00
150781	18 潞安 01	2000.00	1.00	2019.11.08	5.3900	100.29	476.00
150782	18 浙商 C3	3600.00	3.00	2021.10.30	5.2800	100.71	260.00
150783	18 融和 03	1000.00	3.00	2021.10.25	6.0000	100.00	60.00
150784	18 太水 01	500.00	3.00	2021.10.26	6.4300	100.00	0.00
150785	18 江公 02	1500.00	5.00	2023.10.25	6.3000	101.24	200.00
150788	18 中航 03	1000.00	3.00	2021.10.25	5.3500	99.99	35.00
150789	18 川资 03	500.00	3.00	2021.10.24	6.4000	100.37	300.00
150791	18 南通 01	1500.00	5.00	2023.10.26	5.5000	100.00	240.00
150793	18 华安 03	200.00	5.00	2023.10.25	8.5000	100.00	0.00
150794	18 融信 01	2000.00	3.00	2021.11.28	7.2800	98.56	1335.00
150796	18 国惠 01	3000.00	3.00	2021.10.29	5.6800	99.20	790.00
150797	18 黄交 01	1000.00	5.00	2023.11.01	7.5000	100.37	1320.00
150798	18 交实 01	800.00	5.00	2023.11.30	5.3000	100.00	0.00
150799	18 豫控 01	500.00	5.00	2023.11.12	6.1500	100.00	70.00
150800	18 晋能 01	1500.00	3.00	2021.10.31	6.2000	100.99	220.00
150801	18 兴港 Y1	2000.00	3.00	2021.10.30	6.4000	100.00	960.00
150802	18 鲁钢 02	2000.00	3.00	2021.10.29	6.4900	100.49	530.00
150803	18 中证 05	1500.00	0.47	2019.04.18	3.5000	100.00	0.00
150804	18 中证 06	1500.00	0.74	2019.07.27	3.7000	100.00	0.00
150805	18 陕集 01	1800.00	5.00	2023.11.01	5.0500	100.65	330.00
150806	18 海门 04	850.00	5.00	2023.11.08	6.7700	100.00	0.00
150807	18 南开 01	700.00	3.00	2021.10.30	7.8000	100.98	210.00
150808	18 国融 C1	400.00	3.00	2021.11.01	6.7000	99.24	40.00
150810	18 水发 01	500.00	5.00	2023.11.01	6.2000	101.08	60.00
150811	18 安租 08	590.00	2.00	2020.11.26	5.0000	100.00	0.00
150814	18 潍城投	2000.00	5.00	2023.10.29	6.4000	99.99	40.00
150815	18 鸿坤 02	1400.00	3.00	2021.11.01	8.5000	100.05	300.00

债券信息 List of Bonds

债券 Bond

债券代码 Code	债券简称 Bond Name	发行数量(百万) Issued Vol(M)	年限 Terms	到期日 Expiration Date	票面利率(%) Coupon Rate(%)	本年收盘 Close	成交数量(万张) Trading Vol(10000)
150816	18 中资 02	1000.00	3.00	2021.11.19	5.9700	100.00	0.00
150818	18 浙浔 01	800.00	7.00	2025.12.11	7.4900	100.00	0.00
150819	18 粤江 01	1500.00	3.00	2021.11.01	8.0000	100.00	0.00
150820	18 汽车园	400.00	5.00	2023.10.31	7.5000	100.00	0.00
150821	18 陕旅 02	500.00	5.00	2023.11.02	7.5000	100.00	0.00
150822	18 皋投 02	1100.00	5.00	2023.11.19	7.3000	99.99	127.00
150823	18 龙腾 01	40.00	1.00	2019.12.10	6.2000	100.00	0.00
150824	18 融侨 02	2100.00	3.00	2021.11.06	7.5000	100.00	510.00
150825	18 工投 01	1500.00	3.00	2021.11.12	8.5000	100.62	2406.00
150826	18 吉投 01	910.00	3.00	2021.11.12	7.5000	100.90	780.00
150827	18 岚桥 02	350.00	1.00	2019.12.12	8.0000	100.00	0.00
150828	18 海专项	800.00	3.00	2021.11.02	4.7000	99.71	300.00
150829	18 中证 C2	4000.00	3.00	2021.11.07	4.4000	99.71	1240.00
150832	18 信投 C1	5000.00	3.00	2021.11.07	4.3800	100.00	450.00
150833	18 豫能 02	2000.00	5.00	2023.11.12	7.3900	100.00	1800.00
150834	18 康富 01	500.00	3.00	2021.11.12	7.0000	100.00	600.00
150838	G18 平煤 2	970.00	5.00	2023.11.08	6.7000	100.00	210.00
150839	18 国裕 01	1000.00	3.00	2021.11.14	6.0000	100.00	0.00
150840	18 洞庭债	800.00	5.00	2023.11.08	7.2000	100.12	720.00
150841	18 新控 02	1200.00	3.00	2021.11.07	7.5000	100.82	945.00
150843	18 兴海 02	500.00	3.00	2021.11.08	7.3000	100.01	430.00
150844	18 泸工 02	600.00	5.00	2023.11.08	7.5000	100.00	0.00
150845	18 财信 01	4500.00	5.00	2023.11.12	4.9000	100.00	0.00
150846	18 济轨 01	3000.00	5.00	2023.11.14	5.0000	100.38	30.00
150847	18 牡丹 01	500.00	2.00	2020.11.13	5.6400	100.00	0.00
150848	18 海怡 01	1380.00	3.00	2021.11.21	8.5000	99.75	634.00
150849	18 湖州 01	2000.00	5.00	2023.11.13	5.3800	100.82	160.00
150850	18 雨经发	500.00	5.00	2023.11.09	6.9000	100.83	300.00
150851	18 中区 01	2000.00	5.00	2023.11.08	7.5000	100.11	810.00
150852	18 嘉善 03	1000.00	5.00	2023.11.13	5.5000	99.85	170.00
150853	G18 海兴 1	100.00	5.00	2023.11.09	7.1800	100.00	0.00
150854	18 农化 01	1500.00	3.00	2021.11.13	4.9800	99.88	50.00
150856	18 山煤 Y2	1500.00	3.00	2021.11.22	7.9000	100.00	1400.00
150857	18 方正 14	2000.00	5.00	2023.11.16	6.5000	100.20	1740.00
150858	18 六合 02	813.00	5.00	2023.11.23	6.8500	100.00	40.00
150860	18 云锡 04	880.00	3.00	2021.11.26	7.9000	100.00	0.00
150861	18 元年债	40.00	3.00	2021.11.15	7.3000	100.00	0.00
150862	18 华控 01	1700.00	3.00	2021.11.29	8.5000	98.78	1994.38
150863	18 潭高 01	1200.00	5.00	2023.11.20	7.5000	100.00	1320.00
150864	18 东科 02	300.00	5.00	2023.11.15	7.2000	100.00	60.00
150865	18 滨海 04	3200.00	10.00	2028.11.19	5.3900	100.00	1190.00
150866	18 滨海 05	800.00	10.00	2028.11.19	5.7000	100.00	0.00
150867	18 任城 03	860.00	5.00	2023.11.19	7.3000	100.00	1290.00
150868	18 淮发 02	1900.00	5.00	2023.11.20	7.5000	101.00	20.00
150869	18 海盐 02	500.00	5.00	2023.11.28	5.6000	100.00	0.00
150870	18 南通 02	1500.00	5.00	2023.11.20	5.0000	99.92	10.00
150872	18 江城 01	900.00	5.00	2023.11.21	5.0000	99.86	20.00
150873	18 财达 C2	2000.00	3.00	2021.11.26	5.2400	100.00	30.00
150874	18 湘轻盐	2000.00	5.00	2023.11.19	5.2000	100.05	45.00
150875	18 丰县 01	600.00	3.00	2021.11.16	7.0000	100.00	960.00

债券信息
List of Bonds

债券
Bond

债券代码 Code	债券简称 Bond Name	发行数量(百万) Issued Vol(M)	年限 Terms	到期日 Expiration Date	票面利率(%) Coupon Rate(%)	本年收盘 Close	成交数量(万张) Trading Vol(10000)
150876	18 科投 02	1700.00	5.00	2023.12.03	6.6500	99.97	550.00
150877	18 民泰债	800.00	5.00	2023.11.21	7.5000	100.00	450.00
150878	18 华创 02	700.00	3.00	2021.11.21	5.3000	100.00	0.00
150879	18 渝南 02	600.00	5.00	2023.11.23	7.5000	100.00	0.00
150880	18 建资 01	150.00	5.00	2023.11.30	8.0000	100.00	150.00
150881	18 金科 01	3000.00	2.00	2020.11.26	4.8000	100.00	0.00
150882	18 津金地	1390.00	5.00	2023.11.27	7.4000	100.00	0.00
150883	18 鲁公 01	500.00	3.00	2021.11.26	6.7800	99.96	120.00
150885	18 唐煤 01	500.00	3.00	2021.11.27	5.0000	100.00	30.00
150886	18 唐煤 02	2500.00	5.00	2023.11.27	5.5000	100.83	490.00
150887	18 合川 01	1100.00	5.00	2023.11.29	7.5000	100.00	0.00
150889	18 华凌 01	800.00	3.00	2021.11.27	7.9900	100.00	1000.00
150891	18 滨城 04	800.00	5.00	2023.11.29	5.9700	100.10	175.00
150892	18 金沙 01	1000.00	5.00	2023.11.26	8.5000	100.47	450.00
150893	18 阿地 03	1000.00	5.00	2023.11.29	6.9800	100.96	55.00
150895	18 昆发 01	600.00	5.00	2023.11.30	7.2000	100.00	0.00
150896	18 晋能 02	1500.00	3.00	2021.12.03	5.7800	100.00	130.00
150897	18 厦特 03	1220.00	3.00	2021.11.30	6.7900	100.00	50.00
150898	18 航发 01	600.00	3.00	2021.11.30	5.5000	100.00	15.00
150900	18 国太 02	600.00	5.00	2023.12.03	5.9500	100.00	30.00
150901	18 科教 05	400.00	3.00	2021.11.27	8.5000	100.00	0.00
150902	18SMGJY1	2000.00	3.00	2021.11.29	8.1000	100.00	750.00
150905	18 株高 01	1000.00	3.00	2021.11.29	6.9500	100.00	60.00
150906	18 兴阳 01	860.00	5.00	2023.12.05	7.8000	100.00	0.00
150907	18 清源 01	500.00	3.00	2021.11.30	7.4500	100.00	205.00
150908	18 宝龙 01	1000.00	3.00	2021.12.13	7.5000	100.00	0.00
150909	18 六住 01	500.00	5.00	2023.11.30	7.8000	100.00	0.00
150911	18 泰交 02	1350.00	5.00	2023.12.11	5.5000	100.00	50.00
150912	18 江北 01	750.00	5.00	2023.12.04	5.1000	100.00	50.00
150914	18 潼南 01	1000.00	5.00	2023.12.06	7.5000	100.00	850.00
150915	18 鲁钢 03	1550.00	3.00	2021.12.03	6.1000	100.00	260.00
150916	18 交水 01	700.00	5.00	2023.12.03	5.0000	100.00	0.00
150917	18 平神 01	500.00	5.00	2023.12.07	7.6000	99.39	90.00
150919	18 文控 04	500.00	5.00	2023.11.30	6.8000	99.26	50.00
150920	18 兴化 01	1000.00	5.00	2023.12.14	7.3000	100.02	310.00
150921	18 龙控 06	1000.00	4.00	2022.12.07	7.0000	100.00	100.00
150922	18 秋林 01	500.00	3.00	2021.11.27	8.0000	100.00	0.00
150923	18 清源 02	9.00	3.00	2021.12.06	7.4500	100.00	0.00
150924	18 清源 03	471.00	3.00	2021.12.06	7.5000	100.00	125.50
150925	18 丰县 02	600.00	3.00	2021.12.06	7.0000	100.00	420.00
150926	18 镇城 01	800.00	3.00	2021.12.04	7.5000	100.00	0.00
150927	18 陕集 02	3200.00	5.00	2023.12.06	5.0000	100.00	250.00
150928	18 金城 04	500.00	5.00	2023.12.03	5.0000	100.00	0.00
150930	18 招 F10	2500.00	3.00	2021.12.05	4.1500	100.00	0.00
150931	18 高科债	550.00	3.00	2021.12.17	8.1000	100.00	50.00
150932	18 漳九 04	1000.00	3.00	2021.12.14	5.0000	100.00	0.00
150933	18 丰经 01	1000.00	5.00	2023.12.07	7.5000	99.98	420.00
150934	18 新津 02	210.00	5.00	2023.12.07	7.5000	100.00	0.00
150936	18 西秀 01	1340.00	5.00	2023.12.07	7.8000	100.00	380.00
150938	S18 春蕾 1	60.00	3.00	2021.12.10	8.0000	100.00	0.00

债券信息 List of Bonds

债券 Bond

债券代码 Code	债券简称 Bond Name	发行数量(百万) Issued Vol(M)	年限 Terms	到期日 Expiration Date	票面利率(%) Coupon Rate(%)	本年收盘 Close	成交数量(万张) Trading Vol(10000)
150939	18 文控 05	300.00	5.00	2023.12.06	7.0600	100.00	0.00
150940	18 赣开 01	2500.00	3.00	2021.12.18	7.5000	100.00	300.00
150941	18 华发 03	1500.00	3.00	2021.12.10	5.5000	100.44	375.00
150942	18 光证 C1	3000.00	3.00	2021.12.13	4.3000	100.00	0.00
150943	18 金泉债	10.00	1.00	2019.12.11	7.0000	100.00	0.00
150948	18 醴渌 01	750.00	5.00	2023.12.13	7.8000	99.95	110.00
150949	18 吉投 02	290.00	5.00	2023.12.13	7.5000	100.00	146.00
150951	18 金科 02	2000.00	2.00	2020.12.13	4.7000	100.00	0.00
150953	18 银河 C8	1500.00	3.00	2021.12.17	4.2800	100.00	0.00
150954	18 新投 01	1200.00	5.00	2023.12.17	7.3000	100.00	350.00
151001	18 仁寿债	1000.00	3.00	2021.12.06	7.5000	100.00	100.00
151005	18 渭南 01	500.00	3.00	2021.12.17	7.2000	100.00	0.00
151006	18 腾越 03	2100.00	3.00	2021.12.18	6.9000	100.00	60.00
151007	18 萧县 01	500.00	3.00	2021.12.14	8.4000	100.00	0.00
151008	18 萧县 02	500.00	5.00	2023.12.14	8.5000	100.00	0.00
151009	18 中租 06	1330.00	5.00	2023.12.13	5.0800	100.00	0.00
151014	18 百投债	900.00	5.00	2023.12.18	8.0000	96.26	300.00
151015	18 宁郸 02	1000.00	3.00	2021.12.20	5.7000	100.00	0.00
151017	18 常城 01	1000.00	5.00	2023.12.19	5.6700	99.96	90.00
151018	18 渝物 01	1000.00	5.00	2023.12.19	7.5200	100.00	40.00
151025	18 乳山 F1	1000.00	5.00	2023.12.18	8.0000	99.97	350.00
151026	18 乳山 F2	130.00	5.00	2023.12.18	7.7500	100.00	0.00
151033	18 云克 01	50.00	2.00	2020.12.19	7.5000	100.00	0.00
151034	18 延长 Y1	1000.00	2.00	2020.12.19	4.9000	100.00	0.00
151036	18 海投 Y1	500.00	3.00	2021.12.19	7.1000	100.00	10.00
151037	18 常投 01	300.00	3.00	2021.12.21	7.0000	100.00	0.00
152001	18 温岭 02	1400.00	7.00	2025.11.12	5.4300	100.00	0.00
152002	18 朔州 01	900.00	7.00	2025.10.23	7.5000	100.00	0.00
152003	18 西工 01	700.00	7.00	2025.11.15	7.9000	100.00	0.00
152004	18 尖山 02	700.00	7.00	2025.11.16	6.1500	100.00	0.00
152005	18 安吉 01	300.00	7.00	2025.11.19	7.0000	100.00	0.00
152006	18 海宁债	1380.00	7.00	2025.11.13	5.4700	100.00	0.00
152007	18 绵安 02	500.00	7.00	2025.11.22	8.1000	100.00	300.00
152008	18 孟投 02	100.00	7.00	2025.11.06	8.0000	100.00	0.00
152009	18 赤壁债	500.00	7.00	2025.11.22	6.9500	100.00	0.00
152010	18 梧州 01	500.00	10.00	2028.11.28	7.9500	100.00	0.00
152011	18 京投 09	2000.00	10.00	2028.11.26	4.2500	100.00	60.00
152012	18 京投 10	1000.00	15.00	2033.11.26	4.5700	100.00	0.00
152013	18 泰兴黄	400.00	7.00	2025.11.15	8.5000	100.00	0.00
152014	18 西苑 01	600.00	7.00	2025.11.15	7.5000	100.00	40.00
152015	18 永安 01	900.00	7.00	2025.11.26	8.5000	100.00	0.00
152017	18 滨江债	950.00	7.00	2025.11.30	5.7700	100.00	0.00
152018	18 振东 01	500.00	7.00	2025.11.26	7.5000	100.00	200.00
152019	18 南溪 02	600.00	7.00	2025.11.28	8.1000	100.00	66.00
152020	18 和济 01	600.00	4.00	2022.11.27	7.6000	100.00	0.00
152021	18 易盛德	800.00	10.00	2028.11.28	5.2200	100.00	10.00
152022	18 邵赛 02	300.00	7.00	2025.11.28	8.0000	100.00	0.00
152023	18 宁地铁	2600.00	5.00	2023.11.28	4.2200	100.00	0.00
152024	18 铜管廊	1000.00	10.00	2028.11.29	8.0000	100.00	713.00
152026	18 博望 01	500.00	7.00	2025.11.29	7.8000	100.00	0.00

债券信息
List of Bonds

债券
Bond

债券代码 Code	债券简称 Bond Name	发行数量(百万) Issued Vol(M)	年限 Terms	到期日 Expiration Date	票面利率(%) Coupon Rate(%)	本年收盘 Close	成交数量(万张) Trading Vol(10000)
152027	18 桐产投	920.00	7.00	2025.11.29	7.8800	100.00	0.00
152029	18 信丰 01	500.00	7.00	2025.12.05	7.8000	100.00	0.00
152030	18 振东 02	760.00	7.00	2025.12.06	7.5000	100.00	80.00
152033	18 安发 02	700.00	7.00	2025.12.04	8.0000	100.00	210.00
152034	18 锡惠债	950.00	7.00	2025.12.07	5.2700	100.00	0.00
152035	18 合力 01	1000.00	7.00	2025.12.10	5.4900	100.00	0.00
152036	18 大冶债	800.00	7.00	2025.12.03	7.2000	100.00	0.00
152037	18 海发 01	900.00	7.00	2025.12.13	5.1800	100.00	0.00
152038	18 柯岩债	1200.00	7.00	2025.12.04	5.8800	100.00	0.00
152040	18 国盛 01	2500.00	5.00	2023.12.14	3.9600	100.00	0.00
152042	18 浙资 01	900.00	5.00	2023.12.13	4.1500	100.00	0.00
152045	18 嘉善债	800.00	7.00	2025.12.17	5.1900	100.00	0.00
152047	G18 先行	300.00	7.00	2025.12.20	5.3700	100.00	0.00
155001	18 红美 01	3000.00	3.00	2021.11.06	6.3000	100.00	610.00
155003	18 都城 01	1000.00	5.00	2023.11.23	4.4800	100.00	0.00
155004	18 平证 06	3000.00	5.00	2023.11.05	4.1000	100.00	1470.00
155005	18 金诚 01	120.00	3.00	2021.11.06	7.5000	100.00	80.00
155006	18 上药 01	3000.00	3.00	2021.11.07	4.1000	100.00	310.00
155007	18 宜华 03	500.00	3.00	2021.11.26	6.5000	100.00	0.00
155009	18 远海 05	5000.00	10.00	2028.11.05	4.9000	100.00	1850.00
155010	18 龙湖 06	2000.00	5.00	2023.11.06	4.8000	101.00	650.00
155012	18 广核 01	2000.00	3.00	2021.11.15	3.9600	100.34	770.00
155013	18 中租二	1330.00	3.00	2021.11.15	7.5500	100.00	890.00
155014	18 铁龙 01	750.00	2.00	2020.11.07	4.7000	100.00	60.00
155015	18 电投 10	2200.00	3.00	2021.11.12	4.0300	100.70	930.00
155016	18 电投 11	1500.00	5.00	2023.11.12	4.3400	101.10	355.75
155017	18 鲁商 02	1400.00	3.00	2021.11.16	7.5000	100.00	830.00
155018	18 邮政 01	2500.00	5.00	2023.11.13	3.9900	100.00	570.00
155019	18 浙商 01	2000.00	5.00	2023.11.08	4.4800	100.00	373.00
155022	18 实业 08	650.00	3.00	2021.11.14	7.5000	100.00	214.00
155024	18 台纾 01	500.00	5.00	2023.11.15	5.7000	100.00	5.00
155025	18 光大 01	3000.00	3.00	2021.11.09	4.0200	100.80	280.00
155026	18 沪资 03	900.00	5.00	2023.11.19	4.0000	100.00	40.00
155027	18 杭机 01	500.00	5.00	2023.11.15	4.0800	100.21	30.20
155028	18 闽纾债	1000.00	5.00	2023.11.15	4.1000	100.00	170.00
155029	18 青城 05	1500.00	10.00	2028.11.20	4.3800	100.00	250.00
155030	18 三友 03	600.00	5.00	2023.11.19	4.7500	100.00	70.00
155032	18 中铝 03	1400.00	3.00	2021.11.16	4.1900	100.10	71.00
155033	18 中铝 04	1600.00	5.00	2023.11.16	4.5000	100.00	410.00
155035	18 柳投控	2000.00	3.00	2021.11.21	5.7400	100.00	250.00
155036	18 电投 12	1500.00	3.00	2021.11.20	3.9700	100.00	530.00
155037	18 电投 13	2500.00	5.00	2023.11.20	4.2000	100.00	1290.00
155038	18 海通 05	3000.00	3.00	2021.11.22	3.8800	100.00	540.00
155039	18 粤桥 02	1500.00	15.00	2033.11.20	4.7000	100.00	260.00
155040	18 高新 01	900.00	5.00	2023.11.22	4.3300	100.00	40.00
155041	18 远高 01	100.00	2.00	2020.11.22	7.5000	100.00	67.00
155042	18 锦江 02	1000.00	5.00	2023.11.20	4.1800	100.00	0.00
155043	18 复星 05	2200.00	4.00	2022.11.22	5.3000	100.00	170.00
155044	18 元禾 02	500.00	5.00	2023.11.26	4.2400	100.00	150.00
155045	18 豫园 01	2000.00	5.00	2023.11.26	4.9700	100.00	300.00

债券信息
List of Bonds

债券 Bond

债券代码 Code	债券简称 Bond Name	发行数量(百万) Issued Vol(M)	年限 Terms	到期日 Expiration Date	票面利率(%) Coupon Rate(%)	本年收盘 Close	成交数量(万张) Trading Vol(10000)
155047	18 华泰 G1	3000.00	3.00	2021.11.26	3.8800	100.00	420.00
155048	18 华泰 G2	1000.00	5.00	2023.11.26	4.1700	100.00	500.00
155049	18 齐鲁 02	1500.00	3.00	2021.11.27	4.0500	100.00	0.00
155050	18 中航 G1	500.00	3.00	2021.11.27	4.2500	100.00	0.00
155051	18 迈科 02	500.00	3.00	2021.11.26	7.5000	100.00	0.00
155052	18 南航 01	2000.00	3.00	2021.11.27	3.9200	100.00	200.00
155053	G18 首股	2000.00	5.00	2023.11.27	4.2400	100.00	310.00
155054	18 国药 01	3300.00	3.00	2021.11.28	3.9900	99.50	610.00
155055	18 津投 11	800.00	4.00	2022.11.28	4.2800	100.00	240.00
155056	18 津投 12	1200.00	5.00	2023.11.28	4.7000	100.00	120.00
155057	G18 龙源 2	3000.00	3.00	2021.12.04	3.9600	100.00	140.00
155058	18 京能 01	600.00	3.00	2021.12.11	3.9500	100.00	0.00
155059	18 镇投 01	300.00	3.00	2021.12.05	7.9900	100.00	0.00
155060	18 联想 03	1500.00	5.00	2023.12.03	4.7000	100.30	400.05
155061	18 富力 08	4000.00	4.00	2022.12.04	6.5800	100.00	2343.00
155063	18 渝信 03	3000.00	3.00	2021.12.12	5.5000	100.00	150.00
155065	18 三福 01	300.00	5.00	2023.11.30	7.5000	100.00	0.00
155066	18 中储 02	1000.00	5.00	2023.12.03	5.0000	100.00	0.00
155067	18 复药 02	500.00	4.00	2022.11.30	4.4700	100.00	100.00
155068	18 复药 03	1000.00	5.00	2023.11.30	4.6800	100.00	10.00
155069	18 保文 02	300.00	3.00	2021.12.05	4.7000	100.00	0.00
155070	18 大众 01	800.00	3.00	2021.12.05	4.3300	100.00	0.00
155071	18 首置 03	1500.00	3.00	2021.12.03	4.1600	100.00	1190.00
155072	18 首置 04	1000.00	5.00	2023.12.03	4.5000	100.00	200.00
155074	18 悦达 01	530.00	5.00	2023.12.06	7.5000	100.00	79.00
155076	18 宁农 01	340.00	5.00	2023.12.12	5.8000	100.00	0.00
155077	18 东风 03	2000.00	3.00	2021.12.06	3.9600	99.90	50.00
155078	18 东风 04	1000.00	5.00	2023.12.06	4.2100	99.10	10.00
155080	18 汽车 G3	796.00	3.00	2021.12.20	7.2000	100.00	4.00
155081	18 沱牌 01	100.00	5.00	2023.12.07	7.5000	0.00	0.00
155082	18 时代 13	1100.00	3.00	2021.12.10	7.5000	100.00	84.00
155083	18 时代 14	1900.00	5.00	2023.12.10	8.1000	100.00	0.00
155085	18 紫光 04	5000.00	5.00	2023.12.10	5.2000	100.00	1040.00
155086	18 津投 13	500.00	4.00	2022.12.10	4.2400	100.00	0.00
155087	18 津投 14	2000.00	5.00	2023.12.10	4.6800	100.00	230.00
155088	18 粤控 02	1500.00	5.00	2023.12.11	3.9000	98.68	100.01
155089	18 中泰 01	3000.00	3.00	2021.12.12	3.9500	100.00	0.00
155090	18 福晟 03	1500.00	3.00	2021.12.17	7.9000	100.00	601.32
155091	18 景国 02	1000.00	3.00	2021.12.14	6.2000	100.00	0.00
155092	18 花样年	1000.00	3.00	2021.12.17	7.5000	100.00	150.00
155093	18 万向 01	1500.00	3.00	2021.12.25	5.3300	100.00	0.00
155097	18 亨通 01	100.00	2.00	2020.12.18	4.9000	100.00	0.00
155100	18 海纾困	5000.00	5.00	2023.12.17	4.1400	100.00	90.00
155102	18 华夏 06	3000.00	5.00	2023.12.20	7.0000	100.00	500.00
155103	18 华夏 07	4000.00	7.00	2025.12.20	8.3000	100.00	100.00
155116	18 新大陆	100.00	3.00	2021.12.19	6.3000	100.00	0.00
155118	18 伊泰 02	2000.00	3.00	2021.12.18	5.0000	101.50	34.50
155972	18 远发 Y1	1000.00	3.00	2021.12.17	4.6800	100.00	0.00
155982	18 铁 Y09	1200.00	3.00	2021.12.18	4.5500	100.00	0.00
155983	18 铁 Y10	800.00	5.00	2023.12.18	4.7800	100.00	0.00

债券信息 List of Bonds

债券 Bond

债券代码 Code	债券简称 Bond Name	发行数量(百万) Issued Vol(M)	年限 Terms	到期日 Expiration Date	票面利率(%) Coupon Rate(%)	本年收盘 Close	成交数量(万张) Trading Vol(10000)
155984	18 象屿 Y3	700.00	3.00	2021.12.24	6.2000	100.00	0.00
155985	18 津保 Y3	1000.00	3.00	2021.12.18	6.7400	100.00	150.00
155988	18 铁投 Y4	800.00	3.00	2021.12.11	4.7000	100.00	170.00
155989	18 阳煤 Y4	2000.00	3.00	2021.12.10	6.5000	100.00	100.00
155992	18 中化 Y7	2500.00	2.00	2020.12.06	4.4500	100.00	940.00
155993	18 中化 Y8	2500.00	3.00	2021.12.06	4.5500	100.00	1070.00
155994	18 鲁高 Y3	1000.00	3.00	2021.12.05	4.6000	100.00	100.00
155996	18 青城 Y4	1000.00	5.00	2023.12.07	5.1700	100.00	0.00
155997	18 建集 Y4	500.00	3.00	2021.12.04	5.0900	100.00	180.00
155998	18 联投 Y3	1000.00	3.00	2021.12.07	5.3500	100.00	140.00
156000	PR2A1	870.00	0.82	2019.07.17	4.8000	100.00	0.00
156001	PR2A2	2380.00	1.82	2020.07.17	5.4000	100.56	108.20
156002	同享 2B	273.00	2.07	2020.10.17	6.0000	100.00	0.00
156003	同享 2C	156.00	2.78	2021.07.02	6.1000	100.00	0.00
156004	同享 2 次	227.00	2.78	2021.07.02	0.0000	100.00	0.00
156005	宁远 06A1	1940.00	0.25	2018.12.25	3.2000	100.00	0.00
156006	宁远 06A2	950.00	0.75	2019.06.25	4.0000	100.00	0.00
156007	宁远 06A3	1610.00	1.25	2019.12.25	4.5000	100.00	0.00
156008	宁远 06A4	1580.00	1.75	2020.06.25	4.5000	100.00	0.00
156009	宁远 06A5	1890.00	2.25	2020.12.25	4.7000	100.00	0.00
156010	宁远 06A6	1460.00	2.75	2021.06.25	4.8000	100.00	0.00
156011	PR06A7	220.00	2.75	2021.06.25	4.8000	57.07	0.00
156012	宁远 06 次	16.00	2.75	2021.06.25	0.0000	100.00	0.00
156013	惠农 01A1	50.00	0.52	2019.03.26	4.5000	100.00	0.00
156014	惠农 01A2	50.00	0.77	2019.06.26	4.6000	100.00	0.00
156015	惠农 01A3	74.00	1.27	2019.12.26	4.8000	100.00	0.00
156016	惠农 01B	10.00	1.27	2019.12.26	5.3000	100.00	0.00
156017	惠农 01C	16.00	1.27	2019.12.26	0.0000	100.00	0.00
156018	旭辉 01 优	413.00	1.00	2019.10.22	6.5000	100.01	216.00
156019	旭辉 01 次	4.00	1.00	2019.10.22	0.0000	100.00	0.00
156020	金桂 1 号	237.00	0.99	2019.09.13	4.5000	100.00	0.00
156029	PR 上实 A1	777.00	0.56	2019.04.19	6.2000	43.48	0.00
156030	PR 上实 A2	966.00	1.82	2020.07.20	6.7000	100.00	0.00
156031	18 上实 A3	808.00	2.56	2021.04.19	6.8000	100.63	992.00
156032	18 上实 B	252.00	2.56	2021.04.19	7.2000	100.06	420.00
156033	18 上实次	347.00	4.56	2023.04.18	0.0000	100.00	0.00
156034	PRA	650.00	18.01	2036.09.28	6.8000	100.00	0.00
156035	联东 B	300.00	18.01	2036.09.28	7.0000	100.00	0.00
156036	联东次	50.00	18.01	2036.09.28	0.0000	100.00	0.00
156037	城开 01 优	988.00	0.39	2019.02.18	7.5000	99.98	144.00
156038	城开 01 次	110.00	0.39	2019.02.18	0.0000	100.00	0.00
156039	PR18GLP1	1500.00	17.76	2036.07.12	5.0000	100.00	0.00
156040	18GLP1B	2.00	17.76	2036.07.12	0.0000	100.00	0.00
156042	18 创富 A2	40.00	0.10	2018.10.25	5.9000	100.00	0.00
156043	18 创富 A3	27.00	0.19	2018.11.25	5.9000	100.00	0.00
156044	18 创富 A4	23.00	0.27	2018.12.25	5.9000	100.00	0.00
156045	18 创富 A5	19.00	0.36	2019.01.25	6.1000	100.00	0.00
156046	18 创富 A6	10.00	0.44	2019.02.25	6.3000	100.00	0.00
156047	18 创富 A7	10.00	0.52	2019.03.25	6.5000	100.00	0.00
156048	18 创富 B1	4.00	0.60	2019.04.25	6.5000	100.00	0.00
156049	18 创富 B2	3.00	0.68	2019.04.25	6.5000	100.00	0.00
156050	18 创富 B3	3.00	0.77	2019.04.25	6.5000	100.00	0.00
156051	18 创富次	34.00	2.52	2019.04.25	0.0000	100.00	0.00

债券信息
List of Bonds

债券
Bond

债券代码 Code	债券简称 Bond Name	发行数量(百万) Issued Vol(M)	年限 Terms	到期日 Expiration Date	票面利率(%) Coupon Rate(%)	本年收盘 Close	成交数量(万张) Trading Vol(10000)
156052	18 联想 A	132.00	1.50	2020.03.26	6.5000	100.00	55.00
156053	18 联想次	18.00	1.50	2020.03.26	0.0000	100.00	0.00
156054	18 小米 1A	800.00	1.51	2020.03.31	5.2800	100.48	60.00
156055	18 小米 1B	80.00	1.51	2020.03.31	6.2900	100.00	0.00
156056	18 小米 1C	40.00	1.51	2020.03.31	7.6000	100.00	0.00
156057	18 小米 1D	30.00	1.51	2020.03.31	8.0000	100.00	0.00
156058	18 小米 1E	50.00	1.51	2020.03.31	0.0000	100.00	0.00
156059	18 花呗 7A	890.00	1.03	2019.10.23	4.3700	100.00	0.00
156060	18 花呗 7B	40.00	1.03	2019.10.23	4.8500	100.00	0.00
156061	18 花呗 7C	70.00	1.03	2019.10.23	0.0000	100.00	52.50
156062	苏宁 01 优	133.00	0.97	2019.09.18	7.0000	100.00	62.80
156063	苏宁 01 次	8.00	0.97	2019.09.18	0.0000	100.00	0.00
156064	18 借呗 3A	1700.00	2.03	2020.10.28	5.2500	100.01	100.00
156065	18 借呗 3B	150.00	2.03	2020.10.28	5.4500	100.00	0.00
156066	18 借呗 3C	150.00	2.03	2020.10.28	0.0000	100.00	112.50
156067	十六局优	917.00	3.00	2021.10.24	4.6000	100.00	0.00
156068	十六局次	48.00	3.00	2021.10.24	5.0000	100.00	0.00
156069	PR2A1	242.00	1.58	2020.04.25	6.3000	99.98	123.60
156070	赣发 2A2	338.00	3.08	2021.10.25	6.5000	99.98	320.40
156071	赣发 2B	157.00	3.83	2022.07.25	8.5000	102.46	244.00
156072	赣发 2 次	63.00	6.08	2024.10.25	0.0000	100.00	0.00
156073	滇中优 A	950.00	2.16	2020.11.26	7.0000	98.35	387.00
156074	滇中优 B	240.00	2.16	2020.11.26	8.5000	100.00	20.00
156075	滇中次	100.00	2.16	2020.11.26	0.0000	100.00	0.00
156076	金地 04A	507.00	0.93	2019.09.20	4.9000	100.00	50.00
156077	金地 04 次	1.00	0.93	2019.09.20	0.0000	100.00	0.00
156078	借呗 58A1	3400.00	2.03	2020.11.04	5.2000	100.41	100.00
156079	借呗 58A2	300.00	2.03	2020.11.04	5.4500	100.00	0.00
156080	借呗 58B	300.00	2.03	2020.11.04	0.0000	100.00	78.65
156081	18 建花 3A	2670.00	0.52	2019.04.25	4.2000	100.01	750.00
156082	18 建花 3B	120.00	0.52	2019.04.25	4.8000	100.00	0.00
156083	18 建花 3C	210.00	0.52	2019.04.25	0.0000	102.96	40.00
156084	花呗 63A1	445.00	0.53	2019.04.30	4.0800	100.00	0.00
156085	花呗 63A2	20.00	0.53	2019.04.30	4.8000	100.00	0.00
156086	花呗 63B	35.00	0.53	2019.04.30	0.0000	100.00	26.25
156087	花呗 66A1	1958.00	0.53	2019.04.30	4.0000	100.00	0.00
156088	花呗 66A2	88.00	0.53	2019.04.30	4.8000	100.00	0.00
156089	花呗 66B	154.00	0.53	2019.04.30	0.0000	100.00	36.30
156090	PR 六 A	3315.00	0.77	2019.07.23	5.1800	67.64	0.00
156091	兴安六 B	528.00	0.98	2019.07.23	6.5000	100.00	0.00
156092	PR 六次	961.00	2.15	2020.12.09	5.0000	100.00	392.80
156097	18 十局优	1403.00	3.00	2021.09.06	5.1000	100.00	0.00
156098	18 十局次	98.00	3.00	2021.09.06	0.0000	100.00	0.00
156099	同煤联 02	467.00	0.90	2019.08.15	6.4800	100.85	160.00
156100	PR 蚌交 01	45.00	1.00	2019.10.18	6.0000	100.00	0.00
156101	蚌公交 02	50.00	2.00	2020.10.19	6.4000	100.00	0.00
156102	蚌公交 03	55.00	3.00	2021.10.18	6.6000	100.00	0.00
156103	蚌公交 04	60.00	4.00	2022.10.18	6.8000	100.00	0.00
156104	蚌公交 05	65.00	5.00	2023.10.18	7.0600	100.00	0.00
156105	蚌公交 06	70.00	6.00	2024.10.18	7.3000	100.00	18.00
156106	蚌公交 07	75.00	7.00	2025.10.20	7.5000	100.00	20.00
156107	蚌公交 08	80.00	8.00	2026.10.19	7.7000	100.00	12.00

债券信息
List of Bonds

债券
Bond

债券代码 Code	债券简称 Bond Name	发行数量(百万) Issued Vol(M)	年限 Terms	到期日 Expiration Date	票面利率(%) Coupon Rate(%)	本年收盘 Close	成交数量(万张) Trading Vol(10000)
156108	蚌公交次	30.00	8.00	2026.10.19	0.0000	100.00	0.00
156109	PR 金辉优	3000.00	18.02	2036.09.29	6.0000	99.63	0.00
156110	PR 金辉次	200.00	18.02	2036.09.29	0.0000	98.17	0.00
156111	长兴 01	26.00	0.19	2019.01.02	6.5000	100.00	0.00
156112	长兴 02	33.00	1.19	2019.12.31	6.8000	100.00	0.00
156113	长兴 03	41.00	2.19	2020.12.31	7.2000	100.00	0.00
156114	长兴 04	46.00	3.19	2021.12.31	7.5000	99.94	15.40
156115	长兴 05	50.00	4.20	2023.01.03	7.6000	99.93	14.85
156116	长兴 06	53.00	5.19	2024.01.02	7.8000	99.94	15.75
156117	长兴 07	56.00	6.19	2024.12.31	8.0000	99.94	16.80
156118	长兴次	40.00	6.19	2024.12.31	0.0000	100.00	0.00
156119	PR01 优	6280.00	1.69	2020.07.02	4.2000	100.00	0.00
156120	建交 01 次	2038.00	3.70	2022.07.04	0.0000	100.00	0.00
156121	18 海洋 A1	114.00	0.43	2018.12.26	6.2000	100.00	0.00
156122	PR 海洋 A2	99.00	1.44	2019.06.26	6.4000	95.05	0.00
156123	PR 海洋 A3	116.00	2.69	2021.06.28	6.8000	99.30	80.00
156124	18 海洋 B	78.00	3.69	2022.06.27	7.0000	100.00	0.00
156125	18 海洋次	62.00	6.94	2025.09.26	0.0000	100.00	0.00
156129	18 信易 1	380.00	1.00	2019.10.17	5.2000	100.00	0.00
156130	物产 1 优 A	613.00	2.00	2020.10.26	5.2000	100.00	0.00
156131	物产 1 优 B	113.00	2.00	2020.10.26	6.3000	100.00	0.00
156132	物产 1 次	80.00	2.00	2020.10.26	0.0000	100.00	0.00
156133	PR01	38.00	0.75	2019.07.26	5.1000	100.00	0.00
156134	平遥 02	46.00	1.76	2020.07.28	5.3000	100.00	0.00
156135	平遥 03	53.00	2.76	2021.07.28	5.5000	100.00	0.00
156136	平遥 04	60.00	3.76	2022.07.28	6.9000	100.00	0.00
156137	平遥 05	66.00	4.76	2023.07.28	6.9000	100.40	27.00
156138	平遥 06	74.00	5.76	2024.07.26	6.9000	100.00	0.00
156139	平遥 07	80.00	6.76	2025.07.28	7.0000	100.00	0.00
156140	平遥 08	88.00	7.76	2026.07.28	7.0000	100.00	0.00
156141	平遥 09	94.00	8.76	2027.07.28	7.0000	100.00	0.00
156142	平遥 10	101.00	9.77	2028.07.28	7.0000	100.00	0.00
156143	平遥次级	40.00	9.77	2028.07.28	0.0000	100.00	0.00
156144	PR 太盟 9A	395.00	1.49	2020.04.27	7.0000	64.75	0.00
156145	太盟 9B	52.00	1.74	2020.07.27	8.5000	100.00	0.00
156146	太盟 9 次	52.00	2.49	2021.04.27	0.0000	100.00	0.00
156147	PR 京水优	600.00	5.81	2024.08.15	4.4000	100.00	0.00
156148	京水次级	50.00	5.81	2024.08.15	0.0000	100.00	0.00
156149	荣茂 01 优	188.00	0.85	2019.09.04	4.9500	100.00	0.00
156150	荣茂 01 次	1.00	0.85	2019.09.04	0.0000	100.00	0.00
156153	PR18 平 GA	668.00	2.50	2021.04.30	5.3700	100.00	0.00
156154	G18 平 1B	70.00	3.01	2021.10.31	7.5000	100.00	0.00
156155	G18 平 1C	59.00	5.01	2023.10.31	0.0000	100.00	0.00
156156	联保 3 优	691.00	0.97	2019.10.15	7.0000	99.12	36.00
156157	联保 3 次	1.00	0.97	2019.10.15	0.0000	100.00	0.00
156158	PR 中关 3A	489.00	1.24	2020.01.21	5.8000	100.00	0.00
156159	中关 3B	142.00	1.99	2020.10.21	6.7000	100.00	0.00
156160	中关 3 次	50.00	1.99	2020.10.21	0.0000	100.00	0.00
156161	鑫盈 1 号	474.00	1.01	2019.11.01	4.4000	100.00	0.00
156162	PR 海尔 1A	1060.00	2.44	2021.04.30	7.0000	100.00	0.00
156163	18 海尔 1B	90.00	3.18	2022.01.28	7.9500	100.00	0.00
156164	18 海尔次	67.00	4.43	2023.04.28	0.0000	100.00	0.00

债券信息 List of Bonds
债券 Bond

债券代码 Code	债券简称 Bond Name	发行数量(百万) Issued Vol(M)	年限 Terms	到期日 Expiration Date	票面利率(%) Coupon Rate(%)	本年收盘 Close	成交数量(万张) Trading Vol(10000)
156165	东兴 1 优	950.00	1.50	2020.04.30	4.5000	100.00	0.00
156166	东兴 1 次	50.00	1.50	2020.04.30	0.0000	100.00	0.00
156167	18 信易 2	405.00	1.00	2019.11.07	5.2000	100.00	0.00
156176	金地 05A	594.00	0.99	2019.11.01	4.9000	100.00	30.00
156177	金地 05 次	1.00	0.99	2019.11.01	0.0000	100.00	0.00
156178	PR 二 A1	460.00	0.66	2019.07.26	4.9100	100.00	0.00
156179	PR 二 A2	750.00	2.91	2021.10.26	5.8300	100.00	0.00
156180	国控二 B	139.00	3.41	2022.04.26	7.5000	100.00	0.00
156181	国控二次	130.00	4.66	2023.07.26	4.0000	100.00	0.00
156182	PR 豫煤 01	90.00	0.44	2019.04.23	5.9000	100.00	0.00
156183	豫煤气 02	95.00	1.44	2020.04.23	6.2500	100.00	0.00
156184	豫煤气 03	99.00	2.44	2021.04.23	6.3000	100.00	0.00
156185	豫煤气 04	105.00	3.44	2022.04.23	6.5000	100.00	0.00
156186	豫煤气 05	111.00	4.44	2023.04.23	6.5000	100.00	0.00
156187	豫煤气次	30.00	4.44	2023.04.23	0.0000	100.00	0.00
156189	借呗 59A1	2550.00	2.03	2020.11.18	5.0500	100.00	0.00
156190	借呗 59A2	225.00	2.03	2020.11.18	5.3900	100.00	0.00
156191	借呗 59B	225.00	2.03	2020.11.18	0.0000	100.00	39.05
156192	PR18 京 6A	1425.00	0.53	2019.03.19	4.7000	100.00	0.00
156193	PR18 京 6B	75.00	0.53	2019.04.02	0.0000	100.00	0.00
156194	18 花呗 8A	1780.00	1.02	2019.11.22	4.1700	100.00	0.00
156195	18 花呗 8B	80.00	1.02	2019.11.22	4.7800	100.00	0.00
156196	18 花呗 8C	140.00	1.02	2019.11.22	0.0000	100.00	60.00
156197	18 七局优	857.00	3.03	2021.11.25	4.9500	100.00	0.00
156198	18 七局次	96.00	3.03	2021.11.25	0.0000	100.00	0.00
156202	PR 金茂 A1	151.00	0.67	2019.07.15	4.8800	100.00	0.00
156203	18 金茂 A2	130.00	1.67	2020.07.15	4.9000	100.00	0.00
156204	18 金茂 A3	138.00	2.67	2021.07.15	4.9000	100.00	0.00
156205	18 金茂 A4	149.00	3.67	2022.07.15	4.9000	100.00	0.00
156206	18 金茂 A5	158.00	4.67	2023.07.15	5.3000	100.00	0.00
156207	18 金茂 A6	167.00	5.67	2024.07.15	5.5000	100.00	0.00
156208	18 金茂 A7	178.00	6.67	2025.07.15	5.5000	100.00	0.00
156209	18 金茂 A8	188.00	7.67	2026.07.15	5.5000	100.00	0.00
156210	18 金茂 A9	201.00	8.67	2027.07.15	5.5000	100.00	0.00
156211	18 金茂次	80.00	8.67	2027.07.15	0.0000	100.00	0.00
156212	18 小米 2A	800.00	1.56	2020.05.29	5.1900	100.00	0.00
156213	18 小米 2B	80.00	1.56	2020.05.29	6.3000	100.00	0.00
156214	18 小米 2C	40.00	1.56	2020.05.29	7.7400	100.00	0.00
156215	18 小米 2D	30.00	1.56	2020.05.29	8.0000	100.00	0.00
156216	18 小米 2E	50.00	1.56	2020.05.29	0.0000	100.00	0.00
156217	川新房优	1425.00	3.00	2021.11.02	5.7000	100.00	0.00
156218	川新房次	75.00	3.00	2021.11.02	0.0000	100.00	0.00
156225	PR 国赢 A1	830.00	0.94	2019.10.17	4.6000	100.00	0.00
156226	18 国赢 A2	2110.00	1.95	2020.10.17	5.4000	100.00	0.00
156227	18 国赢 A3	250.00	2.69	2021.07.17	5.5000	100.00	0.00
156228	18 国赢 B	250.00	2.78	2021.08.17	6.0000	100.00	0.00
156229	18 国赢 C	160.00	2.78	2021.08.17	6.1000	100.00	0.00
156230	18 国赢次	193.00	2.78	2021.08.17	0.0000	100.00	0.00
156231	融元 4 号	760.00	1.00	2019.10.26	4.3000	100.00	0.00
156232	国君 2A	475.00	1.00	2019.11.15	3.9000	100.00	0.00
156233	国君 2B	25.00	1.00	2019.11.15	0.0000	100.00	0.00
156234	18 二局 1A	1056.00	2.98	2021.11.16	4.7000	99.93	191.70

债券信息
List of Bonds

债券
Bond

债券代码 Code	债券简称 Bond Name	发行数量(百万) Issued Vol(M)	年限 Terms	到期日 Expiration Date	票面利率(%) Coupon Rate(%)	本年收盘 Close	成交数量(万张) Trading Vol(10000)
156235	18 二局 1C	117.00	2.98	2021.11.16	0.0000	100.00	0.00
156236	花呗 68A1	890.00	2.04	2020.11.27	4.5900	100.00	0.00
156237	花呗 68A2	35.00	2.04	2020.11.27	4.9900	100.00	0.00
156238	花呗 68B	75.00	2.04	2020.11.27	0.0000	100.00	0.00
156239	花呗 69A1	3560.00	0.19	2019.01.30	3.6800	100.00	0.00
156240	花呗 69A2	160.00	0.19	2019.01.30	4.4100	100.00	0.00
156241	花呗 69B	280.00	0.19	2019.01.30	0.0000	100.51	46.00
156242	18 裕源 01	260.00	0.98	2019.11.08	5.1500	100.00	0.00
156243	18 光叁优	1900.00	1.00	2019.11.19	3.8900	100.00	0.00
156244	18 光叁次	100.00	1.00	2019.11.19	0.0000	100.00	0.00
156245	18 花呗 9A	3060.00	0.19	2019.01.31	3.7000	100.00	0.00
156246	18 花呗 9B	102.00	0.19	2019.01.31	4.3000	100.00	0.00
156247	18 花呗 9C	238.00	0.19	2019.01.31	0.0000	100.48	45.00
156248	PR 租 01	30.00	0.94	2019.10.22	4.8000	100.00	0.00
156249	武公租 02	21.00	1.94	2020.10.22	4.9000	100.00	0.00
156250	武公租 03	24.00	2.94	2021.10.22	4.9900	100.00	0.00
156251	武公租 04	26.00	3.95	2022.10.24	4.9900	100.00	0.00
156252	武公租 05	29.00	4.94	2023.10.23	4.9900	100.00	0.00
156253	武公租 06	32.00	5.94	2024.10.22	4.9900	100.00	0.00
156254	武公租 07	34.00	6.94	2025.10.22	4.9900	100.00	0.00
156255	武公租 08	38.00	7.94	2026.10.22	4.9900	100.00	0.00
156256	武公租 09	42.00	8.94	2027.10.22	4.9900	100.00	0.00
156257	武公租 10	45.00	9.95	2028.10.23	4.9900	100.00	0.00
156258	武公租 11	50.00	10.95	2029.10.22	4.9900	100.00	0.00
156259	武公租 12	54.00	11.95	2030.10.22	4.9900	100.00	0.00
156260	武公租 13	58.00	12.95	2031.10.22	4.9900	100.00	0.00
156261	武公租 14	63.00	13.95	2032.10.22	4.9900	100.00	0.00
156262	武公租 15	69.00	14.95	2033.10.24	4.9900	100.00	0.00
156263	武公租 16	75.00	15.95	2034.10.23	4.9900	100.00	0.00
156264	武公租 17	82.00	16.95	2035.10.22	5.5000	100.00	0.00
156265	武公租 18	89.00	17.95	2036.10.22	5.5000	100.00	0.00
156266	武公租次	36.00	17.95	2036.10.22	0.0000	100.00	0.00
156267	PR 日 A01	1100.00	0.65	2019.07.25	3.8000	100.00	0.00
156268	PR 日 A02	3690.00	1.90	2020.10.25	4.3000	100.00	0.00
156269	2 如日 A03	1800.00	2.90	2021.10.25	4.5500	100.00	0.00
156270	2 如日次	133.00	2.90	2021.10.25	0.0000	100.00	0.00
156271	道桥优 A	313.00	2.61	2021.07.12	6.5000	100.00	0.00
156272	道桥优 B	678.00	2.61	2021.07.12	7.0000	100.00	541.00
156273	道桥次级	52.00	2.61	2021.07.12	0.0000	100.00	0.00
156274	18 浣水 01	94.00	0.47	2019.05.06	5.3000	100.00	0.00
156275	18 浣水 02	101.00	1.47	2020.05.04	5.5000	100.00	0.00
156276	18 浣水 03	107.00	2.47	2021.05.04	6.0000	100.00	0.00
156277	18 浣水 04	114.00	3.47	2022.05.04	6.2000	100.00	0.00
156278	18 浣水 05	122.00	4.47	2023.05.04	6.2000	100.00	0.00
156279	18 浣水 06	130.00	5.48	2024.05.06	6.3000	100.00	0.00
156280	18 浣水次	36.00	5.48	2024.05.06	0.0000	100.00	0.00
156281	璀璨 5A	700.00	1.00	2019.11.22	6.3000	100.00	0.00
156282	联中 01 优	462.00	0.78	2019.08.30	7.0000	99.31	100.00
156283	联中 01 次	25.00	0.78	2019.08.30	0.0000	100.00	0.00
156284	PRYDA1	295.00	0.47	2019.05.27	6.3000	100.00	0.00
156285	PR 悦达 A2	116.00	0.98	2019.08.27	6.4000	100.00	0.00
156286	PR 悦达 B	92.00	1.47	2020.05.27	7.0000	100.00	0.00

债券信息 List of Bonds

债券 Bond

债券代码 Code	债券简称 Bond Name	发行数量(百万) Issued Vol(M)	年限 Terms	到期日 Expiration Date	票面利率(%) Coupon Rate(%)	本年收盘 Close	成交数量(万张) Trading Vol(10000)
156287	18 悦达次	43.00	2.47	2021.05.27	0.0000	100.00	0.00
156288	宁远 07A1	3110.00	0.33	2019.03.25	3.5500	100.00	0.00
156289	宁远 07A2	920.00	0.59	2019.06.25	3.8000	100.00	0.00
156290	宁远 07A3	1790.00	0.84	2019.09.25	3.8500	100.00	0.00
156291	宁远 07A4	2690.00	1.59	2020.06.25	4.2000	100.00	0.00
156292	宁远 07A5	1160.00	1.91	2020.10.20	4.3000	100.00	0.00
156293	PR07A6	250.00	1.91	2020.10.20	4.3500	100.00	0.00
156294	宁远 07 次	11.00	1.91	2020.10.20	0.0000	100.00	0.00
156295	东花 01A1	890.00	2.03	2020.12.02	4.6000	100.00	0.00
156296	东花 01A2	35.00	2.03	2020.12.02	4.9900	100.00	0.00
156297	东花 01B	75.00	2.03	2020.12.02	0.0000	100.00	0.00
156298	东借 01A1	425.00	2.03	2020.12.02	4.9700	100.00	0.00
156299	东借 01A2	38.00	2.03	2020.12.02	5.1300	100.00	0.00
156300	东借 01B	38.00	2.03	2020.12.02	0.0000	100.00	0.00
156303	PR 中大 A	636.00	0.75	2019.08.28	5.1500	61.90	0.00
156304	PR 中大 B	44.00	0.83	2019.09.27	6.4900	100.00	0.00
156305	18 中大次	149.00	2.49	2021.05.26	0.0000	100.00	0.00
156306	PR 远东 3A	2030.00	2.34	2021.03.26	5.2000	85.56	0.00
156307	18 远东 3B	327.00	3.34	2022.03.26	7.5000	100.39	7.00
156308	18 远东 3C	144.00	4.84	2023.09.26	0.0000	100.00	0.00
156315	PR 君 A1	450.00	1.11	2020.01.05	6.4000	100.00	245.00
156316	18 君创 A2	245.00	2.11	2021.01.05	6.8000	100.00	124.50
156317	18 君创 B	42.00	2.36	2021.04.05	7.5000	100.00	0.00
156318	18 君创次	141.00	4.11	2023.01.05	0.0000	100.00	0.00
156319	合生 1A	565.00	0.92	2019.11.13	6.5000	100.00	0.00
156320	合生 1 次	1.00	0.92	2019.11.13	0.0000	100.00	0.00
156321	18 经发 01	37.00	0.12	2018.12.31	6.0000	100.00	0.00
156322	PR 经发 02	33.00	1.12	2019.12.31	6.2000	100.00	0.00
156323	18 经发 03	36.00	2.13	2020.12.31	6.5000	100.00	0.00
156324	18 经发 04	39.00	3.13	2021.12.31	7.5000	100.00	0.00
156325	18 经发 05	41.00	4.13	2022.12.31	7.5000	100.00	0.00
156326	18 经发 06	44.00	5.13	2023.12.31	7.5000	100.00	0.00
156327	18 经发 07	47.00	6.13	2024.12.31	7.5000	100.00	0.00
156328	18 经发 08	50.00	7.13	2025.12.31	7.5000	100.00	0.00
156329	18 经发 09	53.00	8.13	2026.12.31	7.5000	100.00	0.00
156330	18 经发次	20.00	8.13	2026.12.31	0.0000	100.00	0.00
156334	18 正荣优	1029.00	2.00	2020.11.30	7.2000	99.13	180.00
156335	18 正荣次	55.00	2.00	2020.11.30	0.0000	100.00	0.00
156336	PR03A	750.00	0.99	2019.11.26	4.6000	100.00	0.00
156337	福田 03B	175.00	1.41	2020.04.26	5.4000	100.00	0.00
156338	福田 03 次	75.00	2.57	2021.06.26	0.0000	100.00	0.00
156339	PR01A1	415.00	1.37	2020.04.10	4.1000	100.00	0.00
156340	铁保 01A2	262.00	2.13	2021.01.12	4.2500	100.00	0.00
156341	铁保 01A3	220.00	3.15	2022.01.21	4.5500	100.00	0.00
156342	铁保 01 次	1.00	3.15	2022.01.21	0.0000	100.00	0.00
156343	G 国电 1 优	1711.00	2.88	2021.09.30	5.0900	100.00	0.00
156344	G 国电 1 次	90.00	2.88	2021.09.30	0.0000	100.00	0.00
156351	PR 八 A1	380.00	0.97	2019.11.25	4.7000	100.00	0.00
156352	平租八 A2	300.00	1.97	2020.11.23	5.0000	100.00	0.00
156353	平租八 A3	230.00	2.97	2021.11.23	5.7000	100.00	0.00
156354	平租八 B	74.00	3.47	2022.05.24	7.0000	100.00	0.00
156355	平租八 C	30.00	3.97	2022.11.23	7.5000	100.00	0.00

债券信息
List of Bonds

债券代码 Code	债券简称 Bond Name	发行数量(百万) Issued Vol(M)	年限 Terms	到期日 Expiration Date	票面利率(%) Coupon Rate(%)	本年收盘 Close	成交数量(万张) Trading Vol(10000)
156356	平租八次	75.00	4.97	2023.11.23	0.0000	100.00	0.00
156357	PR 优 A	525.00	17.17	2036.01.23	6.0000	100.00	0.00
156358	瑞安优 B	120.00	17.17	2036.01.23	6.5000	100.00	0.00
156359	瑞安优 C	120.00	17.17	2036.01.23	6.5000	100.00	0.00
156360	瑞安次级	5.00	17.17	2036.01.23	0.0000	100.00	0.00
156361	荣隽 01 优	460.00	1.00	2019.11.13	7.0000	100.00	0.00
156362	荣隽 01 次	25.00	1.00	2019.11.13	0.0000	100.00	0.00
156363	PRG 康 4A1	373.00	0.82	2019.09.23	5.9000	100.00	0.00
156364	G 康富 4A2	358.00	1.82	2020.09.21	6.5000	100.00	38.00
156365	G 康富 4A3	239.00	2.57	2021.06.21	6.8000	100.00	44.00
156366	PRG 康 4A4	384.00	3.07	2021.12.21	6.8000	100.00	338.00
156367	G 康富 4B	243.00	3.57	2022.06.21	7.0000	100.00	0.00
156368	G 康富 4C1	93.00	4.07	2022.12.21	7.5000	100.00	0.00
156369	G 康富 4C2	166.00	9.07	2027.12.21	0.0000	100.00	0.00
156370	PR 诚泰 A1	376.00	0.71	2019.08.13	6.0000	99.94	106.00
156371	PR 诚泰 A2	370.00	1.72	2020.08.13	6.3000	98.95	80.00
156372	诚泰 2A3	266.00	2.71	2021.08.12	7.0000	100.00	0.00
156373	诚泰 2B	49.00	2.96	2021.11.11	7.2000	100.00	0.00
156374	诚泰 2C	50.00	3.21	2022.02.11	7.2000	100.00	0.00
156375	诚泰 2 次	135.00	4.46	2023.05.11	0.0000	100.00	0.00
156377	PR14A1	711.00	0.74	2019.08.27	5.8000	100.00	70.00
156378	PR14A2	520.00	1.49	2020.05.27	6.4000	100.00	100.00
156379	汇通 14A3	280.00	1.99	2020.11.27	6.8000	100.00	194.00
156380	汇通 14B1	145.00	2.25	2021.02.27	10.0000	100.00	0.00
156381	汇通 14B2	130.00	2.49	2021.05.27	10.0000	100.00	0.00
156382	汇通 14B3	53.00	2.74	2021.08.27	10.0000	100.00	0.00
156383	汇通 14B4	14.00	4.16	2023.01.27	10.0000	100.00	0.00
156384	奥园 1 优	1120.00	2.02	2020.11.26	8.5000	100.00	260.17
156385	奥园 1 次	140.00	2.02	2020.11.26	0.0000	100.00	0.00
156386	PRG 电建 A	700.00	1.50	2020.06.07	4.1500	100.00	0.00
156387	G18 电建 C	47.00	1.50	2020.06.07	6.0000	100.00	0.00
156391	金地 06A	722.00	0.99	2019.11.29	4.7000	100.00	38.00
156392	金地 06 次	1.00	0.99	2019.11.29	0.0000	100.00	0.00
156411	18 远洋 A1	185.00	1.00	2019.12.04	4.7000	100.00	0.00
156412	18 远洋 A2	125.00	2.00	2020.12.04	5.8000	100.00	0.00
156413	18 远洋次	100.00	2.00	2020.12.04	0.0000	100.00	0.00
156425	PR 鼎益 3A	340.00	1.30	2019.05.10	7.5000	100.00	0.00
156426	18 鼎益 3B	29.00	1.55	2019.05.10	7.5500	100.00	0.00
156427	18 鼎益次	43.00	1.55	2019.05.10	0.0000	100.00	0.00
156432	东借 02A1	1700.00	2.03	2020.12.23	4.8000	100.00	0.00
156433	东借 02A2	150.00	2.03	2020.12.23	4.9900	100.00	0.00
156434	东借 02B	150.00	2.03	2020.12.23	0.0000	100.00	0.00
156437	方保 1 优	165.00	1.00	2019.12.04	6.5000	100.01	90.00
156438	方保 1 次	41.00	1.00	2019.12.04	0.0000	100.00	0.00
156439	建工 2 优	2656.00	3.00	2021.12.10	4.5000	100.00	0.00
156440	建工 2 次	184.00	3.00	2021.12.10	0.0000	100.00	0.00
156443	电投 18 优	831.00	2.81	2021.09.30	4.7500	100.00	0.00
156444	电投 18 次	44.00	2.81	2021.09.30	0.0000	100.00	0.00
156445	18 裕源 02	518.00	0.98	2019.12.05	5.1000	100.00	0.00
156446	津逸锟 2A	652.00	0.95	2019.11.20	7.5000	99.70	52.00
156447	津逸锟 2C	35.00	0.95	2019.11.20	0.0000	100.00	0.00
156556	奇艺优 A1	46.00	1.00	2019.12.25	5.0000	100.00	0.00

债券信息
List of Bonds

债券
Bond

债券代码 Code	债券简称 Bond Name	发行数量(百万) Issued Vol(M)	年限 Terms	到期日 Expiration Date	票面利率(%) Coupon Rate(%)	本年收盘 Close	成交数量(万张) Trading Vol(10000)
156557	奇艺优 A2	400.00	2.00	2020.12.25	5.5000	100.00	25.00
156558	奇艺次级	24.00	2.00	2020.12.25	0.0000	100.00	0.00
157000	18 广西 18	1129.70	7.00	2025.09.20	4.0600	100.00	0.00
157001	18 广西 19	295.00	7.00	2025.09.20	4.0600	100.00	0.00
157002	18 湖南 16	7145.00	5.00	2023.09.21	3.8900	100.00	0.00
157003	18 湖南 17	13530.00	5.00	2023.09.21	3.8900	100.00	0.00
157004	18 湖南 18	6825.00	5.00	2023.09.21	3.8900	100.00	0.00
157005	18 湖南 19	6500.00	7.00	2025.09.21	4.0600	100.00	0.00
157006	18 江苏 12	5900.00	3.00	2021.09.25	3.7600	100.00	496.00
157007	18 江苏 13	43600.00	5.00	2023.09.25	3.9000	100.00	0.00
157008	18 江苏 14	2300.00	7.00	2025.09.25	4.0600	102.16	213.80
157009	18 江苏 15	22220.00	5.00	2023.09.25	3.9000	100.00	0.00
157010	18 新疆 21	890.00	10.00	2028.09.25	4.0600	100.00	0.00
157011	18 新疆 22	10350.00	10.00	2028.09.25	4.0600	100.00	0.00
157012	18 新疆 23	370.00	10.00	2028.09.25	4.3100	100.00	0.00
157013	18 新疆 24	320.00	10.00	2028.09.25	4.3100	100.00	0.00
157014	18 新疆 25	290.00	10.00	2028.09.25	4.3100	100.00	0.00
157015	18 青岛 08	1300.00	5.00	2023.09.27	3.9000	100.00	0.00
157016	18 青岛 09	1300.00	7.00	2025.09.27	4.0700	100.00	0.00
157017	18 青岛 10	1400.00	5.00	2023.09.27	3.9000	100.00	0.00
157018	18 内蒙 26	80.00	3.00	2021.09.27	3.7500	100.00	0.00
157019	18 内蒙 27	2404.80	5.00	2023.09.27	3.9000	100.00	0.00
157020	18 内蒙 28	550.00	7.00	2025.09.27	4.0700	100.00	0.00
157021	18 内蒙 29	4083.20	10.00	2028.09.27	4.0700	100.00	0.00
157022	18 内蒙 30	1340.00	15.00	2033.09.27	4.3400	100.00	0.00
157023	18 安徽 12	1719.84	3.00	2021.09.28	3.7400	100.00	170.00
157024	18 安徽 13	25607.38	5.00	2023.09.28	3.9000	100.00	0.00
157025	18 安徽 14	45702.82	5.00	2023.09.28	3.9000	100.00	0.00
157026	18 安徽 15	794.65	7.00	2025.09.28	4.0700	100.00	0.00
157027	18 安徽 16	2000.00	10.00	2028.09.28	4.0700	100.00	0.00
157028	18 福建 17	11025.00	5.00	2023.09.28	3.9000	100.00	0.00
157029	18 福建 18	2465.00	5.00	2023.09.28	3.9000	100.00	0.00
157030	18 福建 19	550.00	15.00	2033.09.28	4.3300	100.00	0.00
157031	18 深圳 03	480.00	10.00	2028.09.28	4.0700	100.00	0.00
157032	18 深圳 04	360.00	15.00	2033.09.28	4.3300	100.00	0.00
157033	18 深圳 05	1000.00	15.00	2033.09.28	4.3300	100.00	0.00
157034	18 深圳 06	500.00	10.00	2028.09.28	4.0700	100.00	0.00
157035	18 深圳 07	1500.00	15.00	2033.09.28	4.3300	100.00	0.00
157036	18 深圳 08	100.00	10.00	2028.09.28	4.0700	100.00	0.00
157037	18 山西 18	1617.58	5.00	2023.10.08	3.8900	100.06	30.08
157038	18 山西 19	2870.60	10.00	2028.10.08	4.0700	100.00	30.00
157039	18 山西 20	800.00	5.00	2023.10.08	3.8900	100.00	0.00
157040	18 湖北 15	450.00	10.00	2028.10.08	4.0700	100.00	0.00
157041	18 湖北 16	500.00	10.00	2028.10.08	4.0700	100.00	0.00
157042	18 湖北 17	1532.96	10.00	2028.10.08	4.0700	100.00	0.00
157043	18 天津 31	2299.00	20.00	2038.10.12	4.3300	100.00	0.00
157044	18 天津 32	1500.00	7.00	2025.10.12	4.0200	100.00	0.00
157045	18 天津 33	800.00	15.00	2033.10.12	4.2900	100.00	0.00
157046	18 天津 34	4000.00	5.00	2023.10.12	3.8500	100.00	0.00
157047	18 云南 24	9060.00	7.00	2025.10.17	4.0000	100.00	0.00
157048	18 云南 25	12060.00	5.00	2023.10.17	3.8200	100.00	0.00
157049	18 青海 15	5020.00	5.00	2023.10.17	3.8200	101.75	10.00

债券信息 List of Bonds

债券 Bond

债券代码 Code	债券简称 Bond Name	发行数量(百万) Issued Vol(M)	年限 Terms	到期日 Expiration Date	票面利率(%) Coupon Rate(%)	本年收盘 Close	成交数量(万张) Trading Vol(10000)
157050	18 青海 16	5240.00	10.00	2028.10.17	4.0000	100.00	0.00
157051	18 湖南 20	6700.00	10.00	2028.10.18	3.9900	102.17	130.01
157052	18 浙江 14	11304.44	5.00	2023.10.19	3.8100	100.00	370.00
157053	18 浙江 15	7232.57	5.00	2023.10.19	3.8100	100.00	130.00
157054	18 浙江 16	2800.00	10.00	2028.10.19	3.9800	100.00	20.00
157055	18 新疆 26	4440.00	3.00	2021.10.19	3.6000	100.00	250.00
157056	18 西藏 01	1000.00	2.00	2020.10.19	3.4500	100.00	0.00
157057	18 西藏 02	1152.79	3.00	2021.10.19	3.6000	100.00	200.00
157058	18 西藏 03	1312.00	5.00	2023.10.19	3.8100	100.00	20.00
157059	18 西藏 04	760.00	7.00	2025.10.19	3.9800	100.00	0.00
157060	18 西藏 05	594.00	5.00	2023.10.19	3.8100	100.00	0.00
157061	18 西藏 06	679.00	7.00	2025.10.19	3.9800	100.00	0.00
157062	18 内蒙 31	2460.11	2.00	2020.10.24	3.4400	100.60	510.00
157063	18 内蒙 32	77.00	10.00	2028.10.24	3.9700	100.00	0.00
157064	18 内蒙 33	452.48	10.00	2028.10.24	3.9700	100.00	0.00
157065	18 山东 18	100.00	10.00	2028.10.25	3.9700	100.00	0.00
157066	18 河南 32	7064.84	7.00	2025.10.29	3.9600	100.00	0.00
157067	18 河南 33	3335.50	3.00	2021.10.29	3.6000	100.00	10.00
157068	18 兵团 01	1600.00	5.00	2023.10.31	3.7500	100.00	0.00
157069	18 兵团 02	2400.00	10.00	2028.10.31	3.9400	102.14	33.22
157070	18 兵团 03	2000.00	20.00	2038.10.31	4.2500	100.00	0.00
157071	18 广西 20	629.00	10.00	2028.10.31	3.9400	100.00	0.00
157072	18 山西 21	4801.89	3.00	2021.11.01	3.5700	100.14	406.00
157073	18 山西 22	295.00	3.00	2021.11.01	3.5700	100.00	0.00
157074	18 山西 23	3630.00	5.00	2023.11.01	3.7400	100.00	190.00
157075	18 山西 24	465.00	5.00	2023.11.01	3.7400	100.00	10.00
157076	18 山西 25	417.15	10.00	2028.11.01	3.9300	100.00	0.00
157077	18 天津 35	1500.00	3.00	2021.11.01	3.5700	100.00	40.00
157078	18 天津 36	1700.00	5.00	2023.11.01	3.7400	100.00	30.00
157079	18 北京 10	254.06	3.00	2021.11.01	3.5700	100.00	10.00
157080	18 北京 11	1695.57	5.00	2023.11.01	3.7400	100.00	10.00
157081	18 北京 12	1344.73	10.00	2028.11.01	3.9300	100.00	0.00
157082	18 北京 13	607.66	3.00	2021.11.01	3.5700	100.00	40.00
157083	18 北京 14	1503.00	5.00	2023.11.01	3.7400	100.00	10.00
157084	18 北京 15	2480.50	7.00	2025.11.01	3.9300	100.00	40.00
157085	18 四川 50	4000.00	7.00	2025.11.09	3.9100	101.81	82.70
157086	18 大连 13	2437.55	3.00	2021.11.14	3.5100	100.00	102.00
157087	18 大连 14	1446.72	7.00	2025.11.14	3.8800	100.00	0.00
157088	18 湖南 21	10000.00	20.00	2038.11.15	4.1900	100.00	0.00
157089	18 江西 20	327.00	5.00	2023.11.19	3.6100	100.00	10.00
157090	18 湖北 18	470.00	15.00	2033.11.23	4.0300	100.00	0.00
157091	18 内蒙 34	2639.21	2.00	2020.11.28	3.1100	100.00	0.00
157092	18 内蒙 35	464.87	10.00	2028.11.28	3.7900	100.00	0.00
157093	18 广东 37	200.00	5.00	2023.12.21	3.4500	100.00	0.00
157094	18 广东 38	500.00	5.00	2023.12.21	3.4500	100.00	0.00
157095	18 广东 39	7800.00	7.00	2025.12.21	3.6700	100.00	90.00
157096	18 新疆 27	1500.00	10.00	2028.12.25	3.7400	100.00	0.00
157097	18 新疆 28	500.00	10.00	2028.12.25	3.7400	100.00	0.00
157098	18 青海 17	417.70	3.00	2021.12.25	3.3100	100.00	0.00
157099	18 青海 18	9480.00	10.00	2028.12.25	3.7400	100.00	0.00
157102	18 山东 19	130.00	5.00	2023.12.26	3.4500	100.00	0.00
157103	18 山东 20	3726.00	5.00	2023.12.26	3.4500	100.00	0.00

债券信息 List of Bonds

债券代码 Code	债券简称 Bond Name	发行数量(百万) Issued Vol(M)	年限 Terms	到期日 Expiration Date	票面利率(%) Coupon Rate(%)	本年收盘 Close	成交数量(万张) Trading Vol(10000)
157500	18 吉林 12	490.00	5.00	2023.10.25	3.7800	100.00	0.00
157501	18 吉林 13	2110.00	10.00	2028.10.25	3.9700	100.00	0.00
157502	18 吉林 14	407.00	10.00	2028.10.25	3.9700	100.00	0.00
157503	18 吉林 15	480.00	10.00	2028.10.25	3.9700	100.00	0.00
157504	18 江苏 16	3280.00	5.00	2023.10.25	3.7800	100.00	160.00
157505	18 龙江 19	15634.07	10.00	2028.10.24	3.9700	100.00	0.00
157506	18 青岛 11	1200.00	5.00	2023.10.29	3.7700	100.00	20.00
157507	18 青岛 12	1000.00	7.00	2025.10.29	3.9600	100.00	20.00
157508	18 安徽 17	1776.83	5.00	2023.10.31	3.7500	100.00	20.00
157509	18 安徽 18	655.49	5.00	2023.10.31	3.7500	100.00	0.00
157510	18 四川 33	209.00	3.00	2021.10.26	3.6000	100.00	0.00
157511	18 四川 34	5182.00	5.00	2023.10.26	3.7700	100.00	280.00
157512	18 四川 35	234.00	5.00	2023.10.26	3.7700	100.00	0.00
157513	18 四川 36	653.00	7.00	2025.10.26	3.9600	100.00	0.00
157514	18 四川 37	80.00	10.00	2028.10.26	3.9600	100.00	0.00
157515	18 四川 38	40.00	10.00	2028.10.26	3.9600	100.00	0.00
157516	18 四川 39	70.00	7.00	2025.10.26	3.9600	100.00	0.00
157517	18 四川 40	20.00	7.00	2025.10.26	3.9600	100.00	0.00
157518	18 四川 41	30.00	5.00	2023.10.26	3.7700	100.00	0.00
157519	18 四川 42	1759.00	10.00	2028.10.26	3.9600	100.00	0.00
157520	18 四川 43	119.00	7.00	2025.10.26	3.9600	100.00	0.00
157521	18 四川 44	130.00	7.00	2025.10.26	3.9600	100.00	0.00
157522	18 四川 45	536.00	7.00	2025.10.26	3.9600	100.00	0.00
157523	18 四川 46	179.00	5.00	2023.10.26	3.7700	100.00	0.00
157524	18 四川 47	273.00	10.00	2028.10.26	3.9600	100.00	0.00
157525	18 四川 48	608.00	10.00	2028.10.26	3.9600	100.00	0.00
157526	18 四川 49	227.00	10.00	2028.10.26	3.9600	100.00	0.00
157527	18 贵州 24	10000.00	3.00	2021.10.29	3.6000	100.50	962.00
157528	18 贵州 25	400.00	5.00	2023.10.29	3.7700	100.00	0.00
157529	18 宁波 16	1182.67	5.00	2023.11.21	3.5600	100.00	0.00
157530	18 宁波 17	1750.00	10.00	2028.11.21	3.8000	100.99	26.05
157531	18 宁波 18	528.00	5.00	2023.11.21	3.5600	100.00	0.00
157532	18 宁波 19	770.00	10.00	2028.11.21	3.8000	100.00	10.00
157533	18 贵州 26	6509.28	5.00	2023.11.21	3.5600	100.00	58.00
157534	18 贵州 27	5741.33	7.00	2025.11.21	3.7900	100.00	130.00
157535	18 辽宁 24	3028.00	10.00	2028.11.30	3.7900	100.00	47.00
157536	18 河北 41	6000.00	5.00	2023.12.20	3.4400	100.00	110.00
157537	18 河北 42	9000.00	10.00	2028.12.20	3.7400	100.00	10.00
157538	18 河北 43	3000.00	10.00	2028.12.20	3.7400	100.00	0.00
157539	18 河北 44	10000.00	20.00	2038.12.20	4.0100	100.00	0.00
157540	18 河北 45	2000.00	30.00	2048.12.20	4.2200	100.00	0.00
137001	15 美克 EB	600.00	3.00	2018.12.08	4.5000	100.00	124.60
137002	15 新钢 EB	1000.00	3.00	2018.12.24	4.5000	117.40	0.00
137003	15 首旅 EB	343.40	3.00	2018.12.17	0.0950	185.91	35.00
137004	16 美克 EB	380.00	3.00	2019.01.15	4.3000	106.24	174.00
137005	16 永泰 EB	440.00	2.00	2018.02.02	8.5000	94.24	0.00
137006	16 三一 EB	5350.00	6.00	2019.03.20	3.6000	112.00	1562.00
137007	16 赣电 EB	1070.00	3.00	2018.04.17	2.7000	100.00	0.00
137008	16 远 01EB	200.00	3.00	2019.07.29	1.0000	100.00	60.00
137009	16 远 02EB	360.00	3.00	2019.07.29	4.0900	100.01	178.00
137011	16 三鼎 EB	552.00	2.00	2018.08.19	1.5000	101.09	0.00
137012	16 体 EB01	400.00	3.00	2019.08.25	6.1000	98.37	5.00

债券信息
List of Bonds

债券
Bond

债券代码 Code	债券简称 Bond Name	发行数量(百万) Issued Vol(M)	年限 Terms	到期日 Expiration Date	票面利率(%) Coupon Rate(%)	本年收盘 Close	成交数量(万张) Trading Vol(10000)
137013	16 体 EB02	600.00	3.00	2019.09.02	8.0000	100.00	0.00
137014	16 华易 EB	600.00	3.00	2019.09.23	3.0000	100.36	0.00
137015	16 包集 EB	3350.00	3.00	2019.09.27	1.3000	105.68	1775.50
137016	中珠 01EB	540.00	2.00	2018.09.11	9.0000	100.52	10.00
137017	三一 02EB	2000.00	6.00	2019.03.20	3.0000	118.00	455.00
137018	华易 02EB	50.00	3.00	2019.11.09	3.0000	100.50	0.00
137019	16 莱钢 EB	2278.00	3.00	2019.11.17	5.0000	100.00	124.00
137020	华易 03EB	150.00	3.00	2019.11.17	3.0000	100.00	0.00
137021	16 恒屹 EB	500.00	2.00	2018.05.24	2.0000	100.00	0.00
137022	华易 04EB	200.00	3.00	2019.12.16	3.0000	102.91	0.00
137023	17 堆龙 EB	1000.00	2.00	2018.04.17	4.0000	100.62	0.00
137024	17 兖 01EB	4000.00	3.00	2018.04.10	2.0000	119.48	41.50
137025	17 塔城 EB	1000.00	3.00	2020.04.19	10.0000	100.00	0.00
137026	17 豪园 EB	500.00	3.00	2020.04.19	4.0000	100.00	20.00
137027	17 蛟龙 EB	495.00	4.00	2021.05.22	1.0000	100.00	0.00
137028	17 新华 EB	1849.00	3.00	2020.05.22	7.0000	94.97	20.00
137029	17 盛 EB01	300.00	3.00	2019.06.19	7.3000	99.93	1130.00
137030	17 华夏 EB	3000.00	3.00	2020.06.23	4.0000	100.00	0.00
137031	17 盛 EB02	400.00	3.00	2020.08.01	7.0000	100.00	0.00
137032	17 阳煤 EB	1000.00	5.00	2022.07.19	6.8000	99.95	932.00
137033	17 华虹 EB	500.00	3.00	2019.09.11	1.0000	100.00	40.00
137034	17 建发 EB	2000.00	2.00	2019.06.06	0.0000	100.00	548.14
137035	17 华西 EB	1139.00	4.00	2021.08.04	0.1000	93.20	62.00
137036	17 日升 EB	300.00	3.00	2018.06.19	1.5000	100.00	20.00
137037	17 旗滨 EB	1000.00	3.00	2020.08.25	6.0000	100.09	215.00
137038	17 中兵 EB	1000.00	3.00	2020.08.30	1.0000	100.93	40.00
137039	17 顺 01EB	139.00	3.00	2020.08.25	4.5000	100.00	0.00
137040	17 顺 02EB	225.00	4.00	2021.08.25	5.0000	100.00	0.00
137041	17 百 EB01	596.00	4.00	2021.09.07	5.9000	100.00	0.00
137042	17 湘电 EB	940.00	3.00	2020.09.13	1.0000	102.50	198.00
137043	17 兖 02EB	3000.00	3.00	2020.09.25	2.2000	105.00	1350.20
137044	17 百 02EB	404.00	4.00	2021.09.26	5.9000	100.00	0.00
137045	17 百 03EB	200.00	4.00	2021.10.23	1.0000	100.00	0.00
137046	17 交大 EB	600.00	1.50	2018.07.09	0.1000	100.00	0.00
137047	17 中交 EB	16000.00	3.00	2020.11.10	1.0000	100.00	2868.00
137048	17 康 01EB	2000.00	3.00	2020.11.06	3.0000	100.00	0.00
137049	17 版 01EB	650.00	3.00	2020.11.28	1.5000	100.00	15.00
137050	17 康 02EB	3000.00	3.00	2020.11.29	3.0000	100.00	240.00
137051	17 正集 EB	1500.00	3.00	2020.12.06	1.0000	100.25	0.00
137052	17 双鸽 EB	346.00	3.00	2018.04.18	2.0000	100.39	40.00
137053	17 云投 EB	500.00	3.00	2020.12.27	3.9000	100.00	0.00
137055	17 郑瑞 EB	900.00	3.00	2020.12.29	1.0000	104.04	400.00
137056	18 豫 01EB	849.00	3.00	2021.01.16	7.0000	111.11	2435.00
137057	18 伊力 EB	400.00	3.00	2021.01.22	0.5000	100.00	0.00
137058	18 红豆 EB	1000.00	3.00	2021.01.25	6.0000	100.00	389.00
137059	18 浙能 EB	7900.00	3.00	2021.01.25	1.0000	100.39	59.40
137060	18 广 EB01	590.00	3.00	2021.02.08	6.0000	100.00	0.00
137061	18 和安 EB	188.00	6.00	2024.02.02	0.5000	100.00	0.00
137062	18 豫 02EB	151.00	3.00	2021.03.20	7.0000	112.01	825.00

债券信息 List of Bonds

债券代码 Code	债券简称 Bond Name	发行数量(百万) Issued Vol(M)	年限 Terms	到期日 Expiration Date	票面利率(%) Coupon Rate(%)	本年收盘 Close	成交数量(万张) Trading Vol(10000)
137063	18 兖 01EB	120.00	3.00	2021.04.04	2.5000	98.76	28.00
137064	18 宇通 EB	3000.00	5.00	2023.03.22	0.5000	100.11	1118.82
137065	18 立业 EB	1000.00	3.00	2021.03.29	6.0000	102.00	20.00
137066	18 道森 EB	30.00	3.00	2018.11.13	3.0000	100.00	0.00
137067	18 大冷 EB	176.00	3.00	2021.07.30	1.3000	100.00	0.00
137069	18 广 01EB	663.30	3.00	2021.10.22	2.0000	100.00	0.00
137070	18 红星 EB	500.00	4.00	2022.10.30	7.5000	100.16	150.00
204001	GC001	--	--	--	--	4.47	173700612.90
204002	GC002	--	--	--	--	4.50	2093856.70
204003	GC003	--	--	--	--	4.24	2823451.30
204004	GC004	--	--	--	--	4.18	2034342.10
204007	GC007	--	--	--	--	3.38	19628215.10
204014	GC014	--	--	--	--	3.07	4753254.20
204028	GC028	--	--	--	--	3.03	1615898.80
204091	GC091	--	--	--	--	3.18	99853.30
204182	GC182	--	--	--	--	3.03	4540.50
205001	--	--	--	--	--	0.00	1450655.08
205003	--	--	--	--	--	0.00	44387.33
205007	--	--	--	--	--	0.00	148236.49
205008	--	--	--	--	--	0.00	22199.73
205010	--	--	--	--	--	0.00	12964.24
205021	--	--	--	--	--	0.00	1730.94
205030	--	--	--	--	--	0.00	4397.11
205035	--	--	--	--	--	0.00	1196.01
205042	--	--	--	--	--	0.00	12950.09
205063	--	--	--	--	--	0.00	8422.31
205119	--	--	--	--	--	0.00	1300.93
205154	--	--	--	--	--	0.00	179.49
205182	--	--	--	--	--	0.00	1708.70
205210	--	--	--	--	--	0.00	1.70
205245	--	--	--	--	--	0.00	2.08
205273	--	--	--	--	--	0.00	212.32
205301	--	--	--	--	--	0.00	6.12
205357	--	--	--	--	--	0.00	1477.04
206001	R001	--	--	--	--	2.49	296740.98
206007	R007	--	--	--	--	6.00	1536286.86
206014	R014	--	--	--	--	6.60	605576.62
206021	R021	--	--	--	--	6.80	187611.16
206030	R1M	--	--	--	--	7.00	328398.01
206090	R3M	--	--	--	--	4.85	156693.62
206180	R6M	--	--	--	--	5.20	14015.32
206270	R9M	--	--	--	--	5.50	3327.84
206365	R1Y	--	--	--	--	5.60	3893.18
207001	TPR001	--	--	--	--	3.04	240.00
207007	TPR007	--	--	--	--	3.70	187338.00
207014	TPR014	--	--	--	--	8.47	33456.00
207021	TPR021	--	--	--	--	4.20	970.00
207030	TPR1M	--	--	--	--	0.00	0.00
207090	TPR3M	--	--	--	--	0.00	0.00

债券信息
List of Bonds

债券
Bond

债券代码 Code	债券简称 Bond Name	发行数量(百万) Issued Vol(M)	年限 Terms	到期日 Expiration Date	票面利率(%) Coupon Rate(%)	本年收盘 Close	成交数量(万张) Trading Vol(10000)
207180	TPR6M	--	--	--	--	0.00	0.00
207270	TPR9M	--	--	--	--	0.00	0.00
207365	TPR12M	--	--	--	--	0.00	0.00

大宗交易平台 Bulk Trading

大宗交易平台 Bulk Trading	2018 年	2017 年	增减(%) Change (%)
交易天数 Number of Trading Days	243	244	-0.41
交易证券数 Number of Securities	1115	1215	-8.23
股票 Shares	657	739	-11.10
债券 Bonds	449	464	-3.23
基金 Funds	9	12	-25.00
总成交金额 (亿) Total Trading Val(100M)	2007.66	2537.31	-20.87
股票 Shares	1593.95	2083.24	-23.49
债券 Bonds	406.75	441.74	-7.92
基金 Funds	6.95	12.33	-43.63
日均成交金额(百万)Average Trading Val(M)	826.20	1039.88	-20.55
股票 Shares	655.95	853.79	-23.17
债券 Bonds	167.39	181.04	-7.54
基金 Funds	2.86	5.05	-43.37
总成交量(亿) Total Trading Vol (100M)	163.50	200.96	-18.64
股票 Shares	154.37	191.55	-19.41
债券 Bonds	4.28	4.55	-5.93
基金 Funds	4.85	4.86	-0.21
日均成交量(百万) Average Trading Vol (M)	67.28	82.36	-18.31
股票 Shares	63.53	78.50	-19.07
债券 Bonds	1.76	1.87	-5.88
基金 Funds	2.00	1.99	0.50
总成交笔数 Total Transactions	6338	8061	-21.37
股票 Shares	4531	6169	-26.55
债券 Bonds	1750	1846	-5.20
基金 Funds	57	46	23.91
日均成交笔数 Average Transactions	26	33	-21.21
股票 Shares	19	25	-24.00
债券 Bonds	7	7	0.00
基金 Funds	0	0	0.00

注：债券成交量均以张为单位。

固定收益平台
Fixed-Incoming Trading System

固定收益平台交易 Trading of Fixed-Incoming Trading System	2018 年	2017 年	增减(%) Change (%)
交易天数 Trading Days	243	244	-0.41
总成交金额 (亿) Total Trading Val(100M)	76433.72	66752.21	14.50
政府债 G-Bonds	1711.41	1299.63	31.68
公司债 C-Bonds	41176.84	35287.88	16.69
债券回购 Bond Repo	33545.48	30164.70	11.21
日均成交金额(百万) Average Trading Val (M)	31454.21	27357.46	14.97
政府债 G-Bonds	704.28	532.64	32.22
公司债 C-Bonds	16945.20	14462.25	17.17
债券回购 Bond Repo	13804.72	12362.58	11.67
总成交量(百万张) Total Trading Vol(M)	77519.13	67822.42	14.30
政府债 G-Bonds	1728.34	1329.03	30.05
公司债 C-Bonds	42245.31	36328.69	16.29
债券回购 Bond Repo	33545.48	30164.70	11.21
日均成交量(百万张) Average Trading Vol (M)	319.01	277.96	14.77
政府债 G-Bonds	7.11	5.45	30.46
公司债 C-Bonds	173.85	148.89	16.76
债券回购 Bond Repo	138.05	123.63	11.66
总成交笔数（笔）Total Transactions	237986	188541	26.22
政府债 G-Bonds	2662	2344	13.57
公司债 C-Bonds	142694	111419	28.06
债券回购 Bond Repo	92630	74778	23.87
日均成交笔数(笔)Average Transactions	979	773	26.65
政府债 G-Bonds	11	10	10.00
公司债 C-Bonds	587	457	28.45
债券回购 Bond Repo	381	306	24.51
交易商年末持有量(亿)	93.31	77.47	20.45
政府债 G-Bonds	8.63	6.11	41.24
公司债 C-Bonds	84.68	71.36	18.67
债券回购 Bond Repo	0	0	0

固定收益平台券商持有
Hold of Brokers

固定收益平台
Fixed-Incoming Trading System

交易商名称 Investor Name	交易证券数 Number	交易量(万) Trading Vol(10000)	年末持有量(万) Hold Vol(10000)
长江证券	2170	263870	30950
光大证券	1439	190096	108899
广发证券	2863	609157	201521
国寿资产	428	8271	166025
国泰君安	3478	798786	291181
国信证券	931	59802	59598
华泰证券	1945	197825	108369
南京证券	243	12826	3265
平安证券	1451	333712	48852
人保资产	568	12357	54439
申万宏源	2018	497311	65551
兴业证券	944	30310	47635
银河证券	1248	68081	50809
招商证券	1799	274008	76469
中金公司	1449	231566	71979
中信建投	2620	386961	82499
中信证券	4023	907914	344849
中银国际	1206	124619	122281
中原证券	161	22361	2661

成交情况
Trading in 2018

沪港通概况
Shang-Hong Kong Stock Connect

板块	交易净额（亿元）	交易额（亿元）	占标的股总交易额比（%）	日均交易额（亿元）	日均交易额同比增长（%）
沪股通	1811	26623	4.74	116	107.83
港股通	103	15215	5.42	68	5.41

注：香港成交金额折算为人民币，汇率使用外管局港币兑人民币中间价。

额度使用情况

板块	日均使用额度(亿元)	日均额度使用率(%)
沪股通	9.10	2.96
港股通	4.73	3.90

注：2018 年 5 月 1 日起沪港通额度调整。

基金通申赎
Fund Expert Trading

证券代码 Code	证券简称 Security Name	申购总量(万) Purchasing Vol(10000)	赎回总量(万) Redemption Vol(10000)
519001	银华优选	142.89	113.38
519002	安信消费	323.45	2212.65
519003	海富收益	7.41	20.38
519005	海富股票	266.07	167.42
519007	海富回报	0.28	13.20
519008	添富优势	89.36	88.08
519011	海富精选	33.78	97.08
519013	海富优势	13.31	27.54
519015	海富贰号	0.00	0.21
519017	大成成长	295.77	237.99
519018	添富均衡	153.14	281.80
519019	大成景阳	315.54	300.80
519020	国泰金泰	25.36	525.94
519021	金鼎价值	87.79	206.41
519023	海富债券	0.20	2.20
519025	海富领先	5.37	2.88
519026	海富小盘	5.20	14.89
519028	华夏稳增	0.00	29.96
519029	华夏稳增	27.11	46.16
519030	海富稳固	0.22	2.08
519032	海富非周	3.10	0.00
519033	海富国策	0.45	8.95
519034	海富低碳	0.30	0.04
519035	富国天博	97.38	237.83
519039	长盛同德	14.64	326.34
519050	海富安颐	0.16	0.53
519056	海富内需	16.53	24.20
519060	海富纯 C	1.43	2.58
519061	海富纯 A	10.01	4.33
519062	海富对冲	184.90	158.34
519066	添富蓝筹	244.96	940.31
519068	添富焦点	281.51	217.06
519069	添富价值	515.25	965.84
519078	添富增收	16.65	21.62
519087	新华分红	32.78	86.95
519089	新华成长	5.18	24.34
519093	新华钻石	0.10	0.11
519095	新华行业	2.85	3.47
519097	新华市值	0.07	0.07
519099	新华主题	0.69	2.66
519100	长盛 100	15.13	23.85
519110	价值 A	29.88	108.09
519112	收益债 C	130.12	130.12
519113	浦银生活	23.72	18.44
519115	浦银红利	7.70	0.73
519116	浦银 300	1.89	0.66
519117	浦银 400	0.22	2.24
519118	幸福债 A	0.00	0.97
519119	幸福债 B	0.00	2.00
519120	新兴产业	1.72	6.23

基金通申赎
Fund Expert Trading

证券代码 Code	证券简称 Security Name	申购总量(万) Purchasing Vol(10000)	赎回总量(万) Redemption Vol(10000)
519123	浦银添 A	0.07	0.00
519125	消费 A	0.00	3.67
519126	新经济	0.51	1.71
519127	盛世 A	2.71	1.60
519128	月月盈 A	0.00	0.00
519129	月月盈 C	0.00	0.10
519130	海富新内	0.17	5.11
519132	海富数据	0.01	0.01
519133	海富改革	3.63	0.02
519134	海富富祥	0.00	16.27
519137	海富瑞福	0.00	3.39
519150	新华消费	0.00	0.20
519152	新华纯 A	464.10	109.91
519153	新华纯 C	82.00	71.17
519156	新华配置	98.64	394.31
519158	新华趋势	46.75	77.71
519160	新华惠 A	0.87	48.13
519162	新华增 A	23.59	5.62
519163	新华增 C	66.65	106.25
519167	新华精选	0.00	404.56
519170	浦银增长	702.97	104.21
519171	浦银医疗	8.56	5.22
519172	睿智 A	0.03	0.53
519173	睿智 C	0.40	564.48
519180	万家 180	14.17	110.73
519181	万家和谐	33.45	19.25
519185	万家精选	88.50	54.12
519186	万家稳增	2.88	2.00
519189	万家恒 C	0.03	0.30
519190	万家双利	0.06	2.05
519191	万家新利	79.31	25.72
519193	万家成长	34.44	109.37
519195	万家品质	65.88	14.97
519196	万家蓝筹	56.88	26.78
519197	万家颐达	2.96	17.81
519198	万家颐和	1.93	1.95
519199	万家家享	0.04	0.04
519208	万家祥 A	0.03	0.02
519230	海富富源	0.01	0.00
519300	大成 300A	176.73	106.51
519505	海富货 A	825.58	3272.04
519506	海富货 B	23371.64	57387.52
519507	万家货 B	0.00	1261.05
519508	万家货 A	5590.00	5846.14
519509	浦银货 A	1439.93	1682.62
519510	浦银货 B	66204.73	46677.39
519511	万家薪 A	35.60	40.59
519512	万家薪 B	0.00	0.00
519518	添富货币	8343.39	8236.08
519519	友邦增利	1.07	1.67

基金通申赎
Fund Expert Trading

证券代码 Code	证券简称 Security Name	申购总量(万) Purchasing Vol(10000)	赎回总量(万) Redemption Vol(10000)
519566	日日盈 A	59.70	66.21
519567	日日盈 B	9637.51	10260.90
519598	利息 B	105520.35	123063.03
519599	利息 A	2704.88	1858.29
519606	国泰金鑫	431.02	2904.05
519610	银河旺 A	0.00	16.83
519611	银河旺 C	0.00	0.10
519613	银河尚 A	0.00	361.28
519614	银河尚 C	0.00	25.55
519616	银河信 A	0.00	11.02
519617	银河信 C	0.00	90.17
519619	银河荣 A	0.91	20.78
519620	银河荣 C	0.00	113.12
519622	银河君怡	0.00	0.30
519623	银河耀 A	0.97	0.97
519624	银河耀 C	0.00	4.89
519626	银河盛 C	0.37	0.37
519628	君润 C	0.00	0.10
519631	银河欣 A	10.21	441.13
519633	君腾 A	1.18	1.18
519634	君腾 C	0.10	0.10
519641	银河鸿 C	0.10	0.20
519642	银河智造	0.96	21.06
519644	银河智联	3.15	2122.48
519650	银河犇 C	0.10	0.40
519651	银河转型	15.23	24.96
519653	银河鑫 C	0.00	0.50
519654	银河丰利	0.00	47.99
519655	银河服务	64.27	3929.27
519656	银河灵 A	0.00	0.29
519657	银河灵 C	0.00	2.28
519660	银河增 A	3.77	7.05
519662	银河回 A	0.00	6.16
519663	银河回 C	0.00	0.00
519664	美丽 A	33.25	31.58
519665	美丽 C	23.24	16.00
519666	银河银信	3.89	26.12
519668	银河成长	24.63	51.18
519669	银河领先	23.47	49.70
519670	银河行业	68.25	101.35
519671	300 价值	76.25	87.00
519672	银河蓝筹	12.38	53.79
519673	银河康乐	5.79	94.71
519674	银河创新	4.48	8.02
519675	银河泰利	0.00	18.25
519676	银河保本	0.00	7.22
519677	定投宝	302.71	322.43
519678	银河消费	11.21	16.46
519679	银河主题	3.26	35.66
519680	交银增利	0.43	45.92

基金通申赎
Fund Expert Trading

证券代码 Code	证券简称 Security Name	申购总量(万) Purchasing Vol(10000)	赎回总量(万) Redemption Vol(10000)
519683	交银双利	0.00	1.87
519688	交银精选	213.71	262.00
519690	交银稳健	278.90	1301.70
519692	交银成长	12.40	41.08
519698	交银先锋	9.44	57.87
519700	交银主题	32.36	16.42
519702	交银趋势	54.14	22.76
519704	交银制造	33.19	7.34
519706	交银价值	10.07	7.54
519712	交银核心	278.52	63.13
519714	交银消费	58.45	3.78
519718	交银纯债	15.76	15.03
519723	交银双轮	0.37	0.23
519727	交银 30	1.03	0.09
519908	兴华基金	696.72	3338.91
519909	安顺配置	182.67	3455.77
519915	富国消费	110.38	1321.38
519918	基金兴和	75.03	1750.89
519929	信息量化	2.52	2.52
519933	长信利发	0.04	0.04
519935	长信创新	201.54	184.56
519937	长信先锐	0.02	0.00
519941	富全 A	0.00	57.67
519947	长信利保	0.06	0.06
519949	长信利信	0.29	0.29
519951	长信利泰	0.07	0.09
519956	睿进 C	1.50	23.66
519957	睿进 A	2.01	2.00
519959	长信多利	9.26	25.66
519961	利广 A	29.31	22.23
519963	利盈 A	0.03	3.34
519965	CXLHDCLA	8.70	19.42
519967	长信利富	0.06	0.06
519971	长信 GGHL	0.00	0.24
519972	CX 纯债 C	0.00	9.60
519973	CX 纯债 A	0.00	2.74
519975	CXLH 中小	12.29	31.27
519976	CX 转债 C	840.11	114.57
519977	CX 转债 A	100.41	60.61
519979	CXNXA	1.49	14.49
519983	长信 LHA	51.67	208.38
519985	CXCZYHA	21.06	1.51
519989	长信 LFC	22.03	28.96
519991	CXSLA	1.92	2.18
519993	长信增利	16.56	30.45
519995	长信金利	15.30	46.15
519997	长信银利	8.00	4.46

历年上海市场股票市值占 GDP 比 Stock Market Capital and GDP

证券市场与国民经济 Stock Market and National Economy

年份 Year	国内生产总值(亿) GDP (100 M)	总市值(亿) Market Cap (100 M)	占比(%) Rate(%)	流通市值(亿) Negotiable Capital (100 M)	占比(%) Rate(%)
1990	18872.9	12.34	0.07	--	--
1991	22005.6	29.43	0.13	--	--
1992	27194.5	558.4	2.05	--	--
1993	35673.2	2206.2	6.18	423.94	1.19
1994	48637.5	2600.13	5.35	586.96	1.21
1995	61339.9	2525.66	4.12	587	0.96
1996	71813.6	5477.81	7.63	1408.75	1.96
1997	79715.0	9218.06	11.56	2513.47	3.15
1998	85195.5	10625.91	12.47	2947.44	3.46
1999	90564.4	14580.47	16.1	4249.69	4.69
2000	100280.1	26930.86	26.86	8481.33	8.46
2001	110863.1	27590.56	24.89	8382.11	7.56
2002	121717.4	25363.72	20.84	7467.3	6.13
2003	137422.0	29804.92	21.69	8201.14	5.97
2004	161840.2	26014.34	16.07	7350.88	4.54
2005	187318.9	23096.13	12.33	6754.61	3.61
2006	219438.5	71612.38	32.63	16428.33	7.49
2007	270092.3	269838.87	99.91	64532.17	23.89
2008	319244.6	97251.91	30.46	32305.91	10.12
2009	348517.7	184655.23	52.98	114805.00	32.94
2010	412119.3	179007.24	43.44	142337.44	34.54
2011	487940.2	148376.22	30.41	122851.36	25.18
2012	538580.0	158698.44	29.47	134294.45	24.93
2013	592963.2	151165.27	25.49	136526.38	23.02
2014	641280.6	243974.02	38.04	220495.87	34.38
2015	685992.9	295194.20	43.03	254127.84	37.05
2016	740060.8	284607.63	38.46	240006.24	32.43
2017	820754.3	331324.82	40.37	281365.67	34.28
2018	900309.5	269515.01	29.94	232698.75	25.85

注：GDP 数据来源于国家统计局。

历年股票印花税占财政收入比
Stamp-duty and State Revenue

证券市场与国民经济
Stock Market and National Economy

年份 Year	股票印花税(亿) Stamp duty (100 M)	财政收入(亿) State Revenue (100 M)	占比(%) Rate(%)
1998	111.48	9875.95	1.13
1999	135.51	11444.08	1.18
2000	250.30	13395.23	1.87
2001	167.55	16386.04	1.02
2002	67.59	18903.64	0.36
2003	82.85	21715.25	0.38
2004	105.69	26396.47	0.40
2005	39.90	31649.29	0.13
2006	115.63	38760.2	0.30
2007	1347.72	51321.78	2.63
2008	524.24	61330.35	0.85
2009	346.51	68518.3	0.51
2010	304.32	83101.51	0.37
2011	237.56	103874.43	0.23
2012	164.05	117253.52	0.14
2013	229.61	129209.64	0.18
2014	375.15	140370.03	0.27
2015	1325.59	152269.23	0.87
2016	497.86	159604.97	0.31
2017	507.77	172592.77	0.29
2018	401.97	183351.84	0.22

注：财政收入数据来源于国家统计局。

Listed Companies

上市公司

上市公司地区、行业分布
Region and Industry Distribution

地区 Area	仅发 A 股 A Share	A、H 股 A&H Share	A、B 股 A&B Share	仅发 B 股 B Share	合计 Total	工业类 Industrial	商业类 Commercial	地产类 Real Estate	公用事业类 Utilities	综合 Conglomerates	合计 Total
上海	159	16	35	4	214	113	31	11	15	44	214
浙江	189		1		190	152	18	1	6	13	190
江苏	169	5			174	132	19	2	4	17	174
北京	106	29			135	63	19	4	10	39	135
广东	70	11			81	48	5	6	9	13	81
山东	67	5	1		73	49	7		5	12	73
福建	49	2			51	37	4		3	7	51
安徽	43	3	1		47	36	2		3	6	47
湖北	38	1	1	1	41	29	2		3	7	41
四川	37	3			40	28	3		5	4	40
辽宁	31	1	1	1	34	19	2		8	5	34
湖南	29				29	17	4		2	6	29
河南	24	5			29	24	2		1	2	29
新疆	28				28	16	2		5	5	28
重庆	25	1			26	17	1		8		26
天津	21	4	1		26	15	2	1	2	6	26
黑龙江	24		1		25	15	1		3	6	25
河北	21	2			23	18		1		4	23
陕西	20				20	16				4	20
山西	18				18	15			1	2	18
吉林	18				18	8	3		2	5	18
江西	17	1			18	15			3		18
甘肃	17				17	11	3		1	2	17
广西	17				17	9	2		5	1	17
内蒙古	14	1	1		16	14			2		16
贵州	15				15	11	1		3		15
云南	13				13	9			2	2	13
海南	9		1		10	5	1		2	2	10
西藏	9				9	5	1		1	2	9
青海	8				8	7			1		8
宁夏	5				5	4	1				5
合计	1310	89	45	6	1450	957	136	26	115	216	1450

2018 年市场筹融资
Capital Raised in 2018

证券类型 Type of Securities	筹资方式 Way of Capital Raising	筹资额 Capital Raised Val 2018 年	筹资额 Capital Raised Val 2017 年
股票	首次发行	864.93	1376.55
股票	再次发行	5249.03	6201.50
股票筹资合计		6113.96	7578.06
优先股	首次发行	1225.00	200.00
优先股	再次发行	0.00	0.00
优先股筹资合计		1225.00	200.00
债券	公司债	17780.87	14937.99

注：再次发行包括增发（向公众增发、定向增发）、配股、权证行权、可转债转股。公司债包括可转债、可分离债、证监会审批发行的公司纯债、私募债。

股票历年筹资
Capital Raised 1990-2018

年份 Year	A股(亿) A-Shares(100M)		B股(亿) B-Shares(100M)		总计 Total
	首发(IPO)	再发(SPO)	首发(IPO)	再发(SPO)	
1990	10.11	0.00	0.00	0.00	10.11
1991	0.00	0.24	0.00	0.00	0.24
1992	10.85	2.53	37.66	0.00	51.05
1993	57.52	27.40	22.83	0.50	107.06
1994	98.98	31.29	34.43	2.26	166.95
1995	24.29	27.76	6.13	0.00	58.16
1996	130.46	44.95	15.85	9.64	205.14
1997	278.57	131.00	47.02	18.28	474.87
1998	230.69	139.24	9.84	0.19	379.91
1999	291.96	190.86	1.89	0.33	486.37
2000	591.18	325.13	0.44	0.00	919.95
2001	534.29	423.20	0.00	0.00	957.49
2002	516.96	97.55	0.00	0.00	614.51
2003	453.51	103.90	0.00	0.43	560.96
2004	237.24	219.66	0.00	0.00	456.90
2005	28.55	271.22	0.00	0.00	299.77
2006	1180.23	534.18	0.00	0.00	1714.41
2007	4379.92	2425.89	0.00	0.00	6805.81
2008	733.54	1504.62	0.00	0.00	2238.16
2009	1251.25	2091.91	0.00	0.00	3343.15
2010	1891.51	3640.62	0.00	0.00	5532.14
2011	1014.01	2185.68	0.00	0.00	3199.69
2012	333.57	2556.74	0.00	0.00	2890.31
2013	0.00	2515.72	0.00	0.00	2515.72
2014	311.77	3650.82	0.00	0.00	3962.59
2015	1086.90	7626.06	0.00	0.00	8712.96
2016	1017.23	7039.22	0.00	0.00	8056.45
2017	1376.55	6201.50	0.00	0.00	7578.06
2018	864.93	5249.03	0.00	0.00	6113.96

股票年度首次发行 IPOs in 2018

证券代码 Code	证券简称 Security Name	招股说明书刊登日 Prospectus Announced Date	所属行业 Industry	注册地 Area	发行数量(百万股) Issue Vol(M)	发行方式 Issue Method
600901	江苏租赁	2018.02.05	金融业	江苏	640.000	按市值申购
600929	湖南盐业	2018.03.12	制造业	湖南	150.000	按市值申购
601066	中信建投	2018.06.05	金融业	北京	400.000	按市值申购
601068	中铝国际	2018.08.17	建筑业	北京	295.907	按市值申购
601138	工业富联	2018.05.22	制造业	广东	1969.530	按市值申购
601162	天风证券	2018.09.28	金融业	湖北	518.000	按市值申购
601319	中国人保	2018.11.02	金融业	北京	1800.000	按市值申购
601330	绿色动力	2018.05.28	水利、环境和公共设施管理业	广东	116.200	按市值申购
601577	长沙银行	2018.09.10	金融业	湖南	342.155	按市值申购
601606	长城军工	2018.07.23	制造业	安徽	148.000	按市值申购
601828	美凯龙	2018.01.02	租赁和商务服务业	上海	315.000	按市值申购
601838	成都银行	2018.01.15	金融业	四川	361.225	按市值申购
601860	紫金银行	2018.12.14	金融业	江苏	366.089	按市值申购
601869	长飞光纤	2018.07.06	制造业	湖北	75.791	按市值申购
601990	南京证券	2018.05.30	金融业	江苏	275.020	按市值申购
603013	亚普股份	2018.04.23	制造业	江苏	60.000	按市值申购
603045	福达合金	2018.05.03	制造业	浙江	24.580	按市值申购
603056	德邦股份	2018.01.02	交通运输、仓储和邮政业	上海	100.000	按市值申购
603059	倍加洁	2018.02.07	制造业	江苏	20.000	按市值申购
603105	芯能科技	2018.06.25	制造业	浙江	88.000	按市值申购
603121	华培动力	2018.12.25	制造业	上海	45.000	按市值申购
603156	养元饮品	2018.01.29	制造业	河北	53.805	按市值申购
603185	上机数控	2018.12.17	制造业	江苏	31.500	按市值申购
603187	海容冷链	2018.11.15	制造业	山东	20.000	按市值申购
603192	汇得科技	2018.08.14	制造业	上海	26.667	按市值申购
603214	爱婴室	2018.03.19	批发和零售业	上海	25.000	按市值申购
603220	贝通信	2018.11.02	信息传输、软件和信息技术服务业	湖北	84.440	按市值申购
603259	药明康德	2018.04.20	科学研究和技术服务业	江苏	104.199	按市值申购
603297	永新光学	2018.08.27	制造业	浙江	21.000	按市值申购
603301	振德医疗	2018.03.27	制造业	浙江	25.000	按市值申购
603348	文灿股份	2018.04.12	制造业	广东	55.000	按市值申购
603356	华菱精工	2018.01.09	制造业	安徽	33.340	按市值申购
603486	科沃斯	2018.05.14	制造业	江苏	40.100	按市值申购
603506	南都物业	2018.01.19	房地产业	浙江	19.841	按市值申购
603516	淳中科技	2018.01.19	制造业	北京	23.387	按市值申购
603583	捷昌驱动	2018.09.07	制造业	浙江	30.200	按市值申购
603587	地素时尚	2018.06.08	制造业	上海	61.000	按市值申购
603590	康辰药业	2018.08.10	制造业	北京	40.000	按市值申购
603596	伯特利	2018.04.16	制造业	安徽	40.860	按市值申购
603629	利通电子	2018.12.10	制造业	江苏	25.000	按市值申购
603650	彤程新材	2018.06.12	制造业	上海	58.800	按市值申购
603657	春光科技	2018.07.16	制造业	浙江	24.000	按市值申购
603666	亿嘉和	2018.05.29	制造业	江苏	17.544	按市值申购
603680	今创集团	2018.02.06	制造业	江苏	42.000	按市值申购
603693	江苏新能	2018.06.19	电力、热力、燃气及水生产和供应业	江苏	118.000	按市值申购

注:发行数量指同一股票不同发行方式的发行总量。

发行价 Issue Price	发行日期 Issue Date	中签率 Lot Rate%	筹资金额(百万) Capital Raised(M)	发行市盈率 Issue P/E	主承销商 Lead Underwriter
6.250	2018.02.07	0.2181	3999.998	22.98	华泰联合证券有限责任公司
3.710	2018.03.14	0.0788	556.500	22.99	平安证券股份有限公司
5.420	2018.06.07	0.1575	2168.000	11.21	瑞银证券有限责任公司
3.450	2018.08.21	0.1484	1020.878	31.86	招商证券股份有限公司
13.770	2018.05.24	0.3421	27120.428	17.09	中国国际金融股份有限公司
1.790	2018.10.09	0.2462	927.220	22.86	兴业证券股份有限公司
3.340	2018.11.06	0.4389	6012.000	8.87	中国国际金融股份有限公司
3.290	2018.05.30	0.0664	382.298	19.56	中信证券股份有限公司
7.990	2018.09.12	0.1680	2733.821	6.97	中信证券股份有限公司
3.330	2018.07.25	0.0874	492.840	22.93	东海证券股份有限公司
10.230	2018.01.03	0.1244	3222.450	19.44	中国国际金融股份有限公司
6.990	2018.01.17	0.1384	2524.964	9.99	中信建投证券股份有限公司
3.140	2018.12.18	0.1943	1149.519	0.00	中信建投证券股份有限公司
26.710	2018.07.10	0.0585	2024.365	16.38	中国国际金融股份有限公司
3.790	2018.06.01	0.1210	1042.326	25.61	东吴证券股份有限公司
11.670	2018.04.25	0.0459	700.200	18.00	国泰君安证券股份有限公司
9.650	2018.05.07	0.0276	237.197	22.76	华林证券股份有限公司
4.840	2018.01.04	0.0568	484.000	22.97	中信证券股份有限公司
24.070	2018.02.09	0.0165	481.400	22.99	广发证券股份有限公司
4.830	2018.06.27	0.0607	425.040	22.96	招商证券股份有限公司
11.790	2018.12.27	0.0446	530.550	0.00	国金证券股份有限公司
78.730	2018.01.31	0.0337	3389.327	17.74	国信证券股份有限公司
34.100	2018.12.19	0.0382	1074.150	22.98	国金证券股份有限公司
32.250	2018.11.19	0.0202	645.000	22.99	国金证券股份有限公司
19.600	2018.08.16	0.0336	522.667	22.99	东方花旗证券有限公司
19.950	2018.03.21	0.0266	498.750	22.98	安信证券股份有限公司
7.850	2018.11.06	0.0623	662.854	22.97	招商证券股份有限公司
21.600	2018.04.24	0.0611	2250.689	22.99	华泰联合证券有限责任公司
25.870	2018.08.29	0.0303	543.270	22.99	海通证券股份有限公司
19.820	2018.03.29	0.0268	495.500	22.99	中信证券股份有限公司
15.260	2018.04.16	0.0391	839.300	22.99	中信建投证券股份有限公司
10.210	2018.01.11	0.0292	340.401	22.98	中国中投证券有限责任公司
20.020	2018.05.16	0.0388	802.802	22.99	中国国际金融股份有限公司
16.250	2018.01.23	0.0153	322.421	22.98	长江证券承销保荐有限公司
19.640	2018.01.23	0.0268	459.315	22.99	招商证券股份有限公司
29.170	2018.09.11	0.0343	880.934	22.99	兴业证券股份有限公司
27.520	2018.06.12	0.0474	1678.720	22.99	中国国际金融股份有限公司
24.340	2018.08.14	0.0384	973.600	22.99	广发证券股份有限公司
15.100	2018.04.18	0.0402	616.986	22.88	中国银河证券股份有限公司
19.290	2018.12.12	0.0338	482.250	22.63	国金证券股份有限公司
12.320	2018.06.14	0.0476	724.416	22.99	国泰君安证券股份有限公司
18.460	2018.07.18	0.0310	443.040	22.99	中信建投证券股份有限公司
34.460	2018.05.31	0.0156	604.563	19.50	华泰联合证券有限责任公司
32.690	2018.02.08	0.0403	1372.980	22.99	中信建投证券股份有限公司
9.000	2018.06.21	0.0715	1062.000	17.87	华泰联合证券有限责任公司

股票年度首次发行
IPOs in 2018

证券发行
Security Issue

证券代码 Code	证券简称 Security Name	招股说明书刊登日 Prospectus Announced Date	所属行业 Industry	注册地 Area	发行数量(百万股) Issue Vol(M)	发行方式 Issue Method
603773	沃格光电	2018.04.02	制造业	江西	23.649	按市值申购
603790	雅运股份	2018.08.28	制造业	上海	36.800	按市值申购
603810	丰山集团	2018.09.04	制造业	江苏	20.000	按市值申购
603871	嘉友国际	2018.01.23	交通运输、仓储和邮政业	北京	20.000	按市值申购
603876	鼎胜新材	2018.04.02	制造业	江苏	65.000	按市值申购
603895	天永智能	2018.01.08	制造业	上海	19.300	按市值申购
603897	长城科技	2018.03.26	制造业	浙江	44.600	按市值申购
603706	东方环宇	2018.06.25	电力、热力、燃气及水生产和供应业	新疆	40.000	按市值申购
603709	中源家居	2018.01.25	制造业	浙江	20.000	按市值申购
603712	七一二	2018.02.05	制造业	天津	100.000	按市值申购
603713	密尔克卫	2018.07.02	交通运输、仓储和邮政业	上海	38.120	按市值申购
603733	仙鹤股份	2018.04.03	制造业	浙江	62.000	按市值申购

注:发行数量指同一股票不同发行方式的发行总量。

股票年度首次发行
IPOs in 2018

发行价 Issue Price	发行日期 Issue Date	中签率 Lot Rate%	筹资金额(百万) Capital Raised(M)	发行市盈率 Issue P/E	主承销商 Lead Underwriter
33.370	2018.04.04	0.0267	789.163	15.68	申港证券股份有限公司
10.980	2018.08.30	0.0398	404.064	15.83	广发证券股份有限公司
25.430	2018.09.06	0.0191	508.600	20.39	华泰联合证券有限责任公司
41.890	2018.01.25	0.0152	837.800	22.99	海通证券股份有限公司
13.540	2018.04.04	0.0480	880.100	22.98	中信证券股份有限公司
18.330	2018.01.10	0.0152	353.769	22.99	海通证券股份有限公司
17.660	2018.03.28	0.0360	787.636	18.71	中天国富证券有限公司
13.090	2018.06.27	0.0349	523.600	22.99	中信证券股份有限公司
19.860	2018.01.29	0.0153	397.200	22.99	广发证券股份有限公司
4.550	2018.02.07	0.0586	455.000	22.99	中信证券股份有限公司
11.270	2018.07.04	0.0358	429.612	20.53	中德证券有限责任公司
13.590	2018.04.09	0.0472	842.580	22.98	东方花旗证券有限公司

股票年度再次发行 Secondary Offerings in 2018

证券代码 Code	证券简称 Security Name	所属行业 Industry	注册地 Area	发行数量(百万) Issue Vol (M)	发行方式 Issue Method	发行价 Issue Price	发行日期 Issue Date	筹资金额(百万) Capital Raised (M)
600008	首创股份	电力、热力、燃气及水	北京	864.834	定向募集	3.110	2018.11.14	2689.634
600011	华能国际	电力、热力、燃气及水	北京	497.710	定向募集	6.550	2018.10.15	3260.000
600019	宝钢股份	制造业	上海	166.828	定向募集	3.990	2018.01.16	665.645
600021	上海电力	电力、热力、燃气及水	上海	207.507	定向募集	6.520	2018.08.24	1352.946
600029	南方航空	交通运输、仓储和邮政	广东	1578.073	定向募集	6.020	2018.09.26	9500.000
600031	三一重工	制造业	北京	55.914	定向募集	5.569	2018.09.30	311.381
600031	三一重工	制造业	北京	31.752	定向募集	5.610	2018.06.22	178.129
600048	保利地产	房地产业	广东	2.765	定向募集	8.010	2018.12.17	22.145
600048	保利地产	房地产业	广东	33.823	定向募集	8.010	2018.09.11	270.925
600050	中国联通	信息传输、软件和信息	上海	793.861	定向募集	3.790	2018.04.09	3008.733
600057	象屿股份	工业	福建	286.960	配股	6.100	2018.01.08	1750.455
600080	金花股份	制造业	陕西	67.974	定向募集	9.380	2018.03.28	637.600
600122	宏图高科	批发和零售业	江苏	3.603	定向募集	4.030	2018.01.05	14.518
600122	宏图高科	批发和零售业	江苏	0.040	定向募集	4.030	2018.06.15	0.161
600122	宏图高科	批发和零售业	江苏	0.292	定向募集	4.030	2018.03.31	1.177
600129	太极集团	制造业	重庆	129.997	定向募集	15.360	2018.01.18	1996.750
600141	兴发集团	制造业	湖北	105.263	定向募集	13.300	2018.02.12	1400.000
600152	维科技术	制造业	浙江	14.700	定向募集	3.260	2018.06.26	47.922
600172	黄河旋风	制造业	河南	50.000	定向募集	4.080	2018.01.03	204.000
600173	卧龙地产	房地产业	浙江	2.550	定向募集	3.200	2018.03.08	8.160
600183	生益科技	制造业	广东	1.975	定向募集	3.130	2018.01.04	6.182
600183	生益科技	制造业	广东	0.012	定向募集	1.850	2018.06.30	0.021
600183	生益科技	制造业	广东	0.441	定向募集	1.850	2018.09.30	0.816
600183	生益科技	制造业	广东	2.072	定向募集	3.130	2018.03.30	6.486
600189	吉林森工	制造业	吉林	62.100	定向募集	6.800	2018.03.16	422.280
600201	生物股份	制造业	内蒙古	1.260	定向募集	12.720	2018.06.01	16.027
600206	有研新材	制造业	北京	8.300	定向募集	5.750	2018.01.17	47.725
600219	南山铝业	工业	山东	2699.379	配股	1.700	2018.11.09	4588.944
600233	圆通速递	交通运输、仓储和邮政	辽宁	5.294	定向募集	8.430	2018.05.30	44.625
600248	延长化建	建筑业	陕西	302.157	定向募集	5.360	2018.11.28	1619.560
600256	广汇能源	工业	新疆	1515.679	配股	2.550	2018.04.20	3864.980
600260	凯乐科技	制造业	湖北	5.948	定向募集	15.520	2018.11.13	92.312
600276	恒瑞医药	制造业	江苏	15.765	定向募集	33.220	2018.01.18	523.713
600282	南钢股份	制造业	江苏	9.814	定向募集	3.350	2018.06.30	32.878
600282	南钢股份	制造业	江苏	2.246	定向募集	3.350	2018.09.30	7.524
600297	广汇汽车	批发和零售业	辽宁	73.323	定向募集	3.380	2018.07.06	247.832
600336	澳柯玛	制造业	山东	22.430	定向募集	2.320	2018.11.29	52.038
600340	华夏幸福	房地产业	河北	48.305	定向募集	13.280	2018.09.20	641.490
600346	恒力股份	制造业	辽宁	1719.403	定向募集	6.700	2018.02.06	11520.000
600346	恒力股份	制造业	辽宁	507.700	定向募集	14.150	2018.04.11	7183.955
600367	红星发展	制造业	贵州	6.845	定向募集	5.200	2018.07.30	35.594
600380	健康元	工业	广东	365.105	配股	4.700	2018.10.24	1715.994
600387	海越能源	批发和零售业	浙江	6.350	定向募集	4.740	2018.10.12	30.099
600406	国电南瑞	信息传输、软件和信息	江苏	1773.017	定向募集	13.630	2017.12.26	24166.225
600406	国电南瑞	信息传输、软件和信息	江苏	381.694	定向募集	15.990	2018.04.11	6103.280
600446	金证股份	信息传输、软件和信息	广东	18.201	定向募集	14.230	2018.01.05	259.000
600460	士兰微	制造业	浙江	64.894	定向募集	11.280	2018.01.12	732.000
600477	杭萧钢构	建筑业	浙江	3.647	定向募集	1.440	2018.08.29	5.252
600477	杭萧钢构	建筑业	浙江	0.286	定向募集	5.870	2018.08.29	1.680
600481	双良节能	制造业	江苏	15.400	定向募集	2.030	2018.05.28	31.262
600490	鹏欣资源	制造业	上海	220.266	定向募集	6.850	2018.06.11	1508.820
600491	龙元建设	建筑业	浙江	267.658	定向募集	10.710	2018.04.23	2866.617

股票年度再次发行
Secondary Offerings in 2018

证券代码 Code	证券简称 Security Name	所属行业 Industry	注册地 Area	发行数量(百万) Issue Vol (M)	发行方式 Issue Method	发行价 Issue Price	发行日期 Issue Date	筹资金额(百万) Capital Raised (M)
600496	精工钢构	建筑业	安徽	300.000	定向募集	3.190	2018.04.23	957.000
600498	烽火通信	制造业	湖北	54.964	定向募集	13.010	2018.11.07	715.082
600507	方大特钢	制造业	江西	123.779	定向募集	5.400	2018.04.13	668.404
600516	方大炭素	制造业	甘肃	18.599	定向募集	7.540	2018.12.19	140.236
600549	厦门钨业	制造业	福建	0.530	定向募集	13.220	2018.01.10	7.007
600550	保变电气	制造业	河北	306.921	定向募集	3.640	2018.08.01	1117.194
600559	老白干酒	制造业	河北	37.663	定向募集	20.710	2018.04.02	780.000
600567	山鹰纸业	制造业	安徽	19.060	定向募集	2.905	2018.01.09	55.369
600567	山鹰纸业	制造业	安徽	0.343	定向募集	3.552	2018.08.14	1.217
600572	康恩贝	制造业	浙江	156.590	定向募集	6.980	2018.01.10	1093.000
600580	卧龙电气	制造业	浙江	4.510	定向募集	4.790	2018.05.03	21.603
600584	长电科技	制造业	江苏	243.031	定向募集	14.890	2018.08.30	3618.725
600588	用友网络	信息传输、软件和信息	北京	17.274	定向募集	12.100	2018.09.20	209.011
600588	用友网络	信息传输、软件和信息	北京	0.442	定向募集	5.990	2018.11.12	2.648
600590	泰豪科技	制造业	江西	17.500	定向募集	6.800	2017.12.25	119.000
600590	泰豪科技	制造业	江西	2.500	定向募集	5.140	2018.10.24	12.850
600595	中孚实业	制造业	河南	219.684	定向募集	5.690	2018.02.07	1250.000
600596	新安股份	制造业	浙江	0.610	定向募集	7.250	2018.03.30	4.423
600603	广汇物流	综合	上海	23.100	定向募集	2.493	2018.07.06	57.588
600626	申达股份	批发和零售业	上海	142.049	定向募集	5.060	2018.12.25	718.765
600643	爱建集团	金融业	上海	184.783	定向募集	9.200	2018.01.26	1700.000
600645	中源协和	科学研究和技术服务业	天津	56.180	定向募集	21.360	2018.08.27	1200.000
600655	豫园股份	批发和零售业	上海	2439.162	定向募集	9.830	2018.07.11	23976.961
600655	豫园股份	批发和零售业	上海	4.580	定向募集	3.610	2018.12.11	16.534
600657	信达地产	房地产业	北京	1327.618	定向募集	5.900	2018.07.24	7832.947
600673	东阳光科	制造业	广东	545.023	定向募集	5.910	2018.07.31	3221.088
600675	中华企业	房地产业	上海	2839.641	定向募集	5.230	2018.05.22	14851.325
600675	中华企业	房地产业	上海	373.412	定向募集	5.340	2018.11.29	1994.019
600682	南京新百	批发和零售业	江苏	180.739	定向募集	33.020	2018.08.14	5968.000
600688	上海石化	制造业	上海	9.637	定向募集	3.850	2018.02.14	37.102
600711	盛屯矿业	采矿业	福建	179.646	定向募集	8.010	2018.01.29	1438.967
600711	盛屯矿业	采矿业	福建	154.044	定向募集	7.790	2018.08.22	1200.000
600713	南京医药	批发和零售业	江苏	144.186	定向募集	6.510	2018.02.02	938.649
600728	佳都科技	信息传输、软件和信息	广东	2.000	定向募集	4.890	2018.05.30	9.780
600731	湖南海利	制造业	湖南	27.909	定向募集	7.530	2018.01.31	210.152
600733	SST 前锋	制造业	北京	761.085	定向募集	37.660	2018.08.23	28662.468
600740	山西焦化	制造业	山西	666.469	定向募集	6.440	2018.03.30	4292.058
600745	闻泰科技	制造业	湖北	153.946	定向募集	11.860	2018.06.21	1825.800
600749	西藏旅游	水利、环境和公共设施	西藏	37.828	定向募集	15.360	2018.03.05	581.032
600760	中航沈飞	制造业	山东	3.171	定向募集	22.530	2018.11.22	71.443
600773	西藏城投	房地产业	西藏	90.447	定向募集	12.910	2018.03.01	1167.672
600781	辅仁药业	制造业	上海	449.565	定向募集	16.500	2017.12.27	7417.817
600789	鲁抗医药	制造业	山东	95.524	定向募集	9.250	2018.04.09	883.600
600798	宁波海运	交通运输、仓储和邮政	浙江	175.683	定向募集	4.550	2018.12.12	799.359
600803	新奥股份	工业	河北	243.571	配股	9.330	2018.02.28	2272.515
600845	宝信软件	信息传输、软件和信息	上海	7.770	定向募集	8.600	2018.01.26	66.822
600850	华东电脑	信息传输、软件和信息	上海	0.255	定向募集	14.65	2018.01.05	3.731
600850	华东电脑	信息传输、软件和信息	上海	1.478	定向募集	14.650	2018.03.31	21.652
600850	华东电脑	信息传输、软件和信息	上海	0.153	定向募集	14.650	2018.06.14	2.244
600850	华东电脑	信息传输、软件和信息	上海	0.494	定向募集	14.430	2018.09.30	7.126
600853	龙建股份	建筑业	黑龙江	107.360	定向募集	4.380	2018.03.28	470.237
600855	航天长峰	制造业	北京	9.860	定向募集	12.880	2018.05.16	127.000

股票年度再次发行
Secondary Offerings in 2018

证券代码 Code	证券简称 Security Name	所属行业 Industry	注册地 Area	发行数量(百万) Issue Vol (M)	发行方式 Issue Method	发行价 Issue Price	发行日期 Issue Date	筹资金额(百万) Capital Raised (M)
600855	航天长峰	制造业	北京	10.554	定向募集	26.250	2018.05.16	277.032
600859	王府井	批发和零售业	北京	296.390	定向募集	14.210	2018.01.10	4211.706
600871	石化油服	采矿业	江苏	1526.718	定向募集	2.620	2018.01.25	4000.000
600873	梅花生物	制造业	西藏	34.483	定向募集	2.460	2018.07.17	84.829
600875	东方电气	制造业	四川	753.903	定向募集	9.010	2018.06.12	6792.667
600876	洛阳玻璃	制造业	河南	33.031	定向募集	23.450	2018.04.18	774.566
600882	广泽股份	制造业	山东	2.060	定向募集	4.600	2018.01.31	9.476
600888	新疆众和	制造业	新疆	28.208	定向募集	4.050	2018.07.19	114.244
600889	南京化纤	制造业	江苏	59.277	定向募集	6.360	2018.04.09	377.000
600933	爱柯迪	制造业	浙江	4.640	定向募集	6.000	2018.09.18	27.840
600933	爱柯迪	制造业	浙江	0.300	定向募集	6.000	2018.12.07	1.800
600958	东方证券	金融业	上海	778.204	定向募集	14.210	2017.12.28	11058.276
600959	江苏有线	信息传输、软件和信息	江苏	1045.930	定向募集	7.430	2018.12.12	7771.262
600985	雷鸣科化	采矿业	安徽	1812.225	定向募集	11.260	2018.08.16	20405.649
600987	航民股份	制造业	浙江	110.082	定向募集	9.720	2018.12.20	1070.000
601021	春秋航空	交通运输、仓储和邮政	上海	116.318	定向募集	30.090	2018.02.12	3500.000
601058	赛轮轮胎	制造业	山东	134.780	定向募集	1.000	2018.12.21	134.780
601113	华鼎股份	制造业	浙江	280.778	定向募集	9.350	2018.05.08	2625.279
601116	三江购物	批发和零售业	浙江	136.920	定向募集	10.710	2018.08.30	1466.409
601118	海南橡胶	农、林、牧、渔业	海南	348.256	定向募集	5.160	2018.02.12	1797.002
601169	北京银行	金融业	北京	2894.973	定向募集	7.130	2017.12.28	20641.161
601222	林洋能源	制造业	江苏	1.600	定向募集	4.580	2018.02.08	7.328
601238	广汽集团	制造业	广东	0.494	定向募集	6.840	2018.01.05	3.382
601238	广汽集团	制造业	广东	1.374	定向募集	6.840	2018.01.31	9.398
601238	广汽集团	制造业	广东	3.957	定向募集	4.480	2018.11.30	17.725
601238	广汽集团	制造业	广东	0.466	定向募集	6.840	2018.05.31	3.185
601238	广汽集团	制造业	广东	0.302	定向募集	4.580	2018.06.30	1.382
601238	广汽集团	制造业	广东	0.972	定向募集	4.580	2018.07.31	4.451
601238	广汽集团	制造业	广东	11.359	定向募集	4.480	2018.09.30	50.889
601238	广汽集团	制造业	广东	1.158	定向募集	4.480	2018.10.31	5.186
601288	农业银行	金融业	北京	25188.917	定向募集	3.970	2018.07.02	100000.000
601360	三六零	信息传输、软件和信息	江苏	6366.873	定向募集	7.890	2018.02.26	50234.626
601518	吉林高速	交通运输、仓储和邮政	吉林	137.195	定向募集	3.280	2018.05.28	450.000
601567	三星医疗	制造业	浙江	8.932	定向募集	5.270	2018.01.26	47.072
601636	旗滨集团	制造业	湖南	12.917	定向募集	2.460	2018.01.11	31.776
601688	华泰证券	金融业	江苏	1088.731	定向募集	13.050	2018.08.02	14207.942
601777	力帆股份	制造业	重庆	8.145	定向募集	2.870	2018.10.24	23.376
601872	招商轮船	交通运输、仓储和邮政	上海	767.155	定向募集	4.675	2018.07.19	3586.447
601933	永辉超市	批发和零售业	福建	159.130	定向募集	4.580	2018.09.11	728.815
601933	永辉超市	批发和零售业	福建	7.651	定向募集	4.150	2018.12.10	31.751
601965	中国汽研	制造业	重庆	8.953	定向募集	5.970	2018.03.29	53.446
601989	中国重工	制造业	北京	3799.896	定向募集	5.780	2018.03.01	21963.400
601991	大唐发电	电力、热力、燃气及水	北京	2401.729	定向募集	3.470	2018.03.23	8334.000
601996	丰林集团	制造业	广西	191.297	定向募集	3.370	2018.09.10	644.670
603005	晶方科技	制造业	江苏	1.530	定向募集	13.890	2018.06.27	21.252
603007	花王股份	建筑业	江苏	7.702	定向募集	6.028	2018.06.05	46.428
603008	喜临门	制造业	浙江	0.600	定向募集	8.820	2018.03.05	5.292
603009	北特科技	制造业	上海	20.593	定向募集	12.180	2018.03.02	250.825
603009	北特科技	制造业	上海	10.368	定向募集	10.610	2018.04.26	110.000
603010	万盛股份	制造业	浙江	3.180	定向募集	7.510	2018.12.07	23.882
603011	合锻智能	制造业	安徽	6.961	定向募集	4.300	2018.07.10	29.932
603015	弘讯科技	制造业	浙江	1.330	定向募集	4.280	2018.02.01	5.692

股票年度再次发行
Secondary Offerings in 2018

证券代码 Code	证券简称 Security Name	所属行业 Industry	注册地 Area	发行数量(百万) Issue Vol (M)	发行方式 Issue Method	发行价 Issue Price	发行日期 Issue Date	筹资金额(百万) Capital Raised (M)
603018	中设集团	科学研究和技术服务业	江苏	0.519	定向募集	15.420	2018.03.15	8.003
603025	大豪科技	制造业	北京	3.508	定向募集	30.070	2017.12.26	105.500
603027	千禾味业	制造业	四川	0.255	定向募集	8.530	2018.10.19	2.173
603040	新坐标	制造业	浙江	0.225	定向募集	20.160	2018.07.20	4.534
603041	美思德	制造业	江苏	0.898	定向募集	10.460	2018.06.22	9.393
603041	美思德	制造业	江苏	0.050	定向募集	8.340	2018.10.10	0.417
603050	科林电气	制造业	河北	2.238	定向募集	8.270	2018.07.27	18.504
603058	永吉股份	制造业	贵州	1.950	定向募集	6.470	2018.03.05	12.617
603083	剑桥科技	制造业	上海	1.547	定向募集	12.070	2018.11.05	18.672
603096	新经典	文化、体育和娱乐业	天津	0.648	定向募集	44.640	2018.09.17	28.927
603111	康尼机电	制造业	江苏	97.600	定向募集	11.400	2018.02.28	1112.640
603116	红蜻蜓	制造业	浙江	1.255	定向募集	6.040	2018.10.29	7.580
603117	万林股份	租赁和商务服务业	江苏	10.075	定向募集	4.260	2018.06.27	42.919
603127	昭衍新药	科学研究和技术服务业	北京	0.339	定向募集	28.310	2018.04.19	9.597
603128	华贸物流	交通运输、仓储和邮政	上海	6.623	定向募集	2.830	2018.06.13	18.744
603129	春风动力	制造业	浙江	1.263	定向募集	11.910	2018.05.23	15.042
603138	海量数据	信息传输、软件和信息	北京	0.739	定向募集	20.110	2018.01.11	14.861
603138	海量数据	信息传输、软件和信息	北京	0.174	定向募集	11.780	2018.10.19	2.045
603160	汇顶科技	制造业	广东	2.751	定向募集	48.040	2018.06.20	132.173
603165	荣晟环保	制造业	浙江	1.870	定向募集	34.790	2018.01.12	65.057
603166	福达股份	制造业	广西	5.700	定向募集	4.590	2018.02.09	26.163
603167	渤海轮渡	交通运输、仓储和邮政	山东	11.832	定向募集	6.220	2018.05.21	73.595
603179	新泉股份	制造业	江苏	0.559	定向募集	11.900	2018.11.13	6.652
603180	金牌厨柜	制造业	福建	0.500	定向募集	63.630	2018.02.27	31.815
603183	建研院	科学研究和技术服务业	江苏	1.904	定向募集	13.320	2018.06.27	25.361
603186	华正新材	制造业	浙江	1.320	定向募集	12.930	2018.02.27	17.068
603197	保隆科技	制造业	上海	2.203	定向募集	25.790	2018.02.02	56.802
603200	上海洗霸	水利、环境和公共设施	上海	1.325	定向募集	19.740	2018.05.24	26.146
603203	快克股份	制造业	江苏	2.187	定向募集	20.450	2017.12.27	44.728
603218	日月股份	制造业	浙江	6.230	定向募集	7.560	2018.11.29	47.099
603223	恒通股份	交通运输、仓储和邮政	山东	24.000	定向募集	16.230	2018.03.29	389.520
603228	景旺电子	制造业	广东	3.000	定向募集	28.560	2018.11.07	85.680
603258	电魂网络	信息传输、软件和信息	浙江	3.142	定向募集	13.943	2018.06.05	43.809
603259	药明康德	科学研究和技术服务业	江苏	6.281	定向募集	45.530	2018.11.12	285.989
603283	赛腾股份	制造业	江苏	2.764	定向募集	14.490	2018.05.31	40.049
603289	泰瑞机器	制造业	浙江	1.303	定向募集	5.340	2018.10.12	6.958
603300	华铁科技	租赁和商务服务业	浙江	49.206	定向募集	7.560	2018.03.07	372.000
603300	华铁科技	租赁和商务服务业	浙江	30.750	定向募集	6.000	2018.06.05	184.500
603306	华懋科技	制造业	福建	6.000	定向募集	8.220	2018.10.09	49.320
603326	我乐家居	制造业	江苏	0.186	定向募集	9.530	2018.02.12	1.769
603328	依顿电子	制造业	广东	0.310	定向募集	11.54	2018.01.04	3.574
603328	依顿电子	制造业	广东	0.008	定向募集	11.54	2018.01.10	0.093
603328	依顿电子	制造业	广东	0.051	定向募集	11.540	2018.03.31	0.585
603328	依顿电子	制造业	广东	0.065	定向募集	11.540	2018.06.01	0.745
603331	百达精工	制造业	浙江	1.980	定向募集	7.990	2018.10.22	15.820
603333	明星电缆	制造业	四川	9.540	定向募集	2.950	2018.10.31	28.143
603339	四方冷链	制造业	江苏	0.575	定向募集	11.080	2018.03.12	6.371
603363	傲农生物	制造业	福建	6.090	定向募集	6.500	2018.03.02	39.585
603387	基蛋生物	制造业	江苏	0.889	定向募集	28.900	2018.03.07	25.697
603388	元成股份	建筑业	浙江	0.656	定向募集	6.760	2018.08.30	4.435
603398	邦宝益智	制造业	广东	0.320	定向募集	9.120	2018.08.16	2.918
603399	吉翔股份	制造业	辽宁	3.500	定向募集	10.000	2018.02.14	35.000

股票年度再次发行
Secondary Offerings in 2018

证券代码 Code	证券简称 Security Name	所属行业 Industry	注册地 Area	发行数量(百万) Issue Vol (M)	发行方式 Issue Method	发行价 Issue Price	发行日期 Issue Date	筹资金额(百万) Capital Raised (M)
603444	吉比特	信息传输、软件和信息	福建	0.142	定向募集	100.070	2018.02.01	14.244
603458	勘设股份	科学研究和技术服务业	贵州	1.980	定向募集	21.550	2018.11.29	42.669
603466	风语筑	文化、体育和娱乐业	上海	1.976	定向募集	26.970	2018.03.26	53.279
603488	展鹏科技	制造业	江苏	0.941	定向募集	9.050	2018.06.19	8.516
603496	恒为科技	制造业	上海	2.060	定向募集	16.860	2018.05.09	34.732
603499	翔港科技	制造业	上海	1.320	定向募集	12.640	2018.04.24	16.690
603507	振江股份	制造业	江苏	2.450	定向募集	20.330	2018.07.19	49.809
603515	欧普照明	制造业	上海	0.546	定向募集	26.280	2018.05.29	14.349
603515	欧普照明	制造业	上海	1.613	定向募集	21.900	2018.05.29	35.333
603518	维格娜丝	制造业	江苏	28.262	定向募集	18.460	2018.03.06	521.724
603528	多伦科技	制造业	江苏	7.050	定向募集	4.430	2018.06.01	31.232
603538	美诺华	制造业	浙江	5.134	定向募集	7.620	2018.09.21	39.121
603556	海兴电力	制造业	浙江	1.200	定向募集	18.200	2018.03.09	21.840
603559	中通国脉	信息传输、软件和信息	吉林	6.709	定向募集	33.330	2018.03.29	223.600
603559	中通国脉	信息传输、软件和信息	吉林	4.605	定向募集	20.280	2018.11.15	93.380
603568	伟明环保	水利、环境和公共设施	浙江	0.600	定向募集	10.840	2018.01.09	6.504
603578	三星新材	制造业	浙江	1.550	定向募集	9.365	2018.12.19	14.516
603586	金麒麟	制造业	山东	6.248	定向募集	12.200	2018.03.16	76.226
603599	广信股份	制造业	安徽	88.199	定向募集	16.270	2018.01.09	1435.000
603600	永艺股份	制造业	浙江	50.000	定向募集	10.720	2018.04.18	536.000
603603	博天环境	水利、环境和公共设施	北京	1.560	定向募集	14.660	2018.08.14	22.870
603605	珀莱雅	制造业	浙江	1.096	定向募集	17.950	2018.09.10	19.677
603617	君禾股份	制造业	浙江	1.834	定向募集	10.740	2018.06.20	19.697
603626	科森科技	制造业	江苏	1.943	定向募集	21.845	2017.12.29	42.454
603636	南威软件	工业	福建	120.159	配股	5.500	2018.03.30	660.875
603637	镇海股份	科学研究和技术服务业	浙江	1.131	定向募集	7.662	2018.06.28	8.666
603639	海利尔	制造业	山东	1.400	定向募集	15.970	2018.06.25	22.356
603659	璞泰来	制造业	上海	1.993	定向募集	22.590	2018.12.05	45.013
603660	苏州科达	制造业	江苏	7.399	定向募集	17.100	2018.01.31	126.528
603663	三祥新材	制造业	福建	1.559	定向募集	10.145	2018.03.28	15.816
603668	天马科技	制造业	福建	2.964	定向募集	5.325	2018.07.16	15.783
603679	华体科技	制造业	四川	0.990	定向募集	13.470	2018.02.08	13.335
603680	今创集团	制造业	江苏	20.635	定向募集	10.300	2018.09.21	212.541
603690	至纯科技	制造业	上海	0.580	定向募集	9.310	2018.11.20	5.400
603701	德宏股份	制造业	浙江	2.241	定向募集	11.970	2018.05.22	26.825
603707	健友股份	制造业	江苏	1.876	定向募集	10.810	2018.04.27	20.278
603711	香飘飘	制造业	浙江	19.340	定向募集	7.850	2018.12.13	151.819
603716	塞力斯	批发和零售业	湖北	26.854	定向募集	23.310	2018.06.11	625.960
603730	岱美股份	制造业	上海	2.365	定向募集	20.000	2018.01.30	47.300
603737	三棵树	制造业	福建	0.406	定向募集	21.740	2018.10.30	8.827
603813	原尚股份	交通运输、仓储和邮政	广东	1.280	定向募集	14.640	2018.08.02	18.739
603816	顾家家居	制造业	浙江	2.800	定向募集	25.080	2018.11.08	70.224
603818	曲美家居	制造业	北京	7.360	定向募集	6.760	2018.06.06	49.754
603825	华扬联众	信息传输、软件和信息	北京	4.359	定向募集	14.980	2018.04.09	65.299
603861	白云电器	制造业	广东	33.641	定向募集	18.350	2018.02.26	617.306
603878	武进不锈	制造业	江苏	2.469	定向募集	8.000	2018.07.25	19.750
603896	寿仙谷	制造业	浙江	3.535	定向募集	24.140	2018.06.20	85.325
603898	好莱客	制造业	广东	2.235	定向募集	14.260	2018.02.07	31.871
603901	永创智能	制造业	浙江	39.389	定向募集	8.020	2018.09.03	315.900
603906	龙蟠科技	制造业	江苏	3.720	定向募集	7.900	2018.03.05	29.388
603909	合诚股份	科学研究和技术服务业	福建	2.500	定向募集	16.200	2018.01.25	40.500
603912	佳力图	制造业	江苏	2.300	定向募集	14.350	2018.03.08	33.005

股票年度再次发行 Secondary Offerings in 2018

证券发行 Security Issue

证券代码 Code	证券简称 Security Name	所属行业 Industry	注册地 Area	发行数量(百万) Issue Vol (M)	发行方式 Issue Method	发行价 Issue Price	发行日期 Issue Date	筹资金额(百万) Capital Raised (M)
603916	苏博特	制造业	江苏	5.310	定向募集	8.690	2018.08.14	46.144
603918	金桥信息	信息传输、软件和信息	上海	0.345	定向募集	7.400	2018.05.09	2.553
603918	金桥信息	信息传输、软件和信息	上海	0.080	定向募集	14.580	2018.05.09	1.166
603918	金桥信息	信息传输、软件和信息	上海	1.670	定向募集	9.590	2018.06.06	16.015
603920	世运电路	制造业	广东	7.502	定向募集	6.750	2018.12.12	50.639
603926	铁流股份	制造业	浙江	3.770	定向募集	12.140	2018.05.25	45.768
603936	博敏电子	制造业	广东	48.108	定向募集	21.930	2018.08.09	1055.000
603939	益丰药房	批发和零售业	湖南	14.111	定向募集	42.430	2018.11.13	598.744
603958	哈森股份	制造业	江苏	2.547	定向募集	7.100	2018.04.16	18.081
603966	法兰泰克	制造业	江苏	2.342	定向募集	6.830	2018.05.30	15.996
603977	国泰集团	制造业	江西	81.722	定向募集	10.450	2018.10.24	853.995
603986	兆易创新	制造业	北京	0.932	定向募集	51.670	2018.09.06	48.164
603997	继峰股份	制造业	浙江	7.719	定向募集	6.110	2018.01.30	47.164
603997	继峰股份	制造业	浙江	1.930	定向募集	4.330	2018.11.20	8.356

优先股年度首次发行 Issurance of Pref in 2018

证券发行 Security Issue

证券代码 Code	证券简称 Security Name	公司代码 Company Code	发行标志 Issue Flag	发行股息率 dividend	发行日期 Issue Date	发行价 Issue Price	筹资金额(百万) Capital Raised (M)
360030	建行优 1	601939	首次非公开发行	4.75	2018-01-03	100.00	60000.00
360031	贵银优 1	601997	首次非公开发行	5.30	2018-11-30	100.00	5000.00

上市公司基本信息
Listed Companies in 2018

公司代码 Code	证券简称 Security Name	总股本 Total Vol	A 股流通股 A-Share Negotiable	B 股 B-Share	H 股 H-Share	优先股 Pref Share
600000	浦发银行	29352.1	28103.8	0.0	0.0	300.0
600004	白云机场	2069.3	2069.3	0.0	0.0	0.0
600006	东风汽车	2000.0	2000.0	0.0	0.0	0.0
600007	中国国贸	1007.3	1007.3	0.0	0.0	0.0
600008	首创股份	5685.4	4820.6	0.0	0.0	0.0
600009	上海机场	1927.0	1093.5	0.0	0.0	0.0
600010	包钢股份	45585.0	31677.2	0.0	0.0	0.0
600011	华能国际	15698.1	10500.0	0.0	4700.4	0.0
600012	皖通高速	1658.6	1165.6	0.0	493.0	0.0
600015	华夏银行	12822.7	12822.7	0.0	0.0	200.0
600016	民生银行	43782.4	35462.1	0.0	8320.3	0.0
600017	日照港	3075.7	3075.7	0.0	0.0	0.0
600018	上港集团	23173.7	23173.7	0.0	0.0	0.0
600019	宝钢股份	22267.9	22101.1	0.0	0.0	0.0
600020	中原高速	2247.4	2247.4	0.0	0.0	34.0
600021	上海电力	2617.2	2139.7	0.0	0.0	0.0
600022	山东钢铁	10946.5	10946.5	0.0	0.0	0.0
600023	浙能电力	13600.7	13600.7	0.0	0.0	0.0
600025	华能水电	18000.0	8928.0	0.0	0.0	0.0
600026	中远海能	4032.0	2736.0	0.0	1296.0	0.0
600027	华电国际	9863.0	6995.7	0.0	1717.2	0.0
600028	中国石化	121071.2	95557.8	0.0	25513.4	0.0
600029	南方航空	12267.2	7022.7	0.0	3666.4	0.0
600030	中信证券	12116.9	9814.7	0.0	2278.3	0.0
600031	三一重工	7798.5	7760.9	0.0	0.0	0.0
600033	福建高速	2744.4	2744.4	0.0	0.0	0.0
600035	楚天高速	1728.1	1491.4	0.0	0.0	0.0
600036	招商银行	25219.8	20628.9	0.0	4590.9	275.0
600037	歌华有线	1391.8	1391.8	0.0	0.0	0.0
600038	中直股份	589.5	589.5	0.0	0.0	0.0
600039	四川路桥	3610.5	3457.1	0.0	0.0	0.0
600048	保利地产	11895.0	11772.9	0.0	0.0	0.0
600050	中国联通	31027.8	21196.6	0.0	0.0	0.0
600051	宁波联合	310.9	310.9	0.0	0.0	0.0
600052	浙江广厦	871.8	871.8	0.0	0.0	0.0
600053	九鼎投资	433.5	433.5	0.0	0.0	0.0
600054	黄山旅游	747.3	513.3	234.0	0.0	0.0
600055	万东医疗	540.8	484.8	0.0	0.0	0.0
600056	中国医药	1068.5	1012.1	0.0	0.0	0.0
600057	厦门象屿	2157.5	2137.5	0.0	0.0	0.0
600058	五矿发展	1071.9	1071.9	0.0	0.0	0.0
600059	古越龙山	808.5	808.5	0.0	0.0	0.0
600060	海信电器	1308.5	1308.5	0.0	0.0	0.0
600061	国投资本	4227.1	4173.8	0.0	0.0	0.0
600062	华润双鹤	1043.2	823.2	0.0	0.0	0.0
600063	皖维高新	1925.9	1925.9	0.0	0.0	0.0
600064	南京高科	1236.0	1236.0	0.0	0.0	0.0
600066	宇通客车	2213.9	1903.5	0.0	0.0	0.0
600067	冠城大通	1492.1	1492.1	0.0	0.0	0.0
600068	葛洲坝	4604.8	4604.8	0.0	0.0	0.0

注：股本的单位为百万股，营业收入、净利润的单位为百万元。

上市公司基本信息
Listed Companies in 2018

所属行业 Industry	所属地区 Area	营业收入 Operating Income	净利润 Net Profit	每股收益 EPS	每股净资产 NAVPS
金融业	上海	171542	55914	1.9049	16.0658
交通运输、仓储和邮政业	广东	7746.82	1129.17	0.5457	7.5463
制造业	湖北	14420.63	553.85	0.2769	3.5716
房地产业	北京	3170.77	774.65	0.7691	6.8698
电力、热力、燃气及水生产和供应业	北京	12455.36	719.41	0.1265	3.0895
交通运输、仓储和邮政业	上海	9313.11	4231.43	2.1959	14.6583
制造业	内蒙古	67187.56	3323.76	0.0729	1.151
电力、热力、燃气及水生产和供应业	北京	169861.16	1438.88	0.0917	5.3022
交通运输、仓储和邮政业	安徽	2966.95	1123.04	0.6771	6.0713
金融业	北京	72227	20854	1.3553	14.112
金融业	北京	156769	50327	1.1495	9.5947
交通运输、仓储和邮政业	山东	5130.08	644.37	0.2095	3.6572
交通运输、仓储和邮政业	上海	38042.54	10276.34	0.4434	3.2601
制造业	上海	304779.46	21565.16	0.9684	7.938
交通运输、仓储和邮政业	河南	5776.04	798.8	0.3554	4.9468
电力、热力、燃气及水生产和供应业	上海	22578.78	2769.07	1.058	6.0759
制造业	山东	55908.46	2106.62	0.1924	1.8423
电力、热力、燃气及水生产和供应业	浙江	56633.64	4035.71	0.2967	4.4994
电力、热力、燃气及水生产和供应业	云南	15516.48	5802.73	0.3224	2.4587
交通运输、仓储和邮政业	上海	12286	105.13	0.0261	6.9919
电力、热力、燃气及水生产和供应业	山东	88365.07	1695.4	0.1719	5.2754
采矿业	北京	2891179	63089	0.5211	5.9333
交通运输、仓储和邮政业	广东	143623	2983	0.2432	5.299
金融业	广东	37220.71	9389.9	0.7749	12.6386
制造业	北京	55821.5	6116.29	0.7841	4.0362
交通运输、仓储和邮政业	福建	2662.67	733.51	0.2673	3.3131
交通运输、仓储和邮政业	湖北	3070.4	444.4	0.2572	3.6005
金融业	广东	248555	80560	3.1943	21.4163
信息传输、软件和信息技术服务业	北京	2725.25	694.22	0.4988	9.3743
制造业	黑龙江	13065.51	510.33	0.8657	13.0926
建筑业	四川	40019.22	1171.73	0.3245	3.8769
房地产业	广东	194513.84	18903.72	1.5892	10.2499
信息传输、软件和信息技术服务业	上海	290876.78	4080.77	0.1315	4.5167
批发和零售业	浙江	4039.84	248.45	0.7992	7.6787
房地产业	浙江	808.56	117.82	0.1351	2.812
金融业	江西	815.13	284.21	0.6555	4.997
水利、环境和公共设施管理业	安徽	1620.95	582.51	0.7795	5.463
制造业	北京	954.53	153.33	0.2835	3.6325
制造业	北京	31006.04	1544.52	1.4455	7.91
租赁和商务服务业	福建	234007.57	1068.05	0.4951	5.6444
批发和零售业	北京	56530.04	-803.92	-0.75	6.1405
制造业	浙江	1717.03	172.05	0.2128	5.033
制造业	山东	35128.28	392.4	0.2999	10.7692
金融业	上海	2364.31	1679.46	0.3973	8.6129
制造业	北京	8225.08	968.59	0.9284	7.515
制造业	安徽	5857.24	130.1	0.0676	2.3925
房地产业	江苏	3398.6	958.36	0.7754	7.5493
制造业	河南	31745.84	2301.49	1.0395	7.5164
房地产业	福建	8108.53	758.94	0.5086	5.2527
建筑业	湖北	100625.67	4657.71	1.0115	9.2956

上市公司基本信息
Listed Companies in 2018

公司代码 Code	证券简称 Security Name	总股本 Total Vol	A 股流通股 A-Share Negotiable	B 股 B-Share	H 股 H-Share	优先股 Pref Share
600069	银鸽投资	1623.8	1623.8	0.0	0.0	0.0
600070	浙江富润	521.9	401.5	0.0	0.0	0.0
600071	凤凰光学	237.5	237.5	0.0	0.0	0.0
600072	中船科技	736.2	600.8	0.0	0.0	0.0
600073	上海梅林	937.7	937.7	0.0	0.0	0.0
600074	*ST 保千	2437.9	1018.3	0.0	0.0	0.0
600075	新疆天业	972.5	832.4	0.0	0.0	0.0
600076	康欣新材	1034.3	1034.3	0.0	0.0	0.0
600077	宋都股份	1340.1	1340.1	0.0	0.0	0.0
600078	澄星股份	662.6	662.6	0.0	0.0	0.0
600079	人福医药	1353.7	1286.0	0.0	0.0	0.0
600080	金花股份	373.3	305.3	0.0	0.0	0.0
600081	东风科技	313.6	313.6	0.0	0.0	0.0
600082	海泰发展	646.1	633.9	0.0	0.0	0.0
600083	博信股份	230.0	228.0	0.0	0.0	0.0
600084	中葡股份	1123.7	1123.7	0.0	0.0	0.0
600085	同仁堂	1371.5	1371.5	0.0	0.0	0.0
600086	东方金钰	1350.0	1056.8	0.0	0.0	0.0
600088	中视传媒	397.7	397.7	0.0	0.0	0.0
600089	特变电工	3714.5	3714.3	0.0	0.0	0.0
600090	同济堂	1439.7	702.7	0.0	0.0	0.0
600091	ST 明科	437.4	437.4	0.0	0.0	0.0
600093	易见股份	1122.4	1122.4	0.0	0.0	0.0
600094	大名城	2475.3	2276.6	198.7	0.0	0.0
600095	哈高科	361.3	361.3	0.0	0.0	0.0
600096	云天化	1321.4	1122.1	0.0	0.0	0.0
600097	开创国际	240.9	226.3	0.0	0.0	0.0
600098	广州发展	2726.2	2726.2	0.0	0.0	0.0
600099	林海股份	219.1	219.1	0.0	0.0	0.0
600100	同方股份	2963.9	2963.9	0.0	0.0	0.0
600101	明星电力	324.2	324.2	0.0	0.0	0.0
600103	青山纸业	1773.7	1061.8	0.0	0.0	0.0
600104	上汽集团	11683.5	11503.4	0.0	0.0	0.0
600105	永鼎股份	1253.0	1238.3	0.0	0.0	0.0
600106	重庆路桥	1098.4	1098.4	0.0	0.0	0.0
600107	美尔雅	360.0	360.0	0.0	0.0	0.0
600108	亚盛集团	1946.9	1946.9	0.0	0.0	0.0
600109	国金证券	3024.4	3024.4	0.0	0.0	0.0
600110	诺德股份	1150.3	1150.3	0.0	0.0	0.0
600111	北方稀土	3633.1	3633.1	0.0	0.0	0.0
600112	天成控股	509.2	509.2	0.0	0.0	0.0
600113	浙江东日	318.6	318.6	0.0	0.0	0.0
600114	东睦股份	645.5	634.4	0.0	0.0	0.0
600115	东方航空	14467.6	9808.5	0.0	4659.1	0.0
600116	三峡水利	993.0	993.0	0.0	0.0	0.0
600117	西宁特钢	1045.1	741.2	0.0	0.0	0.0
600118	中国卫星	1182.5	1182.5	0.0	0.0	0.0
600119	长江投资	307.4	307.4	0.0	0.0	0.0
600120	浙江东方	874.4	665.1	0.0	0.0	0.0
600121	郑州煤电	1015.3	1015.3	0.0	0.0	0.0

注：股本的单位为百万股，营业收入、净利润的单位为百万元。

上市公司基本信息
Listed Companies in 2018

所属行业 Industry	所属地区 Area	营业收入 Operating Income	净利润 Net Profit	每股收益 EPS	每股净资产 NAVPS
制造业	河南	2835.17	-88.68	-0.0546	1.2445
制造业	浙江	2766.96	216.79	0.4153	4.5254
制造业	江西	777.76	-7.47	-0.0315	1.7531
建筑业	上海	3264.37	65.43	0.0889	5.0503
制造业	上海	22179.4	306	0.3263	4.0624
制造业	江苏	146.45	-1689.09	-0.6929	-2.0703
制造业	新疆	4827.76	493.59	0.5075	4.932
制造业	山东	2289.51	467.59	0.4521	3.6203
房地产业	辽宁	4592.2	411.28	0.3069	3.0744
制造业	江苏	3146.47	19.33	0.0292	2.5499
制造业	湖北	18633.83	-2357.75	-1.7417	8.0056
制造业	陕西	745.16	38.32	0.1027	4.7452
制造业	上海	6673.08	146.91	0.4685	4.1208
综合	天津	781.44	14.66	0.0227	2.6247
建筑业	广东	1566.15	-52.45	-0.228	0.0516
制造业	新疆	342.4	-157.25	-0.1399	1.9458
制造业	北京	14208.64	1134.28	0.8271	6.7526
制造业	湖北	2960.98	-1718.45	-1.2729	1.103
文化、体育和娱乐业	上海	810.89	114.52	0.288	2.9643
制造业	新疆	39655.53	2047.91	0.5513	8.8004
批发和零售业	新疆	10841.54	528.88	0.8902	10.2058
制造业	内蒙古	56.25	4.07	0.0093	2.0553
租赁和商务服务业	四川	13549.97	813.96	0.7252	6.3092
房地产业	上海	13383.02	550.66	0.2225	4.9103
制造业	黑龙江	299.4	15.14	0.0419	2.0604
制造业	云南	52978.96	122.77	0.086	3.0658
农、林、牧、渔业	上海	1909.98	140.32	0.3422	4.0082
电力、热力、燃气及水生产和供应业	广东	25981.69	701.01	0.2571	5.9819
制造业	江苏	526.09	2.65	0.0121	2.1598
制造业	北京	24832.98	-3879.78	-1.309	5.3954
电力、热力、燃气及水生产和供应业	四川	1599.93	101.78	0.314	6.8845
制造业	福建	2860.51	154.79	0.0873	1.9473
制造业	上海	887626.21	36009.21	3.0821	20.0599
制造业	江苏	3221.25	193.52	0.1545	2.2144
交通运输、仓储和邮政业	重庆	239.81	224.91	0.2048	3.2171
制造业	湖北	418.46	8.6	0.0239	1.5688
农、林、牧、渔业	甘肃	2507.51	84.73	0.0435	2.4442
金融业	四川	3766.12	1010.49	0.3341	6.4442
制造业	吉林	2321.44	97.22	0.0845	1.8565
制造业	内蒙古	13954.72	583.79	0.1607	2.5393
制造业	贵州	509.66	17.17	0.0337	2.3945
租赁和商务服务业	浙江	417.93	104.67	0.3285	2.3166
制造业	浙江	1918.18	327.97	0.5081	4.1836
交通运输、仓储和邮政业	上海	114930	2709	0.1873	3.8546
电力、热力、燃气及水生产和供应业	重庆	1298.47	213.58	0.2151	2.8718
制造业	青海	6786.52	-2046.15	-1.9578	1.0416
制造业	北京	7583.02	417.64	0.3532	4.6278
交通运输、仓储和邮政业	上海	1026.18	-674.25	-2.1934	0.4522
批发和零售业	浙江	9892.74	703.64	0.8047	10.5524
采矿业	河南	4810.23	152.47	0.1502	3.3325

上市公司基本信息
Listed Companies in 2018

公司代码 Code	证券简称 Security Name	总股本 Total Vol	A 股流通股 A-Share Negotiable	B 股 B-Share	H 股 H-Share	优先股 Pref Share
600122	宏图高科	1158.1	1158.1	0.0	0.0	0.0
600123	兰花科创	1142.4	1142.4	0.0	0.0	0.0
600125	铁龙物流	1305.5	1305.5	0.0	0.0	0.0
600126	杭钢股份	3377.2	1205.1	0.0	0.0	0.0
600127	金健米业	641.8	641.8	0.0	0.0	0.0
600128	弘业股份	246.8	246.8	0.0	0.0	0.0
600129	太极集团	556.9	426.9	0.0	0.0	0.0
600130	波导股份	768.0	768.0	0.0	0.0	0.0
600131	岷江水电	504.1	407.7	0.0	0.0	0.0
600132	重庆啤酒	484.0	484.0	0.0	0.0	0.0
600133	东湖高新	725.8	596.9	0.0	0.0	0.0
600135	乐凯胶片	373.0	373.0	0.0	0.0	0.0
600136	当代明诚	487.2	344.3	0.0	0.0	0.0
600137	浪莎股份	97.2	97.2	0.0	0.0	0.0
600138	中青旅	723.8	723.8	0.0	0.0	0.0
600139	西部资源	661.9	661.9	0.0	0.0	0.0
600141	兴发集团	727.2	600.9	0.0	0.0	0.0
600143	金发科技	2716.8	2560.0	0.0	0.0	0.0
600145	*ST 新亿	1491.1	1491.1	0.0	0.0	0.0
600146	商赢环球	470.0	200.0	0.0	0.0	0.0
600148	长春一东	141.5	141.5	0.0	0.0	0.0
600149	ST 坊展	380.2	380.2	0.0	0.0	0.0
600150	*ST 船舶	1378.1	1378.1	0.0	0.0	0.0
600151	航天机电	1434.3	1388.7	0.0	0.0	0.0
600152	维科技术	440.9	294.9	0.0	0.0	0.0
600153	建发股份	2835.2	2835.2	0.0	0.0	0.0
600155	华创阳安	1739.6	1128.2	0.0	0.0	0.0
600156	华升股份	402.1	402.1	0.0	0.0	0.0
600157	永泰能源	12425.8	12425.8	0.0	0.0	0.0
600158	中体产业	843.7	657.5	0.0	0.0	0.0
600159	大龙地产	830.0	830.0	0.0	0.0	0.0
600160	巨化股份	2745.2	2658.4	0.0	0.0	0.0
600161	天坛生物	871.1	871.1	0.0	0.0	0.0
600162	香江控股	3399.3	2973.8	0.0	0.0	0.0
600163	中闽能源	999.5	999.5	0.0	0.0	0.0
600165	新日恒力	684.9	684.9	0.0	0.0	0.0
600166	福田汽车	6670.1	6670.1	0.0	0.0	0.0
600167	联美控股	1760.1	821.8	0.0	0.0	0.0
600168	武汉控股	709.6	709.6	0.0	0.0	0.0
600169	太原重工	2564.0	2564.0	0.0	0.0	0.0
600170	上海建工	8904.4	8486.9	0.0	0.0	0.0
600171	上海贝岭	699.6	673.8	0.0	0.0	0.0
600172	黄河旋风	1476.3	1169.5	0.0	0.0	0.0
600173	卧龙地产	727.7	725.1	0.0	0.0	0.0
600175	美都能源	3576.5	2451.0	0.0	0.0	0.0
600176	中国巨石	3502.3	3502.3	0.0	0.0	0.0
600177	雅戈尔	3581.4	3581.4	0.0	0.0	0.0
600178	东安动力	462.1	462.1	0.0	0.0	0.0
600179	安通控股	1487.0	673.6	0.0	0.0	0.0
600180	瑞茂通	1016.5	1016.5	0.0	0.0	0.0

注：股本的单位为百万股，营业收入、净利润的单位为百万元。

上市公司基本信息
Listed Companies in 2018

所属行业 Industry	所属地区 Area	营业收入 Operating Income	净利润 Net Profit	每股收益 EPS	每股净资产 NAVPS
批发和零售业	江苏	14018.18	-2033.88	-1.756	5.2577
采矿业	山西	8529.1	1080.69	0.946	8.9328
交通运输、仓储和邮政业	辽宁	15638.44	507.92	0.3891	4.3415
制造业	浙江	26449.77	1937.66	0.5738	5.4755
制造业	湖南	3011.22	-53.14	-0.0828	1.0932
批发和零售业	江苏	4506.99	-70.17	-0.2844	5.2393
制造业	重庆	10689.38	70.26	0.1262	5.9152
制造业	浙江	607.38	33.1	0.0431	1.1402
电力、热力、燃气及水生产和供应业	四川	1121.24	102.85	0.204	2.4165
制造业	重庆	3467.34	403.98	0.8347	2.3659
建筑业	湖北	8692.5	338.03	0.4658	5.6825
制造业	河北	1862.79	14.74	0.0395	4.5152
文化、体育和娱乐业	湖北	2668.39	177.99	0.3653	6.8748
制造业	四川	387.59	29.16	0.3	5.1439
租赁和商务服务业	北京	12264.77	597.42	0.8254	8.4544
制造业	四川	182.9	2.92	0.0044	0.6487
制造业	湖北	17855.45	402.26	0.5532	10.3668
制造业	广东	25316.62	624.04	0.2297	3.7667
制造业	贵州	13.39	9.86	0.0066	0.4246
制造业	宁夏	2162.5	-1828.43	-3.8905	2.5124
制造业	吉林	887.23	35.8	0.253	2.9611
综合	河北	73.13	2.06	0.0054	0.5428
制造业	上海	16910.31	489.21	0.355	10.9534
制造业	上海	6700.89	38.53	0.0269	4.1715
制造业	浙江	1602.68	54.58	0.1238	3.171
批发和零售业	福建	280381.79	4672.02	1.6479	9.7191
金融业	河北	145.6	149.46	0.0859	8.5487
制造业	湖南	1016.86	27.61	0.0687	1.6164
采矿业	山西	22327.28	65.92	0.0053	1.9399
房地产业	天津	1449.88	83.91	0.0994	2.0092
房地产业	北京	882.36	91.09	0.1098	2.757
制造业	浙江	15656.27	2152.56	0.7841	4.5844
制造业	北京	2931.06	509.48	0.5848	3.87
房地产业	广东	4135.39	508.85	0.1497	1.4956
电力、热力、燃气及水生产和供应业	福建	524.1	130.35	0.1304	1.8652
制造业	宁夏	552.09	9.4	0.0137	1.2714
制造业	北京	41053.81	-3574.58	-0.5359	2.2759
电力、热力、燃气及水生产和供应业	辽宁	3037.02	1316.79	0.7481	3.4695
电力、热力、燃气及水生产和供应业	湖北	1451.35	279.93	0.3945	7.0402
制造业	山西	6428.18	37.95	0.0148	1.6253
建筑业	上海	170545.78	2779.87	0.3122	3.4901
制造业	上海	784.34	102.04	0.1458	3.4715
制造业	河南	3165.9	-237.6	-0.1609	3.0755
房地产业	浙江	2830.11	576.85	0.7927	3.186
综合	浙江	5273.95	-1096.42	-0.3066	2.7198
制造业	浙江	10032.42	2373.98	0.6778	4.0654
房地产业	浙江	9635.48	3676.93	1.0267	7.8688
制造业	黑龙江	1293.01	5.57	0.0121	4.05
交通运输、仓储和邮政业	黑龙江	10057.54	491.51	0.2753	1.8953
批发和零售业	山东	38095.79	475.47	0.4678	5.6153

上市公司基本信息
Listed Companies in 2018

公司代码 Code	证券简称 Security Name	总股本 Total Vol	A 股流通股 A-Share Negotiable	B 股 B-Share	H 股 H-Share	优先股 Pref Share
600182	S 佳通	340.0	170.0	0.0	0.0	0.0
600183	生益科技	2117.5	2117.5	0.0	0.0	0.0
600184	光电股份	508.8	418.8	0.0	0.0	0.0
600185	格力地产	2060.1	2060.1	0.0	0.0	0.0
600186	莲花健康	1062.0	1062.0	0.0	0.0	0.0
600187	国中水务	1653.9	1455.6	0.0	0.0	0.0
600188	兖州煤业	4912.0	2960.0	0.0	1952.0	0.0
600189	吉林森工	716.9	425.7	0.0	0.0	0.0
600190	锦州港	2002.3	1779.5	222.8	0.0	0.0
600191	华资实业	484.9	484.9	0.0	0.0	0.0
600192	长城电工	441.7	441.7	0.0	0.0	0.0
600193	*ST 创兴	425.4	425.4	0.0	0.0	0.0
600195	中牧股份	601.7	601.7	0.0	0.0	0.0
600196	复星医药	2563.1	1910.5	0.0	551.9	0.0
600197	伊力特	441.0	441.0	0.0	0.0	0.0
600198	*ST 大唐	882.1	875.3	0.0	0.0	0.0
600199	金种子酒	555.8	555.8	0.0	0.0	0.0
600200	江苏吴中	721.9	715.3	0.0	0.0	0.0
600201	生物股份	1170.5	1137.1	0.0	0.0	0.0
600202	*ST 哈空	383.3	383.3	0.0	0.0	0.0
600203	福日电子	456.4	360.2	0.0	0.0	0.0
600206	有研新材	847.1	838.8	0.0	0.0	0.0
600207	安彩高科	863.0	690.0	0.0	0.0	0.0
600208	新湖中宝	8599.3	8598.2	0.0	0.0	0.0
600209	*ST 罗顿	439.0	439.0	0.0	0.0	0.0
600210	紫江企业	1516.7	1516.7	0.0	0.0	0.0
600211	西藏药业	179.6	145.6	0.0	0.0	0.0
600212	江泉实业	511.7	511.7	0.0	0.0	0.0
600213	亚星客车	220.0	220.0	0.0	0.0	0.0
600215	长春经开	465.0	465.0	0.0	0.0	0.0
600216	浙江医药	965.3	955.9	0.0	0.0	0.0
600217	中再资环	1388.7	1318.9	0.0	0.0	0.0
600218	全柴动力	368.8	368.8	0.0	0.0	0.0
600219	南山铝业	11950.5	9787.3	0.0	0.0	0.0
600220	江苏阳光	1783.3	1783.3	0.0	0.0	0.0
600221	海航控股	16806.1	16436.0	369.4	0.0	0.0
600222	太龙药业	573.9	566.9	0.0	0.0	0.0
600223	鲁商置业	1001.0	1001.0	0.0	0.0	0.0
600225	天津松江	935.5	932.8	0.0	0.0	0.0
600226	瀚叶股份	3138.6	1992.9	0.0	0.0	0.0
600227	圣济堂	1693.1	1245.4	0.0	0.0	0.0
600228	ST 昌九	241.3	241.3	0.0	0.0	0.0
600229	城市传媒	702.1	702.1	0.0	0.0	0.0
600230	沧州大化	411.9	411.9	0.0	0.0	0.0
600231	凌钢股份	2771.1	2771.1	0.0	0.0	0.0
600232	金鹰股份	364.7	364.7	0.0	0.0	0.0
600233	圆通速递	2830.8	783.4	0.0	0.0	0.0
600234	ST 山水	202.4	202.4	0.0	0.0	0.0
600235	民丰特纸	351.3	351.3	0.0	0.0	0.0
600236	桂冠电力	6063.4	6063.4	0.0	0.0	0.0

注：股本的单位为百万股，营业收入、净利润的单位为百万元。

上市公司基本信息
Listed Companies in 2018

所属行业 Industry	所属地区 Area	营业收入 Operating Income	净利润 Net Profit	每股收益 EPS	每股净资产 NAVPS
制造业	黑龙江	3369.36	88.84	0.2613	2.6888
制造业	广东	11981.08	1000.47	0.4725	3.0236
制造业	湖北	2422.31	57.95	0.1139	4.5634
房地产业	广东	3078.5	512.63	0.2488	3.9782
制造业	河南	1728.82	-332.53	-0.3131	-0.281
电力、热力、燃气及水生产和供应业	黑龙江	467.98	10.4	0.0063	2.0674
采矿业	山东	163008.47	7908.9	1.6101	12.4169
制造业	吉林	1546.47	41.98	0.0586	4.1217
交通运输、仓储和邮政业	辽宁	5921.65	241.88	0.1208	3.1097
制造业	内蒙古	65.4	-116.58	-0.2404	3.7719
制造业	甘肃	1784.14	11.57	0.0262	4.3699
建筑业	上海	229.15	31.02	0.0729	0.5017
制造业	北京	4434.24	415.63	0.6907	6.6398
制造业	上海	24918.27	2707.92	1.0565	10.9158
制造业	新疆	2124.08	427.89	0.9703	5.6368
制造业	北京	2416.5	579.6	0.6571	0.2279
制造业	安徽	1314.56	101.89	0.1833	4.2133
综合	江苏	1701.63	-285.57	-0.3956	3.3137
制造业	内蒙古	1896.61	754.47	0.6445	4.2984
制造业	黑龙江	768.81	20.84	0.0544	1.6082
批发和零售业	福建	10988.97	41.66	0.0913	4.4962
制造业	北京	4767.91	78.97	0.0932	3.4776
电力、热力、燃气及水生产和供应业	河南	2133.93	-332.58	-0.3854	1.823
房地产业	浙江	17227.11	2506.2	0.2914	3.9095
建筑业	海南	159.84	8.27	0.0188	1.4278
制造业	上海	9009.86	432.74	0.2853	2.9465
制造业	西藏	1027.88	215.61	1.2004	12.5403
综合	山东	245.07	-171.97	-0.3361	1.1403
制造业	江苏	2457.59	13.07	0.0594	0.8552
房地产业	吉林	588.94	97.71	0.2101	5.4329
制造业	浙江	6858.74	364.55	0.3777	7.922
制造业	陕西	3135.96	316.14	0.3769	1.6895
制造业	安徽	3477.08	39.68	0.1076	5.2543
制造业	山东	20222.36	1437.98	0.1203	3.1988
制造业	江苏	2420.3	135.99	0.0763	1.229
交通运输、仓储和邮政业	海南	67763.93	-3591.43	-0.2137	3.1851
制造业	河南	1194.79	-115.32	-0.2009	2.4197
房地产业	山东	8821.31	162.06	0.1619	2.4348
房地产业	天津	3193.16	-386.94	-0.4136	1.3223
制造业	浙江	982.06	141.72	0.0452	1.3819
制造业	贵州	2430.81	199.04	0.1176	2.8714
制造业	江西	528.48	8.01	0.0332	0.2536
文化、体育和娱乐业	山东	2170.17	348.01	0.4957	3.6463
制造业	河北	4431.73	990.95	2.406	8.7116
制造业	辽宁	20776.51	1197.36	0.4321	2.6869
制造业	浙江	1199.09	25.39	0.0696	3.1155
交通运输、仓储和邮政业	辽宁	27465.14	1903.98	5.0094	30.2549
制造业	山西	146.4	-16.96	-0.0838	0.267
制造业	浙江	1517.89	10.02	0.0285	3.6631
电力、热力、燃气及水生产和供应业	广西	9514.34	2384.73	0.3933	2.3216

上市公司基本信息
Listed Companies in 2018

公司代码 Code	证券简称 Security Name	总股本 Total Vol	A 股流通股 A-Share Negotiable	B 股 B-Share	H 股 H-Share	优先股 Pref Share
600237	铜峰电子	564.4	564.4	0.0	0.0	0.0
600238	*ST 椰岛	448.2	445.0	0.0	0.0	0.0
600239	云南城投	1605.7	1605.7	0.0	0.0	0.0
600240	华业资本	1424.3	1424.3	0.0	0.0	0.0
600241	时代万恒	294.3	251.6	0.0	0.0	0.0
600242	中昌数据	456.7	303.7	0.0	0.0	0.0
600243	青海华鼎	438.9	438.9	0.0	0.0	0.0
600246	万通地产	2054.0	1216.8	0.0	0.0	0.0
600247	*ST 成城	336.4	336.4	0.0	0.0	0.0
600248	延长化建	918.0	607.6	0.0	0.0	0.0
600249	两面针	550.0	550.0	0.0	0.0	0.0
600250	南纺股份	258.7	258.7	0.0	0.0	0.0
600251	冠农股份	784.8	784.8	0.0	0.0	0.0
600252	中恒集团	3475.1	3475.1	0.0	0.0	0.0
600255	梦舟股份	1769.6	1769.6	0.0	0.0	0.0
600256	广汇能源	6737.1	6737.1	0.0	0.0	0.0
600257	大湖股份	481.2	427.1	0.0	0.0	0.0
600258	首旅酒店	978.9	624.6	0.0	0.0	0.0
600259	广晟有色	301.8	262.1	0.0	0.0	0.0
600260	凯乐科技	714.8	628.3	0.0	0.0	0.0
600261	阳光照明	1452.1	1452.1	0.0	0.0	0.0
600262	北方股份	170.0	170.0	0.0	0.0	0.0
600265	ST 景谷	129.8	129.8	0.0	0.0	0.0
600266	北京城建	1567.0	1567.0	0.0	0.0	0.0
600267	海正药业	965.5	965.5	0.0	0.0	0.0
600268	国电南自	695.3	635.2	0.0	0.0	0.0
600269	赣粤高速	2335.4	2335.4	0.0	0.0	0.0
600270	外运发展	905.5	905.5	0.0	0.0	0.0
600271	航天信息	1862.5	1846.8	0.0	0.0	0.0
600272	开开实业	243.0	160.0	80.0	0.0	0.0
600273	嘉化能源	1432.7	1413.7	0.0	0.0	0.0
600275	ST 昌鱼	508.8	508.8	0.0	0.0	0.0
600276	恒瑞医药	3682.1	3661.9	0.0	0.0	0.0
600277	亿利洁能	2738.9	2674.0	0.0	0.0	0.0
600278	东方创业	522.2	522.2	0.0	0.0	0.0
600279	重庆港九	693.0	693.0	0.0	0.0	0.0
600280	中央商场	1148.3	1148.3	0.0	0.0	0.0
600281	太化股份	514.4	514.4	0.0	0.0	0.0
600282	南钢股份	4421.0	4421.0	0.0	0.0	0.0
600283	钱江水利	353.0	353.0	0.0	0.0	0.0
600284	浦东建设	970.3	970.3	0.0	0.0	0.0
600285	羚锐制药	586.4	529.6	0.0	0.0	0.0
600287	江苏舜天	436.8	436.8	0.0	0.0	0.0
600288	大恒科技	436.8	436.8	0.0	0.0	0.0
600289	*ST 信通	631.1	565.9	0.0	0.0	0.0
600290	华仪电气	759.9	526.9	0.0	0.0	0.0
600291	西水股份	1093.1	978.9	0.0	0.0	0.0
600292	远达环保	780.8	780.8	0.0	0.0	0.0
600293	三峡新材	1162.1	516.8	0.0	0.0	0.0
600295	鄂尔多斯	1032.0	612.0	420.0	0.0	0.0

注：股本的单位为百万股，营业收入、净利润的单位为百万元。

上市公司基本信息
Listed Companies in 2018

所属行业 Industry	所属地区 Area	营业收入 Operating Income	净利润 Net Profit	每股收益 EPS	每股净资产 NAVPS
制造业	安徽	885.38	9.53	0.0169	2.206
制造业	海南	705.99	40.51	0.0904	1.7814
房地产业	云南	9542.98	491.41	0.306	3.5194
房地产业	北京	4886.78	-6438.3	-4.5205	0.1606
批发和零售业	辽宁	814.73	-174.82	-0.594	4.2755
信息传输、软件和信息技术服务业	广东	3018.42	121.37	0.2658	4.6054
制造业	青海	763.51	-207.2	-0.4721	3.5092
房地产业	北京	3644.77	327.27	0.1593	3.5069
批发和零售业	吉林	31.63	7.42	0.022	0.0331
建筑业	陕西	7572.03	281.36	0.3065	2.9889
制造业	广西	1244.73	21.72	0.0395	3.2663
批发和零售业	江苏	1012.3	185.45	0.7169	2.5028
制造业	新疆	2174.78	94.61	0.1206	2.5785
制造业	广西	3298.77	613.35	0.1765	1.7054
制造业	安徽	5019.4	-1263.07	-0.7138	1.2469
采矿业	新疆	12904.56	1743.81	0.2567	2.2316
农、林、牧、渔业	湖南	1070.09	17.66	0.0367	2.7054
住宿和餐饮业	北京	8538.81	857.01	0.8755	8.3384
采矿业	海南	2410.72	-266.14	-0.8818	5.5691
制造业	湖北	16957.84	904.73	1.2657	7.7487
制造业	浙江	5616.19	384.54	0.2648	2.4498
制造业	内蒙古	1195.59	114.26	0.6721	6.7782
农、林、牧、渔业	云南	118.87	6.06	0.0467	0.2755
房地产业	北京	13380.52	1230.08	0.785	14.9639
制造业	浙江	10187.44	-492.47	-0.5101	6.4042
制造业	江苏	4931.07	52.21	0.0751	3.3481
交通运输、仓储和邮政业	江西	4507.42	1168.46	0.5003	6.3562
交通运输、仓储和邮政业	北京	.	.	.	.
制造业	北京	27940.08	1618	0.8687	5.9678
批发和零售业	上海	877.57	35.23	0.145	2.0386
制造业	江苏	5603.76	1100.18	0.7679	4.5652
制造业	湖北	37.89	4.28	0.0084	0.2978
制造业	江苏	17417.9	4065.61	1.103	5.3524
制造业	内蒙古	17371.36	770.72	0.2814	5.403
批发和零售业	上海	16741.24	151.67	0.2904	7.0218
交通运输、仓储和邮政业	重庆	6366.59	135.88	0.1961	5.2196
批发和零售业	江苏	8249.77	-340.37	-0.2964	1.2598
制造业	山西	705.7	-114.98	-0.2235	0.8491
制造业	江苏	43646.79	4008.19	0.9064	3.4776
电力、热力、燃气及水生产和供应业	浙江	1067.75	57.98	0.1642	5.126
建筑业	上海	3672.38	452.89	0.4668	6.0339
制造业	河南	2053.11	243.26	0.4148	3.5504
批发和零售业	江苏	5364.5	85.44	0.1956	4.1821
制造业	北京	3342.28	50.64	0.1159	3.5619
信息传输、软件和信息技术服务业	黑龙江	1253.76	-1474.5	-2.3366	-1.2207
制造业	浙江	1566.72	-83.02	-0.1093	5.3559
金融业	内蒙古	23215.27	377.62	0.3455	11.4952
水利、环境和公共设施管理业	重庆	3676.49	125.64	0.1609	6.3102
批发和零售业	湖北	9422.19	240.4	0.2069	3.3331
制造业	内蒙古	23858.17	923.37	0.8947	8.8269

上市公司基本信息
Listed Companies in 2018

公司代码 Code	证券简称 Security Name	总股本 Total Vol	A 股流通股 A-Share Negotiable	B 股 B-Share	H 股 H-Share	优先股 Pref Share
600297	广汇汽车	8217.6	8144.3	0.0	0.0	0.0
600298	安琪酵母	824.1	824.1	0.0	0.0	0.0
600299	安迪苏	2681.9	2681.9	0.0	0.0	0.0
600300	维维股份	1672.0	1672.0	0.0	0.0	0.0
600301	ST 南化	235.1	235.1	0.0	0.0	0.0
600302	标准股份	346.0	346.0	0.0	0.0	0.0
600303	曙光股份	675.6	620.3	0.0	0.0	0.0
600305	恒顺醋业	783.6	783.6	0.0	0.0	0.0
600306	商业城	178.1	177.4	0.0	0.0	0.0
600307	酒钢宏兴	6263.4	6263.4	0.0	0.0	0.0
600308	华泰股份	1167.6	1167.6	0.0	0.0	0.0
600309	万华化学	2734.0	2734.0	0.0	0.0	0.0
600310	桂东电力	827.8	827.8	0.0	0.0	0.0
600311	荣华实业	665.6	665.6	0.0	0.0	0.0
600312	平高电气	1356.9	1356.9	0.0	0.0	0.0
600313	农发种业	1082.2	1019.4	0.0	0.0	0.0
600315	上海家化	671.2	671.2	0.0	0.0	0.0
600316	洪都航空	717.1	717.1	0.0	0.0	0.0
600317	营口港	6473.0	6473.0	0.0	0.0	0.0
600318	新力金融	484.0	484.0	0.0	0.0	0.0
600319	亚星化学	315.6	315.6	0.0	0.0	0.0
600320	振华重工	5268.4	3322.0	1946.4	0.0	0.0
600321	*ST 正源	1510.6	1510.6	0.0	0.0	0.0
600322	天房发展	1105.7	1105.7	0.0	0.0	0.0
600323	瀚蓝环境	766.3	766.3	0.0	0.0	0.0
600325	华发股份	2118.0	2104.3	0.0	0.0	0.0
600326	西藏天路	865.4	865.4	0.0	0.0	0.0
600327	大东方	737.3	737.3	0.0	0.0	0.0
600328	兰太实业	438.0	438.0	0.0	0.0	0.0
600329	中新药业	768.9	565.9	0.0	200.0	0.0
600330	天通股份	996.6	996.6	0.0	0.0	0.0
600331	宏达股份	2032.0	2032.0	0.0	0.0	0.0
600332	白云山	1625.8	1071.2	0.0	219.9	0.0
600333	长春燃气	609.0	529.6	0.0	0.0	0.0
600335	国机汽车	1029.7	1029.7	0.0	0.0	0.0
600336	澳柯玛	799.2	732.3	0.0	0.0	0.0
600337	美克家居	1775.1	1728.3	0.0	0.0	0.0
600338	西藏珠峰	653.0	653.0	0.0	0.0	0.0
600339	中油工程	5583.1	1552.2	0.0	0.0	0.0
600340	华夏幸福	3003.3	2954.9	0.0	0.0	0.0
600343	航天动力	638.2	638.2	0.0	0.0	0.0
600345	长江通信	198.0	198.0	0.0	0.0	0.0
600346	恒力股份	5052.8	919.4	0.0	0.0	0.0
600348	阳泉煤业	2405.0	2405.0	0.0	0.0	0.0
600350	山东高速	4811.2	4811.2	0.0	0.0	0.0
600351	亚宝药业	787.0	787.0	0.0	0.0	0.0
600352	浙江龙盛	3253.3	3253.3	0.0	0.0	0.0
600353	旭光股份	543.7	543.7	0.0	0.0	0.0
600354	敦煌种业	527.8	527.8	0.0	0.0	0.0
600355	精伦电子	492.1	492.1	0.0	0.0	0.0

注：股本的单位为百万股，营业收入、净利润的单位为百万元。

上市公司基本信息
Listed Companies in 2018

所属行业 Industry	所属地区 Area	营业收入 Operating Income	净利润 Net Profit	每股收益 EPS	每股净资产 NAVPS
批发和零售业	辽宁	166172.99	3257.42	0.3964	4.5043
制造业	湖北	6685.6	856.67	1.0395	5.2094
制造业	北京	11417.98	926.13	0.3453	5.0719
制造业	江苏	5032.92	64.72	0.0387	1.5843
制造业	广西	275.44	54.12	0.2302	1.2892
制造业	陕西	747.16	28.37	0.082	3.5802
制造业	辽宁	2915.05	-128.14	-0.1897	4.2541
制造业	江苏	1693.68	304.6	0.3887	2.5969
批发和零售业	辽宁	996.68	-127.66	-0.7167	0.1216
制造业	甘肃	45431.11	1092.67	0.1745	1.6821
制造业	山东	14763.35	719.07	0.6159	6.5759
制造业	山东	60621.19	10610.38	3.8809	12.355
电力、热力、燃气及水生产和供应业	广西	11933.18	68.5	0.0827	2.275
采矿业	甘肃	82.24	-108.7	-0.1633	1.0832
制造业	河南	10816.3	286.33	0.211	6.5779
农、林、牧、渔业	北京	3446.4	31.7	0.0293	1.3136
制造业	上海	7137.95	540.38	0.805	8.6601
制造业	江西	2417.8	148.37	0.2069	6.7925
交通运输、仓储和邮政业	辽宁	4813.54	1000.91	0.1546	1.7981
金融业	安徽	533.35	52.97	0.1094	2.1443
制造业	山东	2010.16	3.11	0.0098	0.1165
制造业	上海	21812.39	443.01	0.0841	2.8825
制造业	四川	2011.49	38.2	0.0253	1.7825
房地产业	天津	3401.41	134.72	0.1218	4.0835
电力、热力、燃气及水生产和供应业	广东	4848.49	875.51	1.1426	7.6142
房地产业	广东	23698.93	2284.36	1.0786	7.0224
建筑业	西藏	5021.39	449.56	0.5195	3.5182
批发和零售业	江苏	9153.57	294.53	0.3995	3.6811
制造业	内蒙古	3780.82	267.56	0.6108	5.4976
制造业	天津	6358.62	561.68	0.7305	6.4081
制造业	浙江	2610.22	283.55	0.2845	3.8399
制造业	四川	2690.01	-2672.01	-1.315	1.0914
制造业	广东	42233.84	3440.98	2.1165	13.3381
电力、热力、燃气及水生产和供应业	吉林	1568.48	-70	-0.1149	3.4272
批发和零售业	天津	44252.76	594.82	0.5776	7.6993
制造业	山东	5645.16	69.9	0.0875	2.3059
批发和零售业	新疆	5261.02	451.21	0.2542	2.7051
采矿业	西藏	2046.31	900.66	1.3793	3.3265
采矿业	新疆	58622.88	955.02	0.1711	4.2055
房地产业	河北	83798.59	11745.79	3.911	14.5764
制造业	陕西	1887.77	23.03	0.0361	3.4576
制造业	湖北	147.7	232.32	1.1733	9.6038
制造业	辽宁	60067.26	3322.61	0.6576	5.4599
采矿业	山西	32683.71	1971.27	0.8197	8.8009
交通运输、仓储和邮政业	山东	6828.8	2943.89	0.6119	5.6662
制造业	山西	2918.1	273.34	0.3473	3.6802
制造业	浙江	19075.78	4111.36	1.2637	6.1383
制造业	四川	1058.85	56.39	0.1037	1.8889
农、林、牧、渔业	甘肃	767.47	-217.58	-0.4122	1.324
制造业	湖北	397.76	11.01	0.0224	0.7348

上市公司基本信息
Listed Companies in 2018

公司代码 Code	证券简称 Security Name	总股本 Total Vol	A 股流通股 A-Share Negotiable	B 股 B-Share	H 股 H-Share	优先股 Pref Share
600356	恒丰纸业	298.7	298.7	0.0	0.0	0.0
600358	国旅联合	504.9	432.0	0.0	0.0	0.0
600359	新农开发	381.5	381.5	0.0	0.0	0.0
600360	华微电子	751.6	738.3	0.0	0.0	0.0
600361	华联综超	665.8	665.8	0.0	0.0	0.0
600362	江西铜业	3462.7	2075.2	0.0	1387.5	0.0
600363	联创光电	443.5	443.5	0.0	0.0	0.0
600365	通葡股份	400.0	400.0	0.0	0.0	0.0
600366	宁波韵升	1002.5	988.2	0.0	0.0	0.0
600367	红星发展	298.0	291.2	0.0	0.0	0.0
600368	五洲交通	1125.6	1125.6	0.0	0.0	0.0
600369	西南证券	5645.1	5645.1	0.0	0.0	0.0
600370	三房巷	797.2	797.2	0.0	0.0	0.0
600371	万向德农	225.1	225.1	0.0	0.0	0.0
600372	中航电子	1759.2	1759.2	0.0	0.0	0.0
600373	中文传媒	1377.9	1377.9	0.0	0.0	0.0
600375	华菱星马	555.7	555.7	0.0	0.0	0.0
600376	首开股份	2579.6	2545.8	0.0	0.0	0.0
600377	宁沪高速	5037.7	3798.0	0.0	1222.0	0.0
600378	天科股份	297.2	297.2	0.0	0.0	0.0
600379	宝光股份	235.9	235.9	0.0	0.0	0.0
600380	健康元	1938.0	1937.3	0.0	0.0	0.0
600381	青海春天	588.1	583.2	0.0	0.0	0.0
600382	广东明珠	466.8	341.7	0.0	0.0	0.0
600383	金地集团	4514.6	4514.6	0.0	0.0	0.0
600385	山东金泰	148.1	142.8	0.0	0.0	0.0
600386	北巴传媒	806.4	806.4	0.0	0.0	0.0
600387	海越能源	472.1	385.7	0.0	0.0	0.0
600388	龙净环保	1069.1	1069.1	0.0	0.0	0.0
600389	江山股份	297.0	297.0	0.0	0.0	0.0
600390	五矿资本	3748.4	513.5	0.0	0.0	0.0
600391	航发科技	330.1	330.1	0.0	0.0	0.0
600392	盛和资源	1755.2	1395.6	0.0	0.0	0.0
600393	粤泰股份	2536.2	988.2	0.0	0.0	0.0
600395	盘江股份	1655.1	1655.1	0.0	0.0	0.0
600396	金山股份	1472.7	1472.7	0.0	0.0	0.0
600397	*ST 安煤	990.0	990.0	0.0	0.0	0.0
600398	海澜之家	4492.8	4492.8	0.0	0.0	0.0
600399	*ST 抚钢	1972.1	1972.1	0.0	0.0	0.0
600400	红豆股份	2533.3	2496.4	0.0	0.0	0.0
600401	*ST 海润	4724.9	4724.9	0.0	0.0	0.0
600403	大有能源	2390.8	2390.8	0.0	0.0	0.0
600405	动力源	562.0	553.3	0.0	0.0	0.0
600406	国电南瑞	4583.7	2553.2	0.0	0.0	0.0
600408	*ST 安泰	1006.8	1006.8	0.0	0.0	0.0
600409	三友化工	2064.3	2037.3	0.0	0.0	0.0
600410	华胜天成	1102.3	1098.7	0.0	0.0	0.0
600415	小商品城	5443.2	5443.2	0.0	0.0	0.0
600416	湘电股份	945.8	881.4	0.0	0.0	0.0
600418	江淮汽车	1893.3	1893.3	0.0	0.0	0.0

注：股本的单位为百万股，营业收入、净利润的单位为百万元。

上市公司基本信息
Listed Companies in 2018

所属行业 Industry	所属地区 Area	营业收入 Operating Income	净利润 Net Profit	每股收益 EPS	每股净资产 NAVPS
制造业	黑龙江	1610.93	66.79	0.2236	7.0642
信息传输、软件和信息技术服务业	江苏	275.18	-83.59	-0.1655	0.8983
农、林、牧、渔业	新疆	626.56	-217.77	-0.5708	1.2216
制造业	吉林	1709.26	106.01	0.141	2.9916
批发和零售业	北京	11595.34	83.4	0.1253	4.0761
制造业	江西	215289.87	2447.48	0.7068	14.372
制造业	江西	3445.56	227.16	0.5122	5.5158
制造业	吉林	1026.65	4.2	0.0105	1.7334
制造业	浙江	2026.5	89.33	0.0891	4.4064
制造业	贵州	1593.04	115.93	0.389	4.2767
交通运输、仓储和邮政业	广西	1819.35	424.13	0.3768	3.1731
金融业	重庆	2744.15	226.84	0.0402	3.2941
制造业	江苏	1182.08	53.63	0.0673	1.6407
农、林、牧、渔业	黑龙江	263.89	52.03	0.2312	2.117
制造业	江西	7643.43	479.33	0.2725	4.2984
文化、体育和娱乐业	江西	11512.67	1619.11	1.175	9.6445
制造业	安徽	7292.34	59.49	0.107	5.0527
房地产业	北京	39736.01	3166.56	1.2276	11.9735
交通运输、仓储和邮政业	江苏	9969.01	4376.6	0.8688	5.1883
制造业	四川	4181.83	524.82	0.6269	5.8119
制造业	陕西	849.35	38.47	0.1631	2.2053
制造业	广东	11203.96	699.41	0.3609	4.9759
制造业	青海	333.02	68.45	0.1164	4.0469
批发和零售业	广东	718.51	388.14	0.8315	11.7186
房地产业	广东	50311.82	8098.42	1.7938	10.289
制造业	山东	5.45	-10.16	-0.0686	0.4029
批发和零售业	北京	4794.06	102.8	0.1275	2.2011
批发和零售业	浙江	21412.61	307.13	0.6506	5.4884
制造业	福建	9402.3	801.22	0.7495	4.7232
制造业	江苏	3921.17	392.1	1.3202	6.1363
金融业	湖南	8234.85	2249.36	0.6001	8.6706
制造业	四川	2364.27	-303.03	-0.9179	4.348
制造业	山西	6226.96	286.44	0.1632	2.9585
房地产业	广东	3275.5	289.97	0.1143	2.3181
采矿业	贵州	6089.81	944.94	0.5709	3.9705
电力、热力、燃气及水生产和供应业	辽宁	7137.51	-728.65	-0.4948	1.3337
采矿业	江西	5048.66	64.27	0.0649	0.8655
制造业	江苏	19089.73	3454.77	2.9576	11.0931
制造业	辽宁	5847.73	2607.31	1.3221	2.1144
制造业	江苏	2482.53	207.06	0.0817	1.5716
制造业	江苏	878.32	-3737.14	-0.7909	-0.5377
采矿业	河南	7861.22	651.28	0.2724	3.5637
制造业	北京	909.56	-280.22	-0.4986	1.9081
信息传输、软件和信息技术服务业	江苏	28540.37	4162.07	0.908	6.0616
制造业	山西	8815.57	820.25	0.8147	1.4825
制造业	河北	20173.74	1586.08	0.7683	5.3524
信息传输、软件和信息技术服务业	北京	5224.12	-225.87	-0.2049	4.2279
租赁和商务服务业	浙江	3593.75	1082.63	0.1989	2.1609
制造业	湖南	6199.04	-1911.8	-2.0213	4.802
制造业	安徽	50091.75	-786.14	-0.4152	6.7904

上市公司基本信息
Listed Companies in 2018

公司代码 Code	证券简称 Security Name	总股本 Total Vol	A 股流通股 A-Share Negotiable	B 股 B-Share	H 股 H-Share	优先股 Pref Share
600419	天润乳业	207.1	207.1	0.0	0.0	0.0
600420	现代制药	1056.2	575.5	0.0	0.0	0.0
600421	ST 仰帆	195.6	195.6	0.0	0.0	0.0
600422	昆药集团	762.4	758.7	0.0	0.0	0.0
600423	*ST 柳化	798.7	798.7	0.0	0.0	0.0
600425	青松建化	1378.8	1378.8	0.0	0.0	0.0
600426	华鲁恒升	1620.3	1614.5	0.0	0.0	0.0
600428	中远海特	2146.7	1690.4	0.0	0.0	0.0
600429	三元股份	1497.6	885.0	0.0	0.0	0.0
600432	退市吉恩	1603.7	1603.7	0.0	0.0	0.0
600433	冠豪高新	1271.3	1271.3	0.0	0.0	0.0
600435	北方导航	1489.3	1489.3	0.0	0.0	0.0
600436	片仔癀	603.3	603.3	0.0	0.0	0.0
600438	通威股份	3882.4	2782.5	0.0	0.0	0.0
600439	瑞贝卡	1132.0	1132.0	0.0	0.0	0.0
600444	国机通用	146.4	146.4	0.0	0.0	0.0
600446	金证股份	853.2	835.0	0.0	0.0	0.0
600448	华纺股份	524.8	514.7	0.0	0.0	0.0
600449	宁夏建材	478.2	478.2	0.0	0.0	0.0
600452	涪陵电力	224.0	224.0	0.0	0.0	0.0
600455	博通股份	62.5	62.5	0.0	0.0	0.0
600456	宝钛股份	430.3	430.3	0.0	0.0	0.0
600458	时代新材	802.8	661.4	0.0	0.0	0.0
600459	贵研铂业	339.3	339.3	0.0	0.0	0.0
600460	士兰微	1312.1	1247.2	0.0	0.0	0.0
600461	洪城水业	789.6	594.0	0.0	0.0	0.0
600462	九有股份	533.8	533.8	0.0	0.0	0.0
600463	空港股份	300.0	252.0	0.0	0.0	0.0
600466	蓝光发展	2984.1	2973.1	0.0	0.0	0.0
600467	好当家	1461.0	1461.0	0.0	0.0	0.0
600468	百利电气	811.1	798.4	0.0	0.0	0.0
600469	风神股份	562.4	562.4	0.0	0.0	0.0
600470	六国化工	521.6	521.6	0.0	0.0	0.0
600475	华光股份	559.4	140.5	0.0	0.0	0.0
600476	湘邮科技	161.1	161.1	0.0	0.0	0.0
600477	杭萧钢构	1790.7	1641.9	0.0	0.0	0.0
600478	科力远	1469.7	1469.7	0.0	0.0	0.0
600479	千金药业	418.5	418.5	0.0	0.0	0.0
600480	凌云股份	455.1	450.9	0.0	0.0	0.0
600481	双良节能	1635.9	1620.5	0.0	0.0	0.0
600482	中国动力	1716.3	891.1	0.0	0.0	0.0
600483	福能股份	1551.8	1258.3	0.0	0.0	0.0
600485	信威集团	2923.7	1812.5	0.0	0.0	0.0
600486	扬农化工	309.9	309.9	0.0	0.0	0.0
600487	亨通光电	1903.7	1860.3	0.0	0.0	0.0
600488	天药股份	1091.9	968.7	0.0	0.0	0.0
600489	中金黄金	3451.1	3451.1	0.0	0.0	0.0
600490	鹏欣资源	2111.4	1491.4	0.0	0.0	0.0
600491	龙元建设	1529.8	947.6	0.0	0.0	0.0
600493	凤竹纺织	272.0	272.0	0.0	0.0	0.0

注：股本的单位为百万股，营业收入、净利润的单位为百万元。

上市公司基本信息
Listed Companies in 2018

所属行业 Industry	所属地区 Area	营业收入 Operating Income	净利润 Net Profit	每股收益 EPS	每股净资产 NAVPS
制造业	新疆	1462.03	114.18	0.5513	4.4478
制造业	上海	11320.78	705.52	0.668	6.4439
制造业	湖北	1	-8.93	-0.0457	0.0109
制造业	云南	7101.98	335.54	0.4401	5.0113
制造业	广西	2008.51	390.3	0.4887	2.7408
制造业	新疆	2413.53	365.22	0.2649	3.2024
制造业	山东	14356.82	3019.65	1.8564	7.4189
交通运输、仓储和邮政业	广东	7576.12	86.07	0.0401	4.4619
制造业	北京	7455.84	180.35	0.1204	3.3159
制造业	吉林	.	.	.	.
制造业	广东	2550.16	109.22	0.0859	2.0667
制造业	北京	1999.01	49.53	0.0333	1.4267
制造业	福建	4766.16	1142.93	1.8944	8.3148
制造业	四川	27535.17	2018.75	0.52	3.7961
制造业	河南	1881.35	234.16	0.2069	2.5235
制造业	安徽	595.82	47.2	0.3223	3.8092
信息传输、软件和信息技术服务业	广东	4890.61	-116.36	-0.1364	1.9061
制造业	山东	3264	21.01	0.04	2.7997
制造业	宁夏	4173.08	428.27	0.8956	10.1403
电力、热力、燃气及水生产和供应业	重庆	2447.8	348.72	1.5568	6.5465
综合	陕西	179.25	3.17	0.0507	2.1102
制造业	陕西	3410.19	141.09	0.3279	8.238
制造业	湖南	11996.05	-426.96	-0.5318	5.8556
制造业	云南	17074.04	157.14	0.4632	6.1179
制造业	浙江	3025.86	170.46	0.1299	2.6126
电力、热力、燃气及水生产和供应业	江西	4377.75	336.01	0.4255	4.4693
租赁和商务服务业	吉林	2259	-272.26	-0.5101	0.0237
建筑业	北京	1265.61	15.31	0.051	4.7032
房地产业	四川	30820.54	2224.07	0.7453	5.2811
农、林、牧、渔业	山东	1149.83	62.04	0.0425	2.0826
制造业	天津	1357.04	47.13	0.0581	2.1581
制造业	河南	6218.64	18.27	0.0325	3.5871
制造业	安徽	4165.3	-603.98	-1.1579	2.7533
制造业	江苏	7453.53	419.33	0.7496	8.5347
信息传输、软件和信息技术服务业	湖南	310.36	1.63	0.0101	1.4381
建筑业	浙江	6184.37	567.99	0.3173	1.8088
制造业	湖南	1892.63	21.72	0.0148	1.4275
制造业	湖南	3328.55	255.36	0.6102	4.8478
制造业	河北	12251.83	272.04	0.5978	8.7347
制造业	江苏	2505.07	251.83	0.1538	1.3733
制造业	河北	29661.53	1347.54	0.7852	15.1044
电力、热力、燃气及水生产和供应业	福建	9353.92	1050.4	0.277	3.0966
制造业	北京	498.96	-2898.3	-1.2892	3.1737
制造业	江苏	5290.73	895.38	2.8893	14.9347
制造业	江苏	33865.76	2531.59	1.3298	6.5245
制造业	天津	2427.86	153.45	0.1405	2.5991
采矿业	北京	34452.38	195.95	0.0568	3.9472
制造业	上海	14138.03	198.42	0.094	2.5837
建筑业	浙江	20212.76	922.18	0.6028	6.3382
制造业	福建	1004.81	30.6	0.1125	2.6438

上市公司基本信息
Listed Companies in 2018

公司代码 Code	证券简称 Security Name	总股本 Total Vol	A 股流通股 A-Share Negotiable	B 股 B-Share	H 股 H-Share	优先股 Pref Share
600495	晋西车轴	1208.2	1208.2	0.0	0.0	0.0
600496	精工钢构	1810.4	1510.4	0.0	0.0	0.0
600497	驰宏锌锗	5091.3	4309.9	0.0	0.0	0.0
600498	烽火通信	1168.7	1102.4	0.0	0.0	0.0
600499	科达洁能	1577.2	1411.5	0.0	0.0	0.0
600500	中化国际	2083.0	2083.0	0.0	0.0	0.0
600501	航天晨光	421.3	421.3	0.0	0.0	0.0
600502	安徽水利	1721.2	910.7	0.0	0.0	0.0
600503	华丽家族	1602.3	1602.3	0.0	0.0	0.0
600505	西昌电力	364.6	364.6	0.0	0.0	0.0
600506	香梨股份	147.7	147.7	0.0	0.0	0.0
600507	方大特钢	1449.9	1326.1	0.0	0.0	0.0
600508	上海能源	722.7	722.7	0.0	0.0	0.0
600509	天富能源	1151.4	905.7	0.0	0.0	0.0
600510	黑牡丹	1047.1	1047.1	0.0	0.0	0.0
600511	国药股份	764.4	277.6	0.0	0.0	0.0
600512	腾达建设	1598.9	1537.4	0.0	0.0	0.0
600513	联环药业	285.5	285.5	0.0	0.0	0.0
600515	海航基础	3907.6	1658.3	0.0	0.0	0.0
600516	方大炭素	1807.4	1772.3	0.0	0.0	0.0
600517	置信电气	1356.2	1244.5	0.0	0.0	0.0
600518	康美药业	4973.9	4403.2	0.0	0.0	30.0
600519	贵州茅台	1256.2	1256.2	0.0	0.0	0.0
600520	文一科技	158.4	158.4	0.0	0.0	0.0
600521	华海药业	1250.8	1236.5	0.0	0.0	0.0
600522	中天科技	3066.1	3066.1	0.0	0.0	0.0
600523	贵航股份	404.3	404.0	0.0	0.0	0.0
600525	长园集团	1324.7	1305.8	0.0	0.0	0.0
600526	菲达环保	547.4	547.4	0.0	0.0	0.0
600527	江南高纤	1443.1	1203.1	0.0	0.0	0.0
600528	中铁工业	2221.6	1837.7	0.0	0.0	0.0
600529	山东药玻	425.0	360.3	0.0	0.0	0.0
600530	交大昂立	780.0	780.0	0.0	0.0	0.0
600531	豫光金铅	1090.2	1090.2	0.0	0.0	0.0
600532	宏达矿业	516.1	516.1	0.0	0.0	0.0
600533	栖霞建设	1050.0	1050.0	0.0	0.0	0.0
600535	天士力	1512.7	1512.7	0.0	0.0	0.0
600536	中国软件	494.6	494.6	0.0	0.0	0.0
600537	亿晶光电	1176.4	1176.4	0.0	0.0	0.0
600538	国发股份	464.4	464.4	0.0	0.0	0.0
600539	*ST 狮头	230.0	230.0	0.0	0.0	0.0
600540	新赛股份	470.9	470.9	0.0	0.0	0.0
600543	莫高股份	321.1	321.1	0.0	0.0	0.0
600545	卓郎智能	1895.4	675.8	0.0	0.0	0.0
600546	山煤国际	1982.5	1982.5	0.0	0.0	0.0
600547	山东黄金	2214.0	1451.5	0.0	356.9	0.0
600548	深高速	2180.8	1433.3	0.0	747.5	0.0
600549	厦门钨业	1413.3	1406.0	0.0	0.0	0.0
600550	保变电气	1841.5	1534.6	0.0	0.0	0.0
600551	时代出版	505.8	505.8	0.0	0.0	0.0

注：股本的单位为百万股，营业收入、净利润的单位为百万元。

上市公司基本信息
Listed Companies in 2018

所属行业 Industry	所属地区 Area	营业收入 Operating Income	净利润 Net Profit	每股收益 EPS	每股净资产 NAVPS
制造业	山西	1374.54	35.72	0.0296	2.6026
建筑业	安徽	8630.59	181.71	0.1004	2.6935
采矿业	云南	18950.72	622.79	0.1223	2.8207
制造业	湖北	24235.24	843.86	0.722	8.5647
制造业	广东	6070.84	-588.58	-0.3732	2.9536
制造业	上海	59956.57	911.09	0.4374	5.3974
制造业	江苏	2632.25	-164.79	-0.3912	4.8522
建筑业	安徽	38827.99	799.94	0.4648	5.2613
房地产业	上海	386.89	19.83	0.0124	2.3617
电力、热力、燃气及水生产和供应业	四川	945.37	63.03	0.1729	3.0538
农、林、牧、渔业	新疆	42.56	4.53	0.0307	1.9078
制造业	江西	17285.85	2927.03	2.0188	4.4454
采矿业	上海	6849.2	661.31	0.915	13.1605
电力、热力、燃气及水生产和供应业	新疆	4955.88	49.54	0.043	5.6537
房地产业	江苏	6758.31	661.79	0.632	7.4662
批发和零售业	北京	38739.83	1404.1	1.8368	12.0779
建筑业	浙江	3513.25	25.61	0.016	2.6839
制造业	江苏	1019.24	73.56	0.2577	3.2588
房地产业	海南	11656.36	1885.45	0.4825	7.9331
制造业	甘肃	11650.95	5592.81	3.0944	6.9857
制造业	上海	4929.02	19.37	0.0143	2.526
制造业	广东	19356.23	1135.19	0.2282	5.6686
制造业	贵州	73638.87	35203.63	28.024	89.8255
制造业	安徽	307.63	5.04	0.0318	2.7913
制造业	浙江	5094.6	107.51	0.086	3.2536
制造业	江苏	33923.56	2121.56	0.6919	6.2862
制造业	贵州	2798.5	117.54	0.2907	5.6776
制造业	广东	7136.88	111.67	0.0843	4.0325
制造业	浙江	3520.95	-421.67	-0.7703	3.5054
制造业	江苏	1371.56	88.42	0.0613	1.6829
制造业	四川	17897.86	1480.78	0.6666	7.0786
制造业	山东	2584.63	358.21	0.8429	8.2962
制造业	上海	249.04	-506.04	-0.6488	1.158
制造业	河南	19334.19	131.55	0.1207	3.0184
采矿业	山东	2642.43	11.18	0.0217	3.5622
房地产业	江苏	2330.53	217.62	0.2073	3.4558
制造业	天津	17989.54	1545.17	1.0215	6.9637
信息传输、软件和信息技术服务业	北京	4613.16	110.81	0.2241	4.4406
制造业	浙江	3550.21	68.6	0.0583	3.1029
批发和零售业	广西	224.52	-21.61	-0.0465	1.3729
制造业	山西	93.06	10.05	0.0437	1.8693
农、林、牧、渔业	新疆	1283.51	20.36	0.0432	1.3707
制造业	甘肃	231.08	27.25	0.0848	3.5864
制造业	新疆	9220.76	810.29	0.4275	2.455
批发和零售业	山西	38142.77	220.11	0.111	2.7733
采矿业	山东	54787.88	875.73	0.3955	9.7652
交通运输、仓储和邮政业	广东	5807.11	3440.05	1.5774	7.9729
制造业	福建	19556.79	499.05	0.3531	5.1275
制造业	河北	3186.85	-816.51	-0.4434	0.4277
文化、体育和娱乐业	安徽	6436.65	329.59	0.6516	9.151

上市公司基本信息
Listed Companies in 2018

公司代码 Code	证券简称 Security Name	总股本 Total Vol	A 股流通股 A-Share Negotiable	B 股 B-Share	H 股 H-Share	优先股 Pref Share
600552	凯盛科技	763.9	763.9	0.0	0.0	0.0
600555	海航创新	1303.5	973.5	330.0	0.0	0.0
600556	ST 慧球	394.8	394.8	0.0	0.0	0.0
600557	康缘药业	616.4	598.5	0.0	0.0	0.0
600558	大西洋	897.6	897.6	0.0	0.0	0.0
600559	老白干酒	666.0	613.3	0.0	0.0	0.0
600560	金自天正	223.6	223.6	0.0	0.0	0.0
600561	江西长运	237.1	237.1	0.0	0.0	0.0
600562	国睿科技	622.4	601.5	0.0	0.0	0.0
600563	法拉电子	225.0	225.0	0.0	0.0	0.0
600565	迪马股份	2404.6	2368.8	0.0	0.0	0.0
600566	济川药业	814.8	814.8	0.0	0.0	0.0
600567	山鹰纸业	4570.7	4570.7	0.0	0.0	0.0
600568	中珠医疗	1992.9	1669.1	0.0	0.0	0.0
600569	安阳钢铁	2393.7	2393.7	0.0	0.0	0.0
600570	恒生电子	617.8	617.8	0.0	0.0	0.0
600571	信雅达	439.7	431.1	0.0	0.0	0.0
600572	康恩贝	2667.3	2504.0	0.0	0.0	0.0
600573	惠泉啤酒	250.0	250.0	0.0	0.0	0.0
600575	皖江物流	3886.3	3125.1	0.0	0.0	0.0
600576	祥源文化	648.3	525.9	0.0	0.0	0.0
600577	精达股份	1955.3	1955.3	0.0	0.0	0.0
600578	京能电力	6746.7	5335.0	0.0	0.0	0.0
600579	天华院	410.6	410.6	0.0	0.0	0.0
600580	卧龙电气	1293.4	1110.5	0.0	0.0	0.0
600581	八一钢铁	1532.9	1532.9	0.0	0.0	0.0
600582	天地科技	4138.6	4138.6	0.0	0.0	0.0
600583	海油工程	4421.4	4421.4	0.0	0.0	0.0
600584	长电科技	1602.9	1035.9	0.0	0.0	0.0
600585	海螺水泥	5299.3	3999.7	0.0	1299.6	0.0
600586	金晶科技	1458.3	1444.1	0.0	0.0	0.0
600587	新华医疗	406.4	403.5	0.0	0.0	0.0
600588	用友网络	1915.9	1899.8	0.0	0.0	0.0
600589	广东榕泰	705.3	661.6	0.0	0.0	0.0
600590	泰豪科技	866.3	819.4	0.0	0.0	0.0
600592	龙溪股份	399.6	399.6	0.0	0.0	0.0
600593	大连圣亚	128.8	128.8	0.0	0.0	0.0
600594	益佰制药	791.9	791.9	0.0	0.0	0.0
600595	中孚实业	1961.2	1741.5	0.0	0.0	0.0
600596	新安股份	705.9	687.0	0.0	0.0	0.0
600597	光明乳业	1224.5	1224.3	0.0	0.0	0.0
600598	北大荒	1777.7	1777.7	0.0	0.0	0.0
600599	熊猫金控	166.0	166.0	0.0	0.0	0.0
600600	青岛啤酒	1351.0	695.9	0.0	655.1	0.0
600601	方正科技	2194.9	2194.9	0.0	0.0	0.0
600602	云赛智联	1367.7	1033.5	293.4	0.0	0.0
600603	广汇物流	1252.7	504.1	0.0	0.0	0.0
600604	市北高新	1873.3	1334.2	465.9	0.0	0.0
600605	汇通能源	147.3	147.3	0.0	0.0	0.0
600606	绿地控股	12168.2	12168.2	0.0	0.0	0.0

注：股本的单位为百万股，营业收入、净利润的单位为百万元。

上市公司基本信息
Listed Companies in 2018

所属行业 Industry	所属地区 Area	营业收入 Operating Income	净利润 Net Profit	每股收益 EPS	每股净资产 NAVPS
制造业	安徽	3048.21	43.08	0.0564	3.1451
房地产业	上海	13.1	-191.78	-0.1471	1.0609
信息传输、软件和信息技术服务业	广西	66.86	-37.15	-0.0941	0.1025
制造业	江苏	3823.8	431.39	0.6998	6.1124
制造业	四川	2574.06	62.11	0.0692	2.1432
制造业	河北	3583.02	350.37	0.5261	4.1298
制造业	北京	559.94	21.01	0.0939	3.3856
交通运输、仓储和邮政业	江西	2630.74	25.15	0.1061	5.9879
制造业	江苏	1043.3	37.8	0.0607	2.8526
制造业	福建	1721.42	451.86	2.0082	10.9149
房地产业	重庆	13245.6	1016.65	0.4228	3.4393
制造业	湖北	7208.21	1687.86	4.2177	13.6381
制造业	安徽	24366.54	3203.86	0.9785	4.0256
制造业	湖北	572.86	-1894.61	-0.9507	2.0344
制造业	河南	33176.54	1856.67	0.7757	3.4786
信息传输、软件和信息技术服务业	浙江	3262.88	645.37	1.0446	5.1497
信息传输、软件和信息技术服务业	浙江	1222.85	27.49	0.0625	2.3958
制造业	浙江	6786.65	803.79	0.3013	2.1182
制造业	福建	551.59	18.5	0.074	4.5024
交通运输、仓储和邮政业	安徽	11087.95	416.08	0.1071	2.2289
文化、体育和娱乐业	浙江	720.59	14.27	0.022	2.8755
制造业	安徽	11897.8	437.4	0.2237	1.6249
电力、热力、燃气及水生产和供应业	北京	12695.17	891.65	0.1322	3.3961
制造业	山东	11304.09	190.71	0.2124	6.3187
制造业	浙江	11076.03	636.81	0.4924	4.6734
制造业	新疆	20105.35	700.52	0.457	2.6373
制造业	北京	17939.47	961.63	0.2324	3.8047
采矿业	天津	11052.12	79.78	0.018	5.1778
制造业	江苏	23856.49	-939.32	-0.586	7.6689
制造业	安徽	128402.63	29814.28	5.6261	21.2649
制造业	山东	5124.6	78.39	0.0538	2.8982
制造业	山东	10283.64	22.78	0.0561	8.1323
信息传输、软件和信息技术服务业	北京	7703.5	612.13	0.3192	3.4261
制造业	广东	1700.11	153.68	0.2179	4.5158
制造业	江西	6127.39	262.18	0.3026	4.6268
制造业	福建	1025.82	87.75	0.2196	4.5917
水利、环境和公共设施管理业	辽宁	347.66	57.66	0.4476	3.9176
制造业	贵州	3882.86	-725.5	-0.9161	4.4239
制造业	河南	11750.63	-2544.1	-1.2972	1.6831
制造业	浙江	11000.95	1233.39	1.7472	8.0015
制造业	上海	20985.56	341.76	0.2791	4.3585
农、林、牧、渔业	黑龙江	3264.78	976.48	0.5493	3.6628
金融业	湖南	283.22	-55.04	-0.3316	4.0476
制造业	山东	26575.26	1422.2	1.0527	13.3018
制造业	上海	5701.05	55.08	0.0251	1.4719
信息传输、软件和信息技术服务业	上海	4465.56	272.24	0.1991	2.924
综合	上海	2080.83	550.78	0.3252	3.7665
房地产业	上海	507.86	237.63	0.1268	3.2604
批发和零售业	上海	2009.73	17.79	0.1207	4.7142
房地产业	上海	348426.46	11374.78	0.9348	5.7613

上市公司基本信息
Listed Companies in 2018

公司代码 Code	证券简称 Security Name	总股本 Total Vol	A 股流通股 A-Share Negotiable	B 股 B-Share	H 股 H-Share	优先股 Pref Share
600608	ST 沪科	328.9	318.4	0.0	0.0	0.0
600609	金杯汽车	1092.7	1092.7	0.0	0.0	0.0
600610	*ST 毅达	1071.3	375.6	360.4	0.0	0.0
600611	大众交通	2364.1	1563.3	800.8	0.0	0.0
600612	老凤祥	523.1	317.1	206.0	0.0	0.0
600613	神奇制药	534.1	479.3	54.8	0.0	0.0
600614	鹏起科技	1752.8	1511.5	241.3	0.0	0.0
600615	丰华股份	188.0	187.6	0.0	0.0	0.0
600616	金枫酒业	514.6	514.6	0.0	0.0	0.0
600617	国新能源	1084.7	974.9	109.7	0.0	0.0
600618	氯碱化工	1156.4	749.8	406.6	0.0	0.0
600619	海立股份	866.3	582.1	284.2	0.0	0.0
600620	天宸股份	686.7	686.7	0.0	0.0	0.0
600621	华鑫股份	1060.9	535.3	0.0	0.0	0.0
600622	光大嘉宝	1153.6	869.2	0.0	0.0	0.0
600623	华谊集团	2117.4	1874.3	243.1	0.0	0.0
600624	复旦复华	684.7	684.7	0.0	0.0	0.0
600626	申达股份	852.3	710.2	0.0	0.0	0.0
600628	新世界	646.9	531.8	0.0	0.0	0.0
600629	华建集团	432.2	372.9	0.0	0.0	0.0
600630	龙头股份	424.9	424.9	0.0	0.0	0.0
600633	浙数文化	1301.9	1290.3	0.0	0.0	0.0
600634	*ST 富控	575.7	575.7	0.0	0.0	0.0
600635	大众公用	2952.4	2418.8	0.0	533.6	0.0
600636	三爱富	446.9	446.9	0.0	0.0	0.0
600637	东方明珠	3433.6	3414.5	0.0	0.0	0.0
600638	新黄浦	673.4	673.4	0.0	0.0	0.0
600639	浦东金桥	1122.4	850.2	272.2	0.0	0.0
600640	号百控股	795.7	589.4	0.0	0.0	0.0
600641	万业企业	806.2	806.2	0.0	0.0	0.0
600642	申能股份	4552.0	4552.0	0.0	0.0	0.0
600643	爱建集团	1621.9	1434.1	0.0	0.0	0.0
600644	乐山电力	538.4	538.4	0.0	0.0	0.0
600645	中源协和	440.2	383.8	0.0	0.0	0.0
600647	同达创业	139.1	139.1	0.0	0.0	0.0
600648	外高桥	1135.3	934.8	200.6	0.0	0.0
600649	城投控股	2529.6	2420.8	0.0	0.0	0.0
600650	锦江投资	551.6	390.6	161.1	0.0	0.0
600651	飞乐音响	988.9	985.2	0.0	0.0	0.0
600652	游久游戏	832.7	832.7	0.0	0.0	0.0
600653	申华控股	1946.4	1746.4	0.0	0.0	0.0
600654	ST 中安	1283.0	755.0	0.0	0.0	0.0
600655	豫园股份	3881.1	1437.3	0.0	0.0	0.0
600657	信达地产	2851.9	1524.3	0.0	0.0	0.0
600658	电子城	1118.6	1118.6	0.0	0.0	0.0
600660	福耀玻璃	2508.6	2003.0	0.0	505.6	0.0
600661	昂立教育	286.5	259.1	0.0	0.0	0.0
600662	强生控股	1053.4	1053.4	0.0	0.0	0.0
600663	陆家嘴	3361.8	2444.6	917.3	0.0	0.0
600664	哈药股份	2545.0	2507.0	0.0	0.0	0.0

注：股本的单位为百万股，营业收入、净利润的单位为百万元。

上市公司基本信息
Listed Companies in 2018

所属行业 Industry	所属地区 Area	营业收入 Operating Income	净利润 Net Profit	每股收益 EPS	每股净资产 NAVPS
制造业	上海	1003.91	-2.53	-0.0077	0.1711
制造业	辽宁	6145.69	80.76	0.0739	0.3257
建筑业	上海	0	-497.76	-0.4646	-0.4319
交通运输、仓储和邮政业	上海	3404.96	881.55	0.3729	3.6525
制造业	上海	43784.47	1204.54	2.3026	11.8355
制造业	上海	1852.91	106.09	0.1986	4.7556
制造业	上海	2147.27	-3813.41	-2.1756	0.6198
制造业	上海	83.31	9.33	0.0496	3.1846
制造业	上海	898.47	-68.88	-0.1338	3.7575
电力、热力、燃气及水生产和供应业	上海	11139.07	45.74	0.0422	3.4811
制造业	上海	7170.64	1053.06	0.9106	3.3857
制造业	上海	11708.31	310.89	0.3589	5.038
综合	上海	48.82	67.66	0.0985	3.326
金融业	上海	114.68	21.85	0.0206	5.8433
房地产业	上海	4757.69	881.46	0.7641	5.2901
制造业	上海	44239.69	1807.1	0.8534	8.5319
综合	上海	1008.22	42.79	0.0625	1.6758
批发和零售业	上海	16331.01	125.21	0.1469	3.8616
批发和零售业	上海	2776.13	272.86	0.4218	6.8621
科学研究和技术服务业	上海	5958.92	263.54	4.4802	45.8607
制造业	上海	4362.27	37.67	0.0887	4.2583
信息传输、软件和信息技术服务业	浙江	1909.92	478.35	0.3674	5.9738
信息传输、软件和信息技术服务业	上海	822.79	-5508.94	-9.5686	-6.1467
电力、热力、燃气及水生产和供应业	上海	4941.71	478.49	0.1621	2.5266
制造业	上海	1663.58	543.1	1.2151	6.8678
信息传输、软件和信息技术服务业	上海	13633.68	2015.42	0.587	8.2283
房地产业	上海	1066.33	571.98	0.8494	6.7947
房地产业	上海	2761.46	977.11	0.8705	7.8742
信息传输、软件和信息技术服务业	上海	4546.7	262.29	0.3296	5.6264
房地产业	上海	2679.29	972.11	1.2059	7.6644
电力、热力、燃气及水生产和供应业	上海	36221.25	1825.93	0.4011	5.7014
金融业	上海	948.43	1158.08	0.714	5.9398
电力、热力、燃气及水生产和供应业	四川	2170.34	80.89	0.1502	2.5199
科学研究和技术服务业	天津	1320.52	59.25	0.1346	6.2989
批发和零售业	上海	20.4	-56.3	-0.4046	1.9327
批发和零售业	上海	7710.83	830.41	0.7314	8.9732
房地产业	上海	6902.61	1028.3	0.4065	7.4433
交通运输、仓储和邮政业	上海	2435.41	267.09	0.4842	5.8789
制造业	上海	3302.14	-3294.95	-3.3319	0.0478
信息传输、软件和信息技术服务业	上海	84.64	-905.22	-1.0871	0.9786
批发和零售业	上海	7146.15	341.07	0.1752	1.1034
信息传输、软件和信息技术服务业	上海	3626.49	-1980.67	-1.5438	0.1673
批发和零售业	上海	33777.2	3020.74	0.7783	7.3947
房地产业	北京	18754.07	2150.97	0.7542	6.9768
房地产业	北京	2234.44	409.87	0.3664	5.8905
制造业	福建	20224.99	4120.49	1.6425	8.0486
教育	上海	2095.46	-266.77	-0.931	4.4341
交通运输、仓储和邮政业	上海	4093.79	64.74	0.0615	3.0901
房地产业	上海	12638.77	3350.25	0.9966	4.7875
制造业	黑龙江	10813.61	346.14	0.136	2.3047

上市公司基本信息
Listed Companies in 2018

公司代码 Code	证券简称 Security Name	总股本 Total Vol	A 股流通股 A-Share Negotiable	B 股 B-Share	H 股 H-Share	优先股 Pref Share
600665	天地源	864.1	864.1	0.0	0.0	0.0
600666	奥瑞德	1227.3	803.7	0.0	0.0	0.0
600667	太极实业	2106.2	1191.3	0.0	0.0	0.0
600668	尖峰集团	344.1	344.1	0.0	0.0	0.0
600671	天目药业	121.8	121.7	0.0	0.0	0.0
600673	东阳光科	3013.9	2458.9	0.0	0.0	0.0
600674	川投能源	4402.1	4402.1	0.0	0.0	0.0
600675	中华企业	5080.1	1867.1	0.0	0.0	0.0
600676	交运股份	1028.5	962.0	0.0	0.0	0.0
600677	航天通信	521.8	416.4	0.0	0.0	0.0
600678	四川金顶	349.0	349.0	0.0	0.0	0.0
600679	上海凤凰	402.2	230.6	171.6	0.0	0.0
600680	*ST 上普	382.2	257.4	124.8	0.0	0.0
600681	百川能源	1031.5	347.7	0.0	0.0	0.0
600682	南京新百	1292.7	973.1	0.0	0.0	0.0
600683	京投发展	740.8	740.8	0.0	0.0	0.0
600684	珠江实业	853.5	853.5	0.0	0.0	0.0
600685	中船防务	1413.5	821.4	0.0	592.1	0.0
600686	金龙汽车	606.7	606.7	0.0	0.0	0.0
600687	刚泰控股	1488.7	1078.5	0.0	0.0	0.0
600688	上海石化	10823.8	7328.8	0.0	3495.0	0.0
600689	上海三毛	201.0	152.2	48.8	0.0	0.0
600690	青岛海尔	6368.4	6097.4	0.0	271.0	0.0
600691	阳煤化工	1756.8	1756.4	0.0	0.0	0.0
600692	亚通股份	351.8	255.0	0.0	0.0	0.0
600693	东百集团	898.2	897.2	0.0	0.0	0.0
600694	大商股份	293.7	293.7	0.0	0.0	0.0
600695	绿庭投资	711.1	366.5	344.7	0.0	0.0
600696	ST 岩石	340.6	340.6	0.0	0.0	0.0
600697	欧亚集团	159.1	155.2	0.0	0.0	0.0
600698	湖南天雁	971.8	737.1	230.0	0.0	0.0
600699	均胜电子	949.3	949.3	0.0	0.0	0.0
600701	*ST 工新	1034.7	775.9	0.0	0.0	0.0
600702	舍得酒业	337.3	337.3	0.0	0.0	0.0
600703	三安光电	4078.4	4078.4	0.0	0.0	0.0
600704	物产中大	4306.7	4306.7	0.0	0.0	0.0
600705	中航资本	8976.3	8976.3	0.0	0.0	0.0
600706	曲江文旅	179.5	177.9	0.0	0.0	0.0
600707	彩虹股份	3588.4	1288.0	0.0	0.0	0.0
600708	光明地产	2228.6	2225.3	0.0	0.0	0.0
600710	苏美达	1306.7	640.3	0.0	0.0	0.0
600711	盛屯矿业	1830.7	1497.1	0.0	0.0	0.0
600712	南宁百货	544.7	538.0	0.0	0.0	0.0
600713	南京医药	1041.6	897.4	0.0	0.0	0.0
600714	金瑞矿业	288.2	288.2	0.0	0.0	0.0
600715	文投控股	1854.9	1284.2	0.0	0.0	0.0
600716	凤凰股份	936.1	910.2	0.0	0.0	0.0
600717	天津港	1674.8	1674.8	0.0	0.0	0.0
600718	东软集团	1242.4	1242.4	0.0	0.0	0.0
600719	大连热电	404.6	404.6	0.0	0.0	0.0

注：股本的单位为百万股，营业收入、净利润的单位为百万元。

上市公司基本信息
Listed Companies in 2018

所属行业 Industry	所属地区 Area	营业收入 Operating Income	净利润 Net Profit	每股收益 EPS	每股净资产 NAVPS
房地产业	上海	5267.05	420.41	0.4865	3.922
制造业	重庆	1119.66	-1741.33	-2.2975	0.8901
制造业	江苏	15651.97	572.93	0.272	3.0556
制造业	浙江	3362.22	588.5	1.7103	9.1917
制造业	浙江	358.47	-8.88	-0.0729	0.4782
制造业	广东	11680.24	1090.59	0.3619	2.2563
电力、热力、燃气及水生产和供应业	四川	863.55	3570.05	0.811	5.641
房地产业	上海	19285.85	2592.41	0.5103	2.7048
交通运输、仓储和邮政业	上海	9669.45	326.1	0.3171	5.6496
批发和零售业	浙江	12505.58	209.83	0.4021	6.5796
制造业	四川	424.03	31.68	0.0908	0.1967
制造业	上海	761.52	20.18	0.0502	3.3286
制造业	上海	258.32	-198.64	-0.5197	0.4345
电力、热力、燃气及水生产和供应业	湖北	4752.57	1006.42	1.4771	6.5789
批发和零售业	江苏	14541.23	-885.89	-0.6853	10.24
房地产业	浙江	7974.91	357.86	0.4831	3.4602
房地产业	广东	3404.52	245.45	0.2876	3.6332
制造业	广东	19213.6	-1869.01	-1.3223	6.8818
制造业	福建	18290.52	158.87	0.2618	6.2379
制造业	甘肃	11038.46	-1164.94	-0.7825	3.2751
制造业	上海	107764.91	5277.19	0.4876	2.8059
制造业	上海	1378.1	10.75	0.0535	2.2884
制造业	山东	183316.56	7440.23	1.1683	6.1872
制造业	四川	21774.62	128.75	0.0542	2.496
交通运输、仓储和邮政业	上海	733.94	43.03	0.1223	2.1064
批发和零售业	福建	2996.95	261.99	0.2917	2.5805
批发和零售业	辽宁	23867.26	987.79	3.363	27.5067
金融业	上海	47.99	65.02	0.0914	0.9213
房地产业	上海	1100.75	19.22	0.0564	0.8692
批发和零售业	吉林	15599.92	259.78	1.6329	19.4854
制造业	山东	469.17	-88.94	-0.0915	0.5025
制造业	浙江	56180.93	1317.99	1.3884	13.1025
信息传输、软件和信息技术服务业	黑龙江	332.1	-4342.09	-4.1963	-0.0429
制造业	四川	2212.3	341.78	1.0133	7.4593
制造业	湖北	8364.37	2830.16	0.6939	5.2101
批发和零售业	浙江	300125.13	2397.24	0.5566	5.5421
金融业	黑龙江	7448.68	3165.96	0.3527	3.087
水利、环境和公共设施管理业	陕西	1344.85	76.1	0.4239	5.7078
制造业	陕西	1929.26	61.02	0.017	5.6906
房地产业	上海	20493.77	1417.93	0.6362	5.6932
批发和零售业	江苏	81958.88	455.47	0.3486	3.3846
采矿业	福建	30754.33	420.26	0.2296	4.0927
批发和零售业	广西	2129.46	-44.86	-0.0824	1.8675
批发和零售业	江苏	31303.05	264.29	0.2537	3.5226
采矿业	青海	157.16	22.74	0.0789	2.1679
文化、体育和娱乐业	辽宁	2085.87	-686.59	-0.3702	3.4293
房地产业	江苏	1046.97	564.18	0.6027	5.0986
交通运输、仓储和邮政业	天津	13060.24	600.47	0.3585	9.4783
信息传输、软件和信息技术服务业	辽宁	7170.52	110.12	0.0886	7.1163
电力、热力、燃气及水生产和供应业	辽宁	730.81	2.71	0.0067	1.8002

上市公司基本信息
Listed Companies in 2018

公司代码 Code	证券简称 Security Name	总股本 Total Vol	A 股流通股 A-Share Negotiable	B 股 B-Share	H 股 H-Share	优先股 Pref Share
600720	祁连山	776.3	776.2	0.0	0.0	0.0
600721	百花村	400.4	305.2	0.0	0.0	0.0
600722	金牛化工	680.3	680.3	0.0	0.0	0.0
600723	首商股份	658.4	658.1	0.0	0.0	0.0
600724	宁波富达	1445.2	1444.9	0.0	0.0	0.0
600725	ST 云维	1232.5	1232.5	0.0	0.0	0.0
600726	华电能源	1966.7	1534.7	432.0	0.0	0.0
600727	鲁北化工	351.0	350.9	0.0	0.0	0.0
600728	佳都科技	1618.8	1383.8	0.0	0.0	0.0
600729	重庆百货	406.5	406.4	0.0	0.0	0.0
600730	中国高科	586.7	586.7	0.0	0.0	0.0
600731	湖南海利	355.2	326.7	0.0	0.0	0.0
600732	ST 新梅	446.4	446.4	0.0	0.0	0.0
600733	北汽蓝谷	3355.3	396.9	0.0	0.0	0.0
600734	实达集团	623.5	354.7	0.0	0.0	0.0
600735	新华锦	376.0	376.0	0.0	0.0	0.0
600736	苏州高新	1151.3	1151.3	0.0	0.0	0.0
600737	中粮糖业	2051.9	2051.9	0.0	0.0	0.0
600738	兰州民百	783.1	421.3	0.0	0.0	0.0
600739	辽宁成大	1529.7	1529.7	0.0	0.0	0.0
600740	山西焦化	1432.2	656.8	0.0	0.0	0.0
600741	华域汽车	3152.7	2866.5	0.0	0.0	0.0
600742	一汽富维	507.7	507.7	0.0	0.0	0.0
600743	华远地产	2346.1	2346.1	0.0	0.0	0.0
600744	华银电力	1781.1	827.6	0.0	0.0	0.0
600745	闻泰科技	637.3	637.3	0.0	0.0	0.0
600746	江苏索普	306.4	304.7	0.0	0.0	0.0
600747	ST 大控	1464.3	1064.3	0.0	0.0	0.0
600748	上实发展	1844.6	1408.4	0.0	0.0	0.0
600749	*ST 藏旅	227.0	189.1	0.0	0.0	0.0
600750	江中药业	420.0	420.0	0.0	0.0	0.0
600751	海航科技	2899.3	2573.2	326.1	0.0	0.0
600753	东方银星	128.0	128.0	0.0	0.0	0.0
600754	锦江股份	957.9	648.5	156.0	0.0	0.0
600755	厦门国贸	1816.3	1816.3	0.0	0.0	0.0
600756	浪潮软件	324.1	324.1	0.0	0.0	0.0
600757	长江传媒	1213.7	1213.5	0.0	0.0	0.0
600758	红阳能源	1331.4	676.3	0.0	0.0	0.0
600759	洲际油气	2263.5	2258.2	0.0	0.0	0.0
600760	中航沈飞	1400.4	398.5	0.0	0.0	0.0
600761	安徽合力	740.2	740.2	0.0	0.0	0.0
600763	通策医疗	320.6	320.6	0.0	0.0	0.0
600764	中国海防	394.8	328.8	0.0	0.0	0.0
600765	中航重机	778.0	778.0	0.0	0.0	0.0
600766	园城黄金	224.2	223.9	0.0	0.0	0.0
600767	ST 运盛	341.0	340.9	0.0	0.0	0.0
600768	宁波富邦	133.7	133.7	0.0	0.0	0.0
600769	祥龙电业	375.0	375.0	0.0	0.0	0.0
600770	综艺股份	1300.0	1300.0	0.0	0.0	0.0
600771	广誉远	352.9	302.3	0.0	0.0	0.0

注：股本的单位为百万股，营业收入、净利润的单位为百万元。

上市公司基本信息
Listed Companies in 2018

所属行业 Industry	所属地区 Area	营业收入 Operating Income	净利润 Net Profit	每股收益 EPS	每股净资产 NAVPS
制造业	甘肃	5774.76	654.77	0.8435	7.4168
科学研究和技术服务业	新疆	419.19	-807.86	-2.0177	2.2819
制造业	河北	956.2	58.36	0.0858	1.4337
批发和零售业	北京	10071.37	363.99	0.5528	6.0502
房地产业	浙江	5163.26	747.22	0.517	1.7029
制造业	云南	1007.36	13.01	0.0106	0.2341
电力、热力、燃气及水生产和供应业	黑龙江	9806.53	-761.89	-0.3874	0.7999
制造业	山东	657.95	94.07	0.268	3.5781
信息传输、软件和信息技术服务业	广东	4680.15	262.13	0.1619	2.2208
批发和零售业	重庆	34083.88	831.14	2.0445	13.6848
房地产业	上海	107.72	1.83	0.0031	3.3811
制造业	湖南	1627.79	51.5	0.145	3.0114
房地产业	上海	156.72	16	0.0358	1.0446
制造业	北京	16437.96	155.16	0.0462	4.8461
制造业	福建	6759.57	-267.16	-0.4285	4.1862
制造业	山东	1364.84	76.44	0.2033	2.3641
房地产业	江苏	7281.5	611.33	0.531	7.4074
制造业	新疆	17514.9	503.8	0.2455	3.5714
批发和零售业	甘肃	1382.51	1584.23	2.023	3.8632
批发和零售业	辽宁	19275.16	761.82	0.498	13.251
制造业	山西	7228.97	1532.65	1.0702	6.448
制造业	上海	157170.24	8027.18	2.5461	14.389
制造业	吉林	13607.58	494.69	0.9745	9.5523
房地产业	北京	6831.36	749.96	0.3197	3.3404
电力、热力、燃气及水生产和供应业	湖南	9589.5	58.78	0.033	1.7042
制造业	湖北	17335.11	61.02	0.0958	5.6407
制造业	江苏	474.33	3.58	0.0117	1.5344
批发和零售业	辽宁	110.1	-1565.12	-1.0688	0.2921
房地产业	上海	8663.75	657.62	0.3565	5.415
水利、环境和公共设施管理业	西藏	178.6	21.27	0.0937	4.6496
制造业	江西	1755.23	470.25	1.1196	7.7459
批发和零售业	天津	336472	60.24	0.0208	4.6012
批发和零售业	河南	1930.32	20.93	0.1635	1.4257
住宿和餐饮业	上海	14697.42	1082.46	1.13	13.1758
批发和零售业	福建	206597.88	2191.99	1.2069	12.9423
信息传输、软件和信息技术服务业	山东	1212.53	313.99	0.9688	7.5204
文化、体育和娱乐业	湖北	10362.68	732.69	0.6037	5.5075
采矿业	辽宁	7311.13	112.89	0.0854	4.1152
采矿业	海南	3326.31	69.63	0.0308	2.3304
制造业	山东	20150.86	743.24	0.5307	5.6148
制造业	安徽	9667.48	582.64	0.7872	6.1896
卫生和社会工作	浙江	1546.04	332.09	1.0357	4.1018
制造业	北京	350.56	67.49	0.171	2.6968
制造业	贵州	5444.03	333.14	0.4282	5.463
采矿业	山东	12.08	-2.35	-0.0105	0.2295
信息传输、软件和信息技术服务业	上海	207.32	20.41	0.0598	0.8396
制造业	浙江	738.39	-31.07	-0.2323	0.7871
建筑业	湖北	37.32	5.09	0.0136	0.1379
综合	江苏	472	53.77	0.0414	2.6601
制造业	青海	1618.76	374.11	1.0602	6.4826

上市公司基本信息
Listed Companies in 2018

公司代码 Code	证券简称 Security Name	总股本 Total Vol	A 股流通股 A-Share Negotiable	B 股 B-Share	H 股 H-Share	优先股 Pref Share
600773	西藏城投	819.7	729.2	0.0	0.0	0.0
600774	汉商集团	226.9	226.8	0.0	0.0	0.0
600775	南京熊猫	913.8	671.8	0.0	242.0	0.0
600776	东方通信	1256.0	956.0	300.0	0.0	0.0
600777	新潮能源	6800.5	3268.1	0.0	0.0	0.0
600778	*ST 友好	311.5	311.1	0.0	0.0	0.0
600779	水井坊	488.5	488.5	0.0	0.0	0.0
600780	通宝能源	1146.5	1146.5	0.0	0.0	0.0
600781	辅仁药业	627.2	177.6	0.0	0.0	0.0
600782	新钢股份	3188.7	3188.7	0.0	0.0	0.0
600783	鲁信创投	744.4	744.4	0.0	0.0	0.0
600784	鲁银投资	568.2	568.2	0.0	0.0	0.0
600785	新华百货	225.6	225.6	0.0	0.0	0.0
600787	中储股份	2199.8	2199.8	0.0	0.0	0.0
600789	鲁抗医药	677.1	581.6	0.0	0.0	0.0
600790	轻纺城	1465.8	1465.8	0.0	0.0	0.0
600791	京能置业	452.9	452.3	0.0	0.0	0.0
600792	云煤能源	989.9	989.9	0.0	0.0	0.0
600793	宜宾纸业	105.3	105.3	0.0	0.0	0.0
600794	保税科技	1212.2	1191.6	0.0	0.0	0.0
600795	国电电力	19650.4	19650.4	0.0	0.0	0.0
600796	钱江生化	301.4	301.4	0.0	0.0	0.0
600797	浙大网新	1055.2	1015.3	0.0	0.0	0.0
600798	宁波海运	1206.5	1030.9	0.0	0.0	0.0
600800	天津磁卡	611.3	611.0	0.0	0.0	0.0
600801	华新水泥	1497.6	972.8	524.8	0.0	0.0
600802	福建水泥	381.9	381.9	0.0	0.0	0.0
600803	新奥股份	1229.4	1229.4	0.0	0.0	0.0
600804	鹏博士	1432.5	1432.4	0.0	0.0	0.0
600805	悦达投资	850.9	850.3	0.0	0.0	0.0
600806	退市昆机	531.1	390.2	0.0	140.9	0.0
600807	*ST 天业	884.6	787.0	0.0	0.0	0.0
600808	马钢股份	7700.7	5967.8	0.0	1732.9	0.0
600809	山西汾酒	865.8	865.8	0.0	0.0	0.0
600810	神马股份	442.3	442.3	0.0	0.0	0.0
600811	东方集团	3714.6	3273.5	0.0	0.0	0.0
600812	华北制药	1630.8	1630.8	0.0	0.0	0.0
600814	杭州解百	715.0	715.0	0.0	0.0	0.0
600815	厦工股份	959.0	959.0	0.0	0.0	0.0
600816	安信信托	5469.1	4672.5	0.0	0.0	0.0
600817	ST 宏盛	160.9	155.7	0.0	0.0	0.0
600818	中路股份	321.4	238.0	83.5	0.0	0.0
600819	耀皮玻璃	934.9	747.4	187.5	0.0	0.0
600820	隧道股份	3144.1	3144.1	0.0	0.0	0.0
600821	津劝业	416.3	416.3	0.0	0.0	0.0
600822	上海物贸	496.0	396.1	99.8	0.0	0.0
600823	世茂股份	3751.2	3751.2	0.0	0.0	0.0
600824	益民集团	1054.0	1054.0	0.0	0.0	0.0
600825	新华传媒	1044.9	1044.9	0.0	0.0	0.0
600826	兰生股份	420.6	420.6	0.0	0.0	0.0

注：股本的单位为百万股，营业收入、净利润的单位为百万元。

上市公司基本信息
Listed Companies in 2018

所属行业 Industry	所属地区 Area	营业收入 Operating Income	净利润 Net Profit	每股收益 EPS	每股净资产 NAVPS
房地产业	西藏	1176.96	104.22	0.1272	4.0348
批发和零售业	湖北	1081.68	19.57	0.0862	2.6345
制造业	江苏	4500.51	161.96	0.1772	3.7954
制造业	浙江	2404.82	127.4	0.1014	2.4474
综合	山东	4780.53	600.75	0.0883	2.1794
批发和零售业	新疆	5637.64	37.29	0.1197	2.4081
制造业	四川	2819.06	579.45	1.1861	3.8007
电力、热力、燃气及水生产和供应业	山西	6027.1	223.97	0.1954	4.4499
制造业	上海	6317.31	888.56	1.4168	8.6112
制造业	江西	56963.3	5905.13	1.8519	5.9508
综合	山东	206.88	186.92	0.2511	4.8677
综合	山东	1984.2	62.82	0.1106	2.6449
批发和零售业	宁夏	7625.97	137.34	0.6087	9.42
交通运输、仓储和邮政业	天津	38128.01	477.76	0.2172	5.0204
制造业	山东	3329.6	161.39	0.2383	4.3232
租赁和商务服务业	浙江	980.38	513.99	0.3507	3.6551
房地产业	北京	1015.58	50.35	0.1112	3.6579
制造业	云南	5399.28	191.64	0.1936	3.1387
制造业	四川	1292.8	174.46	1.6568	3.0405
交通运输、仓储和邮政业	江苏	1364.23	35.51	0.0293	1.4912
电力、热力、燃气及水生产和供应业	辽宁	65489.65	1369.26	0.0697	2.5839
制造业	浙江	442.73	-44.65	-0.1481	1.9175
信息传输、软件和信息技术服务业	浙江	3557.62	176.6	0.1674	4.2585
交通运输、仓储和邮政业	浙江	2570.85	235.63	0.1953	2.854
制造业	天津	145.29	72.48	0.1186	0.2503
制造业	湖北	27466.04	5181.45	3.4599	11.1333
制造业	福建	2947.37	337.5	0.8838	2.2402
制造业	河北	13632.48	1321.23	1.0747	6.9483
信息传输、软件和信息技术服务业	四川	6859.68	380.66	0.2657	4.8163
综合	江苏	2085.4	81.27	0.0955	7.1121
制造业	云南	.	.	.	.
房地产业	山东	1422.15	35.58	0.0402	1.389
制造业	安徽	81951.81	5943.29	0.7718	3.6586
制造业	山西	9381.94	1466.73	1.694	7.177
制造业	河南	11153.16	649.51	1.4686	7.188
批发和零售业	黑龙江	14479.94	655.69	0.1765	5.543
制造业	河北	9213.78	150.65	0.0924	3.3373
批发和零售业	浙江	5908.85	149.08	0.2085	3.3309
制造业	福建	2837.9	-731.19	-0.7625	-0.1933
金融业	上海	204.65	-1832.8	-0.3351	2.1963
房地产业	上海	49.82	5	0.031	0.6312
制造业	上海	528.8	5.07	0.0158	1.9752
制造业	上海	3857.41	90.68	0.097	3.2982
建筑业	上海	37266.24	1978.76	0.6294	6.5006
批发和零售业	天津	158.83	-273.99	-0.6582	0.5756
批发和零售业	上海	6184.86	44.08	0.0889	1.2168
房地产业	上海	20674.23	2403.82	0.6408	6.3117
批发和零售业	上海	1477.92	109.5	0.1039	2.0959
文化、体育和娱乐业	上海	1391.24	31.66	0.0303	2.5209
批发和零售业	上海	3305.83	228.94	0.5443	6.9074

上市公司基本信息
Listed Companies in 2018

公司代码 Code	证券简称 Security Name	总股本 Total Vol	A 股流通股 A-Share Negotiable	B 股 B-Share	H 股 H-Share	优先股 Pref Share
600827	百联股份	1784.2	1542.8	179.7	0.0	0.0
600828	茂业商业	1732.0	649.1	0.0	0.0	0.0
600829	人民同泰	579.9	579.9	0.0	0.0	0.0
600830	香溢融通	454.3	454.3	0.0	0.0	0.0
600831	广电网络	605.0	563.4	0.0	0.0	0.0
600833	第一医药	223.1	223.1	0.0	0.0	0.0
600834	申通地铁	477.4	477.4	0.0	0.0	0.0
600835	上海机电	1022.7	806.5	216.2	0.0	0.0
600836	界龙实业	662.8	662.8	0.0	0.0	0.0
600837	海通证券	11501.7	8092.1	0.0	3409.6	0.0
600838	上海九百	400.9	400.9	0.0	0.0	0.0
600839	四川长虹	4616.2	4614.3	0.0	0.0	0.0
600841	上柴股份	866.7	521.9	344.8	0.0	0.0
600843	上工申贝	548.6	304.6	243.9	0.0	0.0
600844	丹化科技	1016.5	822.7	193.8	0.0	0.0
600845	宝信软件	877.3	640.8	228.8	0.0	0.0
600846	同济科技	624.8	624.8	0.0	0.0	0.0
600847	万里股份	153.3	153.3	0.0	0.0	0.0
600848	上海临港	1119.9	788.0	107.1	0.0	0.0
600850	华东电脑	423.3	423.3	0.0	0.0	0.0
600851	海欣股份	1207.1	738.2	468.9	0.0	0.0
600853	龙建股份	644.2	536.8	0.0	0.0	0.0
600854	春兰股份	519.5	519.5	0.0	0.0	0.0
600855	航天长峰	352.0	330.2	0.0	0.0	0.0
600856	中天能源	1366.7	1343.4	0.0	0.0	0.0
600857	宁波中百	224.3	224.3	0.0	0.0	0.0
600858	银座股份	520.1	517.5	0.0	0.0	0.0
600859	王府井	776.3	305.2	0.0	0.0	0.0
600860	京城股份	422.0	322.0	0.0	100.0	0.0
600861	北京城乡	316.8	316.8	0.0	0.0	0.0
600862	中航高科	1393.0	1393.0	0.0	0.0	0.0
600863	内蒙华电	5807.8	5807.8	0.0	0.0	0.0
600864	哈投股份	2108.5	1578.3	0.0	0.0	0.0
600865	百大集团	376.2	376.2	0.0	0.0	0.0
600866	星湖科技	645.4	645.4	0.0	0.0	0.0
600867	通化东宝	2034.0	1953.7	0.0	0.0	0.0
600868	梅雁吉祥	1898.1	1898.1	0.0	0.0	0.0
600869	智慧能源	2219.4	2178.2	0.0	0.0	0.0
600870	*ST 厦华	523.2	523.2	0.0	0.0	0.0
600871	*ST 油服	18984.3	12042.7	0.0	5415.0	0.0
600872	中炬高新	796.6	796.6	0.0	0.0	0.0
600873	梅花生物	3108.2	3073.7	0.0	0.0	0.0
600874	创业环保	1427.2	1087.2	0.0	340.0	0.0
600875	东方电气	3090.8	1996.9	0.0	340.0	0.0
600876	洛阳玻璃	559.8	261.8	0.0	250.0	0.0
600877	ST 嘉陵	687.3	687.3	0.0	0.0	0.0
600879	航天电子	2719.3	2413.3	0.0	0.0	0.0
600880	博瑞传播	1093.3	733.4	0.0	0.0	0.0
600881	亚泰集团	3248.9	3223.4	0.0	0.0	0.0
600882	广泽股份	409.8	403.0	0.0	0.0	0.0

注：股本的单位为百万股，营业收入、净利润的单位为百万元。

上市公司基本信息
Listed Companies in 2018

所属行业 Industry	所属地区 Area	营业收入 Operating Income	净利润 Net Profit	每股收益 EPS	每股净资产 NAVPS
批发和零售业	上海	48426.71	872.1	0.4888	9.1438
批发和零售业	四川	13105.31	1204.54	0.6955	3.2358
批发和零售业	黑龙江	7055.22	257.86	0.4447	2.7246
租赁和商务服务业	浙江	701.31	30.75	0.0677	4.5659
信息传输、软件和信息技术服务业	陕西	2713.84	105.06	0.1737	5.2544
批发和零售业	上海	1176.67	47.19	0.2115	2.97
交通运输、仓储和邮政业	上海	751.94	30.64	0.0642	3.0946
制造业	上海	21233.74	1268.49	1.2403	10.5639
制造业	上海	1361.5	-11.81	-0.0178	1.3135
金融业	上海	23765.01	5211.09	0.4531	10.2471
批发和零售业	上海	70.83	98.59	0.2459	3.0179
制造业	四川	83385.26	323.22	0.07	2.8274
制造业	上海	4120.7	133.46	0.154	4.2943
制造业	上海	3200.53	140.83	0.2567	4.0337
制造业	上海	1433.23	2.06	0.002	2.0898
信息传输、软件和信息技术服务业	上海	5471.1	669.12	0.7627	7.5391
建筑业	上海	3283.8	301.24	0.4822	3.6607
制造业	重庆	580.91	-156.4	-1.0203	4.4493
房地产业	上海	1929.42	435.31	0.3887	6.0804
信息传输、软件和信息技术服务业	上海	7303.42	302.59	0.7136	5.5342
制造业	上海	1098.68	135.25	0.112	2.8339
建筑业	黑龙江	10505.18	146.29	0.2271	2.4003
制造业	江苏	659.77	40.83	0.0786	3.8168
制造业	北京	2110.26	75.88	0.2155	3.3596
电力、热力、燃气及水生产和供应业	吉林	3425.81	-801.22	-1.3634	6.7375
批发和零售业	浙江	998.41	36.63	0.1633	0.9036
批发和零售业	山东	13240.33	46.27	0.089	5.8609
批发和零售业	北京	26711.16	1201.43	1.5477	13.9143
制造业	北京	1121.56	-93.94	-0.2226	1.1063
批发和零售业	北京	1919.46	40.44	0.1277	7.4074
制造业	江苏	2652.82	304.06	0.181	2.2591
电力、热力、燃气及水生产和供应业	内蒙古	13743.06	782.66	0.1348	2.2571
金融业	黑龙江	1204.33	-142.06	-0.0674	5.9645
批发和零售业	浙江	811.82	116.44	0.3095	4.7053
制造业	广东	859.11	42.28	0.0655	1.4819
制造业	吉林	2692.93	838.61	0.4123	2.3227
电力、热力、燃气及水生产和供应业	广东	222.81	21.89	0.0115	1.2052
制造业	青海	17511.56	151.78	0.0684	2.1884
制造业	福建	30.96	4.55	0.0087	0.016
采矿业	江苏	58409.08	142.06	0.0075	0.3044
制造业	广东	4166.46	607.43	0.7625	4.525
制造业	西藏	12648.05	1001.55	0.3222	2.9311
电力、热力、燃气及水生产和供应业	天津	2447.52	501.17	0.3511	4.0766
制造业	四川	29729.66	1128.83	0.3652	9.2481
制造业	河南	1402.75	15.65	0.0279	2.2244
制造业	重庆	361.63	-195.46	-0.2844	-0.2804
制造业	湖北	13530.15	456.75	0.168	4.3673
文化、体育和娱乐业	四川	546.47	-841.28	-0.7695	2.5481
制造业	吉林	14128.39	-197.32	-0.0607	4.4524
制造业	山东	1225.69	10.64	0.026	2.9729

上市公司基本信息
Listed Companies in 2018

公司代码 Code	证券简称 Security Name	总股本 Total Vol	A 股流通股 A-Share Negotiable	B 股 B-Share	H 股 H-Share	优先股 Pref Share
600883	博闻科技	236.1	236.1	0.0	0.0	0.0
600884	杉杉股份	1122.8	821.7	0.0	0.0	0.0
600885	宏发股份	744.8	744.8	0.0	0.0	0.0
600886	国投电力	6786.0	6786.0	0.0	0.0	0.0
600887	伊利股份	6078.1	6033.4	0.0	0.0	0.0
600888	新疆众和	861.8	833.6	0.0	0.0	0.0
600889	南京化纤	366.3	307.1	0.0	0.0	0.0
600890	中房股份	579.2	579.2	0.0	0.0	0.0
600891	秋林集团	617.6	384.1	0.0	0.0	0.0
600892	大晟文化	559.5	251.6	0.0	0.0	0.0
600893	航发动力	2249.8	1947.7	0.0	0.0	0.0
600894	广日股份	859.9	859.9	0.0	0.0	0.0
600895	张江高科	1548.7	1548.7	0.0	0.0	0.0
600896	*ST 海投	869.1	577.1	0.0	0.0	0.0
600897	厦门空港	297.8	297.8	0.0	0.0	0.0
600898	国美通讯	252.5	252.5	0.0	0.0	0.0
600900	长江电力	22000.0	11505.9	0.0	0.0	0.0
600901	江苏租赁	2986.6	640.0	0.0	0.0	0.0
600903	贵州燃气	813.0	451.2	0.0	0.0	0.0
600908	无锡银行	1848.2	816.2	0.0	0.0	0.0
600909	华安证券	3621.0	2702.0	0.0	0.0	0.0
600917	重庆燃气	1556.0	1556.0	0.0	0.0	0.0
600919	江苏银行	11544.5	6008.2	0.0	0.0	200.0
600926	杭州银行	5130.2	2081.6	0.0	0.0	100.0
600929	湖南盐业	917.8	150.0	0.0	0.0	0.0
600933	爱柯迪	850.4	238.1	0.0	0.0	0.0
600936	广西广电	1671.0	1196.0	0.0	0.0	0.0
600939	重庆建工	1814.5	409.6	0.0	0.0	0.0
600958	东方证券	6993.7	5677.4	0.0	1027.1	0.0
600959	江苏有线	4930.5	3884.5	0.0	0.0	0.0
600960	渤海汽车	950.5	680.1	0.0	0.0	0.0
600961	株冶集团	527.5	527.5	0.0	0.0	0.0
600962	国投中鲁	262.2	254.0	0.0	0.0	0.0
600963	岳阳林纸	1397.7	1043.2	0.0	0.0	0.0
600965	福成股份	818.7	818.7	0.0	0.0	0.0
600966	博汇纸业	1336.8	1336.8	0.0	0.0	0.0
600967	内蒙一机	1689.6	960.5	0.0	0.0	0.0
600969	郴电国际	370.1	370.1	0.0	0.0	0.0
600970	中材国际	1739.6	1737.1	0.0	0.0	0.0
600971	恒源煤电	1000.0	1000.0	0.0	0.0	0.0
600973	宝胜股份	1222.1	895.0	0.0	0.0	0.0
600975	新五丰	652.7	652.7	0.0	0.0	0.0
600976	健民集团	153.4	153.3	0.0	0.0	0.0
600977	中国电影	1867.0	565.0	0.0	0.0	0.0
600978	宜华生活	1482.9	1482.9	0.0	0.0	0.0
600979	广安爱众	947.9	717.9	0.0	0.0	0.0
600980	北矿科技	152.2	152.2	0.0	0.0	0.0
600981	汇鸿集团	2242.4	730.9	0.0	0.0	0.0
600982	宁波热电	746.9	746.9	0.0	0.0	0.0
600983	惠而浦	766.4	532.8	0.0	0.0	0.0

注：股本的单位为百万股，营业收入、净利润的单位为百万元。

上市公司基本信息 Listed Companies in 2018

所属行业 Industry	所属地区 Area	营业收入 Operating Income	净利润 Net Profit	每股收益 EPS	每股净资产 NAVPS
制造业	云南	30.11	10.75	0.0455	2.7762
制造业	浙江	8853.42	1115.28	0.9933	9.5365
制造业	湖北	6879.77	698.85	0.9383	5.951
电力、热力、燃气及水生产和供应业	甘肃	41011.37	4364.1	0.6431	5.5543
制造业	内蒙古	78976.39	6439.75	1.0595	4.5928
制造业	新疆	4870.97	181.38	0.2105	4.1525
制造业	江苏	990.54	6.21	0.0169	4.1408
房地产业	北京	12.23	-42.02	-0.0726	0.4349
制造业	黑龙江	4724.28	-4131.34	-6.6895	-1.783
信息传输、软件和信息技术服务业	广东	200.32	-1128.78	-2.0176	1.5049
制造业	陕西	23102.02	1063.91	0.4729	11.7471
制造业	广东	5463.01	134.06	0.1559	8.0804
综合	上海	1148.31	544.29	0.3515	5.659
卫生和社会工作	海南	53.05	114.43	0.1317	2.0412
交通运输、仓储和邮政业	福建	1777.16	505.66	1.6979	12.0906
制造业	山东	2637.59	-381.92	-1.5124	0.3014
电力、热力、燃气及水生产和供应业	北京	51213.97	22610.94	1.0278	6.4638
金融业	江苏	2436.61	1251.03	0.4189	3.689
电力、热力、燃气及水生产和供应业	贵州	3605.83	171.71	0.2112	2.8542
金融业	江苏	3192.18	1095.52	0.5927	5.8708
金融业	安徽	1761.33	553.74	0.1529	3.4589
电力、热力、燃气及水生产和供应业	重庆	6371.6	347.67	0.2234	2.5267
金融业	江苏	35223.99	13064.94	1.1317	10.6219
金融业	浙江	17054.26	5412.08	1.0549	11.1428
制造业	湖南	2302.82	142.38	0.1551	2.6024
制造业	浙江	2507.47	468.19	0.5506	4.4801
信息传输、软件和信息技术服务业	广西	2430.79	124.25	0.0744	2.2108
建筑业	重庆	46619.84	394.32	0.2173	3.821
金融业	上海	10303.49	1231.01	0.176	7.3981
信息传输、软件和信息技术服务业	江苏	7884.98	624.4	0.1266	4.3608
制造业	山东	3877.98	139.31	0.1466	5.0815
制造业	湖南	13008.43	-1631.82	-3.0937	0.0961
制造业	北京	963.19	5.32	0.0203	3.1986
制造业	湖南	7012.94	365.87	0.2618	5.8438
农、林、牧、渔业	河北	1453.72	160.39	0.1959	2.3901
制造业	山东	8339.44	255.94	0.1915	3.8436
制造业	内蒙古	12266.92	533.79	0.3159	5.002
电力、热力、燃气及水生产和供应业	湖南	2743.83	38.44	0.1039	9.3092
建筑业	江苏	21501.42	1367.52	0.7861	5.0043
采矿业	安徽	5900.33	1220.76	1.2208	7.8286
制造业	江苏	32184.4	117.69	0.0963	2.9967
农、林、牧、渔业	湖南	2041.04	-35.84	-0.0549	1.6889
批发和零售业	湖北	2161.48	81.22	0.5295	7.4301
文化、体育和娱乐业	北京	9037.7	1494.79	0.8006	5.9849
制造业	广东	7401.81	386.75	0.2608	5.6403
电力、热力、燃气及水生产和供应业	四川	2178.41	251.7	0.2655	3.918
制造业	北京	472.35	33.87	0.2226	3.7937
批发和零售业	江苏	38983.38	1201.57	0.5358	2.3922
电力、热力、燃气及水生产和供应业	浙江	1741	154.46	0.2068	3.4156
制造业	安徽	6285.63	261.84	0.3416	5.3699

上市公司基本信息
Listed Companies in 2018

公司代码 Code	证券简称 Security Name	总股本 Total Vol	A 股流通股 A-Share Negotiable	B 股 B-Share	H 股 H-Share	优先股 Pref Share
600984	建设机械	827.8	786.1	0.0	0.0	0.0
600985	淮北矿业	2112.4	262.9	0.0	0.0	0.0
600986	科达股份	1325.6	1271.8	0.0	0.0	0.0
600987	航民股份	745.4	635.3	0.0	0.0	0.0
600988	赤峰黄金	1426.4	1426.4	0.0	0.0	0.0
600990	四创电子	159.2	136.7	0.0	0.0	0.0
600992	贵绳股份	245.1	245.1	0.0	0.0	0.0
600993	马应龙	431.1	430.2	0.0	0.0	0.0
600995	文山电力	478.5	478.5	0.0	0.0	0.0
600996	贵广网络	1042.6	298.0	0.0	0.0	0.0
600997	开滦股份	1587.8	1234.6	0.0	0.0	0.0
600998	九州通	1877.7	1660.0	0.0	0.0	0.0
600999	招商证券	6699.4	4903.7	0.0	980.4	0.0
601000	唐山港	5925.9	5573.8	0.0	0.0	0.0
601001	大同煤业	1673.7	1673.7	0.0	0.0	0.0
601002	晋亿实业	792.7	792.7	0.0	0.0	0.0
601003	柳钢股份	2562.8	2562.8	0.0	0.0	0.0
601005	重庆钢铁	8918.6	8380.5	0.0	538.1	0.0
601006	大秦铁路	14866.8	14866.8	0.0	0.0	0.0
601007	金陵饭店	300.0	300.0	0.0	0.0	0.0
601008	连云港	1015.2	1015.2	0.0	0.0	0.0
601009	南京银行	8482.2	8482.2	0.0	0.0	99.0
601010	文峰股份	1848.0	1848.0	0.0	0.0	0.0
601011	宝泰隆	1611.0	1599.2	0.0	0.0	0.0
601012	隆基股份	2790.8	2781.7	0.0	0.0	0.0
601015	陕西黑猫	1253.7	1122.1	0.0	0.0	0.0
601016	节能风电	4155.6	4155.6	0.0	0.0	0.0
601018	宁波港	13172.8	12800.0	0.0	0.0	0.0
601019	山东出版	2086.9	426.9	0.0	0.0	0.0
601020	华钰矿业	525.9	284.2	0.0	0.0	0.0
601021	春秋航空	916.9	800.1	0.0	0.0	0.0
601028	玉龙股份	783.0	783.0	0.0	0.0	0.0
601038	一拖股份	985.9	593.9	0.0	391.9	0.0
601058	赛轮轮胎	2701.5	2159.2	0.0	0.0	0.0
601066	中信建投	7646.4	400.0	0.0	1261.0	0.0
601068	中铝国际	2959.1	295.9	0.0	399.5	0.0
601069	西部黄金	636.0	636.0	0.0	0.0	0.0
601086	国芳集团	666.0	166.0	0.0	0.0	0.0
601088	中国神华	19889.6	16491.0	0.0	3398.6	0.0
601098	中南传媒	1796.0	1796.0	0.0	0.0	0.0
601099	太平洋	6816.3	6478.8	0.0	0.0	0.0
601100	恒立液压	882.0	882.0	0.0	0.0	0.0
601101	昊华能源	1200.0	1200.0	0.0	0.0	0.0
601106	中国一重	6857.8	6538.0	0.0	0.0	0.0
601107	四川成渝	3058.1	2162.7	0.0	895.3	0.0
601108	财通证券	3589.0	2406.7	0.0	0.0	0.0
601111	中国国航	14524.8	9448.7	0.0	4562.7	0.0
601113	华鼎股份	1113.8	833.1	0.0	0.0	0.0
601116	三江购物	547.7	410.8	0.0	0.0	0.0
601117	中国化学	4933.0	4933.0	0.0	0.0	0.0

注：股本的单位为百万股，营业收入、净利润的单位为百万元。

上市公司基本信息
Listed Companies in 2018

所属行业 Industry	所属地区 Area	营业收入 Operating Income	净利润 Net Profit	每股收益 EPS	每股净资产 NAVPS
制造业	陕西	2227.3	153.26	0.1851	4.0695
采矿业	安徽	54687.23	3549.31	1.6802	8.0574
信息传输、软件和信息技术服务业	山东	14209.5	262.87	0.1983	4.6319
制造业	浙江	7533.89	661.91	0.888	5.7618
采矿业	内蒙古	2153.12	-133.05	-0.0933	1.7665
制造业	安徽	5246.39	257.3	1.6164	15.0129
制造业	贵州	2075.79	25.61	0.1045	5.6814
批发和零售业	湖北	2197.51	176.21	0.4088	5.2679
电力、热力、燃气及水生产和供应业	云南	2025.33	296.15	0.6189	4.0753
信息传输、软件和信息技术服务业	贵州	3231.03	311.71	0.299	4.1982
制造业	河北	20460.01	1363.21	0.8586	6.6261
批发和零售业	湖北	87136.36	1340.58	0.714	9.8352
金融业	广东	11321.61	4424.99	0.6605	12.0492
交通运输、仓储和邮政业	河北	10138.13	1609.97	0.2717	2.6588
采矿业	山西	11258.57	659.71	0.3942	3.2925
制造业	浙江	3471.28	177.8	0.2243	3.2459
制造业	广西	47351.11	4609.7	1.7987	4.1083
制造业	重庆	22638.96	1787.91	0.2005	2.0779
交通运输、仓储和邮政业	山西	78344.65	14544.16	0.9783	7.1633
住宿和餐饮业	江苏	1035.8	77.42	0.2581	4.9068
交通运输、仓储和邮政业	江苏	1317.05	3.51	0.0035	3.1455
金融业	江苏	27405.56	11072.91	1.3054	9.173
批发和零售业	江苏	6372.71	242.27	0.1311	2.4401
制造业	黑龙江	3559.88	342.58	0.2127	3.7711
制造业	陕西	21987.61	2557.96	0.9166	5.895
制造业	陕西	10472.3	325.27	0.2594	4.549
电力、热力、燃气及水生产和供应业	北京	2376.07	515.19	0.124	1.6763
交通运输、仓储和邮政业	浙江	21879.61	2884.2	0.219	2.9112
文化、体育和娱乐业	山东	9350.82	1484.94	0.7116	4.6283
采矿业	西藏	1144.99	224.61	0.4271	3.783
交通运输、仓储和邮政业	上海	13114.04	1502.84	1.639	14.5323
制造业	江苏	1522.93	21.88	0.0279	2.6144
制造业	河南	5541	-1300.11	-1.3188	4.0646
制造业	山东	13684.75	668.13	0.2473	2.3352
金融业	北京	10907.17	3087.46	0.4038	6.2222
建筑业	北京	33572.11	305.69	0.1033	3.431
采矿业	新疆	1001.78	9.72	0.0153	2.6433
批发和零售业	甘肃	2927.24	131.7	0.1977	2.6817
采矿业	北京	264101	43867	2.2055	16.4788
文化、体育和娱乐业	湖南	9575.58	1237.88	0.6892	7.5032
金融业	云南	392.52	-1322.26	-0.194	1.5096
制造业	江苏	4210.98	836.64	0.9486	5.1551
采矿业	北京	5810.3	721.17	0.601	6.7076
制造业	黑龙江	10511.38	128.71	0.0188	1.5935
交通运输、仓储和邮政业	四川	5969.02	849.2	0.2777	4.7388
金融业	浙江	3168	818.84	0.2282	5.4793
交通运输、仓储和邮政业	北京	136774.4	7336.33	0.5051	6.4177
制造业	浙江	6602.92	261	0.2343	5.1229
批发和零售业	浙江	4133.15	111.61	0.2038	5.6907
建筑业	北京	81445.48	1931.77	0.3916	6.6576

上市公司基本信息
Listed Companies in 2018

公司代码 Code	证券简称 Security Name	总股本 Total Vol	A 股流通股 A-Share Negotiable	B 股 B-Share	H 股 H-Share	优先股 Pref Share
601118	海南橡胶	4279.4	3931.2	0.0	0.0	0.0
601126	四方股份	813.2	813.2	0.0	0.0	0.0
601127	小康股份	939.8	215.6	0.0	0.0	0.0
601128	常熟银行	2222.8	997.3	0.0	0.0	0.0
601137	博威合金	627.2	563.9	0.0	0.0	0.0
601138	工业富联	19695.3	1117.9	0.0	0.0	0.0
601139	深圳燃气	2877.8	2854.7	0.0	0.0	0.0
601155	新城控股	2256.7	2246.0	0.0	0.0	0.0
601158	重庆水务	4800.0	4800.0	0.0	0.0	0.0
601162	天风证券	5180.0	518.0	0.0	0.0	0.0
601163	三角轮胎	800.0	280.4	0.0	0.0	0.0
601166	兴业银行	20774.2	19052.3	0.0	0.0	260.0
601168	西部矿业	2383.0	2383.0	0.0	0.0	0.0
601169	北京银行	21143.0	18248.0	0.0	0.0	179.0
601177	杭齿前进	400.1	400.1	0.0	0.0	0.0
601179	中国西电	5125.9	5125.9	0.0	0.0	0.0
601186	中国铁建	13579.5	11503.2	0.0	2076.3	0.0
601188	龙江交通	1315.9	1315.9	0.0	0.0	0.0
601198	东兴证券	2758.0	2758.0	0.0	0.0	0.0
601199	江南水务	935.2	935.2	0.0	0.0	0.0
601200	上海环境	702.5	672.3	0.0	0.0	0.0
601208	东材科技	626.6	626.6	0.0	0.0	0.0
601211	国泰君安	8713.9	7516.1	0.0	1197.8	0.0
601212	白银有色	6973.0	1964.7	0.0	0.0	0.0
601216	君正集团	8438.0	8438.0	0.0	0.0	0.0
601218	吉鑫科技	991.8	991.8	0.0	0.0	0.0
601222	林洋能源	1765.4	1748.9	0.0	0.0	0.0
601225	陕西煤业	10000.0	10000.0	0.0	0.0	0.0
601226	华电重工	1155.0	1155.0	0.0	0.0	0.0
601228	广州港	6193.2	1443.2	0.0	0.0	0.0
601229	上海银行	10928.1	5195.6	0.0	0.0	200.0
601231	环旭电子	2175.9	2175.9	0.0	0.0	0.0
601233	桐昆股份	1821.9	1784.4	0.0	0.0	0.0
601238	广汽集团	10231.2	6077.8	0.0	3098.6	0.0
601258	庞大集团	6674.7	6538.5	0.0	0.0	0.0
601288	农业银行	349983.0	294055.3	0.0	30738.8	800.0
601311	骆驼股份	848.4	848.4	0.0	0.0	0.0
601318	中国平安	18280.2	10832.7	0.0	7447.6	0.0
601319	中国人保	44224.0	1011.2	0.0	8726.2	0.0
601326	秦港股份	5587.4	1653.2	0.0	829.9	0.0
601328	交通银行	74262.7	39250.9	0.0	35011.9	450.0
601330	绿色动力	1161.2	116.2	0.0	404.4	0.0
601333	广深铁路	7083.5	5652.2	0.0	1431.3	0.0
601336	新华保险	3119.5	2085.4	0.0	1034.1	0.0
601339	百隆东方	1500.0	1500.0	0.0	0.0	0.0
601360	三六零	6764.1	397.2	0.0	0.0	0.0
601366	利群股份	860.5	475.0	0.0	0.0	0.0
601368	绿城水务	735.8	735.8	0.0	0.0	0.0
601369	陕鼓动力	1638.8	1638.8	0.0	0.0	0.0
601375	中原证券	3869.1	1802.7	0.0	1195.4	0.0

注：股本的单位为百万股，营业收入、净利润的单位为百万元。

上市公司基本信息
Listed Companies in 2018

所属行业 Industry	所属地区 Area	营业收入 Operating Income	净利润 Net Profit	每股收益 EPS	每股净资产 NAVPS
农、林、牧、渔业	海南	6754.52	228.64	0.0534	2.2895
制造业	北京	3528.69	217	0.2669	4.8851
制造业	重庆	20239.78	106.32	0.1125	5.5218
金融业	江苏	5823.62	1485.96	0.6567	5.6728
制造业	浙江	6064.77	341.05	0.5438	5.5949
制造业	广东	415377.7	16902.31	0.8582	3.6707
电力、热力、燃气及水生产和供应业	广东	12741.39	1030.93	0.3583	3.1966
房地产业	江苏	54133.31	10491.29	4.6489	13.5122
电力、热力、燃气及水生产和供应业	重庆	5171.04	1421.52	0.2962	2.9463
金融业	湖北	3277.4	302.85	0.0585	2.3787
制造业	山东	7511.05	483.04	0.6038	11.715
金融业	福建	158287	60620	2.9181	22.4296
采矿业	青海	28712.5	-2063.09	-0.8658	3.684
金融业	北京	55488	20002	0.946	9.1023
制造业	浙江	1634.97	14.51	0.0363	4.0863
制造业	陕西	13689.88	569.2	0.111	3.8311
建筑业	北京	730123.05	17935.28	1.3208	12.5107
交通运输、仓储和邮政业	黑龙江	698.97	301.91	0.2294	3.2062
金融业	北京	3314.5	1008.05	0.3655	7.1214
电力、热力、燃气及水生产和供应业	江苏	898.55	194.82	0.2083	2.9284
水利、环境和公共设施管理业	上海	2582.84	577.85	0.8225	8.4274
制造业	四川	1644.55	32.15	0.0513	3.7516
金融业	上海	22718.82	6708.12	0.7698	14.167
制造业	甘肃	61946.57	25.9	0.0037	1.3852
制造业	内蒙古	8463.84	2284.82	0.2708	1.9433
制造业	江苏	1268.67	-59.26	-0.0598	2.5038
制造业	江苏	4016.74	760.51	0.4308	5.625
采矿业	陕西	57223.73	10992.83	1.0993	5.0664
科学研究和技术服务业	北京	5835.38	57.04	0.0494	3.0833
交通运输、仓储和邮政业	广东	8642.68	718.71	0.116	2.028
金融业	上海	43887.82	18034.04	1.6502	14.758
制造业	上海	33550.28	1179.72	0.5422	4.3237
制造业	浙江	41600.75	2120.25	1.1637	8.8208
制造业	广东	71514.52	10902.65	1.0655	7.4811
批发和零售业	河北	42033.58	-6155.41	-0.9414	0.9812
金融业	北京	598588	202783	0.5794	4.7725
制造业	湖北	9223.77	559.46	0.6594	6.8831
金融业	广东	976832	107404	5.8755	30.4435
金融业	北京	503799	13450	0.3041	3.4476
交通运输、仓储和邮政业	河北	6876.63	810.26	0.145	2.4868
金融业	上海	212654	73630	0.9915	9.4045
水利、环境和公共设施管理业	广东	1055.06	272.77	0.2349	2.4564
交通运输、仓储和邮政业	广东	19828.02	784.06	0.1107	4.0731
金融业	北京	154167	7922	2.5391	21.0215
制造业	浙江	5997.86	437.53	0.2917	5.1557
信息传输、软件和信息技术服务业	江苏	13129.26	3534.84	0.5226	3.5455
批发和零售业	山东	11413.92	202.08	0.2348	5.309
电力、热力、燃气及水生产和供应业	广西	1336.53	279.27	0.3795	4.4068
制造业	陕西	5038.84	350.29	0.2138	3.7815
金融业	河南	1649.66	65.79	0.017	2.5719

上市公司基本信息 Listed Companies in 2018

公司代码 Code	证券简称 Security Name	总股本 Total Vol	A 股流通股 A-Share Negotiable	B 股 B-Share	H 股 H-Share	优先股 Pref Share
601377	兴业证券	6696.7	6696.7	0.0	0.0	0.0
601388	怡球资源	2025.4	2025.4	0.0	0.0	0.0
601390	中国中铁	22844.3	18636.9	0.0	4207.4	0.0
601398	工商银行	356406.3	269612.2	0.0	86794.0	450.0
601500	通用股份	726.9	174.9	0.0	0.0	0.0
601515	东风股份	1112.0	1112.0	0.0	0.0	0.0
601518	吉林高速	1350.4	1213.2	0.0	0.0	0.0
601519	大智慧	1987.7	1987.7	0.0	0.0	0.0
601555	东吴证券	3000.0	2891.0	0.0	0.0	0.0
601558	ST 锐电	6030.6	5707.2	0.0	0.0	0.0
601566	九牧王	574.6	574.6	0.0	0.0	0.0
601567	三星医疗	1418.0	1418.0	0.0	0.0	0.0
601577	长沙银行	3421.6	342.2	0.0	0.0	0.0
601579	会稽山	497.4	400.0	0.0	0.0	0.0
601588	北辰实业	3367.0	2660.0	0.0	707.0	0.0
601595	上海电影	373.5	106.0	0.0	0.0	0.0
601599	鹿港文化	892.7	892.7	0.0	0.0	0.0
601600	中国铝业	14903.8	10959.8	0.0	3944.0	0.0
601601	中国太保	9062.0	6286.7	0.0	2775.3	0.0
601606	长城军工	724.2	148.0	0.0	0.0	0.0
601607	上海医药	2842.1	1922.9	0.0	919.1	0.0
601608	中信重工	4339.4	4339.4	0.0	0.0	0.0
601611	中国核建	2625.0	961.8	0.0	0.0	0.0
601616	广电电气	935.6	935.6	0.0	0.0	0.0
601618	中国中冶	20723.6	17852.6	0.0	2871.0	0.0
601619	嘉泽新能	1933.0	503.8	0.0	0.0	0.0
601628	中国人寿	28264.7	20823.5	0.0	7441.2	0.0
601633	长城汽车	9127.3	6027.7	0.0	3099.5	0.0
601636	旗滨集团	2688.4	2603.9	0.0	0.0	0.0
601666	平煤股份	2361.2	2361.2	0.0	0.0	0.0
601668	中国建筑	41985.2	41624.4	0.0	0.0	150.0
601669	中国电建	15299.0	11144.4	0.0	0.0	20.0
601677	明泰铝业	589.9	574.6	0.0	0.0	0.0
601678	滨化股份	1544.4	1544.4	0.0	0.0	0.0
601688	华泰证券	8251.5	5443.7	0.0	1719.0	0.0
601689	拓普集团	727.6	244.7	0.0	0.0	0.0
601699	潞安环能	2991.4	2991.4	0.0	0.0	0.0
601700	风范股份	1133.2	1133.2	0.0	0.0	0.0
601717	郑煤机	1732.5	1483.1	0.0	243.2	0.0
601718	际华集团	4391.6	4391.6	0.0	0.0	0.0
601727	上海电气	14725.2	9990.1	0.0	2972.9	0.0
601766	中国中车	28698.9	22917.7	0.0	4371.1	0.0
601777	力帆股份	1313.8	1264.1	0.0	0.0	0.0
601788	光大证券	4610.8	3906.7	0.0	704.1	0.0
601789	宁波建工	976.1	976.1	0.0	0.0	0.0
601798	*ST 蓝科	354.5	354.5	0.0	0.0	0.0
601799	星宇股份	276.2	276.2	0.0	0.0	0.0
601800	中国交建	16174.7	11747.2	0.0	4427.5	145.0
601801	皖新传媒	1989.2	1989.2	0.0	0.0	0.0
601808	中海油服	4771.6	2960.5	0.0	1811.1	0.0

注：股本的单位为百万股，营业收入、净利润的单位为百万元。

上市公司基本信息
Listed Companies in 2018

所属行业 Industry	所属地区 Area	营业收入 Operating Income	净利润 Net Profit	每股收益 EPS	每股净资产 NAVPS
金融业	福建	6499.37	135.35	0.0202	4.854
制造业	江苏	6296.54	97.52	0.0481	1.2691
建筑业	北京	737713.85	17198.14	0.7528	8.3952
金融业	北京	773789	297676	0.8352	6.5375
制造业	江苏	3846.88	148.17	0.2038	3.6697
制造业	广东	3328.05	747.9	0.6726	3.7493
交通运输、仓储和邮政业	吉林	851.38	243.68	0.1805	2.587
信息传输、软件和信息技术服务业	上海	593.64	108.31	0.0545	0.7253
金融业	江苏	4161.93	358.41	0.1195	6.7201
制造业	北京	569.91	184.64	0.0306	0.2461
制造业	福建	2733.22	533.59	0.9286	7.7134
制造业	浙江	5870.47	508.08	0.3583	5.2588
金融业	湖南	13940.83	4478.61	1.3089	9.059
制造业	浙江	1193.95	177.84	0.3576	6.3366
房地产业	北京	17864.16	1189.51	0.3533	4.5196
文化、体育和娱乐业	上海	1055.9	234.94	0.629	6.2122
制造业	江苏	4779.66	56.09	0.0628	2.8621
制造业	北京	180240.15	870.23	0.0584	3.5169
金融业	上海	354363	18019	1.9884	16.5058
制造业	安徽	1430.48	98	0.1353	3.0492
批发和零售业	上海	159084.4	3881.06	1.3656	13.7271
制造业	河南	5200.54	106.16	0.0245	1.6496
建筑业	北京	51355.06	960.83	0.366	3.8378
制造业	上海	595.8	124.6	0.1332	2.6404
建筑业	北京	289534.52	6371.58	0.3075	4.0506
电力、热力、燃气及水生产和供应业	宁夏	1069.09	269.31	0.1393	1.3696
金融业	北京	643101	11395	0.4031	11.2638
制造业	河北	97799.86	5207.31	0.5705	5.7547
制造业	湖南	8378.31	1207.66	0.4492	2.8159
采矿业	河南	20153.42	715.16	0.3029	5.4501
建筑业	北京	1199324.53	38241.32	0.9108	5.8107
建筑业	北京	294677.94	7695.14	0.503	5.6295
制造业	河南	13321.58	495.63	0.8402	10.0599
制造业	山东	6751.4	701.8	0.4544	3.9709
金融业	江苏	16108.26	5032.74	0.6099	12.5303
制造业	浙江	5984.02	753.32	1.0354	9.9245
采矿业	山西	25139.58	2662.96	0.8902	7.9899
制造业	江苏	1993.83	31.23	0.0276	2.5107
制造业	河南	26011.73	832.34	0.4804	6.6132
制造业	北京	22677.04	-67.97	-0.0155	4.0873
制造业	上海	101157.53	3016.53	0.2049	3.8906
制造业	北京	219082.64	11305.04	0.3939	4.4761
制造业	重庆	11013.01	252.97	0.1936	5.7021
金融业	上海	7712.28	103.32	0.0224	10.2375
建筑业	浙江	15541.86	219.55	0.2249	2.8017
制造业	甘肃	804.27	62.94	0.1775	5.078
制造业	江苏	5074.07	610.54	2.2108	15.8187
建筑业	北京	490872.13	19680.42	1.2167	12.1905
文化、体育和娱乐业	安徽	9831.96	1086.86	0.5464	5.0372
采矿业	天津	21945.88	70.8	0.0148	7.2366

上市公司基本信息
Listed Companies in 2018

公司代码 Code	证券简称 Security Name	总股本 Total Vol	A 股流通股 A-Share Negotiable	B 股 B-Share	H 股 H-Share	优先股 Pref Share
601811	新华文轩	1233.8	199.1	0.0	441.9	0.0
601818	光大银行	52489.3	39810.5	0.0	12678.7	300.0
601828	美凯龙	3550.0	315.0	0.0	673.9	0.0
601838	成都银行	3612.3	361.2	0.0	0.0	0.0
601857	中国石油	183021.0	161922.1	0.0	21098.9	0.0
601858	中国科传	790.5	190.5	0.0	0.0	0.0
601866	中远海发	11683.1	7932.1	0.0	3751.0	0.0
601869	长飞光纤	757.9	75.8	0.0	351.6	0.0
601872	招商轮船	6066.6	4720.9	0.0	0.0	0.0
601877	正泰电器	2151.4	1737.2	0.0	0.0	0.0
601878	浙商证券	3333.3	1208.5	0.0	0.0	0.0
601880	大连港	12894.5	7735.8	0.0	5158.7	0.0
601881	中国银河	10137.3	1228.5	0.0	3691.0	0.0
601882	海天精工	522.0	125.9	0.0	0.0	0.0
601886	江河集团	1154.1	1154.1	0.0	0.0	0.0
601888	中国国旅	1952.5	1952.5	0.0	0.0	0.0
601890	亚星锚链	959.4	959.4	0.0	0.0	0.0
601898	中煤能源	13258.7	9152.0	0.0	4106.7	0.0
601899	紫金矿业	23031.2	16875.7	0.0	5736.9	0.0
601900	南方传媒	895.9	245.9	0.0	0.0	0.0
601901	方正证券	8232.1	8232.1	0.0	0.0	0.0
601908	京运通	1995.3	1993.0	0.0	0.0	0.0
601918	新集能源	2590.5	2590.5	0.0	0.0	0.0
601919	中远海控	10216.3	7635.7	0.0	2580.6	0.0
601928	凤凰传媒	2544.9	2544.9	0.0	0.0	0.0
601929	吉视传媒	3110.9	3110.9	0.0	0.0	0.0
601933	永辉超市	9570.5	7968.3	0.0	0.0	0.0
601939	建设银行	250011.0	9593.7	0.0	240417.3	600.0
601949	中国出版	1822.5	401.0	0.0	0.0	0.0
601952	苏垦农发	1378.0	409.3	0.0	0.0	0.0
601958	金钼股份	3226.6	3226.6	0.0	0.0	0.0
601965	中国汽研	970.1	961.2	0.0	0.0	0.0
601966	玲珑轮胎	1200.0	394.4	0.0	0.0	0.0
601968	宝钢包装	833.3	833.3	0.0	0.0	0.0
601969	海南矿业	1954.7	1954.7	0.0	0.0	0.0
601985	中国核电	15565.4	15565.4	0.0	0.0	0.0
601988	中国银行	294387.8	210765.5	0.0	83622.3	600.0
601989	中国重工	22879.8	18361.7	0.0	0.0	0.0
601990	南京证券	2749.0	275.0	0.0	0.0	0.0
601991	大唐发电	18506.7	9994.4	0.0	6110.6	0.0
601992	金隅集团	10677.8	8334.2	0.0	2338.8	0.0
601996	丰林集团	1149.5	945.0	0.0	0.0	0.0
601997	贵阳银行	2298.6	1239.0	0.0	0.0	50.0
601998	中信银行	48934.8	31905.2	0.0	14882.2	350.0
601999	出版传媒	550.9	550.9	0.0	0.0	0.0
603000	人民网	1105.7	1105.7	0.0	0.0	0.0
603001	奥康国际	401.0	401.0	0.0	0.0	0.0
603002	宏昌电子	614.4	610.0	0.0	0.0	0.0
603003	龙宇燃油	416.5	416.5	0.0	0.0	0.0
603005	晶方科技	234.2	174.6	0.0	0.0	0.0

注：股本的单位为百万股，营业收入、净利润的单位为百万元。

上市公司基本信息
Listed Companies in 2018

所属行业 Industry	所属地区 Area	营业收入 Operating Income	净利润 Net Profit	每股收益 EPS	每股净资产 NAVPS
文化、体育和娱乐业	四川	8186.58	932.18	0.7555	6.8733
金融业	北京	110244	33659	0.6413	6.1249
租赁和商务服务业	上海	14239.79	4477.41	1.2612	11.7504
金融业	四川	11590.13	4649.13	1.287	8.6371
采矿业	北京	2353588	52585	0.2873	6.6362
文化、体育和娱乐业	北京	2224.8	424.52	0.537	4.4689
交通运输、仓储和邮政业	上海	16337.86	1386.17	0.1186	1.5441
制造业	湖北	11359.76	1489.19	1.9649	10.8035
交通运输、仓储和邮政业	上海	10931.1	1166.99	0.1924	3.3399
制造业	浙江	27420.83	3591.56	1.6694	10.0626
金融业	浙江	3694.8	736.96	0.2211	4.0993
交通运输、仓储和邮政业	辽宁	6754.44	523.32	0.0406	1.4174
金融业	北京	9925.41	2887.13	0.2848	6.5089
制造业	浙江	1272.3	101.51	0.1945	2.3726
建筑业	北京	16037.26	608.61	0.5274	6.6009
租赁和商务服务业	北京	47007.32	3094.75	1.585	8.3152
制造业	江苏	1037.51	-14.68	-0.0153	3.0284
采矿业	北京	104140.07	3434.58	0.259	6.9496
采矿业	福建	105994.25	4093.77	1.7775	17.5655
文化、体育和娱乐业	广东	5597.42	655.29	0.7315	6.1109
金融业	湖南	5722.59	661.37	0.0803	4.5861
制造业	北京	2034.04	452.05	0.2266	3.4561
采矿业	安徽	8750.26	261.33	0.1009	2.0479
交通运输、仓储和邮政业	天津	120829.53	1230.03	0.1204	2.2402
文化、体育和娱乐业	江苏	11788.7	1324.9	0.5206	5.239
信息传输、软件和信息技术服务业	吉林	2012.03	304.47	0.0979	2.3004
批发和零售业	福建	70516.65	1480.35	0.1547	2.0224
金融业	北京	658891	254655	1.0186	7.9055
文化、体育和娱乐业	北京	5331.41	601.49	0.33	3.3683
制造业	江苏	4883.6	605.44	0.4394	4.0596
采矿业	陕西	8778.44	381.36	0.1182	4.037
制造业	重庆	2758.01	403.25	0.4157	4.6004
制造业	山东	15301.58	1181.22	0.9843	8.3396
制造业	上海	4977.4	41.89	0.0503	2.4589
采矿业	海南	1386.6	-766.08	-0.3919	2.1182
电力、热力、燃气及水生产和供应业	北京	39305.4	4736.86	0.3043	2.9829
金融业	北京	504107	180086	0.6117	5.4791
制造业	北京	44483.53	672.75	0.0294	3.6904
金融业	江苏	1233.93	231.78	0.0843	3.8535
电力、热力、燃气及水生产和供应业	北京	93389.63	1234.71	0.0667	2.7086
制造业	北京	83116.73	3260.45	0.3053	5.4005
制造业	广西	1597.22	138.64	0.1206	2.298
金融业	贵州	12645.28	5137.28	2.235	15.1525
金融业	北京	164854	44513	0.9096	8.9233
文化、体育和娱乐业	辽宁	2338.01	177.33	0.3219	3.9703
信息传输、软件和信息技术服务业	北京	1693.7	213.89	0.1934	2.7049
制造业	浙江	3043.14	136.95	0.3415	9.8851
制造业	广东	1803.94	50.01	0.0814	1.8068
批发和零售业	上海	16035.87	63.53	0.1525	9.568
制造业	江苏	566.23	71.12	0.3037	8.0418

上市公司基本信息
Listed Companies in 2018

公司代码 Code	证券简称 Security Name	总股本 Total Vol	A 股流通股 A-Share Negotiable	B 股 B-Share	H 股 H-Share	优先股 Pref Share
603006	联明股份	192.3	100.0	0.0	0.0	0.0
603007	花王股份	341.1	194.4	0.0	0.0	0.0
603008	喜临门	394.9	319.6	0.0	0.0	0.0
603009	北特科技	359.1	320.7	0.0	0.0	0.0
603010	万盛股份	253.1	230.7	0.0	0.0	0.0
603011	合锻智能	453.2	412.2	0.0	0.0	0.0
603012	创力集团	636.6	636.6	0.0	0.0	0.0
603013	亚普股份	510.0	60.0	0.0	0.0	0.0
603015	弘讯科技	407.2	401.9	0.0	0.0	0.0
603016	新宏泰	148.2	70.5	0.0	0.0	0.0
603017	中衡设计	275.2	275.1	0.0	0.0	0.0
603018	中设集团	313.8	308.9	0.0	0.0	0.0
603019	中科曙光	643.0	643.0	0.0	0.0	0.0
603020	爱普股份	320.0	320.0	0.0	0.0	0.0
603021	山东华鹏	319.9	315.6	0.0	0.0	0.0
603022	新通联	200.0	200.0	0.0	0.0	0.0
603023	威帝股份	360.0	360.0	0.0	0.0	0.0
603025	大豪科技	921.9	913.4	0.0	0.0	0.0
603026	石大胜华	202.7	202.7	0.0	0.0	0.0
603027	千禾味业	326.2	135.0	0.0	0.0	0.0
603028	赛福天	220.8	115.6	0.0	0.0	0.0
603029	天鹅股份	93.3	36.5	0.0	0.0	0.0
603030	全筑股份	538.4	534.0	0.0	0.0	0.0
603031	安德利	112.0	55.9	0.0	0.0	0.0
603032	德新交运	160.0	78.4	0.0	0.0	0.0
603033	三维股份	127.0	55.3	0.0	0.0	0.0
603035	常熟汽饰	280.0	172.2	0.0	0.0	0.0
603036	如通股份	203.4	50.8	0.0	0.0	0.0
603037	凯众股份	105.9	61.7	0.0	0.0	0.0
603038	华立股份	94.0	37.6	0.0	0.0	0.0
603039	泛微网络	102.5	39.9	0.0	0.0	0.0
603040	新坐标	79.5	31.8	0.0	0.0	0.0
603041	美思德	100.9	46.5	0.0	0.0	0.0
603042	华脉科技	138.7	101.0	0.0	0.0	0.0
603043	广州酒家	404.0	125.5	0.0	0.0	0.0
603045	福达合金	98.3	24.6	0.0	0.0	0.0
603050	科林电气	162.2	80.3	0.0	0.0	0.0
603055	台华新材	547.6	100.8	0.0	0.0	0.0
603056	德邦股份	960.0	100.0	0.0	0.0	0.0
603058	永吉股份	423.5	228.1	0.0	0.0	0.0
603059	倍加洁	80.0	20.0	0.0	0.0	0.0
603060	国检集团	220.0	63.8	0.0	0.0	0.0
603063	禾望电气	420.0	255.3	0.0	0.0	0.0
603066	音飞储存	302.3	165.7	0.0	0.0	0.0
603067	振华股份	308.0	155.6	0.0	0.0	0.0
603069	海汽集团	316.0	173.8	0.0	0.0	0.0
603076	乐惠国际	74.5	26.8	0.0	0.0	0.0
603077	和邦生物	8831.3	8831.3	0.0	0.0	0.0
603078	江化微	84.0	47.9	0.0	0.0	0.0
603079	圣达生物	112.0	36.5	0.0	0.0	0.0

注：股本的单位为百万股，营业收入、净利润的单位为百万元。

上市公司基本信息
Listed Companies in 2018

所属行业 Industry	所属地区 Area	营业收入 Operating Income	净利润 Net Profit	每股收益 EPS	每股净资产 NAVPS
制造业	上海	1025.51	101.08	0.5255	5.3701
建筑业	江苏	1264.34	99.93	0.293	3.1442
制造业	浙江	4210.93	-438.27	-1.1099	5.788
制造业	上海	1248.45	56.15	0.1564	4.8208
制造业	浙江	1732.89	107.51	0.4248	4.4869
制造业	安徽	798.81	51.45	0.1135	3.8211
制造业	上海	1607.59	207.49	0.326	4.2902
制造业	江苏	7849.14	333.52	0.654	5.9499
制造业	浙江	685.62	58.81	0.1444	2.9684
制造业	江苏	415.91	61.26	0.4135	5.5793
科学研究和技术服务业	江苏	1866.13	168.2	0.6112	6.4241
科学研究和技术服务业	江苏	4198.49	396.17	1.2625	7.8883
制造业	天津	9056.88	430.6	0.6697	5.9384
制造业	上海	2499.76	110.16	0.3442	6.209
制造业	山东	801.97	19.75	0.0617	4.1992
制造业	上海	665.45	31.31	0.1566	3.0866
制造业	黑龙江	202	65.17	0.181	1.8092
制造业	北京	1074.71	369.57	0.4009	1.9729
制造业	山东	5331.35	205.39	1.0134	7.9734
制造业	四川	1065.45	240.02	0.7358	4.0052
制造业	江苏	547.36	16.91	0.0766	3.1663
制造业	山东	332.3	15.1	0.1618	7.7281
建筑业	上海	6521.02	260.48	0.4838	3.3847
批发和零售业	安徽	1802.94	5.86	0.0523	5.3882
交通运输、仓储和邮政业	新疆	170.37	259.02	1.6188	4.2794
制造业	浙江	1087.58	81.92	0.6451	9.3591
制造业	江苏	1463.87	340.08	1.2146	8.9633
制造业	江苏	240.61	39.08	0.1922	4.9293
制造业	上海	548.98	126.98	1.1988	7.8638
制造业	广东	754.19	82.98	0.8827	10.7665
信息传输、软件和信息技术服务业	上海	1003.6	114.49	1.1167	7.063
制造业	浙江	300.85	102.58	1.2902	8.5378
制造业	江苏	305.17	40.82	0.4044	7.2767
制造业	江苏	1030.15	-110.34	-0.7957	5.6516
制造业	广东	2537.13	383.91	0.9503	4.8255
制造业	浙江	1325.48	57.83	0.5883	7.8167
制造业	河北	1220.65	87.06	0.5366	6.449
制造业	浙江	2974.33	344.6	0.6293	4.6882
交通运输、仓储和邮政业	上海	23025.32	700.41	0.7296	4.1951
制造业	贵州	431.98	111.56	0.2634	2.201
制造业	江苏	755.49	94.41	1.1802	10.8922
科学研究和技术服务业	北京	937.31	191.15	0.8689	5.3154
制造业	广东	1181.41	53.72	0.1279	5.6624
交通运输、仓储和邮政业	江苏	689.41	92.6	0.3063	3.1114
制造业	湖北	1404.86	146.17	0.4746	4.0185
交通运输、仓储和邮政业	海南	1117.17	58.88	0.1863	3.5208
制造业	浙江	970.88	38.98	0.5232	10.5954
制造业	四川	6009.02	363.09	0.0411	1.2424
制造业	江苏	383.68	39.92	0.4753	9.1641
制造业	浙江	492.71	44.54	0.3977	7.0647

上市公司基本信息
Listed Companies in 2018

公司代码 Code	证券简称 Security Name	总股本 Total Vol	A 股流通股 A-Share Negotiable	B 股 B-Share	H 股 H-Share	优先股 Pref Share
603080	新疆火炬	141.5	35.5	0.0	0.0	0.0
603081	大丰实业	401.8	77.7	0.0	0.0	0.0
603083	剑桥科技	128.8	55.3	0.0	0.0	0.0
603085	天成自控	291.0	147.5	0.0	0.0	0.0
603086	先达股份	112.0	72.5	0.0	0.0	0.0
603088	宁波精达	112.0	112.0	0.0	0.0	0.0
603089	正裕工业	106.7	31.5	0.0	0.0	0.0
603090	宏盛股份	100.0	40.7	0.0	0.0	0.0
603096	新经典	135.3	53.9	0.0	0.0	0.0
603098	森特股份	480.0	75.0	0.0	0.0	0.0
603099	长白山	266.7	266.7	0.0	0.0	0.0
603100	川仪股份	395.0	258.6	0.0	0.0	0.0
603101	汇嘉时代	240.0	72.0	0.0	0.0	0.0
603103	横店影视	453.0	53.0	0.0	0.0	0.0
603105	芯能科技	500.0	88.0	0.0	0.0	0.0
603106	恒银金融	308.0	130.4	0.0	0.0	0.0
603108	润达医疗	579.5	508.3	0.0	0.0	0.0
603110	东方材料	143.7	54.3	0.0	0.0	0.0
603111	康尼机电	993.3	738.4	0.0	0.0	0.0
603113	金能科技	675.9	331.9	0.0	0.0	0.0
603116	红蜻蜓	585.3	576.2	0.0	0.0	0.0
603117	万林物流	647.2	625.9	0.0	0.0	0.0
603118	共进股份	781.8	775.7	0.0	0.0	0.0
603123	翠微股份	524.1	524.1	0.0	0.0	0.0
603126	中材节能	610.5	610.5	0.0	0.0	0.0
603127	昭衍新药	115.0	55.8	0.0	0.0	0.0
603128	华贸物流	1012.0	954.8	0.0	0.0	0.0
603129	春风动力	134.6	65.2	0.0	0.0	0.0
603131	上海沪工	200.0	50.0	0.0	0.0	0.0
603133	碳元科技	208.0	112.0	0.0	0.0	0.0
603136	天目湖	80.0	20.0	0.0	0.0	0.0
603138	海量数据	150.4	47.4	0.0	0.0	0.0
603139	康惠制药	99.9	53.6	0.0	0.0	0.0
603156	养元饮品	753.3	60.3	0.0	0.0	0.0
603157	拉夏贝尔	547.7	145.8	0.0	214.8	0.0
603158	腾龙股份	218.6	217.0	0.0	0.0	0.0
603159	上海亚虹	100.0	25.0	0.0	0.0	0.0
603160	汇顶科技	456.7	231.6	0.0	0.0	0.0
603161	科华控股	133.4	33.4	0.0	0.0	0.0
603165	荣晟环保	177.4	44.4	0.0	0.0	0.0
603166	福达股份	597.7	592.0	0.0	0.0	0.0
603167	渤海轮渡	493.2	481.4	0.0	0.0	0.0
603168	莎普爱思	322.6	297.3	0.0	0.0	0.0
603169	兰石重装	1051.5	1038.5	0.0	0.0	0.0
603177	德创环保	202.0	61.8	0.0	0.0	0.0
603178	圣龙股份	203.2	51.0	0.0	0.0	0.0
603179	新泉股份	227.7	94.9	0.0	0.0	0.0
603180	金牌厨柜	67.5	18.4	0.0	0.0	0.0
603181	皇马科技	200.0	99.0	0.0	0.0	0.0
603183	建研院	125.1	73.7	0.0	0.0	0.0

注：股本的单位为百万股，营业收入、净利润的单位为百万元。

上市公司基本信息
Listed Companies in 2018

所属行业 Industry	所属地区 Area	营业收入 Operating Income	净利润 Net Profit	每股收益 EPS	每股净资产 NAVPS
电力、热力、燃气及水生产和供应业	新疆	389.03	92.05	0.6505	7.2505
制造业	浙江	1795.23	229.98	0.5724	4.2639
制造业	上海	3156.32	76.78	0.5962	8.7552
制造业	浙江	957.97	36.55	0.1256	3.4217
制造业	山东	1635.89	251.05	2.2415	12.1184
制造业	浙江	343.94	40.42	0.3609	4.6477
制造业	浙江	1082.67	100.76	0.9446	7.3072
制造业	江苏	415.14	32.62	0.3262	4.805
文化、体育和娱乐业	天津	926.05	240.81	1.7797	12.8933
建筑业	北京	2931.2	220.1	0.4585	3.8648
水利、环境和公共设施管理业	吉林	464.14	67.63	0.2536	3.7915
制造业	重庆	3557.03	386.55	0.9786	5.7347
批发和零售业	新疆	3624.44	70.16	0.2923	5.5801
文化、体育和娱乐业	浙江	2724.49	320.69	0.7079	4.8347
制造业	浙江	384.17	66.16	0.1323	2.9186
制造业	天津	974.31	80.19	0.2604	5.3772
批发和零售业	上海	5964.34	261.95	0.452	4.3234
制造业	浙江	392.42	32.8	0.2282	4.4077
制造业	江苏	3415.42	-3150.7	-3.172	1.7132
制造业	山东	8812.01	1270.26	1.8793	7.1989
制造业	浙江	3041.21	196.06	0.3349	6.0563
租赁和商务服务业	江苏	941.84	98.29	0.1519	3.4688
制造业	广东	8333.94	192.41	0.2461	5.7656
批发和零售业	北京	5007.3	174.63	0.3332	5.9775
科学研究和技术服务业	天津	1873.58	129.79	0.2126	2.7308
科学研究和技术服务业	北京	408.8	108.34	0.9421	5.6639
交通运输、仓储和邮政业	上海	9445.44	323	0.3192	3.8612
制造业	浙江	2545.46	120.25	0.8934	7.1659
制造业	上海	863.8	74.23	0.3358	4.5566
制造业	江苏	542.11	53.8	0.2555	4.415
水利、环境和公共设施管理业	江苏	489.43	103.21	1.2901	10.3203
信息传输、软件和信息技术服务业	北京	536.81	54.15	0.3599	2.8941
制造业	陕西	375.62	55.63	0.557	9.4761
制造业	河北	8144.24	2836.98	3.7662	15.8908
制造业	上海	10175.85	-159.51	-0.2913	6.2947
制造业	江苏	1018.36	116.95	0.535	4.4831
制造业	上海	637.34	42.93	0.4293	4.2349
制造业	广东	3721.29	742.5	1.626	8.9948
制造业	江苏	1376.27	104.58	0.784	9.3444
制造业	浙江	2088.96	207.97	1.1727	6.957
制造业	广西	1404.81	112.12	0.1876	3.5238
交通运输、仓储和邮政业	山东	1668.18	400.74	0.8125	6.9827
制造业	浙江	607.44	-126.47	-0.3921	4.5915
制造业	甘肃	2546.75	-1510.74	-1.4367	1.6855
水利、环境和公共设施管理业	浙江	746.41	12.86	0.0637	2.617
制造业	浙江	1310.76	38.13	0.1876	4.149
制造业	江苏	3405	282.04	1.2385	7.0816
制造业	福建	1701.68	210.19	3.1139	14.5585
制造业	浙江	1718.84	197.03	0.9851	7.1771
科学研究和技术服务业	江苏	494.61	64.6	0.5163	5.5795

上市公司基本信息
Listed Companies in 2018

公司代码 Code	证券简称 Security Name	总股本 Total Vol	A 股流通股 A-Share Negotiable	B 股 B-Share	H 股 H-Share	优先股 Pref Share
603185	上机数控	126.0	31.5	0.0	0.0	0.0
603186	华正新材	130.7	73.7	0.0	0.0	0.0
603187	海容冷链	80.0	20.0	0.0	0.0	0.0
603188	亚邦股份	576.0	576.0	0.0	0.0	0.0
603189	网达软件	220.8	110.1	0.0	0.0	0.0
603192	汇得科技	106.7	26.7	0.0	0.0	0.0
603196	日播时尚	240.0	65.4	0.0	0.0	0.0
603197	保隆科技	167.0	98.4	0.0	0.0	0.0
603198	迎驾贡酒	800.0	800.0	0.0	0.0	0.0
603199	九华旅游	110.7	110.7	0.0	0.0	0.0
603200	上海洗霸	75.0	25.3	0.0	0.0	0.0
603203	快克股份	158.3	53.9	0.0	0.0	0.0
603208	江山欧派	80.8	30.8	0.0	0.0	0.0
603214	爱婴室	100.0	25.0	0.0	0.0	0.0
603218	日月股份	407.2	99.4	0.0	0.0	0.0
603220	贝通信	337.8	84.4	0.0	0.0	0.0
603222	济民制药	320.0	320.0	0.0	0.0	0.0
603223	恒通股份	201.6	168.0	0.0	0.0	0.0
603225	新凤鸣	842.8	119.0	0.0	0.0	0.0
603226	菲林格尔	116.5	29.3	0.0	0.0	0.0
603227	雪峰科技	658.7	658.7	0.0	0.0	0.0
603228	景旺电子	411.0	81.1	0.0	0.0	0.0
603229	奥翔药业	160.0	54.0	0.0	0.0	0.0
603232	格尔软件	85.4	51.2	0.0	0.0	0.0
603233	大参林	400.0	64.2	0.0	0.0	0.0
603238	诺邦股份	120.0	30.0	0.0	0.0	0.0
603239	浙江仙通	270.7	90.7	0.0	0.0	0.0
603258	电魂网络	243.1	116.5	0.0	0.0	0.0
603259	药明康德	1164.7	104.2	0.0	116.5	0.0
603260	合盛硅业	670.0	260.8	0.0	0.0	0.0
603266	天龙股份	140.0	35.0	0.0	0.0	0.0
603268	松发股份	125.1	124.2	0.0	0.0	0.0
603269	海鸥股份	91.5	37.1	0.0	0.0	0.0
603277	银都股份	400.8	156.4	0.0	0.0	0.0
603278	大业股份	208.0	86.5	0.0	0.0	0.0
603283	赛腾股份	162.8	40.0	0.0	0.0	0.0
603286	日盈电子	88.1	45.8	0.0	0.0	0.0
603288	海天味业	2700.4	2700.4	0.0	0.0	0.0
603289	泰瑞机器	266.5	135.8	0.0	0.0	0.0
603297	永新光学	84.0	21.0	0.0	0.0	0.0
603298	杭叉集团	618.9	170.6	0.0	0.0	0.0
603299	井神股份	559.4	279.3	0.0	0.0	0.0
603300	华铁科技	485.3	405.3	0.0	0.0	0.0
603301	振德医疗	100.0	25.0	0.0	0.0	0.0
603303	得邦照明	408.0	102.0	0.0	0.0	0.0
603305	旭升股份	400.6	63.3	0.0	0.0	0.0
603306	华懋科技	313.0	307.0	0.0	0.0	0.0
603308	应流股份	433.8	400.0	0.0	0.0	0.0
603309	维力医疗	200.0	200.0	0.0	0.0	0.0
603311	金海环境	210.0	210.0	0.0	0.0	0.0

注：股本的单位为百万股，营业收入、净利润的单位为百万元。

上市公司基本信息
Listed Companies in 2018

所属行业 Industry	所属地区 Area	营业收入 Operating Income	净利润 Net Profit	每股收益 EPS	每股净资产 NAVPS
制造业	江苏	684.12	200.81	1.5937	12.2411
制造业	浙江	1677.63	75.08	0.5746	5.1575
制造业	山东	1211.77	139.3	1.7412	16.1658
制造业	江苏	2075.82	161.56	0.2805	5.215
信息传输、软件和信息技术服务业	上海	201.81	7.99	0.0362	3.5978
制造业	上海	1592.52	115.45	1.0824	10.4697
制造业	上海	1132.13	38.36	0.1599	3.9363
制造业	上海	2304.78	154.87	0.9272	5.7825
制造业	安徽	3488.8	778.69	0.9734	5.4222
水利、环境和公共设施管理业	安徽	485.31	92.09	0.832	9.9417
水利、环境和公共设施管理业	上海	413.6	80.08	1.0671	9.936
制造业	江苏	432.41	157.1	0.9923	5.4995
制造业	浙江	1282.87	152.7	1.8895	13.5814
批发和零售业	上海	2135.4	119.99	1.1999	8.8546
制造业	浙江	2350.59	280.55	0.6889	7.2915
信息传输、软件和信息技术服务业	湖北	1750.83	145.96	0.4321	4.4816
制造业	浙江	697.83	32.06	0.1002	2.5304
交通运输、仓储和邮政业	山东	6042.69	47.07	0.2335	5.1586
制造业	浙江	32658.77	1423.05	1.6725	9.6872
制造业	上海	834.89	98.82	0.8483	7.0928
制造业	新疆	2034.28	51.78	0.0786	1.7978
制造业	广东	4985.56	802.66	1.9529	10.0804
制造业	浙江	243.89	43.86	0.2742	3.735
信息传输、软件和信息技术服务业	上海	308.59	71.8	0.8407	7.2808
批发和零售业	广东	8859.27	531.63	1.3291	7.5951
制造业	浙江	936.45	55.25	0.4604	6.854
制造业	浙江	704.49	122.41	0.4522	3.6223
信息传输、软件和信息技术服务业	浙江	448.39	129.67	0.5335	7.0333
科学研究和技术服务业	江苏	9613.68	2260.52	1.9408	15.1862
制造业	浙江	11076.41	2805.18	4.1868	11.8388
制造业	浙江	926.61	67.17	0.4798	6.0642
制造业	广东	591.02	37.63	0.3007	4.9795
制造业	江苏	603.75	33.19	0.3628	7.1053
制造业	浙江	1485.52	248.35	0.6058	4.2865
制造业	山东	2439.35	205.36	0.9873	7.3402
制造业	江苏	904.39	121.04	0.7436	4.5687
制造业	江苏	356.18	22.09	0.2508	4.9365
制造业	广东	17034.48	4364.81	1.6164	5.1382
制造业	浙江	792.34	100.57	0.3774	3.6098
制造业	浙江	561.29	121.84	1.4505	12.2556
制造业	浙江	8442.62	546.55	0.8832	6.2236
制造业	江苏	2763.52	144.87	0.2589	3.9721
租赁和商务服务业	浙江	887.65	-28.79	-0.0593	3.0448
制造业	浙江	1428.86	130.2	1.302	11.2372
制造业	浙江	3995.39	247.43	0.6064	6.3001
制造业	浙江	1095.59	293.72	0.7332	3.6074
制造业	福建	983.26	276.44	0.8831	7.4092
制造业	安徽	1681.22	73.14	0.1686	6.6426
制造业	广东	745.83	65.4	0.327	4.6371
制造业	浙江	565.2	65.04	0.3097	3.5879

上市公司基本信息
Listed Companies in 2018

公司代码 Code	证券简称 Security Name	总股本 Total Vol	A 股流通股 A-Share Negotiable	B 股 B-Share	H 股 H-Share	优先股 Pref Share
603313	梦百合	240.0	82.3	0.0	0.0	0.0
603315	福鞍股份	220.0	220.0	0.0	0.0	0.0
603316	诚邦股份	203.3	105.1	0.0	0.0	0.0
603318	派思股份	403.3	402.2	0.0	0.0	0.0
603319	湘油泵	80.9	56.7	0.0	0.0	0.0
603320	迪贝电气	100.0	32.5	0.0	0.0	0.0
603321	梅轮电梯	307.0	116.1	0.0	0.0	0.0
603322	超讯通信	112.0	45.4	0.0	0.0	0.0
603323	吴江银行	1448.1	606.9	0.0	0.0	0.0
603326	我乐家居	226.0	64.4	0.0	0.0	0.0
603328	依顿电子	997.8	992.4	0.0	0.0	0.0
603329	上海雅仕	132.0	33.0	0.0	0.0	0.0
603330	上海天洋	78.0	31.5	0.0	0.0	0.0
603331	百达精工	129.2	31.8	0.0	0.0	0.0
603333	尚纬股份	520.0	510.5	0.0	0.0	0.0
603335	迪生力	329.3	156.4	0.0	0.0	0.0
603336	宏辉果蔬	173.4	68.7	0.0	0.0	0.0
603337	杰克股份	305.9	81.1	0.0	0.0	0.0
603338	浙江鼎力	247.7	247.7	0.0	0.0	0.0
603339	四方科技	210.7	57.8	0.0	0.0	0.0
603345	安井食品	216.0	122.8	0.0	0.0	0.0
603348	文灿股份	220.0	55.0	0.0	0.0	0.0
603355	莱克电气	401.0	401.0	0.0	0.0	0.0
603356	华菱精工	133.3	33.3	0.0	0.0	0.0
603357	设计总院	324.7	158.7	0.0	0.0	0.0
603358	华达科技	313.6	137.7	0.0	0.0	0.0
603359	东珠生态	318.6	153.0	0.0	0.0	0.0
603360	百傲化学	186.7	78.4	0.0	0.0	0.0
603363	傲农生物	426.0	184.0	0.0	0.0	0.0
603365	水星家纺	266.7	88.6	0.0	0.0	0.0
603366	日出东方	800.0	800.0	0.0	0.0	0.0
603367	辰欣药业	453.4	287.7	0.0	0.0	0.0
603368	柳药股份	259.1	204.8	0.0	0.0	0.0
603369	今世缘	1254.5	1254.5	0.0	0.0	0.0
603377	东方时尚	588.0	164.9	0.0	0.0	0.0
603378	亚士创能	194.8	69.0	0.0	0.0	0.0
603380	易德龙	160.0	47.9	0.0	0.0	0.0
603383	顶点软件	120.2	58.0	0.0	0.0	0.0
603385	惠达卫浴	369.4	263.7	0.0	0.0	0.0
603386	广东骏亚	201.8	56.7	0.0	0.0	0.0
603387	基蛋生物	186.0	92.1	0.0	0.0	0.0
603388	元成股份	206.5	83.6	0.0	0.0	0.0
603389	亚振家居	219.0	63.0	0.0	0.0	0.0
603393	新天然气	160.0	95.6	0.0	0.0	0.0
603396	金辰股份	75.6	31.6	0.0	0.0	0.0
603398	邦宝益智	212.8	211.7	0.0	0.0	0.0
603399	吉翔股份	546.8	508.1	0.0	0.0	0.0
603416	信捷电气	140.6	35.1	0.0	0.0	0.0
603421	鼎信通讯	443.0	45.6	0.0	0.0	0.0
603429	集友股份	190.4	97.6	0.0	0.0	0.0

注：股本的单位为百万股，营业收入、净利润的单位为百万元。

上市公司基本信息
Listed Companies in 2018

所属行业 Industry	所属地区 Area	营业收入 Operating Income	净利润 Net Profit	每股收益 EPS	每股净资产 NAVPS
制造业	江苏	3049.47	186.07	0.7753	7.7271
制造业	辽宁	335.36	9.38	0.0426	4.4899
建筑业	浙江	771.36	56.1	0.276	4.1442
制造业	辽宁	422.63	4.38	0.0109	2.5351
制造业	湖南	904.36	97.11	1.2	9.2676
制造业	浙江	634.86	42.83	0.4283	6.2006
制造业	浙江	737.62	50.14	0.1633	3.3415
信息传输、软件和信息技术服务业	广东	1394.54	24.84	0.2218	4.3631
金融业	江苏	3149.54	802.18	0.554	6.4986
制造业	江苏	1082.05	101.83	0.4506	3.6636
制造业	广东	3328.62	654.01	0.6555	4.4783
交通运输、仓储和邮政业	上海	1749.95	44.99	0.3408	5.5506
制造业	上海	560.82	35.17	0.451	8.0207
制造业	浙江	774.54	70.47	0.5453	5.5585
制造业	四川	1575.21	57.98	0.1115	2.722
制造业	广东	795.81	13.51	0.041	1.6968
制造业	广东	763.35	64.17	0.3702	4.7029
制造业	浙江	4151.5	454.25	1.477	8.0967
制造业	浙江	1707.54	480.47	1.9397	10.5023
制造业	江苏	1230.54	182.22	0.8647	7.8068
制造业	福建	4259.09	270.26	1.251	9.4796
制造业	广东	1620.16	125.24	0.5693	9.2733
制造业	江苏	5863.82	423.04	1.055	6.9371
制造业	安徽	975.83	61.08	0.4581	5.1587
科学研究和技术服务业	安徽	1648.84	436.79	1.3453	6.6295
制造业	江苏	4052.43	205.83	0.6563	8.2604
建筑业	江苏	1593.79	325.81	1.0225	8.1992
制造业	辽宁	528.17	145.19	0.7778	4.282
制造业	福建	5761.89	30.13	0.0707	1.9104
制造业	上海	2718.89	285.07	1.069	8.2025
制造业	江苏	3176.69	-491.69	-0.6146	3.8241
制造业	山东	3808.08	503.54	1.1107	9.1628
批发和零售业	广西	11714.53	528.19	2.0387	14.847
制造业	江苏	3736.04	1150.71	0.9173	4.8582
教育	北京	1050.92	223.27	0.3797	2.9725
制造业	上海	1662.26	58.73	0.3015	6.7359
制造业	江苏	951.18	101.57	0.6348	4.774
信息传输、软件和信息技术服务业	福建	295.52	119.78	0.9964	8.6277
制造业	河北	2900.01	238.83	0.6465	8.5239
制造业	广东	1120.07	68.99	0.3419	3.2457
制造业	江苏	686.24	249.61	1.3419	7.2326
建筑业	浙江	1244.33	135.38	0.6557	4.3813
制造业	江苏	417.07	-86.11	-0.3933	3.5601
电力、热力、燃气及水生产和供应业	新疆	1631.81	334.57	2.0911	14.1497
制造业	辽宁	756.33	84.8	1.1223	11.7727
制造业	广东	389.33	42.13	0.198	3.1764
制造业	辽宁	3730.38	190.67	0.3487	4.3464
制造业	江苏	590.38	148.63	1.0574	7.54
信息传输、软件和信息技术服务业	山东	1744.17	203.93	0.4503	5.7341
制造业	安徽	458.4	115.41	0.6061	3.2567

上市公司基本信息
Listed Companies in 2018

公司代码 Code	证券简称 Security Name	总股本 Total Vol	A 股流通股 A-Share Negotiable	B 股 B-Share	H 股 H-Share	优先股 Pref Share
603444	吉比特	71.9	41.2	0.0	0.0	0.0
603456	九洲药业	805.9	801.0	0.0	0.0	0.0
603458	勘设股份	126.1	85.3	0.0	0.0	0.0
603466	风语筑	292.0	88.0	0.0	0.0	0.0
603477	振静股份	240.0	113.5	0.0	0.0	0.0
603486	科沃斯	400.1	40.1	0.0	0.0	0.0
603488	展鹏科技	208.9	96.5	0.0	0.0	0.0
603496	恒为科技	142.1	76.1	0.0	0.0	0.0
603499	翔港科技	101.3	25.0	0.0	0.0	0.0
603500	祥和实业	176.4	50.4	0.0	0.0	0.0
603501	韦尔股份	455.8	136.6	0.0	0.0	0.0
603505	金石资源	240.0	112.0	0.0	0.0	0.0
603506	南都物业	103.2	25.8	0.0	0.0	0.0
603507	振江股份	128.1	80.4	0.0	0.0	0.0
603508	思维列控	160.0	160.0	0.0	0.0	0.0
603515	欧普照明	756.1	127.4	0.0	0.0	0.0
603516	淳中科技	131.0	32.7	0.0	0.0	0.0
603517	绝味食品	410.0	163.7	0.0	0.0	0.0
603518	维格娜丝	180.6	149.2	0.0	0.0	0.0
603519	立霸股份	221.9	221.9	0.0	0.0	0.0
603520	司太立	120.0	64.7	0.0	0.0	0.0
603527	众源新材	174.2	107.5	0.0	0.0	0.0
603528	多伦科技	627.1	187.6	0.0	0.0	0.0
603533	掌阅科技	401.0	123.9	0.0	0.0	0.0
603535	嘉诚国际	150.4	66.1	0.0	0.0	0.0
603536	惠发股份	168.0	60.3	0.0	0.0	0.0
603538	美诺华	149.1	89.5	0.0	0.0	0.0
603555	贵人鸟	628.6	628.6	0.0	0.0	0.0
603556	海兴电力	495.2	167.8	0.0	0.0	0.0
603557	起步股份	470.0	218.9	0.0	0.0	0.0
603558	健盛集团	416.4	310.2	0.0	0.0	0.0
603559	中通国脉	143.3	79.5	0.0	0.0	0.0
603566	普莱柯	323.7	321.5	0.0	0.0	0.0
603567	珍宝岛	849.2	849.2	0.0	0.0	0.0
603568	伟明环保	687.7	682.6	0.0	0.0	0.0
603569	长久物流	560.0	80.2	0.0	0.0	0.0
603577	汇金通	175.0	77.5	0.0	0.0	0.0
603578	三星新材	89.6	31.9	0.0	0.0	0.0
603579	荣泰健康	140.0	51.4	0.0	0.0	0.0
603580	艾艾精工	93.3	30.2	0.0	0.0	0.0
603583	捷昌驱动	120.8	30.2	0.0	0.0	0.0
603585	苏利股份	180.0	54.0	0.0	0.0	0.0
603586	金麒麟	215.6	100.1	0.0	0.0	0.0
603587	地素时尚	401.0	61.0	0.0	0.0	0.0
603588	高能环境	660.5	654.4	0.0	0.0	0.0
603589	口子窖	600.0	600.0	0.0	0.0	0.0
603590	康辰药业	160.0	40.0	0.0	0.0	0.0
603595	东尼电子	142.8	49.8	0.0	0.0	0.0
603596	伯特利	408.6	40.9	0.0	0.0	0.0
603598	引力传媒	270.6	267.9	0.0	0.0	0.0

注：股本的单位为百万股，营业收入、净利润的单位为百万元。

上市公司基本信息
Listed Companies in 2018

所属行业 Industry	所属地区 Area	营业收入 Operating Income	净利润 Net Profit	每股收益 EPS	每股净资产 NAVPS
信息传输、软件和信息技术服务业	福建	1654.7	722.97	10.0577	40.4408
制造业	浙江	1862.23	157.15	0.195	3.4416
科学研究和技术服务业	贵州	2151.58	352.89	2.7978	17.6704
文化、体育和娱乐业	上海	1708.36	210.96	0.7226	4.8049
制造业	四川	618.89	58.98	0.2457	3.4639
制造业	江苏	5693.66	485.09	1.2124	6.2194
制造业	江苏	314.47	74.01	0.3542	3.9989
制造业	上海	431.4	105.17	0.7403	5.2889
制造业	上海	357.44	48.07	0.4744	5.3066
制造业	浙江	339.93	82.37	0.467	4.7767
制造业	上海	3963.51	138.8	0.3045	3.5882
采矿业	浙江	587.65	137.64	0.5735	3.5043
房地产业	浙江	1058.63	91.81	0.8899	6.192
制造业	江苏	979.93	60.75	0.4743	10.9524
制造业	河南	541.42	187.83	1.1739	16.6734
制造业	上海	8003.87	899.22	1.1892	5.7361
制造业	北京	275.56	84.95	0.6487	5.7747
制造业	湖南	4367.98	640.63	1.5625	7.3769
制造业	江苏	3085.61	272.84	1.5111	13.3827
制造业	江苏	1282.68	91.46	0.4121	3.2142
制造业	浙江	890.47	93.68	0.7806	7.4253
制造业	安徽	3209.25	93.56	0.5372	4.9876
制造业	江苏	550.1	134.99	0.2153	2.3482
信息传输、软件和信息技术服务业	北京	1903.15	139.32	0.3474	2.7758
交通运输、仓储和邮政业	广东	1115.61	137.53	0.9144	9.8827
制造业	山东	1041.78	45.46	0.2706	3.9259
制造业	浙江	848.96	96.35	0.6461	8.0274
制造业	福建	2812.46	-685.88	-1.0911	2.4335
制造业	浙江	2552.9	329.92	0.6663	9.8786
制造业	浙江	1398.77	180.71	0.3845	3.3
制造业	浙江	1577.47	206.44	0.4958	6.9227
信息传输、软件和信息技术服务业	吉林	722.6	49.28	0.3438	6.0419
制造业	河南	608.06	135.61	0.4189	5.0521
制造业	黑龙江	2780.91	462.44	0.5446	5.8559
水利、环境和公共设施管理业	浙江	1547.13	740.06	1.0761	4.4749
租赁和商务服务业	北京	5482.63	403.12	0.7198	4.7027
制造业	山东	958.24	31.75	0.1814	5.0545
制造业	浙江	326.71	60.05	0.6706	6.0269
制造业	上海	2295.65	249.21	1.7801	10.6406
制造业	上海	188.11	35.8	0.3835	4.2272
制造业	浙江	1115.97	253.93	2.1021	13.1084
制造业	江苏	1645.9	312.1	1.7339	9.7796
制造业	山东	1399.41	88.35	0.4097	9.9324
制造业	上海	2100.45	574.11	1.4317	7.6968
水利、环境和公共设施管理业	北京	3762.25	324.62	0.4915	4.0707
制造业	安徽	4268.96	1532.66	2.5544	10.279
制造业	北京	1022.16	263.93	1.6496	15.5045
制造业	浙江	872.4	115.39	0.8079	6.1615
制造业	安徽	2602.49	237.28	0.5808	4.6669
租赁和商务服务业	北京	3147.13	56.63	0.2093	2.0862

上市公司基本信息
Listed Companies in 2018

公司代码 Code	证券简称 Security Name	总股本 Total Vol	A 股流通股 A-Share Negotiable	B 股 B-Share	H 股 H-Share	优先股 Pref Share
603599	广信股份	464.7	372.4	0.0	0.0	0.0
603600	永艺股份	302.7	251.1	0.0	0.0	0.0
603601	再升科技	540.6	540.6	0.0	0.0	0.0
603602	纵横通信	112.0	66.4	0.0	0.0	0.0
603603	博天环境	401.6	234.8	0.0	0.0	0.0
603605	珀莱雅	201.1	62.1	0.0	0.0	0.0
603606	东方电缆	503.2	491.4	0.0	0.0	0.0
603607	京华激光	127.5	48.7	0.0	0.0	0.0
603608	天创时尚	431.4	128.6	0.0	0.0	0.0
603609	禾丰牧业	831.2	831.2	0.0	0.0	0.0
603611	诺力股份	267.7	226.3	0.0	0.0	0.0
603612	索通发展	340.2	178.9	0.0	0.0	0.0
603615	茶花股份	240.0	74.9	0.0	0.0	0.0
603616	韩建河山	293.4	293.4	0.0	0.0	0.0
603617	君禾股份	101.8	30.4	0.0	0.0	0.0
603618	杭电股份	686.9	686.9	0.0	0.0	0.0
603619	中曼石油	400.0	143.3	0.0	0.0	0.0
603626	科森科技	415.6	158.1	0.0	0.0	0.0
603628	清源股份	273.8	88.8	0.0	0.0	0.0
603629	利通电子	100.0	25.0	0.0	0.0	0.0
603630	拉芳家化	226.7	81.3	0.0	0.0	0.0
603633	徕木股份	156.5	107.9	0.0	0.0	0.0
603636	南威软件	526.7	524.6	0.0	0.0	0.0
603637	镇海股份	174.0	43.2	0.0	0.0	0.0
603638	艾迪精密	260.5	85.0	0.0	0.0	0.0
603639	海利尔	169.4	54.3	0.0	0.0	0.0
603648	畅联股份	368.7	273.2	0.0	0.0	0.0
603650	彤程新材	586.0	58.8	0.0	0.0	0.0
603655	朗博科技	106.0	26.5	0.0	0.0	0.0
603656	泰禾光电	148.9	63.3	0.0	0.0	0.0
603657	春光科技	96.0	24.0	0.0	0.0	0.0
603658	安图生物	420.0	136.5	0.0	0.0	0.0
603659	璞泰来	434.7	193.1	0.0	0.0	0.0
603660	苏州科达	360.1	237.5	0.0	0.0	0.0
603661	恒林股份	100.0	28.8	0.0	0.0	0.0
603663	三祥新材	135.7	49.1	0.0	0.0	0.0
603665	康隆达	100.0	37.3	0.0	0.0	0.0
603666	亿嘉和	98.2	24.6	0.0	0.0	0.0
603667	五洲新春	263.1	113.5	0.0	0.0	0.0
603668	天马科技	299.8	186.0	0.0	0.0	0.0
603669	灵康药业	364.0	364.0	0.0	0.0	0.0
603676	卫信康	423.0	66.7	0.0	0.0	0.0
603677	奇精机械	196.2	57.1	0.0	0.0	0.0
603678	火炬电子	452.7	451.4	0.0	0.0	0.0
603679	华体科技	101.0	40.2	0.0	0.0	0.0
603680	今创集团	608.6	58.8	0.0	0.0	0.0
603683	晶华新材	126.7	44.5	0.0	0.0	0.0
603685	晨丰科技	130.0	44.2	0.0	0.0	0.0
603686	龙马环卫	299.0	296.9	0.0	0.0	0.0
603688	石英股份	337.3	336.8	0.0	0.0	0.0

注：股本的单位为百万股，营业收入、净利润的单位为百万元。

上市公司基本信息
Listed Companies in 2018

所属行业 Industry	所属地区 Area	营业收入 Operating Income	净利润 Net Profit	每股收益 EPS	每股净资产 NAVPS
制造业	安徽	2846.97	469.06	1.0094	9.9824
制造业	浙江	2411.08	103.91	0.3433	3.8767
制造业	重庆	1082.12	158.96	0.294	2.4551
信息传输、软件和信息技术服务业	浙江	583.73	44.52	0.3975	6.0305
水利、环境和公共设施管理业	北京	4335.88	184.9	0.4487	4.0228
制造业	浙江	2361.25	287.19	1.4262	8.4142
制造业	浙江	3024.22	171.43	0.3407	3.4386
制造业	浙江	555.03	95.77	0.7511	6.0093
制造业	广东	2052.34	242.2	0.5614	4.9941
制造业	辽宁	15750.8	551.93	0.6526	4.5544
制造业	浙江	2552.64	188.39	0.7038	6.4364
制造业	山东	3354.03	201.55	0.5924	7.1722
制造业	福建	762.56	68.38	0.2849	5.6115
制造业	北京	1048.6	12.9	0.044	2.6871
制造业	浙江	637.29	68.79	0.6755	5.1524
制造业	浙江	4377.31	100.67	0.1466	3.2347
采矿业	上海	1389.74	29.97	0.0749	5.9304
制造业	江苏	2408.32	124.68	0.3	4.4867
制造业	福建	961.39	24.87	0.0908	3.4806
制造业	江苏	1594.59	92.45	0.9245	9.4683
制造业	广东	964.14	127.17	0.5609	7.8733
制造业	上海	434.36	43.37	0.2772	4.6747
信息传输、软件和信息技术服务业	福建	979.04	172.52	0.3276	3.3184
科学研究和技术服务业	浙江	633.91	53.67	0.3084	4.3383
制造业	山东	1020.65	225.17	0.8645	3.9257
制造业	山东	2191.47	367.4	2.1688	11.55
租赁和商务服务业	上海	1233.24	142.76	0.3872	4.4253
制造业	上海	2174.88	412.27	0.7035	3.8823
制造业	江苏	174.31	30.21	0.285	4.5359
制造业	安徽	407.35	80.73	0.5423	5.9268
制造业	浙江	507.08	100.97	1.0518	8.7616
制造业	河南	1929.68	562.57	1.3395	4.5919
制造业	上海	3311.03	594.26	1.3671	6.6905
制造业	江苏	2453.64	321.95	0.8941	4.8114
制造业	浙江	2317.81	170.95	1.7095	22.6109
制造业	福建	598.53	74.18	0.5466	3.9079
制造业	浙江	905.4	83.57	0.8357	9.9735
制造业	江苏	505.11	184.03	1.8732	10.0232
制造业	浙江	1373.59	102.27	0.3499	5.74
制造业	福建	1506.18	73.55	0.2454	3.1144
制造业	西藏	1669.43	182.7	0.5019	3.7856
制造业	西藏	746.32	73.44	0.1736	2.1221
制造业	浙江	1381.3	77.69	0.3961	5.3069
制造业	福建	2024.35	333.18	0.736	6.1379
制造业	四川	526.49	70.55	0.6985	5.7834
制造业	江苏	3228.22	441.96	0.7261	6.176
制造业	上海	880.89	22.97	0.1813	6.2496
制造业	浙江	877.07	104.53	0.8041	7.4655
制造业	福建	3443.58	236.33	0.7904	7.7291
制造业	江苏	633.3	142.35	0.422	4.1753

上市公司基本信息
Listed Companies in 2018

公司代码 Code	证券简称 Security Name	总股本 Total Vol	A 股流通股 A-Share Negotiable	B 股 B-Share	H 股 H-Share	优先股 Pref Share
603689	皖天然气	336.0	167.4	0.0	0.0	0.0
603690	至纯科技	210.9	92.2	0.0	0.0	0.0
603693	江苏新能	618.0	118.0	0.0	0.0	0.0
603696	安记食品	168.0	168.0	0.0	0.0	0.0
603698	航天工程	412.3	412.3	0.0	0.0	0.0
603699	纽威股份	750.0	750.0	0.0	0.0	0.0
603701	德宏股份	146.1	71.1	0.0	0.0	0.0
603703	盛洋科技	229.7	109.0	0.0	0.0	0.0
603706	东方环宇	160.0	40.0	0.0	0.0	0.0
603707	健友股份	552.4	284.6	0.0	0.0	0.0
603708	家家悦	468.0	157.0	0.0	0.0	0.0
603709	中源家居	80.0	20.0	0.0	0.0	0.0
603711	香飘飘	419.4	46.3	0.0	0.0	0.0
603712	七一二	772.0	100.0	0.0	0.0	0.0
603713	密尔克卫	152.5	38.1	0.0	0.0	0.0
603716	塞力斯	205.1	96.1	0.0	0.0	0.0
603717	天域生态	241.8	122.1	0.0	0.0	0.0
603718	海利生物	644.0	644.0	0.0	0.0	0.0
603721	中广天择	100.0	47.3	0.0	0.0	0.0
603722	阿科力	86.7	40.7	0.0	0.0	0.0
603725	天安新材	146.7	94.0	0.0	0.0	0.0
603726	朗迪集团	132.6	33.2	0.0	0.0	0.0
603727	博迈科	234.1	94.9	0.0	0.0	0.0
603728	鸣志电器	416.0	175.8	0.0	0.0	0.0
603729	龙韵股份	93.3	93.3	0.0	0.0	0.0
603730	岱美股份	410.3	81.2	0.0	0.0	0.0
603733	仙鹤股份	612.0	62.0	0.0	0.0	0.0
603737	三棵树	133.1	43.2	0.0	0.0	0.0
603738	泰晶科技	158.7	58.8	0.0	0.0	0.0
603757	大元泵业	117.3	35.0	0.0	0.0	0.0
603758	秦安股份	438.8	133.5	0.0	0.0	0.0
603766	隆鑫通用	2053.5	2034.2	0.0	0.0	0.0
603767	中马传动	298.6	94.7	0.0	0.0	0.0
603768	常青股份	204.0	70.1	0.0	0.0	0.0
603773	沃格光电	94.6	23.6	0.0	0.0	0.0
603776	永安行	134.4	86.1	0.0	0.0	0.0
603777	来伊份	340.8	110.6	0.0	0.0	0.0
603778	乾景园林	500.0	226.2	0.0	0.0	0.0
603779	威龙股份	229.6	103.2	0.0	0.0	0.0
603787	新日股份	204.0	70.9	0.0	0.0	0.0
603788	宁波高发	230.1	230.1	0.0	0.0	0.0
603789	星光农机	260.0	260.0	0.0	0.0	0.0
603790	雅运股份	147.2	36.8	0.0	0.0	0.0
603797	联泰环保	213.3	53.3	0.0	0.0	0.0
603798	康普顿	200.0	85.4	0.0	0.0	0.0
603799	华友钴业	829.7	819.9	0.0	0.0	0.0
603800	道森股份	208.0	208.0	0.0	0.0	0.0
603801	志邦家居	160.0	83.2	0.0	0.0	0.0
603803	瑞斯康达	421.1	219.8	0.0	0.0	0.0
603806	福斯特	522.6	522.6	0.0	0.0	0.0

注：股本的单位为百万股，营业收入、净利润的单位为百万元。

上市公司基本信息
Listed Companies in 2018

所属行业 Industry	所属地区 Area	营业收入 Operating Income	净利润 Net Profit	每股收益 EPS	每股净资产 NAVPS
电力、热力、燃气及水生产和供应业	安徽	3240.98	176.39	0.525	6.0125
制造业	上海	674.09	32.44	0.1538	2.0653
电力、热力、燃气及水生产和供应业	江苏	1472.81	314.64	0.5091	7.2201
制造业	福建	339.01	39.48	0.235	3.8493
科学研究和技术服务业	北京	1619.51	226.74	0.5499	6.4567
制造业	江苏	2780.9	274.07	0.3654	3.644
制造业	浙江	458.96	110.83	0.7588	4.7645
制造业	浙江	595.61	-89.91	-0.3914	1.9036
电力、热力、燃气及水生产和供应业	新疆	419.42	93.88	0.5867	6.9228
制造业	江苏	1700.33	424.55	0.7685	4.3827
批发和零售业	山东	12730.71	429.92	0.9186	5.8158
制造业	浙江	888.07	83.77	1.0472	7.4804
制造业	浙江	3251.09	314.7	0.7504	5.2823
制造业	天津	1625.55	224.93	0.2914	2.9178
交通运输、仓储和邮政业	上海	1783.91	132.16	0.8667	8.2128
批发和零售业	湖北	1317.45	94.16	0.459	7.4132
建筑业	重庆	1047.72	91.66	0.3791	5.5801
制造业	上海	254.57	21.3	0.0331	1.6389
文化、体育和娱乐业	湖南	313.38	27.38	0.2738	5.3737
制造业	江苏	422.45	33.42	0.3855	5.9854
制造业	广东	955.28	49	0.334	5.5602
制造业	浙江	1569.8	111.5	0.8408	6.6487
采矿业	天津	396.63	7.15	0.0305	10.2625
制造业	上海	1894.05	166.86	0.4011	4.4392
租赁和商务服务业	上海	1194.91	22.88	0.2451	9.3269
制造业	上海	4273.38	558.13	1.3603	8.0902
制造业	浙江	4097.77	292.41	0.4778	5.2852
制造业	福建	3584.02	222.49	1.6712	10.0304
制造业	湖北	611.3	36.36	0.2291	4.0121
制造业	浙江	1113.6	167.52	1.4279	8.5875
制造业	重庆	676.25	-63.65	-0.1451	5.3274
制造业	重庆	11203.79	919.28	0.4477	3.1156
制造业	浙江	884.04	56.05	0.1877	4.732
制造业	安徽	1874.35	78.27	0.3837	8.3172
制造业	江西	699.8	158.05	1.6708	17.2294
科学研究和技术服务业	江苏	844.99	119.35	0.888	12.3726
批发和零售业	上海	3891.22	10.11	0.0297	5.4393
建筑业	北京	352.6	-6.25	-0.0125	2.0067
制造业	山东	788	51.64	0.2249	6.1295
制造业	江苏	3050.5	88.65	0.4346	4.6258
制造业	浙江	1289.02	215.1	0.9348	8.2929
制造业	浙江	595.81	-58.55	-0.2252	3.962
制造业	上海	940.97	129.19	0.8776	7.1257
水利、环境和公共设施管理业	广东	251.48	73.53	0.3447	5.0279
制造业	山东	847.09	75.86	0.3793	4.3999
制造业	浙江	14450.76	1528.1	1.8416	9.1603
制造业	江苏	1169.3	89.07	0.4282	4.8299
制造业	安徽	2432.99	272.9	1.7056	11.7019
制造业	北京	2412.93	125.15	0.2972	5.8864
制造业	浙江	4809.74	751.26	1.4375	10.6274

上市公司基本信息
Listed Companies in 2018

公司代码 Code	证券简称 Security Name	总股本 Total Vol	A 股流通股 A-Share Negotiable	B 股 B-Share	H 股 H-Share	优先股 Pref Share
603808	歌力思	337.0	329.9	0.0	0.0	0.0
603809	豪能股份	149.3	82.2	0.0	0.0	0.0
603810	丰山集团	80.0	20.0	0.0	0.0	0.0
603811	诚意药业	119.3	80.3	0.0	0.0	0.0
603813	原尚股份	89.6	46.8	0.0	0.0	0.0
603816	顾家家居	430.2	89.1	0.0	0.0	0.0
603817	海峡环保	450.0	180.0	0.0	0.0	0.0
603818	曲美家居	491.4	484.1	0.0	0.0	0.0
603819	神力股份	120.8	56.1	0.0	0.0	0.0
603822	嘉澳环保	73.4	40.6	0.0	0.0	0.0
603823	百合花	225.0	70.3	0.0	0.0	0.0
603825	华扬联众	230.1	92.4	0.0	0.0	0.0
603826	坤彩科技	468.0	189.5	0.0	0.0	0.0
603828	柯利达	429.3	421.2	0.0	0.0	0.0
603829	洛凯股份	160.0	72.4	0.0	0.0	0.0
603833	欧派家居	420.3	92.1	0.0	0.0	0.0
603838	四通股份	266.7	266.7	0.0	0.0	0.0
603839	安正时尚	404.3	105.5	0.0	0.0	0.0
603843	正平股份	400.0	192.8	0.0	0.0	0.0
603848	好太太	401.0	71.1	0.0	0.0	0.0
603855	华荣股份	331.1	201.5	0.0	0.0	0.0
603856	东宏股份	256.4	91.4	0.0	0.0	0.0
603858	步长制药	886.3	426.2	0.0	0.0	0.0
603859	能科股份	113.6	49.9	0.0	0.0	0.0
603860	中公高科	66.7	24.2	0.0	0.0	0.0
603861	白云电器	442.7	121.1	0.0	0.0	0.0
603866	桃李面包	470.6	470.6	0.0	0.0	0.0
603868	飞科电器	435.6	43.6	0.0	0.0	0.0
603869	新智认知	348.8	268.1	0.0	0.0	0.0
603871	嘉友国际	112.0	28.0	0.0	0.0	0.0
603876	鼎胜新材	430.0	65.0	0.0	0.0	0.0
603877	太平鸟	480.8	200.5	0.0	0.0	0.0
603878	武进不锈	204.5	101.0	0.0	0.0	0.0
603879	永悦科技	144.0	81.0	0.0	0.0	0.0
603880	南卫股份	130.0	63.4	0.0	0.0	0.0
603881	数据港	210.6	127.8	0.0	0.0	0.0
603882	金域医学	457.9	279.6	0.0	0.0	0.0
603883	老百姓	284.9	267.0	0.0	0.0	0.0
603885	吉祥航空	1797.0	1797.0	0.0	0.0	0.0
603886	元祖股份	240.0	121.2	0.0	0.0	0.0
603887	城地股份	144.2	83.0	0.0	0.0	0.0
603888	新华网	519.0	176.5	0.0	0.0	0.0
603889	新澳股份	393.7	393.7	0.0	0.0	0.0
603890	春秋电子	191.8	96.8	0.0	0.0	0.0
603895	天永智能	108.1	27.0	0.0	0.0	0.0
603896	寿仙谷	143.3	61.1	0.0	0.0	0.0
603897	长城科技	178.4	44.6	0.0	0.0	0.0
603898	好莱客	320.1	108.6	0.0	0.0	0.0
603899	晨光文具	920.0	920.0	0.0	0.0	0.0
603900	莱绅通灵	340.5	85.1	0.0	0.0	0.0

注：股本的单位为百万股，营业收入、净利润的单位为百万元。

上市公司基本信息
Listed Companies in 2018

所属行业 Industry	所属地区 Area	营业收入 Operating Income	净利润 Net Profit	每股收益 EPS	每股净资产 NAVPS
制造业	广东	2436.1	365.01	1.0831	6.9179
制造业	四川	930.24	160.98	1.078	10.3138
制造业	江苏	1316.55	138.79	1.7348	13.8585
制造业	浙江	545.77	96.91	0.8125	5.5399
交通运输、仓储和邮政业	广东	814.11	55.62	0.6211	6.8025
制造业	浙江	9172.12	989.36	2.2997	10.8725
电力、热力、燃气及水生产和供应业	福建	482.5	116.64	0.2592	3.3809
制造业	北京	2891.63	-59.06	-0.1202	2.7468
制造业	江苏	953.3	48.19	0.3989	6.453
制造业	浙江	1039.49	53.75	0.7327	10.2199
制造业	浙江	1813.06	189.54	0.8424	6.3064
信息传输、软件和信息技术服务业	北京	10747.71	128.36	0.5578	5.8362
制造业	福建	586.77	180.21	0.3851	2.7722
建筑业	江苏	2385.25	58.37	0.1372	2.6069
制造业	江苏	560.13	60.18	0.3761	4.0882
制造业	广东	11509.39	1571.86	3.74	17.9901
制造业	广东	447.04	42.78	0.1604	2.6951
制造业	浙江	1649.26	281.15	0.6955	6.7843
建筑业	青海	2812.27	69.78	0.1744	3.3445
制造业	广东	1310.21	260.58	0.6498	3.2084
制造业	上海	1631.28	152.36	0.4602	4.3581
制造业	山东	1637.48	154.49	0.6025	6.0485
制造业	山东	13664.75	1888.41	2.1306	15.4958
科学研究和技术服务业	北京	407.95	50.71	0.4466	6.2497
科学研究和技术服务业	北京	208.69	47.84	0.7175	8.9616
制造业	广东	2575.81	169.65	0.3832	5.2478
制造业	辽宁	4833.23	642.15	1.3645	7.2699
制造业	上海	3976.56	844.9	1.9396	5.9727
水利、环境和公共设施管理业	广西	3031.65	377.8	1.0831	11.3434
交通运输、仓储和邮政业	北京	4100.86	270.03	2.411	14.0806
制造业	江苏	10291.37	276.46	0.6429	7.8645
制造业	浙江	7711.88	571.54	1.1888	7.3615
制造业	江苏	2000.07	199.13	0.9739	10.5871
制造业	福建	608.22	37.42	0.2598	3.7266
制造业	江苏	479.82	39.25	0.3019	4.2825
信息传输、软件和信息技术服务业	上海	909.68	142.86	0.6784	4.7596
卫生和社会工作	广东	4525.25	233.32	0.5096	4.1611
批发和零售业	湖南	9471.09	435.04	1.5267	10.6904
交通运输、仓储和邮政业	上海	14366.17	1232.93	0.6861	5.247
制造业	上海	1958.22	241.65	1.0069	5.6318
建筑业	上海	1260.36	72.18	0.5006	5.9668
信息传输、软件和信息技术服务业	北京	1569.32	285.1	0.5493	5.4594
制造业	浙江	2566.31	199.35	0.5064	5.9547
制造业	江苏	1774.61	108.62	0.5663	7.3548
制造业	上海	506.06	36.12	0.3342	5.8335
制造业	浙江	511.45	107.65	0.7511	6.8702
制造业	浙江	4979.47	180.8	1.0135	9.4229
制造业	广东	2132.69	382.24	1.1942	7.2173
制造业	上海	8534.99	806.85	0.877	3.7074
批发和零售业	江苏	1663.27	209.61	0.6156	7.0505

上市公司基本信息
Listed Companies in 2018

公司代码 Code	证券简称 Security Name	总股本 Total Vol	A 股流通股 A-Share Negotiable	B 股 B-Share	H 股 H-Share	优先股 Pref Share
603901	永创智能	439.4	184.0	0.0	0.0	0.0
603903	中持股份	103.3	73.8	0.0	0.0	0.0
603906	龙蟠科技	254.1	93.3	0.0	0.0	0.0
603908	牧高笛	66.7	23.0	0.0	0.0	0.0
603909	合诚股份	102.5	25.0	0.0	0.0	0.0
603912	佳力图	210.4	107.8	0.0	0.0	0.0
603916	苏博特	309.3	129.0	0.0	0.0	0.0
603917	合力科技	156.8	80.3	0.0	0.0	0.0
603918	金桥信息	179.4	176.5	0.0	0.0	0.0
603919	金徽酒	364.0	115.8	0.0	0.0	0.0
603920	世运电路	409.3	128.2	0.0	0.0	0.0
603922	金鸿顺	128.0	32.0	0.0	0.0	0.0
603926	铁流股份	123.6	65.1	0.0	0.0	0.0
603928	兴业股份	201.6	62.8	0.0	0.0	0.0
603929	亚翔集成	213.4	96.6	0.0	0.0	0.0
603933	睿能科技	143.7	35.9	0.0	0.0	0.0
603936	博敏电子	215.5	167.4	0.0	0.0	0.0
603937	丽岛新材	208.9	75.9	0.0	0.0	0.0
603938	三孚股份	150.2	50.8	0.0	0.0	0.0
603939	益丰药房	376.8	362.7	0.0	0.0	0.0
603955	大千生态	113.1	71.3	0.0	0.0	0.0
603958	哈森股份	219.9	66.0	0.0	0.0	0.0
603959	百利科技	313.6	149.0	0.0	0.0	0.0
603960	克来机电	135.2	51.8	0.0	0.0	0.0
603963	大理药业	130.0	76.4	0.0	0.0	0.0
603966	法兰泰克	211.0	93.0	0.0	0.0	0.0
603968	醋化股份	204.5	204.5	0.0	0.0	0.0
603969	银龙股份	841.0	841.0	0.0	0.0	0.0
603970	中农立华	160.0	79.6	0.0	0.0	0.0
603976	正川股份	151.2	38.3	0.0	0.0	0.0
603977	国泰集团	391.2	176.0	0.0	0.0	0.0
603978	深圳新星	160.0	76.1	0.0	0.0	0.0
603979	金诚信	585.0	585.0	0.0	0.0	0.0
603980	吉华集团	500.0	245.6	0.0	0.0	0.0
603985	恒润股份	104.0	66.6	0.0	0.0	0.0
603986	兆易创新	284.6	207.4	0.0	0.0	0.0
603987	康德莱	441.6	266.1	0.0	0.0	0.0
603988	中电电机	235.2	235.2	0.0	0.0	0.0
603989	艾华集团	390.0	390.0	0.0	0.0	0.0
603990	麦迪科技	80.6	60.3	0.0	0.0	0.0
603991	至正股份	74.5	41.1	0.0	0.0	0.0
603993	洛阳钼业	21599.2	17665.8	0.0	3933.5	0.0
603996	中新科技	300.2	300.2	0.0	0.0	0.0
603997	继峰股份	639.6	630.0	0.0	0.0	0.0
603998	方盛制药	428.6	425.2	0.0	0.0	0.0
603999	读者传媒	576.0	576.0	0.0	0.0	0.0
900929	锦旅 B 股	132.6	0.0	66.0	0.0	0.0
900939	汇丽 B	181.5	0.0	88.0	0.0	0.0
900948	伊泰 B 股	3254.0	0.0	1328.0	326.0	0.0
900951	ST 大化 B	275.0	0.0	100.0	0.0	0.0

注：股本的单位为百万股，营业收入、净利润的单位为百万元。

上市公司基本信息
Listed Companies in 2018

所属行业 Industry	所属地区 Area	营业收入 Operating Income	净利润 Net Profit	每股收益 EPS	每股净资产 NAVPS
制造业	浙江	1650.9	74.18	0.1688	2.9422
水利、环境和公共设施管理业	北京	1034.04	92.64	0.8965	7.8152
制造业	江苏	1497.79	81.83	0.3221	4.9224
制造业	浙江	551.29	41.19	0.6177	6.7958
科学研究和技术服务业	福建	630.2	67.9	0.6624	6.8497
制造业	江苏	534.72	106.67	0.5063	3.3303
制造业	江苏	2315.96	268.4	0.8677	6.741
制造业	浙江	609.58	97.76	0.6235	5.8113
信息传输、软件和信息技术服务业	上海	832.95	51.23	0.2854	3.1916
制造业	甘肃	1462.41	258.62	0.7105	5.4908
制造业	广东	2167.29	225.79	0.5516	5.8453
制造业	江苏	1069.74	56.24	0.4394	8.8905
制造业	浙江	966.08	83.4	0.6745	9.062
制造业	江苏	1502.98	146.16	0.725	6.152
建筑业	江苏	2255.87	161.09	0.755	5.1562
制造业	福建	1852.98	113.53	0.7898	7.302
制造业	广东	1949.05	124.74	0.5543	10.104
制造业	江苏	1303.01	114.79	0.5495	6.3169
制造业	河北	1103.85	113.05	0.7528	7.0586
批发和零售业	湖南	6912.58	416.41	1.1051	10.7715
建筑业	江苏	801.76	90.12	0.7968	9.9485
制造业	江苏	1347.68	-62.37	-0.2836	4.6082
科学研究和技术服务业	湖南	1182.7	150.06	0.4785	3.5228
制造业	上海	583.22	65.15	0.4819	3.6151
制造业	云南	401.48	10.7	0.0823	3.5702
制造业	江苏	763.73	65.93	0.3125	4.1837
制造业	江苏	2028.19	200.88	0.9824	7.0697
制造业	天津	2337.53	150.44	0.1789	2.0532
批发和零售业	北京	3734.63	115.46	0.7216	5.4079
制造业	重庆	595.78	82.77	0.5474	6.5279
制造业	江西	868.31	70.34	0.1798	4.6889
制造业	广东	1099.96	125.1	0.7819	8.8226
采矿业	北京	3105.19	291.43	0.4982	6.9278
制造业	浙江	2915.21	702.87	1.4057	8.6867
制造业	江苏	1185.32	124.82	1.2002	10.5908
制造业	北京	2245.79	405.01	1.4229	6.6651
制造业	上海	1450.06	147.09	0.3331	3.1103
制造业	江苏	428.54	48.23	0.2051	2.8568
制造业	湖南	2165.57	298.69	0.7659	5.2809
信息传输、软件和信息技术服务业	江苏	284.28	55.48	0.688	5.858
制造业	上海	569.78	38.01	0.5099	6.5992
采矿业	河南	25962.86	4635.58	1.0731	9.4792
制造业	浙江	6731.13	-78.47	-0.2614	4.674
制造业	浙江	2151.35	302.39	0.4727	2.9224
制造业	湖南	1051.08	72.99	0.1703	2.4594
文化、体育和娱乐业	甘肃	760.71	42.47	0.0737	2.9164
租赁和商务服务业	上海	1519.63	63.47	0.4788	6.4993
建筑业	上海	13.17	1.36	0.0075	0.4005
采矿业	内蒙古	39184.62	4136.73	1.2713	10.2051
制造业	辽宁	317.97	-138.64	-0.5042	0.1933

上市公司基本信息
Listed Companies in 2018

公司代码 Code	证券简称 Security Name	总股本 Total Vol	A 股流通股 A-Share Negotiable	B 股 B-Share	H 股 H-Share	优先股 Pref Share
900953	凯马 B	640.0	0.0	240.0	0.0	0.0
900956	东贝 B 股	235.0	0.0	115.0	0.0	0.0
900957	凌云 B 股	349.0	0.0	184.0	0.0	0.0

注：股本的单位为百万股，营业收入、净利润的单位为百万元。

上市公司基本信息
Listed Companies in 2018

所属行业 Industry	所属地区 Area	营业收入 Operating Income	净利润 Net Profit	每股收益 EPS	每股净资产 NAVPS
制造业	上海	3672.7	-117.66	-0.1838	1.1768
制造业	湖北	4273.6	110.1	0.4685	5.3485
房地产业	上海	106.11	27.7	0.0794	1.2917

上市公司股份变动
Change of Shares Outstanding in 2018

股票代码 Code	股票简称 Stock Name	变动后总股本(百万股) Total Share(M)	变动原因 Change Reason	变动日期 Change Date	股票代码 Code	股票简称 Stock Name	变动后总股本(百万股) Total Share(M)	变动原因 Change Reason	变动日期 Change Date
600008	首创股份	5685.45	增发上市	2018.11.20	600010	包钢股份	45585.03	限售期满	2018.05.28
600011	华能国际	15698.09	增发上市	2018.10.19	600016	民生银行	43782.42	送股	2018.07.06
600018	上港集团	23173.67	限售期满	2018.06.04	600019	宝钢股份	22268.11	增发上市	2018.01.19
600019	宝钢股份	22267.92	股份注销	2018.03.13	600019	宝钢股份	22267.92	限售期满	2018.06.19
600021	上海电力	2617.16	增发上市	2018.08.31	600022	山东钢铁	10946.55	限售期满	2018.08.13
600025	华能水电	18000.00	限售期满	2018.12.17	600027	华电国际	9862.98	限售期满	2018.09.10
600029	南方航空	10689.10	其他股本变动	2018.09.14	600029	南方航空	12267.17	增发上市	2018.10.09
600031	三一重工	7668.21	债转股	2018.01.05	600031	三一重工	7703.40	股份注销	2018.01.30
600031	三一重工	7703.40	债转股	2018.01.30	600031	三一重工	7707.31	债转股	2018.04.09
600031	三一重工	7706.87	股份注销	2018.06.07	600031	三一重工	7706.87	债转股	2018.06.07
600031	三一重工	7706.87	限售期满	2018.06.20	600031	三一重工	7738.62	增发上市	2018.07.05
600031	三一重工	7738.62	债转股	2018.07.05	600031	三一重工	7780.22	债转股	2018.08.15
600031	三一重工	7794.60	增发上市	2018.10.11	600031	三一重工	7794.60	债转股	2018.10.11
600031	三一重工	7798.54	股份注销	2018.12.07	600035	楚天高速	1730.80	限售期满	2018.02.28
600035	楚天高速	1728.09	股份注销	2018.07.27	600037	歌华有线	1391.78	限售期满	2018.12.12
600039	四川路桥	3610.53	限售期满	2018.09.11	600048	保利地产	11892.26	增发上市	2018.09.17
600048	保利地产	11895.03	增发上市	2018.12.24	600050	中国联通	31027.81	增发上市	2018.04.16
600057	厦门象屿	1457.74	配股上市	2018.01.08	600057	厦门象屿	2157.45	送股	2018.06.08
600061	国投资本	4227.13	限售期满	2018.02.22	600061	国投资本	4227.13	限售期满	2018.10.29
600062	华润双鹤	1043.24	送股	2018.08.17	600063	皖维高新	1925.89	限售期满	2018.04.17
600063	皖维高新	1925.89	限售期满	2018.05.09	600064	南京高科	1235.96	送股	2018.05.18
600069	银鸽投资	1623.83	送股	2018.05.29	600069	银鸽投资	1623.83	限售期满	2018.07.09
600070	浙江富润	521.95	限售期满	2018.01.11	600076	康欣新材	1034.26	限售期满	2018.11.20
600079	人福医药	1353.70	限售期满	2018.04.03	600080	金花股份	373.27	增发上市	2018.04.03
600082	海泰发展	646.12	限售期满	2018.09.05	600084	中葡股份	1123.73	限售期满	2018.03.12
600088	中视传媒	397.71	送股	2018.06.29	600089	特变电工	3714.50	股份注销	2018.02.14
600091	ST 明科	437.41	限售期满	2018.12.25	600093	易见股份	1122.45	限售期满	2018.07.02
600097	开创国际	240.94	限售期满	2018.12.07	600100	同方股份	2963.90	限售期满	2018.02.26
600104	上汽集团	11683.46	限售期满	2018.01.19	600105	永鼎股份	1253.06	送股	2018.05.22
600105	永鼎股份	1253.06	限售期满	2018.08.07	600105	永鼎股份	1252.99	股份注销	2018.09.19
600105	永鼎股份	1252.99	限售期满	2018.10.11	600106	重庆路桥	1098.37	送股	2018.06.08
600114	东睦股份	645.79	送股	2018.04.27	600114	东睦股份	645.79	限售期满	2018.06.15
600114	东睦股份	645.79	限售期满	2018.06.26	600114	东睦股份	645.79	限售期满	2018.07.23
600114	东睦股份	645.79	限售期满	2018.08.08	600114	东睦股份	645.55	股份注销	2018.12.28
600116	三峡水利	993.01	限售期满	2018.02.05	600120	浙江东方	672.61	限售期满	2018.06.13
600120	浙江东方	874.39	送股	2018.06.29	600122	宏图高科	1157.72	增发上市	2018.01.05
600122	宏图高科	1158.01	增发上市	2018.04.09	600122	宏图高科	1158.05	增发上市	2018.06.19
600126	杭钢股份	3377.19	送股	2018.07.17	600129	太极集团	556.89	增发上市	2018.01.25
600131	岷江水电	504.13	限售期满	2018.07.13	600133	东湖高新	725.78	限售期满	2018.12.07
600135	乐凯胶片	372.99	限售期满	2018.05.21	600136	当代明诚	487.18	限售期满	2018.02.28
600136	当代明诚	487.18	限售期满	2018.04.13	600141	兴发集团	605.98	增发上市	2018.02.22
600141	兴发集团	727.18	送股	2018.06.15	600152	维科技术	455.36	增发上市	2018.06.29
600152	维科技术	440.93	股份注销	2018.09.25	600152	维科技术	440.93	限售期满	2018.09.27
600157	永泰能源	12425.80	限售期满	2018.02.14	600160	巨化股份	2745.17	送股	2018.06.07
600161	天坛生物	871.14	送股	2018.06.25	600162	香江控股	3400.67	限售期满	2018.01.05
600162	香江控股	3400.67	限售期满	2018.02.22	600162	香江控股	3400.67	限售期满	2018.04.17
600162	香江控股	3399.33	股份注销	2018.06.22	600162	香江控股	3399.33	限售期满	2018.10.26
600163	中闽能源	999.47	限售期满	2018.05.07	600163	中闽能源	999.47	限售期满	2018.05.14
600167	联美控股	880.05	限售期满	2018.05.14	600167	联美控股	1760.09	送股	2018.05.31
600172	黄河旋风	1476.32	增发上市	2018.01.09	600173	卧龙地产	727.70	增发上市	2018.03.14

上市公司股份变动
Change of Shares Outstanding in 2018

股票代码 Code	股票简称 Stock Name	变动后总股本（百万股）Total Share(M)	变动原因 Change Reason	变动日期 Change Date	股票代码 Code	股票简称 Stock Name	变动后总股本（百万股）Total Share(M)	变动原因 Change Reason	变动日期 Change Date
600176	中国巨石	3502.31	送股	2018.05.18	600179	安通控股	1486.98	送股	2018.06.01
600180	瑞茂通	1016.48	限售期满	2018.07.02	600183	生益科技	1457.50	增发上市	2018.01.04
600183	生益科技	1459.57	增发上市	2018.04.04	600183	生益科技	2117.03	送股	2018.05.29
600183	生益科技	2117.05	增发上市	2018.07.04	600183	生益科技	2117.05	债转股	2018.07.04
600183	生益科技	2117.49	增发上市	2018.10.10	600183	生益科技	2117.49	债转股	2018.10.10
600185	格力地产	2060.08	债转股	2018.01.08	600185	格力地产	2060.11	债转股	2018.04.10
600185	格力地产	2060.11	债转股	2018.07.10	600185	格力地产	2060.12	债转股	2018.08.15
600185	格力地产	2060.12	债转股	2018.10.11	600189	吉林森工	551.44	增发上市	2018.03.23
600189	吉林森工	716.87	送股	2018.07.17	600189	吉林森工	716.87	限售期满	2018.11.16
600195	中牧股份	601.72	送股	2018.07.11	600196	复星医药	2495.06	股份注销	2018.05.21
600196	复星医药	2563.06	其他股本变动	2018.07.30	600196	复星医药	2563.06	限售期满	2018.11.30
600198	*ST 大唐	882.11	限售期满	2018.05.14	600200	江苏吴中	721.89	限售期满	2018.04.12
600200	江苏吴中	721.89	限售期满	2018.07.12	600201	生物股份	900.41	增发上市	2018.06.07
600201	生物股份	1170.54	送股	2018.06.26	600201	生物股份	1170.54	限售期满	2018.07.11
600203	福日电子	456.45	限售期满	2018.01.02	600206	有研新材	847.08	增发上市	2018.01.23
600209	*ST 罗顿	439.01	限售期满	2018.04.13	600210	紫江企业	1516.74	限售期满	2018.01.16
600216	浙江医药	965.26	股份注销	2018.10.24	600216	浙江医药	965.26	限售期满	2018.10.29
600216	浙江医药	965.26	限售期满	2018.11.22	600217	中再资环	1388.66	股份注销	2018.01.02
600217	中再资环	1388.66	限售期满	2018.06.28	600219	南山铝业	11950.48	配股上市	2018.11.09
600222	太龙药业	573.89	限售期满	2018.05.18	600225	天津松江	935.49	限售期满	2018.01.17
600225	天津松江	935.49	限售期满	2018.02.09	600225	天津松江	935.49	限售期满	2018.06.27
600225	天津松江	935.49	限售期满	2018.12.12	600226	瀚叶股份	3138.64	送股	2018.03.27
600227	圣济堂	1693.13	股份注销	2018.10.29	600229	城市传媒	702.10	限售期满	2018.09.03
600230	沧州大化	411.86	送股	2018.05.31	600231	凌钢股份	2771.08	送股	2018.06.21
600231	凌钢股份	2771.08	限售期满	2018.12.10	600233	圆通速递	2830.77	增发上市	2018.06.04
600236	桂冠电力	6063.37	限售期满	2018.12.10	600241	时代万恒	294.30	限售期满	2018.08.24
600241	时代万恒	294.30	限售期满	2018.12.11	600242	中昌数据	456.67	限售期满	2018.04.25
600242	中昌数据	456.67	限售期满	2018.08.07	600243	青海华鼎	438.85	限售期满	2018.12.28
600248	延长化建	917.95	增发上市	2018.12.06	600249	两面针	550.00	限售期满	2018.03.02
600256	广汇能源	6737.10	配股上市	2018.04.20	600258	首旅酒店	815.74	限售期满	2018.01.08
600258	首旅酒店	978.89	送股	2018.05.25	600260	凯乐科技	708.85	限售期满	2018.04.23
600260	凯乐科技	708.85	限售期满	2018.06.25	600260	凯乐科技	714.80	增发上市	2018.11.20
600271	航天信息	1862.85	债转股	2018.01.09	600271	航天信息	1862.85	债转股	2018.04.09
600271	航天信息	1862.51	股份注销	2018.06.05	600273	嘉化能源	1484.51	股份注销	2018.03.21
600273	嘉化能源	1484.51	限售期满	2018.07.11	600273	嘉化能源	1432.73	股份注销	2018.09.05
600276	恒瑞医药	2832.65	增发上市	2018.01.24	600276	恒瑞医药	2832.65	限售期满	2018.01.31
600276	恒瑞医药	3682.44	送股	2018.05.31	600276	恒瑞医药	3682.08	股份注销	2018.11.06
600277	亿利洁能	2738.94	限售期满	2018.02.12	600282	南钢股份	4418.79	增发上市	2018.07.06
600282	南钢股份	4418.79	限售期满	2018.09.26	600282	南钢股份	4421.04	增发上市	2018.10.11
600282	南钢股份	4421.04	限售期满	2018.12.07	600283	钱江水利	353.00	限售期满	2018.03.02
600284	浦东建设	970.26	送股	2018.04.27	600285	羚锐制药	586.45	股份注销	2018.09.12
600297	广汇汽车	8144.31	限售期满	2018.06.19	600297	广汇汽车	8217.63	增发上市	2018.07.13
600297	广汇汽车	8217.63	限售期满	2018.12.14	600299	安迪苏	2681.90	限售期满	2018.10.29
600305	恒顺醋业	783.56	送股	2018.06.19	600309	万华化学	2734.01	限售期满	2018.01.16
600313	农发种业	1082.20	限售期满	2018.10.29	600315	上海家化	672.83	股份注销	2018.01.11
600315	上海家化	671.71	股份注销	2018.03.06	600315	上海家化	671.25	股份注销	2018.12.27
600320	振华重工	4943.96	送股	2018.08.14	600321	*ST 正源	1510.55	限售期满	2018.03.14
600325	华发股份	2117.95	股份注销	2018.08.02	600325	华发股份	2117.95	限售期满	2018.11.26
600327	大东方	737.32	送股	2018.06.08	600329	中新药业	768.87	限售期满	2018.10.23
600330	天通股份	830.47	限售期满	2018.04.02	600330	天通股份	996.57	送股	2018.06.26

上市公司股份变动
Change of Shares Outstanding in 2018

股票代码 Code	股票简称 Stock Name	变动后总股本(百万股) Total Share(M)	变动原因 Change Reason	变动日期 Change Date	股票代码 Code	股票简称 Stock Name	变动后总股本(百万股) Total Share(M)	变动原因 Change Reason	变动日期 Change Date
600336	澳柯玛	776.75	限售期满	2018.06.19	600336	澳柯玛	799.18	增发上市	2018.12.04
600337	美克家居	1781.77	股份注销	2018.05.25	600337	美克家居	1775.05	股份注销	2018.06.25
600337	美克家居	1775.05	限售期满	2018.09.13	600338	西藏珠峰	653.01	限售期满	2018.08.20
600339	中油工程	5583.15	限售期满	2018.01.19	600340	华夏幸福	3003.25	增发上市	2018.09.26
600346	恒力股份	4545.09	增发上市	2018.02.12	600346	恒力股份	5052.79	增发上市	2018.04.17
600351	亚宝药业	787.04	限售期满	2018.12.17	600352	浙江龙盛	3253.33	限售期满	2018.03.26
600354	敦煌种业	527.80	限售期满	2018.10.22	600366	宁波韵升	556.96	股份注销	2018.04.16
600366	宁波韵升	556.96	限售期满	2018.04.23	600366	宁波韵升	1002.53	送股	2018.05.24
600367	红星发展	298.05	增发上市	2018.08.09	600368	五洲交通	1125.63	送股	2018.05.22
600372	中航电子	1759.18	债转股	2018.10.15	600373	中文传媒	1377.94	限售期满	2018.01.22
600380	健康元	1572.93	股份注销	2018.06.20	600380	健康元	1572.93	限售期满	2018.07.12
600380	健康元	1572.93	限售期满	2018.08.02	600380	健康元	1938.03	配股上市	2018.10.24
600381	青海春天	588.08	股份注销	2018.08.03	600381	青海春天	588.08	限售期满	2018.08.14
600387	海越能源	472.08	增发上市	2018.10.17	600390	五矿资本	3748.39	限售期满	2018.01.22
600392	盛和资源	1350.13	限售期满	2018.02.26	600392	盛和资源	1755.17	送股	2018.07.03
600396	金山股份	1472.71	限售期满	2018.12.25	600399	*ST 抚钢	1300.00	限售期满	2018.12.13
600399	*ST 抚钢	1972.10	送股	2018.12.28	600400	红豆股份	2533.26	送股	2018.05.09
600400	红豆股份	2533.26	限售期满	2018.08.03	600406	国电南瑞	4201.97	增发上市	2018.01.02
600406	国电南瑞	4583.66	增发上市	2018.04.17	600406	国电南瑞	4583.66	限售期满	2018.12.27
600409	三友化工	2064.35	限售期满	2018.06.19	600410	华胜天成	1102.32	股份注销	2018.08.02
600410	华胜天成	1102.32	限售期满	2018.08.10	600410	华胜天成	1102.32	限售期满	2018.12.13
600416	湘电股份	945.83	限售期满	2018.02.12	600418	江淮汽车	1893.31	限售期满	2018.05.02
600419	天润乳业	207.11	送股	2018.05.29	600419	天润乳业	207.11	限售期满	2018.09.03
600420	现代制药	1056.23	股份注销	2018.07.24	600422	昆药集团	786.20	股份注销	2018.03.02
600422	昆药集团	764.20	股份注销	2018.09.14	600422	昆药集团	764.20	限售期满	2018.10.29
600422	昆药集团	762.39	股份注销	2018.12.24	600423	*ST 柳化	798.70	送股	2018.12.19
600426	华鲁恒升	1620.33	股份注销	2018.12.20	600433	冠豪高新	1271.32	限售期满	2018.03.05
600444	国机通用	146.42	限售期满	2018.09.25	600446	金证股份	853.21	增发上市	2018.01.10
600446	金证股份	853.21	限售期满	2018.06.25	600448	华纺股份	524.85	限售期满	2018.11.29
600452	涪陵电力	224.00	送股	2018.07.06	600459	贵研铂业	339.27	送股	2018.06.04
600460	士兰微	1312.06	增发上市	2018.01.18	600466	蓝光发展	2134.30	限售期满	2018.04.02
600466	蓝光发展	2131.73	股份注销	2018.05.31	600466	蓝光发展	2984.42	送股	2018.06.14
600466	蓝光发展	2984.11	股份注销	2018.12.13	600477	杭萧钢构	1786.75	送股	2018.05.24
600477	杭萧钢构	1790.68	增发上市	2018.09.06	600477	杭萧钢构	1790.68	增发上市	2018.09.06
600478	科力远	1469.69	限售期满	2018.06.11	600478	科力远	1469.69	限售期满	2018.11.20
600479	千金药业	418.51	送股	2018.06.19	600479	千金药业	418.51	限售期满	2018.08.24
600480	凌云股份	455.07	限售期满	2018.11.26	600481	双良节能	1635.90	增发上市	2018.06.05
600482	中国动力	1716.27	股份注销	2018.12.18	600485	信威集团	2923.74	限售期满	2018.06.29
600487	亨通光电	1903.69	送股	2018.07.02	600487	亨通光电	1903.69	限售期满	2018.07.30
600488	天药股份	1091.89	限售期满	2018.08.27	600490	鹏欣资源	1891.37	限售期满	2018.01.02
600490	鹏欣资源	2111.63	增发上市	2018.06.19	600490	鹏欣资源	2111.43	股份注销	2018.09.19
600490	鹏欣资源	2111.43	限售期满	2018.10.26	600491	龙元建设	1529.76	增发上市	2018.04.27
600496	精工钢构	1810.45	增发上市	2018.06.08	600498	烽火通信	1113.94	限售期满	2018.04.20
600498	烽火通信	1113.94	限售期满	2018.09.26	600498	烽火通信	1113.74	股份注销	2018.11.05
600498	烽火通信	1168.70	增发上市	2018.11.13	600498	烽火通信	1168.70	限售期满	2018.11.26
600501	航天晨光	421.28	限售期满	2018.07.09	600502	安徽水利	1721.16	送股	2018.06.22
600507	方大特钢	1449.87	增发上市	2018.04.19	600510	黑牡丹	1047.10	限售期满	2018.12.26
600511	国药股份	764.40	股份注销	2018.11.16	600512	腾达建设	1598.90	限售期满	2018.03.12
600516	方大炭素	1788.79	限售期满	2018.11.23	600516	方大炭素	1807.39	增发上市	2018.12.26
600518	康美药业	4973.86	股份注销	2018.07.02	600521	华海药业	1250.99	送股	2018.05.28

上市公司股份变动
Change of Shares Outstanding in 2018

股票代码 Code	股票简称 Stock Name	变动后总股本(百万股) Total Share(M)	变动原因 Change Reason	变动日期 Change Date	股票代码 Code	股票简称 Stock Name	变动后总股本(百万股) Total Share(M)	变动原因 Change Reason	变动日期 Change Date
600521	华海药业	1250.84	股份注销	2018.07.20	600521	华海药业	1250.84	限售期满	2018.09.03
600522	中天科技	3066.07	限售期满	2018.02.08	600522	中天科技	3066.07	限售期满	2018.11.12
600523	贵航股份	404.31	送股	2018.05.17	600525	长园集团	1324.68	股份注销	2018.02.08
600525	长园集团	1324.68	限售期满	2018.02.14	600525	长园集团	1324.68	限售期满	2018.06.27
600525	长园集团	1324.68	限售期满	2018.08.20	600526	菲达环保	547.40	限售期满	2018.04.16
600527	江南高纤	1443.13	送股	2018.04.17	600528	中铁工业	2221.55	限售期满	2018.03.27
600529	山东药玻	424.98	送股	2018.07.11	600532	宏达矿业	516.07	限售期满	2018.08.27
600535	天士力	1080.48	限售期满	2018.03.27	600535	天士力	1512.67	送股	2018.06.06
600540	新赛股份	470.92	限售期满	2018.01.10	600547	山东黄金	2184.85	其他股本变动	2018.10.26
600547	山东黄金	2214.01	其他股本变动	2018.10.31	600549	厦门钨业	1087.16	增发上市	2018.01.16
600549	厦门钨业	1413.31	送股	2018.06.20	600550	保变电气	1534.61	限售期满	2018.01.02
600550	保变电气	1841.53	增发上市	2018.08.06	600552	凯盛科技	763.88	股份注销	2018.10.22
600552	凯盛科技	763.88	限售期满	2018.12.12	600559	老白干酒	475.72	增发上市	2018.04.11
600559	老白干酒	666.01	送股	2018.06.06	600559	老白干酒	666.01	限售期满	2018.12.10
600562	国睿科技	622.35	送股	2018.06.29	600562	国睿科技	622.35	限售期满	2018.07.25
600565	迪马股份	2420.42	股份注销	2018.03.23	600565	迪马股份	2420.42	限售期满	2018.07.23
600565	迪马股份	2414.47	股份注销	2018.08.09	600565	迪马股份	2413.81	股份注销	2018.09.07
600565	迪马股份	2404.62	股份注销	2018.11.26	600566	济川药业	809.73	债转股	2018.05.31
600566	济川药业	814.34	债转股	2018.07.05	600566	济川药业	814.82	债转股	2018.10.11
600567	山鹰纸业	4570.31	增发上市	2018.01.18	600567	山鹰纸业	4570.66	增发上市	2018.08.22
600571	信雅达	439.68	限售期满	2018.09.25	600572	康恩贝	2667.32	增发上市	2018.01.16
600572	康恩贝	2667.32	限售期满	2018.04.16	600576	祥源文化	648.30	股份注销	2018.03.30
600576	祥源文化	648.30	限售期满	2018.12.06	600578	京能电力	6746.73	限售期满	2018.04.09
600580	卧龙电气	1293.41	增发上市	2018.05.09	600581	八一钢铁	1532.90	送股	2018.04.23
600582	天地科技	4138.59	限售期满	2018.01.08	600584	长电科技	1602.87	增发上市	2018.09.05
600584	长电科技	1602.87	限售期满	2018.11.26	600586	金晶科技	1458.30	限售期满	2018.05.11
600588	用友网络	1461.23	股份注销	2018.04.17	600588	用友网络	1899.59	送股	2018.05.03
600588	用友网络	1898.63	股份注销	2018.08.03	600588	用友网络	1899.59	限售期满	2018.08.06
600588	用友网络	1915.90	增发上市	2018.09.27	600588	用友网络	1915.90	增发上市	2018.11.19
600588	用友网络	1915.90	股份回购	2018.11.19	600589	广东榕泰	705.31	限售期满	2018.05.25
600590	泰豪科技	666.96	增发上市	2018.01.08	600590	泰豪科技	666.96	股份回购	2018.01.08
600590	泰豪科技	666.96	限售期满	2018.04.04	600590	泰豪科技	867.05	送股	2018.06.28
600590	泰豪科技	866.30	限售期满	2018.07.09	600590	泰豪科技	866.30	增发上市	2018.10.29
600590	泰豪科技	866.30	股份回购	2018.10.29	600590	泰豪科技	866.30	限售期满	2018.12.17
600593	大连圣亚	128.80	送股	2018.06.01	600595	中孚实业	1961.22	增发上市	2018.02.13
600596	新安股份	706.02	增发上市	2018.04.09	600596	新安股份	705.91	股份注销	2018.06.26
600596	新安股份	705.91	限售期满	2018.06.29	600602	云赛智联	1367.67	限售期满	2018.12.14
600603	广汇物流	1230.42	送股	2018.05.25	600603	广汇物流	1230.42	限售期满	2018.06.28
600603	广汇物流	1253.52	增发上市	2018.07.12	600603	广汇物流	1252.70	股份注销	2018.12.25
600604	市北高新	1873.30	限售期满	2018.06.19	600606	绿地控股	12168.15	限售期满	2018.07.02
600614	鹏起科技	1752.77	限售期满	2018.11.23	600614	鹏起科技	1752.77	限售期满	2018.12.18
600617	国新能源	1084.66	限售期满	2018.12.03	600619	海立股份	866.31	限售期满	2018.08.13
600621	华鑫股份	1060.90	限售期满	2018.05.03	600622	光大嘉宝	1153.60	送股	2018.06.19
600623	华谊集团	2117.43	限售期满	2018.09.03	600626	申达股份	852.29	增发上市	2018.12.28
600629	华建集团	432.21	限售期满	2018.03.19	600629	华建集团	432.21	限售期满	2018.09.10
600636	三爱富	446.94	限售期满	2018.07.20	600637	东方明珠	2641.25	限售期满	2018.05.21
600637	东方明珠	2641.25	限售期满	2018.06.12	600637	东方明珠	3433.63	送股	2018.08.14
600638	新黄浦	673.40	送股	2018.07.13	600639	浦东金桥	1122.41	限售期满	2018.08.13
600640	号百控股	795.70	限售期满	2018.03.07	600643	爱建集团	1621.92	增发上市	2018.01.31
600643	爱建集团	1621.92	限售期满	2018.07.30	600645	中源协和	386.08	限售期满	2018.01.23

上市公司股份变动
Change of Shares Outstanding in 2018

股票代码 Code	股票简称 Stock Name	变动后总股本(百万股) Total Share(M)	变动原因 Change Reason	变动日期 Change Date	股票代码 Code	股票简称 Stock Name	变动后总股本(百万股) Total Share(M)	变动原因 Change Reason	变动日期 Change Date
600850	华东电脑	422.85	增发上市	2018.06.15	600850	华东电脑	423.34	增发上市	2018.10.10
600853	龙建股份	644.17	增发上市	2018.04.09	600855	航天长峰	352.03	增发上市	2018.05.23
600855	航天长峰	352.03	增发上市	2018.05.23	600855	航天长峰	352.03	限售期满	2018.07.05
600856	中天能源	1366.65	限售期满	2018.03.27	600856	中天能源	1366.65	限售期满	2018.08.07
600859	王府井	479.86	股份注销	2018.01.10	600859	王府井	776.25	增发上市	2018.01.15
600862	中航高科	1393.05	限售期满	2018.03.28	600862	中航高科	1393.05	限售期满	2018.12.17
600863	内蒙华电	5807.78	债转股	2018.07.05	600863	内蒙华电	5807.80	债转股	2018.07.23
600863	内蒙华电	5807.82	债转股	2018.10.10	600867	通化东宝	2053.56	送股	2018.05.28
600867	通化东宝	2033.99	股份注销	2018.12.12	600871	*ST 油服	14142.66	限售期满	2018.01.02
600871	*ST 油服	18984.34	增发上市	2018.01.31	600871	*ST 油服	18984.34	其他股本变动	2018.01.31
600873	梅花生物	3108.18	股份注销	2018.07.19	600873	梅花生物	3108.18	股份回购	2018.07.19
600873	梅花生物	3108.18	增发上市	2018.07.19	600875	东方电气	3090.80	增发上市	2018.06.15
600876	洛阳玻璃	559.80	增发上市	2018.04.24	600879	航天电子	2719.27	限售期满	2018.02.22
600881	亚泰集团	3248.91	限售期满	2018.05.02	600881	亚泰集团	3248.91	限售期满	2018.06.22
600882	广泽股份	410.60	增发上市	2018.02.07	600882	广泽股份	410.60	限售期满	2018.05.31
600882	广泽股份	409.76	股份注销	2018.10.10	600885	宏发股份	744.76	送股	2018.06.15
600887	伊利股份	6078.13	股份注销	2018.11.15	600888	新疆众和	861.80	增发上市	2018.07.25
600889	南京化纤	366.35	增发上市	2018.04.13	600901	江苏租赁	2986.65	A 股新上市	2018.03.01
600903	贵州燃气	812.99	限售期满	2018.11.07	600908	无锡银行	1848.11	限售期满	2018.03.23
600908	无锡银行	1848.17	债转股	2018.10.11	600908	无锡银行	1848.20	债转股	2018.12.21
600908	无锡银行	1848.20	限售期满	2018.12.24	600919	江苏银行	11544.45	限售期满	2018.01.02
600919	江苏银行	11544.45	限售期满	2018.05.03	600919	江苏银行	11544.45	限售期满	2018.06.04
600926	杭州银行	3664.43	限售期满	2018.02.22	600926	杭州银行	3664.43	限售期满	2018.03.16
600926	杭州银行	3664.43	限售期满	2018.04.23	600926	杭州银行	3664.43	限售期满	2018.05.18
600926	杭州银行	3664.43	限售期满	2018.06.07	600926	杭州银行	5130.20	送股	2018.07.05
600926	杭州银行	5130.20	限售期满	2018.09.10	600929	湖南盐业	917.75	A 股新上市	2018.03.26
600933	爱柯迪	850.08	增发上市	2018.09.21	600933	爱柯迪	850.08	限售期满	2018.11.19
600933	爱柯迪	850.38	增发上市	2018.12.13	600939	重庆建工	1814.50	限售期满	2018.02.22
600958	东方证券	6993.66	增发上市	2018.01.03	600958	东方证券	6993.66	限售期满	2018.02.14
600958	东方证券	6993.66	限售期满	2018.03.23	600958	东方证券	6993.66	限售期满	2018.05.21
600958	东方证券	6993.66	限售期满	2018.12.28	600959	江苏有线	3884.53	限售期满	2018.05.02
600959	江苏有线	4930.46	增发上市	2018.12.18	600965	福成股份	818.70	限售期满	2018.07.23
600967	内蒙一机	1689.63	限售期满	2018.02.09	600969	郴电国际	370.05	送股	2018.05.30
600970	中材国际	1739.57	股份注销	2018.09.28	600970	中材国际	1739.57	限售期满	2018.11.20
600975	新五丰	652.68	限售期满	2018.05.07	600980	北矿科技	152.21	限售期满	2018.11.05
600981	汇鸿集团	2242.43	限售期满	2018.12.03	600984	建设机械	827.79	送股	2018.06.25
600984	建设机械	827.79	限售期满	2018.10.11	600985	淮北矿业	2112.38	增发上市	2018.08.22
600986	科达股份	955.44	限售期满	2018.05.02	600986	科达股份	946.84	股份注销	2018.07.02
600986	科达股份	1325.57	送股	2018.07.19	600986	科达股份	1325.57	限售期满	2018.09.03
600986	科达股份	1325.57	限售期满	2018.09.28	600987	航民股份	745.39	增发上市	2018.12.26
600988	赤峰黄金	1426.38	限售期满	2018.04.17	600998	九州通	1878.88	债转股	2018.01.05
600998	九州通	1877.66	股份注销	2018.03.28	600998	九州通	1877.66	债转股	2018.04.09
600998	九州通	1877.66	限售期满	2018.05.16	600998	九州通	1877.66	债转股	2018.06.22
601000	唐山港	5925.93	送股	2018.05.18	601000	唐山港	5925.93	限售期满	2018.05.28
601009	南京银行	8482.21	限售期满	2018.06.19	601011	宝泰隆	1611.15	限售期满	2018.02.06
601011	宝泰隆	1611.15	限售期满	2018.09.07	601011	宝泰隆	1610.98	股份注销	2018.10.22
601011	宝泰隆	1610.98	限售期满	2018.11.09	601012	隆基股份	1993.99	限售期满	2018.01.08
601012	隆基股份	1994.05	债转股	2018.05.28	601012	隆基股份	2791.68	送股	2018.05.30
601012	隆基股份	2791.68	债转股	2018.07.06	601012	隆基股份	2791.68	债转股	2018.10.10
601012	隆基股份	2790.78	股份注销	2018.11.20	601012	隆基股份	2790.78	限售期满	2018.12.03

上市公司股份变动
Change of Shares Outstanding in 2018

股票代码 Code	股票简称 Stock Name	变动后总股本（百万股）Total Share(M)	变动原因 Change Reason	变动日期 Change Date	股票代码 Code	股票简称 Stock Name	变动后总股本（百万股）Total Share(M)	变动原因 Change Reason	变动日期 Change Date
601012	隆基股份	2790.78	限售期满	2018.12.21	601015	陕西黑猫	1253.68	限售期满	2018.01.22
601015	陕西黑猫	1253.68	限售期满	2018.11.02	601019	山东出版	2086.90	限售期满	2018.11.22
601020	华钰矿业	525.92	限售期满	2018.06.21	601020	华钰矿业	525.92	限售期满	2018.07.02
601021	春秋航空	800.58	限售期满	2018.01.22	601021	春秋航空	916.90	增发上市	2018.02.22
601021	春秋航空	916.90	限售期满	2018.05.22	601058	赛轮轮胎	2701.46	增发上市	2018.12.27
601058	赛轮轮胎	2701.46	股份回购	2018.12.27	601066	中信建投	7646.39	A 股新上市	2018.06.20
601068	中铝国际	2959.07	A 股新上市	2018.08.31	601069	西部黄金	636.00	限售期满	2018.01.22
601086	国芳集团	666.00	限售期满	2018.10.08	601100	恒立液压	882.00	送股	2018.06.25
601108	财通证券	3589.00	限售期满	2018.10.24	601111	中国国航	14524.82	限售期满	2018.03.12
601113	华鼎股份	1113.83	增发上市	2018.05.16	601113	华鼎股份	1113.83	限售期满	2018.09.18
601116	三江购物	547.68	增发上市	2018.09.05	601118	海南橡胶	4279.43	增发上市	2018.02.23
601127	小康股份	909.21	债转股	2018.06.22	601127	小康股份	909.21	债转股	2018.07.05
601127	小康股份	939.85	债转股	2018.10.12	601127	小康股份	939.85	限售期满	2018.10.17
601128	常熟银行	2222.73	限售期满	2018.01.02	601128	常熟银行	2222.73	限售期满	2018.01.30
601128	常熟银行	2222.73	限售期满	2018.02.28	601128	常熟银行	2222.75	债转股	2018.08.28
601128	常熟银行	2222.75	限售期满	2018.08.30	601128	常熟银行	2222.79	债转股	2018.10.11
601138	工业富联	19695.30	A 股新上市	2018.06.08	601139	深圳燃气	2878.32	送股	2018.06.25
601139	深圳燃气	2878.32	限售期满	2018.08.29	601139	深圳燃气	2877.80	股份注销	2018.09.10
601155	新城控股	2257.38	股份注销	2018.01.03	601155	新城控股	2256.72	股份注销	2018.11.16
601155	新城控股	2256.72	吸收合并	2018.12.05	601155	新城控股	2256.72	限售期满	2018.12.13
601162	天风证券	5180.00	A 股新上市	2018.10.19	601169	北京银行	21142.98	增发上市	2018.01.04
601198	东兴证券	2757.96	限售期满	2018.02.26	601199	江南水务	935.21	债转股	2018.06.25
601211	国泰君安	8713.94	债转股	2018.04.09	601211	国泰君安	8713.94	债转股	2018.06.25
601211	国泰君安	8713.94	限售期满	2018.06.26	601211	国泰君安	8713.94	债转股	2018.06.27
601211	国泰君安	8713.94	债转股	2018.07.05	601211	国泰君安	8713.94	债转股	2018.10.11
601212	白银有色	6972.97	限售期满	2018.02.22	601222	林洋能源	1765.69	增发上市	2018.02.13
601222	林洋能源	1765.69	限售期满	2018.04.23	601222	林洋能源	1765.41	债转股	2018.07.03
601222	林洋能源	1765.41	股份注销	2018.07.03	601222	林洋能源	1765.41	债转股	2018.07.04
601222	林洋能源	1765.41	债转股	2018.07.11	601222	林洋能源	1765.41	债转股	2018.10.11
601228	广州港	6193.18	限售期满	2018.03.29	601229	上海银行	7805.79	限售期满	2018.05.14
601229	上海银行	7805.79	限售期满	2018.06.08	601229	上海银行	10928.10	送股	2018.07.18
601233	桐昆股份	1821.93	送股	2018.05.16	601233	桐昆股份	1821.93	限售期满	2018.11.29
601238	广汽集团	7293.42	债转股	2018.01.05	601238	广汽集团	7293.42	增发上市	2018.01.05
601238	广汽集团	7294.84	增发上市	2018.02.07	601238	广汽集团	7294.84	债转股	2018.02.07
601238	广汽集团	7294.84	债转股	2018.03.06	601238	广汽集团	7294.84	债转股	2018.04.09
601238	广汽集团	7294.84	债转股	2018.05.07	601238	广汽集团	7295.30	增发上市	2018.06.08
601238	广汽集团	7295.30	债转股	2018.06.11	601238	广汽集团	10213.43	送股	2018.06.13
601238	广汽集团	10213.73	增发上市	2018.07.06	601238	广汽集团	10214.70	增发上市	2018.08.07
601238	广汽集团	10226.06	增发上市	2018.10.10	601238	广汽集团	10227.22	增发上市	2018.11.08
601238	广汽集团	10231.17	增发上市	2018.12.06	601288	农业银行	349983.03	增发上市	2018.07.06
601311	骆驼股份	848.40	债转股	2018.01.08	601311	骆驼股份	848.40	债转股	2018.04.09
601311	骆驼股份	848.40	债转股	2018.06.28	601319	中国人保	44223.99	A 股新上市	2018.11.16
601326	秦港股份	5587.41	限售期满	2018.08.16	601330	绿色动力	1161.20	A 股新上市	2018.06.11
601360	三六零	6764.06	增发上市	2018.02.28	601366	利群股份	860.50	限售期满	2018.04.12
601368	绿城水务	735.81	限售期满	2018.06.12	601375	中原证券	3923.73	限售期满	2018.01.03
601375	中原证券	3869.07	股份注销	2018.05.31	601390	中国中铁	22844.30	限售期满	2018.07.16
601518	吉林高速	1350.40	增发上市	2018.06.04	601558	ST 锐电	6030.60	其他股本变动	2018.01.04
601567	三星医疗	1426.96	增发上市	2018.02.02	601567	三星医疗	1426.96	限售期满	2018.04.02
601567	三星医疗	1426.83	股份注销	2018.06.01	601567	三星医疗	1426.83	限售期满	2018.07.11
601567	三星医疗	1418.00	股份注销	2018.11.23	601577	长沙银行	3421.55	A 股新上市	2018.09.26

上市公司股份变动
Change of Shares Outstanding in 2018

股票代码 Code	股票简称 Stock Name	变动后总股本(百万股) Total Share(M)	变动原因 Change Reason	变动日期 Change Date	股票代码 Code	股票简称 Stock Name	变动后总股本(百万股) Total Share(M)	变动原因 Change Reason	变动日期 Change Date
601599	鹿港文化	894.07	限售期满	2018.11.06	601599	鹿港文化	892.72	股份注销	2018.12.04
601599	鹿港文化	892.72	限售期满	2018.12.10	601606	长城军工	724.23	A 股新上市	2018.08.06
601607	上海医药	2842.09	其他股本变动	2018.07.11	601608	中信重工	4339.42	限售期满	2018.12.17
601618	中国中冶	20723.62	限售期满	2018.01.08	601619	嘉泽新能	1933.00	限售期满	2018.08.13
601636	旗滨集团	2692.51	增发上市	2018.01.16	601636	旗滨集团	2691.40	股份注销	2018.03.13
601636	旗滨集团	2691.40	限售期满	2018.04.02	601636	旗滨集团	2691.40	限售期满	2018.05.25
601636	旗滨集团	2688.97	股份注销	2018.06.27	601636	旗滨集团	2688.97	限售期满	2018.09.12
601636	旗滨集团	2688.51	股份注销	2018.09.20	601636	旗滨集团	2688.36	股份注销	2018.10.25
601668	中国建筑	29989.41	股份注销	2018.06.20	601668	中国建筑	41985.17	送股	2018.07.02
601669	中国电建	15299.04	限售期满	2018.04.20	601677	明泰铝业	589.98	限售期满	2018.01.02
601677	明泰铝业	589.98	限售期满	2018.05.07	601677	明泰铝业	589.88	股份注销	2018.09.04
601677	明泰铝业	589.88	限售期满	2018.12.11	601678	滨化股份	1544.40	送股	2018.04.18
601688	华泰证券	8251.50	增发上市	2018.08.08	601689	拓普集团	727.58	限售期满	2018.05.24
601717	郑煤机	1732.47	限售期满	2018.03.22	601718	际华集团	4391.63	限售期满	2018.04.24
601727	上海电气	14725.18	债转股	2018.01.05	601727	上海电气	14725.18	限售期满	2018.11.06
601777	力帆股份	1313.76	增发上市	2018.11.01	601777	力帆股份	1313.76	股份注销	2018.11.01
601777	力帆股份	1313.76	限售期满	2018.11.05	601818	光大银行	52489.13	其他股本变动	2018.01.08
601818	光大银行	52489.13	债转股	2018.01.08	601818	光大银行	52489.19	债转股	2018.04.10
601818	光大银行	52489.22	债转股	2018.07.06	601818	光大银行	52489.25	债转股	2018.07.24
601818	光大银行	52489.26	债转股	2018.10.12	601828	美凯龙	3938.92	A 股新上市	2018.01.17
601828	美凯龙	3550.00	其他股本变动	2018.12.07	601838	成都银行	3612.25	A 股新上市	2018.01.31
601858	中国科传	790.50	限售期满	2018.07.18	601869	长飞光纤	757.91	A 股新上市	2018.07.20
601872	招商轮船	6066.61	增发上市	2018.07.25	601877	正泰电器	2151.43	限售期满	2018.02.22
601877	正泰电器	2151.43	限售期满	2018.06.28	601877	正泰电器	2151.43	限售期满	2018.07.24
601877	正泰电器	2151.41	股份注销	2018.09.18	601878	浙商证券	3333.33	限售期满	2018.06.26
601881	中国银河	10137.26	限售期满	2018.01.23	601899	紫金矿业	23031.22	限售期满	2018.06.07
601900	南方传媒	895.88	限售期满	2018.10.22	601929	吉视传媒	3110.88	债转股	2018.10.11
601933	永辉超市	9570.46	限售期满	2018.04.02	601933	永辉超市	9570.46	股份回购	2018.09.17
601933	永辉超市	9570.46	增发上市	2018.09.17	601933	永辉超市	9570.46	增发上市	2018.12.13
601933	永辉超市	9570.46	股份回购	2018.12.13	601949	中国出版	1822.50	限售期满	2018.08.21
601952	苏垦农发	1060.00	限售期满	2018.05.15	601952	苏垦农发	1378.00	送股	2018.05.29
601965	中国汽研	970.13	增发上市	2018.04.03	601966	玲珑轮胎	1200.00	债转股	2018.10.11
601968	宝钢包装	833.33	限售期满	2018.06.12	601969	海南矿业	1954.72	限售期满	2018.02.09
601985	中国核电	15565.43	限售期满	2018.06.12	601989	中国重工	22879.79	增发上市	2018.03.06
601990	南京证券	2749.02	A 股新上市	2018.06.13	601991	大唐发电	18506.71	增发上市	2018.03.30
601991	大唐发电	18506.71	其他股本变动	2018.03.30	601992	金隅集团	10677.77	限售期满	2018.12.03
601996	丰林集团	958.18	限售期满	2018.04.10	601996	丰林集团	1149.48	增发上市	2018.09.14
601997	贵阳银行	2298.59	限售期满	2018.01.16	601997	贵阳银行	2298.59	限售期满	2018.02.22
603002	宏昌电子	614.41	限售期满	2018.01.26	603002	宏昌电子	614.41	限售期满	2018.05.17
603003	龙宇燃油	416.53	股份注销	2018.12.14	603005	晶方科技	232.69	股份注销	2018.06.11
603005	晶方科技	234.22	增发上市	2018.07.02	603005	晶方科技	234.22	限售期满	2018.07.13
603005	晶方科技	234.19	股份注销	2018.11.12	603006	联明股份	192.36	股份注销	2018.03.15
603006	联明股份	192.36	限售期满	2018.04.09	603006	联明股份	192.32	股份注销	2018.10.16
603006	联明股份	192.32	限售期满	2018.10.25	603006	联明股份	192.32	限售期满	2018.12.18
603007	花王股份	341.08	增发上市	2018.06.11	603008	喜临门	394.86	增发上市	2018.03.08
603008	喜临门	394.86	限售期满	2018.07.10	603009	北特科技	348.75	增发上市	2018.03.08
603009	北特科技	359.11	增发上市	2018.05.04	603010	万盛股份	249.89	股份注销	2018.07.24
603010	万盛股份	253.07	增发上市	2018.12.13	603010	万盛股份	253.07	限售期满	2018.12.18
603011	合锻智能	446.20	限售期满	2018.02.12	603011	合锻智能	453.16	增发上市	2018.07.13
603012	创力集团	636.56	限售期满	2018.03.20	603013	亚普股份	510.00	A 股新上市	2018.05.09

上市公司股份变动
Change of Shares Outstanding in 2018

股票代码 Code	股票简称 Stock Name	变动后总股本(百万股) Total Share(M)	变动原因 Change Reason	变动日期 Change Date	股票代码 Code	股票简称 Stock Name	变动后总股本(百万股) Total Share(M)	变动原因 Change Reason	变动日期 Change Date
603118	共进股份	781.82	限售期满	2018.01.05	603118	共进股份	781.82	限售期满	2018.02.26
603127	昭衍新药	82.14	增发上市	2018.04.25	603127	昭衍新药	114.99	送股	2018.06.01
603127	昭衍新药	114.99	限售期满	2018.08.27	603128	华贸物流	1005.42	限售期满	2018.04.26
603128	华贸物流	1012.04	增发上市	2018.06.22	603129	春风动力	134.60	增发上市	2018.05.29
603129	春风动力	134.60	限售期满	2018.08.20	603133	碳元科技	208.00	限售期满	2018.03.26
603138	海量数据	107.34	增发上市	2018.01.16	603138	海量数据	107.34	限售期满	2018.03.06
603138	海量数据	150.27	送股	2018.07.05	603138	海量数据	150.45	增发上市	2018.10.25
603139	康惠制药	99.88	限售期满	2018.04.23	603156	养元饮品	538.05	A 股新上市	2018.02.12
603156	养元饮品	753.27	送股	2018.05.09	603157	拉夏贝尔	547.67	限售期满	2018.09.25
603158	腾龙股份	218.66	股份注销	2018.01.17	603158	腾龙股份	218.66	限售期满	2018.03.20
603158	腾龙股份	218.60	股份注销	2018.06.06	603158	腾龙股份	218.60	限售期满	2018.07.02
603160	汇顶科技	454.16	股份注销	2018.01.04	603160	汇顶科技	456.91	增发上市	2018.06.26
603160	汇顶科技	456.91	限售期满	2018.08.07	603160	汇顶科技	456.65	股份注销	2018.10.24
603161	科华控股	133.40	A 股新上市	2018.01.05	603165	荣晟环保	128.55	增发上市	2018.01.17
603165	荣晟环保	179.97	送股	2018.06.19	603165	荣晟环保	179.94	股份注销	2018.07.12
603165	荣晟环保	177.35	股份注销	2018.12.12	603166	福达股份	597.72	增发上市	2018.02.14
603167	渤海轮渡	493.23	增发上市	2018.05.25	603168	莎普爱思	322.59	送股	2018.06.11
603169	兰石重装	1051.50	限售期满	2018.12.19	603177	德创环保	202.00	限售期满	2018.02.07
603178	圣龙股份	203.21	股份注销	2018.12.25	603178	圣龙股份	203.21	限售期满	2018.12.28
603179	新泉股份	162.27	限售期满	2018.03.19	603179	新泉股份	227.18	送股	2018.05.03
603179	新泉股份	227.18	限售期满	2018.11.09	603179	新泉股份	227.74	增发上市	2018.11.19
603179	新泉股份	227.72	股份注销	2018.12.10	603180	金牌厨柜	67.50	增发上市	2018.03.02
603180	金牌厨柜	67.50	限售期满	2018.05.14	603181	皇马科技	200.00	限售期满	2018.08.24
603183	建研院	123.20	送股	2018.06.06	603183	建研院	125.10	增发上市	2018.07.03
603183	建研院	125.10	限售期满	2018.09.05	603183	建研院	125.10	限售期满	2018.09.28
603185	上机数控	126.00	A 股新上市	2018.12.28	603186	华正新材	129.35	限售期满	2018.01.03
603186	华正新材	130.67	增发上市	2018.03.05	603187	海容冷链	80.00	A 股新上市	2018.11.29
603192	汇得科技	106.67	A 股新上市	2018.08.28	603196	日播时尚	240.00	限售期满	2018.05.31
603197	保隆科技	119.30	增发上市	2018.02.08	603197	保隆科技	119.30	限售期满	2018.05.21
603197	保隆科技	167.02	送股	2018.06.25	603198	迎驾贡酒	800.00	限售期满	2018.05.28
603199	九华旅游	110.68	限售期满	2018.03.26	603200	上海洗霸	75.04	增发上市	2018.05.29
603200	上海洗霸	75.04	限售期满	2018.06.01	603203	快克股份	121.79	增发上市	2018.01.02
603203	快克股份	158.32	送股	2018.06.25	603203	快克股份	158.32	股份注销	2018.07.24
603203	快克股份	158.32	限售期满	2018.12.27	603208	江山欧派	80.82	限售期满	2018.02.12
603214	爱婴室	100.00	A 股新上市	2018.03.30	603218	日月股份	407.23	增发上市	2018.12.05
603220	贝通信	337.76	A 股新上市	2018.11.15	603222	济民制药	320.00	限售期满	2018.02.22
603223	恒通股份	144.00	增发上市	2018.04.04	603223	恒通股份	201.60	送股	2018.06.21
603223	恒通股份	201.60	限售期满	2018.07.02	603225	新凤鸣	842.80	送股	2018.03.22
603225	新凤鸣	842.80	限售期满	2018.04.18	603226	菲林格尔	116.49	送股	2018.07.10
603226	菲林格尔	116.49	限售期满	2018.10.17	603227	雪峰科技	658.70	限售期满	2018.05.16
603228	景旺电子	408.00	限售期满	2018.01.08	603228	景旺电子	411.00	增发上市	2018.11.13
603229	奥翔药业	160.00	限售期满	2018.05.09	603232	格尔软件	61.00	限售期满	2018.04.23
603232	格尔软件	85.40	送股	2018.06.19	603233	大参林	400.01	限售期满	2018.07.31
603239	浙江仙通	270.72	限售期满	2018.01.02	603258	电魂网络	243.14	增发上市	2018.06.12
603258	电魂网络	243.14	限售期满	2018.10.26	603258	电魂网络	243.08	股份注销	2018.11.20
603259	药明康德	1041.99	A 股新上市	2018.05.08	603259	药明康德	1048.27	增发上市	2018.11.16
603259	药明康德	1164.74	其他股本变动	2018.12.25	603260	合盛硅业	670.00	限售期满	2018.10.30
603266	天龙股份	140.00	送股	2018.06.05	603268	松发股份	89.38	限售期满	2018.03.19
603268	松发股份	125.14	送股	2018.05.22	603268	松发股份	125.14	限售期满	2018.09.13
603269	海鸥股份	91.47	限售期满	2018.05.17	603277	银都股份	400.80	限售期满	2018.09.11

上市公司股份变动
Change of Shares Outstanding in 2018

股票代码 Code	股票简称 Stock Name	变动后总股本(百万股) Total Share(M)	变动原因 Change Reason	变动日期 Change Date	股票代码 Code	股票简称 Stock Name	变动后总股本(百万股) Total Share(M)	变动原因 Change Reason	变动日期 Change Date
603278	大业股份	208.00	限售期满	2018.11.13	603283	赛腾股份	162.76	增发上市	2018.06.06
603286	日盈电子	88.08	限售期满	2018.06.27	603288	海天味业	2700.37	股份注销	2018.12.25
603288	海天味业	2700.37	限售期满	2018.12.28	603289	泰瑞机器	265.20	送股	2018.05.17
603289	泰瑞机器	266.50	增发上市	2018.10.17	603289	泰瑞机器	266.50	限售期满	2018.10.31
603297	永新光学	84.00	A 股新上市	2018.09.10	603300	华铁科技	454.55	增发上市	2018.03.13
603300	华铁科技	454.55	限售期满	2018.05.29	603300	华铁科技	485.30	增发上市	2018.06.11
603301	振德医疗	100.00	A 股新上市	2018.04.12	603305	旭升股份	400.60	限售期满	2018.07.10
603306	华懋科技	307.02	送股	2018.05.21	603306	华懋科技	307.02	限售期满	2018.08.22
603306	华懋科技	313.02	增发上市	2018.10.15	603306	华懋科技	313.02	限售期满	2018.12.17
603309	维力医疗	200.00	限售期满	2018.03.02	603311	金海环境	210.00	限售期满	2018.05.29
603315	福鞍股份	219.95	限售期满	2018.04.26	603315	福鞍股份	219.95	限售期满	2018.11.02
603316	诚邦股份	203.28	限售期满	2018.06.20	603318	派思股份	403.30	限售期满	2018.04.27
603318	派思股份	403.30	限售期满	2018.07.09	603318	派思股份	403.30	限售期满	2018.11.15
603320	迪贝电气	100.00	限售期满	2018.05.02	603321	梅轮电梯	307.00	限售期满	2018.09.17
603322	超讯通信	112.00	送股	2018.05.07	603326	我乐家居	161.42	增发上市	2018.02.26
603326	我乐家居	225.99	送股	2018.05.30	603326	我乐家居	225.99	限售期满	2018.06.19
603328	依顿电子	998.03	增发上市	2018.01.04	603328	依顿电子	997.73	增发上市	2018.01.10
603328	依顿电子	997.73	股份注销	2018.01.10	603328	依顿电子	997.78	增发上市	2018.04.09
603328	依顿电子	997.84	增发上市	2018.06.07	603328	依顿电子	997.84	限售期满	2018.06.21
603328	依顿电子	997.78	股份注销	2018.07.18	603330	上海天洋	60.00	限售期满	2018.02.13
603330	上海天洋	78.00	送股	2018.06.27	603331	百达精工	129.23	增发上市	2018.10.29
603333	尚纬股份	520.01	增发上市	2018.11.02	603333	尚纬股份	520.01	股份回购	2018.11.02
603335	迪生力	329.34	送股	2018.06.07	603335	迪生力	329.34	限售期满	2018.06.22
603336	宏辉果蔬	173.36	送股	2018.05.11	603337	杰克股份	206.67	限售期满	2018.01.19
603337	杰克股份	305.87	送股	2018.06.15	603338	浙江鼎力	176.93	限售期满	2018.03.26
603338	浙江鼎力	247.70	送股	2018.05.21	603338	浙江鼎力	247.70	限售期满	2018.11.22
603339	四方科技	210.82	增发上市	2018.03.19	603339	四方科技	210.82	限售期满	2018.04.27
603339	四方科技	210.76	股份注销	2018.09.12	603339	四方科技	210.74	股份注销	2018.10.30
603345	安井食品	216.04	限售期满	2018.02.22	603348	文灿股份	220.00	A 股新上市	2018.04.26
603355	莱克电气	401.00	限售期满	2018.05.14	603356	华菱精工	133.34	A 股新上市	2018.01.24
603357	设计总院	324.67	限售期满	2018.08.01	603358	华达科技	160.00	限售期满	2018.01.25
603358	华达科技	224.00	送股	2018.06.19	603358	华达科技	313.60	送股	2018.09.27
603359	东珠生态	318.64	送股	2018.06.13	603359	东珠生态	318.64	限售期满	2018.09.03
603360	百傲化学	133.34	限售期满	2018.02.06	603360	百傲化学	186.68	送股	2018.07.13
603363	傲农生物	426.09	增发上市	2018.03.08	603363	傲农生物	426.07	股份注销	2018.05.30
603363	傲农生物	426.07	限售期满	2018.09.26	603363	傲农生物	426.07	限售期满	2018.10.15
603363	傲农生物	425.98	股份注销	2018.10.24	603363	傲农生物	425.98	限售期满	2018.12.03
603365	水星家纺	266.67	限售期满	2018.11.20	603367	辰欣药业	453.35	限售期满	2018.10.11
603368	柳药股份	259.07	送股	2018.05.10	603377	东方时尚	588.00	送股	2018.05.17
603378	亚士创能	194.80	限售期满	2018.09.28	603380	易德龙	160.00	限售期满	2018.06.22
603383	顶点软件	85.87	限售期满	2018.05.22	603383	顶点软件	120.21	送股	2018.06.06
603383	顶点软件	120.21	限售期满	2018.09.05	603385	惠达卫浴	284.15	限售期满	2018.04.09
603385	惠达卫浴	369.40	送股	2018.05.16	603386	广东骏亚	201.80	限售期满	2018.09.12
603387	基蛋生物	132.89	增发上市	2018.03.13	603387	基蛋生物	186.04	送股	2018.06.04
603387	基蛋生物	186.04	限售期满	2018.07.17	603387	基蛋生物	186.01	股份注销	2018.11.29
603388	元成股份	205.84	限售期满	2018.03.26	603388	元成股份	206.50	增发上市	2018.09.05
603388	元成股份	206.50	限售期满	2018.10.26	603388	元成股份	206.47	股份注销	2018.12.18
603396	金辰股份	75.56	限售期满	2018.10.18	603398	邦宝益智	212.80	增发上市	2018.08.21
603398	邦宝益智	212.80	限售期满	2018.09.06	603398	邦宝益智	212.78	股份注销	2018.11.14
603398	邦宝益智	212.78	限售期满	2018.12.10	603399	吉翔股份	546.75	增发上市	2018.02.27

上市公司股份变动
Change of Shares Outstanding in 2018

股票代码 Code	股票简称 Stock Name	变动后总股本(百万股) Total Share(M)	变动原因 Change Reason	变动日期 Change Date	股票代码 Code	股票简称 Stock Name	变动后总股本(百万股) Total Share(M)	变动原因 Change Reason	变动日期 Change Date
603399	吉翔股份	546.75	限售期满	2018.06.20	603421	鼎信通讯	443.00	股份注销	2018.06.11
603421	鼎信通讯	443.00	限售期满	2018.07.16	603429	集友股份	190.40	送股	2018.06.06
603429	集友股份	190.40	限售期满	2018.07.24	603444	吉比特	71.74	限售期满	2018.01.04
603444	吉比特	71.88	增发上市	2018.02.07	603444	吉比特	71.88	限售期满	2018.04.18
603456	九洲药业	806.12	送股	2018.04.13	603456	九洲药业	805.96	股份注销	2018.07.31
603456	九洲药业	805.96	限售期满	2018.08.08	603456	九洲药业	805.89	股份注销	2018.11.19
603458	勘设股份	124.15	限售期满	2018.08.09	603458	勘设股份	126.13	增发上市	2018.12.06
603466	风语筑	145.98	增发上市	2018.04.03	603466	风语筑	291.95	送股	2018.05.29
603466	风语筑	291.95	限售期满	2018.10.22	603477	振静股份	240.00	限售期满	2018.12.18
603486	科沃斯	400.10	A 股新上市	2018.05.28	603488	展鹏科技	208.00	限售期满	2018.05.16
603488	展鹏科技	208.94	增发上市	2018.07.02	603496	恒为科技	102.06	增发上市	2018.05.14
603496	恒为科技	102.06	限售期满	2018.06.07	603496	恒为科技	142.06	送股	2018.06.29
603499	翔港科技	101.32	增发上市	2018.05.03	603500	祥和实业	176.40	送股	2018.06.26
603500	祥和实业	176.40	限售期满	2018.09.04	603501	韦尔股份	455.81	限售期满	2018.05.04
603505	金石资源	240.00	限售期满	2018.05.03	603506	南都物业	79.37	A 股新上市	2018.02.01
603506	南都物业	103.17	送股	2018.07.02	603507	振江股份	128.08	增发上市	2018.07.25
603507	振江股份	128.08	限售期满	2018.11.06	603507	振江股份	128.08	限售期满	2018.12.17
603507	振江股份	128.08	限售期满	2018.12.24	603508	思维列控	160.00	限售期满	2018.12.26
603515	欧普照明	581.64	增发上市	2018.06.04	603515	欧普照明	581.64	增发上市	2018.06.04
603515	欧普照明	756.13	送股	2018.08.24	603516	淳中科技	93.55	A 股新上市	2018.02.02
603516	淳中科技	130.97	送股	2018.05.18	603517	绝味食品	410.00	限售期满	2018.03.19
603518	维格娜丝	180.55	增发上市	2018.03.13	603518	维格娜丝	180.55	限售期满	2018.08.03
603519	立霸股份	160.00	限售期满	2018.03.19	603519	立霸股份	158.53	股份注销	2018.05.15
603519	立霸股份	221.94	送股	2018.06.11	603527	众源新材	174.16	送股	2018.05.25
603527	众源新材	174.16	限售期满	2018.09.07	603528	多伦科技	627.09	增发上市	2018.06.06
603533	掌阅科技	401.00	限售期满	2018.09.21	603533	掌阅科技	401.00	限售期满	2018.11.21
603535	嘉诚国际	150.40	限售期满	2018.08.08	603536	惠发股份	168.00	送股	2018.04.27
603536	惠发股份	168.00	限售期满	2018.06.13	603538	美诺华	120.00	限售期满	2018.04.09
603538	美诺华	144.00	送股	2018.07.10	603538	美诺华	149.13	增发上市	2018.09.28
603556	海兴电力	381.39	增发上市	2018.03.15	603556	海兴电力	381.09	股份注销	2018.05.22
603556	海兴电力	381.09	限售期满	2018.06.01	603556	海兴电力	495.42	送股	2018.06.20
603556	海兴电力	495.15	股份注销	2018.10.23	603557	起步股份	469.98	限售期满	2018.08.20
603558	健盛集团	416.36	限售期满	2018.01.29	603558	健盛集团	416.36	限售期满	2018.11.30
603559	中通国脉	138.71	增发上市	2018.04.03	603559	中通国脉	143.31	增发上市	2018.11.21
603566	普莱柯	323.74	限售期满	2018.01.02	603566	普莱柯	323.74	限售期满	2018.05.18
603567	珍宝岛	849.16	限售期满	2018.04.24	603568	伟明环保	687.81	增发上市	2018.01.12
603568	伟明环保	687.76	股份注销	2018.02.26	603568	伟明环保	687.76	限售期满	2018.05.14
603568	伟明环保	687.76	限售期满	2018.05.28	603568	伟明环保	687.72	股份注销	2018.11.15
603569	长久物流	560.01	送股	2018.06.01	603578	三星新材	88.00	限售期满	2018.03.06
603578	三星新材	89.55	增发上市	2018.12.24	603579	荣泰健康	140.00	限售期满	2018.01.12
603580	艾艾精工	93.34	送股	2018.05.25	603580	艾艾精工	93.34	限售期满	2018.05.31
603583	捷昌驱动	120.80	A 股新上市	2018.09.21	603585	苏利股份	180.00	送股	2018.06.08
603586	金麒麟	215.62	增发上市	2018.03.22	603586	金麒麟	215.62	限售期满	2018.04.09
603587	地素时尚	401.00	A 股新上市	2018.06.22	603588	高能环境	662.19	限售期满	2018.05.03
603588	高能环境	660.52	股份注销	2018.09.03	603589	口子窖	600.00	限售期满	2018.06.29
603590	康辰药业	160.00	A 股新上市	2018.08.27	603595	东尼电子	102.02	限售期满	2018.07.12
603595	东尼电子	142.82	送股	2018.10.08	603595	东尼电子	142.82	限售期满	2018.12.20
603596	伯特利	408.56	A 股新上市	2018.04.27	603598	引力传媒	271.11	限售期满	2018.05.28
603598	引力传媒	270.62	股份注销	2018.06.28	603598	引力传媒	270.62	限售期满	2018.07.10
603599	广信股份	464.68	增发上市	2018.01.15	603599	广信股份	464.68	限售期满	2018.07.05

上市公司股份变动
Change of Shares Outstanding in 2018

股票代码 Code	股票简称 Stock Name	变动后总股本(百万股) Total Share(M)	变动原因 Change Reason	变动日期 Change Date	股票代码 Code	股票简称 Stock Name	变动后总股本(百万股) Total Share(M)	变动原因 Change Reason	变动日期 Change Date
603600	永艺股份	253.04	限售期满	2018.01.23	603600	永艺股份	303.04	增发上市	2018.04.23
603600	永艺股份	302.69	股份注销	2018.12.19	603600	永艺股份	302.69	限售期满	2018.12.24
603601	再升科技	386.15	限售期满	2018.01.22	603601	再升科技	540.61	送股	2018.05.29
603602	纵横通信	112.00	送股	2018.06.07	603602	纵横通信	112.00	限售期满	2018.08.10
603603	博天环境	400.01	限售期满	2018.02.22	603603	博天环境	401.57	增发上市	2018.08.20
603605	珀莱雅	201.10	增发上市	2018.09.14	603605	珀莱雅	201.10	限售期满	2018.11.15
603606	东方电缆	503.16	送股	2018.05.30	603606	东方电缆	503.16	限售期满	2018.12.18
603607	京华激光	127.51	送股	2018.05.28	603607	京华激光	127.51	限售期满	2018.10.25
603608	天创时尚	431.40	股份注销	2018.06.28	603608	天创时尚	431.40	限售期满	2018.10.12
603611	诺力股份	191.40	限售期满	2018.01.29	603611	诺力股份	267.96	送股	2018.06.04
603611	诺力股份	267.96	限售期满	2018.08.09	603611	诺力股份	267.68	股份注销	2018.10.23
603612	索通发展	340.24	送股	2018.07.12	603612	索通发展	340.24	限售期满	2018.07.18
603615	茶花股份	240.00	限售期满	2018.02.13	603616	韩建河山	293.36	限售期满	2018.06.11
603617	君禾股份	101.83	增发上市	2018.06.25	603617	君禾股份	101.83	限售期满	2018.09.25
603618	杭电股份	686.88	限售期满	2018.02.22	603619	中曼石油	400.00	限售期满	2018.12.18
603626	科森科技	296.88	增发上市	2018.01.04	603626	科森科技	296.88	限售期满	2018.02.09
603626	科森科技	415.63	送股	2018.04.25	603626	科森科技	415.58	股份注销	2018.08.06
603628	清源股份	273.80	限售期满	2018.01.12	603629	利通电子	100.00	A 股新上市	2018.12.24
603630	拉芳家化	174.40	限售期满	2018.03.14	603630	拉芳家化	226.72	送股	2018.06.08
603633	徕木股份	156.46	送股	2018.08.08	603636	南威软件	407.10	限售期满	2018.01.02
603636	南威软件	527.26	配股上市	2018.03.30	603636	南威软件	526.68	股份注销	2018.12.19
603636	南威软件	526.68	限售期满	2018.12.26	603637	镇海股份	172.90	送股	2018.05.21
603637	镇海股份	174.03	增发上市	2018.07.04	603638	艾迪精密	176.00	限售期满	2018.01.22
603638	艾迪精密	260.48	送股	2018.06.11	603639	海利尔	120.00	限售期满	2018.01.12
603639	海利尔	168.00	送股	2018.06.15	603639	海利尔	169.40	增发上市	2018.07.02
603648	畅联股份	368.67	限售期满	2018.09.13	603650	彤程新材	585.99	A 股新上市	2018.06.27
603656	泰禾光电	106.34	限售期满	2018.03.21	603656	泰禾光电	148.88	送股	2018.05.17
603657	春光科技	96.00	A 股新上市	2018.07.30	603659	璞泰来	432.70	限售期满	2018.11.05
603659	璞泰来	434.70	增发上市	2018.12.11	603660	苏州科达	257.40	增发上市	2018.02.06
603660	苏州科达	257.39	股份注销	2018.06.14	603660	苏州科达	360.35	送股	2018.07.02
603660	苏州科达	360.18	股份注销	2018.10.19	603660	苏州科达	360.09	股份注销	2018.12.27
603661	恒林股份	100.00	限售期满	2018.11.21	603663	三祥新材	135.71	增发上市	2018.04.03
603665	康隆达	100.00	限售期满	2018.03.13	603666	亿嘉和	70.18	A 股新上市	2018.06.12
603666	亿嘉和	98.25	送股	2018.11.05	603667	五洲新春	263.12	送股	2018.06.11
603668	天马科技	296.80	限售期满	2018.01.17	603668	天马科技	299.76	增发上市	2018.07.19
603669	灵康药业	364.00	送股	2018.05.11	603669	灵康药业	364.00	限售期满	2018.05.29
603676	卫信康	423.00	限售期满	2018.07.23	603677	奇精机械	140.18	限售期满	2018.02.06
603677	奇精机械	196.25	送股	2018.04.19	603677	奇精机械	196.15	股份注销	2018.09.12
603677	奇精机械	196.15	限售期满	2018.09.17	603678	火炬电子	452.67	限售期满	2018.01.26
603679	华体科技	100.99	增发上市	2018.02.14	603679	华体科技	100.99	限售期满	2018.06.21
603679	华体科技	100.99	限售期满	2018.12.21	603680	今创集团	420.00	A 股新上市	2018.02.27
603680	今创集团	588.00	送股	2018.08.01	603680	今创集团	608.64	增发上市	2018.09.28
603683	晶华新材	126.67	限售期满	2018.10.22	603685	晨丰科技	130.00	送股	2018.06.01
603685	晨丰科技	130.00	限售期满	2018.11.27	603686	龙马环卫	299.27	限售期满	2018.01.26
603686	龙马环卫	299.00	股份注销	2018.04.09	603686	龙马环卫	299.00	限售期满	2018.05.25
603686	龙马环卫	299.00	限售期满	2018.12.07	603688	石英股份	337.34	限售期满	2018.09.07
603688	石英股份	337.30	股份注销	2018.10.30	603689	皖天然气	336.00	限售期满	2018.01.10
603690	至纯科技	210.40	限售期满	2018.01.15	603690	至纯科技	210.36	股份注销	2018.04.27
603690	至纯科技	210.36	股份注销	2018.05.02	603690	至纯科技	210.36	限售期满	2018.07.23
603690	至纯科技	210.94	增发上市	2018.11.26	603693	江苏新能	618.00	A 股新上市	2018.07.03

上市公司股份变动
Change of Shares Outstanding in 2018

股票代码 Code	股票简称 Stock Name	变动后总股本(百万股) Total Share(M)	变动原因 Change Reason	变动日期 Change Date	股票代码 Code	股票简称 Stock Name	变动后总股本(百万股) Total Share(M)	变动原因 Change Reason	变动日期 Change Date
603696	安记食品	168.00	送股	2018.05.30	603696	安记食品	168.00	限售期满	2018.12.10
603698	航天工程	412.30	限售期满	2018.01.29	603701	德宏股份	121.76	增发上市	2018.05.31
603701	德宏股份	146.11	送股	2018.06.13	603701	德宏股份	146.11	限售期满	2018.07.18
603701	德宏股份	146.06	股份注销	2018.09.03	603703	盛洋科技	229.70	限售期满	2018.04.23
603706	东方环宇	160.00	A 股新上市	2018.07.09	603707	健友股份	550.55	送股	2018.04.04
603707	健友股份	552.43	增发上市	2018.05.07	603707	健友股份	552.43	限售期满	2018.07.19
603709	中源家居	80.00	A 股新上市	2018.02.08	603711	香飘飘	400.01	限售期满	2018.11.30
603711	香飘飘	419.35	增发上市	2018.12.19	603712	七一二	772.00	A 股新上市	2018.02.26
603713	密尔克卫	152.47	A 股新上市	2018.07.13	603716	塞力斯	178.29	送股	2018.04.26
603716	塞力斯	205.14	增发上市	2018.06.15	603717	天域生态	172.71	限售期满	2018.03.28
603717	天域生态	241.80	送股	2018.06.11	603718	海利生物	644.00	限售期满	2018.05.15
603721	中广天择	100.00	限售期满	2018.08.13	603722	阿科力	86.70	限售期满	2018.10.25
603725	天安新材	146.68	限售期满	2018.09.06	603726	朗迪集团	132.61	送股	2018.05.25
603728	鸣志电器	320.00	限售期满	2018.05.09	603728	鸣志电器	416.00	送股	2018.05.24
603729	龙韵股份	66.67	限售期满	2018.03.26	603729	龙韵股份	93.34	送股	2018.07.16
603730	岱美股份	410.37	增发上市	2018.02.05	603730	岱美股份	410.37	限售期满	2018.07.30
603730	岱美股份	410.32	股份注销	2018.08.10	603730	岱美股份	410.31	股份注销	2018.11.02
603733	仙鹤股份	612.00	A 股新上市	2018.04.20	603737	三棵树	132.84	送股	2018.05.30
603737	三棵树	133.24	增发上市	2018.11.06	603737	三棵树	133.13	股份注销	2018.11.12
603737	三棵树	133.13	限售期满	2018.11.14	603738	泰晶科技	158.70	送股	2018.05.22
603738	泰晶科技	158.72	债转股	2018.10.11	603757	大元泵业	117.32	送股	2018.05.18
603757	大元泵业	117.32	限售期满	2018.07.11	603758	秦安股份	438.80	限售期满	2018.05.17
603766	隆鑫通用	2113.08	限售期满	2018.04.19	603766	隆鑫通用	2053.54	股份注销	2018.09.27
603767	中马传动	298.65	送股	2018.05.24	603767	中马传动	298.65	限售期满	2018.06.13
603768	常青股份	204.00	限售期满	2018.03.26	603773	沃格光电	94.60	A 股新上市	2018.04.17
603776	永安行	134.40	送股	2018.05.17	603776	永安行	134.40	限售期满	2018.08.17
603777	来伊份	341.21	送股	2018.06.07	603777	来伊份	341.21	限售期满	2018.08.10
603777	来伊份	340.80	股份注销	2018.10.16	603779	威龙股份	229.65	限售期满	2018.11.12
603787	新日股份	204.00	限售期满	2018.04.27	603788	宁波高发	164.35	限售期满	2018.01.22
603788	宁波高发	230.09	送股	2018.06.11	603788	宁波高发	230.09	限售期满	2018.08.15
603788	宁波高发	230.09	限售期满	2018.11.15	603788	宁波高发	230.09	限售期满	2018.11.23
603789	星光农机	261.96	限售期满	2018.05.02	603789	星光农机	260.00	股份注销	2018.05.11
603790	雅运股份	147.20	A 股新上市	2018.09.12	603799	华友钴业	592.68	限售期满	2018.01.29
603799	华友钴业	829.75	送股	2018.07.11	603800	道森股份	208.00	限售期满	2018.12.10
603801	志邦家居	160.00	限售期满	2018.07.02	603803	瑞斯康达	421.06	限售期满	2018.04.23
603806	福斯特	522.60	送股	2018.05.31	603808	歌力思	337.30	限售期满	2018.04.24
603808	歌力思	337.30	限售期满	2018.05.22	603808	歌力思	337.00	股份注销	2018.06.13
603809	豪能股份	149.34	送股	2018.05.31	603809	豪能股份	149.34	限售期满	2018.11.28
603810	丰山集团	80.00	A 股新上市	2018.09.17	603811	诚意药业	85.20	限售期满	2018.03.15
603811	诚意药业	119.28	送股	2018.11.27	603813	原尚股份	89.55	增发上市	2018.08.08
603813	原尚股份	89.55	限售期满	2018.09.18	603816	顾家家居	427.89	股份注销	2018.08.24
603816	顾家家居	430.69	增发上市	2018.11.13	603816	顾家家居	430.22	股份注销	2018.12.27
603817	海峡环保	450.00	限售期满	2018.02.22	603818	曲美家居	484.12	限售期满	2018.05.16
603818	曲美家居	491.48	增发上市	2018.06.13	603818	曲美家居	491.35	股份注销	2018.12.18
603822	嘉澳环保	73.35	债转股	2018.06.21	603822	嘉澳环保	73.35	债转股	2018.07.12
603822	嘉澳环保	73.35	债转股	2018.10.12	603825	华扬联众	164.36	增发上市	2018.04.13
603825	华扬联众	230.10	送股	2018.06.22	603825	华扬联众	230.10	限售期满	2018.08.02
603826	坤彩科技	360.00	限售期满	2018.04.16	603826	坤彩科技	468.00	送股	2018.05.02
603828	柯利达	330.23	限售期满	2018.02.26	603828	柯利达	429.29	送股	2018.06.29
603829	洛凯股份	160.00	限售期满	2018.10.17	603833	欧派家居	420.60	限售期满	2018.03.28

上市公司股份变动
Change of Shares Outstanding in 2018

股票代码 Code	股票简称 Stock Name	变动后总股本（百万股）Total Share(M)	变动原因 Change Reason	变动日期 Change Date	股票代码 Code	股票简称 Stock Name	变动后总股本（百万股）Total Share(M)	变动原因 Change Reason	变动日期 Change Date
603833	欧派家居	420.28	股份注销	2018.06.28	603833	欧派家居	420.28	限售期满	2018.08.31
603838	四通股份	266.68	限售期满	2018.07.02	603839	安正时尚	289.06	限售期满	2018.02.14
603839	安正时尚	289.04	股份注销	2018.04.04	603839	安正时尚	404.66	送股	2018.05.21
603839	安正时尚	404.46	股份注销	2018.07.10	603839	安正时尚	404.46	限售期满	2018.10.10
603839	安正时尚	404.33	股份注销	2018.10.22	603839	安正时尚	404.29	股份注销	2018.12.13
603848	好太太	401.00	限售期满	2018.12.03	603855	华荣股份	331.07	限售期满	2018.05.24
603856	东宏股份	256.41	送股	2018.06.25	603856	东宏股份	256.41	限售期满	2018.11.06
603858	步长制药	886.34	送股	2018.08.20	603860	中公高科	66.68	限售期满	2018.08.02
603861	白云电器	442.74	增发上市	2018.03.02	603866	桃李面包	470.63	限售期满	2018.12.07
603866	桃李面包	470.63	限售期满	2018.12.24	603869	新智认知	348.81	限售期满	2018.03.26
603869	新智认知	348.81	限售期满	2018.05.03	603871	嘉友国际	80.00	A 股新上市	2018.02.06
603871	嘉友国际	112.00	送股	2018.06.11	603876	鼎胜新材	430.00	A 股新上市	2018.04.18
603877	太平鸟	480.93	限售期满	2018.01.09	603877	太平鸟	480.82	股份注销	2018.10.16
603877	太平鸟	480.76	股份注销	2018.11.22	603877	太平鸟	480.76	限售期满	2018.11.29
603878	武进不锈	204.47	增发上市	2018.07.30	603879	永悦科技	144.00	限售期满	2018.06.14
603880	南卫股份	130.00	送股	2018.06.22	603880	南卫股份	130.00	限售期满	2018.08.07
603881	数据港	210.59	限售期满	2018.02.08	603882	金域医学	457.88	限售期满	2018.09.10
603883	老百姓	284.95	限售期满	2018.04.23	603885	吉祥航空	1797.01	限售期满	2018.05.28
603887	城地股份	144.20	送股	2018.06.07	603887	城地股份	144.20	限售期满	2018.10.10
603889	新澳股份	393.65	限售期满	2018.01.02	603889	新澳股份	393.65	限售期满	2018.07.30
603889	新澳股份	393.65	限售期满	2018.11.05	603890	春秋电子	191.80	送股	2018.05.30
603890	春秋电子	191.80	限售期满	2018.12.12	603895	天永智能	77.20	A 股新上市	2018.01.22
603895	天永智能	108.08	送股	2018.06.15	603896	寿仙谷	139.80	限售期满	2018.05.10
603896	寿仙谷	143.33	增发上市	2018.06.26	603897	长城科技	178.40	A 股新上市	2018.04.10
603898	好莱客	320.35	增发上市	2018.02.12	603898	好莱客	320.35	限售期满	2018.06.21
603898	好莱客	320.35	限售期满	2018.07.18	603898	好莱客	320.35	限售期满	2018.07.30
603898	好莱客	320.26	股份注销	2018.08.09	603898	好莱客	320.12	股份注销	2018.12.07
603899	晨光文具	920.00	限售期满	2018.01.29	603901	永创智能	400.00	限售期满	2018.06.07
603901	永创智能	439.39	增发上市	2018.09.06	603903	中持股份	103.34	限售期满	2018.03.14
603906	龙蟠科技	211.72	增发上市	2018.03.09	603906	龙蟠科技	211.72	限售期满	2018.04.10
603906	龙蟠科技	254.06	送股	2018.06.15	603908	牧高笛	66.69	限售期满	2018.03.07
603909	合诚股份	102.50	增发上市	2018.01.30	603912	佳力图	150.30	增发上市	2018.03.13
603912	佳力图	210.42	送股	2018.05.30	603912	佳力图	210.42	限售期满	2018.11.01
603916	苏博特	309.31	增发上市	2018.08.22	603916	苏博特	309.31	限售期满	2018.11.12
603917	合力科技	156.80	送股	2018.06.11	603917	合力科技	156.80	限售期满	2018.12.04
603918	金桥信息	177.75	增发上市	2018.05.16	603918	金桥信息	177.75	增发上市	2018.05.16
603918	金桥信息	177.75	限售期满	2018.05.28	603918	金桥信息	177.75	限售期满	2018.06.04
603918	金桥信息	179.42	增发上市	2018.06.12	603920	世运电路	401.80	限售期满	2018.04.26
603920	世运电路	409.30	增发上市	2018.12.17	603926	铁流股份	120.00	限售期满	2018.05.10
603926	铁流股份	123.77	增发上市	2018.05.30	603926	铁流股份	123.64	股份注销	2018.12.26
603929	亚翔集成	213.36	限售期满	2018.01.02	603933	睿能科技	143.74	送股	2018.05.11
603936	博敏电子	215.46	增发上市	2018.08.15	603936	博敏电子	215.46	限售期满	2018.12.10
603937	丽岛新材	208.88	限售期满	2018.11.02	603938	三孚股份	150.17	限售期满	2018.06.28
603939	益丰药房	362.69	限售期满	2018.02.22	603939	益丰药房	376.81	增发上市	2018.11.19
603955	大千生态	87.00	限售期满	2018.03.12	603955	大千生态	113.10	送股	2018.06.15
603958	哈森股份	219.91	增发上市	2018.04.19	603959	百利科技	313.60	送股	2018.06.26
603960	克来机电	104.00	限售期满	2018.03.14	603960	克来机电	135.20	送股	2018.06.01
603963	大理药业	130.00	送股	2018.07.06	603963	大理药业	130.00	限售期满	2018.09.25
603966	法兰泰克	160.00	限售期满	2018.01.25	603966	法兰泰克	162.34	增发上市	2018.06.05
603966	法兰泰克	211.04	送股	2018.06.25	603966	法兰泰克	210.98	股份注销	2018.11.26

上市公司股份变动
Change of Shares Outstanding in 2018

股票代码 Code	股票简称 Stock Name	变动后总股本（百万股） Total Share(M)	变动原因 Change Reason	变动日期 Change Date	股票代码 Code	股票简称 Stock Name	变动后总股本（百万股） Total Share(M)	变动原因 Change Reason	变动日期 Change Date
603968	醋化股份	204.48	限售期满	2018.05.18	603969	银龙股份	400.00	限售期满	2018.02.27
603969	银龙股份	580.00	送股	2018.05.11	603969	银龙股份	841.00	送股	2018.09.28
603970	中农立华	160.00	送股	2018.06.13	603970	中农立华	160.00	限售期满	2018.11.19
603976	正川股份	151.20	送股	2018.05.29	603976	正川股份	151.20	限售期满	2018.08.22
603977	国泰集团	309.51	送股	2018.05.17	603977	国泰集团	391.23	增发上市	2018.10.30
603978	深圳新星	160.00	送股	2018.05.07	603978	深圳新星	160.00	限售期满	2018.08.07
603979	金诚信	585.00	限售期满	2018.07.02	603980	吉华集团	500.00	限售期满	2018.06.15
603985	恒润股份	80.00	限售期满	2018.05.07	603985	恒润股份	104.00	送股	2018.05.30
603986	兆易创新	283.75	送股	2018.05.22	603986	兆易创新	283.75	限售期满	2018.06.21
603986	兆易创新	283.71	股份注销	2018.08.08	603986	兆易创新	284.64	增发上市	2018.09.12
603987	康德莱	441.61	送股	2018.07.19	603988	中电电机	168.00	送股	2018.05.23
603988	中电电机	235.20	送股	2018.09.03	603989	艾华集团	300.00	限售期满	2018.05.15
603989	艾华集团	390.00	送股	2018.06.29	603989	艾华集团	390.00	债转股	2018.10.10
603990	麦迪科技	80.63	股份注销	2018.09.17	603990	麦迪科技	80.63	股份注销	2018.10.24
603991	至正股份	74.53	限售期满	2018.03.08	603993	洛阳钼业	21599.24	限售期满	2018.07.24
603996	中新科技	300.15	限售期满	2018.12.24	603997	继峰股份	637.72	增发上市	2018.02.08
603997	继峰股份	637.72	限售期满	2018.03.02	603997	继峰股份	639.65	增发上市	2018.11.23
603998	方盛制药	428.56	股份注销	2018.09.06	603999	读者传媒	576.00	限售期满	2018.12.10
900947	振华 B 股	5268.35	送股	2018.08.17					

上市公司派发现金红利
Dividends in 2018

股票代码 Code	股票简称 Stock Name	发放日期 Date	每股红利(含税) Dividend (Pre-Tax)	代发红利总额(百万) Cash(M)	股票代码 Code	股票简称 Stock Name	发放日期 Date	每股红利(含税) Dividend (Pre-Tax)	代发红利总额(百万) Cash(M)
600000	浦发银行	2018.07.13	0.100	2935.21	600004	白云机场	2018.07.13	0.240	496.64
600006	东风汽车	2018.06.19	0.030	60.60	600007	中国国贸	2018.05.11	0.320	322.33
600008	首创股份	2018.05.10	0.080	385.65	600009	上海机场	2018.08.23	0.580	1117.64
600010	包钢股份	2018.07.12	0.005	227.93	600011	华能国际	2018.05.17	0.100	1050.00
600012	皖通高速	2018.07.17	0.230	268.09	600015	华夏银行	2018.06.29	0.151	1936.23
600016	民生银行	2018.07.05	0.090	2659.66	600017	日照港	2018.06.08	0.020	61.51
600018	上港集团	2018.06.08	0.172	3985.87	600019	宝钢股份	2018.06.08	0.450	10020.56
600020	中原高速	2018.07.13	0.168	377.56	600021	上海电力	2018.05.18	0.200	481.93
600023	浙能电力	2018.07.23	0.170	2312.12	600025	华能水电	2018.06.27	0.055	990.00
600026	中远海能	2018.07.13	0.050	136.80	600027	华电国际	2018.07.27	0.018	146.62
600028	中国石化	2018.06.05	0.400	38223.11	600028	中国石化	2018.09.12	0.160	15289.24
600029	南方航空	2018.07.12	0.100	702.27	600030	中信证券	2018.08.24	0.400	3935.43
600031	三一重工	2018.08.21	0.160	1244.83	600033	福建高速	2018.06.15	0.120	329.33
600035	楚天高速	2018.06.08	0.130	225.00	600036	招商银行	2018.07.12	0.840	17328.31
600037	歌华有线	2018.06.08	0.180	250.52	600038	中直股份	2018.07.11	0.233	137.35
600039	四川路桥	2018.07.09	0.050	180.53	600048	保利地产	2018.06.08	0.400	4743.38
600050	中国联通	2018.06.29	0.020	614.35	600051	宁波联合	2018.07.06	0.130	40.41
600054	黄山旅游	2018.07.02	0.240	123.19	600055	万东医疗	2018.07.12	0.050	27.04
600056	中国医药	2018.06.15	0.365	389.56	600057	厦门象屿	2018.06.07	0.100	145.77
600059	古越龙山	2018.05.16	0.100	80.85	600060	海信电器	2018.07.05	0.216	282.63
600061	国投资本	2018.06.22	0.062	262.08	600062	华润双鹤	2018.08.16	0.097	84.33
600063	皖维高新	2018.06.11	0.015	28.89	600064	南京高科	2018.05.17	0.100	77.25
600066	宇通客车	2018.07.27	0.500	1106.97	600067	冠城大通	2018.05.10	0.120	179.05
600068	葛洲坝	2018.06.25	0.268	1234.08	600070	浙江富润	2018.06.25	0.100	52.19
600073	上海梅林	2018.06.22	0.030	28.13	600075	新疆天业	2018.05.31	0.050	48.63
600076	康欣新材	2018.06.25	0.110	113.77	600077	宋都股份	2018.04.25	0.015	20.10
600078	澄星股份	2018.06.13	0.030	19.88	600079	人福医药	2018.07.05	0.160	216.59
600080	金花股份	2018.06.04	0.030	11.20	600081	东风科技	2018.07.27	0.135	42.33
600082	海泰发展	2018.07.13	0.011	7.11	600085	同仁堂	2018.08.08	0.250	342.87
600088	中视传媒	2018.06.28	0.075	24.86	600089	特变电工	2018.07.05	0.210	780.05
600090	同济堂	2018.12.26	0.200	287.93	600093	易见股份	2018.07.31	0.363	407.45
600094	大名城	2018.05.21	0.060	136.60	600095	哈高科	2018.05.03	0.018	6.50
600097	开创国际	2018.06.22	0.155	37.35	600098	广州发展	2018.07.04	0.100	272.62
600100	同方股份	2018.07.05	0.015	44.46	600101	明星电力	2018.08.08	0.050	16.21
600104	上汽集团	2018.07.17	1.830	21380.73	600105	永鼎股份	2018.05.21	0.100	96.39
600106	重庆路桥	2018.06.07	0.085	84.87	600108	亚盛集团	2018.07.18	0.005	9.73
600109	国金证券	2018.06.25	0.050	151.22	600110	诺德股份	2018.07.05	0.039	44.86
600111	北方稀土	2018.06.27	0.035	127.16	600113	浙江东日	2018.04.17	0.091	28.99
600114	东睦股份	2018.04.26	0.300	130.90	600114	东睦股份	2018.09.04	0.200	129.16
600115	东方航空	2018.07.24	0.051	500.23	600116	三峡水利	2018.07.06	0.110	109.23
600118	中国卫星	2018.07.10	0.110	130.07	600120	浙江东方	2018.06.28	0.130	87.44
600122	宏图高科	2018.06.25	0.055	63.69	600123	兰花科创	2018.07.05	0.220	251.33
600125	铁龙物流	2018.06.22	0.080	104.44	600128	弘业股份	2018.06.06	0.050	12.34
600131	岷江水电	2018.06.13	0.050	25.21	600132	重庆啤酒	2018.06.28	0.800	387.18
600133	东湖高新	2018.06.05	0.170	123.38	600135	乐凯胶片	2018.06.25	0.048	17.90
600136	当代明诚	2018.08.03	0.070	34.10	600137	浪莎股份	2018.06.25	0.060	5.83
600138	中青旅	2018.07.20	0.100	72.38	600141	兴发集团	2018.06.14	0.200	121.20
600143	金发科技	2018.06.29	0.100	271.68	600148	长春一东	2018.07.11	0.099	13.94
600153	建发股份	2018.07.20	0.200	567.04	600155	宝硕股份	2018.06.15	0.023	40.01
600158	中体产业	2018.07.23	0.022	18.56	600159	大龙地产	2018.06.20	0.020	16.60

上市公司派发现金红利 Dividends in 2018

股票代码 Code	股票简称 Stock Name	发放日期 Date	每股红利(含税) Dividend (Pre-Tax)	代发红利总额 (百万) Cash(M)	股票代码 Code	股票简称 Stock Name	发放日期 Date	每股红利(含税) Dividend (Pre-Tax)	代发红利总额 (百万) Cash(M)
600160	巨化股份	2018.06.06	0.100	211.17	600161	天坛生物	2018.06.22	0.200	134.02
600162	香江控股	2018.06.15	0.160	544.11	600166	福田汽车	2018.07.26	0.005	34.02
600167	联美控股	2018.05.30	0.260	228.81	600168	武汉控股	2018.05.04	0.139	98.63
600170	上海建工	2018.06.13	0.135	1202.09	600171	上海贝岭	2018.06.14	0.080	55.97
600173	卧龙地产	2018.05.30	0.100	72.77	600176	中国巨石	2018.05.17	0.250	729.65
600177	雅戈尔	2018.06.07	0.400	1432.58	600178	东安动力	2018.08.22	0.028	12.94
600179	安通控股	2018.05.31	0.100	106.21	600180	瑞茂通	2018.06.22	0.070	71.56
600182	S 佳通	2018.06.29	0.108	36.72	600183	生益科技	2018.05.28	0.450	657.01
600184	光电股份	2018.06.29	0.028	14.25	600185	格力地产	2018.08.20	0.300	618.04
600188	兖州煤业	2018.06.11	0.480	1420.80	600189	吉林森工	2018.07.16	0.020	11.03
600190	锦州港	2018.07.11	0.022	39.15	600191	华资实业	2018.07.10	0.010	4.85
600192	长城电工	2018.06.01	0.006	2.65	600195	中牧股份	2018.07.10	0.326	140.11
600196	复星医药	2018.08.03	0.380	764.23	600197	伊力特	2018.07.24	0.250	110.25
600199	金种子酒	2018.06.22	0.010	5.56	600200	江苏吴中	2018.06.15	0.056	40.43
600201	生物股份	2018.06.25	0.300	270.12	600208	新湖中宝	2018.07.13	0.057	490.16
600210	紫江企业	2018.06.25	0.150	227.51	600211	西藏药业	2018.05.28	0.385	69.15
600215	长春经开	2018.06.26	0.006	2.79	600216	浙江医药	2018.07.19	0.080	77.25
600218	全柴动力	2018.06.22	0.050	18.44	600219	南山铝业	2018.05.04	0.060	555.07
600221	海航控股	2018.05.31	0.018	295.86	600222	太龙药业	2018.06.06	0.010	5.74
600229	城市传媒	2018.07.10	0.150	105.31	600230	沧州大化	2018.05.30	0.500	147.09
600231	凌钢股份	2018.06.20	0.050	125.96	600232	金鹰股份	2018.07.06	0.100	36.47
600233	圆通速递	2018.06.13	0.110	311.38	600235	民丰特纸	2018.06.08	0.010	3.51
600236	桂冠电力	2018.06.26	0.330	2000.91	600239	云南城投	2018.06.01	0.050	80.28
600240	华业资本	2018.07.13	0.100	142.43	600241	时代万恒	2018.07.13	0.020	5.89
600243	青海华鼎	2018.06.25	0.015	6.58	600246	万通地产	2018.08.09	0.027	55.46
600248	延长化建	2018.06.22	0.050	30.79	600251	冠农股份	2018.05.30	0.035	27.47
600252	中恒集团	2018.05.29	0.060	208.51	600255	梦舟股份	2018.07.25	0.002	3.54
600256	广汇能源	2018.06.28	0.050	336.86	600258	首旅酒店	2018.05.24	0.080	65.26
600260	凯乐科技	2018.07.26	0.100	70.88	600261	阳光照明	2018.05.24	0.150	217.82
600262	北方股份	2018.06.25	0.070	11.90	600266	北京城建	2018.06.29	0.280	438.77
600267	海正药业	2018.06.15	0.050	48.28	600268	国电南自	2018.06.27	0.030	20.86
600269	赣粤高速	2018.08.03	0.170	397.02	600270	外运发展	2018.07.10	0.600	543.29
600271	航天信息	2018.06.28	0.420	782.26	600272	开开实业	2018.07.27	0.050	8.15
600273	嘉化能源	2018.09.27	0.125	179.09	600273	嘉化能源	2018.05.08	0.200	296.90
600276	恒瑞医药	2018.05.30	0.130	368.24	600277	亿利洁能	2018.08.27	0.060	164.34
600278	东方创业	2018.07.18	0.100	52.22	600279	重庆港九	2018.06.19	0.210	145.52
600280	中央商场	2018.08.23	0.015	17.23	600282	南钢股份	2018.05.07	0.050	220.45
600284	浦东建设	2018.04.26	0.180	124.75	600285	羚锐制药	2018.06.07	0.150	88.85
600287	江苏舜天	2018.06.29	0.080	34.94	600288	大恒科技	2018.08.09	0.024	10.48
600290	华仪电气	2018.06.25	0.020	15.20	600291	西水股份	2018.07.26	0.030	32.79
600292	远达环保	2018.06.22	0.055	42.94	600293	三峡新材	2018.06.07	0.104	120.86
600295	鄂尔多斯	2018.07.06	0.100	61.20	600297	广汇汽车	2018.06.01	0.150	1221.65
600298	安琪酵母	2018.06.13	0.350	288.43	600299	安迪苏	2018.06.13	0.173	463.97
600300	维维股份	2018.07.04	0.030	50.16	600303	曙光股份	2018.05.31	0.147	99.31
600305	恒顺醋业	2018.06.15	0.140	84.38	600308	华泰股份	2018.06.22	0.174	203.16
600309	万华化学	2018.01.26	1.500	4101.02	600310	桂东电力	2018.06.12	0.025	20.69
600312	平高电气	2018.07.03	0.140	189.97	600315	上海家化	2018.07.26	0.180	120.91
600316	洪都航空	2018.07.20	0.013	9.32	600317	营口港	2018.07.18	0.025	161.82
600320	振华重工	2018.08.13	0.050	138.42	600323	瀚蓝环境	2018.07.12	0.200	153.25
600325	华发股份	2018.07.09	0.300	635.49	600326	西藏天路	2018.05.25	0.080	69.23

上市公司派发现金红利 Dividends in 2018

股票代码 Code	股票简称 Stock Name	发放日期 Date	每股红利(含税) Dividend (Pre-Tax)	代发红利总额 (百万) Cash(M)	股票代码 Code	股票简称 Stock Name	发放日期 Date	每股红利(含税) Dividend (Pre-Tax)	代发红利总额 (百万) Cash(M)
600327	大东方	2018.06.07	0.150	85.07	600328	兰太实业	2018.06.13	0.146	63.95
600329	中新药业	2018.07.13	0.200	113.77	600330	天通股份	2018.06.25	0.050	41.52
600332	白云山	2018.07.16	0.381	535.64	600333	长春燃气	2018.08.16	0.050	30.45
600335	国机汽车	2018.06.29	0.100	102.97	600336	澳柯玛	2018.07.06	0.030	23.30
600337	美克家居	2018.07.05	0.110	195.26	600338	西藏珠峰	2018.12.28	0.600	391.80
600339	中油工程	2018.07.31	0.037	206.58	600340	华夏幸福	2018.06.19	0.900	2659.45
600345	长江通信	2018.07.13	0.400	79.20	600346	恒力股份	2018.09.28	0.250	1263.20
600348	阳泉煤业	2018.07.16	0.205	493.03	600350	山东高速	2018.06.15	0.178	856.39
600351	亚宝药业	2018.06.20	0.100	78.70	600352	浙江龙盛	2018.06.08	0.250	813.33
600353	旭光股份	2018.07.27	0.016	8.70	600356	恒丰纸业	2018.07.18	0.099	29.57
600360	华微电子	2018.07.04	0.020	15.03	600361	华联综超	2018.07.04	0.060	39.95
600362	江西铜业	2018.07.25	0.200	415.05	600363	联创光电	2018.08.16	0.044	19.51
600366	宁波韵升	2018.05.23	0.300	167.09	600367	红星发展	2018.05.24	0.033	9.61
600368	五洲交通	2018.05.21	0.150	125.07	600369	西南证券	2018.07.20	0.050	282.26
600370	三房巷	2018.06.07	0.020	15.94	600371	万向德农	2018.07.26	0.200	45.01
600372	中航电子	2018.06.29	0.060	105.55	600373	中文传媒	2018.05.25	0.400	551.18
600376	首开股份	2018.06.21	0.600	1547.74	600377	宁沪高速	2018.07.13	0.440	1678.93
600378	天科股份	2018.06.08	0.060	17.83	600379	宝光股份	2018.07.11	0.025	5.90
600380	健康元	2018.07.04	0.180	283.13	600382	广东明珠	2018.06.15	0.035	16.34
600383	金地集团	2018.07.11	0.530	2392.73	600386	北巴传媒	2018.08.24	0.100	80.64
600388	龙净环保	2018.06.29	0.210	224.50	600389	江山股份	2018.06.28	0.260	77.22
600390	五矿资本	2018.10.31	0.198	742.18	600391	航发科技	2018.06.15	0.030	9.90
600392	盛和资源	2018.07.02	0.030	40.50	600393	粤泰股份	2018.07.18	0.140	355.07
600395	盘江股份	2018.08.20	0.350	579.27	600398	海澜之家	2018.06.08	0.480	2156.52
600400	红豆股份	2018.05.08	0.200	361.89	600403	大有能源	2018.06.13	0.061	145.84
600406	国电南瑞	2018.06.29	0.360	1650.12	600409	三友化工	2018.06.06	0.275	567.70
600410	华胜天成	2018.07.05	0.063	69.48	600415	小商品城	2018.07.11	0.081	440.90
600416	湘电股份	2018.06.11	0.030	28.38	600418	江淮汽车	2018.06.29	0.070	132.53
600419	天润乳业	2018.05.28	0.290	30.03	600420	现代制药	2018.06.14	0.050	55.49
600426	华鲁恒升	2018.05.25	0.150	243.05	600428	中远海特	2018.08.09	0.020	42.93
600429	三元股份	2018.08.08	0.017	25.46	600433	冠豪高新	2018.05.30	0.013	16.53
600435	北方导航	2018.06.13	0.025	37.23	600436	片仔癀	2018.06.08	0.430	259.43
600438	通威股份	2018.05.04	0.160	621.18	600439	瑞贝卡	2018.06.19	0.050	56.60
600446	金证股份	2018.06.19	0.031	26.45	600449	宁夏建材	2018.05.31	0.220	105.20
600452	涪陵电力	2018.07.05	0.200	32.00	600456	宝钛股份	2018.07.05	0.050	21.51
600458	时代新材	2018.06.15	0.050	40.14	600459	贵研铂业	2018.06.01	0.140	36.54
600460	士兰微	2018.07.18	0.040	52.48	600463	空港股份	2018.06.01	0.016	4.80
600466	蓝光发展	2018.06.13	0.100	213.17	600467	好当家	2018.07.13	0.011	16.07
600468	百利电气	2018.06.14	0.033	26.77	600470	六国化工	2018.06.22	0.050	26.08
600475	华光股份	2018.07.04	0.120	67.13	600477	杭萧钢构	2018.05.23	0.170	233.65
600479	千金药业	2018.06.15	0.300	104.63	600480	凌云股份	2018.07.11	0.220	100.12
600481	双良节能	2018.06.22	0.050	81.79	600482	中国动力	2018.07.26	0.208	360.69
600483	福能股份	2018.06.11	0.200	310.37	600486	扬农化工	2018.06.05	0.560	173.54
600487	亨通光电	2018.06.29	0.160	217.56	600488	天药股份	2018.06.12	0.036	39.31
600489	中金黄金	2018.08.08	0.030	103.53	600491	龙元建设	2018.07.09	0.035	53.54
600493	凤竹纺织	2018.07.20	0.030	8.16	600495	晋西车轴	2018.07.12	0.010	12.08
600497	驰宏锌锗	2018.05.21	0.030	152.74	600498	烽火通信	2018.07.25	0.340	378.74
600499	科达洁能	2018.06.13	0.050	78.86	600500	中化国际	2018.06.27	0.100	208.30
600502	安徽水利	2018.06.21	0.050	71.72	600503	华丽家族	2018.06.29	0.005	8.01
600505	西昌电力	2018.06.26	0.035	12.76	600507	方大特钢	2018.04.04	1.600	2121.75

上市公司派发现金红利
Dividends in 2018

股票代码 Code	股票简称 Stock Name	发放日期 Date	每股红利(含税) Dividend (Pre-Tax)	代发红利总额(百万) Cash(M)	股票代码 Code	股票简称 Stock Name	发放日期 Date	每股红利(含税) Dividend (Pre-Tax)	代发红利总额(百万) Cash(M)
600508	上海能源	2018.06.22	0.220	159.00	600509	天富能源	2018.07.17	0.047	54.12
600510	黑牡丹	2018.07.05	0.142	148.69	600511	国药股份	2018.06.01	0.450	345.12
600512	腾达建设	2018.05.30	0.040	63.96	600513	联环药业	2018.05.17	0.075	21.41
600516	方大炭素	2018.05.25	1.900	3398.71	600517	置信电气	2018.06.29	0.100	135.62
600518	康美药业	2018.07.13	0.235	1168.86	600519	贵州茅台	2018.06.15	10.999	13816.92
600521	华海药业	2018.05.25	0.200	208.50	600522	中天科技	2018.07.10	0.100	306.61
600523	贵航股份	2018.05.16	0.208	60.07	600525	长园集团	2018.07.12	0.090	119.22
600527	江南高纤	2018.04.16	0.150	144.31	600528	中铁工业	2018.08.27	0.190	422.09
600529	山东药玻	2018.07.10	0.300	91.07	600530	交大昂立	2018.08.10	0.065	50.70
600531	豫光金铅	2018.06.08	0.081	88.31	600533	栖霞建设	2018.07.26	0.050	52.50
600535	天士力	2018.06.05	0.400	432.19	600536	中国软件	2018.05.29	0.046	22.75
600537	亿晶光电	2018.06.27	0.013	15.29	600545	卓郎智能	2018.07.17	0.010	18.95
600547	山东黄金	2018.02.08	0.080	148.57	600547	山东黄金	2018.05.25	0.040	74.28
600548	深高速	2018.06.15	0.300	429.98	600549	厦门钨业	2018.06.19	0.200	217.43
600551	时代出版	2018.06.27	0.179	90.54	600557	康缘药业	2018.06.20	0.060	36.99
600558	大西洋	2018.07.19	0.020	17.95	600559	老白干酒	2018.06.05	0.200	95.14
600560	金自天正	2018.05.31	0.028	6.26	600561	江西长运	2018.07.19	0.030	7.11
600562	国睿科技	2018.06.28	0.107	51.22	600563	法拉电子	2018.05.31	1.200	270.00
600565	迪马股份	2018.07.13	0.090	217.84	600566	济川药业	2018.06.01	1.000	809.73
600567	山鹰纸业	2018.06.08	0.133	607.85	600568	中珠医疗	2018.08.07	0.020	39.86
600570	恒生电子	2018.05.24	0.290	179.16	600572	康恩贝	2018.07.05	0.150	400.10
600573	惠泉啤酒	2018.06.22	0.030	7.50	600577	精达股份	2018.04.27	0.080	156.43
600578	京能电力	2018.08.24	0.060	404.80	600580	卧龙电气	2018.06.26	0.100	129.34
600582	天地科技	2018.05.15	0.050	206.93	600583	海油工程	2018.06.05	0.050	221.07
600584	长电科技	2018.05.25	0.025	34.00	600585	海螺水泥	2018.06.20	1.200	4799.64
600586	金晶科技	2018.07.03	0.060	87.50	600587	新华医疗	2018.07.10	0.050	20.32
600588	用友网络	2018.05.02	0.150	219.18	600589	广东榕泰	2018.07.10	0.058	40.91
600590	泰豪科技	2018.06.27	0.120	80.04	600592	龙溪股份	2018.06.28	0.100	39.96
600594	益佰制药	2018.07.02	0.050	39.60	600596	新安股份	2018.05.30	0.200	141.20
600597	光明乳业	2018.06.06	0.160	195.92	600598	北大荒	2018.06.07	0.270	479.97
600599	熊猫金控	2018.07.09	0.040	6.64	600600	青岛啤酒	2018.08.03	0.420	292.28
600602	云赛智联	2018.07.27	0.061	65.53	600604	市北高新	2018.06.04	0.012	16.89
600605	汇通能源	2018.06.22	0.060	8.84	600606	绿地控股	2018.07.12	0.250	3042.04
600611	大众交通	2018.06.21	0.120	187.60	600612	老凤祥	2018.07.17	1.050	332.97
600613	神奇制药	2018.07.27	0.030	14.38	600616	金枫酒业	2018.06.22	0.050	25.73
600618	氯碱化工	2018.06.13	0.035	26.24	600619	海立股份	2018.07.03	0.120	69.86
600620	天宸股份	2018.07.25	0.030	20.60	600621	华鑫股份	2018.08.20	0.220	233.40
600622	光大嘉宝	2018.06.15	0.210	186.35	600623	华谊集团	2018.06.12	0.100	187.43
600624	复旦复华	2018.07.19	0.025	17.12	600626	申达股份	2018.07.11	0.100	71.02
600628	新世界	2018.08.10	0.210	135.84	600629	华建集团	2018.06.28	0.150	64.83
600630	龙头股份	2018.08.03	0.091	38.66	600633	浙数文化	2018.06.20	0.180	234.35
600635	大众公用	2018.07.16	0.060	145.13	600637	东方明珠	2018.08.13	0.350	924.44
600638	新黄浦	2018.07.12	0.350	196.41	600639	浦东金桥	2018.07.12	0.260	221.06
600640	号百控股	2018.07.25	0.100	79.57	600641	万业企业	2018.06.05	0.633	510.30
600642	申能股份	2018.08.10	0.200	910.41	600643	爱建集团	2018.06.15	0.120	194.63
600647	同达创业	2018.07.30	0.050	6.96	600648	外高桥	2018.07.13	0.200	186.96
600649	城投控股	2018.08.22	0.250	632.39	600650	锦江投资	2018.07.06	0.250	97.64
600651	飞乐音响	2018.08.28	0.017	16.86	600655	豫园股份	2018.04.27	0.150	215.60
600657	信达地产	2018.05.04	0.120	182.91	600658	电子城	2018.05.25	0.191	152.61
600660	福耀玻璃	2018.05.29	0.750	1502.24	600660	福耀玻璃	2018.10.24	0.400	801.19

上市公司派发现金红利 Dividends in 2018

股票代码 Code	股票简称 Stock Name	发放日期 Date	每股红利(含税) Dividend (Pre-Tax)	代发红利总额 (百万) Cash(M)	股票代码 Code	股票简称 Stock Name	发放日期 Date	每股红利(含税) Dividend (Pre-Tax)	代发红利总额 (百万) Cash(M)
600662	强生控股	2018.07.12	0.060	63.20	600663	陆家嘴	2018.07.18	0.466	1139.16
600664	哈药股份	2018.05.04	0.500	1272.48	600665	天地源	2018.06.22	0.089	76.91
600667	太极实业	2018.06.13	0.100	210.62	600668	尖峰集团	2018.07.06	0.100	34.41
600674	川投能源	2018.07.17	0.275	1210.59	600676	交运股份	2018.07.19	0.140	143.99
600677	航天通信	2018.07.06	0.070	36.53	600681	百川能源	2018.06.08	0.450	464.18
600682	南京新百	2018.07.05	0.090	100.08	600683	京投发展	2018.04.24	0.200	148.16
600684	珠江实业	2018.07.26	0.050	42.67	600686	金龙汽车	2018.07.16	0.100	60.67
600687	刚泰控股	2018.08.29	0.040	59.55	600688	上海石化	2018.07.17	0.300	2198.64
600689	上海三毛	2018.07.06	0.015	2.28	600690	青岛海尔	2018.06.07	0.342	2085.31
600693	东百集团	2018.05.17	0.100	89.82	600694	大商股份	2018.06.22	0.900	264.35
600697	欧亚集团	2018.07.06	0.370	58.86	600699	均胜电子	2018.06.08	0.100	94.93
600702	舍得酒业	2018.08.16	0.043	14.50	600703	三安光电	2018.06.14	0.250	1019.61
600704	物产中大	2018.05.31	0.200	861.34	600705	中航资本	2018.07.26	0.055	493.70
600705	中航资本	2018.12.28	0.039	350.08	600708	光明地产	2018.06.06	0.200	342.87
600710	苏美达	2018.06.06	0.042	54.88	600711	盛屯矿业	2018.05.24	0.100	167.67
600712	南宁百货	2018.06.14	0.003	1.63	600713	南京医药	2018.06.15	0.090	93.75
600715	文投控股	2018.08.24	0.071	131.69	600717	天津港	2018.06.15	0.148	247.87
600718	东软集团	2018.07.05	0.090	111.84	600719	大连热电	2018.06.07	0.003	1.21
600720	祁连山	2018.07.13	0.230	178.55	600723	首商股份	2018.07.27	0.180	118.51
600728	佳都科技	2018.04.20	0.031	50.14	600729	重庆百货	2018.06.04	0.600	243.92
600730	中国高科	2018.07.10	0.061	35.79	600735	新华锦	2018.05.28	0.060	22.56
600736	苏州高新	2018.05.11	0.145	173.17	600737	中粮糖业	2018.07.12	0.170	348.82
600738	兰州民百	2018.10.10	0.100	78.31	600738	兰州民百	2018.11.29	0.300	234.93
600738	兰州民百	2018.05.11	0.100	78.31	600739	辽宁成大	2018.07.04	0.180	275.35
600741	华域汽车	2018.07.16	1.050	3310.36	600742	一汽富维	2018.06.08	0.500	211.52
600743	华远地产	2018.06.05	0.100	234.61	600745	闻泰科技	2018.06.29	0.020	12.75
600746	江苏索普	2018.06.22	0.120	36.77	600748	上实发展	2018.07.20	0.048	88.54
600750	江中药业	2018.06.20	0.450	135.00	600754	锦江股份	2018.06.19	0.560	449.08
600755	厦门国贸	2018.07.09	0.200	363.25	600756	浪潮软件	2018.05.29	0.115	37.27
600757	长江传媒	2018.05.22	0.100	121.37	600758	红阳能源	2018.06.28	0.110	146.45
600761	安徽合力	2018.06.21	0.500	370.09	600763	通策医疗	2018.06.21	0.030	9.62
600764	中国海防	2018.07.12	0.062	24.54	600765	中航重机	2018.06.28	0.020	15.56
600773	西藏城投	2018.06.22	0.010	8.20	600774	汉商集团	2018.06.05	0.030	5.24
600775	南京熊猫	2018.07.16	0.070	47.03	600776	东方通信	2018.07.17	0.060	57.36
600779	水井坊	2018.08.02	0.620	302.90	600781	辅仁药业	2018.06.26	0.128	80.28
600782	新钢股份	2018.06.25	0.090	286.99	600783	鲁信创投	2018.06.29	0.050	37.22
600787	中储股份	2018.06.14	0.061	134.19	600789	鲁抗医药	2018.07.10	0.030	20.31
600790	轻纺城	2018.06.07	0.110	115.17	600791	京能置业	2018.06.15	0.015	6.79
600795	国电电力	2018.07.10	0.080	1572.03	600796	钱江生化	2018.06.27	0.030	9.04
600797	浙大网新	2018.07.04	0.050	52.80	600798	宁波海运	2018.05.23	0.050	51.54
600801	华新水泥	2018.06.11	0.280	272.38	600803	新奥股份	2018.08.06	0.100	122.94
600804	鹏博士	2018.07.18	0.165	236.36	600808	马钢股份	2018.08.15	0.165	984.68
600808	马钢股份	2018.12.21	0.050	298.39	600809	山西汾酒	2018.08.17	0.600	519.51
600811	东方集团	2018.08.16	0.021	78.01	600812	华北制药	2018.08.17	0.010	16.31
600814	杭州解百	2018.07.23	0.080	57.20	600816	安信信托	2018.05.04	0.500	2278.81
600819	耀皮玻璃	2018.08.13	0.016	11.96	600820	隧道股份	2018.07.20	0.180	565.94
600823	世茂股份	2018.07.06	0.060	225.07	600824	益民集团	2018.07.05	0.040	42.16
600825	新华传媒	2018.08.08	0.015	15.67	600826	兰生股份	2018.07.31	0.210	88.33
600827	百联股份	2018.07.23	0.180	288.80	600828	茂业商业	2018.04.25	0.150	259.80
600828	茂业商业	2018.12.07	0.200	346.40	600829	人民同泰	2018.04.25	0.500	289.94

上市公司派发现金红利
Dividends in 2018

股票代码 Code	股票简称 Stock Name	发放日期 Date	每股红利(含税) Dividend (Pre-Tax)	代发红利总额 (百万) Cash(M)	股票代码 Code	股票简称 Stock Name	发放日期 Date	每股红利(含税) Dividend (Pre-Tax)	代发红利总额 (百万) Cash(M)
600831	广电网络	2018.05.25	0.040	24.20	600833	第一医药	2018.08.23	0.060	13.39
600834	申通地铁	2018.07.18	0.035	16.71	600835	上海机电	2018.06.15	0.480	387.12
600836	界龙实业	2018.06.04	0.015	9.94	600837	海通证券	2018.08.01	0.230	1861.19
600838	上海九百	2018.08.22	0.073	29.26	600839	四川长虹	2018.08.07	0.012	55.39
600841	上柴股份	2018.07.03	0.043	22.44	600845	宝信软件	2018.05.08	0.170	95.58
600846	同济科技	2018.08.09	0.130	81.22	600848	上海临港	2018.05.23	0.120	121.53
600850	华东电脑	2018.06.21	0.220	93.03	600851	海欣股份	2018.07.26	0.030	22.15
600853	龙建股份	2018.08.06	0.010	6.44	600853	龙建股份	2018.12.17	0.010	6.44
600854	春兰股份	2018.07.17	0.020	10.39	600855	航天长峰	2018.10.29	0.009	3.10
600856	中天能源	2018.06.22	0.120	164.00	600858	银座股份	2018.08.16	0.030	15.60
600859	王府井	2018.06.07	0.360	279.45	600861	北京城乡	2018.08.10	0.085	26.93
600863	内蒙华电	2018.07.30	0.030	174.23	600864	哈投股份	2018.08.13	0.100	210.85
600865	百大集团	2018.08.09	0.040	15.05	600867	通化东宝	2018.05.25	0.200	342.26
600868	梅雁吉祥	2018.05.25	0.020	37.96	600872	中炬高新	2018.07.13	0.180	143.39
600873	梅花生物	2018.07.30	0.330	1025.70	600880	博瑞传播	2018.07.20	0.010	10.93
600881	亚泰集团	2018.08.10	0.050	162.45	600883	博闻科技	2018.06.01	0.040	9.44
600884	杉杉股份	2018.06.28	0.060	67.37	600885	宏发股份	2018.06.14	0.400	212.79
600886	国投电力	2018.08.07	0.167	1131.23	600887	伊利股份	2018.06.15	0.700	4254.94
600888	新疆众和	2018.05.09	0.050	41.68	600893	航发动力	2018.06.15	0.129	290.23
600894	广日股份	2018.06.20	0.140	120.39	600895	张江高科	2018.07.18	0.100	154.87
600897	厦门空港	2018.07.13	1.040	309.72	600900	长江电力	2018.06.22	0.680	14960.00
600901	江苏租赁	2018.06.14	0.120	358.40	600903	贵州燃气	2018.06.14	0.017	13.82
600908	无锡银行	2018.06.05	0.150	277.22	600909	华安证券	2018.07.03	0.060	217.26
600917	重庆燃气	2018.06.19	0.130	202.28	600919	江苏银行	2018.07.10	0.180	2078.00
600926	杭州银行	2018.07.04	0.300	1099.33	600929	湖南盐业	2018.07.13	0.053	48.64
600933	爱柯迪	2018.06.08	0.230	194.45	600936	广西广电	2018.07.10	0.050	83.55
600939	重庆建工	2018.07.25	0.062	112.50	600958	东方证券	2018.07.10	0.200	1193.32
600960	渤海汽车	2018.07.17	0.051	48.48	600963	岳阳林纸	2018.06.12	0.038	53.11
600965	福成股份	2018.05.30	0.070	57.31	600966	博汇纸业	2018.10.19	0.060	80.21
600967	内蒙一机	2018.07.11	0.032	54.07	600969	郴电国际	2018.05.29	0.046	12.08
600970	中材国际	2018.05.30	0.168	294.72	600971	恒源煤电	2018.05.31	0.360	360.00
600973	宝胜股份	2018.05.31	0.022	26.89	600975	新五丰	2018.05.23	0.100	65.27
600976	健民集团	2018.06.01	0.200	30.68	600977	中国电影	2018.07.30	0.326	608.64
600978	宜华生活	2018.07.16	0.055	81.56	600979	广安爱众	2018.07.09	0.050	47.39
600980	北矿科技	2018.06.13	0.100	15.22	600981	汇鸿集团	2018.07.05	0.150	336.36
600982	宁波热电	2018.06.04	0.040	29.88	600983	惠而浦	2018.07.17	0.050	38.32
600985	雷鸣科化	2018.07.11	0.120	36.02	600986	科达股份	2018.07.18	0.050	47.34
600987	航民股份	2018.05.18	0.280	177.89	600990	四创电子	2018.06.28	0.120	19.10
600992	贵绳股份	2018.06.22	0.030	7.35	600993	马应龙	2018.08.09	0.230	99.14
600995	文山电力	2018.06.19	0.100	47.85	600996	贵广网络	2018.07.11	0.133	138.66
600997	开滦股份	2018.06.22	0.120	190.54	600998	九州通	2018.06.25	0.100	187.77
600999	招商证券	2018.08.17	0.346	1978.78	601000	唐山港	2018.05.17	0.080	364.67
601002	晋亿实业	2018.06.14	0.100	79.27	601003	柳钢股份	2018.05.22	0.500	1281.40
601006	大秦铁路	2018.06.28	0.470	6987.39	601007	金陵饭店	2018.05.18	0.240	72.00
601008	连云港	2018.06.07	0.005	5.08	601009	南京银行	2018.08.08	0.345	2926.36
601010	文峰股份	2018.06.08	0.050	92.40	601011	宝泰隆	2018.06.28	0.050	80.56
601012	隆基股份	2018.05.29	0.180	358.93	601015	陕西黑猫	2018.05.30	0.020	25.07
601016	节能风电	2018.06.20	0.044	182.84	601018	宁波港	2018.06.07	0.075	987.96
601019	山东出版	2018.06.26	0.220	459.12	601020	华钰矿业	2018.07.04	0.120	63.11
601021	春秋航空	2018.06.04	0.187	171.46	601058	赛轮金宇	2018.06.01	0.050	135.07

上市公司派发现金红利
Dividends in 2018

股票代码 Code	股票简称 Stock Name	发放日期 Date	每股红利(含税) Dividend (Pre-Tax)	代发红利总额 (百万) Cash(M)	股票代码 Code	股票简称 Stock Name	发放日期 Date	每股红利(含税) Dividend (Pre-Tax)	代发红利总额 (百万) Cash(M)
601066	中信建投	2018.12.04	0.180	1149.37	601069	西部黄金	2018.05.07	0.011	7.00
601086	国芳集团	2018.06.20	0.100	66.60	601088	中国神华	2018.07.09	0.910	15006.84
601098	中南传媒	2018.07.06	0.600	1077.60	601099	太平洋	2018.05.07	0.010	68.16
601100	恒立液压	2018.06.22	0.220	138.60	601101	昊华能源	2018.07.20	0.160	192.00
601107	四川成渝	2018.06.22	0.100	216.27	601108	财通证券	2018.07.11	0.180	646.02
601111	中国国航	2018.07.04	0.115	1145.35	601116	三江购物	2018.05.28	0.200	82.15
601117	中国化学	2018.06.27	0.095	468.64	601126	四方股份	2018.05.24	0.178	144.74
601127	小康股份	2018.06.28	0.240	218.21	601128	常熟银行	2018.05.18	0.180	400.09
601137	博威合金	2018.05.10	0.150	94.08	601139	深圳燃气	2018.06.22	0.150	332.11
601155	新城控股	2018.05.21	0.810	1828.48	601158	重庆水务	2018.06.08	0.300	1440.00
601163	三角轮胎	2018.07.19	0.270	216.00	601166	兴业银行	2018.06.15	0.650	13503.22
601168	西部矿业	2018.05.17	0.100	238.30	601169	北京银行	2018.07.12	0.267	5645.18
601177	杭齿前进	2018.06.29	0.020	8.00	601179	中国西电	2018.06.15	0.053	271.67
601186	中国铁建	2018.07.18	0.180	2070.58	601188	龙江交通	2018.07.31	0.081	106.59
601198	东兴证券	2018.08.09	0.150	413.69	601199	江南水务	2018.06.28	0.080	74.82
601200	上海环境	2018.07.19	0.080	56.20	601208	东材科技	2018.06.13	0.050	31.33
601211	国泰君安	2018.06.29	0.400	3006.45	601212	白银有色	2018.07.11	0.011	76.70
601216	君正集团	2018.07.27	0.030	253.14	601216	君正集团	2018.10.22	0.160	1350.08
601218	吉鑫科技	2018.06.12	0.010	9.92	601222	林洋能源	2018.07.18	0.040	70.62
601225	陕西煤业	2018.07.10	0.418	4180.00	601226	华电重工	2018.07.31	0.010	11.55
601228	广州港	2018.07.17	0.034	210.57	601229	上海银行	2018.07.17	0.500	3902.89
601231	环旭电子	2018.06.08	0.185	402.55	601233	桐昆股份	2018.05.15	0.140	182.19
601238	广汽集团	2018.06.12	0.430	2185.26	601238	广汽集团	2018.09.17	0.100	711.61
601288	农业银行	2018.05.25	0.178	52430.06	601311	骆驼股份	2018.07.03	0.057	48.36
601318	中国平安	2018.09.06	0.620	6716.25	601318	中国平安	2018.06.07	1.200	12999.20
601326	秦港股份	2018.01.11	0.050	237.88	601326	秦港股份	2018.07.06	0.062	294.97
601328	交通银行	2018.07.16	0.286	11210.05	601333	广深铁路	2018.08.03	0.080	452.18
601336	新华保险	2018.08.10	0.520	1084.43	601339	百隆东方	2018.07.06	0.100	150.00
601360	三六零	2018.06.26	0.003	18.26	601366	利群股份	2018.08.27	0.200	172.10
601368	绿城水务	2018.06.27	0.143	105.22	601369	陕鼓动力	2018.06.26	0.155	254.01
601375	中原证券	2018.06.01	0.035	93.58	601375	中原证券	2018.11.06	0.010	26.74
601377	兴业证券	2018.08.22	0.150	1004.50	601388	怡球资源	2018.06.01	0.030	60.76
601390	中国中铁	2018.07.18	0.113	2105.97	601398	工商银行	2018.07.13	0.241	64922.62
601500	通用股份	2018.06.07	0.080	58.15	601515	东风股份	2018.10.25	0.230	255.76
601518	吉林高速	2018.05.16	0.074	89.78	601555	东吴证券	2018.05.10	0.150	450.00
601566	九牧王	2018.06.01	1.000	574.64	601567	三星医疗	2018.06.15	0.300	428.05
601579	会稽山	2018.06.13	0.110	54.71	601588	北辰实业	2018.06.28	0.110	292.60
601595	上海电影	2018.07.12	0.260	97.11	601599	鹿港文化	2018.07.24	0.110	98.35
601601	中国太保	2018.08.08	0.800	5029.36	601607	上海医药	2018.07.16	0.380	730.75
601608	中信重工	2018.08.20	0.006	26.90	601611	中国核建	2018.07.17	0.050	131.25
601616	广电电气	2018.07.12	0.020	18.71	601618	中国中冶	2018.07.17	0.068	1213.98
601619	嘉泽新能	2018.08.02	0.027	52.19	601628	中国人寿	2018.06.21	0.400	8329.41
601633	长城汽车	2018.05.28	0.170	1024.71	601636	旗滨集团	2018.05.23	0.300	807.42
601668	中国建筑	2018.06.29	0.215	6447.72	601669	中国电建	2018.06.29	0.093	1415.93
601677	明泰铝业	2018.05.30	0.100	59.00	601678	滨化股份	2018.04.17	0.220	261.36
601688	华泰证券	2018.11.15	0.300	1959.74	601699	潞安环能	2018.06.26	0.287	858.53
601700	风范股份	2018.07.05	0.100	113.32	601717	郑煤机	2018.07.13	0.050	74.46
601718	际华集团	2018.08.15	0.170	746.58	601727	上海电气	2018.08.28	0.092	1080.62
601766	中国中车	2018.07.16	0.150	3649.17	601788	光大证券	2018.07.06	0.200	781.34
601789	宁波建工	2018.07.06	0.070	68.33	601799	星宇股份	2018.06.07	0.960	265.11

上市公司派发现金红利
Dividends in 2018

股票代码 Code	股票简称 Stock Name	发放日期 Date	每股红利(含税) Dividend (Pre-Tax)	代发红利总额 (百万) Cash(M)	股票代码 Code	股票简称 Stock Name	发放日期 Date	每股红利(含税) Dividend (Pre-Tax)	代发红利总额 (百万) Cash(M)
601800	中国交建	2018.07.06	0.242	2841.66	601801	皖新传媒	2018.07.25	0.170	338.16
601808	中海油服	2018.06.15	0.060	177.63	601811	新华文轩	2018.06.15	0.300	237.57
601818	光大银行	2018.07.27	0.181	7205.70	601828	美凯龙	2018.06.22	0.320	920.35
601838	成都银行	2018.06.08	0.280	1011.43	601857	中国石油	2018.06.21	0.061	9835.15
601857	中国石油	2018.09.21	0.089	14378.68	601858	中国科传	2018.06.15	0.178	140.71
601869	长飞光纤	2018.12.12	0.500	203.17	601872	招商轮船	2018.07.13	0.035	185.48
601877	正泰电器	2018.06.15	0.700	1506.00	601877	正泰电器	2018.09.27	0.200	430.28
601878	浙商证券	2018.08.15	0.100	333.33	601880	大连港	2018.07.25	0.023	177.92
601881	中国银河	2018.07.06	0.120	773.55	601882	海天精工	2018.04.27	0.060	31.32
601886	江河集团	2018.05.10	0.300	346.22	601888	中国国旅	2018.06.22	0.520	1015.29
601890	亚星锚链	2018.06.20	0.020	19.19	601898	中煤能源	2018.07.18	0.055	503.36
601899	紫金矿业	2018.06.29	0.090	1556.49	601900	南方传媒	2018.08.09	0.205	183.48
601901	方正证券	2018.08.02	0.010	82.32	601908	京运通	2018.07.26	0.060	119.72
601928	凤凰传媒	2018.06.22	0.150	381.74	601929	吉视传媒	2018.06.28	0.025	77.77
601933	永辉超市	2018.05.31	0.150	1435.57	601939	建设银行	2018.07.17	0.291	2791.75
601949	中国出版	2018.07.16	0.088	160.38	601952	苏垦农发	2018.05.28	0.200	212.00
601958	金钼股份	2018.07.04	0.040	129.06	601965	中国汽研	2018.06.28	0.200	194.03
601966	玲珑轮胎	2018.06.15	0.262	314.40	601968	宝钢包装	2018.07.18	0.005	4.17
601985	中国核电	2018.07.19	0.112	1743.33	601988	中国银行	2018.07.13	0.176	37094.73
601989	中国重工	2018.08.16	0.011	251.68	601991	大唐发电	2018.08.27	0.090	1115.65
601992	金隅集团	2018.07.12	0.048	400.27	601996	丰林集团	2018.05.18	0.060	57.49
601997	贵阳银行	2018.07.10	0.330	758.54	601998	中信银行	2018.07.03	0.261	8887.74
601999	出版传媒	2018.08.17	0.088	48.48	603000	人民网	2018.07.30	0.045	49.76
603001	奥康国际	2018.06.06	0.500	200.49	603002	宏昌电子	2018.06.08	0.064	39.32
603003	龙宇燃油	2018.06.15	0.040	17.64	603005	晶方科技	2018.06.21	0.085	19.78
603007	花王股份	2018.05.04	0.052	17.34	603008	喜临门	2018.06.28	0.050	19.74
603009	北特科技	2018.06.13	0.086	30.88	603010	万盛股份	2018.05.17	0.110	27.98
603011	合锻智能	2018.06.06	0.050	22.31	603012	创力集团	2018.06.29	0.040	25.46
603015	弘讯科技	2018.06.05	0.180	73.30	603016	新宏泰	2018.07.11	0.302	44.74
603017	中衡设计	2018.06.25	0.300	82.59	603018	中设集团	2018.04.26	0.420	89.06
603019	中科曙光	2018.05.08	0.100	64.30	603020	爱普股份	2018.06.11	0.150	48.00
603021	山东华鹏	2018.04.27	0.080	25.60	603022	新通联	2018.07.06	0.038	7.60
603023	威帝股份	2018.06.12	0.100	36.00	603025	大豪科技	2018.05.22	1.000	454.13
603026	石大胜华	2018.05.21	0.600	121.61	603027	千禾味业	2018.04.26	0.133	43.36
603028	赛福天	2018.06.06	0.033	7.29	603029	天鹅股份	2018.05.15	0.070	6.53
603030	全筑股份	2018.08.14	0.035	18.84	603031	安德利	2018.06.07	0.150	12.00
603032	德新交运	2018.06.22	0.061	8.13	603033	三维股份	2018.05.21	0.150	19.05
603035	常熟汽饰	2018.07.10	0.246	68.88	603036	如通股份	2018.06.27	0.054	10.98
603037	凯众股份	2018.07.05	0.700	74.15	603038	华立股份	2018.05.14	0.280	18.80
603039	泛微网络	2018.05.15	0.150	10.39	603040	新坐标	2018.06.01	0.530	32.37
603041	美思德	2018.06.12	0.160	16.00	603042	华脉科技	2018.06.15	0.160	22.19
603043	广州酒家	2018.05.30	0.350	141.40	603050	科林电气	2018.05.30	0.150	24.00
603055	台华新材	2018.07.02	0.220	120.47	603056	德邦股份	2018.06.22	0.171	164.16
603058	永吉股份	2018.05.28	0.060	25.41	603060	国检集团	2018.06.19	0.200	44.00
603063	禾望电气	2018.06.04	0.140	58.80	603066	音飞储存	2018.06.13	0.056	16.93
603067	振华股份	2018.05.08	0.138	30.36	603069	海汽集团	2018.07.03	0.050	15.80
603076	乐惠国际	2018.07.11	0.300	22.35	603077	和邦生物	2018.06.15	0.020	176.63
603078	江化微	2018.05.04	0.300	18.00	603079	圣达生物	2018.06.08	0.275	22.00
603080	新疆火炬	2018.06.01	0.190	26.89	603081	大丰实业	2018.06.14	0.120	48.22
603083	剑桥科技	2018.08.23	0.190	18.60	603085	天成自控	2018.05.18	0.100	22.38

上市公司派发现金红利 Dividends in 2018

股票代码 Code	股票简称 Stock Name	发放日期 Date	每股红利(含税) Dividend (Pre-Tax)	代发红利总额 (百万) Cash(M)	股票代码 Code	股票简称 Stock Name	发放日期 Date	每股红利(含税) Dividend (Pre-Tax)	代发红利总额 (百万) Cash(M)
603086	先达股份	2018.06.15	0.150	12.00	603088	宁波精达	2018.06.22	0.150	12.00
603089	正裕工业	2018.06.06	0.300	32.00	603090	宏盛股份	2018.06.21	0.100	10.00
603096	新经典	2018.05.14	0.600	80.80	603098	森特股份	2018.06.21	0.160	64.00
603099	长白山	2018.06.28	0.027	7.20	603100	川仪股份	2018.06.29	0.130	51.35
603101	汇嘉时代	2018.07.16	0.100	24.00	603103	横店影视	2018.05.25	0.230	104.19
603106	恒银金融	2018.06.28	0.025	7.00	603108	润达医疗	2018.06.08	0.076	44.04
603110	东方材料	2018.06.01	0.190	19.51	603111	康尼机电	2018.05.29	0.120	119.19
603113	金能科技	2018.05.30	0.151	102.07	603116	红蜻蜓	2018.07.17	0.400	166.88
603117	万林股份	2018.07.13	0.100	46.23	603118	共进股份	2018.06.20	0.040	31.27
603123	翠微股份	2018.06.05	0.120	62.90	603126	中材节能	2018.06.20	0.070	42.74
603127	昭衍新药	2018.05.31	0.300	24.64	603128	华贸物流	2018.05.24	0.085	85.46
603129	春风动力	2018.06.12	0.300	40.38	603131	上海沪工	2018.06.29	0.110	22.00
603133	碳元科技	2018.06.06	0.074	15.39	603136	天目湖	2018.05.31	0.400	32.00
603138	海量数据	2018.07.04	0.160	17.17	603139	康惠制药	2018.06.22	0.200	19.98
603156	养元饮品	2018.05.08	2.600	1398.93	603157	拉夏贝尔	2018.01.03	0.330	109.85
603157	拉夏贝尔	2018.06.07	0.220	73.23	603157	拉夏贝尔	2018.11.07	0.250	83.22
603158	腾龙股份	2018.06.20	0.180	39.35	603158	腾龙股份	2018.09.26	0.230	50.28
603159	上海亚虹	2018.06.29	0.150	15.00	603160	汇顶科技	2018.07.06	0.600	274.15
603161	科华控股	2018.06.21	0.240	32.02	603165	荣晟环保	2018.06.15	0.600	77.13
603166	福达股份	2018.05.15	0.200	119.54	603167	渤海轮渡	2018.06.25	0.400	197.29
603168	莎普爱思	2018.06.08	0.200	49.63	603169	兰石重装	2018.07.03	0.003	3.15
603177	德创环保	2018.07.17	0.100	20.20	603178	圣龙股份	2018.06.19	0.150	30.50
603179	新泉股份	2018.05.02	0.500	81.14	603180	金牌厨柜	2018.05.24	0.800	54.00
603181	皇马科技	2018.06.08	0.225	45.00	603183	建研院	2018.06.05	0.225	19.80
603186	华正新材	2018.05.31	0.150	19.60	603188	亚邦股份	2018.06.27	0.050	28.80
603189	网达软件	2018.06.07	0.060	13.25	603196	日播时尚	2018.06.15	0.105	25.20
603197	保隆科技	2018.06.22	0.500	59.65	603198	迎驾贡酒	2018.06.12	0.700	560.00
603199	九华旅游	2018.06.27	0.150	16.60	603200	上海洗霸	2018.06.28	0.800	60.04
603203	快克股份	2018.06.22	0.330	40.19	603208	江山欧派	2018.05.03	0.620	50.11
603214	爱婴室	2018.06.08	0.200	20.00	603218	日月股份	2018.05.31	0.200	80.20
603222	济民制药	2018.08.10	0.050	16.00	603223	恒通股份	2018.06.20	0.130	18.72
603225	新凤鸣	2018.03.21	0.260	156.52	603226	菲林格尔	2018.07.09	0.300	26.88
603227	雪峰科技	2018.07.19	0.010	6.59	603228	景旺电子	2018.05.11	0.500	204.00
603229	奥翔药业	2018.06.13	0.070	11.20	603232	格尔软件	2018.06.15	0.400	24.40
603233	大参林	2018.06.19	0.600	240.01	603238	诺邦股份	2018.06.06	0.100	12.00
603239	浙江仙通	2018.06.08	0.500	135.36	603258	电魂网络	2018.05.09	0.207	49.68
603260	合盛硅业	2018.06.25	0.441	295.47	603266	天龙股份	2018.06.04	0.250	25.00
603268	松发股份	2018.05.21	0.160	14.30	603269	海鸥股份	2018.06.11	0.138	12.62
603277	银都股份	2018.06.21	0.150	60.12	603278	大业股份	2018.05.23	0.200	41.60
603283	赛腾股份	2018.05.24	0.180	28.80	603286	日盈电子	2018.06.20	0.118	10.39
603288	海天味业	2018.04.26	0.850	2296.03	603289	泰瑞机器	2018.05.16	0.130	26.52
603298	杭叉集团	2018.06.01	0.300	185.66	603299	井神股份	2018.06.15	0.096	53.71
603303	得邦照明	2018.05.28	0.130	53.04	603305	旭升股份	2018.05.18	0.100	40.06
603306	华懋科技	2018.05.18	0.500	118.08	603308	应流股份	2018.06.19	0.042	18.22
603309	维力医疗	2018.06.12	0.150	30.00	603311	金海环境	2018.05.23	0.180	37.80
603315	福鞍股份	2018.07.16	0.015	3.30	603316	诚邦股份	2018.05.23	0.067	13.62
603318	派思股份	2018.06.01	0.015	6.05	603319	湘油泵	2018.05.31	0.450	36.41
603320	迪贝电气	2018.05.31	0.156	15.60	603321	梅轮电梯	2018.06.15	0.100	30.70
603322	超讯通信	2018.05.04	0.120	9.60	603323	吴江银行	2018.06.01	0.150	217.21
603326	我乐家居	2018.05.29	0.160	25.83	603328	依顿电子	2018.07.31	0.300	299.33

上市公司派发现金红利
Dividends in 2018

股票代码 Code	股票简称 Stock Name	发放日期 Date	每股红利(含税) Dividend (Pre-Tax)	代发红利总额 (百万) Cash(M)	股票代码 Code	股票简称 Stock Name	发放日期 Date	每股红利(含税) Dividend (Pre-Tax)	代发红利总额 (百万) Cash(M)
603328	依顿电子	2018.09.20	0.560	558.76	603329	上海雅仕	2018.06.27	0.300	39.60
603330	上海天洋	2018.06.26	0.258	15.48	603331	百达精工	2018.06.01	0.200	25.45
603333	明星电缆	2018.06.01	0.010	5.20	603335	迪生力	2018.06.06	0.050	12.67
603336	宏辉果蔬	2018.05.10	0.200	26.67	603337	杰克股份	2018.06.14	0.480	99.20
603338	浙江鼎力	2018.05.18	0.400	70.77	603339	四方冷链	2018.07.23	0.180	37.95
603345	安井食品	2018.05.10	0.282	60.92	603355	莱克电气	2018.06.01	0.190	76.19
603355	莱克电气	2018.11.14	2.000	802.00	603356	华菱精工	2018.05.29	0.150	20.00
603357	设计总院	2018.05.28	0.270	87.66	603358	华达科技	2018.09.26	0.200	44.80
603358	华达科技	2018.06.15	0.680	108.80	603359	东珠景观	2018.06.12	0.500	113.80
603360	百傲化学	2018.07.12	0.250	33.34	603363	傲农生物	2018.07.26	0.035	14.91
603365	水星家纺	2018.06.11	0.500	133.34	603366	日出东方	2018.06.20	0.040	32.00
603367	辰欣药业	2018.05.17	0.160	72.54	603368	柳州医药	2018.05.09	0.660	122.13
603369	今世缘	2018.05.21	0.250	313.63	603377	东方时尚	2018.05.16	0.300	126.00
603378	亚士创能	2018.07.06	0.180	35.06	603380	易德龙	2018.06.08	0.200	32.00
603383	顶点软件	2018.06.05	0.500	42.93	603385	惠达卫浴	2018.05.15	0.300	85.25
603386	广东骏亚	2018.05.30	0.150	30.27	603387	基蛋生物	2018.06.01	0.450	59.80
603388	元成股份	2018.07.10	0.150	30.88	603389	亚振家居	2018.06.29	0.085	18.61
603393	新天然气	2018.06.22	1.000	160.00	603396	金辰股份	2018.06.19	0.310	23.42
603398	邦宝益智	2018.06.13	0.088	18.70	603399	吉翔股份	2018.07.09	0.061	33.35
603416	信捷电气	2018.07.06	0.142	19.96	603421	鼎信通讯	2018.06.27	0.210	93.03
603429	集友股份	2018.06.05	0.200	27.20	603444	吉比特	2018.05.11	2.600	186.89
603456	九洲药业	2018.04.12	0.200	89.57	603458	勘设股份	2018.06.15	0.800	99.32
603466	风语筑	2018.05.28	0.800	116.78	603477	振静股份	2018.07.09	0.100	24.00
603488	展鹏科技	2018.05.30	0.200	41.60	603496	恒为科技	2018.06.28	0.225	23.00
603499	翔港科技	2018.07.06	0.200	20.26	603500	祥和实业	2018.06.25	0.200	25.20
603501	韦尔股份	2018.08.10	0.045	20.51	603505	金石资源	2018.07.31	0.100	24.00
603506	南都物业	2018.06.29	0.300	23.81	603507	振江股份	2018.06.13	0.280	35.18
603508	思维列控	2018.05.28	0.313	50.00	603515	欧普照明	2018.08.23	0.400	232.66
603516	淳中科技	2018.05.17	0.400	37.42	603517	绝味食品	2018.05.25	0.480	196.80
603518	维格娜丝	2018.04.25	0.158	28.53	603519	立霸股份	2018.06.08	0.450	71.34
603520	司太立	2018.06.28	0.500	60.00	603527	众源新材	2018.05.24	0.250	31.10
603528	多伦科技	2018.05.11	0.050	31.00	603533	掌阅科技	2018.06.26	0.034	13.63
603535	嘉诚国际	2018.05.09	0.200	30.08	603536	惠发股份	2018.04.26	0.250	30.00
603538	美诺华	2018.07.09	0.180	21.60	603555	贵人鸟	2018.06.22	0.250	157.15
603556	海兴电力	2018.06.19	0.300	114.33	603557	起步股份	2018.07.05	0.060	28.20
603558	健盛集团	2018.05.28	0.150	62.45	603559	中通国脉	2018.05.16	0.045	6.24
603566	普莱柯	2018.06.05	0.200	64.75	603567	珍宝岛	2018.06.01	0.185	157.09
603568	伟明环保	2018.06.08	0.250	171.94	603569	长久物流	2018.05.31	0.197	78.80
603577	汇金通	2018.07.06	0.082	14.35	603578	三星新材	2018.06.08	0.200	17.60
603579	荣泰健康	2018.04.27	0.500	70.00	603579	荣泰健康	2018.08.31	0.300	42.00
603580	艾艾精工	2018.05.24	0.150	10.00	603585	苏利股份	2018.06.07	0.500	75.00
603586	金麒麟	2018.05.30	0.400	86.25	603587	地素时尚	2018.08.16	1.000	401.00
603588	高能环境	2018.05.29	0.030	19.87	603589	口子窖	2018.07.11	0.750	450.00
603595	东尼电子	2018.05.23	0.170	17.34	603598	引力传媒	2018.06.22	0.050	13.56
603599	广信股份	2018.07.17	0.136	63.24	603600	永艺股份	2018.09.26	0.280	84.85
603600	永艺股份	2018.06.08	0.150	45.46	603601	再升科技	2018.05.28	0.160	61.78
603602	纵横通信	2018.06.06	0.150	12.00	603603	博天环境	2018.07.16	0.100	40.00
603605	珀莱雅	2018.05.24	0.310	62.00	603606	东方电缆	2018.05.29	0.060	22.36
603607	京华激光	2018.05.25	0.400	36.43	603608	天创时尚	2018.06.04	0.250	107.91
603609	禾丰牧业	2018.04.27	0.100	83.12	603611	诺力股份	2018.06.01	0.500	95.70

上市公司派发现金红利 Dividends in 2018

股票代码 Code	股票简称 Stock Name	发放日期 Date	每股红利(含税) Dividend (Pre-Tax)	代发红利总额 (百万) Cash(M)	股票代码 Code	股票简称 Stock Name	发放日期 Date	每股红利(含税) Dividend (Pre-Tax)	代发红利总额 (百万) Cash(M)
603612	索通发展	2018.07.11	0.677	164.53	603615	茶花股份	2018.04.13	0.250	60.00
603617	君禾股份	2018.05.23	0.200	20.00	603618	杭电股份	2018.01.25	0.050	34.34
603619	中曼石油	2018.07.16	0.300	120.00	603626	科森科技	2018.04.24	0.250	74.22
603628	清源股份	2018.07.10	0.036	9.86	603630	拉芳家化	2018.06.07	0.118	20.58
603633	徕木股份	2018.08.07	0.125	15.04	603636	南威软件	2018.05.10	0.200	105.45
603637	镇海股份	2018.05.18	0.150	19.95	603638	艾迪精密	2018.06.08	0.250	44.00
603639	海利尔	2018.06.14	0.300	36.00	603648	畅联股份	2018.06.28	0.150	55.30
603655	朗博科技	2018.07.10	0.100	10.60	603656	泰禾光电	2018.05.16	0.250	26.59
603658	安图生物	2018.05.08	0.720	302.40	603659	璞泰来	2018.05.15	0.313	135.44
603660	苏州科达	2018.06.29	0.110	28.31	603661	恒林股份	2018.05.28	0.890	89.00
603663	三祥新材	2018.05.21	0.150	20.36	603665	康隆达	2018.06.15	0.150	15.00
603666	亿嘉和	2018.11.02	0.140	9.82	603667	五洲新春	2018.06.08	0.250	50.60
603668	天马科技	2018.06.14	0.065	19.29	603669	灵康药业	2018.05.10	0.400	104.00
603676	卫信康	2018.05.30	0.080	33.84	603677	奇精机械	2018.04.18	0.200	28.04
603678	火炬电子	2018.06.15	0.158	71.52	603679	华体科技	2018.05.30	0.099	10.00
603680	今创集团	2018.07.31	0.300	126.00	603683	晶华新材	2018.07.03	0.050	6.33
603685	晨丰科技	2018.05.31	0.350	35.00	603686	龙马环卫	2018.06.06	0.265	79.24
603688	石英股份	2018.05.22	0.100	33.73	603689	皖天然气	2018.08.09	0.120	40.32
603690	至纯科技	2018.07.30	0.071	14.94	603693	江苏新能	2018.10.26	0.200	123.60
603696	安记食品	2018.12.21	0.600	100.80	603696	安记食品	2018.05.29	0.125	15.00
603698	航天工程	2018.06.15	0.141	58.13	603699	纽威股份	2018.07.06	0.160	120.00
603701	德宏股份	2018.06.12	0.200	24.35	603703	盛洋科技	2018.06.05	0.032	7.35
603707	健友股份	2018.04.03	0.150	63.53	603708	家家悦	2018.05.24	0.400	187.20
603709	中源家居	2018.06.26	0.100	8.00	603711	香飘飘	2018.07.12	0.100	40.00
603712	七一二	2018.06.15	0.030	23.16	603716	塞力斯	2018.04.25	0.100	7.13
603717	天域生态	2018.06.08	0.200	34.54	603718	海利生物	2018.07.26	0.055	35.42
603721	中广天择	2018.05.29	0.300	30.00	603722	阿科力	2018.05.25	0.400	34.68
603725	天安新材	2018.05.18	0.120	17.60	603726	朗迪集团	2018.05.24	0.500	47.36
603727	博迈科	2018.06.15	0.150	35.12	603728	鸣志电器	2018.05.23	0.052	16.64
603729	龙韵股份	2018.07.13	0.100	6.67	603730	岱美股份	2018.04.23	0.500	205.18
603733	仙鹤股份	2018.11.09	0.300	183.60	603737	三棵树	2018.05.29	0.550	56.20
603738	泰晶科技	2018.05.21	0.230	26.07	603757	大元泵业	2018.05.17	0.650	54.47
603758	秦安股份	2018.06.01	0.130	57.04	603766	隆鑫通用	2018.05.18	0.330	697.32
603766	隆鑫通用	2018.10.12	0.070	143.75	603767	中马传动	2018.05.23	0.300	64.00
603768	常青股份	2018.06.13	0.190	38.76	603776	永安行	2018.05.16	0.700	67.20
603777	来伊份	2018.06.06	0.400	97.49	603778	乾景园林	2018.06.05	0.019	9.50
603779	威龙股份	2018.06.06	0.090	20.67	603787	新日股份	2018.06.01	0.120	24.48
603788	宁波高发	2018.06.08	1.000	164.35	603797	联泰环保	2018.07.10	0.100	21.33
603798	康普顿	2018.06.22	0.200	40.00	603799	华友钴业	2018.07.10	0.500	296.34
603800	道森股份	2018.06.11	0.100	20.80	603801	志邦股份	2018.04.25	0.600	96.00
603803	瑞斯康达	2018.06.28	0.300	126.32	603806	福斯特	2018.05.30	0.600	241.20
603808	歌力思	2018.07.04	0.260	87.62	603809	豪能股份	2018.05.30	1.000	106.67
603811	诚意药业	2018.05.11	0.420	35.78	603813	原尚股份	2018.06.14	0.180	15.89
603816	顾家家居	2018.06.01	0.960	411.02	603817	海峡环保	2018.06.07	0.023	10.35
603818	曲美家居	2018.06.22	0.102	50.13	603819	神力股份	2018.06.11	0.120	14.50
603822	嘉澳环保	2018.06.22	0.214	15.70	603823	百合花	2018.05.18	0.180	40.50
603825	华扬联众	2018.06.21	0.250	41.09	603826	坤彩科技	2018.04.27	0.060	21.60
603828	柯利达	2018.06.28	0.027	8.92	603829	洛凯股份	2018.07.13	0.101	16.16
603833	欧派家居	2018.07.12	1.000	420.28	603838	四通股份	2018.05.23	0.050	13.33
603839	安正时尚	2018.05.18	0.500	144.52	603843	正平股份	2018.08.28	0.020	8.00

上市公司派发现金红利 Dividends in 2018

股票代码 Code	股票简称 Stock Name	发放日期 Date	每股红利(含税) Dividend (Pre-Tax)	代发红利总额 (百万) Cash(M)	股票代码 Code	股票简称 Stock Name	发放日期 Date	每股红利(含税) Dividend (Pre-Tax)	代发红利总额 (百万) Cash(M)
603848	好太太	2018.06.19	0.155	62.16	603855	华荣股份	2018.06.21	0.200	66.21
603855	华荣股份	2018.11.30	0.200	66.21	603856	东宏股份	2018.06.22	0.185	36.49
603858	步长制药	2018.08.17	1.614	1100.43	603859	能科股份	2018.06.12	0.060	6.81
603860	中公高科	2018.06.01	0.141	9.38	603861	白云电器	2018.07.16	0.088	38.96
603866	桃李面包	2018.05.02	0.800	376.50	603868	飞科电器	2018.05.17	1.500	653.40
603869	北部湾旅	2018.07.20	0.250	87.20	603871	嘉友国际	2018.06.08	0.500	40.00
603876	鼎胜新材	2018.07.10	0.100	43.00	603877	太平鸟	2018.07.03	0.700	336.65
603878	武进不锈	2018.06.12	0.316	63.83	603879	永悦科技	2018.05.25	0.150	21.60
603880	南卫股份	2018.06.21	0.145	14.50	603881	数据港	2018.05.04	0.170	35.80
603882	金域医学	2018.07.06	0.083	38.00	603883	老百姓	2018.05.17	1.000	284.95
603885	吉祥航空	2018.06.21	0.228	409.72	603886	元祖股份	2018.06.15	0.460	110.40
603887	城地股份	2018.06.06	0.200	20.60	603888	新华网	2018.06.06	0.200	103.81
603889	新澳股份	2018.05.25	0.250	98.41	603890	春秋电子	2018.05.29	0.200	27.40
603895	天永智能	2018.06.14	0.250	19.30	603896	寿仙谷	2018.07.12	0.200	28.67
603898	好莱客	2018.07.04	0.326	104.44	603899	晨光文具	2018.05.04	0.250	230.00
603900	莱绅通灵	2018.04.27	0.280	95.33	603901	永创智能	2018.06.01	0.050	20.00
603903	中持股份	2018.05.25	0.100	10.33	603906	龙蟠科技	2018.06.14	0.088	18.63
603908	牧高笛	2018.06.01	0.500	33.35	603909	合诚股份	2018.06.20	0.125	12.81
603912	佳力图	2018.05.29	0.250	37.58	603916	苏博特	2018.06.06	0.200	60.80
603917	合力科技	2018.06.08	0.150	16.80	603918	金桥信息	2018.06.28	0.060	10.77
603919	金徽酒	2018.06.08	0.240	87.36	603920	世运电路	2018.07.06	0.460	184.83
603922	金鸿顺	2018.06.25	0.250	32.00	603926	铁流股份	2018.04.18	1.150	138.00
603928	兴业股份	2018.06.21	0.210	42.34	603929	亚翔集成	2018.06.20	0.200	42.67
603933	睿能科技	2018.05.10	0.450	46.20	603936	博敏电子	2018.06.08	0.066	11.05
603937	丽岛新材	2018.06.25	0.050	10.44	603938	三孚股份	2018.05.04	0.200	30.03
603939	益丰药房	2018.06.14	0.300	108.81	603955	大千生态	2018.06.14	0.100	8.70
603958	哈森股份	2018.06.06	0.260	57.18	603959	百利科技	2018.06.25	0.017	3.81
603960	克来机电	2018.05.31	0.143	14.87	603963	大理药业	2018.07.05	0.100	10.00
603966	法兰泰克	2018.06.22	0.080	12.99	603968	醋化股份	2018.06.15	0.380	77.70
603969	银龙股份	2018.05.10	0.150	60.00	603970	中农立华	2018.06.12	0.250	33.33
603976	正川股份	2018.05.28	0.460	49.68	603977	国泰集团	2018.05.16	0.100	22.11
603978	深圳新星	2018.05.04	0.400	32.00	603979	金诚信	2018.06.06	0.075	43.88
603980	吉华集团	2018.07.05	0.250	125.00	603985	恒润股份	2018.05.29	0.350	28.00
603986	兆易创新	2018.05.21	0.393	79.65	603987	康德莱	2018.07.18	0.150	47.32
603988	中电电机	2018.08.31	0.080	13.44	603988	中电电机	2018.05.22	0.250	30.00
603989	艾华集团	2018.06.28	0.800	240.00	603990	麦迪科技	2018.05.23	0.190	15.38
603991	至正股份	2018.06.26	0.100	7.45	603993	洛阳钼业	2018.06.26	0.076	1342.60
603996	中新科技	2018.06.15	0.050	15.01	603997	继峰股份	2018.05.24	0.280	178.56
603998	方盛制药	2018.07.16	0.010	4.31	603999	读者传媒	2018.06.28	0.040	23.04
900901	云赛 B 股	2018.07.27	0.061	17.90	900902	市北 B 股	2018.06.04	0.012	5.59
900903	大众 B 股	2018.06.21	0.120	96.10	900904	神奇 B 股	2018.07.27	0.030	1.64
900905	老凤祥 B	2018.07.17	1.050	216.31	900908	氯碱 B 股	2018.06.13	0.035	14.23
900909	华谊 B 股	2018.06.12	0.100	24.31	900910	海立 B 股	2018.07.03	0.120	34.10
900911	金桥 B 股	2018.07.12	0.260	70.77	900912	外高 B 股	2018.07.13	0.200	40.11
900914	锦投 B 股	2018.07.06	0.250	40.26	900917	海欣 B 股	2018.07.26	0.030	14.07
900918	耀皮 B 股	2018.08.13	0.016	3.00	900920	上柴 B 股	2018.07.03	0.043	14.83
900922	三毛 B 股	2018.07.06	0.015	0.73	900923	百联 B 股	2018.07.23	0.180	32.35
900925	机电 B 股	2018.06.15	0.480	103.79	900926	宝信B股	2018.05.08	0.170	38.90
900928	临港 B 股	2018.05.23	0.120	12.86	900929	锦旅 B 股	2018.07.17	0.234	31.02
900932	陆家 B 股	2018.07.18	0.466	427.45	900933	华新 B 股	2018.06.11	0.280	146.94

上市公司派发现金红利
Dividends in 2018

股票代码 Code	股票简称 Stock Name	发放日期 Date	每股红利(含税) Dividend (Pre-Tax)	代发红利总额(百万) Cash(M)	股票代码 Code	股票简称 Stock Name	发放日期 Date	每股红利(含税) Dividend (Pre-Tax)	代发红利总额(百万) Cash(M)
900934	锦江 B 股	2018.06.19	0.560	87.36	900936	鄂资 B 股	2018.07.06	0.100	42.00
900940	大名城 B	2018.05.21	0.060	11.92	900941	东信 B 股	2018.07.17	0.060	18.00
900942	黄山 B 股	2018.07.02	0.240	56.16	900943	开开 B 股	2018.07.27	0.050	4.00
900945	海控 B 股	2018.05.31	0.018	6.65	900947	振华 B 股	2018.08.13	0.050	81.10
900948	伊泰 B 股	2018.07.16	0.455	1332.23	900952	锦港 B 股	2018.07.11	0.022	4.90

上市公司送股
Bonus Shares in 2018

股票代码 Code	股票简称 Stock Name	股权登记日 Registration Date	除净日 Ex-Date	送股上市日 Bonus Share Listing	收盘价 Close Price	除净价 Ex-Price	送股比例 Bonus Share Ratio
600016	民生银行	2018.07.04	2018.07.05	2018.07.06	6.80	4.66	0.20
600057	厦门象屿	2018.06.06	2018.06.07	2018.06.08	8.88	4.01	0.48
600062	华润双鹤	2018.08.15	2018.08.16	2018.08.17	21.73	15.03	0.20
600064	南京高科	2018.05.16	2018.05.17	2018.05.18	14.23	5.52	0.60
600069	银鸽投资	2018.05.25	2018.05.28	2018.05.29	7.57	4.48	0.30
600088	中视传媒	2018.06.27	2018.06.28	2018.06.29	11.17	7.71	0.20
600105	永鼎股份	2018.05.18	2018.05.21	2018.05.22	6.04	3.52	0.30
600106	重庆路桥	2018.06.06	2018.06.07	2018.06.08	3.85	3.11	0.10
600114	东睦股份	2018.04.25	2018.04.26	2018.04.27	16.89	7.57	0.48
600120	浙江东方	2018.06.27	2018.06.28	2018.06.29	17.89	10.51	0.30
600126	杭钢股份	2018.07.13	2018.07.16	2018.07.17	5.88	3.48	0.30
600141	兴发集团	2018.06.13	2018.06.14	2018.06.15	15.30	10.48	0.20
600160	巨化股份	2018.06.05	2018.06.06	2018.06.07	11.27	6.61	0.30
600161	天坛生物	2018.06.21	2018.06.22	2018.06.25	25.91	15.22	0.30
600167	联美控股	2018.05.29	2018.05.30	2018.05.31	22.12	5.47	1.00
600176	中国巨石	2018.05.16	2018.05.17	2018.05.18	15.15	10.35	0.20
600179	安通控股	2018.05.30	2018.05.31	2018.06.01	15.83	8.03	0.40
600183	生益科技	2018.05.25	2018.05.28	2018.05.29	14.01	6.45	0.45
600189	吉林森工	2018.07.13	2018.07.16	2018.07.17	6.06	3.58	0.30
600195	中牧股份	2018.07.09	2018.07.10	2018.07.11	18.65	9.35	0.40
600201	生物股份	2018.06.22	2018.06.25	2018.06.26	22.90	13.37	0.30
600226	瀚叶股份	2018.03.23	2018.03.26	2018.03.27	5.93	3.51	0.30
600230	沧州大化	2018.05.29	2018.05.30	2018.05.31	38.98	19.64	0.40
600231	凌钢股份	2018.06.19	2018.06.20	2018.06.21	3.87	3.16	0.10
600258	首旅酒店	2018.05.23	2018.05.24	2018.05.25	29.50	20.43	0.20
600276	恒瑞医药	2018.05.29	2018.05.30	2018.05.31	95.42	56.39	0.30
600284	浦东建设	2018.04.25	2018.04.26	2018.04.27	8.86	4.43	0.40
600305	恒顺醋业	2018.06.14	2018.06.15	2018.06.19	12.31	7.20	0.30
600320	振华重工	2018.08.10	2018.08.13	2018.08.14	4.28	2.94	0.20
600327	大东方	2018.06.06	2018.06.07	2018.06.08	7.41	4.29	0.30
600330	天通股份	2018.06.22	2018.06.25	2018.06.26	7.82	5.40	0.20
600366	宁波韵升	2018.05.22	2018.05.23	2018.05.24	15.12	4.57	0.80
600368	五洲交通	2018.05.18	2018.05.21	2018.05.22	5.42	2.89	0.35
600392	盛和资源	2018.06.29	2018.07.02	2018.07.03	16.23	9.59	0.30
600399	*ST 抚钢	2018.12.26	- -	2018.12.28	2.38	0.00	0.52
600400	红豆股份	2018.05.07	2018.05.08	2018.05.09	6.35	3.14	0.40
600419	天润乳业	2018.05.25	2018.05.28	2018.05.29	50.52	12.56	1.00
600423	*ST 柳化	2018.12.17	2018.12.18	2018.12.19	4.83	2.23	1.00
600452	涪陵电力	2018.07.04	2018.07.05	2018.07.06	26.01	13.17	0.40
600459	贵研铂业	2018.05.31	2018.06.01	2018.06.04	18.07	10.61	0.30
600466	蓝光发展	2018.06.12	2018.06.13	2018.06.14	9.54	4.81	0.40
600477	杭萧钢构	2018.05.22	2018.05.23	2018.05.24	8.49	4.92	0.30
600479	千金药业	2018.06.14	2018.06.15	2018.06.19	14.96	10.18	0.20
600487	亨通光电	2018.06.28	2018.06.29	2018.07.02	29.73	15.09	0.40
600502	安徽水利	2018.06.20	2018.06.21	2018.06.22	4.95	3.40	0.20
600521	华海药业	2018.05.24	2018.05.25	2018.05.28	36.56	25.25	0.20
600523	贵航股份	2018.05.15	2018.05.16	2018.05.17	15.37	7.74	0.40
600527	江南高纤	2018.04.13	2018.04.16	2018.04.17	4.94	2.13	0.50
600529	山东药玻	2018.07.09	2018.07.10	2018.07.11	25.20	12.71	0.40
600535	天士力	2018.06.04	2018.06.05	2018.06.06	39.61	20.01	0.40
600549	厦门钨业	2018.06.15	2018.06.19	2018.06.20	21.37	12.52	0.30
600559	老白干酒	2018.06.04	2018.06.05	2018.06.06	30.36	15.39	0.40

上市公司送股
Bonus Shares in 2018

股票代码 Code	股票简称 Stock Name	股权登记日 Registration Date	除净日 Ex-Date	送股上市日 Bonus Share Listing	收盘价 Close Price	除净价 Ex-Price	送股比例 Bonus Share Ratio
600562	国睿科技	2018.06.27	2018.06.28	2018.06.29	22.14	13.04	0.30
600581	八一钢铁	2018.04.19	2018.04.20	2018.04.23	12.83	3.21	1.00
600588	用友网络	2018.04.27	2018.05.02	2018.05.03	36.77	21.67	0.30
600590	泰豪科技	2018.06.26	2018.06.27	2018.06.28	8.65	5.05	0.30
600593	大连圣亚	2018.05.30	2018.05.31	2018.06.01	29.96	15.29	0.40
600603	广汇物流	2018.05.23	2018.05.24	2018.05.25	7.25	3.70	0.40
600622	光大嘉宝	2018.06.14	2018.06.15	2018.06.19	10.99	6.38	0.30
600637	东方明珠	2018.08.10	2018.08.13	2018.08.14	13.81	7.96	0.30
600638	新黄浦	2018.07.11	2018.07.12	2018.07.13	11.22	7.55	0.20
600658	电子城	2018.05.24	2018.05.25	2018.05.28	9.26	4.63	0.40
600708	光明地产	2018.06.05	2018.06.06	2018.06.07	6.63	3.81	0.30
600733	北汽蓝谷	2018.09.18	2018.09.19	2018.09.20	52.69	4.30	2.50
600742	一汽富维	2018.06.07	2018.06.08	2018.06.11	15.43	10.37	0.20
600750	江中药业	2018.06.19	2018.06.20	2018.06.21	25.30	12.68	0.40
600774	汉商集团	2018.06.04	2018.06.05	2018.06.06	16.86	9.96	0.30
600790	轻纺城	2018.06.06	2018.06.07	2018.06.08	5.92	2.96	0.40
600816	安信信托	2018.05.03	2018.05.04	2018.05.07	11.61	7.72	0.20
600867	通化东宝	2018.05.24	2018.05.25	2018.05.28	30.71	21.19	0.20
600885	宏发股份	2018.06.13	2018.06.14	2018.06.15	43.46	21.97	0.40
600926	杭州银行	2018.07.03	2018.07.04	2018.07.05	11.05	5.49	0.40
600969	郴电国际	2018.05.28	2018.05.29	2018.05.30	10.50	5.34	0.40
600984	建设机械	2018.06.21	2018.06.22	2018.06.25	6.73	3.99	0.30
600986	科达股份	2018.07.17	2018.07.18	2018.07.19	8.61	4.36	0.40
601000	唐山港	2018.05.16	2018.05.17	2018.05.18	4.54	2.64	0.30
601012	隆基股份	2018.05.28	2018.05.29	2018.05.30	35.25	17.89	0.40
601100	恒立液压	2018.06.21	2018.06.22	2018.06.25	28.65	14.51	0.40
601139	深圳燃气	2018.06.21	2018.06.22	2018.06.25	7.18	4.16	0.30
601229	上海银行	2018.07.16	2018.07.17	2018.07.18	15.46	7.64	0.40
601233	桐昆股份	2018.05.14	2018.05.15	2018.05.16	24.79	12.58	0.40
601238	广汽集团	2018.06.11	2018.06.12	2018.06.13	19.08	9.51	0.40
601668	中国建筑	2018.06.28	2018.06.29	2018.07.02	7.73	3.84	0.40
601678	滨化股份	2018.04.16	2018.04.17	2018.04.18	9.02	5.21	0.30
601952	苏垦农发	2018.05.25	2018.05.28	2018.05.29	11.24	6.53	0.30
603018	中设集团	2018.04.25	2018.04.26	2018.04.27	27.37	12.30	0.48
603025	大豪科技	2018.08.29	2018.08.30	2018.08.31	20.67	9.83	0.45
603025	大豪科技	2018.05.21	2018.05.22	2018.05.23	33.31	16.49	0.40
603031	安德利	2018.06.06	2018.06.07	2018.06.08	23.00	11.66	0.40
603032	德新交运	2018.06.21	2018.06.22	2018.06.25	17.01	11.77	0.20
603038	华立股份	2018.05.11	2018.05.14	2018.05.15	39.11	19.81	0.40
603039	泛微网络	2018.05.14	2018.05.15	2018.05.16	109.22	49.80	0.48
603040	新坐标	2018.05.31	2018.06.01	2018.06.04	59.06	34.63	0.30
603067	振华股份	2018.05.07	2018.05.08	2018.05.09	16.00	8.09	0.40
603078	江化微	2018.05.03	2018.05.04	2018.05.07	56.81	28.83	0.40
603079	圣达生物	2018.06.07	2018.06.08	2018.06.11	47.65	24.17	0.40
603083	剑桥科技	2018.08.22	2018.08.23	2018.08.24	31.60	18.59	0.30
603085	天成自控	2018.09.26	2018.09.27	2018.09.28	14.16	8.38	0.30
603086	先达股份	2018.06.14	2018.06.15	2018.06.19	31.75	16.12	0.40
603088	宁波精达	2018.06.21	2018.06.22	2018.06.25	18.01	9.11	0.40
603098	森特股份	2018.06.20	2018.06.21	2018.06.22	15.81	10.87	0.20
603106	恒银金融	2018.06.27	2018.06.28	2018.06.29	19.24	15.88	0.10
603110	东方材料	2018.05.31	2018.06.01	2018.06.04	26.14	13.24	0.40
603116	红蜻蜓	2018.07.16	2018.07.17	2018.07.18	13.47	6.67	0.40

上市公司送股
Bonus Shares in 2018

股票代码 Code	股票简称 Stock Name	股权登记日 Registration Date	除净日 Ex-Date	送股上市日 Bonus Share Listing	收盘价 Close Price	除净价 Ex-Price	送股比例 Bonus Share Ratio
603117	万林物流	2018.07.12	2018.07.13	2018.07.16	7.10	3.57	0.40
603127	昭衍新药	2018.05.30	2018.05.31	2018.06.01	81.99	41.68	0.40
603138	海量数据	2018.07.03	2018.07.04	2018.07.05	35.63	18.10	0.40
603156	养元饮品	2018.05.07	2018.05.08	2018.05.09	95.88	47.59	0.40
603165	荣晟环保	2018.06.14	2018.06.15	2018.06.19	36.59	18.36	0.40
603168	莎普爱思	2018.06.07	2018.06.08	2018.06.11	14.27	8.32	0.30
603179	新泉股份	2018.04.27	2018.05.02	2018.05.03	35.19	17.70	0.40
603183	建研院	2018.06.04	2018.06.05	2018.06.06	37.46	19.00	0.40
603197	保隆科技	2018.06.21	2018.06.22	2018.06.25	40.02	20.16	0.40
603203	快克股份	2018.06.21	2018.06.22	2018.06.25	28.76	16.82	0.30
603223	恒通股份	2018.06.19	2018.06.20	2018.06.21	16.72	8.46	0.40
603225	新凤鸣	2018.03.20	2018.03.21	2018.03.22	37.52	19.01	0.40
603226	菲林格尔	2018.07.06	2018.07.09	2018.07.10	23.89	13.96	0.30
603232	格尔软件	2018.06.14	2018.06.15	2018.06.19	41.81	21.13	0.40
603266	天龙股份	2018.06.01	2018.06.04	2018.06.05	23.81	12.02	0.40
603268	松发股份	2018.05.18	2018.05.21	2018.05.22	27.11	13.75	0.40
603289	泰瑞机器	2018.05.15	2018.05.16	2018.05.17	18.69	10.99	0.30
603306	华懋科技	2018.05.17	2018.05.18	2018.05.21	25.17	14.60	0.30
603322	超讯通信	2018.05.03	2018.05.04	2018.05.07	40.77	20.74	0.40
603326	我乐家居	2018.05.28	2018.05.29	2018.05.30	17.91	9.06	0.40
603330	上海天洋	2018.06.25	2018.06.26	2018.06.27	28.10	16.48	0.30
603335	迪生力	2018.06.05	2018.06.06	2018.06.07	12.14	7.15	0.30
603336	宏辉果蔬	2018.05.09	2018.05.10	2018.05.11	28.33	16.65	0.30
603337	杰克股份	2018.06.13	2018.06.14	2018.06.15	60.43	27.37	0.48
603338	浙江鼎力	2018.05.17	2018.05.18	2018.05.21	66.95	33.96	0.40
603358	华达科技	2018.09.25	2018.09.26	2018.09.27	18.03	9.10	0.40
603358	华达科技	2018.06.14	2018.06.15	2018.06.19	34.52	17.26	0.40
603359	东珠生态	2018.06.11	2018.06.12	2018.06.13	33.92	17.05	0.40
603360	百傲化学	2018.07.11	2018.07.12	2018.07.13	18.83	9.48	0.40
603368	柳药股份	2018.05.08	2018.05.09	2018.05.10	52.95	26.68	0.40
603377	东方时尚	2018.05.15	2018.05.16	2018.05.17	33.62	17.00	0.40
603383	顶点软件	2018.06.04	2018.06.05	2018.06.06	48.18	24.33	0.40
603385	惠达卫浴	2018.05.14	2018.05.15	2018.05.16	17.28	10.05	0.30
603387	基蛋生物	2018.05.31	2018.06.01	2018.06.04	82.11	41.66	0.40
603429	集友股份	2018.06.04	2018.06.05	2018.06.06	39.55	20.08	0.40
603456	九洲药业	2018.04.11	2018.04.12	2018.04.13	17.79	5.43	0.80
603466	风语筑	2018.05.25	2018.05.28	2018.05.29	67.33	16.64	1.00
603496	恒为科技	2018.06.27	2018.06.28	2018.06.29	30.31	15.53	0.39
603500	祥和实业	2018.06.22	2018.06.25	2018.06.26	22.08	11.16	0.40
603506	南都物业	2018.06.28	2018.06.29	2018.07.02	40.00	23.49	0.30
603515	欧普照明	2018.08.22	2018.08.23	2018.08.24	39.30	23.02	0.30
603516	淳中科技	2018.05.16	2018.05.17	2018.05.18	60.90	30.86	0.40
603519	立霸股份	2018.06.07	2018.06.08	2018.06.11	17.43	8.66	0.40
603527	众源新材	2018.05.23	2018.05.24	2018.05.25	28.14	14.23	0.40
603536	惠发股份	2018.04.25	2018.04.26	2018.04.27	18.55	9.34	0.40
603538	美诺华	2018.07.06	2018.07.09	2018.07.10	17.48	12.02	0.20
603685	晨丰科技	2018.05.30	2018.05.31	2018.06.01	27.97	16.35	0.30
603556	海兴电力	2018.06.15	2018.06.19	2018.06.20	25.10	14.68	0.30
603569	长久物流	2018.05.30	2018.05.31	2018.06.01	24.44	12.37	0.40
603580	艾艾精工	2018.05.23	2018.05.24	2018.05.25	31.28	15.89	0.40
603585	苏利股份	2018.06.06	2018.06.07	2018.06.08	30.28	20.68	0.20
603595	东尼电子	2018.09.27	2018.09.28	2018.10.08	49.82	25.42	0.40

上市公司送股
Bonus Shares in 2018

股票代码 Code	股票简称 Stock Name	股权登记日 Registration Date	除净日 Ex-Date	送股上市日 Bonus Share Listing	收盘价 Close Price	除净价 Ex-Price	送股比例 Bonus Share Ratio
603601	再升科技	2018.05.25	2018.05.28	2018.05.29	14.13	7.13	0.40
603602	纵横通信	2018.06.05	2018.06.06	2018.06.07	49.92	25.39	0.40
603606	东方电缆	2018.05.28	2018.05.29	2018.05.30	10.99	6.00	0.35
603607	京华激光	2018.05.24	2018.05.25	2018.05.28	41.20	20.81	0.40
603611	诺力股份	2018.05.31	2018.06.01	2018.06.04	23.10	11.53	0.40
603612	索通发展	2018.07.10	2018.07.11	2018.07.12	29.35	14.63	0.40
603626	科森科技	2018.04.23	2018.04.24	2018.04.25	20.26	10.21	0.40
603630	拉芳家化	2018.06.06	2018.06.07	2018.06.08	30.77	18.14	0.30
603633	徕木股份	2018.08.06	2018.08.07	2018.08.08	15.02	8.82	0.30
603637	镇海股份	2018.05.17	2018.05.18	2018.05.21	22.01	12.94	0.30
603638	艾迪精密	2018.06.07	2018.06.08	2018.06.11	43.04	19.53	0.48
603639	海利尔	2018.06.13	2018.06.14	2018.06.15	42.43	21.49	0.40
603656	泰禾光电	2018.05.15	2018.05.16	2018.05.17	31.54	15.96	0.40
603660	苏州科达	2018.06.28	2018.06.29	2018.07.02	30.45	15.48	0.40
603666	亿嘉和	2018.11.01	2018.11.02	2018.11.05	71.98	36.65	0.40
603667	五洲新春	2018.06.07	2018.06.08	2018.06.11	19.20	11.22	0.30
603669	灵康药业	2018.05.09	2018.05.10	2018.05.11	20.98	10.50	0.40
603677	奇精机械	2018.04.17	2018.04.18	2018.04.19	25.88	13.10	0.40
603680	今创集团	2018.07.30	2018.07.31	2018.08.01	32.82	16.59	0.40
603696	安记食品	2018.05.28	2018.05.29	2018.05.30	33.78	17.17	0.40
603701	德宏股份	2018.06.11	2018.06.12	2018.06.13	17.88	12.28	0.20
603707	健友股份	2018.04.02	2018.04.03	2018.04.04	34.77	20.49	0.30
603716	塞力斯	2018.04.24	2018.04.25	2018.04.26	67.30	10.75	1.50
603717	天域生态	2018.06.07	2018.06.08	2018.06.11	19.17	9.68	0.40
603726	朗迪集团	2018.05.23	2018.05.24	2018.05.25	29.92	15.01	0.40
603728	鸣志电器	2018.05.22	2018.05.23	2018.05.24	21.31	12.58	0.30
603729	龙韵股份	2018.07.12	2018.07.13	2018.07.16	37.71	19.19	0.40
603737	三棵树	2018.05.28	2018.05.29	2018.05.30	74.67	43.86	0.30
603738	泰晶科技	2018.05.18	2018.05.21	2018.05.22	29.29	14.83	0.40
603757	大元泵业	2018.05.16	2018.05.17	2018.05.18	52.62	26.51	0.40
603767	中马传动	2018.05.22	2018.05.23	2018.05.24	15.29	7.65	0.40
603776	永安行	2018.05.15	2018.05.16	2018.05.17	57.99	29.23	0.40
603777	来伊份	2018.06.05	2018.06.06	2018.06.07	26.99	13.56	0.40
603788	宁波高发	2018.06.07	2018.06.08	2018.06.11	39.00	19.39	0.40
603799	华友钴业	2018.07.09	2018.07.10	2018.07.11	94.08	47.74	0.40
603806	福斯特	2018.05.29	2018.05.30	2018.05.31	40.19	23.42	0.30
603809	豪能股份	2018.05.29	2018.05.30	2018.05.31	36.94	18.34	0.40
603811	诚意药业	2018.11.23	2018.11.26	2018.11.27	26.80	13.67	0.40
603825	华扬联众	2018.06.20	2018.06.21	2018.06.22	35.36	17.91	0.40
603826	坤彩科技	2018.04.26	2018.04.27	2018.05.02	14.77	8.71	0.30
603828	柯利达	2018.06.27	2018.06.28	2018.06.29	8.67	5.12	0.30
603839	安正时尚	2018.05.17	2018.05.18	2018.05.21	26.40	13.21	0.40
603856	东宏股份	2018.06.21	2018.06.22	2018.06.25	17.54	10.27	0.30
603858	步长制药	2018.08.16	2018.08.17	2018.08.20	39.50	22.42	0.30
603988	中电电机	2018.05.21	2018.05.22	2018.05.23	29.56	14.96	0.40
603988	中电电机	2018.08.30	2018.08.31	2018.09.03	18.19	9.24	0.40
603871	嘉友国际	2018.06.07	2018.06.08	2018.06.11	77.99	39.54	0.40
603880	南卫股份	2018.06.20	2018.06.21	2018.06.22	24.65	14.50	0.30
603887	城地股份	2018.06.05	2018.06.06	2018.06.07	28.36	14.36	0.40
603890	春秋电子	2018.05.28	2018.05.29	2018.05.30	30.12	15.26	0.40
603895	天永智能	2018.06.13	2018.06.14	2018.06.15	51.34	26.06	0.40
603906	龙蟠科技	2018.06.13	2018.06.14	2018.06.15	15.36	10.61	0.20

上市公司送股
Bonus Shares in 2018

股票代码 Code	股票简称 Stock Name	股权登记日 Registration Date	除净日 Ex-Date	送股上市日 Bonus Share Listing	收盘价 Close Price	除净价 Ex-Price	送股比例 Bonus Share Ratio
603912	佳力图	2018.05.28	2018.05.29	2018.05.30	28.58	14.46	0.40
603917	合力科技	2018.06.07	2018.06.08	2018.06.11	26.16	13.27	0.40
603933	睿能科技	2018.05.09	2018.05.10	2018.05.11	40.43	20.40	0.40
603955	大千生态	2018.06.13	2018.06.14	2018.06.15	30.53	18.01	0.30
603959	百利科技	2018.06.22	2018.06.25	2018.06.26	26.38	13.45	0.40
603960	克来机电	2018.05.30	2018.05.31	2018.06.01	34.60	20.39	0.30
603963	大理药业	2018.07.04	2018.07.05	2018.07.06	27.25	16.06	0.30
603966	法兰泰克	2018.06.21	2018.06.22	2018.06.25	12.17	7.15	0.30
603969	银龙股份	2018.05.09	2018.05.10	2018.05.11	12.76	6.00	0.45
603969	银龙股份	2018.09.26	2018.09.27	2018.09.28	7.26	3.46	0.45
603970	中农立华	2018.06.11	2018.06.12	2018.06.13	27.59	18.98	0.20
603976	正川股份	2018.05.25	2018.05.28	2018.05.29	29.73	14.94	0.40
603977	国泰集团	2018.05.15	2018.05.16	2018.05.17	14.44	7.31	0.40
603978	深圳新星	2018.05.03	2018.05.04	2018.05.07	77.41	19.26	1.00
603985	恒润股份	2018.05.28	2018.05.29	2018.05.30	33.30	19.50	0.30
603986	兆易创新	2018.05.18	2018.05.21	2018.05.22	167.56	85.29	0.40
603987	康德莱	2018.07.17	2018.07.18	2018.07.19	10.83	5.45	0.40
603988	中电电机	2018.05.21	2018.05.22	2018.05.23	29.56	14.96	0.40
603988	中电电机	2018.08.30	2018.08.31	2018.09.03	18.19	9.24	0.40
603989	艾华集团	2018.06.27	2018.06.28	2018.06.29	29.82	17.17	0.30
900947	振华 B 股	2018.08.15	2018.08.13	2018.08.17	0.41	0.40	0.20

上市公司配股
Allotment in 2018

股票代码 Code	股票简称 Stock Name	股权登记日 Registration Date	除净日 Ex-Date	配股上市日 Right Issue Listing	收盘价 Close Price	配股价 Right Issue Price	除净价 Ex-Price	配股比例 Right Issue Ratio
600219	南山铝业	2018.10.23	2018.11.01	2018.11.09	2.650	1.700	2.430	0.3000
600256	广汇能源	2018.03.19	2018.03.28	2018.04.20	4.190	2.550	3.810	0.3000
600380	健康元	2018.09.28	2018.10.16	2018.10.24	9.240	4.700	8.360	0.2400
600803	新奥股份	2018.02.01	2018.02.12	2018.02.28	14.540	9.330	13.500	0.2500
603636	南威软件	2018.03.12	2018.03.21	2018.03.30	10.790	5.500	9.570	0.2998

Member

Companies

会员公司

会员公司概貌
Member Companies Overview

会员公司 Member Companies	2018 年	2017 年	增减(%) Change(%)
会员公司数量 Number of Member Companies	117	116	0.86
席位数量 Number of Seats	20070	18226	10.12
A 股 A Share Seat	19879	18035	10.22
B 股 B Share Seat	191	191	0.00
B 股证券商 B Share Brokers	101	101	0.00
境内 Domestic	62	62	0.00
境外 Overseas	39	39	0.00
会员公司交易金额(亿) Trading Val (100M)			
合计 Total	5,292,183.37	6,127,447.04	-13.63
股票 Share	806,368.76	1,022,485.59	-21.14
A 股 A Share	803,150.54	1,014,429.62	-20.83
B 股 B Share	779.50	1,110.59	-29.81
股票回购 Share Repo	2,438.73	6,945.38	-64.89
基金 Fund	143,302.98	156,339.53	-8.34
债券 Bond	4,338,916.30	4,946,835.65	-12.29
政府债 G-Bond	5,104.31	4,907.62	4.01
公司债现货 C-Bond	97,399.96	83,954.78	16.01
债券回购 Repo	4,236,412.02	4,857,973.25	-12.79
期权 Option	3,595.33	1,786.27	101.28
其他 Other	0.00	0.00	0.00

会员公司信息
List of Member Companies

会员公司 Company	地址 Address	法人代表 Representative	电话 Tel	传真 Fax
中信证券股份有限公司	可邮寄：北京市朝阳区亮马桥路 48 号中信证券大厦(100026) 深圳市福田区中心三路 8 号中信证券大厦(518048)	张佑君	010-60838936	60836031
国泰君安证券股份有限公司	上海市静安区南京西路 768 号	杨德红	021-38676838	38670666
华泰证券股份有限公司	江苏省南京市江东中路 228 号	周易	025-83387066	83387337
申万宏源证券有限公司	上海市徐汇区长乐路 989 号 45 层	李梅	021-33389888	54035333
广发证券股份有限公司	广州市天河北路 183 号大都会广场 42 楼	孙树明	020-87555888-6225	87553600
招商证券股份有限公司	深圳市福田区益田路江苏大厦 38-45 层	霍达	0755-82961666	82943100
中国国际金融股份有限公司	中国北京建国门外大街 1 号国贸大厦 2 座 28 层	丁学东	01065051166	01065058120
海通证券股份有限公司	上海市黄浦区广东路 689 号海通证券大厦	周杰	021-23219000	63411010
中信建投证券股份有限公司	北京市东城区朝内大街 188 号	王常青	010-85130505	65186399
中国银河证券股份有限公司	北京市西城区金融大街 35 号 2-6 层	陈共炎		66568532
安信证券股份有限公司	深圳市福田区金田路 4018 号安联大厦 35 层	王连志	0755-82825568	82825566
东方证券股份有限公司	上海市中山南路 119 号、中山南路 318 号 2 号	潘鑫军	021-63325888	63327888
国信证券股份有限公司	深圳市罗湖区红岭中路 1012 号国信证券大厦	何如	82130639	82130570
中泰证券股份有限公司	山东省济南市市中区经七路 86 号	李玮	0531-68889988	68889889
平安证券股份有限公司	深圳市福田中心区金田路 4036 号荣超大厦 16-20 层	何之江	0755-88675888	82400862
光大证券股份有限公司	上海市静安区新闸路 1508 号	周健男	021-22169976	62151789
兴业证券股份有限公司	福建省福州市湖东路 268 号证券大厦	杨华辉	021-38565937	338565888
长江证券股份有限公司	湖北省武汉市江汉区新华路特 8 号	尤习贵	027-65799888	85481900
世纪证券有限责任公司	深圳市深南大道 7088 号招商银行大厦 40 层	姜昧军	0755--83199599	83199502
方正证券股份有限公司	长沙市天心区湘江中路二段 36 号华远华中心 4、5 号楼 3701-3717	施华	010-57398299	57398299
国金证券股份有限公司	四川省成都市东城根上街 95 号	冉云	028-86690307	86690365
天风证券股份有限公司	武汉市武昌区中南路 99 号武汉保利广场 37 楼	余磊	027-87618881	87618863
东吴证券股份有限公司	苏州市工业园区星阳街 5 号	范力	0512－62938858	0512－62938858
第一创业证券股份有限公司	深圳市福田区福华一路 115 号投行大厦	刘学民	0755-23838686	25832833
中国中投证券有限责任公司	深圳市福田区益田路与福中路交界处荣超商务中心 A 栋第 18-21 层及第 04 层	高涛	0755-82026666	82026976
中银国际证券股份有限公司	上海市浦东新区银城中路 200 号中银大厦 39 楼	宁敏	010-66229096	66578955
财通证券股份有限公司	浙江省杭州市杭大路 15 号嘉华国际 16、17 层	陆建强	0571-87820011	87820011
西南证券股份有限公司	重庆市江北区桥北苑 8 号西南证券大厦	吴坚	023-63620366	63786001
华西证券股份有限公司	四川省成都市高新区天府二街 198 号	杨炯洋	028-86150593	86150615
长城证券股份有限公司	深圳市深南大道 6008 号特区报业大厦 14、16、17 楼	曹宏	0755-83516806	83516244
华融证券股份有限公司	北京市朝阳区朝阳门北大街 18 号 11-18 层	祝献忠	010-85556899	85556691
恒泰证券股份有限公司	内蒙古呼和浩特市新城区海拉尔东街满世书香苑办公楼恒泰证券股份有限公司	庞介民	0471-4913858	4913858
华创证券有限责任公司	贵州省贵阳市中华北路 216 号华创大厦	陶永泽	0851-86856815	86856537
浙商证券股份有限公司	浙江省杭州市江干区五星路 201 号	吴承根	0571-87902963	87901370
西藏东方财富证券股份有限公司	上海市徐汇区宛平南路 88 号金座 9-18 楼	陈宏	021-23586666	23586789
东兴证券股份有限公司	北京市西城区金融大街 5 号新盛大厦 B 座 12-15 层	魏庆华	010-66555633	66555663
东北证券股份有限公司	长春市生态大街 6666 号	李福春	0431-85096886	85604083
国元证券股份有限公司	合肥市梅山路 18 号国元证券	蔡咏	0551-62207888	62645709
华福证券有限责任公司	福州市五四路 157 号新天地大厦 7-9 层	黄金琳	0591-87855777	87841150
西部证券股份有限公司	陕西省西安市新城区东新街 319 号 8 幢 10000 室	徐朝晖	029-87211098	87406259
国都证券股份有限公司	北京市东城区东直门南大街 3 号国华投资大厦 9 层、10 层	王少华	010-84183399	84183311
信达证券股份有限公司	北京市西城区闹市口大街 9 号院 1 号楼信达金融中心	张志刚	010-63081000	63081199
国海证券股份有限公司	广西桂林市辅星路 1-3 号	何春梅	0771-5896688	5530903
申万宏源西部证券有限公司	新疆乌鲁木齐市高新区北京南路 358 号大成国际大厦 20 楼 2005 室	李琦	0991-2301633	2301927
湘财证券股份有限公司	中国湖南省长沙市天心区湘府中路 198 号新南城商务中心 A 栋 11 楼	孙永祥	021-68865322	68865938
华安证券股份有限公司	合肥市政务文化新区天鹅湖路 198 号	章宏韬	0551-65161601	65161600
广州证券股份有限公司	广州市天河区珠江西路 5 号广州国际金融中心主塔 19 层、20 层	胡伏云	020-88836999	88836900

会员公司信息
List of Member Companies

会员公司 Company	地址 Address	法人代表 Representative	电话 Tel	传真 Fax
万联证券股份有限公司	广州市天河区珠江东路 11 号 18、19 楼全层	张建军	020-38286218	38286588
东莞证券股份有限公司	广东省东莞市莞城区可园南路 1 号金源中心	陈照星	0769-22113878	22116999
上海证券有限责任公司	上海市黄浦区四川中路 213 号 7 楼	李俊杰	021-53686888	53686100
国盛证券有限责任公司	南昌市红谷滩新区凤凰中大道 1115 号北京银行南昌分行营业大楼	徐丽峰	0791-86289667	86281441
华宝证券有限责任公司	中国（上海）自由贸易试验区世纪大道 100 号 57 层	陈林	021-68778808	68778108
江海证券有限公司	黑龙江省哈尔滨市高新技术产业开发区创新三路 833 号 11 号楼江海证券	赵洪波	0451-51845001	82269290
新时代证券股份有限公司	北京市海淀区北三环西路 99 号院 1 号楼 15 层 1501	叶顺德	010-83561085	83561085
中信证券(山东)有限责任公司	青岛市市南区东海西路 28 号	姜晓林	0532-85022309	85022301
首创证券有限责任公司	北京市西城区德胜门外大街 115 号德胜尚城 E 座	毕劲松	010-59366166	59366298
太平洋证券股份有限公司	云南省昆明市北京路 926 号同德广场写字楼 31 楼	李长伟	0871-68885858	68898100
东海证券股份有限公司	江苏常州延陵西路 23 号投资广场 18、19 号楼	赵俊	021-20333777	50585608
财达证券股份有限公司	石家庄市桥西区自强路 35 号庄家金融大厦	翟建强	0311-66006222	66006200
国联证券股份有限公司	无锡市滨湖区太湖新城金融一街 8 号国联金融大厦 7-9 楼	姚志勇	0510-82833989	82833124
英大证券有限责任公司	深圳市福田区深南中路华能大厦三十、三十一层	吴骏	0755-83007088	83007040
宏信证券有限责任公司	成都市人民南路二段十八号川信大厦 10 楼	吴玉明	028-86199160	86199079
财富证券有限责任公司	长沙市芙蓉中路二段 80 号顺天国际财富中心 26 层	蔡一兵	0731-88954626	84403330
中原证券股份有限公司	河南省郑州市郑东新区商务外环路 10 号	菅明军	0371-65585698	65585118
华鑫证券有限责任公司	深圳市福田区金田路 4018 号安联大厦 28 层 A01、B01（b）单元	俞洋	0755-82083788	82083408
南京证券股份有限公司	江苏省南京市江东中路 389 号	步国旬	025-83366116	83367377
国融证券股份有限公司	内蒙古自治区呼和浩特市武川县腾飞大道与呈祥路交汇处武川立农村镇银行股份有限公司四楼	张智河	010-83991888	88086637
大同证券有限责任公司	山西省太原市长治路 111 号山西世贸中心 A 座 12、13 层	董祥	0351-4192998	4192803
中国民族证券有限责任公司	北京市朝阳区北四环中路 27 号盘古大观 A 座 40-43 层	姜志军	010-6546993	56437031
开源证券股份有限公司	西安市高新区锦业路 1 号都市之门 B 座 5 层	李刚	029-88365836	88365835
华林证券股份有限公司	深圳市福田区民田路 178 号华融大厦 6 楼	林立	0755-82707736	82707700
德邦证券股份有限公司	上海市福山路 500 号城建国际中心 29 楼	武晓春	021－68761616	021－68767880
爱建证券有限责任公司	上海市浦东新区世纪大道 1600 号 32 楼	祝健	021-68728958	68728958
中山证券有限责任公司	深圳市南山区科技中一路西华强高新发展大楼 7 层、8 层	黄扬录	0755-82943769	82940511
川财证券有限责任公司	中国（四川）自由贸易试验区成都市高新区交子大道 177 号中海国际中心 B 座 17 楼	孟建军	028-86583099	86583002
金元证券股份有限公司	深圳市深南大道 4001 号时代金融中心大厦 17 层	王作义	0755-83025618	83025511
中航证券有限公司	江西省南昌市红谷滩新区红谷中大道 1619 号南昌国际金融大厦 A 栋 41 层	王晓峰	010-65665113	64818300
联讯证券股份有限公司	惠州市江北东江三路 55 号广播电视新闻中心西南面一楼大堂和三、四层	徐刚	0752-2119388	2119369
万和证券股份有限公司	深圳市福田区深南大道 7028 号时代科技大厦 20 层西厅	王宜四	0755-88914853	25161627
五矿证券有限公司	深圳市金田路 4028 号荣超经贸中心 A 座 47 层	黄海洲	0755-82545668	82545500
华龙证券股份有限公司	甘肃省兰州市东岗西路 638 号	李晓安	0931-4890688	4890515
国开证券股份有限公司	北京市西城区阜外大街 29 号	张宝荣	88300568	88300568
瑞银证券有限责任公司	北京市西城区金融大街 7 号英蓝国际金融中心 15 层	钱于军	021-38668866	
北京高华证券有限责任公司	北京市西城区金融大街 7 号北京英蓝国际金融中心十八层 1801-1806,1826-1832 室	章星	010-66273038	66273001
华金证券股份有限公司	上海市浦东新区杨高南路 759 号 30 层	宋卫东	021-20655599	20655566
九州证券股份有限公司	北京市朝阳区安立路 30 号仰山公园东一门 2 号楼	魏先锋	010-57672002	57672020
联储证券有限责任公司	深圳市福田区华强北圣廷苑酒店 B 座 26 楼	吕春卫	021-80295666	61049870
中天证券股份有限公司	沈阳市和平区光荣街 23 甲	马功勋	024-23253627	23255606
银泰证券有限责任公司	广东省深圳市福田区竹子林四路紫竹七道 18 号	黄冰	0755-83710058	83708126
大通证券股份有限公司	大连市沙河口区会展路 129 号期货大厦 38、39 层	赵玺	0411-39673393	82826601
长城国瑞证券有限公司	厦门市莲前西路 2 号莲富大厦十七楼	王勇	010-68085907	2079228
红塔证券股份有限公司	昆明市北京路 155 号附 1 号红塔大厦 7-11 楼	李素明	0871-63577113	63577922
瑞信方正证券有限责任公司	北京市西城区金融大街甲九号金融街中心南楼 15 层	高利	01068584886	66538516
申港证券股份有限公司	上海浦东新区世纪大道 1589 号长泰国际金融大厦 16/22/23 楼	刘化军	021-20639333	20639393

会员公司信息
List of Member Companies

会员公司 Company	地址 Address	法人代表 Representative	电话 Tel	传真 Fax
东亚前海证券有限责任公司	深圳市福田区中心四路 1 号嘉里建设广场第一座第 23 层	田洪	0755-21376801	21376999
华菁证券有限公司	上海市虹口区吴淞路 575 号虹口 SOHO 25 层	刘威	021-60156768	60156733
汇丰前海证券有限责任公司	深圳市前海深港合作区前湾一路 63 号前海企业公馆 27 栋 A、B 单元	何善文	0755-88983188	88988080
华泰联合证券有限责任公司	深圳市福田区深南大道 4011 号香港中旅大厦 25 层	刘晓丹	010-56839366	56839588
华英证券有限责任公司	无锡市滨湖区金融一街 10 号无锡金融中心 5 层 03、04 及 05 部分	姚志勇	0510-82833989	85203300
金通证券有限责任公司	浙江省杭州市滨江区东信大道 66 号 5 幢 D 座 A 区 3 层	李勇进	010-60838011	60836210
申万宏源证券承销保荐有限责任公司	新疆乌鲁木齐市高新区(新市区)北京南路 358 号大成国际大厦 20 楼 2004 室	薛军	010-88013606	88013607
中天国富证券有限公司	贵州省贵阳市观山湖区长岭北路中天会展城B区金融商务区集中商业(北)	余维佳	0851-82214277	82238429
东方花旗证券有限公司	上海市黄浦区中山南路 318 号 24 层	马骥	021-63326178	63326175
中德证券有限责任公司	北京是朝阳区建国路 81 号 20 办公 1T01-06、07、08 号房屋	侯巍	010-59026668	59026670
长江证券承销保荐有限公司	中国（上海）自由贸易试验区世纪大道 1198 号 28 层	王承军	021-61118880	61118973
山西证券股份有限公司	太原市府西街 69 号山西国贸中心	侯巍	0351-8689699	8686918
民生证券股份有限公司	北京市东城区建国门内大街 28 号民生金融中心 A 座 16--18 层	冯鹤年	010-85127766	85127766
渤海证券股份有限公司	天津市南开区宾水西道 8 号	王春峰	022-28451813	28451600
上海华信证券有限责任公司	上海市黄浦区南京西路 399 号明天广场 23 楼	陈灿辉	021-63898808	68774818
中邮证券有限责任公司	北京市东城区珠市口大街 17 号一层东侧	丁奇文	010-67017788-8001	
网信证券有限责任公司	沈阳市沈河区热闹路 49 号	王媖	024-22939909	22958441

B 股券商
B Share Brokers

公司名称 Company	公司地址 Address
申万宏源证券有限公司	上海市徐汇区长乐路 989 号 45 层
国泰君安证券股份有限公司	上海市静安区南京西路 768 号
海通证券股份有限公司	上海市黄浦区广东路 689 号海通证券大厦
华泰证券股份有限公司	江苏省南京市江东中路 228 号
中国银河证券有限责任公司	北京市西城区金融大街 35 号国际企业大厦 C 座
招商证券股份有限公司	深圳市福田区益田路江苏大厦 38-45 层
中信证券股份有限公司	可邮寄：北京市朝阳区亮马桥路 48 号中信证券大厦(100026)　深圳市福田区中心三路 8 号中信证券大厦(518048)
广发证券股份有限公司	广州市天河北路 183 号大都会广场 42 楼
东方证券股份有限公司	上海市中山南路 119 号、中山南路 318 号 2 号
中国国际金融股份有限公司	中国北京建国门外大街 1 号国贸大厦 2 座 28 层
国信证券股份有限公司	深圳市罗湖区红岭中路 1012 号国信证券大厦
光大证券股份有限公司	上海市静安区新闸路 1508 号
中信建投证券股份有限公司	北京市东城区朝内大街 188 号
上海证券有限责任公司	上海市黄浦区四川中路 213 号 7 楼
中国中投证券有限责任公司	深圳市福田区益田路与福中路交界处荣超商务中心 A 栋第 18-21 层及第 04 层
方正证券股份有限公司	长沙市天心区湘江中路二段 36 号华远华中心 4、5 号楼 3701-3717
中银国际证券股份有限公司	上海市浦东新区银城中路 200 号中银大厦 39 楼
长江证券股份有限公司	湖北省武汉市江汉区新华路特 8 号
里昂证券有限公司(Credit Lyonnais)	香港金钟道 88 号太古广场 1 期 18 楼
华鑫证券有限责任公司	深圳市福田区金田路 4018 号安联大厦 28 层 A01、B01（b）单元
中泰证券股份有限公司	山东省济南市市中区经七路 86 号
汇富金融服务有限公司	香港
国元证券股份有限公司	合肥市梅山路 18 号国元证券
湘财证券股份有限公司	中国湖南省长沙市天心区湘府中路 198 号新南城商务中心 A 栋 11 楼
东吴证券股份有限公司	苏州市工业园区星阳街 5 号
兴业证券股份有限公司	福建省福州市湖东路 268 号证券大厦
申万宏源西部证券有限公司	新疆乌鲁木齐市高新区北京南路 358 号大成国际大厦 20 楼 2005 室
华安证券股份有限公司	合肥市政务文化新区天鹅湖路 198 号
渤海证券股份有限公司	天津市南开区宾水西道 8 号
平安证券股份有限公司	深圳市福田中心区金田路 4036 号荣超大厦 16-20 层
国联证券股份有限公司	无锡市滨湖区太湖新城金融一街 8 号国联金融大厦 7-9 楼
东北证券股份有限公司	长春市生态大街 6666 号
新鸿基投资服务有限公司(Sun Hung Kai)	上海南京西路 338 号天安中心 1902 室
中信证券(山东)有限责任公司	青岛市市南区东海西路 28 号
中国民族证券有限责任公司	北京市朝阳区北四环中路 27 号盘古大观 A 座 40-43 层
长城证券股份有限公司	深圳市深南大道 6008 号特区报业大厦 14、16、17 楼
南京证券股份有限公司	江苏省南京市江东中路 389 号
恒泰证券股份有限公司	内蒙古呼和浩特市新城区海拉尔东街满世书香苑办公楼恒泰证券股份有限公司
西南证券股份有限公司	重庆市江北区桥北苑 8 号西南证券大厦
山西证券股份有限公司	太原市府西街 69 号山西国贸中心
华西证券股份有限公司	四川省成都市高新区天府二街 198 号
民生证券股份有限公司	北京市东城区建国门内大街 28 号民生金融中心 A 座 16--18 层
国海证券股份有限公司	广西桂林市辅星路 1-3 号
西部证券股份有限公司	陕西省西安市新城区东新街 319 号 8 幢 10000 室
万联证券股份有限公司	广州市天河区珠江东路 11 号 18、19 楼全层
德邦证券股份有限公司	上海市福山路 500 号城建国际中心 29 楼
首创证券有限责任公司	北京市西城区德胜门外大街 115 号德胜尚城 E 座
华龙证券股份有限公司	甘肃省兰州市东岗西路 638 号
华林证券股份有限公司	深圳市福田区民田路 178 号华融大厦 6 楼
凯基证券亚洲有限公司	上海仙霞路 317 号 2502 室

B 股券商
B Share Brokers

公司名称 Company	公司地址 Address
广州证券股份有限公司	广州市天河区珠江西路 5 号广州国际金融中心主塔 19 层、20 层
东莞证券股份有限公司	广东省东莞市莞城区可园南路 1 号金源中心
英大证券有限责任公司	深圳市福田区深南中路华能大厦三十、三十一层
大通证券股份有限公司	大连市沙河口区会展路 129 号期货大厦 38、39 层
国盛证券有限责任公司	南昌市红谷滩新区凤凰中大道 1115 号北京银行南昌分行营业大楼
第一创业证券股份有限公司	深圳市福田区福华一路 115 号投行大厦
世纪证券有限责任公司	深圳市深南大道 7088 号招商银行大厦 40 层
华创证券有限责任公司	贵州省贵阳市中华北路 216 号华创大厦
红塔证券股份有限公司	昆明市北京路 155 号附 1 号红塔大厦 7-11 楼
财富证券有限责任公司	长沙市芙蓉中路中路二段 80 号顺天国际财富中心 26 层
西藏东方财富证券股份有限公司	上海市徐汇区宛平南路 88 号金座 9-18 楼
大华继显(香港)有限公司	香港中环皇后大道中 29 号怡安华人行 15 楼
华金证券股份有限公司	上海市浦东新区杨高南路 759 号 30 层
华宝证券有限责任公司	中国（上海）自由贸易试验区世纪大道 100 号 57 层
群益证券(香港)有限公司	上海浦东南路 360 号新上海国际大厦 18 楼
京华山一国际(香港)有限公司	香港中环大道中 183 号新纪元广场中远大厦 36 楼
万和证券股份有限公司	深圳市福田区深南大道 7028 号时代科技大厦 20 层西厅
华泰联合证券有限责任公司	深圳市福田区深南大道 4011 号香港中旅大厦 25 层

交易地区分布
Regional Distribution by Trading Ranking

地区 Area	营业部 Number	排名 Rank	交易金额(百亿)Bilateral Trading Val(10B)						
			总计 Total	股票 Stock	基金 Fund	政府债 G-Bond	公司债 C-Bond	债券回购 Bond Repo	期权 Option
上海	825	1	13969.99	1285.00	320.17	10.16	162.17	12186.07	6.20
广东	1529	2	11452.31	1331.91	211.43	11.26	217.75	9674.24	4.70
北京	579	3	7693.71	719.98	173.04	11.97	205.07	6578.14	3.78
江苏	986	4	3621.91	678.64	133.13	1.33	33.44	2773.41	1.97
浙江	1045	5	2408.46	835.68	104.67	0.66	32.79	1433.72	0.79
四川	462	6	1759.60	270.90	49.39	1.78	16.39	1420.74	0.40
福建	522	7	1688.10	385.26	69.07	0.80	18.74	1213.68	0.56
湖北	421	8	1285.66	234.57	44.23	1.69	28.19	976.66	0.32
山东	636	9	1228.76	284.45	48.93	0.34	14.83	877.30	2.90
江西	345	10	845.14	125.08	18.75	0.28	6.77	694.17	0.08
黑龙江	189	11	667.89	71.42	26.50	0.74	8.76	557.82	2.65
湖南	411	12	635.84	166.07	45.59	0.67	12.01	411.27	0.23
辽宁	386	13	625.13	153.84	17.11	0.12	3.84	449.97	0.26
陕西	282	14	486.67	107.50	13.90	3.20	4.74	356.92	0.41
安徽	334	15	469.36	143.66	9.67	0.25	8.28	307.40	0.10
河北	277	16	372.74	97.59	6.45	0.08	1.70	266.74	0.18
天津	182	17	367.62	88.79	24.03	0.46	6.56	247.51	0.28
河南	400	18	363.34	161.92	28.09	0.24	1.84	171.05	0.20
山西	212	19	338.29	61.12	8.86	2.39	120.40	145.44	0.07
重庆	229	20	336.79	103.56	11.16	0.14	4.76	217.07	0.10
内蒙古	118	21	289.37	28.94	2.05	1.05	15.41	241.87	0.04
广西	211	22	276.34	77.76	16.28	0.09	2.61	179.51	0.09
云南	179	23	252.49	53.92	4.79	0.32	7.48	184.82	1.16
吉林	161	24	235.32	55.27	20.99	0.29	5.52	152.99	0.26
西藏	25	25	163.03	135.94	4.77	0.01	0.40	21.91	0.00
贵州	124	26	118.98	21.62	3.84	0.50	9.72	83.29	0.00
海南	79	27	90.28	28.24	7.99	0.10	0.90	52.98	0.07
新疆	121	28	83.64	35.54	2.35	0.01	0.06	45.67	0.02
甘肃	111	29	59.82	25.36	4.70	0.02	0.47	29.25	0.02
宁夏	56	30	38.49	17.55	0.56	0.00	0.11	20.24	0.03
青海	31	31	31.92	4.82	0.15	0.06	2.38	24.51	0.00

Shareholder

投资者

股票投资者历年开户累计
Shareholder's Accounts

投资者历年开户
Historical Data of Shareholder's Accounts

年份 Year	开户总数 Total Account			A 股开户总数 A Share Account		B 股开户总数 B Share Account		信用交易开户总数 Credit Account		
	总数 Total	自然人 Individual	机构 Institution	自然人 Individual	机构 Institution	自然人 Individual	机构 Institution	总数 Total	自然人 Individual	机构 Institution
1992	111.2	110.5	0.7	110.2	0.7	0.0	0.0	--	--	--
1993	423.5	421.9	1.6	421.1	1.4	0.8	0.2	--	--	--
1994	574.9	572.6	2.3	571	2.0	1.6	0.3	--	--	--
1995	685.2	682.3	2.9	680.0	2.5	2.3	0.4	--	--	--
1996	1207.9	1204.1	3.8	1200.0	3.3	4.1	0.5	--	--	--
1997	1713.3	1708.1	5.2	1702.2	4.6	5.9	0.6	--	--	--
1998	1999.4	1993.1	6.3	1986.1	5.6	7.1	0.7	--	--	--
1999	2281.1	2272.8	8.3	2264.7	7.6	8.1	0.8	--	--	--
2000	2957.8	2944.9	13.0	2931.2	12.1	13.7	0.8	--	--	--
2001	3419.8	3403.1	16.8	3311.1	15.9	92.0	0.9	--	--	--
2002	3556.0	3536.9	19.1	3441.4	18.1	95.5	1.0	--	--	--
2003	3632.1	3612.1	20.0	3515.1	19.0	97.1	1.0	--	--	--
2004	3703.1	3682.4	20.7	3584.2	19.5	98.2	1.1	--	--	--
2005	3747.9	3726.6	21.3	3628.0	20.1	98.6	1.2	--	--	--
2006	3901.5	3878.8	22.8	3778.5	21.4	100.3	1.3	--	--	--
2007	5817	5788.2	28.8	5645.9	27.3	142.4	1.5	--	--	--
2008	6542.6	6510.9	31.7	6365.4	30.1	145.5	1.6	--	--	--
2009	7405.4	7370.3	35.1	7221.6	33.4	148.6	1.7	--	--	--
2010	8154.2	8116.5	37.8	7965.5	36.0	151.0	1.8	2.1	2.1	0.0
2011	8705.0	8664.9	40.1	8512.7	38.1	152.2	2.0	17.4	17.3	0.0
2012	8996.4	8954.9	41.5	8802.1	39.5	152.8	2.1	49.4	49.2	0.2
2013	9253.4	9210.1	43.3	9056.5	41.2	153.6	2.2	132.6	132.2	0.3
2014	9737.5	9691.5	46.1	9536.9	43.8	154.5	2.3	292.2	291.7	0.5
2015	13751.3	13698.9	52.4	13536.3	50.0	162.6	2.4	394.0	393.2	0.6
2016	16994.8	16936.5	58.3	16772.5	55.9	164.1	2.5	421.5	420.5	0.6
2017	19500.1	19435.8	64.3	19270.9	61.8	165.0	2.5	452.1	450.7	0.7
2018	21447.9	21379.0	68.8	21213.7	66.2	165.4	2.6	469.0	467.3	1.7

注：开户单位为万户。

股票投资者历年新开户
New Shareholder's Accounts

投资者历年开户
Historical Data of Shareholder's Accounts

年份 Year	新开户总数 New			A 股新开户数 New(A Share)		B 股新开户数 New(B Share)		信用交易新开户数 New(Credit Account)		
	总数 Total	自然人 Individual	机构 institution	自然人 Individual	机构 institution	自然人 Individual	机构 institution	总数 Total	自然人 Individual	机构 institution
1992	100.2	99.5	0.7	99.5	0.7	0.0	0.0	--	--	--
1993	312.3	311.4	0.9	310.6	0.7	0.8	0.0	--	--	--
1994	151.4	150.7	0.7	149.9	0.6	0.7	0.2	--	--	--
1995	110.3	109.8	0.6	109.0	0.5	0.8	0.1	--	--	--
1996	522.7	521.8	0.9	520.0	0.8	1.8	0.1	--	--	--
1997	502.8	501.4	2.2	499.6	2.0	1.8	0.1	--	--	--
1998	286.1	285.1	1.0	283.9	1.0	1.2	0.2	--	--	--
1999	281.7	279.7	2.1	278.6	2.0	1.0	0.1	--	--	--
2000	676.7	672.1	4.6	666.5	4.6	5.6	0.1	--	--	--
2001	462.0	458.2	3.8	379.9	3.8	78.3	0.1	--	--	--
2002	136.1	133.8	2.3	130.4	2.2	3.5	0.0	--	--	--
2003	76.1	75.2	0.9	73.6	0.9	1.6	0.0	--	--	--
2004	71.0	70.3	0.7	69.1	0.6	1.2	0.1	--	--	--
2005	44.8	44.2	0.6	43.8	0.5	0.4	0.1	--	--	--
2006	153.6	152.1	1.5	150.5	1.4	1.6	0.1	--	--	--
2007	1915.5	1909.5	6.0	1867.4	5.9	42.1	0.1	--	--	--
2008	725.6	722.7	2.9	719.5	2.8	3.2	0.1	--	--	--
2009	862.8	859.3	3.4	856.2	3.4	3.1	0.1	--	--	--
2010	748.9	746.2	2.7	743.9	2.6	2.3	0.1	2.1	2.1	0.0
2011	550.8	548.5	2.3	547.2	2.2	1.3	0.1	15.5	15.4	0.0
2012	291.4	290.0	1.4	289.4	1.3	0.6	0.1	32.4	32.3	0.1
2013	257.0	255.3	1.8	254.4	1.7	0.8	0.1	84.9	84.7	0.2
2014	484.1	481.3	2.8	480.4	2.6	0.9	0.1	163.2	163.0	0.2
2015	4013.8	4007.5	6.3	3999.4	6.2	8.1	0.1	107.4	107.1	0.2
2016	3243.5	3237.6	6.0	3236.1	5.9	1.4	0.1	32.5	32.2	0.1
2017	2505.3	2499.3	6.0	2498.4	5.9	0.9	0.1	35.8	35.3	0.1
2018	1947.8	1943.2	4.5	1942.8	4.5	0.4	0.1	21.5	20.9	0.6

注：开户单位为万户。

年末各类投资者持股情况
Share Hold of Investors by 2018

	持股市值(亿) Hold Value(100M)	占比(%) Ratio(%)	持股账户数(万户) Hold Account (10 Thousand)	占比(%) Ratio(%)
自然人投资者	45506	19.62	3851.49	99.78
其中：10 万元以下	2903	1.25	2246.82	58.21
10-50 万元	8113	3.50	1108.34	28.71
50-100 万元	5105	2.20	254.92	6.60
100-300 万元	7563	3.26	172.85	4.48
300-1000 万元	6446	2.78	52.27	1.35
1000 万元以上	15376	6.63	16.29	0.42
一般法人	149744	64.55	3.78	0.10
沪股通	4437	1.91	0.00	0.00
专业机构	32279	13.92	4.54	0.12
其中：投资基金	8112	3.50	0.30	0.01

投资者开户逐月信息
Monthly New Accounts in 2018

日期 Date	总数 Total	A 股 A Share	B 股 B Share	基金 Fund
2018.01	339.77	202.06	0.07	137.64
2018.02	247.69	117.59	0.05	130.04
2018.03	401.84	248.97	0.06	152.81
2018.04	235.20	148.68	0.03	86.49
2018.05	274.36	172.15	0.05	102.16
2018.06	296.14	160.58	0.04	135.52
2018.07	279.98	165.58	0.03	114.36
2018.08	283.25	160.14	0.03	123.07
2018.09	251.56	137.61	0.02	113.93
2018.10	228.29	136.72	0.03	91.55
2018.11	252.20	163.65	0.04	88.51
2018.12	223.85	133.54	0.03	90.28
2018 年合计	3314.13	1947.27	0.49	1366.37
累计总户数	29610.11	21279.91	167.96	8162.24

注：开户单位为万户。

年末分行业持股信息
Hold Distribution by 2018

行业代码 Industry Code	行业名称 Industry Name	自然人 Individual		专业机构 Institution		一般法人 Corporation	
		持股市值	比例(%)	持股市值	比例(%)	持股市值	比例(%)
A	农、林、牧、渔业	307.22	42.71	12.19	1.70	399.90	55.60
B	采矿业	2511.71	9.26	1705.62	6.29	22906.75	84.45
C	制造业	26888.97	30.80	9817.35	11.25	50586.76	57.95
D	电力、热力、燃气及水生产和供应业	1989.68	15.37	1177.78	9.10	9775.79	75.53
E	建筑业	2098.31	20.11	1132.23	10.85	7204.55	69.04
F	批发和零售业	2545.39	35.44	620.76	8.64	4015.65	55.91
G	交通运输、仓储和邮政业	2026.78	17.11	1164.47	9.83	8655.21	73.06
H	住宿和餐饮业	55.77	14.95	51.30	13.76	265.87	71.29
I	信息传输、软件和信息技术服务业	2796.63	34.33	530.99	6.52	4819.02	59.15
J	金融业	7981.42	9.26	8102.74	9.40	70136.76	81.35
K	房地产业	2387.81	26.38	927.30	10.25	5736.10	63.37
L	租赁和商务服务业	394.91	17.48	457.82	20.27	1405.92	62.25
M	科学研究和技术服务业	459.04	30.10	61.11	4.01	1004.83	65.89
N	水利、环境和公共设施管理业	347.09	40.99	22.56	2.66	477.07	56.34
P	教育	41.90	29.53	8.37	5.90	91.63	64.57
Q	卫生和社会工作	85.46	29.78	50.26	17.51	151.27	52.71
R	文化、体育和娱乐业	484.58	21.46	263.00	11.65	1510.06	66.89
S	综合	437.02	46.53	26.69	2.84	475.42	50.62

注：持股市值单位为亿元。

年末个股股东持股情况
Distribution of Shareholders by 2018

证券代码 Code	证券简称 Security Name	合计持股数 Total Hold	自然人 Individual		一般法人 Corporation		专业机构 Institution	
			持有股数	比例(%)	持有股数	比例(%)	持有股数	比例(%)
600000	浦发银行	2935208.04	210614.86	7.18	2473530.96	84.27	251062.21	8.55
600004	白云机场	206932.05	28522.24	13.78	117723.73	56.89	60686.08	29.33
600006	东风汽车	200000.00	67262.36	33.63	126677.38	63.34	6060.26	3.03
600007	中国国贸	100728.25	12079.54	11.99	82942.23	82.34	5706.48	5.67
600008	首创股份	568544.82	179216.41	31.52	353457.38	62.17	35871.03	6.31
600009	上海机场	192695.84	6949.60	3.61	114987.25	59.67	70759.00	36.72
600010	包钢股份	4558503.26	922076.36	20.23	3377198.16	74.09	259228.74	5.69
600011	华能国际	1099770.99	28259.68	2.57	953525.42	86.70	117985.89	10.73
600012	皖通高速	116560.00	19342.82	16.59	94599.64	81.16	2617.54	2.25
600015	华夏银行	1282268.67	152235.83	11.87	1055118.98	82.29	74913.85	5.84
600016	民生银行	3546212.32	547156.33	15.43	2633427.87	74.26	365628.12	10.31
600017	日照港	307565.39	111133.36	36.13	178540.81	58.05	17891.22	5.82
600018	上港集团	2317367.47	120276.50	5.19	2084880.06	89.97	112210.91	4.84
600019	宝钢股份	2226791.51	200434.45	9.00	1501396.48	67.42	524960.59	23.57
600020	中原高速	224737.18	84578.16	37.63	137548.46	61.20	2610.56	1.16
600021	上海电力	261716.42	45132.94	17.24	195132.61	74.56	21450.87	8.20
600022	山东钢铁	1094654.96	472841.97	43.20	578296.41	52.83	43516.58	3.98
600023	浙能电力	1360069.00	110754.86	8.14	960597.23	70.63	288716.91	21.23
600025	华能水电	1800000.00	128178.88	7.12	1632321.73	90.68	39499.39	2.19
600026	中远海能	273603.29	76873.78	28.10	178233.73	65.14	18495.77	6.76
600027	华电国际	814574.31	59990.08	7.36	613728.29	75.34	140855.94	17.29
600028	中国石化	9555777.10	296228.61	3.10	8620800.73	90.22	638747.77	6.68
600029	南方航空	860072.31	105868.14	12.31	613523.08	71.33	140681.08	16.36
600030	中信证券	983858.07	342660.47	34.83	441962.02	44.92	199235.58	20.25
600031	三一重工	780071.14	220044.18	28.21	240599.48	30.84	319427.49	40.95
600033	福建高速	274440.00	117085.10	42.66	151631.88	55.25	5723.02	2.09
600035	楚天高速	172808.68	61670.29	35.69	109551.28	63.39	1587.11	0.92
600036	招商银行	2062894.44	135789.68	6.58	1573462.87	76.27	353641.90	17.14
600037	歌华有线	139177.79	37536.03	26.97	80133.32	57.58	21508.43	15.45
600038	中直股份	58947.67	7510.83	12.74	38926.34	66.04	12510.50	21.22
600039	四川路桥	361052.55	125236.83	34.69	217897.82	60.35	17917.90	4.96
600048	保利地产	1189502.91	130491.38	10.97	765212.40	64.33	293799.14	24.70
600050	中国联通	3102781.17	628922.92	20.27	2334863.94	75.25	138994.31	4.48
600051	宁波联合	31088.00	19292.16	62.06	10685.54	34.37	1110.30	3.57
600052	浙江广厦	87178.91	46151.75	52.94	40679.69	46.66	347.47	0.40
600053	九鼎投资	43354.08	10224.06	23.58	32115.08	74.08	1014.94	2.34
600054	黄山旅游	51330.00	14151.73	27.57	33112.76	64.51	4065.51	7.92
600055	万东医疗	54081.62	28945.46	53.52	20389.59	37.70	4746.57	8.78
600056	中国医药	106848.55	30458.37	28.51	70124.08	65.63	6266.11	5.86
600057	厦门象屿	215745.41	44555.16	20.65	157096.54	72.82	14093.71	6.53
600058	五矿发展	107191.07	32946.19	30.74	71937.30	67.11	2307.58	2.15
600059	古越龙山	80852.42	37483.78	46.36	39465.28	48.81	3903.35	4.83
600060	海信电器	130848.12	30849.93	23.58	65253.54	49.87	34744.65	26.55
600061	国投资本	422712.97	27573.29	6.52	374446.35	88.58	20693.33	4.90
600062	华润双鹤	104323.77	12731.53	12.20	72085.93	69.10	19506.30	18.70
600063	皖维高新	192589.47	108480.63	56.33	77501.03	40.24	6607.81	3.43
600064	南京高科	123595.69	61805.87	50.01	56930.32	46.06	4859.49	3.93
600066	宇通客车	221393.92	27471.96	12.41	102549.64	46.32	91372.33	41.27
600067	冠城大通	149211.07	106577.55	71.43	41096.38	27.54	1537.14	1.03
600068	葛洲坝	460477.74	166914.87	36.25	225388.91	48.95	68173.96	14.81

注：合计持股数包含 F 类账户；单位为万股。

年末个股股东持股情况
Distribution of Shareholders by 2018

证券代码 Code	证券简称 Security Name	合计持股数 Total Hold	自然人 Individual		一般法人 Corporation		专业机构 Institution	
			持有股数	比例(%)	持有股数	比例(%)	持有股数	比例(%)
600069	银鸽投资	162383.38	77375.83	47.65	84864.16	52.26	143.40	0.09
600070	浙江富润	52194.61	27506.80	52.70	24583.23	47.10	104.58	0.20
600071	凤凰光学	23747.25	11331.53	47.72	11145.92	46.94	1269.80	5.35
600072	中船科技	73624.99	35349.57	48.01	37802.37	51.34	473.05	0.64
600073	上海梅林	93772.95	42515.77	45.34	41519.73	44.28	9737.44	10.38
600074	*ST 保千	243788.60	187779.34	77.03	32265.98	13.24	23743.29	9.74
600075	新疆天业	97252.24	39362.14	40.47	57704.26	59.33	185.83	0.19
600076	康欣新材	103426.41	82402.81	79.67	18987.90	18.36	2035.70	1.97
600077	宋都股份	134012.23	61471.05	45.87	71620.72	53.44	920.46	0.69
600078	澄星股份	66257.29	37934.90	57.25	27880.24	42.08	442.15	0.67
600079	人福医药	135370.43	42233.11	31.20	71499.41	52.82	21637.90	15.98
600080	金花股份	37327.03	21763.26	58.30	15434.68	41.35	129.09	0.35
600081	东风科技	31356.00	10474.62	33.41	20493.04	65.36	388.34	1.24
600082	海泰发展	64611.58	42439.98	65.68	21975.16	34.01	196.44	0.30
600083	博信股份	23000.00	10277.79	44.69	11785.77	51.24	936.44	4.07
600084	中葡股份	112372.68	59916.30	53.32	52358.32	46.59	98.06	0.09
600085	同仁堂	137147.03	15807.30	11.53	100210.97	73.07	21128.75	15.41
600086	东方金钰	135000.00	40557.11	30.04	91734.17	67.95	2708.72	2.01
600088	中视传媒	39770.64	14454.43	36.34	24998.81	62.86	317.40	0.80
600089	特变电工	371450.28	204740.72	55.12	141761.18	38.16	24948.38	6.72
600090	同济堂	143966.29	40642.96	28.23	102598.08	71.27	725.26	0.50
600091	ST 明科	43741.25	25253.18	57.73	18404.84	42.08	83.24	0.19
600093	易见股份	112244.75	20418.11	18.19	90284.36	80.44	1542.28	1.37
600094	大名城	227660.50	129105.00	56.71	81115.77	35.63	17439.73	7.66
600095	哈高科	36126.36	29028.12	80.35	6998.29	19.37	99.94	0.28
600096	云天化	132137.91	53557.23	40.53	77311.21	58.51	1269.47	0.96
600097	开创国际	24093.66	9843.45	40.85	13837.58	57.43	412.63	1.71
600098	广州发展	272619.66	40677.45	14.92	223715.18	82.06	8227.02	3.02
600099	林海股份	21912.00	12310.33	56.18	9472.96	43.23	128.71	0.59
600100	同方股份	296389.90	109334.13	36.89	177114.43	59.76	9941.33	3.35
600101	明星电力	32417.90	20337.85	62.74	11984.89	36.97	95.16	0.29
600103	青山纸业	177370.60	118389.67	66.75	58581.71	33.03	399.23	0.23
600104	上汽集团	1168346.14	48283.83	4.13	985249.38	84.33	134812.92	11.54
600105	永鼎股份	125298.95	67764.41	54.08	56306.90	44.94	1227.64	0.98
600106	重庆路桥	109836.78	72545.42	66.05	36906.64	33.60	384.73	0.35
600107	美尔雅	36000.00	27097.82	75.27	7871.52	21.87	1030.66	2.86
600108	亚盛集团	194691.51	138320.88	71.05	50759.93	26.07	5610.70	2.88
600109	国金证券	302435.93	126496.15	41.83	151197.32	49.99	24742.46	8.18
600110	诺德股份	115031.21	101613.98	88.34	10246.60	8.91	3170.63	2.76
600111	北方稀土	363306.60	226147.50	62.25	94200.80	25.93	42958.30	11.82
600112	天成控股	50920.48	41129.11	80.77	9746.83	19.14	44.55	0.09
600113	浙江东日	31860.00	15939.75	50.03	15867.12	49.80	53.13	0.17
600114	东睦股份	64554.59	31061.10	48.12	25908.38	40.13	7585.11	11.75
600115	东方航空	980848.57	114517.41	11.68	775398.55	79.05	90932.61	9.27
600116	三峡水利	99300.55	39608.36	39.89	53604.33	53.98	6087.86	6.13
600117	西宁特钢	104511.83	45523.43	43.56	58844.18	56.30	144.21	0.14
600118	中国卫星	118248.91	46767.96	39.55	62585.57	52.93	8895.38	7.52
600119	长江投资	30740.00	18248.58	59.36	12205.36	39.71	286.05	0.93
600120	浙江东方	87438.81	27839.82	31.84	52976.86	60.59	6622.13	7.57
600121	郑州煤电	101534.34	35115.16	34.58	65143.72	64.16	1275.46	1.26

注：合计持股数包含 F 类账户；单位为万股。

年末个股股东持股情况
Distribution of Shareholders by 2018

证券代码 Code	证券简称 Security Name	合计持股数 Total Hold	自然人 Individual		一般法人 Corporation		专业机构 Institution	
			持有股数	比例(%)	持有股数	比例(%)	持有股数	比例(%)
600122	宏图高科	115825.84	66116.30	57.08	45104.69	38.94	4604.84	3.98
600123	兰花科创	114240.00	71462.74	62.55	39021.86	34.16	3755.39	3.29
600125	铁龙物流	130552.19	74884.11	57.36	43700.28	33.47	11967.80	9.17
600126	杭钢股份	337718.91	34670.48	10.27	300804.38	89.07	2244.05	0.66
600127	金健米业	64178.32	44372.44	69.14	19262.11	30.01	543.77	0.85
600128	弘业股份	24676.75	17678.71	71.64	6947.90	28.16	50.13	0.20
600129	太极集团	55689.07	25821.78	46.37	29393.24	52.78	474.06	0.85
600130	波导股份	76800.00	61211.94	79.70	15448.25	20.11	139.80	0.18
600131	岷江水电	50412.52	21744.96	43.13	28399.89	56.33	267.67	0.53
600132	重庆啤酒	48397.12	2688.86	5.56	31154.09	64.37	14554.17	30.07
600133	东湖高新	72577.95	44402.88	61.18	27754.04	38.24	421.03	0.58
600135	乐凯胶片	37299.17	24315.65	65.19	12856.90	34.47	126.63	0.34
600136	当代明诚	48718.22	21668.84	44.48	21474.84	44.08	5574.54	11.44
600137	浪莎股份	9721.76	3176.94	32.68	6517.80	67.04	27.02	0.28
600138	中青旅	72384.00	15500.64	21.41	16647.36	23.00	40236.00	55.59
600139	西部资源	66189.05	38337.22	57.92	27373.87	41.36	477.96	0.72
600141	兴发集团	72718.08	28921.96	39.77	39215.42	53.93	4580.70	6.30
600143	金发科技	271678.48	195665.76	72.02	34150.48	12.57	41862.24	15.41
600145	*ST 新亿	149110.04	42226.60	28.32	106878.31	71.68	5.13	0.00
600146	商赢环球	46997.00	17225.51	36.65	29613.17	63.01	158.33	0.34
600148	长春一东	14151.65	6097.81	43.09	8051.35	56.89	2.49	0.02
600149	ST 坊展	38016.00	23725.83	62.41	14264.32	37.52	25.85	0.07
600150	*ST 船舶	137811.76	47696.06	34.61	87810.11	63.72	2305.59	1.67
600151	航天机电	143425.23	70778.90	49.35	61878.38	43.14	10767.95	7.51
600152	维科技术	44093.16	25833.87	58.59	18004.11	40.83	255.19	0.58
600153	建发股份	283520.05	77560.63	27.36	149527.96	52.74	56431.46	19.90
600155	华创阳安	173955.66	30174.15	17.35	140283.22	80.64	3498.29	2.01
600156	华升股份	40211.07	22270.65	55.38	16935.19	42.12	1005.23	2.50
600157	永泰能源	1242579.53	360255.81	28.99	838109.33	67.45	44214.39	3.56
600158	中体产业	84373.54	56064.22	66.45	26011.67	30.83	2297.65	2.72
600159	大龙地产	83000.32	41869.72	50.45	40121.74	48.34	1008.87	1.22
600160	巨化股份	274516.61	87834.12	32.00	135950.70	49.52	50731.78	18.48
600161	天坛生物	87113.90	25139.75	28.86	54947.87	63.08	7026.29	8.07
600162	香江控股	339932.74	101164.59	29.76	233605.20	68.72	5162.95	1.52
600163	中闽能源	99946.52	39758.73	39.78	59998.07	60.03	189.72	0.19
600165	新日恒力	68488.38	42895.10	62.63	25399.03	37.09	194.24	0.28
600166	福田汽车	667013.13	344362.96	51.63	294030.65	44.08	28619.52	4.29
600167	联美控股	176009.19	20634.11	11.72	148440.67	84.34	6934.41	3.94
600168	武汉控股	70956.97	27161.39	38.28	43106.34	60.75	689.24	0.97
600169	太原重工	256395.50	137739.63	53.72	111844.56	43.62	6811.31	2.66
600170	上海建工	890439.77	249858.39	28.06	462714.53	51.96	177866.85	19.98
600171	上海贝岭	69960.95	46035.30	65.80	22276.28	31.84	1649.37	2.36
600172	黄河旋风	147631.80	100989.53	68.41	45855.77	31.06	786.49	0.53
600173	卧龙地产	72769.75	35634.96	48.97	36673.38	50.40	461.41	0.63
600175	美都能源	357648.88	250493.37	70.04	97207.82	27.18	9947.70	2.78
600176	中国巨石	350230.68	59687.23	17.04	194091.11	55.42	96452.35	27.54
600177	雅戈尔	358144.74	154581.96	43.16	168428.55	47.03	35134.23	9.81
600178	东安动力	46208.00	21553.14	46.64	24490.74	53.00	164.12	0.36
600179	安通控股	148697.99	106091.71	71.35	39159.26	26.33	3447.01	2.32
600180	瑞茂通	101647.75	20046.75	19.72	61987.56	60.98	19613.44	19.30

注：合计持股数包含 F 类账户；单位为万股。

年末个股股东持股情况
Distribution of Shareholders by 2018

证券代码 Code	证券简称 Security Name	合计持股数 Total Hold	自然人 Individual		一般法人 Corporation		专业机构 Institution	
			持有股数	比例(%)	持有股数	比例(%)	持有股数	比例(%)
600182	S 佳通	34000.00	16955.85	49.87	17004.55	50.01	39.60	0.12
600183	生益科技	211749.09	43485.32	20.54	143220.94	67.64	25042.83	11.83
600184	光电股份	50876.08	7753.27	15.24	35970.56	70.70	7152.26	14.06
600185	格力地产	206012.16	66618.33	32.34	134918.81	65.49	4475.02	2.17
600186	莲花健康	106202.43	89160.81	83.95	16731.76	15.75	309.86	0.29
600187	国中水务	165393.51	110498.27	66.81	52249.76	31.59	2645.49	1.60
600188	兖州煤业	296000.00	47569.96	16.07	204228.46	69.00	44201.57	14.93
600189	吉林森工	71687.49	36773.41	51.30	33869.74	47.25	1044.34	1.46
600190	锦州港	177948.45	39562.81	22.23	137396.56	77.21	989.08	0.56
600191	华资实业	48493.20	21077.61	43.47	27303.00	56.30	112.59	0.23
600192	长城电工	44174.80	25988.87	58.83	17628.91	39.91	557.02	1.26
600193	*ST 创兴	42537.30	27255.77	64.07	15280.47	35.92	1.06	0.00
600195	中牧股份	60172.00	15718.47	26.12	35894.20	59.65	8559.33	14.22
600196	复星医药	201112.04	47317.41	23.53	121789.87	60.56	32004.76	15.91
600197	伊力特	44100.00	15131.24	34.31	20740.91	47.03	8227.85	18.66
600198	*ST 大唐	88210.85	53483.27	60.63	33500.60	37.98	1226.98	1.39
600199	金种子酒	55577.50	33913.12	61.02	20178.34	36.31	1486.04	2.67
600200	江苏吴中	72189.20	55123.05	76.36	15083.26	20.89	1982.88	2.75
600201	生物股份	117053.74	42752.50	36.52	35824.45	30.61	38476.79	32.87
600202	*ST 哈空	38334.07	24638.83	64.27	13546.48	35.34	148.75	0.39
600203	福日电子	45644.71	27395.70	60.02	18185.03	39.84	63.98	0.14
600206	有研新材	84707.83	48672.43	57.46	35276.68	41.65	758.72	0.90
600207	安彩高科	86295.60	27963.09	32.40	58203.54	67.45	128.97	0.15
600208	新湖中宝	859934.35	296209.38	34.45	506537.40	58.90	57187.58	6.65
600209	*ST 罗顿	43901.12	29193.78	66.50	14705.50	33.50	1.84	0.00
600210	紫江企业	151673.62	110411.96	72.80	40229.12	26.52	1032.54	0.68
600211	西藏药业	17961.92	5490.44	30.57	11100.75	61.80	1370.73	7.63
600212	江泉实业	51169.72	41985.76	82.05	9123.25	17.83	60.70	0.12
600213	亚星客车	22000.00	10246.97	46.58	11707.84	53.22	45.19	0.21
600215	长春经开	46503.29	33219.04	71.43	13106.47	28.18	177.77	0.38
600216	浙江医药	96525.80	49270.19	51.04	43427.81	44.99	3827.80	3.97
600217	中再资环	138865.98	39053.22	28.12	93105.83	67.05	6706.92	4.83
600218	全柴动力	36875.50	23246.74	63.04	13523.85	36.67	104.91	0.28
600219	南山铝业	1195048.15	504504.57	42.22	596239.14	49.89	94304.44	7.89
600220	江苏阳光	178334.03	151457.09	84.93	26511.56	14.87	365.38	0.20
600221	海航控股	1643667.39	466504.98	28.38	1100690.67	66.97	76471.74	4.65
600222	太龙药业	57388.63	47744.00	83.19	8682.30	15.13	962.33	1.68
600223	鲁商置业	100096.80	36174.79	36.14	63438.19	63.38	483.82	0.48
600225	天津松江	93549.26	44743.11	47.83	48471.71	51.81	334.44	0.36
600226	瀚叶股份	313864.01	283531.13	90.34	23238.73	7.40	7094.16	2.26
600227	圣济堂	169313.42	84337.37	49.81	83515.66	49.33	1460.39	0.86
600228	ST 昌九	24132.00	17675.25	73.24	6379.31	26.44	77.44	0.32
600229	城市传媒	70209.60	24689.68	35.17	43887.70	62.51	1632.22	2.32
600230	沧州大化	41186.35	21296.88	51.71	19565.26	47.50	324.21	0.79
600231	凌钢股份	277108.27	75103.35	27.10	198970.73	71.80	3034.20	1.09
600232	金鹰股份	36471.85	17582.37	48.21	18742.74	51.39	146.74	0.40
600233	圆通速递	282864.73	39791.66	14.07	235278.15	83.18	7794.91	2.76
600234	ST 山水	20244.59	15134.43	74.76	5090.41	25.14	19.75	0.10
600235	民丰特纸	35130.00	22570.01	64.25	12537.30	35.69	22.70	0.06
600236	桂冠电力	606336.75	37051.73	6.11	551651.04	90.98	17633.98	2.91

注：合计持股数包含 F 类账户；单位为万股。

年末个股股东持股情况
Distribution of Shareholders by 2018

证券代码 Code	证券简称 Security Name	合计持股数 Total Hold	自然人 Individual		一般法人 Corporation		专业机构 Institution	
			持有股数	比例(%)	持有股数	比例(%)	持有股数	比例(%)
600237	铜峰电子	56436.96	46007.01	81.52	10137.60	17.96	292.35	0.52
600238	*ST 椰岛	44820.00	26351.28	58.79	18292.95	40.81	175.77	0.39
600239	云南城投	160568.69	93711.66	58.36	64459.68	40.14	2397.35	1.49
600240	华业资本	142425.36	72828.56	51.13	63981.85	44.92	5614.95	3.94
600241	时代万恒	29430.21	11404.17	38.75	17991.41	61.13	34.63	0.12
600242	中昌数据	45666.51	17402.24	38.11	27990.43	61.29	273.84	0.60
600243	青海华鼎	43885.00	18094.16	41.23	25684.10	58.53	106.74	0.24
600246	万通地产	205400.93	49572.05	24.13	154654.95	75.29	1173.93	0.57
600247	*ST 成城	33644.16	30832.04	91.64	2783.69	8.27	28.43	0.08
600248	延长化建	91795.27	31123.01	33.90	60143.62	65.52	528.63	0.58
600249	两面针	55000.00	32265.45	58.66	22679.41	41.24	55.14	0.10
600250	南纺股份	25869.25	13515.48	52.25	12353.67	47.75	0.10	0.00
600251	冠农股份	78484.20	33255.10	42.37	42161.92	53.72	3067.19	3.91
600252	中恒集团	347510.71	202363.70	58.23	125297.47	36.06	19849.55	5.71
600255	梦舟股份	176959.36	156515.94	88.45	18805.39	10.63	1638.03	0.93
600256	广汇能源	673710.33	246122.54	36.53	339394.47	50.38	88193.32	13.09
600257	大湖股份	48123.72	32578.12	67.70	14513.27	30.16	1032.33	2.15
600258	首旅酒店	97889.13	6818.71	6.97	66131.36	67.56	24939.06	25.48
600259	广晟有色	30180.23	13834.98	45.84	15817.56	52.41	527.69	1.75
600260	凯乐科技	71479.64	37677.49	52.71	28791.62	40.28	5010.53	7.01
600261	阳光照明	145210.29	62202.30	42.84	63697.35	43.87	19310.64	13.30
600262	北方股份	17000.00	6731.22	39.60	10181.84	59.89	86.93	0.51
600265	ST 景谷	12980.00	5238.93	40.36	7714.94	59.44	26.13	0.20
600266	北京城建	156704.00	68433.76	43.67	73928.07	47.18	14342.18	9.15
600267	海正药业	96553.18	37675.39	39.02	46113.77	47.76	12764.02	13.22
600268	国电南自	69526.52	30393.03	43.71	38881.40	55.92	252.09	0.36
600269	赣粤高速	233540.70	102777.47	44.01	125763.73	53.85	4999.50	2.14
600271	航天信息	186251.49	32115.48	17.24	114390.01	61.42	39746.00	21.34
600272	开开实业	16300.00	8657.45	53.11	7591.47	46.57	51.08	0.31
600273	嘉化能源	143273.05	58056.48	40.52	78472.66	54.77	6743.91	4.71
600275	ST 昌鱼	50883.72	33157.56	65.16	17687.60	34.76	38.57	0.08
600276	恒瑞医药	368207.71	38234.76	10.38	223701.53	60.75	106271.42	28.86
600277	亿利洁能	273894.01	81281.01	29.68	184950.33	67.53	7662.67	2.80
600278	东方创业	52224.17	16187.34	31.00	35444.20	67.87	592.63	1.13
600279	重庆港九	69295.86	39019.99	56.31	29457.00	42.51	818.87	1.18
600280	中央商场	114833.49	89180.03	77.66	19737.64	17.19	5915.81	5.15
600281	太化股份	51440.20	28276.12	54.97	23150.32	45.00	13.77	0.03
600282	南钢股份	442231.67	164147.69	37.12	230736.46	52.18	47347.52	10.71
600283	钱江水利	35299.58	9953.18	28.20	24882.73	70.49	463.66	1.31
600284	浦东建设	97025.60	59881.61	61.72	33827.64	34.86	3316.35	3.42
600285	羚锐制药	58644.91	25184.24	42.94	27023.25	46.08	6437.43	10.98
600287	江苏舜天	43679.61	21021.39	48.13	22532.64	51.59	125.57	0.29
600288	大恒科技	43680.00	43507.82	99.61	95.42	0.22	76.76	0.18
600289	*ST 信通	63105.21	37167.32	58.90	24885.04	39.43	1052.84	1.67
600290	华仪电气	75990.35	30676.82	40.37	45172.39	59.44	141.13	0.19
600291	西水股份	109306.44	35360.21	32.35	71845.21	65.73	2101.02	1.92
600292	远达环保	78081.69	34268.47	43.89	41727.32	53.44	2085.90	2.67
600293	三峡新材	116213.20	57079.03	49.12	58962.26	50.74	171.91	0.15
600295	鄂尔多斯	61200.00	17235.39	28.16	42872.84	70.05	1091.77	1.78
600297	广汇汽车	821763.27	68618.12	8.35	698775.90	85.03	54369.25	6.62

注：合计持股数包含 F 类账户；单位为万股。

年末个股股东持股情况
Distribution of Shareholders by 2018

证券代码 Code	证券简称 Security Name	合计持股数 Total Hold	自然人 Individual		一般法人 Corporation		专业机构 Institution	
			持有股数	比例(%)	持有股数	比例(%)	持有股数	比例(%)
600298	安琪酵母	82408.09	13567.82	16.46	44089.03	53.50	24751.25	30.03
600299	安迪苏	268190.13	17687.41	6.60	247780.28	92.39	2722.44	1.02
600300	维维股份	167200.00	82219.58	49.17	79684.07	47.66	5296.36	3.17
600301	ST 南化	23514.81	15122.67	64.31	8353.65	35.53	38.49	0.16
600302	标准股份	34600.98	18972.95	54.83	15581.30	45.03	46.73	0.14
600303	曙光股份	67560.42	46679.64	69.09	20766.49	30.74	114.29	0.17
600305	恒顺醋业	78355.94	21183.87	27.04	42344.05	54.04	14828.02	18.92
600306	商业城	17813.89	12070.66	67.76	5689.52	31.94	53.71	0.30
600307	酒钢宏兴	626335.74	273615.14	43.69	344907.79	55.07	7812.81	1.25
600308	华泰股份	116756.14	57419.47	49.18	45591.09	39.05	13745.58	11.77
600309	万华化学	273401.28	72060.26	26.36	159719.25	58.42	41621.78	15.22
600310	桂东电力	82777.50	38036.65	45.95	43769.46	52.88	971.39	1.17
600311	荣华实业	66560.00	55037.75	82.69	11519.12	17.31	3.13	0.00
600312	平高电气	135692.13	45831.12	33.78	76174.88	56.14	13686.13	10.09
600313	农发种业	108219.87	64800.30	59.88	43210.55	39.93	209.02	0.19
600315	上海家化	67124.85	19589.17	29.18	41823.36	62.31	5712.32	8.51
600316	洪都航空	71711.45	33919.35	47.30	35995.78	50.20	1796.32	2.50
600317	营口港	647298.30	106877.76	16.51	516533.74	79.80	23886.80	3.69
600318	新力金融	48400.00	25107.98	51.88	17959.49	37.11	5332.52	11.02
600319	亚星化学	31559.40	17636.61	55.88	13884.83	44.00	37.96	0.12
600320	振华重工	332199.77	137918.78	41.52	181399.12	54.61	12881.87	3.88
600321	*ST 正源	151055.00	73654.02	48.76	77183.63	51.10	217.35	0.14
600322	天房发展	110570.00	58488.68	52.90	50884.80	46.02	1196.52	1.08
600323	瀚蓝环境	76626.40	22486.61	29.35	42099.58	54.94	12040.21	15.71
600325	华发股份	211795.31	111705.54	52.74	77986.86	36.82	22102.91	10.44
600326	西藏天路	86538.45	59921.74	69.24	24940.88	28.82	1675.83	1.94
600327	大东方	73731.63	33898.01	45.97	35836.05	48.60	3997.56	5.42
600328	兰太实业	43803.11	28476.71	65.01	15061.68	34.38	264.72	0.60
600329	中新药业	56887.31	16212.42	28.50	37762.79	66.38	2912.10	5.12
600330	天通股份	99656.57	75132.79	75.39	24114.57	24.20	409.21	0.41
600331	宏达股份	203200.00	89430.82	44.01	113221.86	55.72	547.31	0.27
600332	白云山	140589.09	16891.06	12.01	108108.00	76.90	15590.04	11.09
600333	长春燃气	60903.07	24920.63	40.92	35809.83	58.80	172.61	0.28
600335	国机汽车	102973.68	25823.23	25.08	70096.42	68.07	7054.04	6.85
600336	澳柯玛	79918.33	41507.16	51.94	38158.17	47.75	252.99	0.32
600337	美克家居	177505.27	32383.86	18.24	114327.83	64.41	30793.58	17.35
600338	西藏珠峰	65300.73	12634.10	19.35	47976.15	73.47	4690.47	7.18
600339	中油工程	558314.75	50613.76	9.07	486246.29	87.09	21454.70	3.84
600340	华夏幸福	300325.17	68364.79	22.76	173120.24	57.64	58840.14	19.59
600343	航天动力	63820.63	35241.93	55.22	28167.95	44.14	410.76	0.64
600345	长江通信	19800.00	10234.55	51.69	9479.59	47.88	85.86	0.43
600346	恒力股份	505278.99	95085.37	18.82	398301.92	78.83	11891.70	2.35
600348	阳泉煤业	240500.00	113329.90	47.12	101203.54	42.08	25966.56	10.80
600350	山东高速	481116.59	47876.96	9.95	371397.35	77.19	61842.27	12.85
600351	亚宝药业	78704.15	43302.74	55.02	32178.09	40.88	3223.31	4.10
600352	浙江龙盛	325333.19	254849.85	78.34	34135.65	10.49	36347.69	11.17
600353	旭光股份	54372.00	28168.48	51.81	25935.80	47.70	267.72	0.49
600354	敦煌种业	52780.21	32984.59	62.49	19616.98	37.17	178.64	0.34
600355	精伦电子	49208.92	45266.09	91.99	3302.83	6.71	640.00	1.30
600356	恒丰纸业	29873.14	17357.03	58.10	11917.69	39.89	598.42	2.00

注：合计持股数包含 F 类账户；单位为万股。

年末个股股东持股情况
Distribution of Shareholders by 2018

证券代码 Code	证券简称 Security Name	合计持股数 Total Hold	自然人 Individual		一般法人 Corporation		专业机构 Institution	
			持有股数	比例(%)	持有股数	比例(%)	持有股数	比例(%)
600358	国旅联合	50493.67	29262.07	57.95	21162.50	41.91	69.10	0.14
600359	新农开发	38151.28	22233.33	58.28	15639.96	40.99	277.99	0.73
600360	华微电子	75158.80	55425.10	73.74	19563.35	26.03	170.35	0.23
600361	华联综超	66580.79	26125.72	39.24	37261.00	55.96	3194.07	4.80
600362	江西铜业	207524.74	62003.36	29.88	130007.59	62.65	15513.79	7.48
600363	联创光电	44347.68	33033.15	74.49	11056.78	24.93	257.74	0.58
600365	通葡股份	40000.00	29484.08	73.71	10440.48	26.10	75.45	0.19
600366	宁波韵升	100252.52	51526.43	51.40	45181.29	45.07	3544.80	3.54
600367	红星发展	29804.50	18723.68	62.82	10941.70	36.71	139.12	0.47
600368	五洲交通	112563.21	55198.58	49.04	56793.47	50.45	571.15	0.51
600369	西南证券	564510.91	155641.07	27.57	385553.76	68.30	23316.08	4.13
600370	三房巷	79724.42	35420.35	44.43	44109.17	55.33	194.90	0.24
600371	万向德农	22506.00	10457.05	46.46	11704.81	52.01	344.14	1.53
600372	中航电子	175918.20	25093.16	14.26	135744.42	77.16	15080.62	8.57
600373	中文传媒	137794.00	22966.94	16.67	93270.63	67.69	21556.43	15.64
600375	华菱星马	55574.06	41861.28	75.33	13176.95	23.71	535.84	0.96
600376	首开股份	257956.52	37943.25	14.71	200345.39	77.67	19667.89	7.62
600377	宁沪高速	381574.75	9597.60	2.52	348314.10	91.28	23663.05	6.20
600378	天科股份	83718.60	11933.04	14.25	71594.09	85.52	191.46	0.23
600379	宝光股份	23585.83	12026.31	50.99	11488.48	48.71	71.04	0.30
600380	健康元	193803.33	68291.28	35.24	110484.15	57.01	15027.90	7.75
600381	青海春天	58807.53	25423.62	43.23	33321.75	56.66	62.16	0.11
600382	广东明珠	46682.47	24311.68	52.08	21986.07	47.10	384.72	0.82
600383	金地集团	451458.36	79888.11	17.70	315716.93	69.93	55853.31	12.37
600385	山东金泰	14810.71	7141.12	48.22	7648.67	51.64	20.93	0.14
600386	北巴传媒	80640.00	35136.56	43.57	45112.99	55.94	390.45	0.48
600387	海越能源	47208.25	23951.57	50.74	19876.67	42.10	3380.01	7.16
600388	龙净环保	106905.00	53032.76	49.61	45597.32	42.65	8274.92	7.74
600389	江山股份	29700.00	10884.95	36.65	18343.81	61.76	471.25	1.59
600390	五矿资本	374838.79	32482.16	8.67	315282.45	84.11	27074.18	7.22
600391	航发科技	33012.94	20368.81	61.70	12133.67	36.75	510.46	1.55
600392	盛和资源	175516.71	94136.93	53.63	77225.48	44.00	4154.30	2.37
600393	粤泰股份	253624.79	59288.59	23.38	189383.40	74.67	4952.80	1.95
600395	盘江股份	165505.19	40514.52	24.48	120758.33	72.96	4232.34	2.56
600396	金山股份	147270.68	53571.82	36.38	93041.90	63.18	656.96	0.45
600397	*ST 安煤	98995.99	57075.55	57.65	41643.05	42.07	277.39	0.28
600398	海澜之家	449275.79	27960.13	6.22	361644.94	80.50	59670.72	13.28
600399	*ST 抚钢	197210.00	76596.71	38.84	120534.72	61.12	78.58	0.04
600400	红豆股份	253325.69	52668.19	20.79	169078.63	66.74	31578.87	12.47
600401	*ST 海润	472493.52	468766.94	99.21	3252.44	0.69	474.13	0.10
600403	大有能源	239081.24	18371.49	7.68	215472.98	90.13	5236.77	2.19
600405	动力源	56204.04	54511.67	96.99	1642.09	2.92	50.29	0.09
600406	国电南瑞	458366.41	50648.47	11.05	337584.36	73.65	70133.58	15.30
600408	*ST 安泰	100680.00	100144.17	99.47	385.29	0.38	150.54	0.15
600409	三友化工	206434.94	80899.31	39.19	112887.12	54.68	12648.52	6.13
600410	华胜天成	110231.84	78792.77	71.48	26279.44	23.84	5159.62	4.68
600415	小商品城	544321.42	149613.86	27.49	360636.41	66.25	34071.15	6.26
600416	湘电股份	94583.43	35570.72	37.61	28489.98	30.12	30522.73	32.27
600418	江淮汽车	189331.21	78269.60	41.34	105762.45	55.86	5299.16	2.80
600419	天润乳业	20711.44	7200.40	34.77	11724.00	56.61	1787.04	8.63

注：合计持股数包含 F 类账户；单位为万股。

年末个股股东持股情况
Distribution of Shareholders by 2018

证券代码 Code	证券简称 Security Name	合计持股数 Total Hold	自然人 Individual		一般法人 Corporation		专业机构 Institution	
			持有股数	比例(%)	持有股数	比例(%)	持有股数	比例(%)
600420	现代制药	105622.69	26249.06	24.85	72856.71	68.98	6516.92	6.17
600421	ST 仰帆	19560.00	9546.72	48.81	10007.45	51.16	5.84	0.03
600422	昆药集团	76239.20	39067.58	51.24	35159.33	46.12	2012.29	2.64
600423	*ST 柳化	79869.50	35606.24	44.58	44258.88	55.41	4.39	0.01
600425	青松建化	137879.01	80020.08	58.04	57786.64	41.91	72.29	0.05
600426	华鲁恒升	162032.98	34683.39	21.41	85543.45	52.79	41806.14	25.80
600428	中远海特	214665.08	70316.45	32.76	141454.59	65.90	2894.04	1.35
600429	三元股份	149755.74	22264.38	14.87	124184.83	82.92	3306.53	2.21
600433	冠豪高新	127131.54	74561.81	58.65	47503.18	37.37	5066.55	3.99
600435	北方导航	148932.00	66599.37	44.72	61449.27	41.26	20883.36	14.02
600436	片仔癀	60331.72	15030.37	24.91	38932.28	64.53	6369.07	10.56
600438	通威股份	388237.22	62537.40	16.11	272019.45	70.07	53680.37	13.83
600439	瑞贝卡	113198.54	60198.13	53.18	49887.82	44.07	3112.60	2.75
600444	国机通用	14642.19	5449.94	37.22	9166.69	62.60	25.57	0.17
600446	金证股份	85321.05	75945.69	89.01	7385.35	8.66	1990.00	2.33
600448	华纺股份	52484.97	30795.42	58.67	21188.33	40.37	501.23	0.95
600449	宁夏建材	47818.10	23281.38	48.69	23743.71	49.65	793.02	1.66
600452	涪陵电力	22400.00	6650.34	29.69	14415.85	64.36	1333.81	5.95
600455	博通股份	6245.80	4071.10	65.18	2105.87	33.72	68.84	1.10
600456	宝钛股份	43026.57	15098.94	35.09	25037.15	58.19	2890.48	6.72
600458	时代新材	80279.82	32399.98	40.36	46029.84	57.34	1849.99	2.30
600459	贵研铂业	33927.11	19639.73	57.89	13977.54	41.20	309.83	0.91
600460	士兰微	131206.16	66775.08	50.89	61134.67	46.59	3296.42	2.51
600461	洪城水业	78959.36	34036.10	43.11	42842.89	54.26	2080.37	2.63
600462	九有股份	53378.00	41322.79	77.42	12054.84	22.58	0.37	0.00
600463	空港股份	30000.00	9621.83	32.07	20329.28	67.76	48.88	0.16
600466	蓝光发展	298410.80	100525.69	33.69	150618.45	50.47	47266.66	15.84
600467	好当家	146099.43	97390.64	66.66	44592.19	30.52	4116.60	2.82
600468	百利电气	81111.35	26974.50	33.26	52487.45	64.71	1649.41	2.03
600469	风神股份	56241.32	25374.81	45.12	30706.96	54.60	159.55	0.28
600470	六国化工	52160.00	37990.95	72.84	14135.99	27.10	33.06	0.06
600475	华光股份	55939.22	13687.36	24.47	42143.84	75.34	108.03	0.19
600476	湘邮科技	16107.00	9009.02	55.93	7092.11	44.03	5.87	0.04
600477	杭萧钢构	179068.00	166450.88	92.95	10816.88	6.04	1800.24	1.01
600478	科力远	146968.67	94428.76	64.25	48521.57	33.01	4018.34	2.73
600479	千金药业	41850.71	19321.90	46.17	18312.41	43.76	4216.41	10.07
600480	凌云股份	45507.10	23360.29	51.33	21820.79	47.95	326.02	0.72
600481	双良节能	163749.58	85363.70	52.13	70316.25	42.94	8069.63	4.93
600482	中国动力	171626.50	14666.05	8.55	145219.36	84.61	11741.09	6.84
600483	福能股份	155182.56	12554.81	8.09	134926.39	86.95	7701.36	4.96
600485	信威集团	292374.28	239513.22	81.92	39421.59	13.48	13439.47	4.60
600486	扬农化工	30989.89	4049.84	13.07	17212.83	55.54	9727.22	31.39
600487	亨通光电	190368.58	127257.66	66.85	52731.23	27.70	10379.69	5.45
600488	天药股份	109188.67	44215.80	40.49	61288.48	56.13	3684.38	3.37
600489	中金黄金	345113.72	123972.28	35.92	182418.83	52.86	38722.61	11.22
600490	鹏欣资源	211143.26	140038.89	66.32	70087.72	33.19	1016.65	0.48
600491	龙元建设	152975.80	102016.74	66.69	34109.83	22.30	16849.23	11.01
600493	凤竹纺织	27200.00	24278.12	89.26	2900.82	10.66	21.06	0.08
600495	晋西车轴	120819.09	80260.75	66.43	38019.22	31.47	2539.12	2.10
600496	精工钢构	181044.52	107742.46	59.51	72340.71	39.96	961.35	0.53

注：合计持股数包含 F 类账户；单位为万股。

年末个股股东持股情况
Distribution of Shareholders by 2018

证券代码 Code	证券简称 Security Name	合计持股数 Total Hold	自然人 Individual		一般法人 Corporation		专业机构 Institution	
			持有股数	比例(%)	持有股数	比例(%)	持有股数	比例(%)
600497	驰宏锌锗	509129.16	282406.29	55.47	211458.26	41.53	15264.61	3.00
600498	烽火通信	116870.06	27865.60	23.84	67350.58	57.63	21653.88	18.53
600499	科达洁能	157720.57	129736.05	82.26	24820.20	15.74	3164.32	2.01
600500	中化国际	208301.27	62994.82	30.24	131783.80	63.27	13522.65	6.49
600501	航天晨光	42128.36	20285.61	48.15	21246.07	50.43	596.68	1.42
600502	安徽水利	172116.03	80301.51	46.66	90811.72	52.76	1002.80	0.58
600503	华丽家族	160229.00	131677.18	82.18	24528.60	15.31	4023.22	2.51
600505	西昌电力	36456.75	18414.68	50.51	17926.78	49.17	115.29	0.32
600506	香梨股份	14770.69	11108.10	75.20	3649.41	24.71	13.18	0.09
600507	方大特钢	144987.15	56733.98	39.13	74065.83	51.08	14187.34	9.79
600508	上海能源	72271.80	25135.03	34.78	46595.79	64.47	540.98	0.75
600509	天富能源	115141.50	44727.79	38.85	68420.28	59.42	1993.43	1.73
600510	黑牡丹	104709.50	34442.14	32.89	69128.34	66.02	1139.02	1.09
600511	国药股份	76440.44	8826.77	11.55	57164.39	74.78	10449.28	13.67
600512	腾达建设	159890.28	137738.00	86.15	20447.11	12.79	1705.17	1.07
600513	联环药业	28545.63	15740.58	55.14	12312.50	43.13	492.55	1.73
600515	海航基础	390759.25	30653.62	7.84	359605.18	92.03	500.44	0.13
600516	方大炭素	180739.34	97739.29	54.08	77070.59	42.64	5929.46	3.28
600517	置信电气	135616.78	56411.99	41.60	76909.76	56.71	2295.03	1.69
600518	康美药业	497386.17	142186.97	28.59	274982.88	55.29	80216.32	16.13
600519	贵州茅台	125619.78	12601.52	10.03	89511.49	71.26	23506.77	18.71
600520	文一科技	15843.00	7986.32	50.41	7846.99	49.53	9.69	0.06
600521	华海药业	125083.86	86796.98	69.39	26029.97	20.81	12256.91	9.80
600522	中天科技	306607.25	152220.41	49.65	131227.59	42.80	23159.24	7.55
600523	贵航股份	40431.13	17345.53	42.90	22554.52	55.79	531.09	1.31
600525	长园集团	132467.72	83971.49	63.39	38482.83	29.05	10013.39	7.56
600526	菲达环保	54740.47	30251.67	55.26	24046.35	43.93	442.44	0.81
600527	江南高纤	144313.41	137605.77	95.35	4795.57	3.32	1912.07	1.32
600528	中铁工业	222155.16	50527.12	22.74	159324.25	71.72	12303.79	5.54
600529	山东药玻	42497.70	7152.29	16.83	22414.43	52.74	12930.97	30.43
600530	交大昂立	78000.00	37690.44	48.32	39837.80	51.07	471.76	0.60
600531	豫光金铅	109024.26	63011.39	57.80	43784.80	40.16	2228.07	2.04
600532	宏达矿业	51606.57	32021.82	62.05	19450.53	37.69	134.22	0.26
600533	栖霞建设	105000.00	44817.82	42.68	53937.52	51.37	6244.66	5.95
600535	天士力	151266.62	23319.88	15.42	101605.54	67.17	26341.21	17.41
600536	中国软件	49456.28	23361.18	47.24	24539.23	49.62	1555.87	3.15
600537	亿晶光电	117635.93	103944.16	88.36	12231.72	10.40	1460.05	1.24
600538	国发股份	46440.12	41505.79	89.37	4926.00	10.61	8.34	0.02
600539	*ST 狮头	23000.00	11051.74	48.05	11929.53	51.87	18.73	0.08
600540	新赛股份	47092.33	26508.58	56.29	20555.42	43.65	28.34	0.06
600543	莫高股份	32112.00	12164.12	37.88	19865.64	61.86	82.24	0.26
600545	卓郎智能	189541.30	48687.93	25.69	138858.30	73.26	1995.07	1.05
600546	山煤国际	198245.61	94209.88	47.52	94939.74	47.89	9095.99	4.59
600547	山东黄金	185711.88	38265.69	20.60	124211.84	66.88	23234.36	12.51
600548	深高速	143327.03	9566.59	6.67	125631.20	87.65	8129.23	5.67
600549	厦门钨业	141330.63	50213.49	35.53	82800.14	58.59	8317.00	5.88
600550	保变电气	184152.85	61860.31	33.59	121510.35	65.98	782.19	0.42
600551	时代出版	50582.53	14722.57	29.11	34960.00	69.11	899.97	1.78
600552	凯盛科技	76388.40	52276.86	68.44	23611.46	30.91	500.08	0.65
600555	海航创新	97350.00	64900.57	66.67	32295.86	33.17	153.58	0.16

注：合计持股数包含 F 类账户；单位为万股。

年末个股股东持股情况
Distribution of Shareholders by 2018

证券代码 Code	证券简称 Security Name	合计持股数 Total Hold	自然人 Individual		一般法人 Corporation		专业机构 Institution	
			持有股数	比例(%)	持有股数	比例(%)	持有股数	比例(%)
600556	ST 慧球	39479.37	33741.42	85.47	5737.08	14.53	0.87	0.00
600557	康缘药业	61644.91	20568.66	33.37	34877.34	56.58	6198.91	10.06
600558	大西洋	89760.48	58962.34	65.69	30439.00	33.91	359.14	0.40
600559	老白干酒	66601.24	18523.58	27.81	40706.82	61.12	7370.85	11.07
600560	金自天正	22364.55	12163.21	54.39	10190.78	45.57	10.56	0.05
600561	江西长运	23706.40	15654.45	66.03	7924.03	33.43	127.92	0.54
600562	国睿科技	62235.07	21766.76	34.98	33633.75	54.04	6834.56	10.98
600563	法拉电子	22500.00	2930.77	13.03	13175.48	58.56	6393.75	28.42
600565	迪马股份	240461.98	124699.60	51.86	102866.29	42.78	12896.09	5.36
600566	济川药业	81481.74	9079.53	11.14	57347.15	70.38	15055.06	18.48
600567	山鹰纸业	457065.58	278538.93	60.94	156773.30	34.30	21753.35	4.76
600568	中珠医疗	199286.97	94025.86	47.18	84852.31	42.58	20408.80	10.24
600569	安阳钢铁	239368.45	91333.25	38.16	145650.08	60.85	2385.12	1.00
600570	恒生电子	61780.52	27171.47	43.98	18496.24	29.94	16112.81	26.08
600571	信雅达	43967.92	33243.59	75.61	10431.51	23.73	292.82	0.67
600572	康恩贝	266732.02	114645.69	42.98	128893.26	48.32	23193.07	8.70
600573	惠泉啤酒	25000.00	10944.00	43.78	13913.39	55.65	142.61	0.57
600575	皖江物流	388626.11	123895.42	31.88	259601.25	66.80	5129.44	1.32
600576	祥源文化	64830.00	28772.62	44.38	35782.47	55.19	274.90	0.42
600577	精达股份	195532.42	103566.18	52.97	91156.51	46.62	809.73	0.41
600578	京能电力	674673.45	70090.30	10.39	582844.14	86.39	21739.00	3.22
600579	天华院	41063.60	16690.25	40.64	24194.95	58.92	178.40	0.43
600580	卧龙电气	129340.96	45539.79	35.21	77074.63	59.59	6726.54	5.20
600581	八一钢铁	153289.79	71715.26	46.78	79325.93	51.75	2248.60	1.47
600582	天地科技	413858.89	69411.76	16.77	302590.27	73.11	41856.86	10.11
600583	海油工程	442135.48	89751.70	20.30	298880.88	67.60	53502.91	12.10
600584	长电科技	160287.46	54721.66	34.14	86478.22	53.95	19087.57	11.91
600585	海螺水泥	399970.26	39644.53	9.91	253624.74	63.41	106700.99	26.68
600586	金晶科技	145830.21	84569.69	57.99	53579.50	36.74	7681.02	5.27
600587	新华医疗	40642.81	14977.57	36.85	24019.46	59.10	1645.78	4.05
600588	用友网络	191783.28	52335.85	27.29	120479.33	62.82	18968.10	9.89
600589	广东榕泰	70530.58	47469.60	67.30	22350.27	31.69	710.71	1.01
600590	泰豪科技	86629.88	40803.88	47.10	42469.23	49.02	3356.77	3.87
600592	龙溪股份	39955.36	22528.77	56.38	17325.51	43.36	101.08	0.25
600593	大连圣亚	12880.00	7126.73	55.33	5717.86	44.39	35.41	0.27
600594	益佰制药	79192.74	66766.47	84.31	7274.09	9.19	5152.18	6.51
600595	中孚实业	196122.41	79521.06	40.55	89905.63	45.84	26695.71	13.61
600596	新安股份	70591.46	48500.65	68.71	18921.53	26.80	3169.28	4.49
600597	光明乳业	122448.75	33993.57	27.76	76944.48	62.84	11510.70	9.40
600598	北大荒	177767.99	53019.43	29.83	117039.94	65.84	7708.62	4.34
600599	熊猫金控	16600.00	7865.68	47.38	8692.57	52.36	41.75	0.25
600600	青岛啤酒	69591.36	6233.65	8.96	47095.10	67.67	16262.60	23.37
600601	方正科技	219489.12	196666.70	89.60	22285.49	10.15	536.93	0.24
600602	云赛智联	107430.30	55592.27	51.75	50659.29	47.16	1178.74	1.10
600603	广汇物流	125270.48	41142.37	32.84	84006.85	67.06	121.26	0.10
600604	市北高新	140745.48	53423.77	37.96	85910.13	61.04	1411.58	1.00
600605	汇通能源	14734.46	8370.15	56.81	6328.23	42.95	36.08	0.24
600606	绿地控股	1216815.44	134787.07	11.08	968910.54	79.63	113117.83	9.30
600608	ST 沪科	32886.14	26237.36	79.78	6582.19	20.02	66.60	0.20
600609	金杯汽车	109266.71	64105.28	58.67	43733.17	40.02	1428.26	1.31

注：合计持股数包含 F 类账户；单位为万股。

年末个股股东持股情况
Distribution of Shareholders by 2018

证券代码 Code	证券简称 Security Name	合计持股数 Total Hold	自然人 Individual		一般法人 Corporation		专业机构 Institution	
			持有股数	比例(%)	持有股数	比例(%)	持有股数	比例(%)
600610	*ST 毅达	71091.46	30720.46	43.21	40359.07	56.77	11.92	0.02
600611	大众交通	156331.64	102018.19	65.26	50013.14	31.99	4300.30	2.75
600612	老凤祥	31710.96	1615.87	5.10	24192.34	76.29	5902.76	18.61
600613	神奇制药	47932.00	30684.17	64.02	17152.50	35.79	95.32	0.20
600614	鹏起科技	151148.77	92619.30	61.28	52280.56	34.59	6248.91	4.13
600615	丰华股份	18802.05	9778.94	52.01	8924.73	47.47	98.39	0.52
600616	金枫酒业	51461.92	28532.36	55.44	21468.10	41.72	1461.46	2.84
600617	国新能源	97491.43	22957.12	23.55	72717.70	74.59	1816.61	1.86
600618	氯碱化工	74984.00	17178.95	22.91	56089.69	74.80	1715.36	2.29
600619	海立股份	58214.10	19480.32	33.46	38262.73	65.73	471.06	0.81
600620	天宸股份	68667.71	22780.42	33.17	45651.71	66.48	235.58	0.34
600621	华鑫股份	106089.93	31050.16	29.27	73490.76	69.27	1549.01	1.46
600622	光大嘉宝	115360.42	22222.09	19.26	70981.50	61.53	22156.83	19.21
600623	华谊集团	187433.09	26969.41	14.39	152975.20	81.62	7488.48	4.00
600624	复旦复华	68471.20	44557.32	65.07	23528.98	34.36	384.91	0.56
600626	申达股份	85229.13	46011.01	53.99	38346.66	44.99	871.46	1.02
600628	新世界	64687.54	30226.81	46.73	34040.00	52.62	420.73	0.65
600629	华建集团	43220.81	9761.35	22.58	32558.03	75.33	901.43	2.09
600630	龙头股份	42486.16	28722.57	67.60	13485.15	31.74	278.44	0.66
600633	浙数文化	130192.40	34913.51	26.82	68339.48	52.49	26939.41	20.69
600634	*ST 富控	57573.21	36991.87	64.25	20193.48	35.07	387.85	0.67
600635	大众公用	241879.17	172489.87	71.31	68192.12	28.19	1197.18	0.49
600636	三爱富	44694.19	24736.25	55.35	19765.20	44.22	192.74	0.43
600637	东方明珠	343362.80	88697.59	25.83	223249.77	65.02	31415.44	9.15
600638	新黄浦	67339.68	23042.86	34.22	44011.59	65.36	285.22	0.42
600639	浦东金桥	85023.67	15350.23	18.05	62696.85	73.74	6976.59	8.21
600640	号百控股	79569.59	15322.14	19.26	63551.30	79.87	696.16	0.87
600641	万业企业	80615.87	36662.50	45.48	42933.93	53.26	1019.44	1.26
600642	申能股份	455203.83	133899.97	29.42	262118.30	57.58	59185.57	13.00
600643	爱建集团	162192.25	57581.49	35.50	89315.72	55.07	15295.04	9.43
600644	乐山电力	53840.07	19007.86	35.30	34657.94	64.37	174.27	0.32
600645	中源协和	44016.11	28311.78	64.32	13671.41	31.06	2032.92	4.62
600647	同达创业	13914.36	7130.82	51.25	6577.36	47.27	206.17	1.48
600648	外高桥	93479.16	23150.40	24.77	67994.36	72.74	2334.39	2.50
600649	城投控股	252957.56	82830.04	32.74	149526.78	59.11	20600.75	8.14
600650	锦江投资	39056.01	15172.46	38.85	22266.96	57.01	1616.59	4.14
600651	飞乐音响	98892.23	54947.09	55.56	38873.47	39.31	5071.66	5.13
600652	游久游戏	83270.35	65391.64	78.53	17752.47	21.32	126.24	0.15
600653	申华控股	194638.03	140508.03	72.19	53386.55	27.43	743.45	0.38
600654	ST 中安	128302.10	68762.13	53.59	58898.28	45.91	641.69	0.50
600655	豫园股份	388106.39	56715.82	14.61	317671.10	81.85	13719.47	3.53
600657	信达地产	285187.86	40782.40	14.30	233842.81	82.00	10562.65	3.70
600658	电子城	111858.50	25390.56	22.70	80954.56	72.37	5513.39	4.93
600660	福耀玻璃	200298.63	37795.62	18.87	94098.20	46.98	68404.82	34.15
600661	昂立教育	28654.88	11896.38	41.52	16132.02	56.30	626.48	2.19
600662	强生控股	105336.22	56420.38	53.56	48174.37	45.73	741.46	0.70
600663	陆家嘴	244455.12	22530.76	9.22	207884.24	85.04	14040.12	5.74
600664	哈药股份	254495.33	95176.12	37.40	142659.68	56.06	16659.52	6.55
600665	天地源	86412.25	32761.16	37.91	52727.80	61.02	923.29	1.07
600666	奥瑞德	122732.62	104334.91	85.01	18035.13	14.69	362.59	0.30

注：合计持股数包含 F 类账户；单位为万股。

年末个股股东持股情况
Distribution of Shareholders by 2018

证券代码 Code	证券简称 Security Name	合计持股数 Total Hold	自然人 Individual		一般法人 Corporation		专业机构 Institution	
			持有股数	比例(%)	持有股数	比例(%)	持有股数	比例(%)
600667	太极实业	210619.02	77569.06	36.83	129936.81	61.69	3113.15	1.48
600668	尖峰集团	34408.38	23727.34	68.96	8966.45	26.06	1714.59	4.98
600671	天目药业	12177.89	5981.11	49.11	5918.87	48.60	277.91	2.28
600673	东阳光科	301389.73	94905.01	31.49	194574.50	64.56	11910.21	3.95
600674	川投能源	440214.05	61654.99	14.01	321356.47	73.00	57202.59	12.99
600675	中华企业	508011.27	90349.25	17.78	407613.59	80.24	10048.43	1.98
600676	交运股份	102849.29	44951.84	43.71	56841.74	55.27	1055.72	1.03
600677	航天通信	52179.17	39397.03	75.50	12658.07	24.26	124.07	0.24
600678	四川金顶	34899.00	24441.82	70.04	10318.53	29.57	138.65	0.40
600679	上海凤凰	23059.89	6802.18	29.50	16141.05	70.00	116.66	0.51
600680	*ST 上普	25742.53	6474.99	25.15	19265.79	74.84	1.76	0.01
600681	百川能源	103151.38	48383.52	46.91	38602.48	37.42	16165.38	15.67
600682	南京新百	129271.34	38719.07	29.95	89423.39	69.17	1128.87	0.87
600683	京投发展	74077.76	36814.52	49.70	36970.06	49.91	293.18	0.40
600684	珠江实业	85346.07	53632.40	62.84	30948.76	36.26	764.92	0.90
600685	中船防务	82143.52	22260.14	27.10	55376.80	67.41	4506.58	5.49
600686	金龙汽车	60673.85	21778.73	35.89	37546.73	61.88	1348.40	2.22
600687	刚泰控股	148871.53	41407.29	27.81	105852.91	71.10	1611.33	1.08
600688	上海石化	732881.35	69023.90	9.42	610354.81	83.28	53502.64	7.30
600689	上海三毛	15220.41	9597.16	63.05	5617.38	36.91	5.87	0.04
600690	青岛海尔	609740.27	81960.37	13.44	330513.07	54.21	197266.84	32.35
600691	阳煤化工	237598.20	110941.35	46.69	122477.17	51.55	4179.68	1.76
600692	亚通股份	35176.41	23236.17	66.06	11760.43	33.43	179.80	0.51
600693	东百集团	89822.91	43917.89	48.89	45448.95	50.60	456.08	0.51
600694	大商股份	29371.87	10950.30	37.28	16316.96	55.55	2104.60	7.17
600695	绿庭投资	36646.72	20722.67	56.55	15870.70	43.31	53.34	0.15
600696	ST 岩石	34056.56	22620.03	66.42	11401.46	33.48	35.07	0.10
600697	欧亚集团	15908.81	6561.33	41.24	8303.48	52.19	1043.99	6.56
600698	湖南天雁	74181.74	42914.20	57.85	31259.31	42.14	8.23	0.01
600699	均胜电子	94928.90	24429.15	25.73	62095.64	65.41	8404.10	8.85
600701	*ST 工新	103473.52	79766.52	77.09	23677.86	22.88	29.14	0.03
600702	舍得酒业	33730.00	16062.44	47.62	15352.50	45.52	2315.06	6.86
600703	三安光电	407842.49	76372.32	18.73	241387.96	59.19	90082.21	22.09
600704	物产中大	430668.24	98361.50	22.84	301495.15	70.01	30811.59	7.15
600705	中航资本	897632.58	250334.83	27.89	582239.56	64.86	65058.19	7.25
600706	曲江文旅	17950.97	7877.31	43.88	10010.96	55.77	62.70	0.35
600707	彩虹股份	358838.97	50246.48	14.00	308115.67	85.86	476.82	0.13
600708	光明地产	222863.67	79840.39	35.82	133682.92	59.98	9340.36	4.19
600710	苏美达	130674.94	44992.73	34.43	85093.50	65.12	588.71	0.45
600711	盛屯矿业	183074.22	133935.17	73.16	32234.01	17.61	16905.04	9.23
600712	南宁百货	54465.54	27582.20	50.64	26469.32	48.60	414.02	0.76
600713	南京医药	104161.12	44746.23	42.96	58112.87	55.79	1302.02	1.25
600714	金瑞矿业	28817.63	10220.34	35.47	18185.37	63.11	411.91	1.43
600715	文投控股	185485.35	48584.12	26.19	136140.04	73.40	761.19	0.41
600716	凤凰股份	93606.06	42528.94	45.43	50933.67	54.41	143.45	0.15
600717	天津港	167476.91	58724.74	35.06	105582.92	63.04	3169.26	1.89
600718	东软集团	124237.03	55697.60	44.83	58500.78	47.09	10038.64	8.08
600719	大连热电	40459.96	23219.00	57.39	16843.93	41.63	397.03	0.98
600720	祁连山	77629.03	47243.61	60.86	25200.94	32.46	5184.48	6.68
600721	百花村	40038.64	21921.87	54.75	18072.03	45.14	44.74	0.11

注：合计持股数包含 F 类账户；单位为万股。

年末个股股东持股情况
Distribution of Shareholders by 2018

证券代码 Code	证券简称 Security Name	合计持股数 Total Hold	自然人 Individual		一般法人 Corporation		专业机构 Institution	
			持有股数	比例(%)	持有股数	比例(%)	持有股数	比例(%)
600722	金牛化工	68031.97	29528.95	43.40	38349.40	56.37	153.61	0.23
600723	首商股份	65840.76	20186.55	30.66	40007.21	60.76	5647.00	8.58
600724	宁波富达	144524.11	29753.59	20.59	114103.31	78.95	667.21	0.46
600725	ST 云维	123247.00	45562.28	36.97	76747.19	62.27	937.52	0.76
600726	华电能源	153467.52	61865.78	40.31	91495.07	59.62	106.67	0.07
600727	鲁北化工	35098.66	24431.91	69.61	10628.56	30.28	38.20	0.11
600728	佳都科技	161878.99	89147.00	55.07	71736.94	44.32	995.05	0.61
600729	重庆百货	40652.85	10891.57	26.79	23451.34	57.69	6309.93	15.52
600730	中国高科	58665.60	49846.89	84.97	8731.65	14.88	87.06	0.15
600731	湖南海利	35522.27	19575.31	55.11	14775.32	41.59	1171.64	3.30
600732	ST 新梅	44638.31	30581.37	68.51	14022.50	31.41	34.44	0.08
600733	北汽蓝谷	335534.91	38048.66	11.34	297218.79	88.58	267.46	0.08
600734	实达集团	62351.58	28135.58	45.12	33764.39	54.15	451.60	0.72
600735	新华锦	37599.23	18079.46	48.08	19275.74	51.27	244.03	0.65
600736	苏州高新	115129.29	52551.57	45.65	58942.08	51.20	3635.64	3.16
600737	中粮糖业	205187.62	63108.13	30.76	120709.70	58.83	21369.79	10.41
600738	兰州民百	78309.54	27715.83	35.39	49693.13	63.46	900.59	1.15
600739	辽宁成大	152970.98	59732.94	39.05	84570.64	55.29	8667.40	5.67
600740	山西焦化	143216.86	38761.93	27.07	103524.17	72.28	930.76	0.65
600741	华域汽车	315272.40	24681.44	7.83	209822.55	66.55	80768.41	25.62
600742	一汽富维	50765.62	31101.84	61.27	16815.82	33.12	2847.95	5.61
600743	华远地产	234610.09	62881.04	26.80	166178.56	70.83	5550.48	2.37
600744	华银电力	178112.43	54506.35	30.60	123259.83	69.20	346.25	0.19
600745	闻泰科技	63726.64	18708.09	29.36	34148.36	53.59	10870.19	17.06
600746	江苏索普	30642.25	16757.22	54.69	13846.88	45.19	38.15	0.12
600747	ST 大控	146432.84	89749.52	61.29	53353.67	36.44	3329.65	2.27
600748	上实发展	184456.29	41481.63	22.49	132533.09	71.85	10441.56	5.66
600749	*ST 藏旅	22696.55	8539.94	37.63	14123.98	62.23	32.63	0.14
600750	江中药业	42000.00	19569.93	46.60	20608.25	49.07	1821.82	4.34
600751	海航科技	257318.91	80589.47	31.32	170676.43	66.33	6053.01	2.35
600753	东方银星	12800.00	4684.67	36.60	8112.21	63.38	3.12	0.02
600754	锦江股份	80193.64	6370.90	7.94	68574.24	85.51	5248.50	6.54
600755	厦门国贸	181627.25	109859.13	60.49	67600.03	37.22	4168.09	2.29
600756	浪潮软件	32409.88	23597.94	72.81	8259.77	25.49	552.17	1.70
600757	长江传媒	121365.03	34548.62	28.47	75448.97	62.17	11367.44	9.37
600758	红阳能源	133140.89	42058.62	31.59	90256.96	67.79	825.32	0.62
600759	洲际油气	226350.75	115451.32	51.01	100949.77	44.60	9949.66	4.40
600760	中航沈飞	140038.93	13814.31	9.86	113418.75	80.99	12805.86	9.14
600761	安徽合力	74018.08	26451.25	35.74	35772.47	48.33	11794.35	15.93
600763	通策医疗	32064.00	9123.20	28.45	13317.91	41.54	9622.89	30.01
600764	中国海防	39480.62	8785.00	22.25	30502.06	77.26	193.56	0.49
600765	中航重机	77800.32	35474.00	45.60	35473.21	45.60	6853.11	8.81
600766	园城黄金	22422.68	21387.53	95.38	820.22	3.66	214.93	0.96
600767	ST 运盛	34101.02	25696.63	75.35	8346.10	24.47	58.28	0.17
600768	宁波富邦	13374.72	7728.90	57.79	5626.09	42.07	19.73	0.15
600769	祥龙电业	37497.72	25485.76	67.97	11944.46	31.85	67.50	0.18
600770	综艺股份	130000.00	86949.19	66.88	39249.56	30.19	3801.25	2.92
600771	广誉远	35287.90	12906.48	36.57	17512.15	49.63	4869.28	13.80
600773	西藏城投	81966.07	35466.96	43.27	44948.44	54.84	1550.68	1.89
600774	汉商集团	22694.80	8855.92	39.02	13805.26	60.83	33.63	0.15

注：合计持股数包含 F 类账户；单位为万股。

年末个股股东持股情况
Distribution of Shareholders by 2018

证券代码 Code	证券简称 Security Name	合计持股数 Total Hold	自然人 Individual		一般法人 Corporation		专业机构 Institution	
			持有股数	比例(%)	持有股数	比例(%)	持有股数	比例(%)
600775	南京熊猫	67183.85	31115.53	46.31	35811.88	53.30	256.44	0.38
600776	东方通信	95600.01	31569.44	33.02	60269.41	63.04	3761.15	3.93
600777	新潮能源	680049.58	182647.84	26.86	482387.89	70.93	15013.85	2.21
600778	*ST 友好	31149.14	19104.05	61.33	11883.51	38.15	161.58	0.52
600779	水井坊	48854.57	8826.57	18.07	30270.35	61.96	9757.65	19.97
600780	通宝能源	114650.25	30899.57	26.95	80500.28	70.21	3250.40	2.84
600781	辅仁药业	62715.75	11123.46	17.74	50802.41	81.00	789.88	1.26
600782	新钢股份	318872.27	60745.10	19.05	220067.00	69.01	38060.16	11.94
600783	鲁信创投	74435.93	21654.40	29.09	52562.94	70.62	218.58	0.29
600784	鲁银投资	56817.78	40766.04	71.75	15763.56	27.74	288.18	0.51
600785	新华百货	22563.13	6700.25	29.70	15770.09	69.89	92.79	0.41
600787	中储股份	219980.10	53362.23	24.26	145899.61	66.32	20718.26	9.42
600789	鲁抗医药	67709.98	41996.81	62.02	25227.73	37.26	485.44	0.72
600790	轻纺城	146579.09	65084.63	44.40	66838.91	45.60	14655.56	10.00
600791	京能置业	45288.00	23829.02	52.62	21224.78	46.87	234.20	0.52
600792	云煤能源	98992.36	37176.79	37.56	60396.33	61.01	1419.24	1.43
600793	宜宾纸业	10530.00	4780.10	45.40	5733.85	54.45	16.05	0.15
600794	保税科技	121215.22	73189.49	60.38	47933.14	39.54	92.59	0.08
600795	国电电力	1965039.78	626919.06	31.90	1155842.20	58.82	182278.52	9.28
600796	钱江生化	30140.21	19592.42	65.00	10392.39	34.48	155.41	0.52
600797	浙大网新	105521.87	67944.32	64.39	30359.66	28.77	7217.89	6.84
600798	宁波海运	120653.42	56047.82	46.45	64415.06	53.39	190.54	0.16
600800	天津磁卡	61127.10	43282.90	70.81	17831.40	29.17	12.81	0.02
600801	华新水泥	97277.13	20261.21	20.83	63070.26	64.84	13945.66	14.34
600802	福建水泥	38187.37	22326.63	58.47	14569.93	38.15	1290.81	3.38
600803	新奥股份	122935.58	42537.66	34.60	70699.43	57.51	9698.49	7.89
600804	鹏博士	143245.65	78237.16	54.62	47080.46	32.87	17928.03	12.52
600805	悦达投资	85089.45	38888.16	45.70	39745.95	46.71	6455.34	7.59
600807	*ST 天业	88463.47	53715.73	60.72	34710.08	39.24	37.66	0.04
600808	马钢股份	596775.12	172089.10	28.84	372245.99	62.38	52440.03	8.79
600809	山西汾酒	86584.83	8327.96	9.62	66083.61	76.32	12173.26	14.06
600810	神马股份	44228.00	20679.91	46.76	22407.77	50.66	1140.32	2.58
600811	东方集团	371457.61	136343.45	36.70	222064.07	59.78	13050.09	3.51
600812	华北制药	163080.47	54131.07	33.19	108535.53	66.55	413.88	0.25
600814	杭州解百	71502.68	21194.63	29.64	49894.38	69.78	413.67	0.58
600815	厦工股份	95897.00	48776.97	50.86	46660.70	48.66	459.33	0.48
600816	安信信托	546913.79	202543.19	37.03	293478.63	53.66	50891.98	9.31
600817	ST 宏盛	16091.01	9747.21	60.58	6301.74	39.16	42.06	0.26
600818	中路股份	23795.79	13804.86	58.01	9798.78	41.18	192.15	0.81
600819	耀皮玻璃	74741.61	23746.18	31.77	50158.85	67.11	836.58	1.12
600820	隧道股份	314409.61	132649.51	42.19	155589.03	49.49	26171.07	8.32
600821	津劝业	41626.82	28717.13	68.99	12827.84	30.82	81.85	0.20
600822	上海物贸	39614.79	15223.14	38.43	24175.69	61.03	215.95	0.55
600823	世茂股份	375116.83	75508.47	20.13	279459.70	74.50	20148.65	5.37
600824	益民集团	105402.71	62049.93	58.87	42296.95	40.13	1055.83	1.00
600825	新华传媒	104488.79	41686.53	39.90	59724.55	57.16	3077.70	2.95
600826	兰生股份	42064.23	16799.07	39.94	24536.81	58.33	728.34	1.73
600827	百联股份	160444.99	41129.65	25.63	100957.42	62.92	18357.92	11.44
600828	茂业商业	173198.25	22994.80	13.28	149495.45	86.31	708.01	0.41
600829	人民同泰	57988.86	10219.64	17.62	46262.15	79.78	1507.07	2.60

注：合计持股数包含 F 类账户；单位为万股。

年末个股股东持股情况
Distribution of Shareholders by 2018

证券代码 Code	证券简称 Security Name	合计持股数 Total Hold	自然人 Individual		一般法人 Corporation		专业机构 Institution	
			持有股数	比例(%)	持有股数	比例(%)	持有股数	比例(%)
600830	香溢融通	45432.27	27201.52	59.87	17919.75	39.44	311.00	0.68
600831	广电网络	60496.77	29031.65	47.99	30538.62	50.48	926.50	1.53
600833	第一医药	22308.63	10512.26	47.12	11654.16	52.24	142.21	0.64
600834	申通地铁	47738.19	18001.77	37.71	29227.70	61.22	508.72	1.07
600835	上海机电	80650.43	15582.55	19.32	55260.79	68.52	9807.09	12.16
600836	界龙实业	66275.31	47850.76	72.20	18381.85	27.74	42.69	0.06
600837	海通证券	809213.12	204080.94	25.22	481656.62	59.52	123475.56	15.26
600838	上海九百	40088.20	27769.61	69.27	12036.98	30.03	281.61	0.70
600839	四川长虹	461624.42	307736.07	66.66	131222.56	28.43	22665.80	4.91
600841	上柴股份	52189.25	8803.06	16.87	43023.60	82.44	362.60	0.69
600843	上工申贝	30464.59	15602.68	51.22	14733.88	48.36	128.02	0.42
600844	丹化科技	82273.06	56168.37	68.27	25993.29	31.59	111.40	0.14
600845	宝信软件	64850.79	7457.07	11.50	46641.32	71.92	10752.40	16.58
600846	同济科技	62476.15	47039.59	75.29	14990.32	23.99	446.25	0.71
600847	万里股份	15328.74	8727.92	56.94	6588.41	42.98	12.42	0.08
600848	上海临港	101277.80	17338.76	17.12	82296.41	81.26	1642.62	1.62
600850	华东电脑	42401.10	18163.76	42.84	21809.89	51.44	2427.45	5.72
600851	海欣股份	73820.61	29717.80	40.26	43902.07	59.47	200.74	0.27
600853	龙建股份	64416.77	34874.07	54.14	29362.50	45.58	180.19	0.28
600854	春兰股份	51945.85	30613.50	58.93	21053.41	40.53	278.94	0.54
600855	航天长峰	35203.13	20686.91	58.76	14032.02	39.86	484.20	1.38
600856	中天能源	136665.44	65535.94	47.95	65941.08	48.25	5188.41	3.80
600857	宁波中百	22431.99	15000.65	66.87	7392.45	32.95	38.90	0.17
600858	银座股份	52006.66	15412.63	29.64	31200.89	59.99	5393.14	10.37
600859	王府井	77625.04	15567.74	20.06	54909.83	70.74	7147.46	9.21
600860	京城股份	32200.00	13251.46	41.15	18772.14	58.30	176.39	0.55
600861	北京城乡	31680.49	18053.41	56.99	11528.90	36.39	2098.19	6.62
600862	中航高科	139304.91	36755.56	26.38	99435.95	71.38	3113.40	2.23
600863	内蒙华电	580784.33	189641.23	32.65	357743.18	61.60	33399.92	5.75
600864	哈投股份	210851.38	51260.33	24.31	157378.49	74.64	2212.56	1.05
600865	百大集团	37624.03	20952.70	55.69	16465.29	43.76	206.04	0.55
600866	星湖科技	64539.35	37377.20	57.91	26914.30	41.70	247.85	0.38
600867	通化东宝	203398.85	40123.39	19.73	92068.25	45.26	71207.21	35.01
600868	梅雁吉祥	189814.87	177757.70	93.65	11876.32	6.26	180.85	0.10
600869	智慧能源	221935.27	87683.26	39.51	120691.61	54.38	13560.41	6.11
600870	*ST 厦华	52319.97	34061.36	65.10	18242.18	34.87	16.43	0.03
600871	*ST 油服	1356937.86	147687.47	10.88	1208166.83	89.04	1083.56	0.08
600872	中炬高新	79663.72	8575.22	10.76	37368.31	46.91	33720.19	42.33
600873	梅花生物	310817.50	254474.62	81.87	28668.47	9.22	27674.40	8.90
600874	创业环保	108722.84	33125.48	30.47	74147.92	68.20	1449.45	1.33
600875	东方电气	275080.34	72222.45	26.26	185856.78	67.56	17001.12	6.18
600876	洛阳玻璃	30979.74	10124.97	32.68	20797.36	67.13	57.41	0.19
600877	ST 嘉陵	68728.20	52958.97	77.06	15758.35	22.93	10.88	0.02
600879	航天电子	271927.13	125352.49	46.10	115631.71	42.52	30942.93	11.38
600880	博瑞传播	109333.21	63771.08	58.33	42336.97	38.72	3225.16	2.95
600881	亚泰集团	324891.36	124860.54	38.43	185628.18	57.14	14402.64	4.43
600882	广泽股份	40976.20	28878.22	70.48	10864.09	26.51	1233.90	3.01
600883	博闻科技	23608.80	10807.47	45.78	11870.64	50.28	930.69	3.94
600884	杉杉股份	112276.50	40814.25	36.35	62052.65	55.27	9409.60	8.38
600885	宏发股份	74476.16	2714.50	3.64	45559.20	61.17	26202.45	35.18

注：合计持股数包含 F 类账户；单位为万股。

年末个股股东持股情况
Distribution of Shareholders by 2018

证券代码 Code	证券简称 Security Name	合计持股数 Total Hold	自然人 Individual		一般法人 Corporation		专业机构 Institution	
			持有股数	比例(%)	持有股数	比例(%)	持有股数	比例(%)
600886	国投电力	678602.33	130479.13	19.23	438195.96	64.57	109927.24	16.20
600887	伊利股份	607812.76	154439.53	25.41	165439.75	27.22	287933.48	47.37
600888	新疆众和	86180.20	51087.26	59.28	33013.83	38.31	2079.12	2.41
600889	南京化纤	36634.60	18125.37	49.48	18443.86	50.35	65.37	0.18
600890	中房股份	57919.49	27482.44	47.45	24783.17	42.79	5653.89	9.76
600891	秋林集团	61758.58	25593.43	41.44	36093.91	58.44	71.25	0.12
600892	大晟文化	55946.42	49526.00	88.52	6049.70	10.81	370.72	0.66
600893	航发动力	224984.45	37255.21	16.56	167108.22	74.28	20621.02	9.17
600894	广日股份	85994.69	29518.07	34.33	54167.84	62.99	2308.78	2.68
600895	张江高科	154868.96	59679.64	38.54	85470.04	55.19	9719.28	6.28
600896	*ST 海投	86909.91	36812.04	42.36	49829.09	57.33	268.78	0.31
600897	厦门空港	29781.00	5612.96	18.85	22049.56	74.04	2118.48	7.11
600898	国美通讯	25252.38	20438.88	80.94	4752.26	18.82	61.24	0.24
600900	长江电力	2200000.00	93734.64	4.26	1837000.74	83.50	269264.62	12.24
600901	江苏租赁	298665.00	60072.65	20.11	235319.63	78.79	3272.72	1.10
600903	贵州燃气	81298.93	13024.64	16.02	67009.58	82.42	1264.71	1.56
600908	无锡银行	184819.66	70108.14	37.93	110951.85	60.03	3759.67	2.03
600909	华安证券	362100.00	91921.42	25.39	237334.79	65.54	32843.79	9.07
600917	重庆燃气	155600.00	14034.83	9.02	139435.61	89.61	2129.56	1.37
600919	江苏银行	1154445.00	190752.64	16.52	811263.32	70.27	152429.04	13.20
600926	杭州银行	513020.04	86916.87	16.94	407123.87	79.36	18979.30	3.70
600929	湖南盐业	91775.11	14867.41	16.20	76874.62	83.76	33.08	0.04
600933	爱柯迪	85038.00	22207.91	26.12	62721.33	73.76	108.76	0.13
600936	广西广电	167102.62	30911.23	18.50	132715.27	79.42	3476.13	2.08
600939	重庆建工	181450.00	17200.28	9.48	161113.69	88.79	3136.03	1.73
600958	东方证券	596657.58	94276.86	15.80	444406.16	74.48	57974.56	9.72
600959	江苏有线	493046.01	83172.26	16.87	385860.99	78.26	24012.76	4.87
600960	渤海汽车	95051.55	38931.36	40.96	54987.75	57.85	1132.45	1.19
600961	株冶集团	52745.79	25896.31	49.10	26040.38	49.37	809.10	1.53
600962	国投中鲁	26221.00	12862.10	49.05	13267.03	50.60	91.87	0.35
600963	岳阳林纸	139773.31	72038.03	51.54	66745.23	47.75	990.05	0.71
600965	福成股份	81870.10	40338.01	49.27	40467.75	49.43	1064.33	1.30
600966	博汇纸业	133684.43	96167.77	71.94	36912.03	27.61	604.63	0.45
600967	内蒙一机	168963.18	32482.96	19.22	105518.19	62.45	30962.04	18.32
600969	郴电国际	37005.05	23981.52	64.81	12809.34	34.62	214.18	0.58
600970	中材国际	173957.39	87413.40	50.25	79351.66	45.62	7192.33	4.13
600971	恒源煤电	100000.41	51374.91	51.37	43562.66	43.56	5062.83	5.06
600973	宝胜股份	122211.25	57029.81	46.66	64654.29	52.90	527.16	0.43
600975	新五丰	65267.56	31905.18	48.88	33276.93	50.99	85.45	0.13
600976	健民集团	15339.86	5728.45	37.34	7246.27	47.24	2365.13	15.42
600977	中国电影	186700.00	30212.15	16.18	135139.52	72.38	21348.34	11.43
600978	宜华生活	148287.00	95676.36	64.52	42388.19	28.59	10222.46	6.89
600979	广安爱众	94789.21	37215.20	39.26	57456.36	60.61	117.65	0.12
600980	北矿科技	15220.99	8957.85	58.85	6217.24	40.85	45.90	0.30
600981	汇鸿集团	224243.32	26137.11	11.66	169668.85	75.66	28437.36	12.68
600982	宁波热电	74693.00	47903.87	64.13	26563.98	35.56	225.16	0.30
600983	惠而浦	76643.90	17068.47	22.27	57815.08	75.43	1760.35	2.30
600984	建设机械	82779.35	44627.41	53.91	35856.06	43.32	2295.88	2.77
600985	淮北矿业	211238.10	11235.84	5.32	195432.49	92.52	4569.77	2.16
600986	科达股份	132557.38	92317.07	69.64	38088.58	28.73	2151.73	1.62

注：合计持股数包含 F 类账户；单位为万股。

年末个股股东持股情况
Distribution of Shareholders by 2018

证券代码 Code	证券简称 Security Name	合计持股数 Total Hold	自然人 Individual		一般法人 Corporation		专业机构 Institution	
			持有股数	比例(%)	持有股数	比例(%)	持有股数	比例(%)
600987	航民股份	74539.23	17526.51	23.51	47423.72	63.62	9589.01	12.86
600988	赤峰黄金	142638.15	135209.84	94.79	4051.00	2.84	3377.30	2.37
600990	四创电子	15917.91	4654.75	29.24	8610.68	54.09	2652.48	16.66
600992	贵绳股份	24509.00	14650.33	59.78	9773.96	39.88	84.71	0.35
600993	马应龙	43105.39	19725.35	45.76	19351.34	44.89	4028.69	9.35
600995	文山电力	47852.64	30847.76	64.46	16357.35	34.18	647.53	1.35
600996	贵广网络	104256.84	22513.23	21.59	78887.91	75.67	2855.70	2.74
600997	开滦股份	158779.99	39423.22	24.83	114104.15	71.86	5252.62	3.31
600998	九州通	187766.36	25250.11	13.45	147867.27	78.75	14648.98	7.80
600999	招商证券	571900.81	52936.53	9.26	470274.57	82.23	48689.72	8.51
601000	唐山港	592592.86	175105.95	29.55	402532.70	67.93	14954.20	2.52
601001	大同煤业	167370.00	56534.13	33.78	104355.44	62.35	6480.43	3.87
601002	晋亿实业	79269.00	43542.79	54.93	35234.93	44.45	491.28	0.62
601003	柳钢股份	256279.32	53097.72	20.72	194211.30	75.78	8970.30	3.50
601005	重庆钢铁	838047.51	153153.21	18.28	662556.89	79.06	22337.41	2.67
601006	大秦铁路	1486679.15	107565.44	7.24	1156010.66	77.76	223103.05	15.01
601007	金陵饭店	30000.00	11939.06	39.80	17669.99	58.90	390.95	1.30
601008	连云港	101521.51	51336.94	50.57	50011.57	49.26	173.00	0.17
601009	南京银行	848220.79	229817.36	27.09	506231.60	59.68	112171.83	13.22
601010	文峰股份	184800.00	139554.83	75.52	44349.26	24.00	895.91	0.48
601011	宝泰隆	161097.96	101191.65	62.81	58635.14	36.40	1271.17	0.79
601012	隆基股份	279078.84	135134.50	48.42	58394.88	20.92	85549.45	30.65
601015	陕西黑猫	125368.42	32251.65	25.73	92671.54	73.92	445.23	0.36
601016	节能风电	415556.00	112987.28	27.19	274297.50	66.01	28271.22	6.80
601018	宁波港	1317284.78	139452.03	10.59	1119865.09	85.01	57967.65	4.40
601019	山东出版	208690.00	21162.22	10.14	179055.46	85.80	8472.32	4.06
601020	华钰矿业	52591.63	12030.52	22.88	39602.54	75.30	958.57	1.82
601021	春秋航空	91689.77	5959.43	6.50	74415.47	81.16	11314.88	12.34
601028	玉龙股份	78302.58	41938.19	53.56	36282.85	46.34	81.53	0.10
601038	一拖股份	59391.00	16476.59	27.74	42095.37	70.88	819.04	1.38
601058	赛轮轮胎	270146.07	192793.44	71.37	60259.04	22.31	17093.59	6.33
601066	中信建投	638536.15	31365.40	4.91	557903.31	87.37	49267.43	7.72
601068	中铝国际	255959.07	29479.19	11.52	226447.23	88.47	32.65	0.01
601069	西部黄金	63600.00	18498.06	29.09	42787.73	67.28	2314.21	3.64
601086	国芳集团	66600.00	66523.65	99.89	50.00	0.08	26.34	0.04
601088	中国神华	1649103.80	59110.87	3.58	1487334.80	90.19	102658.13	6.23
601098	中南传媒	179600.00	15448.26	8.60	125412.10	69.83	38739.65	21.57
601099	太平洋	681631.64	478448.99	70.19	167961.27	24.64	35221.37	5.17
601100	恒立液压	88200.00	3324.21	3.77	64214.96	72.81	20660.83	23.42
601101	昊华能源	119999.83	36590.62	30.49	82172.82	68.48	1236.38	1.03
601106	中国一重	685778.29	214799.84	31.32	455343.67	66.40	15634.78	2.28
601107	四川成渝	216274.00	49196.28	22.75	165723.84	76.63	1353.87	0.63
601108	财通证券	358900.00	74613.64	20.79	270851.16	75.47	13435.20	3.74
601111	中国国航	996213.18	71387.10	7.17	838260.69	84.14	86565.39	8.69
601113	华鼎股份	111382.85	45364.75	40.73	65711.41	59.00	306.68	0.28
601116	三江购物	54767.84	15059.17	27.50	37173.58	67.87	2535.09	4.63
601117	中国化学	493300.00	81948.07	16.61	291327.72	59.06	120024.20	24.33
601118	海南橡胶	427942.78	111883.03	26.14	314638.23	73.52	1421.51	0.33
601126	四方股份	81317.20	34440.39	42.35	43434.03	53.41	3442.78	4.23
601127	小康股份	94515.32	21770.78	23.03	71043.38	75.17	1701.17	1.80

注：合计持股数包含 F 类账户；单位为万股。

年末个股股东持股情况
Distribution of Shareholders by 2018

证券代码 Code	证券简称 Security Name	合计持股数 Total Hold	自然人 Individual		一般法人 Corporation		专业机构 Institution	
			持有股数	比例(%)	持有股数	比例(%)	持有股数	比例(%)
601128	常熟银行	226275.01	111865.58	49.44	94699.21	41.85	19710.22	8.71
601137	博威合金	62721.97	15653.73	24.96	45164.00	72.01	1904.25	3.04
601138	工业富联	1969530.02	98816.78	5.02	1839620.55	93.40	31092.69	1.58
601139	深圳燃气	287780.01	35072.33	12.19	244751.27	85.05	7956.41	2.76
601155	新城控股	225672.42	38677.34	17.14	159312.55	70.59	27682.53	12.27
601158	重庆水务	480000.00	35310.44	7.36	428723.61	89.32	15965.94	3.33
601162	天风证券	518000.00	50968.12	9.84	466765.90	90.11	265.98	0.05
601163	三角轮胎	80000.00	27124.07	33.91	50540.13	63.18	2335.81	2.92
601166	兴业银行	2077419.08	367134.90	17.67	1450879.28	69.84	259404.89	12.49
601168	西部矿业	238300.00	148189.17	62.19	83957.31	35.23	6153.52	2.58
601169	北京银行	2114298.43	265503.06	12.56	1654184.99	78.24	194610.37	9.20
601177	杭齿前进	40006.00	17627.82	44.06	22152.67	55.37	225.51	0.56
601179	中国西电	512588.24	107084.51	20.89	381967.97	74.52	23535.75	4.59
601186	中国铁建	1150324.55	126171.16	10.97	857342.18	74.53	166811.21	14.50
601188	龙江交通	131587.86	39122.95	29.73	92399.03	70.22	65.88	0.05
601198	东兴证券	275796.07	47948.53	17.39	204487.10	74.14	23360.43	8.47
601199	江南水务	93520.66	32819.88	35.09	60426.55	64.61	274.24	0.29
601200	上海环境	70254.39	25503.57	36.30	42250.76	60.14	2500.07	3.56
601208	东材科技	62660.10	43665.51	69.69	17720.20	28.28	1274.38	2.03
601211	国泰君安	751611.34	91783.41	12.21	543261.89	72.28	116566.05	15.51
601212	白银有色	697296.59	70790.00	10.15	618579.70	88.71	7926.88	1.14
601216	君正集团	843801.74	565782.04	67.05	226484.57	26.84	51535.13	6.11
601218	吉鑫科技	99176.00	98111.46	98.93	253.70	0.26	810.85	0.82
601222	林洋能源	176541.08	45413.26	25.72	87956.78	49.82	43171.04	24.45
601225	陕西煤业	1000000.00	125631.67	12.56	798182.45	79.82	76185.88	7.62
601226	华电重工	115500.00	34046.16	29.48	75512.35	65.38	5941.49	5.14
601228	广州港	619318.00	64590.65	10.43	543194.75	87.71	11532.60	1.86
601229	上海银行	1092809.90	155922.25	14.27	840521.77	76.91	96365.89	8.82
601231	环旭电子	217592.36	17503.92	8.04	181021.76	83.19	19066.68	8.76
601233	桐昆股份	182193.30	47288.39	25.96	88136.33	48.38	46768.58	25.67
601238	广汽集团	713387.72	34682.21	4.86	673398.35	94.39	5307.15	0.74
601258	庞大集团	667466.34	631009.79	94.54	21547.52	3.23	14909.03	2.23
601288	农业银行	31924421.08	554729.04	1.74	30477035.61	95.47	892656.43	2.80
601311	骆驼股份	84839.78	54164.41	63.84	21869.77	25.78	8805.60	10.38
601318	中国平安	1083266.45	267142.23	24.66	493531.92	45.56	322592.31	29.78
601319	中国人保	3549775.66	94408.50	2.66	3423486.39	96.44	31880.77	0.90
601326	秦港股份	475755.90	52276.94	10.99	414046.86	87.03	9432.10	1.98
601328	交通银行	3925086.40	300183.88	7.65	3110487.38	79.25	514415.14	13.11
601330	绿色动力	75684.02	11539.03	15.25	64097.66	84.69	47.33	0.06
601333	广深铁路	565223.70	194175.17	34.35	328153.37	58.06	42895.16	7.59
601336	新华保险	208543.93	19256.67	9.23	155458.39	74.54	33828.87	16.22
601339	百隆东方	150000.00	68265.33	45.51	70349.70	46.90	11384.96	7.59
601360	三六零	676405.52	130189.58	19.25	542955.85	80.27	3260.08	0.48
601366	利群股份	86050.05	47928.79	55.70	37888.82	44.03	232.43	0.27
601368	绿城水务	73581.09	22955.30	31.20	48957.59	66.54	1668.20	2.27
601369	陕鼓动力	163877.02	36026.56	21.98	119287.61	72.79	8562.86	5.23
601375	中原证券	267370.57	69731.61	26.08	186921.09	69.91	10717.86	4.01
601377	兴业证券	669667.17	230447.65	34.41	387860.25	57.92	51359.26	7.67
601388	怡球资源	202540.00	108094.28	53.37	93525.61	46.18	920.11	0.45
601390	中国中铁	1863691.15	243052.07	13.04	1428766.95	76.66	191872.13	10.30

注：合计持股数包含 F 类账户；单位为万股。

年末个股股东持股情况
Distribution of Shareholders by 2018

证券代码 Code	证券简称 Security Name	合计持股数 Total Hold	自然人 Individual		一般法人 Corporation		专业机构 Institution	
			持有股数	比例(%)	持有股数	比例(%)	持有股数	比例(%)
601398	工商银行	26961221.25	364104.45	1.35	25754037.52	95.52	843079.28	3.13
601500	通用股份	72691.91	15158.56	20.85	57481.69	79.08	51.66	0.07
601515	东风股份	111200.00	30269.68	27.22	76488.49	68.78	4441.84	3.99
601518	吉林高速	135039.51	41666.93	30.86	93051.46	68.91	321.12	0.24
601519	大智慧	198770.00	155471.71	78.22	42458.33	21.36	839.96	0.42
601555	东吴证券	300000.00	79992.31	26.66	191932.82	63.98	28074.88	9.36
601558	ST 锐电	603060.00	385875.80	63.99	216071.96	35.83	1112.24	0.18
601566	九牧王	57463.72	6115.06	10.64	44462.25	77.37	6886.40	11.98
601567	三星医疗	141799.75	67127.30	47.34	72733.85	51.29	1938.60	1.37
601577	长沙银行	342155.38	36294.29	10.61	305555.27	89.30	305.82	0.09
601579	会稽山	49736.00	11629.00	23.38	37532.72	75.46	574.28	1.15
601588	北辰实业	266000.00	91720.58	34.48	159247.49	59.87	15031.92	5.65
601595	上海电影	37350.00	8798.76	23.56	27118.03	72.61	1433.21	3.84
601599	鹿港文化	89272.50	80632.54	90.32	7314.68	8.19	1325.28	1.48
601600	中国铝业	1095983.23	370480.92	33.80	623402.44	56.88	102099.86	9.32
601601	中国太保	628670.00	28871.68	4.59	487526.29	77.55	112272.04	17.86
601606	长城军工	72422.84	14693.82	20.29	57712.80	79.69	16.22	0.02
601607	上海医药	192301.66	29211.05	15.19	123785.06	64.37	39305.56	20.44
601608	中信重工	433941.93	110300.39	25.42	311966.10	71.89	11675.43	2.69
601611	中国核建	262500.00	46745.54	17.81	199219.95	75.89	16534.51	6.30
601616	广电电气	93557.50	67028.42	71.64	25901.55	27.69	627.53	0.67
601618	中国中冶	1785261.92	284440.81	15.93	1343303.18	75.24	157517.93	8.82
601619	嘉泽新能	193300.00	25499.41	13.19	167373.18	86.59	427.41	0.22
601628	中国人寿	2082353.00	38589.61	1.85	1955587.81	93.91	88175.58	4.23
601633	长城汽车	602772.90	48930.71	8.12	516847.37	85.74	36994.83	6.14
601636	旗滨集团	268835.99	160987.23	59.88	72731.50	27.05	35117.27	13.06
601666	平煤股份	236116.50	90837.12	38.47	138532.16	58.67	6747.22	2.86
601668	中国建筑	4198517.45	588479.15	14.02	3214445.74	76.56	395592.56	9.42
601669	中国电建	1529903.50	157344.96	10.28	1264106.07	82.63	108452.47	7.09
601677	明泰铝业	58987.64	44947.91	76.20	11294.29	19.15	2745.44	4.65
601678	滨化股份	154440.00	119900.24	77.64	30790.91	19.94	3748.85	2.43
601688	华泰证券	653245.43	94383.68	14.45	419360.91	64.20	139500.85	21.36
601689	拓普集团	72757.78	10422.60	14.33	53892.30	74.07	8442.88	11.60
601699	潞安环能	299140.92	97686.95	32.66	183142.71	61.22	18311.26	6.12
601700	风范股份	113323.20	111784.91	98.64	800.62	0.71	737.66	0.65
601717	郑煤机	148923.72	53259.03	35.76	70757.81	47.51	24906.87	16.72
601718	际华集团	439162.94	97424.43	22.18	311760.42	70.99	29978.10	6.83
601727	上海电气	1175227.55	145206.93	12.36	964509.55	82.07	65511.07	5.57
601766	中国中车	2432779.80	295465.95	12.15	1896545.37	77.96	240768.48	9.90
601777	力帆股份	131375.76	60794.48	46.28	65798.24	50.08	4783.04	3.64
601788	光大证券	390669.88	81873.16	20.96	273857.67	70.10	34939.06	8.94
601789	宁波建工	97608.00	64063.54	65.63	33180.54	33.99	363.93	0.37
601798	*ST 蓝科	35452.82	11533.23	32.53	23848.16	67.27	71.43	0.20
601799	星宇股份	27615.52	14969.06	54.21	6106.98	22.11	6539.48	23.68
601800	中国交建	1174723.54	45997.49	3.92	891220.35	75.87	237505.70	20.22
601801	皖新传媒	198920.47	25240.69	12.69	135134.43	67.93	38545.35	19.38
601808	中海油服	296046.80	31035.08	10.48	247434.90	83.58	17576.82	5.94
601811	新华文轩	79190.39	8897.45	11.24	69528.31	87.80	764.63	0.97
601818	光大银行	3981052.99	278482.95	7.00	3318112.75	83.35	384457.29	9.66
601828	美凯龙	287610.40	26719.04	9.29	250706.58	87.17	10184.78	3.54

注：合计持股数包含 F 类账户；单位为万股。

年末个股股东持股情况
Distribution of Shareholders by 2018

证券代码 Code	证券简称 Security Name	合计持股数 Total Hold	自然人 Individual		一般法人 Corporation		专业机构 Institution	
			持有股数	比例(%)	持有股数	比例(%)	持有股数	比例(%)
601838	成都银行	361225.13	41138.16	11.39	317135.86	87.79	2951.12	0.82
601857	中国石油	16192207.78	178854.94	1.10	15123957.07	93.40	889395.76	5.49
601858	中国科传	79050.00	12324.53	15.59	65229.24	82.52	1496.23	1.89
601860	紫金银行	366088.89	126503.65	34.56	237609.40	64.90	1975.84	0.54
601866	中远海发	793212.50	217062.71	27.37	538969.81	67.95	37179.98	4.69
601869	长飞光纤	40633.83	7329.01	18.04	33137.44	81.55	167.38	0.41
601872	招商轮船	606661.27	116130.06	19.14	465733.22	76.77	24797.98	4.09
601877	正泰电器	215140.85	36232.86	16.84	147879.39	68.74	31028.60	14.42
601878	浙商证券	333333.34	61053.79	18.32	266255.82	79.88	6023.73	1.81
601880	大连港	773582.00	204509.69	26.44	559830.89	72.37	9241.42	1.19
601881	中国银河	644627.41	54380.40	8.44	567934.11	88.10	22312.90	3.46
601882	海天精工	52200.00	8998.44	17.24	43156.32	82.67	45.25	0.09
601886	江河集团	115405.00	59019.17	51.14	54820.91	47.50	1564.92	1.36
601888	中国国旅	195247.55	15867.78	8.13	118369.53	60.63	61010.24	31.25
601890	亚星锚链	95940.00	95768.34	99.82	87.28	0.09	84.38	0.09
601898	中煤能源	915200.04	88165.33	9.63	776240.87	84.82	50793.84	5.55
601899	紫金矿业	1729427.89	553377.38	32.00	813964.78	47.07	362085.73	20.94
601900	南方传媒	89587.66	14035.20	15.67	71553.96	79.87	3998.50	4.46
601901	方正证券	823210.14	256467.99	31.15	389577.41	47.32	177164.73	21.52
601908	京运通	199529.77	92046.29	46.13	94572.34	47.40	12911.14	6.47
601918	新集能源	259054.18	143329.85	55.33	111957.37	43.22	3766.95	1.45
601919	中远海控	763567.44	161143.98	21.10	553760.22	72.52	48663.24	6.37
601928	凤凰传媒	254490.00	30421.20	11.95	130667.28	51.34	93401.52	36.70
601929	吉视传媒	311090.82	113729.98	36.56	189869.12	61.03	7491.72	2.41
601933	永辉超市	957046.21	383406.10	40.06	398731.48	41.66	174908.63	18.28
601939	建设银行	959365.76	251388.74	26.20	219250.02	22.85	488727.00	50.94
601949	中国出版	182250.00	33171.95	18.20	143402.17	78.68	5675.88	3.11
601952	苏垦农发	137800.00	30426.56	22.08	98223.73	71.28	9149.71	6.64
601958	金钼股份	322660.44	63329.90	19.63	248453.08	77.00	10877.46	3.37
601965	中国汽研	97013.24	16480.76	16.99	72437.45	74.67	8095.03	8.34
601966	玲珑轮胎	120000.39	19674.12	16.40	91820.28	76.52	8505.99	7.09
601968	宝钢包装	83333.33	30163.77	36.20	50235.81	60.28	2933.76	3.52
601969	海南矿业	195472.03	18345.03	9.38	170421.39	87.18	6705.61	3.43
601975	ST 长油	502340.00	184852.82	36.80	317487.18	63.20	0.00	0.00
601985	中国核电	1556543.00	253019.25	16.26	1187328.08	76.28	116195.67	7.46
601988	中国银行	21076551.48	536381.65	2.54	19363310.50	91.87	1176859.34	5.58
601989	中国重工	2287979.32	576342.37	25.19	1558060.08	68.10	153576.87	6.71
601990	南京证券	274901.95	39097.61	14.22	233925.81	85.09	1878.53	0.68
601991	大唐发电	1239608.91	109918.22	8.87	1072192.04	86.49	57498.65	4.64
601992	金隅集团	833900.63	200631.05	24.06	576640.12	69.15	56629.46	6.79
601996	丰林集团	114948.08	47952.41	41.72	64267.36	55.91	2728.31	2.37
601997	贵阳银行	229859.19	75631.77	32.90	132583.82	57.68	21643.61	9.42
601998	中信银行	3405263.36	88427.76	2.60	3154941.18	92.65	161894.41	4.75
601999	出版传媒	55091.47	16494.66	29.94	38392.45	69.69	204.36	0.37
603000	人民网	110569.11	33215.32	30.04	73399.25	66.38	3954.53	3.58
603001	奥康国际	40098.00	23860.76	59.51	11878.30	29.62	4358.94	10.87
603002	宏昌电子	61441.17	35826.40	58.31	25582.82	41.64	31.95	0.05
603003	龙宇燃油	41653.24	18050.39	43.33	22555.30	54.15	1047.56	2.51
603005	晶方科技	23419.20	9612.71	41.05	13025.99	55.62	780.49	3.33
603006	联明股份	19232.46	7622.76	39.63	11573.33	60.18	36.37	0.19

注：合计持股数包含 F 类账户；单位为万股。

年末个股股东持股情况
Distribution of Shareholders by 2018

证券代码 Code	证券简称 Security Name	合计持股数 Total Hold	自然人 Individual		一般法人 Corporation		专业机构 Institution	
			持有股数	比例(%)	持有股数	比例(%)	持有股数	比例(%)
603007	花王股份	34107.70	15534.42	45.55	18532.37	54.33	40.91	0.12
603008	喜临门	39485.78	13668.90	34.62	14359.69	36.37	11457.18	29.02
603009	北特科技	35911.47	35135.53	97.84	753.92	2.10	22.02	0.06
603010	万盛股份	25307.31	16984.34	67.11	8095.06	31.99	227.91	0.90
603011	合锻智能	45315.98	34389.21	75.89	10830.52	23.90	96.25	0.21
603012	创力集团	63656.00	44917.49	70.56	18671.38	29.33	67.13	0.11
603013	亚普股份	51000.00	5936.53	11.64	45059.17	88.35	4.30	0.01
603015	弘讯科技	40720.00	15592.29	38.29	25109.66	61.66	18.05	0.04
603016	新宏泰	14816.00	13923.55	93.98	831.83	5.61	60.62	0.41
603017	中衡设计	27517.87	15552.47	56.52	11610.88	42.19	354.53	1.29
603018	中设集团	31379.75	24727.22	78.80	3117.12	9.93	3535.42	11.27
603019	中科曙光	64302.40	36790.81	57.22	20325.11	31.61	7186.48	11.18
603020	爱普股份	32000.00	27049.93	84.53	4829.59	15.09	120.48	0.38
603021	山东华鹏	31994.81	27342.28	85.46	4638.16	14.50	14.36	0.04
603022	新通联	20000.00	19001.38	95.01	915.47	4.58	83.15	0.42
603023	威帝股份	36000.00	35780.57	99.39	96.28	0.27	123.16	0.34
603025	大豪科技	92189.07	58782.05	63.76	30382.33	32.96	3024.69	3.28
603026	石大胜华	20268.00	10518.85	51.90	8470.32	41.79	1278.83	6.31
603027	千禾味业	32620.27	28864.94	88.49	2396.64	7.35	1358.70	4.17
603028	赛福天	22080.00	8230.60	37.28	13665.23	61.89	184.17	0.83
603029	天鹅股份	9334.00	2734.59	29.30	6572.73	70.42	26.68	0.29
603030	全筑股份	53840.43	44374.50	82.42	8735.85	16.23	730.08	1.36
603031	安德利	11200.00	10299.35	91.96	885.17	7.90	15.48	0.14
603032	德新交运	16000.80	4647.32	29.04	10945.35	68.41	408.13	2.55
603033	三维股份	12698.00	12609.11	99.30	37.97	0.30	50.93	0.40
603035	常熟汽饰	28000.00	23552.29	84.12	4069.47	14.53	378.24	1.35
603036	如通股份	20336.00	19671.54	96.73	659.83	3.24	4.63	0.02
603037	凯众股份	10592.27	8256.24	77.95	2019.66	19.07	316.37	2.99
603038	华立股份	9399.88	9334.20	99.30	43.12	0.46	22.56	0.24
603039	泛微网络	10251.95	8085.15	78.86	573.37	5.59	1593.43	15.54
603040	新坐标	7950.71	2722.02	34.24	5121.10	64.41	107.59	1.35
603041	美思德	10094.80	3844.27	38.08	6217.93	61.60	32.60	0.32
603042	华脉科技	13867.00	12222.09	88.14	1642.26	11.84	2.65	0.02
603043	广州酒家	40399.62	6157.58	15.24	28982.68	71.74	5259.36	13.02
603045	福达合金	9830.00	7705.75	78.39	2118.66	21.55	5.59	0.06
603050	科林电气	16224.55	13927.63	85.84	2197.09	13.54	99.82	0.62
603055	台华新材	54760.00	6061.99	11.07	48450.37	88.48	247.65	0.45
603056	德邦股份	96000.00	11230.62	11.70	81655.95	85.06	3113.43	3.24
603058	永吉股份	42351.00	9183.81	21.68	33161.80	78.30	5.39	0.01
603059	倍加洁	8000.00	6903.86	86.30	1092.03	13.65	4.11	0.05
603060	国检集团	22000.00	4625.21	21.02	16382.62	74.47	992.17	4.51
603063	禾望电气	42000.00	29079.29	69.24	12853.23	30.60	67.49	0.16
603066	音飞储存	30234.17	10855.08	35.90	19344.44	63.98	34.64	0.11
603067	振华股份	30800.00	29045.10	94.30	1741.05	5.65	13.86	0.04
603069	海汽集团	31600.00	8502.91	26.91	22504.54	71.22	592.56	1.88
603076	乐惠国际	7450.00	4492.80	60.31	2770.21	37.18	186.99	2.51
603077	和邦生物	883125.02	329732.36	37.34	533817.37	60.45	19575.29	2.22
603078	江化微	8400.00	6820.53	81.20	1573.54	18.73	5.94	0.07
603079	圣达生物	11200.00	3567.09	31.85	7608.85	67.94	24.07	0.21
603080	新疆火炬	14150.00	10304.16	72.82	3839.65	27.14	6.19	0.04

注：合计持股数包含 F 类账户；单位为万股。

年末个股股东持股情况 Distribution of Shareholders by 2018

证券代码 Code	证券简称 Security Name	合计持股数 Total Hold	自然人 Individual		一般法人 Corporation		专业机构 Institution	
			持有股数	比例(%)	持有股数	比例(%)	持有股数	比例(%)
603081	大丰实业	40180.00	34319.31	85.41	5846.05	14.55	14.65	0.04
603083	剑桥科技	12878.00	4212.16	32.71	8651.37	67.18	14.47	0.11
603085	天成自控	29098.61	12248.50	42.09	16842.26	57.88	7.85	0.03
603086	先达股份	11200.00	10045.67	89.69	1041.20	9.30	113.13	1.01
603088	宁波精达	11200.00	5663.26	50.56	5389.93	48.12	146.81	1.31
603089	正裕工业	10667.00	4773.73	44.75	5861.03	54.95	32.24	0.30
603090	宏盛股份	10000.00	8908.77	89.09	1039.31	10.39	51.92	0.52
603096	新经典	13530.80	8194.83	60.56	2482.29	18.35	2853.68	21.09
603098	森特股份	48001.20	28858.44	60.12	19132.41	39.86	10.35	0.02
603099	长白山	26667.00	6624.53	24.84	19296.32	72.36	746.14	2.80
603100	川仪股份	39500.00	14291.30	36.18	24340.80	61.62	867.90	2.20
603101	汇嘉时代	24000.00	22125.63	92.19	1799.53	7.50	74.84	0.31
603103	横店影视	45300.00	3412.44	7.53	40182.12	88.70	1705.43	3.76
603105	芯能科技	50000.00	33653.11	67.31	16301.25	32.60	45.64	0.09
603106	恒银金融	30800.00	14358.89	46.62	16405.79	53.27	35.32	0.11
603108	润达医疗	57953.41	44793.40	77.29	6943.37	11.98	6216.64	10.73
603110	东方材料	14373.34	13134.29	91.38	1228.37	8.55	10.67	0.07
603111	康尼机电	99327.55	64693.01	65.13	32046.62	32.26	2587.91	2.61
603113	金能科技	67593.95	50645.08	74.93	15644.97	23.15	1303.89	1.93
603116	红蜻蜓	58533.50	33022.69	56.42	25340.45	43.29	170.37	0.29
603117	万林物流	64724.93	41831.76	64.63	22810.71	35.24	82.46	0.13
603118	共进股份	78181.70	73834.70	94.44	3697.40	4.73	649.60	0.83
603121	华培动力	4050.00	0.00	0.00	0.00	0.00	4050.00	100.00
603123	翠微股份	52414.42	16001.76	30.53	36171.69	69.01	240.98	0.46
603126	中材节能	61050.00	21047.67	34.48	38187.64	62.55	1814.68	2.97
603127	昭衍新药	11499.46	9297.65	80.85	519.62	4.52	1682.19	14.63
603128	华贸物流	101203.84	42504.51	42.00	57218.10	56.54	1481.23	1.46
603129	春风动力	13459.64	6174.67	45.88	7183.10	53.37	101.87	0.76
603131	上海沪工	22103.42	20272.31	91.72	1748.80	7.91	82.30	0.37
603133	碳元科技	21056.50	15493.87	73.58	5559.71	26.40	2.92	0.01
603136	天目湖	8000.00	7867.62	98.35	114.38	1.43	18.00	0.23
603138	海量数据	15044.82	14568.19	96.83	473.27	3.15	3.36	0.02
603139	康惠制药	9988.00	3689.90	36.94	6262.52	62.70	35.58	0.36
603156	养元饮品	75327.00	57426.99	76.24	15437.20	20.49	2462.80	3.27
603157	拉夏贝尔	33288.18	20840.10	62.61	12372.83	37.17	75.25	0.23
603158	腾龙股份	21860.00	11280.93	51.61	9871.25	45.16	707.82	3.24
603159	上海亚虹	10000.00	9967.52	99.68	16.95	0.17	15.53	0.16
603160	汇顶科技	45665.17	27327.18	59.84	14603.36	31.98	3734.63	8.18
603161	科华控股	13340.00	9649.26	72.33	3671.14	27.52	19.60	0.15
603165	荣晟环保	17735.20	17623.22	99.37	67.42	0.38	44.57	0.25
603166	福达股份	59771.87	18261.77	30.55	41407.02	69.28	103.08	0.17
603167	渤海轮渡	49323.20	33236.00	67.38	14446.44	29.29	1640.76	3.33
603168	莎普爱思	32259.25	27292.71	84.60	4651.07	14.42	315.48	0.98
603169	兰石重装	105150.25	25166.19	23.93	77871.77	74.06	2112.29	2.01
603177	德创环保	20200.00	5026.83	24.89	15170.07	75.10	3.11	0.02
603178	圣龙股份	20321.00	6188.14	30.45	14129.09	69.53	3.78	0.02
603179	新泉股份	22772.45	11627.67	51.06	8677.75	38.11	2467.02	10.83
603180	金牌厨柜	6750.00	3606.72	53.43	3125.23	46.30	18.05	0.27
603181	皇马科技	20000.00	12914.06	64.57	7083.52	35.42	2.42	0.01
603183	建研院	12510.40	11534.23	92.20	955.00	7.63	21.17	0.17

注：合计持股数包含 F 类账户；单位为万股。

年末个股股东持股情况
Distribution of Shareholders by 2018

证券代码 Code	证券简称 Security Name	合计持股数 Total Hold	自然人 Individual		一般法人 Corporation		专业机构 Institution	
			持有股数	比例(%)	持有股数	比例(%)	持有股数	比例(%)
603185	上机数控	12600.00	11739.49	93.17	681.68	5.41	178.83	1.42
603186	华正新材	13067.00	6575.59	50.32	6474.93	49.55	16.49	0.13
603187	海容冷链	8000.00	6734.18	84.18	1157.67	14.47	108.15	1.35
603188	亚邦股份	57600.00	35056.23	60.86	20990.75	36.44	1553.01	2.70
603189	网达软件	22080.00	19441.08	88.05	2618.72	11.86	20.20	0.09
603192	汇得科技	10666.67	5010.69	46.98	5650.51	52.97	5.47	0.05
603196	日播时尚	24000.00	11006.19	45.86	12988.67	54.12	5.14	0.02
603197	保隆科技	16702.46	12206.67	73.08	2922.41	17.50	1573.38	9.42
603198	迎驾贡酒	80000.00	11608.61	14.51	65406.14	81.76	2985.25	3.73
603199	九华旅游	11068.00	3274.01	29.58	7601.64	68.68	192.34	1.74
603200	上海洗霸	7504.45	6457.84	86.05	919.98	12.26	126.63	1.69
603203	快克股份	15831.53	5794.02	36.60	9928.41	62.71	109.10	0.69
603208	江山欧派	8081.61	7037.81	87.08	794.24	9.83	249.56	3.09
603214	爱婴室	10000.00	7152.72	71.53	2677.01	26.77	170.27	1.70
603218	日月股份	40723.00	29377.20	72.14	10105.48	24.82	1240.32	3.05
603220	贝通信	33776.00	28518.91	84.44	5231.57	15.49	25.52	0.08
603222	济民制药	32000.00	21245.95	66.39	10668.17	33.34	85.88	0.27
603223	恒通股份	20160.00	17079.86	84.72	3026.36	15.01	53.77	0.27
603225	新凤鸣	84281.23	49912.44	59.22	32279.13	38.30	2089.66	2.48
603226	菲林格尔	11649.04	3085.85	26.49	8528.45	73.21	34.74	0.30
603227	雪峰科技	65870.00	34137.27	51.83	30061.60	45.64	1671.13	2.54
603228	景旺电子	41100.00	1489.40	3.62	35920.81	87.40	3689.79	8.98
603229	奥翔药业	16000.00	14125.92	88.29	1818.29	11.36	55.79	0.35
603232	格尔软件	8540.00	6674.25	78.15	1842.74	21.58	23.02	0.27
603233	大参林	40001.00	33672.72	84.18	3773.56	9.43	2554.72	6.39
603238	诺邦股份	12000.00	3293.09	27.44	8698.81	72.49	8.10	0.07
603239	浙江仙通	27072.00	24127.69	89.12	1552.31	5.73	1391.99	5.14
603258	电魂网络	24307.70	23965.63	98.59	317.54	1.31	24.53	0.10
603259	药明康德	104826.69	7659.96	7.31	94209.77	89.87	2956.95	2.82
603260	合盛硅业	67000.00	5330.10	7.96	60880.64	90.87	789.26	1.18
603266	天龙股份	14000.00	6217.85	44.41	7772.76	55.52	9.39	0.07
603268	松发股份	12513.76	8126.46	64.94	4377.54	34.98	9.75	0.08
603269	海鸥股份	9147.00	8296.05	90.70	823.88	9.01	27.07	0.30
603277	银都股份	40996.50	37606.56	91.73	3373.68	8.23	16.27	0.04
603278	大业股份	20800.00	18127.88	87.15	2644.95	12.72	27.17	0.13
603283	赛腾股份	16276.39	15321.34	94.13	930.09	5.71	24.96	0.15
603286	日盈电子	8807.60	7748.43	87.97	1042.41	11.84	16.76	0.19
603288	海天味业	270036.93	82604.45	30.59	160887.42	59.58	26545.06	9.83
603289	泰瑞机器	26650.30	6987.04	26.22	19660.53	73.77	2.73	0.01
603297	永新光学	8400.00	2048.42	24.39	6305.04	75.06	46.54	0.55
603298	杭叉集团	61885.42	19347.84	31.26	40292.40	65.11	2245.18	3.63
603299	井神股份	55944.00	21211.44	37.92	33871.71	60.55	860.85	1.54
603300	华铁科技	48529.63	43466.73	89.57	3610.17	7.44	1452.74	2.99
603301	振德医疗	10000.00	4077.79	40.78	5916.18	59.16	6.03	0.06
603303	得邦照明	40800.00	10615.99	26.02	30102.27	73.78	81.75	0.20
603305	旭升股份	40060.00	10784.60	26.92	27106.98	67.67	2168.43	5.41
603306	华懋科技	31301.97	12012.87	38.38	18089.91	57.79	1199.18	3.83
603308	应流股份	43375.43	21313.40	49.14	17711.05	40.83	4350.98	10.03
603309	维力医疗	20000.00	6162.76	30.81	13821.15	69.11	16.10	0.08
603311	金海环境	21000.00	8715.90	41.50	12271.04	58.43	13.05	0.06

注：合计持股数包含 F 类账户；单位为万股。

年末个股股东持股情况
Distribution of Shareholders by 2018

证券代码 Code	证券简称 Security Name	合计持股数 Total Hold	自然人 Individual		一般法人 Corporation		专业机构 Institution	
			持有股数	比例(%)	持有股数	比例(%)	持有股数	比例(%)
603313	梦百合	24000.00	21055.34	87.73	1930.17	8.04	1014.49	4.23
603315	福鞍股份	21995.09	7079.08	32.18	14914.14	67.81	1.88	0.01
603316	诚邦股份	20328.00	16152.66	79.46	4093.68	20.14	81.66	0.40
603318	派思股份	40330.23	10574.00	26.22	29754.43	73.78	1.80	0.00
603319	湘油泵	8092.00	7840.77	96.90	237.16	2.93	14.07	0.17
603320	迪贝电气	10000.00	4125.82	41.26	5867.07	58.67	7.11	0.07
603321	梅轮电梯	30700.00	30537.85	99.47	157.76	0.51	4.38	0.01
603322	超讯通信	11200.00	10027.86	89.53	1167.62	10.43	4.52	0.04
603323	吴江银行	144808.43	69184.24	47.78	74714.79	51.60	909.41	0.63
603326	我乐家居	22598.81	19977.32	88.40	2605.34	11.53	16.15	0.07
603328	依顿电子	99777.85	9749.11	9.77	79266.31	79.44	10762.43	10.79
603329	上海雅仕	13200.00	3235.04	24.51	9957.10	75.43	7.86	0.06
603330	上海天洋	7800.00	7355.46	94.30	438.28	5.62	6.26	0.08
603331	百达精工	12923.33	7870.33	60.90	5045.62	39.04	7.38	0.06
603333	尚纬股份	52000.50	48629.38	93.52	3156.86	6.07	214.26	0.41
603335	迪生力	32934.20	8718.28	26.47	24203.30	73.49	12.62	0.04
603336	宏辉果蔬	17335.50	17256.46	99.54	48.41	0.28	30.63	0.18
603337	杰克股份	30755.16	2446.04	7.95	24101.33	78.37	4207.80	13.68
603338	浙江鼎力	24769.67	14593.40	58.92	5634.83	22.75	4541.45	18.33
603339	四方科技	21074.38	20587.24	97.69	295.19	1.40	191.94	0.91
603345	安井食品	21604.00	5830.61	26.99	10263.37	47.51	5510.02	25.50
603348	文灿股份	22000.00	17661.72	80.28	4329.55	19.68	8.73	0.04
603355	莱克电气	40100.00	11229.11	28.00	27776.49	69.27	1094.40	2.73
603356	华菱精工	13334.00	12528.15	93.96	805.13	6.04	0.73	0.01
603357	设计总院	32467.34	12012.76	37.00	16070.95	49.50	4383.63	13.50
603358	华达科技	31360.00	30967.21	98.75	324.38	1.03	68.41	0.22
603359	东珠生态	31864.00	25004.26	78.47	6185.02	19.41	674.73	2.12
603360	百傲化学	18667.60	4970.45	26.63	13430.67	71.95	266.48	1.43
603363	傲农生物	42598.00	19464.57	45.69	22641.12	53.15	492.31	1.16
603365	水星家纺	26667.00	14989.52	56.21	11332.23	42.50	345.26	1.29
603366	日出东方	80000.00	26242.94	32.80	52448.58	65.56	1308.48	1.64
603367	辰欣药业	45335.30	13400.56	29.56	30700.30	67.72	1234.44	2.72
603368	柳药股份	25907.34	15418.12	59.51	6640.19	25.63	3849.04	14.86
603369	今世缘	125450.00	35242.59	28.09	79350.58	63.25	10856.83	8.65
603377	东方时尚	58800.00	12758.46	21.70	41146.17	69.98	4895.37	8.33
603378	亚士创能	19480.00	7225.57	37.09	12196.66	62.61	57.77	0.30
603380	易德龙	16000.00	14700.29	91.88	1292.69	8.08	7.02	0.04
603383	顶点软件	12021.38	7658.19	63.70	3663.31	30.47	699.89	5.82
603385	惠达卫浴	36939.64	21434.08	58.02	15355.91	41.57	149.65	0.41
603386	广东骏亚	20180.00	5253.72	26.03	14883.88	73.76	42.39	0.21
603387	基蛋生物	18601.26	13341.94	71.73	4636.71	24.93	622.62	3.35
603388	元成股份	20647.00	16574.50	80.28	4028.17	19.51	44.34	0.21
603389	亚振家居	21896.00	5891.29	26.91	15964.40	72.91	40.31	0.18
603393	新天然气	16000.00	14244.41	89.03	911.85	5.70	843.74	5.27
603396	金辰股份	7555.67	5856.51	77.51	1685.65	22.31	13.51	0.18
603398	邦宝益智	21277.50	5426.17	25.50	15841.38	74.45	9.95	0.05
603399	吉翔股份	54675.06	28211.89	51.60	26424.00	48.33	39.17	0.07
603416	信捷电气	14056.00	13568.64	96.53	247.79	1.76	239.56	1.70
603421	鼎信通讯	45289.47	44794.49	98.91	460.12	1.02	34.85	0.08
603429	集友股份	19040.00	18682.79	98.12	268.03	1.41	89.18	0.47

注：合计持股数包含 F 类账户；单位为万股。

年末个股股东持股情况
Distribution of Shareholders by 2018

证券代码 Code	证券简称 Security Name	合计持股数 Total Hold	自然人 Individual		一般法人 Corporation		专业机构 Institution	
			持有股数	比例(%)	持有股数	比例(%)	持有股数	比例(%)
603444	吉比特	7188.22	5033.52	70.02	1133.88	15.77	1020.82	14.20
603456	九洲药业	80588.92	39862.77	49.46	37820.07	46.93	2906.08	3.61
603458	勘设股份	12613.15	12214.17	96.84	200.20	1.59	198.77	1.58
603466	风语筑	29195.10	26023.92	89.14	3137.20	10.75	33.98	0.12
603477	振静股份	24000.00	9722.47	40.51	14246.64	59.36	30.89	0.13
603486	科沃斯	40010.00	1854.42	4.63	36229.35	90.55	1926.23	4.81
603488	展鹏科技	20894.10	18433.75	88.22	2405.06	11.51	55.29	0.26
603496	恒为科技	14206.00	11391.19	80.19	1773.90	12.49	1040.91	7.33
603499	翔港科技	10132.04	7855.96	77.54	2275.84	22.46	0.24	0.00
603500	祥和实业	17640.00	16594.55	94.07	1040.93	5.90	4.53	0.03
603501	韦尔股份	45581.39	40572.62	89.01	3354.45	7.36	1654.32	3.63
603505	金石资源	24000.00	9037.50	37.66	14873.70	61.97	88.80	0.37
603506	南都物业	10317.46	4482.51	43.45	5198.71	50.39	636.23	6.17
603507	振江股份	12808.14	7216.40	56.34	5123.45	40.00	468.29	3.66
603508	思维列控	16000.00	13545.25	84.66	1348.04	8.43	1106.70	6.92
603515	欧普照明	75613.01	30314.47	40.09	37285.47	49.31	8013.06	10.60
603516	淳中科技	13096.54	11837.44	90.39	1184.67	9.05	74.43	0.57
603517	绝味食品	41000.00	3513.19	8.57	30053.74	73.30	7433.06	18.13
603518	维格娜丝	18055.40	13811.14	76.49	4145.26	22.96	99.00	0.55
603519	立霸股份	22193.99	20005.99	90.14	2176.48	9.81	11.52	0.05
603520	司太立	12000.00	8307.18	69.23	2510.44	20.92	1182.38	9.85
603527	众源新材	17416.00	16334.75	93.79	1069.86	6.14	11.39	0.07
603528	多伦科技	62709.00	18771.53	29.93	43428.88	69.25	508.59	0.81
603533	掌阅科技	40100.00	34121.07	85.09	5876.47	14.65	102.46	0.26
603535	嘉诚国际	15040.00	13048.49	86.76	1990.01	13.23	1.50	0.01
603536	惠发股份	16800.00	9723.76	57.88	7059.08	42.02	17.15	0.10
603538	美诺华	14913.40	7035.80	47.18	6934.12	46.50	943.48	6.33
603555	贵人鸟	62860.21	8906.96	14.17	52130.81	82.93	1822.45	2.90
603556	海兴电力	49515.31	12852.56	25.96	33619.83	67.90	3042.92	6.15
603557	起步股份	46997.97	6864.55	14.61	40094.48	85.31	38.93	0.08
603558	健盛集团	41635.63	29213.84	70.17	9373.74	22.51	3048.05	7.32
603559	中通国脉	14331.32	13808.94	96.35	494.29	3.45	28.09	0.20
603566	普莱柯	32374.00	27711.38	85.60	3749.03	11.58	913.60	2.82
603567	珍宝岛	84916.00	12484.69	14.70	72290.54	85.13	140.77	0.17
603568	伟明环保	68771.90	27145.32	39.47	37965.89	55.21	3660.69	5.32
603569	长久物流	56001.40	9449.47	16.87	46187.24	82.48	364.69	0.65
603577	汇金通	17502.00	15826.48	90.43	1653.36	9.45	22.16	0.13
603578	三星新材	8955.00	7941.42	88.68	1006.83	11.24	6.75	0.08
603579	荣泰健康	14000.00	9768.23	69.77	2412.77	17.23	1819.00	12.99
603580	艾艾精工	9333.80	8597.76	92.11	712.86	7.64	23.17	0.25
603583	捷昌驱动	12080.00	10115.03	83.73	1704.25	14.11	260.73	2.16
603585	苏利股份	18000.00	15412.20	85.62	2450.53	13.61	137.28	0.76
603586	金麒麟	21561.80	9573.15	44.40	11977.86	55.55	10.79	0.05
603587	地素时尚	40100.00	34468.00	85.96	5267.37	13.14	364.63	0.91
603588	高能环境	66051.62	59923.54	90.72	1638.22	2.48	4489.87	6.80
603589	口子窖	60000.00	36593.06	60.99	9444.29	15.74	13962.65	23.27
603590	康辰药业	16000.00	9558.69	59.74	6437.57	40.23	3.74	0.02
603595	东尼电子	14282.24	13092.78	91.67	1143.53	8.01	45.93	0.32
603596	伯特利	40856.10	19925.03	48.77	20926.10	51.22	4.97	0.01
603598	引力传媒	27062.30	25509.19	94.26	913.42	3.38	639.69	2.36

注：合计持股数包含 F 类账户；单位为万股。

年末个股股东持股情况
Distribution of Shareholders by 2018

证券代码 Code	证券简称 Security Name	合计持股数 Total Hold	自然人 Individual		一般法人 Corporation		专业机构 Institution	
			持有股数	比例(%)	持有股数	比例(%)	持有股数	比例(%)
603599	广信股份	46467.91	10804.03	23.25	30554.39	65.75	5109.50	11.00
603600	永艺股份	30268.76	13814.04	45.64	15259.22	50.41	1195.49	3.95
603601	再升科技	54061.78	38023.24	70.33	10615.07	19.64	5423.47	10.03
603602	纵横通信	11200.00	10040.63	89.65	1150.80	10.27	8.58	0.08
603603	博天环境	40157.00	5038.74	12.55	35052.61	87.29	65.65	0.16
603605	珀莱雅	20136.23	16098.77	79.95	1691.04	8.40	2346.42	11.65
603606	东方电缆	50315.73	17397.61	34.58	31107.11	61.82	1811.00	3.60
603607	京华激光	12751.20	8694.21	68.18	4044.63	31.72	12.36	0.10
603608	天创时尚	43140.22	14324.58	33.20	27686.33	64.18	1129.31	2.62
603609	禾丰牧业	83117.65	62941.88	75.73	16147.31	19.43	4028.46	4.85
603611	诺力股份	26767.59	25980.11	97.06	329.28	1.23	458.20	1.71
603612	索通发展	34023.91	27483.96	80.78	6414.25	18.85	125.69	0.37
603615	茶花股份	24000.00	23744.67	98.94	233.77	0.97	21.56	0.09
603616	韩建河山	29336.00	17522.30	59.73	11661.86	39.75	151.84	0.52
603617	君禾股份	10183.40	3613.30	35.48	6557.06	64.39	13.04	0.13
603618	杭电股份	68688.70	30251.42	44.04	38339.05	55.82	98.23	0.14
603619	中曼石油	40000.01	12498.78	31.25	27428.84	68.57	72.39	0.18
603626	科森科技	41557.68	36440.51	87.69	4886.12	11.76	231.05	0.56
603628	清源股份	27380.00	24170.98	88.28	3138.80	11.46	70.22	0.26
603629	利通电子	10000.00	9594.56	95.95	321.04	3.21	84.40	0.84
603630	拉芳家化	22672.00	15026.77	66.28	7165.09	31.60	480.13	2.12
603633	徕木股份	15645.50	10820.82	69.16	4757.41	30.41	67.27	0.43
603636	南威软件	52668.45	46403.95	88.11	3143.19	5.97	3121.31	5.93
603637	镇海股份	17402.66	15642.24	89.88	1145.25	6.58	615.17	3.53
603638	艾迪精密	26048.00	18217.06	69.94	7500.23	28.79	330.70	1.27
603639	海利尔	16939.99	14765.65	87.16	1851.96	10.93	322.37	1.90
603648	畅联股份	36866.67	11352.20	30.79	24551.94	66.60	962.53	2.61
603650	彤程新材	58598.75	8726.50	14.89	49741.22	84.88	131.04	0.22
603655	朗博科技	10600.00	9152.88	86.35	1433.51	13.52	13.61	0.13
603656	泰禾光电	14888.16	13106.66	88.03	1772.10	11.90	9.40	0.06
603657	春光科技	9600.00	4498.25	46.86	5098.08	53.10	3.67	0.04
603658	安图生物	42000.00	1915.26	4.56	36044.13	85.82	4040.61	9.62
603659	璞泰来	43469.55	23487.77	54.03	16412.20	37.76	3569.58	8.21
603660	苏州科达	36009.19	29242.49	81.21	4713.85	13.09	2052.85	5.70
603661	恒林股份	10000.00	8473.97	84.74	1515.65	15.16	10.39	0.10
603663	三祥新材	13570.90	3792.98	27.95	9747.64	71.83	30.28	0.22
603665	康隆达	10000.00	2211.30	22.11	7786.68	77.87	2.02	0.02
603666	亿嘉和	9824.57	7167.39	72.95	2543.88	25.89	113.30	1.15
603667	五洲新春	26312.00	21944.23	83.40	4365.40	16.59	2.38	0.01
603668	天马科技	29976.92	24794.86	82.71	5155.18	17.20	26.88	0.09
603669	灵康药业	36400.00	16032.22	44.04	20042.55	55.06	325.23	0.89
603676	卫信康	42300.00	16574.75	39.18	25683.80	60.72	41.45	0.10
603677	奇精机械	19615.04	8557.08	43.63	11049.72	56.33	8.23	0.04
603678	火炬电子	45266.60	31272.69	69.09	7789.87	17.21	6204.04	13.71
603679	华体科技	10099.00	7821.46	77.45	1795.08	17.77	482.46	4.78
603680	今创集团	60863.50	43080.59	70.78	17768.46	29.19	14.45	0.02
603683	晶华新材	12667.00	11553.38	91.21	1110.58	8.77	3.03	0.02
603685	晨丰科技	13000.00	3216.78	24.74	9773.08	75.18	10.15	0.08
603686	龙马环卫	29900.50	23033.29	77.03	5217.86	17.45	1649.34	5.52
603688	石英股份	33729.66	18214.32	54.00	14235.89	42.21	1279.45	3.79

注：合计持股数包含 F 类账户；单位为万股。

年末个股股东持股情况
Distribution of Shareholders by 2018

证券代码 Code	证券简称 Security Name	合计持股数 Total Hold	自然人 Individual		一般法人 Corporation		专业机构 Institution	
			持有股数	比例(%)	持有股数	比例(%)	持有股数	比例(%)
603689	皖天然气	33600.00	8332.80	24.80	24477.43	72.85	789.77	2.35
603690	至纯科技	21094.00	15293.23	72.50	3531.82	16.74	2268.95	10.76
603693	江苏新能	61800.00	11608.36	18.78	50132.02	81.12	59.62	0.10
603696	安记食品	16800.00	13123.27	78.11	3585.97	21.35	90.75	0.54
603698	航天工程	41230.00	8359.67	20.28	31929.99	77.44	940.34	2.28
603699	纽威股份	75000.00	10127.19	13.50	60756.25	81.01	4116.55	5.49
603701	德宏股份	14605.56	13475.70	92.26	1021.12	6.99	108.73	0.74
603703	盛洋科技	22970.00	14901.62	64.87	8061.80	35.10	6.58	0.03
603706	东方环宇	16000.00	11838.13	73.99	4158.66	25.99	3.21	0.02
603707	健友股份	55242.59	33493.32	60.63	16381.13	29.65	5368.14	9.72
603708	家家悦	46800.00	3238.97	6.92	35259.77	75.34	8301.26	17.74
603709	中源家居	8000.00	4290.27	53.63	3687.71	46.10	22.01	0.28
603711	香飘飘	41935.00	36408.80	86.82	3911.87	9.33	1614.33	3.85
603712	七一二	77200.00	21672.60	28.07	55350.23	71.70	177.17	0.23
603713	密尔克卫	15247.40	9690.15	63.55	4930.52	32.34	626.73	4.11
603716	塞力斯	20514.37	6790.66	33.10	12751.40	62.16	972.31	4.74
603717	天域生态	24179.62	21751.17	89.96	2420.12	10.01	8.33	0.03
603718	海利生物	64400.00	27517.52	42.73	28455.10	44.18	8427.37	13.09
603721	中广天择	10000.00	2548.37	25.48	7214.65	72.15	236.98	2.37
603722	阿科力	8670.00	8181.65	94.37	486.80	5.61	1.55	0.02
603725	天安新材	14668.00	14051.04	95.79	594.81	4.06	22.15	0.15
603726	朗迪集团	13260.80	13138.25	99.08	86.84	0.65	35.71	0.27
603727	博迈科	23414.50	6523.55	27.86	16888.40	72.13	2.55	0.01
603728	鸣志电器	41600.00	6992.36	16.81	32922.01	79.14	1685.64	4.05
603729	龙韵股份	9333.80	8583.21	91.96	587.60	6.30	163.00	1.75
603730	岱美股份	41030.50	16868.97	41.11	23886.92	58.22	274.61	0.67
603733	仙鹤股份	61200.00	7128.67	11.65	54045.18	88.31	26.15	0.04
603737	三棵树	13312.89	10568.46	79.39	1080.55	8.12	1663.89	12.50
603738	泰晶科技	15872.57	14214.76	89.56	1068.12	6.73	589.69	3.72
603757	大元泵业	11732.00	11444.77	97.55	55.86	0.48	231.37	1.97
603758	秦安股份	43879.70	39484.75	89.98	4324.28	9.85	70.68	0.16
603766	隆鑫通用	205354.19	77171.31	37.58	121175.59	59.01	7007.29	3.41
603767	中马传动	29864.80	11951.33	40.02	17879.81	59.87	33.66	0.11
603768	常青股份	20400.00	20389.93	99.95	9.33	0.05	0.74	0.00
603773	沃格光电	9459.56	6687.61	70.70	2707.44	28.62	64.50	0.68
603776	永安行	13440.00	10157.26	75.57	3230.56	24.04	52.18	0.39
603777	来伊份	34075.64	11493.86	33.73	22567.52	66.23	14.26	0.04
603778	乾景园林	50000.00	47673.08	95.35	2325.62	4.65	1.30	0.00
603779	威龙股份	22964.67	20226.96	88.08	2700.77	11.76	36.95	0.16
603787	新日股份	20400.00	18128.37	88.86	2265.31	11.10	6.32	0.03
603788	宁波高发	23009.42	7638.41	33.20	12026.53	52.27	3344.47	14.54
603789	星光农机	26000.00	15871.77	61.05	10104.70	38.86	23.53	0.09
603790	雅运股份	14720.00	14294.44	97.11	421.39	2.86	4.17	0.03
603797	联泰环保	21334.00	5255.83	24.64	16068.60	75.32	9.57	0.04
603798	康普顿	20000.00	5433.62	27.17	14541.29	72.71	25.09	0.13
603799	华友钴业	82974.73	36424.03	43.90	40387.36	48.67	6163.33	7.43
603800	道森股份	20800.00	6663.87	32.04	14087.12	67.73	49.00	0.24
603801	志邦家居	16000.00	12461.37	77.88	2566.03	16.04	972.61	6.08
603803	瑞斯康达	42105.56	34242.22	81.32	7714.90	18.32	148.44	0.35
603806	福斯特	52260.00	14264.78	27.30	33561.45	64.22	4433.78	8.48

注：合计持股数包含 F 类账户；单位为万股。

年末个股股东持股情况
Distribution of Shareholders by 2018

证券代码 Code	证券简称 Security Name	合计持股数 Total Hold	自然人 Individual		一般法人 Corporation		专业机构 Institution	
			持有股数	比例(%)	持有股数	比例(%)	持有股数	比例(%)
603808	歌力思	33700.30	5211.51	15.46	22420.20	66.53	6068.59	18.01
603809	豪能股份	14933.80	14857.24	99.49	49.11	0.33	27.44	0.18
603810	丰山集团	8000.00	7163.34	89.54	836.27	10.45	0.39	0.00
603811	诚意药业	11928.00	10646.42	89.26	1215.66	10.19	65.92	0.55
603813	原尚股份	8955.00	3914.78	43.72	5007.40	55.92	32.81	0.37
603816	顾家家居	43021.60	4074.26	9.47	33760.05	78.47	5187.30	12.06
603817	海峡环保	45000.00	11664.93	25.92	32141.41	71.43	1193.66	2.65
603818	曲美家居	49135.00	46596.30	94.83	907.14	1.85	1631.55	3.32
603819	神力股份	12082.00	9380.36	77.64	2690.34	22.27	11.30	0.09
603822	嘉澳环保	7335.49	1771.50	24.15	3466.78	47.26	2097.22	28.59
603823	百合花	22500.00	6637.35	29.50	15745.88	69.98	116.76	0.52
603825	华扬联众	23010.27	15818.12	68.74	6794.93	29.53	397.22	1.73
603826	坤彩科技	46800.00	41227.11	88.09	2737.44	5.85	2835.45	6.06
603828	柯利达	42929.49	23596.61	54.97	19259.89	44.86	73.00	0.17
603829	洛凯股份	16000.00	3965.99	24.79	12024.19	75.15	9.82	0.06
603833	欧派家居	42028.35	34978.26	83.23	3021.44	7.19	4028.65	9.59
603838	四通股份	26668.00	25110.57	94.16	1430.29	5.36	127.14	0.48
603839	安正时尚	40428.71	36213.24	89.57	2402.29	5.94	1813.17	4.48
603843	正平股份	40000.30	34948.29	87.37	5043.06	12.61	8.95	0.02
603848	好太太	40100.00	37932.71	94.60	1425.15	3.55	742.13	1.85
603855	华荣股份	33107.00	30994.16	93.62	2027.15	6.12	85.69	0.26
603856	东宏股份	25641.46	9565.28	37.30	16022.17	62.49	54.01	0.21
603858	步长制药	88634.00	21779.34	24.57	65017.18	73.35	1837.48	2.07
603859	能科股份	11356.00	9511.84	83.76	1390.25	12.24	453.91	4.00
603860	中公高科	6668.00	3387.61	50.80	3094.59	46.41	185.81	2.79
603861	白云电器	44274.06	36567.68	82.59	7687.23	17.36	19.15	0.04
603866	桃李面包	47062.60	40850.39	86.80	2501.63	5.32	3710.58	7.88
603868	飞科电器	43560.00	5641.25	12.95	35782.20	82.14	2136.55	4.90
603869	新智认知	34880.63	12889.75	36.95	21580.09	61.87	410.79	1.18
603871	嘉友国际	11200.00	6945.97	62.02	4243.30	37.89	10.73	0.10
603876	鼎胜新材	43000.00	12816.12	29.80	30177.70	70.18	6.18	0.01
603877	太平鸟	48075.93	9285.16	19.31	37264.57	77.51	1526.20	3.17
603878	武进不锈	20446.88	16442.40	80.42	3850.11	18.83	154.37	0.75
603879	永悦科技	14400.00	13569.33	94.23	756.11	5.25	74.56	0.52
603880	南卫股份	13000.00	11575.98	89.05	1412.56	10.87	11.46	0.09
603881	数据港	21058.65	5879.94	27.92	14115.21	67.03	1063.51	5.05
603882	金域医学	45788.46	12690.87	27.72	31089.23	67.90	2008.36	4.39
603883	老百姓	28494.53	2472.72	8.68	19109.85	67.06	6911.96	24.26
603885	吉祥航空	179701.35	20477.47	11.40	137083.52	76.28	22140.35	12.32
603886	元祖股份	24000.00	3847.06	16.03	18384.30	76.60	1768.64	7.37
603887	城地股份	14420.00	12708.09	88.13	1553.74	10.77	158.17	1.10
603888	新华网	51902.94	12022.87	23.16	37823.86	72.87	2056.21	3.96
603889	新澳股份	39365.11	21571.74	54.80	15898.09	40.39	1895.28	4.81
603890	春秋电子	19180.00	16208.94	84.51	2936.78	15.31	34.28	0.18
603895	天永智能	10808.00	3245.13	30.03	7550.33	69.86	12.54	0.12
603896	寿仙谷	14333.46	8035.02	56.06	6273.82	43.77	24.62	0.17
603897	长城科技	17840.00	8993.12	50.41	8840.02	49.55	6.87	0.04
603898	好莱客	32007.93	27591.59	86.20	3167.40	9.90	1248.93	3.90
603899	晨光文具	92000.00	10049.27	10.92	64997.18	70.65	16953.55	18.43
603900	莱绅通灵	34047.38	26570.67	78.04	5454.35	16.02	2022.36	5.94

注：合计持股数包含 F 类账户；单位为万股。

年末个股股东持股情况
Distribution of Shareholders by 2018

证券代码 Code	证券简称 Security Name	合计持股数 Total Hold	自然人 Individual		一般法人 Corporation		专业机构 Institution	
			持有股数	比例(%)	持有股数	比例(%)	持有股数	比例(%)
603901	永创智能	43938.90	38401.71	87.40	5532.66	12.59	4.54	0.01
603903	中持股份	10333.60	5095.27	49.31	5225.49	50.57	12.83	0.12
603906	龙蟠科技	25406.40	20664.47	81.34	4105.73	16.16	636.20	2.50
603908	牧高笛	6669.00	1828.42	27.42	4832.53	72.46	8.05	0.12
603909	合诚股份	10250.00	9685.08	94.49	539.20	5.26	25.73	0.25
603912	佳力图	21068.60	5171.63	24.55	15609.20	74.09	287.76	1.37
603916	苏博特	30931.00	17307.21	55.95	13622.16	44.04	1.63	0.01
603917	合力科技	15680.00	14278.04	91.06	1398.21	8.92	3.74	0.02
603918	金桥信息	17951.50	15364.20	85.59	2459.89	13.70	127.42	0.71
603919	金徽酒	36400.00	8700.02	23.90	26843.58	73.75	856.41	2.35
603920	世运电路	40930.20	10129.89	24.75	30786.91	75.22	13.40	0.03
603922	金鸿顺	12800.00	3168.92	24.76	9626.10	75.20	4.98	0.04
603926	铁流股份	12364.00	8258.07	66.79	4071.01	32.93	34.92	0.28
603928	兴业股份	20160.00	19129.18	94.89	1024.83	5.08	5.99	0.03
603929	亚翔集成	21336.00	6034.93	28.29	15238.21	71.42	62.86	0.29
603933	睿能科技	14373.80	3548.80	24.69	10817.59	75.26	7.41	0.05
603936	博敏电子	21545.76	17541.89	81.42	3973.37	18.44	30.50	0.14
603937	丽岛新材	20888.00	19167.44	91.76	1701.32	8.14	19.23	0.09
603938	三孚股份	15016.66	11128.91	74.11	3874.39	25.80	13.36	0.09
603939	益丰药房	37680.60	7590.22	20.14	20876.60	55.40	9213.78	24.45
603955	大千生态	11310.00	3476.76	30.74	7537.82	66.65	295.42	2.61
603958	哈森股份	21990.67	5816.89	26.45	16162.32	73.50	11.46	0.05
603959	百利科技	31360.00	7796.58	24.86	22208.92	70.82	1354.51	4.32
603960	克来机电	13520.00	9886.27	73.12	249.69	1.85	3384.04	25.03
603963	大理药业	13000.00	8576.12	65.97	4390.22	33.77	33.67	0.26
603966	法兰泰克	21097.96	16489.91	78.16	4585.23	21.73	22.82	0.11
603968	醋化股份	20448.00	15013.24	73.42	4547.80	22.24	886.97	4.34
603969	银龙股份	84100.00	83004.75	98.70	705.03	0.84	390.23	0.46
603970	中农立华	16000.01	3976.81	24.86	12021.18	75.13	2.02	0.01
603976	正川股份	15120.00	8478.47	56.07	6632.16	43.86	9.37	0.06
603977	国泰集团	39123.40	9035.29	23.09	29310.86	74.92	777.24	1.99
603978	深圳新星	16000.00	10743.31	67.15	5153.58	32.21	103.11	0.64
603979	金诚信	58500.00	22848.55	39.06	35293.66	60.33	357.78	0.61
603980	吉华集团	50000.00	23897.49	47.79	25908.91	51.82	193.60	0.39
603985	恒润股份	10400.00	7472.45	71.85	2617.61	25.17	309.94	2.98
603986	兆易创新	28464.45	12502.12	43.92	13075.54	45.94	2886.79	10.14
603987	康德莱	44160.90	15000.80	33.97	28639.87	64.85	520.22	1.18
603988	中电电机	23520.00	21928.78	93.23	1444.21	6.14	147.01	0.63
603989	艾华集团	39000.17	12582.58	32.26	22243.57	57.03	4174.02	10.70
603990	麦迪科技	8063.48	5731.47	71.08	2289.49	28.39	42.52	0.53
603991	至正股份	7453.50	2116.23	28.39	5325.47	71.45	11.79	0.16
603993	洛阳钼业	1766577.26	444135.61	25.14	1236670.51	70.00	85771.14	4.86
603996	中新科技	30015.00	14225.78	47.40	15708.33	52.33	80.89	0.27
603997	继峰股份	63964.90	13623.60	21.30	48535.80	75.88	1805.50	2.82
603998	方盛制药	42856.27	41200.42	96.14	1585.93	3.70	69.92	0.16
603999	读者传媒	57600.00	18432.84	32.00	37888.10	65.78	1279.06	2.22

注：合计持股数包含 F 类账户；单位为万股。

Events

大事记

2018 年上海证券交易所大事记

4 月 18 日　经党中央决定，黄红元同志任上交所党委书记。5 月 2 日，经国务院同意，上交所第四届理事会第八次会议选举黄红元同志任上交所理事长。

4 月 24 日　上交所、中国结算联合发布《上海证券交易所 中国证券登记结算有限责任公司债券质押式三方回购交易及结算暂行办法》（上证发〔2018〕22 号）。

4 月 25 日　上交所发布《上海证券交易所服务绿色发展 推进绿色金融愿景与行动计划（2018-2020 年）》。

5 月 13 日　经证监会党委决定，蒋锋同志任上交所总经理、党委副书记，委派为上交所非会员理事。

5 月 14 日　沪深交易所联合体与孟加拉国达卡证券交易所在孟加拉国首都达卡举行股权收购协议签署仪式。

5 月 22 日　上交所根据上交所上市委员会的审核意见，决定吉林吉恩镍业股份有限公司和沈机集团昆明机床股份有限公司股票终止上市。

6 月 1 日　A 股正式纳入 MSCI 新兴市场指数。

6 月 1 日　上交所正式实施证券交易资金前端风险控制。

6 月 15 日　上交所发布试点创新企业股票或存托凭证上市交易相关配套业务规则（上证发〔2018〕38-45 号）。

7 月 5 日　上交所参与筹建的阿斯塔纳国际交易所在哈萨克斯坦首都阿斯塔纳举行开业仪式，哈萨克斯坦总统纳扎尔巴耶夫出席开业典礼并发表讲话。

7 月 20 日　上交所发布《上海证券交易所章程（2018 年修订）》（上证发〔2018〕53 号）。

8 月 6 日　上交所发布《上海证券交易所交易规则（2018 年修订）》（上证发〔2018〕59 号）等 5 项业务规则，优化收盘交易机制，对股票交易实行收盘集合竞价。

9 月 26 日　上交所正式实施沪港通北向看穿机制。

9 月 27 日　富时罗素 2018 年中国 A 股评估结果新闻发布会暨研讨会在上交所交易大厅举行。富时罗素宣布将 A 股纳入其全球股票指数体系，分类为次级新兴市场，2019 年 6 月开始生效。中国证监会副主席方星海、富时罗素首席执行官马克 · 麦思平发表致辞。

10 月 3 日　上交所当选世界交易所联合会董事会董事。

10 月 4 日　上交所作为世界交易所联合会主席单位发起并牵头制定的《可持续交易所原则》正式发布。

10 月 24 日　上交所与德意志交易所、中国金融期货交易所联合成立的中欧国际交易所迎来首位 D 股发行人青岛海尔，正式开启 D 股市场。

11 月 2 日　上交所根据上交所上市委员会的审核意见，决定同意中国长江航运集团南京油运股份有限公司股票重新上市，完成了自重新上市制度建立以来的首单实践。

11 月 2 日　上交所发布《上海证券交易所与伦敦证券交易所互联互通存托凭证上市交易暂行办法》（上证发〔2018〕87 号）及相关配套业务规则（中英文稿）。

11 月 5 日　国家主席习近平在首届中国国际进口博览会上宣布，将在上交所设立科创板并试点注册制，支持上海国际金融中心和科技创新中心建设，不断完善资本市场基础制度。

11 月 16 日　上交所发布《上海证券交易所上市公司重大违法强制退市实施办法》（上证发〔2018〕98 号）。

12 月 22 日　中国证券博物馆正式揭牌并开馆首展，中共中央政治局委员、上海市委书记李强考察了中国证券博物馆，全国政协副主席梁振英、上海市市长应勇、国家文物局局长刘玉珠、中国证监会主要负责同志出席并揭牌。此前，中国证券博物馆在上海召开第一届理事会第一次会议，选举姜洋同志为理事长。

12 月 28 日　上交所发布《上海证券交易所上市公司筹划重大事项停复牌业务指引》（上证发〔2018〕117 号）。

图书在版编目(CIP)数据

上海证券交易所统计年鉴．2019 卷/上海证券交易所编．—上海：上海远东出版社，2019

ISBN 978-7-5476-1536-2

Ⅰ．①上… Ⅱ．①上… Ⅲ．①证券交易所–统计资料–上海–2019–年鉴 Ⅳ．①F832.51-54

中国版本图书馆 CIP 数据核字(2019)第 190739 号

选题策划 程云琦

责任编辑 祁东城

封面设计 李 廉

上海证券交易所统计年鉴(2019 卷)

上海证券交易所 编

出 版 上海遠東出版社

(200235 中国上海市钦州南路 81 号)

发 行 上海人民出版社发行中心

印 刷 上海文艺大一印刷有限公司

开 本 889×1194 1/16

印 张 39

插 页 4

字 数 780,000

版 次 2019 年 10 月第 1 版

印 次 2019 年 10 月第 1 次印刷

ISBN 978-7-5476-1536-2/F·647

定 价 300.00 元